Allgemeines Reisepraktisches

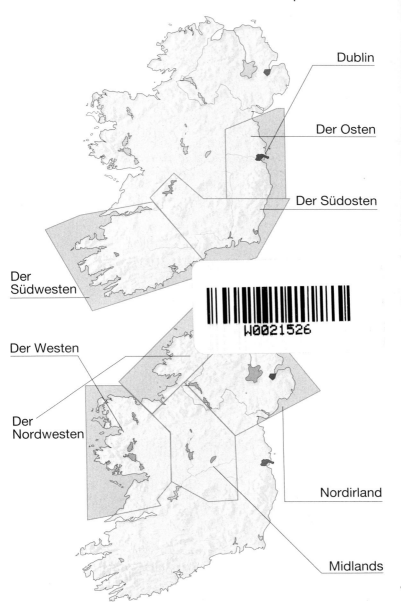

Text: Ralph-Raymond Braun
Mit Beiträgen von Pit Wuhrer (Nordirland-Konflikt, Bloody Sunday)
Recherche: Susanne Engel und Ralph R. Braun
Lektorat: Silke Möller, Dagmar Tränkle
Redaktion und Layout: Nona-Andreea Kolle, Sven Talaron
Fotos: Ralph-Raymond Braun alle außer:
S. 54 und 61: Jochen Grashäuser
S. 811 und 816: King House
S. 802, 805 und 818: Tourism Ireland
Farbfotos TL: Thomas Leimeister
Covergestaltung: Karl Serwotka
Covermotive: oben: Poulnabrone-Dolmen (Heiko Bayer, Vision 21)
unten: Franziskanerabtei Quin (Heiko Bayer, Vision 21)
S. 3: Sheep's Head (Ralph Raymond Braun)
S. 11: Giant's Causeway (Ralph Raymond Braun)
Karten: Judit Ladik, Susanne Handtmann, Hana Gundel,
Matthias Patrzek, Marcus Endreß, Inger Holndonner

Die in diesem Reisebuch enthaltenen Informationen wurden vom Autor nach bestem Wissen erstellt und von ihm und dem Verlag mit größtmöglicher Sorgfalt überprüft. Dennoch sind, wie wir im Sinne des Produkthaftungsrechts betonen müssen, inhaltliche Fehler nicht mit letzter Gewissheit auszuschließen. Daher erfolgen die Angaben ohne jegliche Verpflichtung oder Garantie des Autors bzw. des Verlags. Beide übernehmen keinerlei Verantwortung bzw. Haftung für mögliche Unstimmigkeiten. Wir bitten um Verständnis und sind jederzeit für Anregungen und Verbesserungsvorschläge dankbar.

ISBN 978-3-89953-447-4

© Copyright Michael Müller Verlag GmbH, Erlangen, 1995, 1998, 2001, 2004, 2007, 2009. Alle Rechte vorbehalten. Alle Angaben ohne Gewähr. Printed in Germany.

Aktuelle Infos zu unseren Titeln, Hintergrundgeschichten zu unseren Reisezielen sowie brandneue Tipps erhalten Sie in unserem regelmäßig erscheinenden Newsletter, den Sie im Internet unter **www.michael-mueller-verlag.de** kostenlos abonnieren können.

6. erweiterte und vollständig überarbeitete Auflage 2009

INHALT

Wohin in Irland? 12

Natur und Umwelt 15
Geographie 15   Tiere 19
Klima 16   Umweltschutz 20
Pflanzen 18

Mensch und Gesellschaft 22
Bevölkerung 23   Wirtschaft 27
Die Kirche 25   Der Nordirland-Konflikt 29

Geschichte 36
Wie alles anfing 38   Wikinger und Normannen ... 45
Wunder aus Stein 39   Irland wird englisch 47
Goldschmiede und Astronomen ... 41   Der Kampf um die Freiheit ... 49
Kelten 42   Freistaat und Republik 51
Das Goldene Zeitalter 43

Anreise 54
Mit dem Flugzeug 55   Mit dem Bus 70
Mit Auto und Schiff 56   Einreisebestimmungen 70
Mit der Bahn 67

Unterwegs in Irland 71
On the Road – Verkehrsregeln ... 71   Fahrrad 78
Taxi 73   Trampen 80
Mietwagen 73   Pferdewagen 81
Bus 74   Hausboot 82
Bahn 76

Aufenthalt in Irland 87
Übernachten 87   Sport, aktiv 98
Essen und Trinken 92   Sport, irisch 104

Wissenswertes von A bis Z 108
Ärztliche Versorgung 108   Literatur 115
Behinderte 108   Maße und Gewichte 117
Diplomatische Vertretungen ... 109   Musik 118
Ermäßigungen 109   Post 121
Feiertage 109   Sicherheit 121
Fotografieren 110   Souvenirs 122
Fremdenverkehrsämter 111   Sprache 124
Geld 112   Strom 126
Geschäftszeiten 113   Telefon 126
Internetzugang 113   Wandern 127
Irland im Internet 114   Zeit 129
Kleidung & Ausrüstung 114   Zeitungen 129
Landkarten, Stadtpläne 115   Zoll 130

Dublin ... 131

Geschichte	132	Parnell Square	181
Dublin heute	133	Capel Street/Church Street	183
Orientierung	133	Smithfield Village	184
Reisepraktisches	134	Collins Baracks	185
Trinity College	163	Phoenixpark	185
Merrion Square/		Clontarf und Umgebung	186
St. Stephen's Green	166	Weitere Sehenswürdigkeiten	187
Dublin Castle und Liberties	171	Dun Laoghaire	190
Guinness-Brauerei/Kilmainham	176	Dalkey	191
North Side	178	Bray	191
O'Connell Street	179		

Der Osten ... 193

Küste nördlich von Dublin ... 193

Howth	194	Donabate	200
Malahide	198	Skerries	200
Swords	200		

County Louth ... 201

Drogheda	202	Cooley-Halbinsel	210
Drogheda/Umgebung	205	Carlingford	211
Dundalk	208	Wandern um Carlingford	213

County Meath ... 214

Brú na Bóinne		Kells/Umgebung	223
(Newgrange/Knowth/Dowth)	215	Tara	224
Slane	219	Tara/Umgebung	226
Slane/Umgebung	220	Trim	227
Kells (Ceannanas)	221		

County Kildare ... 229

Maynooth	230	Bog of Allen	234
Maynooth/Umgebung	231	Kildare	235
Celbridge	232	Kildare/Umgebung	237
Celbridge/Umgebung	233		

County Carlow ... 238

Carlow (Stadt)	239	Carlow/Umgebung	241

County Wicklow ... 243

Westflanke der		Glendalough/Umgebung	256
Wicklow Mountains	245	Avoca-Tal	257
Enniskerry	248	Wicklow (Stadt)	258
Enniskerry/Umgebung	250	Ashford	259
Glendalough/Laragh	251	Arklow	261

Der Südosten ... 262

County Wexford ... 263

Enniscorthy ... 264
Enniscorthy/Umgebung ... 268
Wexford (Stadt) ... 268
Wexford/Umgebung ... 272
Rosslare ... 273
Rosslare/Umgebung ... 274
Halbinsel Hook ... 275
New Ross ... 276
New Ross/Umgebung ... 277

County Kilkenny ... 278

Kilkenny (Stadt) ... 279
Kilkenny/Umgebung ... 287

County Waterford ... 289

Waterford (Stadt) ... 290
Waterford/Umgebung ... 295
Dunmore East ... 296
Tramore ... 297
Dungarvan ... 299
Dungarvan/Umgebung ... 302
Ardmore ... 302
Youghal ... 304
Lismore ... 306
Lismore/Umgebung ... 307

County Tipperary ... 309

Cahir ... 310
Cahir/Umgebung ... 312
Clonmel ... 314
Clonmel/Umgebung ... 318
Cashel ... 318
Cashel/Umgebung ... 323

Der Südwesten ... 324

County Cork ... 325

Cork (Stadt) ... 326
Cork/Umgebung ... 341
Cobh ... 343
Kinsale ... 346
Von Kinsale nach Clonakilty ... 350
Clonakilty ... 351
Clonakilty/Umgebung ... 355
Von Clonakilty nach Skibbereen ... 356
Skibbereen ... 357
Skibbereen/Umgebung ... 359
Baltimore ... 361
Baltimore/Umgebung ... 365
Clear Island (gäl. Cléire) ... 367
Halbinsel Mizen Head ... 368
Bantry ... 373
Bantry/Umgebung ... 376
Halbinsel Sheep's Head ... 377
Glengarriff ... 380
Wanderungen ... 382
Halbinsel Beara ... 384

County Kerry ... 392

Kenmare ... 393
Bonane ... 396
Ring of Kerry (Iveragh-Halbinsel) ... 397
Von Kenmare nach Sneem ... 399
Staigue Fort ... 399
Caherdaniel ... 399
Waterville ... 400
Wanderung Waterville – Caherdaniel ... 402
Skellig Ring ... 402
Skellig Islands ... 403
Valentia Island ... 405
Cahirciveen ... 410
Cahirciveen/Umgebung ... 412
Killarney ... 413
Killarney/Umgebung ... 418
Dingle-Halbinsel ... 424
Dingle (Stadt) ... 426
Dingle/Umgebung ... 433
Dunquin ... 436
Ballyferriter ... 437
Ballyferriter/Umgebung ... 437

Kilmalkedar	439	Wandern	444
Die Nordküste		Blasket Centre	445
der Dingle-Halbinsel	441	Tralee	445
Blasket Islands	442	Tralee/Umgebung	450
Great Blasket	444		

County Limerick ... 451

Tarbert	452	Limerick (Stadt)	455
Foynes	453	Limerick/Umgebung	462
Adare	455		

Der Westen ... 464

County Clare ... 466

Von Limerick nach Ennis	468	Cahercommaun	488
Bunratty	468	Caherconnell/	
Knappogue	470	Poulnabrone-Dolmen	488
Quin	471	Leamenah Castle	490
Craggaunowen Project	472	Kilfenora	490
Ennis	472	Lisdoonvarna	491
Ennis/Umgebung	475	Lisdoonvarna/Umgebung	492
Kilkee	476	Fanore	492
Kilrush	478	Ballyvaughan	493
Kilrush/Umgebung	479	Kinvarra	495
Cliffs of Moher	481	Gort	496
Doolin	482	Gort/Umgebung	497
Doolin/Umgebung	485	Lough Graney	498
Burren	485	Killaloe	499
Corofin	487	Killaloe/Umgebung	500

County Galway ... 501

Aran-Inseln	502	Cong	532
Inishmore	505	Connemara	537
Inishmaan	509	Spiddle (Spiddal)	538
Inisheer	510	Von Spiddle nach Roundstone	539
Galway (Stadt)	511	Roundstone	541
Östliches County Galway	523	Twelve Pins (Twelve Bens)	542
Athenry	524	Clifden	543
Loughrea	524	Clifden/Umgebung	546
Portumna	526	Inishbofin	548
Lough Corrib	527	Connemara Nationalpark	550
Oughterard	528	Renvyle-Halbinsel	551
Oughterard/Umgebung	530	Kylemore Abbey	553
Inchagoill Island	531	Leenane (Leenaun)	555

County Mayo ... 557

Murrisk	558	Westport	562
Inishturk	559	Westport/Umgebung	567
Clare Island	559	Castlebar	567
Louisburgh	560	Castlebar/Umgebung	568
Croagh Patrick	561	Achill Island	569

Erris	574	Ballina	581
Céide Fields	578	Ballina/Umgebung	583
Killala	580		

Der Nordwesten 584

County Sligo 585

Sligo (Stadt)	587	Lough Gill	597
Sligo/Umgebung	594	Von Sligo nach Donegal	598
Von Sligo nach Boyle	595		

County Donegal 602

Bundoran	603	Errigal Mountain	628
Ballyshannon	604	Tory Island	629
Donegal (Stadt)	606	Falcarragh/Dunfanaghy	631
Donegal/Umgebung	610	Glenveagh Nationalpark	634
Killybegs	611	Church Hill	635
Slieve League	613	Rosguill	635
Glencolumbkille	615	Fanad	637
Glencolumbkille/Umgebung	616	Letterkenny	639
Ardara	618	Letterkenny/Umgebung	641
Ardara/Umgebung	620	Inishowen	642
Glenties	620	Grianan of Aileach	643
Finn Valley	621	Fahan	643
The Rosses	622	Buncrana	643
Burtonport	624	Von Buncrana nach Carndonagh	644
Arranmore Island	625	Carndonagh/Malin Head	645
Gweedore	626	Greencastle	646
Bunbeg	626	Moville/Muff	647
Lough Nacung	627		

Nordirland 648

County Derry (Londonderry) 649

Derry (Londonderry)	650	Von Derry nach Portstewart	667
Südliches County Derry	666	Portstewart	668

County Antrim 670

Portrush	671	Fair Head/Murlough Bay	682
Giant's Causeway	673	Cushendun	683
Wanderung	674	Cushendall	684
Giant's Causeway/Umgebung	675	Cushendall/Umgebung	686
Ballycastle	677	Larne	687
Rathlin Island	680	Larne/Umgebung	688
Glens of Antrim	682	Carrickfergus	690

Belfast 693

Cathedral Quarter	706	Cave Hill	713
Ostufer	708	Pattersons Spade Mill	715
Südstadt	710	Lagan Valley Regional Park	715
Weststadt	711	Lisburn	715
Belfast/Umgebung	713		

County Down 717

Von Belfast nach Bangor	718	Downpatrick	734
Ulster Folk &Transport Museum	718	Downpatrick/Umgebung	738
Bangor	721	Mourne Mountains	740
Bangor/Umgebung	722	Newcastle	740
Westufer des Strangford Lough	723	Newcastle/Umgebung	743
The Ards	724	Von Newcastle nach Newry	746
Donaghadee	725	Warrenpoint	748
Mount Stewart	726	Newry	748
Grey Abbey	728	Newry/Umgebung	751
Portaferry	728	Brontë Homeland	751
Halbinsel Lecale	731	Banbridge/Linen Homelands	752
Castle Ward Estate	732	Legananny Dolmen/Binder's Cove	752
Saint Patrick's Land	734	Scarva/Newry Canal	753

County Armagh 754

Süd-Armagh – das Banditenland	755	Armagh/Umgebung	764
Crossmaglen	756	Navan Fort & Centre	764
Slieve Gullion	756	Südufer von Lough Neagh	768
Armagh (Stadt)	757		

County Tyrone 770

Cookstown	772	Creggan	775
Umgebung von Cookstown	772	Omagh	776
Sperrin Mountains	774	Omagh/Umgebung	777

County Fermanagh 779

Enniskillen	780	Belleek	790
Umgebung von Enniskillen	786	Castle Caldwell Forest Park	792
Lough Erne	787	Boa Island	792
Monea Castle	789	Castle Archdale Country Park	793
Tully Castle & Gardens	789	White Island	794
Lough Navar Forest Park	790	Devenish Island	795

Midlands 796

County Monaghan 798

Monaghan (Stadt)	799	Monaghan/Umgebung	801

County Cavan 802

Cavan (Stadt)	803	Cavan/Umgebung	804

County Leitrim 805

Drumshanbo	806	Carrick-on-Shannon	809
Arigna	807	Carrick-on-Shannon/Umgebung	810
Wanderung um Arigna	808		

County Roscommon 811

Boyle	812	Strokestown/Umgebung	816
Boyle/Umgebung	814	Castlerea	817
Strokestown	815		

County Longford 818
County Westmeath 822

Mullingar 823
Mullingar/Umgebung 824
Athlone 827
Athlone/Umgebung 829

County Offaly 830

Clonmacnoise 831
Clonmacnoise/Umgebung 835
Von Clonmacnoise nach Birr 835
Shannonbridge 835
Banagher 836
Birr 838
Birr/Umgebung 844

Kleines Speiselexikon 845
Danksagungen 850
Glossar 851
Register 853

Kartenverzeichnis

Achill Island 571
Armagh 759
Athlone 828
Belfast – Innenstadt 701
Belfast – Übersicht 696/697
Birr 840
Carlow 241
Cashel 319
Clifden 545
Clonakilty 353
Clonmacnoise 833
Clonmel 317
Cong 534
Cork 332/333
Derry 659
Dingle 429
Dingle-Halbinsel 426/427
Direktflüge nach Irland 56
Donegal 607
Drogheda 202
Dublin –
   Innenstadt .... vorderer Umschlag
Dublin – Temple Bar 151
Dublin – Übersicht 136/137
Dublin – Verkehr ...hinterer Umschlag
Dublin – Zentrum Northside 152/153
Dublin – Zentrum Southside 144
Dungarvan 300
Ennis 473
Enniskillen 782/783
Galway 517
Giant's Causeway 675
Glendalough 252/253
Halbinsel Howth 196
Inishmore 506
Irland – Übersicht 13
Irlands Wasserstraßen 85
Kilkenny 281
Killarney 415
Killarney National Park 423
Kinsale 348
Limerick 459
Midlands 797
Newry 749
Nordirland – Übersicht 652/653
Nordwesten Irlands 590/591
Osten Irlands 195
Rathlin Island 681
Sheeps Head – Wanderung 379
Skibbereen 359
Slieve Croob/Legananny 753
Sligo 589
Sprachgebiete 126
Südosten Irlands 266/267
Südwesten Irlands 328/329
Tara 225
Tralee 446/447
Unterwegs mit der Bahn 77
Valentia Island 407
Waterford 292/293
Westen Irlands 469
Westport 564/565
Wexford 269
Youghal 305
Zug- und Fährverbindungen
   Großbritannien/Irland 58/59

Was haben Sie entdeckt?

Haben Sie einen beschaulichen oder einen atemberaubenden Wanderweg gefunden? Ein stimmungsvolles Singing Pub? Ein angenehmes B&B mit freundlichen Gastgebern?

Wenn Sie Ergänzungen, Verbesserungen oder neue Tipps zu diesem Buch haben, lassen Sie es mich bitte wissen.

Ralph-Raymond Braun
Stichwort „Irland"
c/o Michael Müller Verlag
Gerberei 19
91054 Erlangen
r.braun@michael-mueller-verlag.de

Malerisches Irland

Wohin in Irland?

Wer in erster Linie der Natur und Landschaft wegen kommt, ist an der Westküste der Grünen Insel am besten aufgehoben. Doch Irland bietet außer Natur und Pubs auch lebendige Städte, eine rege Kulturszene, prächtige Schlösser und Spuren der ersten Christen, die von der Insel aus den Kontinent missionierten.

Wer die Grüne Insel schon kennt, weiß, wo es ihm gut gefallen hat, was ihm gestohlen bleiben kann und worauf er noch neugierig ist. Für alle, die zum ersten Mal nach Irland kommen, hier ein paar Tipps. Der wichtigste: Nehmen Sie sich nicht zu viel vor. Irland ist immerhin so groß wie Bayern und voller Überraschungen. Passen Sie sich dem irischen Lebensrhythmus an, der vieles Gott und dem Zufall überlässt. Gerade die ungeplanten Begegnungen bescheren oft die besten Erlebnisse.

Der Südwesten: Die Grafschaften *Kerry* und *Cork* sind das beliebteste Reiseziel. Eine herrliche Landschaft mit einem Hauch von Mittelmeer und doch ganz irisch. An der Küste wechseln Felsen und schroffe Klippen mit sanften Sandbuchten, im Hinterland verstecken sich tiefschwarze Bergseen zwischen majestätischen Gipfeln. Wer nur eine Urlaubswoche hat, besucht von Killarney aus die Halbinseln *Iveragh* (mit dem berühmten *Ring of Kerry*) und *Dingle*. Landschaftlich ebenso reizvoll, aber weniger frequentiert sind die Halbinseln *Mizen Head* und *Beara* in Westcork. Mit mehr Zeit kann man etwa von *Cork*, Irlands drittgrößter Stadt, einen Bogen über die Halbinseln bis zur Shannonmündung ziehen.

Der Westen: Let's go west... Nördlich der Shannonbucht lassen wir den vom Golfstrom und dem Geldsegen der Reisebusse verwöhnten Teil Irlands hinter uns und kommen mit den Counties *Clare*, *Galway* und *Mayo* in ein karges und dünn besie-

Wohin in Irland?

deltes Land voller Mythen, mit *Galway* aber auch in die dynamischste Stadt Irlands. Eine etwas längere „Schnuppertour" könnte wieder in Cork beginnen, würde sich im Südwesten auf Killarney mit dem Ring of Kerry und Dingle beschränken und dann entlang der Atlantikküste nach Norden führen. In Clare werden die *Cliffs of Moher* und das Karstland *Burren* mit seinen seltenen Pflanzen und den Steinzeitgräbern besucht, hinter Galway macht man einen Abstecher nach *Connemara,* dem Land der Moore, Steinwüsten und Seen. *Achill Island,* wo es Heinrich Böll so gut gefiel, und *Erris* im Norden Mayos sind nur für Reisende geeignet, die gerne wandern und denen in der Einsamkeit nicht der Himmel auf den Kopf fällt.

14   Wohin in Irland?

Nicht jeder hat Interesse an historischen Gemäuern

Der Nordwesten: So abgegriffen der Begriff einer „unverdorbenen" Landschaft auch klingen mag, von allen Regionen Irlands trifft er am besten auf den Nordwesten des Landes zu: *Sligo* und das raue *Donegal*, „Irisch-Alaska" wie es die Amerikaner nennen, wo das Wetter noch etwas rauer ist, menschenverlassene Inseln und einsame Seen den Vögeln gehören und die Uhren am langsamsten zu gehen scheinen. Die großen Tourbusse finden nur selten den Weg hier herauf.

Nordirland: Noch weniger von Urlaubern besucht werden die „six counties", wie der britische Teil der Provinz Ulster auch genannt wird. Umso mehr freuen sich die Menschen, wenn doch einmal ein Fremder vorbeischaut. Hier sind das Naturwunder der *Giant's Causeway*, die Seenregion des *Lough Erne* und die *Mourne Mountains* als landschaftliche Höhepunkte zu nennen. Mit *Derry* und der Hauptstadt *Belfast* hat auch der Norden zwei quirlige Metropolen, die nach den „Troubles" zu neuem Leben erwacht sind.

Die Midlands: Irlands Mitte mit der großen Seenplatte ist das Revier der Angler und Freizeitkapitäne. Der *Shannon* und seine Nebenflüsse sind ausschließlich Ausflugsbooten vorbehalten. Mit insgesamt 800 km sind die schiffbaren Wasserstraßen lang genug, dass man auch in der Hochsaison abends noch ein ruhiges Plätzchen zum Ankern finden kann.

Dublin: Irlands Hauptstadt, in der ein Viertel der irischen Bevölkerung lebt, ist eine schillernde Metropole voller Widersprüche: Wiege der irischen Nation und Hort des kulturellen Erbes, heimliche Hauptstadt der englischsprachigen Literatur, Kulisse der Georgian Houses mit den berühmten, auf Postkarten und Postern abgebildeten Türen und mit den weniger berühmten, gleichförmigen Vorstadtsiedlungen. In den Clubs und Szenelokalen begannen Stars wie Christy Moore, Sinéad O'Connor und die Gruppe U 2 ihre Karriere. Nach Dublin kommt, wer vor allem die irische Kultur kennen lernen will – und auch den Pubs nicht abgeneigt ist.

Der Osten: Highlights im Umland von Dublin sind die jahrtausendealten Gräber und Kultstätten im *Boyne Valley* sowie die prächtigen Landsitze und Gärten, die

Natur und Umwelt **15**

Allgemeines

sich die reichen Aristokraten nahe der Hauptstadt bauen ließen. Doch auch für Wanderer hat die Region angenehme Überraschungen: Eine knappe Autostunde von der Hauptstadt entfernt laden die *Wicklow-Berge* zu kleinen Fluchten aus dem Getümmel der Metropole ein. Auch die *Cooley-Halbinsel* an der Grenze zu Nordirland, die durch den Bürgerkrieg lange ins Abseits gestellt war, ist zumindest für Urlauber vom Kontinent noch ein Geheimtipp.

Der Südosten: Obwohl der Golfstrom die Südostküste Irlands kaum berührt, ist dies der wärmste und trockenste Teil der Grünen Insel. Hier ist der Himmel, so weiß es die Klimastatistik, am wenigsten mit Wolken bedeckt und strahlt die Sonne am längsten. Wer mit der Fähre von England nach *Rosslare* übersetzt, wird das Gebiet mit den Wikingerstädten *Wexford* und *Waterford* zumindest auf der Durchreise kennen lernen. Höhepunkte sind das mittelalterliche *Kilkenny* und der Königssitz *Cashel*. Als eigenes Reiseziel lohnt die Region jedoch nur für Besucher, die den Rest des Landes bereits ausgiebig bereist haben.

Natur und Umwelt

Geographie

Irlands Oberflächengestalt ist recht abwechslungsreich. Bergketten umschließen ein zentrales Tiefland, das zwar kaum mehr als 150 m über dem Meeresspiegel liegt, aber durch die beim Rückzug der eiszeitlichen Gletscher entstandenen Hügel und Geländewellen kleinräumig gegliedert wird.

Wo die Moore, die ein Fünftel Irlands bedecken, und die unzähligen Wasserläufe und Seen einmal Platz für größere Acker- und Wiesenflächen lassen, wie etwa im Golden Vale (Tipperary) und in den Counties Kildare und Meath, ist das Land überaus fruchtbar. Diese Gebiete, in denen dem Sprichwort nach das Gras so schnell wächst, dass ein liegen gelassener Stock schon am nächsten Tag nicht mehr zu entdecken ist, waren seit alters her das Ziel der Eroberer. Schon ein Chronist der Normannen zeigte sich darüber entzückt, dass Rinder im Land von „Kerry Gold" das ganze Jahr über auf der Weide Futter finden und man deshalb keine Ställe bauen und keinen Wintervorrat anlegen müsse. Doch je weiter man nach Westen kommt, desto weniger Gras wächst zwischen Steinen und Mooren. Hierher wurden die Einheimischen abgedrängt, die in den abgeschiedenen Gaeltacht-Regionen ihre keltische Sprache und viel von der alten Kultur bewahrten. Dieses Erbe, seine dünne Besiedlung und die nur extensiv genutzte Natur sind aber zugleich die touristischen Trumpfkarten des Westens.

Republik Irland in Zahlen

Fläche: 70.283 qkm, davon höher als 300 m: 6 %	**Einwohner:** 4.365.000 = 62 je qkm
Ostwestausdehnung: Bis 275 km	**Hauptstadt:** Dublin (1.060.000 Einw.)
Nordsüdausdehnung: Bis 485 km	**BIP:** 44.500 € je Einw.; Anteil Landwirtschaft: 2 %, Anteil Industrie: 28 %
Küstenlinie: 3200 km	**Lebenserwartung:** Durchschn. 78 J.
Höchster Berg: Carrantuohill (Kerry) 1040 m	**Arbeitslosigkeit:** 8,2 %
Längster Fluss: Shannon 256 km	**Religion:** 88 % Katholiken
Größter See: Lough Corrib 168 qkm	**Tourismus:** 6–7 Mio. Gäste jährlich

16 Natur und Umwelt

Küstenlandschaft am Ring of Kerry

Beim Blick auf die Landkarte mag man darüber lächeln, dass in Irland schon Erhebungen von wenigen hundert Metern über dem Meeresspiegel „Berge" genannt werden. *Macgillicuddy* (County Kerry) schafft als mächtigster Gebirgszug gerade die 1000-Metermarke, im Osten bleibt das *Wicklow-Gebirge* mit dem *Lugnaquilla* (924 m) knapp darunter. Vor Ort und spätestens beim Aufstieg fordern aber auch die niedrigeren Massive gehörigen Respekt ab, wenn sie vom niedrigen Ausgangsniveau der Tiefebene oder gar vom Meer abrupt himmelwärts aufragen. Eine Klippenwand ist einfach spektakulär, auch wenn sie „nur" einen Kirchturm tief ins Meer fällt. Geologisch betrachtet sind die Gebirge sehr vielseitig. Die Wicklow-Berge und die Höhen von Galway, Mayo und Donegal bestehen weitgehend aus Granit, während bei den Höhenzügen im Süden braunroter Sandstein vorherrscht.

Im Westen, wo die Berge bis unmittelbar ans Meer reichen, ist die Küste durch fjordähnliche Buchten reich gegliedert. Manchmal taucht ein schon im Wasser verschwundener Gebirgszug nochmals auf: Inseln und Inselchen wie die *Blaskets*, *Skelligs* und *Arrans* sind Irlands letzter Vorposten im Atlantik. Wo nun die schöneren Sandstrände sind, ob am Atlantik oder an der Irischen See, ist nicht leicht zu entscheiden. Typisch für die Ost- und Südküste sind etwa die Strände von *Arklow* und *Tramore*, lang gezogen und beinahe schnurgerade, ideal für einen Galopp, der auch im Seewind Pferd und Reiter zum Schwitzen bringt. Wer kleinere Buchten, Hintergrundpanorama und dramatische Sonnenuntergänge liebt, wird die Westküste bevorzugen.

Klima

Das von den feuchten Atlantikwinden bestimmte Wetter ist so mild und ausgeglichen, dass Spötter behaupten, Irland besitze kein Klima, sondern nur eine Aufeinanderfolge verschiedener Wetterlagen.

Im Hochsommer liegt die Durchschnittstemperatur mit 16 °C etwa so hoch wie in Kiel, im Januar ist es mit 7 °C jedoch erheblich wärmer als in Deutschland. Doch

Klima 17

sobald ein starker Wind bläst, und das tut er vorzugsweise in Verbindung mit heftigen Schauern, hält man es subjektiv für sehr viel kälter als die Temperatur, die das Thermometer objektiv misst. Kurz gesagt: Auch in Irland sind die Winter kalt. Und dass es nie schneit, ist eine Legende der Touristikfachleute. Des Autors sommerbereifter Mietwagen blieb einst in Donegal in einem wüsten Schneesturm stecken, und am nächsten Morgen bargen die Farmer ihre erfrorenen Lämmer aus den Schneewehen. Nur die Kinder haben ihre Freude an der verschneiten Landschaft.

Bei näherer Betrachtung erkennt man, dass es beim Wetter auch regionale Unterschiede gibt. So entspricht die durchschnittliche Niederschlagsmenge pro Jahr in Dublin mit 750 mm etwa der von Münster, während die Berge an der Westküste mit über 2500 mm mehr Regen abbekommen als die höchsten Alpengipfel. Die Zahl der Regentage schwankt zwischen 190 und 250 jährlich, die trockensten Monate sind Mai und Juni.

Mehr zum Thema unter www.weather.ie

Irischer Regen – Fluch oder Segen

So begeistert sich unser eingangs erwähnter Normanne über die Möglichkeiten der Viehzucht äußerte, so kritisch bewertete er die Chancen des Ackerbaus. Irland ist einfach zu nass. Die meiste Mühe müssen die Bauern darauf verwenden, das Getreide nach der Ernte trocken zu bekommen. In manchen Jahren lassen sie das Korn in der Hoffnung auf ein paar trockene Tage bis in den Oktober stehen, um es dann doch feucht zu ernten und durch gewaltige, Energie fressende Trockenöfen jagen zu müssen.

Zu viel Wasser von unten und noch mehr Wasser von oben. „Oh, the water. Hope it won't rain all day", singt Van Morrison. Dichter lassen sich darüber aus, Reisenden macht der Regen die sorgfältig ausgetüftelten Pläne zur Makulatur, und für die Eröffnung eines Gesprächs ist er ein ebenso dankbarer Stoff wie für Sprichwörter und Witze (Kostprobe aus Dingle: „Wenn man die Blaskets sieht, dann wird es gleich regnen. Wenn man sie nicht sieht, dann regnet es!").

Doch was wäre die Grüne Insel ohne Regen? Jedenfalls nicht so grün. Die Sümpfe wären keine Sümpfe mehr, die Schafe erschienen nicht mehr als stoische Helden, und wer weiß, was ohne den Regen aus der irischen Melancholie würde. Ja, das kleine Irland bringt ein bisher zu wenig geschätztes Opfer für Europa! Denn wenn die atlantischen Winde und Wolken ihre feuchte Fracht nicht schon zum Großteil in Irland abladen würden, dann bekämen die Briten oder gar wir auf dem Kontinent das Wasser ab.

Zum irischen Regen gehört allerdings auch, dass er, und sei es nur für einen kurzen Moment, irgendwann aufhört. Wenn die Wolken aufreißen und die durchbrechende Sonne ihre Strahlen wie eine Batterie himmlischer Theaterscheinwerfer über die Wiesen und Hecken jagt, sich das Licht auf den noch tropfnassen Fuchsienblüten bricht und sie noch röter als sonst erscheinen lässt, wenn die Menschen vorsichtig und des Wunders noch nicht ganz sicher aus den Hauseingängen auf die Straßen treten, dann zeigt sich die Insel von ihrer schönsten Seite – und das versöhnt. Licht am Ende des Tunnels – der nächste Regen kommt bestimmt.

18 Natur und Umwelt

Wälder kann man in Irland lange suchen

Pflanzen

Bei diesem Wetter sollte man erwarten, dass die Grüne Insel von einem üppigen Wald bedeckt ist. Das war einmal – vor etwa 5000 Jahren.

Durch ein Zusammenwirken natürlicher Faktoren (Abkühlen des Klimas) und menschlicher Aktivitäten (die mit den Steinzeitbauern beginnenden Rodungen) reduzierte sich der Wald auf heute nur noch 5 % der Inseloberfläche, wobei die heutigen Forste überwiegend das Ergebnis mühseliger Anpflanzungen sind. Irland ist zu feucht, als dass sich ein völlig abgeholzter Wald noch natürlich erneuern könnte. Abgestorbene Vegetation und Wurzelreste kompostieren nicht mehr, das Land wird zum Moor. Gräbt man nur tief genug im Flachmoor *(Blanket Bog)*, stößt man darunter noch auf die konservierten Baumstümpfe.

Viele der etwa 1000 Pflanzenarten, die heute in Irland heimisch sind, kamen während der letzten Eiszeit über die Landbrücke aus dem Mittelmeerraum, von Skandinavien oder gar über Grönland und Island aus Amerika auf die Grüne Insel. Eine typische Mittelmeerpflanze ist etwa der Erdbeerbaum *(Arbutus unedo)*, als ein noch einigermaßen häufiger Vertreter der insgesamt raren „Amerikaner" sei das Kanadische Johanniskraut *(Hyperium canadense)* genannt. Andere sind ausgewilderte Zierpflanzen: der so schön anzuschauende Rhododendron z. B., der heute der schlimmste natürliche Feind der letzten irischen Eichenwälder ist, weil er sich dort am besten vermehrt und die Bäume erstickt. Zu den endemischen, also nur auf Irland vorkommenden Arten gehören die irische Weide *(Salix hibernica)* und die irische Mehlbeere *(Sorbus hibernica)*. Außergewöhnlich ist auch die Pflanzengemeinschaft des Burren, eines auf den ersten Blick kahlen

Kalksteinplateaus, in dem man bei genauem Hinsehen seltene Orchideen entdeckt. Und im irischen Moor wachsen sogar Fettkraut *(Pinguicula vulgaris)* und elf weitere Arten fleischfressender Pflanzen.

> ### Gärten und Parks
>
> Nicht nur Hügel und Weiden machen Irland zur „Grünen Insel", auch die angelegten Parks und Gärten ziehen mit ihrer Schönheit die Besucher an. Das milde Klima mit einer mittleren Januartemperatur von 7 °C erlaubt die Anzucht einer mediterranen Flora. Palmen, Fuchsienhecken, Baumfarne und Eukalyptusbäume wachsen hier problemlos im Freiland. Ob verwunschene Märchengärten, weitläufige Parks oder Blumenrabatten – jede Epoche und Modeströmung der Gartenbaukunst hat auf der irischen Insel ihre Spuren hinterlassen. Zu den interessantesten Anlagen zählen:
>
> Dillon's Garden (Dublin, S. 189)
>
> Japanese Gardens (Co. Kildare, S. 236)
>
> Mount Usher Gardens (Co. Wicklow, S. 260)
>
> John F. Kennedy Arboretum (Co. Wexford, S. 277)
>
> Garinish Island (Co. Cork, S. 381)
>
> Brigit's Garden (Co. Galway, S. 530)
>
> Lissadell Gardens (Co. Sligo, S. 600)
>
> Belfast Botanic Garden & Palm House (Belfast, S. 710)
>
> Rowallane Garden (Co. Down, S. 724)
>
> Mount Stewart Gardens (Co. Down, S. 726)
>
> Infos zu irischen Parks und Gärten auch unter www.gardens-guide.com und www.gardensireland.com.

Tiere

Klimaveränderung, Insellage und wieder der Mensch sind dafür verantwortlich, dass es auf Irland heute nur noch 28 Arten wild lebender Säugetiere gibt (zum Vergleich: in Europa sind es immerhin 150).

So konnte sich der während der Eiszeit eingewanderte Riesenelch *(Megaloceros)* zwar noch der nachfolgenden Erwärmung anpassen, wurde aber im ersten vorchristlichen Jahrtausend von den keltischen Jägern ausgerottet. König der Tiere ist heute der Hirsch, der mit dem Damwild in den Nationalparks von Donegal und Kerry überlebt hat, weil der Adel um des Jagdvergnügens willen die Bestände rechtzeitig schonte und hegte. Nicht auszurotten waren Hase und Kaninchen, auch der clevere Fuchs hat sich gehalten. Die vielen Hecken sind das ideale Revier für Igel, in den Binnengewässern tummelt sich, zum Ärger der Fischer, Europas größter Bestand an Ottern. Auch auf die Robben, von denen vor den Küsten wohl noch zwei- oder dreitausend leben, sind die Fischer schlecht zu sprechen.

Besser als um die Säuger steht es um die irischen **Vögel**. Die gefiederten Kameraden zu beobachten ist beinahe ein Volkssport. Im Frühjahr und Herbst laufen die Telefondrähte des Vogelschutzverbandes heiß, wenn Hobby-Ornithologen der ganzen Insel Ankunft und Abreise von Zugvögeln melden. Besonders bevölkert sind

Natur und Umwelt

Bin ich nicht schön?

die Steilklippen der Westküste und die unbewohnten Inseln. Bei der Fahrt um die Skelligs hat man gute Chancen, Sturmtaucher *(Hydrobates pelagicus)*, die ernst dreinblickenden Seepapageien *(Fratercula arctica)* mit ihren bunten Schnäbeln und die riesigen Tölpel *(Sula bassana)* vor das Fernglas zu bekommen. Die Waterford Bay ist das größte Winterquartier für grönländische Wildgänse, aus dem Baltikum kommen allerlei Enten auf Besuch. An den Seen und Flüssen des Binnenlandes trifft man noch auf viele Vogelarten, die auf dem Kontinent selten geworden sind. Am auffälligsten ist der gesellige Graureiher *(Ardea cinerea)*, der reglos im Flachwasser steht – bis ein Fisch in Reichweite kommt, den er mit einer blitzschnellen Schnabelbewegung aus dem Wasser holt. Ähnlich verhält sich der kleine, doch umso farbenprächtigere Eisvogel *(Alcedo atthis)*, der auf einem Ast über dem Wasser auf die Beute lauert. Und wer wieder einmal enttäuscht vom „Birdwatching" zurückkommt, weil sich die gesuchten Exoten partout nicht zeigen wollten, dem bleiben als verlässlicher Trost die allgegenwärtigen Elstern, Raben und Krähen.

Lesetipp „**Pocket Guide to the Common Birds of Ireland**", von Eric Dempsey, Gill & Macmillan Publishers.

Umweltschutz

Dass Irland im europäischen Vergleich neben Skandinavien noch die intakteste Natur hat, ist Ergebnis der geringen Industrialisierung, nicht aber eines besonderen Umweltbewusstseins.

Tatsächlich spielt der Umweltschutz auf der Grünen Insel nur eine Nebenrolle. Mit Verweis auf die noch geringe Schadstoffbelastung von Luft und Wasser schaffen es die irischen Politiker in Brüssel immer wieder, großzügige Ausnahmen durchzusetzen: Irische Kraftwerke jagen besonders viel Schwefeldioxid in die Luft (immerhin ist der Verzicht auf Atomstrom nationaler Konsens). Viele Orte entsorgen ihre Abwässer noch immer ungeklärt in Flüsse und Meer, Fischfarmen und Chemiewerke (bei Cork) vergiften die Buchten, die Viehbarone und Bauern im Golden Vale verseuchen mit Jauche und übermäßiger Düngung die Binnengewässer. Während beispielsweise in Österreich zwei Drittel des häuslichen Abfalls wiederverwertet werden, sind in es in Irland weniger als 15 %. Im Spannungsfeld zwischen Ökonomie und Ökologie neigt sich die Waagschale eindeutig auf die Seite eines bedingungslosen Wachstums.

Umweltschutz 21

Doch es gibt auch Lichtstreifen am Horizont. Inzwischen wird auch in Irland die Müllabfuhr den Haushalten nicht mehr pauschal, sondern nach Menge in Rechnung gestellt. Und auf einen Schlag verschwanden die zuvor in Stadt und Landschaft allgegenwärtigen Plastiktüten, als der Staat eine „Tütensteuer" von 15 Cent einführte. Nun hoffen viele auf ein Zwangspfand für Plastikflaschen.

Widerstand gegen die Umweltverschmutzung regt sich bei Anglern, denen die dramatisch sinkende Wasserqualität die Beute nimmt, und bei den Leuten in der Touristikbranche. Sie wissen, dass zumindest die Besucher vom Kontinent der reinen Luft, des sauberen Wassers und der intakten Natur wegen nach Irland kommen. Immer mehr Iren sind zudem über die Qualität ihrer Nahrungsmittel besorgt und fördern so die wachsende Gruppe ökologisch wirtschaftender Kleinbauern.

Die Ästhetik der Bungalows

So „leer" Irland auf den ersten Blick auch scheinen mag, so groß ist doch der Landschaftsverbrauch im Verhältnis zur dünnen Besiedlung. Bis vor kurzem gab es praktisch keinerlei Bauvorschriften – jeder Grundeigentümer durfte mit seinem Land machen, was er wollte. Ein Ergebnis dieses schrankenlosen Eigentumsbegriffs sind die vielen Bungalows, die man oft mitten in der Landschaft findet. Bis heute werden sage und schreibe 40 % aller irischen Wohnhäuser außerhalb geschlossener Siedlungen errichtet. Das freut jene Bauern, die nicht mehr von Feld und Vieh, sondern vom Verkauf von Baugrundstücken leben. Dagegen belastet die Zersiedlung die öffentliche Hand, die Strom, Straßen, Wasser- und Abwasserleitungen zu den Häusern bringen müssen. Und macht die Iren zu Weltmeistern im Autofahren. Ein irischer Pkw fährt im Jahr durchschnittlich 24.400 km, fast doppelt so viel wie ein in Deutschland zugelassenes Auto.

In der guten Absicht, besonders den Landbewohnern zu neuen und preiswerten Häusern zu verhelfen, brachte der Staat Ende der 1960er Jahre eine Reihe standardisierter Baupläne heraus. Die kosteten ein Pfund und sparten den Architekten. Und da stehen sie nun, die Häuser im „irischen Dallas-Stil", jeweils mit einer persönlichen Note versehen, wie beispielsweise einem „klassizistischen" Säuleneingang oder einer Arkade, wie sie der Hausherr beim Urlaub in Italien kennen gelernt hat.

Schon Reisende des 19. Jahrhunderts zeigten sich überrascht, dass die Iren zwar Meister der Sprache waren, es ihnen aber an visueller Ästhetik mangelte. Der uns trostlos erscheinende Anblick mancher Städte und Dörfer ist nicht nur Ausdruck leerer Kassen, sondern für viele Iren kein echtes Problem – er stört sie nicht. Genauso wenig wie der Bungalow am schönsten Aussichtspunkt eines Tals.

Die gute Architektur in diesem Land beruhte – bis auf wenige Ausnahmen – auf dem Import oder der Kopie ausländischer, meist britischer Formen. Betrachtet man Repräsentativbauten der Postmoderne wie das Fährterminal in Rosslare (immerhin der „Empfangssalon" Irlands) oder das Bürohaus am Dubliner Woodquay, ist leicht zu verstehen, dass zumindest der städtische Massengeschmack sich nach der „guten alten Zeit" sehnt: Schaufensterfronten und Pubs pflegen das nostalgische, heimelige Klischee der vorletzten Jahrhundertwende.

Music's in the air

Mensch und Gesellschaft

Für Oscar Wilde sind die Iren „die größten Erzähler seit den alten Griechen", doch ihre Themen sind oft genug Klatsch, Tratsch und Gerüchte, wovon man sich etwa im Pub oder bei den morgendlichen Radiomagazin-Sendungen leicht überzeugen kann. Im Gespräch neigen sie zum Monolog und sind laut, im Trinken maßlos bis zum Umfallen. Von Sauberkeit um sich herum halten sie wenig. „Wir sind eine schmutzige und gesetzlose Nation, deshalb werfen wir den Abfall überall hin", beklagt sich die Umweltministerin. Warum sich auch um Gesetze kümmern, die so lange nicht die ihren, sondern die der englischen Kolonialherren waren? Ihr gestörtes Verhältnis zur Pünktlichkeit lässt selbst Orientalen erschauern – eine zeitvergessene Gesellschaft, in der nach einer amtlichen Erhebung nur eine von zehn Dubliner Schuluhren funktioniert.

Doch wir lieben die Iren. 88 % der Bundesbürger, so eine Studie des britischen Ethno-Psychologen Peter Collett, mögen das Inselvolk „uneingeschränkt". Damit rangieren sie in der Sympathieskala aller EU-Länder einsam an der Spitze. Ob wir dort finden, was vielen von uns selbst fehlt? Toleranz, Unbekümmertheit, Aufgeschlossenheit auch gegenüber Fremden.

Dabei ist die irische Gesellschaft in einem raschen und radikalen Wandel begriffen. Aus einer konservativen, streng katholischen, ländlichen, armen und peripheren Nation wurde in kürzester Zeit der keltische Tiger, nämlich ein liberales, weltoffenes und lebensfrohes Erfolgsmodell wirtschaftlicher und sozialer Modernisierung.

Mensch und Gesellschaft

Bevölkerung

Rund 6 Millionen Menschen, davon 1,7 Millionen im Norden, leben auf der Insel. 1845, am Vorabend des Großen Hungers, waren es noch 8,5 Millionen – ein für Europa beispielloser Bevölkerungsrückgang.

Grund ist weniger die erst in den letzten Jahren drastisch gesunkene Geburtenzahl als vielmehr die **Auswanderung**. Je nach Schätzung haben 16 bis 40 Millionen US-Amerikaner, Kanadier und Australier irische Vorfahren. Nachdem noch Mitte der 1980er Jahre jährlich 25.000 Iren und Irinnen die Heimat verließen, um andernorts Geld zu verdienen, hat sich das Blatt gewendet: Heute ist die Zahl der Rückkehrer und Einwanderer deutlich größer als jene der Abwanderer. Bei einem jährlichen **Geburtenüberschuss** von etwa 35.000 Babys, guten Beschäftigungsmöglichkeiten und den offenen Grenzen in der EU dürfte die Inselbevölkerung künftig weiter zunehmen. Mit der gesunkenen Geburtenrate – die katholische Nation hat sich, wie zuvor schon Italien und Spanien, vom Ethos des Kindersegens emanzipiert – entwickelt sich Irland jedoch von einem Land der Jugend, in dem 30 % der Einwohner jünger als 20 Jahre sind (in Deutschland 20 %), allmählich zu einem Land der Alten.

Von besonderer Brisanz ist das demographische Zahlenspiel mit Geburtenraten, Zu- und Abwanderung in **Nordirland**. Hier ist die protestantische Mehrheit von nach der Teilung satten zwei Dritteln auf nur noch 45,6 % geschrumpft, während der Anteil der Katholiken auf 40,3 % stieg (immerhin 13,9 % verweigerten bei der letzten Volkszählung die Angabe der Konfession). Ursache ist die im Vergleich deutlich höhere Geburtenrate der Katholiken. Republikanische Hoffnungen, dass die Katholiken deshalb eines Tages die Bevölkerungsmehrheit stellen würden, sind allerdings verfehlt. Die katholische Geburtenrate sinkt nämlich, und in 30 Jahren, schätzen die Statistiker, wird es in Nordirland bezüglich Empfängnisverhütung keine religionsbedingten Unterschiede mehr geben.

So stark der keltische Einfluss auf die irische Kultur auch sein mag, so falsch wäre es, in den heutigen Iren ausschließlich Nachfahren der **Kelten** zu sehen. Diese waren zunächst nur eine Gruppe von Einwanderern, die sich mit einer namenlos gebliebenen Urbevölkerung vermischte, wie es später Wikinger und

Mit Humor spielt ein Ire den Iren

24 Mensch und Gesellschaft

Wieder mal nichts los heute ...

Anglo-Normannen taten. Immerhin haben den Kelten 3 % der Einwohner Irlands ihre roten Haare zu verdanken, dazu spricht einer von hundert Iren noch Gälisch als Muttersprache.

Solange Irland ein Auswanderungsland war, war die Bevölkerung ethnisch recht homogen. Auch die Nachkommen der protestantischen **Siedler** in Ulster, die großteils aus Schottland kamen und in deren Adern somit pikanterweise ebenfalls keltisches Blut fließt, fühlen sich als Iren – nur eben anderer Art als ihre katholischen Nachbarn. Probleme mit Einwanderern besaßen eine ganz andere, vier Jahrhunderte zurückreichende Dimension. Die wenigen Zivilisationsflüchtlinge vom Kontinent, meist Niederländer und Deutsche, die sich vor allem an der Westküste niedergelassen haben, fielen nicht auf und konkurrierten nicht um Arbeitsplätze und Sozialleistungen. Für nationalistische Fremdenfeindlichkeit fehlte ihnen gegenüber der Nährboden – falls überhaupt, wurde das völkische Hasspotenzial zwischen Republikanern und Unionisten ausgelebt. Oder gegenüber den etwa 25.000 Fahrenden (**„Travellers"**). Ihnen hat man landauf landab zahlreiche Denkmäler gesetzt, nämlich jene Metallbarrieren an Parkplätzen, die die Einfahrt von Wohnwagen verhindern sollen.

Diese Szenario eines von Iren bevölkerten Irlands hat sich seit 2004 radikal geändert. Mit der Osterweiterung der EU wurde die Insel zu einem bevorzugten Einwanderungsland auch von Leuten, die keine irischen Wurzeln haben. Als katholische Nation mit boomender Wirtschaft lockt Irland nun v. a. **polnische Arbeitsmigranten,** sodass man sich an Supermarktkassen, Imbisstheken und auf Baustellen inzwischen auch gut auf Polnisch verständigen kann. Die inzwischen etwa 150.000 irischen Polen haben eigene Lebensmittelläden, Restaurants, Zeitungen und Gottesdienste in ihrer Muttersprache. Auch die ebenfalls katholisch geprägten **Litauer** suchen derzeit bevorzugt in Irland ihr Glück.

Die Kirche

Der Schriftsteller Tim Pat Coogan hat einmal notiert, dass Irland „zwei Formen des Kolonialismus" ausgesetzt gewesen sei: dem englischen, der zumindest in der Republik nun überwunden sei, und dem römischen, der nach wie vor das Land im Griff halte. Auch wenn der Anteil der regelmäßigen Kirchgänger von 91 % (1974) auf 59 % (1999) gefallen ist (im katholischen Frankreich besuchen 14 % der Kirchenmitglieder regelmäßig die Messe), bleibt Irland eine Bastion des Katholizismus – in den Augen des Papstes neben Polen die letzte in Europa. Kein Supermarkt, der ohne geistlichen Segen eröffnet würde, manche lassen ihr neues Auto weihen, und in einer durchaus ernst gemeinten Anzeige in der *Irish Times* beginnt eine Liste der „sieben guten Gründe, einen Camcorder zu kaufen" mit: 1) Kommunion; 2) Konfirmation; 3) Hochzeit.

88 % der Iren in der Republik sind Katholiken. Bei 18.000 Nonnen, Mönchen und Priestern gibt es kaum eine Familie, die nicht einen Gottesmann oder eine Gottesfrau in der Verwandtschaft hätte. Ire und Irin werden in einem katholischen Krankenhaus geboren, gehen in eine katholische Schule, werden bei seelischer oder materieller Not vom kirchlichen Sozialdienst beraten und unterstützt und nehmen mit einem katholischen Ritus Abschied von dieser Welt – Kirche von der Wiege bis zum Sarg.

Ähnlich wie in Polen oder Kroatien ist der katholische Glaube Teil der nationalen Identität. Nachdem die gälische Sprache im 19. Jahrhundert zugunsten des Englischen stark zurückgedrängt wurde, blieb vor allem die Kirche, um sich von den Briten deutlich abzugrenzen. Die Kirche ist uralt und schon allein durch die vielen Ruinen von Klöstern und Gotteshäusern auch physisch überall präsent. Der Staat ist jung und aus einer katholischen Emanzipationsbewegung hervorgegangen, nicht aus einer bürgerlichen Revolution, wie sie Wolfe Tone und seine Freunde vor gut

Die Republik Irland ist fest in katholischer Hand

200 Jahren im Sinn hatten. Ostern als Datum des gescheiterten Aufstandes von 1916 ist zutiefst symbolisch – die Putschisten opferten sich für ihr Volk wie Christus für die Menschheit.

Doch der Einfluss der Kirche schwindet. Die Priesterseminare verzeichnen einen drastischen Rückgang der Neuzugänge, und freie Pfarrstellen müssen oft mit eigentlich pensionsreifen, in die Heimat zurückgekehrten Missionaren besetzt werden.

26   Mensch und Gesellschaft

Die Bischöfe mischen sich zwar weiter in die Politik ein, müssen aber vermehrt Niederlagen einstecken. Die Freigabe empfängnisverhütender Mittel, das von den Frauen erkämpfte Recht, sich immerhin über Abtreibungsmöglichkeiten im Ausland informieren zu dürfen, und das knappe Ja beim Referendum zur Scheidungsfrage belegen, dass der Klerus zumindest in Fragen des Diesseits an Autorität verloren hat. Auch innerhalb der Kirche melden sich vermehrt jene zu Wort, die von der Institution Zurückhaltung in Fragen der Sexualmoral und stattdessen eine stärkere Beschäftigung mit den sozialen Problemen und der Seelsorge im engeren Sinn fordern. Brendan Comiskey, vormals Bischof von Ferns, handelte sich einen Tadel aus Rom ein, weil er öffentlich das Zölibat in Frage stellte. Nachdem der Kirchenmann über Jahre das pädophile Treiben gleich mehrerer seiner Priester negiert hatte, musste er schließlich zurücktreten. Mit dem „Ende der Ehrfurcht" tut sich jedoch auch ein moralisches Vakuum auf. Denn eine weltliche Moral, sei sie nun konservativ oder liberal-humanistisch, konnte sich in Irland nie entwickeln.

Auch wenn sich Iren und Irinnen von der Amtskirche immer weniger in ihren Alltag hineinreden lassen, bedeutet das keinen Bruch mit dem christlichen Glauben. Die Religiosität im Sinne spiritueller Bedürfnisse ist ungebrochen, und die Antwort darauf wird weiter in katholisch geprägtem Rahmen gesucht: Schwebende Marienstatuen, wundersame Krankenheilungen, mystische Heiligenerscheinungen haben Konjunktur, Wallfahrten sind gut besucht.

Protestanten

„Weil wir so wenige sind", weiß ein anglikanischer Großbauer aus Waterford, „lässt man uns in Ruhe. Wir haben keine Probleme mit den Katholiken." Anders als ihre Glaubensbrüder im Norden leben die Protestanten des Südens nicht in Ghettos oder geschlossenen Siedlungsgebieten, sondern mitten unter den Katholiken. Mischehen sind häufig – und weil der Papst es so will, tauft man die Kinder dieser Ehen katholisch, womit die Zahl der Protestanten weiter abnimmt.

1920 stellten die Mitglieder der anglikanischen *Church of Ireland* und der Presbyterianischen Kirche noch 10 % – statt heute 3 % – der Bevölkerung. Auch waren sie weit einflussreicher, als ihre Zahl vermuten lässt: Sie kontrollierten die Geschäftswelt von den Banken über die *Irish Times* bis zum Guinnesskonzern und waren die Herren der großen Landgüter. Doch in der neuen, katholischen Republik waren sie nicht willkommen und galten als die fünfte Kolonne der englischen Kolonialmacht. Die meisten Protestanten haben ihren Besitz verkauft und das Land verlassen. Ein Pfarrer der Church of Ireland betreut heute die in zwei Dutzend Dörfern verstreut lebenden Schäflein, manches Gotteshaus ist inzwischen ein Café oder Ladenlokal, und auch für den Unterhalt der verbliebenen Kirchen fehlt das Geld. Gut besucht sind dagegen die protestantischen Schulen. Auch viele säkular gesinnte Katholiken nutzen diese Alternative zu den katholischen Lehranstalten.

In Nordirland konkurrieren mit der Church of Ireland und den Presbyterianern noch eine Vielzahl kleinerer protestantischer Kirchen wie etwa *Methodisten, Baptisten, Quäker* oder die *Free Presbyterian Church* des Pastors *Ian Paisley*. „Protestantismus" meint im nordirischen Kontext nicht eine theologische Doktrin, sondern eine politische, auf der Union mit Großbritannien beharrende Haltung und Kultur, die weniger von den Kirchen als vielmehr von den unionistischen Parteien oder vom Orange Order gepflegt werden.

Wirtschaft

Irland, der keltische Tiger: Der allseits bewunderte irische Wirtschaftsaufschwung beruht auf einem simplen Rezept. Die Regierung sorgt für gut ausgebildete Arbeitskräfte und gewährt den Investoren billiges Land für Betriebsansiedlungen, Zuschüsse und Steuererleichterungen.

Schon 1948 hatte der Staat im Bemühen, die Marktkräfte spielen zu lassen, die Industrial Development Authority (IDA) gegründet; doch anfangs blieben die Erfolge aus. Erst nach Irlands Beitritt zur Europäischen Wirtschaftsgemeinschaft (1973) ließen sich einige US-Konzerne der Elektronikbranche und der Pharmaindustrie in Irland nieder, um auf diesem Weg Zugang zum europäischen Markt zu finden. Es kamen auch viele deutsche Firmen, die vom damals laxen Umgang der Iren mit der Umwelt profitierten. Der große Investitionsschub erfolgte in den 90er Jahren, als die stark expandierenden transatlantischen Firmen des Informations- und Kommunikationssektors die vielen Vorteile erkannten, die ihnen die IDA bot. Dazu gehörten die minimalen Unternehmenssteuern, die enorm hohen staatlichen Zuschüsse (bei deren Vergabe nicht immer objektive Kriterien angewandt wurden, wie die vielen aktuellen Korruptionsskandale beweisen), ein mit EU-Geldern finanziertes, gut ausgebautes Kabel- und Kommunikationsnetz und die auf Staatskosten ausgebildeten, hoch qualifizierten Arbeitskräfte.

Den Anstoß für diese Entwicklung lieferte die Ansiedlung des US-Chip-Herstellers *Intel*, der sich die Niederlassung mit atemberaubenden Summen honorieren ließ – einer Schätzung zufolge kostete jeder Intel-Job den irischen Staat zwischen 75.000 und 140.000 irische Pfund (etwa 100.000 bis 180.000 €) an Steuerausfall und direkten Beihilfen. Auch die anderen Firmen, die sich danach in Irland niederließen (Halbleiterfabrikanten, PC-Hersteller, Laufwerk-Produzenten, Software-Entwickler, Callcenter-Betreiber) wussten von der großzügigen Vergabe staatlicher Gelder. Kein Wunder, dass da so manche Hand die andere erst schüttelte, dann füllte und anschließend wusch. Wer wollte da den Investoren, die ja Arbeitsplätze schufen, und den visionären Politikern, die diese Investoren angelockt hatten, schon an den Karren fahren?

Konsumrausch in Dublins Powerscourt

28 Mensch und Gesellschaft

War nicht die Arbeitslosigkeit von rund 20 % (1990) auf rund 4,5 % (2002) gesunken? Sind die Iren, so eine Studie der *Bank of Ireland,* mit einem Vermögen von durchschnittlich 148.000 € pro Kopf nicht heute nach den Japanern auf dem zweiten Platz der weltweiten Reichtumsliga?

Die Kritik am irischen Wirtschaftswunder konzentriert sich vor allem auf zwei Schwachpunkte: Zum einen den hohen Anteil US-amerikanischer Investitionen, die Irland zu einem Anhängsel der US-Ökonomie gemacht habe, deren Aufs und Abs es nun teile. Dem halten andere entgegen, dass der irische Boom sich mehr und mehr selbst trage und inzwischen weniger von ausländischen Investitionen als von der eigenen Bauwirtschaft gestützt werde. Zweiter Kritikpunkt ist die wachsende soziale Ungleichheit, mit der sich die Schere zwischen Arm und Reich weiter öffnet und die weite Teile besonders der ländlichen Bevölkerung ins Abseits stellt. Irland habe, so der *Irish Examiner* aus Cork, die Chance auf eine fairere Gesellschaft für alle vertan. Dem wird entgegengehalten, dass auch Irlands Arme heute, absolut betrachtet, sehr viel besser dastünden als noch vor zehn Jahren.

EU-Hilfen: Die blauen Schilder mit dem Sternenkreis sind auf den staatlichen Baustellen Irlands ein vertrauter Anblick. Obwohl Irland inzwischen zu den reichsten EU-Ländern gehört, ergießt sich noch immer eine wahrer Geldregen aus den Brüsseler Kassen über die Grüne Insel: mit umgerechnet 271 € pro Einwohner im Jahr 2005 bekamen die Iren etwa 15-mal mehr als z. B. die sehr viel ärmeren Tschechen. Etwa ein Drittel kommt aus dem „Social Fund" und ist für Berufsausbildung und Beschäftigungsprojekte vorgesehen, knapp die Hälfte für die Verbesserung der Infrastruktur (insbesondere Straßenbau), aber auch für die vielen „Visitor Centres" und andere Tourismusprojekte.

Landwirtschaft: Am meisten profitierten von der damaligen EWG zunächst die Bauern, denn die neuen Preise lagen fast doppelt so hoch wie auf dem zuvor hauptsächlich belieferten englischen Markt, dazu gab es Preisgarantien und üppige Subventionen. Die großen Bauern investierten kräftig und holten das Letzte aus Boden, Maschinen und Tieren heraus, denn je mehr Getreide und Butter man erzeugte, je mehr Rinder man züchtete, desto reichlicher flossen die Subventionen. Ob sich das Zeug tatsächlich verkaufen ließ, war ziemlich egal. Zeitweise landete die Hälfte der irischen Butter ohne Umwege auf dem legendären „Butterberg" in den Kühlhäusern der EU, und jede zweite Tonne Schlachtvieh wurde zu Interventionspreisen vom Markt genommen. Andererseits kommen Irlands Kartoffeln (!) heute weitgehend aus dem Ausland, teilweise sogar aus Schottland. Auch die Nachfrage an Gemüse, da arbeitsintensiv und nicht subventioniert, kann nur durch Importe gedeckt werden.

Glückliche Schafe

Auch die 7,5 Millionen Schafe, die auf Irlands Wiesen grasen, sind ein Ergebnis der absurden Mechanismen der EU-Agrarpolitik. Obwohl auf dem Markt heute nur mit Lämmern Geld zu verdienen ist, lässt man fast alle Schafe auswachsen und möglichst alt werden. Denn pro Tier gibt es jedes Jahr eine „Kopfprämie" von etwa 28 €. Ökologen warnen schon vor der Überweidung mancher Gebiete. Im Grenzland zwischen der Republik und dem britischen Ulster ist auch der Schmuggel wieder attraktiv geworden. Für den Tag, zu dem die staatlichen Schafzähler ihren Besuch ankündigen, leiht man sich einfach von der jeweils anderen Seite eine Herde aus.

Agitprop-Kunst an Belfasts Mauern

Der Nordirland-Konflikt

Nordirland war für ausländische Gäste auch früher nie wirklich gefährlich. In den meisten Regionen und Stadtvierteln der „Provinz", wie die protestantischen Unionisten Nordirland nennen, kannten die Bewohner den Krieg nur aus der Zeitung. Seit die IRA und die probritischen loyalistischen Paramilitärs Mitte der neunziger Jahre einen Waffenstillstand verkündet haben (und diesen auch weitgehend einhalten), sind die Risiken ganz verschwunden.

Die nordirische Regierung hat in der Hinterlassenschaft des 30-jährigen Konflikts sogar ein Vermarktungspotenzial für Touristen entdeckt: Überall werden derzeit Denkmäler eingeweiht, Erinnerungstafeln enthüllt und Monumente geschaffen. Schon deswegen lohnt sich ein Besuch. Voraussetzung sind dabei allerdings ein paar Kenntnisse über die Ursachen des Konflikts, der länger andauerte als jeder andere europäische Krieg im 20. Jh. Die folgende Einschätzung mag dabei helfen.

Von 1969 bis Mitte der 90er Jahre herrschte in Nordirland ein Konflikt, über dessen Charakter sich die Beteiligten bis heute nicht einig sind. War es ein „Terrorismusproblem", wie die protestantische Bevölkerungsmehrheit meint? War es ein „antikolonialer" Befreiungskampf, wie manche in der irisch-katholischen Minderheit glauben? Ging es um die Durchsetzung von Menschenrechten, um einen Verfassungskonflikt, um Stammesfehden oder gar um Religion? Für viele ausländische Medien war die Antwort klar: Ihre Reporter konnten sich nur einen Reim auf die außerordentlich komplexe Auseinandersetzung machen – hier die Katholiken, die ein vereintes Irland wollen, dort die Protestanten, die sich als Briten sehen. Doch die Lage ist etwas komplizierter.

Beginnen wir bei den Definitionen. In Nordirland selber beschreiben nur wenige den Konflikt als Auseinandersetzung zwischen „Katholiken" und „Protestanten".

30   Mensch und Gesellschaft

Viele sprechen eher von **„Nationalisten"** und **„Unionisten".** Die Nationalisten befürworten einen Zusammenschluss Nordirlands mit der Republik im Süden, weil nur so die irische Insel zu einer Nation werden könne. Die bisher militanteren Teile der nationalistischen Bewegung nennen sich **Republikaner.** Die Unionisten hingegen wollen die Union zwischen Großbritannien und Nordirland bewahren; die **Loyalisten** – sie verstehen sich als besonders loyale Untertanen Ihrer Majestät – greifen auch zur Waffe, wenn sie diese Union gefährdet sehen. Dennoch wird häufig von Katholiken und Protestanten gesprochen und geschrieben; das liegt daran, dass (schon aus historischen Gründen) die Mehrheit derer, die ein vereinigtes Irland anstreben, katholisch ist, während die meisten Unionisten protestantisch sind. Der Glauben spielt allerdings keine wesentliche Rolle: Die Konfessionsbezeichnung dient vielmehr der Definition von zwei Bevölkerungsgruppen, die sich von ihrer Identität und Herkunft her unterscheiden und deswegen unterschiedliche Ziele verfolgen. Im Zentrum des Konflikts stehen daher keine religiösen, sondern politische und kulturelle Gegensätze.

Diese Gegensätze existieren seit langem. Aber sie drücken sich derzeit nicht gewaltsam aus. Der Friedensprozess, der am Karfreitag des Jahres 1998 festgeschrieben wurde, hat alle Vertragsparteien zur Gewaltlosigkeit verpflichtet. Dieses **Karfreitagsabkommen** hat eine nordirische Regionalversammlung und eine Art Allparteienregierung geschaffen, in der die wichtigsten politischen Parteien vertreten sind: Die IRA-Partei Sinn Féin genauso wie die Partei des rabiaten protestantischen Predigers *Ian Paisley,* die katholisch-sozialdemokratische SDLP wie auch die große unionistische Partei UUP. Diese **Parteien** verwalten nach einem ausgeklügelten System der Machtteilung („power-sharing") Nordirland. Die Grundidee des Karfreitagsabkommens besteht darin, dass die nordirische Bevölkerung über die konstitutionelle Zugehörigkeit Nordirlands befinden kann – so lange eine Mehrheit für den Verbleib Nordirlands bei Großbritannien stimmt, bleiben die sechs Grafschaften im Nordosten der irischen Insel Teil des Vereinigten Königreichs. Sollten aber (etwa durch demographische Veränderungen) die Nordiren für ein Zusammengehen mit der Republik Irland votieren, würde Nordirland Teil der irischen Republik.

Dieses Lösungsmodell wird jedoch nicht von allen Bevölkerungsteilen mitgetragen. In einem Referendum stimmten 1998 zwar 70 Prozent der Nordiren für die Machtteilung, mittlerweile lehnen jedoch die meisten Unionisten das Projekt ab – und auch auf irisch-nationalistischer Seite wächst die Kritik. Die Protestanten stören sich vor allem an den Kompromissen, die ihre politischen Vertreter im Rahmen des Karfreitagsabkommens eingingen. Empört hat sie insbesondere die Entlassung der Gefangenen von IRA und den loyalistischen Paramilitärs, die Reform der vorwiegend protestantischen **Polizei** (vormals Royal Ulster Constabulary RUC, mit der Reform aufgegangen im neuen Police Service of Northern Ireland PSNI) und das Mitspracherecht der Dubliner Regierung. Ihrem Verständnis nach saßen die „Terroristen" zu Recht in Haft; und dass die Polizei (ihr „Bollwerk gegen den Terrorismus") umstrukturiert und umbenannt wurde, zeige doch, dass die irischen Aufrührer gewonnen haben. Und im Mitspracherecht Dublins sehen viele Protestanten ohnehin nur den künftigen Untergang ihrer Kultur.

Die Märsche

Ein wesentliches Element dieser Kultur stellen die vielen Märsche des protestantischen **Oranier-Ordens** dar, dessen Logen alljährlich von Ostern bis August durch

Der Nordirland-Konflikt

„Für Gott und Ulster" – protestantische Logenbrüder zeigen Flagge

Nordirland ziehen und die protestantische Vorherrschaft feiern. Einige dieser rund zweitausend Umzüge im Jahr sind umstritten. Vor allem der Marsch der Oranier von Portadown am ersten Sonntag im Juli zur Kirche von **Drumcree** und wieder zurück provozierte in den letzten Jahren heftige Auseinandersetzungen. Der Rückweg führt nämlich durch die katholische Garvaghy Road, deren Bewohner sich seit langem gegen den Umzug wehren, den sie als Triumphmarsch empfinden. So kommt es, dass jedes Jahr im Juli trotz des Waffenstillstands Steine fliegen, Autos brennen, Barrikaden errichtet werden und die bewaffnete Polizei Hartplastikgeschosse abfeuert.

Das Unbehagen der protestantischen Bevölkerung beruht jedoch auf einem gigantischen Missverständnis – wer den Vertragstext gelesen hat, weiß, dass die Union von Nordirland und Britannien seit dem Karfreitag 1998 sicherer ist als je zuvor. So hat beispielsweise die Republik Irland im Zuge der Friedensverhandlungen ihren Verfassungsanspruch auf die sechs nordirischen Grafschaften aufgehoben. Das Paradoxon besteht darin, dass die Protestanten in höchstem Maße alarmiert sind, obwohl sie ihr Ziel erreicht haben – und dass die irischen Republikaner einigermaßen zufrieden sind, obgleich sie mit ihrer Zustimmung zum Karfreitagsabkommen noch weiter von der angestrebten irischen Wiedervereinigung entfernt sind als zu Beginn des Konflikts.

Der Einparteienstaat

Ein Blick zurück hilft, die tiefen Wurzeln dieses langen Konflikts zu verstehen. Vor rund vierhundert Jahren hatte die britische Krone einen Teil der damals explodierenden Bevölkerung von Schottland und Nordengland in ihrer Kolonie jenseits der Irischen See angesiedelt. Diese (ausschließlich protestantischen) **Siedler** sollten die englische Herrschaft stabilisieren und erhielten Land, auf dem zuvor katholische

32   Mensch und Gesellschaft

Iren lebten. Diese verloren alle Rechte und wurden teilweise vertrieben. Ihre Rebellionen gegen die britische Fremdherrschaft scheiterten allesamt, erst der Unabhängigkeitskampf ab 1919 (unter Führung der IRA) brachte einen Teilerfolg. Der anglo-irische Friedensvertrag von 1921 spaltete die Aufständischen und die Insel. Sechs Grafschaften im Nordosten blieben bei Britannien, die übrigen 26 Grafschaften bildeten einen Freistaat, aus dem später die Republik Irland wurde. Auch jene Republikaner, die das Abkommen damals ablehnten, störten sich weniger an der **Teilung** Irlands als an den verbleibenden Bindungen des Freistaats an die Krone.

Der Nordosten (das neue Nordirland) war ein besonderer Staat, und keiner der feinen Art. Die Unionisten, besonders die unionistischen Großgrundbesitzer, Fabrikherren und Politiker, errichteten ein diktatorisches Regime, kontrollierten sämtliche Bereiche der nordirischen Gesellschaft und diskriminierten vor allem die Unterschicht des irisch-katholischen Bevölkerungsteils nach Belieben. Die protestantischen Bosse beschäftigten vorzugsweise protestantische Lohnabhängige, die protestantischen Stadtverwaltungen vergaben Gemeindewohnungen hauptsächlich an protestantische Anwärter. Auf kommunaler Ebene hatten die meisten Katholiken kein Stimmrecht, denn dieses war an Haus- und Grundbesitz gebunden – wer viel besaß, hatte viele Stimmen, wer zur Miete wohnte, keine einzige. Die meisten Katholiken waren Mieter. Die unionistische Bourgeoisie sicherte sich zudem durch den volksgemeinschaftlich ausgerichteten, klassenübergreifenden Oranier-Orden ab, in dem sich Fabrikanten und Arbeiter gleichermaßen organisierten und der den protestantischen Lohnabhängigen signalisierte, etwas Besseres zu sein als die katholischen Arbeiter. Dazu kamen mehrere drakonische Ausnahmegesetze der Staatsmacht.

Bürgerrechte

Diesen hochgradig undemokratischen Staat wollte ab 1964 eine Bürgerrechtsbewegung reformieren. Doch deren Forderung nach Gleichberechtigung stieß auf den erbitterten Widerstand der Mächtigen: Aufgepeitschte Unionisten, die RUC und die paramilitärisch organisierte protestantische Hilfspolizei prügelten die Bürgerrechtler zusammen. Als im August 1969 die nordirische Staatsmacht gleich ein ganzes Viertel im vorwiegend katholischen Derry stürmte, sich aber aufgrund der Gegenwehr der katholischen Bewohner zurückziehen musste, schickte die Londoner Regierung die Armee. Kurz danach stürmten protestantische Unionisten katholische Stadtteile in Belfast und brannten ganze Straßenzüge nieder. Zu diesem Zeitpunkt hatten die wenigen Veteranen der IRA, die in den vergangenen Jahrzehnten stets erfolglos gegen die „Briten" gekämpft hatten, keine Waffen mehr. Die IRA gab es nicht mehr.

Die protestantischen Pogrome belebten sie jedoch schnell – viele Jugendliche griffen zu den Waffen, um ihre Viertel zu verteidigen, und nutzten danach die Waffen, um den nordirischen Staat (und dessen Bindung an Britannien) zu zerschlagen. Spätestens nach dem Massaker am **Bloody Sunday** 1972 (siehe S. 654) glaubten viele Katholiken, dass das protestantische Nordirland nicht zu reformieren sei. Kurz danach übernahm zwar London die Direktherrschaft, um die schlimmsten Auswüchse der Diskriminierung zu beseitigen, doch da waren die Fronten längst verhärtet.

Zu diesem Zeitpunkt glaubten besonders die Menschen in den von der Armee belagerten Ghettos nicht mehr an Reformen, sondern sahen die Lösung ihrer Probleme einzig in der Wiedervereinigung Irlands. Die IRA kämpfte gegen die britische

Besatzungsmacht, erschoss Soldaten, sprengte protestantische Kneipen in die Luft, attackierte Kaufhäuser. Die Armee verhielt sich nicht besser – im Gegenteil. Zwischen 1971 und 1975 wurden Tausende auf bloßen Verdacht hin ohne Gerichtsurteil für Monate oder Jahre interniert. Soldaten und Polizisten quälten Menschen, Sondergerichte fällten Urteile auf Grundlage von Sondergesetzen, und zeitweilig gab es eine Politik der gezielten Todesschüsse – die Hälfte der Menschen, die durch den Einsatz von Gummigeschossen ums Leben kamen, waren Kinder. Amnesty International hat viele Folterungen dokumentiert; kein anderer westeuropäischer Staat wurde seit den 70er Jahren so oft vom Europäischen Gerichtshof verurteilt wie Britannien.

Zudem machten sich die britischen Geheimdienste die protestantisch-loyalistischen **Paramilitärs** zunutze. Agenten Ihrer Majestät bildeten die Todesschwadronen aus, versorgten sie mit Waffen und gaben ihnen Tipps. Zu Beginn der neunziger Jahre etwa töteten die Loyalisten weitaus mehr Menschen als die IRA. Sie erschossen und erstachen willkürlich Leute, die ihnen katholisch vorkamen und erledigten für die Armee die Drecksarbeit. Dass sie nur selten IRA-Mitglieder trafen, kümmerte sie herzlich wenig: Für sie war jeder Nationalist ein IRA-Mitglied oder zumindest ein Sympathisant.

Parlamentarische Strategie

Mitte der 80er Jahre dämmerte den Führern der republikanischen Bewegung um IRA und Sinn Féin, dass sie den bewaffneten Kampf nicht gewinnen konnten. Auf der anderen Seite war auch den britischen Militärs zu diesem Zeitpunkt klar, dass die Freiwilligen der IRA nicht zu schlagen waren. Diese waren zwar den Briten weit unterlegen (etwa 600 schlecht ausgerüstete IRA-Leute agierten gegen 30.000 professionelle Soldaten und bewaffnete Polizisten), aber sie wussten, wofür sie kämpften. Das militärische Patt und die Folgen des Hungerstreiks von 1980/1981 bewirkten eine Wende in der Politik der republikanischen Bewegung. Drei der Hungerstreikenden hatten in ihrem Kampf um die Anerkennung als politische Gefangene Parlamentssitze gewonnen – **Bobby Sands** gewann kurz vor seinem Tod eine Nachwahl für das britische Unterhaus, zwei weitere wurden in das irische Parlament gewählt. Die IRA-Partei Sinn Féin gab nach diesen Wahlerfolgen ihre Ablehnung der parlamentarischen Politik auf. Sinn-Féin-Mitglieder kandidierten auf lokaler, regionaler und nationaler Ebene und erzielten beachtliche Ergebnisse: Rund ein Drittel der nationalistischen Bevölkerung Nordirlands stimmte für die „Terroristen".

Der Friedensprozess

Etwa Mitte der 80er kam es zu ersten Geheimverhandlungen zwischen IRA/Sinn Féin und der britischen Regierung; Ende der 80er, Anfang der 90er Jahre signalisierte London, dass Britannien nicht um jeden Preis an Nordirland festhalten wolle. Mit dem Ende des Kalten Krieges verlor die Irland-Frage für die britische Regierung an Bedeutung. Die irische Rebellenbewegung stellte kein außenpolitisches Sicherheitsrisiko mehr dar, denn es gab keinen Feind mehr, der via Irland Britannien hätte bedrohen können. Außerdem fügten die IRA-Bomben in der Londoner City dem Renommee des Finanzzentrums großen Schaden zu, und überhaupt fiel Nordirland London auch ökonomisch zur Last: Britannien pumpt jährlich rund 6 Milliarden Euro in die Provinz (die Militärausgaben nicht mitgerechnet).

34 Mensch und Gesellschaft

Angesichts dieser Signale aus London verständigten sich die Führer der katholischen SDLP und der IRA-Partei Sinn Féin auf eine **Friedensinitiative**, die den politischen Verständigungsprozess in Gang setzte. Diesem Ansatz lag auch die Erkenntnis in der republikanischen Bewegung zugrunde, dass sich die Protestanten, immerhin fast eine Million Menschen, kaum in ein vereinigtes Irland zwingen lassen, sondern überzeugt werden müssen. Die Irische Initiative von John Hume (von der SDLP) und dem ehemaligen IRA-Kommandanten Gerry Adams fand schnell die Unterstützung der Dubliner Regierung, der USA (rund 40 Millionen US-Amerikaner sind irischer Abkunft) und der EU. Auf deren Druck hin zeigte sich auch London verhandlungsbereit. 1993 kam es zu einer anglo-irischen Regierungserklärung, 1994 verkündete die IRA einen Waffenstillstand, 1995 vereinbarten Dublin und London ein erstes Rahmendokument, und 1998 unterzeichneten die Kriegsparteien das oben erwähnte Karfreitagsabkommen.

Nach diesem Abkommen soll künftig die nordirische Bevölkerung über den Status von Nordirland entscheiden können – das klingt nach einer durchaus vernünftigen, demokratischen Gepflogenheiten entsprechenden Regelung. Dennoch sind Teile der republikanischen Bewegung weiterhin zum Widerstand entschlossen. Mit Demokratie habe dieser Grundsatz wenig zu tun, argumentieren sie und verweisen dabei, nicht ganz grundlos, auf die Geschichte. Denn bei der Teilung 1921 wurden die Grenzen mit Bedacht gezogen: Nordirland sollte nur aus den Grafschaften Antrim, Armagh, Down, Derry, Fermanagh und Tyrone bestehen, wurde damals gesagt – nur so könne den Protestanten dauerhaft eine stabile Mehrheit gesichert werden. Die ebenfalls zur alten irischen Provinz Ulster gehörenden Grafschaften Donegal, Monaghan und Cavan überließ man dem irischen Freistaat. Die „demokratische Mehrheit" war also konstruiert worden.

Zäher Fortschritt

Im Juli 2005 erklärte die IRA den bewaffneten Kampf für beendet und rief ihre Mitglieder auf, sich künftig mit friedlichen und demokratischen Mitteln in die Politik einzubringen. Eine internationalen Entwaffnungskommission bescheinigte der IRA, dass sie ihr Waffenarsenal „dauerhaft unzugänglich oder dauerhaft unbrauchbar" gemacht habe. Auch die Ulster Volunteer Force (UVF), die größte paramilitärische Organisation der Unionisten, hat der Gewalt abgeschworen, ziert sich allerdings noch, die eingebunkerten Waffen abzugeben oder zu vernichten.

2007 bekam Nordirland nach langen Jahren unter britischer Direktherrschaft auch wieder eine Regionalregierung. Nach den Regeln des Karfreitagsabkommens durfte *Ian Paisleys* Democratic Unionist *DUP* als Sieger der Regionalwahlen den Ersten Minister stellen, Sinn Féin dessen Stellvertreter. Pastor Paisley, Parteigründer und Übervater der DUP, hatte es jahrelang verweigert, sich mit Sinn Féin auch nur an einen Tisch zu setzen, geschweige denn gemeinsam mit den Republikanern zu regieren. Erst die Entwaffnung der IRA und der vereinte Druck aus London und Dublin bewegten „Mr. Never Never Never" zu einem Sinneswandel.

Inzwischen hat Paisley altershalber seine Ämter als Parteichef und Erster Minister an Peter Robinson abgegeben. Zehn Jahre nach dem Karfreitagsabkommen haben beide Lager noch immer Mühe, in einem Kabinett zusammenzuarbeiten. Derzeit (2008) wird darüber gestritten, wann die Regionalregierung die Kontrolle über Polizei und Justiz übernimmt, die derzeit noch bei in London liegt. Denn

Der Nordirland-Konflikt 35

damit, so die Sorge der DUP, würden ja ehemalige Terroristen an der Aufsicht über die Ordnungskräfte beteiligt.

Die Grenzen verfestigen sich

Derweil nehmen die alltäglichen Auseinandersetzungen zwischen den Bevölkerungsgruppen wieder zu. Besonders unter Jugendlichen wachsen Misstrauen, Hass und das Gefühl, benachteiligt zu werden. Jedes Jahr ziehen etwa 1400 Nordiren nur deshalb um, weil sie im „falschen" Viertel, nämlich in dem der anderen Konfession, wohnen und massiv bedroht werden. Wandbilder und Flaggen markieren die Territorien. 37 „Mauern des Friedens" trennen mit Beton und Stacheldraht protestantische und katholische Stadtviertel – es sind doppelt so viele wie beim Abschluss des Karfreitagsabkommens. Mit der räumlichen Trennung koppeln sich beide Bevölkerungsgruppen immer mehr voneinander ab. In den getrennten Wohnvierteln gehören elf von zwölf Beschäftigten einer Firma derselben Religionsgemeinschaft an. Neun von zehn Bewohnern, so eine Studie des Politologen Peter Shirlow, würden nachts die Wohnviertel der anderen Seite meiden; tagsüber wagt sich nur jeder zweite „nach drüben". 68 % aller 18- bis 25-Jährigen aus einfachen Verhältnissen haben noch nie mit einem Jugendlichen der anderen Seite gesprochen. Nur 5 % der Schüler besuchen eine gemischte Schule. Katholiken und Protestanten haben ihre eigenen Geschäfte, Postämter und Buslinien. Vom Werkhof der Belfaster Müllabfuhr rücken die Stadtreiniger jeden Morgen nach Konfessionen getrennt in „ihre" Viertel aus.

„Frieden" wünschen Derry's Bogside Artists sich und den Passanten

Während auf politischer Ebene seit dem Karfreitagsabkommen die vier großen Parteien und das Establishment um die Aufteilung von Macht und Pfründen ringen, hat sich der Nordirland-Konflikt an der Basis entpolitisiert und auf ein dumpfes „sie-oder-wir" entlang ethnisch-religiöser Identitäten reduziert. Hier geht es nicht mehr um politische Ziele und Einstellungen, sondern um den Kampf zwischen zwei „Stämmen".

(Pit Wuhrer/Ralph Braun)

Mehr zum Thema: Pit Wuhrer, **„Die Trommeln von Drumcree"**, erschienen im Rotpunktverlag, Zürich. Peter Shirlow & Brendan Murtagh, **„Belfast: Segregation and the City"**, erschienen bei Pluto Press, London. Cedric Gouverneur, **„Müllabfuhr streng konfessionell"**, in Le Monde diplomatique, Juli 2006, www.monde-diplomatique.de.

Jerpoint Abbey

Geschichte

Zeittafel

8000–6000 v. Chr. Nach der Eiszeit kommen über die Britische Insel die ersten Siedler nach Irland.

3700–2000 v. Chr. Die Ackerbauern der Jungsteinzeit hinterlassen uns Megalithgräber und Dolmen.

500 v. Chr. Keltische Einwanderer landen in Irland.

400 n. Chr. Beginn der Christianisierung Irlands.

431/32 St. Patrick, Irlands Nationalheiliger, kommt auf die Insel.

Ab 795 Überfälle der Wikinger und Gründung von Handelsstützpunkten.

976–1014 Brian Boru, Fürst von Munster, wird irischer Hochkönig und schlägt die Wikinger.

Ab 1169 Auf „Einladung" eines keltischen Provinzfürsten besetzen die Anglo-Normannen den Westen Irlands.

1366 Mit den „Statuten von Kilkenny", die jede Verbindung zwischen Normannen und Alt-Iren verbieten, will die Krone die Assimilierung der Normannen verhindern.

1541 Heinrich VIII. lässt sich zum König von Irland erheben.

1607/1610 Nach einer gescheiterten Rebellion fliehen die irischen Earls nach Frankreich. Beginn der „Plantations", der systematischen Ansiedlung von Schotten und Engländern in Ulster.

Geschichte 37

1649–1653 Cromwells Truppen verwüsten die Insel. Vertreibung der irischen Bevölkerung in die unfruchtbaren Gebiete im Westen Irlands.

1688–1691 Der in England abgesetzte katholische König Jakob II. versucht seinen Thron von Irland aus zurückzugewinnen und unterliegt seinem protestantischen Widersacher Wilhelm von Oranien in der Schlacht am Boyne. Mit den Penal Laws verlieren Katholiken und protestantische Minderheiten ihre Bürgerrechte.

ab 1782 Der protestantische Adel bemüht sich unter Henry Grattan um die irische Unabhängigkeit.

1796/1798 Landungsversuche der französischen Revolutionsarmee. Gescheiterter Aufstand der United Irishmen unter Wolfe Tone.

1800 Act of Union: Auflösung des irischen Parlaments und Vereinigung mit England

ab 1829 Aufhebung der Penal Laws. Katholische Emanzipationsbewegung unter Daniel O'Connell.

1845–1850 Die durch die Kartoffelfäule verursachte „Große Hungersnot" kostet eine Million Menschen das Leben und zwingt 1,5 Mio. zur Auswanderung.

1879–82 Die Land League kämpft unter Stewart Parnell um die Bodenreform und „boykottiert" dabei auch den Grundherren Charles Boykott.

1886 Die erste Gesetzesvorlage zur irischen Autonomie („Home Rule") scheitert am Widerstand der Konservativen und irischen Protestanten.

1893 Gründung der „Gaelic League", die sich um die Wiederbelebung der gälischen-irischen Kultur bemüht.

1905 Gründung des „Ulster Unionist Council" als Dachverband des nordirischen Unionismus sowie der nationalistischen Partei Sinn Féin.

1911–1913 London gewährt Irland die Home Rule, worauf die Unionisten mit Massendemonstrationen antworten. Formierung der bewaffneten unionistischen Ulster Volunteer Force (UVF) und der nationalistischen Irish Volunteers.

1914–1918 Erster Weltkrieg: Aussetzung der Home Rule, irische Soldaten kämpfen in der englischen Armee.

1916 Der Dubliner Osteraufstand der Irish Republican Brotherhood scheitert, die Anführer werden hingerichtet.

1919 Die für das Londoner Unterhaus gewählten Sinn-Féin-Abgeordneten konstituieren sich in Dublin als irisches Parlament und rufen die Republik aus.

1919–1921 Guerillakrieg zwischen Irish Republican Army (IRA) und der Royal Constabulary (Polizei) samt deren Hilfstruppen, den „Blacks and Tans".

1921 Anglo-irischer Vertrag: Teilung Irlands, Unabhängigkeit der 26 Grafschaften als „Freistaat" im Rahmen des Commonwealth.

1922–1923 Inneririscher Bürgerkrieg zwischen den von Eamon de Valera geführten Gegnern des anglo-irischen Vertrags und den von England unterstützten Befürwortern unter Michael Collins.

1937 Neue Verfassung, Irland wird Republik und de Valera Präsident.

Geschichte

1939–1945	Zweiter Weltkrieg: Die Republik bleibt neutral, deutsche Bombenangriffe auf Belfast.
1949	Austritt aus dem Commonwealth.
1968–1972	Demonstrationen der nordirischen Bürgerrechtsbewegung. Zur Unterstützung der unionistischen Polizei werden britische Truppen in Nordirland stationiert. Reaktivierung der IRA. Nach dem „Blutsonntag von Derry", an dem die britische Armee 13 Demonstranten erschießt, hebt London die nordirische Selbstverwaltung auf. Beginn des nordirischen Bürgerkriegs.
1973	Großbritannien und die Republik Irland werden Mitglied der EU.
1981	Zehn inhaftierte IRA-Kämpfer sterben nach einem Hungerstreik.
1994–1996	Erster Waffenstillstand im nordirischen Bürgerkrieg.
1998	Karfreitagsabkommen zur Beendigung des Bürgerkriegs.
2005	Die IRA erklärt das Ende des bewaffneten Kampfs.
2007	Aus den Regionalwahlen in Nordirland geht die unionistische DUP als stärkste Partei hervor. Ende der britischen Direktherrschaft, Nordirland bekommt wieder eine eigene Regierung.

Wie alles anfing ...

Die ersten Menschen erreichen etwa 10.000 Jahre nach der letzten Eiszeit Irland. Die Entwicklungsstufe dieser Jäger und Sammler ist den australischen Aborigines oder den Buschmännern in der Kalahari vergleichbar.

Ihre ältesten Spuren fand man in der Nähe von Sligo. Dass während der Eiszeit selbst niemand auf Irland wohnte, wundert nicht. Riesige Gletscher überzogen das

Land, in dem eisige Kälte herrschte. Nahrung hätte es allerdings gegeben. Im Dubliner Naturhistorischen Museum steht das Skelett eines Riesenelchs *(Megaloceros giganteus)*, der damals in Irland lebte. Aber vielleicht werden eines Tages noch voreiszeitliche Spuren gefunden, immerhin war das benachbarte Wales schon vor 250.000 Jahren besiedelt.

Mit dem Anstieg des Meeresspiegels gegen Ende der Eiszeit, als die Gletscher abtauten und sich Millionen Kubikmeter Schmelzwasser in den Atlantik ergossen, ging die Landbrücke zwischen Irland und Wales in der Irischen See unter. Die Sligo-Siedler dürften gerade noch trockenen Fußes herübergekommen sein, spätere Einwanderer nur noch per Boot. Sie waren Jäger und Sammler, lebten in kleinen Gruppen, aßen Wildbeeren, Wurzeln, fingen Lachse, jagten Wildschweine und hielten sogar schon Hunde. Wichtigster Fundort dieser Kultur ist der *Mount Sandel* bei Coleraine (Derry). Doch die im Nationalmuseum ausgestellten Überreste des mittelsteinzeitlichen Lagerplatzes (um 6800 v. Chr.) sind für den Laien wenig spektakulär: Steinäxte, Schneidwerkzeuge aus Feuerstein, Knochen, Speiseabfälle.

Wunder aus Stein

Neue Siedler kommen über den Atlantik nach Irland. Sie sind Bauern und hinterlassen monumentale Gräber und rätselhafte, nach den Gestirnen ausgerichtete Kultbauten.

Während die Leute von Coleraine noch ihre Beeren sammelten, breitete sich im fernen Mesopotamien die nach der Entdeckung des Feuers wichtigste kulturhistorische Neuerung der Menschheitsgeschichte aus: Die Menschen wurden Bauern, säten Getreide und züchteten Ziegen und Schafe. Irland erreichten diese Innovationen der neolithischen Revolution erst um 3700 v. Chr. Einwanderer brachten sie

Steinzeitgräber auf dem Cairnbane East (Loughcrew Mountains, Meath)

40   Geschichte

mit, die über den Atlantik kamen und sich an der Westküste niederließen. Das neue Volk töpferte, baute sich Hütten aus Holz und Stein und hinterließ uns die gigantischen Megalith-Bauten. Die Gesellschaft war hierarchisch und arbeitsteilig organisiert, sie trieb sogar schon Außenhandel, denn die aus dem superharten Porcellanit-Stein des *Mount Tievebulliagh* (Cushendall, Co. Antrim) gefertigten Äxte fanden ihren Weg bis nach Südengland.

Kleine Gräberkunde

Hofgräber (Court tombs) ca. 4000–3000 v. Chr.: Ein offener Vorhof mündet in zwei oder mehr hintereinander liegende Grabkammern, die ursprünglich in einen länglichen oder hufeisenförmigen Steinhügel (Cairn) gebettet waren. In den Kammern fand man Spuren von Feuerbestattungen, in den Höfen Hinweise auf rituelle Feste. Hofgräber findet man überwiegend im Norden der Insel, das beste Beispiel ist in *Creevekeel* (Sligo).

Dolmen (Portal tombs) ca. 3800–3200 v. Chr.: *Dol* bedeutet Tisch und *Men* ist der Stein. In der Regel tragen sechs oder mehr Tragsteine, von denen die beiden höchsten den Eingang markieren, einen gewaltigen Deckstein. Dieser Steintisch war die Grabkammer eines frühzeitlichen Fürsten, um die Geröll und Erdreich angehäuft wurde. Die Leichen wurden unverbrannt bestattet oder ihre Knochen aus anderen Gräbern umgebettet, teilweise hat man das Fleisch sorgfältig von den Knochen abgelöst. Grabbeigaben sind häufig. Die schönsten Dolmen sind *Browne's Hill* (Carlow), *Carrowkeel* (Sligo) und *Poulnabrone* (Burren).

Ganggräber (Passage tombs) ca. 4000–2800 v. Chr.: Die komplexen Anlagen sind künstlich aufgeschüttete und mit großen Steinen (Kerbstones) eingefasste Hügel, in der Regel in Gruppen und in exponierter Lage gebaut, die eine wunderschöne Aussicht gewährt. Durch einen oft nach der Wintersonnenwende ausgerichteten Eingang und einen anschließenden Gang kommt man in die meist kleeblattförmige Grab- oder Kultkammer. Geometrische Muster wie Spiralen, Rhomben und Wellenlinien zieren den Eingang und die Kultkammer. Die Toten wurden verbrannt und mit Grabbeigaben beigesetzt. Herausragende Beispiele sind die Gräber im *Boyne Valley* (Newgrange, Knowth).

Keilgräber (Wedge tombs) ca. 3000–2000 v. Chr.: Von außen ähnlich den Ganggräbern, doch statt der Teilung in Gang und Kammern nur mit einem einzigen, rechteckigen und sich nach hinten keilförmig verjüngenden Raum. Die meisten Forscher sehen einen Zusammenhang mit den neolithischen Gräbern in der Bretagne. Brandbestattung, Funde von Tonscherben, Pfeilspitzen und Feuersteinen. Gut erhaltene Keilgräber findet man im *Burrengebiet*.

Über das Alltagsleben dieser Menschen ist nur wenig bekannt. Bei Mayo wurden unter einer meterdicken Torfschicht zwei Siedlungen freigelegt. Diese sich über 10 qkm erstreckenden *Céide Fields* sind der größte steinzeitliche Komplex Europas – ein ganzes Dorf mit Fundamenten von Rundhütten, Feldmauern und Gräbern, von dem bislang nur ein Bruchteil freigelegt ist. Abgeschlossen sind die Grabungen am *Lough Gur* (Limerick). Auch hier handelt es sich um eine Siedlung (zwei Häuser wurden rekonstruiert) mit Feldern und Gräbern. Ab etwa 3000 v. Chr. schufen die Menschen der Jungsteinzeit die „Ganggräber" im *Boyne Valley* (Co. Meath), gewaltige

Steinkreis Ballymacdermot am Slieve Gullion

Anlagen, bei deren Errichtung keine Mühe gescheut wurde. Man brachte die härtesten Steine in Booten übers Meer. Das Innere der Bauwerke, die erstaunliche astronomische Kenntnisse verraten, überstand 5000 Jahre irischen Regen.
Zu besichtigen Céide Fields in Ballycastle (Mayo). Freilichtmuseum Lough Gur (Limerick). Grabhügel von Newgrange (Meath), Gräberfeld Burren (Clare).

Goldschmiede und Astronomen

Die Menschen der Bronzezeit beobachten mit Steinkreisen den Lauf von Sonne und Mond. Irischer Goldschmuck und Bronzewaffen werden ein Exportschlager.

Der nächste kulturgeschichtliche Sprung nach vorn war das Schmelzen von Metall. Nach Irland gelangte diese Kunst irgendwann nach 2500 v. Chr. durch spanische und portugiesische Metallsucher. Nahezu überall, wo Bergleute unserer Zeit in Irland Metalle schürften, stießen sie auf die Abraumhalden ihrer vorchristlichen Kollegen. Die Wicklow-Berge bargen eines der reichsten Goldvorkommen Westeuropas, Kupfergruben gab es beispielsweise am *Mount Gabriel* (bei Schull, Co. Cork). Es entstanden Werkzeuge und Figuren aus Bronze und wunderbarer Goldschmuck (Dublin, Nationalmuseum): Sonnenscheiben, korbförmige Ohrringe, Spangen, Armreifen, vor allem die Lunulae, sichelförmige Halbmonde, die so nur in Irland hergestellt und auf den Kontinent exportiert wurden. Später kamen aus einem oder mehreren Strängen gewundene Halsbänder und sogar richtige Goldkragen dazu. Manche Stücke lassen vermuten, dass die Goldschmiede auch phönizischen und spanischen Goldschmuck kannten. Beim Verzieren von Schmuck und Gebrauchsgegenständen griffen sie die Muster der alten Megalith-Kultur auf. Wahrscheinlich wegen dieser Verzierungen waren die irischen Bronzeschilder und -äxte auf dem Kontinent auch dort beliebt, wo man sich selbst auf den Bronzeguss verstand.

42   Geschichte

Auf Steinbauten verwendete man jetzt weniger Mühe. Doch auch die jetzige Religion hatte wohl etwas mit den Gestirnen zu tun, nach denen die Menschen der Bronzezeit ihre Steinkreise ausrichteten. *Newgrange* wurde mit einem Kranz aus Holzbalken umgeben; um 1000 v. Chr. folgte ein Steinkreis, mit dem sich Winter- und Sommersonnenwende berechnen ließen. Ein weiterer Steinkreis, diesmal frei in der Landschaft, wurde nahe der Siedlung am *Lough Gur* (Limerick) gefunden. Eine neue Siedlungsform war der Crannog, ein kleines Pfahlbaudorf auf einer künstlichen Plattform in einem See.

Zu besichtigen Craggaunowen Project (Clare); Lough Gur (Limerick); Steinkreise an der Westflanke der Wicklow-Berge oder bei Cookstown (Tyrone).

Kelten

Ohne die Kelten und ihre wichtigste Hinterlassenschaft, die gälisch-irische Sprache, sind irische Kultur und Nation kaum vorstellbar. Wann immer Iren sich später von den Engländern unterscheiden wollten, blickten sie auf ihre keltischen Wurzeln zurück.

Die Kelten waren ein indogermanisches Volk aus Osteuropa, das sich seit dem 8. Jh. v. Chr. auf die Wanderung und Eroberung gen Westen aufgemacht hatte. Ihren Namen ("Keltoi") bekamen sie von den Griechen, für die Römer waren sie "Galli", woraus sich die Sprachbezeichnung "Gälisch" ableitet. Einzelne Gruppen erreichten etwa um 500 v. Chr. schließlich Irland. Sie waren als Krieger gefürchtet; zu ihrem schnellen Sieg trug außer persönlicher Tapferkeit aber sicher auch ihre technologische Überlegenheit bei. Im Donauraum hatten sie das Schmelzen von Eisen gelernt. Ihren eisernen Waffen und Schilden war die irische Bronzezeitkultur nicht gewachsen.

Etwa 150 Clans beherrschten schließlich die Insel. Zwar waren sie locker zu fünf größeren Verbänden zusammengeschlossen, doch muss man sich dieses Zusammenleben zumindest vor der Zeitenwende nach dem Schema vorstellen: "Ich gegen meinen Bruder; mein Bruder und ich gegen unsere Cousins; wir mit unseren Cousins gegen den Rest der Familie; wir mit unserer Familie gegen den Clan, wir mit dem Clan gegen die anderen Clans usw." So waren die Gehöfte, in denen die keltische Kriegeraristokratie in Familienverbänden lebte, stets befestigt: manche mit einem schlichten Erdwall, anderswo verstärkt mit Steinen bzw. Holzpalisaden oder sogar als richtige Steinmauer ausgeführt Auch die Wohnform der Pfahlbaudörfer wurde von den Einheimischen übernommen und weiter gepflegt.

Die einzige schriftliche Überlieferung dieser Epoche sind etwa 300 Steine mit einfachen, in einer senkrechten Linie angebrachten Kerbzeichen. Diese sogenannte *Oghamschrift* kam kurz vor der Christianisierung auf, wurde dann aber durch das lateinische Alphabet verdrängt. Die Geschichte der keltischen Krieger und Kriegerinnen lebt aber in Sagen und Epen wie dem *Cúchulainn* und dem *Táin Bó Cuailnge* fort, die nach Generationen mündlicher Überlieferung irgendwann im Mittelalter auch aufgeschrieben wurden und in mancher Hinsicht den Liedern Homers vergleichbar sind. Mittelpunkt der inselkeltischen Welt war demnach der Hügel von *Tara*. Wohl seit der Zeitenwende etablierte der hier residierende Clan eine lose Oberhoheit über die anderen Häuptlinge. Erste Namen dieser Großkönige werden fassbar: *Tuthal Teachtmar*, dem die Provinz Leinster "auf alle Zeiten" 1500 Kühe, Schweine, Hammel, Mäntel, Silberketten und was noch alles an Tribut bezahlen musste. *Conn Ceadchathach,* der den Römern im benachbarten Britannien den Straßenbau abschaute und von Tara aus ein Netz von fünf schnurgeraden Straßen in alle Richtungen des Landes anlegte, um mit seinen Truppen schnell überall dort sein zu können, wo ein Häuptling Ärger machte. *Cormac Mac Art* (227–236), der Tara prächtiger denn je renovierte, die ersten Wassermühlen baute und mit seiner glanzvollen Bankettalle vielleicht das Vorbild für König Artus und dessen Tafelrunde abgab.

In der sozialen Hierarchie kamen gleich nach den Häuptlingen die Druiden (Priester) und die zum Stand der Künstler gehörenden Barden (Sänger), denen es sicher besser erging als ihrem Kollegen bei „Asterix und Obelix" im gallischen Kleinbonum. Beide Gruppen bewahrten das Wissen der Vorfahren, und was wäre ein Festbankett ohne Sänger gewesen, der Lobeshymnen auf den Gastgeber vortrug? Ein weiterer Stand waren die Krieger, ganz unten auf der sozialen Rangleiter standen die Bauern.

Auch auf dem Friedhof kann's gemütlich sein ... gesehen in Kilfenora, Burren

Gold und Bronzeschmuck blieben in Mode, das Eisen wurde hauptsächlich für Waffen und Gebrauchsgegenstände verwendet. Als Motive sind Spiralen und Ranken beliebt, die auch auf Steinen die Muster der Megalith-Kultur endgültig ablösen. Nach der Zeitenwende werden Schmuckstücke und Gegenstände des täglichen Gebrauchs mit Emaille verziert, eine Technik, die die Kelten vermutlich von den Römern übernahmen.

• *Zu besichtigen* Befestigungen Staigue Fort (Kerry), Dún Aenghus (Aran Isl.), Dunbeg (Kerry), Tara (Meath). Rankenmuster am Turoe Stone, Ogham-Steine, Broighter Halskrause und die Schwertscheide von Lisnacroghera (alle im Nationalmuseum).

Das Goldene Zeitalter

Mit der Christianisierung avanciert Irland zum geistigen Zentrum Europas. Die adeligen Äbte treten faktisch an die Stelle der alten Fürsten und üben auch die weltliche Gewalt aus.

Die Römer kamen nur bis Britannien – Irland konnten sie nie unterwerfen. Deshalb galt die Insel am äußersten Ende des bekannten Erdkreises in den Augen der römisch-griechischen Welt als ein Hort der Barbarei, der Unkultur und des Primitiven. In der Spätantike und im Frühmittelalter kehrte sich das Verhältnis allerdings um: Jetzt brachten irische Mönche das Licht des Christentums und die Kultur auf den nach dem Zusammenbruch des Weltreiches in heidnisch-barbarisches Dunkel versunkenen Kontinent.

44 Geschichte

Vor- und frühchristliche Steinfiguren vereint auf White Island im Lough Erne

Nachdem irische Mönche seit dem 6. Jh. auf dem Kontinent missioniert und dort auch Klöster (St. Gallen, Echternach) gegründet hatten, setzte bald ein reger Reisestrom in beide Richtungen ein. Irland wurde zu einem Zentrum des frühmittelalterlichen Geisteslebens – ein „Goldenes Zeitalter" brach an. Im Mittelpunkt des Mönchslebens stand die Heilige Schrift, weshalb die Brüder sich vor allem in der Kunst der Buchillumination übten.

Hatte man anfangs noch die Illustrationen ägyptisch-byzantinischer Bibeln einfach kopiert, kreierten die Buchmaler bald aus diesen Vorbildern und den Schmuckverzierungen ihrer Heimat einen eigenen, keltisch-christlichen Stil: Die Ornamente, wie sich ein- und auswickelnde Spiralen, Ranken, Blattwerk, stilisierte Tiere, wurden bald auch auf Reliquienschreinen, Trinkbechern und Broschen angebracht. Vom *Book of Kells,* einem Höhepunkt der Buchmalerei, hieß es später, ein solches Werk könne nicht von Menschen, sondern nur von Engeln geschaffen worden sein. Das Evangeliar aus 340 üppig verzierten Pergamentbögen entstand um 800 übrigens auf einer Insel vor Schottland, und so können es eigentlich auch die Schotten für sich reklamieren.

Als Schrift kam jene gerundete Halbunziale auf, die aus folkloristischen Gründen bis heute noch gelegentlich für Schilder und Embleme benutzt wird. Auch auf Steine wurden die neuen Ornamente übertragen. Die Hochkreuze, die Sonnenkreis und Kreuz miteinander verschlingen, symbolisieren die Durchdringung der keltischen Welt mit dem christlichen Glauben. Ab dem 9. Jh. weichen die geometrischen Muster in Stein gehauenen Bibelszenen, anhand derer das schreib- und leseunkundige Volk im Glauben unterrichtet wurde.

• *Zu besichtigen* Kreuzstein von Riasc, Gallarus-Kapelle, Hütten von Fahan (alle Dingle, Kerry), Hochkreuze und Columcille's House (Kells, Meath); Book of Kells (Trinity College, Dublin); Gürtelreliquiar von Moylough, Kelch von Ardagh, Brosche von Tara (Nationalmuseum).

> **Saint Patrick: Der Heilige Irlands, nicht Roms**
> Der Nationalheilige Patrick, von dem einige allerdings behaupten, es hätte ihn so nie gegeben und alle Legenden um ihn seien Erfindungen kirchlicher Propaganda späterer Zeiten, stammte aus Wales, war aber als 16-Jähriger gekidnappt und nach Irland in die Sklaverei verschleppt worden. Nach sechs Jahren gelang ihm die Flucht. Inzwischen tief religiös, ging er nach Frankreich, wo er zum Bischof aufstieg. Mächtige Visionen trieben ihn nach Irland zurück. 432 soll er sein erstes Kloster in Armagh (Down) gegründet haben, von dem aus er die Iren missionierte und wohl zu Lebzeiten den gesamten Norden bekehrte. Interessanterweise wurde Patrick vom Heiligen Stuhl nie offiziell heilig gesprochen – er ist „nur" Volksheiliger, denn in seinem Leben gibt es dunkle Flecken wie Schlangenbeschwörungen und Saufgelage, wegen denen er in Rom bislang für eine Heiligsprechung nicht würdig genug erscheint.

Wikinger und Normannen

Wikinger plündern die Insel, setzen sich an der Ostküste fest und vermischen sich mit den Einheimischen. Von England folgen Normannen und errichten erstmals die englische Vorherrschaft über Irland.

Nach einer Legende brach der Heilige Bredan mit 14 Gefährten von Dingle aus im Lederboot gen Westen auf und kam bis Amerika – eine Geschichte, die bisher nicht sicher bewiesen ist, sich aber so zugetragen haben könnte. In einem Nachbau erreichte 1977/78 eine Gruppe Abenteurer und Wissenschaftler über Schottland, Island und Grönland tatsächlich die kanadische Insel Neufundland. Herren der Meere waren seinerzeit aber nicht die Iren, sondern die skandinavisch-germanischen Wikinger, die 795 erstmals in Irland einfielen und das Land und die Klöster plünderten. Die Iren versuchten sich zu schützen: Sie errichteten mehrstöckige, bis zu 30 m hohe Wehrtürme, von deren schießschartenartigen Fensterschlitzen man Land und Meer beobachten konnte. Der Eingang lag ein gutes Stück über dem Erdboden; der Zutritt erfolgte über eine Leiter, die man bei Gefahr einfach hochzog.

Bald errichteten die Wikinger feste Stützpunkte auf Irland, aus denen mit Dublin, Waterford, Wicklow und Limerick die ersten Städte entstanden. Die Kelten lernten von ihnen außer dem Städtebau eine verbesserte Technik des Schiffsbaues und die Münzprägung. Doch insgesamt fiel Irland wieder hinter andere Teile Europas zurück. Als ein Lehrling in einer Dubliner Goldschmiedewerkstatt die knöchernen Probestücke mit den schwierigen Tierfiguren schnitzte, die uns heute im Nationalmuseum einen guten Einblick in die Herstellungsverfahren geben, war dieser *Ringerik-Stil* in Norwegen bereits ein alter Hut. Auch die auf Irland gefertigten schweren Silberbroschen waren zur gleichen Zeit in Skandinavien längst out.

Vielleicht tut man den Wikingern mit der Beschuldigung unrecht, sie hätten nach drei Jahrhunderten relativen Friedens wieder den Krieg nach Irland gebracht. Immerhin haben die einheimischen Fürsten ja mitgemacht; verschiedene Clans kämpften zusammen mit Wikinger-Kleinreichen gegen andere Clans und andere Wikinger. Auch *Brian Ború,* den die Iren als ihren Retter vor den Wikingern feiern

46 Geschichte

Mittelalterliche Rundhütten („Clóchan") auf der Dingle-Halbinsel

(er gewann 1014 die Schlacht von Clontarf), hatte Wikinger auf seiner Seite, während Kelten auf der anderen kämpften. Und die einstigen Invasoren passten sich auch an, ließen sich taufen und heirateten in keltische Familien ein. Es waren jedenfalls mit *Dermont MacMurrough* von Leinster und *Tiernan O'Rourke* von Connaught zwei keltische Provinzfürsten, die das englische Unglück über Irland brachten.

MacMurrough entführte 1152 Frau O'Rourke (wie es heißt, ging sie nicht unfreiwillig mit), worauf der Geprellte den Liebhaber zur Schlacht stellte und prompt besiegte. Die Episode hätte für Unbeteiligte keine weiteren Folgen gehabt, wäre MacMurrough nicht mit dem Leben davongekommen und ins Ausland geflohen, wo er Verbündete suchte. Weder in Frankreich noch England wollten sich die Könige für die irischen Händel begeistern, doch mit der gnädigen Erlaubnis *Heinrichs II.* durfte MacMurrough bei den englischen Baronen um Hilfe bitten.

Als Helfershelfer fand sich *Richard de Clare*, genannt „Strongbow" (Starker Bogen), Earl of Pembroke. Er ließ sich von MacMurrough dessen Tochter Aoife versprechen und als Erbe von Leinster einsetzen. 1169/70 landeten die englischen Normannen in drei Gruppen, eroberten Wexford sowie Dublin und schlugen ein vereintes Heer der irischen Kelten und Wikinger. Als dann MacMurrough ein Jahr darauf starb, wurde Strongbow Herzog von Leinster.

Dies wiederum ließ Heinrich keine Ruhe. Der Papst hatte ihn schon lange mit der Herrschaft über Irland belehnt, ohne dass er diesen Anspruch bislang hatte durchsetzen können. Und Strongbow, der ihm schon immer zu mächtig war, hatte er insgeheim gewünscht, er möge sich dort drüben eine blutige Nase holen. Stattdessen führte der sich jetzt auf, als sei er selbst ein König.

Irland wird englisch **47**

Noch im Todesjahr von MacMurrough kam Heinrich II. persönlich an der Spitze eines Heeres nach Irland und teilte die Insel unter seinen Gefolgsleuten auf. Doch die Nachfolger Heinrichs II. waren zu sehr mit dem Hundertjährigen englisch-französischen Krieg beschäftigt, um sich weiter um Irland kümmern zu können. Aus den dort zurückgelassenen Anglo-Normannen wurden Anglo-Iren, die sich verselbstständigten und mit den Einheimischen verschmolzen. So blieb die englische Herrschaft, mit Ausnahme Dublins, weitgehend ein leerer Titel.

● *Romanische Baudenkmäler* Klosterruinen Glendalough (Wicklow) und Clonmacnoise (Offaly); Cormac's Chapel (Cashel, Tipperay), Portal von Clonfert (Galway), Klosterkirche von Boyle (Roscommon).

● *Gotisch-normannische Baudenkmäler* St. Patrick's (Dublin), St. Canice's (Kilkenny); Festungen Carrickfergus (Antrim) und Trim (Meath).

● *Keltische Renaissance* Quin Abbey (bei Ennis, Clare), Muckross Abbey (Killarney); Grabnischen in Ennis (Clare); Kreuz von Lislaughtin (Nationalmuseum); Festungen in Blarney (Cork) und Bunratty (Limerick).

Irland wird englisch

Erst im 16. und 17. Jh. wird ganz Irland tatsächlich der englischen Macht unterworfen. Mit den „Plantations" werden gezielt protestantische Siedler auf die Insel gebracht, womit der Grundstein zur Teilung Irlands gelegt wird.

Der englische König *Heinrich VIII.* war, nachdem der Papst ihm die gewünschte Ehescheidung von seiner spanischen Gattin verweigert hatte, kurzerhand dem Vorbild Luthers und Zwinglis gefolgt und gründete seine eigene, die Anglikanische Kirche; sich selbst ernannte er zum Oberhaupt der Gläubigen – ein Schritt, der im katholischen Irland auf wenig Begeisterung stieß. In London ging das Gerücht um, spanische Truppen seien mit päpstlichem Segen nach Irland unterwegs, um von dieser Basis aus England zu überfallen und für den Katholizismus zu retten.

Heinrich lud den mächtigsten irischen Fürsten *Garret Og Kildare* im Sommer 1534 zu „Verhandlungen" nach London und stellte ihn dort unter Hausarrest. Als diese Nachricht und vielleicht noch schlimmere Gerüchte in Dublin eintrafen, brach Garret Ogs Sohn *Silken Thomas* einen Aufstand vom Zaun: für Heinrich der willkommene Anlass, ein Heer nach Irland zu schicken. Ihm waren die Rebellen nicht gewachsen. Mit der zynisch „Gnade von Maynooth" genannten Unterwerfung wurden Silken Thomas und die fünf Brüder seines Vaters hingerichtet, nachdem Garret Og selbst schon im Londoner Tower gestorben war. Heinrich ließ in der Umgebung von Dublin alle Klöster zerstören und enteignen. 1541 ließ er sich vom Dubliner Parlament zum irischen König erheben.

Heinrichs Nachfolger ersannen ein neues Instrument zur Sicherung des englischen Einflusses. Sie errichteten überall im Land Garnisonen und vergaben, um die Versorgung in den unsicheren und von Dublin weit entfernten Gebieten zu gewährleisten, das umliegende Land gezielt an englischstämmige Siedler und Grundherren, die ihrerseits englische Pächter ins Land holten. Ihren Höhepunkt erreichte diese Siedlungspolitik in Ulster, wo sich der Lokalmagnat *Hugh O'Neill* nach neunjährigem vergeblichen Kampf gegen die Engländer mit der gesamten Führungsschicht der Region ins Ausland abgesetzt hatte. Damit war für die Krone der Weg frei, weite Teile Ulsters unter englischen und schottischen Unternehmern zu verteilen, die die irischen Bauern zugunsten aus der Heimat mitgebrachter Kolonisten

48   Geschichte

vertrieben. Anders als frühere Invasoren verschmolzen die neuen protestantischen Siedler nicht mit Einheimischen, die weiterhin katholisch blieben. Der Grundstein für die „Troubles" unserer Tage war gelegt.

1641 gingen beide Gruppen erstmals auf einander los. Besondere Symbolkraft hat das Massaker von Portadown erlangt, bei dem die Katholiken mehrere hundert Frauen und Kinder umbrachten, eine Gräueltat, deren Opferzahl in den Chroniken auf viele Tausend aufgebläht wurde und die bis heute von den nordirischen Protestanten nicht vergessen ist. 1649 landete *Oliver Cromwell*, der gerade in England die Parlamentsdiktatur errichtet und den König hatte hinrichten lassen, im Süden von Dublin. Seinen Feldzug hatte er mit der Verpfändung von Besitzrechten auf der Grünen Insel finanziert, die es nun durchzusetzen galt. Cromwell überzog Irland mit einem beispiellosen Vernichtungsfeldzug, der zwischen Königstreuen und Altiren keinen Unterschied mehr machte. Drogheda, Wexford, Cork, eine Stadt nach der anderen fiel den Parlamentstruppen in die Hände, und als ob Cromwell nicht Plage genug gewesen wäre, wütete gleichzeitig die Pest im Lande. Man schätzt, dass zwischen 1641 und 1653 etwa die Hälfte der damals gut eine Million Irinnen und Iren ums Leben kam. Selbst für die englischen Spekulanten war das Unternehmen verlustreich. Cromwell hatte mehr Grund verpfändet, als ganz Irland besaß. Weil das verwüstete Land für weitere Kolonisation wenig attraktiv war, wechselte mit dem „Settlement Act" (1652) nur etwa ein Viertel der Insel den Besitzer. Die alten Grundherren wurden unter dem Slogan „Zur Hölle oder nach Connaught" mit unwirtlichen Steinwüsten in der Provinz Connaught abgespeist. Katholische Messen waren hinfort verboten.

> ### Eine diplomatische Note
>
> In krassem Kontrast zu den von seinem Heer begangenen Gräueltaten steht der höfliche Ton jenes Standardschreibens, mit dem Oliver Cromwell die Kommandanten feindlicher Garnisonen zur Übergabe aufforderte:
>
> Sir, meine Armee und meine Kanonen befinden sich in nächster Nähe und gemäß meinem gewöhnlichen Vorgehen bei Eroberungen halte ich es für angebracht, Ihnen Bedingungen vorzuschlagen, die der Ehre eines Soldaten entsprechen: Sie können mit ihrem Hab und Gut abziehen, ohne angegriffen oder verletzt zu werden. Sollte es sich jedoch als notwendig erweisen, meine Kanonen auf Sie zu richten, müssen Sie mit den extremen Folgen rechnen, die sich daraus ergeben. Um Blutvergießen zu vermeiden, wird Ihnen dieses Angebot unterbreitet von Ihrem Diener Oliver Cromwell.

In England hatte sich 1660 wieder die Monarchie gegen die Cromwellsche Parlamentsdiktatur durchgesetzt. Als aber mit *Jakob II.* ein katholischer Monarch den Thron erbte, auf den die Iren große Hoffnungen setzten, revoltierte das Parlament erneut und setzte den protestantischen Niederländer *Wilhelm von Oranien* als Gegenkönig ein. Jakob floh über Frankreich nach Irland und zog dort an der Spitze der katholischen Iren gegen die Protestanten zu Feld. Die von Jakob 1690 gegen das Heer Wilhelms verlorene Entscheidungsschlacht am Boyne feiern die nordirischen Protestanten bis heute als ihren Nationalfeiertag – und vergessen dabei, dass Wilhelm sich damals auch der Unterstützung des Papstes erfreute und seine Truppen zu einem erheblichen Teil katholische Söldner vom Kontinent waren.

Der Kampf um die Freiheit

England hat sich endgültig durchgesetzt. Die alten und neuen protestantischen Grundherren, viele davon Nachfahren von Cromwells Offizieren, etablieren sich als neue Oberschicht.

Die letzten Wälder wurden abgeholzt und für den Schiffsbau oder als Holzkohle zur Befeuerung der Eisenschmelzen benutzt. Auf dem gerodeten Land züchtete man Rinder und Schafe, die London mit Wolle, Butter und Fleisch versorgten. Neue Gesetze, die „penal laws", schlossen die katholischen Iren von allen öffentlichen Ämtern aus. Sie durften keine Waffen tragen, während die protestantischen Grundherren sich ihre Privatpolizei, die Volunteers, zusammenstellten. Katholiken durften auch keinen Grund und Boden erwerben, sodass Ende des 18. Jh. nur noch 5 % des Landes in katholisch-irischem Besitz waren. Auf Lehrer und Geistliche, die der katholischen Lehre nicht abschworen, waren unterschiedlich hohe Kopfprämien ausgesetzt, Denunziationen wurden nach einer „Preisliste" belohnt: 10 £ für die Anzeige eines Schulmeisters, 20 £ für einen Pfarrer, 50 £ für einen Bischof. Es verwundert, dass angesichts dieser Umstände nur so wenige Iren zum Protestantismus konvertierten. Ein anderer Ausweg war die Emigration. Die Potentaten des Kontinents suchten Söldner, London Arbeiter, und viele gingen gar nach Amerika oder Australien.

Nicht unterschlagen werden darf, dass die religiöse Verfolgung und politische Benachteiligung auch die Reformierten traf, also jene Protestanten, die nicht der anglikanischen Staatskirche angehörten. Die Mehrheit der nordirischen Siedler, die sich zur presbyterianischen Kirche bekannte, war ebenso wenig im Dubliner Parlament repräsentiert wie ihre katholischen Nachbarn. Unter dem Einfluss der Französischen Revolution schlossen sich reformierte Protestanten, insbesondere die Presbyterianer, und Katholiken gegen die englische Herrschaft zur Untergrundorganisation *United Irishmen* zusammen. Nur ein Sturm verhinderte die Landung der napoleonischen Flotte, aber ohne fremde Hilfe standen die United Irishmen auf verlorenem Posten und die religionsübergreifende Freiheitsbewegung blieb eine Episode. Sie brachte den Katholiken zwar die weitgehende Aufhebung der diskriminierenden Gesetze, aber auch die Auflösung des Dubliner Parlaments sowie die Union, die staatsrechtliche Vereinigung mit England – ein Akt, den der katholische Erzbischof von Dublin ebenso unterstützte wie die aus der Emigration zurückgekehrten Nachfahren der alten Clanführer, während die frisch gegründeten Oranierlogen die Union damals entschieden ablehnten!

Daniel O'Connell, (1775–1847) Sohn einer Schmugglerfamilie aus dem County Kerry, wird heute als einer der größten irischen Freiheitshelden gefeiert. Die von ihm geführte *Catholic Association,* deren Mitgliedsbeiträge die Pfarrer als Kollekte während der Sonntagsmesse einsammelten, machte durch friedliche Massenproteste auf sich und die Unterdrückung der Katholiken aufmerksam. O'Connells Wahl ins Londoner Unterhaus (die Menschen haben seinen Namen einfach auf den Wahlzettel geschrieben) führte dazu, dass dieses Gremium den katholischen Iren auch das passive Wahlrecht gewährte – ein Volksaufstand wäre unvermeidlich gewesen, hätte er seinen Sitz nicht einnehmen dürfen. Doch nur die Reichen durften damals wählen, und um sich vor allzu unliebsamen Überraschungen zu schützen, verhundertfachte das Unterhaus gleichzeitig die Mindeststeuer, die einen Iren zum Wähler qualifizierte.

50   Geschichte

Trotzdem drängten die katholischen Iren jetzt, wo sie im Besitz des aktiven und passiven Wahlrechts waren, auf die Wiedereinrichtung des Dubliner Parlaments. O'Connell veranstaltete auf der ganzen Insel „monster meetings", auf denen bis zu einer halben Million Iren für ein eigenes Parlament und die Auflösung der Union demonstrierte. Doch die Hungersnot (siehe Kasten) ließ dieses Anliegen bald belanglos erscheinen.

Der große Hunger

In den Jahren von 1660–1841 stieg die Einwohnerzahl Irlands von etwa 750.000 auf über 8 Millionen an (zum Vergleich: Heute leben gerade 6 Millionen Menschen auf der Insel). Trotz Auswanderung war Irland die am dichtesten besiedelte Region Europas – in den besonders fruchtbaren Landesteilen dürfte die Bevölkerungsdichte sogar eine Höhe erreicht haben, wie man sie sonst nur von den Reisanbaugebieten Chinas kennt. Doch anstelle von Reis lebten die Menschen in Irland hauptsächlich von Kartoffeln. Und sie lebten schlecht, hausten in Höhlen und in nur notdürftig gegen den Regen geschützten Erdlöchern. Wer eine einfache Ein-Raum-Hütte mit Ziegen und Schweinen teilte, galt bereits als wohlhabend. Eine Inspektion im Donegal ergab 1837, dass 8000 Bewohner einer Region zusammen gerade 10 Betten, 93 Stühle und 243 hölzerne Schemel besaßen. Dass die Zahl der Menschen zur damaligen Zeit derart zunahm, war also bestimmt nicht Ergebnis von Wohlstand oder, wie heute in der Dritten Welt, einer besseren medizinischen Versorgung. Das einzige, was den Iren reichlich zur Verfügung stand – und ihnen offensichtlich das Überleben sicherte – war Heizmaterial (Torf) und Nahrung (Kartoffeln).

Mit gelegentlichen Missernten war man, so schlimm sie im Einzelfall auch waren, vertraut. Nicht aber mit der durch einen Sporenpilz hervorgerufenen Kartoffelfäule, die erstmals 1842 nahezu die gesamte nordamerikanische Ernte vernichtet hatte und nun auch Irland heimsuchte. Dem *Phytophthora infestans* fielen zwischen 1845 und 1849 gleich fünf aufeinander folgende Ernten zum Opfer – die Folge war eine Million Hungertote. Zuerst traf es die Tagelöhner, dann die Pächter, zuletzt die Städter. Wer immer konnte und noch Kraft genug hatte, bestieg ein Schiff nach Amerika.

Der Staat reagierte hilflos. Anfangs bekam nur Armenhilfe, wer dafür seine Arbeitskraft zur Verfügung stellte. Doch solche Programme gab es nur in den Städten. Und viele Hungernde waren zu geschwächt, um noch arbeiten zu können. Im zweiten Winter gab es Suppenküchen, doch wurden die Kosten auf die Grundherren umgelegt, worauf diese ihre zahlungssäumigen Pächter vertrieben und das Land durch ihre Verwalter selbst bewirtschaften ließen.

Besonders musste es die Armen erzürnen, dass die Grundherren in dieser Zeit prächtige Weizenernten einfuhren, das Getreide aber lieber exportierten – für das Volk war es schlicht zu teuer. Umgekehrt behinderten Importzölle und allerlei Schikanen die Nahrungsmittelhilfe, die besonders die nordamerikanischen Quäker nach Irland schickten. Die Emigranten rächten sich später auf ihre Art an der englischen Obrigkeit: Viele amerikanische Iren finanzierten die Irish Republican Army (IRA).

Erst gegen Ende des Jahrhunderts hatten die Iren wieder Kraft genug, sich mit politischen Fragen zu beschäftigen. Anfangs kämpfte die Kleinbauernbewegung *Land League* für die Verminderung der Pachtzinsen und bessere Arbeitsbedingungen der Tagelöhner. Ihr wirksamstes Mittel war die Verweigerung aller Pachtzahlungen und Arbeitsleistungen gegenüber unliebsamen Grundherren. Die spektakulärste Aktion traf einen in England ansässigen Landbesitzer, der sein Gut am Lough Mask durch einen gewissen *Charles Boykott* verwalten ließ – der „Boykott" war erfunden.

Mr. Boykott behalf sich, wie andere Grundherren und Verwalter auch, indem er arbeitswillige Protestanten aus Ulster bringen ließ, die unter dem Schutz der Armee die Felder bestellten. Doch letztlich hatte die Land League Erfolg. Staatliche Schiedsstellen senkten die Pachtzinsen, und nachdem 1903 die letzten Relikte des alten Feudalsystems abgeschafft wurden, mit denen die Pächter der Willkür ihrer Grundherren ausgesetzt waren, zogen es Letztere vor, den Boden an die Bauern zu verkaufen, statt weitere Einnahmeverluste hinzunehmen. 1917 gehörten zwei Drittel des Bodens denjenigen, die ihn bebauten. *Charles Parnell*, der Führer der Land

Daniel O'Connell – geliebt, geächtet und heute mit einem Denkmal geehrt

League und seinerzeit ungekrönter König Irlands, erlebte diesen Erfolg nicht mehr. Sein offenes Bekenntnis zur Liaison mit der geschiedenen Frau eines Parteigenossen brachte der League die Spaltung und ihm die Ächtung. Am 6. Oktober 1891 verstarb der Enttäuschte, gerade 45 Jahre alt, aus Gram.

Freistaat und Republik

Am Vorabend des 1. Weltkriegs: Die Land League hatte mehr als nur materielle Verbesserungen gefordert und die irische Selbstverwaltung *(home rule)* auf ihre Fahnen geschrieben. Unterstützt vom liberalen Premier William Gladstone nahm das Londoner Unterhaus 1892 sogar eine entsprechende Vorlage an, doch das Oberhaus der Lords legte sein Veto ein. Damit war die Chance für ein geeintes Irland vertan, denn jetzt formierte sich unter den irischen Protestanten der Widerstand. Sie fürchteten, in einem unabhängigen Irland ihre Privilegien und ihren relativen Wohlstand zu verlieren – der protestantische Nordwesten war der am weitesten industrialisierte Landesteil. Aus einer zunächst rein parlamentarischen Opposition

52 Geschichte

entwickelte sich der *Ulster Unionist Council* als Dachverband aller Unionisten, die bald entschlossen waren, jede Veränderung des Status quo wenn nötig mit Waffengewalt zu verhindern. Am Tag der Unabhängigkeit sollte die *Ulster Volunteer Force (UVF)* losschlagen. Die Waffen kamen aus Deutschland, das am Vorabend des 1. Weltkrieges zu allem bereit war, was England zu schwächen versprach – auch die nationalistische Gegenseite war mit deutschen Gewehren ausgerüstet.

Der Osterputsch

Der 1. Weltkrieg verschob die Verwirklichung der 1912 endlich verabschiedeten Home Rule ein weiteres Mal und ließ die Spaltung der irischen Nationalbewegung deutlich werden. Während die irische Parlamentspartei zur Unterstützung der britischen Kriegsanstrengungen aufrief, wollten die radikalen Nationalisten aus Gewerkschaftskreisen und der *Irish Republican Brotherhood* den Weltkrieg zu einem bewaffneten Aufstand nutzen. Dieser, von den Iren heute als „Osteraufstand" gefeiert, geriet dann aber nur zu einem eher dilettantischen Putsch. Gegen Mittag des 24. April 1916, einem Ostermontag, erlebten einige verblüffte Passanten, wie der von der Brotherhood zum ersten Präsidenten erkorene *Patrick Pearse* von der Treppe des Dubliner Hauptpostamts die Republik ausrief. Immerhin benötigte die Armee eine Woche, um die Rebellen aus den von ihnen besetzten Dubliner Amtsgebäuden zu vertreiben – auf dem Weg ins Gefängnis mussten die Aufrührer Spott und Beschimpfungen der Dubliner über sich ergehen lassen.

Erst die drakonischen Strafen, die das britische Militärgericht verhängte – 15 Todesurteile wurden gleich Anfang Mai vollstreckt – und die Säuberungen und Strafaktionen der Armee, auch gegen am Putsch völlig Unbeteiligte, die nur wegen ihrer bekanntermaßen nationalen Gesinnung in den Gefängnissen grässlich misshandelt wurden, wendeten das Blatt der öffentlichen Meinung und machten die Putschisten zu Märtyrern.

Parallel dazu besannen sich die Unionisten ihrer eigenen Traditionen. Der *Orange Order* feierte mit Aufmärschen und Gedenkfeiern die inzwischen 200 Jahre zurückliegenden Siege Wilhelms von Oranien über die Katholiken. Damit antworteten sie auf die Wiederbelebung gälischer Traditionen durch die Nationalisten. Deren *Gaelic Athletic Association (GAA)* hatte den alten Sportarten wie Hurling und Straßenbowling ein festes Regelwerk gegeben und ihren Mitgliedern bei Strafe verboten, „fremde" Sportdisziplinen zu treiben. Und weil sich der Fußball schon seinerzeit wohl nicht verbieten ließ, änderte man kurzerhand die Spielweise und schuf den eigenen „Gaelic Football". Die *Gaelic League* widmete sich der Pflege der gälischen Sprache und führte sie an den Schulen als Pflichtfach ein. Schriftsteller, von denen die wenigsten noch Gälisch beherrschten, bearbeiteten Stoffe aus der keltisch-irischen Sagenwelt.

Vom anglo-irischen Krieg ...: Bei der Unterhauswahl 1918, bei der erstmals auch die Irinnen mitstimmen durften, musste die Parlamentspartei eine vernichtende Niederlage einstecken: Fast alle katholisch-irischen Mandate fielen an die bislang unauffällige *Sinn Féin,* die sich nach dem Osteraufstand zum politischen Sprachrohr der Radikalen entwickelt hatte. Statt ihre Plätze in Westminster einzunehmen, versammelten sich die neuen Abgeordneten, soweit sie nicht in britischen Gefäng-

Freistaat und Republik 53

nissen saßen, am 21. Januar 1919 im Dubliner Mansion House, bildeten ein eigenes, irisches Parlament und wählten eine irische Regierung.

Am gleichen Tag wurden in Tipperary zwei Polizisten erschossen – der bis Mitte 1921 anhaltende irisch-englische Krieg begann, in dem die *Irish Republican Army (IRA)* mit Guerilla-Aktionen und Attentaten der Britischen Armee und ihren Hilfstruppen zusetzte. Entsprechend der irischen Überlieferung war dies ein nationaler Befreiungskrieg. Der Historiker Peter Hart macht allerdings darauf aufmerksam, dass bereits damals auch die irischen Protestanten von der IRA bekämpft wurden. Man hielt sie für die sprichwörtlich 5. Kolonne Großbritanniens.

London unternahm nun einen neuen Anlauf, das Irland-Problem auf parlamentarischem Wege zu lösen. Statt einer Home Rule gewährte man gleich zwei Parlamente: ein Parlament für die sechs mehrheitlich protestantischen Nordprovinzen, ein zweites für den katholischen Landesteil. Im irisch-englischen Vertrag vom 6. Dezember 1921 stimmte die Verhandlungsdelegation der Nationalisten unter Arthur Griffith und Michel Collins dieser Teilung praktisch zu. Auch ließen sie sich breitschlagen, keine eigene Republik zu gründen, sondern als Dominion im Commonwealth zu verbleiben und den britischen Monarchen als nominelles Staatsoberhaupt zu akzeptieren, auf das alle Abgeordnete den Eid zu leisten hatten.

... zum Bürgerkrieg: Das Dubliner Parlament ratifizierte den Vertrag nur mit einer dünnen Mehrheit. Vielen Abgeordneten und Bürgern war auch die noch verbliebene Bindung an England zu eng. Besonderen Anstoß nahmen sie an dem Eid auf die Krone, während die Abtrennung des Nordens interessanterweise weniger Unmut erregte. Kaum war der Friede mit England hergestellt, fielen irische Vertragsgegner und Befürworter nun selbst mit Waffen übereinander her. Der innerirische Bürgerkrieg wurde erst 1923 beigelegt. Mit etwa 4000 Toten war sein Blutzoll erheblich höher als der des Befreiungskriegs gegen die Briten.

Unter *Eamon de Valera* bildeten die Gegner des Vertragswerks die *Fianna Fáil* Partei, die bei den Wahlen von 1927 über die in der *Fine Gael* organisierten Befürworter siegte und das Land bis nach dem 2. Weltkrieg regierte. Mit einer Verfassungsreform wurde 1937 der verhasste Eid auf die Krone abgeschafft und die Souveränität auch über die bei England verbliebenen Nordprovinzen beansprucht. 1949 folgte schließlich der Austritt aus dem Commonwealth. Erst jetzt war die beim Osteraufstand proklamierte Republik tatsächlich verwirklicht.

Über die Geschichte Irlands bis heute, die stark vom Nordirland-Konflikt geprägt ist, erzählt ausführlich das Kapitel „Mensch und Gesellschaft".

Filme zum Thema

Neill Jordan: **Michael Collins.** Der Regisseur, selbst Ire, hat lange an der Geschichte gebastelt. Er bezieht Stellung und provoziert Diskussionen – mit Michael Collins hat er sich eine sehr umstrittene Figur für eine Helden-Saga ausgesucht.

Ken Loach: **The Wind that Shakes the Barley.** Damien gibt seine noch junge Arztkarriere auf, um für die irische Unabhängigkeit zu kämpfen. Er schließt sich den von seinem Bruder geführten Republikanern an, die gegen die Briten ins Feld ziehen. Ken Loach erzählt eindrücklich und ohne Happy End anhand eines Einzelschicksals eine Geschichte vom Krieg.

Letzter Tankstopp vor der Grünen Insel – in Llandudno, Wales

Anreise

Die Reise nach Irland mit Auto oder Bahn ist umständlich, langwierig, teuer und nur in Verbindung mit einer Seefahrt möglich – schneller und preiswerter ist das Flugzeug.

Mit Bahn und Schiff nach Irland? Die erfahrene Reisefachfrau schüttelt ungläubig den Kopf. Das sei ja mega-out. Selbst nach London hat sie im letzten Jahr keine einzige „Kombi" Schiene-Schiff verkauft. „Warum fliegen Sie nicht? Das ist viel bequemer und schneller." Aber billig soll es sein. „Wir haben da Sondertarife, mit denen fliegen Sie sogar per Linie günstiger als Sie mit der Bahn fahren." „Doch wir hätten gerne unterwegs London besucht." „Um so besser! Mit Ryanair können Sie dort bequem Station machen." „Aber wir wollen die Luft nicht mit Kerosin und Abgasen vergiften, sondern umweltschonend reisen." Von der anscheinend unverrückbaren Absicht der Kundin überzeugt, sich tatsächlich wie anno dazumal mit Eisenbahn und Dampfer zu bewegen, beugt sich die Expertin über den Computer und präsentiert nach einigen Minuten tatsächlich stolz den Ausdruck einer Bahn-Schiff-Bahn-Verbindung durch den Kanaltunnel nach Dublin samt Preis.

Und was kostet uns die Mitnahme unserer Fahrräder? Die Antwort ist ein verhaltener Seufzer. Wahrscheinlich verhindert nur der Umstand, dass die Kundin eine gute Kundin und persönlich bekannt ist, den sofortigen Rauswurf. „Ich weiß nicht, ob Sie mit der Bahn Fahrräder nach Dublin transportieren können." Der Computer weiß es auch nicht; dicke Bücher müssen gewälzt werden, Telefongespräche sind zu führen. „Kommen Sie morgen wieder. Bei der Bahn meldet sich niemand mehr."

Am nächsten Tag die vieldeutige Nachricht: Im Prinzip ja, aber ...: Bis nach London sei es kein Problem, doch wie es dann weitergehe mit den vielen verschiedenen

Anreise **55**

Bahngesellschaften in England, das wisse auch die DB nicht so genau. Ob wir uns nicht in Irland Räder mieten könnten? Die Kundin gibt auf. Und bucht den Flug mit Zwischenstopp in London.

Mit dem Flugzeug

Auch wenn Aer Lingus inzwischen mit Billigtarifen nachzieht, so ist Ryanair, was die Preise und die Vielzahl der Verbindungen betrifft, mit Abstand Spitzenreiter.

Wichtigster Flughafen auf der Insel ist Dublin (siehe S. 138). Danach kommen Shannon (siehe S. 470) und Belfast (siehe S. 698), während Regionalflughäfen wie Waterford, Cork, Kerry, Knock, Donegal und Derry nur selten vom Kontinent aus angeflogen werden. Billigflieger Ryanair bot 2008 von Hahn (Hunsrück) und acht weiteren Flughäfen in Deutschland, Österreich und Grenznähe Direktflüge nach Irland an. Dazu kommen Umsteigeverbindungen über London-Stansted – rechnen Sie für Stansted wenigstens zwei Stunden Umsteigezeit.

• *Preise* Auch wenn die Flüge spottbillig geworden sind, ganz umsonst sind sie nicht. Und zu den Werbepreisen (ab 0,01 €) kommen dann noch undurchsichtige **Steuern** und **Gebühren,** die sich erst im Verlauf des Buchungsvorgangs offenbaren. Besonders findig ist Ryanair, wo jedes Gepäckstück extra kostet und man schließlich noch mit einer Gebühr für die Abwicklung der Zahlung belastet wird. Auch bei Umbuchungen, Namensänderungen und Übergepäck ist Ryanair alles andere als billig.

Reisebüros verlangen angesichts der niedrigen Provisionen gewöhnlich vom Kunden eine Buchungsgebühr.

• *Umsteigeverbindungen* Billigflieger wie Ryanair und Easy Jet zeichnen sich durch ein Minimum an Service aus. Auf Umsteigeverbindungen kann das Gepäck nicht durchgecheckt werden (sog. point-to-pointbusiness), Anschlüsse werden nicht garantiert. Und wenn Ihr Koffer nicht ankommt, haben Sie die Qual der Wahl, den Weiterflug verfallen zu lassen oder sich aus der Ferne um den Weitertransport des verspätet in London landenden Gepäcks zu kümmern.

Direkt nach Irland mit ...

Aer Lingus www.aerlingus.com

EasyJet www.easyjet.com

Germanwings www.germanwings.com

Lufthansa www.lufthansa.de

Ryanair ww.ryanair.com

Fahrräder: Seitdem immer mehr Menschen ihr Fahrrad mit ins Flugzeug nehmen, haben die Fluggesellschaften aus diesem einst im Rahmen der Freigepäckgrenze kostenlosen Service eine Einnahmequelle gemacht und verlangen nun pro Flug etwa 20–30 € (bei Umsteigeverbindungen muss also mehrfach gezahlt werden). Auf jeden Fall muss man das Fahrrad bei der Buchung gleich mit anmelden. Auf manchen Flügen werden nämlich keine oder nur eine begrenzte Anzahl Fahrräder mitgenommen, und man schützt sich so vor der Überraschung, dass das Rad erst ein paar Tage später nachkommt.

Für den Lufttransport muss der Lenker quer gestellt werden, die Pedale sind abzuschrauben – nicht nach innen drehen, weil sonst die Schaltung einen Knacks bekommt, wenn ein Frachtarbeiter das Rad mit Gewalt rückwärts schiebt. Auch sollte etwas Luft abgelassen werden, damit die Reifen im Unterdruck des Gepäckraumes nicht platzen. Schutzkartons oder -hüllen bekommt man beim Fahrradhändler; auf den Flughäfen werden teils astronomische Preise dafür verlangt.

Anreise

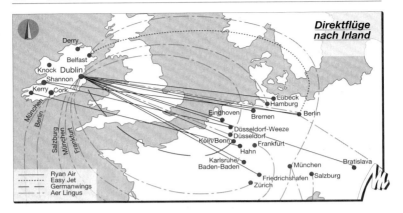

Mit Auto und Schiff

Ob via England oder von Frankreich direkt, die Fahrt nach Irland führt übers Meer. Welche Route die richtige Wahl ist, hängt vom Geldbeutel, der Dauer des Urlaubs und vom Geschmack ab. „Den" Weg nach Irland gibt es nicht.

Die Vorteile einer Autoreise liegen auf der Hand. Man kann auch das an Gepäck mitnehmen, was man nur vielleicht benötigt, bekommt unterwegs mehr zu sehen und spart zumindest mit einem vollbesetzten Wagen gegenüber dem Flugzeug – eventuell in Verbindung mit einem Leihwagen auf der Insel – auch etwas Geld.

Routen: Zur Auswahl stehen vier Hauptrouten:

- von Holland oder Belgien über Schottland in den britischen Teil Irlands mit einer langen, nicht billigen Seefahrt und viel Landschaft unterwegs,
- von Holland oder Belgien über das mittelenglische Industriegebiet nach Dublin, mit relativ kurzer Autostrecke,
- von Belgien oder dem französischen Flandern durch Südengland und Wales in den Süden Irlands, mit möglichem Zwischenstopp in der Metropole London,
- von der Normandie oder der Bretagne direkt nach Südirland, die von Süddeutschland bequemste Route mit möglichem Zwischenstopp in Paris.

Entfernungen zu den Fährhäfen in km

	Hamburg	Berlin	Dresden	Köln	Frankfurt	München	Basel
Rotterdam	490	750	810	260	460	870	760
Oostende	700	860	970	325	525	925	825
Calais	860	940	1070	445	660	1000	790
Cherbourg	1100	1270	1500	750	935	1185	990

Preise: Mit einem wahren Dschungel an Grundpreisen, Aufpreisen, Rabatten und Spezialtarifen, variiert nach Tag und Nacht, Haupt- und Nebensaison, Wochenende

Mit Auto und Schiff 57

und Werktag, erschweren die Reedereien ihren Passagieren die Wahl der preisgünstigsten Fährverbindung. Mal gibt es Spartickets für die Familie, dafür ab – sagen wir – dem dritten Kind wieder einen Zuschlag, der wiederum vom Alter abhängt, und so fort. Einzelne Reisebüros, die mit den Reedereien besonders günstige Konditionen ausgehandelt haben, können wiederum die regulären Preise unterbieten.

Die Irische Fremdenverkehrszentrale informiert mit der jährlich überarbeiteten Broschüre *Grüne Seiten* über die aktuellen Verbindungen und Preise. Grob muss man für die Überfahrt eines mit 4 Personen besetzten Pkw in der Hauptsaison hin und zurück je nach Route mit 600–1200 € rechnen.

Know-how für die Fähre

Buchung: Anders als bei Flugbuchungen empfehle ich dringend, sich der Hilfe eines Reisebüros zu bedienen, um sich im Wirrwarr der konkurrierenden Angebote zurechtzufinden. Im Prinzip können Tickets für die meisten Fähren zwar auch unmittelbar vor der Überfahrt am Hafen gekauft werden. Besonders die Direktfähren von Frankreich nach Irland sind für die Sommermonate jedoch oft lange vorher ausgebucht!

Preisvergleich: Die Fährkosten müssen Sie für Ihren individuellen Fall bei jeder Verbindung gesondert kalkulieren. Dabei spielen verschiedene Aspekte eine Rolle: Vor- oder Hauptsaison? Zuschlag für besonders lange oder hohe (Dachgepäck!) Fahrzeuge? Sondertarif für Wohnmobil? Fahrer und Mitfahrer im Preis für die Autopassage inbegriffen? Kabine? Hafentaxen?

Ticketverlust, Annullierung: Ein gekauftes Ticket wieder zurückzugeben oder zu verlieren, kann teuer werden. Lesen Sie das Kleingedruckte.

Umbuchung: Bei einigen Reedereien sogar noch am Abfahrtstag möglich, kostet aber ebenfalls extra. Minderpreise werden nicht erstattet. Wenn Sie die reservierte Fähre versäumen, ohne vorher umgebucht zu haben, ist das Ticket futsch.

Einschiffen: Mit dem Auto müssen Sie, je nach Linie, 20–60 Min. vor Abfahrt am Kai sein. Auf dem Schiff sind die verschiedenen Autodecks mit unterschiedlichen Symbolen gekennzeichnet, damit Sie Ihren fahrbaren Untersatz später auch wieder finden. Weil die Autodecks gewöhnlich während der Fahrt nicht zugänglich sind, packen Sie vorher allen unterwegs benötigten Krimskrams in eine Tasche oder besser noch einen Rucksack (die Gänge auf dem Schiff sind eng) und nehmen ihn mit nach oben.

Verpflegung: Das Bordrestaurant hat keine Konkurrenz zu fürchten und ist ein teurer Monopolbetrieb. Besser, sich noch an Land den Bauch voll zu schlagen oder Essen und Getränke mit auf das Schiff zu bringen.

Über Nordengland und Schottland

Für jene, die mit dem Wagen anreisen und denen es auf einen Tag mehr oder weniger nicht ankommt, bietet sich die Überfahrt vom Kontinent nach Edinburgh oder Newcastle an. Von Edinburgh geht's quer durch Schottland in einer guten Autostunde zum Fährhafen *Troon*, von Newcastle durchquert man Nordengland und erreicht nach etwa 250 km die schottischen Häfen *Cairnryan* oder *Stranraer*, von denen die Fähren nach Nordirland übersetzen. Obwohl das Schiff fast einen Tag durch die Nordsee unterwegs ist, sind die Durchgangstarife nach Irland manchmal günstiger als bei den Kanalfähren. Die A 69 von Newcastle nach Carlisle folgt in etwa dem römischen Hadrianswall (siehe unten), ab Carlisle weiter auf der A 75 durch die schottischen Grafschaften Dumfries und Galloway.

Anreise

- *Fähren* **Zeebrügge – Rosyth (Edinburgh)**, Nachtverbindung mit Norfolkline, www.norfolkline.de.

Ijmuiden (Amsterdam) – Newcastle Nachtverbindung mit DFDS Seaways, www.dfdsseaways.de.

Cairnryan – Larne, 1 ½ Std. mit P&O Irish Sea, www.poirishsea.com.

Troon – Larne, 2 Std. mit P&O Irish Sea, www.poirishsea.com.

Stranraer – Belfast 1 ½ Std. mit Stena, www.stenaline.de. Lohnt besonders für „Fußgänger", da man mit Shuttlebus direkt ins Zentrum von Belfast gebracht wird.

Sehenswertes unterwegs

Edinburgh: Das auf einem schroffen Felsen thronende *Schloss* der schottischen Hauptstadt ist die am häufigsten besuchte britische Touristenattraktion außerhalb Londons. Viele Besucher kommen im Sommer auch wegen des *Kulturfestivals* und des *Military Tatoos*.

Glasgow: Die größte Industriestadt des Nordens ist besser als ihr Ruf und bietet gute Einkaufsmöglichkeiten. Einblicke in das harte Leben vergangener Zeiten vermittelt das Stadtmuseum *People's Palace.* Sehenswert sind die Hinterlassenschaften des Architekten *Charles Rennie Mackintosh,* der schottische Tradition mit Jugendstil und einem Touch Fernost mischte.

Newcastle upon Tyne: Viel Industrie und ein großer Kohlehafen, die Sehenswürdigkeiten überwältigen nicht, doch das Nachtleben der Studentenstadt ist legendär. Technikfans werfen einen Blick auf die *High Level Bridge* über den Tyne, die 1845–49 noch unter dem Eisenbahnpionier Robert Stevenson erbaut wurde. Das *Museum of Antiquities* besitzt eine hervorragende Sammlung römischer und angelsächsischer Funde und ein anschauliches Modell des Hadrianswalls.

Hadrianswall: Zwischen Greenhead und Chollerford ist noch ein Abschnitt des Grenzwalles erhalten, mit dem die Römer ihre Provinz Britannien vor den Einfällen der keltischen Pikten (Vorfahren der Schotten) schützten. Von Chollerford mit dem restaurierten *Kastell Cilurnum* bietet sich eine kurze Wanderung entlang dem Wall zum Lager *Vindolanda* und zum *Housesteads Fort* an.

Carlisle: Die trutzige Burg im Zentrum des Städtchens und das neue Museum

Mit Auto und Schiff 59

im *Tullie House* zeugen vom langen Streit zwischen England und Schottland. Carlisle ist das Tor zum *Lake District*, einer niederschlagsreichen, grünen Bilderbuchlandschaft mit Englands höchsten Bergen und zahlreichen Seen.

Gretna Green: Das Dorf an der englisch-schottischen Grenze verdankt seine Berühmtheit dem alten schottischen Recht, wonach eine Ehe gültig war, wenn die mindestens 16 Jahre alten Partner vor Zeugen ihren Heiratswillen bekundeten – kein Pfarrer, kein Standesbeamter und keine elterliche Einwilligung waren notwendig; und so kamen Englands Minderjährige in Scharen, um sich in einer der Kneipen oder der berühmten (Glücks-)Schmiede trauen zu lassen. Heute geht es nicht mehr ganz so formlos und schnell wie einst. Heiratswillige müssen sich schriftlich und wenigstens zwei Wochen im Voraus beim Standesamt anmelden. Wer sich nicht mit Heiratsabsichten trägt oder den Bund fürs

Zug- und Fährverbindungen Großbritannien/Irland

60 Anreise

Leben bereits geschlossen hat, kann die Schmiede ohne Voranmeldung auch einfach nur besichtigen.

Stranraer: Gartenfreunde lassen die Fähre zunächst Fähre sein und schauen sich die prächtigen Azaleen, Rhododendren und Magnolien der *Castle Kennedy Gardens* an. Das Schloss ist der Stammsitz der in Amerika berühmt gewordenen Kennedy-Familie.

Über Mittelengland und Nordwales

Die landschaftlich gegenüber der Nordroute vielleicht weniger interessante, dafür schnellere Englanddurchquerung führt überwiegend auf Autobahnen oder mit dem Zug (umsteigen in Manchester) durch das mittelenglische Industriegebiet. Autofahrer nehmen in Hull die M 62 nach Manchester, dann die M 56 nach Chester, von dort die Landstraßen 55 und 5 über Bangor nach Holyhead und sind insgesamt 260 km unterwegs.

● *Fähren* **Rotterdam – Hull** und **Zeebrügge – Hull**, Nachtfähren der *P&O Ferries*, www.poferries.com. Von Köln (A 4, A 61) über Venlo (A 67, A 58) nach Rotterdam sind es 260 km, über (A 4) Aachen (A 76, A 2, A 13) und Antwerpen (R 49) nach Zeebrügge 320 km.

Liverpool – Belfast und **Liverpool – Dublin,** täglich Tag- und Nachtfahrten mit *Norfolk Line*, www.norfolkline-ferries.co.uk. **Holyhead – Dun Laoghaire/Dublin,** 2–3 ½ Std. mit *Stena Line* (www.stenaline.de) und *Irish Ferries* (www.irlandfaehre.de).

Sehenswertes unterwegs

Hull: Kingston upon Hull, so lautet der volle Name, eröffnet den Reigen der mittelenglischen Industriestädte, die in der Fremdenverkehrswerbung gewöhnlich außen vor bleiben. Verlassene Docks, die Backsteintristesse vernachlässigter Arbeitersiedlungen und über dem Humber die längste Hängebrücke der Welt. Sehenswert ist das *Sklaverei-Museum* im Geburtshaus von William Wilberforce (25 High Street), einem engagierten Gegner des Handels mit dem „schwarzen Elfenbein". Ein lohnender Abstecher führt ins 2000 Jahre alte Städtchen York.

Bradford: Aus der Metropole des Wollhandels *(Bradford Industrial Museum)* wurde Britanniens Orient. Aus drei Dutzend Moscheen ertönt der Gebetsruf für die über 65.000 Muslime Bradfords; Einwanderer und ihre Kinder prägen das Bild der multikulturellen Stadt mit Englands erstem farbigen Bürgermeister.

Manchester: Die sprichwörtliche Keimzelle des Industriekapitalismus besitzt aus ihrer Blütezeit im 19. Jh. ein reiches Erbe neogotischer *Architektur* (Rathaus, Bibliothek, Baumwollbörse). Das *Museum of Science and Technology* im Stadtteil Castlefield lässt die Industriegeschichte der Region lebendig werden, für den Abend bietet sich ein Spaziergang durch das exotische Chinesenviertel und ein Essen im legendären Yang Sing Restaurant an. Das Stadtzentrum wurde nach einem Bombenanschlag durch die IRA so erfolgreich erneuert, dass Brüssel den „Mancs" einen Preis für den besten Strukturwandel einer europäischen Großstadt verlieh.

Liverpool: Die Hafenstadt mit Englands schlechtestem Ruf und den meisten sozialen Problemen. Wie es dazu kam, erklärt das *Merseyside Maritime Museum* am Albert Dock; dort findet man auch das *Beatles-Museum*. Für Beatle-Maniacs gibt's besondere Stadtrundfahrten zur Mathew Street, wo die Pilzköpfe ihre Karriere im Cavern Club begannen, in die Penny Lane und zu den Strawberry Fields. 2008 wird Liverpool Europäische Kulturhauptstadt sein.

Mit Auto und Schiff

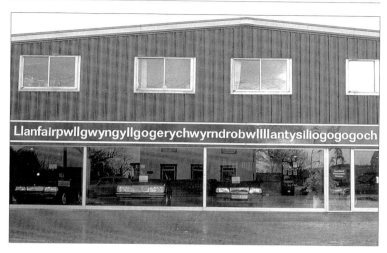

Autohaus in Llanfairpwllgwyngyllgogerychwyrndrobwllllantysiliogogogoch

Chester: Weil der River Dee und damit der Zugang zum Meer schon vor langer Zeit versandete, versank Chester in der Bedeutungslosigkeit und rettete so seinen mittelalterlichen Ortskern mit den schmucken Fachwerkhäusern und der Stadtmauer aus rotbraunem Sandstein bis in unsere Tage. Heute ist die Stadt ein Touristenmagnet ersten Ranges und stiftete Englands bekanntestem Käse den Namen.

Bangor: Die kleine Universitätsstadt im Nordwesten von Wales ist Ausgangspunkt für Abstecher in den *Snowdonia Nationalpark*, eine urwüchsige und schroffe Berglandschaft mit dem höchsten Gipfel (1080 m) der walisischen Halbinsel.

Llanfairpwllgwyngyllgogerychwyrndrobwllllantysiliogogogoch: Kein Satzfehler, sondern der Welt längster Ortsname. Fotografen-Treff ist das Bahnhofsschild dieser ersten Station auf der Insel Anglesey. Und damit Ortsunkundige sich die Zunge nicht brechen müssen, kann „St.-Mary's-Kirche-am-Teich-mit-dem-weißen-Haselbusch-beim-Strudel-und-bei-der-St.-Tysillios-Kirche-nahe-der-roten-Höhle" auf Walisisch auch als Llanfair PG abgekürzt werden.

Holyhead: Wenig spektakulärer Hafen an der Irischen See. Der Name erinnert an ein altes keltisches Heiligtum auf der Insel vor der Stadt.

Über Südengland und Wales

Reisende haben die Qual der Wahl zwischen zehn verschiedenen Schiffsverbindungen über den Kanal. Die Häfen auf dem Kontinent sind nahezu alle durchgehend per Autobahn über Köln/Ruhrgebiet zu erreichen. Geringfügig längere Routen zu den belgischen und französischen Häfen werden durch kürzere Fährpassagen wettgemacht.

Ob Sie zweckmäßig von Pembroke/Fishguard im Süden oder von Holyhead (siehe oben) im Norden von Wales nach Irland übersetzen, hängt von Ihrem Reiseziel auf der Grünen Insel ab. Die Fährpreise sind in etwa gleich, ebenso die Entfernungen zu den Nordseehäfen: In jedem Fall sind auf der britischen Insel etwa 500 km zu

62 Anreise

bewältigen, für die Sie mit dem Auto wenigstens 6 Std. reine Fahrzeit kalkulieren müssen. Da weitgehend als Autobahn ausgebaut, ist die Strecke (M 20, M 25, M 4) von Dover nach Pembroke/Fishguard vielleicht eine Spur schneller.

Europa wächst zusammen – doch alles zu seiner Zeit

„Wir sind nicht mehr Franzosen oder Briten: Wir sind jetzt alle Europäer!", erklärte enthusiastisch der Arbeiter Philippe Cozette, nachdem er am 1. Dezember 1990 als erster Mensch den Tunnel durchquert hatte. Zumindest in England hält sich die Europabegeisterung jedoch bekanntermaßen in Grenzen. Der Hochgeschwindigkeitszug Paris – London rast mit Tempo 300 über den Kontinent, um dann, zwischen Vorortzügen eingeklemmt, auf der Insel mit 80 km/h langsam zu zockeln – erst 2007 soll der neue und schnelle *Channel Tunnel Rail Link* durch einen 18 km langen Tunnel direkt ins Zentrum von London führen und so die Fahrzeit von der Themse nach Paris auf 2¼ Stunden verkürzen.

Schon 1802 schlug der Franzose Albert Mathieu einen Tunnel unter dem Ärmelkanal vor, durch den man mit Pferdekutschen gereist wäre. Napoleon zeigte sich sehr interessiert und ließ ausrechnen, wie viele Soldaten man pro Stunde durch den Tunnel schicken könnte. 1878 begann eine Gesellschaft nach neuen Plänen tatsächlich in Calais und Dover mit Ausschachtungen, doch wieder scheiterte das Vorhaben an den militärischen Ängsten der Briten. Erst das veränderte politische Klima zu Beginn der 1980er Jahre, als sich durch die Europäische Union auch die wirtschaftlichen Verflechtungen zwischen Frankreich und Großbritannien verstärkt hatten, erlaubte den Bau des Tunnels. Am 1. Dezember 1987 begannen die Bauarbeiten an den zwei Eisenbahnröhren und einem Servicetunnel, die über 38 von insgesamt 50 km unter dem Wasser verlaufen. Ende 1994 wurde der kommerzielle Betrieb aufgenommen.

Gerechnet hat sich dieser bis heute nicht. Die Tunnelgesellschaft musste beim Bau ohne öffentliche Förderung auskommen. Dafür waren die Kosten doppelt so hoch wie geplant und können durch die Betriebseinnahmen niemals getilgt werden, sodass die Tunnelgesellschaft 2006 mit etwa 9 Mrd. Euro Schulden Konkurs anmeldete. Stets blieben die Passagierzahlen weit hinter den Erwartungen zurück, denn der Tunnel bedeutete keineswegs das Ende für die Fähren. Die Reedereien investierten Milliarden in die Modernisierung von Flotte und Abfertigungsanlagen. Auch preislich liegen die Fähren günstiger, und wer es eilig hat, nimmt sowieso das Flugzeug.

Verkehrstipps Großbritannien

● *Vorfahrt* An vielen Kreuzungen wird der Verkehr mit Round Abouts (Kreiseln) anstelle von Ampeln gelenkt. Der Kreisverkehr hat dabei Vorfahrt. An Einmündungen oder Kreuzungen von Nebenstraßen können Markierungen auf dem Asphalt die Schilder ersetzen. Eine durchgezogene Linie bedeutet Halt, eine unterbrochene Linie Vorsicht („Give Way"). An gleichberechtigten Kreuzungen gibt es keine Vorfahrtsregel, also

kein „links vor rechts". Beim Abbiegen ist das Vorrecht der die Straße überquerenden Fußgänger zu beachten.

● *„Do not enter box unless clear"* Mit einem gelben, diagonalen Raster (Box) markierte Kreuzungen dürfen nur befahren werden, wenn kein anderes Fahrzeug in der Box ist.

● *Geschwindigkeitsbegrenzungen* Innerorts 48 km/h (30 mph), auf zweispurigen Landstraßen 97 km/h (60 mph), auf vierspu-

Mit Auto und Schiff   63

rigen Landstraßen und Autobahnen 112 km/h (70 mph). Auf Verkehrsschildern werden Geschwindigkeiten wie Entfernungen in Meilen angegeben.

● *Straßen* Auf Landkarten und Wegweisern sind Autobahnen mit M, Hauptstraßen mit A, Nebenstraßen mit B oder C gekennzeichnet.

● *Parken* Zwei durchgehende gelbe Linien am Straßenrand bedeuten striktes Halteverbot; eine durchgehende gelbe Linie signalisiert Parkverbot an Werktagen; eine unterbrochene gelbe Linie weist auf Parkverbot zu bestimmten Zeiten hin.

● *Benzinpreise* (2008) Super (97 Oktan) 1,05–1,50 €, Diesel 1,05–1,55 €.

● *Pannendienst/Unfall* The Automobil Association (AA), ✆ (0800)887766, und The Royal Automobile Club (RAC), ✆ (0800) 828282, sind Partnerclubs des ADAC und leisten für dessen Mitglieder im Notfall kostenlose Pannenhilfe. Polizei und Ambulanz werden über den Notruf 999 verständigt.

● *Alkohol* Maximal 0,8 Promille.

> Links fahren und rechts überholen!

Fähren

Esbjerg – Harwich, 20 Std., Abfahrten bis 4-mal/Woche, mit *DFDS Seaways*, www.dfdsseaways.de.

Hoek van Holland – Harwich, Tag- und Nachtfähren mit *Stena*, www.stenaline.de.

Calais – Dover, tägl. bis 35-mal, 90 Min. Überfahrt, Check-in bis 30 Min. vor Abfahrt, mit *P&O* (www.poferries.com) und *Seafrance* (www.seafrance.com). Anfahrt nach Calais von Köln (A 4) – Aachen (A 3, A 15) – Charleroi (A 7, A 2) – Cambrais (A 26) –

Calais, ca. 460 km.

Dünkirchen – Dover, 2 Std. Überfahrt, Abfahrt alle 2 Std., mit *Norfolk Line*, www.norfolkline-ferries.co.uk.

Fishguard – Rosslare, 3 ½ Std., tägl. 2-mal mit *Stena Line*, www.stenaline.de. Zubringerzüge von London Paddington.

Pembroke – Rosslare, 4 Std., tägl. 4- bis 7-mal mit *Irish Ferries*, www.irlandfaehre.de. Zubringerzüge von London Paddington.

Tunnel: „Le Shuttle" pendelt unter dem Kanal zwischen Calais und Folkestone. Nachts jede Stunde, tagsüber bei Bedarf auch öfter. Die Überfahrt (hieße es nicht besser „Unterfahrt"?) dauert gerade 35 Min. Man rollt mit dem Auto direkt in den Eisenbahnwagen, drinnen kann man sich die Füße vertreten und es gibt sogar Toiletten. Für Fußgänger ist bislang noch kein Platz im Zug.

● *Buchung/Preise* Hin- und Rückfahrt für einen Pkw kosteten im Herbst 2008 je nach Saison und Tageszeit 150–250 €. Auch die vorab im Reisebüro gekauften Tickets sind ± 30 Min. zeitgebunden. Buchung: ✆ 0180 5000248, www.eurotunnel.com.

Sehenswertes unterwegs

Cambridge: Wer in Harwich landet und von Holyhead nach Dublin übersetzen will, kann den Ballungsraum London im Norden umgehen und unterwegs etwa in Cambridge einen Zwischenstopp einlegen. Die Studentenstadt schmückt sich mit viel Grün und hat mehr Charme als ihr ewiger Rivale Oxford. Auf Fahrrädern schlittert und klappert die künftige Elite Englands in Anzug und Schlips über das Kopfsteinpflaster der engen Gassen – Frauen sind deutlich unterrepräsentiert. Auf dem Flüsschen Cam lässt man sich im Sommer gern in einer Art Gondel herumschippern.

Canterbury: Der Erzbischof von Canterbury, Hausherr der prächtigen *Kathedrale* im Stil der nordfranzösischen Gotik, ist geistliches Oberhaupt der Anglikanischen Kirche. 1170 wurde Thomas Becket, der damalige Bischof von Canterbury und zugleich Reichskanzler, auf den Altarstufen im Auftrag der weltlichen Macht ermordet. Sein Schrein war das wichtigste Pilgerziel auf der britischen Insel. Nachdem Heinrich VIII. den Sarkophag nach der Reformation beseitigt hatte, besuchten die Gläubigen selbst noch den leeren Platz. Das Städtchen versprüht mit seinen

64 Anreise

verwinkelten Gassen, viel Fachwerk, historischen Brücken und Resten der Stadtmauer durchaus mittelalterlichen Charme.

Bath: Schon die Römer, die bekanntlich geradezu badesüchtig waren, fassten die heißen Quellen ein und leiteten das Wasser in pompöse *Badehäuser,* die dem Ort seinen Namen gaben. Im 18. Jh. brachte Queen Anne mit einer Badekur Bath erneut in Mode: Man restaurierte und rekonstruierte die alten Bäder, und die High Society baute sich ihre Villen aus dem für das Stadtbild charakteristischen, honiggelben Porphyrstein – für Architekturinteressierte sind v. a. die halbrunden, gezirkelten Straßenzüge im Nordwesten ein Muss. Seit 2006 kann man in neuen Thermen *(Bath Spa)* auch endlich wieder kuren.

Bristol: Weite Teile der Industriestadt wurden im 2. Weltkrieg von deutschen Bombern in Schutt und Asche gelegt, der Wiederaufbau brachte überwiegend nüchterne Glas- und Stahlarchitektur hervor. Umso mehr blüht die Kulturszene – insbesondere die Theater Bristols können sich durchaus mit den Londoner Bühnen messen. Die alten Lagerhallen und Speicher des ehemaligen Hafens sind inzwischen fast alle umgewandelt in ansprechende Restaurants, Bars und Kultureinrichtungen. Im historischen Trockendock liegt die *SS Great Britain,* eines der größten Eisenschiffe seiner Zeit (1843). Gleich daneben ist auch der Nachbau der *Holzschaluppe Matthew* zu besichtigen, mit der *John Cabot* laut Stadtchronik 1497 Amerika entdeckt haben soll.

> **Tipp:** Die Brücke über den Bristol Channel ist mautpflichtig. Akzeptiert werden nur Britische Pfund – schrieb uns ein leidgeprüfter Leser, der, Sie ahnen es, nur Euro dabei hatte.

Cardiff: Die Hauptstadt von Wales reizt kaum zum längeren Verweilen. Sowohl das *National Museum* als auch das *Folk Museum* in St. Fagan geben Einblick in die walisische Kultur. Sehenswert sind das kitschige *Castle* und die neu gestaltete Uferzeile an der *Cardiff Bay.* Im Hinterland und Richtung Swansea gleitet an den Durchreisenden die verwundete Landschaft der walisischen Kohletäler mit ihren aufgerissenen Bergflanken, den unnatürlich regelmäßigen Abraumhalden und den Hügeln aus Industrieschrott vorbei. Landschaftlich wunderschön ist allerdings der *Brecon Beacon National Park.*

Pembroke: Im äußersten Südwesten zeigt sich Wales mit grünen Wiesen, zerklüfteten, roten Sandsteinfelsen und versteckten Sandbuchten wieder von seiner Schokoladenseite. Ein Küstenwanderweg führt durch den *Pembrokeshire Coast National Park* um die Halbinsel herum.

Verkehrstipps Belgien

- *Geschwindigkeitsbegrenzungen* Innerorts 60 km/h, auf zweispurigen Landstraßen 90 km/h, auf vierspurigen Landstraßen und Autobahnen 120 km/h.
- *Autobahnen* Als einziges Land Europas leistet sich Belgien den Luxus beleuchteter Autobahnen – noch ist die Benutzung gratis.
- *Parken* Gelbe Linie am Bordstein bedeutet Parkverbot.
- *Benzinpreise* (2008) Super 1,05–1,60 €, Diesel 0,80–1,35 €.
- *Pannendienst/Unfall* Der **Royal Automobile Club de Belgique (RACB),** ☏ (02)2870911, www.racb.be, leistet Pannenhilfe. **Polizeinotruf:** ☏ 101, **Unfallambulanz:** ☏ 100.

Mit Auto und Schiff 65

Pulteney Bridge in Bath – eine Ladenzeile hoch über dem River Avon

Von Frankreich direkt nach Irland

Die Einschiffung in den Häfen der Normandie und der Bretagne kommt vor allem für Autofahrer aus Süddeutschland in Frage, die die Anfahrt über Paris wählen und die französischen Autobahngebühren zu zahlen bereit sind. Die Route über England bietet aber kaum einen Preis- bzw. Zeitvorteil gegenüber der direkten Überfahrt nach Irland.

Anfahrt

– Vom **Ruhrgebiet** über *Aachen* (A 3, A 15) – *Charleroi* (A 7) – *Valenciennes* (A 2, A 29) – *Amiens* (A 29) – *Le Havre* (A 29, A 13) – *Caen* (N 13) – *Cherbourg*, ab deutscher Grenze 680 km.

– Von **Süddeutschland** über *Saarbrücken* (A 32, A 4) – *Reims* (A 4) – *Paris* (A 13, N 13) – *Cherbourg*, ab deutscher Grenze 790 km, nahezu durchgehend Autobahn.

– Von der **Schweiz und Südbaden** über *Mühlhausen* (A 36) – *Beaune* (A 6) – *Paris* (A 13, N 13) – *Cherbourg*, ab Basel/Freiburg 980 km, nahezu durchgehend Autobahn.

Mit Staus ist tagsüber auf dem Pariser Ring *(Périphérique)* zu rechnen – die Reise besser so planen, dass man nicht zur Rushhour an die Seine kommt. Wer von der A 6 oder A 4 kommt und gleich weiter nach Le Havre will, nimmt die Périphérique im Uhrzeigersinn bis zur Ausfahrt *Porte de Muette*.

Sie können Frankreich auch auf den Nationalstraßen durchqueren und damit die Autobahngebühren einsparen. Allerdings werden die vielen Ortsdurchfahrten nicht jedermanns Sache sein. Die streckenweise drei- und vierspurig ausgebaute N 4 von Straßburg nach Paris ist gegenüber der Autobahnverbindung immerhin um 160 km kürzer, und von Paris nach Cherbourg kommt die N 13 über Caen in Frage.

• *Fähren* **Cherbourg/Roscoff – Rosslare**, 17 Std. mit *Irish Ferries*, wöchentl. 1–3 Fahrten, www.irlandfaehre.de.

Roscoff – Cork, 13 Std. mit *Britanny Ferries*, wöchentlich eine Fahrt, www.brittany ferries.de.

Verkehrstipps Frankreich

- *Geschwindigkeitsbegrenzungen* Innerorts 50 km/h, auf Landstraßen 90 (bei Nässe 80) km/h, auf vierspurigen Landstraßen 110 (100) km/h, auf Autobahnen 130 (110) km/h. Führerscheinneulinge dürfen im ersten Jahr nicht schneller als 90 km/h fahren.

- *Besondere Verkehrsregeln* Straßenbahnen haben immer Vorfahrt, bei Regen und Schneefall ist Abblendlicht vorgeschrieben, und im Kreisverkehr gilt, wenn nicht anders beschildert, rechts vor links. Promillegrenze: 0,5. Auch bei Tag fährt man außerhalb der Ortschaften mit Abblendlicht.

- *Autobahnmaut* Variiert von Strecke zu Strecke. Beispielsweise kostete (2008) die Fahrt im Pkw von Aachen nach Cherbourg ca. 30 €, von Saarbrücken nach Cherbourg 45 €. Über **www.autoroutes.fr** können Sie sich die Kosten exakt ausrechnen lassen. Bei der Einfahrt in die Autobahn wird wie im Parkhaus ein Ticket aus dem Automaten gezogen, nach welchem der Kassierer an der Ausfahrt die Maut berechnet. Akzeptiert werden auch Master- und Visacard. Bei einigen kürzeren Abschnitten zahlt man am Anfang und wirft den angezeigten Betrag in einen Münztrichter, um die Schranke zu öffnen – ein Vorrat an Kleingeld ist also nützlich. Die Umgehungen der Großstädte sind mautfrei zu befahren.

- *Parken* Rot-weiße oder rot-gelbe Linie am Bordstein bedeutet Parkverbot. In den Kurzparkzonen („zone bleu") der Städte darf, wenn nicht anders ausgeschildert, werktags zwischen 9–12.30 und 14.30–19 Uhr längstens eine Stunde geparkt werden (Parkscheibe). In manchen Straßen ist es üblich, vom 1.–15. jeden Monats nur auf der Straßenseite mit ungeraden Hausnummern, in der zweiten Monatshälfte hingegen nur auf der anderen Seite zu parken.

- *Benzinpreise* (2008) Diesel 0,95–1,50 € pro Liter, Super (98 Oktan) 1,05–1,60 €. Als Faustregel gilt: An den Autobahnen tanken Sie am teuersten, an den Einkaufszentren („Centre Commercial") am billigsten.

- *Pannenhilfe* An den Autobahnen stehen Notrufsäulen, ansonsten Polizeinotruf („police secours"), ✆ 17. Hilfe in deutscher Sprache bietet rund um die Uhr der **Touringclub de France (TCF)** in Zusammenarbeit mit dem ADAC über ✆ 080008922.

Sehenswertes unterwegs

Verdun: Das blutigste Schlachtfeld des 1. Weltkriegs, auf dem 1916 eine halbe Million Soldaten geopfert wurde, liegt etwa 25 km nördlich der Stadt. Markante Punkte sind das Fort de Souville, die Totenhalle von Douaumont, die Höhe *Toter Mann*, das *Museum von Fleury* und in Verdun selbst die *Citadelle Souterraine*. Das Verkehrsbüro von Verdun (Plâce de la Nation) organisiert im Sommer täglich geführte Rundfahrten.

Reims: Die Hauptstadt der Champagne, jener Landschaft, in der nicht nur der berühmte Champagner produziert wird, sondern in riesigen Agrarfabriken auch ein Gutteil des französischen Weizens. Außer den *Sektkellereien* ist besonders die gotische *Kathedrale* (13. Jh.) sehenswert, in der die französischen Könige gekrönt wurden.

Paris: Die Weltstadt an einem Nachmittag auf dem Weg nach Irland? Vergessen Sie's und kommen Sie einmal auf ein paar Tage oder Wochen an die Seine. Kaufen Sie den MM-City-Führer *Paris* des Kollegen Nestmeyer, denn die Stadt ist unmöglich in fünf Zeilen zu packen.

Rouen: Mit den typischen Fachwerkhäusern, der gotischen Kathedrale und dem Uhrturm eine der schönsten Altstädte Frankreichs; behutsame Sanierung hat die während des Weltkriegs geschlagenen Wunden gut geheilt. Eine supermoderne

Mit der Bahn 67

Kirche am Place du Vieux Marché erinnert an die Nationalheldin Jean d'Arc, die in Rouen von den Engländern verbrannt wurde.

Reedereien und Agenturen

Brittany Ferries, www.brittany-ferries.de:
• *Deutschland* SNCM, Berliner Str. 31–35, 65760 Eschborn, ✆ (06196)940911, www.sncm.fr.
DFDS Seaways, www.dfdsseaways.de:
• *Deutschland* Högerdamm 41, 20097 Hamburg, ✆ (040)3890371.
• *Schweiz* Kontiki Reisen AG, Wettingerstr. 23, 5400 Baden, ✆ (056)2036666, www.kontiki.ch.
• *Österreich* ÖAMTC, Schubertring 1–3, 1010 Wien, ✆ (01)711991415, www.oeamtc.at.
Irish Ferries, www.irishferries.com:
• *Deutschland* Karl Geuther GmbH, Martinistr. 58, 28195 Bremen, ✆ (0421)1760218, www.geuther-group.de.
• *Schweiz* Cosulich AG, Beckenhofstr. 26, 8035 Zürich, ✆ (01)3635255, www.cosulich.ch.
• *Österreich* Intropa, Kärntner Str. 38, ✆ (01)51514212, www.eurotours.at.
Norfolk Line, www.norfolkline-ferries.co.uk:
• *Deutschland* J.A. Reinecke GmbH & Co. KG, Jersbeker Straße 12, 22941 Bargteheide, ✆ (04532)6517, www.jareinecke.de.
P&O Ferries und **P&O Irish Sea,** www.po

ferries.com, www.poirishsea.com:
• *Deutschland* DER, Emil-von-Behring-Str. 6, 60439 Frankfurt, Buchung: ✆ 0180 5007161.
• *Schweiz* Cruise & Ferry Center, Chemin Curtils, 261 Le Vaud, ✆ (022)3664255, www.ferrycenter.ch.
• *Österreich* ÖAMTC, Schubertring 1–3, 1010 Wien, ✆ (01)711991415, www.oeamtc.at.
Seafrance Sealink, www.seafrance.com:
• *Deutschland* SNCM, Berliner Str. 31–35, 65760 Eschborn, ✆ (06196)940911.
Stena Line, www.stenaline.de:
• *Deutschland* Hildebrandtstraße 24d, 40215 Düsseldorf, ✆ (0211)9055150.
• *Österreich* ÖAMTC, Schubertring 1–3, 1010 Wien, ✆ (01)711991415, www.oeamtc.at.

> Gaeltacht Reisen, Schwarzer Weg 25, 47447 Moers, ✆ (02841)930111, ✆ 30665, www.gaeltacht.de, sei als erfahrenes Irland-Reisebüro mit zahlreichen Sondertarifen empfohlen.

Durchgangstarife

Einige Fährgesellschaften arbeiten zusammen und bieten ermäßigte Durchgangs- oder Landbridge-Tarife – hierbei kaufen Sie mit nur einem Ticket sowohl die Überfahrt vom Kontinent nach Großbritannien als auch die Weiterreise nach Irland. Kombiniert werden können folgende Fahrten:

Mit	DFDS	P&O Ferries	Sea France
Irish Ferries	X	X	X
P&O Irish Sea		X	X
Stena Line	X		X

Mit der Bahn

Umweltbewusstes Reisen hat einen hohen Preis. Dazu kommt die Gepäckschlepperei: vom Bahnsteig zur Fähre und wieder zum Bahnsteig, und in London oder Paris muss per U-Bahn vom Ankunfts- zum Abfahrtsbahnhof gewechselt werden.

Route: Wie bei der Fahrt mit dem Auto muss man sich zunächst für eine Route entscheiden. Am gängigsten ist die Fahrt über London. Wer dabei die Superzüge *Thalys* (Köln – Brüssel) und *Eurostar* (Brüssel – London) benutzt, ist zwischen Köln und Dublin fast einen Tag unterwegs. Der Weg zu den Irlandfähren ab Cherbourg führt zunächst nach Paris.

68   Anreise

• *Umsteigen in London* St. Pancras Station (Ankunft *Eurostar*), Liverpool Street Station (Ankunft von Harwich), Paddington Station (Abfahrt Fishguard, Pembroke) und Euston Station (Abfahrt nach Holyhead) liegen alle an der Tube (U-Bahn) Circle Line. Von St. Pancras kann man zur 600 m entfernten Euston Station auch gut laufen. Die an Automaten erhältlichen Tubetickets kosten je nach Entfernung und müssen unbedingt bis zum Fahrtende aufgehoben werden – sonst kommen Sie nicht mehr durch die Sperre.

• *Umsteigen in Paris* Gare de l'Est (Ankunft von Saarbrücken oder Straßburg) und Gare du Nord (*Eurostar* und Abfahrt nach Calais) liegen nur etwa 250 m auseinander. Von beiden zum Gare St. Lazare (Abfahrt nach Le Havre und Cherbourg) mit der Linie 4 „Porte d'Orléans" bis Station Réaumur-Sébastopol, dort in Linie 3 „Pont de Levallois" wechseln. Tickets zum Einheitspreis an Automaten oder beim Kassenhäuschen.

Tickets nach London: Tickets für die Kombination **Thalys** (Köln – Brüssel) und **Eurostar** (Brüssel – London) sind an den Bahnschaltern erhältlich. An Sonderangeboten gab es 2008 z. B. das **London Spezial** (ab Köln 59 €, ab Frankfurt 79 €). Bei der Fahrt mit dem **Nachtzug** nach Brüssel oder Paris bietet die DB günstige Anschlusstarife für den Eurostar nach London. Mehr dazu unter www.nachtzug reise.de (hier unter Angebote – Partnerangebote – Eurostar). Über die Startseite und den Klick „Aktuelle Broschüren" lässt sich auch das halbjährlich erscheinenden Heft *„Nachtzugreise"* als pdf laden.

Bis zu 35 % Rabatt gibt's für Bahnreisen durch Frankreich mit der Touristenfahrkarte **Découverte Séjour** (wird die Fahrkarte an einem französischen Bahnhof gekauft, gibt es einige Ausschlusstage).

Tickets von London nach Dublin: Schon deshalb, weil sich auf dem Kontinent kaum jemand damit auskennt, empfiehlt es sich, die Fahrkarte durch Großbritannien nach Irland erst in London zu kaufen. Unter dem Etikett **SailRail** (www.sail rail.co.uk) bieten Bahn und Fährgesellschaften flexible, für jeden Zug und jede Fähre gültige Tickets von Großbritannien nach Irland an. Von London nach Dublin zahlt man (2008) 28 £ (Juli/Aug. 30 £). Mehr zur Bahnfahrt von England nach Irland unter www.seat61.com/Ireland.htm.

• *Deutsche Bahn* **DB,** zentrale Auskunft mit Vermittlung zu den Servicediensten ✆ 11861, www.bahn.de.

• *Vertretungen der ausländischen Bahnen* **British Rail International,** www.rail.co.uk, hat sein Auslandsbüro aufgegeben.
Belgische Eisenbahnen (SNCB), Goldgasse 2, 50668 Köln, ✆ (0221)1411871, www.b-rail.be.

Niederländische Eisenbahnen (NS), c/o Tourist Team GmbH, Postfach 1948, 50209 Frechen, ✆ (0221)273035, www.ns.nl.
Französische Eisenbahnen (SNCF), www. sncf.fr und www.raileurope.eu.
- Deutschland: Am Bahnhofsvorplatz 1, 50667 Köln, ✆ 01805 009073.
- Schweiz: Rue de Lausanne 11, 1211 Genf, ✆ 0840 844842.

Fahrrad per Bahn

Nachdem über die Jahre fast alle Gepäckwagen aus Schnellzügen gestrichen wurden, können jetzt in vielen grenzüberschreitenden Zügen wieder Räder mitgenommen werden. So weit die gute Nachricht. Die schlechte ist, dass die DB diesen Service auf Nachtzüge und IC/EC-Verbindungen konzentriert, während ein Fahrradtransport im ICE nicht möglich ist.

Für jene Züge, in denen der Radtransport zugelassen ist, braucht man nach **Belgien** eine internationale Fahrradkarte (je Fahrt 10 €, in Nachtzügen 15 €). Erlaubt und umsonst sind Räder im *Thalys* (www.thalys.com), soweit sie verpackt und an Platz

Mit der Bahn 69

Die Grüne Insel bietet fabelhafte Reisemöglichkeiten

nicht mehr als 90 x 120 cm beanspruchen. Auch im **Eurostar** (www.eurostar.com) werden Räder als normales Gepäck akzeptiert, solange sie durch die Durchleuchtungsmaschinen passen. Was größer ist, muss gegen 25 € Gebühr aufgegeben werden, wobei die Beförderung nicht im nächsten Zug erfolgt, aber innerhalb von 24 Stunden garantiert wird. Auf den meisten **Kanalfähren** werden Räder wie normales Gepäck behandelt und kosten nichts extra.

In **Großbritannien** gelten für das Rad ähnlich vielfältige Bedingungen wie bei der Deutschen Bahn. National Rail informiert über die Details mit dem Faltblatt *Cycling by Train* (download als pdf über www.nationalrail.co.uk, hier passenger services – cyclists). In der Regel ist die Mitnahme (Selbstverladung) umsonst und ohne weiteres möglich, manchmal jedoch nur nach Voranmeldung und mit Fahrkarte, mal nur zu bestimmten Zeiten und auf manchen Strecken überhaupt nicht. Über die **Irische See** lassen sich *Irish Ferries* ein Fahrrad bezahlen, bei *Stena Line* ist es für „Fußgänger" umsonst.

Die grenzüberschreitende Fahrradmitnahme nach **Frankreich** ist in einigen Zügen über Straßburg möglich. Im Land selbst gestattet SNCF Selbstverladung in den meisten Regional- und Schnellzügen einschließlich TGV (hier gegen Reservierung, 10 €). Mehr Infos in der SNCF-Broschüre „*Guide train & velo*" oder unter www.velo.sncf.com.

• *Infos zur Fahrradmitnahme ins Ausland* Falls nicht am Bahnhof oder im Reisebüro erhältlich, kann die Broschüre „Bahn & Bike" als pdf heruntergeladen werden über www.bahn.de (hier unter Mobilität & Service – Bahn & Bike – Broschüre). Daneben unterhält die Bahn eine „Radfahrer-Hotline" (℡ 01805 151415, Mo–So 8–20 Uhr), die auch bei Fragen zum Fahrradtransport auf internationalen Strecken weiterhilft.

Anreise

Mit dem Bus

Es existieren regelmäßige Umsteigeverbindungen von Deutschland über London auf die Grüne Insel.

In den komfortablen Europabussen des Konsortiums *Eurolines* ist die mehrmals pro Woche angebotene Fahrt nach London so angenehm, wie eine bis zu 20 Stunden lange Busfahrt eben sein kann. Pausen zum Beinevertreten bestimmt der Fahrer, WC ist an Bord. Die Fahrt beginnt abends in München und führt mit einigen Zusteigemöglichkeiten über Aachen durch den Kanaltunnel zur Londoner Victoria Busstation, die, wenn nichts dazwischen kommt, am nächsten Morgen erreicht wird. Beispielsweise ab Frankfurt kostet die Fahrt nach London hin und zurück je nach Reisetag und Vorausbuchung 100–150 €. Eine zweite Linie führt Dresden über Leipzig und Halle, eine dritte von Berlin über Hannover. Von der Londoner Victoria Coach Station geht es morgens und abends weiter mit *Eurolines/Bus Éireann* nach Dublin für einfach 16–25 £, hin und zurück 35–50 £. Mit *Ulsterbus* kostet die einfache Fahrt London – Belfast 22–50 £.

● *Busgesellschaften* **Eurolines/Deutsche Touring,** Am Römerhof 17, 60486 Frankfurt, ✆ (069)7903240; www.deutsche-touring.com; in England über National Express.
Eurolines UK, 52 Grosvenor Gardens, gegen-über der Victoria Station, London, ✆ 08705 808080, www.eurolines.com, oder über alle örtlichen Büros von National Express.
Bus Éireann, Dublin, Central Busstation, Busaras, ✆ (01)8366111, www.buseireann.ie.

Fahrrad per Bus

Sausewind offeriert ab Oldenburg über Duisburg zu zwei Terminen Fahrten nach Dublin und Kenmare. Im Fahrpreis von 345 € für Hin- und Rückfahrt sind Radtransport im speziellen Fahrradanhänger, Fähre und Übernachtung enthalten. Weitere Transportadressen vermittelt der Allgemeine Deutsche Fahrrad-Club (ADFC).

● *Adressen* **Sausewind,** Meeschweg 9, 26127 Oldenburg, ✆ (0441)935650, www.sausewind.de.
ADFC, Postfach 107 747, 28077 Bremen, ✆ (0421)346290, www.adfc.de.

Einreisebestimmungen

Für die Einreise nach Irland genügt bei Deutschen, Österreichern und Schweizern der Personalausweis – ebenso für die Durchreise durch England, Frankreich und die Benelux-Staaten.

Auch Autofahrer benötigen außer ihrem nationalen Führerschein und dem üblichen Fahrzeugschein keine besonderen Papiere. Eine grüne Versicherungskarte wird empfohlen, ist aber nicht zwingend vorgeschrieben. Für Anhänger und Boote bedarf es keiner besonderen Formalitäten.

Haustiere bleiben zu Hause!

Tierschützer warnen ausdrücklich davor, Tiere mit in den Urlaub zu nehmen, denn eine Reise in der Transportbox im Gepäckraum eines Flugzeugs oder Schiffes, wo es laut, dunkel und kalt ist, wird für jeden Vierbeiner zur Qual. Obwohl die Einreise mit Haustieren nach Irland prinzipiell möglich ist, ersparen Sie ihnen lieber ein mögliches Transporttrauma. Lassen Sie Ihre Tiere besser zu Hause betreuen, fragen Sie im Tierheim nach einem „Catsitter" oder lassen Sie Ihre Lieblinge bei Freunden wohnen.

Abfahrt zum Brandon Creek, Dingle

Unterwegs in Irland

Bus und Bahn sind in Irland auf dem absteigenden Ast. Wer nicht dauernd an einem Ort bleiben oder nur die großen Städte und touristischen Zentren besuchen will, wird Fahrrad oder Auto benutzen.

Innerirische *Flüge* lohnen bei den kurzen Entfernungen nur als Anschlussflug oder Zubringer, wenn man vom Kontinent mit dem Jet nach Dublin reist; mehr dazu im Kapitel „Anreise mit dem Flugzeug". Die vorgelagerten Inseln an der Westküste sind selbstverständlich per *Schiff* erreichbar. Außer den üblichen Fähren kämpfen sich auch notdürftig umgebaute und gern überladene Fischkutter durch die oft wilde See – romantisch und viel Folklore, doch nichts für empfindliche Mägen. Dazu mehr in den Ortskapiteln.

On the Road – Verkehrsregeln

Als britisches Erbe fährt man auf Irland links. Auch für Fußgänger ist es gewöhnungsbedürftig, beim Überqueren der Straße zunächst nach rechts und dann nach links zu schauen, also in umgekehrter Reihenfolge als bei uns. Um die Verwirrung zu steigern, hat, anders als in England und Ulster, an gleichberechtigten Kreuzungen der von rechts Kommende Vorfahrt. Schafe und Kühe wissen davon allerdings nichts und queren die Straßen sowieso, wo und wann sie wollen.

Alkohol: Maximal 0,8 Promille.

Benzinpreise: In der Republik zahlte man (2008) für Diesel oder Superbenzin 1,00–1,45 € und damit etwas weniger als in Nordirland. Aktuelle Preise können Sie unter www.aaroadwatch.ie/petrolprices/ abfragen.

Unterwegs in Irland

Höchstgeschwindigkeit: Innerorts 50 km/h, außerorts 80 km/h, auf ausgebauten Nationalstraßen (grün beschildert) 100 km/h, auf Autobahnen (blau beschildert) 120 km/h.

Pannendienst, Unfall: Die *Automobil Association (AA)* ist Partnerclub des ADAC und leistet für dessen Mitglieder im Notfall kostenlose Pannenhilfe (1800/667788, Nordirland 0800/887766). Dass viele Werkstätten gerade Fremden kräftig das Fell über die Ohren ziehen, ist eine internationale, nicht nur irische Unart. Die mit der Automobil Association assoziierten Werkstätten, zu erkennen an einem Schild mit der schwarzen Aufschrift „AA" auf gelbem Grund, bieten immerhin den gewissen Schutz einer unabhängigen Beschwerdeinstanz.

Polizei und Ambulanz werden über den *Notruf 999* verständigt. Wenn an einem Unfall ein im Ausland zugelassenes Fahrzeug beteiligt ist, wickelt das *Motor Insurers Bureau of Ireland* die Versicherungsangelegenheiten ab.

Adresse **Motor Insurers Bureau of Ireland (MIBI),** 39 Molesworth St., Dublin 2, 016769944, www.mibi.ie.

Absolutes Parkverbot

Parken: Zwei durchgehende gelbe Linien am Straßenrand bedeuten striktes Halteverbot; eine durchgehende gelbe Linie signalisiert Parkverbot an Werktagen; eine unterbrochene gelbe Linie weist auf Parkverbot zu bestimmten Zeiten hin.

Reifendruck: Wird in Irland in oft als *pps* (pound per square inch) gemessen. Damit Ihr Auto nicht auf der Felge eiert oder Ihnen der Pneu um die Ohren fliegt, sei verraten, dass 1 bar 14,5 pps entspricht – multiplizieren Sie die gewünschten bar also mit 14,5 und es kommt der Luftdruck in pps heraus.

Straßen: In der Republik sind die Straßen in *National Roads* (z. B. N15) und *Regional Roads* (z. B. R350) eingeteilt. Die Beschilderung, sofern vorhanden, ist auch ein kleiner Lehrgang in gälischen Ortsnamen: Im Regelfall sind Wegweiser zweisprachig – englisch und gälisch –, in den Gaeltacht-Regionen jedoch nur gälisch. Die Entfernungen sind auf sehr alten schwarz-weißen Schildern noch in Meilen angegeben. Sind doch Kilometer gemeint, steht ein kleines „km" hinter der Ziffer. Die durchschnittliche Reisegeschwindigkeit liegt auf den oft schmalen und kurvigen Straßen für ein Auto realistisch bei 50 bis 60 km/h.

Nordirland: Die Verkehrsregeln im Norden weichen geringfügig von denen der Republik ab. Wer es genau nehmen will, findet Details im Anreisekapitel England. Entfernungen und Höchstgeschwindigkeiten werden immer in Meilen angegeben.

Absolutes Halteverbot herrscht entlang der doppelt gestrichenen Straßenränder, zeitlich begrenztes Parkverbot bei einfachen gelben Linien. Mit rot-weiß-blau gefärbten Bordsteinen markieren radikale Protestanten ihre Wohnviertel.

Entfernungen in km						
	Dublin	Cork	Dingle	Donegal	Galway	Rosslare
Dublin	—	256	342	220	217	160
Cork	256	—	152	400	205	208
Dingle	342	152	—	408	205	337
Donegal	220	400	408	—	203	388
Galway	217	205	205	203	—	276
Rosslare	160	208	337	388	276	—
Belfast	167	425	483	187	305	330

Taxi

In der ganzen Republik gelten einheitliche Tarife. Zur Grundgebühr von 3,80 € (20–8 Uhr u. So 4,10 €) für den ersten Kilometer addieren sich 1 € pro zusätzlichem Mitfahrer sowie 0,95 € (1,25 €) pro zusätzlichem Kilometer. Auf längeren Strecken wird's teurer, und wenn das Taxi im Stau steckt oder an der Ampel steht, steuert die Uhr den Taxameter. Auf dem Land übernehmen, wie es bei uns früher auch üblich war, Privatleute die Taxidienste und verdienen sich damit ein Zubrot. Das Pubpersonal kennt die einschlägige Telefonnummer; der Preis wird Pi mal Daumen oder nach einem ungeschriebenen Tarif kalkuliert. Details unter www.taxiregulator.ie.

Mietwagen

Die meisten Urlauber sind mit einem Mietwagen unterwegs, anstatt das eigene Auto mitzubringen. Man spart Geld und gewinnt vier Tage im Urlaubsland, die ansonsten auf An- und Abreise entfallen.

Im Geschäft sind neben den internationalen Ketten wie Hertz, Budget und Europcar auch kleine, ortsansässige Verleiher. Die günstigsten Angebote und Preisvergleiche findet man auf speziellen Internetseiten wie etwa www.billiger-mietwagen. de. Nicht nur der Kosten, sondern v. a. der engen Straßen wegen sollte man ein möglichst kleines Auto wählen. Da die Kunden ihre Flüge inzwischen weitgehend selbst buchen, sind kombinierte *Fly & Drive*-Angebote für Irland etwas aus der Mode gekommen. Lokale Anbieter-Adressen finden sich in den aktuellen „Grünen Ferienseiten", einer Informationsbroschüre der irischen Fremdenverkehrszentrale. Die Angebotspalette der Verleiher umfasst übrigens keine Motorräder – immerhin offerieren einige Firmen Vespas.

• *Voraussetzungen* Fahrer oder Fahrerin müssen mindestens 23 Jahre (bei einzelnen Verleihern mindestens 21 oder 25) und höchstens 75 Jahre alt und schon wenigstens ein Jahr im Besitz eines Führerscheins sein. Ein nationaler Führerschein wird anerkannt (ein internationaler dagegen nicht von allen Firmen!). Der Abschluss einer Vollkaskoversicherung oder das Bezahlen per Kreditkarte entbindet davon, bei Übernahme des Wagens eine Kaution von bis zu 1000 € zu hinterlegen. Wenn auch Ihr Reisepartner mal am Steuer sitzen soll, müssen Sie das in den Vertrag mit aufnehmen

74 Unterwegs in Irland

lassen, sonst gibt's bei einem Unfall o. Ä. Ärger mit dem Versicherungsschutz.

• *Anbieter* www.billiger-mietwagen.de bietet die beste Preisübersicht über den Markt. Beim Vergleich muss man allerdings auch das Kleingedruckte berücksichtigen. Gute Erfahrungen haben wir in puncto Service und Versicherungsschutz mit dem Vermittler **holiday autos** (www.holidayautos. de) gemacht. Hier sind auch Glas- und Reifenschäden mitversichert. **Europcar** ist nicht der billigste Vermieter, man hat hier aber einen von uns verschuldeten Unfall kulant abwickelt und auch eine im Auto vergessene CD nachschickt.

Schlecht gefahren sind wir dagegen mit **Hertz** Ireland, gebucht über das Ryanair-Portal. Zum billigen Grundpreis kamen hier noch teure Zusatz- und Nebenkosten für Versicherung und Zweitfahrer hinzu. Bei der Übernahme gab es lange Wartezeiten und mürrisches Personal, auf E-Mails wurde nicht geantwortet etc.

• *Übergabe* Die Leihzeit rechnet sich bei in Irland gemieteten Wagen im 24-Std.-Turnus. Wenn Sie also z. B. ein Auto am Freitag um 20 Uhr für sieben Tage mieten, müssen Sie es am folgenden Freitag bis spätestens 20 Uhr wieder abgeben. Bei Fly & Drive-Arrangements übernehmen Sie den Wagen bei Ankunft am Flughafen und geben ihn beim Abflug wieder ab. Überprüfen Sie mindestens per Augenschein den Zustand; sichtbare Mängel sollten ins Übergabeprotokoll eingetragen werden. Lassen Sie sich Wagenheber und Ersatzrad zeigen und erklären, wie die Motorhaube geöffnet wird. Zeigt die Tankanzeige „voll"?

• *Preise* Ein in Irland angemieteter Kleinwagen kostet Juli/Aug. 150–225 €/Woche (ohne Kilometerbegrenzung), in der Nebensaison ab 120 €), ein Mittelklasse-Kombi etwa 220–400 €, ein Wohnmobil *(mobile home)* ab 1000 €/Woche. Für den vollen Tank wird bei Übergabe ein „Depot" verlangt, das meist höher ist als der Gegenwert des Benzins. Tanken Sie also vor der Rückgabe wieder auf und lassen Sie sich das Depot zurückerstatten. Bei einzelnen Verleihern muss man die erste Tankfüllung auf jeden Fall bezahlen.

• *Versicherung* In den Mietpreisen ist eine Haftpflichtversicherung *(third party insurance)* und oft auch eine Teilkaskoversicherung *(fire and theft insurance)* eingeschlossen. Für selbstverschuldete Schäden am eigenen (Miet-)Wagen haften Sie in einer Höhe von bis zu 2000 € (sog. Selbstbehalt). Um dieses Risiko auszuschalten, bieten die Verleiher gegen einen Aufpreis einen Vollkaskoschutz *(comprehensive insurance oder Super-CDW)* an. Der Vermittler **holiday autos** bietet diesen Schutz ohne Aufpreis.

• *Wohnmobile* Nur wenige Anbieter, z. B. **Motorhome Ireland** (www.motorhome-irl.co.uk) oder **Kamp-Easi Motorhomes** (www.kamp-easimotorhomes.com). Problematisch kann das Parken werden, da fast alle öffentlichen Parkplätze zur Abwehr von Landfahrern nur Fahrzeuge in Pkw-Höhe einfahren lassen – höhere Autos bleiben an Stahlbarrieren hängen.

Aus eigener Erfahrung ...

Die meisten Unfälle mit Leihwagen passieren unmittelbar nach Übernahme des Autos, weil man aus Gewohnheit auf der falschen Straßenseite fährt, oder am letzten Tag, wenn man zum Flughafen hetzt. Das Geld für die Vollkaskoversicherung ist gut angelegt.

Bus

Ob als „Provincial Bus" von Dorf zu Dorf oder als „Expressway" über größere Entfernungen, die Buslinien in der Republik Irland sind noch immer fest in der Hand der staatlichen Transportgesellschaft „Bus Éireann". Private Unternehmen haben sich nur Marktnischen erobert.

Ausgenommen das nördliche Donegal, wo die nostalgischen Busse der Lough Swilly Company das einzige öffentliche Transportmittel sind, beschränken sich die Privaten vorwiegend auf die lukrativen Hauptstrecken von/nach Dublin. Sie haben aber keinen Zugang zu den örtlichen Busterminals und kein zentrales Marketing,

Bus 75

Allgegenwärtig – Schafe am Wegesrand in den Galty Mountains

Abfahrtsort und Fahrplan müssen jeweils vor Ort recherchiert werden (Tipps in den jeweiligen Ortskapiteln).

Ein Fahrplanheft der Überlandlinien von Bus Éireann gibt's dagegen an jeder größeren Busstation. Seit der Trennung von der Eisenbahn hat die staatliche Busgesellschaft ein respektables Netz an Fernverbindungen aufgebaut und der Bahn etliche Kunden abgeworben. Zwischen den Zentren wie Dublin, Cork, Galway und Limerick gibt tagsüber stündliche Verbindungen, zwischen Dublin und Belfast fahren die Busse auch nachts

Info www.buseireann.ie.

Preise, Ermäßigungen: Die Fahrpreise sind extrem unterschiedlich. So zahlte man beispielsweise Ende 2008 für die 43 km von Dublin nach Navan 9,30 €, für die 250 km lange Fahrt auf der zwischen Bahn und mehreren Buslinien umkämpften Strecke Dublin – Cork 10,80 €. Faustregel: Je kleiner und abgelegener Ort, desto teurer wird der Reisekilometer. Ermäßigungen gibt es für Kinder, Studenten, auf Rückfahrkarten und besonders auf Tagesrückfahrkarten.

Netzkarten:

- *Open Road Pass* Gültig für Bus Éireann, nicht in Nordirland; z. B. 3 aus 6 Tagen 49 €, 5 aus 10 Tagen 77 €, 8 aus 16 Tagen 119 €.
- *Irish Rover* Gültig für Bus Éireann und Ulsterbus; 3 aus 8 Tagen 76 €, 8 aus 15 Tagen 172 €, 15 aus 30 Tagen 255 €. Jugendliche unter 16 zahlen die Hälfte.
- *Irish Explorer* Gültig für Bus und Bahn, nicht in Nordirland; 8 aus 15 Tagen 220 €, Jugendliche unter 16 zahlen die Hälfte.
- *Emerald Card* 15 aus 30 Tagen, Bus und Bahn in der Republik und in Nordirland für 426 €, 8 aus 15 Tagen 248 €; Jugendliche unter 16 zahlen die Hälfte.

Die Netzkarten werden an den irischen Bus- und Bahnhöfen verkauft, der Irish Explorer auch von der Auslandsvertretung der irischen Transportgesellschaft (Adresse s. unten). Zur Onlinebestellung über die Webseiten von Bus Éireann bedarf es einer Kreditkarte.

76 Unterwegs in Irland

Fahrräder: Sie werden, sofern genügend Stauraum vorhanden ist, von allen Provincial- und Expressway-Bussen mitgenommen. Bei Bus Éireann kostet das Rad für die einfache Fahrt 11,50 €, bei Ulsterbus fahren Fahrräder umsonst.

In **Nordirland** bietet Ulsterbus den eine Woche in Bus und Bahn gültigen *Freedom-of-Northern-Ireland-Pass* für 53 £ (3 aus 8 Tage für 36 £) oder eine Tageskarte für 14 £; auch hier zahlen Jugendliche unter 16 die Hälfte.

Info www.ulsterbus.co.uk.

Bahn

Mit neuen, komfortableren Zügen will die staatliche Eisenbahn „Iarnrod Éireann" wieder mehr Kunden gewinnen. Stillgelegte Strecken werden wieder in Betrieb genommen.

Das irische Schienennetz ist sternförmig auf Dublin ausgerichtet. Eine echte Alternative zum Auto ist die Bahn jedoch nur auf den Strecken nach Cork, Galway und Belfast. An die Westküste gibt es nur wenige Verbindungen mit sehr langen Fahrzeiten.

Der desolate Zustand der irischen Eisenbahnen ist das Ergebnis einer Politik, die fünfzig Jahre lang einseitig auf den Straßenbau und später auch auf den Luftverkehr setzte, die aber die Bahn als ein Fossil betrachtete, in das zu investieren sich nicht mehr lohne. Die Wende kam erst mit dem unerwarteten Erfolg der mit unserer S-Bahn vergleichbaren DART-Bahn in der Agglomeration Dublin. Jetzt will man auch die noch betriebenen Strecken des Fernverkehrs erhalten. Doch es dürfte noch lange dauern und viel Geld kosten, bis die Bahn technisch wieder up to date ist. Und an den zweigleisigen Ausbau der Strecken, der eine wichtige Voraussetzung für erheblich kürzere Fahrzeiten wäre, wagt noch niemand zu denken.

Preise: Natürlich gewinnt die Bahn auf Fernstrecken bezüglich Schnelligkeit, Bequemlichkeit und Frequenz den Vergleich mit dem Bus. Ob dies den Mehrpreis lohnt, sei aber bezweifelt. So kostet beispielsweise die einfache Fahrkarte von Dublin in die Touristenstadt Killarney 62 €, also etwa das Gleiche wie zwei Tage Mietwagen und fast dreimal so viel wie die Busfahrt. Immerhin lässt die für 10 € erhältliche *Faircard*, einer Art Bahncard für Jugendliche bis 26, den Preis etwas schrumpfen, auch Rückfahrkarten sind billiger.

Relativ günstig ist der nur im Ausland an größeren Bahnhöfen oder online bei DB, SBB und ÖBB erhältliche *InterRail One Country Pass* für drei beliebig wählbare Tage 109 € (Jugendliche bis 26 Jahre 71 €). Die Mitnahme von Fahrrädern kostet bis 12 €, geht aber nur, wenn der Zug einen Gepäckwagen hat. Die Dubliner S-Bahn DART und die Vorortzüge nehmen keine Räder mit.

Reservierung Kein Muss, aber empfohlen, denn die Züge sind erstaunlich gut ausgelastet. Viele Pendler fahren täglich auch längere Strecken zur Arbeit.

Info **Irish Rail** im Web unter www.irishrail.ie, Fahrplanauskunft Dublin ✆ 1850366222. Bahnfahrerverband unter www.railusers.ie.

Tipp: Kommen Sie rechtzeitig zum Bahnhof! Man darf nämlich nicht einfach zum Zug, sondern muss durch eine Fahrscheinkontrolle am Bahnsteig, und das kann dauern.

Bahn 77

Unterwegs mit der Bahn

Fahrrad

Wind und Wetter beeindrucken echte Sportlernaturen nicht, sind für sie im Gegenteil erst die wahre Herausforderung. Noch besser, wenn es obendrein auch ein paar Steigungen gibt.

Mit allem kann Irland mehr als genug aufwarten, und so wird es für Radferien immer beliebter. Die nicht allzu großen Entfernungen, die zahlreichen, abwechslungsreich an die natürliche Geländetopographie angepassten und wenig befahrenen Nebenstraßen, die faszinierende Landschaft mit den vielfältigen Gerüchen blühender Hecken, duftender Gräser und frisch gemähten Heus, die Augenweide der verschiedenen Grün- und Brauntöne, die Schafe und Ziegen und die den Radler nicht weniger neugierig beäugenden Menschen machen das Rad zum idealen Fahrzeug für ein intensives Reiseerlebnis – nur von den Hunden reden wir besser nicht. Der Fahrradtransport mit der Bahn ist möglich (in der Republik Einzelfahrt 2,50–12 €, bei Translink umsonst); auch viele Busse nehmen Räder mit (Bus Éireann Einzelfahrt 11,50 €, bei Ulsterbus umsonst).

Manche Radler kommen mit unzureichender Ausrüstung auf die Insel. Im günstigen Fall schieben sie ihr Stahlross keuchend die Hügel hinauf, im schlechten zwingt sie eine Lungenentzündung, die Reise abzubrechen. Ein Sportrad mit mehr als sieben Gängen und bergtauglicher Übersetzung sollte es schon sein. Rennradfahrer freuen sich über ein drittes Kettenblatt vorne.

Mitnehmen oder mieten? Über die Schwierigkeiten, ein Rad mit der Bahn nach Irland zu bringen, haben wir uns schon im Anreisekapitel geärgert. Einfacher ist's mit dem Flugzeug, und die Gewichtsbeschränkung erleichtert es auch gleich, überflüssiges Gepäck zu Hause zu lassen. Bleibt das Problem der Ersatzteilversorgung. Die in Irland gängige Reifengröße ist 27 Zoll, wobei die Schläuche auch in unsere 28 Zoll-Mäntel passen. Soweit in Irland 28 Zoll-Mäntel erhältlich sind, eignen sich diese für Hollandräder; für deutsche Sporträder sind sie jedoch zu breit und schleifen oft am Schutzblech. Bringen Sie mit ihrem 28er Reiserad deshalb am besten auch einen Ersatzmantel mit.

Fahrrad-Abc

Achse	spindle
Bremse	brake
Felge	rim
Felgenbremse	caliper brake
Gabel	fork
Gepäckträger	luggage carrier
Glocke	bell
Kette	chain
Kettenblatt	chain ring
Kettenritzel	sprocket wheel
Kettenwerfer	changer
Kindersitz	baby seat
Lager	bearing
Lenker	handlebar
Nabe	hub
Packtasche	pannier
Pedal	pedal
Rad	wheel
Rahmen	frame
Reifen	tire
Sattel	saddle
Schalthebel	shifting lever
Schaltung	gear shift
Schaltwerk	changer
Schlauch	inner tube
Schloss	lock
Schutzblech	mudguard
Speiche	spoke
Ständer	stand
Tretkurbel	crank

Bequemer ist es also, in Irland ein Fahrrad samt Packtaschen zu mieten. Mitbringen muss man dann nur noch die Bekleidung. Dabei sollte man winddichter Funktionskleidung (z. B. mit Gore Windstopper) den Vorzug geben, da diese auch

Fahrrad 79

Mit der West Offaly Railway trockenen Fußes durch das Moor

annähernd wasserdicht und einigermaßen atmungsaktiv ist. Allerdings: Manche Klimamembranen funktionieren im Sommer bei Regen nicht, da dann der Temperaturunterschied zwischen innen und außen zu gering ist. Wer auf das gewohnte Fahrgefühl nicht ganz verzichten will, packt auch seinen eigenen Sattel mit ins Irland-Gepäck.

Rent-a-Bike: Marktführer ist die *Raleigh-Kette*, deren Räder in der Republik und in Ulster von etwa 50 Fahrradhändlern vermietet werden. Zwischen vielen Orten sind damit auch Einwegmieten möglich. Es gibt Damen- und Herrenmodelle in jeweils zwei Größen und mit 12 bzw. 18 Gängen. Jedes Jahr werden sie gegen neue Modelle ausgewechselt. Die Preise liegen bei 20 € pro Tag bzw. 80 € die Woche, eingeschlossen ist eine Haftpflicht- und Diebstahlversicherung. Packtaschen kosten die Woche 7 € extra, und auf alles Geliehene wird eine Kaution von mindestens 80 € erhoben. Für Juli und August sollte man sich die Drahtesel vorher reservieren.

- *Verleiher* Adressen in den Ortskapiteln; für allgemeine Auskünfte kann man sich auch an die Zentralen wenden:
Raleigh Ltd., Unit 1, Finches Park, Long Mile Road, Dublin 12, ✆ 01 4659659, www.raleigh.ie.
Irish Cycle Hire, Unit 6, Enterprise Centre, Ardee, ✆ 041 685 3772, www.irishcyclehire.com.
Emerald Alpine, Roches St., Limerick, ✆ 061 416983, www.irelandrentabike.com.
Von Deutschland können IrishCycleHire-Räder direkt gebucht werden bei **Gaeltacht-Reisen,** Schwarzer Weg 25, 47447 Moers, ✆ 02841 930111, www.gaeltacht.de.
- *Information* Die Adressen von Anbietern geführter Touren und Fahrradferien entnehmen Sie der Broschüre **„Rad fahren in Irland"** von *Tourism Ireland* oder den Webseiten von www.irelandwalkingcycling.com.

Reparaturset

- *Werkzeug* Gabel- oder Ringschlüssel (wrench), Inbusschlüssel (allen key), Schraubenzieher (screw driver), Taschenmesser (pocket-knife).
- *Für die Reifen* Luftpumpe (air pump), Flickzeug (tube repair set), Schlauch (tube)

80 Unterwegs in Irland

und Mantel (tire) – bei im Land nicht gängigen Rädern je 2 Stück, Reifenheber (tire lever).

• *Für die Räder* Speichen (spokes), Nippel (nipples), Nippelspanner (kein Voyeur und nicht aus dem Sado-Maso-Kit, sondern Radwerkzeug: nipple tensioner).

• *Für Bremsen und Schaltung* Züge (cables), Bremsschuhe (brake shoes) und -gummis (brake blocks).

• *Sonstiges* Maschinenöl (lubricating oil) oder Schmierfett (grease), Ersatzschrauben (screws) und Ersatzmuttern (nuts) – in Irland Zollgewinde!

• *Tipp* Jeden Abend alle Schrauben auf festen Sitz prüfen „Wir haben durch die Holperstrecken auf Irlands Straßen einige lockere Schrauben verloren", beklagt Leser Arno Berz.

Trampen

Irland ist für Anhalter ein durchschnittliches Reiseland. Die scheinbar paradoxe Regel, je mehr Autos, desto schlechtere Chancen auf einen Lift, gilt auch in Irland: Mit fortschreitender Motorisierung wird das Warten eher länger als kürzer. Am besten klappt's noch in abgelegenen Gebieten, wo die Leute neugieriger und gesprächiger sind und sich mehr Zeit nehmen. Schlecht sind die Chancen in touristischen Gegenden, wo die Autos mit Ausflüglern vollgepackt und die Konkurrenz am Straßenrand groß ist. Im Norden nehmen die Leute Unbekannte nur selten mit, hier fragt man besser im nächsten Pub, ob nicht jemand demnächst in die gewünschte Richtung aufbricht. Auch wenn die Anmache in Irland sicher geringer ist als etwa in Spanien, gehen trampende Frauen ein besonderes Risiko ein.

Irlands Fahrende

Vorbild der bunten Zigeunerwagen, mit denen heute ausschließlich Touristen unterwegs sind, waren die Planwagen der *Tinker* oder *Travellers:* keine Zigeuner, die haben nie den Weg bis auf die Insel gefunden, sondern waschechte Iren, deren Vorfahren von ihren Höfen vertriebene Bauern waren, flüchtige Gesetzesbrecher, arbeitslose Handwerker und andere von Schicksalsschlägen aus dem geregelten Leben Geworfene.

Die Tinker verdingten sich als fahrende Händler, Kesselflicker (daher der Name), Gelegenheitsarbeiter, und natürlich bettelten und stahlen sie auch. So waren die Beziehungen zu den Sesshaften nicht die besten, und die Diskriminierung, die ihnen noch heute widerfährt, hat eine lange Tradition.

Nach dem Zweiten Weltkrieg gab es für die nomadisierende Lebensweise keine Grundlage mehr. Die Bauern fahren heute mit dem Auto zum Einkaufen, Plastikgeschirr hat den Blechkessel von einst längst abgelöst, und potenzielle Arbeitskräfte gibt es auch unter den Sesshaften mehr als genug. Viele Tinker verkauften Wagen und Pferde und zogen in die Städte, wo einige inzwischen vom Schrott- und Gebrauchtwarenhandel leben, die große Mehrheit aber von der Sozialhilfe.

Um den Fahrenden die Ansiedlung zu erleichtern, hat der Staat ihnen etwa 70 Camps errichtet. Anfangs schlichte Barackensiedlungen, sind die Camps heute nur noch Stellplätze für die Wohnwagen der Landfahrer. Die Plätze liegen außerhalb der Städte weitab von Schulen, Läden und vor allem fern von Sesshaften, die mit den Travellern nichts zu tun haben wollen. Die auffälligen Dachbarrieren an vielen Parkplätzen sollen verhindern, dass sich die Traveller dort niederlassen. So gastfreundlich die Iren sonst sein mögen, ihren Landfahrern begegnen sie mit der NIMBY-Einstellung („Not In My Backyard").

Pferdewagen

Mit der Familie oder Freunden gemütlich im pferdegezogenen Planwagen über die verkehrsarmen Landsträßchen zu zuckeln und abends mit anderen beim Lagerfeuer in der Wagenburg zu klönen – ein Hauch von Abenteuer ohne Risiko.

Die Gespanne werden wochenweise vermietet und kosten, egal ob über ein Reisebüro oder vor Ort, je nach Saison und Verleiher 700 bis 1000 €; außerhalb der Hochsaison sind sie direkt bei den Verleihern aber auch für drei oder vier Tage zu haben. Die Benutzung der Übernachtungsplätze kostet pro Nacht 9 € extra. Ein Pferdewagen bietet Schlafplätze für vier Personen, zu viert wird es im Wagen jedoch recht eng. Reichlich Platz hat man zu zweit oder als Paar mit einem Kind.

Die gummibereiften *Barrel Wagons* sind etwa 4 m lang und 2,50 m breit. Erstaunlich, was unter dem tonnenförmigen Aufbau aus Plastik oder Holz alles Platz findet: Sitzbänke, die nachts mit Schaumstoffmatratzen in Betten verwandelt werden, Kleiderschrank, Kommode, Regale, ein Klapptisch und sogar eine Kochnische mit Gaskocher und Spüle, und natürlich alles erforderliche Geschirr. Einige Verleiher stellen auf speziellen Wunsch sogar Heizgeräte zur Verfügung.

Besondere Kenntnisse im Umgang mit Pferden braucht niemand. Die Gäule sind gutmütige *Draughts*, eine Rasse kräftiger Kaltblüter, die früher von den Bauern als Arbeitspferde eingesetzt wurden. Wer zwischendrin auch mal ausreiten will, muss sich zusätzlich ein Reitpferd mieten, das auf der Tour neben dem Gespann einher trottet.

Schilderwald am Vee Gap

Bei der Übergabe gibt's eine kurze Einweisung und eine Karte mit Tourenvorschlägen (ohne Steigungen!). Entlang der Route sind im Abstand von Tagesetappen (10–15 km) Übernachtungsplätze mit Toiletten, manchmal Duschen und einer Koppel eingerichtet. Der Verleiher stellt auch einen prall gefüllten Hafersack, mit dem sich das Zugpferd am Morgen wieder von der Weide ins Geschirr locken lässt.

- *Info* www.irishhorsedrawncaravans.com.
- *Verleiher* **Sean Nestor,** Belcarra, Castlebar, ℡ 094 9032054, http://horsedrawn.mayonet.com.

Henry Fingleton, Kilvahan, Tullibards Stud, Coolrain, Portlaoise, ℡ 057 8735178, www.horsedrawncaravans.com.

Larry Gohery, Cartron House Farm, Ballinakill, Kylebrack, Loughrea, Galway, ℡ 090 9745211, www.cartronhouse.com.

Clissmann Horse Caravans, Carrigmore Farm, Wicklow, ℡ 0404 48188, www.clissmann.com. Clissmann verlangt im Juli/Aug. 1130 €/Woche, ansonsten 840 €.

Am Grand Canal in Dublin

Hausboot

Über 500 Kabinenkreuzer sind auf Irlands Flüssen und Seen zu mieten und versprechen Freizeitkapitänen einen gemütlichen Urlaub mit viel Naturerlebnis. Man wirft die Angel aus oder genehmigt sich ein erfrischendes, gar nicht so kaltes Bad und abends wahlweise die einsame Insel oder das Pub am Landungssteg.

Irland ist nicht nur von Wasser umgeben, sondern auch mit Kanälen, Seen und Flüssen überzogen. Selbst wer noch nie ein Boot gesteuert und keinen Bootsführerschein hat, kann die irischen Binnengewässer als Freizeitkapitän befahren. Seit der Wiederöffnung (1994) des 120 Jahre verschütteten und vergessenen Shannon-Erne-Verbindungskanals sind die drei Reviere von *Shannon*, *Erne* und *River Barrow* miteinander verbunden und bilden mit insgesamt 800 km das längste Wasserstraßensystem Europas, das ausschließlich Freizeitkapitänen vorbehalten ist. Niemand sollte versuchen, all diese Flüsse, Seen und Kanäle in einem Urlaub zu durchfahren. Zurückgelegte Kilometer zählen nicht auf dem Wasser, man lässt sich Zeit und probiert's mit Gemütlichkeit, wirft die Angel aus und beobachtet die Vögel. Eine flache Uferlandschaft mit Weiden und Ackerland zieht vorbei, sich schlängelnde Flussläufe wechseln mit schnurgeraden Kanälen und weiten Seen, in denen unbewohnte Inseln Abenteuer versprechen.

Die bis 100 PS starken, aber in der Geschwindigkeit auf 12 km/h gedrosselten Boote fassen 2 bis 10 Passagiere. Neben den schnittigen Jachten erfreuen sich auch die *barges* großer Beleibtheit: Sie sind den alten Frachtbarken nachempfunden und haben neben der Heizung oft auch einen Torfofen an Bord. Alle Boote sind bei einer Selbstbeteiligung von 400–1500 € voll versichert und fressen in der Stunde je nach Größe 5–10 l Sprit. Die Handhabung ist einfach, ein Bootsführerschein wird

Hausboot

nicht verlangt. Bei der Übernahme begleitet Sie der Verleiher auf einer Probefahrt und erklärt alles; außerdem beschreibt ein zum Boot gehöriges Kursbuch den gesamten Flusslauf mit Ankerplätzen, Tankstellen, Versorgungsmöglichkeiten und besonderen Naturschönheiten. Bei gut markierten Untiefen und geringer Strömung gibt es keine Navigationsprobleme, und die Verkehrsregeln sind einfach: entgegenkommende Schiffe passieren links (backbord), die Fahrrinnenmarkierung bleibt rechts (steuerbord). Lediglich auf den Seen im Shannon kann manchmal so starker Wind wehen, dass man mal einen Tag am Kai liegen blieben muss.

• *Ausstattung* Übernachtet wird an Bord. Natürlich hat jedes Schiff Warm-Wasser-Dusche und WC. Zur Standardausrüstung zählen Decken und Bettzeug, Stromanschluss und Heizung, die Kombüse ist mit Gasherd, Kühlschrank, Geschirr und Besteck ausgestattet, und hintendran schwimmt ein kleines Beiboot für Landungen im Flachwasser.

• *Zubehör* Nützliches Zubehör, das mitgebracht oder vom Vermieter geliehen werden kann, sind Fahrräder für Landausflüge, Angelzeug für das Abendessen, Gummistiefel zum Angeln und ein Grill – Verpflegung muss man sich selbst besorgen. Manche Verleiher bieten für die Seen sogar Surfbretter als Extras.

• *Information* „**Irlands Wasserstraßen heißen Sie willkommen**", eine Broschüre von *Tourism Ireland*, oder „**A Glimpse of Irelands Waterways**", als pdf zu laden von www.waterwaysireland.org.

Im **Internet** bei der *Inland Waterways Association of Ireland* (www.iwai.ie) sowie unter www.shannon-info.de, eine private Website von Stefan Kupner, über dessen Reisebüro (www.shannon-travel.de) man auch Boote mieten kann.

Fischers Fritz in Killaloe

Preise und Buchung: Für Direktbucher gibt es außer den im Regionalteil dieses Buches angegebenen Adressen der Verleiher auch eine entsprechende Liste von der Fremdenverkehrszentrale. Die Preise reichen von 650 € für zwei Personen pro Woche in der Nebensaison bis über 3500 € für ein 10-Personen-Boot in der Hochsaison. Spitzenzeit mit Spitzenpreisen ist von Mitte Mai bis Mitte September, die Nebensaison dauert von Ostern bis Mitte Mai sowie von Mitte September bis Mitte Oktober. Im Winterhalbjahr kommt wegen des Wetters sowieso kaum ein Kunde.

Von Juni bis Anfang September ist es ohne Vorausbuchung praktisch nicht möglich, ein Boot zu bekommen. Man kann für diese Zeit gleich zu Hause bei einem Reisebüro buchen (nur das Boot oder Boot und Anreise), zumal das Bestellen direkt beim Vermieter keinen Preisvorteil bringt. Die Bootsbesitzer räumen den Pauschalveranstaltern so große Rabatte ein, dass diese, trotz Gewinnaufschlag, die Boote

84   Unterwegs in Irland

manchmal sogar noch günstiger anbieten, als wenn man sie in Irland mietet. Außerhalb der sommerlichen Ferienzeit ist es allerdings sinnvoll, sein Boot ohne Vorbestellung direkt zu mieten. Wenn genügend Schiffe ungenutzt am Steg liegen, sind die Preise verhandlungsfähig.

Lesetipp „Binnengewässer Irlands" von Jane Cumberlidge, einer der wenigen Irland-Flussführer auf Deutsch.

Shannon-Revier

Für Robinsonaden sind der Shannon und seine Seen zumindest im Sommer der falsche Ort. An den Bootsstegen hört man gerade so viele deutsche wie englische Sätze, und in den Pubs geht der Bär ab. Juli/August sind die lebhaftesten Monate, doch die Saison dauert von Ostern bis Oktober; und selbst in den Wintermonaten sind die Schleusen jeden Tag wenigstens einige Stunden besetzt.

● *Einstiegsorte* Whitegate Marina (Clare), am Westufer des Lough Derg und Heimathafen von *Shannon Castle Line*. Vorteil ist der kurze Transfer zum Flughafen Shannon. Nachteilig sind die vergleichsweise hohen Mietpreise und die Lage am See – wenn es einmal stürmt, hängen Sie im Hafen fest.

Der Shannon-Erne-Kanal

Einige Argumente sind nahezu wortgleich wie damals: „Der Kanal wird Arbeitsplätze und Geld in die Region bringen", hofft ein Bauer, der sein Haus zu einer Pension umgebaut hat. Für viele Politiker und Menschen ist der nach 122 Jahren Pause wieder eröffnete Kanal zwischen dem britischen Ulster und der Republik aber auch Symbol für das Zusammenwachsen der geteilten Insel.

Zwanzig Jahre hatte man an dem Kanal zwischen Leitrim und Lough Erne gebaut, der der abgeschiedenen Region im Nordosten Irlands wirtschaftlichen Aufschwung bringen sollte. 1860 wurde er endlich dem Verkehr übergeben – zumindest theoretisch! Tatsächlich passierten in den folgenden zwölf Jahren gerade mal 15 Schiffe die künstliche Wasserstraße mit ihren 16 Schleusen. Der große Boom blieb aus, ganz Irland war nach der großen Hungersnot in tiefer Depression versunken, und der Kanalbau war ein grandioser Fehlschlag. 1872 wurde der Betrieb wieder eingestellt, die Uferbefestigungen verfielen, die Schleusen rosteten fest, das Kanalbett verlandete. Nur zu gern wurde der Kanal, der ein wirtschaftliches Fiasko war und auch einfach zu spät kam (1860 waren Eisenbahnen, nicht Kanäle angesagt), seinerzeit von den Menschen vergessen.

Aus einem speziellen Fonds der Europäischen Union zur Förderung grenzüberschreitender Vorhaben wurden 70 Millionen Mark für die Erneuerung des Kanals bereitgestellt. Diesmal ging es schneller. In nur zwei Jahren baggerte die Shannon-Erne-Waterway-Gesellschaft das alte Bett aus, errichtete neue, automatische Schleusen und beschilderte die Wasserstraße, damit die Touristen sich in der amphibischen Landschaft nicht verirren.

1994 wurde zum zweiten Mal Eröffnung gefeiert. Vorbei an dumpf glotzenden Kühen und neugierigen Schafen, unter uralten Brücklein aus sorgfältig behauenen Quadern hindurch gleitet das Boot sanft auf dem blaugrünen Wasser dahin. Frösche protestieren quakend gegen den Eindringling, Vögel flüchten sich in den Schutz des Auwaldes. Ist hier die Balance zwischen Naturschutz und menschlichem Freizeitbedürfnis gelungen?

Hausboot 85

Portumna (Galway), am Nordende des Lough Derg. Man hat die Wahl zwischen dem Lough im Süden und 35 ruhigen Flusskilometern gen Norden mit Abzweig in den River Suck und dem Grand Canal (s. u.).

Banagher (Offaly), etwa in der Mitte zwischen Lough Derg und Lough Ree; Heimathafen von *Silver Line Cruisers*, über 2 Std. Transfer zu den Flughäfen Dublin und Shannon.

Athlone (Westmeath), etwa 2 Std. von Dublin, am Südende des Lough Ree.

Carrick on Shannon (Leitrim), gleichfalls 2 Std. von Dublin entfernt; der beliebteste Einstiegsplatz, weil inmitten eines ganzen Netzes von schiffbaren Gewässern. Jeweils kaum eine Bootsstunde entfernt liegen Lough Boderg, Lough Key und Lough Allen, dazu der Verbindungskanal zum Erne.

Irlands Wasserstraßen

Erne-Revier

Früher sehr viel ruhiger als der Shannon. Viele kleine Seen und für jeden Tag eine andere Insel – 365 sollen es sein. Der Fluss mit seinen zahllosen, in Sackgassen endenden Verzweigungen gehört weitgehend zu Nordirland (auf dem Wasser keine Grenzformalitäten), doch blieb die Gegend von den „Troubles" nahezu verschont. Nach der Kanaleröffnung im Sommer 1994 kam kurzzeitig eine Invasion von Shannon-Skippern, doch hat sich unter dem Strich die Infrastruktur entlang des Ernes nur wenig verändert.

- *Einstiegsorte* **Belturbet** (Cavan), über zwei Stunden Anfahrt von Dublin und bislang nur ein einziger, zudem kleinerer Bootsverleih.
Eniskillen (Fermanagh), gehört zu Nordirland, fast drei Autostunden von Dublin entfernt. Zentrum der Freizeitschifffahrt auf dem Erne, sechs Verleiher, die Mietpreise sind günstiger als auf dem Shannon.

Grand Canal-/Barrow-Revier

Der bis nach Dublin führende *Grand Canal* verbindet auch den Shannon mit dem River Barrow: insgesamt 257 km mit 68 Schleusen, viel Handarbeit und Kurbeln ist angesagt. Entlang der wenig befahrenen Wasserstraße gibt es nur wenige Vermieter, doch kann man natürlich auch ein Boot vom Shannon herüber bringen.

Royal Canal

Auch der 145 km lange Royal Canal verbindet Dublin mit dem Shannon. Er zweigt am Spencer Dock vom River Liffey ab, verläuft durch das nördliche Stadtzentrum Dublins, an Maynooth und Mullingar vorbei, um bei Longford in den Shannon zu münden. Obwohl schon 1974 mit der Restaurierung begonnen wurde, ist der Kanal noch immer nicht wieder auf ganzer Länge schiffbar. Am Dublin-Ende ist er auf den letzten Kilometern verbaut, im Osten endet die Schifffahrt an der County-Grenze zwischen Westmeath und Longford. So ist der Royal Canal als Urlaubsziel ein Geheimtipp – *Royal Canal Cruisers* (www.royalcanalcruisers.com), der einzige Verleih am Kanal, bietet nur einziges Boot an. Wegen der geringen Breite des Wasserwegs sind die Schiffe hier schmaler als die herkömmlichen Shannon-Boote.

Moorlandschaft im Connemara Nationalpark

Gemütlichkeit in Kilkenny

Aufenthalt in Irland

Übernachten

Irland ist nicht das Land, um im Schlafsack unter dem Sternenzelt zu übernachten. Nur hartgesottene Naturfreunde schlafen im Zelt. Weil irische Hotels oft geradezu unverschämt teuer sind, übernachten preisbewusste Reisende am besten in Hostels oder Privatquartieren, den legendären Bed & Breakfasts (B&B).

Übernachtungspreise werden in Irland gewöhnlich pro Kopf angegeben und schließen das üppige Frühstück sowie Mehrwertsteuer und Service mit ein. Basis der Kalkulation ist aber immer das von zwei Personen belegte Doppelzimmer. Einzelreisende müssen im Hotel und auch in manchen B&Bs mit bis zu 30 % Aufschlag rechnen. Um Ihnen einen reellen Eindruck zu vermitteln, machen wir diese Augenwischerei nicht mit und geben Übernachtungspreise, wenn nicht ausdrücklich anders vermerkt, als Gesamtpreis für das Doppelzimmer samt Frühstück für zwei Personen an.

Hotels

Sie sind, wie international üblich, nach ihrem Komfort in fünf Kategorien eingeteilt. Eine komplette Übersicht gibt das bei der Fremdenverkehrszentrale erhältliche Unterkunftsverzeichnis. Viele Häuser bieten spezielle Wochenendarrangements; andere wiederum, die eher am Wochenende ausgelastet sind, versuchen mit Vergünstigungen während der Woche mehr Gäste anzulocken. Von November bis März

88 Aufenthalt in Irland

gibt es 20 % regulären Preisnachlass, aber auch sonst, ausgenommen Hochsaison, Feiertage und Ferienzeiten, sind die Preise der gehobeneren Kategorien durchaus verhandlungsfähig. Für Kinder sollte eine Ermäßigung von 25–50 % möglich sein. Wegen der hohen Rabatte für die Reisebüros sind Pauschalangebote oft billiger, als wenn der Gast dasselbe Zimmer direkt beim Hotel bucht. Bei DER-Tour (www.der tour.de) gibt es **Hotelgutscheine** verschiedener Kategorien. Neben den fest gebuchten gibt es auch sogenannte offene Schecks, bei denen man sich nicht vorab auf ein bestimmtes Hotel und Datum festlegen muss. Mit solcherart Gutscheinen haben wir keine guten Erfahrungen gemacht – ist ein Hotel gut ausgelastet, werden die Gutscheine nicht angenommen, ist es leer, bekommt man auch ohne Gutschein einen guten Preis.

● *Hotelkategorien* ***** **Hotel der Luxusklasse:** Für höchste Ansprüche. Entweder als Neubau im Allerweltsstil mit den üblichen Annehmlichkeiten wie TV, Minibar und Direkttelefon auf dem Zimmer, 24-Stunden-Service, mehreren Restaurants und dergleichen; oder alte, mehr oder weniger gelungen renovierte Häuser aus der Kolonialzeit, die ein Mehrfaches an Charme und Noblesse ausstrahlen; 300–550 €.

**** **Hotel für gehobene Ansprüche:** Die Übergänge zum 5-Sterne-Haus sind fließend und hängen meist mit der Ausstattung der Gemeinschaftsräume zusammen; 180–450 €.

*** **Hotel der Mittelklasse:** Die Bandbreite geht vom kleinen Familienbetrieb bis zum modernen Stadthotel für Budget-Geschäftsreisende. Alle Zimmer mit Telefon, Radio oder TV und eigenem Bad, das Haus mit Restaurant; 150–250 €.

** **Hotel der unteren Mittelklasse:** Die Zimmer kleiner als in der 3-Sterne-Kategorie, Radio/TV nur noch in Ausnahmefällen, auch das eigene Bad gehört nicht immer dazu; 100–180 €.

* **Einfache Hotels:** Meist ältere Häuser, die Zimmer nur mit dem Nötigsten ausgestattet, oft nur mit fließend Wasser im Zimmer und Etagenbad, gewöhnlich kein Restaurant; 90–140 €.

● *Info* Hotels und Guesthouses sind im Verzeichnis „Be Our Guest" der *Irish Hotels Association* (www.irelandhotels.ie) aufgelistet, erhältlich bei der irischen Fremdenverkehrszentrale *Tourism Ireland*. Für Nordirland gibt es das Heftchen „**Hotels & Guest Houses**". Im Internet findet man die nordirischen Hotels unter www.discover northernireland.com und www.nihf.co.uk.

Bed & Breakfast

Die Aufschrift „B&B", die man an so vielen Häusern in Irland findet, bedeutet „Zimmer mit Frühstück". Viele Familien verdienen sich auf diese Weise ein Zubrot. Für 65–90 € pro Nacht bekommt man ein gemütliches Doppelzimmer mit dem berühmt-üppigen Frühstück. Zur Mindestausstattung gehören Schrank, Nachttisch, inzwischen auch TV und natürlich ein frisch bezogenes Bett. Seit der Staat die Modernisierung bezuschusst, gibt es kaum noch Zimmer ohne eigenes Bad, selbst wenn dieses nur eine nachträglich eingebaute Sanitärzelle ist. In manchen B&B-Häusern kocht die Hausfrau auf Bestellung auch abends ein Dinner. Wer dazu Wein oder Bier trinken möchte, muss sich damit selbst eindecken – die Vermieter dürfen keinen Alkohol ausschenken.

Die vom Fremdenverkehrsamt der Republik kontrollierten B&Bs dürfen sich mit einem Kleeblatt und der Aufschrift *Bord Fáilte Approved* schmücken. Nur diese Quartiere werden auch von den Verkehrsämtern vermittelt – der einfachste Weg, ohne viel Telefonieren oder Herumfahren am Spätnachmittag ein Zimmer zu bekommen, was sich außerhalb der Hochsaison allerdings erübrigt. Wer erst spät abends anzukommen beabsichtigt, kann ein Zimmer mit einer geringen Anzahlung von Touristinformationen anderer Städte aus vorausbuchen.

Während im Norden, so will es wenigstens das Gesetz, alle B&Bs beim Fremdenverkehrsamt angemeldet sind, hat sich etwa die Hälfte der B&B-Betreiber in der Republik nicht bei *Tourism Ireland* registrieren lassen. Diese Häuser müssen nicht unbedingt schlechter sein. Der Vermieter mag die Anmeldung nicht nötig haben, weil er entweder gut von der Mund-zu-Mund-Propaganda lebt, weil es im Ort vielleicht keine Touristinformation gibt oder weil ihm der Pubwirt sowieso immer die Gäste schickt ...

Muss man B&Bs vorausbuchen? Wer im August in Dingle oder Clifden ein Haus mit Meerblick will, tut sicher gut daran. Abseits der touristischen Hauptrouten lassen sich aber auch in der Ferienzeit noch B&Bs ohne Vorausbuchung finden. Um so mehr gilt das für die Nebensaison.

• Info/Buchung Viele B&Bs sind im Verzeichnis „Bed & Breakfast Ireland" der *Town and Country Homes Association* (www.townandcountry.ie), aufgelistet, erhältlich von der irischen Fremdenverkehrszentrale. Alternativen sind „Family Homes of Ireland" (www.familyhomes.ie) und „Friendly Homes of Ireland" (www.tourismresources.ie/fh).

Bauernhöfe (farm houses)

Ferien auf dem Bauernhof, besonders geeignet für Leute mit Kindern und ruhebedürftige Naturfreunde, aber kaum für passionierte Kneipengänger. Die Höfe liegen oft weit außerhalb der Dörfer einsam in der Landschaft, ein eigener Wagen ist von Vorteil. Die Preise gleichen denen der B&Bs.

Info/Buchung Farmhouse B&Bs sind im Verzeichnis „Irish Farmhouse Bed & Breakfast" der Irish Farm House Holidays Association (www.irishfarmholidays.com), aufgelistet, erhältlich von der irischen Fremdenverkehrszentrale.

Herrenhäuser (manor houses)

Ein Luxus, den man sich einmal gönnen sollte, ist die Übernachtung in einem der etwa 30 Schlösser und Herrensitze, die einige Zimmer an Fremde vermieten. Bei exzellenter Küche tafelt man mit exklusiven Gästen und manchmal noch mit dem Hausherrn selbst. Für die Übernachtung mit Dinner sollte man 200–500 € einkalkulieren.

Info/Buchung www.irelands-blue-book.ie; www.hidden-ireland.com; www.manorhousehotels.com. Von allen drei Adressen lassen sich auch pdf-Broschüren laden.

Guesthouses

Sie entsprechen unseren Pensionen, sind also im Komfort zwischen kleinen Hotels und Privatzimmern angesiedelt. Auch die Guesthouses sind von Bord Fáilte überprüft und qualifiziert, viele Häuser der gehobeneren Kategorien gehören auch dem Hotelverband an.

Jugendherbergen

Der irische Jugendherbergsverband *An Oige* hat etwa 20 Herbergen auf dem Gebiet der Republik. Teils sind es herkömmliche Jugendherbergen, wie man sie aus Deutschland auch kennt, teils privat gebaute und geführte Hostels, die sich nur mit dem Label von An Oige schmücken. Die sechs komfortablen Häuser im Norden werden von der *Youth Hostels Association of Northern Ireland* verwaltet. Ein gemeinsames Faltblatt der beiden Verbände gibt's bei den Fremdenverkehrsämtern.

Aufenthalt in Irland

Donegal-Hostel im irischen Winter

Die Übernachtungspreise liegen je nach Komfort zwischen 12 und 25 €, wer einen internationalen Herbergsausweis vorzeigen kann, bekommt etwas Rabatt. In vielen Häusern gibt es Frühstück oder sogar Abendessen, außerdem verfügen alle über Selbstversorger-Küchen. Alters- und Aufenthaltsbegrenzungen gibt es keine, Vorausbuchung ist möglich, ebenfalls die Benutzung des eigenen Leinen- oder Daunenschlafsacks.

Info/Buchung **An Oige**, 31 Mountjoy St., Dublin 7, ✆ 01 8304555, www.irelandyha.org. **Youth Hostels Organisation of Northern Ireland,** 22 Donegall Rd., Belfast BT125JN, ✆ 9032 4733, www.hini.org.uk.

Private Hostels

Mit etwa 150 privaten Hostels dürfte Irland heute den europäischen Rekord halten. Sie sind in den letzten Jahren, auch dank staatlicher Steuervergünstigungen und Investitionshilfen, wie Pilze aus dem Boden geschossen und nötigen jetzt auch den staatlichen An-Oige-Verband, seine teilweise angestaubten Häuser zu modernisieren und antiquierte Hausordnungen zu liberalisieren. Bei den Privaten gibt es keine Sperrstunde, man braucht keinen Herbergsausweis, sie liegen in den meisten Städten zentral und nicht irgendwo in der Pampa, man darf auch tagsüber in den Schlafsaal, und für Paare oder Reisende mit Kindern gibt es auch einige separate Doppelzimmer. Wie bei den offiziellen „Juhes" kann man sich in der Küche selbst versorgen. Doch haben einige Häuser auch eine Cafeteria oder bieten wenigstens Frühstück an. Wobei „breakfast included" oft bedeutet, dass der Gast sich lauwarmen Kaffee und ein paar Scheiben Toastbrot mit Konfitüre von der Selbstbedienungstheke holen darf.

Die Preise für ein Bett im Schlafsaal (6 bis 10 Betten) oder 4er-Zimmer liegen bei 15–25 € pro Person und Nacht, für ein Doppelzimmer („private room") je nach Komfort bis 60 €. In Dublin und Galway können die Preise auch noch höher ausfallen.

Für eine gewisse Qualitätskontrolle (Feuerschutz, Hygiene, Mindestflächen pro Bett u. Ä.) sorgt *Independent Holiday Hostels (IHH)*, ein Verband mit rund 100 Mitgliedern. In jedem Hostel gibt es ein Faltblatt mit den Adressen aller dem Verband angeschlossenen Herbergen, und nur sie werden auch von den Touristinformationen vermittelt. Gegen eine Anzahlung, die später verrechnet wird, kann man sich auch von Hostel zu Hostel ein Bett reservieren lassen – gerade in der Hochsaison wird dies dringend empfohlen. Schließlich gibt es auch Übernachtungsgutscheine (Voucher), die aber für Individualreisende von wenig Nutzen sind, da sie keine Reservierung beinhalten.

Infos/Buchung **IHH** unter www.hostels-ireland.com und ✆ 01 8364700.

Ferienhäuser

Es gibt sie in allen Preislagen, für 6 Personen beispielsweise zwischen 300 und 1000 € pro Woche, je nach Lage und Jahreszeit. Die Buchung über Veranstalter wie *DER, TUI-Wolters* oder *CIE-Tours* ist oft preiswerter, als wenn man sich aus den Katalogen des Fremdenverkehrsamtes selbst ein Quartier aussucht. Zum Standard gehören die voll eingerichtete Küche, ein Wohnzimmer (häufig mit offenem Kamin) und ein oder zwei Schlafzimmer. Brennmaterial (Torf oder Gas) wird gestellt, mit Lebensmitteln versorgt man sich selbst. Ein Vorteil gegenüber dem B&B-Haus ist die kulinarische Unabhängigkeit – man kann auch mal selber kochen und muss nicht immer essen gehen. Für Gruppen oder Familien mit Kindern sind Ferienwohnungen damit preiswerter als Privatzimmer.

Infos/Buchung www.irishcottageholidays.com, www.selfcatering-ireland.com und www.iscf.ie, für Nordirland www.cottagesinireland.com und www.nischa.com – alle auch mit Katalogen zum Download.

Camping

Eine komplette Campingausrüstung geht ganz schön ins Geld – und ins Gewicht. Für Wanderer, die sich über Tage hinweg abseits der ausgetretenen Pfade bewegen, ist Campen nichtsdestotrotz ein Muss. Und für Radler, die in Irland sowieso regenfest sein müssen, mögen sich das Gewicht der Campingutensilien und das Naturerlebnis die Waage halten. Allen anderen empfehlen wir für Irland statt Camping ein festes Dach über dem Kopf.

Ausstattung: Die 125 regulären Plätze werden hauptsächlich von Wohnmobil- und Caravanfahrern besucht. Für 15–30 € pro Zelt mit zwei Personen bieten sie zwischen April und Oktober ein Mindestniveau mit Toiletten, Waschgelegenheit und Abfalltonnen; einige Anlagen verfügen auch über Küche, Waschsalon (Trockner!), Shop und Kneipe. Warme Duschen kosten gewöhnlich extra. Im Norden werden Camper wahrhaft königlich behandelt. Die Plätze sind im Durchschnitt besser ausgestattet als in der Republik, aber noch mehr auf Dauercamper zugeschnitten.

Tipps: Zeltler haben in Irland vor allem mit zwei Widrigkeiten zu kämpfen. Die Myriaden stechender Blutsauger hält man sich mit einem Moskitonetz vom Leibe. Auch die sorgfältige Wahl des Standplatzes hilft schon eine Menge: Nachbarschaft von Gewässern vermeiden und stattdessen einen freien, zugigen Standort wählen – das mögen die Biester gar nicht. Ein zweites Problem ist der Regen. Auch hier bringt ein exponierter, etwas erhöhter Standplatz Vorteile: Das Wasser fließt besser ab, eventuell kann man sich den Wassergraben um das Zelt sparen. Ein hochwertiges Kuppel- oder Tunnelzelt, bei dem das Innenzelt mit dem Außenzelt zusammenhängt,

92 Aufenthalt in Irland

lässt sich auch bei Regen schnell aufbauen. Einen Ersatz-Gestängebogen oder eine Reparaturhülse sollten Sie mit im Gepäck haben. Schlafsäcke aus Kunststoff sind evtl. zwar etwas schwerer und sperriger als ein Daunenschlafsack, nehmen aber weniger Feuchtigkeit auf und trocknen schneller.

Information www.camping-ireland.ie

Wildes Zelten: Grundsätzlich erlaubt. Verboten ist es in Naturparks und überall sonst, wo Schilder etc. ausdrücklich darauf hinweisen („Temporary Dwelling Prohibited"), und mancherorts im Norden wird es, je nach Sicherheitslage, von der Polizei nicht gerne gesehen. Auf privatem Grund, etwa einer Wiese, muss man natürlich den Eigentümer um Erlaubnis fragen. In den Touristenregionen um Kerry und Cork lassen sich manche Bauern diese Erlaubnis mit einem Pfund entlohnen oder haben gar inoffizielle Plätze eingerichtet. Hier sollte man sich vorher überzeugen, ob wenigstens eine Toilette und Dusche vorhanden ist, andernfalls lieber in die Wildnis gehen. Auch in den Gärten der meisten Hostels kann man für wenig Geld übernachten und die Einrichtungen mitbenutzen.

Noch ein Tipp für Wildcamper: Bevor Sie Ihr Zelt auf einer Weide aufschlagen, prüfen Sie gründlich, ob auch keine Tiere da sind. Kälber und Jungbullen betrachten ein Zelt gerne als Spielzeug. Selbstverständlich sollte es sein, dass man seinen Müll nicht einfach in der Landschaft zurücklässt, sondern mit in die nächste Siedlung nimmt.

Essen und Trinken

Dank zunehmendem Wohlstand ist Irland inzwischen auch ein Schlemmerparadies, und man kann durchaus auch speziell der Gaumenfreuden wegen auf die Insel fahren.

Das Angebot an Bio-Produkten *(organic food)* wächst. Selbst in den Supermärkten der großen Ketten findet man immer mehr regionale Erzeugnisse. Junge Köchinnen und Köche emanzipieren sich vom schlechten Einfluss der früheren Kolonialmacht und suchen mit dem *countryhouse style* einen Weg, die regionale Küche in die Restaurants zu holen und zu verfeinern. Die nach Irland zurückkehrenden Nachkommen der Auswanderer bereichern die Auswahl an Speisen durch Rezepte aus aller Herren Länder. Noch herrscht allerdings vielerorts die merkwürdige englische Gewohnheit, alles zu kochen, zu kochen und noch weiter zu kochen, bis das Fleisch ausgedörrt zusammenschrumpft und das Gemüse zu Brei zerfällt. Dabei hat Essen, zumal gutes, seinen Preis – unter 10 € ist kaum etwas zu haben, abends sind 30 € für ein Gericht mit alkoholfreiem Getränk realistisch. Das Bedienungsgeld ist gewöhnlich im Preis inbegriffen *(service included)*.

Speisen

Fleisch ist die Basis jeder Mahlzeit, einschließlich des Frühstücks. Obwohl vom Klima her durchaus nicht nur Kartoffeln wachsen könnten, im vom Golfstrom verwöhnten Südwesten sogar Freilandtomaten reifen, haben es Vegetarier in Irland schwer. Kurioserweise fristeten Fisch und Meeresfrüchte lange nur ein Schattendasein auf den Speisekarten. Die gelegentlich zu vernehmende Erklärung, dass irische Kinder im katholisch geprägten Milieu schließlich jeden Freitag mit Fisch traktiert würden und deshalb als Erwachsene davon mehr als genug hätten, klingt nicht

Essen und Trinken 93

besonders überzeugend. Logischerweise müssten z. B. Spanier und Portugiesen diese Gerichte ebenfalls verschmähen. Doch selbst beim Fisch haben sich die Sitten gewandelt, und gerade in den Touristenorten halten sich auf den Speisekarten Fisch und Fleisch inzwischen die Waage.

• *Kochbücher* „The Irish Kitchen" von Biddy White-Lennon (Verlag Southwater) und „Irish Heritage Cookbook" von derselben Autorin versammeln jeweils etwa 200 Rezepte der traditionellen irischen Küche.

Wer in der Küche nicht mit dem Wörterbuch hantieren will, benutzt „Irisch kochen" von Jürgen Schneider (Verlag Die Werkstatt).

> Mehr zu Speisen und Getränken im Lexikon am Ende des Buches.

Mahlzeiten und Speiselokale

Morgens: Das *full Irish breakfast* hat seinen Namen verdient. Kaum aufgestanden, wird der nüchterne Magen mit bis zu fünf Gängen traktiert: Angefangen wird mit einem Fruchtsaft, meist Grapefruit (eiskalt, bitter und aus der Dose); dann folgen Porridge (Haferbrei), Cornflakes, Wheatabix oder andere Getreideflocken (*cereals* genannt). Den Hauptgang bilden Eier mit Schinkenspeck, scharfe Schweinswürstchen, dazu vielleicht eine gebratene Tomate. Toast oder brown bread – das traditionelle Landbrot – mit gesalzener Butter und Bittermarmelade sowie ein Kännchen Tee oder Pulverkaffee runden das Frühstück ab. Wer's der schlanken Linie wegen weniger deftig mag oder von der „fat platter" Pickel bekommt, dem wird auf Wunsch natürlich auch ein „continental breakfast" serviert.

Mittags: Das Mittagessen (lunch) darf jetzt bescheidener ausfallen. Viele begnügen sich mit einem *pub grub*, einem Imbiss im Pub: Sandwichs oder plastikverschweißte Fertiggerichte, die in der Mikrowelle aufgewärmt werden, vielleicht eine Suppe oder ein Salat. Wenig einladend erschienen uns die vielen Imbissbuden: Hamburger, Chips, Grillhühner etc., fettes Essen in ungastlichem Ambiente und auf Dauer auch nicht billig. In den Hotels und Restaurants wird zwischen 12 und 14 Uhr serviert, hier sind die Menüs mittags um gut ein Drittel günstiger als ein vergleichbares Essen am Abend.

Nachmittags: Die *tea time* (ab 16 Uhr) und der *high tea* (ab 17 Uhr), der wiederum zu einem mehrgängigen Mahl ausufern kann, werden in den irischen Tea Rooms und Coffee Shops weniger gepflegt als in Großbritannien. Zum Tee sollte man unbedingt die süßen Teebrötchen (scones) probieren.

Abends: Wer sich und seinem Geldbeutel abends kein Restaurant-Dinner zumuten möchte, kann auf viele Pubs ausweichen. Als „barmeals" bieten sie zwischen 19 und 21 Uhr verschiedene Tellergerichte an – oft die gleichen Speisen, die im zugehörigen Restaurant erheblich teurer auf den Tisch kommen.

Trinkgeld, Service Charge: Das in Deutschland mit zunehmendem Verbraucherschutz irgendwann sang- und klanglos untergegangene „Bedienungsgeld" zeigt sich in Irland zählebig. Viele der vornehmeren Restaurants schlagen auf die Rechnung noch eine zehn- bis fünfzehnprozentige „Service Charge", selbst manche Hotels setzen auf die Zimmerpreise noch eins drauf. Andere verlangen die Service Charge nur bei Speisen, nicht bei Getränken, wieder andere nur bei Gruppen ab sechs Personen, obwohl die ja eigentlich weniger Arbeit darstellen als sechs Einzelgäste an sechs verschiedenen Tischen. Hier ist das Bedienungsgeld „discretionary", also

94 Aufenthalt in Irland

„nach Ermessen", dort wird dem amerikanischen Vorbild gefolgt, nach dem das Servicepersonal überhaupt nur vom Trinkgeld lebt. Unter dem Strich folgt nur eine Minderheit dem klaren Prinzip „Service included", welches das Trinkgeld wieder zu dem macht, was es eigentlich sein sollte: eine freiwillige Anerkennung für guten Service.

Im Restaurant – auf amerikanische Art

„Hi there, my name is Maggie, and I'm your server today." Huch, werden Sie denken, was will die von mir? Doch keine Angst und keine Hoffnung: Maggie ist kein Computer und kein Diener, sondern Kellnerin, die Ihnen jetzt gleich Ihren Platz anweisen wird. Und der wird niemals an einem Tisch mit Fremden sein, das wäre extrem unschicklich. Dafür wird sich niemand darüber wundern, wenn Sie später Ihr Fleisch in mundgerechte Stücke zerschneiden, dann das Messer weglegen und zum Essen die Gabel in die rechte Hand nehmen – auch das ist typisch amerikanisch und damit in Irland verbreitet und angesagt. Die Rechnung zahlt dann der Gastgeber („let me get this") – für alle. Oder die Tischgemeinschaft teilt sie Pi mal Daumen und jeder steuert den gleichen Betrag bei. Nach deutscher Sitte jeden das zahlen zu lassen, was er selbst konsumiert hat, gilt als unsozial und völlig daneben.

Bier: Was ihnen am Essen fehlt, machen die Iren durch ihre Trinkkultur mehr als wett. Neben dem Shamrock, dem dreiblättrigen Kleeblatt, ist das schaumgekrönte **Stout,** meist Marke *Guinness*, das zweite Nationalsymbol der Insel. Es läuft, mit wenig Kohlensäure gezapft, in jedem Pub aus einem der wenigstens drei Schankhähne und schäumt lange nach. Weltweit fließen jeden Tag 5 Millionen Gläser in durstige Kehlen, und mit einem gigantischen Werbeetat gibt sich der Getränkemulti alle Mühe, dass das auch so bleibt. Dabei ist es weniger die Konkurrenz, die dem ehrwürdigen Guinness zu schaffen macht – die vergleichbaren Marken *Beamish* und *Murphy's* aus Cork besitzen nur im Südwesten Irlands einen nennenswerten Marktanteil – als vielmehr der Trend zum süffigen, alkoholarmen **Lagerbier.** Besonders bedenklich: Das helle, pilsähnliche Lager schmeckt vor allem der Jugend. Führende Marke ist *Harp,* das ebenfalls aus der Guinness-Brauerei kommt. Und selbst die in Irland ausgeschenkten *Carlsberg-, Budweiser-* und *Fürstenberg-*Biere werden alle von Guinness in Lizenz gebraut, auch das deutschtümelnde *Satzenbrau* ist eine ureigene Erfindung des Dubliner Getränkekonzerns.

Der Autor kann sich den Siegeszug des Lager nur als eine Modetorheit erklären. Üblicherweise in einem Zug gezapft, schmeckt es entsprechend schal, auch die Flaschenabfüllungen begeisterten nicht. Dann gibt es noch das **Ale,** in Irland obergärig und von leicht rötlich brauner Farbe, z. B. von *Smithwicks.* Und das **Bitter,** ein weiches und relativ leichtes Dunkelbier, das in etwa dem deutschen Alt entspricht. Autofahrer können sich an das alkoholarme *Shandy* halten, eine Mischung aus Bier und Zitronenlimonade, bei uns z. B. als Radler oder Alsterwasser bekannt.

Und wo sind die kleinen Dorfbrauer, die dem Weltkonzern die Stirn bieten, wie einst Asterix & Co den Römern? Ein Dutzend Kleinbrauereien sind in den letzten Jahren entstanden und suchen mit exklusiven Produkten handwerklicher Braukunst ihre Marktnischen. So braut etwa die *Biddy Early Brewery* in Inagh, Co. Clare, ihr „Black Biddy" ohne chemische Zusätze, dafür mit Extrakten aus Tang und Algen.

Essen und Trinken 95

Das Radler heißt in Irland shandy

Cider: Hessen und Thurgauer müssen auch in Irland nicht auf „Stöffsche" und „Moscht" verzichten. Apfelwein wird vor allem im Golden Vale (Tipperary) getrunken, hier ist mit *Bulmers* auch der Marktführer unter den Produzenten zu Hause.

Whiskey: Schuld sind natürlich die Franzosen. Nicht nur, dass die großen irischen Whiskeymarken inzwischen von einer einzigen Firma, der *Irish Distillers Ltd.* kommen, die ihrerseits zum Pernod-Ricard-Konzern gehört, dass 95 % der irischen Produktion in nur noch zwei Brennereien (Bushmills im Norden und Jameson in Midleton, County Cork) entstehen und dass dem irischen Whiskey als Verschnitt („blend") – wie in Schottland schon lange üblich – Maisdestillate und andere Schnäpse beigefügt werden. Als wäre dies alles für den traditionsbewussten Whiskeygenießer nicht schon schlimm genug, bemüht sich eine Mannschaft von Lebensmittelchemikern auch noch, den Whiskey in seine wohl 800 natürlichen Substanzen zu zerlegen, um den bislang für unnachahmlich gehaltenen Geschmack dann chemisch-künstlich erzeugen zu können. Nur *Cooley's*, eine vergleichsweise winzige Brennerei, hält dem Marktriesen noch stand und pflegt die traditionelle Art der Whiskeyherstellung.

Den Chemikern in den Labors der Whiskeyproduzenten geht es bei ihren Experimenten (wie übrigens auch beim Cognac) darum, den Reifeprozess abzukürzen und vor allem auf die teuren Eichenfässer verzichten zu können. Zu denen gibt es bislang noch keine Alternative, denn erst die Wechselwirkung mit dem Eichenholz verleiht dem Malzdestillat sein typisches Aroma. Das Malz für den irischen Whiskey wird in geschlossenen Kästen geröstet, während die schottischen Sorten ihren typisch rauchigen Geschmack durch das Dörren des Malzes über offenem Feuer bekommen.

Bier und mehr – das Geheimnis des Erfolgs

Arthur Guinness muss sich seiner Sache sehr sicher gewesen sein. Gleich für 9000 (!) Jahre pachtete er 1759 das Gelände am Dubliner St. James Gate, wo sich noch heute der Hauptsitz des Getränkekonzerns befindet. Hier experimentierte der Stammvater der Dynastie mit Hopfen und Malz, um auch in Dublin jenes Bier herstellen und verkaufen zu können, das in den Hafenvierteln und unter den Lastträgern Londons überaus beliebt war: das dunkle, bittersüße Porter, der Vorfahre des modernen Stout.

Nur Kleinigkeiten, und die bleiben Firmengeheimnis, unterscheiden die Guinness-Herstellung von der üblichen Bierbrauerei. Gerste wird mit Feuchtigkeit zum Keimen gebracht und dann wieder getrocknet – so entsteht das Malz. Darunter mischt man ein wenig angeröstete Gerste, die später dem Bier die braune Farbe gibt. Das derart veredelte Malz wird gemahlen und mit heißem Wasser zur Maische verrührt. Aus diesem Brei werden die festen Bestandteile ausgefiltert (früher dienten sie als Viehfutter) und die Flüssigkeit in den Sudkessel geleitet. Nach der Zugabe von Hopfen muss der Sud kochen. In den anschließenden Gärbecken kommt der abgekühlte Sud mit der Hefe zusammen, die den Zucker in Alkohol umwandelt. Jetzt muss noch der Gärschaum abgeschöpft und die Brühe in Fässer gefüllt oder auf Flaschen gezogen werden, und fertig ist das Bier.

Wie der Provinzbrauer Arthur Guinness sich gegen seine 800 Konkurrenten durchsetzte, wissen wir nicht. Schon Sohn Benjamin (1798–1868) war jedenfalls einer der reichsten Männer Irlands. Folgerichtig wurde er von Queen Victoria geadelt und betätigte sich noch nebenbei als Bürgermeister Dublins. Er wusste, was er dem Bier trinkenden Volk schuldig war, und ließ die St.-Patrick's-Kathedrale renovieren. Die Guinness-Familie stiftete Parks, organisierte Ausstellungen und errichtete seinerzeit vorbildliche Arbeitersiedlungen. Ihre (nach dem Bier) berühmteste und werbewirksamste Erfindung war das jährlich erscheinende Guinness Book of the Records, in dem alle schrillen Meisterleistungen unserer Tage verzeichnet sind.

Irlands schwarzes Gold

Essen und Trinken 97

Obwohl ein Durchbruch für die Wissenschaftler noch nicht in Sicht ist, pflegen die Iren sicherheitshalber die althergebrachte Methode der Whiskeyherstellung auch auf eigene Faust – sie brennen schwarz. Vor dem giftigen Methylalkohol, dem tödlichen Feind aller Fuseltrinker, schützt ein einfacher Test: Etwas Schießpulver in eine Probe des Destillats und Streichholz dran – wenn's explodiert, war's Gift. Ist das Destillat aber genießbar, heißt es *Poitien* (sprich: pot-chien), und schmeckt wohl so ähnlich wie jenes Gebräu, dem schon die Irland missionierenden Mönche verfallen waren. Die *Lex Columban,* das älteste überlieferte Gesetzeswerk der Insel, setzte einen Priester, der seine Gebete nur noch zu lallen vermochte, auf 12 Tage Entzug bei Wasser und Brot.

Der Poitien soll allerlei Krankheiten vorbeugen, verspricht Melancholie und das Phlegma zu heilen, spart gegenüber dem Fabrikwhiskey Geld und ist eine Art Traditionspflege. Dazu kommt das Abenteuer, der Obrigkeit eins auszuwischen. Geschmacklich überzeugt der Poitien nur selten. Vielleicht aus Ungeduld lassen die meisten Schwarzbrenner ihren Whiskey nicht lange genug im Fass reifen – und manchen fehlen gar exakt die Eichenfässer, die den Whiskey zum Whiskey machen. So würde wenigstens der Poitien von einem Erfolg der Lebensmittelchemiker profitieren.

Im Pub

Geben wir's zu. Der Pubtresen ist eine Festung des Chauvitums, und Frauen sind allenfalls auf den Bänken der Lounge geduldet. Die Luft ist inzwischen rauchfrei, und wo es keinen Biergarten gibt, stehen Raucher draußen auf der Straße. Drinnen wie draußen lärmt es gewaltig, denn das Reden ist genauso wichtig wie das Trinken.

„This round's on me. What's yours?" Der Pubgänger, der die Bestellungen seiner Begleiter aufgenommen und sich (Selbstbedienung) in die vorderste Reihe der Tresensteher vorgekämpft hat, bestellt niemals „a beer", sondern „a pint of …" Guinness, Harp oder welche Marke und Sorte er auch immer haben möchte. Theoretisch gäbe es statt dem 0,57 l fassenden pint auch „a glass" oder „a half" mit 0,28 l, doch das ist „Weiberzeugs" und eines Mannes nicht würdig! Für Männer die einzige gesellschaftlich voll akzeptierte Alternative zum pint ist der Whiskey. Und damit es über die Zeche keinen Streit gibt, wird stets gleich nach Erhalt bezahlt. Trinkgeld ist nicht üblich, allenfalls ein „have one on me", eine Einladung zum Mittrinken an das Barpersonal, welches diese besser ausschlägt, um nicht zu früh dem Alkoholismus zu verfallen. Wer sein Großgeld loswerden möchte, bestellt Runden für alle, und wer zu viel Kleingeld hat, wirft es in die auf der Theke stehende Sammelbüchse des Roten Kreuzes oder des örtlichen Sportvereins. Wenn Barmann oder -frau mit einem „last order, please" zur letzten Bestellung auffordert, bleibt noch eine halbe Stunde bis zur Sperrzeit. Über die wacht jetzt aber nicht mehr die Polizei – der Wirt muss selber schauen, wie er sein Lokal leer bekommt.

Singing Pubs: Ein entsprechendes Schild bedeutet nicht, dass hier das Publikum nach entsprechendem Alkoholgenuss zu singen pflegt (was gleichwohl nicht auszuschließen ist), sondern dass hier Musik dargeboten wird – eine Musikkneipe also. Es handelt sich um *balladsinging,* nämlich Folkmusik mit modernen Instrumenten,

Aufenthalt in Irland

Wer fängt den dicksten Hecht?

oder *traditional music*, Folkmusik mit Dudelsack, Akkordeon und Fiedel. Dabei herrscht keine Konzertatmosphäre. Die Musiker sind meist ohne Bühne inmitten des Publikums platziert und machen Begleitmusik, während die Gäste munter schwätzen, falls ihnen nicht der Dudelsack die Verständigung unmöglich macht. *Singalons* sind die irische Variante eines Karaokelokals: Hier ist der Gast aufgefordert, selbst ans Mikrofon zu treten und ein Lied anzustimmen.

Sport, aktiv

Mit seiner weithin noch intakten Natur bietet sich Irland geradezu an, das Entdecken und Erleben von Land und Leuten mit sportlichen, gleichwohl naturnahen Aktivitäten zu verbinden. Pauschalveranstalter machen Sporturlaubern schon lange spezielle Angebote: Reiterferien, Segeln, Golfen, Wellenreiten und vieles mehr. Besonders diejenigen, die einen richtigen Kurs absolvieren und eine Sportart systematisch betreiben möchten, sollten sich anhand der „Grünen Seiten" des irischen Fremdenverkehrsamtes vorab ein entsprechendes Pauschalangebot suchen. Wer sich lieber vom Zufall, spontaner Eingebung oder Lust und Laune leiten lässt, findet Sportangebote natürlich auch vor Ort. Hier ein Überblick über die bei sportlichen Irlandurlaubern beliebtesten Aktivitäten. Details dazu finden Sie jeweils in den Ortskapiteln dieses Buches.

Angeln

Angeln ist nicht gleich Angeln. Deep Sea Fishing, Game Fishing, Coarse Fishing, Salmoniden und Nichtsalmoniden, lebende und tote Köder, Ruten und Blinker ... – da staunt der Laie, und der Fachmann (warum ist Angeln eigentlich ein reiner Männersport?) bekommt glänzende Augen. Irland ist das klassische Anglerland,

Sport, aktiv   99

Reisepraktisches

und viele Urlauber kommen hauptsächlich deswegen, sodass auch eine ganze Reihe von Reiseveranstaltern organisierte Anglerferien anbieten (Adressen in den „Grünen Seiten" von *Tourism Ireland*).

Auch wenn Sie (noch) nicht zur Gemeinschaft der Angler gehören, jener eingeschworenen Gilde, die den halben Tag stumm und reglos lauernd am Wasser sitzt, um am Abend beim Vertilgen der Beute die unglaublichsten Geschichten zu erzählen: Hier ist der geeignete Ort, erste Bekanntschaft mit diesem Hobby zu machen. Nach Beratung in einem *Tackle Shop* mieten Sie sich eine einfache Ausrüstung (ab 8 €) und holen mit Anfängerglück – auch Fischen will gelernt sein – Ihr Abendessen aus dem Wasser. Für die Zubereitung stellt Ihnen die Gastgeberin der Bed & Breakfast-Pension sicher die Küche zur Verfügung. In Irland wird weniger vom Ufer, als vielmehr vom Boot aus gefischt. Besonders bei Ferien auf einem Hausboot liegt es deshalb nahe, auch mal die Angel auszuwerfen. Ein Ruderboot kostet 15– 30 €, ein Führer *(Ghillie)*, der einweist und die besten Plätze kennt, nochmals knapp 70 € pro Tag.

Infos und Permits **Central Fisheries Board,** Swords Business Campus, Swords, Co. Dublin, ☏ 01 8842600, ww.cfb.ie. Informationen im Web auch unter www. angling.ireland.ie, www.irelandflyfishing.com und www.irishfisheries.com.

Hecht, Friedfische (Coarse Fishing): Da die irischen Fischer sich hauptsächlich für Forellen und Lachse interessieren, bleiben die Nichtsalmoniden weitgehend unbehelligt, und es gibt noch reichlich davon. Außer am oberen Shannon (ab Banagher, samt Zuflüssen) braucht man keinen Angelschein, Schonzeiten sind hier unbekannt. Jedoch darf man nur mit höchstens zwei Ruten gleichzeitig fischen und keine Lebendköder benutzen. Das beste Revier ist die Seenplatte der Midlands. Auf besonders gute Stellen wird schon an der Straße mit einem Schild „fishing" hingewiesen. Hechte beißen am besten in den Wintermonaten; die meisten Friedfische gehen im Sommerhalbjahr an die Leine, Aal und Karpfen das ganze Jahr über.

Forellen, Lachse (Game Fishing): Die Salmoniden, die im Frühjahr zum Laichen aus dem Meer die Flüsse hinaufziehen, schmecken besonders gut, sind aber auch besonders schwierig zu fangen. Deshalb sind sie die bevorzugte Beute der einheimischen Sportfischer. Die beste Zeit für Lachse ist das Frühjahr, für Seeforellen der Sommer. Viele Salmonidengewässer befinden sich in Privatbesitz. Man benötigt eine Lizenz, die je nach Gebiet und Dauer von 10 bis 50 € (ganzes Land für ein Jahr) kos-

Angler-Englisch

Brachse	Bream
Karpfen	Carp
Aal	Eel
Barsch	Perch
Hecht	Pike
Regenbogenforelle	Rainbow Trout
Rotauge	Roach
Rotfeder	Rudd
Lachs	Salmon
Seeforelle	Sea Trout
Schleie	Tench
Köder	Baits
Angeln mit Heuschrecke	Dapping
Schwimmer	Float
Angeln mit Fliegenköder	Fly Casting
Haken	Hook
Net Kescher	Landing
Schnur	Line
Spinner	Spinner
Blinker	Lure
Maden	Maggots
Rolle	Reel
Angel	Rod
(Blei-)Gewicht	Shot
Anglerausrüstung	Tackle
Wurm	Worm

tet und in den Anglergeschäften oder bei den Fischereiverwaltungen erhältlich ist. Dieses Geld geht an den Staat. Dazu kommen noch Kosten von 10 bis 40 € pro Tag

100 Aufenthalt in Irland

Früh übt sich ...

für die Angelerlaubnis im Gewässer, die der Eigentümer verlangt. Bei Pauschalreisen sind diese Kosten gewöhnlich eingeschlossen.

Reviere Die besten Reviere für Süßwasserforellen sind die Seen der Kalksteingebiete im Westen Irlands. Von Oktober bis in den März (Bachforellen Sept.–Febr.) ist Schonzeit.

Fischen in Nordirland

Hier braucht man generell einen Angelschein (8 £ für 14 Tage). Für das Foyle-Gebiet ist die **Loughs Agency,** 22 Victoria Rd., Derry, ✆ 7134 1200, www.loughs-agency.org, zuständig, für das restliche Nordirland das **Fisheries Conservation Board,** 1 Mahon Rd., Portadown, Craigavon, Co. Armagh, ✆ 3833 4666, www.fcbni.com. Zusätzlich muss die Erlaubnis des Eigentümers eingeholt werden. In der Regel ist dies der Staat selbst, nämlich das **Department of Culture Arts Leisure,** Fisheries Division, Interpoint Centre, 20–24 York Street, Belfast, ✆ 9025 8863, www.dcal-fishingni.gov.uk, dem man für 14 Tage Game Fishing wiederum 15 £ bezahlen muss. Glücklicherweise verkaufen viele Läden für Anglerbedarf die beiden erforderlichen Genehmigungen, doch ist das Angeln in der Republik allemal billiger – und unkomplizierter.

Fischen im Meer (Sea Fishing): Das Angeln im Salzwasser ist einfacher als im Binnengewässer, und das Meer der geeignete Einstieg für Anfänger. Die reichste Ausbeute verspricht die Südostküste; hier tummeln sich die Meeresfische gern im warmen und noch leidlich sauberen Wasser des Golfstroms. Das Angelvergnügen beginnt am Strand mit dem Sammeln der Köder: Krabben, kleine Muscheln und Würmer. Natürlich gibt's im Tackle Shop auch künstliche Köder, doch bevorzugen die Fische ihre natürliche Nahrung. Fortgeschrittene Freizeitfischer mieten sich ein

Sport, aktiv **101**

Boot oder gehen mit dem von einem erfahrenen Skipper gesteuerten Kutter hinaus auf hohe See. Pro Person kostet der in jedem Hafenort zu buchende Spaß einschließlich Ausrüstung rund 30 €. Gefangen werden außer den üblichen Seefischen wie Makrelen, Heringe, Äschen und Brassen auch schwere Brocken wie Blauhaie und Rochen.

Info www.sea-angling-ireland.org.

Baden

Golfstrom hin oder her, das Meer an Irlands Gestaden ist im Sommer kühl und im Winter kalt. Auch im Rekordsommer 2006 erreichte das Badethermometer im warmen Südwesten gerade mal 16 °C. Doch es gibt sie, diese verschworene Gemeinschaft verwegener Männer und Frauen, die bei Wind und Wetter ins Wasser steigen. Zu sehen etwa frühmorgens in Dun Laoghaire am Forty Foot Bathing Place, dessen Schwimmern schon *James Joyce* ein literarisches Denkmal setzte. Und außer den Kältefesten wagt sich an schönen Sommertagen und Stränden auch immer gewöhnliches Volk ins Wasser – im Neoprenanzug. Die meisten belassen es jedoch beim Strandspaziergang mit Muschelsuchen, spielen vielleicht Fußball oder sitzen einfach nur im Auto und lauschen dem Wellenrauschen.

(M)eine Auswahl schöner Strände

Brittas Bay (Wicklow) siehe S. 261
Tramore (Waterford) siehe S. 298
Barleycove (Mizen Head) siehe S. 370
Derrynane (Ring of Kerry) siehe S. 399
Rossbehy (Ring of Kerry) siehe S. 413
Inch (Dingle) siehe S. 425
Brandon Bay (Dingle) siehe S. 441
Kilkee (Clare) siehe S. 476
Silver Strand (Malinbeg Bay, Donegal) siehe S. 616
Ballyhillin (Malin Head, Inishowen) siehe S. 646
Benone (Downhill, Derry) siehe S. 667
White Park Bay (Antrim) siehe S. 674
Tyrella (Down) siehe S. 739

Drachen-, Gleitschirmfliegen

Mit seiner steten Südwestbrise bietet Irland gute Voraussetzungen zum Fliegen. Geeignete Hänge sind etwa der Mt. Leinster (Co. Carlow), der Great Sugarloaf (Co. Wicklow) und Achill Island (Co. Mayo). Um sich in die Lüfte schwingen zu dürfen, ist außer einer Haftpflichtversicherung auch die Genehmigung des irischen Verbandes erforderlich, der sich anhand der Prüfungsnachweise und des Flugbuches ein Bild vom Können ausländischer Flieger machen will.

Infos Irish Hang Gliding Association, www.ihpa.ie.

Golf

Der kontinentale Modesport ist in Irland schon lange ein Volksvergnügen. Etwa 500 Clubs – kein Ort Irlands liegt mehr als 35 km von einem Golfplatz entfernt –

102   Aufenthalt in Irland

„Ober er mich heute mal mit ins Pub nimmt?"

freuen sich über ausländische Gäste auf ihren Fairways, von denen die Hälfte 18 Löcher besitzt. Eine Mitgliedschaft im Club ist für Besucher nicht nötig und wäre einem Großteil auch nicht gestattet, denn viele Vereine nehmen noch immer keine Frauen auf. Ausrüstung wird bei Bedarf gestellt. Relativ preiswert sind beispielsweise die Plätze um Cork, teuer die Anlagen um Dublin und Killarney. Manche Hotels haben Absprachen über eine ermäßigte Benutzung des nächstgelegenen Platzes durch ihre Gäste. Anfänger meiden das Wochenende und den Feierabend, wenn auf dem Course Gedränge herrscht. Und nach dem letzten Put wird am 19. Loch das Ergebnis in geselliger Runde begossen.

Infos **The Golfing Union of Ireland,** www.gui.ie sowie unter www.golf-ireland.ie.

Pitch-and-Put, ein vergrößertes Minigolf, ist das Golfspiel des kleinen Mannes und wird nach vereinfachten Regeln auf einem etwa 70 m langen Course gespielt.

Kanu, Kajak

Irlands Kanäle und Flüsse sind gut zum Tourenpaddeln geeignet; fortgeschrittenen Wildwassercracks fehlt es allerdings an Herausforderungen. Noch am flottesten fließen der Liffey und der Barrow; richtig gemütlich dagegen ist der Shannon, Irlands längster Fluss, an dessen Ufer auch die meisten Bootsverleiher zu Hause sind. Für Anfänger schließlich bieten sich die Seen der Midlands an. Für ein geliehenes 2er-Kajak muss man 250–350 € die Woche rechnen, für einen einwöchigen Kurs samt Einfachst-Unterkunft rund 350 €.

Infos **Irish Canoe Association,** www.canoe.ie und www.canoeni.com.

Reiten

Ob einen Nachmittag im Galopp über grüne Wiesen und den Strand oder gleich eine ganze Trekkingtour im Sattel: Das Angebot ist vielseitig und Irland ein gutes

Sport, aktiv **103**

Reiterland, dessen Pferde auf den internationalen Rennbahnen und Parcours viele Preise einheimsen. Dabei ist der irische *Hunter* kein Rassepferd, sondern ein gutmütiger und auch für Normalreiter und Anfänger geeigneter Mischling, der, wie sein Name sagt, besonders für die Treibjagd gezüchtet wurde. Unter seinen Vorfahren ist auch das *Connemara-Pony*, auf dem Kinder ihre ersten Reitversuche machen sollten. Apropos Kinder: Einige irische Reiterhöfe bieten auch Ferien für unbegleitete Kinder und die Kombination Reiten + Sprachunterricht.

Üblich sind zum einen mehrtägige, teilweise geführte Touren, die man schon zu Hause bucht und bei denen der Vermieter das Gepäck mit dem Wagen von Quartier zu Quartier bringt. Da es in Irland kaum offene Landschaft gibt, sondern die Besitztümer durch Hecken und Zäune eingehegt sind, führen solcherart Trekkingtouren allerdings oft über asphaltierte Nebenstraßen – informieren Sie sich vorher über die vorgesehene Route. Bei der zweiten Art Reiterferien ist man an einem festen Ort untergebracht – vom Bauernhof bis zum Herrenhaus – und hat hier entweder einen Reit- bzw. Springkurs belegt oder jeden Tag ein Pferd zur freien Verfügung. Ein Reiterhof nahe der Küste verspricht unbehinderte Ausritte am Strand.

Eine Pauschalbuchung für eine Woche mit Vollpension und Pferd beginnt für Erwachsene preislich bei 800 €; um ein Pferd gerade mal eine Stunde auszuleihen, muss man rund 30 € auf den Tisch legen.

● *Infos* Association of Irish Riding Establishments, www.aire.ie.
Geübte Reiter, die sich im **Polo** versuchen wollen, nehmen Kontakt auf mit dem Polo-Club, Phoenix Park, Dublin, ✆ 01 6776248, www.allirelandpoloclub.com.
Einen guten Namen als Anbieter von **Reiterferien** in Irland hat Katja van Leeuwen, Dietkirchenstraße 7, 53111 Bonn, ✆ 0228 2809400, www.reitferien-in-irland.ie.

Segeln

Insel, Meer und Segeln gehören einfach zusammen. Ideales Revier ist der Südwesten, wo fünf Landzungen wie Finger in den Atlantik greifen. Zwischen den Halbinseln liegen versteckte Buchten und gemütliche Fischerhäfen. „Hauptstadt" der Bootsanbieter und wichtigster Freizeithafen ist Kinsale bei Cork. Niemand braucht ein Boot mitzubringen oder auch nur Segelerfahrung zu haben, es warten genügend Verleiher und Skipper auf Kundschaft. Für eine Yacht mit bis zu 6 Personen rechne man je nach Typ und Saison 1500–3000 € pro Woche, ein Skipper bekommt wenigstens 80 € am Tag. Segelurlaub kann, mit und ohne Kurs, auch pauschal gebucht werden; die Abschlusszertifikate der Kurse werden vom Deutschen Seglerverband anerkannt.

● *Infos* **Irish Cruising Club: „Sailing Directions",** zwei schwere Bände für je 50 €, sind mit ihren Infos zu Wind, Häfen und Ankerplätzen die Bibel der Küstenfahrer; erhältlich im irischen Buchhandel oder über www.irishcruisingclub.com.
Irish Sailing Association, www.sailing.ie

Surfen

Mit ihren bis zu 4 m hohen Wellen bietet die irische West- und Südwestküste den Wellenreitern ideale Bedingungen. Mit einigen Celsiusgraden mehr könnte man sich sogar wie in Kalifornien fühlen. Obwohl es unglaublich beeindruckend aussieht, wie die Burschen auf ihren kurzen Brettern über die Kämme der Wogen flitzen, ist das Wellenreiten schnell zu erlernen. Schon am ersten Kurstag stellt sich, bäuchlings auf dem Brett, das Erfolgserlebnis eines einfachen Wellenritts ein. Schwieriger wird's erst danach.

104 Aufenthalt in Irland

Sicherheit wird groß geschrieben

Während der Wellensurfer in jedem Fall heftigen Wind braucht, ist dieser genau das, was den Windsurfanfänger erst gar nicht aufs Brett kommen lässt. Als Einsteiger hält man sich deshalb besser an die windarme Ostküste, Könner surfen dagegen an der Westküste. Es gibt ein Dutzend Schulen, die auch Bretter (ca. 30 € am Tag) und die im Atlantik unverzichtbaren Neoprenanzüge (10 €/Tag) verleihen. Für Anfängerkurse muss man inkl. einfacher Unterkunft und Ausrüstung mit 300–450 € rechnen.
Infos Irish Surfing Association, www.isasurf.ie.

Tauchen

Mit der Farbenpracht und den Korallenbänken des Roten Meeres sind die Tauchgründe um Irland nicht zu vergleichen, und kaum jemand wird speziell zum Tauchen nach Irland fahren. Doch wenn Sie schon einmal da sind, warum nicht auch einen Sprung ins wenigstens 16°C kalte Wasser wagen. Einheimische Taucher wissen auch von manchem alten Wrack. Besonders reizvoll sind die Stellen, wo die Steilklippen unter dem Wasserspiegel liegen.
Infos Wettbewerbe und Veranstaltungen: **Irish Underwater Council**, www.cft.ie.

Sport, irisch

Im Sport zeigen sich die Iren traditionsbewusst und grenzen sich von den Engländern ab. Auf der ganzen Insel mit Spannung erwartete Highlights sind die Endspiele um die Meisterschaft im Hurling und gälischen Fußball, die im September im Dubliner Croke Park stattfinden.

Gälischer Fußball: Die mit Abstand populärste Sportart auf der Insel ist *gaelic football*, eine Mischung aus Rugby und American Football. Zwei Teams mit je 15 Spielern streiten auf dem Rasen um ein Lederei, das längstens vier Schritte in der Hand gehalten und über Distanz nur getreten oder geschlagen, aber nicht geworfen werden darf. Während des Laufs wechselt der Spieler den Ball geschickt zwischen Händen und Fußspitzen. Ziel ist das Tor – zwei 6 m hohe und 7 m auseinander stehende Seitenpfosten mit einer in 2,4 m Höhe befestigten Querstange. Drei Punkte erntet, wer den Ball unter ihr hindurch ins Tor bringt, mit einem Punkt wird der

Sport, irisch 105

Wurf darüber belohnt. Das Spiel ist hart; zur „Arbeit am Mann" gehören auch Würgegriffe und Tiefschläge.

Hurling: Ähnlich dem gälischen Fußball, aber wie Hockey mit einem 4 cm kleinen Ball *(sliotar)* und hölzernen Schlägern *(hurley)* gespielt. Hurling soll so oder ähnlich schon zu heidnischen Zeiten auf Irland verbreitet gewesen sein: Der Sagenheld Cúchulain etwa war ein Meister dieses Sports, und in einer anderen Geschichte entflammt Gráinne für ihren irischen Romeo Diamuid, nachdem dieser sich beim Hurling etwas entblößte. Als *Camogie* wird Hurling mit leicht veränderten Regeln auch von Frauen gespielt.
Infos www.gaa.ie.

Hunderennen: Das Gatter hebt sich vor sechs jaulenden Windhunden, die sich augenblicklich auf die Hatz nach einem Stoffhasen machen. Kaum vierzig Sekunden später ist das Spektakel vorbei, und die Leuchttafel zeigt den Gewinner. Das Volk strebt wieder an die Stände der Buchmacher und versucht sein Glück für den nächsten Lauf. Auf der ganzen Insel gibt es 21 Stadien, wo sich an Sommerabenden vor allem die kleinen Leute an der Hundehatz und am Zocken erfreuen.

Weniger begeistert sind die Tierschützer. Wenn die Hunde nach zwei oder drei Jahren den Zenit ihrer Rennkarriere überschritten haben, werden sie bedenkenlos „entsorgt". Der rasche Gnadentod, weiß Marion Fitzgibbon von der Tierschutzvereinigung ISPCA, ist dabei die Ausnahme. Vielmehr werden die Tiere ausgesetzt, müssen irgendwo angebunden verhungern oder werden ertränkt. So veröffentlichte die Boulevardzeitung „Star" grausige Fotos zweier Greyhoundleichen, die mit einem Zementblock um den Hals bei Cork angeschwemmt wurden. Tausende, die keine

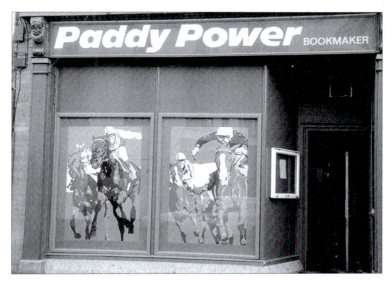

Gewinnt bei jedem Rennen – der Buchmacher

Dublin Horse Shaow

Ein Höhepunkt, noch dazu in der besten Reisezeit, ist die Anfang August veranstaltete Dublin Horse Show. Keine sterilen Renn- und Springtage à la Baden-Baden oder Aachen, sondern eine wirkliche Show rund um das Pferd und andere irische Eigenheiten.

Wer den Massen auf das Festgelände im Dubliner Stadtteil Ballsbridge gefolgt ist, glaubt sich zuerst auf der falschen Veranstaltung. In der denkmalwürdigen Halle hinter dem Haupteingang findet eine Verkaufsmesse statt, auf der Badezimmereinrichtungen ebenso feilgeboten werden wie kluge Bücher und das neueste und sicher sauberste Waschmittel. In der nächsten Halle suchen Töpfer, Silberschmiede, Korbflechter und andere Kunsthandwerker mit ihrem Geschick das Publikum in Bann zu ziehen und zum Kaufen zu verleiten. Anderswo wiederum kündet betörender Duft von der *Flower Show*, auf der Blumenfreunde ihre gerade prämierten Kreationen präsentieren. Wir sind im Revier der „Royal Horticultural Society". Nutzpflanzen wie Kohlköpfe und Kürbisse stehen etwas am Rande, aber auch mit solchen Züchtungen lassen sich Preise gewinnen. Eine rauchgeschwärzte Halle mit glühenden Feuerstellen und ohrenbetäubendem Lärm könnte eine Replik der Vorhölle sein. Hier zeigen die Hufschmiede ihr Können und wetteifern gerade um das schnellste Hufeisen.

Erst nach diesem Vorspiel findet man sich unversehens auf dem eigentlichen Pferdeplatz. Die edlen Rösser werden gefüttert, geputzt und aus den Ställen auf die verschiedenen Reitplätze geführt. Ehrwürdige Herren mit Frack, Zylinder und schwarzem Regenschirm stolzieren geckenhaft umher, junge Mädchen striegeln und füttern die Pferde, interessierte Händler im Tweedanzug reißen den Gäulen das Gebiss auseinander und schauen ins Maul – verschenkt wird hier nichts.

Das für Laien eher langweilige *Judging* ist für Züchter und Käufer der wichtigste Teil des Spektakels. Die Bewertung ist eine Vorentscheidung für den Preis, den das Tier später beim Verkauf erzielen kann. 90 % aller auf die Horse Show gebrachten Tiere wechseln hier den Besitzer. Manche Käufer sind extra aus den Vereinigten Staaten oder vom Persischen Golf angereist. Millionen von Pfund sind hier versammelt, denn bezahlt wird, nachdem das Geschäft per Handschlag besiegelt ist, wie eh und je in bar.

Ein Tag des eine ganze Woche dauernden Programms gehört der *Hunt Chase*, einer halsbrecherischen Hatz über künstliche Hecken und Gräben, die keine Sache für Tierfreunde ist. Emanzipierte Frauen meiden dagegen den *Ladies Day*, an dem die Aufmerksamkeit weniger den Pferden als den Damen gilt. Geputzt, gefönt und in exzentrischen Kleidern und Hutkreationen präsentieren sich pausbäckige Landschönheiten, rüstige Rentnerinnen und rothaarige Studentinnen mit Modelfigur. Wer etwa mit seiner Blumenzüchtung durchgefallen ist, bekommt hier leibhaftig noch eine zweite Chance. Gesucht wird der wahnwitzigste Hut oder das netteste Mutter-Tochter-Duo. Die Preise dieser irischen Glücksspirale reichen vom Einkaufsgutschein für die Trostplätze bis zum Auto und der Karibikreise.

Immer freitags läuft der Preis der Nationen um die Aga-Khan-Trophy. Das millionenschwere Oberhaupt der Ismailiten hat aus Dankbarkeit für seinen irischen Hauslehrer ein Preisgeld von 25.000 € gestiftet.

Spitzenleistung versprechen, werden schon als Welpen aussortiert. Auch bei den Rennen geht nicht alles mit rechten Dingen zu. Absprachen und Doping gehören zum Geschäft. Auf Druck der Tierschutzverbände wurden der „Greyhound Industry", die etwa 10.000 Arbeitsplätze bietet und Windhunde bis nach Amerika und Pakistan exportiert, die Förderung aus dem Brüsseler Agrarfonds gestrichen.
Infos www.igb.ie.

Pferderennen: Die Veranstaltung – häufig „der große Bruder des Hunderennens" genannt – verläuft eigentlich nicht anders als in Deutschland, aber die Atmosphäre ist noch um eine Nummer bizarrer. Das Publikum ist eine Mischung aus Halbwelt und High Society, im Mittelpunkt steht außer dem Pferd vor allem der Buchmacher. Ab drei Euro sind Sie dabei. Die Wettquoten stehen in den Abendzeitungen, aber besonderen Spaß macht es natürlich, zuvor im Pub oder mit den Kennern auf dem Platz den wahrscheinlichen Ausgang des Rennens zu diskutieren. Die Saison geht von März bis November (Eintritt um 15 €).
Infos www.hri.ie.

Road Bowling: Ein Volksfestspektakel, das nur noch in den Counties Armagh und Cork gepflegt wird. Das Spiel ähnelt dem friesischen Bosseln, und es geht darum, die 800 Gramm schwere Eisenkugel mit möglichst wenigen Würfen über eine etwa 4 km lange Strecke zu rollen. Spielbahn ist eine kurvige Landstraße.
Infos www.irishroadbowling.ie.

Bizarre Atmosphäre beim Pferderennen

Wissenswertes von A bis Z

Ärztliche Versorgung	108	Literatur	115
Behinderte	108	Maße und Gewichte	117
Diplomatische Vertretungen	109	Musik	118
Ermäßigungen	109	Post	121
Feiertage	109	Sicherheit	121
Fotografieren	110	Souvenirs	122
Fremdenverkehrsämter	111	Sprache	124
Geld	112	Strom	126
Geschäftszeiten	113	Telefon	126
Internetzugang	113	Wandern	127
Irland im Internet	114	Zeit	129
Kleidung & Ausrüstung	114	Zeitungen	129
Landkarten, Stadtpläne	115	Zoll	130

Ärztliche Versorgung

Um im Fall des Falles kostenlos behandelt zu werden, muss man sich vor der Reise bei der Krankenkasse die Europäische Krankenversicherungskarte (EKVK) besorgen. Im Vorgriff auf die Regelung bei der künftigen elektronischen Gesundheitskarte drucken manche Kassen die EKVK bereits auf die Rückseite der nationalen Versicherungskarte. Gäste aus außereuropäischen Ländern müssen beim irischen Arzt oder im Krankenhaus Geld auf den Tisch legen. Wer eine Auslandskrankenversicherung abgeschlossen hat, bekommt die Kosten später erstattet.

Die größte Gefahr für die Gesundheit droht Irlandbesuchern vermutlich durch Cholesterin und Alkohol. Besondere, in Mitteleuropa unbekannte Krankheiten gibt es in Irland nicht. Der Allgemeinmediziner heißt *surgeon*, der Zahnarzt *dentist*, Medikamente verkauft die *pharmacy* oder *medical hall*, und ein Rezept ist eine *prescription* – hoffentlich brauchen Sie's nie. Die Apotheken halten sich unter der Woche an die normalen Geschäftszeiten, sonntags öffnen sie von 11–13 Uhr. Ungeachtet des katholischen Banns der Empfängnisverhütung verkaufen die meisten Apotheken auch Kondome und die Pille, diese aber nur auf Rezept.

Behinderte

Behinderte Irlandurlauber heben immer wieder die Hilfsbereitschaft der Einheimischen hervor, wenn es darum geht, Hindernisse zu überwinden. Ansonsten haben es Rollstuhlfahrer auch auf der Insel nicht leicht und müssen mit den üblichen Handicaps wie Bordsteinkanten, Treppen und zu engen Türdurchlässen kämpfen.

Immerhin verfügen alle in den letzten Jahren mit staatlicher Förderung gebauten Hostels über wenigstens einen rollstuhlgerechten Schlafraum mit Bad. In Nordirland bemüht sich der National Trust um behindertengerechte Zugänge zu den von

Feiertage **109**

ihm verwalteten Schlössern, Gärten und anderen Sehenswürdigkeiten – eine Broschüre informiert über die jeweilige Ausstattung für Behinderte.

● *Weitergehende Infos* Bei Tourism Ireland gibt's eine Liste mit behindertengerecht ausgestatteten Unterkünften. Einen entsprechenden Service bietet die Bundesarbeitsgemeinschaft der Clubs Behinderter und ihrer Freunde e.V., Langenmarckweg 21, 51465 Bergisch Gladbach, ✆ (02202) 9899811, www.bagcbf.de.

Diplomatische Vertretungen

Wenn der „worst case" in Gestalt des Verlusts der gesamten Barschaft eintritt, sollte man sich zumindest von den deutschen Auslandsvertretungen nicht allzu viel Hilfe erwarten. Erfahrungsgemäß mehr Unterstützung geben die Schweizer ihren Bürgern. Meist wird der Bittsteller aufgefordert, sich das nötige Geld für die sofortige Heimreise von zu Hause schicken zu lassen. Verständlich, wenn man bedenkt, dass die Auslandsvertretungen in erster Linie die politischen, wirtschaftlichen und kulturellen Beziehungen mit dem Gastland pflegen sollen, aber keine Filialen von Kreditinstituten, Krankenkassen oder Reisebüros sind. Bei Verlust des Ausweises erteilt die Botschaft ein Legitimationspapier. Auch bei vermissten Angehörigen, Naturkatastrophen, Verhaftungen sowie bei Todesfällen und Beerdigungen wird Unterstützung gewährt.

● *Berlin* **Irische Botschaft,** Friedrichstraße 200, 10117 Berlin, ✆ (030)220720, ✆ 2207229, www.embassyofireland.de.

● *Bern* **Irische Botschaft,** Kirchenfeldstr. 68, 3005 Bern, ✆ (031)3521442.

● *Wien* **Irische Botschaft,** Rotenturmstr. 16–18, 1030 Wien, ✆ (01)7154246.

● *Irland* **Deutsche Botschaft,** 31 Trimleston Av., Booterstown, Dublin, ✆ (01)2693011, ✆ 2693946.

Österreichische Botschaft, 15 Ailesbury Court, 93 Ailesbury Rd., Dublin 4, ✆ (01) 2694577, ✆ 2830860.

Schweizer Botschaft, 6 Ailesbury Rd., Ballsbridge, Dublin 4, ✆ (01)2186382, ✆ 2830344.

Ermäßigungen

Mit der *National Heritage Card* (21 €, Studenten/Kinder 8 €) erkauft man sich für ein Jahr unbegrenzten Eintritt zu allen staatlichen Museen, Parks und anderen Sehenswürdigkeiten in der Republik. Sie ist an den Kassen erhältlich. Der Heritage Card entspricht die britische *National Trust Card*, die auch in Nordirland gilt. Mit einem Preis von 46 £ (Jugendliche 21 £) kommt sie allerdings nur für ausgesprochene Kulturfreaks in Frage, die auch auf der britischen Insel keine Sehenswürdigkeit auslassen.

Bei den meisten Kulturstätten und einigen Transportunternehmen gibt's zudem auch gegen Vorlage des *internationalen Studenten-* oder *Schülerausweises* (ISIC) ermäßigte Preise. In Irland bekommt man den ISIC-Ausweis für ca. 13 € bei den USIT-Reisebüros (Adressen siehe Ortskapitel).

Feiertage

Zur Freude der Arbeitnehmer bleibt nach Feiertagen, die zufällig auf ein Wochenende fallen, auch der nächste Montag frei. Und als Ausgleich für die doch spärliche Zahl religiöser und nationaler Feiertage gibt es drei *bank holidays,* die keine andere Bedeutung haben, als dass nicht gearbeitet werden muss. Wer über Weihnachten nach Irland reist, sollte wissen, dass am 25.12. der gesamte öffentliche Verkehr (Busse, Fähren etc.) ruht.

Wissenswertes von A bis Z

Früh übt sich, wer ein Musikant werden will

1. Januar: Neujahr
17. März: St. Patrick's Day
Karfreitag (nur Nordirland)
Ostermontag
1. Mai: Tag der Arbeit
Letzter Montag im Mai: Bank Holiday (nur Nordirland)
1. Montag im Juni: Bank Holiday (nur Rep.)
12. Juli: Union Day (Nordirland), zum Gedenken an den Sieg der Protestanten 1690 in der Schlacht am Boyne

1. Montag im August: Bank Holiday (Rep.)
Letzter Montag im August: Bank Holiday (Nordirland)
Letzter Montag im Oktober: Bank Holiday (Rep.)
Weihnachten: (25./26. Dezember)
Schulferien: Von Mitte Juni (Nordirland Anfang Juli) bis Anfang September, dazu jeweils zwei Wochen zu Ostern und Weihnachten.

Fotografieren

Ein Land voller Motive wilder Ursprünglichkeit: raue Landschaften, dramatische Klippen, verwitterte Ruinen, pittoreske Dörfer, bunte Hauseingänge, ausdrucksstarke Gesichter. Das Beste aber ist die oft schier unwirkliche Stimmung, hervorgerufen durch die schnell wechselnden Lichtverhältnisse. Im hellen Sonnenlicht erscheint die Westküste wie ein tropisches Gestade, um Stunden später unter düsterer Wolkenfront ein arktisches Gesicht zu zeigen. So hält jedes Bild einen einmaligen Moment fest.

Menschen abzulichten, erfordert Takt und Fingerspitzengefühl – in Irland nicht mehr oder weniger als in der Serengeti. Die meisten Iren und Irinnen willigen gerne ein, besonders wenn man davor ein wenig mit ihnen geplaudert hat. In der Sommersonne fotografiert man am besten morgens und spätnachmittags, meidet aber die Mittagszeit mit ihrem harten Licht. Ein Polfilter verstärkt die Kontraste und filtert den Dunst weg.

Fremdenverkehrsämter

Die irische Fremdenverkehrszentrale *Fáilte Ireland* ist im Land selbst nach Regionen organisiert und firmiert etwa unter *Shannon Development, Cork-Kerry Tourism* und anderen Namen – alle zu erkennen an einem Schild mit weißem „i" auf grünem (in Nordirland blauem) Grund. Die Büros des *Northern Ireland Tourist Board* werben vor Ort ganz ähnlich und doch ein bisschen anders, nämlich mit einem i auf blauem Grund. Sie alle (Adressen in den Ortskapiteln) vermitteln gegen eine geringe Gebühr ein Nachtquartier und ersparen so in der Hochsaison jenen, die nicht vorausgebucht haben, eine Menge Lauferei.

Im Ausland treten die beiden Tourismusbehörden unter dem Markennamen *Tourism Ireland* gemeinsam auf. Ihre Büros in Frankfurt, Wien und Zürich halten für Interessenten eine Fülle von Material bereit. Neben Broschüren mit Basisinformationen gibt es Faltblätter zu speziellen Themen. Hier eine Auswahl:

• *Prospekte, Broschüren* „**Irland, Reisemagazin und Urlaubsplaner**" und „**Besuchen Sie Nordirland**": Bunte Fotos wecken die Reiselust, dazu eine Fülle praktischer Reiseinformationen.

„**Grüne Ferienseiten**": Erscheint zweimal jährlich in getrennten Ausgaben für Deutschland, Österreich und die Schweiz und enthält eine Übersicht über die aktuellen Angebote der Reiseveranstalter und die Anreisemöglichkeiten.

„**Entdecke Irland – mit dem Auto nach Irland**": Jährlich aktualisierte Übersicht zu den Fährverbindungen auf die Grüne Insel, dazu Routenvorschläge und Adressen von Autovermietern.

„**Be our Guest**": Ein Hotelführer (einschl. Nordirland) mit Angaben zu Preisen und Ausstattung, der auch größere Pensionen beinhaltet. Die Einträge sind nicht erkauft (also kein Werbeheft), die kurzen Texte allerdings dem Anschein nach von den Hotelmanagern selbst verfasst und deshalb wenig objektiv.

„**Northern Ireland Hotels & Guesthouses**": Der vollständige Führer zu Hotels und Pensionen in Nordirland.

„**Bed & Breakfast Ireland**": Ein bebilderter B&B-Führer der Marketingvereinigung *Town & Country Homes*.

„**Irish Farmhouse Holidays**": Informationen zu Ferien und Übernachtungen auf Bauernhöfen.

„**Caravan & Camping**": Stellt die Campingplätze in der Republik vor, „**Caravaning and Camping Northern Irland**" jene in Nordirland.

„**Calendar of Events**": Verzeichnis mit den Daten der wichtigsten Veranstaltungen des Jahres.

„**Radfahren in Irland**": Stellt ausgewählte Routen vor, dazu Adressen von Veranstaltern und Tipps zum Radurlaub auf der Grünen Insel.

„**Wandern in Irland**": Lachende junge Menschen mit Rucksack im Licht der Abendsonne sollen uns ebenso Appetit machen wie die Einleitung. Nach dem gleichen Muster wie beim Radlerheft werden einige Routen mit Details zur Strecke und Hinweisen zu Kartenmaterial und Anreisemöglichkeiten vorgestellt, Veranstalter sind aufgelistet, abschließend werden einige Tipps gegeben.

In diesem Stil auch „**Reiten in Irland**" als Planungshilfe für Reiterferien; „**Angeln in Irland**" über das Angeln dicker Fische und ein Heft zum Thema **Golf.**

„**Learning English in Ireland**" listet, nach Countys sortiert, die Sprachschulen der Insel auf.

• *Informationsbüros im Ausland Deutschland:* **Irland Information/Tourism Ireland,** Gutleutstr. 32, D-60329 Frankfurt, ✆ (069) 6680950, 🖷 92318588.

Österreich: **Tourism Ireland,** Libellenweg 1, A-1140 Wien, ✆ (01)501596000, 🖷 (01) 9113765.

Schweiz: **Tourism Ireland,** Hindergartenstr. 36, CH-8447 Dachsen. ✆ (044)2104153, 🖷 (052) 6596697.

• *Irland im Internet* Die offiziellen Seiten von Fáilte Ireland (Republik) finden sich unter www.ireland.ie, *Northern Ireland Tourist Board* präsentiert Nordirland unter www.discovernorthernireland.com. Beide zusammen treten im Ausland auf unter www.discoverireland.com.

112 Wissenswertes von A bis Z

Geld

Die Republik Irland gehört zur Euro-Zone, wogegen in Nordirland das britische und das nordirische Pfund gelten. Wie die Schotten haben auch die Nordiren ihre eigenen Scheine (im Volksmund Sterling, Quid oder Belfast). Auf der britischen Insel sind diese von privaten Banken herausgegebenen Noten im Prinzip ebenso gültig wie die Scheine mit der Queen, werden aber, zum Ärger nordirischer Reisender, von manchen Geschäften zurückgewiesen.

Wechselkurse (2008): 1 € = 0,74–0,98 GB£; 1 GB£ = 1,02–1,35 €

Preise: Die Lebenshaltungskosten sind deutlich höher als in Deutschland. So kostet der statistische Durchschnittswarenkorb den Verbraucher in Irland 20 % mehr als in Deutschland. Noch extremer sind die Preisunterschiede bei Hotels und Restaurants, wo man in Irland für die gleiche Leistung durchschnittlich 40 % mehr bezahlt. Damit ist die Republik Irland – und hier besonders Dublin –auch deutlich teurer als Nordirland.

Irische Preise in Euro

Im Pub		Gurke, Stk.	1,20
Pint Guiness	4,50	Zwiebeln, 1 kg	1,80
Lachs	18–23	Guiness, 0,5 l-Dose	2,00
Fish & Chips	10–15	Eier, 6 Stk.	1,30
Steak	20–25	Joghurt, 125 g	0,75
Im Supermarkt		Gouda, 250 g	3,30
Sprite, 1 l	1,25	Butter, 500 g	2,20
Milch, 1 l	1,20	Tomaten, 1 kg	3,50
Würfelzucker, 500 g	0,99		

Vorgenannte Preise notierte Leser Klaus Koch im Spätsommer 2006 in Waterville, Ring of Kerry. Natürlich kann man auch billiger einkaufen: *Aldi* und *Lidl* sind wie bei uns die Preisbrecher, doch oft am Stadtrand gelegen und nur mit dem Auto zu erreichen.

Plastikgeld: Kein Problem. Selbst manche Jugendherberge akzeptiert Visa oder Master-/Eurocard. Auch mit der Euroscheckkarte gibt's Geld am Automaten. Mit Gebühren von etwa 3,50 € pro Auszahlung ist dies derzeit die günstigste Art, sich in Irland Geld zu besorgen. Bei Verlust der Eurocard kann man diese rund um die Uhr über die Notrufnummer ✆ 0049 116116 sperren lassen – nur dann übernimmt die Bank den möglicherweise von Scheckbetrügern angerichteten Schaden.

Telegrafische Geldüberweisung: Ein Tipp für alle, denen – sei es durch Diebstahl oder zu große Spendierfreude – das Geld ausgeht: In wenigen Stunden kommt Nachschub per telegrafischer Geldanweisung, sofern eine(r) der Lieben daheim mit einem frei wählbaren Geldbetrag das Postamt aufsucht und ihn auf ein irisches Postamt zu Händen des Empfängers überweisen lässt. Mehr dazu unter www.westernunion.com/germany.

Internetzugang 113

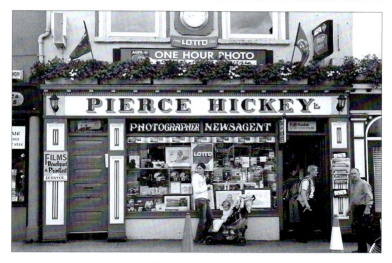

Der Zeitungsladen als morgendlicher Treffpunkt

Geschäftszeiten

Mit den Öffnungszeiten ihrer Läden nehmen's die Iren nicht so genau wie die Briten. Sie arbeiten auch schon mal abends länger oder haben sonntags geöffnet. Eiserne Schließzeiten herrschen dagegen bei den meisten Pubs. Morgenstund' hat in Irland kein Gold im Mund – wenigstens nicht dort, wo die Onkel-Paddy-Läden sich noch gegen die Supermärkte behaupten und keine Fabriken existieren, in denen um sechs Uhr früh die Schicht beginnt. Disziplinierter geben sich Belfast und die nordirischen Protestanten. Hier ist Feierabend wirklich nur am Feierabend, und am Sonntag läuft gar nichts.

• *Geschäfte* Kernzeit ist Mo–Sa 10–12.30, 13.30–17.30 Uhr, Do oder Fr auch länger; in der Provinz an einem Nachmittag der Woche geschlossen. Kleine Lebensmittelläden haben bis spät am Abend und auch sonntags geöffnet. Große Supermärkte und viele Einkaufszentren öffnen auch am Sonntagnachmittag.

• *Büros* Mo–Fr 9–17 Uhr.

• *Post* Mo–Sa 9–13, 14.15–17.30 Uhr, GPO in Dublin bis 20 Uhr; Nordirland Mo–Fr 9–17 Uhr, Sa 9–11 Uhr.

• *Pubs* Es gibt keine festen Sperrzeiten mehr. In der Regel schließen die Kneipen um Mitternacht.

Internetzugang

Internetcafés gibt es auch in kleineren Orten genug. Man zahlt pro Stunde 5–10 € (in Nordirland etwa 5 £) und kann dafür surfen oder seinen E-Mailverkehr pflegen. Kostenlos ist der Zugang in den öffentlichen Büchereien, doch sind die Terminals dort entsprechend oft besetzt.

Wer seinen **Laptop** dabeihat, kann sich in den meisten Hotels und auch in einigen B&B's ins Netz einwählen. Ihren Vertragskunden bieten T-Com und andere Firmen

114   Wissenswertes von A bis Z

eine Software an, mit der sich der Computer auch aus dem Ausland den Weg zum Provider sucht. Dabei fallen dann allerdings neben den Nutzungsentgelten noch Telefonkosten an.

Auch drahtlos können sich T-Com-Kunden über einige wenige **Hotspots** in Irland einwählen. Die Reichweite ist jedoch auf wenige hundert Meter begrenzt. Die meisten Breitband-Hotspots in Flughäfen, Hotels und Cafés betreibt der Platzhirsch *Eircom*. Am Flughafen z. B. kann man sich gegen 3 € für eine halbe Stunde drahtlos einwählen. Das Zentrum von Cork wird von *Smart Telecom* nahezu flächendeckend über Hotspots versorgt. Wo es keinen Hotspot gibt, bleibt mit Laptop und einem UMTS- oder GPRS-fähigen Handy noch die Einwahl über eine Mobilfunkverbindung.

Info Mehr zum Thema Internetzugang auf Reisen bei www.teltarif.de.

Irland im Internet

Grundsätzlich sind Internetadressen nach Möglichkeit im jeweiligen thematischen Zusammenhang in den einzelnen Kapiteln aufgelistet. Ein paar allgemeinere Links, die zu sichten sich durchaus lohnt, seien hier dennoch erwähnt:

- *Linksammlung* www.ratgeber-irland.de; www.michael-mueller-verlag.de/reise-links.
- *Allgemeines* www.gruene-insel.de; www.irland-reise.org; www.irish-net.de; www.irlandfan.de.
- *Bilder* www.irland-album.de; www.irland bilder.de.
- *Einkaufen* www.irland-shop.com; www. irish-shop.de.
- *Spezialreisen* www.irland-incentive.de.
- *Veranstaltungskalender* http://entertain ment.ie; www.eventguide.ie; www.aoife online.com; www.irishdancer.de.

Kleidung & Ausrüstung

Grundregel: Je weniger Sie mitnehmen, desto bequemer haben Sie's unterwegs. Warm und regenfest sollte die Urlaubskleidung allerdings sein, denn Irland ist nicht Kreta im Sommer. Für Tagestouren ist der Zwiebellook angesagt. Weil das Wetter innerhalb weniger Minuten von Sonnenschein auf Regen und wieder zurück wechseln kann, der Wind nach Lust, Laune oder anderen Unvorhersehbarkeiten bläst, dreht oder einschläft, hat man sich gleichzeitig auf trocken und nass, warm und kalt einzustellen. Wer bei der Wetterwende etwas ausziehen will, ohne gleich nackt dazustehen, sollte T-Shirt und Pullover nicht nur im Koffer, sondern auf Ausflügen und Wanderungen auch übereinander am Körper tragen.

Gore-Tex oder entsprechende Kunsttextilien sind federleicht, atmungsaktiv und trotzdem wasserdicht, also ein idealer Regenschutz im launischen Atlantikklima; allerdings weiß noch keiner so recht, wie man das Zeug eines Tages, wenn es alt und abgetragen ist, wieder entsorgen kann. Das A und O aber sind gute Schuhe – auch für Reisende, die keine passionierten Wanderer sind, sondern nur gerade mal einen Spaziergang im Grünen unternehmen. Eine grobe Profilsohle gibt Halt auf schlüpfrigem Grund, ein hochgezogener Schaft (Halbstiefel) schützt die Knöchel, und die Pflege mit Lederfett macht die Oberfläche einigermaßen wasserabweisend; zwei Paar Socken übereinander (innen Baumwolle dünn, außen Wolle dick) halten die Füße warm und geben ein gutes Polster. Neue Schuhe laufen Sie besser schon zu Hause ein, denn Blasen verderben den Urlaub.

Landkarten, Stadtpläne

Straßen- und Übersichtskarten bekommt man hier oder in Irland in befriedigenden Qualitäten. Stadtpläne und detailgenauere Wanderkarten kauft man besser vor Ort.

Michelin: **Map of Ireland** (1:400.000); zuverlässige, gegenüber den amtlichen Unterlagen aktualisierte Straßenkarte, leider ohne Höhenlinien. Geeignet für Autofahrer (einseitig bedruckt und auch im Kleinwagen aufklappbar) und zur Vorbereitung der Reise.

Das gleiche Kartenmaterial liegt auch dem Michelin **Great Britain & Ireland Tourist and Motoring Atlas** im Maßstab 1:300.000 zu Grunde. Er enthält zudem einige Stadtpläne und ein ausführliches Ortsregister. Wer sich nicht für Großbritannien interessiert, wird diesen Teil des Atlas allerdings als unnötigen Ballast empfinden.

Auch kleinste Straßen und die Gaeltacht-Gebiete verzeichnet der **AA Road Atlas Ireland** 1:200.000 und eignet sich damit auch für Radler. So detailgenau und aktuell der Atlas auch ist, so wenig ansprechend ist leider dessen Kartenbild: Der Reisende muss ohne Schummerungen und mit vie-len weißen Flächen auskommen, auch an Orientierungspunkten wurde gespart.

ADAC-Länderkarte **Irland** (1:300 000), zuletzt aktualisiert erschienen Januar 2009, mit vielen Details, Stadtplan Dublin und ausführlichem Ortsregister, kleinere Schwächen beim Eintrag von Nebenstraßen

Ordnance Survey: **Holiday Map** (1:250.000, 4 Blätter); mit Höhenlinien, auch Nebenstraßen sind verzeichnet, metrische Angaben, gibt den Ausbau des Straßennetzes (auch Nebenstraßen) von vor einigen Jahren wieder, verzichtet aber leider auf die alten Straßenbezeichnungen. Geeignet besonders für Radfahrer.

Wer lieber einen Atlas als eine Faltkarte benutzt, dem bietet Ordnance Survey den **Road Atlas of Ireland** im Maßstab 1:210.000.

Discovery Series (1:50.000); 89 Blätter für die Republik, aktuell und für Wanderer unerlässlich.

Irische Landkarten und **Stadtpläne** vertreibt in Deutschland z. B. der Irland-versand *Irish Shop*, Niederfeldweg 5, 47447 Moers, ✆ (02841)930999, www.irish-shop.de.

Literatur

Der irische Beitrag zur Weltliteratur des 20. Jh. ist beachtlich. *Sean O'Casey* (1880–1964) hinterließ uns seine Milieustudien der Dubliner Slums; *James Joyce* (1882–1941) die Sprachkunstwerke, die den Übersetzern härteste Nüsse zum Knacken geben; *John M. Synge* (1871–1909) gelang die Revolution der englischen Lyrik und Theatersprache durch das Einbringen gälischer Satzmuster; *William B. Yeats* (1865–1939), stieg unter dem Eindruck des Osteraufstandes aus dem Elfenbeinturm symbolistischer Dichtkunst herab; *Seamus Heaney* (geb. 1939), erhielt „für ein Werk, [...] das die Wunder des Alltags und die lebendige Vergangenheit hervorhebt", 1995 den Literaturnobelpreis ...

Es ließen sich problemlos noch ein halbes Dutzend andere aufzählen. Das Rätsel, warum ausgerechnet die Iren so viele Meister der englischen Sprache hervorbrachten, kann nur z. T. damit erklärt werden, dass die Kombination irisch-gälisch beeinflussten Denkens mit der eigentlich fremden Sprache besondere Kreativität herausforderte.

Hier einige Anregungen zur Urlaubslektüre:

116 Wissenswertes von A bis Z

Allgemeines/Geschichte/Politik

„Irland. Eine Einführung in seine Geschichte, Literatur und Kultur", von Rolf Breuer, Stuttgart (utb). Ein solider, populärwissenschaftlicher Überblick, bei dem der Leser auf 220 Seiten viel über das Land erfährt. Eloquent geschrieben und mit Anregungen zum Weiterlesen.

„Geschichte Irlands", von Jürgen Elvert. Umfassend, mit ausführlicher Berücksichtigung der Wirtschafts- und Sozialgeschichte; als dtv-Taschenbuch dennoch erschwinglich.

Literarische Reiseberichte

„Irisches Tagebuch", von Heinrich Böll, München (dtv-TB). Der Klassiker unter den deutschen Einstimmungen auf Irland, wobei sich der Autor aber schon beim Schreiben der Vergänglichkeit „seines" Irlands bewusst war. Zitat: „Wer aber hinfährt und es nicht findet, hat keine Ersatzansprüche".

„Europa erlesen: Dublin", hg. von Andreas Pittler, Klagenfurt (Wieser Verlag), versammelt ein halbes Hundert kurzer Erzählungen, Romanauszüge, Essays und Gedichte, die sich allesamt um Dublin drehen.

„Mit dem Kühlschrank durch Irland", von Tony Hawks (Goldmann-TB). Ein Engländer trampt mit einem Kühlschrank im Gepäck durch Irland. Zum Brüllen komisch!

„McCarthy's Bar. Mein ganz persönliches Irland", von Pete McCarthy (Piper-Verlag). Noch ein Brite, diesmal ein TV-Star mit irischem Herzen, bereist in einem klapprigen Mietwagen die Grüne Insel. Und entdeckt dabei Pubs, die wie Gemüseläden aussehen, und Touristenfallen, die wie Pubs aussehen; kostet die berühmten irischen Kartoffeln, nur um dann zu erfahren, dass sie aus Ägypten stammen; und findet sich in ein Gespräch über Gott, das Wetter und Rugby verwickelt, wo er doch nur nach dem Weg fragen wollte.

Irische Literatur

„Der Dornbusch in Donegal. Irische Märchen", von Frederik Hetmann, Klein-Königsförde (Königsfurt).

„Zur Schule durch die Felder: eine irische Kindheit", von Alice Taylor. Kritiker mögen über Taylors Kindheitserinnerungen die Nase rümpfen, doch das 1988 geschriebene Erstlingswerk wurde zu Irlands meistverkauftem Buch aller Zeiten.

„Mein Irland", von Edna O'Brien, wäre die anspruchsvollere Alternative in Sachen Kindheitserinnerungen. In **„Das einsame Haus"**, ebenfalls von Edna O'Brien, verlässt die alte Dame Josie das Pflegeheim, um die letzten Jahre im eigenen Haus zu verbringen, und wird dort zur Komplizin eines aus dem Gefängnis ausgebrochenen Freiheitskämpfers (oder Terroristen?). Und schließlich **„In langen Nächten"**, der Erinnerungsteppich einer irischen Haushälterin mit schönen und weniger schönen erotischen Abenteuern und Eindrücken von der großartigen irischen Natur.

„Hagebuttenlaterne", München (Hanser) und **„Ausgewählte Gedichte"**, Stuttgart (Klett-Cotta). Zwei Bände mit Gedichten von Seamus Heaney, Irlands berühmtestem zeitgenössischen Lyriker und Nobelpreisträger von 1995.

„Liebesgedichte", von William Butler Yeats (Luchterhand). Sein Leben lang vergötterte Yeats die schöne Schauspielerin und Agitatorin Maud Gonne, ohne von ihr erhört zu werden. Entstanden sind dabei wunderschöne Gedichte.

„Ulysses", von James Joyce, Frankfurt (Suhrkamp); im gleichen Verlag mit **„Dubliner"** und **„Finnegan's Wake"** auch andere Werke des Meisters, allesamt keine leichtverdauliche Lektüre.

„Gullivers Reisen", von Jonathan Swift, (reclam). Mehr als nur Kindergeschichten sind diese unsterblichen Grotesken einer verkehrten Welt – ein polemischer Roman voller beißenden Spotts, in dem Swift sich über die Verhältnisse seiner Zeit lustig macht.

„Breakfast on Pluto", von Patrick McCabe (Goldmann-TB). Die groteske Lebensgeschichte des Patrick Braden spielt vor dem Hintergrund des nordirischen Bürgerkriegs. Ein Roman für die Freunde des schwarzen Humors.

„Die See", von John Banville, Köln (Kiepenheuer & Witsch). Der verwitwete Kunsthistoriker Max Morden flieht in das Haus am Meer, wo er als Kind aufregende Ferien verbrachte. Indem er sich die damaligen Erlebnisse vergegenwärtigt, um mit dem Verlust seiner Frau fertig zu werden, werden auch alte Wunden aufgerissen ... Doch die Handlung ist bei einem Sprachartisten wie John Banville eigentlich Nebensache.

"Der letzte Held von Dublin", von Hugo Hamilton, Steidl-Verlag. Der Kritiker Eberhard Bort charakterisiert den in Dublin spielenden Krimi als „eine unterhaltsame Karikatur nicht nur des ‚harten' Polizisten, der es im Alleingang mit dem Bösen der Welt [...] aufnimmt, sondern auch der gesellschaftlichen Zustände im ‚neuen' Irland."

"Fallende Schatten", ein Thriller von Gemma O'Connor (Piper). In einer Dubliner Bombennacht im Zweiten Weltkrieg beobachten zwei Menschen aus unterschiedlichen Blickwinkeln einen Mord. Nur durch Zusammenfügen dessen, was Lily und Milo jeweils für sich gesehen haben, kann das Rätsel gelöst werden. Doch die beiden treffen sich erst Jahrzehnte später wieder ...

"Glenkill", ein Krimi von Leonie Swann (Goldmann). Im Leib des Schäfers George steckt ein Spaten: Brutaler Mord! Angeführt von der klugen „Miss Maple" machen sich seine Schafe mit gutem Riecher daran, den Fall zu lösen. Die üblichen Verdächtigen sind reich an der Zahl: Der Metzger z. B. oder der unsympathische Herr, der in seinem schlecht geheizten Haus ein Lamm gefangen hält.

Jonathan-Swift-Büste in der Dubliner St. Patrick's Cathedral

Vermischtes

"Keltische Mythologie von A–Z", von Sylvia und Paul F. Botheroyd, Wien (Tosa). Weniger ein Nachschlagewerk als ein Lesebuch, das auch sprachlich den Zauber der Überlieferung einfängt.

"Irisch kochen", von Jürgen Schneider, Göttingen (Verlag Die Werkstatt). Der Autor stellt Gerichte und ihre Geschichte vor. Mit appetitanregendem Rezeptteil.

Zeitschrift

"Irland Journal", die Zeitschrift für alle, die ihre Liebe zum Land entdecken, erscheint 4-mal im Jahr mit einem bunten Kaleidoskop an Beiträgen (Kultur, Reisetipps, Politik, Bücherecke u. a.), die sich auch kritisch und hintergründig mit der Insel auseinandersetzen. Bestellung beim Aboservice Irland Journal, Anna-Vandenhoek-Ring 36, 37081 Göttingen, ✆ (0551)911142, www.irlandjournal.de.

Maße und Gewichte

Auf dem Papier gilt seit 1993 das metrische System, das sich inzwischen auch in der Praxis weitgehend durchgesetzt hat. Nur das „Pint of Guinness" (0,57 l), sozusagen als Maß aller Dinge, gestanden die Brüsseler Eurokraten den Iren weiterhin zu.

118   Wissenswertes von A bis Z

Hier die wichtigsten der alten Maße:

Längenmaße				
1 inch	2,5 cm		1 yard	91,4 cm
1 foot	30,5 cm		1 mile	1,61 km
Hohlmaße				
1 fluid ounce	0,029 l		1 quart (2 pints)	1,14 l
1 pint (20 fl. oc.)	0,57 l		1 gallon	4,55 l
Flächenmaße				
1 square yard	0,836 qm		1 square mile	2,59 qkm
1 acre	0,405 ha			
Gewichte				
1 ounce	28,35 g	1 hundredweight (112 pds.)		50,8 kg
1 pound (16 oc.)	453,6 g	1 ton (2240 pds.)		1016 kg
1 stone (14 pounds)	6,35 kg			

Musik

Die Grüne Insel hat heute Europas lebendigste Musikszene. Eine Session mit dem alten Fiddler im Pub, der ausgelassene Tanz auf der Céilí, das große Sommerfestival oder ein Rockkonzert: Irlands Musik ist für viele das Hauptmotiv ihrer Irlandreise.

Regelmäßig treffen sich die Hobbymusiker des Dorfes oder der Nachbarschaft im Pub zur Session *(seisiun).* Ihr wichtigstes Instrument ist die *Fiddle,* die Violine. Dazu kommen die *Tin Whistle,* eine Blechflöte mit nur sechs Löchern, aber 2½ Oktaven, und die *Bodhran,* eine mit Ziegenhaut bezogene Handtrommel, die mit den Fingerknöcheln oder einem Schlegel geschlagen wird. Seltener ist die *Uilleann Pipe,* ein Dudelsack, der im Unterschied zu seinem schottischen Verwandten nicht mit der Atemluft, sondern durch Druck mit dem Ellenbogen gefüllt wird (was die Iren für die schlauere Variante halten – man kann während des Spielens Whiskey trinken). Neben diesen traditionellen Instrumenten ist heute das Akkordeon *(accordion)* aus der Volksmusik nicht mehr wegzudenken. Auch die Harfe *(harp),* im Mittelalter das Instrument der Barden, gehört zum irischen Folk – im Pub sieht man sie aus verständlichen Gründen allerdings kaum.

Während Folk und Rock boomen, führt die Klassik nur ein Schattendasein. In der Kolonialzeit galt sie als die Musik der Engländer und protestantischen Grundherren und war den Iren entsprechend verhasst. Umgekehrt wurde die im 17. und 18. Jh. von den Kolonialherren unterdrückte und in den Untergrund gezwungene Volksmusik gerade deshalb neben dem katholischen Glauben zu einem wichtigen Teil der irischen Identität.

Einer der ältesten Stile ist *Sean Nós,* ein unbegleiteter Sprechgesang, den man mit etwas Glück heute noch in Connemara hören kann. Schon die mittelalterlichen Barden Irlands trugen auf diese Weise den Fürsten und Bauern ihre Balladen vor. Ganz ohne Einfluss blieb die Klassik jedoch nicht. Die Barockmusik etwa hat sich in Gestalt der Polkas und Mazurkas eingeschlichen, die neben Jigs, Reels und Hornpipes auf keinem traditionellen Tanzfest *(céilí)* fehlen.

Nach dem Zweiten Weltkrieg schienen die Tage der Volksmusik gezählt. In den Dubliner Ballsälen regierten Walzer und Foxtrott, über das Radio und später den Bildschirm kamen amerikanische Rhythmen bis ins letzte Dorf. Rettung und Revival des Folk brachte die 1951 gegründete *Comhaltas Ceoltóiri Éireann* (CCE), die „irische Musikbewegung". Diese Gruppe national gesinnter Enthusiasten arbeitete daran, die alten und vor allem die gälischen Lieder nicht in Vergessenheit geraten zu lassen, veranstaltete Festivals und Konzerte und richtete einschlägige Musikschulen ein. Vor allem der früh verstorbene *Seán Ó Riada* (1931–1971), ein Jazzpianist und Komponist, schrieb unzählige, nur mündlich überlieferte Lieder nieder und brachte die Volksmusik in den Film, in die Orchestersäle und sogar in die Kirchen. Seit diesen Tagen ist der Folk ein nicht mehr wegzudenkender Bestandteil auch des öffentlichen Lebens.

Das junge Galway lockt Straßenmusiker von Nah und Fern

Die großen Stars

Folkmusik: Auch die irische Diaspora spielte für die Wiederbelebung der Volksmusik eine Rolle. Unter den irischen Auswanderern befanden sich natürlich auch viele Musiker, die jenseits des Atlantiks für ihre Landsleute die alten Lieder spielten. *Michel Coleman*, ein in Sligo aufgewachsener Geiger, und *Pakie Dolan* aus Longford nahmen schon in den 1920er Jahren in New York regelmäßig Schallplatten auf, als wohl noch die wenigsten Irland-Iren überhaupt wussten, was ein Grammophon ist. Diese Schellacks fanden später den Weg zurück auf die Insel. Auch manche Musiker kehrten wieder heim, darunter die *Clancy-Brüder* aus Tipperary.

Die seit 1962 auftretenden *Chieftains* um den Dudelsackpfeifer *Paddy Moloney* sind die älteste und zugleich erfolgreichste der traditionellen Gruppen. Viele ihrer frühen Stücke arrangierte noch Seán Ó Riada persönlich. Mit ihren rebellischen Sauliedern und melancholischen Balladen machten ebenfalls seit den Sechzigern die *Dubliners* den irischen Folk auch in Deutschland berühmt. Obwohl sie es bis in die englischen Charts brachten, gilt ihre Musik aus den Anfangsjahren auch für Puristen als authentischer Folk. Mit dem gleichen Prädikat dürfen sich auch die

120 Wissenswertes von A bis Z

Fureys schmücken, eine Familienband, deren große Zeit Anfang der siebziger Jahre war, deren neuere Aufnahmen man sich allerdings sparen kann.

Um 1975 gab *Clannad* aus Donegal ihr Plattendebüt, ebenfalls eine Familienband, die von Jazz-Rock-Anfängen über den Folk zur New-Age- und Worldmusic kam. Etwa gleichzeitig mit Clannad trat auch *De Dannan* ins Rampenlicht, eine Gruppe aus Galway, die traditionelle Tanzmusik mit Beatles-Adaptionen, Bach und sogar amerikanischen Soulrhythmen mischt. *Dolores Keane* und *Mary Black*, die beiden Sängerinnen der Gruppe, treten schon lange vorwiegend als Solistinnen auf und werden von der Plattenindustrie als Irlands „schönste Stimmen" vermarktet – wobei Mary sich längst in die Gefilde der kommerziell lukrativeren Popmusik aufgemacht hat. Doch die beste und wohl wegweisendste Gruppe der innovativen Siebziger war *Planxty*, deren Köpfe Christie Moore und Donall Lunny bis heute entscheidend in der irischen Folkszene mitmischen (s. u.). Ein neues Kapitel des Folks schrieben Mitte der Achtziger die *Moving Hearts*, die Traditionals mit Jazz- und Bluesmotiven mischen, während in den Neunzigern die Gruppe *Altan* die Volksmusik popularisierte.

Irlands populärster Musiker ist *Christie Moore*. Der kahlköpfige Barde, der Traditionals allenfalls noch als frei interpretierte Vorlagen für seine witzigen, manchmal beißend ironischen Balladen nimmt, greift auch soziale und politische Probleme auf. Sein Bruder macht unter dem Namen *Luka Bloom* Karriere. *Donal Lunny*, der nach Anfängen als Musiker heute nur noch im Hintergrund wirkt, ist als Arrangeur und Produzent von Christie Moore und vielen anderen Solisten und Folkgruppen die graue Eminenz der irischen Volksmusik.

Rock: Auch in diesem Bereich hat das kleine Irland eine erstaunliche Zahl von Weltstars hervorgebracht. Am Anfang des Sham-Rock steht *Van Morrison*, der vor bald dreißig Jahren mit „Gloria" seinen ersten Hit landete und mit seiner Mischung aus Blues-, Jazz- und Rockelementen eine ganze Musikergeneration inspirierte. In Belfast geboren, hat er Irland allerdings schon lange verlassen („Too Long in Exile" heißt einer seiner neueren Songs). *Phil Lynott*, der verstorbene Sänger und Songwriter von *Thin Lizzy*, ließ sich für seine Texte von alten keltischen Legenden und Sagen inspirieren. Die punkigen *Pogues* gingen nie ohne Alkohol auf die Bühne; doch selbst mit dem nötigen Quantum sangen und spielten sie nicht besonders melodisch. Frontman Shane MacGowan, der selbst für die Pogues zu stark soff, wurde auch schon mal kurzerhand am Mikrofonständer angebunden, damit er nicht umfiel. Der wegen seiner Hilfsaktion für Afrika einst für den Friedensnobelpreis vorgeschlagene *Bob Geldof* begann mit den *Rats*, die sich später zu den *Boomtown Rats* umformierten und in einem musikalischen Desaster untergingen.

An den Verkaufszahlen ihrer Platten gemessen ist *U2* die erfolgreichste Gruppe der Insel. Von jeder Scheibe verkaufen sie weltweit mindestens 10 Millionen Stück. Schon als Schüler feierten die Dubliner Mainstream-Musiker um Leadsänger Bono (Paul Hewson) und den Gitarristen Dave Evans Ende der siebziger Jahre ihre ersten Erfolge. Ungeachtet ihres Weltruhms ließen sie weiter in Dublin und haben dort mit „The Kitchen" einen eigenen Club. In einer Kneipe gleich um die Ecke arbeitete früher *Sinéad O'Connor*, die mit „Nothing compares 2U" die Hitparaden stürmte. Das Enfant terrible erzürnte die katholische Welt, als sie vor 30 Millionen amerikanischen Fernsehzuschauern ein Bild des Papstes zerriss und die Kirche ein „auf Lügen gebautes Reich des Bösen" nannte. Eine andere Erfolgsstory irischer Rockmusik war der Aufstieg der Limericker *Cranberries*, die von der Ausstrahlung und Stimme ihrer Sängerin *Dolores O'Riordan* lebten.

Sicherheit 121

Musikadressen

- *Infos* **CCE,** 32 Belgrave Square, Monkstown, Co. Dublin, www.comhaltas.com. Der Dachverband der irischen Folklorevereine gibt jedes Frühjahr einen kostenlosen Jahreskalender mit den Veranstaltungen des Verbandes heraus. Monatlich erscheint die Verbandszeitschrift „Book of Irish Traditional Music, Songs and Dance" mit Liedern (samt Noten), Besprechungen und aktuellen Infos. Termine findet man auch auf der Webseite.

  Das irische Pendant zu „Spex" und „Melody Maker" heißt **Hot Press** und ist an jedem Kiosk zu bekommen.

  Folker!, Anna-Vandenhoeck-Ring 36, 37081 Göttingen, ✆ (0551)91142, www.folker.de. Die zweimonatlich erscheinende Zeitschrift widmet sich schwerpunktmäßig der irischen Folkmusik, Folkguru Axel Schuldes und andere informieren über die neuesten Trends der Musikszene; dazu regelmäßig Übersichten zu den Konzertterminen irischer Gruppen, die im deutschen Sprachraum touren.

- *Tonträger, Noten, Songbooks* **Custy's Traditional Music Shop,** Francis St., Ennis, www.custysmusic.com. Der Laden verkauft CDs, Noten und Bücher zum Thema. Anhand des Webkatalogs kann man auch von zu Hause aus einkaufen.

Post

Die irische Post gilt als zuverlässig, aber langsam. Briefe auf den Kontinent sind gewöhnlich drei oder vier Tage unterwegs, Postkarten auch mal länger.

In kleinen Ortschaften ist die Post keine anonyme Dienststelle, sondern nicht mehr und nicht weniger als die Person des *postmaster* – der auch dann so heißt, wenn er eine Frau ist. Das Postamt ist hier gleichzeitig Dorfladen, Tankstelle, Busstation und, neben Pub und Kirche, die wichtigste öffentliche Einrichtung; die Betrauung mit der Entgegennahme und Verteilung von Postsendungen ist nur die amtliche Anerkennung dafür, dass der postmaster sowieso jeden kennt, fast täglich trifft und über alles Bescheid weiß. Und natürlich ersetzt er auch die Touristinformation.

- *Porto* Ansichtskarten und Briefe bis 50 g ins Inland 0,55 € (in Nordirland 0,36 £), nach Europa bis 100 g 0,82 € (von Nordirland bis 20 g 0,50 £).
- *Poste restante* Wer seine Adresse in Irland vor Reiseantritt noch nicht weiß, kann sich seine Post postlagernd an ein Postamt schicken lassen (z. B. Leopold Leser, poste restante, General Post Office, Dublin, Ireland). Theoretisch wird die Post allerdings nur zwei Wochen aufgehoben. Ein auf dem Umschlag angebrachter Vermerk „hold for collection" mag den Beamten gnädig stimmen.

Sicherheit

In Irland ist das Risiko, bestohlen oder beraubt zu werden, sicher geringer als etwa in Italien, und Dublin ist nicht Neapel. Aber wo viele Touristen zusammenkommen,

122 Wissenswertes von A bis Z

die gewöhnlich Bargeld und teuere Kameras bei sich tragen, finden sich über kurz oder lang auch Langfinger ein.

In der Republik heißt die Polizei nach ihrem gälischen Namen *Garda Siochana*, in Nordirland bekommen es Bösewichte mit der *Royal Ulster Constabulary (RUC)* zu tun.

Diebstahl: Die größte Diebstahlsgefahr herrscht in Dublin. Gegen Taschendiebe hilft der Brustbeutel oder Geldgürtel, gegen Autoklau eine alte, verbeulte Karre oder wenigstens eine Diebstahlsicherung. Die Gefahr eines Autoeinbruchs lässt sich vermindern, wenn Sie es, falls mit Gepäck beladen, möglichst nie unbeobachtet lassen. Wenn das Auto leer ist, sollte man das auch zeigen und das Handschuhfach und die Kofferraumabdeckung hinter den Rücksitzen aufklappen. Sicherer ist man natürlich auf dem Land. Wenn Sie ein Auto für längere Zeit abstellen wollen, dann dort. Unter den Opfern eines Diebstahls sind jene doppelt bestraft, die eine Reisegepäckversicherung abgeschlossen haben. Ein Blick ins Kleingedruckte zeigt sehr wahrscheinlich, dass die Versicherung nicht zahlen wird – mit allerlei Klauseln sorgen die Versicherer dafür, dass *ihnen* kein Schaden entsteht.

Sexuelle Belästigung: Gegen das besondere Risiko von Frauen, sexuell belästigt zu werden, gibt es schon gar keine Versicherung. Frau kann das Risiko nur selbst mindern. Beispielsweise, indem sie nicht alleine trampt (auch für zwei Frauen ist die Gefahr noch groß genug) und sich zentral gelegene Nachtquartiere aussucht, deren Umgebung nach Feierabend nicht sofort in Grabesruhe versinkt. Schwieriger ist es, mit einer subtileren Spielart von Sexismus umzugehen, die gerade in Irland gängig ist: Man(n) offeriert Frau seinen Schutz und seine Dienste, denn es kann doch unmöglich sein, dass sie allein zu reisen oder bleiben beabsichtigt, bei all den Gefahren für Frauen unterwegs ...

Hilfe Touristen, die Opfer eines Verbrechens werden, bekommen Unterstützung vom **Tourism Victim Support** der Polizei, ✆ 01 478 5295.

Souvenirs

Irische Mitbringsel spiegeln die Menschen der Insel wider: Sie sind praktisch, handfest und schwer. Die Palette reicht von Pullovern, wetterfesten Überkleidern, Stoffen und Kunsthandwerk bis zu Folklore-CDs.

Kunsthandwerk: Außerhalb Dublins gibt's die besten Einkaufsmöglichkeiten in Kilkenny. In dieser Gegend haben sich die meisten kontinentalen Zivilisationsflüchtlinge niedergelassen und ihre mehr oder minder alternativen Betriebe aufgebaut, die das irische Kunsthandwerk heute mehr pflegen als die alteingesessenen Iren. Ihre Domänen sind Töpfer- und Lederwaren, die Korbflechterei und Herstellung von Metallschmuck nach alten keltischen Motiven. Einzelne Betriebe sind zu Verkaufsgenossenschaften zusammengeschlossen. Einige Tipps und Adressen gibt es unter den jeweiligen Orten im Regionalteil. Nimmt man sich Zeit für einen Plausch beim Tee, wozu viele Handwerker gerne bereit sind, bekommt man ganz nebenbei brauchbare Hinweise über andere gute Kunsthandwerker oder Craft Shops in der Region. Von den *Craft Shops*, die wirklich nur Handwerksprodukte verkaufen, unterscheiden sich die *Gift Shops* ganz deutlich: Hier wird auch in Taiwan, Korea oder sonst wo industriell hergestellter Ramsch feilgeboten.

Leinen: Die auf der Grünen Insel seit dem 13. Jh. belegte Leinenweberei produziert heute vor allem Tischtücher, Deckchen, Servietten und Ähnliches. Mit dem Trend zur Öko-Kleidung darf man erwarten, dass die Auswahl an Blusen, Jacken und Hosen wieder etwas größer wird.

Souvenirs 123

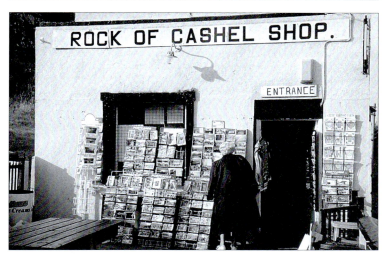

Souvenir, Souvenir – der Rock of Cashel Shop

Naturalien: Wegen der in Irland hohen Steuer lohnt es sich nicht, Whiskey von dort mit nach Hause zu nehmen – ein Fläschchen Poitien dagegen, wenn man welchen aufgetrieben hat, ist eine schöne Erinnerung an die irische Trinkkultur. Günstig ist Räucherlachs.

Porzellan, Glas: *Belleek*, Irlands einzige Porzellanmanufaktur, steht in der Grafschaft Fermanagh im Norden. Die sündteuren Sammlerstücke zielen auf den Geschmack amerikanischer Touristen und sind nicht jedermanns Sache. Luxusgüter von ähnlichem Niveau sind die Kristallgläser aus Waterford.

Pullover: Von wolliger Designerware etwas in den Hintergrund gedrängt wurden die klassischen *Aran Sweaters*. Die schweren, eierschalfarbenen Pullover wurden ursprünglich von den Frauen der Schafzüchter und Fischer auf den Aran-Inseln gestrickt und getragen. Jedes Dorf hatte sein eigenes, charakteristisches Muster. Heute stellt man sie im ganzen Land her, eine fleißige Strickerin schafft zwei Stück pro Woche. Das Label *hand knit* garantiert die Handarbeit, und oft hängt auch noch die Adresse der Strickerin dran, die sich sicher über ein Foto mit „ihrem" Pullover vor dem Brandenburger Tor oder dem Stephansdom freut.

Tweed: Die derben, langlebigen Wollstoffe werden vor allem im Donegal und im County Wicklow gewebt. Ursprünglich wurden daraus hauptsächlich Anzüge und Mäntel gemacht; wie man sich bei einem Blick in die einschlägigen Läden überzeugen kann, gibt es inzwischen aber auch hauchdünnes Material, etwa für Damenblusen. Wer genügend Zeit und Geld hat, kauft Tweed vom Ballen und lässt sich daraus etwas schneidern: Josef Martin in Sligo gilt als der beste Herrenschneider des Landes. Für einen Anzug sollte man mit gut 500 € rechnen, dafür hält er auch zehn Jahre – und die Modelle sind zeitlos. Konfektionsware kauft man besser zu groß als zu klein, die Stücke schrumpfen erfahrungsgemäß bei Kontakt mit dem Regen, und der lässt ja in Irland nicht lange auf sich warten.

Sprache

Dass sich in einem Land kaum 10 % der Bevölkerung in der offiziellen Sprache auszudrücken vermögen, dürfte einmalig sein. Irlands Nationalsprache ist Gälisch, aber gesprochen und geschrieben wird fast ausschließlich Englisch. Der Reisende kommt mit Gälisch nur am Rande in Kontakt. Er hört manchmal gälische Folkmusik, ärgert sich vielleicht in den Gaeltacht-Gebieten, den Reservaten der keltischen Sprache, über die unverständlichen Wegweiser und stößt bei der Zeitungslektüre auf einzelne unaussprechlich scheinende Worte: der *Taoiseach* etwa hat nichts mit chinesischer Philosophie oder bayerischem Schimpfworten zu tun, sondern ist die Amtsbezeichnung des irischen Premierministers. Selbst in den kleinen Sprachinseln an der Westküste, wo die letzten gälischen Muttersprachler leben, wird in der Öffentlichkeit fast ausnahmslos Englisch gesprochen.

Sprachgeschichte

Zusammen mit dem *Schottischen* und dem *Manx-Gälisch* der Isle of Man bildet das irische Gälisch den Zweig Q der keltischen Sprachgruppe, mit dem auch die noch in Wales und der Bretagne gesprochenen kymrischen Sprachen weitläufig verwandt sind. Früher wurde auch in England keltisch gesprochen, doch die mit der Völkerwanderung dort eindringenden Angeln und Sachsen brachten ihre eigenen germanischen Sprachen mit, die dort das Keltische verdrängten. Vor der Christianisierung, mit der das lateinische Alphabet auf die Insel kam, hatten die irischen Druiden sogar eine eigene Schrift: das sogenannte Oghamalphabet, dessen Buchstaben nach Bäumen benannt waren. Im Nationalmuseum sind noch einige mit diesem Alphabet beschriftete Steine zu bewundern.

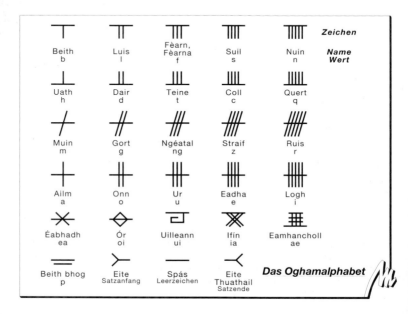

Während der englischen Herrschaft galt der Gebrauch des Gälischen zunehmend als unfein und wurde von den Kolonialherren unterdrückt. In der Administration und vor Gericht musste Englisch gesprochen werden, der Unterricht in den wenigen Schulen fand in englischer Sprache statt. Gälisch geriet zur Sprache der Armen und Ungebildeten. Die Große Hungersnot (1845–51) tat ein Übriges, um die Sprachgemeinschaft zu schwächen: Gerade die Armen starben oder wanderten aus. Sprachen um 1800 noch zwei von drei Iren Gälisch, waren es 100 Jahre später nur noch 20 %.

Mit der Unabhängigkeitsbewegung besannen sich die Iren auch auf die Pflege ihrer fast vergessenen Volkssprache. Dazu gründeten sie 1893 die *Gaelic League*. Eine Standardgrammatik und verbindliche Rechtschreibregeln wurden festgelegt und die Namen der Nationalhelden durch ein eingeschobenes „O" oder „Mac" gälisiert – John Cassidy steht jetzt als Seán O'Casey in den Nachschlagewerken zur Literaturgeschichte. Seit 1913 ist Gälisch Pflichtfach in den Schulen und seit der Unabhängigkeit auch die offizielle Landessprache.

Nicht ganz einfach zu lesen, doch alt – ein Oghamstein

Gälisch heute

Auf kultureller Ebene ist die Wiederbelebung gelungen. Es gibt eine blühende gälische Literatur, auch gälische Bühnenstücke gelangen zur Aufführung. Den weiteren Niedergang des Gälischen im Alltagsgebrauch aber haben alle Bemühungen nicht aufhalten können, und es gibt bezeichnenderweise nicht einmal eine gälische Tageszeitung. Gälisch wird heute nur noch von vielleicht 30.000 Menschen auf den Inseln und im Westen als Umgangssprache benutzt, sprich in den ärmsten und abgelegensten Regionen der Insel, und steht damit noch immer für Rückständigkeit und Hinterwäldlertum.

Obwohl in der Republik alle Iren während ihrer gesamten Schulzeit Gälisch als Pflichtfach haben, ist selbst nach 13 Jahren Unterricht kaum einer in der Lage, auch nur ein einfaches Gespräch in seiner Nationalsprache zu führen. Dies liegt nur z. T. daran, dass Gälisch eine sehr schwierige Sprache ist und die 18 benutzten Buchstaben des Alphabets für 60 verschiedene Laute stehen. Der Schulunterricht ist, ähnlich wie bei uns der Lateinunterricht, einfach zu einseitig auf stures Grammatikpauken und Textarbeit angelegt.

Wissenswertes von A bis Z

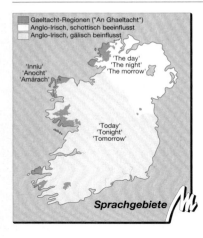

So erscheint es fraglich, ob die Millionen, die sich die Regierung die Förderung des Gälischen kosten lässt, die Sprache letztlich am Leben halten können. Vielleicht wird eines Tages in Irland das Gleiche wie auf der Isle of Man passieren, wo sich in den 70er Jahren Sprachwissenschaftler aus aller Welt versammelten, um einem alten Bauern das letzte Geleit zu geben – er war der letzte manxgälische Muttersprachler.

Sommerkurse in Gälisch Bieten Ausländern beispielsweise die *Universität Galway*, 091750304, www.nuigalway.ie/international_summer_school, oder *Oideas Gael*, Glencolumbkille, 0739730248, www.Oideas-Gael.com.

Strom

Die elektrische Spannung beträgt 220 Volt. Die Steckdosen entsprechen angelsächsischer Norm: Für den Anschluss unserer Geräte ist ein dreipoliger Adapter nötig, zu kaufen in Elektroläden bzw. in besseren Hotels gegen Pfand zu leihen. Auch die Glühlampen haben englische Bajonettfassungen.

Telefon

Für Hotels und auch manche sonst liebenswerte Bed & Breakfast-Vermieter sind die Telefongespräche ihrer Gäste noch immer eine gute Nebeneinnahme. Doch das ist nichts im Vergleich zu den Profiten, die die Handygesellschaften bei Auslandsgesprächen machen. Kostengünstiger ist es, eine Telefonzelle aufzusuchen. Auch von dort ist der Schwatz mit den Lieben daheim noch teuer genug. Jedes Häuschen hat eine Rufnummer, man kann sich also auch zurückrufen lassen. Karten für 10, 20, 50 und 100 Einheiten verkaufen die Postämter und News Agents.

Vorwahlen	
Irische Republik	00353
Nordirland	004428
(aus der Republik)	048
Deutschland	0049
Niederlande	0031
Österreich	0043
Schweiz	0041
Notruf	999
Auskunft	
www.eircom.ie (Rep.)	1901
www.ukphonebook.com (Nordirland)	118 0800

Kosten: Ortsgespräche kosten tagsüber 0,25 € für 5 Minuten, innerirische Ferngespräche bis zu 0,09 € pro Minute, solche ins Handynetz je nach Tageszeit 0,15–0,30 €; Auslandsgespräche (Mitteleuropa) etwa 0,28–0,40 € pro Minute. Nicht vergessen: Bei der ausländischen (deutschen etc.) Ortsnetznummer die Anfangsnull weglassen.

Prepaid-Karten: Günstiger als mit den regulären Tarifen fährt man mit sogenannten Prepaid-Karten, die man in Zeitungs- und Lebensmittelkarten erhält. Bei den Karten fürs Festnetz wird zuerst eine kostenlose

Wandern 127

0800er-Nummer angerufen, dann muss man die auf der Karte freigerubbelte Codenummer eingeben, bekommt sein aktuelles Guthaben mitgeteilt, und schließlich tippt man die Teilnehmernummer ein. Wer viel von Irland nach Irland telefoniert, mag sich für rund 10 € eine irische SIM-Karte fürs Handy zulegen. Bei Auslandsgesprächen (s. u.) lässt sich damit aber kaum sparen.

R-Gespräche: Beim *Deutschland-Direkt-Service* der Telekom wird der Angerufene gefragt, ob er die Kosten für das Gespräch übernehmen will – was man diesem wirklich nur im Notfall zumuten sollte, denn die Kosten sind hoch. Aus der Republik Irland erreicht man diesen Service unter 1800 55 0049, aus Nordirland mit der Nummer 0800 89 0049.

Roaming: Mobilfunkprovider bieten die Möglichkeit, mit der heimischen Handykarte auch im Ausland zu telefonieren. In solchen Fällen berechnen die irischen Provider für abgehende Gespräche nach Deutschland 0,54 € (in die Schweiz 0,85–2 sfr). Auch bei in Irland ankommenden Gesprächen aus der Heimat zahlt der deutsche Handybesitzer, nämlich pro Minute 0,26 €; wer ein Vertragshandy aus der Schweiz hat, findet später 0,85–1,20 sfr. pro Minute auf seiner Rechnung.

Aktuelle **Tarife** und weitere **Tipps** zum Telefonieren nach Irland und von dort nach Hause finden Sie im Internet unter www.teltarif.de bzw. unter www.teltarif.ch oder www.billiger-telefonieren.at.

Wandern

Nur wer sich der herben Landschaft auch körperlich aussetzt, erfährt sie wirklich. Trotzdem war Irland als Wanderoase lange ein Geheimtipp. Das Netz der gekennzeichneten Fernwanderwege umfasst inzwischen mehrere tausend Kilometer und wird ständig erweitert. Allerdings, so muss man einschränkend hinzufügen, verlaufen viele Wanderrouten streckenweise auf Straßen, die man sich mit rücksichtslosen Autorasern teilen muss und deren Asphalt die Füße ermüdet.

Touren abseits der markierten Wanderwege stoßen auf manches Hindernis in Gestalt von Hecken, Feldmauern und Weidezäunen. Natürlich gibt es Ausnahmen. Geeignete Routen beschreiben wir im Regionalteil ausführlich. Für längere, anspruchsvollere Touren empfehlen sich etwa die *Wicklow-Berge*. Entlang des Wicklow Trails finden Fernwanderer im Abstand von Tagesetappen in einfachen Herbergen abends ein Dach über dem Kopf. Der *Ulster Way*, längster Fernwanderweg der Insel, umrundet Nordirland. Weitere Wandergebiete sind *Kerry* und die *Connemara-Berge*. Der *Munster Way* (Co. Tipperary) folgt auf alten Treidelpfaden weitgehend Kanälen und Flussläufen, ist somit flach und auch für ungeübte Wanderer gut machbar. Dann sind da noch die *Forest Parks* mit ihren speziell angelegten und ausgezeichneten *Nature Trails*, nur wenige Kilometer lange Rundwege, die von den Iren vor allem für Sonntagsspaziergänge samt Picknick genutzt werden.

Sicherheitshalber: Für längere Gebirgstouren oder Wanderungen in einsamen Gegenden gilt es, einige Vorsichtsregeln zu beachten. Nach Möglichkeit nicht alleine wandern und immer jemandem Bescheid sagen, wohin man geht und wann man zurück sein will – wer nicht vermisst wird, kann im Notfall lange auf Hilfe warten. Des Wanderers wichtigstes Stück sind seine Stiefel, knöchelhoch, mit grobem Profil und vor allem wasserfest. Anders als am Mittelmeer, wo man sich bequem an der Sonne orientieren kann, gehört in Irlands Bergen auch ein Kompass ins Wandergepäck und natürlich eine gute Karte (siehe Abschnitt Landkarten), dazu Trillerpfeife und Taschenlampe. Auch bei schönem Wetter, das in den Bergen sehr

Wissenswertes von A bis Z

Unterwegs auf dem irischen Lande

schnell umschlagen kann, Regenschutz und warme Kleidung nicht vergessen. Bei feuchter Luft wird es pro 100 m Höhe um ein halbes Grad kälter, bei Trockenheit ist der Unterschied noch größer. Vor dem Aufbruch sollte man sich unbedingt über das Wetter informieren.

Wer solche Risiken scheut, kann sich natürlich einer **organisierten Wanderreise** anvertrauen. Man läuft in der Gruppe, hat in der Regel einen Führer und muss sich um Gepäck und Verpflegung nicht weiter kümmern. Eine Übersicht der Veranstalter erhalten Sie vom Fremdenverkehrsbüro.

• *Infos* Das Heft 127 der Zeitschrift **„Wandermagazin"** hatte eine Beilage mit Infos und Routenvorschlägen zum Wandern in Irland. Einzelne Artikel sind als PDF-File abrufbar (www.wandermagazin.de).

Bei *Tourism Ireland* gibt es als Appetitanreger mit schönen Bildern, Infos und Routenvorschlägen die Broschüren **„Wandern in Irland"** und **„Walk Northern Ireland"**

Für die Republik (Bergsteigen) beim **Mountaineering Council of Ireland,** House of Sports, Longmile Rd., Dublin 12, www.mountaineering.ie.

Forest Parks und Nationalparks betreut der **Irish Forestry Board,** Newtownmountkennedy (Co. Wicklow), ✆ 012011111, www.coillte.ie.

Im **Internet** gibt es Vorschläge zu Fernwanderungen unter www.walkireland.ie, hier mit detaillierter Beschreibung von 30 Fernwanderwegen.

Für den Norden, speziell zum Ulster Way, sind die Seiten www.walkni.com. die erste Wahl.

• *Wanderführer* Es gibt jede Menge englischsprachiger Wanderbücher zu einzelnen Regionen Irlands. Daneben sind Spezialführer zu Treidelpfaden, den Trassen stillgelegter Eisenbahnen, erhältlich, zu Küstenwanderungen etc.

Klassiker sind die von Irlands Wanderpapst Joss Lynam herausgegebenen **„Best Irish Walks"** (Gill & MacMillan Publ.).

Gut gefallen hat mir auch **„The Mountains of Ireland"** von Paddy Dillon (Cicerone Press), der 70 Routen zu den 212 höchsten Gipfeln der Insel vorstellt.

Zoll 129

Reisepraktisches

> ## Zwölf Wandervorschläge
>
> **Halbinsel Howth,** Küstenwanderung im Umland von Dublin (siehe S. 194).
>
> **Wicklow Trail,** Kurzwanderung oder mehrtätiger Fernwanderweg durch die Berge bei Dublin (siehe S. 244).
>
> **Sheeps Head Way,** Küstenwanderung (2–6 Std.) am Atlantik (siehe S. 379).
>
> **Killarney National Park,** Routen unterschiedlicher Länge und Schwierigkeit in der „Irischen Schweiz" (siehe S. 420).
>
> **Great Blasket Island,** Wanderung auf einer verlassenen Insel (siehe S. 435).
>
> **Cliffs of Kilkee,** entlang der wenig besuchten Klippen und eher Spaziergang als Wanderung (siehe S. 476).
>
> **Twelve Pins,** gerade mal 700 m hoch, aber auch für gut trainierte Bergwanderer eine Herausforderung (siehe S. 542).
>
> **Connemara National Park,** wetterfeste, kinderfreundliche und turnschuh-geeignete Wege auf den Diamond Hill (siehe S. 550).
>
> **Croagh Patrick,** ein Pilgerweg auf Irlands heiligen Berg (siehe S. 561).
>
> **Slieve League,** eine mittelschwere Gratwanderung entlang des Abgrunds – nur bei gutem Wetter zu empfehlen (siehe S. 613).
>
> **Giant's Causeway,** ein Klassiker am Sahnestück der Nordküste (siehe S. 673).
>
> **Slieve Donard,** Nordirlands beliebtester Wanderberg (siehe S. 745).

Zeit

In Irland gehen die Uhren das ganze Jahr gegenüber denen Mitteleuropas eine Stunde nach. Es gilt, wie auf der Britischen Insel, die Greenwich Mean Time (GMT) oder Weltzeit (UTC), wie sie neuerdings heißt. Die Sommerzeit beginnt und endet am gleichen Wochenende wie in Mitteleuropa.

Zeitungen

Die mit Abstand beste Zeitung der Republik ist die *Irish Times,* ein liberales Blatt, dessen mutige Journalisten auch innenpolitisch heiße Eisen anpacken – als Lektüre während des Irlandaufenthalts unbedingt zu empfehlen. Daneben gibt es sechs weitere überregionale Zeitungen und an die vierzig Lokalblätter, also eine beeindruckende Pressevielfalt, die ihren Konzentrationsprozess noch vor sich hat. Die besten Verkaufszahlen hat der *Irish Independent,* leichter an Gewicht und Inhalt als die Irish Times, von seiner politischen Linie eher konservativ.

Wie in Großbritannien ist die Zeitungslektüre v. a. ein Wochenendvergnügen. Der *Sunday Independent* ist der Bruder seiner Werktagsausgabe, *Sunday Tribune* ähnelt der Irish Times, und die in der Auflagenhitliste führende *Sunday World* stellt in Sachen Sex & Crime die Bildzeitung um Längen in den Schatten.

Zeitungen im Internet **The Irish Times,** www.irishtimes.com; **Irish News,** eine Art Pressespiegel, www.irishnews.com.

Zoll

Da Irland Mitglied der Europäischen Union ist, dürfen im Reiseverkehr mit Deutschland und Österreich Waren für den privaten Gebrauch in beliebiger Menge

130 Wissenswertes von A bis Z

Irische Uhren gehen gegenüber Mitteleuropa eine Stunde nach

und beliebigem Wert zollfrei aus- und eingeführt werden. Theoretisch zumindest. Um die Waren für privaten Gebrauch vom „Handelsgut" abzugrenzen, das nach wie vor zollrechtlich abgefertigt wird, haben die Eurokraten die *Indikativmengen* erfunden. Wer mehr als diese Richtmenge über die Grenze bringt, muss sich besondere Nachforschungen gefallen lassen, ob er die Waren wirklich selbst verbrauchen und nicht vielleicht doch verkaufen will. Kettenraucher und Alkoholiker führen als Anscheinsbeweis zu ihren Gunsten vielleicht ärztliche Zeugnisse über den Zustand von Leber und Lunge mit! Bei folgenden Mengen pro Person stellen die Behörden den persönlichen Bedarf nicht in Frage:

Zollbestimmungen

- *Richtwerte im Reiseverkehr innerhalb der EU* 800 Zigaretten; 400 Zigarillos; 200 Zigarren; 1 kg Tabak; 10 l Schnaps; 20 l Aperitif; 90 l Wein, davon höchstens 60 l Sekt; 110 l Bier. Die Mitnahme von Fleisch und Milchprodukten aus der EU nach Irland ist nur in Originalverpackung und bis zu einem Gewicht von 10 kg erlaubt.
- *Verkehr Irland – Schweiz* Aus der Schweiz und aus **Duty-Free-Shops** dürfen nach Irland eingeführt werden: 2 l Wein, 2 l andere alkoholische Getränke unter 22 % oder 1 l mit mehr als 22 % Alkohol; 200 g Nescafé oder 500 g Bohnenkaffee; 100 g Tee; 200 Zigaretten oder 100 Zigarillos oder 50 Zigarren oder 250 g Tabak; 50 ml Parfüm; ¼ l Eau de Toilette.
Die gleichen **Freimengen** gelten bei der Rückreise in die Schweiz. Nur beim Alkohol zeigen sich die Eidgenossen noch etwas knauseriger und erlauben nur 2 l alkoholische Getränke (einschl. Wein) bis 15 % oder 1 l mit höherem Alkoholgehalt.
Geschenke dürfen nach Irland zollfrei bis zum Gesamtwert von 580 € mitgebracht werden, wobei das Einzelstück nicht mehr als 145 € wert sein darf. Die entsprechende Freigrenze für die Schweiz ist 300 SFr.

Weltstädtische Skyline und Hast

Dublin

Irlands Hauptstadt ist eine mondäne, schillernde Metropole, in der Glanz und Elend untrennbar miteinander verwoben scheinen – und die sich am Tresen des Pubs doch sogleich in ein heimeliges, vertrautes Dorf verwandelt. Wer Dublin nur als Durchgangsstation auf dem Weg in die irische Landschaft betrachtet, lässt sich viel entgehen.

Die Stadt ist ein Sammelbecken der Vielfalt und unterschiedlichen Interessen: Für die einen ist sie die Wiege der irischen Nation, für die anderen die heimliche Welthauptstadt der englischsprachigen Literatur. Und für Jugendcliquen ist sie ein Ziel, um fern der Heimat die Sau rauszulassen. Dublin ist ein schier unerschöpflicher Nährboden für neue Musikgruppen, eine prächtige Kulisse georgianischer Architektur und ein Schaufenster des keltischen Tigers. Zuallererst aber ist Dublin eine Stadt der unvermuteten Begegnungen, des Gesprächs und Witzes, geprägt von der Schlagfertigkeit und dem Charme seiner Menschen, die selbst dann noch lachen, wenn sie schon lange nichts mehr zu lachen haben – Leben pur.

Als wolle der Pilot zunächst die beeindruckende Lage der Stadt vorführen, schwebt das von der Irischen See kommende Flugzeug über der Halbinsel Howth und macht noch einen Schwenk. Auf einer weiten Ebene, geteilt vom River Liffey, schmiegt sich die Stadt im Dreiviertelkreis an die Bucht. Aus der Vogelperspektive ist sie ein aus unzähligen Versatzstücken gewebter Flickenteppich, geht in die Fläche, aber nicht in die Höhe: Nicht Hochhäuser, sondern Kirchtürme und Schlote bestimmen die Skyline.

Taucht der Besucher später in die Metropole mit ihren gut 500.000 Einwohnern ein (die Vorstädte eingeschlossen, wohnen in der Agglomeration ca. 1 Million Menschen),

132   Dublin

erscheint Dublin launisch und wechselhaft wie das Wetter. Ein abgetragenes Kleidungsstück, an dem nur noch wenige Stellen glänzen, das viel mitgemacht hat und viel erzählen könnte, für das man sich manchmal schämt und an das man doch sein Herz so sehr verloren hat, dass man sich von ihm nicht trennen will. Liebes, dreckiges Dublin. Banker und Makler strömen aus polierten georgianischen Backsteinhäusern und eilen achtlos an jenen vorbei, die als lebende Hinweistafeln für Boutiquen und Kartenlegerinnen werben.

Highlights

- **Trinity College:** Sehenswert das mittelalterliche *Book of Kells* und der großartige *Long Room* (siehe S. 165).
- **Saint Stephen's Green** und **Merrion Square:** Georgianische Baukunst um immergrüne Parkanlagen (siehe S. 169 und S. 170).
- **Kilmainham Gaol:** Grusel im einst gefürchtetsten Gefängnis der Insel (siehe S. 177).
- **National Gallery:** Meisterwerke irischer und europäischer Malerei (siehe S. 168).
- **Bloomsday:** Am 16. Juni pilgern Fans aus aller Welt auf den Spuren einer Joyce'schen Romanfigur (siehe S. 159).
- **Pubs:** Bei einem Pint am Tresen die irische Seele kennen lernen. Rauchfrei! (siehe S. 153).

Geschichte

Die Anfänge: Eine Siedlung *Eblana* an Stelle der heutigen Stadt ist schon auf der um 140 n. Chr. entworfenen Weltkarte des alexandrinischen Geographen Ptolemäus verzeichnet. Später gab es eine keltische Siedlung namens *Dubh Linn* („dunkler Teich"), die Dublin seinen Namen gab. Der „dunkle Teich" war die Mündung des Poddle. Heute völlig in unterirdische Rohre gezwängt, folgte er einst der St. Patrick Street, schlug einen Bogen um Dublin Castle und ergoss sich an der Grattan Bridge in den Liffey. Eine ebenso große Berechtigung auf die Urheberschaft an der Stadt haben die Wikinger, die sich im 9. Jh. in diesem Flussknie niederließen, wo auch die alte Königsstraße zwischen Tara und Wicklow den Liffey überquerte. Die im 10. Jh. errichtete Stadtmauer schützte die Nordmänner nur wenige Jahre: 988 eroberten die Iren unter *Mael Sechnaill* die Wikingerstadt.

Ein neues Kapitel der Stadtgeschichte schlugen die Normannen auf. *Heinrich II.* machte Dublin zum Sitz des königlichen Gerichts und damit zum Hauptort der englischen Präsenz in Irland. Wer immer auf der Insel Rang und Namen hatte, fand sich zu den *Seasons,* den Gerichtstagen, in Dublin ein, um seine Interessen zu vertreten. Anfangs mit einer schlichten Palisade, bald mit einer Reihe von Burgen wurde das *Pale,* das Umland Dublins, vor den Einfällen der irischen Häuptlinge geschützt. Mehr über das mittelalterliche Dublin erfahren Sie in der Ausstellung Dublinia (siehe Sehenswürdigkeiten).

Boom und Niedergang: Nach 1730 entwickelte sich Dublin zur größten Stadt des Königreiches nach London. Händels *Messias* beispielsweise wurde am 13. April 1742 nicht in London, sondern in Dublin uraufgeführt, wo der Meister den Winter

Orientierung **133**

zu verbringen pflegte. Die protestantische *Gentry* investierte ihr aus den Landgütern gewonnenes Vermögen in neue und prächtige Häuser in den georgianischen Vierteln außerhalb der zu eng gewordenen Stadtmauern. Die „Commission for Making Wide & Convenient Streets", mit der 1757 die systematische Stadtplanung begann, zeigt schon mit ihrem Namen, worum es ging. Um die gleichzeitig sprießenden Slums kümmerte sich die Kommission allerdings nicht. Auch in Dublins goldenem Zeitalter zwischen 1782 und 1801, als die irischen Protestanten sogar ihr eigenes *Parlament* hatten (heute ist das Gebäude treffenderweise Sitz der „Bank of Ireland"), war das Los der katholischen Bevölkerung nicht rosig.

Der *Act of Union* beendete die Autonomieträume und ließ das überbordende Wachstum der Stadt abrupt abbrechen. Vom Boom des 19. Jh., als viele englische Industriestädte aufblühten, war hier wenig zu spüren. Bei der Niederschlagung des Osteraufstands von 1916, als die Aufständischen das Postamt in der O'Connell Street zu ihrem Hauptquartier erkoren, wurden weite Teile des Zentrums auf der North Side zerstört, der Bürgerkrieg und eine Feuersbrunst (1922) trugen ebenfalls ihren Teil bei.

Dublin heute

Der schlechte Zustand mancher Viertel, besonders der North Side, ist auch Ergebnis planerischer und politischer Fehler der 50er, 60er und 70er Jahre des 20. Jh. Damals suchte man die Lösung der Wohnungsnot im Bau neuer Vorstädte und überließ die Innenstadt dem Zerfall. Erst in den 90ern kehrte das öffentliche und private Geld in die Stadt zurück. *Temple Bar* und die Gegend um *St. Stephen's Green* sind Beispiele für eine erfolgreiche Sanierung, die maroden *Docklands* an der Mündung des Liffey werden mit Milliardenaufwand zu einem internationalen Banken- und Finanzzentrum aufgemöbelt. Von Hochhäusern blieb die Stadt, deren Verwaltung mit dem neuen Rathaus bei der Christ Church selbst ein schlechtes Beispiel gesetzt hat, bisher weitgehend verschont. An der *Zentralbank* in der Dame Street, von der die drei obersten, unter Missachtung der Bauauflagen errichteten Stockwerke wieder abgetragen werden mussten, statuierten die städtischen Planer in den 70er Jahren ein Exempel. Und im Vorort Ballymun wurden einige Wohntürme wegen zu großer sozialer Probleme sogar wieder gesprengt. In Sachen Denkmalschutz liegt Dublin jedoch noch weit hinter den in anderen Hauptstädten der Europäischen Union geltenden Normen zurück.

Orientierung

Die Metropole dehnt sich von der Halbinsel Howth im Norden in einem Halbkreis um die Dublin Bay bis nach Dalkey im Süden aus. Das Zentrum ist für eine Millionenstadt jedoch relativ klein und überschaubar. Die meisten öffentlichen Einrichtungen und Sehenswürdigkeiten sind vom Castle zu Fuß in längstens einer halben Stunde zu erreichen. Der River Liffey schneidet die Kernstadt in zwei Hälften: Auf der **North Side** folgen nach der Prachtmeile

O'Connell St., der Hauptgeschäftsstraße Dublins, bald die Mietskasernen der Arbeiterviertel. Für den Besucher interessanter ist die **South Side.** Unmittelbar am Fluss liegt das Vergnügungsviertel *Temple Bar,* östlich schließen sich die georgianischen Ensembles mit der Einkaufszone um die *Grafton Street,* dem Bankenviertel um *St. Stephen's Green* und dem Campus des *Trinity College* an. Der mittelalterliche Stadtkern lag auf dem Hügel südwestlich von Temple Bar. Da die meisten

134 Dublin

Häuser aus Holz waren, sind mit *Dublin Castle* (1205, im 18. Jh. umgebaut), *Christ Church* (1172) und *St. Patrick's Cathedral* (1190) nur noch wenige Spuren dieser Zeit erhalten geblieben.

Reisepraktisches

Apotheken	139	Information	134
Ärztlicher Notdienst	139	Internet-Cafés	139
Autofahren	139	Jugendherbergen	146
Bed & Breakfast	142	Kinder	162
Botschaften	139	Kinos	158
Buchhandlungen	160	Konzerte	157
Camping	147	Krankenhäuser	139
Clubs & Discos	156	Kunstmuseen, -zentren	158
Dublin Airport	138	Märkte	160
Dublin Area Rapid Transit (DART)	136	Mietwagen	139
		Polizei	140
Dublin Pass	139	Post	140
Einkaufen	159	Programmvorschläge	162
Ermäßigungen	139	Pubs	153
Essen & Trinken	147	Reisebüro	140
Fährhafen	138	Rundgänge	161
Fahrradfahren	139	Stadtführungen	161
Fáilte Ireland	134	Studentenwohnheime	147
Feste, Veranstaltungen	159	Surfen (Bray)	192
Flughafen	138	Taxi	140
General Post Office	180	Theater	157
Gepäckaufbewahrung/ Schließfächer	139	Übernachten	140
		Verkehrsmittel	135
Hostels	143	Waschsalon	140
Hotels, Guesthouses	140	Zoo	186

Information

Neben Fáilte Ireland ist das städtische Informationsamt die wichtigste Informations-Quelle. Wer die im Sommer üblichen Warteschlangen im Hauptbüro umgehen will, stellt seine Fragen gleich bei der Ankunft in den Filialen im Flug- oder Seehafen.

● *Information* **Dublin Tourism Office**, St. Andrew's Church, Suffolk St., Mo–Sa 9–17.30 Uhr (Juni–Sept. bis 19 Uhr), So 10.30–15 Uhr (Juli/Aug. bis 17 Uhr). Reservierungen nur bis eine Stunde vor Schließung. ✆ 01 605 7700, www.visitdublin.com. Das Tourist Office ist samt Buchhandlung, Tea Room, Verkaufsschalter für Tickets, Ausflugsfahrten und Mietwagen in einer früheren Kirche untergebracht. Eine freundliche Dame reicht Ratsuchenden eine Wartenummer, nach deren Aufruf man dann an den Schalter darf. Im Sommer und besonders sonntags muss mit Wartezeiten und gestresstem Personal gerechnet werden.

Filialen mit gewöhnlich weniger Andrang sind am **Flughafen** (tägl. 8–22 Uhr), am **Hafen Dun Laoghaire**, St. Michael's Wharf (Mo–Sa 10–13, 14–18 Uhr), **14 Upper O'Connell St.** (Mo–Sa 9–17 Uhr).

Temple Bar Information Centre, 12 East Essex St., ✆ 01 677 2255, www.temple-bar.ie, Mo–Fr 9–17.30, Sa 10–17.30, So 12–15 Uhr. Eine Art gehobener Nachbarschaftsladen, gute Info-Quelle zu Quartieren und zu Kulturveranstaltungen; hier wird auch der „Temple Bar Guide" und der zweimonatlich erscheinende Veranstaltungskalender „Temple Bar Arts & Entertainment" herausgegeben.

Stadt- und Vorortverkehr 135

Veranstaltungskalender im Internet www.eventguide.ie und www.visitdublin.com (unter What's On).

● *Stadtplan* Für die Innenstadt genügen die gratis vom Touristoffice verteilten **„Visitor Maps"**. Für die Außenbezirke sei die **Map of Greater Dublin** von Ordnance Survey empfohlen, die auch Dun Laoghaire mit einschließt. Links zu **Online-Karten** findet man unter www.dublintourist.com (unter maps).

Adressen: Dublins Bezirke sind nach den Postämtern nummeriert. Die North Side hat ungerade Ziffern, die South Side gerade Postnummern. Es beginnt mit 1 und 2 unmittelbar im Zentrum, je weiter man sich vom Fluss entfernt, desto höher werden die Endziffern.

Straßenzüge wechseln oft alle paar Blocks ihren Namen. Die Hausnummern laufen nur selten auf beiden Straßenseiten parallel, sondern häufig auf einer Seite die Straße auf- und auf der anderen absteigend, was die Suche nach einer Adresse manchmal zu einer ärgerlichen Lauferei ausarten lässt.

Stadt- und Vorortverkehr (Plan hintere Umschlaginnenklappe)

● *Busse* Die Doppeldecker und andere Modelle mit dem schnittigen Logo „db" (Dublin-Bus) verkehren zwischen 6 und kurz vor 24 Uhr in der Stadt und bis hinaus bis nach Bray, Enniskerry, Maynooth und Malahide. Das **Dublin Bus Office,** 59 O'Connell St., (Mo–Fr 9–17, Sa 9–14 Uhr, ✆ 01 873 4222, www.dublinbus.ie), hat einen **Visitors Guide** mit den wichtigsten Tarifinfos und Haltestellenplänen für die Innenstadt. Der **Route Network Guide** zeigt die Routen der Buslinien im gesamte Stadtgebiet von Howth bis Tallaght. Die „Tourist Map" für das Zentrum taugt weniger.

Die meisten Linien enden im Zentrum („An Lar") um die O'Connell Bridge. **NiteLink** fährt Mo–Do 0.30 und 2 Uhr, Fr + Sa auch öfters für 5 € von der O'Connell Bridge in die Vororte Dublins.

● *Busfahrpreise* Hier eine Auswahl aus den drei Dutzend verschiedener Ticketvarianten. Die **Einzelfahrt** kostet je nach Strecke 1,05–4,30 € und muss im Bus passend bezahlt werden – es gibt kein Wechselgeld.

Die unter dem Namen „Travel 90" für 17 € verkaufte **Mehrfahrtenkarte** erlaubt 10 Fahrten von längstens 90 Min. Dauer.

Als Tageskarten sind an den mit „db" gekennzeichneten Verkaufsstellen die **Dublin Rambler** erhältlich (1 Tag 6 €; 3 Tage 11,50 €; 5 Tage 18 €).

Da die Bahn zu manchen Zeiten deutlich schneller ist als der Bus, bietet sich auch der **Dublin Short Hop** an (1 Tag Bus &

DART 9,30 €, 1 Tag dgl. Familienkarte 14.20 €, 3 Tage 18,20 €, eine Woche 31,50 €).

Last not least wird noch ein **Freedom Ticket** verkauft. Für 25 € darf man 3 Tage lang alle Busse samt AirLink und NiteLink benutzen, inklusive Stadtrundfahrt *Dublin City Tour* (siehe S. 162).

Mit einer **Student Travel Card** für 15 € (siehe www.studenttravelcard.ie) gibt's für Studenten ermäßigte Wochen- und Monatskarten – lohnt sich also nur, wenn man länger bleiben will.

Dublin Bus – gut zu wissen

▶ Es gibt **keine Verbundtickets** – für Bus, Bahn und Tram braucht man in der Regel gesonderte Fahrscheine.

▶ Die **Fahrpläne** an den Bushaltestellen geben nicht die aktuelle Abfahrt an, sondern den Start der Busse am Terminal. Und dort fahren die Busse gern auch etwas früher ab.

▶ Um einen Bus anzuhalten, muss man auch an der Haltestelle winkend o. ä. **Zeichen geben.**

▶ Wer nicht passend zahlt, bekommt vom Busfahrer **kein Wechselgeld.** Stattdessen gibt's einen Gutschein, den man aber nur im *Dublin Bus Office* einlösen kann.

Dublin
Karte vorderer Umschlag

136 Dublin

• *Tram* Die brandneue Straßenbahn *Luas* (gäl. für Geschwindigkeit, gesprochen *luis*) wird vom französischen Konzern Veolia betrieben. Die so genannte **Grüne Linie** verbindet St. Stephen's Green mit dem Vorort Sandyford, die **Rote Linie** fährt von der Connolly Station über die Heuston Station nach Tallaght – tatsächlich sind die Trams alle grau und die Farben Rot und Grün nur Linien auf dem Stadtplan. Die einfache Fahrt kostet 1,50–2,20 €, Tickets sind an den Automaten erhältlich. Es gibt keine Einzelfahrscheine für Bus *und* Tram, aber in beiden gültige Tages- und Wochenkarten (6,80 € bzw. 26 €).

• *DART-Bahn* Für längere Strecken ist die S-Bahn des **D**ublin **A**rea **R**apid **T**ransit ein gegenüber dem Bus sehr viel schnelleres und zuverlässigeres Transportmittel. Von den Stationen Connolly, Pearse und Tara fahren die grünen Züge etwa alle Viertelstunde ins Umland nach Greystones (Co. Wicklow), Howth und Malahide, von der Heuston Station fährt die Vorortbahn nach Kildare. Die Fahrt entlang der Küste ist auch als Sightseeing-Tour zu empfehlen. Weitere Vorortbahnen fahren nach Arklow, Kildare, Mullingar und Drogheda–Dundalk.

*F*ernverkehr

Trotz seiner geographischen Randlage laufen die Straßen und Schienenwege aus allen Landesteilen sternförmig in Dublin zusammen. So quälen sich viel zu viele Fahrzeuge durch die Stadt. Experten ermittelten für die Rushhour eine Durchschnittsgeschwindigkeit von 21 km/h, im Stadtzentrum gar nur 14 km/h.

• *Bus* Nahe dem Connolly-Bahnhof ist Busáras Central Bus Station, Store St., ✆ 01 8366111, das Terminal für die Überlandbusse von **Bus Éireann,** mit denen man in alle größeren Städte des Landes kommt. Ticketverkauf auch bei Dublin Bus, 59 O'Connell St. Die durchweg etwas billigeren **Privatlinien** haben keinen zentralen Busbahnhof, sondern fahren von verschiedenen Stellen in der Stadt ab und kommen deshalb für Fremde praktisch nur für die Rückfahrt nach Dublin in Frage.

• *Bahn* Die meisten Fernzüge enden an der **Heuston Station** (✆ 01 703 3299; mit Gepäckaufbewahrung) am Liffey, ein gutes Stück westlich des Zentrums und von dort bequem mit der Straßenbahn oder mit den

Dublin – Übersicht

2 km

Sonstiges
17 Helix Theater
29 Civic Theatre
30 Lambert Puppentheater

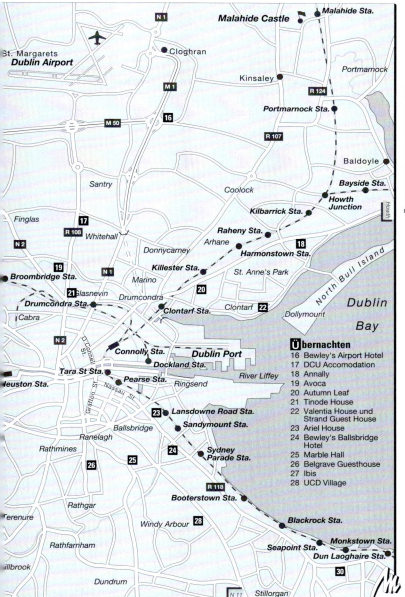

138 Dublin

Buslinien Nr. 26, 51, 79 und 90 erreichbar. Zentraler liegt **Connolly Station** (☎ 01 703 2358; mit Gepäckaufbewahrung), wo die Züge von Belfast – Drogheda, Sligo und Rosslare – Wexford einlaufen. Letztere halten auch an der **Pearse Station** in der Nähe des Trinity Colleges. Bus Nr. 90 verbindet alle drei Bahnhöfe miteinander, die Straßenbahn Connolly Station mit Heuston Station. Bahntickets sind Mo–Sa auch im Stadtbüro, 35 Lower Abbey St., erhältlich. **Zugauskunft** ☎ 1850 366 222.

• *Flughafen* Dublin Airport (☎ 01 814 1111), 12 km nördlich des Zentrums an der M 1. Die **Busse** Nr. 16 A, 41 und 41 B fahren alle 20 Min. via DART-Station Drumcondra Rd. ins Stadtzentrum (O'Connell St., Fahrzeit 40 Min.), Nr. 746 bringt Sie auf die Southside bis nach Dun Laoghaire.

Der teurere und schnellere **Airlink** Nr. 747 (6 €, hin und zurück 10 €) fährt ohne Zwischenhalt zum O'Connell Street und zum Busbahnhof, Nr. 748 zum Busbahnhof und zur Heuston Station. Ein privater **Aircoach** fährt im 15-Minuten-Takt die großen Hotels im Stadtzentrum an (Ticket 7 €, Info www.aircoach.ie).

Für ein **Taxi** zur Connolly Station rechne man 30 €.

Kommen Sie für den **Rückflug** rechtzeitig zum Airport, der dem Verkehr derzeit nicht gewachsen ist. Bei meinem letzten Flug wartete ich 30 Min. in der Schlange am Ryanair-Schalter, 30 Min. vor der Sicherheitskontrolle, stand 10 Min. für eine Flasche Wasser an, um dann weitere 10 Min. für die Wanderung zum Terminal A zu benötigen.

> **Tipp:** Kaufen sie die Bustageskarte **Dublin Rambler** (siehe S. 135) bereits am Flughafen (am Busschalter, bei der Touristinformation oder am Fahrscheinautomat), denn sie gilt auch für den Airlink-Bus in die Stadt.

• *Fährhafen* Außer **Dublins Hafen** (Bus Nr. 53, 53 A) an der Mündung des Liffey wird von einzelnen Fähren der Hafen **Dun Laoghaire** im Süden der Stadt angelaufen, der mit der DART erreicht werden kann. **Irish Ferries,** Ferryport, Alexandra Road, ☎ 018552222; **Norfolk Line,** Ferryport, Alexandra Road, ☎ 01 819 2999; **Stena Line,** Ferry Terminal, Dun Laoghaire, ☎ 01 204 7777; **P&O Irish Sea,** Ferryport, Terminal 3, ☎ 01 407 3434.

Let's DART

„Die größte Revolution des Transportwesens seit dem Pferd", begeisterte sich ein Kommentator in den achtziger Jahren bei der Eröffnung von Dublins S-Bahn. Mit inzwischen 80.000 Fahrgästen im Tagesschnitt ist die DART aus dem Leben der meisten Dubliner nicht mehr wegzudenken. Mit ihr fährt man zur Arbeit, abends zum Vergnügen ins Zentrum, am Wochenende mit der Familie ans Meer. Auch für die sonst autofahrenden Angehörigen der Mittelklasse ist es nicht ehrenrührig, im Zug gesehen zu werden. Verglichen mit anderen europäischen Metropolen, auch mit Frankfurt oder München, sind die Züge überraschend sauber – und nahezu ohne Graffiti. Doch die Bahn ist mehr als nur ein Mittel, um schnell und sicher von A nach B zu kommen. „DART is a way of life", weiß Cyril Ferris, der Pressesprecher von Irlands Eisenbahn. Erst mit DART haben Teenies und Twens aus den „guten Vierteln" zentrale Treffpunkte außerhalb der Innenstadt wie das Queen's Pub in Dalkey oder das Merrion-Einkaufszentrum etablieren können. Die Trennung der Stadt in die Arbeitermietskasernen der North Side und die Villenviertel der South Side hat allerdings auch die durch beide Stadtteile fahrende S-Bahn nicht überwinden können. Aus beiden Richtungen fährt kaum jemand über die „Wasserscheide" der Tara Station hinaus, und wenn die aus der Südstadt einmal nach Howth wollen, rücken sie zwischendrin ängstlich dicht zusammen, als ginge die Fahrt durch Feindesland.

Diverses

- *Ärztlicher Notdienst* ✆ 01 453 9333.
- *Apotheke* **O'Connell's,** 55 Lower O'Connell St., ✆ 01 873 0427, tägl. bis 22 Uhr offen, die zentralste Apotheke mit Abendverkauf.
- *Auto* Dublin hält traurige Rekorde in Sachen **Autoknacken** und **-klau.** Gut organisierte Banden suchen regelmäßig die von Touristen bevorzugten Orte heim, Gelegenheitsdiebe werden von ausländischen Autonummern in Versuchung geführt. Am sichersten sind natürlich bewachte **Parkplätze,** auch in den südlichen Vororten ist das Risiko geringer. Die Parkgebühren sind happig, Falschparker werden mit Radkrallen blockiert und müssen für die Freigabe 80 € (✆ 01 602 2500) berappen.
- *Automobilclub* **AA** (Automobil Association), 23 Suffolk Rd. off Grafton St., ✆ 01 617 9999 (Pannendienst, ✆ 1800 667 788), Mo–Fr 9–17, Sa 9–12.30 Uhr geöffnet.
- *Botschaften* **Deutschland,** 31 Trimlestone Av., ✆ 01 269 3011, in Notfällen nach Dienstschluss ✆ 087 221 1382; www.dublin.diplo.de, Mo–Fr 8.30–11.30 Uhr.
Niederlande, 160 Merrion Rd., ✆ 01 269 3444, in Notfällen nach Dienstschluss ✆ 01 281 1787; Mo–Fr 9–12.30, 14–16 Uhr.
Österreich, 15 Ailesbury Ct., 93 Ailesbury Rd., ✆ 01 269 4577.
Schweiz, 6 Ailesbury Rd., ✆ 01 218 6382, Mo–Fr 92 Uhr.
- *Ermäßigungen* Mit dem **Dublin Pass** (www.dublinpass.ie) können Sie ca. zwei Dutzend Sehenswürdigkeiten eintrittsfrei besichtigen, an Warteschlangen vorbei bekommen Sie bevorzugten Zugang. Auch diverse Gutscheine und der Bustransfer von und zum Airport sind inbegriffen. Der bei der Touristinformation erhältliche Pass kostet für 1/2/3/6 Tage 31/49/59/89 € (für Kinder 17/29/34/44 €) – lohnt sich also nur, wenn Sie ein prallvolles Hardcore-Besichtigungsprogramm vorhaben.
- *Fahrradreparatur, -aufbewahrung* **Square Wheel Cycle Works,** Temple Lane South off Dane St., ✆ 01 679 0838.
- *Fahrradverleih* **Cycleways** (Raleigh), 185–186 Parnell St., Dublin 1, ✆ 01 873 4748, www.cycleways.com. **Little Sport** (Raleigh), 3 Merville Av. off Fairview Rd., Dublin 3, ✆ 01 833 2405; **McDonald's** (Raleigh), 38 Wexford St., Dublin 2, ✆ 01 475 2586.
- *Gepäckaufbewahrung/Schließfächer* In den Bahnhöfen und im zentralen Busbahnhof, auch bei *Western Union* in der O'Connell St. Man zahlt je nach Größe des Gepäckstücks 3–5 €.
- *Hunderennen* **Harold's Cross Stadion,** Harold's Cross, Dublin 6, Bus 16, 16 A, 49, 49 A. Renntage sind Mo, Di, Fr; Eintritt 10 €. ww.igb.ie.
Shelbourne Park, Ringsend Rd., Dublin 4, Bus 2, 3. Renntage sind Mi, Do, Sa; Eintritt 10 €. ww.igb.ie.

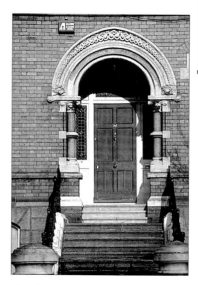

Prunkvolle Eingänge schmücken die sonst eintönigen Backsteinfassaden

- *Internet-Café* **Global Internet Café,** 8 Lower O'Connell St.; **Central Cyber Café,** 6 Grafton St.; beide unter www.globalcafe.ie.
- *Krankenhaus* **Adelaide and Meath Hospital,** Tallaght, ✆ 01 414 2000, www.amnch.ie; **Mater Misericordiae,** Eccles St., ✆ 01 803 2000, www.mater.ie.
- *Mietwagen* Die meisten Verleiher haben ihre Wagenparks ausschließlich am Flughafen. Näher am Zentrum sind: **Avis,** 35 Old Kilmainham Rd., Dublin 8, ✆ 01 605 7500; **Hertz,** 151 South Circular Road, Dublin 8, ✆ 01 709 3060; **Europcar,** Baggot Street Bridge, Dublin 4, ✆ 01 614 2840.

140 Dublin

• *Pferderennen* **Leopardstown Race-course,** Leopardstown, Dublin 18, www.leo pardstown.com, Tramstation Sandyford. Irlands angesehenste Rennbahn ist auch ein Paradies für Zocker. Highlights sind die *Weihnachtsrennen* Ende Dezember und der *Hennessy Cup* im Februar. Kein Dresscode, aber den Regenschirm sollte man nicht vergessen.

• *Polizei* **Dublin Metro Headquarters,** Harcourt Sq., ☎ 01 666 0000; Notruf: ☎ 999. Zentral gelegene Polizeistationen sind in der Store St. (bei der Busstation) und in der Pearse St. (Nordseite des Trinity College).

• *Post* **GPO** (Hauptpostamt), O'Connell St., Mo–Sa 8–20 Uhr, Telefon u. Briefmarken auch So 10.30–18.30 Uhr.

• *Reisebüro* **USIT,** 19–21 Aston Quay, ☎ 01 602 1906, www.usit.ie, Mo–Fr 9–18, Sa 11–16 Uhr. Das studentische Reisebüro verkauft Internationale Studentenausweise. Günstige Flugangebote in alle Welt.

• *Taxi* ☎ 01 676 1111, 01 677 2222, 01 676 6666, 01 668 3333.

• *Waschsalon* **Laundry Shop,** 191 Parnell St.; **Laundrette,** 110 Lower Dorset St.; **All American Laundrette,** 40 South Great George St.; **Dazzle Launderette,** College Court, Lower Kevin St. off South St. Stephen's Green.

> **Dublin ist keine fahrradfreundliche Stadt!** Es fehlt bislang ein Netz zusammenhängender Radwege, Radler müssen sich vielmehr die Straßen mit dem motorisierten Verkehr teilen. Und sie sehen mit Helm, Knieschonern und Funktionskleidung auf ihren Mountainbikes aus, als zögen sie in den Krieg. Immerhin ist ein durchgehender Uferweg von Sutton bis Sandycove geplant.

Übernachten

Dublin ist ein teures Pflaster. Wenigstens 300 € muss man für ein Zimmer in den Luxusherbergen hinlegen, Frühstück nicht inbegriffen. Wir haben uns hauptsächlich in der mittleren Preislage und darunter für Sie umgesehen – und je preiswerter, desto genauer haben wir geprüft, was den Gast erwartet. Für alle Preiskategorien gilt: Je zentraler man wohnt und je kürzer damit die Wege sind, desto mehr muss man bezahlen. Teurer sind auch die Wochenendnächte, da dann viele Leute zu Festen und Veranstaltungen in die Stadt kommen. Gebucht wird zunehmend übers Internet, wobei Buchungsportale wie *Easy-to-book* im Einzelfall günstiger sein können als die direkten Angebote des Hotels. Auch bei der Tourist-Information können alle Hotels, Pensionen, die hier vorgestellten B&Bs und auch die meisten Hostels reserviert werden.

> **Mein Tipp**
>
> Luxushotel: Merrion (S. 141)
>
> Mittelklassehotel: Bewley's Ballsbridge (S. 142)
>
> Boutique-Hotel: Number 31 (S. 141)
>
> Pension im Zentrum: Grafton Guesthouse (S. 142)
>
> B&B: Valentia House (S. 143)
>
> Budgetunterkunft: Citi Hostel (S. 144)

Luxushotels: Richtig viel Geld ausgeben kann man in Dublins Spitzenhotels. Und man hat die Wahl zwischen ultramodernem Design und der Eleganz aus den Tagen des Empire.

Shelbourne (Karte S. 144, Nr. **63**), 27 St. Stephen's Green, ☎ 01 663 4500, www.marriott. com, DZ ab 250 €. Martin Burke gründete das Shelbourne im Jahre 1824, indem er drei nebeneinander liegende Stadthäuser mit Blick über St Stephen's Green erwarb.

Übernachten 141

Heute gehört das ehrwürdigste Hotel der Stadt zur Marriott-Kette und soll im Frühjahr 2007 nach umfangreicher Sanierung wieder geöffnet werden.

Merrion (Karte S. 144, Nr. **64**), Upper Merrion St., ✆ 01 603 6000, www.merrionhotel. com, DZ ab 250 €. Das elegante Hotel im Regierungsviertel residiert in vier sorgfältig restaurierten georgianischen Häusern, die u. a. mit wertvollen Kunstwerken aus dem 19. und 20. Jh. ausgestattet sind – manches Museum wäre um solche Schätze froh. Zum Haus gehören ein hübscher Garten und das Wellnesszentrum *Tethra Spa*.

Clarence (Karte S. 151, Nr. **77**), 6–8 Wellington Quay, ✆ 01 407 0800, www.theclarence.ie,
DZ ab 320 €. Dublins hippstes Hotel gehört den Stars von U2. So gehen hier Showstars und -sternchen ein und aus. Kein Zimmer gleicht dem anderen, doch alle sind mit dem letzten Schrei der Unterhaltungselektronik ausgestattet.

Morrison (Karte S. 152/153, Nr. **112**), Lower Ormond Quay, ✆ 01 887 2400, www.morrisonhotel.ie, DZ ab 200 €. Boutique-Hotel am Fluss mit 140 Gästezimmern in ultracoolem Minimaldesign mit viel Schwarz und natürlichen Materialien, Restaurant mit Bioküche. Wer das Besondere sucht und nicht auf's Geld schauen muss, ist hier richtig.

Mittlere Preislage: Das Viertel um St. Stephen's Green am Südufer des Liffey ist eine der besten Geschäftslagen Dublins. Die Grundstücke sind teuer, deshalb findet man hier auch nur Nachtquartiere der mittleren und höheren Kategorie. Vorsicht vor dem Nepp mancher Hotels in Temple Bar.

● *Im Zentrum* **Brooks** (Karte S. 144, Nr. **49**), Drury St., ✆ 01 670 4000, www.sinnotthotels. com, DZ 150–250 €. Schickes Designerhotel in bester Lage, das bei Geschäftsleuten wie Hochzeitsreisenden gleichermaßen beliebt ist. Geräumige Zimmer mit unterschiedlichem Standard und Preis, Eichenholzbar und Fitnessraum, perfekter Service.

Number 31 (Karte S. 144, Nr. **69**), Leeson Close, Lower Leeson St., ✆ 01 676 5011, www.number31.ie. DZ 150–320 €. Dublins umstrittener Stararchitekt Sam Stephenson (1933–2006), dem die Stadt Hässlichkeiten aus Beton wie das Rathaus (am Wood Quay) und die Zentralbank (Dame St.) verdankt, baute sich hier in den 1950er Jahren alte Stallungen zu seinem Wohnhaus um. Dieses ist nun zusammen mit dem georgianischen Gartenhaus ein Boutiquehotel und in der Einrichtung der klassischen Moderne verpflichtet. Das üppige Frühstück wird in einem grünen Wintergarten serviert. Deirdre und Noel Comer führen das preisgekrönte Haus mit Geschick und Charme. Über die Sicherheit wacht Labrador Homer, assistiert von Videokameras und einer hohen Mauer.

Staunton's on the Green (Karte S. 144, Nr. **68**), 83 St. Stephen's Green, ✆ 01 478 2300, www.thecastlehotelgroup.com, EZ 90–100 €, DZ 150–200 €. Zentral im Geschäftsviertel am Stephen's Green gelegen, doch zumindest abends findet man auch einen Parkplatz vor dem Haus. Älteres Gebäude mit sehr großen Zimmern und dem Preis angemessenem Komfort, auf der Rückseite zu einem Garten hin und sehr ruhig gelegen. Das üppige Frühstück wird im ausgebauten Souterrain serviert – hier fehlt leider der Blick aus dem Fenster.

Fitzwilliam Townhouse (Karte S. 144, Nr. **67**), 41 Upper Fitzwilliam St., ✆ 01 662 5155, www.fitzwilliamtownhouse.ie, EZ 80–130 €, DZ 100–150 €. Zentral, aber nachts überraschend ruhig. 13 Zimmer, alle mit Bad und kürzlich neu ausgestattet, im 1. Stock schmiedeeiserne Balkone, innen mit Lüstern und viel Goldbronze eingerichtet. Leser beklagen den etwas drögen Service.

Kilronan Guesthouse (Karte Umschlang innen, Nr. **13**), 70 Adelaide St., ✆ 01 475 5266, www.dublinn.com, EZ 60–120 €, DZ 120–170 €. Georgianisches Stadthaus mit Balkonen, Säulen und Erkern in guter, zentrumsnaher Lage – und die erlaubt es in Dublin, für die Nacht in einem eingeführten B&B mit durchschnittlichem Komfort stattliche Preise zu verlangen. Freundlicher Empfang und familiäre Atmosphäre. Auf der Minusseite stehen sehr kleine Zimmer und enge, steile Treppen.

● *Zwischen Zentrum und Flughafen* **Bewley's Hotel Dublin Airport** (Karte S. 136/137, Nr. **16**), Baskin Lane, N 32, Santry, ✆ 01 871 1001, www.bewleyshotels.com, DZ 100 €, Frühstück 12 €/Person extra. Neues Hotel nur 3 km vom Flughafen entfernt, zu dem ein Shuttlebus pendelt. Mehr zweckmäßig als schön gebaut, doch unmittelbar vor oder nach einem Flug eine gute Wahl, denn rund um den Airport gibt's einige Hotels, die für viel mehr Geld viel weniger bieten.

Dublin
Karte vorderer Umschlag

142 Dublin

> Weitere Flughafenhotels siehe S. 200

Egan's Guesthouse (Karte Umschlag vorne, Nr. **1**), 7/9 Iona Park, Glasnevin, ✆ 01 830 361, www.eganshouse.com, EZ 40–80 €, DZ 60–160 €. Die zweigeschossige Häuserzeile im Stil der Jahrhundertwende liegt nördlich des Zentrums in einem ruhigen Wohngebiet unweit des Botanischen Gartens. Die etwa 20 Gästezimmer sind mit dem üblichen Komfort und DSL-Anschluss ausgestattet, aber recht klein. Für Autofahrer gibt es ausreichend Parkplätze, zur DART-Station Drumcondra läuft man 10 Min.

• *Ballsbridge und Umgebung* **Belgrave Guesthouse** (Karte S. 136/137, Nr. **26**), 8 Belgrave Square, Rathmines, ✆ 01 496 3760, www.belgraveguesthouse.com, EZ 70–110 €, DZ 100–180 €. Drei historische, miteinander verbundene Stadtvillen aus roten Ziegeln überblicken einen kleinen Platz. Gemütlich, ja ein wenig altbacken eingerichtet, eigener Parkplatz.

Ariel House (Karte S. 136/137, Nr. **23**), 50–54 Lansdowne Road, ✆ 01 668 5512, www.ariel-house.net, DZ 100–190 €. Luxuspension in einer dreigeschossigen Backsteinhäuserzeile. Die 37 Zimmer sind alle mit Stilmöbeln eingerichtet, unter der Woche aber relativ günstig zu haben. Über die DART-Station Landsdowne Road kommt man blitzschnell ins Zentrum.

Bewley's Ballsbridge Hotel (Karte S. 136/137, Nr. **24**), Merrion Rd., Ballsbridge, ✆ 01 668 1111, www.bewleyshotels.com, EZ/DZ 120 €, Frühstück und Parken kosten extra. Ein Kettenhotel mit Charme. 5 Gehminuten von der DART-Station Sandymount entfernt wurden in der früheren Mädchenschule der Freimaurer 220 geräumige und komfortable Zimmer eingerichtet. Über kleinere technische Mängel sieht man angesichts des günstigen Preises gerne hinweg.

• *Clondalkin* **Ibis** (Karte S. 136/137, Nr. **27**), Monastery Rd., Red Cow Roundabout, Clondalkin, ✆ 01 464 1480, www.accorhotels.com, DZ ohne Frühstück 45–100 €. Das preisgünstige Ibis liegt verkehrsgerecht in einem Industriegebiet an der Kreuzung N 7/M 50. Mit der Straßenbahn (Rote Linie) sind es ins Stadtzentrum etwa 20 Minuten.

Rechtzeitige Reservierung wird dringend empfohlen, denn bei kulturellen oder sportlichen Großveranstaltungen kann es in Dublin auch außerhalb der Reisesaison schwierig werden, auf die Schnelle ein Bett zu finden.

Bed & Breakfast/einfache Pensionen: Privatzimmer kosten mindestens 75 €. Zentrumsnahe Lagen, etwa die vielen B&Bs um den Busbahnhof, sind dabei teurer als vergleichbar ausgestattete Zimmer in den Vororten (z. B. in Clontarf auf dem Weg nach Howth). Wer weniger aufs Geld schaut, ist im Botschaftsviertel Ballsbridge an der richtigen Adresse.

• *Zentrum* **Eliza Lodge** (Karte S. 151, Nr. **73**), 23 Wellington Quay Ecke Eustace St., Temple Bar, ✆ 01 671 7302, www.dublinlodge.com, DZ 120–190 €. Die beste Wahl in Temple Bar. 18 geräumige und hell eingerichtete Zimmer mit Ausblick über den Fluss, im Dachgeschoss mit Balkon.

Grafton Guesthouse, (Karte S. 144, Nr. **47**), 26 South Great George's St., ✆ 01 679 2041, www.graftonguesthouse.com, DZ 120–150 €. Pension über drei Etagen (kein Lift!) in bester Lage, gut geführt und in Schuss. Die neu eingerichteten Gästezimmer sind mit roten Teppichböden und psychedelischen Tapeten im Retrostil der 70er-Jahre geschmückt. Wegen des Straßenlärms empfiehlt sich ein Zimmer auf der ruhigeren Rückseite. Unter dem Dach gibt es ein Penthouseapartment für größere Familien/Gruppen.

• *Nördlich des Liffey* Die B&Bs in der Lower Gardiner Street leben von der Nähe zur Connolly Station und zum Busbahnhof. Vorsicht ist bei den Pensionen und Hotels zwischen Parnell Square und der Upper Gardiner St. geboten: Viele sind abgewohnt und mit Gastarbeitern belegt. Empfehlen können wir:

Anchor Guesthouse (Karte S. 152/153, Nr. **94**), Joan and Gerry Coyne, 49 Lower Gardiner St., ✆ 01 876 6913, www.anchorguesthouse.com, DZ 90–140 €. Seriös, solide und mit freundlichen Besitzern, was in dieser Gegend nicht selbstverständlich ist. Etwa 20 Zimmer mit TV, Kaffeekocher, Internet-

Übernachten 143

anschluss und Bad. Straßen- und Bahnlärm muss man in Kauf nehmen.

Charles Stewart (Karte Umschlag vorne, Nr. **5**), 5/6 Parnell Square East, ℘ 01 878 0350, www.charlesstewart.ie, DZ 70–110 €. Gute Lage (nur 3 Minuten von der O'Connell St. entfernt), freundlicher Chef, sauber, guter Preis. Die Zimmer mit Bad und TV, jedoch sehr unterschiedlich groß bzw. klein, schlicht eingerichtet und mit Instandhaltungsmängeln. Die besseren Zimmer befinden sich im Anbau. Der Dichter Oliver St. John Gagarty wurde im Haus geboren.

Marian Guesthouse (Karte Umschlag vorne, Nr. **2**), 21 Upper Gardiner St., ℘ 01 874 4129, www.marianguesthouse.ie, DZ 60–90 €. An einem Park gelegen und von den Besitzern persönlich geführt. Die Zimmer teilweise mit Etagenbad, sauber, hell, ansprechend eingerichtet, doch zur Straße hin laut.

● *Drumcondra* **Tinode House** (Karte S. 136/137, Nr. **21**), Maureen Dunne, 170 Upper Drumcondra Rd., ℘ 01 837 2277, www.tinode house.com, DZ 70–90 €. 4 Gästezimmer in einem Backsteinhaus der Jahrhundertwende, zwischen Flughafen und Zentrum gelegen, praktisch für Autofahrer. Familiäre Atmosphäre, Holzböden, Leseecke, Garten, kinderfreundlicher Hund, eigener Parkplatz. Da die Straße auch bei geschlossenem Fenster noch laut ist, sollte man besser ein rückseitiges Zimmer wählen.

Avoca (Karte S. 136/137, Nr. **19**), 110 Hollybank Rd., ℘ 01 830 2014, www.avoca-house.ie, DZ 80 €. Ruhig gelegen in einer Seitenstraße, prima Frühstück und sehr freundliche, nette Betreiber. Zimmer mit Bad, TV und Vollholzmöbeln. Das Zentrum ist in 20 Minuten gut zu Fuß zu erreichen, Busse fahren natürlich auch. (Lesertipp von Gerlinde Böpple)

Buchungsportale im Internet

www.easytobook.com

www.visitdublin.com

http://deutsch.hotels.com

www.dublinhotels.com

www.hostelz.com

● *Clontarf und Umgebung* Die Clontarf Rd. (Bus Nr. 130) ist als Uferstraße (Meerblick, frische Luft) generell eine gute Adresse. Je höher die Hausnummer, desto weiter wohnt man vom Industriegebiet in der Bucht entfernt.

Valentia House (Karte S. 136/137, Nr. **22**), Jackie Egan, 37 Kincora Court, Clontarf, ℘ 01 833 8060, www.valentiahouse.com, DZ 70–90 €. „Jackie ist unheimlich freundlich, die Zimmer sind super sauber, man kann einfach per E-Mail buchen und morgens zwischen 6 und 7 Uhr verschiedene Menüs wählen, also auch Müsli, Obst, Käse, Aufschnitt. Nahe der Clontarf Rd., aber nicht direkt an dieser viel befahrenen Straße, ist es von der City mit dem Bus 20 Min. entfernt." (Lesertipp von Verena Eickholt)

Strand House (Karte S. 136/137, Nr. **22**), Mrs. Vera Dinneen, 316 Clontarf Rd., ℘ 01 833 0569, DZ 80-90 €. „Das B&B gehört einer netten älteren Dame und ihrem Sohn – ein herzlicher Familienbetrieb. Positiv überrascht waren wir auch über den Preis." (Lesertipp von Susanne Nandelstädt)

Autumn Leaf (Karte S. 136/137, Nr. **20**), Janice Conboy, 41 St. Lawrence Rd., ℘ 01 833 7519, autumnleaf@eircom.net, DZ 70–100 €. Das viktorianische Erkerhaus mit 4 Gästezimmern liegt nur wenige Gehminuten von der DART-Station Clontarf Rd entfernt.

Annally (Karte S. 136/137, Nr. **18**), Kathleen Phillips, 525 Howth Rd., Raheny, ℘ 01 832 7485, www.annally.ie, DZ 80 €. Gemütliches Einfamilienhaus mit drei Gästezimmern, die mit Bad und TV ausgestattet sind. Der Howth-Bus hält vor dem Haus, die DART-Station Raheny liegt wenige Minuten um die Ecke.

● *Ballsbridge/Donnybrook* **Marble Hall** (Karte S. 136/137, Nr. **25**), Mrs. Shelagh Conway, 81 Marlborough Rd., ℘ 01 497 7350, www.marblehall.net, DZ 100 €. Shelagh hat ein schönes Haus mit hellen, sonnigen Räumen. Sie begrüßt ihre Gäste mit Scones und Tee aus der Silberkanne. Superleckeres Frühstück, je nach Geschmack mit Lachs, Waffeln oder Eiern. (Lesertipp von Kerstin Lange)

Dublin
Karte vorderer Umschlag

Hostels: Bei Preisen um 80 € für sehr kleine Doppelzimmer mit meist nur symbolischem Frühstück sind alle, die eine Privatunterkunft wollen und denen die Kontaktmöglichkeiten eines Hostels nicht so wichtig sind, im B&B besser aufgehoben. In Mehrbettzimmern jedoch sind die Hostels, auch in Dublin, preislich

144 Dublin

unschlagbar. Bei allen Häusern ist im Sommer und am Wochenende Vorausbuchung dringend angeraten – bestehen Sie darüber hinaus auf einer schriftlichen Reservierungsbestätigung (Mail oder Fax), denn Leser berichteten wiederholt, dass ihre Reservierung verschlampt oder schlicht nicht berücksichtigt wurde.

• *Südlich des Liffey* **Citi Hostel** (Karte Umschlag vorne, Nr. **15**), Charlemont St. (Buslinien 16, 16 A, 19, 19 A), ℡ 01 475 0674, www.citihostels.com. Bett im 4er 25–35 €, DZ mit Bad 55–90 €. Ein großes, professionell geführtes Hostel mit getrennten Bereichen für Langzeitaufenthalte und Touristen. Im letzteren pieksaubere 4-Bett- und 2-Bett-Zimmer mit Stockbetten, TV und Bad, auch die Küche war in Ordnung. Die großen Schlafsäle im älteren und von den Langzeitgästen bewohnten Teil des Hauses haben mir weniger gefallen, auch gibt es hier zu wenige Sanitäranlagen. „Die Zimmer zur Straße hin sind leider wegen einer sehr belebten Kreuzung auch nachts recht laut, ansonsten ist es klasse dort." (Lesertipp von Silke Pieper)

Avalon House (Karte S. 144, Nr. **62**) (IHH), 55 Aungier St. (westlich St. Stephen's Green, Buslinien 16, 16 A, 19, 19 A), ℡ 01 475 0001, www.avalon-house.ie. Bett mit Frühstück ab 20 €, DZ mit Bad 60–75 €. In einem früheren, völlig umgebauten Krankenhaus, 1992

Übernachten
32 Ashfield House
33 Trinity College
47 Grafton Guesthouse
49 Brooks
62 Avalon House
63 Shelbourne
64 Merrion
67 Fitzwilliam Townhouse
68 Staunton's
69 Number 31

Pubs/Bars
31 Mulligan's
35 Stag's Head
39 Porterhouse
45 The Bailey
50 Davy Byrne's
51 McDaid's
57 Neary's
65 O'Donoghues
66 Whelan's

Nachtleben
36 International Bar
37 Rí Rá
39 Lillie's Bordello
48 Bewley's Café Theatre
54 Break for the Border
56 Gaiety Theatre
66 Village
70 PoD

Essen & Trinken
34 Odessa
35 Nude
38 Cornucopia
40 Yamamori
41 Port House
42 Silk Road Café
43 Kilkenny
44 Leo Burdock
46 Dunne & Crescenzi
49 La Maison des Gourmets
52 Govinda's
53 La Cave
55 One Pico
58 Café-en-Seine
59 Darwin's
60 The Dome
61 Pearl Brasserie
64 Patrick Guilbaud
65 Bang Café

Dublin – Zentrum Southside

Übernachten 145

eröffnet, später auf insgesamt 280 Betten erweitert. Die hohen Mehrbett-Zimmer wurden teilweise raffiniert in zwei Ebenen unterteilt, so sind die Betten etwas voneinander abgeschirmt; die Einzelzimmer erschienen mir etwas trist. Nachteilig sind die nächtliche Beleuchtung mancher Räume durch meterhohe Oberlichter vom Flur her und die mangelhafte Küchenausstattung. Coffeeshop bis 1 Uhr geöffnet, Wäscherei und Safe.

Kinlay House (Karte S. 151, Nr. **88**) (IHH), 2–12 Lord Edwards St. (neben der Christ Church Cathedral), ☎ 01 679 6644, www.kinlayhouse.ie. Bett mit Frühstück ab 25 €, DZ 70–90 €. Die großen Schlafsäle sind in 4er-Nischen unterteilt, dazu Zimmer mit 6, 4 oder 2 Betten, auf der Straßenseite etwas laut. Große, gut ausgestattete Küche, gemütlicher Aufenthaltsraum, Cafeteria, Gepäckaufbewahrung und Fahrradverleih. Ungeachtet geringer Defizite in punkto Sauberkeit und Instandhaltung mit das beliebteste unter den großen Hostels und deshalb schnell voll.

Ashfield House (Karte S. 144, Nr. **32**), 19/20 D'Olier St., ☎ 01 679 7734, www.ashfieldhouse.ie, Bett mit Frühstück ab 20 €, DZ 75–95 €. „In einem früheren Priesterseminar, gemütliche Eingangshalle, in der noch der Tabernakelschrein auszumachen ist. Zwischen den zwei Häusern ein Innenhof mit Grillplatz, die Küche durchschnittlich sauber, alle Zimmer mit Bad." (Lesertipp von Steffen Watzek)

Barnacle's Temple Bar House (Karte S. 151, Nr. **79**) (IHH), 1 Cecilia St., Temple Bar, ☎ 01 671 6277, www.barnacles.ie. Bett mit Frühstück ab 20 €, DZ 70–100 €. Die Zimmer des Hostels sind farbenfroh gestaltet, alle mit eigenem Bad, unter den Betten Metallkäfige zur Aufbewahrung der Habe. Aufenthaltsraum mit TV und gemütlichem Kamin. Guter Zustand. Im Haus herrscht Alkoholverbot. Auch dank der Lage zählt Barnacle's zu den besten Hostels der Stadt.

Oliver St. John Gogarty's (Karte S. 151, Nr. **75**) (IHH), 58 Fleet St, Temple Bar, ☎ 01 671 1822, www.gogartys.ie, Bett ab 25 €, DZ 65–100 €. Ein neueres Hostel in Temple Bar neben dem gleichnamigen Pub, verweigerte dem Autor eine Besichtigung. Auch Apartments für 2–6 Pers. werden vermietet.

Four Courts (Karte Umschlag vorne, Nr. **8**) (IHH), 15 Merchants Quay, ☎ 01 672 5839, www.fourcourtshostel.com, Bett mit Frühstück ab 20 €, DZ 65–75 €. Mit Charme ma-

nagt jugendliches Personal ein Organisationschaos – da gehen Reservierungen schon mal verloren. Das in drei renovierten Altbauten eingerichtete Hostel hat relativ geräumige, teilweise hohe Räume mit Holzböden und Schiebefenstern (auf der Vorderfront laut, mit Flussblick, auf der Rückseite leise mit Parkhausblick), saubere Sanitäranlagen – dass die Druckventile der Duschen nach gerade nur 20 Sekunden einen neuen Händedruck brauchen, ist etwas lästig. Großzügiger Aufenthaltsraum, kostenloser Internetzugang, Wäscheservice.

The Brewery Hostel (Karte Umschlag vorne, Nr. **9**), 22–23 Thomas St., ☎ 01 453 8600, www.irish-hostel.com. Bett mit Frühstück („light") ab 20 €, DZ 75–85 €. Familienbetrieb in einem älteren, stattlichen Bürgerhaus nahe der Guinnessbrauerei mit eigenem Parkplatz sowie einem ansprechenden Hof mit Bänken und Grillstelle. Die relativ geräumigen Schlafzimmer (bis 10 Betten) sind alle mit eigenem Bad, teilw. mit Tischchen ausgestattet. Gemütlicher Aufenthaltsraum mit Sofas, alten Radios, teilweise antiken Möbeln.

● *Nördlich des Liffey* **Abbey Court** (Karte S. 152/153, Nr. **105**), 29 Bachelors Walk, O'Connell Bridge, ☎ 01 878 0700, www.abbeycourt.com, Bett mit Frühstück ab 20 €, DZ 80–90 €. Ein gut ausgestattetes Hostel in zentraler Lage teilw. mit Flussblick. Die 6-, 4- u. 2-Bett-Zimmer sind mit Magnetkarten gesichert, das Gepäck zusätzlich mit abschließbaren Fächern unter den Betten. Geräumige Küche mit Aufenthaltsraum im Untergeschoss, zur Straße hin schöner Blumenschmuck an den Fenstern. Werfen Sie vor der Anmietung Ihres Bettes oder Zimmers einen Blick in die Dusche – Leser haben dort Schimmelpilze gesichtet.

Globetrotter's Tourist Hostel (Karte S. 152/153, Nr. **94**), 46 Lower Gardiner St. (zwischen Busbahnhof und O'Connell St.), ☎ 01 873 5893, www.globetrottersdublin.com. Bett ab 25 €, DZ 90–125 €. Heimelige Farben, neue, großzügige Küche mit Frühstücksraum; 6- bis 12-Bett-Zimmer, nettes Personal, vergleichsweise üppiges Frühstück, abgeschlossener Parkplatz. Die Zimmer im angeschlossenen B&B (mit Schuhputzautomat!) sind geräumig und ansprechend, aber relativ teuer.

Isaac's (Karte S. 152/153, Nr. **96**) (IHH), Frenchman Lane (neben dem Busterminal), ☎ 01 855 6215, www.isaacs.ie, Bett ab 16 €, DZ 65–80 €. Mit 235 Betten eines der größ-

Dublin
Karte vorderer Umschlag

146 Dublin

ten Hostels der Stadt, in einem stilvollen alten Lagerhaus. Straßen- und Bahnlärm ist der Preis für die zentrale Lage. Die Zimmer, von 12 Betten abwärts in allen Größen, sind mit verschließbaren Schränken ausgestattet. Tagsüber wird der gesamte Schlaftrakt abgeschlossen. In der Küche gibt es Gerangel um Abstellflächen, Töpfe und Mikrowelle. Gemütlicher Aufenthaltsraum mit langen Holzbänken, Biergarten und Nightclub. Handtücher, Gepäckaufbewahrung, Sauna, Internet, Waschmaschine und die Multimedia-Spiele kosten natürlich auch extra. Im angeschlossenen Hotel gibt es 2er- und 3er-Zimmer mit etwas mehr Platz und eigener Du/WC. Leser berichten, ungeachtet vorheriger Reservierung abgewiesen worden zu sein.

Jacob's Inn (Karte S. 152/153, Nr. **93**) (IHH), Talbot Pl., ℡ 01 855 5660, www.jacobsinn. com, Bett mit Frühstück ab 20 €, DZ 80–110 €. Mit Fahrstuhl, die geräumigen Zimmer alle mit Bad, die Küche im Verhältnis zur Kapazität (etwa 300 Betten) zu klein und zudem fensterlos, der TV-Room ungastlich – als Aufenthaltsraum eignet sich nur die Cafeteria (mit Sandwichbar, auch take away). Die Bäder fanden wir sauber, unter die Betten dagegen darf man nicht so genau schauen. Dem Personal wäre statt Desinteresse etwas mehr Freundlichkeit und Kompetenz zu wünschen.

Litton Lane Hostel (Karte S. 152/153, Nr. **107**), 2–4 Litton Lane, nahe dem Fluss, ℡ 01 872 8389, www.irish-hostel.com, Bett mit einfachem Frühstück ab 20 €, DZ 75–80 €. Das alte Lagerhaus war zuletzt ein Tonstudio, in dem U2, Sinéad O'Connor und andere Popstars ihre Platten aufnahmen. 1999 wurde es zum Hostel. Stabile Metallbetten, gemütlicher Aufenthaltsraum, Küche.

Marlborough House (Karte S. 152/153, Nr.

92) (IHH), 81 Marlborough St. (neben der katholischen Pro-Cathedral), ℡ 01 874 7629, www.marlboroughhostel.com. Bett mit „Frühstück" ab 20 €. Ein älteres Stadthaus, die recht hygienisch erscheinende Küche wie anno dazumal im Keller, relativ geräumige Schlafräume mit 4–8 Betten. Im Sommer wird im Garten hinter dem Haus gegrillt. Keine Cafeteria, 20-Sekunden-Duschen im Kellergeschoss. Leser berichten, ungeachtet vorheriger Reservierung abgewiesen worden zu sein.

Mount Eccles Court (M.E.C.) Tourist Hostel (Karte Umschlag vorne, Nr. **4**), 42 North Great Georges St., ℡ 01 873 0826, www.eccleshostel.com. Bett mit Frühstück ab 15 €, DZ 65–80 €. Die drei aneinander grenzenden georgianischen Häuser liegen 15 Min. vom Zentrum und waren früher eine Klosterschule, noch früher gar das Stadtpalais des Dr. Lawrence, Erzbischof von Cashel. Dessen Butler wiederum war der spätere Bierkönig Arthur Guinness, und man darf annehmen, dass er in den Kellern des Hauses sein erstes Pint of Dublin Porter braute. Das Hostel wird von einer Familie geführt. Hinter dem stattlichen Eingang samt Kamin und moderner Kunst gelangt man über viele Treppen in 22 Schlafräume unterschiedlicher Qualität, die teils mit eigenem Bad und quietschenden Stockbetten ausgestattet sind. Leser kritisieren den Zustand der Küche und die Qualität des Frühstücks.

> Im Internet finden Sie meist recht stimmige **Hostelbewertungen** unter: www.hostelz.com. Auch www.hostelworld.com und www.hostelsclub.com geben Ratings, doch ohne diese weiter zu erläutern.

Jugendherbergen:

Dublin International Youth Hostel (Karte Umschlag vorne, Nr. **3**), 61 Mountjoy St. (off Upper Dorset St.), ℡ 01 830 1766, www. anoige.ie. Bett mit Frühstück 20–27 €, DZ 50–60 €. Das in einem früheren Kloster eingerichtete Haus ist absolut in Ordnung, durch das etwas ärmliche Viertel sollte man sich nicht abschrecken lassen. Mit Restaurant (für Gruppen auch abends) in der früheren Kapelle, Zimmer mit 2 bis 10 Betten. Die Gemeinschaftsbäder aus der

Klosterzeit sind nicht mehr zeitgemäß. TV-Lounge, gesicherter Parkplatz, Gepäckaufbewahrung, im Sommer mit Shop.

An Óige (irischer Jugendherbergsverband), 61 Mountjoy St., ℡ 01 830 4555, www. anoige.ie, Mo–Fr 10–17 Uhr, April–Sept. auch Sa 10–12.30 Uhr geöffnet. Das Büro des irischen Jugendherbergsverbandes stellt Herbergsausweise aus und nimmt Reservierungen für alle Herbergen des Verbandes an.

Essen 147

Studentenwohnheime: Während der sommerlichen Semesterferien (Ende Juni–Mitte Sept.) vermieten einige Wohnheime die leer stehenden Zimmer an Reisende, die mindestens 2 Nächte bleiben.

University College Dublin (UCD) (Karte S. 136/137, Nr. **28**), Belfield, (Nähe Dun Laoghaire, Bus Nr. 10, 46 A, 46 B), ✆ 01 269 7111, www. ucdvillage.ie. EZ 30–65 €. Modern und gut ausgestattet, aber 6 km vom Zentrum entfernt. Jeweils 3–6 EZ sind zu einer Wohnung mit gemeinsamer Küche und Aufenthaltsraum zusammengefasst. Im älteren Merville hat jede Wohnung 1–2 Gemeinschaftsbäder, in der neueren Roebuck Hall (2006 eröffnet) hat jedes Zimmer sein eigenes Bad. Für ein ganzes Apartment gibt es günstige Sonderpreise. Parkplatz, Wäscherei und Sportanlagen dürfen benutzt werden.

Trinity College (Karte S. 144, Nr. **32**), ✆ 01 896 1177, www.tcd.ie/accommodation, EZ 60–75 €, DZ 80–125 €, Studenten 10 % Rabatt. Einige hundert Zimmer unterschiedlichen Standards auf dem historischen Campusgelände mitten in der Stadt.

Dublin City University Accommodation (Karte S. 136/137, Nr. **17**), DCU Campus, Ballymun Road, Glasnevin (Buslinien Nr. 11, 13, 19 A), ✆ 01 700 5736, www.summeraccommodation.dcu.ie, EZ 45–60 €, DZ 80–90 €. Zimmer von „Standard" bis „Deluxe", in Flughafennähe gelegen und auch über die dortige Tourist-Information zu buchen. Die Küchen leider ohne Geschirr. Gegen Gebühr Zugang zum Sportzentrum samt Hallenbad.

Camping: Die Campingplätze liegen außerhalb der Stadt. Von der Idee, seinen Schlafsack einfach im Phoenixpark auszurollen, nimmt man besser Abstand. Wen die Parkwächter nicht verscheuchen, den nehmen nachts die Hooligans aus.

Camac Valley Caravan Camping, Corkagh Demesne, Clondalkin (N 7 Kildare Road), Bus 69, ✆ 01 464 0644, www.camacvalley. com, 2 Pers. mit Zelt 25 €, Dusche extra, ganzjährig geöffnet. „Platz war sauber und wurde regelmäßig geputzt." (Lesertipp von Ralph Zitzelsberger)

North Beach Caravan & Camping, Rush (N 1 nördlich der Stadt, Bus Nr. 33), ✆ 01 843 7131, www.northbeach.ie, April–Sept. geöffnet, 2 Pers. mit Zelt 20 €. Kleiner Platz direkt am Meer mit weitem Sandstrand, ausreichende Sanitärausstattung (Warmduschen kosten extra), Küche.

Essen

Die meisten Restaurants und Esskneipen findet man im Zentrum südlich des Liffey. Auf der North Side ist die Auswahl an gediegenen wie gemütlichen Lokalen geringer, dafür hat die O'Connell Street Dublins größte Auswahl an Fastfood.

> **Die besten Restaurants**
>
> edel: Patrick Guilbaud (S. 147)
>
> angesagt: Eden (S. 150)
>
> global: Montys (S. 150)
>
> vegetarisch: Govinda's (S. 148)
>
> günstig: Silk Road (S. 149)
>
> Imbiss: Leo Burdock (S. 150)

Trinity College, St. Stephen's Green, City Hall:

● *teuer* **Patrick Guilbaud** (Karte S. 144, Nr. **64**), 21 Upper Merrion St., ✆ 01 676 4192, www.restaurantpatrickguilbaud.ie. Lunchmenü 38/50 €, Dinner Hauptgericht um 50 €, Gourmetmenü 180 €. Mo Ruhetag. Seit 25 Jahren hat Patrick Guilbaud Maßstäbe und Trends gesetzt. Sein Restaurant ist unbestritten das beste der irischen Insel. Küchenchef Guillaume Lebrun zaubert französische Haute Cuisine.

148 Dublin

L'Ecrivain (Karte Umschlag vorne, Nr. **12**), 109a Lower Baggot St., ☎ 01 661 1919, www.lecrivain.com. Mo–Fr Lunch (Menü 45/55 €), Mo–Sa Dinner (65(85 €). L'Ecrivain gehört zum kleinen Club irischer Restaurants, die sich mit Michelin-Sternen schmücken dürfen. Das Ambiente auf zwei Etagen ist mit Holz und Spiegeln eher schlicht, das Publikum schick, die Küche französisch. Nachzulesen in „Not Just a Cookbook", das Derry und Sallyanne Clarkes Meisterrezepte mit allerlei Geschichten garniert.

One Pico (Karte S. 144, Nr. **55**), 5–6 Molesworth Lane, ☎ 01 676 0300, www.onepico.com. Elegantes Lokal in einer ruhigen Gasse, man speist an blütenweiß gedeckten Tischen von feinem Porzellan. Klassisch französische Küche mit irischem Touch, besonders gelobt werden die kreativen Seafood-Zubereitungen. Lunch 30 €, Dinner 40 €, So Ruhetag.

Pearl Brasserie (Karte S. 144, Nr. **61**), 20 Merrion St., ☎ 01 661 3572, www.pearl-brasserie.com. Kaminfeuer, Sofas und moderne Kunst sorgen für Gemütlichkeit, ohne altbacken, überladen oder kitschig zu wirken. Französische Küche mit Einflüssen aus aller Welt, gute Auswahl auch an vegetarischen Gerichten. Mo–Fr Lunch 35 €, mo–Sa Dinner 50 €.

Bang Café (Karte S. 144, Nr. **65**), 11 Merrion Row, ☎ 01 676 0898, www.bangrestaurant.com. Ein hipper Treffpunkt zwischen Banken und Ministerien. Im Souterrain die Cocktailbar mit langem Tresen und großer Spiegelwand, im Parterre das eigentliche Restaurant mit minimalistischem Dekor, dunklem Holz und Beigetönen. Die Küchen sind einsehbar und man kann den bemerkenswert ruhigen Köchen bei der Arbeit zuschauen. Gekocht wird würzig und international, doch Chef Lorcan Cribbin legt Wert auf Zutaten aus der Region. Lunch 35 €, Dinner 45 €, So Ruhetag.

● *mittelteuer* **Café-en-Seine** (Karte S. 144, Nr. **58**), 40 Dawson St., ☎ 01 677 4567, www.capitalbars.ie. Das Bistro revolutionierte die Dubliner Pubszene: Die elegante Bar mit Design der vorletzten Jahrhundertwende serviert Kaffee und Kuchen sowie warme Küche von 11 bis 20 Uhr. Am Wochenende wird gegen spät die Musik etwas lauter und das Erdgeschoss zur Tanzfläche. Zum sonntäglichen Brunch spielen Jazzbands.

La Cave (Karte S. 144, Nr. **53**), 28 South Anne St. off Grafton St., ☎ 01 679 4409, www.lacavewinebar.com, tägl. bis 2 Uhr,

Lunch 15 €, Dinner um 35 €. Französisches Ambiente und traditionelle französische Küche. Im Sommer abends manchmal Kulturprogramm (Musik, Lesung o. Ä.).

Kilkenny (Karte S. 144, Nr. **43**), 5–6 Nassau St., ☎ 01 677 7075. Im 1. Stock von Dublins größtem Souvenirladen residieren ein solides Tagesrestaurant und ein Café, die auch von Einheimischen in der Mittagspause oder nach dem Shoppingtrip gerne besucht werden. Auch gut zum Frühstücken. Mo–Sa 8.30–17.30 (Do bis 19 Uhr), So 11–17 Uhr.

Yamamori, (Karte S. 144, Nr. **40**), 71 South Great George's St., ☎ 01 475 5001, www.yamamorinoodles.ie. Mit Sushi, Sashimi, Teryaki-Marinaden und Wok-Gerichten mag der welterfahrene Gourmet inzwischen vertraut sein. Doch die japanische Küche hat noch viel mehr angenehme Überraschungen auf Lager. Hier kann man sie kosten. Lunch Mo–Fr, Dinner tägl.; Lunchgerichte bis 15 €, abends bis 20 €

Darwin's (Karte S. 144, Nr. **59**), 16 Aungier St., ☎ 01 475 7511. Wirt Michael Smith besitzt auch eine Metzgerei und beliefert sich selbst mit Biofleisch erster Güte. Erstaunlich, dass hier auch Vegetarier gut bedient werden, etwa mit einem Pilz-Tomaten-Risotto. So Ruhetag.

● *günstig* **Juice** (Karte S. 151, Nr. **89**), 73 South Great George's St., ☎ 01 475 7856, www.juicerestaurant.ie, tägl. bis 23 Uhr, Hauptgericht mittags bis 11 €, abends bis 18 €. Die junge Konkurrenz des leicht angestaubten Cornucopia (s. u.). Tadellose vegetarische Küche (z. B. Thai Curry), frisch gepresste Obstsäfte, Lassi-Drinks und Ökoweine.

Cornucopia (Karte S. 144, Nr. **38**), 19 Wicklow St., ☎ 01 677 7583, Mo–Mi, Fr, Sa bis 20 Uhr, Do bis 21 Uhr, So bis 19 Uhr. Das mit den Jahren deutlich gediegener gewordene Naturkostlokal bietet jenen eine Alternative, die die irische Vorliebe für Cholesterin und Kalorien nicht teilen. Als Abwechslung zum Müsli gibt es auch ein warmes vegetarisches Frühstück.

Govinda's (Karte S. 144, Nr. **52**), 4 Aungier St., ☎ 01 475 0309 und 83 Middle Abbey St. (Karte S. 152/153 Nr. **100**), ☎ 01 872 7463, www.govindas.ie. Vegetarische Küche nicht nur im indischen Stil, auch Pizza und Vegiburger, Obstsäfte und Lassi. Selbstbedienung, Wasser gibt's umsonst. Die Restaurants sind Teil einer weltweiten Kette der Hare-Krishna-Bewegung – deshalb wird ohne Knoblauch und Pilze gekocht. Hauptgericht bis 10 €. Mo–Sa 12–21 Uhr geöffnet.

Essen 149

Lunchtime in Bewley's Café

Port House (Karte S. 144, Nr. **41**), 64a South William St., ℡ 01 677 0298. Romantische Wein- und Tapasbar mit Kerzenlicht, rustikalen Backsteinwänden und unzähligen Weinflaschen (Glas Wein ab 3,50 €, Flasche ab 20 €). Zum Essen gibt es eine Auswahl verschiedener Häppchenteller (bis 12 €), andere spanische Vorspeisen und Käse.

Dunne & Crescenzi (Karte S. 144, Nr. **46**), 14 South Frederick St., ℡ 01 677 3815, www.dunneandcrescenzi.com. Das irisch-italienische Familienunternehmen D&C begann als Weinbar und ist inzwischen ein Bistro mit Verkauf italienischer Lebensmittel. Stefano Crescenzi serviert Sandwichs, Panini, Vorspeisen und leckere Desserts. An sonnigen Tagen kann man auch draußen sitzen. Mo–Sa 8.30–23 Uhr, So 12–23 Uhr.

Silk Road Café (Karte S. 144, Nr. **42**), Chester Beatty Library, Dublin Castle, ℡ 01 407 0770, www.silkroadcafe.ie. Ein modernes und schickes Café im Atriumhof des orientalischen Museums. Passend zum Ort wird levantinische Kost serviert, alles ohne Schweine- und Rindfleisch. Öffnungszeiten wie das Museum: Di–So bis 16.30 Uhr.

Nude (Karte S. 144, Nr. **35**), 21 Suffolk St. Das Lokal gehört U2-Bonos älterem Bruder Norman und wird schon dadurch zu einer coolen Adresse. Amerikanische Gastrotrends wie Saftbar, Suppenküche und Tortilla-Wraps gingen eine Liaison ein mit Fair-Trade und Biokost. Das Ergebnis kommt an. Man reiht sich in die Schlange, bestellt, zahlt an der Kasse und bekommt das Essen dann an einen der langen Tische gebracht, wo man nicht nur mittags eng an eng sitzt – hoffen wir, dass der eloquente Nachbar die Rote Beete nicht wieder in den Teller plumpsen lässt. Tägl. 8–21 Uhr.

The Dome (Karte S. 144, Nr. **60**), St. Stephen's Green Shopping Centre, Grafton St. Ein Coffeeshop mit Pies, Lasagne und Kuchen unter der Kuppel des Einkaufszentrums mit Blick über den Park, zu Füßen das Gewusel der Passanten und im Rücken die Konsumlüsternen.

Bewley's, 78 Grafton St. (Karte S. 144, Nr. **48**). Außen auf der Fassade steht noch „Bewley's", aber es ist kaum noch Bewley's drin. Nach einer Beinahe-Pleite gehören die traditionsreiche Kaffeehandelsfirma und damit auch Bewley's Grafton Street Café heute dem Bildhauer Patrick Campbell und seiner Familie. Der Bereich der Kaffeekette beschränkt sich auf die vorderen Räume und das Mezzanin, wo man Kaffee und Kuchen genießen kann. Im Obergeschoss gibt mittags eine Comedy-Truppe ihr Können zum Besten. Der hintere und weitaus größere Teil des denkmalgeschützten Cafés mit den be-

150 Dublin

rühmten Glasfenstern von Harry Clarke wird von einer Kette mit dem wenig originellen Namen *Café Bar Deli* (www.cafe bardeli.ie) bewirtschaftet. Am Angebot und Interieur hat sich hier aber nur wenig geändert. Perfekter Cappuccino, Auswahl an verschiedenen Kaffeesorten, bei der Teezubereitung werden noch Blätter überbrüht. Auch Pizza, Pasta und kreative Salate. Tägl. mittags bis abends geöffnet.

La Maison des Gourmets (Karte S. 144, Nr. **49**), 15 Castle Market. Das winzige Café über einer französischen Bäckerei – ein paar Tische stehen auch davor auf der Stra-

ße – ist Treffpunkt der Franzosen und Frankophilen. Zu essen gibt's Sandwichs, Baguettes, Salate und ein wechselndes Tagesmenü (20 €). Mo–Sa 9–17.30 Uhr.

Leo Burdock (Karte S. 144, Nr. **44**), 2 Werburgh St. Ein Imbiss mit nautischem Ambiente samt ausgestopften Fischen. Hervorragende Fish & Chips auf klassische Art, die angeblich sogar mal Madonnas Gaumen erfreuten. Mit Filialen und als Franchise-Label ist Leo Budrock auch anderswo in der Stadt präsent, doch Kenner schwören, im Stammhaus in der Werburgh St. schmecke der Fisch am besten.

Temple Bar (Karte gegenüber), die Temple Bar Area zwischen Fluss, Westmoreland Street, Christ Church Cathedral und der Dame Street ist das dynamischste Viertel im Herzen Dublins. Lange vernachlässigt und dem Berliner „Prenzelberg" vergleichbar, ist es heute Mittelpunkt der Altstadtsanierung und des Nachtlebens der Metropole.

Mermaid Café (87), 70 Dame St., ✆ 01 670 8236, www.mermaid.ie, Lunchmenü 21/26 €, Dinner 50 €. Ben Gorman zeigt sich als Meister kulinarischer Kreativität. Probieren Sie etwa den Räucheraal mit Meerrettich mit Kartoffelsalat oder Gegrilltes vom Schwein und Black Pudding mit kümmelgewürzten Roten Rüben und Spinat.

Eden (83), Meeting House Sq., ✆ 01 670 5372, www.edenrestaurant.ie. Trendig mit minimalistischem Design und zeitgenössischer irischer Küche, gehört das Lokal zum Imperium der örtlichen Gastrogurus Jay Burke, Eoin Foyle und John Reynolds. Im Sommer kann man auf einer überdachten und beheizten Terrasse speisen und dabei die Filme auf der Großleinwand des Meeting House Square anschauen. Lunchmenü 20–25 €, Dinner um 50 €. Tägl. geöffnet.

Elephant & Castle (72), 18 Temple Bar, ✆ 01 679 3121, Lunch 20 €, Dinner 30 €. Eines der ersten New-Wave-Lokale in Temple Bar, ist E&C nun in die Jahre gekommen und nicht mehr trendy. Doch noch gibt's beginnend mit dem Frühstück gutes Essen beinahe rund um die Uhr. Kultstatus haben das California Sunrise Breakfast und die Chicken Wings, die, in Gesellschaft verspeist, ein lustiges Erlebnis jenseits der Tischsitten versprechen. Um zu reservieren, muss man persönlich erscheinen.

Oliver St. John Gogarty's (75), 58 Fleet St., ✆ 01 671 1822, www.gogartys.ie. Pub mit Restaurant über 3 Etagen, Hauptgericht 15–25 €. Das zugegeben sehr touristische Lokal verdient ein dickes Lob für seine Pflege speziell der irischen Küche. Manches ver-

gessene Rezept wurde wieder ausgegraben, zum Beispiel das mit Äpfeln, Cider und Kräutern marinierte Schweinefleisch oder „Esther Dune's Potato Cake". Abends regelmäßig Folkmusik – das Pint dazu ein bisschen teurer als andernorts.

Gallagher's Boxty House (72), 24 Temple Bar, ✆ 01 677 2762, www.boxtyhouse.ie, bietet mit „Boxty Dishes" eine weitere irische Spezialität, nämlich Kartoffelpuffer mit verschiedenen Füllungen; Hauptgericht 16 €.

Montys of Kathmandu (86), 28 Eustace St., ✆ 01 670 4911, www.montys.ie. In dem hoch gelobten Ethno-Restaurant von Shiva Gautham wird nepalesische Küche traditionell und modern serviert (z. B. mit Meerestieren). Mutige probieren als Vorspeise Kachela (rohes, mariniertes Hackfleisch vom Lamm mit einem Schuss Whiskey). Eine andere Spezialität sind die Gorkhali-Gerichte, nämlich Huhn oder Lamm in einer würzigen Sauce mit Joghurt, Chili, Ingwer und Knoblauch. Auch Vegetarier finden hier reiche Auswahl. Mo–Sa Lunch (Menü 20/24 €), tägl. Dinner (Hauptgericht 17–20 €, Menü 50/70 €).

Bad Ass Café (81), 9–11 Crown Alley off Temple Bar, www.badasscafe.com, tägl. bis Mitternacht und lange geöffnet, Hauptgericht bis 20 €. Ein altes Lagerhaus wurde in einen Tempel amerikanischer Popkultur umgewandelt. Sinéad O'Connor arbeitete hier, als sie noch kein Star war. Seit zwei Jahrzehnten wurden Interieur und Menü kaum verändert, noch immer gibt es die „Bad Ass Mexican Sombrero Speciality Fajita". Familienpublikum, einfache Gerich-

Essen 151

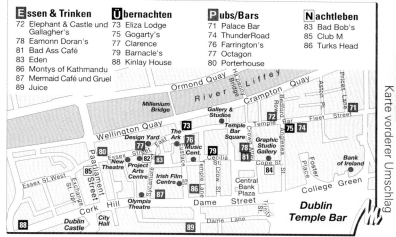

Essen & Trinken
72 Elephant & Castle und Gallagher's
78 Eamonn Doran's
81 Bad Ass Café
83 Eden
86 Montys of Kathmandu
87 Mermaid Café und Gruel
89 Juice

Übernachten
73 Eliza Lodge
75 Gogarty's
77 Clarence
79 Barnacle's
88 Kinlay House

Pubs/Bars
71 Palace Bar
74 ThunderRoad
76 Farrington's
77 Octagon
80 Porterhouse

Nachtleben
83 Bad Bob's
85 Club M
86 Turks Head

te (Pizza, Pasta, Chicken u. Ä.), nach dem Essen kann man sich ein T-Shirt kaufen und zum Reklameträger werden.
Eamonn Doran's (78), 3A Crown Alley off Temple Bar, Menü 25 €. Diese Filiale eines irischen Lokals in New York ist gleichermaßen Pub wie Restaurant und für ihre Steaks berühmt. An heimischen Gerichten gibt es etwa Käseomelett. Abends spielt ein DJ auf (bis 2 Uhr).
Odessa (Karte S. 144, Nr. **34**), 13/14 Dame Court, ✆ 01 670 7634, www.odessa.ie. Manche sagen, das Odessa habe, die Tagesgerichte ausgenommen, seit dem Eröffnungsjahr 1994 die gleiche Speisekarte, nur die Preise hätten sich geändert. Bekannt und beliebt wurde das Odessa mit seinen Brunchs. Die Einrichtung, besonders im unteren Raum, gleicht einem Club und erinnert an die Bar eines Interhotels. Die Gäste sind jung und leger. Mo–Fr Lunch, Sa und So 11.30–16.30 Uhr Brunch, tägl. Dinner (Menü 40 €).
Gruel (88), 67 Dame St. Preiswerte Biokost aus einer offenen Küche. Mittags Suppe, Pizza, Salate und Sandwichs auch als Takeaway, eine Tafel listet die Tagesgerichte (mittags bis 15 €, abends bis 20 €); abends auch Pasta, Fisch und Geflügel. Das Lokal hat den Charme einer Kantine, an Wein gibt's die Sorten „Rot" und „Weiß", doch hier schmeckt es einfach gut. Mo–Fr 8–21 Uhr, Sa/So 11–22 Uhr.

North Side (Karte S. 152/153): Die Gastronomie der O'Connell Street ist vor allem auf eilige Imbissgäste eingestellt, die beim Einkaufen oder nach dem Kino vom Hunger gepackt werden. Doch in den Nebenstraßen findet man auch genüsslichere Optionen.

The Vaults (91), Harbourmaster Place, IFSC, ✆ 01 605 4700, www.thevaults.ie. The Vaults steht für die Renaissance eines einst ziemlich heruntergekommenen Viertels hinter der Connolly Station. Das Lokal residiert in den Bahnviadukten, bis vier Meter hohe Gewölbe aus Ziegeln und Naturstein, die, von neo-klassisch bis modern gestylt, auch separat für private Empfänge und Gruppenessen etc. genutzt werden. Am Wochenende wird The Vaults zum Nite Club. Das Restaurant (Mo–Fr 12–20 Uhr, Lunch 15 €, abends Hauptgericht bis 25 €) mit seinen kleinen Tischchen eignet sich gut für ein Essen in intimem Rahmen.
Winding Stair (110), North Side gegenüber der Halfpenny Bridge, ✆ 01 872 7320, www.winding-stair.com. Der Besitzer hat gewechselt und das nostalgische Café im Obergeschoss über der Buchhandlung wurde zum Restaurant mit offener Küche und schickem Publikum. Geblieben sind der nostalgische Dielenboden, die einfachen Tische mit den Kaffeehausstühlen und der schöne Blick über den Fluss. Zu essen gibt's irische Hausmannskost in Bioqualität, z. B. die Vorspeisenplatte mit Aufschnitt oder die üppige Portion Kohl mit

152 Dublin

Speck an Petersiliensauce. Hauptgerichte bis 25 €. Tägl. mittags bis abends geöffnet.

Epicurean Food Hall (106), 13 Lower Liffey St. Etwas für fast jeden Geschmack: Die Mall birgt ein gutes Dutzend Gastrostationen, angefangen vom kleinen Italiener über die Sushibar bis zum Bagelstand. Tägl. bis 22 Uhr.

Soup Dragon, 168 Capel St. **(113)** und um die Ecke in 16 Upper Ormond Quay. Frühstück kontinental, irisch, vegetarisch oder amerikanisch (Bagel mit pochiertem Ei), hausgemachte Suppen auch zum Mitnehmen, einige wechselnde Tellergerichte und frisch gepresste Obstsäfte. Mo–Sa bis 17.30 Uhr.

Supermac (101), Lower O'Connell St., bis 3 Uhr morgens geöffnet. Das Nonplusultra des Dubliner Fastfood auf drei Etagen. Chips mit Coleslaw, Döner mit Cheddar-Cheese und allerlei Burger füllen den Magen.

Beshoff's (95), 6 Upper O'Connell St., www.beshoffrestaurant.com. Über diese Dubliner Institution ließe sich mühelos ein ganzes Buch schreiben Der Großvater des Inhabers wurde 104 Jahre alt, der Urgroßvater 108, der Ururgroßvater 115 – Fisch, wie ihn die Beshoffs zubereiten, muss also außerordentlich gesund sein. Firmengründer Ivan Beshoff stand als einer der Meuterer auf dem Panzerkreuzers Potemkin im Rampenlicht der Weltgeschichte.

Der Fish&Chips-Imbiss gefällt mit dem schwarzweißen Ambiente einer eduardinischen Austernbar. Die verschiedenen Fischsorten werden jeden Morgen frisch auf dem Markt gekauft, die Kartoffeln kommen von der eigenen Farm, serviert wird mit Metallbesteck und Porzellantellern. Die Filiale in der O'Connell St. eignet sich auch, dem Straßentreiben zuzuschauen.

West Coast Coffee Company (111), 20 Lower Ormond Quay, www.westcoastcoffee.ie. Diese Filiale der Kaffeehauskette zeichnet sich durch ihr schlichtes und sauberes Interieur aus. Man sitzt auf gemütlichen Sofas hinter riesigen Fenstern, isst Sandwichs, Paninis oder Snacks und trinkt neben Kaffee auch exzellente heiße

Essen & Trinken

- 91 The Vaults
- 95 Beshoff's
- 100 Govinda's
- 101 Supermac
- 104 Panem
- 106 Epicurean Food Hall
- 110 Winding Stair
- 111 West Coast Coffee Company
- 113 Soup Dragon

Übernachten

- 92 Marlborough House
- 93 Jacob's Inn
- 94 Anchor Guesthouse und Globetrotter's
- 96 Isaac's
- 105 Abbey Court
- 107 Litton Lane Hostel
- 112 Morrison Hotel

Nachtleben

- 90 Gate Theatre
- 97 Flowing Tide
- 98 Abbey Theatre
- 102 Laughter Lounge
- 103 Academy
- 112 ZanziBar

Schokolade. Selbstbedienung, flotter Service, 2 Internet-PCs. (Lesertipp von Sabine Fend)

Panem (104), 21 Lower Ormond Quay. Die winzige Bäckerei mit Café ist ein Fluchtpunkt vor dem tosenden Verkehr. Spezialität sind gefüllte Foccacia (ligurisches Fladenbrot), an warmen Gerichten gibt es mittags Suppe und Nudelzubereitungen. Geöffnet 8–18 Uhr, So bis 16 Uhr.

Am Abend

Mit einem Auge nach London oder New York schielend, verachten manche Dubliner ihre Stadt als kulturelle Provinz – und tun ihr dabei Unrecht. Die ganz große Oper und das Orchester von Weltrang fehlen, doch die klassische Hochkultur darf nicht der Maßstab sein. Dublin hat eine lebendige

Theaterszene, und in Sachen Rockmusik ist es mindestens so produktiv wie die Themsestadt. Auch Folkfans kommen voll auf ihre Kosten, wobei es bei der „Volksmusik" kein Gefälle zwischen Stadt und Land gibt: Die Musiker im Westen sind mindestens genau so gut. Wo wann was los ist, ent-

Am Abend 153

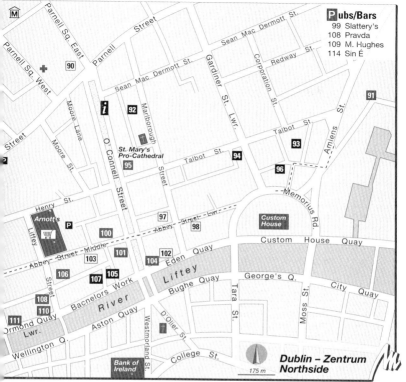

nimmt man der Stadtzeitung *In Dublin* (www.indublin.ie) oder dem z. B. bei der Tourist Information und in vielen Hotels ausliegenden *Dublin Event Guide* (www.eventguide.ie). Beide erscheinen vierzehntägig. Ein weiterer, gut sortierter Eventkalender findet sich im Internet unter www.dublinks.com.

Pubs: Kinos, Theater, Konzerthallen und Discos hin oder her: Der oder das Pub ist auch in Dublin das wahre, typisch irische Ausgehvergnügen. Wenigstens 600 „Public Houses" soll es geben – relativ gesehen weniger als im 17. Jh., als eine Zählung in jedem fünften Haus der Stadt eine Schenke fand, doch noch immer genug für jeden Geschmack. Anders als auf dem Dorf oder in der Kleinstadt, wo Alt und Jung, Studenten und Working Class in *einer* Kneipe zusammenfinden, leben in der Hauptstadt die verschiedenen Szenen und Milieus neben-, nicht miteinander und haben jeweils ihre eigenen Pubs der verschiedensten Stilrichtungen.

Pubs, „trendy":

The Bailey (Karte S. 144, Nr. **45**), 2 Duke St. (off Grafton St.). Manche nennen den in einen Neubau integrierten historischen Pub „das wichtigste Museum Dublins". Charlie Chaplin, Brendan Behan und andere Berühmtheiten tranken hier ihr Guinness, und in der Lobby steht die Tür des abgerissenen Hauses 7 Eccles Street, dem fiktiven Heim Leopold Blooms. (Im „Ulysses" taucht Bailey noch unter seinem alten Namen „Burton's" auf.)

154 Dublin

> **Die besten Pubs**
>
> für gutes Bier: Porterhouse (S. 154)
>
> traditionell: John Mulligan's (S. 154)
>
> mit irischer Livemusik: Cobblestone (S. 156)
>
> zum Abtanzen: Village (S. 155)
>
> zum Plaudern: Sin É (S. 154)

Davy Byrne's (Karte S. 144, Nr. **50**), 21 Duke St. (off Grafton St.), www.davybyrnes.com. „Nice quiet bar. Nice piece of wood in that counter. Nicely planned. Like the way it curves here", meinte Bloom über das „moral pub", in dem er bei einem Glas Burgunder sein mit Senf bestrichenes Gorgonzola-Sandwich verspeiste. Eine zu gründliche Renovierung hat dem Pub allerdings viel von seinem Charme genommen. Außer Sandwichs gibt es heute Austern und Lachs.

Farrington's (Karte S. 151, Nr. **76**), 29 Essex St. Ein bei Künstlern und solchen, die es gerne wären, beliebter Spot. Gelegentlich Jazz und Comedy live. Im Sommer versammelt man sich draußen zur informellen Streetparty.

Porterhouse, 16-18 Parliament St., (Karte S. 151, Nr. **80**) und 45 Nassau St. (Karte S. 144, Nr. **39**), www.porterhousebrewco.com. Schankstuben der Kleinbrauerei Porterhouse, die ehrlich angibt, aus welchen Zutaten Sie ihr Biere braut. Die eigenen Gebräue kommen aus dem Fass, nach deutschem Geschmack zum Beispiel „Hersbrucker" (Pils) und „Haus Weiss" (helles Hefeweizen); dazu über hundert Flaschenbiere aus aller Welt. Die Einrichtung aus Holz, die Deko passend mit leeren Bierflaschen aus allen Winkeln des Planeten. (Lesertipp von Stefan Schneider)

Octagon (Karte S. 151, Nr. **77**) im Clarence Hotel, 6–8 Wellington Quay, www.theclarence.ie. Nach dem Abriss der legendären *Garage Bar* und der Schließung des *Kitchen Clubs* bleibt den U2-Fans noch die Octagon-Bar im Clarence-Hotel, um viel-

leicht ihre Götter oder andere Promis zu treffen. Clarence Vertigo und die anderen Cocktailkreationen kosten 14°€ und mehr.

ThunderRoad (Karte S. 151, Nr. **74**), Fleet St., Temple Bar, www.thunderroadcafe.com. Der Bikertreff gleich neben dem Harley-Shop („Parking allowed only for American motorbikes"). Der Name des aufwendigen „Theme Pub", das gleichzeitig auch Disco, Videobar, Restaurant und Souvenirladen ist, spielt gleichermaßen auf einen Song von Bruce Springsteen wie auf einen Filmklassiker (mit Robert Mitchum) an. Die Kneipe ist mit Motorrädern und einschlägigen Accessoires dekoriert, die Plastiktischdecken weisen Panther- und Tigerfellmuster auf. Vor dem Hintergrund einer selbst für ein Dubliner Pub ungewöhnlich lauten Geräuschkulisse werden Steaks, Burger, Pasta und einige Fischgerichte aufgetischt.

Sin É (Karte S. 152/153, Nr. **114**), 14–15 Lower Ormond Quay. Hier trifft man sich bei Kerzenlicht und chilliger Popmusik. Geradezu familiär fühlt man sich in der scheinbar improvisierten Kellerbar, die an den Partykeller der Kids von nebenan erinnert. Erstaunlich, dass man im Zeitalter der Themen- und Eventkneipen auch mit einer Nicht-Deko erfolgreich sein kann. Gelegentlich treten Livebands auf.

Pravda (Karte S. 152/153, Nr. **108**), Lower Liffey St. (Nordufer der Halfpenny Bridge), www.pravda.ie. Das mehrstöckige Lokal im Bolschi-Chic wird bereits nachmittags von den, so die Irish Times, „hip young socialisers" frequentiert.

Pubs, „traditionell":

Palace Bar (Karte S. 151, Nr. **71**), 21 Fleet Street, www.thepalacebar.com. Ein klassischer Pub mit schönen Spiegeln und altem Mobiliar; hier lassen sich gern die Journalisten der benachbarten „Irish Times" inspirieren.

John Mulligan's (Karte S. 144, Nr. **31**), 8 Poolbeg St., www.mulligans.ie. Im Stil ähnlich wie das Palace und auch bei Zeitungsleuten beliebt, steht das 1782 gegründete Mulligan's im Ruf, nach der Brauerei selbst das beste Guinness in Dublin auszuschen-

Am Abend 155

Technolook im Guiness Storehouse

ken. Der Pub war ein Drehort von „My Left Foot", einem Film über das Leben des behinderten Künstlers Christy Brown.

Stag's Head (Karte S. 144, Nr. **35**), 1 Dame Court, www.thestagshead.ie. Ein schöner viktorianischer Pub (1895 eingerichtet) mit Spiegeln, Buntglas und Mahagoniholz, dessen Bild sogar einmal eine Briefmarke zierte. Beliebt für Filmaufnahmen. Wechselte 2005 für 6 Mio. Euro den Besitzer. Damen werden in der Lounge gewarnt: „Take care of your handbags".

Neary's (Karte S. 144, Nr. **57**), 1 Chatham St. (off Grafton St.). Das Symbol des Pubs zeigt Komödianten, die mit wehenden Ärmeln das Glas halten. Wie passend. Das Neary's ist die zweite Bühne der Akteure und Schaulustigen aus dem benachbarten Gaiety Theatre, die hier ihre Gläser leeren, um den tieferen Wahrheiten des Lebens auf den Grund zu gehen.

Pubs mit Livemusik:

Whelan's (Karte S. 144, Nr. **66**), 25 Wexford St., www.whelanslive.com, bietet regelmäßig Rock, Blues und Country. Die gelungene Mischung aus Alt und Neu macht Whelan's nun schon viele Jahre zu einem beliebten Musikpub.

Village (Karte S. 144, Nr. **66**), 26 Wexford St., www.thevillagevenue.com. Unter gleicher

McDaid's (Karte S. 144, Nr. **51**), 3 Harry St. (off Grafton St.). Ein Literatenpub, aus dem einst lallende Nobelpreisträger zur Sperrstunde hinauskomplimentiert wurden. Besonders Brendan Behan brachte hier oft seine Gedanken zu Papier. Ein verblichenes Foto zeigt ihn vor seiner von zwei Biergläsern eingerahmten Reiseschreibmaschine.

Doheny & Nesbitt (Karte Umschlag vorne, Nr. **10**), 5 Lower Baggot St. Ein alter Pub mit Snugs, den Nischen fürs tête-à-tête, in denen sich mittags Politiker und Banker treffen. Gelobt wird das Roastbeefsandwich (nur zum Lunch).

Toner's (Karte Umschlag vorne, Nr. **11**), 139 Lower Baggot St. Ein Stück Dorf im Herzen der Großstadt, die Regale erinnern noch an die Zeit, als der Pub zugleich Laden war. Yeats, der sonst nie einen Pub besuchte, soll sogar einmal hier gewesen sein.

Leitung, doch neuer und größer als das Whelan's. Hat eine Bar und einen separaten, am Wochenende für Discos und Livegigs geöffneten Niteclub.

Slattery's (Karte S. 152/153, Nr. **99**), 129 Capel St. Gespielt wird gleich auf zwei Etagen: Die Folkmusik (unten) ist kostenlos, für Rock und Jazz (oben) wird Eintritt genommen.

156 Dublin

M. Hughes (Karte S. 152/153, Nr. **109**), 19 Chancery St. (hinter den Four Courts). Folk oder gar Kammermusik und Setdancing.

Brazen Head (Karte Umschlag vorne, Nr. **7**), Bridge St., www.brazenhead.com. Ohne Zweifel die älteste Kneipe der Stadt, auch wenn das Schild „founded 1198" etwas übertreibt, denn das Haus stammt erst aus dem 18. Jh. 1790 war Brazen Head Versammlungsort der United Irishmen, später war Robert Emmet regelmäßiger Gast. Joyce empfiehlt im „Ulysses" das Barfood. Es dauerte bis in die 80er Jahre, bis sich der Pub zu elektrischer Beleuchtung durchrang. Mittags kommen die Beschäftigten des nahen Gerichts zum Lunch, abends gibt's oft spontane Sessions.

O'Donoghues (Karte S. 144, Nr. **65**), 15 Merrion Row, www.odonoghues.ie. Häufig Folksessions in Dublins populärster Musikkneipe, wo die Dubliners ihre Karriere begannen. Plakate der hier aufgetretenen Stars zieren die Wände des Hinterzimmers. Am Boden noch Sägespäne, viele US-amerikanische Gäste, für wärmere Tage ein überdachter Hof. Auch Fremdenzimmer.

Cobblestone (Karte Umschlag vorne, Nr. **6**), 77 North King St., Smithfield, www.cobblestonedublin.com Ob Folk oder Rock – hier wird fast jeden Abend musiziert. Auf der Bühne im Obergeschoss laufen die geplanten Gigs, bei denen auch Newcomer ihre Stücke vorstellen. Außerdem ist im Lokal immer eine Ecke für spontane Sessions reserviert.

Clubs und Discos: Wenn die meisten Pubs schließen, fängt das Leben in den Clubs und Discos erst richtig an. Viele findet man in Temple Bar oder in der Leeson Street, an der Südostecke des Stephen's Green. Einige Discos und Clubs nehmen keinen Eintritt (üblich sind sonst 6–20 €), langen aber bei den Drinks tief ins Portemonnaie.

Bad Bob's (Karte S. 151, Nr. **83**), East Essex St. Gleich drei Etagen mit Disco, Livebühne und einer ruhigeren Lounge. Bis 15 € Eintritt.

Club M (Karte S. 151, Nr. **85**), Bloom's Hotel, Anglesea St., Temple Bar, www.clubm.ie. Ein Hightech-Club auf fünf Ebenen, mit Lasershow und sogar einem Whirlpool in der VIP-Lounge.

Rí-Rá (Karte S. 144, Nr. **37**), Central Hotel, 1 Exchequer St., www.rira.ie. Begann als ein Treffpunkt der Schönen und Reichen, etablierten und angehenden Stars, muss sich inzwischen aber mit gewöhnlichem Publikum Typ Langzeit-Student begnügen.

PoD (Karte S. 144, Nr. **70**), Harcourt Ecke Hatch Sts., www.pod.ie. Noch immer ein In-spot, in dem sich der junge Geldadel präsentiert. Ziehen Sie Ihre Designerklamotten an und vergessen Sie die Kreditkarte nicht. Außer dem Flaggschiff PoD (*„Place of Dance"*) gibt es in der früheren Harcourt Station noch Tripod und Crawdaddy als kleinere Dancefloors und mehrere Bars.

Lillie's Bordello (Karte S. 144, Nr. **39**), Adam Court, Grafton St. (neben McDonald's), www.lilliesbordello.ie. „Einer der besten Nightclubs der Welt" (so Michael Flatley), ist nach der viktorianischen Skandalschauspielerin und Mätresse Lillie Langtry („Jersey Lily") benannt. Der Club für Träger dicker Brieftaschen, turbogestylte Stiletto-Absatz-Schönheiten und jene, die sich Millionär oder Millionärin angeln wollen und dafür ein bisschen hochzustapeln bereit sind.

Break for the Border (Karte S. 144, Nr. **54**), 2 Johnstons Pl., Lower Stephens St., www.capitalbars.com. Der Superpub mit Bar, Niteclub und Restaurant ist berühmt-berüchtigt für seine Stag- und Hen-Partys, den nach Geschlechtern getrennten vorhochzeitlichen Saufgelagen, bei denen v. a. britische Boys und Girls fernab der Heimat die Sau rauslassen. Gut also für Gruppen und Cliquen, weniger geeignet für Paare.

Academy (Karte S. 152/153, Nr. **103**), 57 Middle Abbey St., www.theacademydublin.com. Dereinst ein Tempel der New-Age-Fans, hat sich das vormalige „Spirit" nun unter neuem Namen dem Mainstream verschrieben. Viele Konzerte, auch die samstäglichen DJ-Nächte werden von Livebands aufgelockert. Super Soundanlage.

Turks Head (Karte S. 151, Nr. **86**), Parliament St., Temple Bar, www.turkshead.ie. Das Bistro wird abends (bis 2 Uhr) zum Dancefloor. Mi–Sa Mainstream Music 60's–90's.

ZanziBar (Karte S. 152/153, Nr. **112**), 35 Lower Ormond Quay, www.capitalbars.com. Nach bestandener Gesichts- und Outfit-Kontrolle und gezahltem Eintritt (8–15 €) kommt man in eine zweigeschossige Halle mit Orient-Dekor, die bis 1500 Menschen fasst. Für die Raucher gibt's eine große Freifläche. Die Musik wechselt zwischen Pop und R'n'B, die Preise sind heftig, besonders am Wochenende große Fleischbeschau.

Am Abend 157

Theater: Mit einer Kreditkarte ist die Kartenvorbestellung einfach. Man ruft an, gibt seine Nummer durch und lässt das Ticket hinterlegen. Wer kein Plastikgeld hat, muss auch zur Vorbestellung selbst an die Kasse kommen und sich das Ticket kaufen.

Abbey Theatre (Karte S. 152/153, Nr. **98**), 26 Lower Abbey St., ℘ 01 878 7222, www.abbeytheatre.ie. 1904 gründeten W.B. Yeats und Lady Gregory das Haus mit dem Ziel, gleichermaßen modernes Theater wie die Erneuerung der irischen Kultur zu fördern. Heute ist das durchweg Mainstream-Produktionen zeigende Abbey Haus eine beinahe heilige Ikone der „Irishness" und damit wie die Kirche und der literarische Kanon zunehmende Kritik ausgesetzt. Sein kürzlich drohender Konkurs löste ein mittleres Erdbeben in der kulturpolitischen Landschaft aus. Zum Haus gehört die künstlerisch etwas mutigere Studiobühne Peacock. Backstage-Führungen nach Voranmeldung ℘ 01 878 7223 Di, Do 14.30 Uhr.

Civic Theatre (Karte S. 137, Nr. **29**), The Square, Tallaght, ℘ 01 462 7477, www.civictheatre.ie. Das moderne Gastspielhaus, auf dessen Bühne auch Musik von Oper bis Pop augeführt wird, liegt weit außerhalb im Vorort Tallaght, ist aber mit der Luas-Straßenbahn ganz gut erreichbar.

Gaiety Theatre (Karte S. 144, Nr. **56**), South King St., ℘ 01 679 5622, www.gaietytheatre.ie. In Dublins ältestem Theater (seit 1871) ist die Grand Opera Society zu Hause, die allerdings nur selten Operngastspiele auf die Bühne bringt. Meistens sind Komödien, Revuen und jüngst verstärkt TV-Produktionen zu sehen. Am Wochenende tönen Salsa, Ska und andere Tanzmusik durch das dann zur Disco mutierte Haus. Backstage-Führungen Sa 11 Uhr.

Gate Theatre (Karte S. 152/153, Nr. **90**), 1 Cavendish Row (Parnell Sq.), ℘ 01 874 4045. www.gate-theatre.ie. Irische und ausländische Klassiker, gern auch Komödien, aber keine „leichte Muse".

New Theatre, 43 East Essex St., Temple Bar, ℘ 01 670 33361, www.thenewtheatre.com. Das Kleintheater spielt exakt dort, wo früher Irlands Kommunisten tagten und debattierten. Diesen Geist verpflichtet kommen vor allem vergessene Klassiker in sozialkritischer Interpreation auf die Bühne.

Bewley's Café Theatre (Karte S. 144, Nr. **48**), 78 Grafton St., ℘ 01 878 4001, www.bewleyscafetheatre.com. Lunchtime-Theater, Kabarett und Comedy, aber auch mal abends Jazz, alles im *oriental room* des Cafés an der Grafton Street.

Helix (Karte S. 136/137. Nr. **17**), DCU Campus, Collins Av., Glasnevin, ℘ 01 700 7000, www.thehelix.ie. Das neue Theater der *Dublin City University* bietet ein gemischtes Programm: Vom Experimentaltheater bis zum Ausscheidungswettbewerb für den European Song Contest.

Lambert Puppet Theatre (Karte S. 136/137, Nr. **30**), Clifton Terrace, Monkstown (DART), ℘ 01 280 0974, www.lambertpuppettheatre.com. Ein Marionettentheater für Kinder, die Vorstellungen sind Sa/So nachmittags.

Jury's Irish Cabaret (Karte Umschlag vorne, **Nr. 14**), Jury's Hotel, Ballsbridge, ℘ 01 660 5000, www.jurysdoyle.com/cabaret, Mai bis Anfang Okt. Mi–So 19.30 Uhr. Seit 35 Jahren ist die irische Show mit Tänzen, Musik und humoristischen Sprecheinlagen ein vor allem von Touristen besuchter Dauerbrenner. Der Eintritt ist mit 45 € (zwei Drinks inkl.) allerdings happig. Wer 15 € draufzahlt, kann dazu noch ein Menü verzehren.

International Bar (Karte S. 144, Nr. **36**), 23 Wicklow St. (off Grafton St.). Der mittwochabendliche „Comedy Cellar" und andere Bühnenshows irischen Humors finden im ersten Stock statt.

Flowing Tide (Karte S. 152/153, Nr. **97**), 9 Lower Abbey St. Der Pub ist die Heimat des lange als Insidertipp gehandelten Neptune Comedy Club (www.neptunecomedyclub.com), Shows immer Fr'abend.

Laughter Lounge (Karte S. 152/153, Nr. **102**), 4–8 Eden Quay, www.laughterlounge.com. Nach Eigenwerbung Irlands größtes Comedy-Theater, Vorstellungen Do–Sa.

Konzerte:

National Concert Hall, Earl's Fort Terrace (off Stephen's Green), ℘ 01 417 0000, www.nch.ie. Der Tempel der klassischen E-Musik; relativ preiswert sind die gelegentlichen Matineevorstellungen zur Mittagszeit.

Olympia Theatre, 72 Dame St., Temple Bar, ℘ 01 679 3323, www.olympia.ie. Seit das Theater noch „Dan Lowry's Music Hall" hieß, hat sich am Interieur nicht viel geändert: viel Nostalgie bei bröckelndem Putz. Auf die Bühne kommt beinahe alles, was die Halle füllen könnte: vom Ballett über die Revue bis zum Rockkonzert.

Dublin
Karte vorderer Umschlag

158 Dublin

Point Theatre, East Link Bridge, North Wall Quay, ✆ 01 679 3323, www.thepoint. ie. Der frühere Bahnhof ist die Arena für die ganz großen Musikevents mit bis zu 7000 Zuschauern.

Temple Bar Music Centre, Curved St., ✆ 01 670 9202, www.tbmc.ie. Das Herz der irischen Rock-Pop-House-Techno-und-wasnoch-Musikszene mit Aufnahmestudios und großem Saal für Live-Events.

Projects Arts Centre, 39 Essex St., Temple Bar, ✆ 01 881 9613, www.project. ie. Ausstellungen, Ballett und zeitgenössische Musik.

● *Tickets* **HMV,** Henry St. und 65 Grafton St., ✆ 01 679 5334, und **Golden Discs,** im Stephens Green Shopping Centre, Grafton St., ✆ 01 678 2918, www.goldendiscs.ie, sind die wichtigsten Vorverkaufsstellen. Im **Internet** kauft man Tickets bei www.ticketmaster.ie.

Kinos: Die großen kommerziellen Lichtspielhäuser mit Erstaufführungsrechten an den internationalen Kassenschlagern findet man vorwiegend auf der North Side um die O'Connell Street, während die künstlerisch anspruchsvolleren Produktionen und Retrospektiven eher auf der South Side gezeigt werden.

Irish Film Institute, Eustace St., Temple Bar, ✆ 01 679 3477, www.irishfilm.ie. Bislang hat das irische Filmschaffen vor allem durch einen Boom ausländischer Produktionen auf der Grünen Insel auf sich aufmerksam gemacht. Mit dem Film Centre hat das Land auch eine repräsentative nichtkommerzielle Spielstätte. In den Genuss der Vorstellungen kommen zwar lediglich „Members", doch kostet die Tagesmitgliedschaft nur einen Euro. Ein Bookshop offeriert Gedrucktes zum Thema Film.

Screen, D'Olier St., und **Savoy,** 19 Upper O'Connell St., beide ✆ 0818 300 301 und ww.omniplex.ie, sind zwei Kinos, in denen man Kommerz als Kunst erwarten kann. Ein weiteres Mainstream-Kino in der Innenstadt ist **Cineworld,** Parnell Centre, Parnell St., ✆ 1520 880 444, www.cineworld.ie.

Folklore: Unter dem Stichwort „Irish Night" kann man ein Abendessen mit Folkloreprogramm buchen, also eine Show mit irischer Musik und Tanz im Stil von *River Dance*. Ein Leser empfiehlt die **Traditional Night** im **Merry Ploughboys Pub** (Rockbrook, Edmondstown Rd., Rathfarnham, ✆ 01 493 1495, www.merryplough boys.com), „Zwar etwas abseits gelegen, aber sehr gutes Essen und tolle Stimmung." Das Vergnügen kostet 55 € für Essen und Show. Erreichbar leider nur mit dem Taxi (ab Zentrum ca. 25 €) oder per Reisebüro-Pauschalarrangement.

Kunst

Mit gewaltigen Investitionen wurde im Dubliner Stadtteil Temple Bar eine Kunstmeile aus dem Boden gestampft, die in Europa ihresgleichen sucht: Galerien und staatlich geförderte Zentren auf Schritt und Tritt, die alle Genres zeitgenössischer Kunst abzudecken versprechen.

The Ark, Eustace St., www.ark.ie, Di–Sa 10–16 Uhr. Kunst von und für Kinder.

Designyard, 12 Essex St., www.design yard.ie, Mo–Sa 9.30–18, So 11–18 Uhr. Ausstellung und Verkauf der Vorzeigestücke irischen Kunsthandwerks (Designermöbel und Accessoires zur Inneneinrichtung wie Lampen und Glaskunst, auch Schmuck).

Gallery of Photography, Meeting House Sq., ✆ irish-photography.com, Di–Sa 11–18, So 13–18 Uhr. Irlands einzige Galerie, die ausschließlich Fotokunst zeigt. Mit umfangreichem Fotoarchiv, Verkauf von Bildbänden und anspruchsvollen bis exotischen Postkarten.

Ausstellungen mit historischen Fotografien zeigt gleich um die Ecke das **National**

Photographic Archive, www.nli.ie, Mo–Fr 10–17, Sa 10–14 Uhr.

Original Print Gallery, 4 Temple Bar, www.originalprint.ie, Mo–Fr 10.30–17.30 (Do bis 20 Uhr), Sa 11–17, So 14–18 Uhr. Die Galerie zeigt und verkauft limitierte Kunstdrucke, Lithographien, Holzschnitte u. ä. von zeitgenössischen irischen Künstlern.

Temple Bar Gallery & Studios, 5–9 Temple Bar, www.templebargallery.com, Di–Sa 11–18 (Do bis 19 Uhr). Hier arbeiten etwa 30 Künstler in ihren Studios und stellen in Irlands größter Galerie aus.

Siehe auch National Gallery (S. 168), Museum of Modern Art (S. 177) und Hugh Lane Municipal Art Gallery (S. 181).

Einkaufen 159

George's Street Arcade im Abendlicht

Feste/Veranstaltungen

Aktuelle Termine und Programme der zahlreichen Feste und Festivals entnimmt man dem *Event Guide* der Tourist-Information (www.visitdublin.com) oder der Stadtzeitung *In Dublin* (www.indublin.ie). Hier eine Auswahl der wichtigsten Spektakel:

St. Patrick's Day, 17. März, mit großer Parade durch das Stadtzentrum vor wohl einer halben Million Schaulustigen.

Bloomsday, 16. Juni. Die Erlebnisse und das Innenleben des fiktiven Leopold Bloom am 16.6.1904 sind Gegenstand des „Ulysses". Nicht nur eingefleischte Joycianer feiern den Jubiläumstag und die vorausgehende Woche mit Lesungen, Gorgonzola-Sandwiches bei Davy Byrne's und viel Guinness. Höhepunkt sind die Radrallye und das anschließende Fest im Stephen's Green. Programmauskunft beim Joyce Centre, www.jamesjoyce.ie.

Dublin Horse Show, Anfang August, das Event der Pferdenarren und High Society. Mehr dazu im Kapitel Wissenswertes von A bis Z. www.dublinhorseshow.com.

All Ireland Hurling Final, am zweiten Sonntag im September. Noch immer mindestens so populär wie das **Football Final** (am dritten Sonntag im September) um den Pokal „Sam Maguire", seltsamerweise benannt nach einem republikanischen Freiheitshelden protestantischer Konfession, dem gälische Gebräuche und Traditionen völlig fremd waren. Die beiden Höhepunkte des irischen Sportjahres laufen im Croke Park Stadion. www.gaa.ie.

Dublin Theatre Festival, Anfang Oktober. Das wichtigste Ereignis im Jahreskalender der Hochkultur. Programm und Tickets im Festival Booking Office, 47 Nassau St., ✆ 01 677 8899, www.dublintheatrefestival.com.

Einkaufen

Dublins wichtigste Einkaufsstraße und zugleich Fußgängerzone ist auf der South Side die vornehme **Grafton Street,** von der die Stadtväter nun per Satzung Fastfoodläden, Telefonshops und andere nicht standesgemäße Shops fernhalten wollen. Auf der North Side shoppt man in der weniger geschleckten **Henry Street.** Für Regentage bieten sich die großen Einkaufszentren an. Mehr zum Thema im Heft „Shopping in Dublin" der Tourist-Information.

160 Dublin

● *Einkaufszentren* **St. Stephen's Green Shopping Centre,** Grafton St./Ecke West St. Stephen's Green. Ein mit Schmiedeeisen im viktorianischen Stil gut verkleidetes Gebäude mit Glaskuppel, in dem sich tagsüber auch Kids und Rentner treffen.

Powerscourt Town House, Clarendon St. Ein früherer Innenhof wurde überdacht und die angrenzenden Gebäude zu ihm hin geöffnet. Exklusivere Läden als im Stephen's Green, viel Gastronomie, Grünpflanzen, mittags spielt eine Pianistin.

Arnott's, Henry St., gegründet 1843 John Arnott, ist Dublins ältestes und größtes Kaufhaus. In den letzten Jahren modernisiert, ist es für irische Verhältnisse preiswert geblieben und durchaus einen Rundgang wert.

Dundrum Town Centre, mit nahezu hundert Geschäften, Lokalen (u. a. Milano, Café Mao) und sogar einem Kino ist dies das neueste und größte Einkaufszentrum der Stadt. Zu erreichen per Auto oder mit der Straßenbahn (ab St. Stephen's Green, Station Balally) oder den Buslinien 44 und 48 A.

● *Märkte und mehr* **Moore Street Market,** off Henry St., Mo–Sa bis 17 Uhr. Der populärste Dubliner Lebensmittelmarkt. Eine Sehenswürdigkeit für sich sind auch die Fleischerläden in den Seitengassen.

Ranelagh Organic Food Market, So 10–16 Uhr, ein Biomarkt an der Tramstation Ranelagh.

Temple Bar Food Market, Meeting House Square. Hier gibt's jeden Samstag Lebensmittel und dazu auf dem nahen Temple Bar Square den **Book Market** mit Secondhand-Büchern. Auf dem **Cow's Lane Market** kann man Schmuck und Designer-Klamotten aus zweiter Hand erstehen.

Temple Bar Craft & Furniture Market, der einzige Sonntagsmarkt im Stadtzentrum, mit Möbeln, Accessoires, Kunsthandwerk und Klamotten.

Blackrock Market, Main St., Blackrock, www.blackrockmarket.com, Sa/So 12–17.30 Uhr. Ein Flohmarkt mit Büchern, CDs, Klamotten und anderem Krimskrams.

George's Street Arcade, South Great George's St., www.georgesstreetarcade.ie. Die alte Markthalle ist heute mit festen Ständen belegt, verkauft werden Trödel, Kitsch, Kunsthandwerk und alte Möbel.

● *Bücher* **Eason,** 40 Lower O'Connell St., www.eason.ie, die größte Auswahl auf der Northside.

Waterstone's, 7 Dawson St., gleich um die Ecke von Eason und dessen schärfster Konkurrent. Zu einer englischen Kette gehörend, mehr Platz und Übersicht, unter dem Strich aber doch weniger Titel auf Lager. Auch sonntags geöffnet.

Hodges Figgis, 56 Dawson St., www.hodgesfigis.ie, der dritte im Bunde der großen Drei. Bücher auf drei Etagen, mit Café.

Forbidden Planet, 5–6 Crampton Court, Temple Bar. Spezialisiert auf Science Fiction, Fantasy, Comics.

Winding Stair, Halfpenny Bridge North. Dieses Antiquariat mit Coffeeshop entwickelte sich über die Jahre zu einer Institution der Dubliner Kulturszene. Antiquar Kevin Connolly hat inzwischen Haus und Firmennamen verkauft, doch die neuen Eigentümer versprechen, Buchhandlung und Café weiterzuführen.

● *Musik* **Claddagh Records,** 2 Cecilia St., Temple Bar, www.claddaghrecords.com, hat die größte Auswahl an irischer und ausländischer Folk- und Worldmusic.

Über die Ha'penny Bridge ins Nachtleben

Stadtführungen 161

Freebird Records, 5 Cope St., Temple Bar, www.freebird.ie. Die beste Auswahl an Independent Labels und zugleich eine gute Info-Quelle zu den unbekannteren und neuen Bands der Dubliner Szene.
Tower Records, 7 Wicklow St., www.towerrecords.ie. Gut für Mainstream und Klassik, auch sonntags geöffnet.
Celtic Note, 12 Nassau St., www.celticnote.com, hat sich auf irische Musik spezialisiert.

• *Schmuck* Im **Shop des Nationalmuseums** schöne Repliken von keltischem Schmuck aus den Museumsbeständen, aus Gold oder Silber sorgfältig gearbeitet, aber noch bezahlbar.
• *Souvenirs* Die größte Auswahl an klassischen Mitbringseln wie Wollpullis, Waterford-Glas und Tablemats mit irischen Motiven findet man in der **Nassau St.**, wo die Tourbusse auf die Besucher des Book of Kells warten.

Stadtführungen

Von den Entfernungen her ist das Zentrum Dublins bequem zu Fuß zu entdecken. Außer den üblichen Busrundfahrten gibt es deshalb eine ganze Reihe geführter Rundgänge, darunter sogar organisierte Kneipentouren.

Auf eigene Faust: Wer sich für spezielle Themen interessiert, dem bietet das Verkehrsamt *Dublin Tourism* eine Reihe von Vorschlägen für Rundgänge an. Diese können über www.visitdublin.ie/iwalks als pdf-Files oder als Audio-Files im MP3-Format geladen werden.

Georgian Dublin, für Fans georgianischer Architektur, ein Rundgang im Dreieck Trinity College – Merrion Park – St. Stephen's Green.
The Historic Northside, im Geschäftszentrum am Nordufer des Liffey.
Castles & Cathedrales, von der Tourist-Information über Dublin Castle zur St. Patrick's Kathedrale.
Viking & Medieval Dublin, für das Gebiet vom Woodquay zur Bridge St.
Temple Bar to Docklands, am Ufer des Liffey entlang.
In the Steps of Ulysses, lässt den Tag Leopold Blooms nachvollziehen. Für das originale und komplette Programm muss man allerdings 18 Std. veranschlagen. Gedruckt als **The Ulysses Map** zu kaufen.
Der auch auf Deutsch zu hörende **Guiness iWalk** führt vom Touristcenter Suffolk Street zur Brauerei.

Der **Croke Park iWalk** läuft durch die O'Connell Street und die georgianischen Straßenzüge um Parnell Square und Mountjoy Square zum heiligen Stadion der gälischen Sportarten.
Weitere Broschüren/Hörspaziergänge führen durch **Kilmainham, Howth, Dalkey & Dun Laoghaire,** zum **Phönix-Park** und als **Küstenwanderung** von Malahide nach Portmarnock..
Rock'n'Stroll Trail, als Broschüre bei *Dublin Tourism* zu kaufen, führt zu Kneipen und Orten, die mit der irischen Musikszene von den Chieftains bis zu U2 in Verbindung stehen, dazu jeweils Porträts der Bands.
Dublin on Foot. An Architectural Walking Guide, erhältlich für 5 € beim *Civic Trust*, Castle St. Ecke Werburg St., www.dublincivictrust.ie, eignet sich für Dublinkenner als Führer zu den historischen Gebäuden des Stadtzentrums.

Führungen und Rundfahrten: Geführte Stadtrundgänge thematisieren außer Geschichte auch Literatur und Musik. Fußfaule können die Sights im offenen Doppeldeckerbus abfahren.

• *Zu Fuß* Viele der oben unter „auf eigene Faust" gelisteten Gänge werden für 8–14 € auch als Führungen angeboten von *Pat Liddy's Walking Tours of Dublin,* ℡ 087 905 2480, www.walkingtours.ie. Mai–Okt. tgl. 10.15 Uhr, ab Tourist Office Suffolk Street: Di/Do/Sa/So **Viking & Medieval Dublin,** Di/Do/Sa/So **Castles, Courtyards & Historic Byways,** Mo/Mi/Fr **Temple Bar an River-**side, Mo/Mi/Fr **The Historic Northside.** Nachmittägliche Rundgänge (14.30 Uhr) haben Fr **Georgian Splendours** und Sa **St. Patrick's & the Cathedral Quarter** zum Ziel.
Historical Walking Tours, ℡ 01 830 3523, www.historicalinsights.ie, April–Sept. tägl. 1- bis 2-mal, sonst nur Fr/Sa/So 11 Uhr, ab dem Eingang zum Trinity College, 12 €. Historiker des Colleges verabreichen einen

Dublin
Karte vorderer Umschlag

162 Dublin

zweistündigen Schnellkurs zur Dubliner Alltagsgeschichte von anno dazumal bis heute. Und lassen sich danach gerne noch zu einem Bier einladen. die gleichen Veranstalter bieten auch die Tour **The Story of Irish Food** (März–Sept. Sa 11.30 Uhr ab Christ Church Cathedral).

1916 Rebellion Walking Tour, ℘ 086 858 3847, www.1916rising.com, März–Sept. Mo–Sa 11.30 Uhr sowie So 13 Uhr ab International Bar (Wicklow St.), 12 €. Tour zu den mit dem Osteraufstand verknüpften Stätten.

James Joyce Walking Tour, ℘ 01 878 8547, www.jamesjoyce.ie, Sa 11 u. 14 Uhr, März–Sept. auch Di, Do 11 u. 14 Uhr, 10 €. Ein Nachmittag auf den Spuren von Leopold Bloom, geführt von Mitarbeitern des *James Joyce Centre.*

Literary Pub Crawl, ℘ 01 670 5602, www.dublinpubcrawl.com, ganzjährig So 12 Uhr, Ostern–Okt. auch tgl. 19.30 Uhr, Nov.–März auch Do/Fr/Sa 19.30 Uhr, 12 € (Guinness nicht inbegriffen). Zwei Schauspieler bringen die Gruppe zu (von Tour zu Tour wechselnden) Pubs, wo sich Dublins Geistesgrößen inspirieren ließen – und betranken. Dabei werden jeweils zum Ort passende Sketche aufgeführt und Werke rezitiert. Die „literarische Kneipenbekriechung" (Harry Rowohlt) ist originell und wärmstens empfohlen. Treffpunkt ist The Duke, 2 Duke St.

Musical Pub Crawl, ℘ 01 475 3313, www.discoverdublin.ie, Mai–Okt. tägl. 19.30 Uhr, Nov., Jan.–März nur Do/Fr/Sa 19.30 Uhr, ab Oliver St. John Gogarty's Pub, 58 Fleet St., 12 €. Geführt von zwei Musikern werden

vier Singing Pubs mit Folkmusik erkundet, als Souvenir gibt's ein Songbook.

● *Mit dem Bus* Das größte Angebot an konventionellen Sightseeingtouren durch die Stadt und in die Umgebung hat **Dublin Bus,** ℘ 01 873 4222, ww.dublinbus.ie, zu buchen über das Büro in 59 O'Connell St. Die **Dublin City Tour** (14 €), 9.30–18 Uhr alle 15 Min., fährt beispielsweise in der Art eines Linienbusses verschiedene Sehenswürdigkeiten an und erlaubt, dort auszusteigen und mit einem späteren Bus zur nächsten Station zu fahren. Auf streckenweise gleicher Route wird diese Tour für einen leicht höheren Fahrpreis auch von privaten Anbietern wie **City Sightseeing** (www.irishcitytours.com) gefahren.

Der **Ghost Bus** durch Dublins Geisterwelt startet Mo–Fr 20, Sa/So 19 & 21.30 Uhr am Busbüro 59 O'Connell St. und kostet 25 €.

Jeden Nachmittag 12.30, 14.30, 16.30, 18.30 startet der **Rock 'n' Roll Bus** (www.dublinrocktour.ie) in der Wsetmoreland St. Die Rundfahrt (15 €) im umgebauten Tourbus folgt den Spuen von Thin Lizzy, Rory Gallagher und Kollegen.

● *Zu Lande und zu Wasser* **Viking Splash Tours,** ℘ 01 707 6000, www.vikingsplashtours.com, März–Okt. tgl. ab 10 Uhr alle 30–60 Min., Start ab Garten vor der St. Patrick's Cathedral, 20 €. Stadtrundfahrten in Amphibienfahrzeugen, die auf Wasserstraßen Staus umgehen können.

Flussfahrten mit **Liffey Voyage,** ℘ 01 473 4082, www.liffeyvoyage.ie, März–Nov. 11, 12, 14, 15, im Sommer auch 16 und 17 Uhr, 13 €, ab Bachelors Walk.

Programmvorschläge

4 Tage Dublin: Was tun? Die Antwort ist natürlich subjektiv und wird je nach Geschmack und Wetter anders ausfallen. Hier trotzdem ein Vorschlag, wie Sie vier Tage Dublin verbringen und dabei viel sehen und erleben können.

1. Tag: Trinity College mit **Book of Kells** (S. 164); Bummel entlang der georgianischen Ensembles am **St. Stephen's Green** oder Merrion Square (S. 169) und auf der Shoppingmeile **Grafton St.** (Schlechtwetteralternative: Kunst in der Nationalgalerie (S. 168) oder Chester Beatty Library (S. 172) und überdachte Shoppingmalls (S. 160). Abends in einen **Pub.**

2. Tag: Bummel über die **O'Connell St.** (S. 179), Flussfahrt auf dem **Liffey** (S. 162), Ausflug mit der DART entlang der Küste zum **Joyce-Tower** nach Dun Laoghaire (S. 190).

Abends nach **Harold's Cross** zum Greyhound-Rennen (S. 139).

3. Tag: Gefängnis **Kilmainham Gaol** (S. 177), Museum für moderne Kunst **IMMA** (S. 177), dann ins **Guinness Storehouse** samt einem Bier in der Gravity Bar (S. 177).

4. Tag: Führung **Marino Casino** (S. 186) und Ausflug auf die Halbinsel **Howth** mit Klippenwanderung (S. 197). Schlechtwetteralternative: Malahide Castle (S. 198). Abends je nach Geschmack Musical oder Literary **Pub Crawl** (S. 162).

Trinity College 163

Dublin mit Kindern: Dublins Bevölkerung ist jung, doch ganz so willkommen wie in vielen südlichen Ländern sind die kleinen Urlauber nicht.

Spielplätze sind in der Innenstadt rar. Als Ersatz kommen die Parks in Frage, auch manches Einkaufszentrum hat eine Spielecke. Hier wird man auch am ehesten **Wickeltische** finden.

Kinderfreundlich geben sich die meisten **Hotels.** Sie bieten Kinderbetten und organisieren auf Wunsch Babysitter (8–10 €/Std.). Einige B&B-Besitzer möchten keine Kids im Haus. Hier fragt man besser vorher nach.

In vielen gehobenen **Restaurants** sind Kinder abends unerwünscht. Natürlich gibt es auch familienfreundliche Restaurants, die Kinderstühle, Kinderportionen oder sogar Kinderanimation haben, wie sonntagnachmittags das Milano in der Dawson Street.

Veranstaltungen für Kinder sind mittwochs in der *Irish Times* und im Web unter www.visit dublin.ie (hier unter see&do – kids) gelistet. Speziell an Kinder richten sich die Angebote die **Kinderkulturzentrums Ark** (S. 158) in Temple Bar und **Lamberts Puppentheater** (S. 157) in Monkstown. Auch Dublin hat einen **Zoo** (S. 186). Kinderfreundlich ist die Mittelaltershow **Dublinia** (S. 175), und die Mumien in **St. Michan's** (S. 184) hinterlassen sicher einen bleibenden Eindruck. In **Malahide** (S. 198) können Sie das **Schloss** mit dem historischen Spielzimmer der Talbot-Kinder und das **Modelleisenbahn-Museum** besichtigen.

Sehenswertes

Das folgende Kapitel ist zunächst in der Reihenfolge zweier Rundgänge aufgebaut, die beide an der O'Connell Bridge beginnen. S. 163–178 werden die Sights auf dem Südufer vorgestellt, S. 178–187 jene auf der Nordseite des Liffey. Dann folgen ab S. 187 die Sehenswürdigkeiten außerhalb des Stadtzentrums.

Trinity College

Das auf einer Fläche von 2 qkm angelegte College ist mit seinen düsteren Gebäuden aus dem 17. bis 19. Jh., den kopfsteingepflasterten Höfen und den Sportflächen ein Musterbeispiel für einen englischen Campus, wie man ihn auch in Oxford oder Cambridge findet.

Irlands angesehenste Hochschule wurde 1592 von Elisabeth I. auf dem Gelände eines enteigneten Klosters gegründet, das wiederum an der Stelle des städtischen Friedhofs der Wikingerzeit stand. Am **Front Gate**, dem 1752–59 errichteten Haupteingang, stehen die Statuen des Philosophen Edmund Burke (1729–97) und des Dichters Oliver Goldsmith (1730–74) stellvertretend für viele andere Geistesgrößen, die am Trinity College studierten oder lehrten, beispielsweise Jonathan Swift („Gullivers Reisen"), Bram Stoker (Erfinder des Grafen Dracula), Wolfe Tone (irischer Politiker und Freiheitsheld) und Samuel Beckett („Warten auf Godot").

Library Square: Durch den von der **Chapel** und **Exam Hall** flankierten **Front Square** kommt man auf den Library Square, den Hauptplatz der Universität. Der **Campanile** (1853) auf der Mitte des Platzes markiert in etwa die Stelle, wo das alte Kloster stand. Nördlich davon, neben der Kapelle befindet sich die **Dining Hall** (1743), ursprünglich ein Werk des deutschstämmigen Richard Cassels, der uns noch als Architekt der prächtigen Landsitze im Umland Dublins begegnen wird. Hier am College müssen ihm allerdings grobe Schnitzer passiert sein, denn das Gebäude war unzureichend fundiert und musste schon 1758 abgetragen und neu aufgebaut werden. Inwieweit es noch Cassels' Entwurf entspricht, ist ungewiss. Im Uhrzeigersinn schließt sich das **Graduates' Memorial Building** an. Der Name

164 Dublin/Sehenswertes

Urbane Hast vor dem Trinity College

des dahinter liegenden Tennisplatzes **Botany Bay** spielt darauf an, dass unbotmäßigen Studenten früher nicht nur der Verweis von der Hochschule, sondern sogar die Deportation in die gleichnamige australische Sträflingskolonie drohte. Weiter im Uhrzeigersinn gibt der rote Ziegelbau des Wohnheimes **Rubrics** (um 1690, umgebaut 1894 und 1978) dem sonst grauen Campus etwas Farbe. Die **Old Library** auf der Südseite des Platzes wurde 1712–32 in einer strengeren Formensprache gebaut, beide sind damit die ältesten noch erhaltenen Gebäude des Colleges.

Old Library: Seit 1801, so will es ein auch nach der irischen Unabhängigkeit weiter gültiges Gesetz, hat die Bibliothek des Trinity Colleges Anspruch auf ein kostenloses Exemplar von jedem in Großbritannien oder Irland verlegten Buch. Der Bestand umfasst etwa 3 Millionen Bände, und jedes Jahr kommt ein weiterer Regalkilometer hinzu. Der 65 m lange **Long Room**, der Hauptlesesaal der Bibliothek, verwahrt die 200.000 wertvollsten Werke, also vor allem die handgeschriebenen Manuskripte und Frühdrucke. Er kann zusammen mit dem Book of Kells (siehe unten) besichtigt werden. Um mehr Platz zu schaffen, wurde 1853 ein weiteres Geschoss aufgesetzt und später auch die zuvor offenen Arkaden zugemauert und ins Gebäude einbezogen. Doch die Lagermöglichkeiten der Bibliothek sind längst erschöpft, der größte Teil des gesammelten Wissens ruht in überall in der Stadt verstreuten Depots.

Mit Bildung gegen die „Papisten"

Erst seit 1793 nimmt die University of Dublin, wie das Trinity College heute offiziell heißt, auch Nichtprotestanten auf. Und noch bis 1966 bedurfte jeder Katholik, um am Trinity College studieren zu dürfen, einer Ausnahmegenehmigung seines Bischofs – ohne den Dispens hätte ihn der Bannstrahl der Exkommunikation getroffen. Die Hochschule war lange eine Bastion des anglo-irischen Protestantismus, die verhindern sollte, dass junge Iren zum Studieren auf den Kontinent gingen und dort vom „Papismus" und dessen falschen Lehren infiziert würden. Der erste Rektor war Erzbischof James Ussher, dessen herausragende „wissenschaftliche" Leistung die Datierung des Weltanfangs auf das Jahr 4004 v. Chr. war.

Book of Kells: Ausgestellt ist das um 800 entstandene *Book of Kells* (mehr dazu im Kapitel „Kells"). Die 340 prächtig illuminierten Blätter mit dem Text der Evangelien wurden in den fünfziger Jahren des 20. Jh. restauriert und in vier Bänden neu gebunden, von denen zwei in Vitrinen zu bewundern sind. Jeden Monat werden eine

Trinity College   165

neue Text- und eine neue Bildseite aufgeschlagen. Da sich an diesen Vitrinen im Jahr etwa eine halbe Million Neugierige die Nase platt drücken und einander kaum Zeit lassen, die Buchseiten en detail zu betrachten, werden noch wechselnde Seiten aus weiteren, weniger berühmten aber kaum weniger prächtige Handschriften ausgestellt, z.B. aus dem *Book of Armagh* (9. Jh.), dem *Book of Dimma* (8. Jh.) oder dem *Book of Durrow* (um 670), Irlands ältestem Manuskript, mit schönen geometrischen Motiven. Vor dem Besuch der Originale steht die Dauerausstellung *Turning Darkness into Light*. Sie erklärt Technik und Tradition von Schriftkunst

Irlands größter Schatz – das Buch von Kells

Kein Mensch, nur ein Engel könne dieses Werk geschaffen haben, hieß es im Mittelalter über das Ende des 8. Jh. entstandene Meisterwerk abendländischer Buchmalerei, zu dessen gebührender Würdigung jedes Jahr 3 Millionen Menschen in das Trinity College strömen. Ein kompliziertes Design ineinander verwobener Bänder und Spiralen, von Menschen, Pflanzen, Fabelwesen und Tieren schmückt die 340 Pergamentblätter, die Anfangsbuchstaben jeder Seite und wichtige Textstellen sind farbig hervorgehoben. Die Grundstoffe für manche dieser Farben, die nach der Restaurierung des Buches wieder so intensiv leuchten wie vor 1200 Jahren, kamen vom Rand des damals bekannten Erdkreises. So brauchte man für das Ultramarin Lapislazuli aus dem Hindukusch. Violett und Karminrot wurden aus getrockneten Cochinelle-Läusen gewonnen.

Das bei weitem häufigste Tier in den Illustrationen ist die Katze, die den Manuskriptmalern während der Arbeit im Skriptorium wohl öfter um die Beine strich und sich so in die Zeilen und Bilder einschlich: mit einem Blumenstrauß im Maul, im spielerischen Sprung auf ein Wort, einmal sogar an der Hostie knabbernd. Die Künstler selbst müssen jung gewesen sein, denn nur in jungen Jahren war damals das Augenlicht noch gut genug, um die Bruchteile von Millimetern feinen Linien so exakt zeichnen zu können. An den unterschiedlichen Stilen hat man zwei Gruppen ausgemacht. Die einen stehen ganz in der keltischen Tradition, bevorzugen das Blau und Grün der „nordischen" Natur und arbeiten mit den labyrinthischen Mustern, wie sie von ihren Vorfahren beim Metallschmuck entwickelt wurden. Die anderen kommen aus der mediterranen Welt oder gar aus Armenien, arbeiten lieber mit Purpur, Goldgelb und Schwarz und sind in der byzantinischen Ikonenmalerei versiert.

Niemand weiß mit Sicherheit, wo und von wem das Evangeliar mit einer lateinischen Fassung der Evangelien, dazu Einleitungen, Zusammenfassungen und sogar einem Glossar geschrieben wurde. Ein Bild des Evangelisten Lukas, dessen Hand das Wort „Ionas" hält, spricht für das berühmte Kloster auf der schottischen Insel Iona, von dem aus 200 Jahre vorher Columban der Jüngere zur Missionierung Süddeutschlands aufgebrochen war. Das Buch von Kells dürfte eines der letzten Werke gewesen sein, an denen im Skriptorium von Iona gearbeitet wurde – 806 zerstörten die Wikinger das Kloster und töteten 86 Mönche. Nur durch ein Wunder wurde das Buch gerettet und ins irische Kells gebracht.

Als DVD kostet das Book of Kells im Museumsshop oder bei www.bookofkells.ie 30 €.

166 Dublin/Sehenswertes

und Buchmalerei und erklärt das historische und religiöse Umfeld, in dem die Handschriften entstanden. Wer sich an den Illustrationen nicht satt sehen kann, der mag steht im Bookshop Reproduktionen erwerben – das Faksimile des Book of Kells kostet allerdings stolze 15.500 Euro.

① ganzjährig Mo–Sa 9.30–17, Okt.–Mai auch So 12.30–16.30 Uhr, Juni–Sept. auch So 9.30–16.30 Uhr; Eintritt 9 €, www.tcd.ie.

Berkeley Library: Zum Abschluss werfe man noch einen Blick auf die Ostseite des Platzes vor Old Library. Paul Koraleks Betonklotz der Berkeley Library (1967) gilt als ein Meisterstück moderner irischer Architektur. Na ja ... Auf der Südseite der Rasenfläche ist im Arts Building die **Douglas Hyde Gallery** zuhause. Sie präsentiert wechselnde Ausstellungen moderner Kunst. Durch eine Passage im Arts Building kann man das College-Gelände zur Nassau Street hin verlassen.

Führungen durch das Universitätsgelände mit der **Trinity College Walking Tour,** Mitte April–Anf. Okt. tägl. 10–16 Uhr alle 40 Min. ab dem Informationsschalter im Haupteingang; Preis pro Person 5 €, mit Eintritt zum „Book of Kells" 10 €.

Bank of Ireland: Mehr noch als im College wurde auf der anderen Straßenseite in dem massiven Gebäude der Bank of Ireland Geschichte gemacht. Es entstand 1729–39 nach einem Entwurf von Edward Pearce als Parlament der irisch-anglikanischen Landlords, die sich als eine eigene „Nation" unter Schirmherrschaft der britischen Krone verstanden, lange bevor es das Commonwealth gab. Der rebellische Geist war jedoch nicht von Dauer. Mit dem Act of Union löste sich das Parlament selbst auf, 1803 wurde das Gebäude mit der Maßgabe an die Bank of Ireland verkauft, es so umzubauen, dass es für große Versammlungen und Debatten nicht mehr zu gebrauchen wäre. Konsequenterweise machte das neue Parlament nach dem Ersten Weltkrieg der Bank ihren Besitz nicht mehr streitig, sondern zog in das Leinster House.

Nach Pearce modellierten noch drei andere Architekten den klassizistischen Tempel, seinen letzten Schliff erhielt er erst, als die Bank eingezogen war. In der Schalterhalle mit ihrem gedämpften Gemurmel erinnert nichts daran, dass hier einst die Redeschlachten tobten. Erhalten blieb jedoch der **Saal des Oberhauses** mit seiner Holztäfelung aus dunkler Eiche, einem kostbaren Kristallleuchter aus der Manufaktur von Waterford und zwei monumentalen, 1733 vollendeten **Wandteppichen.** Diese vermutlich von einem flämischen Weber gefertigten Tapisserien gelten als Meisterwerke und zeigen vor dem Hintergrund einer naturgetreuen Landschaft Szenen der Schlacht am Boyne und der Verteidigung Derrys.

① Diskret, wie Geldinstitute sind, macht auch die Bank of Ireland um das Juwel des House of Lords nicht viel Aufhebens. Doch während der üblichen Geschäftszeiten (Mo–Fr 10–16, Do 10–17 Uhr) kann man einen Blick ins House of Lords werfen – vom Hof aus gesehen rechter Eingang, Anmeldung beim Portier. Führungen gibt's Di 10.30, 11.30 und 13.45 Uhr.

Molly Malone Statue: Gleich zu Beginn der Grafton Street gedenkt eine Skulptur der in einem Volkslied gefeierten Molly Malone, eine vermutlich 1734 verstorbene Fischverkäuferin. Ihre aus dem knappen Dekolleté quellenden Brüste und der Spitzname „tart with a cart" spielen auf Mollys eigentlichen Broterwerb als Sexarbeiterin an.

Merrion Square/St. Stephen's Green

Zwischen dem College und Stephen's Green sind außer den Einkaufsstraßen Grafton und Dawson Street vor allem die georgianischen Ensembles um den Merrion Square und in der Fitzwilliam Street sehenswert. **Mansion House** (1710) in der

Merrion Square/St. Stephen's Green 167

Leinster House – klassizistischer Prunk

Dawson Street, in dem sich 1919 das irische Parlament zu seiner ersten Sitzung traf, war lange die Residenz des Dubliner Bürgermeisters. Die Ziegelfassade verbirgt sich hinter einer Putzschicht – man sieht dem Haus nicht an, dass es eines der ältesten im Quartier ist. In der Molesworth Street, die die Dawson mit der Kildare Street verbindet, residiert hinter grauen Sandsteinmauern die **Großloge der irischen Freimaurer,** eine überwiegend protestantische Einrichtung, die nicht ohne Einfluss auf die nordirische Politik ist.

Leinster House: In dem 1745 als Palais des Herzogs von Leinster errichteten Gebäude tagen seit 1925 die beiden Kammern des irischen Parlaments. Zur Kildare Street zeigt sich Leinster House als ein typisches Stadthaus, während es zum Merrion Square hin eher an ein Landschloss erinnert. Bald nach dem Leinster House hat Richard Cassels das Rotunda Hospital auf der North Side nach dem gleichen Konzept gebaut.

Seit 1890 wird das Schloss an der Kildare Street-Seite von den Rundbauten des Nationalmuseums und der Nationalbibliothek flankiert – ob das Ensemble harmonisch wirkt, sei dahingestellt. Die Bücherschätze der **National Library** können sich mit denen des Trinity College nicht messen. Joyce siedelte im Lesesaal (nur mit Leseausweis zugänglich), wo er oft arbeitete, die große literarische Debatte des „Ulysses" an. Die Südwestecke des Blocks, begrenzt von Merrion Street und Merrion Row, nehmen die ausgedehnten **Government Buildings** ein. Noch für die britische Verwaltung gebaut, wurden sie 1921 gerade rechtzeitig zur Gründung des irischen Freistaats fertig. Auf geführten Rundgängen darf man sich als Staatsgast fühlen und das Büro des Premierministers und den Kabinettssaal besichtigen.

② **Leinster House:** Die Besuchergalerie des Parlaments ist zu den Sitzungen zugänglich, d. h. gewöhnlich Nov.–Mai Di 14.30–22 Uhr, Mi 10.30–20.30 Uhr, Do 10.30–17.30 Uhr. Die aktuellen Termine findet man unter www.oireachtas.ie.

② **Gouvernment Buildings:** Führungen Sa 10.30, 11.15, 12, 12.45 Uhr. Anmeldung am Tag der Führung ab 10 Uhr an der Kasse der National Gallery. www.taoiseach.gov.ie.

168   Dublin/Sehenswertes

National Museum: Zum Ärger der Provinz versammelt das Nationalmuseum von der Steinzeit bis ins Mittelalter nahezu alle bedeutsamen archäologischen Funde der Insel. Ja noch mehr, denn es gibt auch eine altägyptische Sammlung und einen Saal mit zyprischer Keramik. Das Arrangement ist etwas verwirrend, um so schmerzlicher vermisst der Besucher einen Katalog. Höhepunkte des Museums sind die Sammlung alten Goldschmucks und die Moorleichen.

Jüngst eingerichtet und am besten präsentiert ist die Ausstellung **Königtum und Opfer** im linken Quersaal. Sie ist um mehrere bronzezeitliche **Moorleichen** arrangiert. Ahnherr ist der bereits 1821 entdeckte „Gallagh Bogman", ein 2500 Jahre alter und bemerkenswert intakter Kollege des „Ötzi", der schon lange im Museum zu Hause ist. Zu ihm gesellte man nun den „Clonycavan Man", einen Dandy mit schicker Zopffrisur. Außerdem den „Oldcrohan Man", auch er einstmals ein feiner Herr mit manikürten Fingernägeln. 1,98 m groß soll er einmal gewesen sein, so sagen die Wissenschaftler, ein wahrer Riese also, doch geblieben ist nur sein Torso. Den Unterleib verlor er wohl durch einen Torfbagger, den Kopf durch Enthauptung. Wie andere europäische Moorleichen ihrer Epoche zeigen, wurden auch die Iren grausam gefoltert und mehrfach hingerichtet – es deutet alles darauf hin, dass die vorchristlichen Kelten Menschen opferten. Die **Vorgeschichte** wird im Umgang der zentralen Halle präsentiert. Wir erfahren, dass vor etwa 5700 Jahren anonyme Abenteurer die neolithische Revolution in Form von Schafen und Ziegen auf die Insel brachten, außerdem kann man einen riesigen Einbaum und alte Musikinstrumente bewundern. Die Mitte der Halle gehört mit **Irlands Gold** den Geschmeiden der Bronzezeit: Meist Colliers, Arm- und Fußringe, manchmal mit feinen Gravuren, als Kuriosa auch goldene Ohrspulen, die der Laie so wohl eher bei afrikanischen Stämmen vermutet hätte.

Im rechten Querraum weitet die **Schatzkammer** das Thema aus: Kunst und Kunsthandwerk von den Kelten bis ins Mittelalter, darunter als Glanzstücke die Brosche von Tara und das Altarkreuz von Clonmacnoise. Nicht ganz hierher passen die Vitrinen mit mittelalterlicher Kleidung.

Die Ausstellung im Obergeschoss beginnt im rechten Quersaal mit den **Wikingern:** Es geht um Waffen, Ackerbau, Sklaverei und die Anfänge Dublins, dokumentiert durch zahlreiche Kleinfunde, zuletzt wird die Sakralkunst mit dem *Kreuz von Cong* geschickt in Szene gesetzt.

Chronologisch und im Uhrzeigersinn schließt sich das **Mittelalterliche Irland** an, aufgeteilt in die Bereiche „König und Adel", „Kirche und Gläubige", „Bauern-Händler-Handwerker".

Haben Sie bis jetzt durchgehalten? Dann wartet im **Ägyptenraum** noch ein kleines Highlight auf Sie. Auf der Wandseite links zwei sogenannte Fajumporträts aus römischer Zeit, Abbilder Verstorbener auf ihren Totenmasken und vermutlich die ältesten individuellen Menschenbilder, die Sie je gesehen haben.

Mit dem National Museum verbunden ist das **Natural History Museum** für Naturgeschichte an der Merrion-Seite des Leinster House. Das seit der Eröffnungsfeier von 1857 kaum veränderte Sammelsurium ausgestopfter und konservierter Tiere war nicht mehr zeitgemäß und wird nun grundlegend neu präsentiert, weshalb das Museum 2008 geschlossen war. Zwei Millionen Exponate sollen es sein, die Hälfte davon Insekten. Prunkstück der Skelettsammlung sind die aus dem Moor geborgenen Knochengerüste von Elchen, die vor 10.000 Jahren auf der Insel lebten.
ⓘ **National Museum** mit **Natural History Museum**, Di–Sa 10–17 Uhr, So 14–17 Uhr; Eintritt frei. www.museum.ie. Preiswerter Lunch im Coffeeshop des Museums.

National Gallery: Eine Statue ehrt vor dem Eingang der Nationalgalerie den Eisenbahnmagnaten *William Dargan*. Er organisierte 1853 die Industrial Exhibition, eine Messe, aus deren Erlösen damals der Grundstock der heute 2400 Gemälde erworben wurde. Ein anderer Wohltäter der Schönen Künste war *George Bernhard Shaw*. Auch er grüßt als Standbild die Besucher des Kunstmuseums. Die Sammlung umfasst das für Nationalgalerien übliche Repertoire – ein Faltblatt mit Lageplan er-

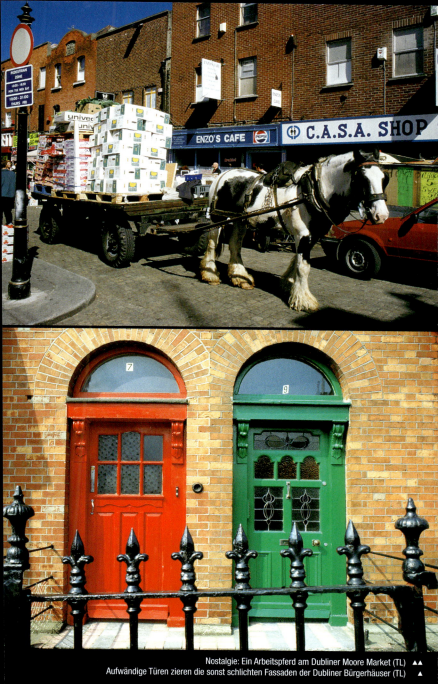

Nostalgie: Ein Arbeitspferd am Dubliner Moore Market (TL)
Aufwändige Türen zieren die sonst schlichten Fassaden der Dubliner Bürgerhäuser (TL)

Dublin: Im Sauseschritt hastet der Großstädter über die Millenium-Bridge (oben/RRB)

Dublin, O'Connell Ecke Talbot Street: James Joyce mustert die Passanten (TL)

Dublin: Stadt der Moderne (Einkaufszentrum oben), Smithfield Chimney (unten links) und das General Post Office und The Spire – zwei Wahrzeichen Dublins (unten rechts) (TL)

Merrion Square/St. Stephen's Green 169

Oscar Wilde erfreut sich am Merrion Square an einem Torso

leichtert die Orientierung. Bei nur einem Besuch empfehle ich die **Yeats Collection** (Saal 21), darüber im Saal 23 die **Porträtgalerie** und dann im Millenium-Flügel (Saal 1–5) die gelungene Auswahl von Werken irischer Maler des 20. Jhs. Ein speziell von den anglo-irischen Grundherren begehrtes Sujet waren Landschaftsbilder, die sie in Auftrag gaben (Raum 14–17). Sie zeigen den Idealzustand einer den Vorstellungen des Landadels entsprechenden gebändigten und geformten Natur.

Der erste Stock des *Beit-Flügels* gehört den Spaniern und Italienern von der Renaissance bis ins 18. Jh., dazwischen etwas verloren die frühe deutsche und niederländische Malerei. Doch nicht überall in den unübersichtlichen Gebäudefluchten sind die Bilder säuberlich nach Nationen und wiederum Schulen getrennt. Raum 44 zeigt monumentale Barockkunst, gleich nebenan (Raum 45) hängt Picasso neben Nolde, Max Pechstein und Gabriele Münter. Für Raum 46, der den französischen Realisten und der Schule von Barbizon gewidmet ist, empfiehlt sich bei starkem Regen ein Schirm – das Dach ist undicht. Im Eingangsbereich des *Millenium Wing* gibt es Restaurant und Coffeeshop.

① Mo–Mi, Fr–Sa 9.30–17.30, Do 9.30–20.30, So 12–17.30 Uhr; Eintritt frei. Eingang von der Clare St. und vom Merrion Square. Am Wochenende nachmittags Führungen. www.nationalgallery.ie.

Merrion Square: Viele der farbenprächtigen Türen, die eines der erfolgreichsten Poster der Irlandwerbung zieren, findet man im Original um den Merrion Square. Die strengen Bauvorschriften des 18. Jh. ließen den Hausbesitzern wenig Freiraum für individuelle Gestaltung, und so versuchte man sich in Details wie eben Türen, Oberlichtern und kunstvoll geschmiedeten Fußabstreifern vom Nachbarn zu unterscheiden. Merrion Square war lange die erste Adresse der Stadt. In Nr. 1, dem ältesten Haus am Platz, residierte von 1855–76 **Oscar Wilde**. Gegenüber, an der Nordwestecke des Parks, stiftete ihm die Guinness-Brauerei ein Denkmal. An weiteren Berühmtheiten wohnten hier Daniel O'Connell (Haus Nr. 58), W. B. Yeats

170   Dublin/Sehenswertes

(Haus Nr. 52 und 82), und in Haus Nr. 65 lebte einige Jahre der Physiker Erwin Schrödinger, dessen geniale Wellengleichung dem diesbezüglich minder genialen Autor aus Schulzeiten noch in unliebsamer Erinnerung ist. Nr. 8 ist die standesgemäße Adresse des *Royal Institute of the Architects of Ireland*. Rund um den Platz stellen immer sonntags Künstler ihre Arbeiten aus.

Number Twenty Nine (Georgian Home): Von der Ostseite des Platzes zog sich, bevor 1965 die Elektrizitätsgesellschaft gleich 26 Häuser einem Büroklotz opferte, in der Fitzwilliam Street die längste geschlossene georgianische Häuserzeile der britischen Inseln entlang. Wohl als einen Akt bescheidener Wiedergutmachung hat die ESB ein Haus Ziegel für Ziegel wieder aufgebaut und im Stil von 1800 eingerichtet. Die Führung durch dieses Museum und der dazugehörige Informationsfilm pflegen allerdings die gängigen Klischees (z. B. das von den Ladies, die nichts anderes zu tun wissen als sich gegenseitig Briefe zu schreiben) und geben ein etwas verzerrtes Bild der Zeit.

① Di–Sa 10–17, So 14–17 Uhr; Eintritt 6 €. 29 Fitzwilliam St. (d.h. Südostecke des Merrion Square), www.esb.ie (hier unter about esb – Number Twenty Nine).

Saint Stephen's Green

„Wholie kept for the use of the citizens and others to walk and take the open air", beschlossen die Stadtväter schon 1635 über den neun Hektar großen Stadtpark und schützten die Grüne Insel vor der Bauspekulation.

Nach einem Zwischenspiel als Arbeitsplatz des Henkers und als ein von einer hohen Mauer geschützter Privatgarten der reichen Anlieger wurde das alte Vermächtnis um 1880 von Arthur Guinness neu belebt, der Stephen's Green frisch bepflanzte und wieder dem Volk öffnete. Mit einem Teich, schwungvollen Brückchen, Aussichtsterrassen, Blumenrabatten, Springbrunnen, Schwänen und großzügigen Rasenflächen ist der Park an sonnigen Tagen ein beliebter Treffpunkt. Gärtnerisch und bezüglich seiner Architektur mag Stephen's Green wenig aufregend sein, seinen Reiz verleihen dem Park die Menschen: Rentner auf den sprichwörtlichen Bänken, mal mehr, mal weniger entblößte Jugendliche auf dem Rasen; die mittlere Generation, männlich, vormittags im Geschäftsschritt mit gebundener Krawatte, Jackett und Aktenkoffer, mittags mit gelockertem Schlips und ohne Jackett, in Dokumente oder die Zeitung vertieft; die gleiche Altersgruppe, weiblich, morgens im Kostüm gekonnt auf hohen Absätzen über den Kies stöckelnd, mittags weniger sichtbar – die gleichberechtigte Nutzung des öffentlichen Geländes wird erst von den Ladies im reiferen Alter erreicht, die ihre Hunde ausführen oder ersatzweise Schwäne füttern.

Den Haupteingang an der Ecke zur Grafton Street überspannt der **Fusiliers Arch,** ein dem römischen Titusbogen nachempfundener Triumphbogen, der an die irischen Gefallenen des Burenkriegs erinnert. Am anderen Ende, dem Eingang von der Leeson Street, plätschert ein kleiner **Brunnen** „in Dankbarkeit für die Hilfe, die das irische Volk deutschen Kindern nach dem 2. Weltkrieg gewährte", wie der Stifter und seinerzeitige Bundespräsident Roman Herzog am 23.03.1997 auf die Gedenkplakette schreiben ließ. Während der deutschen Hungerjahre 1945–48 schickten die Iren Care-Pakete und holten mit der **Operation Shamrock** sogar einige tausend Kinder für Wochen und Monate auf die Grüne Insel.

Die Nordostfront des Parks, wo früher, bevor der unablässige Autostrom dieses Vergnügen zerstörte, die Dandies und Beaus zu promenieren pflegten, nimmt das **Shelbourne Hotel** (1857) ein. Hier wurde die irische Verfassung entworfen, gingen Schriftsteller aus und ein wie William Thackeray, Oscar Wilde oder George Moore,

Merrion Square/St. Stephen's Green

Erst am Abend erwacht Temple Bar zum Leben

der das Hotel gleich zum Schauplatz seines Romans „Ein Drama in Musselin" machte. Den Zaun von Dublins bester Hoteladresse schmücken Statuen nubischer Prinzessinnen. Das **Iveagh House,** Nr. 80/81 auf der Südseite, ein weiteres Werk von Richard Cassels, war das Stadtpalais der Guinness-Familie. Heute wird es vom irischen Außenministerium genutzt.

Newman House: Nr. 85, wiederum von Richard Cassels entworfen, gehörte einem reichen Landbesitzer und Abgeordneten aus Fermanagh. Das 1736 begonnene Haus gibt einen ehrlicheren Eindruck von der georgianischen Wohnkultur als das Museum der Elektrizitätsgesellschaft. Der **Apollo-Raum** ist mit Stuckarbeiten der Francini-Brüder verziert, den Stargipsern ihrer Zeit. Schon 1765 erschien das „nur" zweigeschossige Haus nicht mehr repräsentativ genug. Ein neuer Besitzer fügte das Nachbargebäude Nr. 86 im für Dublin typischen Stil an. Hundert Jahre später erwarb die neue *Catholic University of Ireland* (heute heißt sie „University College Dublin") beide Häuser und ließ sogleich die Blößen der Stuckmusen bedecken. Eine weitere Verunstaltung brachte ein bunter Anstrich – die Francinis hielten ihre Formen für so gut, dass sie auf Farbe verzichteten und die Stukkos stets nur in strahlendes Weiß kleideten. Die neobyzantinische **University Church** (1854–56) neben dem Newman House ist Dublins beliebteste Hochzeitskirche.

⏱ Eintritt (5 €) nur mit Führung, Juni–Sept. Di–Fr 14, 15, 16 Uhr.

Dublin Castle und Liberties

Die Dame Street leitet vom georgianischen Viertel in das Zentrum des alten Stadtkerns um die Burg und die zwei Kathedralen über, in dem die mittelalterlichen Holz- und Lehmhäuser längst neueren Bauten gewichen sind.

Mit „Liberties" wurde ursprünglich der Besitz der Kirchen und Klöster bezeichnet, der nicht der städtischen Gerichtsbarkeit unterstand. Heute steht dieser Begriff für das Gebiet zwischen den beiden Kathedralen und der Guinness-Brauerei.

172   Dublin/Sehenswertes

Temple Bar: Der Ostteil von Temple Bar lag im Mittelalter außerhalb der Stadtmauer und gehörte zu einem Augustinerkloster. Seit dem frühen 18. Jh. allmählich bebaut, war es lange Zeit ein anrüchiges Viertel der Pubs und Bordelle. In den 1960er Jahren sollte der heruntergekommene Stadtteil abgerissen und durch einen Busbahnhof ersetzt werden. Doch die Planung verzögerte sich, und Temple Bar überstand so die Zeit der Kahlschlagsanierungen, bis es in den Achtzigern „entdeckt" und seine nicht immer behutsame Modernisierung eingeleitet wurde. Von einem Viertel der Randgruppen und Subkultur mauserte es sich zu einem modischen Yuppie-Quartier mit allerlei Galerien und Kunstzentren, zu einem Schaufenster moderner, oft preisgekrönter Architektur sowie mit seinen Restaurants, Pubs, Kinos und Bühnen zum Mittelpunkt des Dubliner Nachtlebens, wo weitgehende Videoüberwachung eine niedrige Kriminalitätsrate garantiert. Allerdings scheint Temple Bar nun an die Grenzen seiner Entwicklung gestoßen zu sein: Die etwa tausend ständigen Bewohner wehren sich gegen weitere Lärmquellen, klagen über den Lieferverkehr und mangelnde Straßenreinigung. Ganz im Westen des Viertels, jenseits der Parliament Street, entdeckt man gar leer stehende Ladenlokale.

City Hall: Das von einer Kuppel gekrönte klassizistische Rathaus wurde 1769–79 als Börse erbaut. Auch nachdem die Stadtverwaltung 1995 an den Wood Quay umzog, tagt in der City Hall weiterhin an jedem ersten Montag im Monat die Versammlung der Stadtverordneten. Im Kellergewölbe erzählt eine multimediale Ausstellung **The Story of the Capital**, also die Stadtgeschichte, mit Hilfe von Computeranimationen, Filmen, nachgestellten Szenen und anhand von Exponaten wie etwa dem ersten Stadtsiegel oder der Amtskette des Bürgermeisters. Den Aufbau der Ausstellung fanden wir etwas verwirrend. Abschließend geht es hoch in die Eingangshalle mit ihrer prächtigen Kuppel und einem Bodenmosaik, das das Stadtwappen zeigt.
① Mo–Sa 10–17, So 14–17 Uhr; Eintritt 4 €. www.dublincity.ie.

Dublin Castle: Das Castle, mehr Schloss als Burg, thront auf dem Cork Hill gerade 200 m südlich des Liffey. In den drei Innenhöfen sieht sich der Besucher einem bunten Stilpotpourri gegenüber: Von der alten Normannenburg (1202–1258) ist noch der **Record Tower** erhalten. **Bermingham Tower** (1411), lange das Verlies der Burg, bekam im 18. Jh. ein neues Gesicht. Die Moderne ist mit dem unansehnlichen Bau des Finanzamtes vertreten, und die neogotische **Royal Chapel** scheint der Phantasie eines Zuckerbäckers entsprungen. In der Kolonialzeit war das Schloss Amtssitz der britischen Gouverneure und Vizekönige, heute beherbergt es alle möglichen Ämter und Behörden. Die repräsentativen **State Apartments** (auf der Südseite des mittleren Hofes) kommen weiterhin bei Staatsempfängen zu Ehren, sind im Rahmen von Führungen aber auch gewöhnlichen Menschen zugänglich. In der Eingangshalle rekonstruieren Schautafeln die Entwicklung der Burg, die Führungen bringen den Besucher auch in ein Kellergewölbe mit Resten von Befestigungsanlagen aus der Wikingerzeit. Unter der Royal Chapel ehrt das etwas skurrile **Revenue Museum** die Arbeit der Finanz- und Zollverwaltung. Am Tor der Dame Street gibt es noch ein „Visitor Centre", das aus Cafeteria, einem Souvenirshop und großzügig dimensionierten Toiletten besteht – die der Mensch manchmal dringender benötigt als die Kultur.
① **State Apartments,** Mo–Fr 10–16.45 Uhr, Sa/So 14–16.45 Uhr; Eintritt mit Führung 4,50 €. www.dublincastle.ie.

Chester Beatty Library and Gallery of Oriental Art: Durch den Garten des Dublin Castle kommt man in die renommierte orientalische Kunstsammlung des 1968

Dublin Castle und Liberties 173

Dublin Castle mit Bermingham Tower und Royal Chapel

verstorbenen Bergbaumagnaten Alfred Chester Beatty. Nur ein Bruchteil der persischen und türkischen Miniaturen, Papyri, japanischen Holzdrucke und chinesischen Vasen wird ausgestellt. Die Bibliothek genießt unter Fachleuten Weltruf, die Ausstellung gewann 2002 den Europäischen Museumspreis. Der erste Stock zeigt unter dem Motto „künstlerische Traditionen" christliche und islamische Buchkunst. In der fernöstlichen Abteilung ist das Thema weiter gefasst, hier sehen wir auch chinesische Schnupftabakdosen und japanische Samuraischwerter. Im zweiten Stock geht es um die Religionen und ihre heiligen Bücher.

① Mo–Fr 10–17 Uhr (Okt.–April Mo geschl.), Sa 11–17 Uhr, So 13–17 Uhr, Eingang Dame St. oder Ship St., Eintritt frei. Führungen Mi, 13 Uhr, So 15 und 16 Uhr. www.cbl.ie.

● *Lesetipp* Daniel Easterman, **The Judas Judgement** und **Brotherhood of the Tomb**, zwei Thriller aus der Feder des Orientalisten Denis McEoin, der die Library als Szene für den Plot nahm.

Saint Patrick's Cathedral: Warum hat der Normannenbischof Comyn, als er 1191 den Grundstein für eine neue, von der altirischen Christ Church unabhängige Kathedrale legte, dafür einen so ungünstigen Bauplatz wie das Sumpfland am heute kanalisierten Poddle ausgewählt? Das Grundwasser stand hier so hoch, dass für Irlands größte Kirche besonders schwere Fundamente notwendig waren. Der Ort muss dem Bischof so wichtig gewesen sein, dass er die Bedenken seiner Baumeister in den Wind schlug und auch auf eine Krypta verzichtete.

Der Legende nach hatte hier bereits St. Patrick eine Kapelle und taufte die Menschen mit dem Wasser einer heiligen Quelle. Der 1254 völlig umgestaltete und 1864 nochmals umgekrempelte Bau stand zunächst unter einem unglücklichen Stern: Ein Turm stürzte ein, aufgebrachte Bürger zündeten die Kirche an, Cromwell benutzte das Gotteshaus als Pferdestall, Jakob II. als Kaserne.

Innen ist die Kirche mit den klaren Proportionen eines lateinischen Kreuzes sehr viel eleganter, als sie äußerlich verspricht. Der Stein von Patricks Quelle liegt in der

174 Dublin/Sehenswertes

Nordwestecke neben dem Aufgang zum Turm. Die Dauerausstellung „Living Stones" rekapituliert die Geschichte des Gotteshauses und widmet sich auch ausführlich dem berühmtesten Domherren, **Jonathan Swift.** Mit seiner wohl stets nur platonischen Geliebten *Esther („Stella") Johnson* fand er gleich neben dem Haupteingang seine letzte Ruhestätte. Das zweite, auffälligere Grabmal (1632) am Eingang zeigt **Richard Boyle,** den Earl of Cork, nebst Frau und elf seiner Kinder. Der kleine Dicke in der Mitte der unteren Reihe ist *Robert Boyle* (1627–91), Physiker und Entdecker des Boyle-Mariottschen Gesetzes vom Zusammenhang zwischen Temperatur und Ausdehnung von Gasen. Das Monument stand zunächst neben dem Hauptaltar, doch der Vizekönig Thomas Wentworth fand es schon 1633 unzumutbar, sich vor dem Earl, seiner Frau und besonders „den Nymphen von Töchtern, mit schulterlangem, offenem Haar" niederzuknien, die ihn offenbar vom Gebet ablenkten. Der gekränkte Earl of Cork arbeitete daraufhin am Sturz des Vizekönigs und brachte ihn schließlich aufs Schafott.

🕐 März–Okt. Mo–Sa 9–18, So 9–11, 13–15, 16–18 Uhr; Nov.–Feb. Mo–Fr 9–18, Sa 9–17, So 10–11, 13–15 Uhr. Eintritt 5,50 €. www.stpatrickscathedral.ie. Buslinien Nr. 49/A, 50 X, 54 A, 56 A ab College St.

Marsh Library: Die von Erzbischof Narcissus Marsh 1707 eröffnete Bibliothek ist die älteste öffentliche Bücherei Irlands und seit den Gründerjahren kaum verändert. Swift arbeitete hier oft, einige Bücher tragen noch seine Randbemerkungen, auch Joyce las in den alten Schätzen. In den dunklen Eichenholzregalen ruhen zwar nur 25.000 Bände, diese wurden jedoch fast alle im 17. Jh. oder noch früher gedruckt. Wertvollster Schatz ist eine Cicero-Ausgabe von 1472. Bücherklau gab es wohl schon damals. Wie sonst ist zu erklären, dass die Benutzer von besonders seltenen und wertvollen Manuskripten während der Arbeit in drei Nischen eingeschlossen wurden?

🕐 Mo, Mi–Fr 10–13, 14–17 Uhr, Sa 10.30–13 Uhr; Eintritt 2,50 €. St. Patrick's Close. www.marshlibrary.ie.

Christ Church Cathedral: Wie Saint Patrick's hat auch die ältere der beiden mittelalterlichen Kathedralen in der viktorianischen Ära eine freizügige Restaurierung über sich ergehen lassen müssen. Auf der Verkehrsinsel, um die heute unzählige Straßen herumführen, stand seit 1038 die erste, aus Holz gebaute Bischofskirche. Zwischen ihr und dem Liffey befand sich die Handelsniederlassung der Wikinger und damit die Keimzelle der mittelalterlichen Stadt. Ihre Reste wurden in den siebziger Jahren bei Sanierungsarbeiten freigelegt – und mit der Fundamentierung der neuen Bürogebäude weitgehend zerstört.

Richard Strongbow, der Führer der normannischen Invasoren, ließ die hölzerne Wikingerkirche nach 1172 durch einen Steinbau im romanisch-gotischen Übergangsstil ersetzen, der auch eine Art Denkmal für den britischen Griff nach Irland ist. Heinrich VII. eröffnete hier die irische Reformation, indem er St. Patrick's Bischofsstab, die kostbarste Reliquie der Kirche, öffentlich verbrennen ließ. Irland rächte sich auf seine Art. 1562 brach die schlecht gegründete Südwand zusammen und zerschlug dabei auch das Grabmal mit der Statue des Strongbow, die als ein amputierter Torso neben dem Grab lag. Das heutige Monument ist eine Nachbildung aus der Zeit nach dem Unglück. Mit dem steinernen Strongbow als Zeugen schlossen seit alters her die Dubliner Kaufleute wichtige Verträge ab.

Die schönen **Bodenmosaiken,** z. B. ein Rondell mit 74 als Bettelmönche verkleideten Füchsen, sind Repliken des alten Belags. Sehenswert ist auch das alte aus Mes-

Dublin Castle und Liberties   175

Herrenrunde in Saint Patrick's Cathedral

sing gefertigte **Bibelpult** in Gestalt eines Adlers. Von der modernen Replik lässt es sich leicht anhand der Löcher unterscheiden, an die früher die Bibel gekettet war – lesekundigen Gelehrten oder armen Schluckern auf der Suche nach Heizmaterial traute man offenbar schlimmste Schandtaten zu.

Der am besten erhaltene Teil der Kirche ist die **Krypta**. Zu Cromwells Zeiten ging es hier hoch her: Damals war sie ein überdachter Markt mit Läden und Tavernen. Später diente der Keller als Abstellplatz für allerlei Dinge, die oben im Wege waren, aber doch irgendwie zu wertvoll oder zu sperrig, um sie einfach wegzuwerfen. Jüngst wurde das Gewölbe mit viel Aufwand zu einem Ausstellungsraum umgebaut, in dem neben alten Grabplatten, Architekturfragmenten und dem Kirchenschatz auch ein Videofilm gezeigt wird. Berühmteste Kuriosität des Kellers ist jedoch jene mumifizierte Katze auf der Jagd nach einer genauso eingetrockneten Ratte, die sich in eine Orgelpfeife geflüchtet hatte – der Jäger blieb stecken und versperrte damit auch dem Opfer den Fluchtweg, ohne dieses erreichen zu können.

⏱ Mo–Sa 10–17 (Juni–Aug. 9–18), So 10–11, 13–15 Uhr; Eintritt 6 €. www.cccdub.ie.

Dublinia: Die Mittelaltershow im früheren Bischofspalast, in dem zuletzt eine Disco eingerichtet war, ist eine kleine Entschädigung für die am Wood Quay vergebene Chance, wenigstens einen Teil der beim Bau des neuen Rathauses freigelegten Reste der Wikingerstadt für die Nachwelt zu erhalten. Die Zeitreise beginnt nach einer Orientierung zu den Anfängen mit dem Gang über den mittelalterlichen **Markt** der Stadt, mit Ständen und Buden lebensgroß und lebensecht nachgestellt bis hin zu einem knurrenden Hund. Alles darf, sehr zur Freude der Kinder (und auch der Erwachsenen), angefasst werden – immerhin stehen für den Wurf auf den im Pranger zu Schau gestellten Missetäter nicht mehr wie anno dazumal Kot und Steine, sondern Softbälle zur Verfügung.

Ein maßstabgerechtes **Modell** zeigt das alte Stadtbild, das man mit dem (realen) Panorama vom Turm des Hauses vergleichen kann. Anschließend wird man mit der Rekonstruktion eines Kais und eines Kaufmannshauses konfrontiert, auf dessen Küchentisch die Speisen angerichtet sind, als begäben sich die Puppen im nächsten Moment zum Dinner. Gelungen ist die Einbeziehung der Toiletten – wer auf das Örtchen muss, wird nebenbei über mittelalterliche Latrinen und Sanitäranlagen aufgeklärt. Im **Museum**sraum sind ein paar Kleinfunde vom Wood Quay präsentiert, nebenan erfährt man einiges über die Arbeitsweise der Stadtarchäologen. Der oberste Stock ist den **Wikingern** gewidmet. Hier kann man seinen Namen in Runen schreiben. Auch die Vereinnahmung der Nordleute durch die faschistische Bewegung wird nicht ausgespart.

① Apr.–Sept. tägl. 10–17 Uhr, Okt.–März Mo–Sa 11–16, So 10–16 Uhr, Einlass bis 45 Min. vor Schließung; Eintritt 6,25 €, St. Michel's Hill, High St. www.dublinia.ie.

Saint Audoen's Churches: Dank der Kirchenspaltung hat der Heilige gleich zwei Kirchen. Die ältere (12./14. Jh.) und zugleich kleinere gehört der Church of Ireland und ist die einzige erhaltene mittelalterliche Pfarrkirche Dublins. An der Stelle des Nebenschiffs stand einst eine keltische Kapelle. **St. Audoen's Arch,** in einer schmalen Passage neben der Kirche, ist das letzte Tor der alten Stadtbefestigung. Der jüngere Bau, ein katholisches Gotteshaus, wurde 1847 fertig gestellt.

① Juni–Sept. tägl. 9.30–17.30 Uhr, Einlass bis 16.45 Uhr; Eintritt frei. Cook St.

Guinness-Brauerei/Kilmainham

Guinness-Brauerei: Schon an der St. Audoen's Church wird die empfindliche Nase bei Westwind mit dem Malzgeruch aus Irlands größter Brauerei konfrontiert. Seit dem 12. Jh. brauten Mönche (wer sonst?) vor dem James Gate. 1759 erwarb Arthur Guinness das Gelände der Rainsford Brauerei, und seine Nachfolger erweiterten die Produktionsstätten Zug um Zug auf heute 26 ha, eine surreale Metropolis mit qualmenden Schloten, ameisengleich geschäftigen Arbeitern und besagten Gerüchen. Bis 1965 dampfte eine Werksbahn durch das Gelände – eine der ungewöhnlichen Lokomotiven mit oben liegenden Ventilen ist im Werksmuseum ausgestellt. Früher brachten Schiffe die Gerste über den Liffey und einen Nebenarm vom Grand Canal und luden für den Rückweg die Fässer mit Stout ein, die an die Pubs überall im Land geliefert wurden. Zur Versorgung des britischen Marktes verfügt Guinness bis heute über eine eigene Hochseeflotte.

Die inzwischen dem Spirituosen-Weltkonzern Diageo gehörende Brauerei selbst kann nicht besichtigt werden. Das **Storehouse Visitor Centre** in einem umgebauten Gärhaus der Jahrhundertwende erzählt jedoch die Firmengeschichte und erläutert die Produktion

Guinness-Brauerei/Kilmainham 177

Kilmainham Gaol, eine Kathedrale des Strafvollzugs

der täglich 2,5 Millionen Pints. Branchenfremden dürfte es allerdings schwer fallen, die Besonderheiten bei der Herstellung des dunklen Stout nachzuvollziehen. Abschluss und Höhepunkt der Tour ist ein Bier in der *Gravity Bar*, im Turm mit Rundum-Panoramablick über Dublin. Hier in luftiger Höhe wird, so jedenfalls die Einschätzung der Brauerei, das beste Bier der Welt am besten gezapft. „Good for you?"
① Mo–Fr 9.30–17 Uhr (Juli–Aug. bis 19 Uhr); Eintritt mit Drink 15 €. www.guinness-store house.com. Crane Lane off James St. Zu erreichen mit Bus Nr. 51 B, 51 C, 78 A ab Aston Quay, 123 ab O'Connell St., Luas Red Line Station James's.

Museum of Modern Art (IMMA): Das *Royal Hospital Kilmainham* wurde 1680–87 nach dem Vorbild des Londoner Chelsea Hospital oder der Pariser Les Invalides als Alten- und Invalidenheim für Soldaten gebaut. Der Grundriss von Dublins erstem klassizistischen Gebäude ist so einfach wie genial: ein Rechteck mit zum Innenhof offenen Kolonnaden. Seinerzeit gab es einen Sturm der Entrüstung, dass ein so prächtiges Gebäude ausgemusterten Kriegern zur Verfügung stünde. 300 Jahre später war die Umwidmung zu einem Kunstmuseum nicht weniger umstritten. Doch längst ist das IMMA zu einem Schaufenster irischer Gegenwartskunst für die Welt und zugleich internationaler Kunst für die Iren geworden. Außer einer kleinen Dauerausstellung zeigt das Museum in der Hauptsache mehrere Monate dauernde Wechselausstellungen, auch Konzerte und Diskussionen gehören zum Programm.

① Di–Sa 10–17, So 12–15.30 Uhr, Eintritt frei. Mit Kunstbuchhandlung und Cafeteria. Architekturgeschichtliche Führungen Juni bis Mitte Sept. ab 11 (So ab 13) Uhr bis 16 Uhr zu jeder vollen Stunde, Ausstellungsführungen Mi, Fr, So 14.30 Uhr. Military Rd., Nähe Heuston Station. www.imma.ie, Bus Nr. 51 B, 51 C, 78 A, 79, 79 A ab Aston Quay; 123 ab O'Connell St., Luas Red Line Station James's.

Kilmainham Gaol: Ein Schlangenrelief über dem Eingang lässt uns an die Höllenbrut denken. Das frühere Staatsgefängnis wurde 1795 gerade rechtzeitig fertig, um die von den Briten gefangenen United Irishmen aufzunehmen. Andere „Aufrührer" wie die Fenians, die Agitatoren der Land League, zuletzt die Aufständischen von

178 Dublin/Sehenswertes

1916 folgten; es gibt kaum einen irischen Nationalhelden, der nicht für einige Zeit in Kilmainham gesessen hätte. Letzter Häftling war der spätere Präsident Eamon de Valera, und schon daraus erklärt sich, dass das Gefängnis heute eine nationale Gedenkstätte ist. Weniger bekannt ist, dass zuletzt nicht mehr die Briten, sondern die irischen Bürgerkriegsparteien hier ihre Gefangenen einkerkerten und erschossen. Doch nicht nur „Politische", auch gewöhnliche Kriminelle waren hier eingesperrt, und warteten in winzigen Zellen auf ihre Deportation oder gar Hinrichtung. Zur Führung gehört auch eine Videoshow. Höhepunkte sind die Kapelle, in der Josef Plunkett am 4. Mai 1916 morgens um 1.30 Uhr mit Grace Gifford getraut wurde, und der Exekutionshof, wo man ihn zwei Stunden später erschoss. Ein angeschlossenes Museum erklärt die Geschichte des Knasts und des viktorianischen Strafvollzugs.
⊘ Okt.–März. Mo–Sa 9.30–16, So 10–17 Uhr, April–Sept. tägl. 9.30–17 Uhr; Eintritt 6 €.
Inchicore Rd. Bus Nr. 51 B, 51 C, 78 A, 79, 79 A ab Aston Quay.

North Side

Seit bald 750 Jahren überspannen Brücken den Liffey, den die Dubliner naserümpfend „Sniffey" nennen, doch der Fluss trennt heute mehr denn je. Er ist die Barriere zwischen Arm und Reich, elegant und vulgär, zwischen Hochkultur und billigem Videoentertainment, Sanierung und Verfall.

Vor allem in den Köpfen der Menschen von der South und der North Side existiert diese Barriere, die sie den jeweils anderen Stadtteil ignorieren lässt. Für die kleinen Leute ist, auch wenn sie in den Vorstädten wohnen, die nördliche Innenstadt das bevorzugte Ziel für größere Einkäufe und die Abendunterhaltung. Die aufstrebende Mittelklasse aus den südlichen Vororten jedoch fürchtet die heruntergekommene North Side, in der zwei Drittel aller Verbrechen der Stadt begangen werden, wie der Teufel das Weihwasser und weiß damit nicht anders umzugehen, als sie zur schier unerschöpflichen Quelle von Witzen zu machen.

Ihre beste Zeit hatte die North Side im 18. Jh. Die ersten georgianischen Prachtbauten entstanden am Parnell und Mountjoy Square, in der Gardiner und O'Connell (damals: Drogheda) Street. Doch bald eroberte sich das Volk die Viertel, und der Herzog von Leinster setzte 1745 ein für die Stadtentwicklung schicksalhaftes Signal, indem er seinen neuen Palast auf dem Südufer baute. „Es war ungefähr so wie bei einer Fuchsjagd, wo aber zur Abwechslung mal der Adel der Gejagte war und ständig versuchte, sicheren Abstand zwischen sich und der benachteiligten Mehrheit zu halten", charakterisierte der Dubliner Schriftsteller Brendan Behan einmal die Stadtentwicklung der letzten drei Jahrhunderte. Lange blieb die North Side weitgehend sich selbst überlassen, erst in jüngster Zeit hat sie mit einer Fußgängerzone um die O'Connell Street wieder etwas Attraktivität gewonnen. Auch das neue Konferenzzentrum soll in diesem Teil der Stadt entstehen.

Custom House: James Gandon war nach Richard Cassels der zweite Stararchitekt Dublins und prägte mit seinen klassizistischen Monumentalbauten maßgeblich das Gesicht der Stadt am Ufer des Liffey. Custom House (1781–91) war sozusagen sein Gesellenstück, dem später noch die Four Courts und die King's Inns folgten. Im Schatten der Eisenbahnbrücke und des Internationalen Finanzzentrums kommt das Zollhaus, ungeachtet seiner stolzen Länge von 114 m und der mächtigen Kuppel, heute nicht mehr recht zur Geltung. Der beste Blick bietet sich von der anderen Flussseite aus. Im Bürgerkrieg 1921 weitgehend niedergebrannt, hat man es nach den alten Plänen erneuert und zuletzt in den achtziger Jahren gründlich mo-

North Side 179

Dublins Prachtboulevard, die O'Connell Street

dernisiert. Den dorischen Säulengang zieren allegorische Darstellungen des Atlantiks und der dreizehn Flüsse Irlands. Edward Smith, der die überlebensgroße Statue des Handels auf der Kuppel modellierte und auch die meisten Figuren der Four Courts kreierte, wurde von Gandon mit Michelangelo verglichen. Das **Visitor Centre** ist weniger wegen seiner Ausstellung zum Transportwesen und zur Steuereintreibung vergangener Tage sehenswert; es ist in jenen Räumen eingerichtet, die den Brand von 1921 überstanden und zeigt damit noch das von Gandon entworfene Originaldekor.

⏱ Das Visitor Centre war Anfang 2009 bis auf weiteres geschlossen. Zuvor April–Okt. Mo–Fr 10–12.30 Uhr, Sa/So 14–17 Uhr; Nov. bis Mitte März Mi–Fr 10–12.30 Uhr, So 14–17 Uhr.

O'Connell Street

Die nach dem Freiheitshelden Daniel O'Connell benannte Straße als breitesten Boulevard Europas zu bezeichnen, wie es manche Dubliner und besonders die Fremdenführer tun, ist eine kühne Übertreibung und der Versuch, einmal auch die North Side mit einem Superlativ zu schmücken – belassen wir es bei der mit 45 m breitesten Straße Irlands.

Denkmäler: Von der Flussseite her blickt der „Liberator" als Bronzestatue über seine Straße, am oberen Ende grüßt **Charles Stewart Parnell** – mehr zu seiner Person im Geschichtskapitel. In der Mitte, etwa auf Höhe der Post, stand der britische Seeheld Lord Nelson, bis ihn die IRA 1966 sprengte. Seinen Platz nimmt nun die **Millenium Spire** ein, ein 120 Meter hoher und 4 Millionen Euro teurer Leuchtturm aus Edelstahl – als wäre Dublin nicht hell genug oder gar zu übersehen, oder als bedürften die zahlreichen Heroinsüchtigen eines Denkmals in Form einer Nadel. An der Ecke zur Earl Street stehen **James Joyce** und vor dem Gresham-Hotel **Theobald Matthew** (1846–91), der Begründer der irischen Abstinenzlerbewegung und angesichts der irischen Neigung zu Bier und Whiskey ein Don Quichotte der Grünen Insel.

180 Dublin/Sehenswertes

Am Moore Market – Was darf's denn kosten?

Das **General Post Office** war Schauplatz des Osterputsches von 1916. Von der Eingangstreppe verlas Pádraig Pearse am Ostermontag die Unabhängigkeitserklärung. Im Fenster der Schalterhalle ehrt eine Bronzestatue des mythischen Helden Cuchulainn die Aufständischen. So schön kann das Sterben sein! (Wenigstens in der Kunst). An den Säulen der Hauptfassade konnte man bis zur jüngsten Instandsetzung noch die Einschlagsmarken der Geschosse ausmachen, und was die britische Armee 1916 nicht schaffte, erledigten sechs Jahre später die Bürgerkriegsparteien. Erst 1929 wurde die Post wieder eröffnet und bildet seitdem die bevorzugte Kulisse für nationale Paraden und Demonstrationen.

Manche Szene in der Fußgängerzone **Henry Street** und **Earl Street,** dem Einkaufsgebiet der North Side, erinnert an die Dritte Welt. Mit Geschrei versuchen Straßenhändler, geschmuggelte Zigaretten und Tabak an den Mann zu bringen, verhärmte Frauengestalten bieten auf ausrangierten Kinderwagen eine Handvoll Obst feil, bis sie sich, von der Polizei vertrieben, an einem anderen Standort niederlassen.

Die **Moore Street,** ein Block westlich der O'Connell St., ist Standort des beliebtesten Marktes der Stadt. Die alte Markthalle wurde allerdings durch ein modernes Shopping Centre ersetzt und die andere Straßenseite ist eine einzige Baustelle, sodass der Ort, ungeachtet des nach wie vor pittoresken Straßenmarktes vor dem Einkaufszentrum, etwas an Charme verloren hat. Zwei Blocks weiter hat sich im Ostteil der Parnell Street Dublins **Chinatown** entwickelt, und im *Zagloba* treffen sich die Polen zum polnischen Bier. Ursprünglich war die O'Connell Street nach *Henry Moore,* Earl of Drogheda, benannt; nach der Umbenennung zugunsten des Freiheitshelden sind dem Earl immerhin noch Henry Street, Moore Street, Earl Street, und, kein Scherz, sogar eine Of Lane verblieben.

St. Mary's Pro-Cathedral: Die katholische Kathedrale (1816–25) an der Ecke Cathedral und Marlborough St. firmiert noch immer als provisional, „vorübergehende"

Bischofskirche. Dublins Katholiken fordern die Rückgabe der protestantischen Christ Church. Sie haben nie vergessen, dass ihr eigenes Gotteshaus damals auf englischen Druck eine Zeile hinter der prominenten O'Connells Street in einer so schmalen Straße errichtet werden musste, die die Fassade mit ihren dorischen Säulen überhaupt nicht zur Geltung kommen lässt. Die Pläne stammten von einem französischen Architekten, der auch die Pariser Kirche St Philippe du Roule erschuf. Zu allem Überfluss war die Gegend um die Marlborough Street, bei Joyce heißt sie „Nighttown", um 1900 das Rotlichtviertel Dublins. Gegenüber der Kathedrale steht mit dem **Tyrone House** ein schönes Stadthaus von Richard Cassels.

James Joyce Centre: Das Haus war einst die Tanzschule des Denis Maginni, der uns im Ulysses als „professor of dancing" begegnet. Als neuer Tempel der Joycianer zeigt es unter prächtigen Stuckdecken Dokumente und Fotos aus dem Leben des Meisters, dazu gibt's Lesungen oder Rundgänge auf den Spuren Leopold Blooms. Bei flackerndem Kaminfeuer sieht man ein Video zum Leben des Meisters, der seiner Heimat früh den Rücken kehrte und vorwiegend in der Emigration über Dublin schrieb. Dem Centre angeschlossen sind eine einschlägige Bibliothek und Buchhandlung.
① Di–Sa 10–17 Uhr; Eintritt 5 €. 35 North Great George St., www.jamesjoyce.ie.

Joyce's Geschöpf: die Nixe Anna Livia

Parnell Square

Rotunda: „Niemand hat das Recht, den Weg einer Nation aufzuhalten", wird Parnell in der Sockelinschrift seines Denkmals am oberen Ende der O'Connell Street zitiert. Ein Zusammenhang mit der Frauenklinik Rotunda (1757), auf die das Standbild weist, war sicher nicht beabsichtigt, doch lässt sich der sinnige Spruch auch als päpstliche Mahnung an Mütter und Ärzte interpretieren. Die Rotunda war die erste Geburtsklinik der britischen Inseln. Der Ersparnis halber verwendete Richard Cassels teilweise erneut die Pläne des Leinster House, die Ähnlichkeit ist also kein Zufall. Mit Lotterien, Bällen und Konzerten in den *Assembly Rooms* hinter dem Spital, wo heute das **Gate Theatre** spielt, sammelte Dr. Bartholomew Mosse seinerzeit das Geld für die Klinik. Der **Garden of Remembrance,** in dem heute des Osteraufstands gedacht wird, ist alles, was von Mosses üppigen Grünanlagen übrig blieb. Die Rotunda im engeren Sinn, die runde Haupthalle, ist heute das Ambassador-Theater, doch die anderen Gebäude sind noch immer eine Krankenhaus.

Hugh Lane Municipal Art Gallery: Zusammen mit den Nachbarhäusern zeigt die Fassade der städtische Kunstgalerie schön den bruchlosen Übergang von der klassizistischen Landhaus- zur vierstöckigen Backsteinarchitektur des georgianischen

Dublin/Sehenswertes

Kleine Kostbarkeit der „guten alten Zeit"

Dublin. Die mit sehenswerten Werken französischer Impressionisten und irischer Malerei bestückte Ausstellung geht auf eine Stiftung des Kunstsammlers Hugh Lane zurück, der 1915 beim Untergang der Lusitania starb. Lane vermachte seine Schätze „der Nation", was nach der irischen Unabhängigkeit eine zweideutige Festlegung war. Welcher Nation? Der britischen oder der irischen? 1959 wurde die Sammlung geteilt, eine Hälfte ist in der Londoner Tate Galerie ausgestellt. Eine besondere Attraktion der Galerie ist das nachgebaute Atelier (oder soll man besser sagen: das rekonstruierte Chaos) des in Dublin geborenen Malers Francis Bacon (1909–1992). In einem einleitenden Interview beschreibt der Künstler seine Arbeitstechnik, per Bildschirm kann man in einer Datenbank mit den vielen tausend im Atelier gefundenen Objekten wühlen.
 ⏰ Di–Do 10–18 Uhr, Fr/Sa 10–17 Uhr, So 11–17 Uhr; Eintritt frei. 22 North Parnell Sq., www.hughlane.ie.

Dublin Writers Museum: Mit gleich drei Nobelpreisträgern – George Bernhard Shaw, William Butler Yeats und Samuel Beckett – und weiteren literarischen Größen wie Jonathan Swift, Oscar Wilde, Sean O'Casey, Brendan Behan und last not least James Joyce ist Dublin Europas heimliche Literaturhauptstadt. Das 1991 eröffnete Museum unterstreicht diesen Anspruch mit Memorabilia wie beispielsweise Behans Schreibmaschine, Manuskripten und Erstausgaben. Die Einrichtung des Obergeschosses gibt zugleich einen guten Eindruck von dem an der Antike orientierten Zeitgeschmack der irischen Aristokratie des 18. Jh. Etwas kurz kommen allerdings die modernen Autoren – das Museum vermittelt den falschen Eindruck, als sei das literarische Schaffen mit dem 2. Weltkrieg abrupt abgebrochen. Dass dem nicht so ist, würde man nebenan in dem der Öffentlichkeit nicht zugänglichen *Irish Writers' Centre* erfahren, das mit Arbeitsräumen, Seminaren und Lesungen ein Treffpunkt der noch lebenden Schriftsteller ist.
 ⏰ Mo–Sa 10–17 (Juni–Aug. Mo–Fr bis 18 Uhr), So 11–17 Uhr; Eintritt 7,50 €. 18 North Parnell Sq. www.writersmuseum.com.

Capel Street/Church Street

Das heruntergekommene Viertel westlich der Capel Street zählte einmal zu Dublins ersten Adressen. Heute ist es eine jener Gegenden, die ängstliche Gemüter ab dem späten Nachmittag besser meiden sollten. Wenn der Großmarkt (schöne Halle) seine Tore schließt, ist das Viertel wie ausgestorben.

Die vernachlässigte **Henrietta Street** gilt noch immer als eines der schönsten georgianischen Ensembles der Stadt. Nr. 9 und 10 wurden von Edward Pearce gebaut. Man vergleiche sie nur mit den Mietskasernen an der **Dorset Street.** Mit ihren über offene Galerien erschlossenen Wohnungen und den individuell gestalteten Eingangstüren, die alle ihre eigene Hausnummer haben, erscheinen sie wie ein Ensemble gestapelter und geschachtelter, in sich abgeschlossener Häuschen. Doch es wird überdeutlich, dass die Gegend auch ein sozialer Brennpunkt ist. An der Ecke Church Street/Mary's Lane strahlt das frühere Arbeiterquartier der Whiskey-Brennerei eine Atmosphäre kleinbürgerlicher Behäbigkeit aus und erinnert an die Zechensiedlungen des Ruhrgebiets. Die prächtigen, von Gandon als letztes Werk (1795) entworfenen **King's Inns,** in denen noch immer die Anwaltskammer residiert, sind in diesem Teil Dublins längst zu einem Anachronismus geworden.

Charles S. Parnell – der Befreier von Irlands Bauern

Four Courts: Das Meisterwerk unter den georgianischen Repräsentativbauten entstand 1786–1802. An einem Werktag fühlt man sich in der Halle zwischen den auf ihre Verhandlung wartenden Juristen mit schwarzen Kutten und Löckchenperücken in eine vergangene, unheimliche Welt versetzt. Wie das Custom House trägt der Sitz von Irlands höchstem Gericht klassizistische Züge, strebt aber mehr in die Höhe. Über einem Zentralbau mit korinthischen Säulen thront eine Dachtrommel mit flacher Kuppel. Von ihm gehen Seitenflügel aus, die vier Höfe einfassen – daher der Name des Gebäudes. Auch die Four Courts wurden im Bürgerkrieg in Schutt und Asche gelegt, in den 1930er Jahren aber wieder aufgebaut. Die vielen Statuen haben unter Abgasen und saurem Regen sichtbar gelitten.

Die Gerichtsverhandlungen sind in der Regel öffentlich. Prozessiert wird Mo–Fr 11–13, 14–16 Uhr.

Saint Mary's Abbey Chapter House: Das Kleinod mittelalterlicher Architektur wurde wieder entdeckt, als bei Bauarbeiten tief im Boden ein frühgotisches Gewölbe zum Vorschein kam. Es gehört zum 1190 erbauten Kapitelhaus eines reichen Zisterzienserklosters, dessen Mönche im Zuge der Reformation Heinrichs VIII.

184 Dublin/Sehenswertes

vertrieben wurden. 1534 soll Silken Thomas hier vor dem Thronrat dem König die Loyalität aufgekündigt haben (siehe S. 47), dann wurde die Abtei bald vergessen. Eine kleine Ausstellung präsentiert das Bauwerk und den Kreuzgang, dessen Reste man in der Nähe fand.

⏲ Mitte Juni bis Mitte Sept. Mo, Mi und Fr 10–17 Uhr (Einlass bis 16.15 Uhr). Eintritt frei. Meetinghouse Lane, Capel St. Ecke St. Mary's Abbey.

Saint Michan's Church: Attraktion der 1095 gegründeten, seither vielfach umgebauten Kirche ist ihre düstere Gruft, deren trockene, methanhaltige Luft die ungewöhnliche Eigenschaft hat, Leichname zu konservieren. Ein fußloser „Kreuzritter", der allerdings „nur" 300 Jahre alt ist, und drei weitere Leichname liegen offen. In einem anderen Raum stapeln sich die Särge der Grafen von Leitrim, und in einer dritten Gruft liegt hinter hingerichteten Rebellen die Totenmaske des Freiheitskämpfers Theobald Wolfe Tone. Die Gewölbe sind seit dem 19. Jh. eine Publikumsattraktion und haben Bram Stoker zu seinem Dracula-Roman inspiriert. Weniger beachtet wird die schöne Orgel oben in der Kirche – angeblich hat schon Händel hier gespielt, wofür es aber keine Belege gibt. Das aus einem Stück geschnitzte Paneel der Orgelbalustrade zeigt Musikinstrumente der Barockzeit.

⏲ März–Okt., Mo–Fr 10–12.30, 14–16.30 Uhr, Sa 10–12.30 Uhr, Nov.–Feb. Mo–Fr 12.30–15.30 Uhr, Sa 10–12.30 Uhr; Eintritt 4 €. Church St.

Smithfield Village

Westlich der Four Courts erblühte die Industriebrache der früheren Jameson-Destillerie zu neuem Leben. Ein Investor überbaute den Block mit einem futuristischen Ensemble schicker Apartmenthäuser und rüstete den alten Schornstein *(The Chimney)* zum Aussichtsturm um. Ein gläserner Lift gleitet in 46 Sekunden in die luftige Höhe – ein toller Aussichtspunkt über die Stadt, der nur leider 2008 wegen „Wartungsarbeiten" geschlossen war.

Old Jameson Distillery: Auf dem Gelände der 1971 geschlossenen und abgerissenen Schnapsfabrik wurde ein Brennerei-Museum installiert. Nach einem einführenden Propagandafilm über den glorreichen Firmengründer John Jameson erfährt man auf einer unterhaltsamen Führung anhand von Repliken mehr über die Stationen der Whiskey-Herstellung, auch eine Probe in der Whiskeybar und ein Souvenirshop gehören selbstverständlich dazu. Dennoch: Mit den Präsentationen des Konzerns in Bushmills (Antrim) oder Midleton (Cork) kann die Dubliner Ausstellung nicht mithalten. Und man wird dass Gefühl nicht los, gerade auf einer Werbeveranstaltung für Spirituosen zu sein und dafür auch noch bezahlt zu haben.

Führungen Mo–Fr 9.30–17.30 Uhr, Eintritt mit Degustation 13,50 €. Bow St., Bus Nr. 67 A ab Pearse St.; Nr. 68, 69, 79 ab Aston Quay; Tram. www.jamesonwhiskey.com.

Smithfield Horse Sales: Die von portugiesischen Arbeitern mit 300.000 Kopfsteinen neu gepflasterte Freifläche hinter der Bow Street ist jeden ersten Sonntag im Monat Schauplatz des Dubliner Pferdemarktes, des proletarischen Gegenstücks zur Dublin Horse Show. Händler und Käufer sind Bauern aus der Umgebung, Traveller und einfache Leute, oft Jugendliche aus der Nordstadt, die dort mit ihren Tieren inoffizielle Rennen veranstalten. Freitagabend erstrahlt der Platz in besonderem Glanz. Dann flammen die Fackeln hoch oben auf den gigantischen Lichtmasten. Reflektierende Segel werfen das Licht von Strahlern an die angrenzenden Hausfassaden.

North Side 185

Tierschutz oder Schikane?

„Acht Smithfield-Pferde im Hinterhof gehalten!" „Smithfield-Pferde für die Schlachter in Frankreich!" Solche und ähnliche Schlagzeilen der Boulevardpresse haben den Pferdemarkt in Verruf gebracht. Ein neues Gesetz reglementiert die nicht unbedingt artgerechte Pferdehaltung der städtischen Unterschichten und gibt den Behörden die Handhabe, den pittoresken, doch mit dem Image des modernen Dublin kaum zu vereinbarenden Pferdehandel von Smithfield zu unterbinden. Besonders für die Kids aus Finglas wäre dies ein harter Schlag. Dort sind die Ponys mindestens so beliebt wie im vornehmen Foxrock – und werden vielleicht sogar noch mehr umsorgt. Denn die Jugendlichen der Nordstadt bekommen ihre etwa 2500 € teuren Pferde nicht vom Papi geschenkt, sondern sparen sie sich selbst vom Mund ab oder züchten sie. Nur an genügend Platz zum Ausreiten fehlt es dem örtlichen Ponyclub. Smithfield zu schließen, wäre ein Affront gegen die Underdogs. Doch unterbinden kann man den Pferdehandel kaum. Die Deals liefen dann halt anderswo.

Collins Baracks

Mit 226 Jahren (1701–1997) ununterbrochener militärischer Nutzung beansprucht die Kaserne einen Eintrag ins Guinness-Buch der Rekorde. Auch der für sechs Regimenter geeignete Exerzierplatz ist wegen seiner Größe rekordverdächtig. Einen Teil des weitläufigen Gebäudes hat das **National Museum of Decorative Arts & History** bezogen. Diese Außenstelle des Nationalmuseums zeigt allerlei Artefakte wie Glaswaren, chinesische Porzellane, Textilien, Musikinstrumente und Möbel. Besonders sehenswert sind die 25 Exponate im Raum *Curator's Choice* – die Direktoren der führenden Museen Irlands stellen hier ihre Lieblingsobjekte aus, etwa das Hochzeitsgeschenk Oliver Cromwells an seine Tochter. *Out of Storage* zeigt eine eklektizistische Sammlung von japanischen Rüstungen bis hin zu Edinson'schen Phonographen, allesamt mit Hilfe von Touchscreen-Computern erläutert.

⏰ Di–Sa 10–17, So 14–17 Uhr; Eintritt frei. www.museum.ie. Bus Nr. 66/A/B, 67/A, 68, 69 ab Aston Quay, Tram.

Phoenixpark

Der rund 7 qkm große Park im Westen ist die grüne Lunge Dublins. Ursprünglich zu einem Kloster gehörend, wurde er im 17. Jh. als Jagdrevier des englischen Gouverneurs eingezäunt. Bis heute bewohnt eine Herde Hirsche den Park, in dem auch die Häuser des amerikanischen Botschafters und des irischen Präsidenten stehen, beides Bauten aus dem 18. Jh. Obwohl der Phoenixpark auch einen metallenen *Phoenix* besitzt, der sich auf einer Säule aus den Flammen erhebt, entstand der Name als Verballhornung des gälischen *Fionn Uisce*, „klares Wasser". Zum Parkgelände gehören auch die *Fifteen Acres,* wo sich die Herrschaften früher zu duellieren pflegten und heute harmlosere Spiele wie Kricket, Polo und Fußball zu sehen sind.

1882 erregten die „Phoenixpark-Morde" die Gemüter der Zeitgenossen, als eine radikale nationalistische Splittergruppe den britischen Irlandminister Lord Cavendish samt seinem Stellvertreter ermordete. Mit gefälschten Briefen versuchte die unionistische Presse, eine Verbindung zwischen den Mördern und der für die Rechte der irischen Bauern kämpfenden Land League zu konstruieren.

186   Dublin/Sehenswertes

Doch der Schwindel flog auf und beeinflusste die englische Öffentlichkeit eher im Sinne der irischen Sache.

Nahe des Park-Street-Eingangs ragt der **Obelisk** zu Ehren des *Herzogs von Wellington* knapp 63 m in den Himmel. Chronischer Geldmangel verzögerte die Vollendung des 1817 begonnenen Bauwerks bis 1861. Von der auf der Spitze geplanten Reiterstatue blieb die Nachwelt verschont. Dem Herzog war es übrigens zeitlebens eher peinlich, in Dublin geboren und damit irischer – nicht englischer – Abstammung zu sein. Nahe der Phoenix-Säule erinnert ein gewaltiges *Kreuz* an den Besuch Johanns Pauls II., der hier 1979 vor mehr als einer Million Menschen die Messe zelebrierte.

Visitor Centre: Das Besucherzentrum neben dem restaurierten *Ashtown Castle* (17. Jh.) erzählt mit Ausstellung und Film die Geschichte des Parks. Hier werden auch die Tickets für den Besuch des Präsidentenpalasts **Aras an Uachtarain** ausgegeben.

⏰ **Visitor Centre** Nov.–März Sa/So 10–17 Uhr, April–Okt. tägl. 10–17 Uhr, im Sommer bis 18 Uhr; Einlass bis 50 Min. vor Schließung. Eintritt frei. Führungen durch **Aras an Uachtarain** Sa 10–16.30 Uhr (Beginn letzte Führung), im Winter Sa 10.30–15.30 Uhr. www.president.ie. Nunciature Rd., Bus Nr. 10 ab O'Connell St., Nr. 37, 38, 39/A ab Hawkins St.

Zoo: Dublins 1830 gegründeter Zoo, einer der ältesten Europas, nimmt die Südostecke des Parks ein. Erweiterungen bescherten den einst arg eingepferchten Steppentieren eine Savannenlandschaft samt künstlichem See. Ein Löwe aus Dublin brachte es zu besonderem Ruhm: Täglich brüllt er rund um den Globus am Beginn der Metro-Goldwyn-Mayer-Filme.

⏰ Mo–Sa 9.30–18, So 11–18 Uhr (längstens bis Sonnenuntergang); Eintritt 14,50 €. www. dublinzoo.ie. Bus Nr. 10 ab O'Connell St., Bus Nr. 25/A, 26 ab Pearse St.

Clontarf und Umgebung

Marino Casino: Das kuriose Gebäude (1762) voll trickreicher Sinnestäuschungen und meisterhafter Illusionen gehörte zum in den 20er Jahren des 20. Jh. abgerissenen Landschloss des Earl of Charlemont, der auch die Nordfront des Parnell Square bebauen ließ. Die Tempelfassade und der Eingang verheißen einen großen Zentralraum – tatsächlich verbirgt sich dahinter eine Vielzahl kleiner Räume auf zwei Etagen. Kamine sind als Graburnen getarnt, die hohlen Säulen dienen zugleich als Zentralheizung oder Wasserröhren, die Fenster sind von außen nur bei genauem Hinsehen zu erkennen, es gibt Geheimtüren und verborgene Gänge in den Weinkeller. Leider sind Versteckspiele nicht erlaubt. Das Haus ist nur mit Führung zu besichtigen.

⏰ Juni–Sept. tägl. 10–18 Uhr, Mai & Okt. tägl. 10–17 Uhr, Nov.–April Sa und So 12–16 Uhr; Einlass bis 50 Min. vor Schließung. Eintritt 3 €. Malahide Rd., Dublin 3, Bus Nr. 27/B/C ab Eden Quay, Bus 42 A/B, 130 ab Lower Abbey, Bus 123 ab O'Connell St.

Bram Stoker Dracula Experience: Das Gruselkabinett („not suitable for persons with nervous disposition" verspricht bislang nicht erlebte Schrecken – und enttäuscht. „Einfach überhaupt nicht erschreckend", schreibt eine Leserin, „sondern eine Ansammlung schlecht gemachter Puppen. Es sollte vielleicht eher Bram Stoker Memorial heißen. Das Interessanteste war noch die Einführung des Mitarbeiters, aber dann kam nicht mehr viel."

⏰ Fr 16–22, Sa und So 12–22 Uhr; Eintritt 7 €. Westwood Club, Fairview Park, Clontarf Rd., Dublin 3, www.thebramstokerdraculaexperience.com. Bus Nr. 27/B/C, 42 A/B, 130 ab Lower Abbey St.

Ein klassizistischer Traum – Marino Casino

St. Anne's Park & Rose Garden: Der große Park im Nordosten Dublins zwischen Clontarf und Raheny geht auf ein Landgut der Guiness-Familie zurück. 1835 soll es gewesen sein, als Sir Arthur Guiness die ersten Bäume pflanzte, die mächtigen Eichen vielleicht. Heute gehört das Gelände der Stadt Dublin. Ein Teil ist mit Wohnblocks überbaut, ein anderer mit Sportfeldern und sogar einem kleinen Golfplatz belegt, und die verbliebene Grünfläche hat einen Rosengarten als neuen Mittelpunkt bekommen, der inzwischen auch von Reisegruppen besucht wird.

② Tagsüber, Eingang von der Mount Prospect Avenue, Bus 130 ab Lower Abbey St.

Weitere Sehenswürdigkeiten

Botanic Gardens: Der 19 ha große Garten liegt nördlich des Zentrums zwischen Royal Canal und River Tolka. Wer das Palmenhaus des Londoner Kew Gardens nicht kennt und auch nicht nach Belfast kommen wird, hat hier Gelegenheit, einen der Glaspaläste von Richard Turner kennen zu lernen, der um die Mitte des 19. Jh. die schönsten dieser zerbrechlichen Kathedralen aus Glas und Eisen baute. Im neuen Besucherzentrum finden sich Café und ein Verkaufsstand für Bücher und Broschüren.

② Mitte Febr. bis Mitte Nov. tägl. 9–18 (Treibhäuser bis 17) Uhr, sonst tägl. 9–16.30 Uhr; Eintritt frei, Führungen So 12 und 14.30 Uhr. www.botanicgardens.ie. Botanic Rd., Glasnevin, Dublin 9, Bus Nr. 4, 13, 19 ab O'Connell St.

Croke Park: Auch Irland hat seinen heiligen Rasen, den hierzulande allerdings kaum jemand kennt. Er gehört der *Gaelic Athletic Association* (GAA), die mehr Gralshüter irischer Identität als ein herkömmlicher Sportverband ist. So waren im „Croker", wie das mit 82.000 Plastiksitzen größte Stadion der Insel genannt wird, bislang nur die traditionell irischen Leibesübungen (siehe S. 104), gälischer Fußball

188   Dublin/Sehenswertes

und Hurling erlaubt, nicht aber Rugby und Soccer, das Fußballspiel nach FIFA-Regeln. Doch nun bröckelt die Bastion des Irisch-Seins. Während der Erneuerung des Rugby-Stadions an der Landsdowne Road, in dem auch die Soccer-Spieler Gastrecht genossen, erlaubt die GAA nun erstmals Rugby und Fußball im Croke Park. Ausnahmsweise und nur vorübergehend, so heißt es.

Ob Michael Ballack und Kollegen, die sich im Oktober 2007 hier für die EM qualifizieren mußten, zuvor auch das im Bauch der Cusack-Tribüne eingerichtete **Sportmuseum** der GAA angeschaut haben, wissen wir nicht. Für irische Schulklassen und irisch-stämmige Amerikaner ist der Besuch jedenfalls Pflicht. Hier erfahren sie allerlei zu der eng mit der Nationalbewegung verbundenen Geschichte der gälischen Spiele (übrigens kein rein irisches Phänomen, wie ein Display mit Turnvater Jahn demonstriert), lernen die Regeln kennen und können Banner und Trophäen bestaunen. Per Touchscreen kann man sein frisch erworbenes Wissen testen und Aufzeichnungen berühmter Spiele und Spieler abrufen. An einer Torwand ist fußballerisches Können gefragt, andere Maschinen testen die Reaktionszeit.

① **Museum** Mo–Sa 9.30–17 Uhr, Juli/Aug. bis 18 Uhr. Einlass bis ½ Std. vor Schließung. Eintritt 5,50 €, mit Stadionführung 10,50 €. Die Zeiten dieser täglichen Führungen findet man im Internet unter http://museum.gaa.ie, man kann sie auch unter ✆ 01 819 2323 erfragen. Der Eingang ist von Nordwesten via Clonlife Rd. Bus 3, 11/A, 16/A, 123 ab O'Connell St., DART Station Drumcondra.

Dublin Harbour: Dublins Hafen geht es nicht besser als den meisten anderen europäischen Häfen. Die Docks und Lagerhäuser stehen leer und verfallen, weil es heute kaum mehr Stückguttransporte gibt, sondern die Waren in Containern um die Welt geschippert werden, und die alten Hafenbecken für die neuen Schiffe oft zu klein sind. Ein besonderes Problem des Dubliner Hafens ist seine schlechte Verkehrsanbindung zu Lande. Die künstliche Landschaft des Industriezeitalters hat sich überlebt und wird nach dem Vorbild der Londoner Docklands zu einem internationalen Finanz- und Dienstleistungsstandort saniert – 40.000 neue Arbeitsplätze verspricht die *Dublin Dockland Development Authority* (DDDA) zu schaffen.

Vor allem die Südseite des Hafenviertels bietet sich für eine Erkundungstour mit dem Fahrrad an. Vom **Grand Canal Bassin,** wo am Ende der Pearse Street der Kanal in den Fluss mündet (dessen Uferwege ihrerseits zu einer Radtour einladen), fährt man über **Ringsend,** dem Landungsplatz Cromwells, auf den South Wall, einer im 18. Jh. angelegten Kaimauer. *Pigeon House Fort,* das früher die Hafeneinfahrt bewachte, ist heute ein Kraftwerk. Von hier ragt der Wellenbrecher noch 2 km in die Dublin Bay, bis das **Poolbeg Lighthouse** Landende und zugleich die Hafeneinfahrt signalisiert.

Waterway Visitor Centre: Die „Box in the Docks", wie die Dubliner das Visitor Centre nennen, ruht auf Stelzen in der Kloake des Grand Canal Bassin. Zwischen den Ritzen der Kaimauer und alter Lagerhäuser wächst das Gras, Möwen empören sich über die zweibeinigen Störenfriede. Das Museum wurde wenig besucht, es war nur eine Insel zwischen den bröckelnden Lagerhäusern und Silos. Modelle und Schautafeln veranschaulichte die Geschichte der irischen Kanäle, auch die Funktion von Schleusen und Dämmen wurde erklärt. Per Knopfdruck konnte man sich Reiserouten zu Wasser über die Grüne Insel mit Ketten von Lichtpunkten weisen lassen. Zuletzt war das Visitor Centre geschlossen – noch 2009, so wird versprochen, soll es mit einer komplett neuen Ausstellung wieder geöffnet werden.

Grand Canal Quay, www.waterwaysireland.org. Bus Nr. 1, 2, 3 via Pearse St., DART Grand Canal Dock Station.

Weitere Sehenswürdigkeiten 189

National Print Museum: Das Museum informiert über die Geschichte des irischen Druckwesens – mit vielen alten Maschinen, die alle noch betriebsbereit sind und manchmal auch vorgeführt werden. Dazu gibt es eine kleine Sammlung politischer Flugschriften und eine Videoshow.

⏲ Mo–Fr 9–17 Uhr, Sa/So 12–17 Uhr; Eintritt 3,50 €. Das Museum liegt etwas versteckt hinter dem Arbeitsgericht im Beggar's Bush, einer früheren Kaserne am Westende der Haddington Rd. (Ballsbridge). www.nationalprintmuseum.ie. Bus Nr. 45 ab Trinity College.

Irish Jewish Museum: Unter einer früheren Synagoge wird die Geschichte der kleinen jüdischen Gemeinde Irlands geschildert. Wir sehen Fotos, Bücher und Kunstobjekte, in einer historischen Küche ist zum Sabbatmahl gedeckt. Auch die jetzt Museum gewordene Synagoge ist zu besichtigen.

⏲ Mai–Sept. So, Di, Do 11–15.30 Uhr, Okt.–April nur So 10.30–14.30 Uhr; Eintritt frei. 3 Walworth Rd. off Victoria St., Portobello, Dublin 8, Bus Nr. 16, 19/A, 122 ab Trinity College.

G. B. Shaw House: Das Elternhaus des 1856 geborenen Dichters wurde im viktorianischen Stil wieder eingerichtet und gewährt einen Einblick in die Lebensverhältnisse der Zeit.

⏲ Mai–Sept. Mo, Di, Do, Fr 10–13, 14–17, Sa und So 14–17 Uhr; Eintritt 6 €. Synge St., Portobello, Dublin 8, Bus 16, 19/A, 122 ab Trinity College.

Dillon Garden: „Ach, die Lady Hillingdon. Not good in bed, but great against the wall." Wer so aus dem Nähkästchen plaudert, verrät keine Intimitäten aus dem Sexualleben besagter Dame, sondern seine Erfahrungen im Gartenbau. Lady Hillingdon ist eine apricotfarbene Rosensorte, und wir sind gerade im Garten von Helen Dillon, bekannt durch Funk, Fernsehen, Zeitschriften sowie zahlreiche Bücher als Irlands führender Autorität im ewigen Kampf des Menschen, die wuchernde Natur zu bändigen und nach seinen Vorstellungen zu gestalten. Ihr kleiner Stadtgarten ist sozusagen das Versuchslabor, in dem die Päpstin der Home& Garden-Szene ihre botanische Lebenshilfe ausprobiert. Und den Trend für die Moden setzt, so mit ihrem Kanal aus weißem Kalkstein, der einen Hauch von Alhambra ins regenreiche Dubliner Villenviertel bringt.

⏲ März–Sept. So 14–18 Uhr; März, Juli/Aug. tägl. 14–18 Uhr; Eintritt 5 €. 45 Sandford Rd., Donnybrook, www.dillongarden.com. Bus 11/A, 16 ab O'Connell St.; Luas Station Ranelagh.

Pearse Museum: Einmal zeigt sich Pádraig Pearse nicht nur als Held des Osteraufstandes, sondern auch ganz unpathetisch. Mit seinem Bruder leitete er hier, inmitten eines schönen Parks mit Wasserfall, eine Reformschule, in der die Jugendliche in irischer Sprache und Kultur unterwiesen wurden.

⏲ März–Okt. tägl. 10–17.30 Uhr, Nov.–Jan. 10–16 Uhr, Febr. 10–17 Uhr; Eintritt frei. Grange Rd./Ecke Taylor's Lane, Rathfarnham, Dublin 14. Bus Nr. 16 ab O'Connell St.

Fernhill Gardens: Der nur selten besuchte Garten ist unter Kennern besonders für seine Rhododendronsträucher berühmt und ein schönes Beispiel für die naturbewegte bürgerliche Gartenkultur der viktorianischen Zeit. Als romantische „Robinsonade" imitiert er gleichermaßen die unberührte Insel des Robinson Crusoe wie auch die Ideale des Gartenbauarchitekten William Robinson (1838-1935), der Exoten zu einem möglichst natürlich erscheinenden Setting arrangierte. Aus diesen Gründerjahren nach 1860 stammen die drei weithin sichtbaren Mammutbäume; andere Baumriesen wie die mächtige Esskastanie sind noch älter und wurden in das Ensemble integriert. Auch ein Fischteich, auf und in dem sich allerlei Wasserpflanzen tummeln, ein Wasserfall und künstlich aufgetürmte Fel-

Dublin

Karte vorderer Umschlag

190 Dublin/Sehenswertes

sen gehören dazu. Soldatisch diszipliniert gibt sich dagegen der Küchengarten: Kräuter, Gemüsereihen und Spalieräpfel säumen die rechtwinkligen Pfade.

⏱ März–Okt. Di–Sa 11–17, So 14–17 Uhr, Eintritt 5 €. Enniskerry Rd., Sandyford, Dublin 18. Bus 44 ab Townsend St. bis Haltestelle Lamb's Cross.

Dun Laoghaire

Das mit Dublin nahtlos zusammengewachsene Dun Laoghaire (sprich: „Dan Liery") ist der wichtigste Passagier- und Yachthafen der Dublin Bay. Die beiden Hafenmauern ragen rund 1500 m ins Meer hinaus und waren um 1900 als Kurse inoffizieller Radrennen berüchtigt – heute sind die Radler vom Kamm der Kais verbannt. Fischer, Vogelbeobachter und Spaziergänger lassen sich den Wind um die Ohren pfeifen, an den Enden halten Leuchttürme die Stellung. Auf der Ostmauer ist einer der ersten Windmesser (1852) installiert.

● *Verbindung* Am bequemsten mit der DART-Bahn.

● *Essen* **Caviston's,** 59 Glasthule Rd., Sandycove, ✆ 01 280 9120, www.cavistons.com, Lunch Di–Sa 12, 13.30, 15 Uhr. Das Fischlokal der Stadt! Aus einer alteingesessenen Fischhandlung wurde ein kleiner Gourmet-tempel mit Delikatessengeschäft und Restaurant. Serviert werden Fischgerichte (15–26 €) und Meeresfrüchte, ohne Schnickschnack und umso schmackhafter zubereitet. Bei gerade nur 26 Sitzplätzen ist Reservierung unabdingbar.

National Maritime Museum: Das Museum ist in einer früheren Kirche untergebracht. Zu seinen Schätzen gehören beispielsweise das Ruderboot, mit dem Wolfe Tone 1796 in Bantry zu landen versuchte, ein Modell der *Great Eastern* (1858), die das erste Transatlantikkabel legte, des Weiteren Einrichtungsgegenstände aus einem 1916 in Sandycove gelandeten deutschen U-Boot. Auch die Linse des alten Leuchtturms von Howth ist zu bewundern.

⏱ 2008 wegen Renovierung geschlossen. Zuvor Juni–Sept. Di–So 13–17 Uhr. Haigh Terrace.

James Joyce Tower: Schon vom Fähranleger erblickt man den Martello-Turm von Sandycove, wo „Ulysses" beginnt und ein Museum heute der Erinnerung an James Joyce pflegt. Robert Nicholson, Kurator und Joyce-Enthusiast, sammelt Briefe, Fotos, Manuskripte, Erstausgaben, Übersetzungen und persönliche Gegenstände des Meisters. Morgens um 10 Uhr hisst er persönlich die Nationalfahne auf dem Turmdach. Der junge Joyce verbrachte 1904 seine letzten Tage auf Irland in dem Turm. Sein Freund Oliver John Gogarty, der uns im „Ulysses" als Buck Mulligan begegnet, hatte das Gemäuer damals für acht Pfund im Jahr vom Militär gemietet. *Forty Foot Pool*, ein Badeplatz auf der Seeseite des Turms, war

---

Abschied von Irland

Der Aufenthalt in Sandycove endete für Joyce dramatisch: Ein anderer, von Alpträumen geplagter Gast ergriff eines Nachts seinen Revolver und ballerte in das Kaminfeuer. Der Hausherr entwand ihm die Waffe und feuerte seinerseits mit den Worten „Lass ihn mir!" auf die Töpfe und Pfannen am Bord über dem Bett, in dem Joyce lag. Der nahm den Hinweis ernst, zumal er Gogarty zuvor in einem Gedicht angegriffen hatte, und verließ am nächsten Morgen für immer das Haus, um sich mit Nora Barnacle zum Kontinent einzuschiffen.

Bray **191**

lange ein Refugium männlicher Nudisten, die selbst im Winter von den Felsen ins eiskalte Wasser sprangen. Seit sich auch Frauen den Zugang erkämpft haben, gebietet ein Schild „Badekleidung". Der Betrieb beginnt bereits morgens um sechs, wenn Werktätige und Frühaufsteher, im Winter mit der Taschenlampe bewaffnet, sich im Meer erfrischen und stählen.

⏲ Apr.–Sept. Mo–Sa 10–13/14–17 Uhr, So 14–18 Uhr; Eintritt 7,50 €. DART Sandycove, Bus Nr. 8.

Dalkey

Schön wie am Golf von Neapel sei es hier, befanden jene reichen Dubliner, die sich im 19. Jh. in Dalkey eine Villa bauten, und nannten ihre Straßen *Vico Road* oder *Sorrento Road*.

Bis heute zählt das Städtchen am Südende der Dublin Bay zu den beliebtesten (und teuersten) Wohngegenden im Speckgürtel der Hauptstadt. Flan O'Brien hat den Ort in seiner Satire *The Dalkey Archive* verewigt, James Joyce lässt das zweite Kapitel des *Ulysses* hier spielen, George Bernhard Shaw wuchs in der Torca Road auf. Seinen ersten Boom erlebte Dalkey bereits im Mittelalter. Solange die Liffeymündung noch eine Sumpflandschaft war, schlugen größere Schiffe nicht in Dublin, sondern in Dalkey ihre Waren um. Zwei Turmburgen blieben aus dieser Zeit erhalten, von denen *Goat Castle* (1429) als Teil des Heritage Centre besichtigt werden kann.

Dalkey Castle & Heritage Centre: Im Erdgeschoss der **Burg,** heute Kassenraum und Souvenirladen des Museums, wurden im Mittelalter die Handelsgüter gelagert. Später diente das Gemäuer als Rathaus, der Versammlungsraum im ersten Stock bekam einen schönen Kamin. Im Sommer setzen Schauspieler die Geschichte der Stadtfestung als „living history" in Szene. Modelle zeigen Dalkey anno dazumal und eine pneumatische Eisenbahn, die 1844–54 zwischen Dalkey und Dun Laoghaire vom Unterdruck einer Vakuumpumpe gezogen wurde. Die Ausstellung im **Neubau** feiert die literarische Vergangenheit der Stadt. James Joyce ist mit einer wunderschön gezeichneten Ausgabe von *The Cat and the Devil* vertreten, ein Kinderbuch vom Teufel, der eine Brücke baute. Vor der Fensterfront erstreckt sich der alte Dorffriedhof um die Ruine der **St. Begnet Church** (11. Jh.). Auf ihrer Nordseite steht zwischen den Grabsteinen ein T-förmiges Antoniuskreuz, ein Symbol, wie man es vor allem aus Nordafrika kennt, nicht aber aus Irland.

⏲ Mo–Fr 9.30–17, Sa/So 11–17 Uhr; Eintritt 6 €. www.dalkeycastle.com. DART Dalkey.

Bray

Auf der Hauptstraße, einen guten Kilometer landeinwärts parallel zum Ufer, merkt man dem Städtchen an der Endstation der DART-Bahn nicht an, dass es in viktorianischer Zeit einmal das irische Brighton war.

Eine großzügige Mall führt zum Ufer. Neben einem neu angelegten Grünstreifen und einer Zeile billiger Hotels und B&B-Häuser verläuft eine Promenade am Wasser entlang, auf der am Sonntag und an Sommerabenden die Ausflügler flanieren – anders als in Howth sind es hier eher die einfachen Leute und vor allem Halbwüchsige, die auch in den Automatenpalästen der Amüsiermeile für Umsatz sorgen.

Für Badelustige gibt es den schönen Sandstrand von Kiliney, zwei DART-Stationen vor Bray. Ein nicht weiter schwieriger **Klippenpfad** (8 km, von Bahnhof zu Bahnhof

192 Dublin/Sehenswertes

1 ¾ Std.) führt von Bray südwarts nach Greystones. Er beginnt man Ende der Promenade und führt am Klippenrand entlang zunächst zum Hausberg **Bray Head,** der meerseits umgangen wird. Die Bucht zu Füßen des Bray Head ist das Surfer-Paradies in der Umgebung Dublins. Man passiert die Ruine eines Häuschens, in dem früher der Wegezoll zugunsten des Grundherren kassiert wurde. Möwen, Kormorane und Lummen zeigen ihre Flugkünste, allerlei Vögel nisten in Nischen und Felsspalten, unten am Wasser sind Robben in den Höhlen zu Hause. Mit etwas Glück sieht man bei gutem Wetter auch mal Delfine oder gar Wale. Nach dem Berg wird das Gelände flacher und der Weg schlammiger, unten am Strand führen die Leute ihre Hunde aus. Von **Greystones** kommt man mit dem Bus oder Zug wieder zurück nach Bray und Dublin.

• *Information* Beim Royal Hotel, Main St., ☎ 01 286 6796; mit Heritage Centre (Ausstellung zum Ort) im früheren Gerichtsgebäude. www.braytourism.ie.

• *Verbindungen* Vom Bahnhof, ☎ 01 828 6300, mit der Vorortbahn DART nach Dublin und Greystones; weiter gen Süden etwa 5 Züge pro Tag nach Wicklow, Arklow, Wexford und Rosslare. Vom Bahnhofsplatz Bus Nr. 45 und 84 nach Greystones, Bus Nr. 85 nach Enniskerry.

• *Fahrräder* **Bray Sports Centre** (Raleigh), 8 Main Street, ☎ 01 286 3046.

• *Einkaufen* **Avoca Handweavers,** an der N 11, www.avoca.ie. Die 1723 gegründete Tweed-Weberei ist angeblich das älteste Unternehmen Irlands. Den Arbeitern kann über die Schulter geschaut werden, Fabrikverkauf und Café. Ohne Auto oder Rad schlecht zu erreichen.

• *Kunst* **Mermaid Arts Centre,** Main St., ☎ 01 2724301, www.mermaidartscentre.ie. Das örtliche Kulturzentrum hat sich mit Wechselausstellungen und v. a. als Bühne einen Namen gemacht. Im Winter läuft hier das **Bray One Act Festival,** bei dem pro Vorstellung gleich mehrere Einakter gezeigt werden.

National Sealife Centre: Piranhas, hochgiftige Steinfische und 700 andere Spezies sind sicher hinter den dicken Glaswänden des Aquariums an der Uferpromenade verwahrt. Dass sich die Tiere offenbar auch in der Gefangenschaft pudelwohl fühlen, beweist, dass sie für mehr Nachwuchs sorgen, als in den 200 Aquarien Platz findet. Fortgeschrittene Aquarianer können sich hier mit jungen Exoten eindecken, ohne das Artenschutzabkommen verletzen zu müssen. Irlands größter Wasserzoo mit 10.000 Fischen war das Lebenswerk des Meeresbiologen Michel Collins, bevor er von der Sealife-Gruppe übernommen wurde, die auch in Deutschland Aquarien betreibt.
⏱April–Okt. tägl. 10–18 Uhr, Nov.–März Mo–Fr 11–17, Sa und So 11–18 Uhr; Einlass bis 1 Std. vor Schließung; Eintritt 11 €. www.sealife.ie.

Ausflugsziele um Dublin

Küstenwanderung auf der Halbinsel Howth (S. 197)

Steinzeit-Gräber Newgrange & Co im Tal des Boyne (S. 215)

Klostersiedlung Glendalough (S. 251)

Irlands größter Herrensitz Castletown House (S. 232)

Das Nationalgestüt und der Japanische Garten bei Kildare (S. 236)

Der Japanische Garten in Kildare

Der Osten

Highlights im Umland von Dublin sind für Kulturinteressierte die jahrtausendealten Gräber und Kultstätten im Boyne Valley sowie die prächtigen Schlösser, die sich reiche Aristokraten nahe der Hauptstadt bauen ließen. Naturfreunde und Wanderer kommen in den Wicklow-Bergen auf ihre Kosten.

Zugegeben, der Osten kann mit der wilden Atlantikküste nicht konkurrieren. Die Klischees von strohgedeckten Cottages, einsamen Moorlandschaften, armen Schafzüchtern und gälischen Urlauten werden hier kaum erfüllt. Wer jedoch einmal die ausgetretenen Touristenpfade verlässt, lernt hier vielleicht ein typischeres Irland kennen als zwischen Kerry und Donegal.

Küste nördlich von Dublin

Bei der Fahrt nach Norden zeigt Irland drei ganz unterschiedliche Gesichter: Auf die Halbinsel Howth und dem Seebad Malahide, wo die High Society nach dem Arbeitstag in der Hauptstadt auf den Terrassen ihrer Villen frische Seeluft und Ruhe genießt, folgen die verarmten, an das Ruhrgebiet vor dreißig Jahren erinnernden Industriestädte Drogheda und Dundalk, und schließlich die ländliche Cooley-Halbinsel.

194   Der Osten/Küste nördlich von Dublin

Howth

Gerade neun Bahnminuten von Dublin vermittelt die Halbinsel Howth mit ihrem Berg, den Steilklippen, der Burg, dem Kloster und frischem Fisch in den Restaurants einen Vorgeschmack auf den Rest der Grünen Insel.

Ab 1807 war Howth für einige Jahre der Post- und Passagierhafen von Dublin. Mit dem Bau einer Chaussee in die Stadt und der Umstellung auf Dampfschiffe konnte eine Nachricht binnen 7 Std. von Holyhead nach Dublin gelangen. Doch da die Hafenbucht zusehends versandete, wurden 1833 neue Kais in Dun Laoghaire angelegt. Heute ist die schon auf der Weltkarte des Ptolemaios verzeichnete Halbinsel ein Nobelvorort. Der „Pub" entpuppt sich als ein geschlecktes Restaurant, und im früheren Fischerhafen liegen Segelyachten.

Für ein bisschen Romantik sorgt die Ruine der **St. Mary's Abbey** über dem Hafen. Der Besucher muss sich daran nicht stören. Der innere Teil der Halbinsel ist Naturschutzgebiet und autofrei. „Der einzige Ort nahe der Stadt mit Feldern gelben Stechginsters und Flächen wilder Myrte, roten Heidekrauts und Farnen" – Oscar Wildes 1876 geschriebene Zeilen gelten heute noch. Wagen oder Fahrrad lässt man am **Summit Car Park** stehen, an dem bei schönem Wetter halb Dublin den Sonnenuntergang zu betrachten scheint.

Information/Verbindungen

• *Verbindung* Von Dublin alle 30 Min. mit der DART-Bahn. Mit Bus Nr. 31 ab Eden Quay via Howth Hafen bis zur Summit Area.

Überfahrten nach Ireland's Eye mit Doyle & Sons, ℡ 01 831 4200, Ostern–Sept. tägl. 11 Uhr, Juli/Aug. auch öfter, für 15 € vom East Pier.

Übernachten (siehe Karte S. 196)

Mit seiner guten Bahnverbindung in die Hauptstadt bietet sich Howth auch als ruhiges Nachtquartier für Dublin-Besucher an. Allerdings gibt es nur wenige B&Bs.

King Sitric (1), East Pier, ℡ 01 832 5235, www.kingsitric.ie, EZ 95 €, DZ 150–205 €. Wer nach dem Galadinner den Heimweg scheut, kann sein Haupt in den Fremdenzimmern des örtlichen Nobellokals direkt am Hafen betten.

B&B Ann's (1) East Pier, ℡ 01 832 3197, www.annsofhowth.com, DZ 100 €. Kleine, neu eingerichtete Dachgeschosszimmer, ausgestattet mit Duschzelle, TV und sogar Kühlschrank, über einem Tante-Emma-Laden direkt am Hafen.

B&B Hazelwood (6), 2 Thormanby Woods, Thormanby, ℡ 01 839 1391, www.hazel wood.net, DZ 80 €. Den modernen Bungalow umgibt ein großzügiger Garten. Das Haus liegt etwas ab vom Schuss, doch ist mit dem *Summit Inn* ein Pub in der Nähe. Zum Hafen läuft man etwa 15 Minuten.

B&B Gleanna-Smol (5), Nashville Rd. Ecke Killrock St., ℡ 01 832 2936, rickarts@indigo.ie, DZ 80 €. Die kleinen, in Blautönen gehaltenen Zimmer mit dünnen Wänden und weichen Betten vermietet ein aufgeschlossener Hausherr mit Deutschlanderfahrung.

Essen/Pubs (siehe Karte S. 196)

Schade, schade, dass dem „normalen" Reisenden keine eigene Küche zur Verfügung steht, um einen am Hafen frisch aus dem Trawler gekauften Fisch zuzubereiten. Mit gut gefüllter Brieftasche bietet sich als Alternative:

King Sitric (1), East Pier, ℡ 01 832 5235, So geschl., Lunch nur Juni–Sept., Seafood-Dinner 60 €. Serviert werden Genüsse wie Sashimi, roher Fisch auf japanische Art,

oder Lammzunge in Portweinsauce. Reiche Auswahl an Elsässer Weißweinen. Gediegene Kleidung erwünscht.

196   Der Osten/Küste nördlich von Dublin

Ye Old Abbey Tavern (4), Abbey St., ✆ 01 839 0307, wwww.abbeytavern.ie. Abendmenü 40 €. Ein rustikales, aber nobles Lokal mit Natursteinmauern, Kaminfeuer und Holzdecke. Bei Musik wird „Covercharge" (Fixum zusätzlich zu Trank und Verzehr) erhoben, angeschlossen ist ein Restaurant.

Für den schmalen Geldbeutel bietet sich das **Café Caira (1)** am Eastern Pier an, ein Kandidat für die Top Ten unter Irlands „Chippern". Außer Fish & Chips bietet der Imbiss mit kleinem Restaurant auch Hähnchen, Lasagne, Burger u. Ä. an.

Beshoff's (2), 12 Harbour Rd. Der Geruch von Fritten und gebratenem Fisch weist den Weg zu diesem ansprechend und modern eingerichteten Imbiss – nicht zu verwechseln mit Beshoff's Fischhandlung nahebei.

Maud's (2), Coffeeshop, Harbour Rd., mischt irisch mit kontinental: Irische gebackene Kartoffeln, italienische Panini, belgische Waffeln, habsburgische Cremetorten.

● *Pubs* **Cock Tavern (3)**, 18 Church St. Im Sommer Mi+So abends Rock/Pop, So nachm. Traditional.

Sehenswertes

Howth Castle ist noch immer im Besitz der Nachkommen jenes *Almeric Tristram*, der es 1177 vom König erworben hatte. Das Haus wurde vor allem zu Beginn des 20. Jh. grundlegend umgebaut. Um auf der früher kahlen Insel einen Garten anlegen zu können, wurde körbeweise Mutterboden ausgebracht, auf dem heute prächtige Palmen, Azaleen und Rhododendren gedeihen. Hier siedelt Joyce die Schlussszene seines *Ulysses* an. Anders als das Schloss ist der Garten immer zugänglich und besonders zur Blütezeit (Mai/Juni) einen Besuch wert.

Im **National Transport Museum** kann der Besucher alte Busse, Feuerwehrautos und Straßenbahnen aus Dublin sowie vom Giant's Causeway bewundern. Eine der Trambahnen, die bis 1959 zwischen Howth und Dublin pendelten, wird gerade wieder fahrbereit gemacht.

① Juni–Aug. tägl. 10–17, sonst Sa/So 12–17 Uhr; Eintritt 3 €. www.nationaltransportmuseum.org

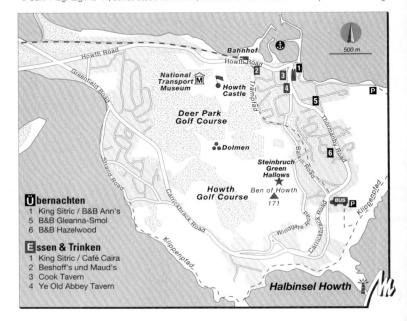

Howth 197

Der Martello-Turm von Howth

Ye Olde Hurdy Gurdy Museum im **Martello-Turm** ist das Lebenswerk seines Kurators Pat Herbert, der hier eine umfangreiche Sammlung zur elektromagnetischen Nachrichtenübermittlung ausstellt (Morsetaster, Radioapparate, alte Funkgeräte). Nachdem bereits 1903 der amerikanische Radiopionier Lee de Forest im Turm mit drahtlosem Funk experimentierte, pflegen in Pats Museum seit einiger Zeit auch Amateurfunker ihr Hobby und lassen sich dabei über die Schulter schauen.
① Mai–Okt. tägl. 11–17 Uhr, Nov.–April Sa/So 11–16 Uhr, Eintritt 5 €. http://ei5em.110mb.com/museum.html.

Martello-Turm

Martello-Türme wurden ab 1804 an den Küsten der britischen Inseln zur Verteidigung gegen die erwartete napoleonische Landung errichtet, später auch von anderen Nationen auf mehreren Kontinenten (von Quebec bis zur Adria, dort heißen sie „Maximilians-Türme"). Ihr Vorbild war ein Turm am Kap Mortella (sic!) in Korsika, der die Briten 1794 mächtig beeindruckte, weil sie ihn trotz mehrerer Anläufe von der See her nicht einnehmen konnten. Das Kap Mortella heißt Mortella, weil dort viele Myrteln (italienisch: „mortella") wachsen. „Martello" ist also ein verballhorntes „mortella". Bei der Verballhornung standen die „Torri da Martello" Pate, Rundtürme an den italienischen Küsten, in denen bei der Annäherung von Piraten mit dem „martello" (= Hammer) auf einer Glocke Alarm geschlagen wurde.

Wanderung: Die Sackgasse östlich des Hafens mündet in einen Rundwanderweg, der auf den Klippen um die Halbinsel führt. Im Norden erkennt man im Dunst **Ireland's Eye.** Auf dem kahlen Felsen wohnen viele Seevögel, statt Bäumen ragen eine Klosterruine und ein Martello-Turm in den Himmel. Unten am Wasser zanken

198 Der Osten/Küste nördlich von Dublin

kreischend Möwen um die Beute, Seehunde recken ihre schwarzen Köpfe neugierig aus den Wellen. Durch die Spalte im **Puck's Rock,** so weiß die Legende, fuhr der Teufel zur Hölle, als der Inselheilige Nessan eine Bibel nach ihm schleuderte. Nach dem **Baily Lighthouse,** wo 1997 der letzte irische Leuchtturmwärter in Pension ging, wird die Küste sanfter und weniger imposant, sodass man getrost den Rückweg einschlagen kann. Gehen Sie dazu den vom Leuchtturm kommenden Fahrweg bergauf und am Ende nach rechts. An der Straßenkreuzung beim Summit Shop markieren drei Absperrpfosten einen breiten Weg, der, einst für eine Straßenbahn angelegt, sanft abfallend quer über die Insel zum Bahnhof hinunterführt.

Gehzeiten Vom East Pier zum Ende der Straße 15 Min., weiter zur Leuchtturmkreuzung 40 Min., zum Summit Shop 15 Min., Tramweg 35 Min. Sie können auch über den Summit-Parkplatz abkürzen und am Summit Shop in den Bus steigen.

Malahide

Der Villenort liegt am Rande der Dubliner Agglomeration. Sehenswert ist der Schlosspark mit einer Modellbahn, einem botanischen Garten und dem romantischen Schloss selbst.

- *Verbindung* **Bus Nr. 42** von Dublin Talbot St., **Zug** (Drogheda Line) von Dublins Connolly Station.
- *Übernachten* **B&B Mangerton House,** Michelle Guerin, Back Rd., ✆ 01 8462865, DZ 80 €. **B&B Sonas,** 39 The Old Golf Links,

✆ 01 8451943, jmoodley@indigo.ie, DZ 80 €. (Lesertipp von Christine Brandhuber)
- *Essen* **Lali's,** Strand Road, Portmarnock. Italienische Küche zu fairen Preisen (Menü 30 €). Geöffnet Mo–Sa ab 18 Uhr, So ab 14 Uhr.

Sehenswertes

Malahide Castle: Fast jede Generation der *Talbots,* in deren Besitz das von einem großzügigen Park umgebene Schloss von 1185–1976 war, hat das mittelalterliche Gemäuer durch Um- und Anbauten verändert. Innen ist es vollgestopft mit Möbeln und Accessoires der verschiedenen Epochen. Seit die letzte Talbot ihre Erbschaftssteuer nicht bezahlen konnte, ist der Familiensitz ein Museum.

Der Rundgang beginnt in einem erdrückend-düsteren, mit schwarz gebeizter Eiche getäfelten Raum. Das anschließende rosafarbene Zimmer ist trotz der kitschigen Farbe geradezu eine Erleichterung. An seinen durchbrochenen Türgiebeln dürften selbst Kunstbanausen unschwer das Rokoko erkennen. Im grünen Zimmer bedarf eine an einem Ständer befestigte Tafel der Erklärung. Damit schützten die Herrschaften ihre gepuderten und geschminkten Gesichter vor der Wärme des Kaminfeuers – sonst wäre die Maskerade zur Grimasse verlaufen.

Vom Spielzeug der Talbot-Sprösslinge konnten die meisten ihrer Altersgenossen noch nicht einmal träumen, weil sie solche Schätze nie zu Gesicht bekamen: ein Dreirad, Blecheisenbahnen, Designerpuppen, eine Modellvilla. Körperpflege wurde großgeschrieben, deshalb hatten die Kinder außer einem Nachttopf en miniature sogar Hygieneköfferchen für die Reise. In der Großen Halle blicken die Ahnen würdevoll-düster von der Wand. Ein Monumentalgemälde, die „Battle of the Boyne", hält das Ereignis fest, bei dem 14 Familienmitglieder umkamen. Das Schlossgespenst *Puck* war klug genug, zu Hause zu bleiben, und so kann es auch heute noch spuken.

Talbot Botanic Gardens: Die Gärten wurden nach dem 2. Weltkrieg vom letzten Lord Talbot angelegt. Im Mittelpunkt stehen Sträucher aus der südlichen Hemi-

Malahide Castle

sphäre, doch engt der stark alkalische Boden das Spektrum der in Frage kommenden Arten etwas ein.

⏲ April–Sept. Mo–Sa 10–17, So 10–18 Uhr; Nov.–März Mo–Sa 10–17, So 11–17 Uhr. Der Garten öffnet erst um 14 Uhr; Eintritt 7,50 €, mit Modellbahn-Museum 13 €. Vom Bahnhof über die Brücke und dann gleich links, man läuft ca. 20 Min. www.malahidecastle.com.

Modellbahn-Museum: Neben dem Schloss. Von einem Leitstand aus per Computer und mit Videohilfe gesteuert, rasen alle möglichen Nachbildungen irischer Schienenfahrzeuge durch eine 200 qm große Kunstlandschaft. An den Wänden hängen Fotos der Originale. Wirklich originell erscheint angesichts des irischen Wetters die Straßenbahn mit dem offenen Aussichtsdeck. Verblichene Aufnahmen wecken Neugier auf die *Monorail*, die neuerdings wieder auf einem (!) Schienenstrang als Museumsbahn durch Nord-Kerry balanciert.

⏲ April–Sept. Mo/Di/Do/Fr/Sa 10–13/14–17, So 13–17 Uhr. Eintritt 7,50 €, mit Castle und Gardens 11,50 €.

Tara's Palace: Ein gewisser Sir Neville Wilkinson, Schwiegersohn des 14. Earls of Pembroke, baute im Jahre 1907 für seine Tochter Gwendolen ein fabelhaftes Puppenhaus. Im Wilkinson'schen Garten bot es Elfen und Feen ein standesgemäßes Zuhause, heute ist *Titania's Palace* im Legoland zu Billund ausgestellt. Ein irischer Antiquitätenhändler, der den Puppenpalast vergeblich zu ersteigern suchte, nahm ihn zum Vorbild und ließ von den besten irischen Modellbauern das Double *Tara's Palace* errichten. Im Maßstab 1:12 kopiert das auch nach 20 Jahren Bauzeit noch unvollendete Modell voll eingerichtete Räume aus den großen georgianischen Schlössern der Insel. Andere Puppenhäuser und natürlich Puppen selbst runden die Ausstellung in den früheren Stallungen des Castles ab.

⏲ April–Sept. Mo/Di/Do/Fr/Sa 10–13/14–17, So 13–17 Uhr. Eintritt 3 €.

200   Der Osten/Küste nördlich von Dublin

Swords

Swords eignet sich hervorragend als letzte Station vor dem Rückflug, denn es liegt nur 10 Autominuten vom Flughafen entfernt. Die Stadt mit dem spröden Charme eines Arbeitervororts verfügt über eine Burg mit gepflegtem Park, bietet ansonsten aber nicht viel. Dafür ist man schnell in Malahide oder in **Portmarnock,** wo ein schöner Strand zum Spaziergang mit Blick auf Howth einlädt.

● *Übernachten* **Premier Inn,** Airside Retail Park, an der N 1 zwischen Flughafen-Kreisel und Swords, ✆ 01 895 7777, www.premierinn.com, DZ 80–100 €, Frühstück 12 €/Person extra. Das Hotel wurde 2005 auf der grünen Wiese neben einem Einkaufszentrum eröffnet und hat von den preiswerteren Airport-Hotels das beste Preis-Leistungs-Verhältnis. Zum Flughafen pendelt ein Shuttlebus. Einige B&B befinden sich an der R 125 Richtung Trim.
Leser empfehlen das freundliche **Rathview House,** 3 Rathbeale Court, Rathbeale Rd., ✆ 01 840 4443, www.rathview.com. DZ 80 €.

Donabate

Eine flache Lagune mit vielen Wasservögeln trennt Malahide vom Nachbarort Donabate, der nächsten DART-Station. Perle des Pendlerdorfs ist das 1740 für Charles Cobbe, später Erzbischof von Dublin, gebaute **Newbridge House.** Außen graubraun und nüchtern, überrascht das Schlösschen innen mit feinen Stuckarbeiten und der originalen, über die Jahrhunderte angesammelten Einrichtung. Cobbes Nachkommen vermachten Haus und Park 1985 dem Staat, wohnen aber noch immer in einem Teil des Gebäudes. Die Führung umfasst auch das Kuriositätenkabinett der Familie, dazu gibt es im Park einen Bauernhof mit historischem Nutzgarten und allerlei Viehzeugs.
⊙ April–Sept. Di–Sa 10–13, 14–17, So 14–18 Uhr; Okt.–März So 14–17 Uhr; Eintritt Haus 7 €, Hof 4 €.

Skerries

Im Hafen dümpeln Fischerkähne, die schon bessere Tage gesehen haben. Dass die Fische weniger werden und trotzdem der Preis fällt, daran seien nur die Brüsseler Machenschaften schuld, weiß man im Pub. In Skerries soll *St. Patrick* zuerst irischen Boden betreten haben. Glaubt man der Legende, wurde er hier aber alles andere als freundlich empfangen: Die Bewohner klauten ihm seine Ziege und schlachteten sie. Die Haut spannten sie über einen Rahmen und erfanden so die Bodhrán, die irische Halbtrommel. Zur Rede gestellt, fiel ihnen keine bessere Ausrede ein, als dass sie mit der Ziegenhaut wenigstens etwas Nützliches angefangen hätten.

Hauptattraktion des Städtchens sind die **Skerries Mills,** nämlich eine Wassermühle und zwei Windmühlen, gerade 10 Gehminuten vom Bahnhof. Der Fischerort hat zudem einen weitläufigen Strand, über den man bei Ebbe hinüber zur Insel **Shenicks** wandern kann. Wer zu spät kommt, den bestraft die Flut. Eine sicherere Alternative ist der Spaziergang vom Südende des Strands über die Klippen zur **Loughshinny Bay.** Etwas außerhalb, auf halbem Weg nach Balbriggan, thront **Ardgillan Castle** auf einer Anhöhe über der Küste. Das 1738 erbaute Schloss ist im alten Stil eingerichtet und birgt eine Dauerausstellung alter Landkarten. Sehenswert ist auch der Park mit seinem viktorianischen Gewächshaus. Auf Lady's Stairs, der Fußgängerbrücke zwischen Park und Strand, soll von Zeit zu Zeit eine weiße Frau herumgeistern.
⊙ **Skerries Mills,** tägl. 10.30–17.30 Uhr (Okt.–März bis 16.30 Uhr), Eintritt 6,50 €, www.skerriesmills.org. **Ardgillan Castle,** Haus April–Sept. Di–So (Juli/Aug. tägl.) 11–16.30 Uhr, Garten tägl. 10 Uhr bis Sonnenuntergang, Eintritt 7 €. Zu erreichen mit Bus 33 ab Skerries.

Taafe's Castle in Carlingford

County Louth

Highlights

- **Mellifont** – eine eindrucksvolle Klosterruine mit Kapitelsaal, romanischen Rundbögen und Waschhaus (S. 206)
- **Monasterboice** – Bilder in Stein erzählen auf Hochkreuzen die biblische Geschichte (S. 206)
- **Spirit Store** – bierselige Gemütlichkeit in Dundalks bestem Pub; und beim Rockkonzert geht die Post ab (S. 209)
- **Ghan House** – irische Kochkunst als Gourmetmenü oder Wochenendseminar (S. 212)
- **Tain Trail** – aussichtsreicher Rundwanderweg auf der Cooley-Halbinsel (S. 213)

Der Osten/County Louth

Das County Louth (sprich: Lauth), zu dem die Küste nördlich von Dublin überwiegend gehört, ist eine republikanische Hochburg. Unter der Teilung Irlands hat gerade die kleinste irische Provinz besonders gelitten, und umso größer sind die Hoffnungen, die entlang der Achse Dublin – Belfast mit der politischen Entspannung in Ulster verbunden sind. Touristischer Höhepunkt ist das mittelalterliche Städtchen Carlingford, das mit seinen guten Wandermöglichkeiten auch einen längeren Aufenthalt lohnt. Ausländer trifft man kaum, die meisten Urlauber sind katholische Iren aus dem Norden.

Drogheda

Vom Aschenputteldasein eines tristen Industrieorts hat sich das 32.000 Einwohner zählende Drogheda (sprich: Droreda) in kürzester Zeit zu einer schmucken Einkaufsstadt gemausert.

Gerade eine halbe Zugstunde von Dublin entfernt, profitiert Drogheda von den vielen Pendlern, die hier zu deutlich günstigeren Preisen wohnen und das in der Hauptstadt verdiente Geld ausgeben. Viel getan hat sich besonders am Fluss, wo neue Parkhäuser und Einkaufszentren entstanden, allen voran das avantgardistisch schräge Scotch Hall Shopping Centre. Auch die traditionelle Einkaufsmeile West Street wurde saniert. Noch nicht entdeckt ist dagegen das Viertel auf dem *Millmount Hill*, das mit ein wenig Farbe und ein paar Bäumen ein schmuckes Wohnquartier abgeben könnte.

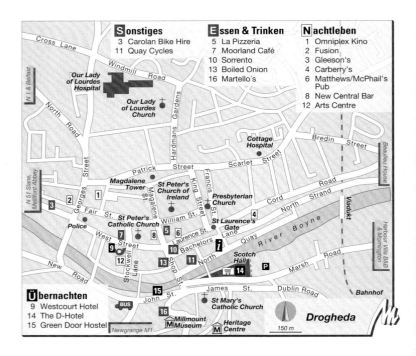

Geschichte

Die Stadt wurde 910 von den Wikingern gegründet, denen es keine Probleme bereitete, mit ihren nach heutigen Maßstäben kleinen Schiffen den Boyne noch einige Meilen flussauf zu fahren. Deshalb liegt die Stadt nicht unmittelbar am Meer, sondern 5 km landeinwärts an einer Furt, an der der Handelsweg zwischen Ulster und Meath den *Boyne* durchquerte. Die Normannen errichteten eine Brücke, dehnten die Siedlung auch auf das Südufer aus und befestigten sie. Bald war Drogheda eine der größten Städte des Landes. Wäre es seit dem 15. Jh. nicht nur am Rande des englischen Einflussgebietes gelegen und immer wieder von den eingesessenen irisch-katholischen Fürsten aus Ulster bedroht worden, könnte es heute die Stelle von Dublin einnehmen.

1649 überzog *Cromwell*, so berichtet es wenigstens die dem Diktator wenig gewogene Überlieferung, das gerade eroberte Drogheda mit einem blutigen Massaker, bei dem 3300 Bürger von den marodierenden Soldaten getötet wurden. Andere ließ er als Sträflinge auf die Zuckerplantagen nach Barbados verschleppen. Auch im Zwist zwischen *Wilhelm von Oranien* und *Jakob II.* setzte die Stadt auf die falsche, nämlich katholische Seite und wurde dafür nach der Schlacht am Boyne wiederum geplündert. Die heute leeren und nutzlosen Lagerhäuser am Kai zeugen von einem kleinen Wirtschaftswunder in der viktorianischen Zeit, als in Droghedas Eisengießereien die Funken stoben und in den Textilmanufakturen die Webstühle klapperten. Heute ist der größte Betrieb ein Zementwerk. An berühmten Persönlichkeiten schmückt sich Drogheda mit dem Supermarktmagnaten Ben Dunne, der hier seine Karriere als Lehrling in einem Textilgeschäft begann.

Information/Verbindungen/Fahrrad

- *Information* Mayoralty St., North Quay, ℡ 041 983 7070, Mo–Sa 10–13, 14–17 Uhr, Juni–Sept. auch So 12–17 Uhr. Ein weiteres Büro ist am Eingang zum Millmount Fort, Mo–Fr 9–17 Uhr. Stadtführungen veranstaltet im Sommer die Historical Society, ℡ 041 983 3946. www.drogheda.ie.

- *Verbindung* Bahnhof an der Dublin Rd., **Züge** nach Dublin und Belfast; Zugauskunft, ℡ 041 983 8749. Vom **Bus**bahnhof St. John's St. nach Athlone (über Slane, Navan), Belfast, Dublin, Dundalk, Galway.
- *Fahrräder* **Carolan & Sons (3),** 77 Trinity St. ℡ 041 983 8242; **Quay Cycles (11),** 11 North Quay, ℡ 041 983 4526, Mo–Sa 9–17 Uhr.

Übernachten

Weil Drogheda weder für Touristen, noch für Geschäftsleute von Bedeutung ist, gibt es nur wenige, dafür relativ preiswerte Quartiere.

**** The D Hotel (14), Scotch Hall, ℡ 041 983 7700, www.thedhotel.com, DZ ab 120 €. Modern und stylish ist das v. a. von Geschäftsleuten besuchte Hotel Teil der neuen Bebauung am Flussufer. Die Zimmer sind mit Plasma-TV, drahtlosem Internetanschluss und Minibar ausgestattet, ein Fitnessraum steht den Gästen kostenfrei zur Verfügung.

*** Westcourt Hotel (9), West St., ℡ 041 983 0965, www.westcourt.ie, EZ 95 €, DZ 150 €. Die Zimmer in den Modefarben der internationalen Hotellerie (rosa/stahlblau/grau) und nach der Maxime gestaltet, möglichst vielen wenigstens ein bisschen zu gefallen,

was gleichzeitig bedeutet, niemanden vor Begeisterung vom Hocker zu reißen. Eigener Parkplatz.

B&B Harbour Villa, 2 km außerhalb an der Mornington Rd., ℡ 041 983 7441, EZ 45 €, DZ 75 €; mit Blick auf den Fluss.

Green Door Hostel & Lodge (15), 47 John St., ℡ 041 983 4422, www.greendoorireland. com, Bett 18 €, DZ B&B 65 €. Das Doppelhaus steht nur wenige Schritte vom Busbahnhof am Fluss. Einerseits Hostelunterkunft in Schlafsälen, andererseits komfortable Family Rooms mit TV und eigenem Bad.

204 Der Osten/County Louth

Essen (siehe Karte S. 202)

Pizza, Pasta und Chianti – Droghedas Gastroszene ist weitgehend in italienischen Händen.

Boiled Onion (13), Shop St., ℡ 041 987 5566, www.theboiledonion.com Di–Sa ab 18 Uhr, So 17–20 Uhr. Das Restaurant mit kleiner Bar im 1. Stock ist hell und luftig eingerichtet und für irische Verhältnisse erstaunlich günstig. Und das Essen, z. B. Schnitzel mit Spinat, ist appetitlicher als der unglücklich gewählte Name.

Martello's Restaurant (16), neben dem Millmount Museum, ℡ 041 983 5741, www.martellosrestaurant.com, tägl. mittags und abends. Das im ersten Stock einer renovierten Kaserne schön gelegene Lokal hat nach häufigen Pächterwechseln derzeit griechische Küche zu bieten (Hauptgericht um

20 €). Die besten Plätze sind im Wintergarten.

Sorrento (10), Shop St./Ecke West St. Auf zwei Etagen hauptsächlich Pizza & Pasta (um 10 €), auch einige Fleischgerichte. Unkompliziert und für irische Verhältnisse preiswert.

La Pizzeria (5), Peter St., ℡ 041 983 4208, Do–Di 18–23 Uhr, Pizza um 10 €. Ein Italiener, wie man ihn von zu Hause kennt. Die Pizza kommt frisch aus dem Ofen, daneben auch einige Fleisch- und Pastagerichte.

Moorland Café (7), West St., bietet auf zwei Etagen hinter großen Schaufestern Kuchen und Torten, auch Burger und Pommes.

Ausgehen (siehe Karte S. 202)

● *Pubs* **New Central (8),** Peter St. Der im früheren Hotel eingerichtete Pub ist abends häufig Bühne für Live-Konzerte. Die Wände sind mit Oscar-Wilde-Zitaten dekoriert.

Carberry's (4), North Strand, ein irischer Pub wie aus dem Bilderbuch. So, Di und Mi Sessions mit Musik und Gesang, ab und an auch ein „gälischer Abend", an dem die Gäste Irisch sprechen sollen – so sie denn können.

Gleeson's (3), 64 Westgate, hat billiges Bier, bunt gemischtes Publikum, meistens gut voll und erfreut Raucher mit einem großen Biergarten.

Peter Matthews (6), auch bekannt als „McPhail's", Laurence St. Die altertümliche Bar mit der Einrichtung einer Gemischtwarenhandlung ist bei jungen Leuten beliebt und eine gute Adresse für Livemusik.

● *Club* **Fusion (2),** George's St., www.fusiononline.ie. Do–So Disco, junges Publikum.

● *Kino* **Omniplex (1),** im Boyne Shopping Centre.

● *Kunst* **Drogheda Arts Centre (12),** Stockwell Lane, www.droicheadartscentre.com, ist der übliche Veranstaltungsort für Gastspiele von Theater- und Musikgruppen, für Lesungen und Filme abseits des Mainstreams.

Sehenswertes

St. Peter's Church: Das Wahrzeichen der Stadt. Das neugotische Bauwerk (1791) selbst ist kaum der Rede wert, birgt aber die Reliquien von *Oliver Plunkett* (1629–1681). Der 1675 heilig gesprochene Erzbischof von Armagh war das Opfer der englischen Angst vor „päpstlicher Verschwörung" und endete nach dieser aus heutiger Sicht haltlosen Anklage in London am Galgen. Sein Kopf kam später nach Drogheda, der Körper ruht in der Nähe von Bath.

St. Laurence Gate, das sich in der östlichen Verlängerung der West Street trutzig dem Autoverkehr in den Weg stellt, war das Vorwerk eines Tores der alten Stadtmauer. Mit seinen zwei Türmen ist es eine kleine Festung für sich.

Millmount Hill: Der Hügel auf dem Südufer mag ein vorgeschichtlicher Grabtumulus sein – er wurde nie näher erforscht. Auf seiner Spitze errichteten die Engländer 1808 einen **Martello-Turm,** der im Bürgerkrieg hart umkämpft wurde und dabei sein Oberteil verlor, doch auch als Stumpf noch ein guter Aussichtspunkt ist. Die angrenzende Kaserne beherbergt heute Restaurants, Läden und das Stadtmuseum.

Drogheda/Umgebung

Drogheda, Eisenbahnbrücke über den River Boyne

Millmount Museum: Mit seinen irgendwie und ohne Museumsdidaktik in die Räume gestellten Zufallsfunden gibt das Museum dennoch einen guten Eindruck vom Milieu der Stadt. Einen Ehrenplatz genießen die *Banner der Zünfte*. Die älteren Leinwände sind gut katholisch. „Prepare the way to heaven" (Bereite den Weg zum Himmel) hieß beispielsweise die Parole der Schuster. Die neueren, um 1900 entstandenen Fahnen betonen Solidarität oder geben sich nationalistisch. Eine Fabrikordnung erinnert daran, unter welch unsäglichen Bedingungen auch unsere Urgroßväter noch arbeiten mussten, und wie nötig Gewerkschaften waren. Bestes Stück des Hauses ist ein Boot aus Leder, das über ein Gerippe aus Weidenholz gespannt war. Diese *Curraghs*, seit vorchristlicher Zeit in Irland benutzt, haben nur bei den Boyne-Fischern bis in unsere Tage überlebt. Kaum zu glauben, dass mit solchen Nussschalen sogar der Atlantik überquert werden konnte.

① **Museum mit Turm,** Mo-Sa 9.30–17.30, So 14–17 Uhr, Einlass bis 1 Std. vor Schließung; Eintritt 5,50 €. www.millmount.net.

Beaulieu House: Am Nordufer flussab und unter der mächtigen Eisenbahnbrücke hindurch erreicht man ein Wäldchen mit dem Beaulieu House. Bauherr Henry Tichbourne zog 1666 in die schmucke Villa ein, womit diese zu den ältesten unbefestigten Herrenhäusern der Insel gehört. Stolz des Hauses sind die Gemälde und ein Automuseum. Ob die Besichtigung den heftigen Eintrittspreis wert ist?

① Mai–Sept. Mo–Fr 11–17 Uhr, Juli/Aug. auch Sa/So 13–17 Uhr. Eintritt Garten 6 €, Haus 8 €, Museum 6 €. Baltray Rd. www.beaulieuhouse.ie.

Drogheda/Umgebung

▶ **Sonaitre – The National Ecology Centre:** Das Zentrum hat sich zum Ziel gesetzt, ökologisches Bewusstsein zu wecken und zu fördern. Die Bezeichnung „National" führt allerdings in die Irre, denn es handelt sich weder um eine staatliche Einrichtung, noch besitzt sie landesweit Bedeutung. An einfachen Anlagen wird Strom- und Wärmegewinnung aus Sonnenlicht und Windkraft demonstriert, hinter dem

206 Der Osten/County Louth

Haus gibt es einen **Mustergarten** und einen am Fluss angelegten **Wanderweg**. In der Cafeteria bietet sich die seltene Gelegenheit, irischen Wein zu kosten.
⏱ Mi–Sa (Juli/Aug. tägl.) 10.30–17 Uhr. Eintritt 3 €. http://sonairte.org. Zwischen Laytown und Julianstown.

▶ **Monasterboice:** Das um 500 gegründete Kloster war neben Glendalough und Clonmacnoise seinerzeit das wichtigste Zentrum christlicher Gelehrsamkeit. Die Legende verbindet es mit dem heiligen *Buithe*, dessen Name später zu Boyne verballhornt wurde. Im 10. Jh. war es zeitweise in der Hand der Wikinger; wann es endgültig aufgegeben wurde ist unbekannt. Zu sehen sind ein **Rundturm**, ähnlich dem in Glendalough, und vor allem drei **Hochkreuze**, anhand derer die Priester den einfachen Gläubigen die biblische Geschichte erzählten.

Wie sich der Sockelinschrift entnehmen lässt, ist das dem Eingang am nächsten stehende Hochkreuz dem Abt *Muiredach* (887–923) geweiht. Man muss es, beginnend mit der Ostseite, von unten her lesen. Über einem Tiermotiv reicht Eva Adam den Apfel – der Sündenfall. Kain erschlägt Abel, darüber streiten David und Goliath, Moses vollbringt sein Wasserwunder, dann kommen schon die Weisen aus dem Morgenland. Im Zentrum des Kreuzes steht das Jüngste Gericht. Christus als Weltenrichter ist von Musikanten umgeben, der Erzengel wiegt die Seelen, wonach die Guten (links) sich Jesus zuwenden, die Sünder (rechts) von spindeldürren Teufeln in die Hölle gestoßen werden. Auf der anderen Seite lauern bei der Sockelinschrift zunächst zwei Katzen. Es folgen, wieder von unten nach oben, die Gefangennahme Christi, der ungläubige Thomas, die Übergabe des Schlüssels an Petrus und des Buches an Paulus, in der Mitte dann die Kreuzigung. Ganz oben ist ein Kirchlein in den Stein gehauen, vielleicht eine von Muiredach gestiftete Kapelle.

Das **Westkreuz** ist ebenso üppig geschmückt, doch stärker verwittert. Es zählt über 50 Bildfelder und gehört mit 6,50 m Höhe zu den größten Kreuzen Irlands. Das einfache **Nordkreuz** wurde von Cromwells Soldaten zerschlagen und der untere Teil später ersetzt.
Monasterboice liegt 10 km nördl. von Drogheda und ist jederzeit ohne Eintritt zugänglich.

▶ **Mellifont:** Zu Anfang des 12. Jh. waren die meisten Klöster Irlands, nicht anders als auf dem Kontinent, zu Versorgungshäusern und Pfründen des Adels degeneriert. Kaum jemand hielt noch die Ordensregeln, wichtige Ämter wurden an den Meistbietenden verkauft. *Malachius*, Bischof von Down, hatte in Frankreich bei seinem Freund Bernhard von Clairvaux die Reformbewegung der *Zisterzienser* kennen gelernt. Davon angetan, lud er die Mönche zu sich nach Irland ein, um hier einen neuen Anfang im Klosterleben zu setzen, die Klöster wieder stärker in die kirchliche Hierarchie einzubinden und dem Gehorsam des Papstes zu unterwerfen. So wurde 1242 mit der Einweihung Mellifonts auch gleich eine Synode veranstaltet, auf der alle Bischöfe und die weltlichen Fürsten Irlands unter der Aufsicht des päpstlichen Legaten zusammenkamen, neue Bistumsgrenzen zogen und sich bemühten, die kirchlichen Verhältnisse neu zu ordnen. Die weltlichen Herren erwiesen dabei dem neuen Kloster ihre Referenz, indem sie mit Geschenken geradezu wetteiferten – 60 Unzen Gold scheinen der Mindestbeitrag gewesen zu sein.

Kein Wunder, dass Mellifont ein Erfolg wurde und in den nächsten Jahren weitere Niederlassungen gründete. Das Ende kam wie bei den meisten irischen Klöstern unter Heinrich VIII. Die Abtei wurde säkularisiert und fiel an *Edward Moore*, den Stammvater der Earls of Drogheda, der sie zu einer Burg ausbaute.

Die biblische Geschichte in Stein: Hochkreuz von Monasterboice

208 Der Osten/County Louth

Die Zisterzienser-Klöster wurden nach einem einheitlichen Bauplan errichtet. Alle Gebäude waren um einen rechteckigen **Hof** gruppiert; an der Nordseite die **Kirche,** ihr gegenüber das **Kapitelhaus, Refektorium,** die **Küche** und sicher auch die **Wärmestube,** der einzige beheizbare Raum des Klosters und zugleich Gästezimmer. Auf der Ostseite befanden sich die **Zellen** der Mönche. Augenfällig ist in Mellifont das achteckige **Waschhaus** vor dem Refektorium, das vom Fluss durch ein unter der Kirche hindurch geführtes Bleirohr mit Wasser gespeist wurde, in dem sich die Brüder den Dreck von der Feldarbeit abspülten.

Anfahrt 8 km nordwestlich von Drogheda und 1,4 km abseits der R 168. Keine reguläre Busverbindung, doch wird Mellifont im Rahmen der Éireann-Bus-Ausflugstouren ab Dublin angefahren.

⏰ Mai–Sept. tägl. 10–18 Uhr; Eintritt 3 €. Im Winter bleibt das Visitor Centre geschlossen, doch sind die Ruinen dann ohne Eintritt zugänglich.

Dundalk

In der Hafenstadt (35.000 Einwohner) auf halbem Weg zwischen Belfast und Dublin haben Kriege und Plünderungen von der historischen Substanz kaum etwas übrig gelassen – Dundalk lohnt für Besucher nur als Zwischenstopp auf der Reise zur Cooley-Halbinsel.

Der erste Eindruck ist freundlicher als in Drogheda. Roter Backstein sorgt für einige Farbtupfer. Ein Abschnitt der Hauptstraße ist Fußgängern vorbehalten, mit einer Umgehungsstraße wurde die Stadt auch vom Durchgangsverkehr zwischen Dublin und Belfast befreit. Einen Besuch wert ist besonders das neue Museum. Von hier führt ein ausgeschilderter Stadtrundgang *(heritage trail)* über 18 Stationen zur St. Patrick's Pro-Cathedral – eine Begleitbroschüre ist im Museum und bei der Touristinformation erhältlich.

Der *Moyry-Pass* im Norden Dundalks ist die natürliche Pforte zwischen Ulster und dem Süden Irlands. Schon in vorgeschichtlicher Zeit stand hier eine Festung, aus deren Namen Dún Dealgan, später Dundalk abgeleitet wurde. 1185 schenkte der englische König *Johann* das Land seinem Vasallen *de Verdon,* der an der Stelle der heutigen Stadtbücherei ein *Augustiner-Kloster* gründete (von dem noch ein Gewölbe erhalten ist), um das herum sich dann die Stadt entwickelte.

● *Information* **Touristinformation,** Jocelyn St., im Museum, ✆ 042 9335484, Juni–Aug. Mo–Fr 9–18, Sa 9.30–17.30 Uhr; Sept.–Mai Mo–Fr 9.30–17.30 Uhr. www.louthholidays.com.

Arts Office, in einem Pavillon am Marktplatz, auf dessen Sims Blechkrieger die Keulen schwingen, weiß man alles über die Kunstszene der Region. Die Metallplastik am Gebäude symbolisiert wohl den Kriegszug der Königin Maeve. So gut gerade dem Arts Centre etwas Kunst zu Gesicht steht, ist es doch seltsam, dass die Menschen partout ihre Schlachten in Erinnerung behalten wollen.

● *Verbindung* Von der architekturpreisgekrönten **Busstation** hinter der Clanbrassil St., ✆ 042 933 4075, etwa stündl. nach Dublin und Belfast (über Newry), seltener nach Carlingford. **Bahnhalt** (Auskunft, ✆ 042 933 5521) der Züge Belfast – Dublin.

● *Fahrrad* **Cycle Centre,** 44 Dublin St., gegenüber dem Einkaufszentrum, ✆ 042 933 7159; **Bike Shop,** 11 Earl St., ✆ 042 933 3399.

● *Übernachten* *** **Ballymascanlon Hotel,** Carlingford Rd., ✆ 042 935 8200, www.ballymascanlon.com, DZ 185 €. 6 km außerhalb, ein Landhaus mit Pool, kleinem Golfplatz und anderen Sporteinrichtungen.

Fáilte Guesthouse, Dublin Rd./Ecke Long Avenue (nahe dem Shopping Centre), ✆ 042 933 5152, DZ 70 €, von der loklaen Touristinformation empfohlen.

B&B Krakow, 190 Ard Easmuinn, ✆ 042 933 7535, www.krakowbandb.com, DZ 70 €. In einem ruhigen Wohnviertel, 10 Gehminuten

Dundalk

Der Rinderraub von Cooley – nachgestellt am Arts Office in Dundalk

östlich des Zentrums, 3 Zimmer mit Bad, TV und Kaffeekocher, plüschiger Salon, eigener Parkplatz.

• *Essen* **Jade Garden Restaurant**, Park St., ✆ 042 9330378. Das Ambiente hält, was die Fassade aus schwarzem Marmor und die Preise (Hauptgericht ca. 20 €, Menü 40 €) versprechen. Die Aussicht auf die Straße hinunter berauscht nicht, man blickt besser seinem Gegenüber ins Auge.

Rosso, Roden Place, gegenüber der Kathedrale, ✆ 042 9356502, www.rossorestaurant.com. Geöffnet Di–Fr 12–14.30 Uhr, Di–Sa 18–21.30 Uhr, So 12.30–19.30 Uhr. Modern, doch gemütlich eingerichtet mit apricotfarbenen Tischchen. Abends sehr gestyltes Publikum, ohne Jackett fühlt Mann sich nackt. Mittags geht's lockerer und preiswerter zu (Hauptgerichte ca. 15 €). Auf der Karte viel Seafood und einheimische Zutaten.

• *Ausgehen* **The Spirit Store,** George's Qay, www.spiritstore.ie. Der Pub liegt 15 Gehminuten vom Zentrum entfernt direkt an der Wasserfront. Für manchen ist er das Beste, was Dundalk zu bieten hat. Bar und Lounge warten mit schöner Aussicht auf Meer und Berge auf; dazu trinkt man, lass raten: auch Spaten oder Erdinger Weißbier. Statt TV gibt's Livemusik. Im Erdgeschoss spontan und zum Mitmachen, auf der Bühne im Obergeschoss dargeboten von irischen Spitzenmusikern. Manchmal auch Comedy und Lesungen.

Sehenswertes

Museum: Das County-Museum residiert im früheren Lagerhaus einer Tabakfabrik. Besonders die Ausstellung über die Geschichte der örtlichen Tabakindustrie ist sehenswert. Bezeichnenderweise wurde der Tabakanbau nicht deshalb aufgegeben, weil die Pflanzen nicht gediehen, sondern weil es im feucht-kühlen Klima zu teuer war, die geernteten Blätter zu trocknen. Ein etwa viertelstündiger Film gibt eine gute Einführung in die Sehenswürdigkeiten des Countys. Auch das Museumsgebäude verdient Anerkennung.

⏱ Mo–Sa (Okt.–April Di–Sa) 10.30–17.30 Uhr; So 14–18 Uhr, Eintritt 4 €. Jocelyn St.

210 Der Osten/County Louth

Irische Gemütlichkeit in Carlingford

Proleek-Dolmen: Der Dolmen mit seinem wohl 50 Tonnen schweren Deckstein ist heute als Naturdenkmal in den Golfplatz des Ballymascanlon Hotels integriert. Der Legende nach ist er das Grab eines schottischen Riesen, der sich mit einem irischen Kollegen anzulegen wagte. Die Kiesel auf dem Deckstein sind jüngeren Datums. Denn wer einen Stein hinauf wirft und sich dabei etwas wünscht, dessen Wunsch wird erfüllt. Dieser Brauch soll sich besonders für Liebeszauber bewähren.
Anfahrt An der R 173 (Carlingford Rd.), 6 km außerhalb.

Cooley-Halbinsel

Hier ist der Reisende noch Gast und gerne gesehen. Die Halbinsel ganz im Nordosten der Republik Irland ist ein Idyll der Schafherden und Heidekrautmatten und erhofft sich vom Tourismus bessere Zeiten.

Geographisch gehört das Hügelland zu den *Mourne-Bergen* und damit zu Ulster, von dem es aber durch den Meeresfjord *Carlingford Lough* abgeschnitten ist. Während der Kämpfe im Norden war Cooley ein grenznahes Rückzugsgebiet republikanischer Aktivisten, die hier auf die Sympathie der Bevölkerung rechnen konnten. Für Urlauber aus Ulster kam die Halbinsel deshalb nicht in Frage: Protestanten fühlten sich in Feindesland, Katholiken fürchteten, sich verdächtig zu machen. Für Gäste aus der Republik Irland lag Cooley hingegen zu nahe am von den „Troubles" geplagten Newry. Heute ist Cooley und besonders der Hauptort Carlingford ein beliebtes Ziel für Wochenendausflüger aus Nord und Süd.

Am besten erkundet man die Halbinsel zunächst mit einer Umrundung per Fahrrad oder Auto, bevor man von Carlingford aus Wanderungen ins Innere unternimmt.

Der Rinderraub von Cooley

Das Nationalepos mit dem unaussprechlichen Namen *Táin Bó Cúailgne* ist für die Iren, was die Epen Homers für die Griechen sind. Die uralte, lange nur mündlich überlieferte Geschichte, die in einer Gesellschaft aristokratischer Krieger spielt, entstand wohl in der Eisenzeit und hat, wie die meisten Legenden, einen wahren Kern. Als der Übersetzer Thomas Kinsella die geographischen Angaben dieser im *Yellow Book of Lecan* niedergeschriebenen Geschichte überprüfte, war er imstande, eine genaue Karte des Kriegszuges der Königin Maeve zu zeichnen: von Rathcrogan im County Roscommon zur Cooley-Halbinsel und wieder zurück.

Doch zur Geschichte selbst. Ein weißer Stier ist der ganze Stolz von *Ailill*, dem König von Connaught. Seine Gattin *Maeve*, die gern ein noch schöneres Tier besessen hätte, erfährt, dass es in Ulster einen solchen Wunderstier geben soll. Sie rüstet ein Heer und zieht los, um seiner habhaft zu werden. Mit Hilfe ihrer Druiden belegt sie die Krieger von Ulster mit einem Zauber, der diese in tiefen Schlaf versinken lässt. Nur der Bursche *Cúchulainn* entgeht dem Bann und bleibt als einziger übrig, sein Land zu verteidigen. Er tötet die Feinde reihenweise, bis Maeve schließlich Ferdia, den Halbbruder und Freund Cúchulainns, gegen diesen in einen Zweikampf schickt. Auch Ferdia zeigt sich dem einstigen Gefährten nicht gewachsen und muss sterben. Das Heer zieht dann über die Cooley-Halbinsel, wo es immer wieder von Cúchulainn geplagt wird, während Maeve sich, zur Schande und zum Ärger ihres Gatten Ailill, hauptsächlich dem Krieger Fergus widmet. Cúchulainn schlägt schließlich die Invasoren vernichtend, kann den Raub des Ulster-Stieres aber trotzdem nicht verhindern, denn Maeve hat ihn mit ihren Zauberkräften auf die Burg der Connaughts entführt. Dort hat freilich niemand Freude an dem Tier. Es spießt zuerst den Stier Ailills auf, rast dann als wütender Berserker durch Connaught und zertrampelt alle, die ihm in die Quere kommen. Erst als der Stier vor Erschöpfung stirbt, versöhnen sich Maeve und Cúchulainn bzw. Connaught und Ulster wieder.

Carlingford

Das nette Städtchen mit viel Geschichte zu Füßen des Slieve Foye (587 m) wird an den Sommerwochenendern gerne von Gruppen trinkfreudiger Youngster heimgesucht. Zu anderen Zeiten ist es aber durchaus einen Besucht wert.

An der flachen Nordküste der Halbinsel stellt sich dem Reisenden unvermutet eine trutzige Ritterburg in den Weg. Wer hier von der überdimensionierten Landstraße abbiegt, betritt ein im Kern mittelalterliches Städtchen, dem auch die „Neubauten" des 18. und 19. Jh. seinen Puppenstubencharakter nicht genommen haben. Die Bewohner sind sich ihres Schmuckstücks wohl bewusst, streichen die Häuser schön bunt und bewahren die Ruinen oder restaurieren sie sogar.

Carlingford ist Irlands Austernmetropole. 20 Millionen Schalentiere wachsen im Lough heran, um eines Tages von Feinschmeckern bei lebendigem Leibe verschlungen zu werden. Höhepunkt des Kultes ist das alljährlich Mitte August gefeierte

212 Der Osten/County Louth

Austern-Festival, zu dem fliegende Händler, Schausteller, Musikanten und vor allem Zuschauer nach Carlingford strömen – auch wer nicht am Austern-Wettessen teilnimmt oder die Muscheln überhaupt verschmäht, kann sich bei diesem Volksfest amüsieren.

Information/Verbindungen/Diverses

- *Information* Im alten Bahnhof an der Bucht, ℘ 042 937 3033. Mo–Fr 9–17 Uhr. www.carlingford.ie.
- *Verbindung* **Busse** fahren Mo–Sa nach Dundalk, Omeath und Newry. Nach Nordirland auch mit der **Fähre** zwischen Omeath und Warrenpoint. Da die Fährleute Donal (Hauptberuf Rentner) und Brendan (Hauptberuf Lehrer in Saudi-Arabien) das Familienunternehmen nur noch als Hobby betreiben, fährt das Schifflein nur noch in der sommerlichen Ferienzeit. Fährauskunft ℘ 078 1546 6498.
- *Feste/Veranstaltungen* Eine hier nicht erwartete Fülle an Spektakeln. Walking, Orientierungslauf, Triathlon und **Sport-**

events beleben die von Ostern bis in den Oktober dauernde Saison. Höhepunkt im Festkalender ist das **Austern-, Jazz- und Bluesfestival** Mitte August.
- *Sport* **Carlingford Adventure Centre,** Tholsel St., ℘ 042 937 3100, www.carlingford adventure.com. Vermietung von Kanus, Kajaks, Surfbrettern und Segelbooten..
Peadar Elmore, ℘ 042 937 3239, nimmt in seinem Boot *Slieve Foye* Besucher mit zum Fischen auf See; pro Person ca. 40 €.
- *Stadtführungen* April–Sept. Mi–Sa 11 Uhr, So 14 Uhr ab Touristoffice, 6 €.

Übernachten/Essen

Ob gediegen oder einfach – Carlingford hat in allen Preislagen eine gute Auswahl an Quartieren. Sogar ein Campingplatz liegt in der näheren Umgebung.

** **McKevitt's Village Hotel,** Market Sq., ℘ 042 937 3116, www.mckevittshotel.com, DZ 120–170 €: Ein älteres, zweigeschossiges Haus direkt am Marktplatz. Unter den Teppichböden der gemütlichen Zimmer knarren die Dielen. Neue Bäder, gefrühstückt werden kann zwischen den Pflanzen im „Glashaus-Separée" des Restaurants. Dinner 40 €.

Ghan House, ℘ 042 937 3682, www.ghan house.com. Restaurant Mo–Do nur nach Voranmeldung, Fr–Sa ab 19 Uhr, So 12.30–16 Uhr. Paul und Joyce Caroll haben das georgianische Haus im Zentrum von Carlingford zu einem Gourmettempel entwickelt. Die insgesamt 12 Gästezimmer, im Haupthaus schöner noch als im Anbau, sind mit edlen Antiquitäten, Kunst und moderner Technik wie Hifi-Anlagen ausgestattet. Vom hohen Standard der Kochkunst kann man sich beim fünfgängigen Dinnermenü (52 €) überzeugen oder bei regelmäßigen Events wie dem Candle-Light-Dinner mit Harfenmusik (70 €). Zur Georgianischen Nacht (75 €), bei der nicht nur Schauspieler den Adel von anno dazumal mimen, kommt man entsprechend kostümiert und zu Pferde, nein was sag ich, in der Kutsche natürlich.

Das Essen hat Sie schwer beeindruckt und Sie möchten Ihren Gästen auch einmal derart imponieren? Dann buchen Sie doch ein Wochenende an der Ghan'schen **Kochschule.** Bei den „Cooking Demonstrations" lüften die Meisterköche ihre Küchengeheimnisse, bei den „Hands-on Cookery Classes" arbeiten die Gäste selbst mit am Herd.
Viewpoint B&B, Omeath St., ℘ 042 937 3149, www.viewpointcarlingford.com, DZ 70–90 €. Am Ortsausgang Richtung Omeath, oberhalb der Straße, vom Garten schöne Aussicht über die Bucht. Die Zimmer (mit TV) in einem motelähnlichen Reihenbungalow, alle unterschiedlich dekoriert („japanisch", „bieder" usw.). Am Morgen gibt's die von der Tochter des Hauses handgemalte Infomappe über den Ort.
Foy Centre (IHH), Dundalk St., ℘ 042 938 3624, www.carlingfordbeds.com, Bett 23–25 €. Das neue Hostel ist Teil eines gemeindeigenen Community Centres am Ortsrand, zu dem auch Restaurant und Sportanlagen gehören. Die bislang 32 Betten stehen in 4er- und 8er-Zimmern, die Selbstversorger-Küche ist ausreichend ausgestattet und es gibt sogar Waschmaschine und Trockner.

Wandern um Carlingford   213

• *Camping* **Gyles Quay,** Greenore Rd., ✆ 042 937 6262, geöffnet Juni–Aug., Radler/Wanderer mit Zelt 14 €/Person. Auf einer Klippe über einem schönen Strand, die besten Plätze leider von Dauercampern belegt. Mit Snackbar und Pub.

• *Essen* **Carlingford Arms Pub,** Newry St. Das Lokal am Marktplatz bietet als mehr als den üblichen Pubgrub und hat auch am Abend eine breite Auswahl an Hausmannskost, z.B. einen reichhaltigen Seafood Chowder. In der Bar gelegentlich Folkmusik.

Sehenswertes

Burg: König Johann verlieh der Wikinger-Siedlung 1210 das Stadtrecht und ließ das nach ihm benannte Castle errichten. Vielleicht wurden hier die ersten Zeilen der Magna Charta entworfen, als Johann einige Tage vor der Schlacht von Carrickfergus in Carlingford verweilte. Das Westtor der Burg ist mit Absicht so schmal gebaut, dass Reiter nur einzeln passieren können.

Altstadt: Früher besaß Carlingford 32 befestigte Stadthäuser, von denen einige noch zu sehen sind: z. B. **The Mint,** ein Haus, in dem allerdings keine Münzen geprägt wurden, obwohl Carlingford seit 1467 auch das Münzrecht besaß. Rätselhaft ist, warum das Haus keinen Kamin hat. Auf den Fensterstöcken sind auffällige keltische Zierornamente angebracht. **Taafe's Castle** ist eine ähnliche Kleinburg; sie grenzte früher direkt ans Wasser. Von der Stadtmauer steht noch der **Tholsel,** ein Torbau mitsamt dem städtischen Verließ. Auch der Turm der protestantischen Kirche war einmal in die Mauer integriert. Außerhalb befand sich die **Dominikanerabtei** (1305), die zeitweise auch den Franziskanern gehörte und ein Zankapfel zwischen beiden Orden war. Bevor das Dach endgültig einstürzte, wurde die Kirche als Lager und Werkstatt benutzt. Ein Monumentalpanorama der Stadt anno dazumal schmückt die Wand des **Holy Trinity Heritage Centres.** In der früheren protestantischen Kirche wird zudem eine Videoshow zur Stadtgeschichte gezeigt.

ⓘ **Heritage Centre,** Holy Trinity Church, Churchyard Rd., Mo–Fr 9.30–12.30, 14–16 Uhr; Eintritt 3 €. www.carlingfordheritagecentre.com.

Wandern um Carlingford

Von Carlingford bieten sich vom kurzen Spaziergang bis zur mehrstündigen Wanderung eine ganze Reihe abwechslungsreicher Touren an. Das Gebiet wird von den Discovery-Series-Karten (1:50.000) 29 und 36 abgedeckt.

Táin Trail: Am anspruchsvollsten ist der 30 km lange Táin Trail, ein markierter Rundwanderweg um den **Slieve Foye** und die Höhen östlich von Omeath. Details dazu auf dem Infoblatt 26 H von Bord Fáilte. Wenn man vom Marktplatz die Straße bergauf einschlägt, kreuzt der Trail nach etwa 5 Minuten. Folgt man ihm nach rechts, bietet sich bald eine wunderbare Aussicht auf die Bucht. Auf diesem Weg wird in einer halben Stunde auch der **Slieve Foye Forest Park** erreicht, ein Waldpark mit Naturlehrpfaden und Picknickplätzen.

Später führt der Weg streckenweise durchs Moor und erfordert wasserdichte Schuhe. Eine Attraktion an der Strecke, die aber auch auf der Straße erreicht werden kann, ist das **Long Woman's Grave,** ein Grabtumulus am **Windy Gap.** Dort soll eine spanische Prinzessin bestattet sein. Von einem irischen Fürsten gefreit, soll sie aus Gram über das regnerische und kühle Wetter verstorben sein.

Tipp Ein Heftchen mit gut nachvollziehbaren Wandervorschlägen verkauft das Village Hotel.

Die Normannenburg von Trim

County Meath

Highlights

- **Newgrange** – eine geheimnisumwitterte Kultstätte aus der Steinzeit (S. 215)
- **Tara** – hier residierten die irischen Hochkönige (S. 224)
- **Loughcrew Gardens** – Jazzkonzerte und Opernaufführungen in einem romantischen Schlosspark (S. 223)
- **Loughcrew Cairns** – Landschaft und Steinzeitkunst auf den „Bergen der Mutter Erde im Wintergewand" (S. 223)
- **Trim** – eine Normannenburg wie aus dem Bilderbuch und Bravehearts filmisches Zuhause (S. 227)

County Meath

Mit den rätselhaften Steinzeitgräbern am Boyne, dem mythischen Königssitz Tara, dem Bankettsaal der Artus-Runde, der Normannenburg von Trim und den Hochkreuzen von Kells ist Meath ein Eldorado für Kulturreisende.

Wer Landschafts- und Naturerlebnisse sucht, ist in Meath allerdings falsch. Saftige grüne Felder säumen die Straßen des Bauernlandes. Die fruchtbare Ebene vor den Toren Dublins, in die nur wenige Hügel als Tupfer eingestreut sind, ist für irische Verhältnisse dicht besiedelt. Nirgendwo gibt es so viele Burgen und Landsitze, in denen sich die Reichen unserer Tage hinter hohen Mauern verschanzen. Größere Städte fehlen, stattdessen gibt es um so mehr Dörfer und Weiler.

Brú na Bóinne (Newgrange/Knowth/Dowth)

Der Osten
Karte S. 195

Das geheimnisumwitterte Gräberfeld in der Boyne-Schleife ist nach der Überlieferung der Friedhof der Könige von Tara oder gar die Wohnstatt heidnischer Götter.

Etwa 50 Anlagen sind bekannt, die drei größten, Dowth, Knowth und Newgrange, sind durch ihre Lage auf Anhöhen noch zusätzlich betont; nur Newgrange kann auch im Inneren besichtigt werden. Es handelt sich hier um *Ganggräber*, künstlich aufgeschüttete Rundhügel, in die ein beinahe waagrechter Gang führt. Dieser endet in einer Kammer, die etwa den Grundriss eines Kleeblattes hat und mit in der Art eines Bienenkorbes geschichteten Steinplatten überkuppelt ist. Gang und Kammer wurden zunächst aus großen Steinen als freistehende Strukturen aufgebaut, wie man sie ganz ähnlich auf Malta sehen kann. Anschließend errichtete man darum den Hügel *(Cairn = Bruchstein)* mit wechselnden Lagen aus Erde und Stein, wobei für die äußerste Schicht feiner weißer Quarz aus den Wicklow-Bergen herbeigeschafft wurde. Bei allen Hügeln liegt der Eingang im Südosten. Um einige zieht sich ein Steinkreis, wobei nicht immer klar ist, ob Steinkreis und Cairn gleichzeitig oder in verschiedenen Epochen gebaut wurden, also beispielsweise der Cairn in einen schon bestehenden Steinkreis hineingebaut wurde.

Nach dem Ende der Megalithkultur bezogen Menschen die bis heute regendichten Kammern; die Wikinger suchten vergeblich nach Schätzen, und seit dem Mittelalter schlachtete man die Cairns als Steinbrüche aus.

● *Information* Im Visitor Centre (siehe unten), ℡ 041 988 0305, Im Web unter www. knowth.com.

● *Verbindung* Mit **Bus Éireann** ℡ 01 836 6111, www.buseireann.ie, März–Sept. tägl. außer Freitag Tagestouren ab Dublin. Außerdem mehrmals täglich Verbindungen ab Drogheda (Linien 100 und 163). Zudem verkehrt bei entsprechender Nachfrage der **Newgrange Shuttlebus**, ℡ 1800 424252, www.overthetoptours.com, Abfahrt 8.45 und 11.15 Uhr ab Dublin Tourist Office in der Suffolk St. Fragen Sie dort oder telefonisch nach, ob der Bus auch tatsächlich fährt.

● *Fahrradverleih* Wenn nicht schon in Drogheda, dann bei **Newgrange Bike Hire,** am Nordufer des Boyne 300 m vom Visitor Centre entfernt, ℡ 086 069 5771, 15 €/Rad und Helm, dazu eine Karte und jede Menge guter Tipps vom Vermieter.

● *Organisierte Rundfahrten* **Mary Gibbon's Tours,** ℡ 01 283 9973, www.newgran getours.com, bietet im Sommer beinahe tägl. fachkundig geführte und hoch gelobte Tagestouren ins Boyne Valley und nach Tara an. Abfahrt am Dublin Touristoffice, 35 €.

● *Übernachten* **Rossnaree,** an der Straße von Donore nach Slane, 2 Meilen westlich des Visitor Centers, ℡ 041 982 0975,

216 Der Osten/County Meath

www.rossnaree.ie. DZ 140–160 €. Das Gutshaus im palladianischen Stil des 18. Jhs, halb Schlösschen halb Bauernhaus, steht am Ufer des Boyne. Ein mystisch-magischer Ort, an dem dereinst die nach Tara reisenden Hochkönige den Fluss überquert haben sollen und der Held Fionn, der 1690 in der Schlacht am Boyne eine Rolle spielte, durch den Genuss einer Forelle die ultimative Weisheit erlangte. Auf Vorbestellung wird abends gekocht (45 €). Hobbyangler können vom Grundstück aus nach Weisheit und Beute fischen.

Glebe House, Dowth, ✆ 041 983 6101, www. theglebehouse.htm, DZ 130 €. Das im 17. Jh. erbaute Landhaus befindet sich in ländlicher Idylle beim Dowth-Tumulus. Glyzinien wuchern an der Fassade, ein romantischer Rosengarten ist als Szenerie für Hochzeitsfotos beliebt. Im Haus selbst herrscht barocke Fülle – das ausgeklügelte Arrangement aus Kissen, Bildern, Vasen, Ziertellern und Nippes begeistert die einen und erschreckt die anderen, lässt aber niemanden kalt.

Daly's Guesthouse, Donore, ✆ 041 982 3252, www.dalysofdonore.com. DZ 80–95 €. Neun Fremdenzimmer über dem Dorfgasthof. Neu möbliert, relativ ruhig, etwa 3 km vom Visitor Centre entfernt.

Newgrange Lodge, zwischen Donore und dem Visitor Centre, ✆ 041 988 2478, www. newgrangelodge.com. Bett mit einfachem Frühstück ab 18 €, DZ 70 €. Neues Hostel mit dem Komfort eines Guesthouses. Zimmer von 2 bis 10 Betten, alle mit Bad. Die 2-Bett-Zimmer sind mit Sofa, Spiegeltisch, Kommode, Schrank und TV ansprechend eingerichtet. Gästecomputer. Die beiden Küchen sind allerdings nur Notlösungen.

Newgrange, Dowth und Knowth können nur vom Brú na Bóinne Visitor Centre aus besucht werden – die Wegweiser „Newgrange" leiten dort hin. Vom Centre geht man, mit Eintrittskarte, über eine kleine Fußgängerbrücke auf das andere Flussufer, wo ein Kleinbus wartet, der die Besucher zu den Monumenten bringt.

Für Newgrange wird täglich nur eine limitierte Anzahl Karten verkauft, Vorausbuchung ist für Individualtouristen nicht möglich. Wer an einem Sommerwochenende oder Feiertag also nicht schon am Vormittag sein Ticket ersteht, hat möglicherweise keine Chance mehr auf Einlass. Für die besonders begehrten Tage um die Wintersonnenwende werden die Tickets verlost.

Visitor Centre: Das Zentrum erzählt die Geschichte der Gräber und stellt sie in einen kulturellen Zusammenhang, hilft ihren Aufbau zu verstehen, schildert die Lebensweise der Steinzeitmenschen und gibt Einblick in die Arbeit der Archäologen. Eine Geräuschkulisse aus Vogelgezwitscher und Insektensummen erinnert daran, dass unsere Ahnen zumindest akustisch ein ruhigeres Leben hatten. Moderne Kunst ist mit einem gespaltenen Granitblock vertreten, in dessen Inneren es geheimnisvoll funkelt. Die Wartezeit auf die Führungen durch die Gräber kann man sich, außer in der Ausstellung, auch im Tea Room, in der Buchhandlung oder mit Spaziergängen in der Umgebung vertreiben.

☉ März–April, Okt. tägl. 9.30–17.30 Uhr; Mai und Mitte–Ende Sept. 9–18.30 Uhr; Juni–Mitte Sept. 9–19 Uhr; Nov.–Febr. 9.30–17 Uhr; Einlass bis 45 Min. vor Schließung. Eintritt 3 €.

▶ **Newgrange:** Der Hügel hat einen Durchmesser von 90 m und ist heute noch 13 m hoch – früher dürfte er um einiges mehr aufgeragt haben, doch Wind und Wetter ebneten ihn allmählich ein. Auf der Spitze stand bis ins 17. Jh. als weithin sichtbare Landmarke ein gewaltiger Stein. Das gegenwärtige Äußere des Cairns ist Ergebnis der gründlichen Erforschung und Rekonstruktion vor etwa dreißig Jahren. Den Cairn fasst ein Kranz von fast 100 liegenden, ungefähr 1,20 m hohen Steinen ein, der wohl verhindern soll, dass die „Torte" von ihrem eigenen Gewicht an der Basis auseinander quillt. Einige von ihnen sind auch auf der nicht sichtbaren Rückseite verziert, was zu vielerlei Spekulationen Anlass gibt.

Brú na Bóinne   217

Die Schlacht am Boyne

Eine große, orangefarbene Tafel markiert bei der *Oldbridge,* 4 km westlich von Drogheda, die Stelle, an der die katholischen und protestantischen Truppen aufeinander trafen. Man schrieb den 1. Juli 1690 – erst mit der Umstellung auf den Gregorianischen Kalender verlegten die nordirischen Protestanten ihren *Orange Day,* den Siegestag, auf den 12. des Monats.

Wilhelms Soldaten lagerten etwas westlich auf dem Gelände des Gutes Townley Hall. Das Camp der Katholiken war auf dem Donore Hill, Jakob kommandierte seine Truppen von einer Kapelle auf dem Gipfel. Noch führten Könige ihre Heere persönlich in die Schlacht. Wie bekannt, verloren die Katholiken. Wilhelms Truppen hatten an zwei Stellen den Fluss überquert, den Gegner in die Zange genommen und vernichtend geschlagen. Zwar verwickelten einzelne Trupps katholischer Freischärler die siegreichen Oranier noch über ein weiteres Jahr hier und dort in Scharmützel, doch das Schicksal Irlands war zugunsten der Engländer entschieden. Jakob ging nach Frankreich ins Exil.

Visitor Centre (an der L21, 3 km nördl. von Donore) mit Film zur Schlacht ① tägl. Mai–Sept. 10–18 Uhr, Okt.–April 9.30–17 Uhr, Einlass bis 60 Min. vor Schließung, Eintritt 4 €. www.battleoftheboyne.ie. Im Sommer belebt sonntags „Living History", also von Schauspielern nachgespielte Szenen, das Schlachtfeld.

In den drei *Kammern* im Inneren des Cairns fanden die Ausgräber in den Boden eingelassene Steinbecken und um diese herum Schalen mit Resten von Knochen und Leichenbrand. Bei den Grabungen kamen auch römische Münzen zutage – die Römer mögen als Touristen hier gewesen sein und den fremden Göttern ihren Obolus gebracht haben, oder irgendjemand hat vielleicht hier seinen Schatz vergraben.

Der **Eingangsstein** ist mit fünf Spiralen ziseliert, dazu Rhomben und Wellenlinien. Auch die Orthostaten (hochkant stehende Seitensteine) der Kammer sind üppig verziert. In die Decksteine von Gang und Kammer sind Rinnen eingemeißelt, die das Regenwasser nach außen ableiteten. Durch einen **Lichtkasten** über dem Eingang und weiter durch den Gang leuchtet die Sonne am 21. Dezember, dem Tag der **Wintersonnenwende,** kurz nach ihrem Aufgang für etwa eine Viertelstunde bis in die Kammer. Das Lichtspiel wird außer in der Ausstellung des Visitor Centre auch während der Besichtigung mit Lampen simuliert, weshalb Sie nicht unbedingt am 21. Dezember kommen müssen.

Eher auf einen Termin hoffen können Sie in der Woche vor und nach der Wintersonnenwende. Auch dann erreicht die Sonne, wenn auch etwas kürzer, das Innere des Cairns. Diese geringe Abweichung von der Idealachse – die Sonnenstrahlen erreichen am 21. erst vier Minuten nach dem Aufgang des Gestirns die Kammer, und sie reichen auch nicht ganz bis an deren Rückwand – ist keine Ungenauigkeit der steinzeitlichen Baumeister. Die Astronomen gehen davon aus, dass sich in den letzten Jahrtausenden die Erdachse leicht verschoben hat.

Newgrange gehört zu den am meisten besuchten Monumenten Irlands. Kommen Sie also besser unter der Woche oder wenigstens früh am Morgen, denn die Teilnehmerzahl bei den Führungen ist begrenzt. In dem schmalen Gang ins Innere des

218 Der Osten/County Meath

Cairns streift man unwillkürlich an den Reliefs entlang, manche Besucher klauen Steine aus dem Grab, andere ritzen ihre Namen in die Wände der Kammer – eine Unsitte, der sogar der Archäologe *McAllister* gleich dreimal frönte.

ⓘ Wie Visitor Centre; letzter Zubringerbus 1 ¾ Std. vor Schließung. Eintritt mit Führung und Visitor Centre 6 €.

Rätsel der Steinzeit

Die meisten Forscher glauben, dass die Monumentalbauten von den Steinzeitmenschen vor 5000 Jahren als Gräber angelegt wurden. Sicher ist das nicht, und eine Minderheit billigt ihnen ein Alter von „nur" 3000 Jahren zu. Wir wissen herzlich wenig über die Megalithkultur, die uns buchstäblich fast nur Steine hinterlassen hat (griech. *megalos lithos* = großer Stein). Die Aussagen der Wissenschaftler beruhen auf einer Kette von Indizien, Hypothesen und Plausibilitäten – ein Gedankengebäude aus vielen Steinen, aus dem man nicht einen wegnehmen darf, um nicht das ganze Haus zusammenbrechen zu lassen.

Nehmen wir das Alter der Cairns. Es wird mit der *C14-Methode* bestimmt, die sich zunutze macht, dass Pflanzen (wie alles Lebendige) zu Lebzeiten aus der Atmosphäre Kohlenstoff aufnehmen. Neben dem gewöhnlichen Kohlenstoff (C12) gelangt dabei über den Stoffwechsel auch das seltene Kohlenstoffisotop C14 in den Körper, Kohlenstoffatome, die im Kern zwei zusätzliche Neutronen haben. Diese C14-Kerne zerfallen über die Jahre unter Abgabe radioaktiver Strahlung. Aus dem noch vorhandenen Rest von C14-Atomen lässt sich das Alter von Knochen, Samen u. Ä. bestimmen.

Die C14-Analyse führt jedoch zu Ergebnissen, die sich nicht in das Zeitraster der Geschichtswissenschaft fügen. Eine andere Methode, die Altersbestimmung anhand der charakteristischen Jahresringe gefällter Bäume, liefert widersprechende Ergebnisse. Offenbar war der C14-Gehalt der Atmosphäre nicht immer und überall gleich. Die C14-Ergebnisse werden deshalb inzwischen „kalibriert", also nach einer von der Zunft akzeptierten Skala umgerechnet. Bei Steinen funktioniert weder die C14-Methode noch die Jahresringzählung. Man behilft sich damit, einen organischen Rest, beispielsweise gefundene Asche, in die gleiche Zeit wie den Stein zu datieren – eine zusätzliche Unsicherheitsquelle.

Ungeachtet der in den Cairns gefundenen Asche und Knochenreste ist es nicht zwingend, die Hügel als Gräber zu betrachten. Die von ihren Bauwerken her ganz ähnlichen Megalith-Kulturen des Mittelmeerraumes verbrannten ihre Leichen nicht. Die Hügel könnten auch Tempel gewesen sein, in denen Menschen rituell geopfert wurden. Möglicherweise haben erst spätere Völker hier ihre Toten bestattet. Doch wie gesagt – die Wissenschaft tappt bei der Erforschung der Megalithkulturen ziemlich im Dunkeln.

▶ **Knowth:** Die Grabungen legten 1962 zunächst einen 35 m langen Gang frei, später eine zweite, von gegenüber in den Hügel führende Passage. Die Kammern am Ende der Gänge liegen ungefähr im Mittelpunkt des Cairns und so dicht beieinander, dass man Klopfgeräusche vom jeweils anderen Gang deutlich hört. Der Tumulus

Slane **219**

wurde in der Bronzezeit und darauf von den Kelten benutzt, im 9. Jh. wohnte hier die mächtige *UiNeill*-Familie und später sogar ein Großkönig.

⏱ April–Okt. wie Visitor Centre, letzter Zubringerbus 1 ¾ Std. vor Schließung; Nov.–März geschlossen; Eintritt mit Führung und Visitor Centre 5 €; Visitor Centre, Newgrange und Knowth 10 €.

▶ **Dowth:** Von hier wurden die Steine für Dowth Castle und eine Kirche genommen, die ihrerseits schneller zerfallen sind als der geplünderte Tumulus. Oben auf dem Hügel stand lange Jahre ein Teehaus, in dem der örtliche Grundherr die Besucher für den Anblick der Burgruine abzocken ließ. Inzwischen haben die Archäologen den Cairn übernommen – Besucher können ihn nur von der Straße aus sehen.

▶ **Newgrange Farm:** Billys Farm befindet sich ein paar hundert Meter westlich des Newgrange Cairns. Als pädagogisch wertvoll gilt besonders die Begegnung mit den Tieren: Hühner, Enten, Gänse, Pferde, Hund und Katz und natürlich viele Schafe. Mancher Dreikäsehoch findet freilich die Traktoren und anderen Landmaschinen interessanter. Ein besonderer Gag sind die Schafsrennen am Sonntagnachmittag. Als Jockeys wirken den Schafen aufgeschnallte Teddybären mit, und damit das Publikum ordentlich fiebert, wird jedes Kind symbolisch zum Besitzer eines der Rennschafe gemacht. Selbst Buchmacher sollen schon an der Rennstrecke gesichtet worden sein.

● *Anfahrt* Mit dem Auto kommt man über die N 51 am Nordufer des Boyne an, die Abzweigung zur Farm ist ausgeschildert. Vom Visitor Centre am Südufer kommt man nur zu Fuß oder mit dem Rad zur Farm.

⏱ Ostern–Aug. tägl. 10–17 Uhr; Eintritt Erw. 8 €, Familien pro Kopf 6 €. www.newgrangefarm.com.

Slane

Das Straßendorf schmiegt sich an einen Hügel und blickt auf den träge dahinfließenden Boyne – eine Idylle, wäre hier nicht auch die Kreuzung der Nationalstraßen 2 und 51: Lastwagen und der Ausflugsverkehr lassen die Fundamente der Häuschen erzittern.

Auf dem Dorfhügel, einem schönen Aussichtspunkt, findet man die Ruine einer **Burg** und eines **Franziskaner-Klosters** (16. Jh.). Am anderen Boyne-Ufer, an der Straße nach Navan, markiert eine verfallene Kapelle den Ort, an dem *Earc*, der erste Bischof von Slane, seine letzten Lebensjahre als Einsiedler verbrachte. Die Ruine auf dem Gelände des Conyngham-Gutes ist nur am 15. August öffentlich zugänglich. Das **Ledwidge Museum** (Drogheda Rd., www.francisledwidge.com, Öffnungszeiten tägl. 10–13, 14–17.30 Uhr; Eintritt 2,60 €) ist eine einfache Hütte mit Erinnerungsstücken an Francis Ledwidge, einem hier geborenen Dichter. Er fiel, gerade 29 Jahre jung, 1917 auf einem belgischen Schlachtfeld.

● *Information* www.slane.com.

● *Verbindung* Die Bushaltestelle ist nahe der Kreuzung bei Colon's „Sweets and Ices". Von Dublin kommend halten die Busse Richtung Armagh, Letterkenny, Portrush und Derry. Etwa dreimal am Tag Busse von Drogheda. Busauskunft: ☎ 01 83 6111.

● *Einkaufen* **McDonell's Craft Shop,** Drogheda St., ☎ 041 982 4722. Eine unerwartete Kulturoase mit zeitgenössischer Kunst, Textilien und Antiquitäten.

● *Übernachten* ** **Conyngham Arms,** Navan St., ☎ 041 988 4444, www.conyngham arms.com, DZ 120–160 €. Das verwinkelte Haus ragt um ein Geschoss über die Häuserzeile hinaus. Die Zimmer im Anbau sind etwas moderner eingerichtet. Mit Restaurant im Black-and-White-Stil, im Sommer mittwochs traditional Music.

B&B Castle View House, Dublin St., ☎ 041 982 4147, www.slanecastleview.com, DZ 75 €. Ein älterer Bungalow im Dorfzentrum, die

Der Osten
Karte S. 195

220 Der Osten/County Meath

rückwärtigen Zimmer sind der Ruhe halber vorzuziehen.

Slane Farm Hostel, Harlingston House, Navan Rd., ✆ 041 988 4985, www.slanefarmhostel. ie, Bett 16–20 €, DZ 50 €. 2 km außerhalb von Slane sind die früheren Stallungen von Slane Castle inzwischen ein Bauernhof mit Kühen, Schafen und Pferden. Unterkunft in Family Rooms und Schlafsälen mit 6–12 Betten.

• *Essen* **George's Patisserie & Deli,** Chapel St. (nördlich der Kreuzung), www.george spatisserie.com, So und Mo Ruhetag. Alle sind begeistert von Georg Heises unverkennbar deutschen Backwaren und Leckereien.

The Poet's Rest, Dublin St., ✆ 041 982 4493, www.georgespatisserie.com. Mit der Übernahme des Dorfpubs und der Umwandlung in ein Gourmetrestaurant hat Georg Heise seiner Erfolgsgeschichte ein neues Kapitel angefügt. Lunch Hauptgericht 10–15 € Dinnermenü ab 32 €. Mo ganztags, So abends Ruhetag.

Slane Castle: Das Schloss an der Navan Rd. gehört dem Earl of Mount Charles, einem Spross der Conyngham-Dynastie. Lady Elisabeth, eine frühere Hausherrin, soll die Mätresse Georgs IV. gewesen sein – nur so vermochten die Zeitgenossen sich jedenfalls zu erklären, dass der König persönlich den Bau der schnurgeraden Straße veranlasste, die von Dublin auf kürzestem Weg nach Slane führt. Das Schloss, an dessen Bau Ende des 18. Jh. Meisterarchitekten wie James Gandon, James Wyat und Francis Johnston mitwirkten, ist zu besichtigen. Und wer fürstlich zu zahlen bereit ist, darf gar in jenem King's Room nächtigen, wo schon Georg … Seit den 1970er Jahren wurde das Gelände durch Irlands größtes Rockfestival bekannt. Die Stones, Bruce Springsteen, Van Morrison und andere Berühmtheiten traten hier auf, U2 nahmen hier 1984 ihr legendäres Album *The Unforgettable Fire* auf. Selbiges ereignete sich dann sieben Jahre später und legte den Ostflügel in Schutt und Asche. Da seine Lordschaft unterversichert war, mussten Gelder für den Wiederaufbau über Spenden aufgebracht werden. Auch die Erlöse der sommerlichen Open Airs flossen in die 2001 abgeschlossene Sanierung.

① Mai–Aug. So–Do 12–17 Uhr; Eintritt 7 €. www.slanecastle.ie.

St. Patrick ärgert den König

Auf dem Dorfhügel von Slane soll *St. Patrick* im Jahre 433 das erste irische Osterfeuer entzündet haben. Der König geriet ins Toben, waren doch offene Feuer im Umkreis der königlichen Residenz Tara verboten. Zumal seine Druiden ihm prophezeiten: „Der das Licht entzündet hat, wird Könige und Prinzen überdauern." König *Laoghaire* ließ also den Heiligen zu sich bringen und mit den Druiden den neuen Glauben diskutieren. Der Heilige konnte seinen Gegnern dabei einen überzeugenden Beweis für die übernatürlichen Kräfte des Christentums liefern: Gott ließ während des Treffens mit Patricks Unterstützung die Erde beben. Zwar ließ sich Laoghaire nicht taufen, denn so ganz überzeugt war er nun auch nicht, er traute sich aber nicht, dem Heiligen ein Haar zu krümmen und ließ ihn in Frieden von dannen ziehen. Nur der Höfling *Earc* war so beeindruckt, dass er statt dem weltlichen nun dem himmlischen König dienen wollte und sich dem Heiligen anschloss. Earc wurde der erste Bischof von Slane.

Slane/Umgebung

▸ **Donaghmore:** Hier soll St. Patrick das erste irische Kloster gegründet haben. Zu sehen sind eine Kirchenruine (13. Jh.) und ein restaurierter, 30 m hoher Rundturm mit einer über dem Eingang in Stein gemeißelten Kreuzigungsszene.

Kells 221

▶ **Dunmoe Castle:** Eine weitere Ruine ist das nach der Belagerung durch Oliver Cromwell aufgegebene Dunmoe Castle. Die Burgherren und -damen aus dem Geschlecht *d'Arcy* ruhen in der Gruft auf dem nahen Friedhof. Ein Geheimgang soll unter dem Fluss hindurch zum **Ardmulchan House** führen, ein unheimliches, tagsüber scheinbar menschenleeres Anwesen, um das sich Geschichten von Vampiren und Untoten ranken.

▶ **Navan:** Die Hauptstadt (4000 Einw.) des Countys Meath ist für Reisende ziemlich belanglos. Für Arbeitsplätze sorgen eine Teppichfabrik und Westeuropas größte Zink- und Bleimine. Ein Spazierweg führt am Südufer des Boyne flussabwärts, am Ardmulchan House vorbei bis Hayestown und zur steinernen Brücke. Er beginnt an einem Parkplatz rechts der Straße, wenn man in Navan die östlichere der beiden Brücken überquert. Auch Navan hat seine Burgruine. Das **Athlumney House**, etwa 1,5 km vom Zentrum, wurde nach der verlorenen Schlacht am Boyne vom Burgherrn Launcelet Dowell persönlich angezündet, bevor er nach Frankreich ins Exil floh.

• *Verbindung* Bushaltestelle am Marktpl. vor McDonagh's Elektroladen. Nahezu stündlich nach Dublin und Kells – Donegal, auch nach Slane – Drogheda und Trim – Athlone.

• *Fahrräder* **Clarke's Sports,** Trimgate St., ✆ 046 902 1130.

Der Osten · Karte S. 195

Kells

(Ceannanas)

Das reich illustrierte Book of Kells gilt als Buch der Bücher. Nahezu jeder Irland-Fan hat es einmal im Dubliner Trinity College bewundert. In Kells geblieben sind die biblischen Geschichten des kleines Mannes – in Stein gehauen.

Außer seinen vier Hochkreuzen und einer alten Kirche hat Kells immerhin auch eine Kopie seines Buches, die im Heritage Centre ausgestellt ist. Das Kloster, das den Ort berühmt machte, wurde um 550 von *Columban dem Älteren* gegründet, der in Irland unter dem Namen *Columcille* verehrt wird. Schon davor besaß der Ort Bedeutung, und König *Cormac Mac Art* soll hier seinen Alterssitz gehabt haben. Nachdem Iona, der Hauptsitz des kolumbanischen Ordens, um 800 mehrmals von Wikingern verwüstet worden war, flohen die Mönche nach Kells und brachten dabei auch das kostbare Buch mit. 1007, so berichten uns die „Annalen von Ulster" wäre es beinahe für immer verschwunden. Doch die Diebe waren nur am goldenen Buchdeckel interessiert, der Inhalt fand sich später unter einer Erdscholle wieder.

• *Information* Im **Heritage Centre,** Headfort Place, ✆ 046 924 9336, Mai–Sept. Mo–Sa 10–17, So 14–18 Uhr, Okt.–April Mo–Fr 10–17 Uhr.

• *Verbindung* **Bus**haltestelle am Headfort Arms Hotel. Busse nach Navan – Dublin und Cavan. Busauskunft: ✆ 01 836 6111.

• *Übernachten* **** Headfort Arms Hotel,** Navan St., ✆ 046 924 0063, www.headfort arms.ie, DZ 160 €. Das übliche Dorfhotel als gesellschaftlicher Mittelpunkt mit gutem Restaurant. Am Wochenende Disco, und wer in Kells etwas auf sich hält, muss im Headfort auch seine Hochzeit feiern.

B&B Avalon, 5 Headfort Park, ✆ 046 924 1536, avalonbb@gofree.indigo.ie, DZ 80 €.

Der Backsteinbungalow von Terry Nallen liegt in einer Sackgasse beim Headfort Hotel und damit wenige Gehminuten vom Zentrum entfernt. Die drei Gästezimmer sind mit TV und Wasserkocher ausgestattet, zwei haben ein eigenes Bad. Parkplatz vor dem Haus.

Kells Hostel, Cavan Rd., ✆ 046 924 9995, Bett 18–22 €. Zwei Schlafsäle, auch kleinere Räume mit 6, 4 und 2 Betten. Leicht verstaubt, doch vor Ort ohne Konkurrenz.

• *Essen* **The Ground Floor,** Bective Square. Junges Publikum, gemütlich eingerichtet, an den Wänden schräge Kunst. Die Speisekarte ist ein kleines Abbild unserer Weltordnung: global, doch US-amerikanisch dominiert. Da gibt es indonesische Saté Ayam (marinierte Hühnchenfleischspieße mit Erdnusssauce), mexikanische Quesadillas, italienische Crostini und Pastagerichte; die USA sind u. a. mit Pizza, potato skins (gefüllten Kartoffeln), bufallo wings (scharfe Hühnerschenkel), hausgemachten Hamburgern und natürlich mit Steaks vertreten. Irland stellt das freundliche und aufmerksame Personal. Tägl. ab 17.30 Uhr, Hauptgerichte bis 20 €.

● *Essen/Pub* **O'Shaughnessy's,** Market St., unterhalb der Kirche. Der klassischvornehme Pub ist rustikal eingerichtet und hat eine aufwendige Glaskuppel. Barfood bis 20 Uhr, Do traditional Music, Fr–So zeitgenössische Rhythmen.

Sehenswertes

Hochkreuze: Die größten Sights von Kells sind seine gut ein Jahrtausend alten Hochkreuze. Das **Market Cross** stand mitten in der Stadt am Beginn der Market St. An ihm erhängten die Briten 1798 die irischen Rebellen, immer paarweise, damit der Behelfsgalgen nicht umstürzte. Was die Briten vermieden, gelang 1997 einem Lkw-Fahrer: Er zerdepperte das Kreuz. Nach der Restaurierung wurde es im Garten des Heritage Centre platziert. Drei andere Hochkreuze stehen in angemessenem Umfeld auf dem früheren **Klosterfriedhof,** leicht zu finden anhand seines Rundturms, der das Häusermeer überragt. Das **Ostkreuz** blieb unvollendet, an ihm kann man die Arbeitsschritte der Steinmetze nachvollziehen. Auch das **Westkreuz** ist ein Fragment, auf dem noch die Taufe Christi, der Sündenfall von Adam und Eva und das Urteil Salomons sowie, auf der anderen Seite, die Arche Noahs auszumachen sind.

Das **Südkreuz,** dem Turm am nächsten stehend und sehr verwittert, gilt als ein Höhepunkt christlich-irischer Kunst. Die kaum noch lesbare Inschrift weiht es den Heiligen Patrick und Columban. Auf einen Fries mit Jagdszenen an der Ostseite des Sockels folgt ein dreifaches Band ineinander verschlungener Spiralen. Darüber der Sündenfall, Kain und Abel, eine Szene mit Daniel in der Löwengrube und die drei Männer im Feuerofen. Im Zentrum, wo man die Kreuzigung erwarten würde, hat der Künstler stattdessen ein geometrisches Muster eingemeißelt. Links davon das Opfer Abrahams, rechts die ägyptischen Mönchsväter Antonius und Paulus, dem der Rabe ein halbes Brot bringt. Oben schließlich die Speisung der Fünftausend und erst auf der der untergehenden Sonne zugewandten Rückseite die zentralen Themen Kreuzigung und Jüngstes Gericht.

Columcille's House: Beim Verlassen des Friedhofs links die Straße hoch steht vielleicht jene Kirche, die die Mönche von Iona gleich nach ihrer Ankunft in Kells bauen ließen. Oder war es, wie andere meinen, die Schreibstube des Klosters? Der Innenraum ist mit einem steinernen Tonnengewölbe überdacht, das wiederum das aus Kragsteinen gelegte Spitzdach trägt. Zwischen Gewölbe und Dach bleibt Raum für eine Reihe rätselhafter Kammern.

⊙ Juni–Sept. Sa–So 10–17 Uhr, Eintritt frei.

Heritage Centre: Viel Eintrittsgeld für Kopien. Das Erdgeschoss wird von einer Kopie des Market Cross beherrscht (während das Original draußen in der Grünanlage umsonst zu sehen ist). Oben reiben sich die Besucher die Nase an den dicken Glasscheiben einer Vitrine mit dem Book of Kells – auch dieses eine Kopie, das Original liegt im Dubliner Trinity College. Auf einem Computerbildschirm darf man das Meisterwerk durchblättern. Ein Modell der mittelalterlichen Klostersiedlung und einige archäologische Funde runden die Ausstellung ab.

⊙ Mai–Sept. Mo–Sa 10–17.30, So 13.30–18 Uhr, Okt.–April Mo–Fr 10–17 Uhr; Eintritt 4 €.

Spire of Lloyd: Obgleich viele Meilen weitab der Küste gelegen, besitzt Kells einen eigenen Leuchtturm. Draußen an der Oldcastle Road ließ der 1. Earl of Bective 1791 das hier völlig nutzlose Seezeichen zum Gedenken an seinen Vater errichten. Ein extravagantes Totenlicht, wenn man so will, dessen unmittelbare Nachbarschaft bei schönem Wetter als Picknickplatz geschätzt wird.

Kells/Umgebung

▶ **Loughcrew Gardens:** Charles und Emily Naper haben den Garten des Anwesens, in dem die Familie seit bald 350 Jahren zu Hause ist, für die Öffentlichkeit geöffnet. Der weitgehend im 19. Jh. angelegte Landschaftspark birgt einen mittelalterlichen Schanzhügel, Turmburg, Kirche und natürlich künstliche Grotten, Springbrunnen, Aussichtspunkte *(gazebos)* und Scherzbauten *(follies)*. Vom *Temple of the Rains*, einem klassizistischen Schloss, steht, einer griechischen Tempelruine gleich, gerade noch der Eingangsportikus einsam auf der grünen Wiese. Eine Wassermühle wurde restauriert. Hier lugt die Skulptur eines Fabelwesens aus dem Baum, dort balanciert eine Bronzefigur auf drei Radreifen – moderne Kunst.

• *Anfahrt* Nur für Selbstfahrer. Von Kells westwärts auf der R 163 und später R 154 Richtung Oldcastle. In Patrickstown links halten Richtung Millbrook, dann sollte man das Schloss nicht verfehlen. ⏰ 16. März–Sept. tägl. 12.30–17 Uhr, Okt.–15. März nur So 13–16 Uhr; Eintritt 7 €.

• *Übernachten* **Loughcrew House,** ☎ 049 854 1356, www.loughcrew.com, DZ 150 €. Mit Stilmöbeln, Kaminfeuer und Kunst in den Fremdenzimmern des umgebauten Wintergartens.

• *Veranstaltungen* Nach dem Erfolg der sommerlichen Opernaufführungen ist Loughcrew Garden nun auch Schauplatz von Jazz- und Blueskonzerten. Programm und Tickets unter www.loughcrew.com.

• *Einkaufen* Alte Möbel, Kandelaber, Bettüberwürfe und was Schlossherr und -herrin sonst noch alles zur standesgemäßen Einrichtung brauchen, gibt es bei Emily Naper – ihre Spezialität sind Restaurierungen und das Vergolden klassischer Möbel.

▶ **Loughcrew Cairns:** Auf den *Bergen der Mutter Erde im Wintergewand*, den drei höchsten Erhebungen der Loughcrew-Kette (bis 27 m), findet man etwa 30 Cairns angelegt. Die Gräber weisen unterschiedliche Stadien des Zerfalls auf, nicht alle sind erschlossen. Insgesamt sollte man den Besuch eher unter dem Stichwort Wanderung in historischer Umgebung mit herrlicher Aussicht und nicht als Besichtigung begreifen. Am Parkplatz gibt es einen Plan, der die

Rätselhafte Steinzeitkunst im Loughcrew Cairn

224 Der Osten/County Meath

Orientierung erleichtert. Etwa eine Viertelstunde steigt man zum *Cairnbane East* (194 m) mit **Cairn T** auf. Als größter der Loughcrew Cairns misst er 35 m im Durchmesser. Einige Steine sind mit spiralförmigen Mustern verziert, der Eingang weist nach Osten, sodass die Kammer zur Tag- und Nachtgleiche (im Frühjahr und im Herbst) von der aufgehenden Sonne illuminiert wird – ein Spektakel, dass dann zahlreiche Besucher an den sonst einsamen Ort lockt. Auf *Cairnbane West* (206 m), eine halbe Wegstunde vom Parkplatz, ist **Cairn L** leidlich erhalten.

● *Anfahrt* Wie Loughcrew House. Zwischen Patrickstown und Loughcrew House zweigt ein ausgeschilderter Feldweg ab, der zum Parkplatz am Cairnbane West führt.

① Die Stätten sind jederzeit zugänglich, Cairn T und L aber mit Gittertoren verschlossen. Die Schlüssel zu T bekommt man April–Okt. tägl. 12–16 Uhr gegen Pfand am Visitor Centre der Loughcrew Gardens, im Winterhalbjahr nach Terminabsprache (✆ 049 854 1356) im Loughcrew House. Der Zugang zu Cairn L bleibt Forschern vorbehalten.

Tara

Hier am Kultort der Göttin Maeve ist sozusagen der Nabel der irisch-keltischen Welt. Generationen heidnischer Priesterfürsten und ihre sechs christlichen Nachfolger residierten auf den Hügeln von Tara und herrschten über das Land, so weit das Auge reicht.

Die kultische Bedeutung Taras geht bis in die Jungsteinzeit zurück. In einem Hügel fand sich ein Ganggrab, ähnlich den Anlagen in Newgrange und von Brú na Bóine. In der Eisenzeit umfasste der Komplex gleich mehrere **Ringforts** in Tara und der unmittelbaren Nachbarschaft (Ráth Maeve, Skreen-Hügel). Die meiste Zeit beherrschten die Priesterfürsten von Tara, die ihren Aufstieg wohl Raubzügen nach Großbritannien verdankten, allerdings nur ein Kleinreich, das die Provinz Meath und später auch Leinster umfasste, und stritten mit den anderen Provinzfürsten von Connaught, Ulster und Munster um die Vorherrschaft in Irland. Historisch fassbar werden die Priesterkönige erst in der römischen Zeit. *Cormac MacArt,* der von 227–266 regierte, war mit seiner üppigen Hofhaltung vielleicht das Vorbild der **Artus-Sage.** Er soll die Gebäude Taras glanzvoll restauriert und jeden Herbst ein großes Fest gefeiert haben, bei dem im über und über bemalten Bankettsaal mehr als 1000 Gäste bewirtet wurden – Krieger, Höflinge, Druiden, Handwerker, Baumeister und Künstler. Für die Musik im *Haus des Mets,* wie es im Leinster Book heißt, sorgten Harfenspieler, während Barden die heroischen Taten der Gäste priesen.

Diese und andere Legenden sind dafür verantwortlich, dass Tara im Bewusstsein der Iren einen viel wichtigeren Platz einnimmt, als ihm einst tatsächlich zukam. Mit der Christianisierung verloren die Hochkönige und damit Tara an Macht – *Columcille* konnte sich einfach weigern, den Rechtsspruch des Hochkönigs anzunehmen, und *St. Ruadhan* verfluchte kurzerhand den Herrscher samt Residenz. Trotzdem hat Tara seinen symbolischen Wert behalten. Immer wenn das Nationalgefühl der Iren geweckt werden sollte, bedienten sich die Propagandisten des Ortes. *Brain Ború* ließ sich hier 1002 zum Hochkönig ausrufen, bevor er gegen die Wikinger ins Feld zog. *Daniel O'Connell* veranstaltete hier am 15. August 1843 sein größtes *Monster Meeting,* auf dem über eine halbe Million Menschen für ein eigenes Parlament und gegen die englische Herrschaft demonstrierten. Man vermag sich heute kaum vorzustellen, was für eine gewaltige Stimme O'Connell gehabt haben muss, damit die Versammelten seine Rede verstehen konnten.

Sehenswertes

Die meisten Besucher sind eher enttäuscht. Außer einem Höhenrücken, künstlichen Hügeln, Gräben und Schanzen gibt es nämlich nichts zu sehen. Um so wichtiger ist der Besuch der Diashow im **Besucherzentrum.** Erst die dort gezeigten Luftaufnahmen machen die gewaltigen Ausmaße der Anlage deutlich. Anschließend lassen die historisch sachkundigen und zugleich anekdotenreichen Führungen über das Gelände den Ort lebendig werden.

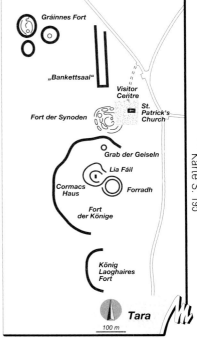

Fort der Synoden: In dem Hügel, der an das Visitor Centre und den protestantischen Friedhof angrenzt, fanden sich Spuren von Begräbnissen sowie Spuren einer mit Palisaden gesicherten Siedlung der Eisenzeit. Patrick soll hier seine ersten Versammlungen („Synode") abgehalten haben. Grabungen brachten keltischen Goldschmuck und römische Münzen, Glas- und Tonwaren ans Tageslicht, die im Nationalmuseum ausgestellt sind. Der wüste Zustand des Hügels ist auch Ergebnis einer Grabung besonderer Art. Um 1890 hatte ein Brite die Vision, just hier sei die israelitische Bundeslade verborgen. Mit Helfern machte er sich daran, den Hügel zu durchsuchen, doch der Erfolg blieb aus. Als die Schatzgräber dann auch auf der anderen Straßenseite zu buddeln begannen, wurde es den zunächst eher belustigten Dörflern zu viel, und sie vertrieben die religiösen Schatzsucher.

Fort der Könige: Die mit einem Graben und Wall geschützte Königsfestung besteht aus mehreren, wiederum mit Wällen und Gräben befestigten Hügeln. Der größte von ihnen, das **Grab der Geiseln,** ist das eingangs erwähnte steinzeitliche Ganggrab. Auch später wurde der Tumulus für Bestattungen benutzt. Die beiden anderen Schanzen innerhalb der Königsfestung sind **Cormacs Haus,** ein Ringfort mit Spuren eines Holzhauses, und der **Forradh** („Königssitz"), wiederum ein Grabhügel. In der Mitte von Cormacs Haus hat man den phallischen **Lia Fáil** aufgestellt, der neben dem Hügel der Geiseln gefunden wurde. Es gehörte zur Krönungszeremonie, dass sich der neue König auf den Krönungsstein stellte, der mit einem dreifachen Stöhnen den neuen Herrscher als rechtmäßig bestätigen musste. Ein weiterer Stein gedenkt der Toten des Aufstandes von 1798.

Fort des Königs Laoghaire: In dieser kleineren Anlage etwas südlich der Königsfestung soll Patrick mit König Laoghaire gestritten haben. Der Heilige erklärte dem König und den Druiden die Dreifaltigkeit anhand eines Kleeblatts.

226   Der Osten/County Meath

Bankettsaal: Das eigentümlichste Bauwerk von Tara ist ein Rechteck von 237 x 27 m, dessen Achse genau auf den Forradh zielt. Das *Book of Leinster* (12. Jh.) und das *Yellow Book of Lecan* (15. Jh.) haben uns außer Gebäudebeschreibungen sogar Zeichnungen überliefert, dazu die genaue Sitzordnung der Gäste nach ihrem Rang und die ihnen dementsprechend zustehende Größe des Bratenstücks! Unter Wissenschaftlern gehen die Meinungen über den Bankettsaal auseinander. Für die einen ist er eine zum Eingang der Burg führende Rampe, für die anderen der Friedhof der Herrscher von Tara – was einen üppigen Leichenschmaus ja nicht ausschließt.

Gráinnes Fort und die „schiefen Gräben": Die drei Hügel westlich des Bankettsaals waren wohl allesamt vorkeltische Gräber. Die Halbgöttin *Gráinne*, die Tochter Cormacs, war dem Krieger *MacCool* versprochen, liebte aber *Diamuid*. Als sie mit MacCool vermählt werden sollte, dessen Name heiße Liebesabenteuer verspricht, belegte sie Diamuid mit einem Zauber und ließ sich entführen – Gráinnes Fort soll die erste Station auf dieser Flucht gewesen sein. Die Sache schien gut zu gehen. Gráinne verführte den anfangs etwas zögerlichen Diamuid, und auf der Flucht hatten die beiden auch reichlich Gelegenheit zu Heldentaten, die wiederum Stoff für weitere Geschichten abgaben. Das Ende jedoch war tragisch: Diamuid tötet aus Versehen einen Menschen, der die Gestalt eines Wildschweins angenommen hatte, und muss dafür selbst sterben.

• *Verbindung* Tara liegt nahe der Dublin Rd., 9 km von Navan. Wer im Bus Dublin – Navan dem Fahrer Bescheid sagt, wird an der Abzweigung Tara Cross rausgelassen und hat noch etwa 20 Min. zu laufen. „Um nach Dublin zurückzukommen, muss man sich ungefähr 5 Min. nach Busabfahrt in Navan an den Straßenrand stellen und dann winken. ,Expressway' hält nicht." (Lesertipp von Julia Tiefenthaler)

① des Besucherzentrums: In einer früheren Kirche, ✆ 046 902 5903, www.heritage ireland.ie, Mai bis Okt. tägl. 10–18 Uhr, Einlass bis 17.15 Uhr; Eintritt 3 €. Das Gelände von Tara ist jederzeit und ohne Eintritt zugänglich, doch wird die Teilnahme an einer Führung empfohlen, wie sie auch das Visitor Centre anbietet. Oft pfeift ein eisiger Wind über Tara – warme Kleidung ist angeraten.

• *Organisierte Rundfahrten* **Mary Gibbons Tours,** ✆ 01 283 9973, www.newgrange tours.com, bietet im Sommer beinahe tägl. fachkundig geführte und hoch gelobte Tagestouren ins Boyne Valley und nach Tara. Abfahrt am Dublin Touristoffice, 35 €.

Tara/Umgebung

Über **Dunsany Castle** und **Kileen Castle,** zwei benachbarte Burgen etwa 5 km an der Straße nach Dublin, gibt es eine Geschichte, die den Lesern nicht vorenthalten werden soll. Beide gehörten verschiedenen Zweigen des *Plunkett-Clans,* die sich nicht einigen konnten, wie das Land zwischen den Burgen aufzuteilen sei. Ein Abt wurde als Schlichter berufen, der folgenden Schiedsspruch fällte: Die beiden Schlossherren müssten auf ein Signal hin von ihren Burgen aufeinander zulaufen. Wo sie sich träfen, sollte die Grenze zwischen ihren Ländereien verlaufen. So weit, so gut. Doch der Abt hatte das Land der Plunketts nie gesehen. Weil Kileen auf einer Anhöhe liegt, bekam dieser Zweig der Familie ein erheblich größeres Stück Land als die Nachbarn von Dunsany. Vielleicht als Ausgleich der Geschichte ist Kileen heute eine Ruine, während die Dunsanys sich nicht nur als Grundherren einen Namen machten. Die Horror- und Fantasygeschichten des 18. Lord Dunsany (1878–1957), mit vollem Namen Dr. Edward John Moreton Drax Plunkett Lord Dunsany, werden noch heute gerne gelesen. Der 20. Lord und derzeitige Hausherr kreiert gediegene Haushaltswaren. Das Schloss mit seiner Sammlung klassischer Gemälde kann im Sommer besichtigt werden.

Trim

Eine mächtige Normannenburg am Ufer des Boyne lockt Besucher in das Städtchen. Ein Spaziergang am Fluss führt zu einem imposanten mittelalterlichen Krankenhaus und zur einst größten Kirche der Insel.

Oberhalb der Info:

① Dunsany Castle: Juni/Juli tägl., Aug. Mo–Fr, Nov. tägl. 10–18 Uhr. Eintritt 15 €. www.dunsany.com.
• *Einkaufen* Die Schlossboutique (① tägl. 10–17 Uhr) verkauft die edlen Porzellangedecke und Einrichtungsutensilien der **Dunsany Home Collection** und Bücher mit Geschichten des 18. Lord Dunsany.

*I*nformation/*V*erbindungen

• *Information* Im Heritage Centre, Castle St., ☎ 046 943 7227, geöffnet Mo–Sa 9.30–17.30, So 12–17.30 Uhr. Die Broschüre „Trim Tourist Trail" erklärt die Sehenswürdigkeiten der Stadt.

• *Verbindung* **Bus**haltestelle vor der Burg. Trim wird von den Bussen zwischen Dublin und Athboy/Granard passiert, außerdem liegt es an der Strecke Athlone – Drogheda. Busauskunft, ☎ 01 836 6111.

*Ü*bernachten

Castle Arch Hotel, Summerhill Rd., ☎ 046 943 1516, www.castlearchhotel.com, DZ 120–160 €. Das familiäre Hotel mit gerade 20 tadellos eingerichteten Zimmern hält die Balance zwischen Stilmöbeln und Moderne. Vor allem Geschäftsleute steigen hier ab.

Guesthouse Brogan's, High St., ☎ 046 943 1237, www.brogans.ie, DZ ab 75 €. Seit es in Trim keine Eisenbahn mehr gibt, hat das frühere Railway Hotel einen neuen Namen. Im Erdgeschoss des Hauses ist ein auch zum Essen empfehlenswerter Pub.

Highfield House, Maudlins Rd., ☎ 046 943 6386, www.highfieldguesthouse.com, DZ 80 €. Das zweigeschossige Gebäude aus dem 18. Jh. liegt gerade 5 Gehminuten von der Burg, die man von einigen der 7 Gästezimmer aus im Blick hat. Schöner Garten.

B&B White Lodge, Lackenash, New Road, ☎ 046 943 6549, www.whitelodgetrim.com, DZ 65–75 €. 500 m außerhalb am Nordende der Umgehungsstraße, schneeweiß und mit schönem Blick auf den Fluss.

Hostel Bridge House (IHH), Bridge St., ☎ 046 943 1848, silvertrans@eircom.net , Bett 25 €, DZ 60 €, jeweils mit Frühstück. Familie Finnegan, die am Stadtrand schon lange ein B&B betreibt, hat mitten im Zentrum ein altes Stadthaus renoviert und zum Hostel umgebaut. Zimmer, Küche und Aufenthaltsraum sind sauber und ordentlich. Check-in ab 18 Uhr.

*E*ssen/*P*ubs

Franzini O'Brien's, Castle St., am Parkplatz vor der Burg, ☎ 046 943 1002, tägl. ab 18 Uhr. Empfohlen seien der Seafood Chowder mit Tomaten oder der Seeteufel. Und ein dickes Lob verdient der Brauch, dem Gast mit jedem Gang auch frische Papierservietten zu bringen.

Haggard Inn, Haggard Rd., im Hinterhof des gleichnamigen Pubs, rustikal eingerichtet. Das dreigängige Touristenmenü kostet 25 €.

Ramparts, Castle St., im Visitor Centre. Coffeeshop mit auch bei Ortsansässigen beliebtem Mittagstisch; offen tägl. 9.30–17.30 Uhr.

• *Pubs* **McCormack's,** Castle St., gegenüber der Burg. Für Fußballbesessene gibt es in der Bar gleich drei Fernsehschirme, während sich die weniger sportbegeisterte Jugend in der Lounge bei den jüngsten Hits amüsiert. Am Wochenende gelegentlich Livemusik.

The Bounty, Bridge St., Spinnräder, ausgediente Regenschirme und weiterer alter Plunder beherrschen die Gaststube. Für die Raucher gibt es im Hof neben dem Haus eine Weinlaube. Im Sommer ab und an irische Volksmusik.

228 Der Osten/County Meath

Sehenswertes

Heritage Centre: Vor der Burgmauer wird im Heritage Centre die Videoshow **Power and Glory** über die Normannen und ihr Erbe gezeigt. Im Warteraum finden wir ein Modell der Stadt. Wie bei einem Adventskalender kann man an der Wand Klappen und Türen öffnen und so den Leuten in die Häuser schauen. Nach dieser unterhaltsamen Aufwärmphase beginnt die Show mit eher hartem Stoff, nämlich die Lebensgeschichte des ersten Burgherren Hugh de Lacey, um dann, leichter verdaulich, die weitere Geschichte der Burg zu inszenieren. Mindestens so sehenswert wie die Show sind die Glasarbeiten und anderen Kunst-Stücke, die an der Kasse verkauft werden – Wohltaten im sonst üblichen Einerlei der Souvenirs. ⏰ Mo–Sa 9.30–17.30, So 12–17.30 Uhr; Eintritt 3,20 €.

Trim Castle: Von Trim Castle, gebaut 1172 bis ca. 1250, stehen außer dem massiven Donjon nur noch Teile der Außenmauer und Fundamente – eine echte Normannenburg mit acht schönen Rundtürmen in der Mauer, wie sie Heinrich II. und seine Nachfolger etwa auch im französischen Angers hinterlassen haben. 1647 wurde die Burg von den Katholiken ohne viel Anstrengung gestürmt, zwei Jahre später wiederum von Cromwell erobert und gründlich verwüstet. Angriffen mit Kanonen war die im Zeitalter der Armbrustschützen und Reiterheere gebaute Burg nicht gewachsen. Nachdem die weite, eingeebnete Rasenfläche des Burghofs lange als Filmkulisse (z. B. für „Braveheart") und archäologisches Forschungsfeld diente, ist das Castle nun wieder für Besucher geöffnet. Auf der Führung durch den Turm werden anhand von Modellen die einzelnen Bauphasen erklärt. Nachhaltiger blieb mir in Erinnerung, dass der Kastellan in seinem Schlafzimmer den damals erheblichen Luxus eines Aborts genoss – ein Loch unmittelbar unter dem Fenster, von dem, man sich erhoffte, der aufsteigende Gestank würde das Ungeziefer draußen halten. ⏰ Ostern–Sept. tägl. 10–18 Uhr, Okt. tägl. 10–17.30 Uhr, Nov.–Ostern Sa/So 10–17 Uhr; Eintritt Burggelände 3 €, mit Führung durch den Donjon 4 €.

Augustinerabtei: Auf der anderen Flussseite überragt der Glockenturm einer Augustinerabtei das Städtchen. Auf dem Gelände dieser Abtei baute *John Talbot* 1415 die zweite Burg Trims. Der Burgherr mit dem Beinamen „die Geisel Frankreichs" war jedoch die meiste Zeit seines Lebens auf Feldzügen gegen die Franzosen unterwegs und hatte wenig Gelegenheit, sich seines Besitztums zu erfreuen. *Shakespeare* erwähnt ihn in *Heinrich VI.* als Inbegriff des Kriegsterrors. Im 17. Jh. wurde Talbot Castle für 65 Pfund von Esther Johnson erworben. Nur 18 Monate später verkaufte sie es für den dreifachen Preis an ihren vermutlichen Liebhaber *Jonathan Swift* (Geistlicher und Autor von „Gullivers Reisen"), der das Anwesen, wiederum mit Profit, an die Kirche verschacherte. Spekulanten gab es schon damals.

Peter & Paul Cathedral: Einen guten Kilometer flussabwärts der Burg steht im Newton-Friedhof die Ruine der größten mittelalterliche Kirche Irlands. Sie zeigt den Übergang vom normannischen zum englischen Stil. Nach einem Brand im 14. Jh. wurde sie nur notdürftig wiederhergerichtet.

Crutched Friary/Peters Bridge: Nebenan die romantischen Reste eines Klosters und auf der anderen Flussseite die Crutched Friary, ein Krankenhaus der Johanniter aus der Zeit der Kreuzzüge. Peter's Bridge soll die zweitälteste Brücke Irlands sein, und *David's Lad* (nur abends geöffnet) am Brückenkopf der zweitälteste Pub der Insel.

Nur zwei Scheunen – Wonderful Barn

County Kildare

Highlights

- **Larchill Arcadian Gardens** – ein Garten im Stil der ferme ornée mit Mr. Watsons Fuchsbau und anderen Torheiten (S. 231)

- **Castletown House** – Irlands größter Landsitz, dessen Bauherr von Italien träumte (S. 232)

- **Kildare** – edles Blut im Nationalgestüt (S. 236) und bei der Hatz auf dem Rennplatz (S. 237)

- **Bog of Allen Nature Centre** – im Naturschutzzentrum das Moor und fleischeslüsterne Pflanzen kennenlernen (S. 234)

County Kildare

Die Grafschaft westlich von Dublin ist das Zentrum der irischen Pferdezucht und gehört zu den reichsten und am dichtesten besiedelten Gebieten der Insel. Viele Pendler ziehen nach Feierabend die ländliche Idylle der hektischen Hauptstadt vor.

Angelockt durch das kalziumreiche, besonders nahrhafte Gras und die den Züchtern eingeräumten Steuervergünstigungen leben in Kildare vermutlich mehr Pferde als Menschen. Auf den zahlreichen Rennplätzen trifft man den ganzen Sommer über die bizarre Mischung aus High Society, Pferdenarren und berufsmäßigen Zockern. Auf Auktionen wechseln die edlen Tiere für Summen den Besitzer, mit denen ohne weiteres auch ein Mittelklasseauto zu erstehen wäre – mit einem Vielfachen an Pferdestärken und Platz für fünf. Kildare war das Stammgebiet der *Fitzgeralds*, die seit dem Mittelalter von ihrem Familiensitz Maynooth aus das Land im Griff hatten. Nach der Reformation traten sie zum Protestantismus über und konnten so auch unter der englischen Herrschaft ihren Einfluss bewahren. Wegen der Nähe zu Dublin gibt es im County eine ganze Reihe luxuriöser Landsitze. Castletown House ist der prächtigste dieser Palazzi im georgianischen Stil. Grand Canal und Royal Canal, auf denen vor dem Eisenbahn- und Autozeitalter die Waren von Dublin ins Landesinnere gebracht wurden, sind heute z. T. wieder geöffnet und ein Revier der Freizeitkapitäne. Spaziergänger finden in den alten Treidelpfaden am Ufer bequeme Wanderwege.

Maynooth

Das Straßendorf entstand für die Pächter und Landarbeiter von Carton House, dem Landsitz der Fitzgeralds und später der Grafen von Leinster. Der Ort ging durch die „Gnade von Maynooth" in die Geschichte ein, bei der Silken Thomas Fitzgerald und seine fünf Onkel von den Engländern hingerichtet wurden, obwohl sie sich ihnen gegen die Zusicherung auf freien Abzug ergeben hatten.

Von der im 12. Jh. angelegten **Burg** haben nur das Torhaus und die große Halle die Cromwellsche Zerstörungswut überlebt (☉ Juli–Sept. Mo–Fr 10–18, Sa/So 13–18 Uhr, Okt. So 13–17 Uhr, Eintritt frei). Die Burg bildet den Eingangsbereich für das katholische **St. Patrick's College**. Es wurde 1795 paradoxerweise von den (anglikanischen) Engländern gegründet, denen es nicht recht geheuer schien, dass die angehenden irischen Priester beim Erzfeind Frankreich in die Lehre gingen. Die weltlichen Fakultäten der später auch Laien offenstehenden Akademie wurden 1997 als *National University of Ireland, Maynooth* ins staatliche Bildungssystem überführt, sodass Maynooth heute neben dem Priesterseminar und einer päpstliche Hochschule auch die jüngste und mit fast 6000 Studenten auch die kleinste weltliche **Universität** Irlands zu bieten hat. Alle drei Einrichtungen teilen sich den Campus und die verwickelten Rechtsverhältnisse geben Gelegenheit zu manchem Gerangel zwischen weltlicher und geistlicher Macht.

Sehenswert ist die neugotische, 1875–1905 erbaute **College Chapel,** die gerade mit Millionenaufwand restauriert und wasserdicht gemacht wird – Spenden sind willkommen. Ausgestattet ist das Gotteshaus mit einem Chorgestühl für einige hun-

Maynooth/Umgebung 231

dert geistliche Würdenträger und mit tollen Glasfenstern, von denen manche in der renommierten Mayer'schen Hofkunstanstalt zu München gefertigt wurden.

Das **Wissenschaftsmuseum** (geöffnet Mai–Sept. Di, Do 14–16 Uhr, So 14–18 Uhr, Eintritt frei, Spende erwünscht) widmet sich v. a. dem Elektromagnetismus. Wir sehen die Apparaturen von *Nicholas Callan,* einem von der Heiligen Schrift zur Elektrizität übergelaufenen Priester, der 1836 in Maynooth die Induktionsspule erfand, außerdem von *Marconi* gebaute und benutzte Geräte zur drahtlosen Telegraphie und weitere Apparate. Weniger interessant ist die Sammlung von liturgischen Gewändern und Geräten.

● *Verbindung* Von Dublin **Stadtbus** Nr. 66 u. 67, auch Fernbusse auf dem Weg nach Galway. Busauskunft: ☎ 01 836 6111. **Züge** der Western Suburb Line, auch Halt der Fernzüge nach Sligo. Zugauskunft: ☎ 01 873 1111.

● *Übernachten/Essen* ✱✱✱ **Moyglare Manor,** ☎ 01 628 6351, www.moyglaremanor.ie, DZ 250 €. Ein luxuriöses Anwesen etwas außerhalb des Ortes, standesgemäß mit Golfplatz und einem Gestüt gleich nebenan, in dem Sie während des Urlaubs Ihr Pferd einstellen können.

St. Patrick's College, ☎ 01 708 6200, www.maynoothcampus.com, während den Semesterferien (Mitte Juni–Sept.) EZ oder DZ und Ferienwohnungen ab 25 €/Person.

B&B Hawthorn House, Old Greenfield, ☎ 01 629 0400, www.hawthornhousebandb.com, DZ 75 €. Das 1999 erbaute 4-Zimmer-Gästehaus mit Natursteinfassade findet man etwa 150 m vom Bahnhof entfernt. Einladende schmiedeeiserne Betten, Aufenthaltsraum mit Kamin, kleine Bibliothek, TV und DVD-Player, rustikaler Frühstücksraum mit Backsteinmauern und Fliesenboden, Garten, Internetanschluss und Gästewaschküche. Die Familie vermietet auch moderne Ferienapartments (2 Pers./Woche 400 €).

● *Essen* **Stone Haven,** Mill St., ☎ 01 629 1229, Mo–Sa ab 17, So ab 16 Uhr. Das warme und gemütliche Restaurant mit Wohnzimmeratmosphäre ist nahe dem College-Areal im Keller eines älteren Gebäudes untergebracht. Das gedämpfte Licht und die Nischen lassen romantische Gefühle aufkommen. An klassischen Gerichten gibt's Cäsar Salat, Steaks und Hühnergerichte. Ein Tipp ist der Lachs mit Seetang *(nori)* im Teigmantel. Hauptgericht 15–20 €.

The Rye, vor dem Seminar, Mo–Sa 8–17 Uhr. Ein kleines, mit hellen Holzmöbeln eingerichtetes Tagesrestaurant. Zum Mittagessen treffen sich Studierende und Handwerker und Angestellte ohne Schlips und Kragen. Auch vegetarische Gerichte.

Maynooth/Umgebung

▶ **Wonderful Barn:** Verlässt man *Leixlip* auf der Landstraße Richtung Celbridge, erheben sich vor der Brücke über die Autobahn rechter Hand drei bizarre Türme, die an Zuckerhüte oder flügellose Windmühlen erinnern. Der größte misst stattliche fünf Etagen, die von außen über eine spiralförmige Wendeltreppe zugänglich sind. Die absonderlichen Gebilde waren Scheunen, die 1743 von den Landlords in Castletown in Auftrag gegeben wurden, um den Pächtern Arbeit zu geben und gleichzeitig für Hungersnöte gerüstet zu sein. Das ungewöhnliche Design wurde schon damals bewundert – und nachgeahmt, wie der „Bottle Tower" in Rathfarnam beweist.

Zugang Am Ortsausgang Leixlip beim Spar-Einkaufsmarkt parken. Der letzte Weg vor der Brücke führt zum Wonderful Barn. Das Gelände soll demnächst überbaut werden.

▶ **Larchill Arcadian Gardens:** Freunde historischer Gärten finden hier das seltene Beispiel einer *ferme ornée,* eine kurzzeitigen Mode des Gartenbaus zu Beginn des 19. Jh., als die streng geometrischen Gärten out und die romantischen, auf natürlich getrimmten Parklandschaften noch nicht erfunden waren. Ein 1 km langer Rundweg führt zu zehn *follies* („Torheiten"), aus Pflanzen gestalteten Kuriositäten.

232 Der Osten/County Kildare

Da gibt es „Gibraltar" als befestigte Insel oder „Fox's Earth", ein künstlicher Fuchsbau, den ein obskurer Mr. Watson anlegen ließ. Von der Seelenwanderung überzeugt, glaubte Watson, sein nächstes Leben in Gestalt eines Fuchses zu verbringen, und wollte einen sicheren Unterschlupf, in dem er nicht Gefahr lief, bei der Fuchshatz seiner Standesgenossen erschossen zu werden.

⏲ Juni–Aug. Do–So 10–18 Uhr, Sept. nur Sa/So. Eintritt 7,50 €. In Kilcock, 6 km westlich von Maynooth auf der rechten Seite der M 4. www.larchill.ie.

Celbridge

Große Attraktion von Celbridge ist der Herrensitz Castletown House. Bevor das der Abrissbirne nur um Haaresbreite entgangene Schloss 1994 in staatlichen Besitz überging, war es Irlands größtes Privatgebäude.

Das Städtchen selbst verrät eine ähnliche Entstehungsgeschichte wie Maynooth. Wieder handelt es sich um ein Straßendorf in der Verlängerung einer Schlossallee. Den Kontrapunkt zum Castletown-Palast bildet diesmal die Ruine einer *Abtei*, in der sich eine Gärtnerei niedergelassen hat, die den alten Klosterpark pflegt und Eltern (natürlich in Begleitung ihrer Sprösslinge) mit einer Miniatureisenbahn lockt.

• *Verbindung* Von Dublin mit der Kildare Line der DART-Bahn oder mit Stadtbus Nr. 67/A und Bus Éireann Nr. 120 und 123.

• *Übernachten* **Setanta House,** ✆ 01 630 3200, www.setantahousehotel.com, DZ 80–170 €. Das Familienhotel liegt in einem Park am Ortsrand (ausgeschildert). 2003 grundlegend renoviert, in den Bädern riesige Badewannen.

B&B Green Acre, Dublin Rd., ✆ 01 627 1163, DZ 70 €. Ein neuerer Bungalow mit gepfleg-tem Garten gut 1 km vom Zentrum an der Straße nach Dublin.

• *Essen* **Michelangelo,** ✆ 01 627 1809, www.michelangelo.ie, Di–So ab 18 Uhr, So auch über Mittag. Dinner um 40 €. Ein gehobenes italienisches Restaurant am Eingang zum Schloss. Zu Pianoklängen tafelt man an rosa gedeckten Tischchen.

Celbridge House, Maynooth Rd. Mittags Pubfood, im Sommer Mi u. Fr abends Livemusik.

Sehenswertes

Castletown House: Eine prächtige Lindenallee bildet den würdigen Auftakt zu Irlands größtem Landsitz. Bauherr *William Conolly* hatte es mit Immobilienspekulationen vom Gastwirt zum Sprecher des Unterhauses gebracht und ließ es sich Einiges kosten, seinen Aufstieg in die Gentry und den neuerworbenen Reichtum mit einem 120 m langen und bis 18 m hohen Haus für alle Welt sichtbar zur Schau zu stellen. Für den Entwurf wurde der italienische Stararchitekt *Alessandro Galilei* verpflichtet, die Ausführung lag bei örtlichen Baumeistern, bis 1722 *Edward Lovett Pearce* die Bauleitung übernahm und die halbrunden Säulengänge sowie die beiden Seitenflügel anfügte. Die Inneneinrichtung trägt die Handschrift einer Frau. *Louisa Conolly* widmete über 20 Jahre lang ihre ganze Energie der Ausstattung des Palastes.

Eine Rarität ist der **Print Room,** für den Lady Louisa Mappen mit Zeitungen und Kupferstichen eigens aus London kommen ließ. Schäferidyllen, die königliche Familie, Stars der Theaterszene und natürlich alle möglichen Verwandten und Bekannten schnitt sie säuberlich aus und klebte die Bilddrucke statt einer Tapete an die Wand. Bei den Stuckarbeiten im Treppenhaus und in der angrenzten Halle schwelgten die Gebrüder Francini im Rokoko, namhafte Maler gestalteten die

Celbridge/Umgebung 233

Wände. Die **Long Gallery,** der in Blau gehaltene Aufenthaltsraum im Oberge-schoss, steht ganz im Zeichen der Klassik. Statuen antiker Philosophen und einer Jagdgöttin belegen, dass es schon damals einen blühenden Handel und Schmuggel mit griechischen Antiquitäten gab. Die Leuchter ließ Louisa nach ihren Vorgaben in Murano blasen, bezahlte aber nie den vollen Preis. Das Blau passe nicht zur Wandfarbe, befand die Hausherrin.

Die Conollys lebten bis 1965 in Castletown, zuletzt nur noch in drei Zimmern und ohne Strom und Zentralheizung. Es fehlte an Geld für Investitionen und für die 120 Bediensten, die in den guten Zeiten putzten, heizten, dienerten. Castletown ist prächtig, aber nicht wohnlich. Die Salons liegen alle nach Norden – für heiße italie-nische Sommer sicher ein guter Gedanke, für Irland ein Unding. Zuletzt wurde die gesamte Einrichtung versteigert. Die *Guinness*-Dynastie und eine Stiftung retteten Castletown vor dem Abriss. Doch auch ihnen war der Unterhalt des Monstrums zu teuer, und so gehört es heute dem Staat, der es mit viel Aufwand und technischen Tricks restaurieren ließ. Probleme bereitet noch das Haupttreppenhaus: Da die schweren Stufen nur in der Wand befestigt sind und sich nach innen absenken, darf man es nur noch besehen, aber nicht mehr begehen.

① April bis Okt. Di–So 10–18 Uhr (16.45 Uhr Start der letzten Führung). Eintritt 4,50 €. www.castletown.ie.

Conolly's Follies: Zu Castletown gehören zwei seltsame Bauwerke, die der Volks-mund Conolly's Follies, also *Conollys Torheiten,* nennt. Außer der schon bespro-chenen Scheune in Leixlip (siehe oben, Wonderful Barn) ist damit ein **Obelisk** gemeint, der auf einem Triumphbogen steht; vom Fenster des blauen Salons kann man ihn in der Ferne erkennen. Das Ding war als Picknickplatz gedacht, doch hatten die Conollys sich vermessen und versehentlich auf dem Grundstück eines Nachbarn gebaut. Der schwieg, bis alles fertig war und verwehrte den Castletow-nern anschließend jeden Zutritt. Auch zum Verkauf des Grundstücks ließ er sich nie bewegen.

Celbridge/Umgebung

▶ **Wandern:** Celbridge ist Ausgangspunkt für eine zweitägige Wanderung auf dem früheren Treidelpfad entlang dem Grand Canal bis hinauf nach Edenderry. Der Weg beginnt an der Kanalbrücke hinter dem Bahnhof. Spektakulär ist neben den Schleu-sen vor allem das Aquädukt von Sallins, wo der Kanal den River Liffey überquert.

▶ **Steam Museum:** Das Museum im Park eines früheren Guinness-Landhauses hat eine bemerkenswerte Sammlung an Miniaturdampfmaschinen und -lokomotiven. Das von Richard Trevithick 1797 gebaute Modell eines Dampfwagens gilt als das älteste sich aus eigener Kraft bewegende Fahrzeug. Auch einige stationäre **Dampf-maschinen** in Originalgröße sind zu bewundern. Nicht recht zu so viel Technik passen will der historische **Garten** aus dem 18. Jh.

① Juni–Aug. Mi–So 14–18 Uhr; Eintritt 7,50 €. Guinness Lodge Park, Straffan, www.steam-museum.com.

▶ **Straffan Butterfly Farm:** Ein tropisches Gewächshaus zeigt außer exotischen Schmetterlingen auch Reptilien und Riesenspinnen, die zum Mittagsmahl ganze Vögel verspeisen. Die angeschlossene Ausstellung informiert über das Leben der Schmetterlinge und die seltsame Sammelpassion der Gattung Mensch.

① Juni–Aug. tägl. 12–17.30 Uhr; Eintritt 7 €. Ovidstown, www.straffanbutterflyfarm.com.

Der Osten — Karte S. 195

Bog of Allen

Am „Dreiländereck" der Grafschaften Kildare, Laois und Offaly liegt der Bog of Allen, ein großes, kommerziell ausgebeutetes Moor. Früher stachen die Bauern den Torf von Hand, um ihn im Winter zu verfeuern, aber auch zu Seife oder sogar zu Fasern zu verarbeiten, die in Textilien eingewebt wurden.

Seit dem 2. Weltkrieg wird der Torf jedoch, ähnlich wie Braunkohle, großflächig mit gelben, spinnenartigen Maschinen abgetragen und in einem Kraftwerk verfeuert oder zu Briketts verarbeitet. *Bord na Mona* (das staatliche Torfunternehmen) und die Elektrizitätsgesellschaft *ESB*, die beiden wichtigsten Arbeitgeber der Region, verdeutlichen den Widerspruch zwischen ökologischem Raubbau und wirtschaftlichem Überleben. Zwar wird die ausgebaggerte Landschaft anschließend wieder aufgeforstet oder wenigstens eine Humusschicht ausgebracht, doch retten diese Maßnahmen mitnichten die Pflanzen- und Tierwelt des Moors. Auch die im Moor konservierten archäologischen Schätze werden von den Baggern zerstört.

▸ **Bog of Allen Nature Centre/Peatland World:** Im Naturschutzzentrum des *Irish Peatland Council* IPCC, das in einem alten Farmhaus untergebracht ist, werden der Naturraum und die Nutzung des Moors durch die Menschen erläutert. Ein Naturgarten wurde neu angelegt, und in einem Gewächshaus wartet Irlands größte Sammlung fleischfressender Pflanzen auf Beute.

⏲ Mo–Fr 10–17 Uhr, Einlass bis 16 Uhr; Eintritt 5 €. www.ipcc.ie. Lullymoore, zwischen Allenwood (N 41) und Rathangan.

▸ **Lullymore Heritage & Discovery Park:** Etwa einen Kilometer südlich der „Torfwelt" findet man ein Freilichtmuseum zur irischen Geschichte. Die Steinzeit ist mit einer Newgrange-Replik und einem nachgebauten Bauernhof vertreten. Wir lernen St. Patrick und St. Earc kennen, der einst in Lullymore ein Kloster gründete, bestaunen die Hütte eines Anführers der Rebellen von 1798, das nachgestellte Leben der Torfstecher und eine Ausstellung zur Großen Hungersnot. Auf die Kinder warten zudem ein großer Abenteuerspielplatz und ein Kleintierzoo.

⏲ Mitte März bis Aug. tägl. 10–18 Uhr; Sept–Nov. + Jan. bis Mitte März nur Sa/So 11–18 Uhr; Eintritt 7 €. www.lullymoreheritagepark.com.

▸ **Robertstown:** Ein Sumpf ist für gewöhnlich kein Wandergebiet. Den Bog of Allen aber kann man entlang dem **Grand Canal** zu Fuß und auf diesem auch per Schiff durchqueren. Ausgangspunkt für die Kahnpartie ist Robertstown, ein Dorf, in dem die Zeit stehen geblieben zu sein scheint, seit auf dem Kanal keine Passagiere mehr befördert werden. Von Dublin kommend ist das von wirtschaftlicher Schwindsucht befallene Robertstown das Tor zum armen Hinterhof der Midlands. Fuchs und Hase sagen sich hier gähnend gute Nacht. Ein Frachter rostet am Kai, Kajütenboote warten auf Kunden. In Deutschland, zumal eine Autostunde von einer Millionenstadt entfernt, wäre dieses Städtchen mit seiner schwungvollen Brücke ein geschätztes Wohnquartier. Hier sind die Fenster und Türen der Lagerhäuser vermauert, steht das einst stolze **Grand Canal Hotel** großteils leer und will das herausgeputzte Kanalufer überhaupt nicht zur Tristesse des Ortes passen.

Wer kein Hausboot mieten will, kann im Sommer am Sonntagnachmittag mit einem zum Ausflugsschiff umgebauten Frachter auf dem Kanal schippern. In Robertstown treffen sich auch drei **Canal Bank Walks** – auf den Treidelpfaden füh-

Am Grand Canal

ren sie die Ufer entlang nach Celbridge, Edenderry und über 95 km den *Barrow* hinunter bis *St. Mullin's* im County Carlow.
  <u>Verbindung</u> Mehrmals am Tag Bus 123 von und nach Dublin.

Kildare

Hier geht es um Ross und Reiter. Das Nationalgestüt ist der Treffpunkt der Pferdenarren, während Gartenfreunde sich in einem japanischen Garten ihren „Lebensweg" suchen können.

In vorchristlicher Zeit befand sich in Kildare das Heiligtum einer Erd- und Fruchtbarkeitsgöttin. Die Heilige Brigid baute an dieser Stelle ein Doppelkloster für Mönche und Nonnen, die selbst im Kirchenraum durch einen geflochtenen Wandschirm getrennt waren. Das aus heidnischer Zeit übernommene „heilige Feuer" wurde weiter gepflegt und jetzt mit dem Ewigen Licht assoziiert. Die Fundamente dieses Feuertempels stehen hinter der protestantischen Kirche im Schatten eines Rundturms (geöffnet Mo–Sa 10–13 und 14–17 Uhr, So 14–17 Uhr). Sein modernes Pendant ist eine zu besonderen Anlässen entflammte Fackelsäule mit symbolischem Eichenblatt an der Spitze, die auf dem Hauptplatz vor der Tourist-Information zu finden ist.

- *Information* Market House, am Square, ✆ 045 530672, Mai–Sept. Mo–Fr 9.30–13/14–17 Uhr, Okt.–April Mo–Fr 9–17 Uhr; mit kleiner Ausstellung zur Stadtgeschichte. Viele Informationen auch unter www.visitkildare.ie und www.kildare.ie.
- *Verbindung* Gute Zugverbindungen von Dublin Heuston Station oder mit Bus Éireann auf der Cork- und Limerick-Route.
- *Veranstaltung* **Féile Bride,** alljährlich am 1. Feb. zum Gedenken an die Stadtheilige St. Brigid.
- *Übernachten* **B&B Singleton's,** Station Rd., d. h. zwischen Marktplatz und Tankstelle, ✆ 045 521964, April–Sept. DZ 70 €. In der zentral gelegenen Unterkunft, nur wenige Schritte von den Pubs entfernt, wartet die freundliche Mrs. Singelton auf Gäste.

236 Der Osten/County Kildare

B&B Castleview, Lackagh, ☎ 045 521964, www.kildarebandb.com, DZ 80 €. Der Bauernhof der Fitzpatrick-Familie mit Milchwirtschaft und Viehzucht liegt etwa 5 km westlich von Kildare abseits der Landstraße. Es riecht nach Stall und der Besucher muss sich die Blicke neugieriger Kälber gefallen lassen. Die kleinen Zimmer sind mit TV, Kaffeekocher, Bad und allerlei Stofftieren ausgestattet, für die Gäste gibt es einen eigenen Gartensitz. Das alte reetgedeckte Cottage hinter dem neuen Haus wird als Ferienwohnung vermietet. Vom Castle – der Burg der Earls of Kildare – sieht man nichts mehr – es wurde im 17. Jh. zerstört.
● *Essen* **Silken Thomas,** Square, ☎ 045 521695, www.silkenthomas.com, Hauptgericht bis 25 €, auch Pubfood. Die Bar ist mit Anklängen an den Jugendstil etwas exzentrisch eingerichtet, das Restaurant „Chapter 16" modern und nüchtern. Auf dem Speisezettel hauptsächlich Fleischgerichte (Lamm,

Steak u. Ä.). Auch Fremdenzimmer (DZ 80 €).
Annamars, Station Rd., ☎ 045 522899, http://annamars.site.voila.fr, Mi–So ab 18.30 Uhr, Menü 40 €. Eingerichtet im Bistrostil, die Küche bietet mit französischen und irischen Akzenten einiges an Kreativität. Die edle Alternative zum Platzhirsch „Silken Thomas". Patron Aymar Gourdet hat sein Handwerk in Frankreich gelernt.
Victoria House, Station Rd., ☎ 045 533118, tägl. ab 17 Uhr, Do, Fr, So auch Lunch. Den Eingang bewacht ein Krieger der tönernen Armee, das Restaurant ist im 1. Stock. Asiatische Küche bis 25 €, z. B. aus Malaysia geschmortes Huhn in Kaffeesauce.
Macari's Fish & Chips, Claregate St., gegenüber dem Buchmacher, frittiert Kabeljau und serviert an Hausmannskost auch Steak-and-Kidney-Pie.
Downalong, bis 17 Uhr. Ein Café mit Craftshop am Eingang zum Gestüt.

Vom Liebesleben der Pferde

Bei der Führung erfährt der Laie Erstaunliches. Für die bis zu 7500 €, die das Decken und die spätere Geburtshilfe kostet, bekommen Stute und Fohlen einen Service, der keinen Wunsch offen lässt. Ein „Teaser" leistet bei den jungen Pferdedamen praktische Aufklärungsarbeit und bereitet sie auf den Sprung des Deckhengstes vor. Zum Zuge kommen diese Scharfmacher allerdings nur bei Bauernpferden, denn die Stuten edlen Geblüts werden ihnen, wenn sie sich empfänglich zeigen, sofort entführt und zum Rassehengst gebracht. Weil Er während der Begattung gerne beißt und Sie gern tritt, beide Pferde für solches Liebesspiel aber zu kostbar sind, bekommt die Stute für den Akt Filzpantoffel und Lederdecke über den Hals.
Die Schwangerschaft wird per Ultraschall überwacht, Abtreibung ist – welch Wunder im katholischen Irland – bei Pferden durchaus üblich. Sie trifft bei Zwillingen einen der beiden Föten. Auf kranke Fohlen wartet eine Intensivstation mit Wärmelampe und Sauerstoffmaske. Man staunt. Den auf Pferde mit heftigem Niesen und Asthma reagierenden Autor erfüllte es mit besonderer Genugtuung, dass die hochgezüchteten Rassepferde ihrerseits vor Allergien nicht gefeit sind. Zwei der Deckhengste vertragen kein Stroh und standen in Bergen von Papierschnipseln.

Sehenswertes

Nationalgestüt: Der Stall wurde 1900 von einem schottischen Bierbrauersohn namens *Hall Walker* gegründet. Anhand der astrologischen Konstellation bei der Geburt eines Fohlens entschied Walker, ob das Tier rassisch wertvoll und zu behalten oder zu verkaufen sei! Trotz dieser merkwürdigen Auswahl war das Unternehmen erfolgreich – 1915 konnte sich Walker im Tausch gegen das Gestüt von der britischen Krone einen Adelstitel samt Sitz im Oberhaus einhandeln. Seit 1943 gehören die Ställe dem irischen Staat.

Kildare/Umgebung   237

Nicht nur die Besucher sorgen für eine etwas exzentrische Atmosphäre. So trinken die heißblütigen Hengste und verspielten Fohlen ausschließlich Mineralwasser aus dem *Tully River*, in dem Kohlensäure sprudelt und dessen hoher Kalziumgehalt sich positiv auf den Knochenbau auswirkt. Ein wertvoller Deckhengst ist gegen Stroh allergisch und darf sich deshalb auf Papierschnipseln räkeln. Durch Dachlaternen flutet Sonnenlicht in die Ställe; Walker hatte sie aber nicht deshalb angelegt, sondern um die Tiere dem Einfluss der Sterne aussetzen.

Im alten Deckhaus wird die Entwicklungsgeschichte des Pferdes und der Zucht vermittelt. Vor 2000 Jahren wurden die ersten Pferde gezähmt und als Haustiere gehalten, in Irland nicht als Reittiere, sondern für die Küche. Auch die Kelten saßen noch nicht auf dem hohen Ross, sondern spannten die Tiere nur vor ihre Kampfwagen. Beinahe wie eine Reliquie wird das Skelett von *Arkle* verehrt, dem Pferd der Pferde, dessen Tod 1968 die irischen Zeitungen auf der ersten Seite betrauerten.
> ① März–Okt. tägl. 9.30–17 Uhr, Einlass bis 16 Uhr; Eintritt (mit Gärten) 9 €. www.irish-national-stud.ie. Bus 126 fährt 9.30 Uhr von Dublin zum Gestüt und 15.45 Uhr wieder zurück.

Japanischer Garten: Der Weg führt über Brückchen und Hügel, durch Tunnel und Bäche, zwischen stillen Seerosenteichen und plätschernden Wasserfällen. Er symbolisiert mit Stationen wie Geburt, Hochzeit und Tod den Weg des Lebens von der Wiege bis zur Bahre. Unterwegs muss man sich entscheiden zwischen dem leichten, aber ereignislosen **Pfad des bequemen Lebens,** dem schmalen **Pfad der Weisheit** und dem steinigen **Pfad der Ausbeutung.** So interessant die Erklärungen der einzelnen Stationen und Etappen auf dem Faltblatt auch sind, das jeder an der Kasse in die Hand gedrückt bekommt, sie verstellen doch den Blick auf die Schönheit des Gartens. Besser genießt man die Miniaturlandschaft erst einmal als solche, bevor man, die Augen Sinn suchend aufs Papier geheftet, seinen Weg sucht. Entworfen und angelegt wurde das Kleinod von den japanischen Gartenbaumeistern Tassa Eida und Sohn Minoru.

Irischer Garten: Fast hundert Jahre, nachdem der exzentrische Walker den japanischen Garten bauen ließ, bekam dieser nun einen irischen Nachbarn. Als *St. Fiachra's Garden* ist er dem himmlischen Patron der Gärtner geweiht und versucht, die Kraft der irischen Landschaft mit viel Stein und Wasser zu symbolisieren.
> Öffnungszeiten und Eintritt wie Gestüt.

Kildare/Umgebung

▶ **The Curragh:** Reiter finden zwischen Newbridge und Kildare Irlands größtes, nicht eingehegtes Wiesengelände. Mittelpunkt ist der gleichnamige Rennplatz, der beim *Irish Derby* am letzten Sonntag im Juni unter den Hufen der Rennpferde erbebt. An anderen Sommerwochenenden gibt es kleinere Rennen. Die Termine entnimmt man dem Fahrplanheft von Irish Rail – nur an den Renntagen hält der Zug in Curragh.
> *Finanzielles* Eintritt zum Derby 35 €, sonst 15 €, Studenten die Hälfte. Der Mindesteinsatz für Zocker beträgt 1 €. www.curragh.ie.

▶ **Athy Heritage Centre:** Das Heimatmuseum des Städtchens am River Barrow residiert in der früheren Markthalle. Die Ausstellung dreht sich weitgehend um das abenteuerliche Leben des in der Nähe von Athy geborenen Polarforschers Sir *Ernest Shackleton* (1874–1922) und zeigt auch einige Mitbringsel von dessen Expeditionen.
> ① Mo–Fr 10–17 Uhr, Eintritt 3 €. www.athyheritagecentre-museum.ie.

4000 Jahre hat er auf dem Buckel – der Browneshill-Dolmen bei Carlow

County Carlow

Highlights

- **Browneshill-Dolmen** – Hinkelsteine, diesmal ohne die Hilfe von Obelix zum fotogenen Hünengrab getürmt (S. 242)

- **Altamont Gardens** – 250 Jahre lang mühseliges Planen, Pflanzen, Stutzen, Schneiden, Hacken, Jäten (S. 242)

- **Duckett's Grove** – ein Spukschloss mit grotesken Fratzen, Picknickwiese und Küchengarten (S. 242)

County Carlow   239

County Carlow

Die zweitkleinste Grafschaft wird landschaftlich durch die Blackstair-Berge und die Täler von Slaney und Barrow bestimmt. Schwergewichtige Sehenswürdigkeit ist der Brownshill-Dolmen.

Die Gegend ist ein überaus fruchtbares Ackerland. Schwergewichtige Kühe lassen sich auch durch energisches Hupen nicht aus der Ruhe bringen, neben der Straße warten aufgehäufte Zuckerrüben auf den Abtransport. Bis zu Cromwells Irland-Feldzug waren Carlow und die hier herrschenden Könige von Leinster ein aufsässiger Stachel am Rande des Pale, des englisch beherrschten Umlandes von Dublin. 1394 und 1399 setzte Richard II. eigens mit einem Heer von England über, um das Land zu befrieden. Beim zweiten Feldzug holte er sich eine blutige Nase und wurde bei seiner Rückkehr in London abgesetzt und umgebracht.

Carlow   (Stadt)

Der quirlige Marktort (20.000 Einwohner) am Zusammenfluss von Barrow und Burren kann mit einer guten Musikszene und einem gewaltigen Justizpalast aufwarten.

Nach mehr als hundert Jahren Pause bekam Carlow 1998 wieder eine **Brauerei.** Für den Giganten Guinness dürfte die *Carlow Brewing Company* allerdings keine Konkurrenz darstellen, beschränkt sich der Absatz doch weitgehend auf die Region. Immerhin wurde das nach dem Reinheitsgebot gebraute *O'Hara's Stout* schon als weltbestes Bier seiner Klasse prämiert, und auch das Weizenbier *Curim* wird von Kennern gerühmt. Die in einem alten Lagerhaus beim Bahnhof eingerichtete Kleinbrauerei kann im Sommer (Mai bis September) nach Anmeldung besichtigt werden.
Carlow Brewing Company, The Goods Store, Station Road, ☎ 059 913 4356, www.carlow brewing.com. Führung mit Bierprobe 7 €.

Ein anderer, schon etwas länger zurückliegender Höhepunkt der Stadtgeschichte, so erfuhren wir einst beim Rundgang durch das **County Museum,** war die Elektrifizierung – Carlow bekam nach Dublin als zweite irische Stadt elektrischen Strom. Das Museum wurde völlig umgebaut und will nun seine Schätze besser ins Licht setzen, für 2009 steht die Wiedereröffnung an (→ www.carlowcountymuseum).

Das **Gerichtsgebäude** soll, anders wissen es die Einheimischen heute nicht zu erklären, aufgrund eines Irrtums entstanden sein, weil der zerstreute Architekt William Vitruvius (!) Morrison zwei Baupläne verwechselte. So wuchs um 1830 der klassizistische, dem Athener Parthenon nachempfundene Bau, der eigentlich Cork zugedacht war, hier in Carlow, während das unscheinbare, für Carlow vorgesehene Gericht in Cork entstand; die einen bemerkten den Irrtum erst, als es zu spät war, die anderen entdeckten den Fehler frühzeitig, hielten aber wohlweislich den Mund. Dem Baumeister war die Vorliebe für antike Vorbilder schon in die Wiege gelegt worden, denn sein ungewöhnlicher Vorname Vitruvius erinnert an einen römischen Architekten.

Die **Festung** des Städtchens geht bis auf die Normannen zurück, die gleich nach der Eroberung einen Holzturm und 1210 eine steinerne Burg anlegten. Sie hielt sogar Cromwell stand, wurde aber 1814 von einem Dr. Middletown in die Luft gejagt,

240 Der Osten/County Carlow

der im Castle eine Nervenheilanstalt einrichten wollte und sich bei Umbauarbeiten in der für die Sprengung einer Mauer erforderlichen Menge Schwarzpulver gründlich verrechnete. Die Reste der Burg, zwei Türme und eine Verbindungsmauer, liegen auf dem Gelände der Mineralwasserfabrik und harren noch der touristischen Erschließung.

Ein schöner Spaziergang führt auf dem alten Treidelpfad am **River Barrow** flussab. Bald weicht die Stadt einer Parklandschaft. Angler ziehen fette Fische aus dem Fluss, manchmal tuckert ein Touristenkahn vorüber, und nach einem Inselchen erreicht man die **Milford Mill,** die einst den Strom für Carlows Laternen lieferte.

Information/Verbindungen/Diverses

- *Information* College St., ℡ 059 913 1554, www.carlowtourism.com, Mo–Fr 9–13 und 14–17 Uhr, Juni–Aug. auch Sa. Kostenlose Broschüre „A Guide to County Carlow" erhältlich, dazu das Flugblatt „Town Trail" mit einem architekturgeschichtlich orientierten Stadtrundgang. Infos zur Stadt auch unter www.carlowtown.com.
- *Verbindung* Vom Busbahnhof am Ende der Kennedy Avenue fährt **Bus Éireann** (℡ 01 836 6111, www.buseireann.ie) nach Dublin, Waterford und Kilkenny; **JJ Kavanagh** (℡ 059 914 3081, www.jjkavanagh.ie) vom Parkplatz Barrack St. nach Dublin-Airport, Waterford und in die Region. **Züge** (℡ 059 913 1633) dieseln nach Dublin und Kilkenny – Waterford.
- *Feste* **Eigse Carlow Arts Festival,** Mitte Juni, ein Kulturfest in den Straßen und Sälen der Stadt. Programm unter www.eigsecarlow.ie.
- *Fahrradverleih* **Coleman Cycles (2),** 19 Dublin St., ℡ 059 913 1273.
- *Markt* Bauernmarkt Sa 9–14 Uhr auf dem Potato Market neben der Tullow St.

Übernachten/Essen/Am Abend

- *Übernachten* **Guesthouse Barrowville (8),** Kilkenny Rd., ℡ 059 914 3324, www.barrowville.com, DZ 110–130 €. Das sorgfältig renovierte Stadthaus aus dem 18. Jh. befindet sich 5 Gehminuten südlich des Zentrums. Die 7 Nichtraucher-Gästezimmer sind elegant, doch nicht überladen eingerichtet und mit TV und Haarföhn ausgestattet. Aufenthaltsraum mit kleiner Bibliothek; Garten, eigener Parkplatz. Das mehrgängige Frühstück wird im Wintergarten serviert. **B&B Barrow Lodge (3),** The Quay, ℡ 059 914 1173, www.carlowtourism.com/barrowlodge.htm, DZ 70–90 €. Das Haus liegt zentral und doch schön direkt am Fluss. Die Gästezimmer sind ansprechend eingerichtet, auf dem Grundstück kann geparkt werden. **B&B Greenlane House (1),** Dublin Rd., ℡ 059 914 2670, www.greenlanebb.com, DZ 80–90 €. „... ein schönes Haus mit gemütlichem Frühstückszimmer. Das Frühstück war das beste, das wir in Irland hatten. Es gab z. B. Cereals mit frischen Kiwis und Himbeeren. Die Zimmer waren schön eingerichtet und groß, die Gastgeber äußerst hilfsbereit." (Lesertipp von Alexander Hecker) **Lorum Old Rectory (9),** Kilgreaney, Bagenalstown, ℡ 059 977 5282, www.lorum.

com, DZ 150–170 €, Dinner nach Vorbestellung 45 €/Person. Das kleine Herrenhaus befindet sich etwa auf der Mitte zwischen Carlow und Kilkenny an der R 705, 7 km südlich von Bagenalstown. Treffpunkt der Gäste ist der Drwaing Room mit offenem Kamin, Büchern, Fotos und Stücken aus dem Familienbesitz. Gastgeberin Bobbie Smith ist eine bekannte Köchin.

- *Essen* **La Piccola Italia (4),** 144 Tully St., ℡ 059 914 0366, Di–Sa 12–24/17–22, So 13–19 Uhr, Hauptgericht 15–25 €. Die Trattoria bringt authentische italienische Küche nach Carlow. Aus Adriano Lafrates Küche kommen etwa pesce all'acqua pazza (Fisch in Tomatensud) oder linguine con vongole (Nudeln mit Venusmuscheln).

Lautrec's Brasserie (6), 114 Tullow St., ℡ 059 914 3455, www.lautrecs.com, tägl. mittags und abends geöffnet. Eingerichtet mit Holz, Stein, Terrakotta und alten Email-Schildern an den Wänden. Zu essen gibt's Pizza, Pasta, Steaks und Hühnchen.

Tully's (7), 149 Tullow St. Der altmodische Pub, in dem der Fernseher aus der Bar verbannt bleibt, ist ein beliebter Treff der Studenten des Technical College. Ab 10.30 Uhr Frühstück, mittags und abends Barfood.

Carlow/Umgebung

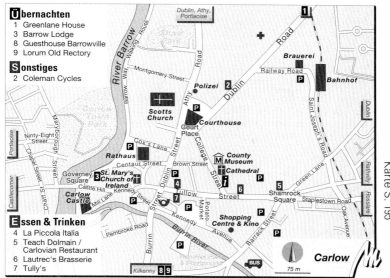

Teach Dolmain mit Carlovian Restaurant (5), 76 Tullow St., mittags günstiges Barfood, das förmlichere Restaurant hat Fr/Sa auch abends geöffnet und bietet dann z. B. Ente mit Kardamom- und Orangensauce und Chinakohl.

• *Am Abend* Tullow Street, die wichtigste Einkaufsstraße der Stadt, ist zugleich Carlows Ausgehmeile. Aktuelle Infos zur Folkszene finden sich unter www.carlowtrad.com.

Scraggs Alley, 12 Tullow St., Mi gelegentlich traditional Music, am Wochenende oft Rockbands. Bei unbekannten Gruppen freier Eintritt. Erst lange nach Mitternacht traut sich das Möbel rückende Hausgespenst in das dann still gewordene Lokal.

Reddy, 67 Tullow St., bietet samstags Folk; gelegentlich entzücken auch Balladensänger das Publikum.

Die Bar **Dinn Ri,** Teil eines Entertainment-Imperiums mit Club und Hotel in der Tullow St., wurde mehrfach unter 600 Mitbewerbern zum „Superpub des Jahres" gewählt.

Club Tao (www.clubtaocarlow.com) und **The Barracks,** beide in der Tullow Street, sind die führenden Nightclubs von Carlow. The Barracks (www.thebarracks.ie) wirbt mit seinem palmengrünen Rauchergarten, Fußball-Events auf Großbildschirmen und allerlei Computerspielen, zu denen man sich an der Bar Laptops leihen kann.

Carlow/Umgebung

▶ **River Barrow:** Gegenüber dem Shannon und seinen Seen bietet die Bootsfahrt auf dem River Barrow und dem mit ihm verbundenen Grand Canal ein ganz anderes Urlaubserlebnis. Hier ist die Wasserstraße schmal und erfordert mehr Aufmerksamkeit und nautisches Geschick, auch wenn nur selten mit Gegenverkehr zu rechnen ist. Die Route beginnt in Tullamore, zweigt bei Robertstown (s. S. 234) in einen Verbindungskanal ab, der ab Monasterevin (bei Kildare) den Barrow begleitet und in Athy in diesen mündet. Auf den gesamten 155 km sind 34 Schleusen zu passieren, für die Fahrt flussab rechne man 6 Tage.

Bootsverleiher **Canalways Ireland Barge Holidays,** Spencer Bridge, Rathangan, ✆ 045 524 646, www.canalways.ie; **Barrowline Cruises,** Vicarstown, ✆ 057 862 6060, www.barrowline.ie.

242 Der Osten/County Carlow

▶ **Barrow Way:** Der knapp über hundert Kilometer lange Fernwanderweg von Lowtown nach St. Mullin's folgt dem River Barrow auf dem alten Treidelpfad am Flussufer, von dem aus früher die Kähne stromauf gezogen wurden. Für Tagestouren bieten sich von Carlow aus die Etappen nordwärts nach Athy (19 km) oder flussab nach Bagenalstown (16 km) an.

Da die Wanderstrecke durchwegs dem Fluss folgt, kann man als **Wanderführer** getrost den bei der Touristinformation erhältlichen „Guide to the Barrow Navigation" benutzten.

▶ **Browneshill-Dolmen:** Der gewaltige Deckstein, geschätztes Alter 4000 Jahre, wiegt über 100 Tonnen – kaum vorstellbar, wie er mit purer Manneskraft und ohne Flaschenzüge dort hinauf kam. Die Darstellung einer steinzeitlichen Totenfeier auf der erläuternden Tafel ist auch recht phantastisch.

Anfahrt Am Weg nach Rathvilly. Kein Bus. Die Taxifahrt von Carlow und zurück kostet mit Carlow Cabs (✆ 059 914 0000) je nach Wartezeit 15–20 €.

> Vorsicht am Parkplatz beim Dolmen!
> Hier werden gerne Touri-Autos geknackt und geplündert.

▶ **Altamont Gardens:** Als bekanntermaßen romantischster Garten Irlands ist Altamont eine bezaubernde Mischung aus streng formaler und frei gestalteter Gartenlandschaft. Diese wird seit 250 Jahren immer wieder neu angelegt, zurechtgeschnitten, gepflegt und bepflanzt. Die jetzige Gestalt ist weitgehend das Werk von *Corona North* (1922–1999), der die Passion für das Gärtnern wohl schon mit dem Namen Corona in die Wiege gelegt wurde. So hieß nämlich auch ihres Vaters Lieblingsrhododendron. Noch zu Lebzeiten vermachte Corona Schloss und Park dem Staat – gegen die Verpflichtung, alles in ihrem Sinne zu erhalten. Es sind v. a. die Bäume, die Altamont sein unverwechselbares Gesicht verleihen: Alleen, Eichenwälder und die scheinbar natürliche Vielfalt des Arboretums mit weitgehend einheimischen Arten, dazwischen aber immer wieder Exoten wie die mächtigen Sequoien und andere Fremdlinge und immer wieder der üppige, ja allzu üppig wuchernde Rhododendron. Gepflegte Wege schlängeln sich an Beeten und Teichen entlang und bringen uns über Wiesen und Terrassen schließlich zu einem großen See, der nach der Großen Hungersnot als Arbeitsbeschaffungsmaßnahme angelegt wurde. Mehr als hundert Mann sollen ihn mit Schaufeln und Muskelkraft innerhalb von zwei Jahren ausgehoben haben. Noch kann das auf alten Grundmauern seit 1750 angelegte, doch später noch durch vielfache Um- und Anbauten überprägte Schloss nicht besichtigt werden.

⏱ Ostern–Sept. tägl. 9–18.30 Uhr (Mai–Aug. bis 19.30 Uhr), Nov.–Ostern Mo–Do 9–16 Uhr, Fr bis 15.30 Uhr. Einlass bis 45 Min. vor Schließung. Eintritt frei, Führung 2 €. www.heritageireland.ie. Die Altamont Gardens liegen 22 km südwestlich von Carlow nahe der Kreuzung von N 80 und N 81 und sind auf beiden Straßen ausgeschildert.

▶ **Duckett's Grove:** Im Haus der mächtigen Familie Duckett wurde während des 18. und 19. Jh. über manche Schicksalsfrage des County Carlow entschieden. Ein Feuer machte 1933 das neo-gotische Märchenschloss zur unbewohnbaren Ruine. Ruine und Park sind nun in der Obhut des Countys, das damit begonnen hat, den Küchengarten und die Blumenanlagen zu restaurieren. Seit 2008 ist Duckett's Grove auch für Besucher geöffnet.

⏱ April–Okt. tägl. 10–17.30 Uhr, Nov.–März tägl. 10–16 Uhr. www.carlowgardentrail.com. Duckett's Grove liegt an der R 418 zwischen Tullow und Castledermot.

„Was gibt's da zu gucken? Wohl noch nie'n Schaf gesehen?"

County Wicklow

Highlights

- **Russborough House** – die Gemäldesammlung des Diamantenhändlers, oft beklaut und jetzt gut gesichert (S. 245)
- **Kevin's Way** – wandern auf alten Pilgerpfaden über die Wicklow Mountains (S. 246)
- **Powerscourt Gardens** – ein Höhepunkt irischer Gartenbaukunst, überragt vom „Big House", in dem Fürstin Gracia Patricia einst die Nacht durchtanzte (S. 248)
- **Glendalough** – Naturerlebnis und die Klosterstadt des heiligen Kevin (S. 251)
- **National Garden Exhibition Centre** – zwanzig Ideen für den eigenen Garten oder für den Traum davon (S. 260)

County Wicklow

Umgeben von Parks und vornehmen Landhäusern erhebt sich südlich von Dublin die einsame Gebirgslandschaft der Wicklow Mountains. Liebliche, mit Tannenwäldern aufgeforstete Täler und die kargen, zugigen Hochflächen sind das schönste Wandergebiet im Osten Irlands.

Der Gebirgsstock entstand vor ca. 400 Millionen Jahren, als die oberen Schichten aus Sedimentgestein durch heiße, flüssige Massen aus dem Erdinneren angehoben und gleichzeitig zu Glimmerschiefer verbacken wurden. Im Laufe der Zeit wurde diese weiche Deckschicht durch die Erosion weitgehend abgetragen und der darunter liegende, längst erkaltete Granit freigelegt, doch findet man auch beachtliche Reste von Schiefer, z. B. auf der Spitze des **Lugnaquilla** (925 m) und in den Tälern von Glenmacness, Glenmalure und Glendalough. Seinen letzten Schliff erhielt das Gebirge dann in der Eiszeit. Die Gletscher rundeten die Gipfel weiter ab, schnitten die Täler ein und ließen Gebirgsseen wie **Lough Dan** und **Lough Bray** zurück.

Während die Küstenebene und die Nordostseite des Gebirges durch ihre Nähe zu Dublin bevorzugter Platz für die *Landgüter* (beispielhaft Powerscourt) des englisch-irischen Adels war, hielten sich in den Bergen selbst und in den unwirtlichen, ohne Ortskenntnis kaum begehbaren **Hochmooren** alteingesessene, gälische Geschlechter wie die O'Tooles und die O'Byrnes. Sie, später auch Räuber sowie andere vor den Verfolgungen der Staatsgewalt Geflohene, plagten das Tiefland und seine Bewohner immer wieder mit unvermuteten Überfällen. Um diesen Banden mit größeren Truppenkontingenten nachsetzen und in den Tälern Kasernen anlegen zu können, wurde um 1800 eine **Militärstraße** in Nord-Süd-Richtung mitten auf dem Gebirgskamm gebaut. Radler, die Steigungen nicht scheuen, werden hier mit Einsamkeit, Panoramablick und Naturerlebnis belohnt. Der junge Beckett ging hier oft mit seinem Vater spazieren, und das Sally Gap, eine Kreuzung mitten in der Einöde, wäre der richtige Ort, um auf Godot zu warten.

Schokoladenseite der Wicklow-Berge ist ihre Ostflanke. Die Täler sind sanfte Gletschertröge, ihre Hänge dicht bewaldet, und unten schimmern tiefschwarze Gebirgsseen. Die Klostersiedlung im Tal von Glendalough ist ein Muss für jeden Irlandbesucher, wer es ruhiger mag, erkundet das wenig begangene Glenmalure-Tal.

Wicklow Trail: Für Wanderer gibt es den ebenfalls in Nord-Süd-Richtung über die Berge führenden Wicklow-Trail, Irlands ältesten (1981) und bekanntesten Fernwanderweg, der insgesamt 132 km lang ist. Der Weg meidet die sumpfige, nur mit Farnen und Erika bewachsene Gipfelregion und bleibt in der abwechslungsreicheren Landschaft unterhalb der Baumgrenze. Er beginnt am Marley-Park in *Rathfarnam*, einem Vorort Dublins (Stadtbus Nr. 47B, 48A), ist mit gelben Pfeilen auf schwarzen Pfosten markiert und endet in *Clonegall*, County Carlow. Im Abstand von bequemen Tagesetappen gibt es in Knockree, Glendalough, Glenmalure und Aghavannagh Jugendherbergen, in denen man die Tageseinsamkeit des Wanderers durch abendliche Geselligkeit wettmachen kann, allerdings allzu gesellige Jugendgruppen auch manchmal nervtötend laut sein können. Wer sich Zeit lässt und auch Abstecher mit einplant, ist etwa 10 Tage unterwegs. Wer es kurz machen will, begeht zwischen Enniskerry (der Trail passiert hier den Powerscourt-Wasserfall) und Glendalough nur den schönsten Abschnitt des

Westflanke der Wicklow Mountains   245

Weges. Im Sommer Mückenschutz nicht vergessen! Gegen Abend werden die Biester zur Plage.

- *Information* www.wicklowway.com. Karte 1:50.000 „The Wicklow Way" von *Ordnance Survey* oder *EastWest Maps*, beide mit Wegbeschreibung. Die Karte Nr. 56 der blauen Serie (1:50.000) deckt den auf das County Wicklow fallenden Streckenteil ab, Nr. 62 den südlichen Abschnitt. „The Complete Wicklow Way" von J.B. Malone, dem geistigen Vater des Trails, enthält eine ausführliche Wegbeschreibung.

Westflanke der Wicklow Mountains

Die Landschaft auf der Westseite des Gebirges ist weniger dramatisch und spektakulär als ihr Gegenüber, hat aber einige Perlen: Den Poulaphouca-Stausee, Landschloss und Park von Russborough, einen Steinkreis und schließlich das Imaal-Tal als Wandergebiet.

▸ **Blessington:** Das lang gestreckte Dorf überblickt den (zungenbrechenden) **Poulaphouca-Stausee**, der Dublin mit Trinkwasser und Strom versorgt. Schmucke, fast städtische Häuser im Stil des 18. und 19. Jh. säumen die Hauptstraße. Im Zeitalter der Pferdekutschen war Blessington die letzte Etappe auf der Reise von Waterford nach Dublin, zwischen 1888 und 1932 fuhr von hier sogar eine Straßenbahn nach Dublin. Das Dorf wurde 1670 am Reißbrett entworfen und gehörte zur Domäne Downshire, dem Gut des Erzbischofs von Dublin. Gut 100 Jahre später kam es in den Besitz von Russborough House.

- *Information* Im Craft Centre gegenüber dem Downshire House, ℡ 045 865 850, Mo–Fr 9.30–17 Uhr. www.blessington.info.
- *Verbindung* Von Dublin Stadtbus Nr. 65, von Waterford mit Bus Éireann Nr. 05.
- *Übernachten* **B&B Haylands House,** Dublin Rd., ℡ 045 865 183, haylands @eircom.net, DZ 70 €. Patricia Gyves vermietet in ihrem Bungalow am Ortsrand sechs Gästezimmer mit Bad.
Camping Moat Farm, an der N 81 nach der Abzweigung „Donard", ℡ 045 404 727, geöffnet Mitte März bis Sept., Wanderer/Radler mit Zelt 10 €/Person. Sauberer, gepflegter Platz ca. 1 Autostunde südl. von Dublin; ausreichende Sanitäranlagen, Aufenthaltsraum mit TV, Küche. (Lesertipp von H. u. G.

Müller)
- *Essen* **West Wicklow House,** Main St., www.west-wicklow-house.com. Ein Dorfgasthof mit bodenständiger Küche: Steak, Lamm, Hühnerfleisch, auch vegetarische Gerichte. Tägl. geöffnet, Mi Session, Fr/Sa Disco im Saal.
Grangecon Café, Kilbride Rd., Naturkost-Restaurant in einem alten Schulhaus. Bis hin zum Schinken wird hier alles selbst hergestellt. Angeboten werden Salate, Sandwichs, Pies und leckere Kuchen. Mo–Sa 10–17 Uhr.
- *Reiten* **Coole Equestrian Centre,** Rathvilly, ℡ 059 916 1000, bietet Trekkingtouren und Reitunterricht. Für Kinder stehen Ponys bereit.

▸ **Russborough House:** Ein Musterbeispiel für die Landschlösser, die sich die englisch-irische Oberschicht in der Nähe Dublins anlegen ließ. Bauherr war Joseph Leeson, Earl of Miltown, der es mit einer Brauerei zu Geld gebracht hatte und sich nicht scheute, diesen Reichtum zu zeigen – damals hatte die Firma Guinness noch ernst zu nehmende Konkurrenz. Ähnlich wie in Maynooth sind zwei Seitenflügel durch halbrunde Säulengänge mit dem aus grauem Granit gefügten Haupthaus verbunden, die Fassade misst alles in allem über 200 m. Für den Innenausbau wurden die Gebrüder Francini als Stuckateure engagiert, und auch an Möbeln, Gemälden, Figuren und Silber hat der Bauherr nicht gespart. 1931 kam das Haus in den Besitz von Alfred Beit, einem Neffen des gleichnamigen Gründers und Hauptaktionärs von *de Beers,* der bis heute im Abbau und Handel mit Diamanten weltweit führenden Firma. Kein Wunder, dass der junge Alfred vom alten Alfred eine

Sammlung erstklassiger Gemälde (darunter Goya, Rubens, Velasquez) erbte, die jetzt auch in Russborough House hängen. 1974 machte Russborough Schlagzeilen, als IRA-Sympathisanten die wertvollsten Gemälde klauten, um vom Erlös die Kasse der Organisation zu erfüllen. Die Bilder wurden später unversehrt geborgen. Nach zwei weiteren Einbrüchen, diesmal waren gewöhnliche Kriminelle am Werk, kann die Sammlung nur noch im Rahmen 45-minütiger Führungen unter strengen Sicherheitsvorkehrungen besichtigt werden.

⏰ Mai–Sept. tägl. 10–17 Uhr, April und Okt. nur So; Eintritt 10 €. www.russborough.ie.

▶ **Kevin's Way:** Der gut markierte Wanderweg folgt weitgehend einer alten Pilgerroute zur Klostersiedlung Glendalough (siehe S. 251). In Hollywood (N 81) beginnend, überquert er in einem anstrengenden 30-km-Tagesmarsch das Gebirge parallel zur R 756 und damit das Wicklow Gap (490 m ü. M.). Ein Seitenarm des Wegs (nur diesen erreichen Sie in aller Herrgottsfrühe mit Bus 65 ab Dublin) beginnt in Valleymount am Poulaphouca-Stausee.

Lesen „Kevin's Way", ein Booklet mit Karte und Wegbeschreibung, erhältlich in der Touristinformation.

▶ **Steinkreise:** Ein Steinkreis bleibt selten allein. War es, weil die bronzezeitlichen Priester und Baumeister die Nähe zu anderen Kultstätten schätzten? Weil sie miteinander wetteiferten? Weil sie nur in einzelnen Gebieten Irlands siedelten? Jedenfalls stehen gewöhnlich mehrere Steinkreise relativ dicht beieinander. So auch auf der Westflanke der Wicklow-Berge, die damals die wichtigste Goldader Europas bargen. Am bekanntesten sind die **Athgreany Piper's Stones,** ein Steinkreis aus 14 Granitbrocken und einem weiteren außerhalb des Kreises, der sogenannte Outlier. Abergläubische Iren sehen in ihm einen versteinerten Dudelsackpfeifer, den Kreis bilden die Reigentänzer. Unweit des Kreises sind die Fundamente einer kleinen **Kapelle** erhalten, und es geht die Legende, dass St. Kevin sich zunächst hier niedergelassen hatte, bevor er ins weit schönere Glendalough umzog. Der Grund für die Versteinerung der Tänzer war, wie es schon Frau Lot geschah, ihr weltlich ausschweifendes Treiben an diesem heiligen Ort. So belegt die Nähe von Steinkreis und Kapelle einmal mehr, dass neue Religionen just dort ihre Riten vollziehen, wo schon die alten, heidnischen Kulte gefeiert wurden: einmal heilig, immer heilig. Der **Castleruddery Circle** ist stärker verwittert. Hier sind die Portalsteine aus Marmor. Gleich da-

Hochmoor am Lugnaquilla

Westflanke der Wicklow Mountains 247

hinter liegt ein Brocken mit auffälligen Kerben, die vielleicht das Widerlager für irgendwelche Pfosten waren.

Anfahrt Athgreany steht an der N 81, 3 km südl. der Abzweigung zum Wicklow Gap; Castleruddery am Eingang des Glen of Imaal (von der N 81 ausgeschildert).

Tanzplatz der Mondgöttin?

Je mehr man sich mit den etwa 1000 noch erhaltenen Steinkreisen der britischen Inseln beschäftigt, desto widersprüchlichere Befunde tauchen auf. Nur gut die Hälfte der Kreise ist tatsächlich rund. Daneben gibt es abgeplattete Kreise, „Eier", Ellipsen und scheinbar regellos deformierte Kreise. Einige haben im Zentrum einen aufrechten (phallischen?) Stein, andere einen liegenden, manche Spuren einer Brandbestattung und wieder andere einfach nichts. Die größten Kreise haben einen Durchmesser von 400 m, die kleinsten von gerade 2 m. Je jünger, desto kleiner. Der Steinkreis um den Grabhügel von Newgrange gilt als der älteste in Irland – nach herrschender Lehrmeinung wurde er vor 5000 Jahren gebaut, während der Dromberg Circle „erst" 2600 oder sogar nur 2000 Jahre zählt.

Eine gängige Interpretation sieht in den Steinkreisen eine Kalenderstätte, mit deren Hilfe beispielsweise die Sonnenwende, Tag- und Nachtgleiche, besondere Mondstellungen beobachtet oder Sterne fixiert werden können. Nun ergeben sich bei einem Kreis mit, sagen wir, 12 Steinen 132 verschiedene Achsen. Rechnen wir nur vom Zentrum aus, sind es zunächst 12, die aber wiederum mit drei zu multiplizieren sind, da niemand weiß, ob die Achsen über rechte Seite, linke Seite oder die Mitte des Visiersteins gezogen werden müssen. Selbst wenn die vorgeschichtlichen Baumeister ihre Kreise also nach bestimmten Gestirnen oder Himmelskonstellationen ausrichteten, wozu sich eine hufeisenförmige Anordnung übrigens weit besser geeignet hätte, ist heute kaum nachvollziehbar, woran sie sich orientierten.

Die Deutung der Steinkreise durch die Frauengeschichtsforscherin Heide Göttner-Abendroth als Tanzplätze matriarchalischer, eine Mondgöttin verehrender Gesellschaften ist also kaum zu widerlegen. Es kann so gewesen sein, aber vielleicht auch ganz anders.

▶ **Hollywoood Glen:** Radler müssen sich nicht auf der Fernstraße von den Lastern in den Graben drängen lassen, sondern nehmen ab Hollywood die Nebenstraße nach Donard. Dieser Weg ist zwar etwas hügeliger, aber kaum befahren und führt zwischen steilen Felsen und sogar einen Wald hindurch, der ausnahmsweise nicht eingehegt ist und zu einem Spaziergang verführt.

▶ **Glen of Imaal:** Das landschaftlich schönste Tal auf der Westseite des Gebirgsstocks ist nach Mal, dem Bruder des mythischen Königs Cathal Mor benannt. Zu Beginn des 19. Jh. hielt sich hier der Freiheitskämpfer *Michael Dwyer* versteckt. In **Derrynamuck** hat man ihm ein kleines Museum eingerichtet, das einen Eindruck vom Alltagsleben dieser Zeit vermittelt und den rechten Kontrast zum Luxus von Russborough bildet.

▶ **Baltinglass:** Kaum zu glauben, dass in dieser Einöde einmal das irische Parlament tagte. 1397 kamen die Vornehmen der Insel für drei Tage in der *Abtei Vallis Salutis* zusammenkamen. Das Zisterzienserkloster wurde 1541 aufgegeben. Der Glockenturm

248 Der Osten/County Wicklow

stammt aus späterer Zeit, als in den Ruinen eine protestantische Kirche eingerichtet war. Oben auf dem steilen Baltinglass-Hügel (381 m) thront die prähistorische Befestigung **Rathcoran** mit einem doppelten Steinkreis, der drei Ganggräber einschließt.

Verbindung Baltinglass liegt an der N 81, Bus Éireann-Strecke Dublin – Waterford.

Enniskerry

Das gepflegte, fotogene Dorf kuschelt sich in eine dicht bewaldete Senke. Es wurde um 1830 von den Herren des benachbarten Gutes Powerscourt für die Pächter und Landarbeiter angelegt. Trotz der Nähe zu Dublin ist ihm die zügellose Urbanisierung bisher erspart geblieben.

• *Verbindung* Stadtbus Nr. 44 ab Dublin Hawkins Street; auch Bus Nr. 185 von der Station Bray der DART-Bahn. Die schmale, kurvige Straße von Bray ist stark von Lkws und Bussen befahren. Radler nehmen von Dublin nach Enniskerry besser die R 117.

• *Organisierte Ausflüge* Tagestouren von Dublin zum Powerscourt Garden und nach Glendalough bieten für 33 € **Bus Éireann** (www.buseireann.ie, Ostern bis Okt. tägl. 10 Uhr ab Dublin Busbahnhof). **Dublinbus** (www.dublinbus.ie) startet tägl. um 11 Uhr am Büro 59 Upper O'Connell Street für 25 € eine Rundfahrt zum Powerscourt Garden und an die Wicklowküste.

• *Übernachten* ** **Summerhill House,** Bray Rd., ✆ 01 286 7928, www.summerhill house.com, DZ 130–160 €. Das Landhaus mit knarrenden Dielen und Stilmöbeln steht etwa 10 Gehminuten vom Dorfplatz und ist bei Hochzeitsgesellschaften sehr beliebt. **B&B Coolakay House,** Powerscourt Waterfall Road, ✆ 01 286 2423, www.coolakay house.com, DZ 90 €. Das Haus steht 3 km außerhalb von Enniskerry aussichtsreich an einem Hang. Erst auf den zweiten Blick merkt man, dass man es hier mit einem Bauernhof zu tun hat – zu sauber, zu gepflegt wirkt das Umfeld. Die Zimmer sind mit TV und Haarföhn ausgestattet, sogar mit richtiger Badewanne im Bad des großen „family room" (mit drei Betten). Zum Haus gehört ein Restaurant, in dem auch Tagesausflügler bewirtet werden. **B&B Cherbury,** Monastry, 1 km an der Stra-

ße nach Glencree, ✆ 01 282 8679, www.cher bury.ie, DZ 90 €. Schöne Aussicht über das Tal. **B&B Ferndale,** am Dorfplatz, ✆ 01 286 3518, www.ferndalehouse.com, DZ 90 €. Gebaut im frühviktorianischen Landhausstil und zeitgemäß eingerichtet, steht das Haus von Josie und Noel Corcoran inmitten eines subtropisch anmutenden Gartens. **Knockree JH,** Lackan House, 6 km südwestlich, ✆ 01 286 7981, www.anoige.ie, Bett 18–25 €. Der komfortabler Neubau am Fuße des Knockree Mountain ist die von Enniskerry nächstgelegene Herberge am Wicklow-Trail. Alle Zimmer mit Bad.

• *Essen* Um den Dorfplatz einige ansprechende Cafés und Restaurants: z. B. **Poppies,** www.poppies.ie, tägl. 9–18 Uhr. Selbstgebackenes Brot, eigene Konfitüre und tolle Salate lassen den chaotischen Service schnell vergessen. Oder **Emilia's,** ✆ 01 276 1834, www. emi lias.ie, das Mo–Sa ab 17 Uhr und So ab 12 Uhr im 1. Stock dünne und knusprige Pizzas serviert, außerdem auch die üblichen Verdächtigen wie Steaks, Cäsar Salat oder gefüllte Riesenchampignons. Im **Powerscourt Terrace Café** in den Powerscourt Gardens versteht man sich perfekt auf die nahezu gleichzeitige Verpflegung ganzer Busladungen lunchhungriger Tagesausflügler – und bringt dazu noch gutes Essen auf den Tisch! Spezialität ist eine Terrine mit Aprikosen und Schweinefleisch. Tägl. bis 17 Uhr.

Sehenswertes

Powerscourt Gardens: Gemessen an den Besucherzahlen ist dieser Schlosspark zu Füßen des Great Sugarloaf (503 m) der beliebteste Park Irlands. Der **italienische Garten,** für den sich gut hundert Arbeiter zwölf Jahre abmühten, fällt vom Schloss über Terrassen zu einem künstlichen See ab. Er war eine der letzten Anlagen dieser noch vom Barock geprägten Stilrichtung des Gartenbaus. Der danach angelegte

Enniskerry

Alles Bluff – Enniskerry als Filmkulisse

japanische Garten verdeutlicht den Wandel des Geschmacks hin zu eher „natürlichen" Parks, und der Rest der Domäne zeigt sich dann auch wirklich weitgehend naturbelassen. Bizarr ist der **Tierfriedhof,** wo nicht nur Katzen und Hunde, sondern auch Lieblingspferde und eine prämierte Kuh („Eugenie, dreimal Champion von Dublin") beigesetzt sind.

Das **Schloss** selbst, 1731 von Richard Cassels entworfen, brannte 1974 just bei jenem Empfang bis auf die Grundmauern nieder, mit dem der Abschluss langjähriger Renovierungsarbeiten gefeiert wurde. Erst 1997 war der „Phoenix wieder der Asche entstiegen", wie die Lokalpresse titelte, und dient jetzt als Restaurant, Souvenirkaufhaus und Visitor Centre, in dem die jährlich gut 100.000 Besucher die Geschichte des Anwesens erfahren. Die neuerliche Instandsetzung wurde mit Geldern aus dem EU-Regionalfonds finanziert, zusätzlich verkauften die Slazengers, denen Powerscourt gehört, einen Teil des Parks als Bauland, auf dem gerade ein Luxushotel entsteht. Hoffen wir, dass das Schloss nun gegen Feuerschaden versichert ist.

Wasserfall: Im oberen Teil des Gutes fällt der *Dargle* in Irlands größtem Wasserfall 121 m in die Tiefe. Dort ist ein Naturlehrpfad angelegt, leider wird der Weg vom Schloss zum Wasserfall durch ein verschlossenes Tor blockiert, das den Umweg über die Straße erzwingt. Niemand empfindet es hier als anstößig, für den Besuch des Naturdenkmals Eintritt zu verlangen. Das englisch-irische Prinzip von Eigentum an Grund und Boden geht sehr viel weiter als in Deutschland, und so lassen sich selbst die meisten Bauern den Gang über ihre Felder bezahlen, auf denen ein Dolmen, ein Steinkreis oder ein ähnliches Monument steht.

Angesichts eines bevorstehenden Besuchs von König Georg IV. wollten die Herren von Powerscourt dem ihrer Meinung nach spärlichen Wasserfluss etwas nachhelfen und stauten den Bach oben mit einem künstlichen Damm, der just in dem Moment hätte gesprengt werden sollen, da der König sich anschickte, die Szenerie zu betrachten. Doch Georg, nach dem Bankett von Darmgrimmen geplagt, verzichtete

Der Osten/County Wicklow

Prunk aus Stein – im italienischen Garten von Powerscourt

auf das Spektakel. Die Unpässlichkeit rettete das königliche Leben, denn die nach der Sprengung vom Wassersturz mitgerissenen Felsbrocken zerschmetterten die Aussichtsplattform.

① **Park** tägl. 9.30–17.30 Uhr (im Winter bis Einbruch der Dunkelheit); **Haus** tägl. 9.30–17.30 Uhr; Eintritt für Haus und Park 8 €. Der Eingang ist 500 m südlich des Dorfplatzes von Enniskerry.
① **Wasserfall,** tägl. 9.30–19 Uhr (im Winter bis Einbruch der Dunkelheit); Eintritt 5 €. Ab dem Parkeingang ausgeschildert.

Knocksink Woods: Auf einem etwa einstündigen Spaziergang lässt sich das artenreiche Naturreservat am Glencullan River erkunden. Man geht vom Hauptplatz zunächst die Straße Richtung Glencree, bis nach der Kirche links der Eingang zu den Knocksink Woods ausgeschildert ist. Der bequeme Weg führt durch einen schattigen Buchenwald am Bach entlang zu einem Naturschutzzentrum. Nach diesem haben wir über die nächste Brücke den Forstweg verlassen und sind ein Stück am Westufer entlanggewandert, bis der Pfad wieder die Seite wechselte. Hier haben wir für den Rückweg wieder den Hauptweg eingeschlagen.

Enniskerry/Umgebung

▶ **Glencree:** An einer Straßengabelung stehen ein paar Gebäude, die man kaum Dorf nennen kann. Außer der Jugendherberge ist eine internationale Jugendbegegnungsstätte der Friedensbewegung erwähnenswert. Während der Weltkriege gab es in Glencree ein Internierungslager für deutsche Soldaten, die es aus abgestürzten Flugzeugen und gestrandeten Schiffen nach Irland verschlagen hatte. Manche blieben für immer hier und wurden auf dem stillen **Soldatenfriedhof** am Ortsrand bestattet. Einmal im Jahr, am Volkstrauertag, kommt der deutsche Botschafter aus Dublin und legt einen Kranz nieder, ansonsten verirren sich nur wenige Besucher an den stillen Ort.

Glendalough/Laragh 251

▸ **Wandern:** Die Landschaft um **Lough Tay,** den dunklen Bergsee an der Straße vom Sally Gap nach Roundwood, war Schauplatz von John Boormans Film „Excalibur". Über einem Strand am Nordende des Sees glänzt das Lugalla House, ein Landsitz der Guinness-Familie, der nahezu das ganze Tal bis hinunter zum **Lough Dan** gehört. Zunächst folgt man von Enniskerry kommend der R 755 und biegt schließlich in die R 759 Richtung Sally Gap ab. Den Wagen lässt man 3,2 km nach der Abzweigung stehen, passiert links das mit „Ballinrush" gekennzeichnete Tor und schlägt dann am Waldrand entlang den Weg Richtung See ein. Nach einer halben Stunde blockiert Privatgrund den Pfad. Er kann nach rechts zur Fahrstraße hin umgangen werden. An der Mündung des Cloghoge in den See bietet sich eine Gelegenheit zum Picknick und vielleicht auch zum Sonnenbad. Für den Rückweg der insgesamt 1,5-stündigen Tour nimmt man die Fahrstraße.

Vom gleichen Parkplatz an der R 759 ist Leserin Marianna Pfaff auf dem **Wicklow Way** Richtung **Djounce Mountain** gewandert. „Die Route ist eine Panoramastrecke mit weiten Ausblicken in die Wicklow Mountains. Für mich war es der absolute Profiwanderweg, perfekt beschildert und klasse ausgebaut. Leider hat uns hier das schlechte Wetter eingeholt – auf dem Bretterboden wurde es ziemlich rutschig."

Der Osten
Karte S. 195

Glendalough/Laragh

Die enthusiastische Schilderung, mit der das Ehepaar Hall vor über 150 Jahren in seinem Irland-Reiseführer dem „Tal der zwei Seen" mit seiner mittelalterlichen Klostersiedlung zu einer Karriere als Ausflugsziel verhalf, verspricht auch heute nicht zu viel. Glendalough bietet die ideale Kombination von Naturerlebnis und Schnitzeljagd durch geschichtsträchtige Ruinen.

Das Tal war schon in der Bronzezeit besiedelt. Es wurde von eiszeitlichen Gletschern geformt und war in der Warmzeit zunächst von einem großen See gefüllt, den die vom Poulanass angeschwemmten Erd- und Geröllmassen allmählich in zwei Teile teilten. Das Granit- und Schiefergestein der umliegenden Berge birgt Adern mit Quarz, Blei-, Silber- und Zinnkerzen, und die bronzezeitlichen Siedler dürften Bergarbeiter und Schmelzer gewesen sein, die diese Vorkommen ausbeuteten. Da Glendalough nur wenige Häuser zählt, im Sommer und an den Wochenenden die Besucher aus Dublin aber busweise heraufströmen, wird es manchmal recht eng.

Geschichte

Sozusagen den Grundstein zum Ruhm des Ortes legte im 6. Jh. der *Heilige Kevin,* der sich hierher als Einsiedler zurückzog, ohne indes lange allein zu bleiben. Bald folgten ihm andere Einsiedler, Schüler und Mönche, ein Kloster entstand, und Glendalough mit seinen damals fast 5000 Einwohnern avancierte zum Bischofssitz. Während die meist aus Adelsgeschlechtern stammende Elite der Mönche sich mit dem Kopieren und Illuminieren der heiligen Schriften beschäftigte, sorgten die Laienbrüder mit Landwirtschaft und Handel für die materielle Grundlage des Klosterlebens.

Das Wirken von *Lawrence O'Toole,* Irlands erstem kanonischen, also von Rom anerkannten Heiligen, war Höhepunkt und Wende in der Geschichte von Glendalough. 1174 verwüstete eine Überschwemmung die klösterliche Pracht, 1398 tobten sich englische Soldaten aus, und im 17. Jh. verließen schließlich die letzten Mönche den Ort. Die Bauern der Umgebung vergaßen Glendalough jedoch nicht. Jedes Jahr kamen sie zu einer Wallfahrt herauf, auf der es, so die Chronisten, wenig christlich zuging. Dem Whiskey wurde kräftig zugesprochen, und im Suff blieben auch die üblichen Prügeleien nicht aus. Im 19. Jh. nahm man für einige Zeit den Bergbau wieder auf, bis die Vorkommen 1920 für die damalige Technologie erschöpft waren. Am oberen Ende des Upper Lake erkennt man noch die Gebäude der Mine und ihre (giftigen) Schlackenhalden. Einige Schächte führten unter dem Berg hindurch bis ins *Glendassan-Tal,* wo man die Öffnungen von der Straße zum Wicklow Gap aus noch sehen kann.

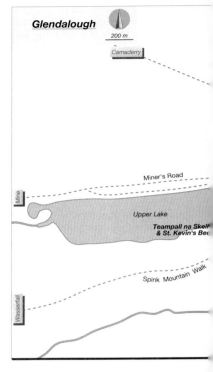

Information/Verbindungen/Diverses

- *Information* **Glendalough Visitor Centre,** neben dem Glendalough Hotel, ✆ 0404 45325. Mit kleiner Ausstellung zu Glendalough und dem Klosterleben, dazu eine 20-minütige Videopräsentation über irische Klöster und das frühe Christentum. 16.3.–15.10. tägl. 9.30–18 Uhr, 16.10.–15.3. tägl. 9.30–17 Uhr; Eintritt 3 €. Webseiten zur Region unter www.glendalough.connect.ie.
Informationsbüro des Nationalparks, beim Parkplatz am Upper Lake, ✆ 0404 45425, www.wicklownationalpark.ie, geöffnet Mai–Sept. tägl. 10–17.30 Uhr, Feb.–April, Okt. nur Sa/So 10–17.30 Uhr, Nov.–Feb. Sa/So 10–17 Uhr; mit Ausstellung zur Naturkunde und Wandertipps. An Wanderführern ist beispielsweise „Exploring the Glendalough Valley" erhältlich.
- *Verbindung* Mit **St. Kevin's Coach Service** (✆ 01 281 8119, www.glendaloughbus.com) von Dublin, Mansion House, Dawson St., Abfahrten tägl. 11.30 u. 18 (So 19) Uhr, Halt in Bray am Rathaus; zurück nachmittags vom Parkplatz gegenüber dem Glendalough Hotel.
- *Organisierte Ausflüge* Tagestouren von Dublin zum Powerscourt Garden und nach Glendalough bietet für 33 € **Bus Éireann** (www.buseireann.ie, Ostern bis Okt. tägl. 10 Uhr ab Dublin Busbahnhof).
- *Pferdeverleih* Von Dublin hoch zu Ross über das Wicklow-Gebirge mit dem **Calliaghstown Riding Centre,** ✆ 01 458 8322, www.calliaghstownridingcentre.com.

Übernachten/Camping/Essen

Die meisten der im Juli und August schnell ausgebuchten B&B-Häuser stehen in Laragh (3 km). Da sie nicht beim Bord Fáilte registriert sind, ist dort keine Vorausbuchung möglich.

Glendalough Hotel, ✆ 0404 45135, www.glendaloughhotel.ie, DZ 110–150 €. In Top-Lage nahe dem Kloster, der Bach fließt direkt unter dem Speiseraum hindurch. Am Ort ohne Konkurrenz, daher etwas abgewohnt und mit oft trägem Service.

B&B Tudor Lodge, Rathdrum Rd., Laragh, ✆ 0404 45554, www.tudorlodgeireland.com, DZ 80–90 €. Fast schon ein Landhotel, am Ufer des Avonmore River.

Glendalough River House, Rathdrum Rd., Laragh, ✆ 0404 45577, www.glendaloughriver

Glendalough/Laragh

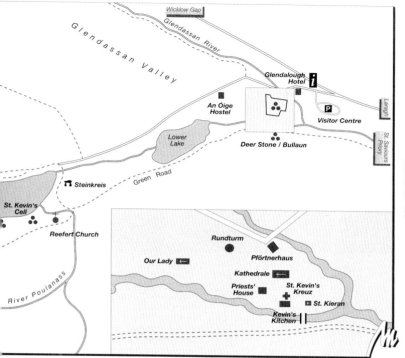

house.ie, DZ 80–90 €. Die frühere Mühle steht am Beginn des Fußwegs von Laragh zum See, auf dem möglicherweise schon der heilige Kevin wandelte. Vor dem Haus plätschert der Bach, aus dem Fenster blickt man auf den Wald oder ein romantisches Brücklein.

Glendale Cottages & B&B, Dublin Rd., Laragh, ✆ 0404 45410, www.glendale-glenda lough.com, DZ 80 €, Ferienhaus 340–700 €/ Woche. Die Ferienhäuser haben jeweils 3 Schlafzimmer bzw. 6 Schlafplätze. In den Küchen freuen sich Hausfrau oder -mann über Mikrowelle und Geschirrspüler, auch an den Wäschetrockner wurde gedacht.

Glendalough JH, 400 m vom Visitor Centre Richtung Upper Lake, ✆ 0404 45342, www.ano ige.ie, ganzjährig geöffnet, Bett 17–26 €, DZ ohne Frühstück 55 €. Älteres, zur Jahrtausendwende gründlich renoviertes und um einen modernen Anbau erweitertes Haus, in dem sich die Mehrzahl der Schlafräume (2- bis 8-Bett-Zimmer) befinden. Die Küche ist mit Teewasserspeicher und diebstahlsicherem Dosenöffner ausgestattet und bietet die Chance, dem teuren Frühstück mit einem selbst zubereiteten Morgenessen zu entgehen. Die Herberge ist ganztägig geöffnet, die Rezeption nur am Morgen und Abend besetzt.

Glendalough Cillins, Laragh, Reservierung ✆ 0404 45777, www.hermitage.dublindioce se.ie, EZ 50 €. Um eine Ahnung von Kevins Einsiedlerdasein zu bekommen, muss man nicht gleich in eine Höhle ziehen und dem weltlichen Leben auf immer Adieu sagen. Für moderne Gottessucher, Pilger und Einsiedler auf Zeit hat die örtliche Kirchengemeinde hinter McCoy's Supermarkt an der Straße von Laragh nach Glendalough einige Häuschen mit Schlafraum, Bad und Küchenzeile errichtet, in denen man beten, meditieren und sinnieren kann. Die Gäste werden nicht nach ihrer Konfession gefragt, doch das Projekt verhehlt seinen katholischen Charakter nicht. Überraschend ist, dass die Eremitage auch

Der Osten/County Wicklow

Totenwache in Glendalough

Doppelzimmer (75 €) hat, also auch als „Zweisiedelei" genutzt werden kann.
- *Camping* Im Naturschutzgebiet um das Kloster und die Seen ist wildes Zelten nicht erlaubt. Wer Natur sucht, kann weiter oben im Glendassan Valley campen. Der nächste Campingplatz ist in **Roundwood** (N 81), ein leicht abschüssiges Wiesengelände mit befestigten Plätzen für Caravans. Überdachter Aufenthaltsraum, Laden mit Pub in Laufweite. Für irische Verhältnisse ein sehr ansprechender Campingplatz. ✆ 01 281 8163, www.dublinwicklowcamping.com, geöffnet Apr.–Sept., 2 Pers. mit Zelt 25 €.
- *Essen* **Wicklow Heather Restaurant,** bei der Tankstelle, Laragh, ✆ 0404 45157, www.thewicklowheather.com, Hauptgericht 15–28 €. Ein rustikal-modern eingerichteter Bungalow, die Lage hat ihren Preis. Ungewöhnlich ist der Leseraum mit Büchern von Joyce, Yeats, Heaney und anderen irischen Klassikern. Tägl. durchgehend geöffnet.

Sehenswertes

Etwa in der Mitte zwischen Laragh und Glenmalure steht auf dem südlichen Bachufer die **Priory of St. Saviour's**, die Lawrence O'Toole gestiftet haben soll. Mit ihren bemerkenswerten Steinmetzarbeiten (Friese mit Köpfen und Blumen, ein Löwe, der sich in den Schwanz beißt und weitere Tierdarstellungen) ist sie eines der letzten Beispiele des iro-romanischen Stils.

Mittelpunkt der **Klosterstadt**, die man wie früher durch das **Pförtnerhaus** betritt, ist der weithin sichtbare **Rundturm**, dessen Spitze von einer Restaurierung gegen Ende des 19. Jh. stammt. Der Turm diente gleichermaßen als Ausguck und Fluchtburg, der Eingang war nur über eine Leiter zu erreichen.

Die im 9. Jh. begonnene **Kathedrale Peter und Paul** ist das an Grundfläche größte Gebäude Glendaloughs. An der Südwestecke schließt sich der Friedhof mit dem seltsamen **Priest's House** an, einer Grabkapelle oder einem Schrein: auch hier könnte Kevins Grab gewesen sein. Der Fries über dem Eingang wurde erst 1870 eingesetzt, es ist ungewiss, woher er eigentlich stammt. Auf alten Stichen erkennt

Glendalough/Laragh 255

man einen König oder Abt zwischen zwei demütigen Klerikern, doch in den letzten 125 Jahren sind die Figuren zur Unkenntlichkeit verwittert. **Kevins Kreuz** ist nicht das einzige, aber das größte Hochkreuz von Glendalough. Wer es mit beiden Armen zu umfassen vermag, dem wird der Heilige einen Wunsch erfüllen. **Kevin's Kitchen** – der wohlproportionierte Rundturm auf dem Westgiebel erinnert an die Kamine alter Kloster- oder Schlossküchen – war keine Küche, sondern ebenfalls eine Kirche. Sie ist außer dem Turm das einzige noch überdachte Gebäude des Klosters. Lediglich die Fundamente sind von der dem Zeitgenossen Kevins und Abt von Clonmacnoise geweihten **Kapelle St. Kieran** geblieben, die mit einem Schiff von gerade 6 x 4,5 m und einem Chor von 2,75 x 2,75 m recht winzig war. Etwas abseits steht, aus schweren Granitquadern gefügt, **Our Lady's Church,** die zu einem Nonnenkloster gehörte.

Die schwache Stunde des Heiligen

Viele der für Volksheilige üblichen Wundergeschichten werden auch mit St. Kevin in Verbindung gebracht: Er habe glühende Kohlen, ohne Schaden zu nehmen, mit bloßen Händen angefasst, in einem hohlen Baum gelebt, sich ausschließlich von Beeren und Kräutern ernährt, und die Bäume des Waldes hätten vor dem vorbeischreitenden Heiligen in Ehrfurcht ihre Wipfel geneigt. Wie dem Heiligen Franziskus wird Kevin eine besondere Nähe zu Tieren nachgesagt. Am bekanntesten ist die Legende von der Amsel, die Kevins Hände, während er meditierte, als Nest erkoren und ihre Eier hineingelegt hatte – worauf der Heilige in seiner Kreuzvigilie, also mit ausgestreckten Armen, verharrte, bis die Jungen ausgebrütet waren. Ein andermal, als ihm sein Gebetbuch in den See fiel, rettete es ein Otter vor dem Untergang und brachte es trocken (!) an Land. Eine weitere Geschichte rankt sich um den *Deer Stone.* Irgendwie war der Heilige in die missliche Lage geraten, einen Säugling, noch dazu einen Abkömmling des Königshauses aufziehen zu müssen. Woher unter lauter männlichen Einsiedlern die Milch nehmen? Eine Rehkuh ließ sich jeden Tag in die Kuhle des verwitterten Steines melken, das Kind konnte genährt werden, und dem Kloster Glendalough war der Dank des späteren Königs gewiss.

Doch es gibt auch weniger schmeichelhafte Legenden über Kevin, z. B. die Geschichte der nzessin Kathleen. Sie hatte sich unsterblich in Kevin verliebt, doch der war nur geistigen Genüssen zugetan und wusste nichts besseres, als vor den Nachstellungen des Mädchens in seine Höhle zu fliehen. Die Prinzessin, nicht dumm, ließ sich vom Hund des Heiligen den Aufstieg zeigen. Als sie Kevin dann auch in seiner vermeintlich sicheren Behausung mit ihrer engelsgleichen Schönheit in fleischliche Versuchung brachte, warf der Eremit Kathleen kurzerhand in den See, wo sie ertrank. Das reute Kevin, und er betete darum, dass in Zukunft niemand mehr im Upper Lake ertrinken möge.

Von der Klosterstadt führt eine Brücke über den Gleneala auf die Green Road, den alten Pilgerweg zur Anachoretensiedlung. Der **Deer Stone** am südlichen Brückenkopf war vielleicht ein Bullaun, ein prähistorischer Mahlstein, wie man sie oft in der Nähe irischer Klöster findet. Von diesen im Volksglauben mit übernatürlichen Kräften versehenen Steinen ist bis heute nicht klar, ob sie von den Mönchen in die Nähe der Klöster geschleppt wurden, oder ob die Klöster an Orten mit langer

256   Der Osten/County Wicklow

Siedlungskontinuität angelegt wurden, also die Steine sich schon immer hier befanden. **Reefert Church,** nahe dem Wasserfall des in den Upper Lake mündenden Poulanass, gilt einigen Forschern als das Grab des Heiligen. Die Kirche, in der noch andere religiöse Würdenträger und Lokalfürsten der O'Toole-Familie begraben sind, ist schwer zu datieren. Fenster- und Chorbögen sind romanisch, möglicherweise aber in schon bestehende Wände eingefügt. **Kevin's Cell,** von der auf einer Felsnase nur die kaum bemerkenswerten Fundamente erhalten sind, war entgegen dem Namen keineswegs die Zelle des Heiligen. Sie dürfte auf der künstlichem Plattform **Teampull na Skellig** am Südufer des Upper Lake gewesen sein, die nur mit dem Boot zu erreichen ist. Zwischen Resten von Bienenkorbhäuschen steht eine in Teilen bis ins 7. Jh. zurückgehende Kapelle. Wenn ihm der Rummel in der Anachoretensiedlung zu viel wurde, zog sich Kevin, so die Überlieferung, in die Höhle namens **Kevin's Bed** zurück, ein bronzezeitliches Grab. Allein der Aufstieg Kevins zu der 8 m über dem Erdboden schier unerreichbar in einer Felswand klebenden Höhle muss den Zeitgenossen als ein Wunder erschienen sein.

Glendalough/Umgebung

▸ **Greenane Farm:** Der noch betriebene Hof lockt Familien mit Kindern, ja ganze Schulklassen und Pfadfindergruppen. Zu sehen gibt es ein im Stil von anno dazumal eingerichtetes Bauernhaus, eine mit alten Landmaschinen vollgepfropfte Scheune und eine Sammlung von Glasflaschen. Die Pferde Romeo und Lala lassen sich streicheln, ebenso ein geduldiger Esel. In dem mit Zypressenhecken angelegten Irrgarten werden Orientierung und Erinnerung auf die Probe gestellt. Außerdem gibt es einen großen Spielplatz und einen Picknickbereich.
   ⏲ Mai/Juni Di–So, Juli/Aug. tägl., Sept. So 10–18 Uhr. Eintritt Erw. 10 €, Kinder 8 €. www.greenanmaze.com. Sheeanamore Rd., Greenane.

▸ **Clara Lara Funpark:** Dieser Abenteuerpark spricht mit Wasserrutschen, Baumhäusern, Gokartbahn und anderen Outdoor-Aktivitäten besonders Kinder im Alter von 6 bis 12 Jahren an. Höhepunkt sind die Wasserschlachten mit dem Piratenboot.
   ⏲ Mai Sa/So, Juni–Aug. tägl. 10.30–18 Uhr; Eintritt 10 €, all-inclusive (mit Gokart etc.) 19 €, Kleinkinder und Senioren frei. www.claralara.com. Zwischen Laragh und Rathdrum.

▸ **Wandern:** Vom Upper Lake bieten sich mehrere Spaziergänge und Wanderungen an. Kaum zu verfehlen ist der **Poulanass-Wasserfall.** Über die Miner's Road erreicht man entlang dem Nordufer des Upper Lake in etwa einer halben Stunde die alte Mine. Der Spink Mountain Walk führt von der Reefert Church oben auf dem Kliff um den See herum. Man überquert den Gleneala an einem kleinen Wasserfall und kann dann auf der Nordseite über die Miner's Road zurückkehren (ca. 3 Std.). Anspruchsvoller ist die Tour auf den **Camaderry** (700 m), der höchsten, von den vorgelagerten Hügeln zunächst verdeckten Erhebung auf der Nordseite des Upper Lake. Der Pfad beginnt, von Glendalough kommend, 50 m vor dem Parkplatz am Upper Lake, führt steil den Hang hoch auf den Bergrücken, von wo man in nordwestlicher Richtung auf den gut sichtbaren Gipfel zuhält (hin und zurück 4 Std.). Diese Wanderung sollte man nicht alleine unternehmen und bei Wetterverschlechterung sofort umkehren – so einfach die Orientierung oben bei guter Sicht ist, so unmöglich wird sie, wenn man mitten in einer Wolke steht. Im Schaukasten beim Info-Büro des Nationalparks hängt eine Wetterprognose.

Zu **Kevin's Way,** dem Wanderweg auf die Westseite des Gebirges, siehe S. 246.

Avoca-Tal 257

▶ **Wicklow Gap:** Am Turlough Hill, nahe dem Pass am oberen Ende des Glendassan-Tales, sind zwei Seen zu einem *Speicherkraftwerk* ausgebaut. Nachts, wenn der Stromverbrauch gering ist, wird mit der überschüssigen Energie Wasser in den oberen See gepumpt, um tagsüber, in Spitzenzeiten, wieder abgelassen zu werden und dabei über eine Turbine Strom zu erzeugen. Das Kraftwerk kann von Gruppen nach Absprache mit der Elektrizitätsgesellschaft besichtigt werden (✆ 0404 45113, wenigstens eine Woche vorher anrufen).

▶ **Glenmalure:** Ein kaum weniger schönes Wandergebiet als das benachbarte Glendalough, doch weniger überlaufen und mit öffentlichen Verkehrsmitteln nicht zu erreichen. Vom Ende der Autostraße aus bietet sich die Tagestour an der Jugendherberge vorbei immer talauf hinüber ins Imaal-Tal auf die Westseite des Gebirges an. Die Schlucht inspirierte *John M. Synge* zu seinem Drama „In the Shadow of the Glen". Ein Denkmal am Wegrand östlich der Glenmalure Lodge feiert die Schlacht von Glenmalure, in der die Wicklow-Rebellen 1580 ein ihnen nachsetzendes englisches Heer in die Falle lockten. So blieben die Berge für weitere 200 Jahre außerhalb staatlicher Kontrolle. 1798 war Glenmalure ein Schlupfloch von *Michael Dwyer* und einem Trupp der *United Irish Men,* die auf Napoleons Hilfe bei der Befreiung Irlands von den Engländern hofften. Auf dem Talgrund findet man noch die Fundamente des Militärlagers, das nach der Gefangennahme Dwyers und dem Bau der Militärstraße hier angelegt wurde.

• *Verbindung* Ohne eigenes Auto nur zu Fuß, beispielsweise von Glendalough über den früher von den Pilgern benutzten Mess Track, dem heute der Wicklow-Trail folgt.

• *Übernachten/Essen* **Michael Dwyer Pub/Glenmalure Lodge,** am Taleingang, ✆ 0404 46188. Ein Gasthof mit hervorragender Küche (z. B. Lammbraten) und einigen wenigen Fremdenzimmern (DZ 80 €), die an den Wochenenden gewöhnlich über Monate hinaus ausgebucht sind. Wer ein Zelt mitbringt, kann auf der Wiese hinter dem Haus campen.

Glenmalure Log Cabins, Greenane, ✆ 01 269 6979, www.glenmalure.com, Ferienhaus 500–800 €/Woche. Blockhäuser im skandina-

vischen Stil mit jeweils zwei Schlafzimmern, Bad, kleiner Küche; Wohnzimmer mit Holzofen und Terrasse. Wer auf den hauseigenen DVDs nichts Passendes findet, der kann unter 100 TV-Kanälen auswählen. Vergleichbare, nur in der Ausstattung abweichende Lodges in der Nachbarschaft werden unter www.glenmalurelodges.com und www.glenmalurelodge.com angeboten.

Glenmalure JH, 1 km oberhalb des Parkplatzes, romantisch am Avonbeg River gelegen (Forellen!). Ohne Strom und Telefon, dafür mit einem Plumpsklo über den Hof ausgestattet. Juli/Aug. tägl. geöffnet, sonst nur Sa auf So, Bett 11–15 €. Auch Camping möglich. www.anoige.ie.

Der Osten
Karte S. 195

Avoca-Tal

„There is not in this wide world a valley so sweet", preist Thomas Moore das Avoca-Tal in einem Gedicht. Er muss die Abraumhalden und Verwüstungen durch den seit der Bronzezeit hier betriebenen Kupferabbau großzügig übersehen haben.

Rathdrum war in den 1990ern ein Mekka der Karikaturisten und Comic-Fans. Leider ging das jährliche Cartoonfestival im Streit der Organisatoren unter. Die Erinnerung an die Comic-Zeit pflegt noch das *Cartoon Inn,* in dem die besten Zeichnungen ausgestellt sind.

Im nahen **Avondale-Park** können Gälophile das Geburtshaus des Nationalhelden *Charles Stewart Parnell* besuchen. Das im Stil von 1850 eingerichtete Museum zeigt ein Video über die Lebensgeschichte Parnells, die anschließende Führung dauert ca. eine Stunde. Die unmittelbare Umgebung des Hauses war um 1900 Versuchsfeld für die Wiederaufforstung der Insel. Durch das Areal führen mehrere, auf einem Faltblatt erläuterte Naturlehrpfade, einzelne Bäumen weisen Blechschildchen mit dem botanischen Namen auf, anderswo sind die mit verschiedenen Baumarten bepflanzten Parzellen deutlich zu unterscheiden.

② Parnell House und Arboretum Mai–Aug. tägl. 11–18 Uhr, März/April/Sept./Okt. nur Di–So; Eintritt 6,50 €, www.coillte.ie/recreation/forest_parks/.

Das Dörfchen **Avoca** kam als Schauplatz der BBC-Serie *Ballykissangel* zu Ruhm. Da die von 1996–2000 gedrehte Seifenoper auch in den USA und in Australien über die Mattscheiben flimmerte, besuchten jährlich bis zu 70.000 Schaulustige den Ort. Längst ist es wieder ruhiger geworden, doch noch immer gibt es etwa bei Dublin Bus eine „Ballykissangel Tour" (mit Stadtrundfahrt Dublin 39 €). Mittelpunkt von Dorf und Film ist *Fitzgerald's*, die Kneipe am Fluss.

• *Information* Rathdrum, ℅ 0404 46262, geöffnet Mo–Fr 9.30–17 Uhr.

• *Verbindung* Mit den Rosslare-Zügen von Dublins Conolly Station, ebenso mit der Buslinie Nr. 133 von Bus Éireann.

• *Übernachten* **Sheepwalk House & Cottages**, Avoca, ℅ 0402 35189, www.sheepwalk.com. DZ 80–100 €, Apartment 470–770 €/Woche. Hier wohnte die Ballykissangel-Crew während der Dreharbeiten. Das Anwesen mit herrlichem Meerblick liegt 3 km außerhalb von Avoca und wurde im 18. Jh. für den Earl of Wicklow gebaut. Im Haupthaus gibt es 9 einladende Fremdenzimmer, die Nebengebäude wurden als Ferienwohnungen für 3–6 Personen ausgebaut.

Old Presbytery Hostel (IHH), Fairgreen, Rathdrum, ℅ 0404 46930, Bett ab 20 €, DZ 50 €. Im früheren Pfarrhaus am Ortsrand. Neueres Gebäude mit der sterilen Atmosphäre eines Studentenwohnheims. Sauber und gepflegt, die Schlafräume (2–6 Betten) geräumig, ausreichende Sanitäranlagen, einladend helles Esszimmer. Fahrradverleih, Campingmöglichkeit.

Camping River Valley, Redcross, an der Straße zwischen Avoca und Wicklow, ℅ 0404 41647, www.rivervalleypark.com, April–Okt. geöffnet, 2 Pers. mit Zelt 25 €. Zwei Wiesen hinter einem Bauernhof; ausreichende Sanitärausstattung, ruhige Lage.

Rathdrum, dereinst Irlands Comic-Hauptstadt

Wicklow (Stadt)

Von Dublin kommend führt der Weg an einer schmucken, sanft geschwungenen Bucht entlang in das Städtchen. Sehenswert ist das zum Museum umgestaltete frühere **Gefängnis**. Ein polternder Aufseher und mehrere Gefangene geben Einblick in den Strafvollzug vergangner Zeiten. Mary Morris bemüht sich, den Häftlingen Lesen und Schreiben beizubringen, und wer sich immer nur *wie* in einer Tretmühle fühlte, kann eine solche hier live ausprobieren. Gruselig ist das Verlies, und auch die Vorstellung, wie es auf dem Sträflingsschiff des psychopathischen Kapitäns

Ashford 259

Der botanische Garten im Avondale Park

Luckyn Betts zuging, der die Rebellen von 1798 nach Australien deportierte, treibt uns einen Schauder über den Rücken.

- *Information* Fitzwilliam Sq., ☏ 0404 67117, geöffnet Mo–Sa 9.30–13/14–17 Uhr, Juni–Aug. bis 18 Uhr. www.visitwicklow.ie.
- *Verbindung* Vor dem Grand Hotel halten die **Buslinien** 133 Dublin – Wicklow und 02 Dublin – Rosslare. Der **Bahnhof** befindet sich zehn Gehminuten nördlich des Zentrums.
- ⓘ **Historic Gaol:** März–Okt. tägl. 10–18 Uhr, Einlass bis 17 Uhr; Eintritt mit Führung 7,30 €. www.wicklowshistoric gaol.com.
- *Übernachten* **Wicklow Head Lighthouse,** 3 km südlich der Stadt, Reservierung ☏ 01 670 4733, www.irishlandmark.com, 1100–1600 €/Woche. Hier können Sie sich ganz wie ein Leuchtturmwärter fühlen. Das ungewöhnliche achteckige Ferienhaus aus dem Jahre 1781 verfügt heute über 2 Schlafzimmer, Wohnraum, Bad und Küche – die sich allerdings 109 Stufen über dem Erdboden im obersten Stock befinden. Der Turm kann im Juli/Aug. wochenweise, ansonsten für mindestens drei Tage gemietet werden. **Silver Sands,** Dubur Rd., ☏ 0404 67373, www.silversands.ie, DZ 80 €. In Gehweite vom Ortszentrum, fünf Zimmer im irischen Landhausstil mit Bad und TV.
- *Essen* **Rugantinos,** South Quay. Die Karte bietet die üblichen Standards wie Steak, gegrillten Fisch und Huhn. Pluspunkt ist die offene, aber überdachte und beheizte Terrasse mit schönem Blick auf den Fluss. Mo–Sa ab 18 Uhr.
The Coffee Shop, Fitzwilliam St. Ein Delikatessengeschäft mit einigen Tischen im Laden, an denen man außer Kaffee, Tee und Kuchen auch wechselnde Mittagsgerichte, hausgemachte Sandwichs, Quiche und Pie bekommt. Mo–Sa 9–17.30 Uhr.

Ashford

Hobbygärtner kommen wegen der Mount Usher Gardens nach Ashford. Sonst ist das unansehnliche Dorf nur montags einen Stopp wert, wenn der Straßenmarkt für ein folkloristisches Ambiente sorgt.

260   Der Osten/County Wicklow

- *Verbindung* Bushalt zwischen Dublin und Wicklow.
- *Übernachten* **Devil's Glen Holiday and Equestrian Centre,** Laragh Rd., ✆ 0404 40637, www.devilsglen.ie. Apartment 350–720 €/Woche, wird auch über deutsche Reiseveranstalter angeboten. Das Feriendorf liegt 1,5 km außerhalb von Ashford. 20 Häuschen sind um einem „Dorfplatz" gruppiert. Die Apartments mit 2 oder 3 Schlaf-zimmern (jeweils mit eigenem Bad) sind im Landhausstil ansprechend eingerichtet und verfügen über gut ausgestattete Küchen (Waschmaschine, Spülmaschine, Backofen usw.). Wer zu faul ist, Torfbriketts im Kanonenofen zu verfeuern, stellt die Elektroheizung an. Zum Haus gehört ein Reitstall mit ca. 40 Pferden; eigener Springkurs, Trekking, Unterricht.

Sehenswertes

Mount Usher Gardens: Der 8 ha große Garten mit exotischen Pflanzen wurde um 1900 angelegt und zeigt die Gartenbaumode nach Powerscourt: eine romantisch verwilderte und möglichst naturnahe Robinsonade, die auf Statuen, Rabatten, Begonien und Geranien verzichtet. Erst beim genauen Hinsehen entdeckt man, dass in diesem „Wald" Palmen, Erdbeerbäume und andere Exoten wachsen und die scheinbar natürliche Uferlandschaft eine große Inszenierung der Landschaftsarchitektur ist, für die Pflanzen geradeso als Dekoration eingesetzt werden wie Miniatur-Hängebrücken und künstliche Wasserfälle. Der weitgehende Verzicht auf Blumen und die Beschränkung auf nur eine Szenerie, nämlich besagte „Uferlandschaft", enttäuscht manchen Besucher.

⊙ März–Okt. tägl. 10.30–18 Uhr; Eintritt 7 €, www.mountushergardens.ie.

National Garden Exhibition Centre: „Als Gartenliebhaber konnten wir in Irland viele Gärten besichtigen und dabei meist großräumige Landschaftsparks und wenige kleinräumige Hausgärten oder Cottage Gardens wie in England gefunden. Das Centre bietet in dieser Richtung mehr als jede Landesgartenschau", loben Herbert und Gudrun W. in einem Leserbrief. Das Centre zeigt 20 Hausgärten mit ganz verschiedenen Themen, die von den führenden Gartendesignern Irlands entworfen wurden. Die einzelnen Gärten sind seit mehr als zehn Jahren in eine schöne Gesamtanlage integriert. Sehr abwechslungsreich, sehr gepflegt, gut ausgeschildert. Zur Stärkung gibt es einen Tearoom.

⊙ Mo–Sa 10–17.30 Uhr, So 13–17.30 Uhr, Eintritt 4,50 €. Kilquade. Von Dublin kommend N 11 bis Kilpedder, dann den Schildern zum NGEC folgen. Von Wexford kommend muss man die Ausfahrt Newtown Mt. Kennedy nehmen. www.gardenexhibition.ie

> Anregungen zum Besuch weiterer Gärten im County Wicklow, die ihre Tore für die Öffentlichkeit öffnen, finden Sie unter www.visitwicklow.ie/gardens.htm. Dort werden auch die Veranstaltungen im Rahmen des alljährlichen **Wicklow Gardens Festival** angekündigt.

Devil's Glen: 3 km flussaufwärts von Ashford zeigt sich der im Garten so friedlich-behäbige *River Vartry* von einer ganz anderen Seite, nämlich als ein wilder, ungestümer Bursche. Über 30 m tief stürzt er in die dicht bewaldete Schlucht, und die Wege an den Steilhängen sind so schmal, dass man aufpassen muss, nicht selbst in die Tiefe zu fallen. Am einfachsten ist die Schlucht von der Tiglin JH zu finden: Man schlägt auf der Rückseite des Hofes den Weg nach Norden ein und erreicht nach 20 Min. den Talgrund. Weiter flussabwärts stößt man an der *Nunscross Bridge* wieder auf die Straße nach Ashford.

Arklow

Leichtindustrie, Werften und eine Düngemittelfabrik schaffen Arbeitsplätze und machen die Stadt mit ihrem herrlichen Strand an der Mündung des Avoca zur heimlichen Hauptstadt der Grafschaft.

Neben der Industrie spielt der Fremdenverkehr nur eine untergeordnete Rolle, und abgesehen von der Uferpromenade ist das Zentrum der 8500 Einwohner zählenden Stadt auch nicht sonderlich attraktiv. Die Sehenswürdigkeiten, wenn man von solchen überhaupt sprechen darf, beschränken sich auf ein kleines Marinemuseum und das unter Fachleuten für Glockengeläute gerühmte Glockenspiel der **St. Saviour's Church,** das aber in voller Länge nur sonntags erklingt – solange wollte der Autor nicht in Arklow warten. Ansprechender ist die nähere Umgebung. Nördlich der Flussmündung findet sich ein Sandstrand mit einer kleinen Lagune und noch eine halbe Fahrradstunde weiter schließlich die lang gezogene, von Klippen und Steilhängen eingerahmte **Brittas Bay,** der vielleicht schönste Sandstrand der Ostküste.

- *Information* Coach House, Main St., bei der Bezirksverwaltung, ✆ 0402 32484, Juni–Sept. Mo–Sa 9.30–18 Uhr, Okt.–Mai Mo–Fr 9.30–13/14–17 Uhr. www.arklow.ie.
- *Verbindung* Bahn- und **Busstation** an der Strecke Dublin – Rosslare. Bahnauskunft ✆ 01 836 6222; www.irishrail.ie. Busauskunft ✆ 01 836 6111, www.buseireann.ie.
- *Übernachten* **Royal Hotel,** 25 Main St., ✆ 0402 32524, www.theroyalhotelarklow.com, DZ 80–150 €. Ein traditionsreicher Gasthof mit Kneipe und Fremdenzimmern, zentral an der Hauptsraße gelegen und deshalb an der Straßenseite laut.

B&B Plattenstown House, 4 km außerhalb an der Coolgraney Road, ✆ 0402 37822, www.plattenstownhouse.com, DZ 85–100 €. Ein Gutshaus mit Garten, tipptopp von der Hausherrin Margaret McDowell gepflegt. Gemütliche Eleganz mit Teppichböden, gemusterten Tapeten und Kaminfeuer.

B&B River View, 7 River View Hights, Vale Rd., ✆ 0402 32601, www.river-view.ie, DZ 80 €. In Gehweite des Stadtzentrums vermietet Familie Doyle drei relativ neu eingerichtete Zimmer mit TV und Bad.

- *Essen* **Kitty's Bar & Restaurant,** mit einer riesigen Reklametafel aus den Tagen, als es noch weniger Verkehr gab. Tagsüber Barfood mit Fleisch und Gemüse aus der Region, abends auch ausgefallene Seafoodgerichte. Schmackhafte Fischsuppe. Lunchmenü 20 €, Dinnermenü 40 €. Tägl. durchgehend geöffnet. Abends gelegentlich Musik.

Murphy's, Main St., Pub mit Biergarten und Restaurant, von Letzterem Blick auf den Fluss. Internationale Küche, Spezialitäten sind Jakobsmuscheln, das gewaltige Filetsteak Monte Christo oder die mit Honig glasierte Ente. Barfood Mo–Fr 11–21, Sa/So bis 18 Uhr. Restaurant tägl. ab 18 Uhr.

La Passarella, Bentley Court, Wexford Rd. In nüchternem Interieur wird italienische Küche serviert. Kulinarisches Highlight ist die marinierte Hühnerbrust mit Brokkoli und Paprika in Weißweinsauce. Mo–Fr ab 17 Uhr, Sa ab 12 Uhr, So ab 13 Uhr.

Sehenswertes

Das **Arklow Maritime Museum** führt in die Vergangenheit, als sich die Segler im Hafen drängelten, um das Kupfererz aus den Avoca-Minen an Bord zu nehmen. Zu sehen ist u. a. ein Stück des ersten, von einem Arklower Kapitän gelegten Transatlantik-Kabels. Dieses Museum ist kein Muss.

⏰ Mai–Sept. Mo–Sa 10–13/14–17 Uhr, Okt.–April Mo–Fr 10–13/14–17 Uhr; Eintritt 7 €. St. Mary's Rd., zwischen Bahnhof und Kirche.

Vom Holzturm zum Schloss – 800 Jahre Kilkenny Castle

Der Südosten

Obwohl der Golfstrom die Südostküste Irlands kaum berührt, ist dies der wärmste und trockenste Teil der Grünen Insel. Hier ist der Himmel, so weiß es die Klimastatistik, am wenigsten mit Wolken bedeckt, und die Sonne scheint am längsten.

Die einzige nennenswerte Erhebung in dem sonst sanft gewellten Hügelland sind die *Blackstairs Mountains*, eine Verlängerung der Wicklow-Kette. Diese Berge ausgenommen, ist die Erde fruchtbar – ein Land, von dem die Bauern träumen, oder wenigstens träumten, bevor die Brüsseler Subventionspolitik den Besitz schlechter Böden lukrativer machte als das Eigentum an fetten, satten Weiden. Reisenden erscheint der Südosten oft eintönig, um nicht zu sagen: langweilig. Irische Urlauber sehen das anders und schätzen vor allem die Strände.

Trotzdem ist die Küste auf den ersten Eindruck wenig spektakulär, und die in Rosslare, Irlands wichtigstem Fährhafen, landenden Urlauber suchen nach einer Zwischenübernachtung schnell das Weite. Die schroffen Klippen, die für den Westen so typisch sind, sucht man hier vergebens. Stattdessen ist das Ufer über weite Strecken ein seichtes Watt, an dem Muscheljäger und Seevögel ihre Freude haben. Doch wer als Deutscher solche Landschaft sucht, fährt gewöhnlich lieber an die Nordsee. Im Mittelalter war der Südosten die verwundbare Flanke Irlands, an der Wikinger und Normannen landeten. Wexford und Waterford, die wichtigsten und für Reisende interessantesten Küstenstädte sind alte Wikingergründungen, die Normannenstadt Kilkenny war für ihre harsche Apartheidpolitik gegenüber den alteingesessenen Iren berüchtigt.

„Frischfutterhalle" in Wexford

County Wexford

Highlights

- **National 1798 Centre** – diese History-Show zeigt, wie aus Terroristen und Aufrührern die honorigen Väter der irischen Demokratie werden konnten (S. 267)
- **Wildfowl Reserve** – ein Winterziel für Wildgänse und andere Wattvögel, gut zu beobachten vom Turm der Vogelwarte aus (S. 272)
- **Irish National Heritage Park** – ein Schnelldurchgang durch 9000 Jahre irischer Geschichte (S. 272)
- **Hook Head** – das Kap mit Irlands ältestem Leuchtturm, auch gut für windverwehte Klippengänge und zur Fossiliensuche (S. 275)
- **New Ross** – als Auswanderer auf der „Dunbrody" gen Amerika segelnd, erleben Sie den Hunger im Unterdeck genauso wie den Luxus der 1. Klasse (S. 276)

County Wexford

Die flache, mit ihren Windmühlen, Deichen und Poldern an Holland erinnernde Landschaft ist für Radler sehr angenehm. Ein schier endloser Streifen goldgelben Sandes säumt die Ostküste, an der sich auch in der Hochsaison noch ein stilles Plätzchen findet.

Der *Slí Charman*, ein frisch ausgeschilderter Fernwanderweg, führt von Courtown im Norden immer direkt am Dünenstrand entlang zum Raven Point, dem Kap an der Wexford Bay. Auch von Rosslare bis Kilmore bleibt der Weg am Wasser, um sich dann durch das heckengesäumte Labyrinth der küstennahen Feldwege zu winden. Vogelfreunde kommen im *Wexford Wildfowl Reserve* auf ihre Kosten, besonders wegen seiner Wildgänse bekannt ist – sie kann man am besten an Winternachmittagen beobachten. Auch Tacumshin Lake und Lady's Island Lake, die der Slí Charman auf einer Nehrung streift, sind gute Vogelreviere, ebenso die Brutkolonien auf den Saltee Islands, den Salzinseln.

Das County ist arm an kulturellen Höhepunkten. Die Kleinstadt Wexford sowie die historischen Marktflecken Enniscorthy und New Ross haben ihren Reiz; um die Bannow Bay und auf der Halbinsel Hook stehen wenig spektakuläre Ruinen spätmittelalterlicher Abteien und Kleinburgen. Hook Head, der südlichste Zipfel der Grafschaft, wartet mit Europas, wenn nicht der Welt ältestem Leuchtturm auf.

Enniscorthy

Das ländlich geprägte Enniscorthy klebt förmlich am Hang über dem Slaney-Tal. Es entwickelte sich aus einer normannischen Burg, die zugleich Hauptattraktion der 10.000-Einwohner-Stadt ist.

Hier ließen die Rebellen von 1798 ihre Gefangenen schmoren, hier wohnte zu Zeiten Elisabeth I. der Dichter *Edmund Spenser*. Es heißt, die Königin habe sein Hauptwerk „Die Feenkönigin" als eine Hommage auf sich verstanden und ihm zum Dank die Burg geschenkt. Wer hätte für ein solches Präsent nicht auch Ihre Majestät gelobhudelt?

• *Information* ℘ 053 923 7596, im Eingangsbereich des 1798 Centre. Juni–Aug. Mo–Sa 9.30–18 Uhr, So 11–18 Uhr. April/Mai/Sept. Mo–Sa 9.30–17 Uhr, So 11–16 Uhr. Okt.–März Mo–Fr 9.30–16.30 Uhr.

• *Verbindung* **Züge** und **Busse** (Haltestelle am Ostufer vor der Antique Tavern) nach Dublin und Rosslare.

• *Einkaufen* Enniscorthy besitzt eine florierende Töpferindustrie. **Carley's Bridge** (2 km außerhalb an der New Ross Rd.) will 1654 als erste irische Werkstatt Tonkrüge gefertigt haben. Der Verkauf (℘ 053 923 3521, www.cbp.ie) ist im Sommer sonntags auch nachmittags geöffnet. **Hillview** (nebenan) macht das Weniger an Tradition dadurch wett, dass es schon einmal im Fernsehen vorgestellt wurde. In der Kiltrea Bridge Pottery (5 km außerhalb an der R 702,

Kiltealy Rd., www.kiltreapottery.com) bekommt man Mo–Sa auch Schüsseln und Vorratsgefäße für die Küche.

• *Feste* **Strawberry Festival,** Ende Juni, http://enniscorthystrawberryfestival.com. Erdbeeren und Schlagsahne en masse, Erdbeerkönigin, Bauernmarkt und Straßenmusik, dazu auch viel Guinness. Der musikalische Schwerpunkt liegt auf internationaler Folkmusik, zu vielen Konzerten hat man freien Eintritt.

Blackstairs Blues, an einem Wochenende Mitte Sept. spielen allerlei Bluesmusiker in den Kneipen der Stadt. www.blackstairs blues.com.

• *Greyhoundrennen* Montags und donnerstags 20 Uhr im Stadion an der New Ross Rd., www.igb.ie, Eintritt 8 €.

Die Wicklow Mountains für Reiter (oben) und Wanderer (unten) (TL)

Alte Steine: Der Eingang zu Newgrange (oben links), das Waschhaus des Klosters Mellifont (oben rechts), Hochkreuz und Rundturm des Klosters Clonmacnoise (unten links), Portal von Clonfert (unten rechts) (TL)

Der Shannon bei Killaloe (oben/RRB) und die Klosterstadt Clonmacnoise (unten/TL)

Enniscorthy 265

• *Übernachten* **9 Main Street,** Mrs. Maura Murphey, ☎ 053 923 3522, www.murphys bnb.com, DZ 80 €. In dem hübschen alten Backsteinhaus von Murphy's Pub werden einige Fremdenzimmer im „Großmutterstil" vermietet.

Ivella, Rectory Rd., ☎ 053 9233475, EZ 35 €, DZ mit Etagenbad 60 €. Über die Brücke und nach dem Bahnhof rechts. Ein Schrein für die Kennedys: Porträts von JFK und RFK grüßen in der Lobby, Johns Büste thront auf dem Ehrenplatz über dem Kamin, und im Gästebuch überschlagen sich die amerikanischen Gäste schier bezüglich ihrer Lobeshymnen – nicht auf die Kennedys, sondern auf die Hausherrin Anne Heffernan.

• *Essen* **Galo Chargrill,** 19 Main St., ☎ 053 9233817. Portugal ist für seine Küche alles andere als berühmt, doch hier in Enniscorthy werden Galos Fischsuppe oder sein gegrillter Kabeljau zu wahren Highlights. Außer Seafood, der Stärke des Lokals, gibt's auch Fleisch- und Nudelgerichte. Geöffnet 12–15 Uhr und ab 17.30 Uhr, Mo Ruhetag, Fr/Sa abends Reservierung empfohlen.

River Restaurant, 7 Market Sq., Mo–Sa bis 21 Uhr, So bis 19 Uhr. Eine Cafeteria im Stil einer altmodischen Eisdiele; Gemüseplatte 12 €, Grillplatte 15 €.

• *Pub* **Antique Tavern,** Slaney St., www.theantiquetavern.com. Nach entsprechendem Alkoholgenuss mag man diesen über und über mit altem Zeugs geschmückten Pub mit einem Museum verwechseln. Raucherterrasse mit Flussblick.

Sehenswertes

Wexford County Museum: Heute beherbergt die Burg das Heimatmuseum der Grafschaft, eine etwas eklektizistische Ausstellung, die 1960 mit 13 Exponaten begann und heute fast alles zeigt, was Bürger für sehens- bzw. ausstellenswert befinden und deshalb dem Museum stiften: Galionsfiguren, Polizeimützen aus aller Welt, lokale Fayencen, ein Dreisitzer-Fahrrad, dazu Material über die Lokalgeschichte mit Schwerpunkt auf die United Irishmen und dem Osteraufstand von 1916. Leider fehlt es an Erklärungen, und so erinnert die Burg eher an eine Rumpelkammer als an ein Museum.

⏱ 2008 wegen Umbau geschlossen.

National 1798 Centre: Einem anderen Extrem der irischen Museumslandschaft begegnen wir drei Straßenblöcke südlich der Burg. Hier feiert eine 1998 zum 200. Jubiläum der *United Irishmen* eröffnete und preisgekrönte History Show die Rebellen von einst als heroische Väter der irischen Demokratie. Mit dem Durchschreiten einer übergroßen Guillotine beginnt die Zeitreise ins Irland des 18. Jh., repräsentiert durch Wandtafeln, Computeranimation und gipsene Politiker, die nicht zufällig an Schachfiguren erinnern. Das Volk beschwert sich über die Schikanen des protestantischen Adels, *Edmund Burke* und *Thomas Paine* debattieren über die Menschenrechte. Das die Sinne strapazierende Bombardement aus Tönen, Bildern und Grafiken setzt sich mit der chronologischen Schilderung der gescheiterten Erhebung von 1798 fort, bis der Besucher schließlich mit den unterschiedlichen Deutungen des Aufstands durch spätere Generationen konfrontiert wird. Die Show gipfelt im multimedialen Erlebnis der von den Aufständischen verlorenen Entscheidungsschlacht am Vinegar Hill. Alles in allem: ein Historienspektakel des Computerzeitalters, das informiert und unterhält, einen Kompromiss zwischen den Bedürfnissen der Tourismusindustrie und der Staatsbürgerkunde, zwischen nationalistischer und revisionistischer Interpretation der irischen Geschichte sucht. Mit historischen Museen alter Schule hat die Ausstellung jedenfalls nichts mehr gemein und kommt gänzlich ohne Artefakte aus.

⏱ Juni–Sept. Mo–Fr 9.30–18 Uhr, Sa/So 11–18 Uhr; Okt.–Mai. Mo–Fr 9.30–16 Uhr; Einlass bis 1 Std. vor Schließung. Eintritt 6 €. www.iol.ie./~98com/english.htm.

Der Südosten
Karte S. 266/267

268   Der Südosten/County Wexford

Enniscorthy/Umgebung

▶ **Mount Leinster:** Ausgangspunkt für die gut vierstündige Tour zum 796 m hohen Mt. Leinster, dem höchsten Gipfel der **Blackstairs**, ist die Straße zwischen Kiltealy und Killedmond. Wer mit Gleitschirmen oder Drachen umzugehen versteht und beim Anblick des freistehenden Berges Lust auf Höhenflüge bekommt, verständigt sich mit der *Hang Gliding Association* (www.ihpa.ie).
Wanderführer „**Walking in the Blackstairs**", von Joss Lynam, erhältlich etwa in Enniscorthy und Carlow.

Wexford   (Stadt)

Die Wikingergründung rivalisiert mit Waterford um die Rolle als Oberzentrum im Südosten. Enge Gässchen, die zu den am Kai dümpelnden Fischkuttern führen, und ein Stück Stadtmauer lassen die mittelalterliche Vergangenheit lebendig werden.

Die Eigenwerbung „medieval city" ist freilich übertrieben. Wexford (18.000 Einwohner) ist zwar vergleichsweise alt, aber außer dem Westgate und zwei Kirchenruinen sind kaum noch historische Gebäude erhalten. Die großen Sights fehlen, aber die braucht Wexford gar nicht. Nach der Ankunft mit der Fähre in Rosslare schnuppern Reisende hier ihre erste irische Stadtluft und sind vom Ensemble als Ganzem begeistert. Auf der Main Street, die teilweise für Autos gesperrt ist, lässt es sich gut flanieren und einkaufen. *O'Connor's Feinkostladen* ist nur ein Beispiel, mit welcher Liebe zum Detail die alten Schaufensterfronten erhalten werden. Und zumindest Ende Oktober bis Anfang November, wenn die internationalen Ensembles zum renommierten *Opernfestival* in die Stadt kommen, ist die Rivalität mit Waterford zugunsten von Wexford entschieden.

Geschichte

Die Bucht mit der Mündung des River Slaney übte auf Eroberer eine besondere Anziehungskraft aus. Auf der Weltkarte des Ptolemaios (2. Jh.) ist hier *Menapia* verzeichnet, eine Siedlung des belgischen Stammes der Menapier. Um 850 gründeten die *Wikinger* eine Handelsniederlassung, und im Mai 1169 landeten hier die *Normannen* und leiteten mit der Eroberung Wexfords die englische Kolonisierung Irlands ein. 1649 machte *Cromwell* auf seiner Irland-Tour hier Station: Drei Viertel der damals 2000 Einwohner wurden geköpft. Hundertfünfzig Jahre danach schlug die Rachestunde der Katholiken: Die rebellierenden *United Irishmen* brachten unter dem Slogan „Mord ohne Sünde!" die Protestanten um. Als der Aufstand zusammengebrochen war, spielten dann wiederum die Regierungssoldaten mit den Köpfen der Rebellenführer Fußball – unappetitliche Geschichten. Zum Unglück der Stadt versandete bald auch noch der Hafen und eine Seuche vernichtete die Austernbänke.

Information/Verbindungen/Diverses

● *Information* Crescent Quay, ✆ 053 912 3111; Okt.–April Mo–Fr 9.15–17 Uhr; Mai/Juni/Sept. Mo–Sa 9–18 Uhr; Juli/Aug. Mo–Sa 9–19, So 11–17 Uhr. Wie die Scharten an den Seitenmauern des Gebäudes beweisen, haben hier Generationen von Seeleuten ihre Messer gewetzt. www.wexfordtourism.com.
● *Verbindung* Von der O'Hanrahan Railway Station am Redmond Place (✆ 053 912 2522) **Züge** nach Dublin und Rosslare Harbour, von dort aus weitere Verbindungen nach

Wexford (Stadt) 269

Cork, Galway, Kilkenny, Limerick, Waterford. Am gleichen Platz der Busbahnhof mit **Bussen** nach Dublin, Rosslare, Waterford und Limerick; Tickets verkauft der Zeitungsladen *Railway News*, im Sommer außerdem lokaler Busservice nach Galway und zu anderen Orten im Westen sowie Ausflugsfahrten.

• *Fahrräder* **The Bike Shop (4),** Selskar St.; **Hayes Cycle Shop (17),** 108 South Main St., ℅ 053 912 2462, auch Verleih.

• *Feste/Veranstaltungen* Seit 1951 ist das **Opera Festival** ein Highlight im irischen Kulturkalender. Ende Oktober werden in Vergessenheit geratene oder bislang niemals aufgeführte Stücke gezeigt, zum Begleitprogramm gehören Straßentheater und literarische Lesungen. Tickets für das Hauptprogramm einige Monate im Voraus reservierten. Programmauskunft, ℅ 053 912 2400; Karten, ℅ 053 912 2144, www.wexfordopera.com.

• *Markt* Bauernmarkt am Cornmarket, Fr 9–14 Uhr.

• *Krankenhaus* **Wexford General Hospital,** Richmond Terrace (℅ 053 9142 233) an der Straße nach New Ross; Notfälle: ℅ 999.

• *Post* Hauptpostamt in der Anne St.; tägl. 9–17.30 Uhr, Mi von 9–19.30 Uhr geöffnet.

Übernachten/CAMPING

*** **White's Hotel (6),** Abbey St., ℅ 053 912 2311, www.whitesofwexford.ie, DZ ab 120 €. Aus dem 1789 gebauten Gasthof im Herzen der Stadt ist das von Geschäftsleuten wie Urlaubern besuchte Hotel in einen 2006 vollendeten Neubau umgezogen. Mit dem Serenity Spa setzt das neue White's auf Wellness, ein Hallenbad spricht auch Wasserratten an.

B&B McMenamin's (1), 3 Auburn Terrace, Redmond Rd, 053 914 6442, www.wexford-bedandbreakfast.com, DZ 90–100 €. Das spätviktorianische Backsteinhaus mit 6 Fremdenzimmern steht wenige Schritte westlich des Bahnhofs. Die Räume sind mit Möbeln der Gründerzeit eingerichtet, die Betten mit Baldachinen geschmückt. Dem reichhaltigen und schmackhaften Frühstück merkt man an, dass die McMenamins früher ein Restaurant führten.

B&B Abbey House (8), 34 Abbey St., ℅ 053 912 4408, www.abbeyhouse.ie, DZ 60–80 €. Ein putziges Altstadthaus, direkt an die Stadtmauer gebaut, mit Geranienschmuck und Pupenstubengemütlichkeit.

Übernachten
1 McMenamin's
6 White's Hotel
8 Abbey House
12 Kirwan House

Nachtleben
9 Centenary Stores Bar
10 Thomas Moore Tavern
11 Arts Centre
16 Omniplex

Sonstiges
4 Bike Shop
17 Hayes Cycle

Essen & Trinken
2 Westgate Tavern
3 Green Acres
5 La Dolce Vita
7 Chan's
13 Forde's & Amalfi
14 Tim's Tavern
15 The Sky & Ground und Heavens Above

Pubs
2 Westgate Tavern
15 The Sky & The Ground

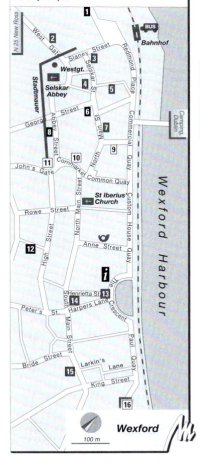

Der Südosten · Karte S. 266/267

270 Der Südosten/County Wexford

B&B Killiane Castle, Mrs. Kathleen Mernagh, Drinagh, Rosslare Rd., ☎ 053 915 8898, www.killianecastle.com, DZ 100 €. Außerhalb, am Weg nach Rosslare in einem alten Bauernhaus, gleich nebenan ein mittelalterlicher Bergfried. Auch Ferienwohnungen, je nach Größe und Jahreszeit 450–600 €/Woche.

Kirwan House Hostel (12) (IHH), Mary St., ☎ 053 9121208, Bett 20–23 €, DZ 50–60 €. Das alte Stadthaus wurde von Weltenbummler Richard renoviert und 1997 als Hostel eröffnet. Klein und überschaubar, Essecke in der Küche, Aufenthaltsraum mit TV und Hausbibliothek. Ein häufiger Tagesgast ist Fischer Pete, der nach Eigenwerbung bisher 39 verschiedene Spezies aus dem Meer geholt hat und auf der Suche nach der 40. Art auch gerne Hostelgäste mit aufs Meer nimmt.

● *Camping* **Ferrybank,** Dublin Rd., ☎ 053 914 4378, Mai–Mitte Sept., 2 Pers. mit Zelt 13–25 €, Warmduschen extra. Der gemeindeeigene Campingplatz liegt etwa 1 km nördlich der Brücke an der R 741. Eine längliche Wiese über der Steilküste, schöner Ausblick, die Hälfte der 130 Stellplätze parzelliert. Waschmaschine, Hallenbad.

Essen (siehe Karte S. 269)

Auch die Briten sind mit der englischen Küche nicht zufrieden. Kaum in Irland angekommen, genießen sie in Wexford die vergleichsweise kreative und vielfältige Küche der Grünen Insel. In der Main Street herrscht an Lokalen aller Preisklassen kein Mangel.

Forde's Restaurant (13), Crescent Quay, ☎ 053 912 3832, tägl. ab 18 Uhr, Dinner 50 €. Über Jahre als Koch in verschiedenen Restaurants der Stadt tätig, hat Liam Ford schließlich sein eigenes Lokal eröffnet. Schwerpunkt sind raffinierte Seafoodzubereitungen, z. B. das mit Ingwer und Basilikum angemachte Krabbenfleisch.

Amalfi (13), Crescent Qay (Eingang Henrietta St.), ☎ 053 912 4330, www.amalfifine dining.com, Gediegenes Ambiente im 1. Stock mit Blick auf die Uferstraße. Alle Speisen werden frisch zubereitet, doch schließlich werden Zeit und Geduld mit köstlichen Gerichten belohnt. Inhaber Massimo Petrone, dessen Großvater einst Italiens König bekochte. legt Wert auf gesunde, natürliche Zutaten aus der Region. Di–So ab 18 Uhr, So auch 13–16 Uhr, Hauptgericht bis 30 €.

The Sky & The Ground/Heavens Above (15), 112 South Main St., ☎ 053 912 1273. Gemütlicher Pub mit Kerzenlicht, alten Werbeschildern, dunklem Holz und knarrenden Dielen, dazu vorzügliches Mittagessen. Eine Treppe führt hinauf in das nur abends geöffnete Restaurant „Heavens Above". Gekocht wird „modern irish": z. B. Flamenquines auf Wexforder Art (Rindfleischröllchen gefüllt mit Schinken, Spinat, Pilzen, roten Paprika und Knoblauch) oder Lammnüsschen mit Schweinefilet, dazu Apfellauch. Flaschenwein kann man zuvor in der benachbarten Weinhandlung aussuchen. Da sie zum Haus gehört, wird kein Korkengeld verlangt. Menü 30 €. Geöffnet Mo–Sa ab 17 Uhr, So ab 16 Uhr.

La Dolce Vita (5), Trimmers Lane, ☎ 053 917 0806, Mo–Do 9–17.30, Fr/Sa 9–21.30 Uhr. Ein erstaunlich authentisch italienisches Lokal, vor dem die Wexforder mittags Schlange stehen. Roberto Pons bietet seinen Gästen Kleinigkeiten (z. B. Weißbrot mit Olivenöl oder eine Tagessuppe), aber auch Pastateller oder ein den Magen füllendes Linsengericht mit italienischen Würstchen, nicht zu vergessen die Dessertklassiker Tiramisu und Pannacotta. Und das alles zu günstigen Preisen. Ein Feinkostladen mit italienischen Nahrungsmitteln ist angeschlossen.

Chan's Restaurant (7), 90 North Main St., ☎ 053 912 2356. Chinesische und europäische Küche. Ein Tipp ist das Chicken Satay (Hühnchen in Erdnusssauce).

Tim's Tavern (14), 51 South Main St., ☎ 053 9123861, Küche Juni–Okt. 12–21, sonst nur 12–15 Uhr. Veredeltes Pubgrub. Dass das Lokal für seine Gerichte wie Krabben an Avocados oder in Knoblauchsoße und andere Leckereien schon Gourmetpreise bekommen hat, hat die Preise etwas in die Höhe getrieben (Hauptgericht 15–25 €).

Westgate Tavern (2), Westgate. Nettes Pub. Mo–Fr Mittagessen, ganztags Snacks, im Sommer abends am Wochenende gelegentlich Livemusik, Sessions und Comedy.

Green Acres (3), 3 Selskar St., www.green acres.ie. Ein tolles Delikatessengeschäft (Mitbringsel!) mit Snacktheke und wechselnden Kunstausstellungen. Tägl. geöffnet.

Am Abend (siehe Karte S. 269)

Selbst für irische Verhältnisse hat Wexford außerordentlich viele Pubs. Hochkultur wird im Arts Centre und dem Royal Theatre geboten. Aktuelle Veranstaltungshinweise findet man unter www.wexlive.com.

Arts Centre (11), Cornmarket, ℡ 053 9123764, www.wexfordartscentre.ie. Ein Kulturzentrum mit wechselndem Programm an Ausstellungen, Lesungen, Kammertheater, Ballett und Kleinkunst, im Keller ein Bistro.

Omniplex (16), Drinagh, Rosslare Rd., ℡ 053 9122321, der Kinopalast von Wexford.

Centenary Stores (9), Charlotte St. off North Main St., www.thestores.ie. "The Stores", das alte Speicherhaus ist nicht nur am Wochenende die populärste Clubbing-Adresse der Stadt.

The Sky & The Ground (15), 112 South Main St. Ein beliebter Musikpub, Mo, Mi, Do traditional Session, gelegentlich auch Jazz- oder Blueskonzerte.

Thomas Moore Tavern (10), Cornmarket. Einen Bezug zu Thomas Moore gibt's wirklich: In diesem Haus wurde seine Mutter geboren. Ein Neubau ist geplant, doch die gemütliche, auf alt gemachte Kneipe soll erhalten bleiben.

Sehenswertes

Westgate: Das noch erhaltene Stück Stadtmauer mit dem Westgate (13. Jh.) ist frisch herausgeputzt. Im Tordurchgang erkennt man noch die Nischen, in denen die Wächter und Zöllner saßen.

Ein Treffpunkt der gealterten Jugend in Wexford

Selskar Abbey: Die Ruine eines Klosters, in dem Heinrich II. in selbst auferlegter Buße für den Mord an Thomas Becket die Fastenzeit des Jahres 1172 verbracht haben soll. Die Geschichte kann so nicht ganz stimmen, da der rote Sandsteinbau erst 20 Jahre später von dem aus dem Heiligen Land zurückgekehrten Kreuzritter *Alexander Roche* gestiftet wurde. Der trauerte um seine Geliebte, die ihn für tot gehalten hatte und in ein Kloster eingetreten war. Cromwells „Besuch" hinterließ die Abtei als Ruine.

Wexford/Umgebung

▸ **Wildfowl Reserve:** Wer an einem Herbst- oder Winternachmittag mit der Fähre in Rosslare ankommt, sieht am Himmel vielleicht eine Vogelschar in elegantem Formationsflug. Sie sind zwischen ihrem Nachtquartier auf den Sandbänken der Wexford Bay und den Marschen von North Slobes unterwegs. Dieses vor 150 Jahren

272 Der Südosten/County Wexford

dem Meer abgerungene Polderland ist das wichtigste Winterquartier der grönländischen Wildgänse. Nahezu zehntausend Gänse reisen in der kalten Jahreszeit an und grasen auf den Weiden. Auch Wildenten, Möwen und andere Vögel, deren Lebensraum das Watt ist, können vom Turm der Vogelwarte aus beobachtet werden. Die Ausstellung im neuen Besucherzentrum behandelt von der Jagd bis zur Beringung der Vögel eine Vielzahl von Themen, die allerdings recht unvermittelt nebeneinander stehen. Die beste Zeit für den Besuch des Reservats ist ein Winterwochenende: Dann sind nicht nur die Gänse da, sondern auch fachkundige Menschen, die den Laien durch die Ausstellung führen. Ein kleineres Reservat ist der **Raven** am Strand von *Curracloe*.

ⓘ tägl. 10–17 Uhr; Eintritt frei.

▶ **Irish National Heritage Park:** Das Freigelände, entgegen dem Namen eine private und kommerzielle Einrichtung von keineswegs nationaler Bedeutung, versucht, 9000 Jahre irischer Geschichte anschaulich zu vermitteln. Vor allem Familien mit Kindern werden angesprochen. Ein Lagerplatz der Steinzeitjäger und -sammler, die Hütte der ersten Bauern, Dolmen, Ganggräber, Steinkreis, Kloster, mittelalterliche Schiffswerft und anderes mehr sind nachgebaut. Sogar zwei originalgetreu rekonstruierte Wikingerboote liegen am Rande des Parks. Interessant ist der *Fulacht Fiadh*, eine mit Wasser gefüllte Grube im Boden, die Hirten oder armen Leuten den Kochtopf ersetzte. In dem mit heißen Steinen zum Kochen gebrachten Wasser konnten auch große Fleischstücke mühelos gegart werden. Ein wenig stört, dass mitten durch den Park eine Straße und eine Eisenbahnlinie laufen. Mit Beton wurde mehr als großzügig umgegangen: Die normannische Schanze etwa, die man, wie anno dazumal üblich, auch leicht als Erdwall hätte aufschütten können, dient als Beispiel für diesen Missgriff. Auch hätten wir uns von den Schautafeln etwas tiefer gehende Erklärungen erwartet.

ⓘ April–Sept. tägl. 9.30–18.30 Uhr (Einlass bis 17 Uhr), Okt.–März tägl. bis 17.30 Uhr (Einlass bis 16 Uhr); Eintritt 8 €. Ferrycarrig. www.inhp.com.

▶ **Yola Farmstead Folk Park:** Etwa 10 km am Weg nach Rosslare findet sich bei Killinick ein weiterer History Park, diesmal ein nachgebautes Dorf des 19. Jh. Der Name Yola steht für „ye old language", den aussterbenden Dialekt im Südosten von Wexford, der noch viele irische, walisische und sogar flämische Worte und Redewendungen enthält. Von den Hütten, der kleinen Kirche und dem üblichen Souvenirshop des Folk Parks hebt sich eine funktionsfähige Windmühle ab.

ⓘ Mai–Sept. tägl. 10–17 Uhr, Okt.–April Mo–Fr 10–16.30 Uhr; Eintritt 6 €.

▶ **Johnstown Castle/Landwirtschaftsmuseum:** Vor der romantischen Kulisse eines neogotischen Schlösschens lädt ein gepflegter Park mit kleinen Seen zum Spaziergang und Picknick ein. Das Castle selbst, früher eines der vielen Besitztümer der Fitzgeralds, ist heute Sitz des irischen Naturschutzverbandes und nur zu einem kleinen Teil zu besichtigen. In den öffentlich zugänglichen Räumen ist das Landwirtschaftsmuseum zu Hause. Werkstätten von Schmieden, Korbmachern und anderen Handwerkern sind nachgebaut, Bauernmöbel ausgestellt, dazu ist eine reich bestückte Sammlung alter landwirtschaftlicher Geräte zu sehen. Eine Dauerausstellung ist dem Lebenswerk des in Irland geborenen Traktorpioniers Harry Ferguson (1984–1960) gewidmet.

ⓘ **Garten:** tägl. 9–17.30 Uhr; Mai–Sept. Eintritt pro Fahrzeug 6 €, Okt.–April frei; **Museum:** April–Nov. Mo–Fr 9–17, Sa/So 11–17 Uhr; Dez.–März Mo–Fr 9–12.30 und 13.30–17 Uhr. Eintritt 6 €. www.irishagrimuseum.ie. An der Umgehungsstraße, ausgeschildert.

Rosslare

Rosslare Harbour, wo alle gerade erst angekommen sind oder auf das Schiff warten, lebt voll im Rhythmus der Fähren. Souvenirgeschäfte, Supermärkte und Verköstigungseinrichtungen bieten den üblichen Nepp solcher Durchgangsstationen, der es leicht macht, in die eine oder andere Richtung Abschied zu nehmen und nicht zu verweilen.

Das neue, als architektonisches Meisterwerk gefeierte Hafenterminal aus Beton und Backstein ist von herausragender Hässlichkeit. Auch die eigentliche „Stadt" (600 Einwohner) und das nördlich anschließende Seebad **Rosslare Strand** überzeugen nicht. Älteres Publikum wohnt zurückgezogen in Ferienhäusern, abends werden die Bürgersteige hochgeklappt. Selbst der goldgelbe Sandstrand, der sich 8 km nördlich des Hafens vor den eilig Durchreisenden versteckt, ist optisch unvorteilhaft mit Wellenbrechern aus Steinquadern in kleine Karrees geteilt.

Verbindungen/Diverses

• *Verbindungen* **Züge** nach Wexford – Dublin und Waterford, Bahnhof ✆ 053 913 3592; **Busse** (✆ 01 836 6111, www.bus eireann.ie) nach Wexford – Dublin, auch Kilkenny – Galway. Zu den **Fährverbindungen** siehe Kapitel Anreise.

• *Autoverleih* **Budget,** ✆ 053 913 3318; **Hertz,** ✆ 053 913 3238; **Murray's,** ✆ 053 9133 634; alle Büros im Terminal des Fährhafens.
• *Sport* **Watersports Centre,** R-Strand, ✆ 053 913 2566, www.rosslareholidayresort. com, verleiht Windsurfing-Ausrüstungen, und Kanus.

Übernachten/Essen

Jedes zweite Haus auf der Halbinsel scheint als B&B seinen Besitzern ein Zubrot zu bringen. Die Preise beginnen bei 60 € für das DZ mit Frühstück und gehen in der Hochsaison bei komfortabler Ausstattung mit Bad, TV und Kaffeemaschine bis 80 €.

**** Kelly's Strand Hotel, R-Strand, ✆ 053 913 2114, www.kellys.ie, DZ 150–200 €. Das beliebte Familienhotel liegt direkt am Strand und besticht mit allerlei Sport- und Freizeitangeboten und sogar einem Nachtclub. Das Hausrestaurant La Marine pflegt exzellente Küche im Bistrostil.

Ferryport House, R-Harbour, ✆ 053 913 3933, www.ferryporthouse.com, DZ 80–90 €. Ein neu eingerichtetes Gästehaus mit Restaurant, das irisch-britische und chinesische Küche pflegt. Tägl. ab 18 Uhr, Hauptgericht bis 18 €.

B&B Saint Martin's, St. Martin's Road, R-Harbour, ✆ 053 913 3133, www.stmartins rosslare.com, DZ 80 €. In diesem stattlichtrutzigen Haus hätte man die historische Residenz eines Hafenmeisters oder Kommandanten der Küstenwache vermutet –

doch weit gefehlt, es handelt sich um einen Neubau im neogeorgianischen Stil. Die Räume sind hoch, lichtdurchflutet, hell gestrichen und modern eingerichtet, eines der acht Fremdenzimmer hat sogar ein Himmelbett. Wer früh zur Fähre muss, bekommt ein Frühaufsteherfrühstück.

Camping St. Margret's Beach, Lady's Island, ✆ 053 9131169, März–Okt., 2 Pers. mit Zelt 17 €. Der einzige noch verbliebene Zeltplatz nahe der Fähre – kein Wunder, wo doch die Kundschaft von gestern heute den Billigflieger nimmt. Der einfache Platz liegt in einer stillen Ecke am Südwestzipfel Irlands, etwa 10 Gehminuten von einem Sandstrand entfernt. Die Zufahrt ist ab der N 25 bei Tagoat ausgeschildert.

Der Südosten
Karte S. 266/267

274 Der Südosten/County Wexford

Rosslare/Umgebung

▸ **Lady's Island:** Die schmale Landzuge im **Lough Tougher,** einer Lagune südlich von Rosslare, ist am 15. August und 8. September Ziel einer großen Wallfahrt. Wie die Muslime in Mekka die Kaaba umrunden die Pilger, viele barfuß, mit lebensgroßen Marienstatuen die Halbinsel. Besonders Bußfertige robben auf den Knien. Außerhalb der Pilgertage gehört Lady's Island, wo noch die Ruinen der Abtei und einer Normannenburg stehen, den Vögeln.

▸ **Kilmore Quay:** Trotz einzelner strohgedeckter Cottages und seines neuen Yachthafens ist Kilmore Quay noch kein Bilderbuchort, sondern ein Fischerdorf mit einem dreckigen, lauten und geschäftigen Hafen, in dem vor allem Hummer und Weißfische umgeladen werden. An Bord des ausgemusterten und zu einem Museum umgerüsteten Feuerschiffs „Guillemot" sind Modellschiffe und Gemälde mit stürmischen Seeszenen ausgestellt. Auch Kehoe's Pub ist voll mit maritimen Exponaten: Sie wurden weitgehend aus untergegangenen Schiffen geborgen.

• *Verbindung* **Wexford Bus** (www.wexford bus.com) verbindet Kilmore Quay mit Wexford. Ebenfalls von Wexford fährt Bus Éireann Mi und Sa nach Kilmore Quay.

• *Feste* Mitte Juli **Seafood Festival:** Musik, Tanz und Imbissstände mit preiswertem Fisch.

☉ **Museumsschiff Guillemot:** Juni–Sept. tägl. 12–18 Uhr; Mai, Okt. nur Sa/So. Eintritt 4 €. www.feuerschiffseite.de/u-irland.htm.

• *Tauchen* Matt Givens' **Pier House Dive Centre,** ✆ 053 9129703, scubabreaks@ eircom.net, vermietet Tauchausrüstungen und führt Tauchgänge zu den Wracks, die vor Kilmore auf dem Meeresgrund ruhen.

• *Übernachten/Essen* **Hotel Saltees,** ✆ 053 912 9601, www.hotelsaltees.ie, DZ 120–140 €. Das neu möblierte Haus hat gerade mal zehn Zimmer, die tadellos eingerichtet, aber auch nichts Besonderes sind. Das Hauptgeschäft läuft im Hotelrestaurant, dessen französischer Chef Dominique Dayot sich im Shelbourne bei New Ross einen Ruf erkochte. Empfohlen sei der Steinbutt mit Spinat und Pilzen oder das „Rendez-vous de Poissons". Restaurant tägl. ab 18 Uhr geöffnet, So auch mittags.

Quay House, ✆ 053 912 9988, www.quay house.net, DZ 90 €. Hier war einmal das Postamt untergebracht. Eher nüchterne Zimmer mit neuen Weichholzmöbeln, TV und Bad.

Silver Fox, ✆ 053 912 9988, www.thesilver fox.ie. Das gediegene und preisgekrönte Seafood-Restaurant hat einen legendären Ruf – mittags gehört es den Freizeitkapitänen vom Yachthafen, doch am Wochenende kommen die Gäste sogar von Dublin, weshalb dann Reservierung angesagt ist. Offen Mo–Sa ab 12.30 Uhr, So ab 16 Uhr.

▸ **Saltee Islands:** Die Felseninseln etwa 5 km vor der Küste waren der letzte Zufluchtsort von *Bagenal Harvey* und *John Colclough,* zwei Führern der Rebellion von 1798, die hier vergeblich auf das rettende französische Schiff warteten. Stattdessen kamen die Briten und brachten die beiden nach Wexford, wo sie gehängt wurden. 1943 erfüllte sich *Michael Neale* den Traum von der eigenen Insel, kaufte den Mini-Archipel und krönte sich zum König. Auf **Great Saltee** errichtete er sich einen Thron und ein Denkmal. Seit dem Ableben Seiner Exzellenz darf man die Inseln auch ohne Visum besuchen. Die 50.000 Seevögel, die hier im Frühling und Frühsommer nisten, haben sowieso auf seine Erlaubnis gepfiffen.

Überfahrt Überfahrten vermittelt das Tourist Office in Wexford, oder man fragt gleich die Fischer in Kilmore. Juli/Aug. starten die Ausflugsschiffe regelmäßig gegen 11 Uhr. Mehr als 25 €/Person sollte die Fahrt nicht kosten.

Halbinsel Hook

Hier im Südosten verändert sich die Küste schnell. Die Normannenstadt Clonmines ging unter, nachdem ihr Hafen versandet war, und der Stadt Bannow erging es kaum besser: Sie erstickte im Treibsand.

Flache, bei Ebbe leerlaufende Buchten werden auf alten Steinbrücken überquert. An den Seiten der schmalen, kurvenreichen Landstraße, die uns nach Hook bringt, verhindern hoch gewachsene Hecken den Blick auf das flache Land – und somit jede Orientierung. In Irland wird man gewahr, dass offene Landschaft, in der jeder quer über die Felder laufen kann, keine Selbstverständlichkeit ist. Entlang der Küste stehen vergessene Burgen und Kirchenruinen. Den Reigen eröffnen die graubraunen Wohntürme von **Clonmines,** die wie Bäume aus einer Wiese zu wachsen scheinen. **Tintern Abbey** wurde im 12. Jh. von William Marshall in Erfüllung eines Gelübdes gegründet. Vergessen ist, wer sich in den Kleinburgen von **Slade** und an der **Booley Bay** gegen wen verteidigte. Erst in **Duncannon** stehen die Historiker wieder auf sicherem Boden. Das Fort sollte die Insel vor der spanischen Armada schützen, deren Schiffe aber bekanntlich nur als Wracks bis nach Irland kamen, nachdem ein Sturm der englischen Flotte die Arbeit abgenommen hatte.

⏰ **Tintern Abbey,** 15.6.–Sept. tägl. 9.30–18.30 Uhr, Okt. bis 17 Uhr; Eintritt 3 €. **Fort Duncannon,** Juni–Sept. tägl. 10–17.30 Uhr, Eintritt 5 €, www.duncannonfort.com.

▶ **Baginbun:** In dieser idyllischen Sandbucht unweit des Hauptortes **Fethard** begannen 1169 die Normannen die Eroberung Irlands. Sie befestigten den Platz mit Wällen und Gräben, die man auf dem Plateau um den Turm ausmachen kann, und raubten in der Umgebung alles Vieh zusammen, dessen sie habhaft werden konnten. Als die zahlenmäßig weit überlegenen irischen Verteidiger aus Wexford anrückten, trieben die Invasoren die Rinder auf den Gegner zu und errangen so einen Überraschungssieg. Der später gegen eine mögliche Landung Napoleons errichtete Martello-Turm ist heute zwar ein privates Wohnhaus, aber wehrhaft wie eh und je – jetzt wird das Grundstück gegen unbefugte „Trespasser" verteidigt.

▶ **Hook Head:** Mit gerade 50.000 Besuchern im Jahr gilt die Halbinsel Hook als touristisch unterentwickelt. Alle Hoffnungen richten sich deshalb auf den **Leuchtturm** am Kap, der für das Publikum geöffnet und zu einem Heritage Centre mit Café und Souvenirladen ausgebaut wurde. Sogar die US-amerikanische Lighthouse Society macht bei ihren regelmäßigen „Heritage Tours" zu den Leuchttürmen der alten Welt am Hook Head Station, um das Innenleben des schwarz-weiß gestreiften Zylinders mit seinen drei massiven Gewölben kennen zu lernen. Der erste Signalturm wurde Ende des 12. Jh. von dem normannischen Heerführer *Raymond le Gros* gebaut. Doch soll es an dieser Stelle schon früher ein Leuchtfeuer gegeben haben, das von Mönchen unterhalten wurde – sozusagen als Lebensversicherung, denn die marodierenden Wikinger waren für das Signalfeuer so dankbar, dass sie den Brüdern nie ein Haar krümmten. Bis 1641, also noch lange nach der Auflösung der Klöster durch Heinrich VIII., schleppten Mönche das Brennmaterial die 149 Stufen des Turms hinauf.

⏰ **Leuchtturm,** Juni–Aug. tägl. 9.30–18 Uhr, Mai/Sept. bis 17.30 Uhr, Okt.– Nov.–März bis 17 Uhr (letzte Führung 30 Min. vor Schließung, Nov.–Febr. nur Sa/So); Eintritt 6 €. www.thehook-wexford.com.

276 Der Südosten/County Wexford

Bei einem Spaziergang über das Kalksteinmassiv am Kap stolpert man geradezu über im Stein eingebackene Fossilien. Möwen stehen, trotz Wind, scheinbar bewegungslos in der Luft, um dann abrupt im Sturzflug auf die Gischt zuzuhalten. Mit seinen Grotten und Löchern ist das Kap ein beliebter Tauchgrund, der mit maximal 15 m Tiefe nicht allzu viel Erfahrung voraussetzt. Wenn das Meer zu stürmisch ist, probieren Sie es in Churchtown oder südlich des Hafens von Slade, wo es auch ein Tauchzentrum gibt.

• *Information* www.thehook-wexford.com.

• *Verbindung* Mo u. Do hält der **Bus** von Wexford nach Waterford in Fethard. Die **Autofähre** von Passage East nach Arthurstown verkürzt den Weg nach Waterford um 50 km.

• *Übernachten* * **Naomh Seosamh,** Main St., Fethard, ✆ 051 397 129. Unter neuer Leitung wird das in die Jahre gekommene Dorfhotel gerade umgebaut und erweitert. **B&B Seashells,** Strand Road, Duncannon. ✆ 051 389 1995, dympnamolloy@yahoo.ie DZ 80 €. Direkt über dem Strand gelegen, modern eingerichtet, sauber und mit viel

Platz sogar im Bad. Es gibt drei Zimmer, die um einen Gemeinschafts-/Frühstücksraum gruppiert sind. Neben dem üblichen Wasserkocher und Tassen steht im Gemeinschaftsraum immer auch eine Schüssel mit süßen Sachen bereit. Eropäisches Frühstücksbuffet (sorry, no fry!). (Lesertipp von Christel Steigenberger)

• *Camping* **Ocean Island,** Fethard, ✆ 051 397 148, Ostern–Sept., 24 € pro Zelt. Die Wiese mit jungen Bäumen ist trotz der vielen Trailer von den Plätzen auf der Halbinsel noch der ansprechendste.

New Ross

Mit seinen Öltanks und Lagerhäusern ist New Ross, an der südlichsten Brücke über den River Barrow, nicht unbedingt eine Ferienstadt. Dabei kann sich der an einem Berghang gelegene Ortskern durchaus sehen lassen. Auch die Uferpromenade gibt sich nobel: Essen im „Ritz", dann ein Bier und bei Bedarf auch ein Bett im „Hilton" – wer will da sagen, dass New Ross keine Stadt von Welt sei. Etwas flussab ankert die in New Ross gezimmerte Replik des Hungerschiffs **Dunbrody,** das einst die Emigranten nach Amerika schipperte. Die Eintrittskarte ist unser Ticket in die Neue Welt. An Bord beklagen Anne White (Decksklasse) und Mrs. O'Brien (1. Klasse) die haarsträubenden Zustände, Kapitän Williams hatte bei unserem Besuch gerade frei.

• *Information* South Quay St. beim Hungerschiff, ✆ 051 421 857, April–Sept. tägl. 9–18 Uhr, Okt.–März tägl. 10–17 Uhr, in einem umgebauten Getreidespeicher. www.new rosstourism.com.

• *Verbindung* Von der Haltestelle vor der Mariners Bar am Kai Busse nach Dublin, Wexford, Limerick, Tralee und Waterford.

⑦ der **SS Dunbrody:** April–Sept. tägl. 9–18 Uhr, Okt.–März tägl. 10–17 Uhr (letzte Führung 1 Std. vor Schließung); Eintritt 7,50 €. www.dunbrody.com.

• *Übernachten* **MacMurrough Farm Hostel (IHH),** 3 km nordöstlich (Abholservice), ✆ 051 421 383, www.macmurrough. com, März–Okt., Bett 20 €, DZ 45 €, Ferienwohnung 380 €. Ein mit viel Mühe und Eigenarbeit auf den Stand der Zeit moderni-

siertes Gehöft dient nun als gemütliches Hostel. Der frühere Stall wurde zum Ferienapartment für 2–3 Personen umgestaltet. Brian und Jenny holen ihre Gäste bei Bedarf in New Ross ab. Selbstfahrer finden im Internet eine Wegskizze.

• *Essen* **Galley Cruising Restaurant,** ✆ 051 421 723, www.rivercruises.ie, Apr.– Okt. Wie in der wohlerzogenen Familie verlässt keiner vorzeitig den Tisch – wohin auch, denn das schwimmende Restaurant kreuzt zu Lunch (30 €) und Dinner (53 €) auf dem River Barrow.

Café Nutshell, 8 South St. Ein Reformhaus mit Coffeeshop, leckere Kuchen, mittags Suppe, Lasagne, Hühnchen etc., Hauptgericht um 10 €, So Ruhetag.

New Ross/Umgebung

▶ **John-F.-Kennedy-Arboretum:** Der Park mit 4500 Bäumen und Büschen auf 252 ha wurde 1968 von US-amerikanischen Iren gestiftet und nach Präsident Kennedy benannt, dessen Großvater Patrick 1858 das kleine Dörfchen *Dungastown* verließ und nach Amerika auswanderte. Die nach Gattungen angeordneten Pflanzen sind beschildert und zusätzlich auf einem Rasterplan eingezeichnet, damit sehr gut mit dem erläuternden Text im Begleitheft zu identifizieren.
  ⏱ Mai–Aug. tägl. 10–20 Uhr, April u. Sept. tägl. 10–18.30 Uhr, Winter tägl. 10–17 Uhr; Eintritt 3 €. Ballyhack Rd. www.heritageireland.ie.

▶ **Kilmokea Gardens:** Das Landgut liegt auf einer früheren Insel im Mündungsdelta des River Barrow. Der Park teilt sich in einen italienisch anmutenden Ziergarten mit gepflegten Beeten und strengen Formen sowie in die künstliche Wildnis eines Landschaftsgartens mit Rhododendron, Magnolien und vom Gurkenkraut überwucherten Wegen. Gartenfreunde können sich auch mehrere Tage hier verlustieren: Im Gutshaus warten sechs noble Fremdenzimmer auf zahlende Gäste.
  ⏱ **Garten,** März–Nov. tägl. 10–18 Uhr; Eintritt 6 €. **Übernachten** ✆ 051 388 109, www.kilmokea.com. DZ 150–300 € zzgl. Dinner. Kilmokea ist von der R 733 bei Campile ausgeschildert.

▶ **Dunbrody Abbey:** Wo sich nach dem Zusammenfluss von River Suir und Barrow allmählich die Bucht von Waterford Harbour zu öffnen beginnt, stehen die Ruinen der 1210 gebauten Zisterzienserabtei Dunbrody. Ein kleines Museum erzählt die Geschichte des Klosters, ein Heckenlabyrinth verspricht Irrungen.
  ⏱ Mai bis Sept. tägl. 11–18 Uhr; Eintritt 6 €; an der R 733; www.dunbrodyabbey.com.

Kerrygold oder T-Bone?

Es nagt der Zahn der Zeit an Kells Priory

County Kilkenny

Highlights im County Kilkenny

- **Kilkenny City** – wildes Nachtleben und gute Festivals in mittelalterlichen Mauern (S. 279)
- **Kilkenny Castle** – und irgendwo in den viktorianischen Gemächern und Korridoren geistert die gescheiterte Petronella unter den düsteren Blicken der Schlossherren (S. 284)
- **Bennettsbridge** – kunsthandwerkliches Shoppen für Freunde edlen Interieurs und andere Nestbauer (S. 288)
- **Jerpoint Abbey** – Ritter, Mönche, Gecken, Narren und andere schräge Typen zieren als lebensechte Steinfiguren den Kreuzgang der Abtei (S. 288)

County Kilkenny

Eine fruchtbare Kalksteinebene nährt die Bewohner der verstreuten, für die Landschaft typischen Landgüter und Einzelgehöfte.

Kilkenny und besonders das Tal des River Barrow waren im Mittelalter die bevorzugten Siedlungsgebiete der normannischen Eroberer. Von ihnen sind nur wenige Mauern und Ruinen geblieben, doch meint man in Kilkenny Town noch etwas vom Stolz derer zu verspüren, die sich für etwas besseres hielten als die keltischen Eingeborenen. Die Ruinen von Kells Priory und Jerpoint Abbey zeugen vom Prunk, den die Kirche im Mittelalter entfaltete. Im Süden des Countys schieben sich sanfte Hügel zwischen River Nore und Suir. Hier ist das Land dünner besiedelt.

Kilkenny (Stadt)

Die Normannengründung am Ufer des Nore war unter den irischen Kleinstädten immer etwas besonderes – kein übergroßes Dorf wie etwa das benachbarte Tipperary, sondern eine wirkliche Stadt mit bürgerlichem Flair. Als „irisches Rothenburg" begeistert es nicht nur Amerikaner.

Kilkenny (23.000 Einwohner) ist eine mittelalterliche Preziose. Uralte, wuchtige Häuser aus grauem Stein säumen enge Gässchen und Stiegen, auch die neueren Bauten und sogar der Supermarkt fügen sich ins Stadtbild ein. Die bunten Glasfenster der Pubs wetteifern mit denen der Kirchen, und am Abend rufen die Klänge von Thin Whistle und Bodhrum in den Pub. Kilkenny ist *der* Touristenmagnet im Südosten und gleichzeitig eine Hochburg des Hurling, des urtümlichen irischen Hockeys.

Geschichte

Ihren Namen haben Stadt und County von *Cill Chainnigh,* der ersten um die Zeit Columcilles hier errichteten Kirche. Seit *James Butler,* Earl of Ormonde, 1391 die Burg erwarb, schrieben die Butlers die Stadtgeschichte. Obwohl außerhalb des Pale, war Kilkenny eine anglo-normannische Bastion. Berühmt-berüchtigt wurden die *Statuten von Kilkenny* (1366), die Grundlage eines Apartheidregimes, das eine Vermischung von Iren und Anglo-Normannen zu unterbinden beabsichtigte. Kein Bewohner Kilkennys und niemand sonst aus der anglo-normannischen Oberschicht durfte irisch sprechen, irische Kleidung tragen, irischen Sport treiben, und eine anglo-irische Mischehe wurde als Hochverrat betrachtet.

Information/Verbindungen/Diverses (siehe Karte S. 281)

● *Information* Rose Inn St., ✆ 056 7751 500, geöffnet Mai–Sept. Mo–Fr 9–18 Uhr, Sa 10–18 Uhr, So 11–13/14–17 Uhr; Okt.–April Di–Sa 9–13, 14–17 Uhr. Das Touristenbüro ist im historischen Armenhaus (1582) untergebracht, nach seinem Stifter auch **Shee Alms House** genannt. Stadtplan und ein Kurzführer zur Stadt gibt es gratis. Im **Internet** präsentiert sich Kilkenny unter www.kilkenny.ie, www.kilkennytourism.ie und www.kilkennycity.net. Veranstaltungstermine gibt's unter www.whazon.com.
● *Verbindung* **Zug** (www.irishrail.ie, Bahnhof ✆ 056 772 2024) nach Dublin und Waterford; **Busse** der Gesellschaft *Bus Éireann* (www.buseireann.ie, ✆ 01 836 6111) vom Bahnhofsplatz und von der Patrick St. nach Dublin, Wexford – Rosslare, Waterford,

280 Der Südosten/County Wexford

Limerick und Galway. Am Platz vor der Burg halten die Busse von *Kavanagh & Sons*, (www.jjkavanagh.ie, ✆ 056 883 1106) nach Clonmel und Carlow – Dublin und von *Buggy's Coaches* (✆ 056 444 1264) zur Jugendherberge Foulksrath und zur Dunmore Cave.

● *Parken* Zentral auf dem Parkplatz von **Dunnes**, bis 8 Std. für 1,20 €/Std. Gratisparkplätze gibt's nur weitab vom Stadtzentrum.

● *Autoverleih* **Barry Pender Motors,** Dublin Rd., ✆ 056 776 5777, www.barrypender.com.

● *Fahrräder* **J.J. Wall (13),** 88 Maudlin St., ✆ 056 7721 336.

● *Kunsthandwerk* **Kilkenny Design Centre/ National Craft Gallery (2),** Castle Stables, www.kilkennydesign.com, Mo–Sa 9–18 Uhr, April–Dez. auch So 10–18 Uhr. Das Zentrum in den umgebauten Stallungen der Burg setzte maßgebliche Impulse für die Entwicklung des modernen irischen Kunsthandwerks.

Juwelier Rudolf Heltzel, 10 Patrick St., Mo–Sa 9.30–13 und 14–7.30 Uhr. Der in Deutschland geborene Künstler zählt zu Irlands führenden Juwelieren. auch Stücke nach Ihren eigenen Entwürfen werden hier gefertigt.

● *Greyhoundrennen* Mittwochs und freitags 20 Uhr im James Park an der Freshford Rd., Eintritt 10 €. www.igb.ie.

● *Stadtführungen* bietet im Sommer täglich mehrmals für 6 € **Tynan Tours,** ✆ 056 7765 929. Ebenfalls am Tourist Office beginnen Kavanaghs Stadtrundfahrten im Cabriobus.

● *Waschsalon* **Brett's Laundrette (9),** Michael St., Mo–Sa 8.30–19.30 Uhr.

Übernachten/Camping

*** **Kilkenny Hotel (27),** College Rd., ✆ 056 776 2000, www.griffingroup.ie, DZ 120–260 €. 10 Min. vom Zentrum. Ein verwinkeltes Haus mit hübschem Wintergarten; die Zimmer in einem modernen Anbau, geräumig und gediegen möbliert. Zum Hotel gehören Pool, Sauna und Tennisplatz.

** **Club House Hotel (24),** Patrick St., ✆ 056 772 1994, www.clubhousehotel.com, DZ 90–230 €. Das ältere, renovierte Haus war früher Treffpunkt von Kilkennys Jagdgesellschaften. Fuchs und Jagdhund grüßen in der Eingangstür, im Treppenaufgang hängt eine wertvolle Sammlung politischer Karikaturen des 19. Jh., im Speisesaal grüßen röhrende Hirsche sowie eine weitere Karikatur, die diesmal die Jäger auf die Schippe nimmt. Ein Großteil der Zimmer wurde renoviert und dem Haus ein moderner Anbau hinzugefügt.

Zuni (22), 26 Patrick St., ✆ 056 772 3999, www.zuni.ie, DZ 105–220 €. Zum Restaurant (siehe unten) gehören auch einige Fremdenzimmer: minimalistisch und schnörkellos eingerichtet mit klaren Linien und raffinierter Beleuchtung.

Abbeylodge (4), Dean St., ✆ 056 777 1866, www.abbeylodge.ie, DZ 70–110 €. Ebenfalls zentrumsnah gelegen, wurde diese Pension runderneuert und mit stylischen Designermöbeln und Leuchtern ausgestattet – sicher nicht nach jedem Geschmack, aber cool und trendy. Auf Wunsch organisiert die gesprächsfreudige Wirtin sogar die Morgenzeitung.

Bregagh House (5), Rosanne Brennan, Dean St., ✆ 056 772 2315, www.bregaghouse. com, DZ 80–100 €. Das gepflegte Guesthouse mit 14 Zimmern steht nur wenige Gehminuten vom Zentrum. Bäder und Teppichböden wurden kürzlich erneuert.

B&B Carriglea (26), Josephine O'Reilly, Archers Av., Castle Rd., ✆ 056 776 1629, www.iol.ie/~archers, März–Okt., DZ 75 €. Hübsches, mit wildem Wein und Rosen beranktes Haus in einem ruhigen Wohnviertel in Gehweite zum Zentrum. Kommunikative Wirtin, viele amerikanische Gäste.

B&B Rosquil House (1), Castlecomer Rd., ✆ 056 772 1419, www.rosquilhouse.com, DZ 90–110 €. Neues B&B am Stadtrand, 20 Gehminuten vom Zentrum. Eingerichtet im moderaten Landhausstil, geräumige Bäder, als besondere Geste gibt's für die Gäste jeden Abend eine Flasche Mineralwasser aufs Zimmer.

B&B Mena House (2), Katherine Molloy, Castlecomer Rd., ✆ 056 776 5362, www. menahousebandb.com. DZ 80 €. Der Komfort des gleichnamigen ägyptischen Nobelhotels wird nicht erreicht, doch das Haus beim Newpark-Hotel (1 km außerhalb) bietet Zimmer mit Sitzecke und Teekocher.

Kilkenny Tourist Hostel (7) (IHH), 35 Parliament St., ✆ 056 776 3541, www.kilkenny hostel.ie, Bett 16–19 €, DZ 45 €. Ein Altbau mit kleinen, einfachen und hellen Zimmern (6–8 Betten), Zentralheizung und gemütlichem Kaminfeuer in der Lounge.

Kilkenny (Stadt) 281

Übernachten
1. Rosquil House
2. B&B Mena House
4. B&B Abbeylodge
5. B&B Bregagh
7. Kilkenny Tourist Hostel
21. Wesley House Hostel
22. Zuni
24. Club House Hotel
26. B&B Carriglea
27. Kilkenny Hotel

Essen & Trinken
12. Marble City Bar
15. Lacken House
16. Pantry Coffeeshop
17. Lautrec's
19. Café Sol
20. Fleva
22. Zuni

Nachtleben
3. Watergate Theatre und The Zoo
6. O'Faolain's
7. Morrissey's Club
8. John Cleere's und Pumphouse
10. Daniel Bollard's
11. Edward Langton's
12. Jim Holland's/Maggie
14. Kyteler's Inn und Nero's
18. Tynan's Bridge Bar
23. Cineplex

Sonstiges
9. Brett's Laundrette
13. J.J. Wall Bike Hire
25. Kilkenny Design Centre

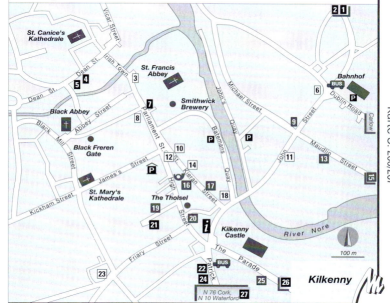

Der Südosten Karte S. 266/267

Wesley House Hostel (21), William St., neben der methodistischen Kirche. ✆ 056 775 6726, Bett 15–20 €. Das Hostel im alten Pfarrhaus machte bei unserem Besuch einen etwas improvisierten Eindruck und war weitgehend von osteuropäischen Gastarbeitern belegt. Einfache Sanitäranlagen, großzügige Küche.

Foulkesrath JH, Jenkinstown, ✆ 056 776 7674, www.anoige.ie, Bett 12–15 €, ganzjährig geöffnet. 13 km nördlich von Kilkenny (Mo–Sa 11.30 u. 17.30 Uhr Bus „Castlecomer" ab Tourist Office), etwas ab vom Schuss, dafür romantisch in einer echten Normannenburg. Getrennte Schlafsäle, gute große Küche, in den Sanitäranlagen Probleme mit der Feuchtigkeit – es ist halt ein altes Gemäuer.

● *Camping* **Tree Grove,** Danville House, 1 km vom Zentrum an der R 700 Richtung New Ross, ✆ 056 777 0302, www.treegrovecamping.com, 2 Pers. mit Zelt 15–20 €. Der Platz wird von einem jungen Paar geführt, das auf der angrenzenden Farm (mit B&B) lebt. Neuankömmlinge bekommen Infomaterial zur Stadt und zu aktuellen Veranstaltungen. Saubere teilw. behindertengerechte Sanitäranlagen in ausreichender Zahl, Warmduschen gratis. Aufenthaltsraum mit TV, Billard und diversen Spielen, (Lesertipp von H. u. G. Müller).

282　Der Südosten/County Wexford

Nore Valley Park, Bennettsbridge, 13 km von Killarney, ✆ 056 772 229, www.norevalleypark.com , März–Okt., 2 Pers. mit Zelt 20 €. Der leicht geneigte, teilw. terrassierte Platz liegt am Waldrand. Gute Sanitäranlagen, im Haus des Platzwarts ein kleiner Laden für den täglichen Bedarf.

Essen (siehe Karte S. 281)

Lacken House (15), Dublin Rd., ✆ 056 776 1085, www.lackenhouse.ie, Di–Sa abends, Dinnermenü 60 €, auch Fremdenzimmer. Die Rezepte, z. B. die mit Äpfeln und Walnüssen gefüllte Gans, die pochierte Brasse mit frischer Kräutersauce oder der Blackpuddingauflauf, sind bodenständig solide, aber wenig originell. Die Gourmetpreise, die das Lokal einheimst, verdient es sich weniger durch Kreativität als durch die Perfektion, mit der hier gearbeitet wird. Vom Einkauf der Zutaten bei ausgewählten Betrieben der Region über die sorgfältige Zubereitung und den makellosen Service: alles stimmt bis aufs i-Tüpfelchen – Barry Foley's Gaumenfreuden sind kaum zu übertreffen.

Zuni (22), 26 Saint Patrick St., ✆ 056 772 3999, www.zuni.ie. Stylish, schick und angesagt, gut schmecken tut's auch. Vom griechischen Vorspeisenteller bis zu Krabben auf chinesische Art – „Weltküche" sozusagen. Lunch (Hauptgericht um 20 €) Di–Sa 12.30–14.30 Uhr, So 13–15 Uhr; Dinner (Hauptgericht 20–30 €) Mo–Sa ab 18.30 Uhr, So ab 18 Uhr.

Fleva (20), 84 High St. (über Benetton), ✆ 056 777 0021, www.fleva.ie. Hohe, farbenfroh gestrichene Altbauräume mit schneeweiß gedeckten Tischen und wechselnder Kunst an den Wänden. Gekocht wird international mit irischem Touch: Straußensteak vom im irischen Regen gemästeten Wüstenvogel oder doch lieber Weidelamm? In der Saison auch Wildgerichte. Di–Sa 12.30–14.30, 18.30–22 Uhr, im Sommer auch Sonntagabend geöffnet. Hauptgericht mittags 12–16 €, abends 20–30 €, Dinnermenü 40 €.

Marble City Bar (12), 66 High St.; Blickfang in der knallroten Fassade das moderne bleiverglaste Fensterkunstwerk. Zur Renovierung der alteingesessenen Bar engagierten die Besitzer den renommierten Innenarchitekten David Collins und machten die Marble City Bar damit zum Stadtgespräch. Das Ergebnis ist neben dem gestylten Schaufenster ein spärlich beleuchteter Raum mit langem Tresen und braunen Ledersofas. Die Esstische finden sich ganz am Ende. Die Klientel ist jung, hip und geschäftig. Die „neue irische Barfoodküche" bringt etwa hausgemachte Burger mit Lavistown-Käse oder Fish'n'Chips als Kabeljau im Bierteig mit Pommes auf den Tisch. Mittagsmenü 20 €, Dinnermenü 25 €, Küche tägl. durchgehend 10–21.30 Uhr.

Lautrec's Brasserie (17), 9 Saint Kieran St., www.lautrecs.com; die modern eingerichtete Weinbar bietet sich für einen zweisamen Abend bei Kerzenschein und Softmusik an. Zu Essen gibt's Pizza, Tex-Mex-Küche und auch viele vegetarische Gerichte. Tägl. ab 18 Uhr.

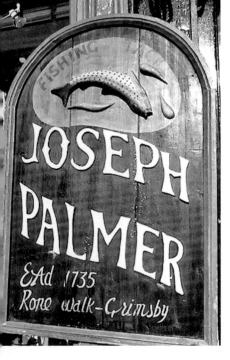

Kilkenny (Stadt) 283

Café Sol (19), William St., www.cafesol kilkenny.com. „Neue irische Küche", z. B. als einfache Mittagsgerichte Linsen mit Geflügelleber oder als regionale Spezialität Lavistown-Würstchen mit Kartoffelbrei und Senfsauce. Abends zum gediegenen Candlelight-Dinner empfiehlt sich die Entenbrust mit Honig, Äpfeln und Rosmarin. Mittagsgericht 9–18 €, Abendgericht 16–25 €. Mo–Sa ab 11.30 Uhr, So ab 12 Uhr.

Kyteler's Inn (14), Saint Kieran St., www. kytelersinn.com, das Essen (Mo–Sa 12–15 Uhr), etwa Lammkeule mit Pfefferminzsauce oder Quiche Lorraine, ist solide und relativ günstig, die Auswahl für einen Pub erstaunlich groß. Hauptattraktion ist aber

sicher das Ambiente: Gemächer aus nackten Felssteinen und rohen Balken, alter Plunder vom Hochrad bis zur Schlachtbank in einem der ältesten Häuser der Stadt.

Pantry Coffeeshop (16), Saint Kieran St. Bei den Einheimischen beliebter Mittagstisch mit eigener Bäckerei, auch gut zum Nachmittagstee. Mo–Sa 8–18 Uhr.

Restaurant im Kilkenny Design Centre (25), Castle Stables. Bei den Einheimischen zum Lunch gleichermaßen populär wie bei den Touristen nach der Schlossbesichtigung. Legendär sind die Fischsuppe und das Rindfleisch mit Pilzren im Tontopf. Selbstbedienung, offen tägl. 11–19 Uhr.

Am Abend (siehe Karte S. 281)

Museumsreife Pubs mit Buntglasfenstern und schweren Vorhängen oder einfache, wenig förmliche Kneipen finden sich entlang der High Street und der Parliament Street sowie jenseits der Brücke in der John Street.

Kyteler's Inn (14) (s. o.), Saint Kieran St., bedient ein nicht mehr ganz junges Publikum; im Sommer beinahe täglich Sessions oder Livebands. Nur Fr/Sa öffnet **Nero's,** der Dancefloor des Hauses.

Jim Holland's/Maggie's (12), Saint Kieran St.; eine „old style bar", deren Einrichtung älter scheint als die Gäste. Rock u. Traditionals im Kellergewölbe, Publikum bis 30.

Daniel Bollard's (10), Saint Kieran St.; die vornehme, leicht sterile Bar mit wertvollen Buntglasfenstern ist Treffpunkt der Sportfans; Fußball und die speziell gälischen Leibesübungen flimmern hier über die Mattscheibe und werden engagiert kommentiert. Mit Restaurant und gelegentlichen Kleinkunstaufführungen.

Edward Langton's (11), John St. Mehrfach zum „Pub des Jahres" geadelt, Di + Sa Disco für die gereifte Jugend. Eine ganze Flucht von Räumen mit dunklem Holz, verglasten Dachlaternen, dazwischen hier eine Kasse aus Omas Laden und dort ein alter Wälzer aus Opas Bibliothek. Publikum aller Altersgruppen und Schichten, mit Barmeals und Restaurant.

Pumphouse (8), 27 Parliament St., http://pumphousekilkenny.ie. Von Mai–Sept. spielt hier So–Mi abends die Hausband Folkmusik und andere Kneipenklassiker. Für Sportbegeisterte gibt's samstags Fußball auf dem Großbildschirm, „Aktive" spielen Poolbillard und Darts. Publikum um

die 20 Jahre alt, Raucher treffen sich auf der Dachterrasse.

O'Faolain's (6), im Kilford Arms Hotel, John St. Angesagter Club mit drei Etagen, Mauern und Fenster einer aus Wales hierher versetzten Kirchenruine stiften gotisches Ambiente. Geöffnet bis 2 Uhr, Eintritt 10–15 €.

Tynan's Bridge Bar (18), Batemans Quay. Bier wie zu Queen Victorias Zeiten, sehr volkstümlich, doch eine echte Sehenswürdigkeit: im windschiefen Lokal ist noch die Einrichtung eines alten Ladens erhalten.

The Zoo (3), Parliament St., Livebands und Clubbing auch mal abseits des Mainstreams, hier treffen sich die Youngsters.

Morrissey's Club (7), Parliament St., http:// morrisseysbar.com. Kleine Kellerdisco gleich beim Hostel und von dessen Gästen gerne besucht, gelegentlich auch Livegigs. Wer früh kommt, hat freien Eintritt. Do–So ab 20 Uhr.

John Cleere's (8), 28 Parliament St., ☎ 056 776 2573. Kulturpub mit Theater und Kleinkunstbühne, literarische Lesungen, Mo Folkmusik.

Watergate Theatre (3), Parliament St., ☎ 056 776 1674, www.watergatekilkenny.com. Die städtische Bühne hat kein eigenes Ensemble, sondern zeigt Gastspiele von Theater- und manchmal auch Musikgruppen.

Cineplex (24), Fair Green, Gaol Rd., mit vier Leinwänden das einzige Kino der Stadt.

Der Südosten
Karte S. 266/267

284   Der Südosten/County Wexford

Feste/Veranstaltungen

Arts Week Festival, Ende August. Ein Festival der Hochkultur mit klassischer Musik, Theater, Lesungen. Programm und Tickets unter ✆ 056 775 2175, www.kilkennyarts.ie oder beim Theater in der Parliament St.

The Cat Laughs, Anfang Juni, ein Kabarett- und Comedy-Festival in den Pubs, Clubs und Theatern der Stadt. Tickets unter ✆ 056 776 3837 und www.thecatlaughs.com.

Kilkenny Rhythm & Roots Festival, Anfang Mai in verschiedenen Kneipen der Stadt, mit Country, Rock und American Roots Music. Programm unter www. kilkennyroots.com.

Kilkenny Source Festival, das größte Festivalereignis der Stadt läuft im Nowlan Park. Rod Stewart, Van Morrison und Bob Dylan waren hier schon zu Gast. Tickets ab 50 €. www.kilkennymusic.com.

Die Butlers

Als Theobald Walter, Mundschenk des Königs, 1185 zum „Chief Butler of Ireland" ernannte wurde, bedeutete dies keineswegs, dass das irische Volk damit einen besonders treuen Diener bekam – die Butlers setzten immer energisch die Interessen der Krone gegenüber denen der Iren durch. Mit dem Titel verbunden war das Anrecht auf alle Zolleinnahmen aus dem Weinimport, und der war erheblich. Von ihrem Stammsitz Kilkenny aus stiegen die Butlers schnell zur einflussreichsten Familie der Region auf. Selbst die Cromwellsche Wüterei überlebten sie unbeschadet: Der Earl ging ins Exil, seine Frau verwaltete die Güter, und mit der Restauration war er wieder zur Stelle. Auch in der Schlacht am Boyne standen die Butlers auf der richtigen, der protestantischen Seite. Erst 1714 geriet die Sippe auf den absteigenden Ast. Die Butlers wurden beschuldigt, mit den Spaniern auf eine Invasion Englands hingearbeitet zu haben. Als sie ihr Recht auf den Weinzoll schließlich verkaufen mussten, erlösten sie dafür die damals enorme Summe von 216.000 Pfund. Ihr Schloss in Kilkenny übergaben die Butlers erst 1967 für symbolische 50 IR£ an die Stadt.

Sehenswertes

Kilkenny Castle: Die Burg über dem Nore hat eine ähnliche Baugeschichte wie die Festung von Carlow. Richard Strongbow ließ 1172 einen Holzturm errichten, später wurde daraus ein trutziger Steinbau mit vier Ecktürmen, von denen noch drei erhalten sind. Das **Tor in der Westwand** (1684) ist das früheste, noch etwas unbeholfene Beispiel klassizistischer Architektur in Irland, der überwiegende Teil des Schlosses wurde sogar erst im 19. Jh. gebaut. Die Führung konzentriert sich auf die **Long Gallery**, den Trakt auf der Flussseite, der nach einer Totalrenovierung, bei der auch die völlig verfaulten Geschossdecken ausgewechselt werden mussten, in frischem Glanz erstrahlt. Von den Wänden der lichten Räume blicken düster-entrückt die Porträts der vielen Butlers, die hier fast 600 Jahre lang Hausherren waren. Die unglückliche *Petronella*, die – der Hexerei bezichtigt – 1324 auf dem Scheiterhaufen starb und seither als Geist umgeht, ist keines Ölgemäldes für würdig befunden worden, obwohl sie ja nun wirklich von allen am längsten hier zu Hause ist. Gegenüber diesen Gruseligkeiten sind die Gärten des Schlosses ein Lichtblick: Rosenrabatten, Springbrunnen, ein Kinderspielplatz –

Kilkenny (Stadt) 285

hier ließ und lässt es sich leben. Im Keller der Burg ist mit der **Butler Arts Gallery** eine Galerie für moderne Kunst zu Hause, in der Gesindeküche ist ein Restaurant eingerichtet.
① April–Mai tägl. 10.30–17 Uhr; Juni–Aug. tägl. 9.30–19 Uhr; Sept. 10–18.30 Uhr, Okt.–März tägl. 10.30–12.30, 14–17 Uhr; Eintritt 5,30 €, www.kilkennycastle.ie.

Tholstel: Das mit seinem achteckigen Uhrtürmchen das Häusermeer überragende Rathaus (1761) markiert in der High Street in etwa jene Stelle, wo einst Petronellas Scheiterhaufen stand. Auch das Rathaus brannte später nieder und wurde anschließend nach altem Vorbild wieder errichtet. Im Schatten des schmalen Durchgangs nebenan, der von der High zur Saint Kieran Street hinunter führt, standen früher die Milchhändler mit Quark, Käse und Butter – deswegen heißt die Passage *Butterslip*.

Rothe House: Das 1594–1604 von einer reichen Kaufmannsfamilie errichtete Gebäude ist das einzige in Irland noch erhaltene Beispiel für ein Wohn- und Geschäftsensemble der Tudorzeit. Zum Anwesen gehören außer dem **Vorderhaus** an der Parliament Street, in dem *John Rothe* und seine Frau Rose Archer ihr Warenhaus betrieben, ein **Wohntrakt** der mit zwölf Kindern gesegneten Familie und schließlich ein **Wirtschaftsgebäude** mit Großküche, Bäckerei und eigener Brauerei sowie ein nach altem Vorbild angelegter **Garten**. Die der städtischen Elite zuzurechnende Familie und ihre Nachkommen lebten somit in sehr großzügigen Verhältnissen, bis sie 1691 nach der Niederlage am Boyne von den Jakobiten enteignet und vertrieben wurden.

Rothe House

Die vor Jahrzehnten von der *Kilkenny Archaeological Society* begonnene Restaurierung ist abgeschlossen, die Häuser erstrahlen wieder in altem Glanz. Das kleine **Museum zur Stadtgeschichte** hat hier einen angemessenen Platz gefunden. In den Räumen mit holzgetäfelten Wänden und wuchtigen Deckenbalken sind archäologische Funde aus dem County und Dokumente des Parlaments ausgestellt, das bis ins 17. Jh. in Kilkenny zu tagen pflegte.
① April–Okt. Mo–Sa 10.30–17, So 15–17 Uhr; Nov.–März Mo–Sa 11–16 Uhr; Eintritt 5 €, www.rothehouse.com.

Smithwick-Brauerei: Die Nase weist den Weg. Der typische Biergeruch liegt über der ganzen Stadt, in der seit 1232 gebraut wird. Begonnen haben damit die Franzis-

286   Der Südosten/County Wexford

kaner, die sich auch in Bayern und Belgien als Experten dieser Kunst hervortaten. Als das Kloster unter Heinrich VIII. aufgelöst wurde, wollten die Bürger von Kilkenny auf ihr lieb gewonnenes Bier nicht mehr verzichten und führten die Tradition weiter. Heute kommt außer dem eigenen Stout – die Exportversion wird unter dem Namen *Kilkenny* vermarktet – auch in Lizenz gebrautes Budweiser aus dem Sudkessel. Die Brauerei gehört wie auch Guinness zum Getränkekonzern *Diageo* – und der hat beschlossen, Kilkennys Brautradition im Jahre 2013 enden zu lassen und die Produktion in einen Vorort Dublins zu verlagern.

St. Mary's Cathedral: Der imposante, 65 m hohe Turm der katholischen Kathedrale ist das Wahrzeichen Kilkennys. Aus künstlerischer Sicht gibt die während der Hungersnot 1843 als Arbeitsmaßnahme gebaute Kirche nicht viel her. Nationalbewusste Iren schätzen besonders den 1890 von *James Pearse* geschaffenen Altar – John, der Sohn des Steinmetzen, führte 1916 den Osteraufstand.

Black Abbey: Nicht die Steine, sondern die schwarzen Kutten der Dominikaner gaben dem Kloster den Namen. Nach der Säkularisierung urteilte die Justiz in diesem Gemäuer, bis Cromwell es niederbrannte – erst 1866 wurde die Kirche gründlich renoviert und das Dach wiederhergestellt. Die schönen Glasfenster mit Szenen aus dem Leben Jesu waren wohl die Antwort auf die Fenster der protestantischen Konkurrenz. Besonders prächtig und gelungen ist das jüngste, leicht abstrakte Glasfenster hinter dem Altar. Das **Black Freren Gate** („Tor der schwarzen Brüder") in der Abbey Street, die zur Kirche führt, ist das letzte der mittelalterlichen Stadttore.

Saint Canice's Cathedral: Am Nordende der Hauptstraße und jenseits des Bregagh thront Irlands zweitgrößte Kathedrale auf einer Anhöhe, als wollte sie einen Kontrapunkt zur Burg setzen. Das hochgotische Gotteshaus wurde 1251 begonnen – von einer älteren Klostersiedlung steht nebenan noch der Stumpf eines Rundturms. 1332 brachen der Hauptturm und Teile des Daches ein, auch der Chor erlitt dabei schwere Schäden. Die herrlichen Fenster entstanden erst bei der anschließenden Restaurierung.

Die Rache der „Hexe"?

Die Gerüchte wollten nie verstummen, dass der Einsturz der Kirche kein Zufall, sondern Sabotage war. Alice Kyteler, deren Namen heute ein Pub in ihrem Wohnhaus in der Saint Kieran Street trägt, war 1324 der Hexerei angeklagt und hatte nur durch die Flucht nach England ihr Leben retten können. Ersatzweise kam ihre Magd Petronella auf den Scheiterhaufen. Auch Alices Sohn war von den Häschern der Inquisition bedroht. Er rettete sich mit dem Angebot, als Beweis für seine Frömmigkeit auf eigene Kosten das Kirchendach mit Bleiplatten eindecken zu lassen. Diese schweren Platten waren es, die das Gotteshaus zum Einsturz brachten.

Künstlerischer Höhepunkt der heute protestantischen Kathedrale sind ihre herrlichen Glasfenster mit Darstellungen von Leben, Kreuzigung, Auferstehung und Himmelfahrt Christi. Ein päpstlicher Gesandter war 1645 von ihnen so beeindruckt, dass er sie gerne gekauft und mit nach Rom genommen hätte. Die Domherren rückten ihre Fenster aber nicht heraus, und so konnte sie Cromwell, ohne sich

Kreuzgang der Jerpoint Abbey

um jemandes Einverständnis zu kümmern, 5 Jahre später in Stücke schlagen. Was man heute sieht, sind die vor gut 100 Jahren nach alten Bildern gefertigten Repliken der Kunstwerke. Im südlichen Querschiff liegen *Piers Butler* und seine Frau Margarete Fitzgerald in einem prunkvollen weißen Grab. Die meisten anderen der nahezu 800 Grabplatten in der Kirche und auf dem Friedhof bestehen jedoch aus „schwarzem Marmor", dem an Fossilien reichen Kalkstein der Umgebung, weswegen Kilkenny auch die „Stadt des schwarzen Marmors" genannt wird.

① Juni–Aug. tägl. 9–18 Uhr, So nicht vormittags; Sept.–Mai Mo–Sa 9–13 Uhr, tägl. 14–17 Uhr, Okt.–Ostern nur bis 16 Uhr; Eintritt 4 €, mit Turm 6 €. www.cashel.anglican.org/cances.shtm.

Kilkenny/Umgebung

Das nähere Umland von Kilkenny lässt sich am besten auf einer kleinen Radtour erkunden. Verlässt man die Stadt auf der R 697, trifft man nach 8 km rechter Hand die Ruine des **Burnchurch Castle** (15./16. Jh.). 5 km weiter warten in **Kells** die eindrücklichen Ruinen einer Augustinerabtei. Eine Befestigungsmauer verbindet sieben Wohn- und Wehrtürme und umgibt die Kirche sowie die Reste der Gemeinschaftshäuser des Klosters. Weitere 3 km nach Süden markieren in **Kilree** ein weithin sichtbarer Rundturm und ein Hochkreuz den Platz, an dem sich das Kloster der Heiligen Brigid befand. Das Kreuz soll um 840 zu Ehren des Hochkönigs *Niall Caille* errichtet worden sein, der bei dem Versuch ertrank, einen seiner Sklaven aus dem King's River zu retten. Das Kreuz ist deshalb ungewöhnlich, weil Niall Caille kein Christ war: sein Grab befindet sich nicht in geweihter Erde, sondern außerhalb des Friedhofs von Kells. In Kilree wendet man sich links (R 701) Richtung Thomastown, besucht vorher noch die Jerpoint Abbey und

288 Der Südosten/County Wexford

fährt dann den River Nore entlang auf der R 700 zurück. Freunde edlen Kunsthandwerks machen dabei noch in **Bennettsbridge** Station.

● *Kunsthandwerk in Bennettsbridge*
Jackson Pottery, www.stonewarejackson. com. Mo–Sa 10–18 Uhr. Gebrauchskeramik, in Einzelstücken und Kleinserien, von Tellern, Krügen und Vasen bis hin zu Lampenschirmen. Michael und Mary Jackson haben über die Jahre ihren eigenen Stil entwickelt.
Nicholas Mosse Pottery, www.nicholas mosse.com, Mo–Sa 10–18, So 14–17 Uhr. Eine alte Mühle wurde zum Kaufhaus umgestaltet, in dem es außer Tonwaren auch Heimtextilien und all die Accessoires zu erstehen gibt, die der Mensch heute braucht, um sich mit Stil einzurichten und das Abstauben besonders mühsam zu machen. In einer Werkstatt kann man Ke-

ramik selbst bemalen.
Chesneau Leather Goods, www.chesneau design.com, Mo–Sa 10–18, So 12–18 Uhr. Edmond Chesneau stammt aus Paris, um seinen Akten-, Hand- und Reisetaschen einen Hauch von Haute Couture gibt. Dabei versteht sich der Meister eher als Architekt denn als Modedesigner und seine Stücke sind jenseits des Trends von klassischer Eleganz.
Moth to a Flame, www.mothtoaflame.ie, Mo–Sa 9–18 Uhr, Mai–Dez. auch So. Handgezogene Kerzen in verschiedensten Farben und Formen. Doch Vorsicht in den Sommermonaten: Dann schmelzen Kerzen im Reisegepäck auch mal dahin.

▶ **Jerpoint Abbey:** Die Zisterzienserabtei befindet sich in einem so guten Zustand wie kaum eine andere Klosteranlage Irlands. Bemerkenswert sind v. a. die fast lebensechten, aber auch satirisch überzeichneten Steinfiguren im Kreuzgang: der eitle Ritter und seine Dame, ein verschlagen lächelnder Mönch, der Narr, der geckenhafte Bischof. Auch in der Kirche findet man außergewöhnliche Reliefs von Heiligen und zweier gepanzerter Ritter in der Tracht des 13. Jh. Entgegen den strengen Regeln der Zisterzienser wurde im 15. Jh. auf die Vierung der Klosterkirche ein Turm gesetzt. Das für irische Verhältnisse bescheidene **Visitor Centre** zeigt Bilder von den Restaurierungsarbeiten und den Sehenswürdigkeiten der Umgebung.

⏲ März–Mai tägl. 10–17 Uhr, Juni–15.9. tägl. 9.30–18 Uhr, 16.9.–15.11 tägl. 10–16 Uhr; Eintritt 3 €. www.heritageireland.ie.

▶ **Kilfane Glen:** Das Tal in der Nähe von Thomastown ist eine romantische Waldlandschaft, die 1790 angelegt wurde. Mit gewundenen Spazierwegen, einem künstlichen Wasserfall, der „Einsiedlergrotte“ und einem Ziergarten beeindruckte der örtliche Grundherr seine Teegesellschaften. Heute gelten einige Anpflanzungen gleichzeitig als eine Art Landschaftskunst. Da gibt es den „Himmel“ aus Glockenblumen oder den „Sommermond-Garten“.

⏲ Juli/Aug. tägl. 11–18 Uhr; Eintritt 6 €. Anfahrt von Thomastown 3,5 km Richtung Kilkenny, www.kilfane.com.

▶ **Dunmore Cave:** Ungeachtet der mittelalterlichen Legende von einer gewaltigen Raubkatze, die hier zu Hause sei und Eindringlinge verspeise, suchten in der Tropfsteinhöhle immer wieder Menschen Zuflucht. Schon vor geraumer Zeit entdeckte man 44 menschliche Skelette, überwiegend Frauen und Kinder. Der Fund bestätigt den Eintrag in einer alten Chronik, dass 928 die Wikinger die Gegend verwüstet und über 1000 Menschen erschlagen hätten. Kürzlich stieß ein Führer per Zufall auf einen Schatz aus Silberbarren und angelsächsischen Münzen (10. Jh.) – bleibt zu klären, ob sie von den Mördern oder den Opfern stammen.

● *Anfahrt* 10 km nördl. von Kilkenny an der Castlecomer Rd. Bushaltestelle der Privatlinie Buggy's (☎ 056 444 1264, Route Kilkenny – Castlecomer) und der Busse nach Dublin.
⏲ 16.6.–15.9. tägl. 9.30–18.30 Uhr, Ostern–15.6. und 16.9.–15.10. tägl. 10–17 Uhr, 16.10.–

Ostern nur Sa/So 10–16.30 Uhr; Eintritt 3 €, mit Führung. www.showcaves.com
● *Tipp* Warm anziehen, wenn Sie in die elektrisch beleuchtete Höhle hinabsteigen, denn unten ist es kalt und feucht.

Waterford um 5 nach halb 5

County Waterford

Highlights

- **Waterford Treasures** – Begegnung mit den Wikingern in Waterfords Stadtmuseum (S. 294)
- **Tramore** – Promenade mit Halligalli und Amusement und ein super Sandstrand (S. 297)
- **Ardmore** – Tramores Gegenstück: stilles Küstendorf mit Klosterruinen und Klippenwanderwegen (S. 302)
- **Lismore Castle** – Kunst im Schlosspark und in der Galerie des Herzogs von Devonshire (S. 307)
- **Vee Scenic Drive** – Panoramastraße durch die Knockmealdown Mountains mit rauschigem Wasserfall und Wandergelegenheiten entlang der Strecke (S. 308)

County Waterford

Auf der touristischen Landkarte ist die Grafschaft ein Durchreiseland. Die Hauptstadt Waterford, eine lebhafte Hafen- und Handelsstadt, mag Ziel eines Tagesausflugs sein, das Seebad Dunmore East bietet sich für einige stille Tage am Meer an. Wer gerne wandert, entdeckt von Lismore aus die Knockmealdown Mountains.

In ihrem mythischen „Buch der Invasionen" beschreiben die Kelten das Land als einen „milden Zusammenfluss von Wassern". Von ihrem Stützpunkt Waterford aus fielen die Wikinger über Suir und Barrow in die reichen Täler des Hinterlandes ein und drangsalierten die Bauern. An der Küste verschwinden nach Osten hin die langen, flachen Sandstrände, wie man sie noch aus Wexford kennt. Das Gelände wird zusehends hügeliger und für Radfahrer anstrengender – doch der schöne Ausblick auf Meer und Küste sowie die reizenden Fischerdörfer am Weg entschädigen vollauf für die Mühe.

Waterford (Stadt)

Die Stadt hat keine großen Sehenswürdigkeiten und dergleichen auch nicht nötig. Sein Hafen ist tief genug, um auch von den modernen Containerschiffen angelaufen zu werden, und so lebt Waterford mehr von Handel und Industrie als vom Fremdenverkehr.

In mancher Hinsicht ist Waterford (50.000 Einwohner) Wexfords großer Bruder. Die Geschichte verlief ähnlich, beide Städte liegen an einer Flussmündung, und wie in Wexford wirkt die Uferpartie etwas vernachlässigt, die etwas landeinwärts parallel dazu laufende Geschäftsachse (High St., George St., O'Connor St.) dafür umso heimeliger. Der Gesamteindruck ist jedoch weniger puppenstubenhaft als in Wexford, sondern städtischer und moderner. Ob mit den Docks oder einer Brauerei, die Industrie ist auch im Stadtzentrum deutlich zu sehen, zu hören und zu riechen. Wichtigster Arbeitgeber ist eine Glashütte, deren Lüster und Karaffen aus edlem Bleiglas vor allem in den Häusern amerikanischer Iren zum guten patriotischen Ton gehören. Gelegentlich lässt sogar ein Kreuzfahrtdampfer am Kai den Anker fallen und bringt geballte Kaufkraft nach Wexford, die sich im Freizeit- und Kulturareal am South Quay austoben kann.

Geschichte

Die Stadt Waterford ist eine Wikingergründung. Sie richteten sich hier um 915 ein und nannten den Ort Vadrafjord. 1171, nach der Eroberung durch die Normannen, verlieh Heinrich II. Waterford das Privileg einer „Königsstadt", unterstellte es also, einer Reichsstadt vergleichbar, direkt dem König. Das königliche Privileg brachte den Bewohnern und besonders den herrschenden Patriziergeschlechtern manche Vorteile und Freiheiten, denn der König war fern und deshalb einem ortsansässigen Feudalherren allemal vorzuziehen. Von Cromwells Truppen erhandelte Waterford nach langer Belagerung eine „ehrenvolle Kapitulation". Sie ersparte der Stadt manche Zerstörung, doch mussten die Katholiken – wie andernorts auch – Waterford verlassen oder zum Protestantismus konvertieren. Cromwell schrieb seine Beute

Waterford (Stadt) 291

vergeblich zum Verkauf aus: Ohne ihre Händler war die Stadt für niemanden lukrativ. Einen Aufschwung brachte erst wieder im 18. Jh. die Fischerei, als die Boote von Waterford bis zu den Fanggebieten um Neufundland vorstießen.

Information/Verbindungen

• *Information* **South East Tourism,** The Granary, Merchants Quay, ✆ 051 875 788. Juli/Aug. Mo–Sa 9–18, So 11–13, 14–17 Uhr; April–Juni, Sept. Mo–Sa 9–18 Uhr; Okt.– März Mo–Fr 10–17 Uhr. Mit Geldwechsel, Autoverleih und einem Schalter von Bus Éireann. Eine Filiale befindet sich in der Glasmanufaktur **Waterford Crystal.** Im **Internet** präsentiert sich Waterford unter www.waterfordtourism.com und www.waterfordcity.ie, Veranstaltungshinweise findet man unter www.whazon.com.

• *Verbindung* **Züge** von der Plunkett Station (✆ 051 873 401) nach Kilkenny, Dublin, Rosslare, Limerick.
Bus Éireann (Busstation ✆ 051 879 000, www.buseireann.ie) vom Kai bei der Touristinformation nach Dublin (etwa stündlich), Kilkenny, Limerick, Cork. **Kavanagh & Sons** (www.jjkavanagh.ie, ✆ 051 872 777) fährt von der Haltestelle vor der

Bank of Ireland in der Parnell St. tägl. etwa alle zwei Stunden über Carlow nach Dublin und nach Tramore. **Suirway** (✆ 051 382 209, www.suirway.com) fährt Mo–Sa vom Kai nahe dem Bus-Éireann-Terminal nach Dunmore East und Passage East.
Die **Fähre** (✆ 051 879 000, www.passage ferry.ie) zwischen Passage East und Ballyhack, die mit einer landschaftlich reizvollen Überfahrt den Weg nach Wexford fast um eine Stunde verkürzt, verkehrt April–Sept. Mo–Sa 7.20–22 Uhr, So 9.30–22 Uhr, im Winterhalbjahr abends nur bis 20 Uhr. Auto 8 €, Radfahrer 2 €.
Flugzeug: Waterford, immerhin fünftgrößte Stadt Irlands, kann auch aus der Luft angesteuert werden. Direkte Flüge nach London und Amsterdam.. ✆ 051 875 589, www.flywaterford.com. Für ein Taxi in die Stadt muss man mit 25 € rechnen.

Diverses (siehe Karte S. 292/293)

• *Fahrradverleih* **Altitude (17),** 27 Bally-Bricken, ✆ 051 870 356, www.altitude.ie.
• *Feste* Wie Wexford hat auch Waterford sein **Opernfestival.** Nicht ganz so renommiert wie in der Zwillingsstadt und nur der leichten Muse, dem komischen Fach mit Musical und Operette gewidmet, dafür mit erschwinglichen Eintrittspreisen. Das Volk verlustiert sich während der Festspielzeit (Sept./Okt.) beim Sängerwettstreit im Pub – zu verlängerter Sperrstunde. www.water fordfestival.com.

• *Gepäckaufbewahrung* Im Bahnhof.
• *Krankenhaus* Ardkeen St., ✆ 051 873 321.
• *Markt* Sa 10–16 Uhr bei der Patrick's Church, Jenkins Lane (Seitengasse der George St.).
• *Post* The Quay, Mo–Fr 9–17, Sa 9–13 Uhr.
• *Stadtführungen* **Jack Burtchaell,** ✆ 051 873 711, bietet Stadtführungen (7 €) unter dem Motto: „Was wäre die Welt ohne Waterford?" Treffpunkt April–Okt. tägl. 12 und 14 Uhr vor dem Granville Hotel.

Übernachten (siehe Karte S. 292/293)

Die wenigen B&Bs im Stadtzentrum sind im Sommer schnell ausgebucht. Ausreichend Quartiere findet man aber etwas außerhalb entlang der Cork Road, besonders in der Nähe der Glasfabrik.

***** **Waterford Castle,** ✆ 051 878 203, www. waterfordcastle.com, DZ ab 200 €. 3 km flussabwärts auf einer Insel steht das efeuumrankte, zinnenbewehrte Schloss, voll mit alten Möbeln und Himmelbetten. Der richtige Ort für steinreiche Amerikaner und Asiaten, die hier ihr Klischee vom Good old Europe erfüllt sehen.

*** **Granville Hotel (1),** Meagher Quay, ✆ 051 305 555, www.granville-hotel.ie, DZ 80–220 €. Top-Hotel mit Tradition – hier luden schon Bianconis Pferdekutschen ihre Passagiere ab. Viel Mahagoni und Stuck, jedes Zimmer ist anders eingerichtet.
Rice Guesthouse (19), 36 Barrack St., ✆ 051 371 606, www.riceguesthouse.com,

Der Südosten Karte S. 266/267

292 Der Südosten/County Waterford

DZ 80–100 €. Der von vornherein als Pension konzipierte Bau mit 20 Gästezimmern ist 15 Gehminuten vom Zentrum entfernt. Im Erdgeschoss befindet sich *Batterberry's Pub*, auf der Straßenseite wird es also auch schon mal laut. Geschmacksneutrale Zimmer mit TV und Kaffeekocher, an denen nichts auszusetzen ist.

B&B Avondale (13), Mrs. Margaret Fogarty, 2 Parnell St., ℡ 051 852 267, www.staywithus.net, DZ ohne Frühstück 80 €. Ein renoviertes Haus an der einstigen „Schlossallee" von Waterford. Die Zimmer meistern den Balanceakt zwischen irischer Gemütlichkeit und zeitgemäßem Hotelinterieur.

Portree Guesthouse (3), Mary St., ℡ 051 874 574, www.portreeguesthouse.ie, DZ 70–80 €. Professionell geführtes Haus vor den Toren der Brauerei. Die Zimmer wurden neu eingerichtet und mit Bad und TV ausgestattet; gemütliche Lounge mit schweren Polstermöbeln, Frühstücksraum im Souterrain.

B&B Mayors Walk House (15), 12 Mayors Walk, ℡ 051 855 427, www.mayorswalk.com, DZ mit Etagenbad 55 €. Einfach, mit älteren Möbeln eingerichtete Räume, doch preiswert und nur 10 Gehminuten vom Stadtzentrum.

Diamond Hill Country House, Slieverue, ℡ 051 832 855, www.stayatdiamondhill.com, DZ 70–90 €. 2 km außerhalb (N 25 Richtung New Ross), ruhig und etwas abseits der Hauptstraße. Kein klassischer Landsitz, sondern ein Neubau mit 17 Gästezimmern üblichen Komforts, schöner und gepflegter Garten.

B&B Blenheim House, Mrs. Margaret Fitzmaurice, Passage East Rd., ℡ 051 874 115,

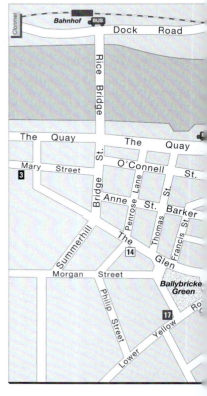

http:// homepage.eircom.net/ ~blenheim/, DZ 80 €. 3 km außerhalb in einem Landhaus des 18. Jh., schöner Garten.

Essen

Im Wettbewerb um die Waterforder Gaumen übernehmen derzeit Chinesen und Italiener die Spitze. Ein Geschenk für den schmalen Geldbeutel ist die von manchen Restaurants gepflegte „happy dinner hour" von 18–19.30 Uhr, während der das Tagesmenü oder mehrere Gerichte zu einem vergünstigten Preis angeboten werden.

Bodega (18), 54 John St., ℡ 051 844177, www.bodegawaterford.com. Ein Bistro mit jungem Publikum, lockerer Atmosphäre und viel Lärm. Bestellt werden v. a. die auf einer schwarzen Tafel angeschriebenen Tagesgerichte, wobei die Küche ungeachtet des spanischen Namens und Dekors mit Confit, Schnecken und Crème brûlée eher Frankreich zum Vorbild hat: Mo–Fr ab 12 Uhr, Sa ab 17.30 Uhr, So Ruhetag.

La Palma at the Mall (11), 20 The Mall, ℡ 051 879 823, www.lapalma.ie. Im stilvollen Rahmen georgianischer Räume mit Kamin und Dielenboden wird rustikale und deftige italienische Küche aufgetischt. Mo–Sa ab 17.30 Uhr. Hauptgericht 20–30 €.

L'Atmosphere (4), 19 Henrietta St., ℡ 051 856 426, www.restaurant-latmosphere.com, Natursteinwände, Bodenfliesen, Tische aus Fichtenholz, die aufs Papiergedeck gedruckte Speisekarte und eine Tafel mit den aktuellen Tagesgerichten schaffen Bistroat-

Waterford (Stadt)　293

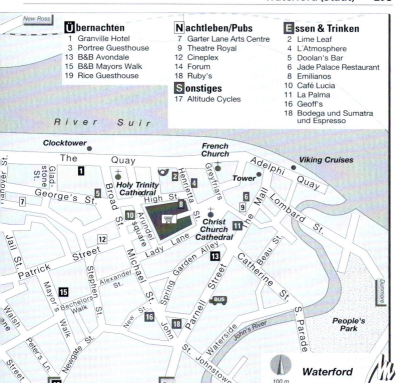

Ü bernachten
1 Granville Hotel
2 Portree Guesthouse
13 B&B Avondale
15 B&B Mayors Walk
19 Rice Guesthouse

N achtleben/Pubs
7 Garter Lane Arts Centre
9 Theatre Royal
12 Cineplex
14 Forum
18 Ruby's

S onstiges
17 Altitude Cycles

E ssen & Trinken
2 Lime Leaf
4 L'Atmosphere
5 Doolan's Bar
6 Jade Palace Restaurant
8 Emilianos
10 Café Lucia
11 La Palma
16 Geoff's
18 Bodega und Sumatra und Espresso

Der Südosten Karte S. 266/267

mosphäre. Französische Küche, zum Early Bird Menü (bis 19 Uhr 20 €) gehört auch ein Glas Wein. Kulinarischer Höhepunkt ist die butterzarte Lammkeule. Hauptgericht 15–25 €. Mo–Fr Lunch, Mo–So Dinner.

Lime Leaf (2), Henrietta St., ☎ 051 852 624, www.limeleaf.ie. Thailändisch-chinesische Küche auf zwei mit Chrom, Stahl und Glas gestylten Etagen eines alten Gemäuers. Flinker Service, große Auswahl an Nachspeisen. tägl. Lunch und Dinner, Hauptgericht mittags um 10 €, abends 15–25 €.

Emilianos (8), High St., ☎ 051 820 333. Wer in dieser rustikalen Trattoria nur Pizza bestellt, vergibt die Chance, sich von Emilianos und Lavinas Kochkunst bezaubern zu lassen. Ein Highlight ist etwa das am Tisch zubereitete, hauchzart geschnittene Carpaccio. Di–So Dinner, Fr–So Lunch, Hauptgericht 12–26 €.

Espresso (18), John's St., ☎ 051 874 141, www.espresso.ie. Pizza, Pasta, Burger mit manchmal nerviger Hintergrundgrundmusik, auch take away. Haupotgericht mittags 10–15 , abends bis 20 €. KeinRuhetag.

Jade Palace (6), The Mall, ☎ 051 855 611, Hauptgericht um 10 €. Traditionelle chinesische Küche in bester Lage. Spezialität ist Hu-Yo-Gai-Po – Huhn mit Schweinefleisch, Pilzen und Gemüse. Mo–Fr Lunch, Mo–Sa Dinner, So durchgehend offen.

Café Lucia (10), 2 Arundel Lane, Mo–Sa 9–17 Uhr. Die erste Wahl unter den Coffeeshops der Stadt. Farbenfroh und fröhlich, selbst gemachte Backwaren, wechselnde Mittagsgerichte.

Café Sumatra (18), 53 John St., Di–So 9.30–18 Uhr, Fr–So auch abends. Vollwertkost, guter Kaffee und günstige Preise sprechen für dieses Kultcafé in Brauntönen und mit Kunst an den Wänden. Salate und Sandwichs, dazu wechselnde Tagesgerichte um 10 €, die auf der Tafel angeschrieben sind.

294   Der Südosten/County Waterford

Am Abend (siehe Karte S. 292/293)

Doolan's (5), George St. Im ältesten Pub am Ort steht mitten im Lokal ein Stück Stadtmauer. Abends Livemusik mit dem örtlichen Folkclub oder auswärtigen Bands, mittags auch gut zum Lunch.

Geoff's (16), 9 John St. Ob mittags zum Essen oder abends zum Bier, Geoff's ist immer angesagt und voll – mit seinen großen Schaufenstern ist dies der Ort zum Sehen und Gesehenwerden.

Rubys Lounge & Club (18), 43 John St., www.rubys.ie, Musikbar mit Disco (ab 23 Uhr), in der Lounge Livemusik von Blues bis Hiphop, Di abends Jazz. Und wer einfach nur ein Bier trinken will, findet im gleichen Komplex mit dem Woodman auch einen Pub.

Garter Lane Art Centre (7), 50 O'Connell St., ✆ 051 855 038, www.garterlane.ie. Das führende Kulturzentrum südlich von Dublin. In einem georgianischen Stadthaus wird mit Filmen, Kleinkunst, Musik und Ausstellungen jede Menge Kultur geboten.

Cineplex (12), Patrick Street, ✆ 051 874 595.

Theatre Royal (9), The Mall, ✆ 051 874 402, www.theatreroyalwaterford.com. Das historische Theater der Stadt ist die Hauptbühne des Opernfestivals und zeigt auch das ganze Jahr über eher konventionelle Gastspiele der Sparten Schauspiel, Musik und Ballett.

Forum (14), The Glen, Tickets ✆ 051 871 133, www.forumwaterford.com. Ein altes Kino wurde zum größten Veranstaltungskomplex der Stadt umgebaut. Kickboxen, Beach Partys, Bingo, Konzerte von Christy Moore – hier laufen die Publikumsrenner.

Sehenswertes

Waterford Treasures: Die in einem restaurierten Speicherhaus am Kai untergebrachte Ausstellung führt mit modernster Technik durch die Stadtgeschichte. Wir öffnen eine Schublade mit Kämmen aus der Wikingerzeit, erleben in einem schaukelnden Schiff die Rückkehr der Nordmänner von einem Kriegszug, sind zu Gast bei Strongbows Hochzeit, vergnügen uns auf einem Ball der georgianischen High Society oder sind Schatzsucher auf den Spuren goldener Wikingerdolche und der ersten Glaswaren aus Waterfords Manufaktur, schmunzeln über die „Garb Show" zu den Tücken königlicher Mode. Ein Teil der großzügig bemessenen Fläche ist wechselnden Sonderausstellungen vorbehalten.

⏱ Juli/Aug. tägl. 9–21 Uhr; Mai/Juni, Sept. tägl. 9.30–18 Uhr; Okt.–April Mo–Sa 10–17, So 11–17 Uhr. Eintritt 7 €. The Granary, Merchants Quay, www.waterfordtreasures.com.

Reginald's Tower: Kern der mittelalterlichen Befestigung und einst der sicherste Platz der Stadt war der Reginald's Tower. Hier feierte der Normannenführer *Strongbow* seine diplomatische Hochzeit mit der Tochter des Iren Dermot MacMurrough, nahm *Richard II.* die Huldigungen irischer Fürsten entgegen und wartete *Jakob II.* auf das Schiff, das ihn nach Frankreich ins Exil bringen sollte. Nach seiner Laufbahn als Münzstätte, Munitionsdepot und Polizeigefängnis beherbergt der Turm heute das Heimatmuseum von Waterford. Zu dessen Kuriosa zählt ein übergroßer bronzener Zahlteller in Form eines Tabletts, auf dem einst im Zollamt zur Kasse gebeten wurde.

⏱ Ostern–Okt. tägl. 10–17 Uhr (Juni–Sept. bis 18 Uhr); Nov.–Ostern Mi–So 10–17 Uhr; Eintritt 3 €. The Quay/Ecke The Mall.

The Mall: Als die Stadt im 18. Jh. zu groß für ihre Mauern geworden war, füllte man den Stadtgraben im Südosten auf und legte auf dem neu gewonnenen Land The Mall an, eine breite, elegante Straße mit repräsentativen Gebäuden im klassizistischen Stil, wie Bischofspalast, Theater oder Rathaus, in dessen Halle ein strahlender Lüster aus der örtlichen Manufaktur hängt.

Christ Church Cathedral: Das gegenwärtige Gotteshaus der Protestanten wurde Ende des 18. Jh. errichtet und geriet, gemessen an den damals nicht einfachen wirt-

Waterford/Umgebung 295

schaftlichen Verhältnissen der Stadt, recht großzügig. Die Gräber im strengen Innenraum reichen bis ins Mittelalter zurück. An gleicher Stelle stand schon eine Holzkirche der Wikinger.

① Mo–Sa 10–13, 14–17, So 12–17 Uhr; Eintritt gegen Spende. www.cashel.anglican.org/waterford.shtm.

Holy Trinity Cathedral: John Roberts, der das Theater und die Christ Church entwarf, zeichnete auch die Pläne für die katholische Kathedrale (1792–1796). Hinter seiner klassizistischen Fassade ist die Kirche innen üppig mit Leuchtern aus Kristallglas und einer sorgfältig geschnitzten Kanzel ausgestattet. Die fein bemalten Säulen sind nicht mehr alle im Lot, doch offensichtlich baute Roberts so solide, dass dieser kleine Makel dem Deckengewölbe nichts anhaben kann.

French Church: Sie wurde 1240 von den Franziskanern gebaut und nach der Säkularisierung als Hospital benutzt. Später wohnten hier hugenottische Flüchtlinge, denen die Ruine ihren Namen verdankt. Eine der vielen Grabplatten gehört John Robert, dem Architekten der Kathedrale.

Der Schlüssel wird in Reginald's Tower verwahrt.

Glasmanufaktur: Zumindest in Irland und den USA ist Waterford wegen der hier hergestellten Kristallgläser ein Begriff. Mit beinahe 2000 Beschäftigten fungiert die auf Edelware spezialisierte Glashütte als größter Arbeitgeber der Stadt, und die Konzernmutter *Waterford-Wedgwood*, die auch die Porzellanmanufaktur Rosenthal kontrolliert, ist gar der weltgrößte Hersteller edler Gläser und Porzellane Die Produktion der handgeschliffenen Leuchter und mundgeblasenen Gläser begann in Waterford 1783, wurde aber 1851 eingestellt. An Aufträgen hatte es nicht gefehlt, aber die englische Konkurrenz, so behauptet wenigstens die Firmengeschichte, habe gegen die irische Manufaktur so hohe Zölle durchgesetzt, dass die Ware nicht mehr konkurrenzfähig war. 1947 wurde die Tradition wieder belebt, und das Waterfordglas ist jetzt auch ohne Exportzoll ein nobles und teures Gut: Es beginnt bei 50 € für einen Aschenbecher, und wer sich mit Kronleuchtern auskennt, der weiß, dass diese teurer sein können als ein neues Auto. Der sich wandelnde Geschmack und die schlechte Wirtschaftslage bei zunehmender Konkurrenz bescherte der Firma eine neue Absatzkrise – die Drohung steht im Raum, das Werk nach Böhmen oder sonst wo in das billigere Osteuropa zu verlagern.

● *Anfahrt* Die Fabrik liegt 3 km außerhalb Richtung Cork, Busverbindung vom Uhrturm. Mo–Fr 9–15 Uhr bis zu 6 Führungen mit je 10–15 Teilnehmern; im Sommer bei Bedarf zusätzliche Kurzführungen (bis 17 Uhr, auch an Wochenenden). Eintritt 8 €, weiteres Geld darf man im Showroom lassen – der bruchsichere Versand an die Heimatanschrift wird garantiert. www. waterfordvisitorcentre.com.

Waterford/Umgebung

▸ **Waterford & Suir Valley Railway**: Kaum zu glauben, dass Waterford einst ein richtiger Eisenbahnknotenpunkt war. Auf der alten Trasse der Bahn nach Dungarvan wurden entlang dem River Suir einige Gleiskilometer neu gelegt. Binnen kurzem entwickelte sich die dieselgetriebene Schmalspurbahn zu einem Publikumsmagneten, nun träumt die lokale Railway Conservation Society gar von einer echten Dampflokomotive.

Anfahrt Von Waterford auf der N 25 Richtung Dungarvan, in Kilmeaden rechts ab auf der R 680 Richtung Portlaw. Ca. 1,5 km nach der Abzweigung findet sich die Museumsbahn gegenüber dem Cosy Pub. Fahrten für 7,50 €. Mitte April–Sept. Mo–Sa 11–16 Uhr, Sa/So 12–17 Uhr. www.wsvrailway.ie.

Der Südosten Karte S. 266/267

Schöner Wohnen – Ferienhäuschen in Dunmore East

Dunmore East

Das behäbige Städtchen am Eingang des Waterford Harbour lebt vom Fischfang und vom Fremdenverkehr. Im Hafen liegen die Yachten friedlich neben den Fischkuttern; die inzwischen über 200 Ferienhäuser sind behutsam dem alten Ortsbild angepasst.

Seit dem 19. Jh. schwärmen die Urlauber von den rotbraunen Sandsteinklippen und den goldgelben Stränden. Mancher fühlt sich an die Bretagne erinnert. Steile Treppen führen zwischen Fuchsienhecken in verschwiegene Buchten hinunter, und wer einen weiten Horizont und mehr Leben bevorzugt, findet hinter dem Hafen auch einen kilometerlangen, offenen Strand. Den Hafen und die Fischverarbeitungsfabriken überragt ein Leuchtturm (1823) im dorischen Stil. Außer irischen Familien trifft man zunehmend auch Besucher aus Frankreich und Italien. Unter Deutschen hat sich der Charme von Dunmore noch kaum herumgesprochen.

- *Infiormation* www.waterford-dunmore.com.
- *Verbindung* Mo–Sa tägl. 3–4 Busse von und nach Waterford, Auskunft bei **Suirway**, ✆ 051 382 209, www.suirway.com.
- *Übernachten* ** **Haven,** März–Okt., ✆ 051 383 150, www.thehavenhotel.com, DZ 110–150 €. Hotel im Stil der „guten alten Zeit" mit auffälligem, nach Art einer Pagode geschwungenem Dach. Auf der großen Wiese vor dem Haus wurden früher die Teepartys gefeiert..

Beach Guest House, 1 Lower Village, ✆ 051 383 316, www.dunmorebeachguesthouse.com, DZ 80–100 €. Eine neue Pension direkt am Meer. Die behaglich und hell eingerichteten Zimmer, einige mit Balkon, haben so nützlichen Komfort wie Föhn oder Wasserkocher, dazu so schrägen Luxus wie Hosenbügelfalten-Automaten.

B&B Church Villa, gegenüber der Protestantischen Kirche, ✆ 051 383 390, http://homepage.eircom.net/~churchvilla/, DZ 80 €. Lucy Butler beweist Geschmack und hat die Bettüberwürfe sorgfältig auf die Tapeten abgestimmt. Bei schönem Wetter wird das Frühstück im Innenhof serviert.

Tramore 297

• *Essen* **Azzurro,** ☎ 051 383 141, www. azzurro.ie, Mai–Okt. tägl., sonst Mi–So, Fischgericht 15–25 €. Bar mit Restaurant, an den Wänden – Pseudofachwerk mit weißem Putz – hängen maritime Utensilien, auf den Tisch kommen vor allem Meerestiere.

The Strand, im Unterdorf am Meer, ☎ 051 383 174, www.thestrandinn.com, ist weniger förmlich als das „Azzurro", doch nicht unbedingt billiger. Außer Fisch stehen hier auch Fleischgerichte wie Ente in Orangensauce auf der Karte. Die Einheimischen kommen auch einfach nur auf ein Bier.

Solches schenkt auch die **Spinnaker Bar** aus, im Unterdorf bei der Feuerwehr. Ein Muss ist die Fischsuppe, die an einem kalten Januartag auch schon Richard Gere hier gemundet haben soll.

Bay Café, Harbour Rd., hat Frühstück und einfache Mittagsgerichte, mit Hafenblick.

• *Sport* **Dunmore East Adventure Centre,** Stoney Cove, ☎ 051 383 783, www.dunmore adventure.com. Kurse und Ausrüstungsverleih zum Segeln, Surfen, Kanufahren und sogar Klettern.

Die Renaissance der Schilfdächer

Von den riedgedeckten Cottages in Dunmore East und andernorts lasse man sich nicht täuschen: Viele Häuser sind Neubauten und nur auf alt getrimmt. Schilfdächer erleben in Irland gerade einen solchen Boom, dass das heimische Material nicht mehr ausreicht und aus Deutschland eingeführt werden muss. Dabei sind bei einem neuen Schilfdach nach gerade mal 10 Jahren die ersten größeren Ausbesserungen fällig, und nach 40 Jahren muss es komplett erneuert werden – ein Ziegeldach übersteht dagegen mühelos ein Jahrhundert. Warum also im sonst so modernisierungswütigen Irland diese Renaissance des Schilfdaches? Einen wichtigen Anreiz bildet die staatliche Beihilfe für jedes riedgedeckte Wohnhaus. Und auch im harten Wettbewerb um die Biertrinker, der im Raum Dublin den Preis für die standesgemäße Ausstattung eines Pubs über die Millionengrenze getrieben hat, verspricht ein Gemütlichkeit und Tradition verheißendes Rieddach einen Vorteil.

Tramore

Der beliebteste Badeort an der Südküste ist das absolute Kontrastprogramm zu Dunmore. Halligalli an der Uferpromenade, Discos, Imbissstände, Videoarkaden und ein Vergnügungspark. Die Dünen am Ostende des langen Sandstrands stehen unter Naturschutz.

Aus Celtworld wurde **Splashworld.** Ein Anfang der neunziger Jahre eröffnetes, 4,5 Mio. Pfund teures Multivisionsspektakel zur irischen Geschichte schloss bereits nach zwei Jahren wieder die Tore – die Betreiber waren pleite, die Gelder aus dem Strukturfonds der Europäischen Union in den Sand gesetzt. Kurzzeitig fand eine wandernde Dinoshow Unterschlupf, dann wurde das Gebäude in bester Hafenlage zu einem Spaßbad umgebaut, sodass man in Tramore unabhängig von den Launen des irischen Wetters planschen kann.

⏰ Tägl. Mo–Fr 9–20, Sa/So 10–19 Uhr, im Winter verkürzte Öffnungszeiten; Eintritt 10 €. www.splashworld.ie.

Eine Kuriosität Tramores ist der **Metal Man** am westlichen Ortsrand. Leider versperren Zäune, Tore und Verbotsschilder den Weg über das eingehegte Land, sodass man das ungewöhnliche Seezeichen nur aus der Ferne bewundern kann.

Der Südosten
Karte S. 266/267

Der Südosten/County Waterford

Immer wieder wurde die Bucht von Tramore mit jener von Waterford verwechselt, und manches irre geleitete Schiff lief auf Grund. Nachdem eine solche Verwechslung 1816 erneut 360 Menschenleben gefordert hatte, ließ *Lloyds of London* ein Warnzeichen errichten, das Seinesgleichen sucht: ein gewaltiger Seemann aus Eisen, gekleidet (will sagen: gestrichen) im Stil seiner Zeit. Mit dem Arm weist der Blechkamerad hinaus aufs Meer: „Zurück! Hier seid ihr falsch."

- *Information* Railway Square., ℡ 051 381 572, Mitte Juni–Aug. Mo–Sa 10–12.30, 14–18 Uhr. www.discovertramore.ie, www.tramore.net, www.tramoretourism.net.
- *Verbindung* Stündl. Bus von und nach Waterford. Die Haltestelle ist vor der Touristinformation.

- *Pferde* Auf Tramores **Rennbahn** (www.tramore-racecourse.com) finden traditionell an Silvester das letzte und an Neujahr das erste Pferderennen in Irland statt. Höhepunkt der Rennsaison ist jedoch der Ferienmonat August. Wer auf den Geschmack kommt, kann üben bei Pat and Carmel Flavins **Lake Tour Stables**, ℡ 051 381 958.
- *Surfen* **T-Bay Surf & Wildlife Centre,** am Strand, www.surftbay.com, mit Surfschule, Shop, Umkleideräumen und Ausrüstungsverleih.
- *Übernachten* **B&B Fern Hill,** Newtown, ℡ 051 390 829, www.fernhillhouse.com, März–Okt., DZ 80 €. Das Haus liegt 1 km vom Meer gegenüber dem Golfclub. Schöne Aussicht, üppiges Frühstücksbüfett.
B&B Cloneen, Love Lane, ℡ 051 381 264, www.cloneen.net, DZ 80 €. Das modern eingerichtete Haus mit romantischer Adresse liegt am Küstenpfad zwischen Zentrum und Strand. Die Gäste sind voll des Lobs, auf der Website kann man sich ein Bild von den Zimmern machen.
B&B Norlands, Glen Rd., ℡ 051 391 132, nordell@eircom.net, DZ 75 €. Am Ortsrand Richtung Waterford steht dieses blitzsaubere Haus mit dekorativen Blumen, frischem Orangensaft und Selbstgebackenem zum Frühstück.
Beach Haven House B&B/Hostel (IHH), Tivoli Terrace, Waterford Rd., ℡ 051 390208, www.beachhavenhouse.com. B&B DZ 80 €; im Hostel Bett 20–25 €. Das B&B hat acht helle Zimmer, oben mit Meerblick. Kinder sind willkommen, in der Lounge wartet auf sie sogar Spielzeug. Das in einem älteren knallgelben Häuschen untergebrachte benachbarte Hostel hat Zimmer von 2–8 Betten, ein Schlafsaal ist nur für Frauen reserviert. Im Garten kann man für 5 € auch zelten.
- *Camping* **Newtown Cove,** Dungarvan Rd., ℡ 051 381 979, www.newtowncove.com, Mai–Sept.; für Wanderer und Radler 8–11 €/Person. Der Platz ist weitgehend mit Dauercampern belegt. Lieblose Aufenthaltsräume.

Der Iron Man von Tramore

Dungarvan putzt sich heraus

• *Essen* **The Esquire**, Little Market Street, ℡ 051 381 324, Bistropub tägl. ab 12 Uhr, Restaurant tägl. ab 18 Uhr, Hauptgericht bis 23 €. Die Kneipe wurde mit nautischen Utensilien ausstaffiert, so wie man sich einen Piraten- und Schmugglertreff vorstellt.

Vee Bistro, 1 Lower Main St., ℡ 051 386 144, tägl. durchgehend geöffnet. Hauptgericht bis 18 €, Early Bird Menü 17–19 Uhr 23 €. Gut und güstig – zum Beispiel der Seehecht *(hake)* mit Kokos-Chili-Sauce.

Dungarvan

Die frühere Industriestadt (8000 Einwohner) an der Mündung des Colligan hat inzwischen den Tourismus entdeckt. Sehenswert sind ein Museum, die Burg und das Denkmal eines Windhundes.

In nur wenigen Jahren hat sich Dungarvan von einem Industriestandort in ein geschäftiges Einkaufs- und Dienstleistungszentrum entwickelt. Wo einst Gerbereien und andere stinkende und lärmende Schmuddelfirmen den Kai belegten, stehen heute schicke Wohnhäuser. Auch die lang vergessene Burg wird mehr und mehr zu einem Schmuckstück renoviert. So ist Dungarvan heute mindestens einen Ausflug wert.

• *Information* Das bemühte und hilfreiche Tourist Office ist im Courthouse an der Bridge St., ℡ 058 41 741, geöffnet April–Sept. Mo–Fr 9–18, Sa 10–17 Uhr; Okt.–März Mo–Fr 9–17 Uhr. www.dungarvantourism.com.
• *Verbindung* **Busse** von der Haltestelle am Davitt's Quay nach Waterford, Dublin, Cork.
• *Kunst* **Old Market House Arts Centre,** eine Galerie mit Filmclub im alten Markt- und Rathaus nahe der Burg, geöffnet Di–Fr.
• *Markt* Do 9–14 Uhr am Grattan Square.
• *Übernachten* *** **Lawlor's Hotel (5),** Meagher St., ℡ 058 41 112, www.lawlorshotel.com, DZ 100–160 €; das örtliche Nobelhotel.

Der Südosten/County Waterford

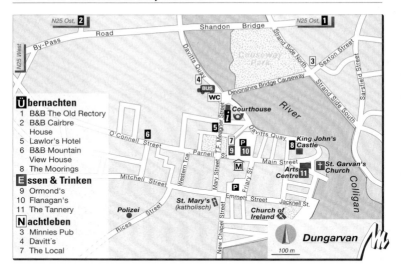

Übernachten
1 B&B The Old Rectory
2 B&B Cairbre House
5 Lawlor's Hotel
6 B&B Mountain View House
8 The Moorings

Essen & Trinken
9 Ormond's
10 Flanagan's
11 The Tannery

Nachtleben
3 Minnies Pub
4 Davitt's
7 The Local

The Moorings (8), Davitt's Quay, ℘ 058 41 461, www.mooringsdungarvan.com, DZ 100 €. Ein Guesthouse mit Pub, Restaurant und Biergarten, also nichts für lärmempfindliche Frühschläfer. Dafür schön am Kai gelegen.

B&B Mountain View House (6), O'Connell St., ℘ 058 42588, www.mountainviewhse.com, DZ 90–110 €. Die Conways retteten das georgianische Stadthaus vor der Abrissbirne und restaurierten es mit viel Liebe zum Detail.

B&B Cairbre House (2), Strandside North, ℘ 058 42 388, www.cairbrehouse.com, DZ 90 €. Das großzügige Landhaus mit „old world charme", gebaut 1819 für den Herzog von Devonshire, steht inmitten eines gepflegten Gartens am Westufer des Flusses etwa 1 km nördlich des Zentrums.

B&B The Old Rectory (1), Waterford Rd., ℘ 058 41394, http://homepage.eircom.net/~1108/, DZ 80 €. In einem früheren Pfarrhaus empfängt Mrs. Prendergast ihre Gäste. Hübscher, großzügig bemessener Garten.

• *Essen* **The Tannery (11),** Quay St., ℘ 058 45420, www.tannery.ie, Di–Fr und So Lunch (25 €) und Di–So Dinner. Hauptgericht bis 30 €, Setmenü 30 €. Paul Flynn zählt zu den neuen Stars unter den irischen Küchenmeistern. Probieren Sie etwa die Ravioli von geräuchertem Hähnchen mit Sauerkraut oder die Entenbrust. Reservierung angeraten.

Ormond's Café (9), Grattan Square East, maritime Einrichtung, leckere Torten und Kuchen, warme Gerichte zum Lunch.

Flanagan's (10), 64 Main St., Coffeeshop mit Restaurant; Snacks und wechselnde Tagesgerichte, üppiges Frühstück. Im Fenster können Sie sich außer dem Essen auch gleich eine Immobilie aussuchen – der Inhaber ist im Nebenberuf Makler.

• *Musik* **The Local (7),** Grattan Square, www.thelocal.ie, ist Dungarvans beste Pubadresse für Freunde irischer Volksmusik.

Als spätabendliche Ausgeh- und Tanzadressen gibt es **Davitt's Nightclub (4)** am Quay und auf der anderen Flussseite, der Abbeyside, **Minnies Bar (3)** (www.minniesbar.com) mit dem Club Creation (Fr, Sa).

Sehenswertes

Dungarvan Museum: Viel über die Vergangenheit der Stadt erfährt man in der Dauerausstellung des Stadtmuseums, das in einem früheren Getreidespeicher untergebracht ist. Allerlei maritime Utensilien erinnern an vor der Küste gesunkene Schiffe, verblichene Zeitungsausschnitte an einstige lokale Größen, auch die Große Hungersnot wird nicht ausgelassen.

⏰ 2008 wegen Umbau geschlossen, zuvor Mo–Fr 10–13 und 14–16.30 Uhr, Mitte Mai–Mitte Sept. auch Sa; Eintritt frei. www. waterfordcountymuseum.org

Dungarvan Castle: Seit einigen Jahren werden die Mauern der Normannenburg restauriert und für Besucher hergerichtet. Im Visitor Centre, einer früheren Kaserne inmitten der Burg, informiert uns eine Ausstellung über die Geschichte der Festung und erinnert mit einer Lagerstatt, Schreibstube und alten Fotos an die hier stationierten Truppen. Die rautenförmige Umfriedung mit Bergfried, Eckturm und Torbastion wurde auf Befehl König Johanns bald nach 1200 angelegt, um die Mündung des Corrigan zu bewachen. Solange an der Burg noch gearbeitet wird, sind Teile nur im Rahmen der Führungen zugänglich. Geplant ist die Restaurierung des Wehrgangs.

⏰ Juni–Sept. Führungen tägl. 10.30, 11.30, 12.30 sowie 14, 15, 16 und 17 Uhr. Eintritt frei.

Das **Monument of Master McGrath** ist eine dieser typisch irischen Skurrilitäten, die das Land liebenswert machen und über die man doch nur den Kopf schütteln kann. Nachdem wir in Kildare schon das Gerippe des Rennpferdes Arkle kennen gelernt haben, steht an der Kreuzung R 672/N 72 das Denkmal für den Windhund *Master McGrath,* der um 1870 dreimal den *Waterloo-Pokal* gewann und von 37 Rennen nur ein einziges verlor – das waren schlechte Zeiten für die Zocker. Der auf dem Höhepunkt seiner Karriere überraschend an einer Lungenentzündung verstorbene Wunderhund wird auch in einem Folksong gepriesen.

Warten auf die Führung durch Dungarvan Castle

302 Der Südosten/County Waterford

Dungarvan/Umgebung

▶ **Copper Coast Geopark:** Ein Geopark, huch, was ist denn das? Es braucht eine geologische Besonderheit, dazu ein bisschen Naturpark, eine Prise Erlebnispark, gewürzt mit den Stichworten „nachhaltig" und „kulturelles Erbe", und fertig ist der Zuschussantrag. Ein Geopark ist nämlich in erster Linie ein Ding, für das man EU-Gelder bekommt. Und ein Branding, mit dem touristisch etwas minderbemittelte Regionen ein Image entwickeln und sich als Freizeit- und Ausflugsregion präsentieren können. So haben sich Stradbally, Bunmahon und andere Küstendörfer zwischen Dungarvan und Tramore zum *Geopark Coppercoast* zusammengetan und erinnern damit an den Kupferbergbau, den es hier im 19. Jh. zwischen wilden Klippen und anmutigen Sandbuchten gab. Wanderrouten wurden beschrieben und markiert, ein *Mining Trail* führt von Bunmahon zum restaurierten Pumpenhaus auf den Klippen von Tankardstown.
Info www.coppercoastgeopark.com

▶ **An Rinn:** Die Halbinsel mit dem Kap **Helvick Head,** etwa 10 km südöstlich von Dungarvan, ist eine Gaeltacht, also ein Gebiet, in dem noch Gälisch gesprochen wird. Im Ring College (✆ 058 46128, www.anrinn.com) quälen sich Kinder und Jugendliche mit Sprachkursen. Zwar verzeichnen manche Landkarten ein „Ringville", doch lebt die Bevölkerung in Wahrheit über die ganze Halbinsel verteilt, ohne dass es ein richtiges Dorf oder gar eine Stadt gibt – die einzigen zentralen Punkte sind Kirchen und Pubs. Von Dungarvan kommend passiert man zuerst *Mooney's Pub,* dekoriert mit allerlei Straßen- und Werbeschildern, dazu frivole Wandgemälde von Michael Mulcahy, der immerhin auch Dublins National Concert Hall schmücken durfte. Natürlich hat Mooney's auch seine Hausband, die sich gewöhnlich in der kleinen Bar links vom Eingang zur Session trifft. Als weitere Kneipe ist *Tigh an Cheoil* zu nennen, wo ein Memorial an Bobby Sands erinnert, und schließlich *Tigh Muirithe* am Hafen Helvick Head.

• *Verbindung* Die Buslinie 362 Dungarvan – Ardmore passiert Fr/Sa (Juli/Aug. tägl.) An Rinn.

• *Übernachten* **Seaview**, Pulla, ✆ 058 41 583, www.seaviewdungarvan.com, DZ 60– 110 €. Pension mit 8 stilsicher eingerichteten Zimmern, von der N25 westlich Dungarvan nahe der Marine Bar ausgeschildert.

Gortnadiha Lodge, Mrs. Eileen Harty, 07.37.27 W / 52.03.07 N, An Rinn, ✆ 058 46 142, DZ 90 €. Ländliches Anwesen mit Meerblick und Garten, eine Oase der Ruhe.

Dun Ard, Na Ceithre Gaotha, An Rinn, ✆ 058 46782, www.ringbedandbreakfast.ie, DZ 90 €. Neubau auf einer aussichtsreichen Anhöhe unweit von Mooney's Pub. Die Gästezimmer sind mit Sauna oder Whirlpool ausgestattet.

• *Essen* Im strohgedeckten **An Seanachai** in Pulla gibt's Mittagsbüffet. Authentischer speist man in **Mooney's Pub** und im **Café An Linn Buide,** beide in An Rinn.

Ardmore

Das „Historic Seaside Village", wie sich das Badedorf mit den bunten Häuschen und blauer Umfeldflagge nennt, hat vor einigen Jahren die irische Entsprechung des Wettbewerbs „Unser Dorf soll schöner werden" gewonnen.

Der ruhige Ferienort mit einem Caravanpark und zwei schönen Stränden bemüht sich touristisch eher um Klasse statt Masse. Die Videoarkaden von Tramore fehlen ebenso wie die Schlemmerlokale von Kinsale, und auch der Yachthafen existiert bislang nur auf dem Papier. Das gälische *Ard Mór* bedeutet

Ardmore 303

Neugierige beäugen jeden Passanten

„großer Hügel", und in der Tat liegt Ardmore am Fuß einer Halbinsel, um die hoch auf den Klippen ein Rundwanderweg führt. Auch die alte Pilgerroute nach Cashel wurde wieder instand gesetzt.

Außer ums Wandern dreht sich in Ardmore alles um *St. Declan*, einen walisischen Abt, der schon 80 Jahre vor St. Patrick nach Irland kam und in Ardmore eine kleine Gemeinde christlicher Schäflein hütete. **Declan's Stone**, ein auffälliger Stein am Südende des Strands, markiert die Stelle, an der Declan gelandet sein soll. 200 m hinter dem Cliff Hotel plätschert **Declan's Well**. Die Quelle mag Gebrechen heilen, aber das Bassin sieht nicht so sauber aus, als dass man sich beim Trinken nicht neue Gebrechen zuziehen könnte. Am Hügel schließlich die Ruinen von **Declan's Kloster**, welches das älteste in Irland gewesen sein dürfte. In die Westwand der verfallenen Kirche sind einige Steinmetzarbeiten (10. Jh.?) aus einem noch älteren Gebäude eingearbeitet. Sie zeigen den Erzengel Michael, wie er beim Jüngsten Gericht die Seelen wiegt, und das Urteil Salomos, der mit seinem Schwert das Kind zu halbieren droht. Ein vierstöckiger, konischer Rundturm (12. Jh.) ragt 30 m hoch in die Luft, und das dritte noch halbwegs erhaltene Gebäude des Klosters ist eine Kapelle aus dem 8. Jh., deren letzte Restaurierung jetzt auch schon wieder 200 Jahre zurück liegt. Die Vertiefung im Boden der Kapelle ist kein Grab, sondern rührt daher, dass die Gläubigen die heilige Erde herauskratzten und mitnahmen.

- *Verbindung* Von der Bushaltestelle vor O'Reilly's Pub nach Cork und Dungarvan.
- *Übernachten* ** **Rund Tower Hotel**, College Rd., ✆ 024 94494, rth@eircom.net, DZ 100–130 €. Ein schon etwas älteres Hotel mit den klassischen Erkern, sauber und gut geführt in ruhiger Lage abseits der Straße.
- *Essen* **White Horses**, Main St., ✆ 024 94040, Mai–Sept. Di–So ab 12 Uhr, sonst nur Freitag- bis Sonntagabend. Die Schwestern Christine und Geraldine gelten samt ihrem Restaurant als verlässliche Konstante in Ardmore. Von den köstlichen Desserts und Kuchen bestellen manche Gäste eine Extraportion – eingepackt, um sie nach Hause mitzunehmen.

Youghal

Auch wer von Kirchen und Klöstern genug hat, sollte sich die liebevoll wie ein Museum eingerichtete protestantische Kirche anschauen. Einen weiteren Pluspunkt verdient der lange Strand drei Kilometer westlich der Stadt.

Die neue Straße umgeht das Zentrum des Fischer- und Badeortes. Eilige laufen deshalb Gefahr, die mittelalterliche Preziose überhaupt nicht zu bemerken. Anfang des 17. Jh. erneuerte Richard Boyle, von dem wir im Kapitel über Lismore noch mehr erfahren, die Stadtbefestigung. Weil Youghal (sprich: Yaul), im Mittelalter einer der wichtigsten Häfen Irlands, immer auf der richtigen, nämlich der Seite der englischen Gewinner war, ist diese Mauer heute noch gut erhalten. Sein bekanntester Bürger war *Sir Walter Raleigh*, der im 16. Jh. Virginia kolonisierte. Auf dem Rückweg brachte er die Kartoffel nach Europa und beeinflusste damit nachhaltig Irlands Geschichte und Küche. Ihn feiert Youghal jeden Juli mit einem Festival. Highlight ist der Wettbewerb um die originellsten Kartoffelgerichte.

Information/Verbindungen/Diverses

• *Information* Market Sq., ℘ 024 20 170 (außerhalb der Saison ℘ 024 92 447), April–Okt. tägl. 9–17.30 Uhr, Nov.–März Mo–Fr 10–17 Uhr. Das Faltblatt „Tourist Trail" leitet durch die Stadt, auch Wandervorschläge für die Umgebung sind erhältlich. Angeschlossen ist eine Diashow mit Ausstellung zur Stadtgeschichte. www.youghal.ie und www.eastcorktourism.com.

• *Verbindung* Im Ort ist ein Busstopp der Linie Waterford – Cork.

• *Stadtführungen* Juni–Aug. Mo–Sa 10.30 Uhr ab Tourist Office.

Übernachten/Camping/Essen

**** Aherne's Guesthouse (1), Waterford Rd., ℘ 024 92 424, www.ahernes.com, DZ 150–230 €. Die 10 geräumigen, mit allem Komfort bis hin zum Hosenbügler ausgestatteten Zimmer befinden sich im Anbau eines Nobelrestaurants. Besonders üppiges Frühstück (mit Räucherlachs), gemütlicher Aufenthaltsraum mit Büchern und Kaminfeuer, das auch im Sommer knistert. Eine Empfehlung, sofern die Brieftasche den Luxus erlaubt.

B&B Roseville (2), Catherine St., ℘ 024 92 571, www.rosevillebb.com, DZ 75 €; ein knallrot gestrichenes Haus in der Altstadt mit viel Atmosphäre.

B&B Bayview (6), Front Strand, ℘ 024 92 824, www.bayviewhouse.net, DZ 70 €. Die viktorianische Villa, nur durch die Straße vom Strand getrennt, wird von Lesern als Unterkunft gelobt.

Hostel Evergreen House (5) (IHH), The Strand, ℘ 024 92877, www.evergreenireland.com, Bett 16–18 €, DZ 45–52 €. 5 Gehminuten vom Zentrum oder vom Sandstrand macht ein Vorgarten mit farbenprächtigen Rosen auf das familiäre Hostel in einem älteren, neu eingerichteten Haus aufmerksam.

• *Camping* **Camping & B&B Clonvilla,** Ballymarcado Rd., 4 km außerhalb, ℘ 024 98 288 (Lesertipp von Hauke Benner).

Essen/Pub/Unterhaltung

Aherne's (1), Waterford Rd., ℘ 02492 424, Waterford Rd., Hauptgericht um 30 €. Das noble Restaurant hat sich unter Feinschmeckern einen Namen gemacht. Spezialität sind Meeresfrüchte, die mit einem französischen Akzent zubereitet werden. Im Pub werden tagsüber teilweise die gleichen Gerichte, aber in einem weniger förmlichen Rahmen und etwas preiswerter serviert.

Coffee Pot (3), 77 North Main St. Ein preiswerter Coffeeshop mit Frühstück, warmen Mittagsgerichten (mit Tee und Dessert 12 €) und Kuchen.

Youghal 305

● *Pub* **Moby Dick's (4)**, Market Sq., gelegentlich Traditional Music. Hier erholten sich John Huston und Gregory Peck 1954 während der Drehpausen von Moby Dick, dem in Youghal aufgenommenen Kassenreißer. Durch eine drastische Modernisierung hat der Pub jedoch etwas an Charme verloren.

● *Unterhaltung* **Seisiun,** eine irische Folkloreshow mit Musik, Tanz und theatralischen Einlagen, läuft Juli und August montags und donnerstags im Kulturzentrum *Brú na Sí* oder im im *Mall Arts Centre* . Info unter www.ceoltasi.com.

Sehenswertes

Main Street: Mit einem Spaziergang durch die Hauptstraße und ihre Seitengassen kann man alle Sehenswürdigkeiten Youghals erkunden. Der Uhrturm über der Main Street ist das Wahrzeichen der Stadt. Das *Clock Gate,* 1777 auf den Fundamenten eines mittelalterlichen Stadttores errichtet, diente auch als Gefängnis. Von der Benediktinerabtei steht zwischen zwei gewöhnlichen Häusern gerade noch ein Portal, das leicht übersehen wird. Umso auffälliger ist das *Red House,* das sich ein holländischer Kaufmann 1702 aus roten Ziegeln ganz im Stil seiner Heimat errichten ließ. Der Wehrturm *Tyntes' Castle,* gegenüber vom Roten Haus und in bedauerlich schlechtem Zustand, stand einst direkt an einem heute versandeten Arm des Blackwater River, der hier ins Meer mündete.

Die protestantische **Saint Mary's Church** ist eine der größten Pfarrkirchen Irlands. Ursprünglich aus dem Jahr 1220, wurde sie im Laufe der Geschichte mehrmals zerstört, umgebaut und renoviert. Zuletzt hat man in den siebziger Jahren den Dachstuhl mit seinem Eichenbalken gründlich überholt, damit er weitere Jahrhunderte dem Regen standhält. St. Mary's ist gleichzeitig Museum und Kirche. Hier hat jede Grabplatte ihre in penibler Zierschrift geschriebene und gerahmte Erklärung, die die Geschichte der Toten und der Kirche in Erinnerung hält: die Familiensaga der Desmonds, Pest und Hungersnot, die Willkür der Reichen, die Not der Armen. Im südlichen Querschiff findet man das prächtige Renaissancegrab Richard Boyles. Vom Baukörper der Kirche beeindruckt außer dem Dach vor allem der Chor. Anlass zu großer Verwunderung geben auf einer Tafel neben der Kanzel die Lebensdaten „1464 bis 1604". Kein Irrtum, die 12. Gräfin Desmond soll auf ihrer Hochzeit be-

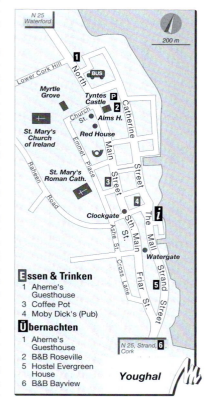

Der Südosten
Karte S. 266/267

Der Südosten/County Waterford

St. Mary's – hier ruht Mrs. Boyle

reits mit dem späteren König (1483–85) Richard III. getanzt haben, um dann noch Elisabeth I. zu überleben und sich im fortgeschrittenen Alter von 140 Jahren schließlich beim Sturz vom Kirschbaum das Genick zu brechen – ein romantischer Tod.

In **Myrtle Grove**, einem bis zur Unkenntlichkeit umgebauten Tudor-Haus, wohnte *Walter Raleigh,* als er um 1588 das Bürgermeisteramt in Youghal innehatte. Die Legende berichtet, er habe im dazugehörigen Gärtchen seine Pfeife geraucht und auch seine Versuche mit dem Kartoffelanbau unternommen. Aus Unkenntnis aß Raleigh statt der Wurzelknollen die Beeren und hätte sich damit beinahe vergiftet. Nach diesem misslungenen Experiment wurde die Kartoffel für die nächsten hundert Jahre erst einmal wieder vergessen.

600 Haushaltsgeräte aus der Periode 1850–1950, darunter allein 30 Bügeleisen, sind im privaten **Fox's Lane Folk Museum** zusammengetragen. Staubsauger, Nähmaschinen, nostalgische Toaster und Mixer im klassischen Design, auch Grammophone und Schreibmaschinen sind zu sehen.

☉ Juli–Anf. Sept. Di–Sa 10–13, 14–18 Uhr; Eintritt 4 €. Beim Clock Gate zwischen The Mall und South Main St. www.tyntescastle.com/fox/.

Lismore

Das Örtchen (1400 Einwohner) schmiegt sich zu Füßen der Knockmealdown-Berge an den River Blackwater, den irischen Rhein. Schloss und Kathedrale sind zwei Nummern zu groß geraten. Vor den Raubzügen der Wikinger war Lismore mit seiner Klosterschule ein Mittelpunkt der Gelehrsamkeit.

Lismore Castle, das von seiner dicht bewaldeten Höhe herab das Ortsbild prägt, ist ein Phantasiebau des 19. Jh. Nur wenige Mauern stammen noch von der älteren, 1185 unter König John begonnenen Burg. Bei diesen Umbauten fand man das *Book of Lismore*, das heute im Nationalmuseum aufbewahrt wird und die Geschichten irischer Heiliger erzählt, dazu eine Kurzfassung der Reisen Marco Polos enthält. Das Castle hatte zwei berühmte Schlossherren. 1589 verschenkte Elisabeth I. den Sitz des Bischofs von Lismore samt 200 qkm Ländereien an ihren Günstling Sir Walter Raleigh (1552–1618), der die erste englische Kolonie in Nordamerika gegründet und die Kartoffel nach Europa gebracht hatte. Als Raleigh in Ungnade fiel,

Lismore/Umgebung   307

musste er seinen irischen Besitz für einen Schleuderpreis an *Richard Boyle* verkaufen, der mit 27 £ in der Tasche nach Irland gekommen war und es mit allen nur denkbaren und nicht immer legalen Geschäften bald zum Earl of Cork brachte. Einer seiner Söhne war *Robert Boyle* (1627–1691), der als Naturforscher den Zusammenhang zwischen Gasdruck und Temperatur entdeckte und herausfand, dass auch Luft ein Gewicht hat. Ganz nebenbei übersetzte er noch das Alte Testament auf walisisch, malaiisch und türkisch und ließ es in diesen Sprachen auch drucken. Das Heritage Centre (s. u.) stellt den Gelehrten in einem ebenso unterhaltsamen wie lehrreichen, eigentlich für Kinder gedachten Zeichentrickfilm vor.

Heute gehört Lismore Castle dem *Herzog von Devonshire*, der sich aber nur selten in seinem irischen Ferienhaus blicken lässt. Die in den letzten Jahren auch mit zeitgenössischen Skulpturen aufgemöbelten **Gärten** können besichtigt werden. Die untere Anlage ist durch die Hänge und einen Wald besonders geschützt und umfasst eine Sammlung prächtiger Magnolien. Im Westflügel des Schlosses hat Prinz William seine **Galerie** *Castle Arts* eingerichtet, die jedes Jahr eine große Ausstellung aktueller Kunst veranstaltet.

⏱ **Schlossgärten:** Mitte März–Sept. tägl. 11–16.45 Uhr, **Galerie:** während Ausstellungen (siehe www.lismorecastlearts.ie) tägl. 11–18 Uhr; Eintritt Gärten mit Galerie 7 €. www.lismorecastle.com.

● *Information* Im Zentrum, ☎058 54 975, www.discoverlismore.com, Mo–Fr 9.30–17.30 Uhr, April–Okt. auch Sa 9.30–17.30 und So 12–17.30 Uhr. Zur Information gehört ein **Heritage Centre,** das in einer halbstündigen Audiovisionsshow die Geschichte und Attraktionen der Gegend erklärt (Eintritt 5 €). Infos auch unter www.lismore-ireland.com und www.discoverlismore.com.

● *Verbindung* Mit dem **Bus** nach Dungarvan, auch Mallow und Cork, Auskunft ☎ 051 87 3401, www.buseireann.com.

● *Übernachten* An Gruppen bis 23 Personen wird das **Schloss** wochenweise für fünfstellige Beträge vermietet. www.lismorecastle.com.

✶✶ Lismore House Hotel, ☎058 72 966, www.lismorehousehotel.com, DZ 85–130 €. Das Dorfhotel dominiert mit seiner streng geometrischen Fassade und den fein gegliederten Fenstern den Hauptplatz.

B&B Northgrove, Tourtane West, R 666, ☎ 058 54 325, www.lismorebedandbreakfast.com, DZ 80 €. 2 km außerhalb, drei farbenprächtige Zimmer mit Vollholzmöbeln und bestickten Bettüberwürfen.

B&B Beechcroft, Deerpark Rd., ☎ 058 54273, beechcroftbandb@eircom.net, April–Sept., DZ 65–70 €. Das etablierte und viel gelobte B&B der Familie Power befindet sich im obe-

ren Ortsteil. Drei Zimmer mit schöner Aussicht, eines davon mit Bad auf dem Flur.

B&B Red House Inn, ☎ 058 54 248, pro Person30 €; gegenüber dem Tourist Office, zentral und billig. Einfache Zimmer über dem gleichnamigen Pub. Das leicht jugendstilige Haus und die Kneipeneinrichtung sind museumsreife Kleinode, die Zimmermöbel waren bei unserem Besuch einfach nur alt und abgenutzt.

● *Essen/Einkaufen* **Summerhouse,** Main Street, www.thesummerhouse.ie.. Design- und Lifestyleshop mit Café. Die Backwaren kommen aus der eigenen Backstube. Di–Sa 10–18, So 12–17 Uhr, Lunch jeweils bis 14.30 Uhr.

● *Am Abend* Das renommierte Folkensemble **Booley House** zeigt seine irische Show mit Musik und Tanz von Mitte Juli bis August jeden Mittwochabend in St. Michael's Hall, Ballyduff. Eintritt 15 €, Buchung über das Tourist Office in Lismore. www.thebooleyhouse.com.

● *Festival* **Immrama Festival of Travel Writing,** www.lismoreimmrama.com. Das Thema wechselt, alljährlich Mitte Juni lesen hochkarätige Reiseessayisten, -schriftsteller und -journalisten an einem Wochenende aus ihren Arbeiten.

Lismore/Umgebung

▸ **Cappoquin:** Das Dorf am Knick des River Blackwater, aus dessen Namen unschwer die Kapuziner herauszuhören sind, beherbergt ein Kloster, das keine

Der Südosten
Karte S. 266/267

308   Der Südosten/County Waterford

lange Geschichte hat, dafür aber noch immer von Mönchen bewohnt wird. Irische Zisterzienser aus Melleray (Bretagne) gründeten 1832 die Abtei. Die Zisterzienser sind kein kontemplativer, d. h. nur betender, sondern ein arbeitender Orden, den die Landesherren im Mittelalter besonders schätzten, weil die Mönche beim Roden von Wäldern, Entwässern von Sümpfen und ganz allgemein bei der Urbarmachung von Land großen Fleiß an den Tag legten. Auch um Cappoquin fallen sofort die Früchte dieser Arbeit ins Auge. Besucher, auch weibliche, sind willkommen, um mit den Mönchen zu beten oder einfach nur ein paar Tage in Stille und Einkehr zu verbringen.

Termingerecht zu Mariä Himmelfahrt erschien 1985 die Madonna in einer Grotte am **Mount Melleray** zwei Kindern und prophezeite das Weltende. Seither hat Irland einen neuen Wallfahrtsort, von dem immer neue Marienvisionen berichtet werden. Die Pilger, meist Frauen aus Ulster, wo das Bedürfnis nach Wundern offenbar besonders groß ist, kommen zwischen dem 16. und dem 28. August und verbringen eine Nacht betend am Schrein.

Für die weltlichen Angelegenheiten von Cappoquin war über Jahrhunderte die Familie Keane zuständig und hat daraus ein beträchtliches Vermögen aufgebaut. Ein Teil desselben, nämlich der georgianische Landsitz **Cappoquin House** samt schönem Garten, kann im Zentrum des Orts besichtigt werden.

① **Cappoquin House** April–Juli Mo–Sa 9–13 Uhr; Eintritt Garten 5 €, Haus 5 €. www.cappoquin.org/cappoquinhouse.shtml. ● *Übernachten* **Richmond House,** ✆ 058 54 278, http://richmondhouse.net, DZ 150–

250 €. Luxus pur in einem alten Herrenhaus. Ganz im Kontrast dazu steht die schlichte **Mt. Melleray Abbey,** ✆ 058 54 404, www.mountmellerayabbey.org. Übernachtung im Gästehaus gegen Spende.

▶ **Wanderungen in den Knockmealdowns:** Der Vee Drive, der Radlern viel Kondition abverlangt, gilt als eine der schönsten Panoramastraßen Irlands. Von Lismore zieht er sich als R 668 durch dichten Laubwald das Tal hoch. Am Zusammentreffen mit der von Cappoquin kommenden R 669 rauscht ein Wasserfall und warten schattige Picknickplätze. Erika und Rhododendron setzen rote und violette Farbtupfer zwischen den grünen Farn, anderswo hat der zartlila blühende Rhododendron sich wie wucherndes Unkraut ausgebreitet. Von der Marienkapelle auf der Passhöhe führt links ein Wanderpfad über den namenlosen Vorgipfel hinter der Statue auf den Knockshanahullion (654 m) und von dort in südwestlicher Richtung zu einer das Gebirge querenden Nebenstraße, über die man (rechts) hinunter ins Duagtal und nach Clogheen kommt (zusammen 3 Stunden). Vom Pass rechts geht es auf den **Sugarloaf** (653 m) und den **Knockmealdown** (670 m). Wendet man sich vom Gipfel nach Westsüdwest, trifft man bei der Abzweigung nach Cappoquin wieder auf den Vee Drive (als Rundwanderung 4 Stunden).

Der mit gelben Strichmännchen markierte **Munster Way,** wie der uns schon als Wicklow und Leinster Trail bekannte Fernwanderweg hier heißt, führt vom Pass nach Norden und zunächst am Bay Lough vorbei, einem schwarzen Bergsee, in dem ein Gespenst sein Unwesen treibt. Nach der Haarnadelkurve mit Panoramablick quert er nochmals die Straße, steigt durch den Wald ins Duagtal hinab und verläuft dort ostwärts nach Clonmel. Mit 35 km ist die Tagesetappe ohne Übernachtungsmöglichkeiten direkt am Weg freilich viel zu lang. Eine genaue Beschreibung der Tour liefert das Bord Fáilte Blatt 26 J.

Blick vom Rock of Cashel zur Hore Abbey

County Tipperary

Highlights

- **Swiss Cottage** – Ideen fürs Traumhaus gefällig? Von Marie Antoinette inspiriert gab sich hier der Earl of Cahir romantischen und exotischen Träumen hin (S. 311)
- **Mitchelstown Cave** – Irlands spektakulärste Tropfsteinhöhle mit wilden Tieren, Indianern und anderen fantastischen Gesteinsformationen (S. 312)
- **Galtee Mountains** – auf den Pfaden der Torfstecher übers Gebirge in den Zauberwald des Tals von Aherlow (S. 313)
- **Rock of Cashel** – ein mächtiger Felsen als mythischer Königssitz von Munster und Zentrum des frühen irischen Christentums (S. 321)
- **Brú Ború** – Irlands Folklore und musikalische Traditionen, vorgestellt im klingenden Museum oder als sommerabendliche Tanzshow (S. 322)

County Tipperary

Zu Füßen der Galtee und Comeragh Mountains erstreckt sich eine grüne, gleichförmige und schier endlose Ebene – das Land, von dem die Bauern träumen. Wichtigster Fixpunkt für Reisende in diesem Meer der Weidegründe ist der Rock of Cashel.

Geographisch gehört die flache, auf drei Seiten von Hügeln eingefasste Grafschaft mit ihren fruchtbaren Lehmböden bereits zu den Midlands. Fette Kühe weiden auf saftigen Wiesen, und das Golden Vale im Süden des Countys gilt als das beste Bauernland der Insel. Nach einem im 18. Jh. durch gute Exportmöglichkeiten ausgelösten Getreideanbau-Boom sieht man heute wieder nur Wiesen und Rindviecher – so weit das Auge reicht. Milchlaster, Traktoren und Mähdrescher rumpeln über die Straßen, die Höfe sind herausgeputzt, die Silos übertreffen an Zahl deutlich die Kirchtürme. Auch die behäbigen Landstädte am Ufer des Suir zeugen vom relativen Wohlstand.

Buchstäblich herausragende Sehenswürdigkeit ist der Rock of Cashel, ein schroffer Kalkfelsen inmitten der Ebene, auf dem einst die Könige von Munster herrschten. Die Galtee Mountains sind bei irischen Wanderern beliebt, in Clonmel und Cahir mag man auf der Durchreise einen Stopp einlegen. Sonst ist das Bauernland touristisch weniger interessant. Nicht nur in der englischsprachigen Welt erlangte die Grafschaft durch einen fetzigen Marsch Berühmtheit, der in keinem Film über den Ersten Weltkrieg fehlt: „It's a long way to Tipperary/It's a long way to go …". Dabei stammten damals keineswegs besonders viele Freiwillige der britischen Armee aus Tipperary. Die Grafschaft kam nur in den Song, weil die Komponisten für den Rhythmus ein viersilbiges und dennoch leicht von der Zunge gehendes Wort brauchten.

Cahir

Weil Cahir im Schatten von Cashel steht und es an Unterkünften fehlt, wird die Stadt mit ihrer trutzigen Burg auf der Insel im Suir nur selten besucht. Zu Unrecht.

Das Städtchen würde sich als Ausgangspunkt für den Wander- und Radeltourismus eignen. Obwohl sich die Galtee und Knockmealdown Mountains in unmittelbarer Nähe befinden, dazu die schönste Tropfsteinhöhle Irlands und ein romantisches Cottage orné, war im ganzen Ort nirgendwo eine Wanderkarte der Region erhältlich: keine Nachfrage. Das irische Wort *Cathair,* von dem der Ortsname abgeleitet wird, bezeichnet ein Steinfort. Vielleicht stand es einmal dort, wo heute die Burg steht. *The Mall,* die in der georgianischen Epoche beste Wohngegend am Fluss, verfällt. Gegenüber imitiert ein altes Silo die Zinnen der Burg, auch die Brückenköpfe der Eisenbahnbrücke über den Suir stilisieren die Burg. Schade, dass dem einsamen Bahnhof das Ausweichgleis geraubt wurde. Die Tage der Bahn scheinen gezählt.

● *Information* Castle St., ✆ 052 744 1453, April–Okt. Mo–Sa 9.30–17.30 Uhr (Juni–Aug. bis 18 Uhr). Juli/Aug. www.cahirtourism.ie und www.cahirnews.cahirda.com.

● *Verbindung* **Bahnstation** an der Strecke Rosslare – Cork (Zugauskunft, ✆ 1850 366 222, www.irishrail.ie). Cahir liegt an den **Bus**linien Nr. 55 Dublin – Cork, Nr. 08 Limerick – Waterford und Nr. 07 Kilkenny – Cork. Die Haltestelle ist gegenüber der Burg (Busauskunft, ✆ 01 836 6111, www.buseire ann.ie).

● *Kunsthandwerk* **Craft Granary,** Church St., www.craftgranary.com. Ausstellung von

Cahir

Romantisches Traumhaus in Cahir – Swiss Cottage

Kunsthandwerkern und Bildhauern aus der Region, auch Verkauf und Tea Room. Das in einer früheren Spinnerei untergebrachte Zentrum fertigt zudem Brautschleier!
- *Markt* Sa 9–13 Uhr in der Church St.
- *Übernachten* *** **Kilcoran Lodge,** Cork Rd., ✆ 052 744 1288, www.kilcoranlodgehotel.com, DZ 130–150 €. Ein viktorianisches Jagdhaus 6 km außerhalb. Pool, Fitnessraum, Solarium.

B&B Carrigeen Castle, Clonmel Rd., ✆ 052 744 1370, www.tipp.ie/butlerca.htm, DZ 66–80 €. „In Gehweite zum Cahir Castle befindet sich dieses ehemalige Gefängnis, das von außen fast wie eine Burg aussieht. Eine etwas spezielle Unterkunft, aber durchaus komfortabel. Bei den Standard-Räumen muss man allerdings in einer ehemaligen Zelle duschen." (Lesertipp von Walter Deinböck)
- *Essen* **Café Galileo,** Church St., tägl. 12–22 Uhr. Italienische Küche, auch Steaks. Mittagsgerichte bis 12 €, abends Menü 25 €.

Bia Blasta, 1 Mill Race (an der Hauptstraße nordwestlich der Burg), Mo–Sa 8–18 Uhr. Ein einladendes Tagesrestaurant mit Pies, Lasagne, hausgemachten Pommes, diversen Salaten und natürlich Sandwiches aller Art.

Sehenswertes

Cahir Castle: Die zum Großteil im 15. und 16. Jh. unter den Butlers gebaute Burg sitzt grau und stolz auf einer Insel im Suir. Drei mit starken Mauern befestigte Höfe liegen hintereinander. Ein Angreifer hätte also zuerst in den von einer Ringmauer und zwei Türmen gesicherten äußeren Hof eindringen müssen, dann die Mauer zum mittleren, etwas höher gelegenen Hof überwinden und schließlich durch das Fallgatter und unter den Pechnasen hindurch die innere Burg erstürmen müssen. Unmöglich? Die scheinbar uneinnehmbare Festung fiel 1599 und 1650 ohne großen Kampf in Feindeshand – gegen Kanonen war sie nicht gerüstet. Eine *Wendeltreppe* führt zum Fluss hinunter, aus dem die Burgbewohner ihr Trinkwasser bezogen. Im *Burgfried* wird mit Fotos die Entwicklung der Befestigungswerke von normannischen Schanzen zu den Wehrtürmen des 16. Jh. illustriert. Andere

312 Der Südosten/County Tipperary

Schautafeln erklären die Stellung der Frau im irischen Spätmittelalter. Man erfährt überrascht, dass die Scheidung damals erheblich einfacher war als heute – wenigstens für Männer. Die Diashow enttäuscht etwas. In zu schneller Folge ziehen die Sights der Umgebung vorbei, ohne dass man sich etwas merken könnte. Über die Burg wird kaum ein Wort verloren.

⏰ Mitte Juni–Mitte Sept. tägl. 9–19 Uhr, April–Mitte Juni u. Mitte Sept.–Nov. tägl. 9.30–17.30 Uhr, Winter tägl. 10–16.30 Uhr; Einlass bis 45 Min. vor Schließung. Eintritt 3 €.

Swiss Cottage: Ein hinter der Tourist Information beginnender Spazierweg führt den Fluss entlang zum Swiss Cottage, einem vom 12. Earl of Cahir Anfang des 19. Jh. im Stil des *Cottage orné* errichteten Landhaus – ein romantischer Traum, der das einfache Landleben idealisiert, ohne auf aristokratischen Luxus zu verzichten. Das asymmetrische Haus, das man vielleicht in einem Bühnenbild oder im Gemälde eines Landschaftsmalers, nicht aber in der Realität erwarten würde, kommt mit nur wenigen rechten Winkeln aus, ist mit Schilf gedeckt und von einer einem Wald nachempfundenen Veranda umgeben. Die Tapeten des Salons schlagen den Bogen zu Liebe und Ferne, zwei anderen romantischen Themen. Vor dem Hintergrund des Bosporus verlustieren sich Türken mit Haremsdamen bei einem Picknick. Vorbild für diese Art Landhäuser, wie sie auch in England und auf dem Kontinent gebaut wurden, war ein Gartenpavillon der französischen Königin Marie-Antoinette.

⏰ April Di–So 10–13, 14–18 Uhr, Mai–Sept. tägl. 10–18 Uhr, Okt./Nov. Di–So 10–13, 14–16.30 Uhr. Führung etwa alle halbe Stunde; Eintritt 4 €.

Die Intrige der Erbschleicher

Die Geschichte vom Aufstieg des Richard Butler ist so recht von der Art, wie sie heute auf der ersten Seite der Regenbogenpresse stehen und die Herzen ganzer Nationen rühren. 1786 bis 1788 starben in rascher Folge der kinderlose James und sein Bruder Pier. Besitz und Titel fielen an seinen Neffen James, einen entfernten und wenig begüterten Abenteurer, der in Ostindien lebte und gleichfalls verschied, bevor ihn auch nur die Nachricht vom unverhofften Reichtum erreicht hatte. Nächster in der Erbfolge wäre James' Sohn Richard gewesen, der in Cahir mit seiner Mutter in völliger Armut lebte. Die geldgierige Verwandtschaft hielt die Nachricht vom Tod des zweiten James zunächst geheim und entführte den jungen Richard und seine Schwester nach Frankreich. Die Wende in diesem Drama für den um sein Erbe betrogenen 12. Baron von Cahir kam mit dem Besuch der Schwester des Lordkanzlers in Cahir, der die Intrige zu Ohren kam. Sie spürte die Kinder in einem Stall auf, brachte sie nach Cahir zurück und vermählte gleich noch ihre jüngste Tochter mit dem inzwischen 17-jährigen Richard.

Cahir/Umgebung

▶ **Burncourt:** „Sieben Jahre gebaut, sieben Tage bewohnt, in sieben Stunden abgebrannt", heißt es über das Schloss am Ortsrand von Burncourt. Einmal mehr war es Cromwell, dem wir diese Ruine verdanken. Die Außenmauern stehen solide, als seien sie erst gestern hochgezogen worden, doch durch die hohlen Fenster blickt man in den Himmel, und innen sprießt das Gras.

Anfahrt Das Castle steht auf einer Weide hinter einem Bauernhof. Anstandshalber sollte man beim Besitzer vor der Besichtigung um Erlaubnis fragen.

▶ **Mitchelstown Cave:** Auf der Südseite läuft durch das Sandsteinmassiv der Galtee Mountains ein schmaler Kalkstreifen. Seit Menschengedenken war hier eine Höhle bekannt, in der schon die Steinzeitmenschen ihre Spuren hinterlassen haben. Die New Cave, die man heute zu Gesicht bekommt, verdankt ihre Entdeckung jedoch einem Zufall. Als *Michael Condon* im Jahre 1833 Steine für den Hausbau aus dem Fels brach, fiel ihm sein Stemmeisen in einen Spalt. Condon war ein armer Mann und wollte das Werkzeug nicht aufgeben – er grub und öffnete so den Eingang, durch den man bis heute in die New Cave hinabsteigt. Mit über 2000 m begehbaren Stollen und Kammern ist sie größer und sicher sehenswerter als die Höhle von Dunmore, aber touristisch weniger erschlossen.

Jackie London, ein Familienpatriarch alter Schule, der die Höhle von seinen Schwiegereltern geerbt hat, versteht sich als Gralshüter des Naturdenkmals: kein farbiges Licht, keine Toneffekte, keine Souvenirbuden – nichts, was die Aufmerksamkeit von der Höhle ablenken könnte. Umso mehr Raum bleibt

Ihr nächster Pullover aus den Galtee Mountains

für die Phantasie. Man entdeckt Schweinsköpfe, Elefanten, einen versteinerten Wasserfall und einen Indianer. Außer den Gesteinsformationen kann man die prächtigen Farbnuancen bewundern, die von den verschiedenen, im Stein eingebetteten Metallen herrühren, und dazu hat der Felsendom eine hervorragende Akustik.

Anfahrt 15 km südwestl. von Cahir nahe Burncourt, tägl. 10–18 Uhr, Winter bis 17 Uhr; Eintrittskarten (5 €) im Bauernhaus am Parkplatz.

> Leserlob von Anja Scholl: „…. die beste Tropfsteinhöhle, die ich bisher gesehen habe. Aillwee Cave ist ein winziges Nichts dagegen, Mitchelstown Cave um Meilen besser. Auf keinen Fall verpassen!"

▶ **Galtee Mountains:** Das Bergmassiv mit seinen aufgeforsteten Nadelwäldern, stillen Seen und grasbewachsenen Kuppen, zwischen denen nur hier und da der rotbraune Sandstein durchschimmert, erhebt sich westlich von Cahir abrupt aus der Ebene. Nach den Macgillycuddys ist der **Galtymore** (919 m) der höchste Gipfel im Süden Irlands. Von der Topographie her ist er allerdings ein braver, runder Hügel, der Wanderern keinerlei Schwierigkeiten bereitet. Der bequemste Aufstieg führt über die einst für den Torftransport angelegte **Black Road**. Von Cahir kommend zweigt man 14,5 km nach der Stadt von der Cork Road rechts ab. Das *Galtymore B&B* und

314   Der Südosten/County Tipperary

ein verlassener Pub kündigen die Abzweigung an. Die Teerdecke endet auf Höhe des letzten Bauernhofes an einem kleinem Parkplatz. Es geht jetzt zu Fuß weiter durch zwei Gatter und an aufgescheuchten Schafen vorbei bis unterhalb des **Galtybeg** (792 m). Am Ende der Black Road beginnt der Aufstieg auf den Sattel westlich des Galtybegs, bis sich das Panorama nach Norden öffnet, dann hält man auf dem Kamm weiter nach Westen zu – der Galtymore ist nicht zu verfehlen. Wer hinüber ins **Glen of Aherlow** will, hält sich von besagtem Sattel immer nach Norden und trifft an der Clydagh Bridge auf die Landstraße. Für den Rückweg zum Ausgangspunkt behält man am Gipfel noch 10 Min. die Richtung bei und schlägt dann einen Bogen nach Südosten, quert den Bach oberhalb von Cooper's Wood, steigt am Waldrand entlang noch einmal leicht auf und trifft dann wieder auf die Black Road (zusammen 4 Std.).

Ein anderer Ausgangspunkt für die Gipfeltour ist die Mountain Lodge JH im Glengara Wald (Abzweigung rechts 12,5 km nach Cahir). Das **Glengaratal** ist ein Spaziergang für sich. Den Bach begleitet ein üppiger Wald aus Birken, Erlen, Lerchen und Kastanien, auch einige amerikanische Exoten wurden gepflanzt.

● *Übernachten*   **B&B Bansha Castle,** Bansha, ✆ 062 54 187, www.banshacastle. com, DZ 130 €. Das frühere Ferienhaus der Butlers von Ormond. Wenn das Schloss nicht für Seminare, Hochzeiten o. Ä. komplett ausgebucht ist, werden die 7 Gästezimmer auch einzeln vermietet – ein echtes Schnäppchen!
B&B Bansha House, Bansha, ✆ 062 54 194, www.tipp.ie/banshahs.htm, DZ 100 €. Zum Haus gehört ein Reitstall mit rund 15 Pferden, auf denen sich Ausflüge ins Glen of Aherlow machen lassen. Auch Unterricht.
B&B Ballinacourty House, ✆ 062 56 000, www.ballinacourtyhse.com, DZ 70 €. Das Anwesen liegt landschaftlich sehr schön etwa in der Talmitte und ist mit seiner preis-

werten Gaststätte ein beliebtes Ausflugsziel. Auch Ferienwohnungen (250–450 €).
Ballinacourty House Caravan & Camping Park, ✆ 062 56 559, www.camping.ie, Mai–Mitte Sept., 2 Pers. mit Zelt 16 €. Am gleichen Ort, aber organisatorisch getrennt vom B&B. 50 Zeltplätze auf einer mit kleinen Baumgruppen und Sträuchern aufgelockerten Wiese, keine Trailer. Aufenthaltsraum mit TV; Minigolf, Tennis, Tischtennis.
Glengara Mountain Lodge JH, Burncourt, ✆ 062 67 277, www.anoige.ie, nur April–Sept., Bett 12–16 €. Auf der Südseite der Galtee Mountains, 2,5 km von der Cahir – Mitchelstown Rd. Ein Jagdhaus ohne Dusche und Elektrizität, dafür mit viel Romantik.

Clonmel

Obwohl im Detail ohne größere Sehenswürdigkeiten, ist Clonmel (17.000 Einwohner) die lebendigste und interessanteste Stadt in der sonst eher ländlichen Grafschaft.

Entlang dem Suir lädt eine neu angelegte Promenade zum Flanieren ein, und im Herbst zieht aus der Cider-Fabrik *Bulmer* der Geruch von vergorenen Äpfeln über den Fluss und verliert sich an den Ausläufern der Comeraghs, die bis an den Stadtrand reichen. Das geschäftige Zentrum von Irlands größter Stadt ohne Zugang zum Meer hat mit seinen Baudenkmälern noch etwas Atmosphäre aus dem 19. Jh. bewahrt, als Clonmel ein wichtiger Verkehrsknotenpunkt war, an dem die Pferdekutschen aus den verschiedenen Städten des Südens sternförmig zusammenkamen.

Geschichte

Clonmel entwickelte sich im 13. und 14. Jh. aus einem Landgut, nachdem der Normanne William de Burgo vom König das Privileg erhalten hatte, einmal im

Clonmel

Jahr hier einen Markt abzuhalten. Im Mittelalter war es ein Zankapfel zwischen den Desmonds und den Butlers, bevor die Letzteren 1583 endgültig die Oberhand gewannen. Die hinter St. Mary's noch erhaltene Stadtmauer umschloss damals das Geviert von 300 x 425 m zwischen Fluss und der heutigen William Street, auch die Brücke über den Suir gab es schon. Als die Bauern im 18. Jh. von der Viehzucht mehr und mehr zum Getreideanbau wechselten, wurde Clonmel der Hauptumschlagsplatz für den Weizenexport. Am Fluss entstanden neue Mühlen; Brauer, Schnapsbrenner, Handwerker und Kaufleute siedelten sich an. Viele waren Protestanten und hinterließen Clonmel gleich mehrere stattliche Kirchen, die jetzt als Feuerwehrhaus, Werkstatt oder für andere profane Zwecke genutzt werden. *Charles Bianconi* (1786–1875), der als 16-jähriger aus Italien nach Irland geschickt wurde, um sich eine seiner Familie nicht genehme Liaison aus dem Kopf zu schlagen, sollte einer der größten Geschäftsleute seiner Zeit in Irland werden. Bianconi begann 1815 mit einer Postkutschenlinie zwischen Clonmel und Cahir und hatte schließlich das gesamte innerirische Transportwesen in seiner Hand, bevor der Eisenbahnbau die Kutschen ins Abseits drängte. Die Bürger von Clonmel wählten ihn zweimal zum Bürgermeister.

Brú Ború – Irland tanzt

Information/Verbindungen/Diverses

• *Information* St. Mary's Church, St. Mary's Street., ✆ 052 612 2960, Mo–Fr 9–13/14–16 Uhr, www.clonmel.com.
• *Verbindung* Vom Bahnhof (✆ 052 21 982) **Züge** nach Waterford und Limerick. **Busse** nach Cork, Dublin, Waterford über Carrick; Bustickets bei Rafferty Travel (✆ 052 612 2622) in der Gladstone St.
• *Fahrräder* **Worldwide Cycles,** Suir Island, ✆ 052 612 1146, www.worldwidecycles.com.
• *Festival* **Clonmel Junction Festival.** Anfang Juli werden die mit Bannern und Flaggen geschmückten Lokale und Straßen der Innenstadt zur Bühne für Theater, Musik und Kleinkunst. Das erfolgreiche Festival schlägt die Brücke von örtlichen Laiengruppen hin zu weltbekannten Ensembles. www.junctionfestival.com.
• *Kunst* **South Tipperary Arts Centre,** Nelson St., ✆ 052 612 7877, www.southtipparts.com, Mo–Fr 10–17.30 Uhr, im Sommer auch Sa 12–17 Uhr. Programmschwerpunkt sind Wechselausstellungen zeitgenössischer Kunst. Daneben veranstaltet das Zentrum auch Konzerte und Lesungen.
• *Markt* Sa 10–14 Uhr, Kickham St.

316   Der Südosten/County Tipperary

- *Windhundrennen* Clonmel ist eine Hochburg dieses für uns recht exotischen Sports. Die Rennbahn liegt an der Davis St.

im Osten der Stadt. Die Spektakel beginnen sonntags und donnerstags um 20 Uhr, Eintritt 10 €. www.igb.ie.

Übernachten/Essen/Pubs

- *Übernachten* ** **Hearn's Hotel (2)**, Parnell St., ℘ 052 612 1611, www.hearnshotel.ie, DZ 80–120 €. Das Hotel ist das einstige Hauptquartier des Bianconi-Imperiums. In der Halle hängt noch die Uhr, nach der die Abfahrtszeiten der Kutschen bestimmt wurden.

Befani's (6), 6 Sarsfield St., ℘ 052 617 7893, www.freewebs.com/befanis, tägl. ab 12 Uhr durchgehend geöffnet. Restaurant (z. B. Lammhaxe mit Gemüse an würziger Marsalasauce 21 €) und Tapa-Bar (z. B. Bruschetta oder kleine Hackfleischröllchen für bis zu 6 €). In bester Lage gleich neben der Main Guard. Über der Gaststätte werden auch neu eingerichtete Zimmer vermietet, mit Frisier-/Schreibtischchen aus Kiefernholz, TV und Elektroheizung.

B&B Ashbourne (9), Mrs. Breda O'Shea, Coleville Rd., ℘ 052 612 2307, ashbourn@iol.ie, DZ 75 €. Ein älteres Haus mit hübscher Veranda und Blick auf den Fluss und die Brücke.

B&B Benuala, (8), Marlfield Rd. (Irishtown), Mrs. Nuala O'Connell, ℘ 052 612 2158, www.dirl.com/tipperary/clonmel/benuala.htm, DZ 70 €. Gemütliche Zimmer mit TV, Kaffeekocher und Bad in einem Bungalow mit eigenem Parkplatz. Die Wirtsleute spielen irische Musik und interessieren sich für Heimatgeschichte und -geschichten.

The Apple Farm, Moorstown, 8 km außerhalb, an der Straße nach Limerick, ℘ 052 614 1459, www.theapplefarm.com, Zelt/Auto mit 2 Pers. 12 €. Farmcamping hinter einer

Apfelplantage; angemessene Sanitäranlagen und schöner Aufenthaltsbereich in der umgebauten Scheune. Der Platzchef ist Holländer, und die sollen ja was vom Camping verstehen.

- *Essen* **Niamh's (5)**, Mitchell St., www.niamhs.com. Feinkostladen mit Coffeeshop. Zwei Damen mittleren Alters verspeisen mit Andacht (gleichzeitig!) Sahnetorten und Chips. An den Wänden des etwas bieder eingerichteten Gastraums hängen wechselnde Kunst, einige Porzellanteller und allerlei Krimskrams.

O'Tuama's (1), Emmet St., ein ansprechendes Tagescafé mit Frühstück, Suppen, Sandwichs und Salaten, dazu guter Kaffee oder frische Obstsäfte aus der Saftbar.

- *Pubs* **Tierney's (7)**, O'Connell St. Mehrfach zum „County pub of the year" gekrönt und noch immer im Trend, quillt der schlauchförmige Pub geradezu über von altem Krimskrams. Gehobenes Barfood wie z. B. Lachssandwich, im Obergeschoss ein preiswertes und populäres Restaurant mit etablierten Fleisch- und Fischgerichten.

Mulcahy's (3), Gladstone St., www.mulcahys.ie. Der Pub der etablierten Bürger, die neuen Barhocker mit Lehne wollen nicht zum pechschwarzen Interieur passen. Mittags Barfood, abends Essen im angeschlossenen Restaurant, am Wochenende Clubbing. Auch Fremdenzimmer.

Phil Carroll's Antique Bar (4), Parnell St. Eine dunkle Höhle mit jungem Publikum.

Sehenswertes

Im Sommer starten Mo–Fr um 11 Uhr geführte Stadtrundgänge an der Touristinformation. Für Erwachsene kostet der Spaß 6 €.

Main Guard: Das 1675 gebaute Gerichtshaus an der Ecke Mitchell/Sarsfield Street war lange das repräsentativste Gebäude der Stadt. Der Architekt war kein Meister seines Fachs, sonst hätte er das dreieckige Giebelfeld mit der Uhr nicht direkt über zwei Fenstern enden lassen, aber die klar gegliederte Fassade strahlt dennoch eine schlichte Würde aus, während die schlanke Dachlaterne einen eher verspielten Akzent setzt. Nach einer aufwendigen Restaurierung kann das Haus nun wieder für Veranstaltungen und Ausstellungen genutzt werden.

① Mitte März bis Okt. tägl. 9.30–18 Uhr; Einlass bis 17.15 Uhr. Eintritt frei.

Westgate: Das Stadttor am Ende der O'Connell St. steht zwar genau dort, wo man schon immer von Westen her die Stadt betrat, ist aber eine nostalgische Neuschöp-

Clonmel 317

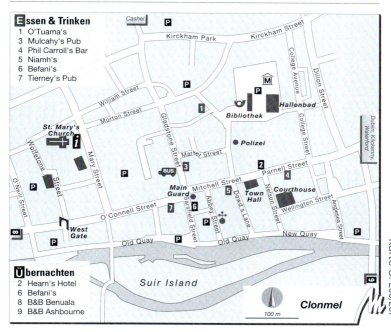

fung, die ein reicher Kaufmann 1831 errichten ließ. Eine Plakette erinnert an den 1713 in Clonmel geborenen Philosophen und Dichter *Lawrence Sterne*, und man kann sich Clonmel gut als Bühne für Tristram Shandy vorstellen, die Hauptfigur des gleichnamigen, sentimental-satirischen Romans von Sterne. In der vor dem Westgate liegenden **Irishtown** wohnten im Mittelalter die Iren, die damals aus den anglo-normannischen Städten ausgesperrt waren.

County Museum: Die Sammlung umfasst vor allem Artefakte zur Lokalgeschichte und zu örtlichen Persönlichkeiten. So ist das Museum zwar eng mit der Lebenswelt der Einheimischen verbunden, muss Fremden aber eher als Kuriositätenkabinett erscheinen. Da wird etwa das T-Shirt von *Michael Hogan,* Mannschaftsführer des Tipperary Gaelic Football Teams, verwahrt, der mit 14 anderen Spielern und Zuschauern am 21. November 1920, dem ersten in der Reihe der irischen „Bloody Sundays", von der britischen Polizei während eines Spiels im Dubliner Croke Park erschossen wurde. In einer Vitrine ruht das Saxophon, auf dem der 1992 verstorbene *Mick Delahunty* über 60 Jahre lang in der lokalen Blaskapelle den Marsch blies. Ein Videofilm erzählt das Leben *Tom Kiely's* aus Ballyneale, der 1904 in St. Louis die Goldmedaille im Zehnkampf gewann. Eine Sammlung von Wahlplakaten der Lokalpolitiker demonstriert unwillentlich den Wandel des Hemdkragens über die Jahrzehnte – das Lächeln der Herren bleibt zeitlos. Weitere Schätze haben in den neuen Ausstellungsräumen keinen Platz mehr gefunden und verstauben nun in den Magazinen. Beim Strippenkasten, an dem dereinst die „Fräuleins vom Amt" mit flinken Fingern Telefongespräche vermittelten, oder einem alten PC Made in Clonmel mag man dies verschmerzen, doch die Gemälde irischer Meister des 19. und 20. Jh. hätten Besseres verdient.

Der Südosten/County Tipperary

Main Guard, das Gerichtshaus von Clonmel

⌾ Di–Sa 10–17 Uhr; Eintritt frei. Mick Delahunty Square, www.southtipperarycoco.ie.

Clonmel/Umgebung

Carrick-on-Suir: Mit Bier und Wolle brachte es Carrick-on-Suir im 18. Jh. zu beträchtlichem Wohlstand und zählte damals 12.000 Einwohner, doppelt so viele wie heute. Der berühmteste Bürger ist *Sean Kelly*, jener irische Radler, der in den achtziger Jahren die Tour de France gewann. Das neue Sportzentrum an der Durchgangsstraße trägt seinen Namen. Sehenswert im Städtchen ist das **Ormond Castle**. Neben einem wuchtigen Festungsturm und in bester Lage am Fluss ließ der 10. Earl of Ormond um 1570 anlässlich des bevorstehenden Besuchs seiner Cousine ein Gutshaus errichten. Die Cousine, keine geringere als Königin Elisabeth I., kam freilich nie, und so war der Aufwand mit den vielen Bildnissen Ihrer Majestät, darunter im Bankettsaal als Stuckrelief ausgeführte Darstellungen, letztlich vergebens. Das aus grauen Bruchsteinen gemauerte Schloss mit seinen vielfach unterteilten, typischen Sprossenfenstern wurde seither kaum verändert und ist ein schönes Beispiel für den höfischen Tudorstil.
⌾ Mitte Juni bis Anfang Sept. tägl. 10–18 Uhr; Eintritt frei.

Cashel

Mit dem Rock of Cashel und dem historisch zwar weniger bedeutsamen, aber für das Alltagsleben vergangener Tage umso aufschlussreicheren Folk Village besitzt Cashel zwei Sights ersten Ranges.

Und weil das Städtchen an der touristischen Hauptroute von Dublin in den Südwesten liegt, werden die Sights auch besucht. Auch wer sich ernsthaft mit irischer Volksmusik beschäftigt, kommt in Cashel auf seine Kosten. Das Zentrum *Brú Ború*

Cashel 319

ist der Gral der irischen Folklore. Hier wird das gälische Kulturerbe, also Musik, Tanz und Theater erforscht und entschieden, was als authentisch gelten darf. An Sommerwochenenden geht der Vorhang für hochkarätige Künstler auf. Mit seinen guten Übernachtungsmöglichkeiten bietet sich Cashel auch als Ausgangspunkt für Radtouren in das flache Umland und sogar für Wanderungen an, denn 15 km westlich der Stadt beginnen die Galtee Mountains.

*I*nformation/*V*erbindungen/*D*iverses

• *Information* Im alten Rathaus/Heritage Centre, Main St., ✆ 062 61 333, März–Okt. tägl. 9.30–17.30 Uhr, Nov.–Feb. nur Mo–Fr. Angeschlossen ist ein **Heritage Centre** mit einem Modell der Stadt im 19. Jh., Exponaten zur Lokalgeschichte und einer Multivisionsshow zum Rock of Cashel. www.cashel.ie.

• *Verbindung* Von der **Bus**haltestelle bei O'Reilly's an der Main St. nach Dublin, Cork, Athlone und Cahir. Auskunft ✆ 01 836 6111, www.buseireann.ie.

*Ü*bernachten

Die Konkurrenz belebt hier das Geschäft, und so sind die beiden Hostels der Stadt komfortabel und mit Engagement geführt. Wer mehr ausgeben will, kann im Stadtzentrum zwischen einer Burg und einem Schloss wählen.

*** Cashel Palace (7), Main St., ✆ 062 62707, www.cashel-palace.ie, DZ ab 225 €. Ein First-Class-Hotel mit „Rock View" und sogar einem privaten Fußweg zum Felsen. Das Backsteinhaus wurde 1730 von Edward Pearce entworfen, der als Architekt auf aristokratische Landsitze spezialisiert war, von dem aber auch die Bank of Ireland in Dublin stammt.

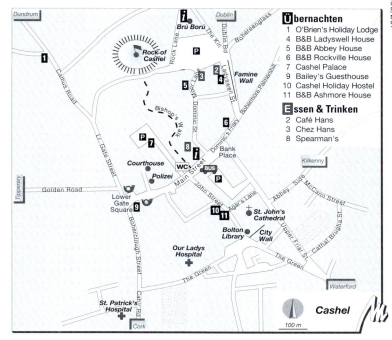

Cashel

Der Südosten/County Tipperary

Rock of Cashel – der Königssitz von Munster

Bailey's Guesthouse (9), Main St., ✆ 062 61 937, www.baileys-ireland.com, DZ 150 €. Familie Leahy hat das georgianische Stadthaus aus dem 18. Jh. wieder aufpoliert. Den Gästeparkplatz umschließt die mittelalterliche Stadtmauer. Zum Haus gehört ein Restaurant mit exzellenter Küche (Lesertipp von Christiane Kourist).

B&B Ashmore House (11), John St., ✆ 062 61 286, www.ashmorehouse.com, DZ 70–100 €. 4 Zimmer mit Bad, altbacken gemütlich eingerichtet, mit TV und Wasserkocher in einem georgianischen Stadthaus. Aufenthaltsraum mit Kamin, kleiner Garten, sympathische betagte Wirtin.

B&B Ladyswell House (4), Ladyswell St., ✆ 062 62 985, www.ladyswellhouse.com, DZ 80–90 €. Geschmackvoll mit alten Möbeln eingerichtet, einige Zimmer mit „Rock View".

B&B Abbey House (5), Mrs. Ellen Ryan, Moorlane, ✆ 062 61 104, technamainstreach @eircom, DZ 80 €. Am Weg von der Stadt zum Rock gelegen. Etwas enge, mit Fichtenholz verkleidete Zimmer, mit TV und Wasserkocher.

B&B Rockville House (6), Mrs. Anna Hayes, St. Dominic's Friary, ✆ 062 61 760, DZ 70 €. Zentral und in Laufweite zum Rock gelegen, alle Zimmer mit Bad.

B&B Carron House, Carron (ausgeschildert von der N 8 Richtung Cahir), ✆ 062 62 142, www.carronhouse.com, April–Sept., DZ 80 €. Zimmer mit Bad in einem Farmhaus, liebevoll und gepflegt eingerichtet im Landhausstil, die nette Wirtin gibt gute Tipps für die Umgebung. (Lesertipp)

B&B Derrynaflan House, Ballinure, ✆ 052 56 406, www.derrynaflanhouse.com, April–Okt., DZ 80 €. Ein nettes, verwunschenes Farmhaus an der R 691 8 km Richtung Kilkenny. Humorvolle Wirtsleute, enge Zimmer, aber schöner Garten und tolles Frühstück mit Pfannkuchen, Marmelade und Käse aus eigener Herstellung. (Lesertipp)

Hostel O'Brien's Holiday Lodge (IHH) **(1),** Dundrum St., ✆ 062 61 003, www.cashellodge.com, Bett 18–20 €, DZ 60 €. Die Herberge teilt sich mit einem Kindergarten die umgebauten Stallungen eines Bauernhofs. Pieksauber, Schnittblumen auf den Tischen, knuffige Hunde, die Zimmer (2–8 Betten) mit Teppichboden. Gemütlicher Aufenthaltsraum mit Kamin, gut ausgestattete Küche, gesonderte Sanitäranlagen für Camper. 5 Min. zum Rock. Empfohlen.

Cashel Holiday Hostel (IHH) **(10),** John St., ✆ 062 62 330, www.cashelhostel.com, Bett 17 €, DZ teilw. mit Bad 50 €. Über der

Rezeption hängt ein monumentaler Holzschnitt des Felsens, im Treppenaufgang vermitteln Poster aus aller Herren Länder den Reisenden Heimatgefühle. Die Zimmer sind teilweise nach irischen Literaten benannt, lange Kerle können sich in überlangen Betten betten. Abgesehen von den Leselämpchen ist die Ausstattung der Zimmer jedoch karg. Im Aufenthaltsraum knistert schon mittags ein Kaminfeuer, Küche und Kühlschrank waren sauber.

Essen/Am Abend (siehe Karte S. 319)

Chez Hans (3), Moorlane, ☎ 062 61 177, nur Di–Sa abends, Early-Bird-Menü 35 €. Das außergewöhnliche, vielleicht etwas düstere Ambiente einer säkularisierten Kirche der Presbyterianer, die mit alten und modernen Gemälden dekoriert ist, erwartet die Gäste. 25 Jahre zauberte Hans Peter Matthiä hier französische Kochkunst in großen Portionen auf den Tisch, dann übernahm Sohn Jason die Küche. Fachkreise zählen ihn zu den kreativsten Kochtalenten der Insel, manche Stammkunden reisen extra von Dublin an. Unbedingt reservieren!
Café Hans (2), Moorlane, Di–Sa 12–17.30 Uhr. Einige Häuser neben Chez Hans gelegen, profitieren Sohn Stefan und sein Coffeeshop vom Ruf des Vaters. Es gibt einfache Tellergerichte, hausgemachte Pommes, Salate, nachmittags Kaffee und Kuchen, die Preise sind erträglich.
Spearman's (8), 97 Main St. Bäckerei mit gemütlichem Tea Room, mittags wechselnde Tagesgerichte.
● *Am Abend* Am Parkplatz des Felsens pflegt das Kulturzentrum **Brú Ború** (☎ 062 61 122, www.comhaltas.com) die Folklore. Im Sommer wird Di–Sa ab 21 Uhr ein Konzert oder eine Tanzshow geboten. Das Büfet ist im Eintritt von 18 € nicht enthalten.

Rock of Cashel

Der Rock of Cashel ist eine der beeindruckendsten Stätten Irlands. Wenn man von der Dublin Rd. kommt, bleibt der Kalkfelsen bis zum letzten Moment hinter kleineren Hügeln versteckt. Mächtige Mauern umschließen einen Rundturm, eine schlanke Kirche ohne Dach, eine romanische Kapelle und einen Friedhof mit zahlreichen Hochkreuzen.

Geschichte: Der Name ist eine anglisierte Version des irischen *Caiseal* („Festung"), und die Sprachforscher streiten, ob Caiseal nicht auch etwas mit dem lateinischen „Castellum" zu tun hat. Dieser Gedanke liegt nahe, zumal der Clan der Eóghanachta, der sich im 4. Jh. hier niederließ, aus Wales stammte und dort sicher mit den Römern Kontakt gehabt hatte. Die Eóghanachta unterwarfen sich in Kriegszügen die Region und waren als Könige von Munster bald die großen Rivalen der Hochkönige von Tara, deren Oberhoheit sie erst 859 anerkannten. Die Dynastie, aus der auch viele Kirchenfürsten hervorgingen, soll von Patrick persönlich bekehrt worden sein. Bei der Zeremonie rammte der Heilige dem König versehentlich seinen Bischofsstab in den Fuß, was dieser, ob aus Höflichkeit oder in der Meinung, die Tortur sei eine Erinnerung an die Kreuzigung Christi, tapfer schweigend über sich ergehen ließ. Im 10. Jh. verloren die Eóghanachta Cashel und ganz Munster an die O'Briens, den Stamm des *Brian Ború,* die Cashel ihrerseits 1091 der Kirche schenkten, wohl um zu verhindern, dass die Eóghanachta oder MacCarthys, wie sie inzwischen hießen, sich des mythischen Königssitzes noch einmal bemächtigen konnten. 1647 wurde der Felsen von den Truppen Cromwells gebrandschatzt und geplündert. Der katholische Bischof musste einem protestantischen Kollegen weichen. 1750 ärgerte sich Kirchenfürst Price, dass er mit seiner neuen Kutsche den Berg nicht mehr hinauf kam: Cashel wurde verlassen und dem Verfall preisgeben.

Besichtigung: Man betritt das Gelände durch die **Hall of the Vicars Choral,** ein Gebäude aus dem 15. Jh., in dem sich heute die Kasse befindet. Ein Film führt in

322 Der Südosten/County Tipperary

die Geschichte des Berges ein. Die Ausstellung zeigt Silberschmuck und das Hochkreuz, unter dem die Könige von Munster gekrönt wurden.

Die **Kathedrale** hat einen kreuzförmigen Grundriss. Das Schiff ist gegenüber dem Chor stark verkürzt und mündet unmittelbar in den Bischofspalast. In der Kirche findet man allerlei Grabplatten, darunter im Chor das Grab des *Myler MacGrath* (gest. 1622). Myler sammelte Kirchenämter wie andere Leute Telefonkarten und vereinigte zuletzt 77 Pfründen auf seine Person. Als Elisabeth I. die katholischen Kleriker verfolgen ließ und Mylers Rivale O'Hurley gefoltert und exekutiert worden war, konvertierte Myler kurzerhand zum Protestantismus und übernahm neben seinem Amt als katholischer Bischof, dessen er nie enthoben wurde, auch das des protestantischen Kirchenfürsten von Cashel.

Als eine romanische Perle duckt sich **Cormac's Chapel** (1127) im Schatten der Kathedrale. Sie ist ein Beispiel für die Abwandlung kontinentaler Bauformen in Irland. Ungewöhnlich ist die Anordnung der beiden rechteckigen Türme an den Längsseiten des gerade 12 m langen Kirchenschiffs. Das Tonnengewölbe ist von einem steilen, doppelten Satteldach geschützt, das seit 850 Jahren nicht eingestürzt und auch leidlich dicht ist. Im Giebelfeld über dem Südportal steht ein Fabeltier mit dreifachem Schwanz; ihm gegenüber, an der Nordtür, ein Zentaur, der mit Pfeil und Bogen auf einen Löwen zielt. Die Wände sind mit geometrischen Mustern verziert. An der Westwand steht ein Sarkophag mit einer Oberfläche aus verschiedenfarbigen Steinen, in dem vielleicht der Kirchenstifter Cormac beigesetzt wurde. Der romanische Chor und die aufwändig restaurierten Fresken zeigen, dass Irland damals in engem Kontakt mit Frankreich und Italien stand – nur von dort waren die Rohstoffe für die Farben zu beziehen.

① Mitte Sept.–Mitte März tägl. 9.30–16.30 Uhr, Mitte März–Anfang Juni bis 17.30 Uhr, Juni–Mitte Sept. bis 19 Uhr; Einlass bis 45 Min. vor Schließung. Eintritt 6 €.

Weitere Sehenswürdigkeiten

Folk Village: Wer gerne auf Flohmärkte geht, dem wird das Folk Village gefallen. Doch ein Leser hat die Ausstellung auch schon niedergemacht als „krude Mischung aus Alltagsgegenständen und Devotionalien eines Hobby-Sammlers, der es an Platz und Aufbereitung mangelt." Das um einen Hof angeordnete Freilichtmuseum zeigt den Alltag der „guten alten Zeit", die für die kleinen Leute gar nicht immer gut war, wie beispielsweise die Abteilung über den Großen Hunger deutlich macht. Ein Raum gehört den Befreiungskriegen, eine kleine Kapelle der Religion, in der die Menschen Trost fanden. Auch der bunte, scheinbar romantische Tinkerwagen sollte nicht über das harte Los der Fahrenden hinwegtäuschen. Die junge Witwe Breen schuftet als glatzköpfige Schaufensterpuppe (wo hat sie nur ihre Perücke?) in ihrer Küche, nebenan steht Joe Noonan, der hier mal eine Metzgerei betrieb, an seiner Schlachtbank – auch er als Puppe, versteht sich. In der Kneipe „Wild Rober" ist ein wildes Durcheinander, aber kein Mensch zu sehen – wahrscheinlich kommen die Trinker erst am Abend, wenn die Besucher gegangen sind.

① März/April tägl. 10–18 Uhr, Mai–Okt. tägl. 9.30–19.30 Uhr; Eintritt 4 €. Moorlane, zwischen Tourist Office und dem Felsen.

GPA Bolton Library: Die Bibliothek (1836) ist ein schlichter, klassizistischer Bau nach dem Entwurf von William Tinsley, der auch einige Häuser in Clonmel geplant hat, aber erst nach seiner Auswanderung in den USA zu Ruhm und Ehre kam. Bischof Boltons um 1730 begonnene Büchersammlung umfasst bibliophile Raritä-

Cashel/Umgebung 323

ten, frühe Drucke und alte Handschriften. Hochwohlgeboren schätzte auch kulinarische Genüsse, die er auf einem feinem Tafelsilber servieren ließ – auch dieses Essgeschirr blieb der Nachwelt erhalten.
① Mo–Fr 10–16.30 Uhr; Eintritt 3,50 €. John St., neben der Kathedrale.

Brú Ború: Außer seiner preisgekrönten Tanz- und Musikshow (s. o.) hat das Kulturzentrum in seinen Kellerräumen die Dauerausstellung *Sounds of History* zu bieten, welche die Geschichte Irlands und seiner Musik auch akustisch darstellt. Ein stilisierter und tönender, aus dem Untergrund ans Licht strebender Baum will unsere Neugier wecken und weist den Weg. Interessant sind die Nachbildungen und Hörproben bronzezeitlicher Instrumente wie der Glocke *Crothall* oder des Horns *Adharc*. Eine Multimediashow lässt uns an einer *Fleadh*, dem großen Jahresfest der irischen Volksmusik, teilhaben.
① Mitte Sept.–Mitte Juni Mo–Fr 9–13, 14–17 Uhr, Mitte Juni–Mitte Sept. So und Mo 9–17, Di–Sa 9–24 Uhr; Eintritt 5 €.

Cashel/Umgebung

▶ **Holycross Abbey:** Die gründlich restaurierte Zisterzienserabtei ist bis auf die romanische Pforte zum Kreuzgang ein Werk der Hochgotik. Kunstfreunde zeigen sich besonders vom Kreuzrippengewölbe im Chor der Kirche begeistert. Neben dem Altar gefällt ein fein gearbeitetes Chorgestühl aus schwarzem Marmor. Im nördlichen Querschiff zeigt ein Fresko eine Jagdszene, und wenn man die Säulen genau anschaut, entdeckt man die kleinen Werkzeichen der Steinmetze. Das Ansehen der Abtei, die 200 Jahre leer stand und erst in unserer Zeit restauriert wurde, gründet sich auf einen Splitter aus dem Kreuz Jesu. Die Reliquie wird heute von den Ursulinen in Cork verwahrt.

▶ **Athassel Priory:** Dieses Kloster bei Golden am Wege nach Tipperary wurde um 1200 von dem Normannenführer William de Burgo gestiftet. Es war seinerzeit das größte Kloster der Insel, wurde aber schon hundert Jahre später von den Iren zerstört. Man erkennt noch die fast 60 m lange Kirche, die Fundamente von Kreuzgang und Kapitelhaus.

Die Romantik der Tinker-Wagen lässt das harte Leben der „Fahrenden" vergessen

Am Ring of Kerry

Der Südwesten

Die Grafschaften Kerry und Cork sind die beliebtesten Reiseziele auf der Grünen Insel. Eine herrliche Landschaft mit einem Hauch von Mittelmeer – und doch ganz irisch. An der Küste wechseln Felsen und schroffe Klippen mit sanften Sandbuchten, im Hinterland verstecken sich tiefschwarze Bergseen zwischen majestätischen Gipfeln.

Cork, Irlands „heimliche Hauptstadt", ist das wirtschaftliche Zentrum der Region, Killarney sein touristischer Mittelpunkt und das Tor zum Ring of Kerry, einer Panoramastraße, die kaum ein Reisender auslässt. Abseits der touristischen Routen wirkt die Landschaft unverdorben. Stundenlang kann man über die kleinen Feldwege radeln, es duftet nach frischem Heu, süßen Azaleen, auch nach faulendem Seegras. Das Kernland der historischen Provinz Munster ist die grünste und zugleich regenreichste Ecke Irlands. Glaubt man dem Sprichwort, gibt es hier viel Wetter, aber kein Klima. Besonders die in den Atlantik hinaus ragenden Halbinseln mit ihren hohen Gebirgszügen zeigen sich launisch: Auf einen Wolkenbruch folgt keine Stunde später strahlender Sonnenschein – die Luft ist jetzt glasklar und weit, doch schon zieht die nächste Wolkenfront am Horizont auf. Durch das Meer sind die Temperaturschwankungen zwischen Tag und Nacht sowie zwischen Sommer und Winter gering. Wie eine wärmende Hand umfasst der Golfstrom die Halbinseln und sorgt für milde Winter. Zwar ist es für echte Tropenpflanzen zu kühl, doch das frostfreie und stets feuchte Klima erlaubt eine lange Blüteperiode und lässt vor der Bergkulisse stolze Palmen, scharlachrote Fuchsien, leuchtenden Rhododendron und andere Exoten gedeihen, die in Mitteleuropa nur in Gewächshäusern überleben können.

Zu Gast bei der Herrschaft von Castletownshend

County Cork

Highlights

- **Lewis Glucksman Gallery** – ein architektonisches Kleinod, das die hier ausgestellte Kunst manchmal ganz schön alt aussehen lässt (S. 338)
- **Jameson Heritage Centre** – von der Gerste zum Whiskey. Hier erfahren Sie, wie's gemacht wird und können sogar kosten (S. 341)
- **Ballymaloe Country House** – einmal die irische Gourmetküche dort genießen, wo sie erfunden wurde. Oder gleich einen Kochkurs belegen? (S. 342)
- **Clear Island** – Reif für die Insel? Dann ab nach Clear Irland zu den Sturmtauchern, Trottellummen, Geschichtenerzählern und Ziegenhirten (S. 367)
- **Mizen Head** – hier endet Irland mit Steilklippen und einem Leuchtturm ohne Turm (S. 372)
- **Bantry House & Gardens** – über sieben künstliche Terrassen fällt der Paradiesgarten der Farben und Formen vom Schloss zum Meer hin ab (S. 375)
- **Sheeps Head Way** – ob auf Tagestour oder mehrtägigem Trail: Wer die raue und einsame Halbinsel umrundet, hat stets das Meer im Blick (S. 379)
- **Garinish Island** – aus Schiffsladungen voll Humus und mit viel gärtnerischem Geschick entstand die irische Blumeninsel (S. 381)

County Cork

Das an Fläche und Einwohnern größte County Irlands hat klimatisch und landschaftlich eine Sonderstellung. Die geschützten Buchten an der Küste sind Oasen subtropischer Vegetation, zwischen den fingerförmigen Halbinseln züngelt das tiefblaue Meer.

Die Grafschaft ist zugleich ein Mikrokosmos der Grünen Insel. Aus einem weiten Einzugsbereich pendeln die Menschen nach Cork, der zweitgrößten Stadt der Republik, und in die Industriezone um die Hafenbucht. Der vom Blackwater durchflossene Norden dagegen, eine natürliche Verlängerung des Golden Vale, ist fruchtbares Bauernland, wie wir es sich ähnlich in Tipperary präsentiert. Am schönsten ist die Landschaft im Westen, der aber auch das ärmste Gebiet ist. „Romantischer als das schottische Hochland", lobt der Schriftsteller Walter Scott, immerhin selbst ein Schotte. Die Höfe sind klein und die Böden karg, ohne Subventionen müssten die meisten Bauern aufgeben. Noch ist die Tourismusbranche der wichtigste Arbeitgeber. Die Hauptroute von Cork nach Killarney lässt Westcork jedoch links liegen, so sind es eher Individualisten, die oft mit dem Fahrrad oder gar zu Fuß den Weg auf die hügeligen, vom Wind zerzausten Halbinseln Mizen, Sheep's Head und Beara finden. Ein ganz anderes Publikum trifft man in Kinsale, einem mondänen Yachthafen südlich von Cork, das sich auch unter Gourmets einen Namen gemacht hat.

Cork (Stadt)

Nach dem irischen Klischee ist Cork (190.000 Einwohner) das Hirn der Nation. Anekdoten bescheinigen den Bewohnern Witz und Schlagfertigkeit, aber auch einen Hang zur Rauflust: Seit dem Bürgerkrieg nennt sich Cork selbst mit Beinamen „The Rebel City".

Von Rebellion merkt man allerdings wenig. Im Einklang mit dem internationalen Trend ist auch Cork ein Ziel für Kurzbesuche geworden. Billigflüge erlauben nun auch vom Ausland her Nightlife- und Shoppingtrips übers Wochenende. Dabei trifft der Besucher an Ladentheke und Pubtresen oft genug auf Personal, das selbst noch nicht ganz in Cork angekommen ist: 15 % der Stadtbevölkerung, und unter dem Servicepersonal sind es noch mehr, haben einen polnischen oder sonstigen ausländischen Pass.

Die Altstadt liegt auf einer Insel zwischen zwei Armen des River Lee. Sie ist ohne jede Erhebung und wird von den Einheimischen deshalb auch „the Flat o'deh city" („die Ebene der Stadt") genannt. Viele Häuser stammen aus dem 18. und 19. Jh., und in jeder Richtung trifft man bald auf Wasser, was Neuankömmlingen die Orientierung etwas erschwert. Wären die meisten der Kanäle, die die Handelsstadt einst durchzogen und auf denen die Waren bis in die Häuser der Kaufleute gelangten, nicht im Laufe der Jahre zugeschüttet worden, hätte Cork heute einen Hauch von Amsterdam oder Gent. Allerdings mutet die mitten in der Stadt platzierte Brauerei empfindlichen Nasen allerhand zu.

Mit den Jahrhunderten hat sich das *Zentrum* etwas nach Osten verschoben. Die auf einem aufgefüllten Kanal gebaute und mit dessen Verlauf schön geschwungene Hauptgeschäftsader *St. Patrick's Street* sowie die schnurgerade *Grand Parade* sind

Lewis Glucksman Gallery – moderne Kunst in altem Park

viel breiter als die älteren, noch mittelalterlichen Straßenzüge. Die Nebenstraßen zwischen *Paul St.* und *Plunkett St.* mit ihren neuen Restaurants, Galerien und überraschend vielen Buchläden sind wie die nach einem Brand wiederhergestellten viktorianischen *Markthallen* ein Beispiel für eine gelungene Stadtsanierung. Was jedoch an den Kais an Neuem heranwächst, sind nicht nur Glanzstücke moderner Architektur.

Auf der Ostseite grenzt das Zentrum direkt an den alten *Hafen*. Noch immer geht es geschäftig zu, doch es sind vor allem Massengüter wie Holz und lebende Rinder, die hier umgeschlagen werden, während die modernen Containerschiffe weiter draußen in der Bucht entladen werden. Passagierschiffe fahren schon lange nicht mehr den River Lee hinauf.

Auch Cork erlaubt kleine Fluchten. Da sind in der Weststadt der *Fitzgeraldpark* um das städtische Museum und die ausgedehnten Parkanlagen des *University College*. Am Nordufer des Lee wurde der *River Walk* als grüner Uferweg angelegt. Steile Gassen und Treppen führen hinauf nach *Shandon,* dem gemütlichen, stillen Wohnviertel um die Kirche St. Anne's, das manche Besucher an die Städte der Provence erinnert. Und hinter dem Blackrock Castle versöhnt der in der Stadt so stinkende Lee mit einer Wattlandschaft. Von einer stillen Uferstraße aus Vögel zu beobachten – in welcher Großstadt gibt es das noch?

Geschichte

Die Stadt geht auf ein Kloster zurück, das schon im 7. Jh. an der Stelle von Saint Finbarre's Kathedrale stand, in dessen Schreibstube der in fünf Sprachen übersetzte Bestseller „Visio Trugdali" sowie eine nicht weniger oft kopierte Satire erdacht wurden, die Umberto Ecos Bibliothekar ans „finis africae" verbannt hätte. Im 9. Jh. richteten sich gleich daneben die Wikinger ein und gründeten eine Handelsstation, die allmählich mit der keltischen Klostersiedlung verschmolz. Cork entwickelte

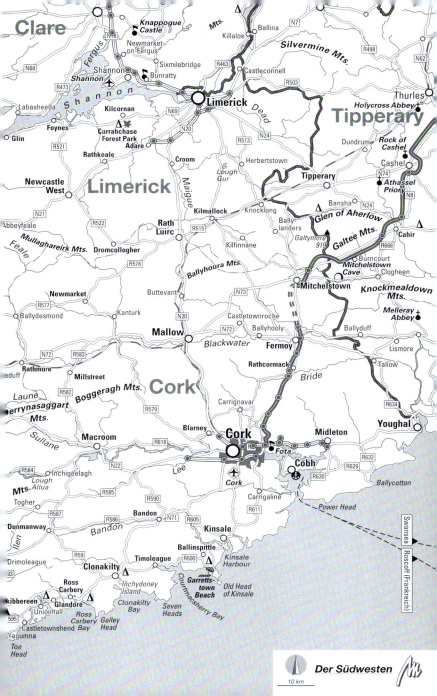

330 Der Südwesten/County Cork

sich zu einer prosperierenden Handelsmetropole, aus deren Hafen vor allem Butter in alle Erdteile geschickt wurde.

Nach Cromwell erlebte Cork 200 Jahre Frieden. Als „Weltbutterhauptstadt", die gesalzene Butter bis nach Amerika exportierte, und zugleich britischer Marinestützpunkt war die Stadt für irische Verhältnisse damals recht wohlhabend. Zu Beginn des 20. Jh. aber sah Cork die neben Dublin brutalsten Auseinandersetzungen zwischen Briten und Iren. Der republikanische Bürgermeister MacCurtain wurde 1920 erschossen. Sein Nachfolger starb an den Folgen seines Hungerstreiks im britischen Gefängnis, worauf die IRA am 21. November, dem „Bloody Sunday", elf Engländer umbrachte. Was von der mittelalterlichen Stadt noch erhalten war, ging in diesem Jahr in Flammen auf, sodass Cork heute vom Stadtbild her nicht viel zu bieten hat.

Information/Verbindungen

- *Information* Tourist House, Grand Parade, ✆ 021 4255100, Juni–Sept. Mo–Sa 9–19 Uhr, Okt.–Mai Mo–Sa 9.15–17.30, Sa 9.15–13 Uhr. Der Schalter ist im hinteren Teil eines großen Souvenirladens, mit Geldwechsel (schlechter Kurs) und Fährschalter. Im Internet unter www.corkkerry.ie, www.corkguide.ie, www.cometocork.com und www.corkcorp.ie. Veranstaltungshinweise unter www.whazon.com.
- *Verbindungen* Von der Kent Station im Nordosten der Stadt werktags etwa alle 2 Std. **Fernzüge** nach Dublin und Killarney-Tralee sowie gute Umsteigeverbindungen nach Limerick und Galway. Vorortzüge fahren etwa jede Stunde nach Cobh. Bahnhof ✆ 021 4506766, www.irishrail.ie. Tickets auch

in der Innenstadt beim Travel Centre, 65 Patrick St., Mo–Sa 9–12.30 und 14–17 Uhr.
Bus: Vom Terminal in der Parnell St. nach Bantry, Galway, Killarney, Limerick, Rosslare, Tralee und Waterford. Auskunft, ✆ 021 450 8188., www.buseireann.ie.
Fähren: Vom Busbahnhof besteht in Abstimmung mit dem Fahrplan der Schiffe Verbindung zum Fährhafen Ringaskiddy. Mehr zu den Fähren nach Frankreich und Wales im Kapitel Anreise.
Flugzeug: Der Airport liegt einige Kilometer südwestlich der Stadt, die Buslinien 226 und 249 fahren etwa alle 45 Min. von und zum Busbahnhof. Flugauskunft ✆ 021 431 3131, www.cork-airport.com.

Diverses

- *Autoverleih* Verleiher wie **Budget,** ✆ 021 431 400 oder **Avis,** ✆ 021 432 7460 haben ihre Büros am Flughafen.
- *Fahrradverleih* **Cycle Scene,** 396 Blarney St., ✆ 021 430 1183, www.cyclescene.ie. **Rothar Cycle Tours,** 55 Barrack St., ✆ 021 431 3133, www.rotharcycletours.com.
- *Gepäckaufbewahrung* Nicht im Bahnhof (warum auch dort!), jedoch in der zentralen **Busstation** Merchant's Quay/Ecke Parnell St.
- *Hafenagenturen* **Britanny Ferries,** 42 Grand Parade, ✆ 021 427 7801, www.britanny-ferries.com.
- *Parken* Mit mehreren Park&Ride-Plätzen rings um Cork, von denen man für 5 € mit dem Bus ins Zentrum und wieder zurückfahren kann, will die Stadtverwaltung das Verkehrschaos lindern. Noch kann man mit Parkscheiben auch im Stadtzentrum parken; die Scheiben kommen nicht aus Auto-

maten, sondern werden von einigen Newsagents oder im Verkehrsbüro verkauft. Ein großes Parkhaus findet sich am Merchant Quay-Einkaufszentrum.
- *Post* Oliver Plunkett St., Mo–Sa 9–17.30 Uhr.
- *Reisebüro* **USIT,** 66 Plunkett St., ✆ 021 427 0900, www.usit.ie, Mo–Fr 9.30–17.30 Uhr, Sa 10–17 Uhr; Billigtickets nach London und auf den Kontinent.
- *Stadtführungen und -rundfahrten* **Bus Éireann,** ✆ 021 450 8188, startet Ostern bis Sept. tägl. 10.30 Uhr am Busbahnhof eine Stadtrundfahrt mit dem offenen Doppeldecker. Auch Blarney Castle ist in dieser dreistündigen Tour inbegriffen. **Cork City Tour,** ✆ 021 430 9090, fährt im Sommer Hop-on-hop-off-Rundkurse zu den Sehenswürdigkeiten der Stadt.
Stadtführungen (10 €, www.walkcork.ie)

Cork (Stadt) 331

beginnen im Sommer Mo–Fr 10, 14 und 16 Uhr am Touristoffice. Wer auf eigene Faust die Stadt erkunden will, bekommt bei der Touristinformation ein Faltblatt mit der Beschreibung des **Tourist Trail**, der in knapp zwei Std. zu den wichtigsten Sehenswürdigkeiten der Stadt führt.

• *Waschsalon* **Western Road Laundry,** Western Rd., beim College Gate.

Übernachten/Camping (siehe Karte S. 332/333)

Der Wettbewerb unter den vier Hostels ist hart und sorgt für hohe Qualität zu günstigen Preisen. Die B&Bs, konzentriert auf Höhe des Colleges in der Western Rd., etwas näher am Zentrum auch in der Wellington Rd. und York St., vermögen da kaum mitzuhalten.

• *Hotels* ***** Metropole (9),** Mac Curtain Rd., ☎ 021 464 3789, www.gresham-hotels.com, DZ 80–150 €. Der exklusive Backsteinbau aus der Zeit um 1900 mit Erkern, Türmchen und Blick über den Fluss war früher ein Abstinenzler-Hotel. Umso stilvoller ist heute die Einrichtung der Bar – ein Karree auf zwei Ebenen, der Tresen teilweise mit Trennwänden abgeteilt, um den Barhockern auch Vertraulichkeit zu erlauben. Die Zimmer sind unterschiedlich zugeschnitten, Möblierung und Sanitärbereiche auf der Höhe der Zeit. Großer Freizeitbereich mit Pool, Sauna und Fitnesscenter.

*** Imperial (26), South Mall, ☎ 021427 4040, www.flynnhotels.com, DZ 100–190 €. Den Gast empfängt eine pompöse, zweistöckige Halle. Griechisch-römisch-antiker Retrolook? Oder erinnert sie doch mehr an den Bankettsaal einer Burg? Schwer zu entscheiden … Auch die Zimmer sind überwiegend in Braun- und Goldtönen dekoriert. Bei einem Drei-Sterne-Haus in der Großstadt hätte man sich auch eine Garage gewünscht.

Victoria (21), Patrick St., ☎ 021 427 8788, www.thevictoriahotel.com, DZ 90–150 €. Schon Charles Stewart Parnell hat hier gewohnt, und James Joyce hat seinen Aufenthalt in der Novelle „Portrait of an Artist" verarbeitet. Das zentral gelegene Hotel wurde kürzlich renoviert – kein Spitzenhaus, doch große und hohe Räume, ansprechend eingerichtet.

• *Pensionen* **Garnish House (31),** Western Rd. gegenüber dem Eingang zur University College, ☎ 021 427 5111, www.garnish.ie, DZ 90–140 €. Stilvolles Stadthaus mit abgeschlossenem Parkplatz, Zimmer mit TV, die Bäder teilw. mit Whirlpool; das Frühstück krönen auf Wunsch Avocado mit Soufflé vom Räucherlachs.

Crawford House (31), Western Rd., ☎ 021 427 9000, www.crawfordhouse.ie, DZ 100–120 €. Schicker und gestylter als die Häuser in der Nachbarschaft. In der Halle empfangen Schwarzweiß-Landschaften des Meisterfotografen Ansel Adams die Gäste. Die Zimmer – alle verfügen über einen Modemanschluss – sind mit Eichenholzmöbeln und gülden gerahmten Spiegeln eingerichtet. Für einen Hauch von Dekadenz sorgen die Whirlpoolbadewannen.

• *B&B* **Acorn House (2),** 14 St. Patrick's Hill, ☎ 021 4502 474, www.acornhouse-cork.com, DZ teilw. mit Etagenbad 70–90 €. Ein gepflegtes Haus mit makellosen Teppichböden, riesigen Fenstern, hellen Zimmern (TV, Heißwassergerät) und pieksauberen Bädern.

Auburn House (5), 3 Garfield Terrace, Wellington Rd., ☎ 021 450 8555, www.auburnguesthouse.com, DZ 70–80 €. „Wir fühlten uns in der herzlichen Atmosphäre ausgesprochen wohl", loben Leser das Haus der Familie Bary-Murphy. Blumenkästen stiften Gemütlichkeit. Die hinteren Zimmer ermöglichen einen schönen Blick über die Dächer und die nahe Stadt. Vegetarier bekommen zum Frühstück fleischlose Würstchen!

Number Forty Eight (4), 48 Lower Glanmore Rd., ☎ 021 450 5790, jerryspillane48@hotmail.com, DZ 80 €. Nah am Bahnhof und an einer verkehrsreichen Straße, aber frisch renoviert und mit außergewöhnlich netter Atmosphäre. Abwechslungsreiches Frühstück, zum Abschied gibt's irische Segenssprüche mit auf den Weg. (Lesertipp von Jutta Stock)

• *Hostels* **Kinlay House (1)** (IHH), Shandon, neben St. Anne's, ☎ 021 4508 966, www.kinlayhouse.ie, im 4-Bett-Zimmer 20 €, DZ 45–55 €. Im Prinzip ruhig gelegen, die Bierdosen vor dem Haus und im angrenzenden Kirchhof deuten allerdings auf nächtliche Gelage vor dem Haus hin. Die Schlafsäle sind in Abteile mit je 4 Betten unterteilt, jedes hat seine eigene Leselampe. Waschbecken im Zimmer. Leser bemängelten den Zustand der Sanitäranlagen.

Der Südwesten
Karte S. 328/329

332 Der Südwesten/County Cork

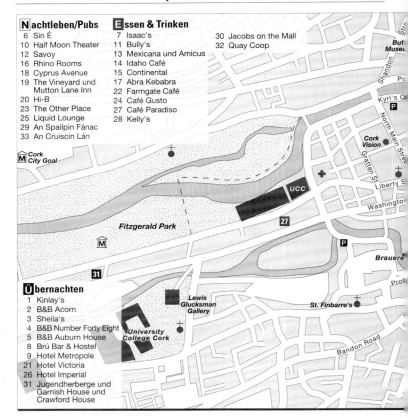

Nachtleben/Pubs
- 6 Sin É
- 10 Half Moon Theater
- 12 Savoy
- 16 Rhino Rooms
- 18 Cyprus Avenue
- 19 The Vineyard und Mutton Lane Inn
- 20 Hi-B
- 23 The Other Place
- 25 Liquid Lounge
- 29 An Spailpin Fánac
- 33 An Cruiscin Lán

Essen & Trinken
- 7 Isaac's
- 11 Bully's
- 13 Mexicana und Amicus
- 14 Idaho Café
- 15 Continental
- 17 Abra Kebabra
- 22 Farmgate Café
- 24 Café Gusto
- 27 Café Paradiso
- 28 Kelly's
- 30 Jacobs on the Mall
- 32 Quay Coop

Übernachten
- 1 Kinlay's
- 2 B&B Acorn
- 3 Sheila's
- 4 B&B Number Forty Eight
- 5 B&B Auburn House
- 8 Brú Bar & Hostel
- 9 Hotel Metropole
- 21 Hotel Victoria
- 26 Hotel Imperial
- 31 Jugendherberge und Garnish House und Crawford House

Sheila's Cork Tourist Hostel (3) (IHH), Belgrave Place off Wellington Rd., ℡ 021 450 5562, www.sheilashostel.ie, Bett 13–18 €, DZ 45–55 € – Reservierung dringend angeraten! Das Hostel ist ein älteres Reihenhaus mit Garten und eigenem Parkplatz, das schon die Eltern von Manager Liam führten. Männer und Frauen werden gemischt untergebracht. Ansprechender Aufenthaltsraum mit Bewirtung, Heimkino, Internetraum, gutes Infobrett, Sauna, Raucherterrasse, auf Wunsch Frühstück. Leider sind die Schlafzimmer hellhörig und extrem klein – schmale Schläuche, die durch die später eingebauten Bäder noch zusätzlich verdunkelt werden.

Brú Bar & Hostel (8), 50 MacCurtain St., ℡ 021 455 9667, www.bruhostel.com, Bett 17–23 €, DZ 50 €. Neues Hostel mit zugehöriger Bar – zum Nachtleben muss man also nur ein paar Treppen hinunter (und danach wieder hinauf). Ein sattes Guinness-Schwarz ist die bestimmende Farbe des Hauses. Kleine, doch saubere Zimmer, intakte Bäder, eine geräumige Küche.

Cork JH (31), 1 Western Rd. (Bus Nr. 8), ℡ 021 454 3289, www.anoige.ie, Bett 16–20 €, DZ 55 € auf Wunsch mit Frühstück. Die Jugendherberge, 100 Betten in einer viktorianischen Backsteinvilla, wurde für eine halbe Million Pfund aufgemöbelt und macht den privaten Hostels nun schwere Konkurrenz. Ganztägig geöffnet, alle Zimmer mit Bad, anstelle von Schlüsseln öffnen Magnetkarten die Türen. Die Küche erschien etwas klein und schlecht ausgestattet. Nachts abgeschlossener Parkplatz.

Cork (Stadt) 333

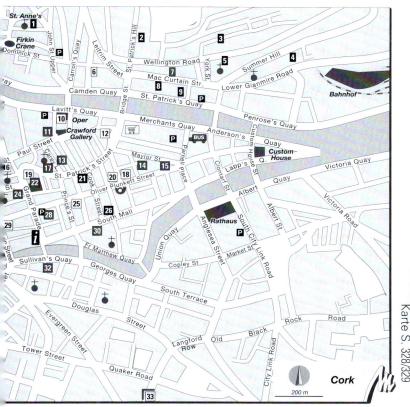

Der Südwesten — Karte S. 328/329

• *Außerhalb* **Travelodge,** Blackash Kinsale Roundabout (Kreuzung Umgehungsstraße mit der N 27 Airport Road), ✆ 021 431 0722, www.travelodge.co.uk, 1- und 2-Bettzimmer 60–75 € (Frühstück extra). Diese britische Kette errichtete standardisierte „Bausatzhotels" auf billigem Baugrund an Verkehrsknotenpunkten vor den großen Städten – nicht schön, aber preiswert. Dabei zielt die Travelodge Cork auch auf Gäste, die zu Unzeiten am Flughafen ankommen oder abfliegen. Ein Bistro serviert auch Frühstück.

B&B Insiara, Lisfehill Cross, Kinsale Rd. (R 600), ✆ 021 488 8279, www.corkairportbb.com, DZ 70 €. 5 km vom Flughafen entfernt und empfehlenswert, wenn man morgens gut ausgeschlafen und ausgeruht zum Flughafen muss. Nette Besitzerin, die auf „Flughafengäste" eingestellt ist und bei Bedarf auch einen Wecker verleiht. Bequeme Betten, schickes Bad, und zum Frühstück gibt's immerhin Müsli, Kaffee, Joghurt und Bananen. (Lesertipp von Thomas Vontz)

Muskerry House, Farnanes, an der Kreuzung N 22/R 619 15 km westlich von Cork, ✆ 021 733 6469, muskerryhouse@hotmail.com, DZ 70 €. „Das Ehepaar Plaice war sehr bemüht, uns einen angenehmen Aufenthalt zu bereiten. Das irische Frühstück war sehr lecker mit selbstgebackenem Brot und selbstgemachter Marmelade." (Lesertipp von Sarah Müller)

Camping Blarney, Stone View, Blarney, ✆ 021 451 6519, www.blarneycaravanpark.com, geöffnet April–Okt., 2 Pers. mit Zelt 20 €. Der Platz – ein geräumiges Wiesengelände mit für irische Verhältnisse guter

334 Der Südwesten/County Cork

Ausstattung – befindet sich etwa 2,5 km nordöstlich des Dorfs und ist von der Blarney-Tankstelle her ausgeschildert.

Ein weiterer, deutlich einfacherer Campingplatz ist **Jasmine Villa** in Carrigtwohill an der N 25 zwischen Cork und Midleton.

Essen (siehe Karte S. 332/333)

Immer mehr Köche in Cork setzen gesundheitsbewusst auf Bio-Produkte *(organic food)* oder wenigstens auf regionale Erzeugnisse. Nicht jedem mundet die örtliche Spezialität *tripe and drisheen*, nämlich Kutteln mit Schafsblutwurst in Milch mit Zwiebeln gekocht.

Café Paradiso (27), 16 Lancaster Quay, So/Mo Ruhetage, ✆ 021 427 7939, www.cafeparadiso.ie, Reservierung angeraten. Vielleicht das beste vegetarische Restaurant Irlands. Chef Dennis Cotter's Rezepte sind inzwischen sogar im *The Café Paradiso Cookbook* und zwei weiteren Büchern nachzulesen. Hauptgericht mittags 10–15 €, abends um 25 €.

Jacobs on the Mall (30), 30a South Mall, ✆ 021 425 1530, www.jacobsonthemall.com. Jacobs on the Mall ist ein ehemaliges türkisches Bad mit weißen Säulen, hohen Räumen, in denen sich Grünpflanzen dem Oberlicht entgegen recken. An den Natursteinwänden wartet die Leihgaben einer Galerie auf Käufer – nur die „Dame in der Badewanne" ist unverkäuflich – derweil die Gäste auf bordeauxroten Sesseln an orangefarbenen Tischen dinieren. Mercy Fentons Küche vermählt irische Tradition mit den kulinarischen Mitbringseln aus aller Welt, sei's Lachs mit Couscous und maghrebinischer Chilipaste oder Langusten mit Kokosnussreis. Dinner um 50 €. Lunch 12.30–14.30, Dinner 18.30–22 Uhr, So Ruhetag.

Isaac's (7), 48 MacCurtain St., Mo–Sa 12–14 Uhr, tägl. 18–22 Uhr, ✆ 021 450 3805, www.isaacsrestaurant.ie, Hauptgericht abends 18–28 €. Die Brasserie von Isaac's Hotel hat sich schnell zu einem Schickitreff entwickelt, am Wochenende darf man abends froh sein, noch einen Platz zu bekommen. Eine Spezialität ist der Black Pudding mit Bohnen, daneben gibt es z. B. Lammkebab auf marokkanische Art oder verschiedene Pastagerichte.

Bully's (11), 40 Paul St., http://bullysrestaurant.net, Mo–Sa 12–23.30, So 17–23 Uhr. Fisch, Pasta und Pizza aus dem Holzofen (10–14 €), Spezialität sind hausgemachte Spinatravioli; bei Familien wie Studenten gleichermaßen beliebt.

Quay Coop (32), 24 Sullivan Quay, www.quaycoop.com, Mo–Sa 9–22 Uhr. Ein Vegetariercafé und -restaurant auf zwei Etagen über einem Naturkostladen. Ausgefallene Gerichte mit Tofu und Kokossauce; wer vorsichtiger ist, hält sich an die Gratins.

Mexicana (13), Carey Lane, www.cafemexicana.net, tägl. ab 12 Uhr. Bunte Teppiche, Handgemaltes und Latinorhythmen geben den Hintergrund zu Quesadillas, Nachos, Enchiladas, Tacos, Fajitas und anderen Mex-Gerichten. Für Feuerschlucker gibt's die Nachos Dynamite, für Gringos Steaks oder Garnelen. Hauptgericht bis 20 €.

Amicus (13), French Lane, tägl. ab 11 Uhr. Geschickt platzierte Spiegel lassen das winzige Lokal größer erscheinen, als es ist – bei schlechtem Wetter, wenn sich alle innen drängen, sucht man mittags oft vergeblich einen Platz. Wer's schafft, kommt in den Genuss von Salaten, Bruschettas, Wraps und Pastagerichten, abends auch Seafood und fleischliche Schwergewichte. Die Portionen sehr unterschiedlich: Das Chicken Millefeuille kommt als wahrer Berg auf den Tisch, das Schweinefilet mit Blackpudding und Champignons als Appetithäppchen.

Idaho Café (14), 19 Caroline St. Mo–Sa 9–17 Uhr. Als Sardine in einer stylishen Dose – so fühlt man sich hier um die Mittagszeit, wenn halb Cork partout in diesem winzigen Raum sein Lunch (10–15 €) zu sich nehmen will. Doch bei gutem Essen wird die Enge schnell zur geschätzten Nähe mit dem Tischnachbarn, guter Wein verheißt weitere Entspannung.

Continental (15), 7 Maylor St., Mo–Sa 10–16 Uhr, Fr–Sa auch abends. In diesem neuen Coffeeshop nahe dem Busbahnhof bürgt Chefin Agnes als Absolventin der Ballymaloe-Kochschule für das Niveau der Küche. Auf der Karte viel Seafood, auch einige vegetarische Gerichte. Rechnen Sie für ein mehrgängiges Abendessen ohne Wein 30–40 €.

Kelly's (28), 62 Plunkett St., 1. Stock, tägl. 12–16, 18–21 Uhr. Gutbürgerliche Küche bei etwas biederer Einrichtung zu hier im Stadtzentrum unschlagbar günstigen Preisen (z. B. Hühnercurry 10 €).

Cork (Stadt)

Willkommen in Cork

Crawford Gallery Café, Emmet Sq., Mo–Sa 10–15 Uhr. Nach den Massen zu urteilen, die in die städtische Galerie strömen, müssten die Corker ein kulturbesessenes Volk sein. Doch die meisten Besucher interessieren sich für die Kochkunst, die im Erdgeschoss in Fern Allen's Bistro gepflegt wird, zum Beispiel den Glattbutt („brill") in Sauce hollandaise mit Herzogin-Kartoffeln. Auf jede Rechnung werden 2 € für karitative Zwecke addiert.

Farmgate Café (22), in der Markthalle off Patrick St., Mo–Sa tagsüber. Mit Blick über die Marktstände, deren frisches Gemüse und Fleisch so richtig Appetit machen. Frühstück am Morgen, Pies und Salate am Mittag – Kay Harte verkocht alles, was es in der Etage tiefer zu kaufen gibt, gelegentlich gewürzt mit Pianoklängen.

Café Gusto (24), Washington St. Ecke Grand Parade, www.cafegusto.com. Kleiner doch feiner Delikatessenladen mit einigen Sitzplätzen. Sandwichs, Wraps und Salate, die kaum mehr kosten als im Supermarkt, mittags wechselnde Tellergerichte. Meisterlich gebrühter Kaffee und verschiedene Tees.

Abra Kebabra (17), St. Patrick's St. Der etwas andere Imbiss, der außer Burgern und Chips auch Falafelsandwich im Programm hat.

Am Abend (siehe Karte S. 332/333)

Cork hat die Pubszene einer Studentenstadt. Die Rivalität mit Dublin reicht bis zum Bier. Am River Lee wird Beamish und Murphy's getrunken, aber nur selten Guinness. Infos über Veranstaltungen stehen im „Evening Echo" und im „Cork Examiner" sowie im Gratiskalender „Whaz On? Cork" (www.whazon.com).

• *Musik/Pubs/Bars* **Rhino Rooms (16),** 1 Castle St., ist eine trendige, winzige halbrunde Cocktailbar mit Lederbänken, Chromstühlen und schönen Menschen. Im Obergeschoss am Wochenende Clubbing.

Mutton Lane Inn (19), Mutton Lane. Ein heimeliger, ja intimer Pub mit gedämpftem Licht und Kerzenschein. Chillige Musik, schnell voll.

An Spailpin Fánac (29), 28/29 South Main St. Highlife bis 3 Uhr morgens, wird vom Verkehrsamt als „probably the oldest pub in Ireland" gepriesen und ist ein ebenso guter Platz für Musik wie für Barfood. Der unaussprechliche Name bedeutet „Wandernder Landarbeiter". Die rustikale Kneipe mit offenem Kamin und Natursteinmauerwerk öffnete 1779 und scheint genau so einge-

Der Südwesten
Karte S. 328/329

336 Der Südwesten/County Cork

richtet. Eine Postkartensammlung zeugt von der Anhänglichkeit der Stammgäste.

Sin É (6), 8 Coburg St. Übersetzt „das ist's", und Taxifahrer wie Zimmervermieter versprechen mit dem Sin É tatsächlich das idealtypische Puberlebnis. Das mit rotgestrichenen Wänden und grünledernen Sitzbänken sowie unzähligen Fotos ausgestattete ebenso einladende wie originelle Lokal erfreut sich regen Zuspruchs von jungen und nicht mehr ganz jungen Gästen. Vor allem freitags sind Sessions mit Folkmusic zu erwarten. Amerikaner kommen gerne, weil sie ein Sin É auch aus Manhattan kennen.

Hi-B (20), 108 Plunkett St. Die schmale Stiege neben Minihan's Apotheke führt in die dank ihrem Besitzer Brian O'Donnell exzentrischste Bar der Stadt. „The whipping will continue until morale improves", heißt es hinter dem Tresen: Handys sind ebenso verboten wie Kaugummi, und wer Nicht-Alkoholisches bestellt, riskiert den Rauswurf. Doch seit Brian altershalber nicht mehr jeden Abend in diesem öffentlichen Wohnzimmer steht, weichen die Regeln auf: Statt Opernmusik tönt nun Jazz aus den 50gern, und die Stühle sind auch neueren Datums. Doch noch gibt es hier die schrägsten und erzählfreudigsten Typen aus ganz Cork.

An Cruiscin Lán (33), Douglas St. Hier treffen sich die Freunde der irischen Volksmusik. Auch Profis der Folk- und Bluesszene gastieren hier gerne. Sonntags treffen sich die Ceilli Allstars, die früher im Lobby zu Hause waren.

Cyprus Avenue/Old Oak (18), 112 Plunkett St., www.cyprusavenue.ie. Jeden Abend Livemusik – meist für die Liebhaber moderner Tänze, doch manchmal auch Jazz o. Ä nur zum Zuhören.

Savoy (12), Patrick St., www.savoycork. com. Bühne für Jazzcombos (2008 gastierte Herbie Hancock), Rockbands, Barden und heiße Clubnächte. Tickets gibt's bei PluGd Records in der Washington Street.

Half Moon Theater (10), bei der Oper, www.lobby.ie. Clubbing mit Top-DJs und Livemusik – launische bis selbstherrliche Türsteher halten die Meute in Schach.

Liquid Lounge (25), 29 Marlborough St., www.liquidlounge.ie. Das Eldorado für Fans der Electronic Music. Und für solche der Champions League und regelmäßiger Alk-Promotions.

The Other Place (23), South Main St./Ecke Augustine St, www.theotherplaceclub.com. Der unauffällige Treffpunkt der Schwulen- und Lesbenszene. Fr/Sa Nightclub.

● *Kultur* **Opera House,** Emmet Place, ☎ 021 427 0022, www.corkoperahouse.ie. Die „Oper" von Cork ist ein grauer Zementklotz mit Toyota-Werbung auf dem Dach. Das Haus hat kein festes Ensemble, und Opernaufführungen sind eher die Ausnahme. Gezeigt werden v. a. Theaterstücke und Musicals, ab und an finden auch mal klassische Konzerte statt.

UCC Granary Theatre, Dyke Parade, ☎ 021 4904275, www.granary.ie. Das Laienensemble des University College oder Gastspielgruppen bieten hier zeitgenössische und experimentelle Kunst vom Schauspiel bis zur multimedialen Performance.

Triskel Arts Centre, Tobin St., ☎ 021 4272022, www.triskelart.com. Ein Kulturzentrum mit mutigem Programm, überwiegend Film, Theater und Ausstellungen auch an anderen Orten der Stadt. Am Schwarzen Brett findet man Hinweise auf weitere Kulturveranstaltungen, die irgendwo in der Stadt laufen. Galerie und Café sind Mo–Sa 10.20–17.30 Uhr geöffnet.

ICD im **Firkin Crane Centre,** Eason's Hill, Shandon, ☎ 021 4507487, www.instchor dance.com. Im Institute for Choreography and Dance (ICD) zeigen regelmäßig Tanzkünstler von Weltruf ihr Können.

Feste/Veranstaltungen

Internationales Festival der Chöre, Ende April/Anfang Mai singen knapp 100 Chöre aus ganz Europa in der Stadt, die besten unter ihnen in der *City Hall,* um den angesehenen Fleischmann-Preis. www.cork choral.ie.

Midsummer Festival, Ende Juni. Das große Sommerfest der Stadt mit zwei Wochen Zirkus, Theater, Musik und Tanz, im Stadt-

park läuft ein Kinder- und Familienprogramm. www.corkfestival.com.

Beamish Cork Folk Festival, Anfang September in den Kneipen und Sälen der Stadt. Programmauskunft unter www. corkfolkfestival.com.

Filmfestival, Anfang Oktober. Das von Murphy's und der EU (Hauptpreis 10.000 €) gesponserte Festival zeigt Dokumentar-

Cork (Stadt)

und Kurzfilme und ist seit 1956 das Schaufenster des irischen Films. Tickets im Opera House; Programmauskunft ✆ 021 427 1711, www.corkfilmfest.org.
World Ghost Convention, Ende Oktober im *Cork City Goal.* Ufo-Jäger, Hellseher, Geistheiler, Spiritisten, Seancisten und andere Menschen mit übersinnlichen Interessen und Fähigkeiten treffen hier Gleichgesinnte zum Erfahrungsaustausch. Alles streng wissenschaftlich und therapeutisch.
Guinness Jazz Festival, Ende Oktober. Das spektakulärste Festival der Stadt, während dieser Zeit klettern die Zimmerpreise in astronomische Höhen, wird in einem Atemzug mit Montreux und Newport genannt. Hier gastierten schon Ella Fitzgerald, B. B. King, Lionel Hampton und Chick Corea – Albert Mangelsdorf schaffte es nie zum Top Act. Wer nicht für die Weltstars löhnen will oder kann, findet in den Kneipen der Stadt ein relativ preiswertes Rahmenprogramm. Auskunft ✆ 021 427 3948, www.corkjazzfestival.com.

Einkaufen

Die Hauptgeschäftsstraßen Patrick St., Grand Parade und Oliver Plunkett St. bieten ein buntes Nebeneinander von modernen Boutiquen und alteingesessenen, leicht angestaubten Geschäften. International operierende Ladenketten sind noch vergleichsweise wenig vertreten, auch die großen Kaufhäuser lassen sich an einer Hand abzählen.

Genuss für Gaumen und Augen – die Markthallen von Cork

● *Bücher* **Waterstone's,** St. Patrick/Paul St. Die Filiale dieser englischen Kette ist die größte Buchhandlung der Stadt, beinahe ein Buchkaufhaus, mit reicher Auswahl an Regionalliteratur und Werken zu irischen Themen. Auch sonntags geöffnet.
Mainly Murder, St. Paul's St. Ecke French Lane, eine Krimi-Buchhandlung.
● *Kunsthandwerk* **Craft Centre,** Shandon, bei St. Anne's. In die frühere Markthalle sind jetzt die Kunsthandwerker eingezogen – leider fast ausschließlich Verkauf, aber keine Produktion.
● *Märkte* **English Market,** Princes St. off Patrick's St. Die alte Markthalle wurde nach einem Brand vorbildlich restauriert. Hier kauft man frischen Fisch und andere Lebensmittel, Atmosphäre und Präsentation sind eher bäuerlich derb als raffiniert verführend.
● *Süßes* **O'Connaill,** French Lane. O'Connaill's süße Versuchungen in Gestalt feinster Pralinen und handwerklich hergestellter Schokolade sind schon lange Bestandteil verwandtschaftlich-fürsorglicher Heimatgruß-Carepakete an ausgewanderte Corkonians. In der kühlen Jahreszeit taugen sie auch als Mitbringsel, im Sommer (nur dann?) nascht man sie besser selbst. Hinten im Laden wird heiße Trinkschokolade ausgeschenkt.

Sehenswertes

Cork Vision Centre: Die alte, seit 1949 nur noch als Lagerhaus genutzte St. Peter's Church wurde von der Stadtverwaltung erworben und mit EU-Geldern zu einem Kulturzentrum ausgebaut. Die Dauerausstellung zeigt die Stadtgeschichte und

338   Der Südwesten/County Cork

Pläne für die zukünftige Entwicklung Corks, im Mittelpunkt steht ein maßstabgetreues Modell der Stadt.

⏲ Di–Sa 10–17 Uhr, Eintritt frei, North Main St. www.corkvisioncentre.com.

Crawford Municipal Art Gallery: Die städtische Kunstgalerie residiert in einem älteren, vornehmen Haus, das wenigstens so sehenswert ist wie die Kunst in seinen Räumen. In einer blendend weißen Halle üben sich Nachwuchsmaler im Aktzeichnen. Ihre Modelle sind lebensgroße Gipskopien griechisch-römischer Statuen. Schwerpunkte der Gemäldesammlung bilden irische Maler (etwa Jack Yeats) oder heimische Sujets. Höhepunkt ist der Saal mit Werken des Glasmalers Harry Clarke. Zur Galerie, die ebenfalls Wechselausstellungen zeigt, gehört auch ein ansprechendes Bistro (siehe Essen).

⏲ Mo–Sa 10–17 Uhr; Eintritt frei; Emmet Place, www.crawfordartgallery.com.

Beamish & Crawford Brewery: 1792 erwarben *Richard H. Beamish* und *Arthur F. Crawford* eine marode Braustätte in Corks Cramer's Lane. Es war nur eines von vielen Geschäften der beiden protestantischen Grundbesitzer, doch die Brewery sollte das erfolgreichste werden und zur Nummer drei unter Irlands Brauereien aufsteigen. Stolz sind die Firmenangehörigen v. a. auf die vielen internationalen Auszeichnungen ihres *Beamish Stout.* Auch das ausschließlich in Cork gebraute *Beamish Red* ist nicht zu verachten. 1995 wurde das Beamish & Crawford von der größten britischen Braugruppe, *Scottish & Newcastle,* übernommen. Die Brauerei in Cork kann besichtigt werden, an die kurzweilige Führung schließt sich eine Verkostung an.

⏲ Führungen Mai–Sept. Di u. Do 10.30 u. 12 Uhr, Okt.–April Do 11 Uhr; Eintritt 7 €, www.beamish.ie.

St. Finbarre's Cathedral: Die Freunde neogotischer Gotteshäuser kommen in Cork vielerorts auf ihre Kosten, doch der Höhepunkt ist sicherlich die anglikanische Kathedrale des *hl. Finbarr.* Sie soll an der Stelle stehen, wo sich einst das Kloster des Stadtheiligen und damit die kirchliche Corks befand, wobei manche Gelehrte allerdings meinen, Finbarr habe nie als Person existiert, sondern sei als heidnische Gottheit in den christlichen Glauben integriert worden. Die Kathedrale (erbaut 1865–1879) ist das Werk von *Willliam Burges* (1827 – 1881), der die veranschlagten Baukosten um das Sechsfache überschritt. Burges entwarf dabei nicht nur den Baukörper und sogar die Glasfenster, sondern modellierte aus Gips auch die Vorlagen für die üppigen Steinmetzarbeiten der Heiligenfiguren und biblischen Szenen im Inneren der Kirche. So ist St. Finbarr ein Gesamtkunstwerk aus einer Hand, wie man es selten findet.

⏲ April–Sept. Mo–Sa 9.30–17.30 Uhr, So 12.30–17 Uhr; Okt.–März Mo–Sa 10–13/14–17 Uhr. Eintritt 3 €. www.cathedral.cork.anglican.org.

Lewis Glucksman Gallery: Zu einer Zeit, da deutsche Universitäten versuchen, ihre Ausstellungshäuser abzustoßen, leistete sich das University College Cork (UCC) eine neue Galerie. Hier schätzt man offenbar noch die Wechselwirkung von Wissenschaft und Kunst, die sich gegenseitig befruchten und dabei manches Projekt in die Welt setzen. Am Campuseingang gelegen, bringt das Kunsthaus auch universitäre und städtische Öffentlichkeit einander näher. Gezeigt werden wechselnde, thematisch gegliederte Ausstellungen internationaler Kunst aus verschiedenen Epochen. Die Kunstsammlung des UCC zog nicht in die Galerie um, sondern wandert wie gehabt durch die verschiedenen Gebäude der Universität. Benannt ist das 12 Millionen Euro teure Bauwerk nach dem New Yorker Mäzen und Börsenmakler *Lewis Glucksman,* der bei Cork ein Ferienhaus besitzt. Die Lage des Bauwerks am

Cork (Stadt)   339

Ufer des südlichen Lee-Arms auf zwei alten Tennisplätzen macht die knappe Grundfläche mit fünf Etagen wieder wett. Mit ihrem schlichten, sanft geschwungenen Mantel aus allmählich verwitterndem Kalkstein, Eichenholz und Stahl hebt sich die Galerie wohltuend von der Extravaganz manch anderer zeitgenössischer Kunsthäuser ab, welche den in ihnen ausgestellten Objekten ja oftmals die Schau stehlen.

Im Souterrain brüht ein schwarz-weiß designtes Restaurant fair gehandelten Kaffee. Hier hätte man sich statt allzu strengen Stils ein paar wetterfeste Tische gewünscht, um an schönen Tagen auch auf der Terrasse speisen zu können. Doch das bleibt strikt verboten und der Gast muss sich in die Rolle des lichtscheuen Maulwurfs fügen.

Ⓘ Di–Sa 10–17 (Do bis 20 Uhr), So 12–17 Uhr; Eintritt frei; Western Rd., University College, zu erreichen mit der Buslinie 8. www.glucksman.org.

Cork Public Museum: Das Kulturhauptstadt-Jahr 2005 brachte die Eröffnung des Anbaus und damit eine Aufwertung des Stadtmuseums. Da nun jedoch der Altbau geräumt wurde und auf eine Renovierung wartet, ist die Präsentation auch weiterhin ein Provisorium. Der Rundgang entgegen dem Uhrzeigersinn beginnt mit dem steinernen Stadtwappen in jenem Flur, der auch zur Cafeteria führt. Die Vitrinen zur Naturgeschichte und Steinzeit sind grün, davor die Kopie eines mit geometrischen Mustern verzierten Monolithen und zwei Oghamsteine. Dann kommen mit roter Signalfarbe die Schaukästen der Kelten und des Mittelalters. Im Nachbarraum, jetzt blau, sind wir dann endlich in der jüngeren Stadtgeschichte angekommen. Tafelsilber und edle Gewänder demonstrieren Reichtum und Handwerkskunst. Dokumente, Bilder und Uniformen halten den Unabhängigkeitskampf fest. Eine Vitrine erinnert an den deutschen Versuch, den irischen Aufständischen von 1916 mit einem als Holzfrachter getarnten Schiff Waffen zu schicken. Das Unternehmen misslang, der Frachter kam zu spät (obwohl die Deutschen als besonders pünktlich gelten). Die letzte Vitrine schlägt den Bogen von Cork zum Rest der Welt: Die hier gezeigten Stücke wurden dereinst von Corker Reisenden aus der Fremde mitgebracht. Im Obergeschoss ist Raum für Wechselausstellungen. Mindestens so sehenswert wie das Museum sind an wärmeren Tagen die Menschen im *Fitzgerald-Park* vor dem Museum: Junge Mütter drehen Kinderwagen schiebend ihre Runden, Rentner halten einen Plausch auf dem Bänkchen.

Ⓘ Mo–Sa 11–13 und 14–17 Uhr (Sa bis 16 Uhr), April–Sept. auch So 15–17 Uhr; Eintritt frei. Das Stadtmuseum ist im Fitzgerald-Park, 20 Min. vom Zentrum am Südufer des Lee, die Buslinie 8 hält vor dem Parkeingang.

Shandon: Corks malerischster Winkel. Mitten auf dem kopfsteingepflasterten Hauptplatz des Viertels thront wie eine übergroße Butterdose das **Firkin Crane Building**, in dem früher die Gewichte für den Buttermarkt verwahrt wurden. Nebenan zeigt das **Cork Butter Museum** die Erfolgsgeschichte des Markenartikels „Kerry Gold" und den Wandel der irischen Land- und Milchwirtschaft. Die Kirche **Saint Anne** (1726), deren Mauern seltsamerweise auf zwei Seiten mit Kalkstein und auf den beiden anderen mit Sandstein hochgezogen wurden, ist innen nicht weiter bemerkenswert. Lohnend ist jedoch der Aufstieg zum Turm, wegen seiner Form auch „Pfefferstreuer" genannt. Als Wetterfahne trägt er einen Lachs, denn die Mönche hatten das Privileg, als einzige Lachse aus dem Lee fischen zu dürfen. Von oben kann man in die Hinterhöfe spähen und darf nach Notenblättern ein Glockenspiel schlagen.

Ⓘ **Cork Butter Museum:** März–Okt. Mo–Sa 11–17 Uhr, Juli/Aug. bis 18 Uhr; Eintritt 3,50 €, www.corkbutter.museum. **St. Anne's:** Mo–Sa 10–16 Uhr; Eintritt für den Turm 6 €; www.shandonbells.org.

Der Südwesten
Karte S. 328/329

340 Der Südwesten/County Cork

Cork City Gaol: Die Topattraktion der Stadt ist ein audiovisuell unterstützter Ausflug in den Strafvollzug des 19. Jh. Die gelungene Präsentation hält die Balance zwischen Showeffekten, Tränendrüsen-Elementen und sozialgeschichtlich fundierter Information – eines der besten Museen in Irland. Hinter der äußeren Mauer der alten, 1924 geschlossenen Strafanstalt öffnet sich zunächst ein gepflegter grüner Rasen, auf dem auch Golf gespielt werden könnte. Das Haus selbst sieht aus wie ein Schloss. Von außen verraten nur die kleinen, vergitterten Fenster, dass es sich hier um ein Gefängnis gehandelt hat. An der Pforte begegnen wir Mary, die wegen Mundraubs zum soundsovielten Mal und jetzt für Jahre verknackt wurde. Viele „Verbrechen", so das Resümee der Führung mit einem Walkman, wurden aus purer Not begangen. Manche zogen sogar freiwillig in den Knast, um Essen und ein Dach über den Kopf zu bekommen. Puppen stellen einzelne Szenen nach, die abschließende Mediashow in der Gefängniskapelle ist eher sozialkritisch als rührselig.

Bald nach der Schließung des Gefängnisses beherbergte das Gebäude eine Weile den ersten Hörfunksender Corks. Darin erinnert im Obergeschoss das **National Radio Museum**. Eine Sammlung alter Rundfunkgeräte wird gezeigt und die Geschichte des Funkpioniers Marconi erzählt.

① März–Okt. tägl. 9.30–18 Uhr, Nov.–Feb. tägl. 10–17 Uhr, Einlass bis 1 Stunde vor Schließung; Eintritt Gefängnismuseum und Radiomuseum je 7,50 €, zusammen 12 €. Führung mit Walkman auch auf Deutsch. Sunday's Well Rd. (Bus Nr. 11 ab Merchant Quay). www.corkcitygaol.com.

Kirche Saint Anne – ganz oben dreht sich der Wetterlachs im Wind

Lifetime Lab: Mit dem neuen Lifetime Lab will Cork einen Schritt hin zur Öko-Stadt machen. Das Zentrum auf dem Gelände des alten Wasserwerks, dessen viktorianische Gebäude und Maschinen sorgfältig restauriert wurden, beschäftigt sich mit Corks Industriegeschichte und Umweltfragen, also mit Wasser ebenso wie mit Abfall und Energie. Touchscreens und andere interaktive Spielereien ergänzen die alte Maschinerie der Pumpen und Dampfmaschinen. In wenigen Monaten entwickelte sich das Lab zu einem beliebten Ziel für Schulklassen und Ausflügler, die sich auch über die Grünflächen und das Restaurant freuen.

① April–Sept. Mo–Fr 9.30–17 Uhr, Sa und So 10–16 Uhr; Okt.–März Mo–Fr 9.30–15.30 Uhr. Eintritt frei. Lee Road, www.lifetimelab.ie. Anfahrt: Mit Buslinie Nr. 8 bis AIB-Bank am Ende der Western Road, dann rechts an der Kirche vorbei über den Fluss, am Nordufer 400 m nach links.

Cork/Umgebung

▶ **Blarney Castle:** Liegt hier der Stein der Weisen, den die mittelalterlichen Alchimisten suchten, um alles in Gold verwandeln zu können? Der in die Zinne der *MacCarthy-Burg* (1446) eingelassene **Blarney-Stein** ist *der* Touristenmagnet in der Umgebung Corks, und das Dorf mit seinen Souvenirläden und Abfüttereien ist recht kommerzialisiert. Geologisch betrachtet ist der Quader ein Kalkstein wie seine Nachbarn auch. Alle Gerüchte, dass er aus dem Heiligen Land käme oder wenigstens aus Schottland, sind nichts als Gerede. Aber genau darum geht es beim Blarney-Stein. „To blarney" bedeutet nämlich überreden, umschmeicheln, Süßholz raspeln. Wer den Stein küsst, gewinnt diese Gabe, die ein französischer Konsul einmal leicht abfällig „das Privileg, sieben Jahre lang ungestraft Lügengeschichten erzählen zu dürfen" genannt hat. Sei's drum. Man wartet also in der Schlange, um sich dann rücklings Kopf voraus an den Stein heranzurobben und ihn mit den Lippen berühren zu können. Dabei vergisst man tunlichst für einen Moment den tödlichen Abgrund, der sich unten auftut.

Die Geschichte mit dem Stein ist eine für die Bewohner Blarneys und die Reiseunternehmer einträgliche Lüge jüngeren Datums, die Geschichte von der Entstehung des Worts allerdings älter und authentisch. *Dermot MacCarthy*, Lord of Blarney, hätte endlich seinen Eid auf die britische Krone leisten müssen, zeigte als eingefleischter Ire dazu aber wenig Neigung. So flüchtete er sich in Ausreden und hielt Elisabeth I. und ihren Statthalter über Jahre mit wohlgesetzten Erklärungen und Lobreden auf die Königin hin, ohne zur Sache zu kommen. Ihrer Majestät platzte schließlich der Kragen: „Alles Blarney!"

Die MacCarthys unterhielten bis ins 17. Jh. auf ihrer Burg eine Bardenschule, in der junge Männer im Erzählen und Singen der überlieferten Epen und Geschichten unterrichtet wurden. In Carrignavar, wo die MacCarthys zuletzt lebten, ist der Schule ein Denkmal gesetzt. Ihre Burg und die meisten Ländereien verloren sie nach 1691 an die Familie Jefferyes, die den schönen Garten anlegen und das neue Schloss *(Blarney House)* bauen ließen – Letzteres ist nicht öffentlich zugänglich.

• *Information* Blarney Square, ✆ 021 438 1624, April–Sept. tägl. 9–17.30, Juli/Aug. bis 19 Uhr, mit Gepäckaufbewahrung.

• *Verbindung* Wenigstens stündlich vom Busterminal in Cork, im Sommer mit offenem Doppeldecker von **Bus Éireann.** Viele Hostels bieten auch private Touren nach Blarney an.

• *Einkaufen* **Blarney Woolen Mills,** Blarney Square. Souvenirs vom grünen Telefon bis Wollpullover, alles garantiert „no blarney". www.blarney.com.

ⓘ **Blarney Castle:** Mo–Sa 9–18 Uhr (Mai u. Sept. bis 18.30, Juni–Aug. bis 19 Uhr), So 9.30–17 Uhr (Winter bis Sonnenuntergang); Einlass bis 30 Min. vor Schließung; Eintritt 10 €. www.blarneycastle.ie. Für die Besichtigung der Gänge und Höhlen unter dem Castle ist eine Taschenlampe hilfreich – an der Kasse werden welche verkauft.

▶ **Jameson Heritage Centre:** In Midleton, am Nordostende des Cork Harbour, steht die Firmenzentrale von Irish Distilleries, dem Beinahe-Monopolisten auf dem irischen Whiskeymarkt. In einer modernen Schnapsfabrik werden „Jameson", „Hewitts", der exklusive „Midleton very rare", aber auch Gin und Wodka destilliert. Die alte, längst stillgelegte Brennerei wurde der Öffentlichkeit zugänglich gemacht. Nach einem einführenden Film wird der Besucher mehr schlecht als recht durch die Geschichte und Kunst der Whiskey-Herstellung geführt. Leider haben die Führer, oft junge Praktikanten und Jobber, über den angelernten Vortrag hinaus nur

342 Der Südwesten/County Cork

wenig Ahnung von der Materie. Die Brennerei könnte eines der besten technischen Museen Irland sein – mit qualifiziertem Personal. Gewarnt sei zudem vor den Preisniveau des Fabrikverkaufs. Im deutschen Supermarkt bekommen Sie den irischen Whiskey günstiger.

● *Verbindung* In Midleton halten einige Busse auf der Route Cork – Waterford.

● *Information* Am Eingang der Destillerie, ✆ 021 461 3702, Juni–Sept. Mo–Fr 9.30–13 und 14–17 Uhr, Juli/Aug. auch Sa und So. www.eastcorktourism.com.

● *Übernachten* **An Stór Hostel** (IHH), Drury's Lane, (bei der Library von der Hauptstraße abzweigen), ✆ 021 463 3106, www.anstor.com, Bett 20 €, DZ 55 €. Das von Familie Murphy geführte Hostel hat 30 Betten. Alle Zimmer mit Bad, damit sich niemand in der Tür irrt, sind sie nach verschiedenen Fischen benannt. Persilweiße, saubere Küche, die Aussicht vom Aufenthaltsraum trübt eine Getreidemühle. **Ballymaloe Country House & Restaurant,** Shanagarry, etwa 10 km südöstlich von Midleton an der Straße Cloyne – Shanagarry, ✆ 021 465 2531, www.ballymaloe.com, DZ 240–340 €. Der gediegene Landsitz ist mit erlesenen Gemälden irischer Künstler der klassischen Moderne ausgestattet, auch Matisse ist vertreten. 13 der 29 Gästezimmer befinden sich im Haupthaus, weitere in einem Anbau und um den früheren Kutschhof. Die wegen ihrer Verdienste um die irische Küche sogar mit Ehrendoktorwürde ausgezeichnete Myrtle Allen übergab das Unternehmen Ballymaloe, zu dem auch Landwirtschaft, Kochschule und Laden gehören, schon vor geraumer Zeit an die nächste Generation. Die Küche verwendet ausschließlich Zutaten aus der Region, vieles kommt aus dem eigenen Garten. Reservierung empfohlen.

> Wer nur den historischen **Ballymaloe Garden** – immerhin Irlands größter Kräutergarten – und sein Muschelhaus besuchen will, kann dies von Mai bis Sept. Di–Sa 11–17.30 Uhr für ein Eintrittsgeld von 6 € tun.

● *Essen* **Farmgate Restaurant & Store,** The Coolbawn, ✆ 021 463 2771. Frisches Brot, Gemüse, Obst und Käse aus der Region locken in Maróg O'Brien's Laden – die Familie führt auch das Marktcafé in Cork. Im hinteren Teil des Geschäfts speist man auf alten Holztischen inmitten moderner Kunst. Abends verwandelt sich der Feinkostladen gänzlich in ein rustikales Restaurant. Einfache, raffinierte Gerichte aus frischen Zutaten, das Fleisch stammt vom Metzger nebenan. So Ruhetag.

● *Einkaufen* **Markt,** Main St., jeden Sa 9–13 Uhr, www.midletonfarmersmarket.com. Favoriten sind der Räucherlachs von Frank Hermans **Belvelly Smokehouse** oder Brot von der **Arbutus Bakery** des zum Bäcker gewordenen Fernsehkochs Declan Ryan.

⊕ **Jameson Heritage Centre:** März–Okt. tägl. 10–18 Uhr (letzte Führung 16.30 Uhr), Nov.–Feb. Führungen tägl. 11.30, 13, 14.30, 16 Uhr. Eintritt 12,50 €. www.jameson whiskey.com.

▶ **Ballycotton:** An der Küste südöstlich von Midleton liegen einige verschlafene Fischerdörfer, von denen Ballycotton auf einer Landzunge an der gleichnamigen Bucht besonders reizvoll ist: ein langgestreckter Ort an der Steilküste, gekrönt von einer großen Kirche, mit malerischem Hafen und zwei vorgelagerten Inseln mit einem Leuchtturm. Auf einem Parkplatz am Ortsende gibt es einige Stellplätze für Wohnmobile. Hier beginnt mit dem *Ballycotton Cliff Walk* – im 2. Weltkrieg angelegt für Wachgänge – ein schöner Wanderweg oberhalb der Steilküste.

▶ **Fota Island:** Auf der Insel im Osthafen haben sich drei scheinbare Unvereinbarkeiten angesiedelt: eine Versuchsanlage zur Umwandlung von irischem Sonnenlicht in elektrische Energie, mit der die Melk- und Kühlanlagen einer Viehfarm betrieben werden; die Müllkippe für Nuklearabfälle der Universität Cork und schließlich der großzügige **Wildlife Park**. Mit 200.000 Besuchern im Jahr liegt er in der Hitliste der irischen Sehenswürdigkeiten an 4. Stelle. An den großzügigen Freigehegen finden auch Tierfreunde nichts auszusetzen. Giraffen, Strauße und Kängurus leben ohne Zäune und Gitter friedlich miteinander, Affen räubern im Coffeeshop. Dazu gehört

Cobh   343

ein **Arboretum,** eine Sammlung seltener Bäume, das die Earls of Barrymore, denen einst die Insel gehörte, im 19. Jh. anlegten. Die Exoten aus Asien, Amerika und Australien sind zu voller Größe herangewachsen und haben ihre ganze Pracht entfaltet. Das neoklassizistische **Fota House** inmitten des Parks ist für seine Landschaftsbilder berühmt.

● *Anfahrt* Beide Sights sind bequem mit der Cobh-Bahn zu erreichen.

☉ **Wildpark:** Mo–Sa 10–16.30, So 11–16.30 Uhr, Einlass bis 15.30 Uhr; Eintritt 13 €; Parken 3 €, www.fotawildlife.ie.

Arboretum & Garden: Tägl. 9–17, April–Okt. bis 18 Uhr; Eintritt frei.

Fota House: April–Sept. Mo–Sa 10–17, So 11–17 Uhr, Einlass bis 16.30 Uhr, Okt.–März Mo–Sa 11–16 Uhr, Einlass bis 15.30 Uhr; Eintritt 5,50 €, www.fotahouse.com.

Der lange Weg zum Whiskey

Bei der traditionellen Whiskeyherstellung werden als Zutaten ausschließlich Gerste, Hefe und Wasser verwendet. Die Gerste wird nach der Ernte in großen Drehöfen getrocknet, um damit das ganze Jahr über für das Malzen verfügbar zu sein. Dabei wird das Korn in Wasser eingeweicht und auf Trockenböden ausgebracht, um zu keimen. Der erfahrene Mälzer muss diesen Prozess genau im richtigen Moment abbrechen, damit das Malz den richtigen Zuckergehalt bekommt. Im nächsten Schritt werden Malz und unbehandelte Gerste zusammen gemahlen und im Maischkessel mit kochendem Wasser angesetzt. Dann wird der Maischbrei gefiltert: die Würze, die zu Whiskey werden soll, pumpt man ab und füllt sie zum Fermentieren in Holzbottiche, der Trester wird als Viehfutter an die Bauern verkauft. Jetzt kommen die fleißigen Hefepilze zum Einsatz, die in großen Holzbottichen den Zucker der Würze in Alkohol verwandeln. Nun ist der Wash, wie er in dieser Stufe heißt, bereit für die Destillation in den großen Kupferkesseln, dem Herz der Brennerei. Er wird in die erste von drei hintereinander geschalteten Brennsäulen geleitet und dort erhitzt, bis der gasförmige Alkohol aus dem Wasser aufsteigt. Durch ein gekühltes Rohr kommt er in die nächste Brennsäule und das Ganze wiederholt sich. Erst nach dem dritten Brennen ist der farblose Spirit von allen Verunreinigungen befreit – und dabei so hochprozentig, dass er wieder mit Wasser verdünnt werden muss. Farbe und Geschmack des Whiskeys reifen während der mehrjährigen Lagerung in alten Eichenfässern heran. Als einen besonderen Kniff nehmen die Iren im Unterschied zu den amerikanischen Whiskeyproduzenten hierfür nur alte Fässer, in denen vorher einmal Portwein, Sherry oder amerikanischer Whiskey lagerte.

Cobh

Von 1838, als das erste Dampfschiff nach New York auslief, bis in die 50er Jahre des 20. Jh. befand sich hier auf Great Island in der Bucht von Cork der wichtigste Transatlantikhafen Irlands. Eines der besten Museen Irlands lässt diese Zeit lebendig werden.

1849 landete Queen Viktoria zu ihrem ersten Irlandbesuch, und ihr zu Ehren taufte man die Stadt von Cove – so hieß sie damals – in Queenstown um. Mit Gründung der Republik erschien dieser Name unzeitgemäß, und aus Queenstown wurde Cobh, die gälisierte Variante von Cove. Über eine Million Auswanderer verließen hier die

Der Südwesten
Karte S. 328/329

344 Der Südwesten/County Cork

Grüne Insel – der Hafen von Cobh muss viel Elend und Abschiedsschmerz, aber auch Hoffnung gesehen haben. Am Kai stehen die lebensgroßen Figuren von Annie Moore und ihren beiden Brüdern, deren Namen nur deshalb überliefert sind, weil sie damals als erste durch das neueröffnete Lager in Ellis Island (New York) geschleust wurden. Einer der Jungen zeigt enthusiastisch aufs Meer, das doch für viele das Ende bedeutete. Die Titanic hatte in Cobh ihren letzten Zwischenstopp vor ihrer letalen Begegnung mit einem Eisberg, und als die Deutschen im 1. Weltkrieg den Passagierdampfer *Lusitania* versenkten, brachten die Rettungsboote Überlebende und Tote hierher – 600 Leichen wurden in einem eilends ausgehobenen Massengrab bestattet, noch einmal so viele wurden nie geborgen. Ein Denkmal im Norden der Stadt erinnert an diese dunkle Episode, die schließlich zum Kriegseintritt der USA führte.

Auch **St. Colman's Cathedral,** die mächtige neogotische Kathedrale (1868–1915) auf dem Kliff über der Stadt, wäre ohne die Auswanderer sicher eine Nummer kleiner ausgefallen. Ein Großteil der Baukosten wurde als Spende unter amerikanischen und australischen Iren gesammelt. Der Bau hat das Prädikat „künstlerisch wertvoll" verfehlt, allerdings gehört das Glockenspiel zum Feinsten und Ausgefeiltesten, was Irland in dieser Richtung zu bieten hat.

• *Information* Am Hafen, ✆ 021 481 3301, März–Sept. Mo–Fr 9.30–17.30, Sa/So 11.30–18 Uhr, Okt.–Feb. tägl. 14.30–17.30 Uhr. www.cobhharbourchamber.ie.

• *Verbindung* Mit der Vorortbahn gute Zugverbindung nach Cork.

• *Kunst* **Sirius Arts Centre,** Old Yacht Club, www.iol.ie/~cobharts/, Mi–Fr 11–17, Sa und So 14–17 Uhr. Das kommunale Kulturzentrum residiert in einem tollen viktorianischen Gebäude direkt an der Wasserfront. Es gibt Wechselausstellungen moderner Kunst, dazu Veranstaltungen wie Lesungen und Konzerte.

• *Stadtführung* Der **Titanic Trail,** eine Stadtführung auf den Spuren der Titanic, beginnt ganzjährig tägl. 11 Uhr am Commodore Hotel, 9,50 €. Der Rundgang schließt mit einem Bier in Jack Doyles Bar. Anmeldung über die Touristinformation oder ✆ 021 481 5211 oder www.titanic-trail.com.

• *Wassersport* **International Sailing Centre,** 5 East Beach, ✆ 021 481 1237, www.sailcork.com, verleiht Segelboote und Surfbretter, auch Unterricht.

• *Übernachten/Essen* Casement Square und Westbeach, also die Uferzeile im Zentrum der Stadt, sind der Mittelpunkt der Kneipenszene. Einige Pubs vermieten auch Zimmer.

** **Commodore,** ✆ 021 481 1277, www.commodorehotel.ie, DZ 60–140 €. Das Haus in bester Uferlage wurde bereits 1853 als

Hotel gebaut und galt damals als eines der feinsten Häuser des Empire. Der jetzt schon etwas angejahrte Bau wurde um ein Hallenbad erweitert, die meisten Zimmer haben Seeblick.

Bellavista, Bishop's Road, ✆ 021 481 2450, www.bellavistahotel.ie, DZ 60–100 €. In der Straße über dem Commodore, ein gepflegtes Stadthaus mit viel Geschichte. Hier verbrachte ein Leibarzt Napoleons seinen Lebensabend, später war es ein Priesterseminar. Mit Meerblick, zu dem in Cobh allerdings auch die Insel mit dem Stahlwerk gehört.

B&B Mountview, Mrs. Noreen Hickey, Beechmount, ✆ 021 481 4260, mountview8@eircom.net, DZ 65–75 €. Zum Glück ist der Weg durch die verwinkelten Sträßlein ab der Kathedrale ausgeschildert, sonst hätten wir Mrs. Hickey's aussichtsreiches Haus nie gefunden.

Mansworth Bar, Old Cemetery Rd. Der Pub, einst beliebter Treffpunkt von Auswanderern, heute von Seeleuten und amerikanischen Touristen, wird seit über hundert Jahren von der Wirtsfamilie Mansworth geführt.

Clippers Waterside, Westbourne Place. Bar & Restaurant im früheren Vereinsheim des Royal Cork Yacht Club direkt am Hafen. (Lesertipp von Jutta Stock)

Sehenswertes

Queenstown Heritage Centre: Die Geschichte von Aufstieg und Ende der Transatlantik-Schifffahrt – zwischen Glanz und Gloria im Oberdeck, Auswandererelend in

„Grüße an Onkel Henry" (Ford) – Oldtimerparade am Kai von Cobh

der III. Klasse und Katastrophen für alle. Für den Besucher beginnt die Zeitreise im imitierten Bauch eines Segelschiffes. Brecher tosen, Menschen kreischen, fehlt nur noch, dass der Boden bebt und schaukelt. Mit Tafeln, Kurzfilmen und Diashow gut aufgebaute Präsentationen erzählen von den Deportationen, dem Exodus, der Hungersnot, aber auch vom Luxus auf den großen Linern, deren überkuppelte Ballsäle Kathedralen nacheiferten. Die Show im Bahnhof von Cobh, der selbst einst für die Passagiere der Ozeanriesen gebaut wurde, ist unbedingt sehenswert.

① Tägl. 10–18 Uhr (Nov.–April bis 17 Uhr), Einlass bis eine Stunde vor Schluss; Eintritt 7,50 €. Im Bahnhof. www.cobhheritage.com.

Museum: Cobhs Heimatmuseum ist in einer ehemaligen protestantischen Kirche untergebracht. Wie es sich für eine Hafenstadt gehört, konzentriert sich die Ausstellung auf die Seefahrt. Großflächige Ölgemälde eher unbekannter Künstler zeigen stolze Schiffe im Kampf mit brausender Gischt. Geradezu niedlich wirken dagegen die, wir vermuten es mal, von Seebär-Rentnern konstruierten Modellschiffe. Kurios mutet die Auswahl der vom Hafengrund geborgenen Müll- und Fundsachen an. Eine Ecke ist der Lusitania-Katastrophe gewidmet. Auch die Titanic hat einen Platz, ebenso die 1969 in Cobh geborene *Sonia o'Sullivan*, die bei den Olympischen Spielen in Sidney eine Silbermedaille gewann – nicht im Segeln oder Schwimmen, wie wir erwartet hätten, sondern im 5000 m-Lauf.

① April–Okt. Mo–Sa 11–13 und 14–17.30 Uhr, So 14.30–17 Uhr; Eintritt 2 €. High Rd., www.cobhmuseum.com.

Old Church Cemetery: Wer Cobh besucht, sollte dort auch den 2 km langen Weg (vom Kai die Hauptstraße bergauf landeinwärts) zum alten Friedhof auf sich nehmen. Die bis 300 Jahre alten Gräber sind von Brombeerranken überwuchert, im Frühjahr setzt blühender Ginster farbenfrohe Akzente. Auch einige der Lusitania-Opfer wurden hier bestattet. (Lesertipp von Yvonne Jelting)

Kinsale

Befreite man es nur vom Autoverkehr, wäre Kinsale (2000 Einwohner) das irische Ferienstädtchen par excellence. Yachten aus ganz Europa und von jenseits des Atlantiks bringen betuchte Feriengäste und stiften einen Hauch von Cote d'Azur.

Was Sylt für Hamburg, ist Kinsale für Cork. Herausgeputzte Häuschen mit biederem Blumenschmuck und romantischen Schindeldächern säumen die verwinkelten Gassen, in einem Fünfminutenradius vom Dorfkern liegen Pubs, Restaurants und was der Besucher sonst noch alles braucht. Dazu kommt der Ruf als Gourmetstadt. Höhepunkt des Jahres ist folgerichtig alljährlich Anfang Oktober ein „Großes Fressen" in kultivierter Form und mit allerlei Begleitveranstaltungen, das als *Festival of Autumn Flavours* („Fest der Herbstaromen") beworben wird. Thema in den Pubs sind außer dem Essen die Boote, das Fischen, das Segeln und die Immobilienpreise. Kinsale ist auf dem Weg nach Westen der erste Ort, an dem sich viele „Blow Ins", also Ausländer, niedergelassen haben. Hier sind es besonders Deutsche und Holländer der betuchteren Kreise, dazu einige Exoten, wie ein Kanadier, der lieber hier als in Neufundland fischt.

Geschichte

Kinsale, eine anglo-normannische Gründung, wurde im 17. Jh. vom Atem der Weltgeschichte gestreift. 1601 hatte eine spanische Armada das Städtchen besetzt, um den Aufstand der Katholiken unter Hugh O'Neill zu unterstützen. Deren Truppen hatten die Engländer zwar am Yellow Ford böse geschlagen, befanden sich aber im Nordosten der Insel. Sie zogen nun in aller Eile quer durchs Land, um den von den Engländern belagerten Spaniern zu helfen. O'Neill erreichte Kinsale zwar rechtzeitig, doch zeigten er und die Spanier sich einem englischen Angriff am heiligen Weihnachtsabend, einem für sie gänzlich unerwarteten Datum, nicht gewachsen. Die Spanier flohen auf ihren Schiffen, und nach dem Neujahrstag war Kinsale wieder fest in englischer Hand; alle Katholiken wurden aus der Stadt vertrieben.

Kinsale war lange ein Zentrum des irischen Schiffbaus. Der Seemann Alexander Selkirk, der die Stadt Anfang des 18. Jh. verließ und schließlich auf einer einsamen Insel strandete, lieferte das Vorbild für Daniel Defoes „Robinson Crusoe". Heute pflegen die Atlantiksegler und Hochseeangler die nautische Tradition des Städtchens.

Information/Verbindungen/Diverses

- *Information* Emmet Pl., ✆ 021 477 2334, Mo–Fr 10–13, 14–17 Uhr, Juni–Sept. auch Sa, Juli/Aug. auch So. www.kinsale.ie.
- *Verbindung* Von der Haltestelle an der Esso-Tankstelle täglich etwa 10 Busse nach Cork. Eine Fähre pendelt im Sommer jede Stunde zwischen Trident Hotel und Castlepark Marina.
- *Einkaufen* **Fotogalerie Norman,** 45 Main St., www.gilesnorman.com. Meisterliche Schwarzweißbilder, fix und fertig zum Aufhängen gerahmt.
- *Fahrradverleih* **Mylie Murphy,** 14 Pearse St., ✆ 021 477 2703.
- *Hochseeangeln* Gefischt wird nach Blauhaien, die sich in Schwärmen in der Bucht tummeln. Für etwa 60 € darf man mit hinausfahren. Buchung bei **Kinsale Angling,** ✆ 021 477 4946, www.kinsale-angling. com.
- *Reiten* **Ballynadee Trekking and Riding Farm,** Dennis O'Donoghue, Ballynadee, ✆ 021 477 8152, www.ballinadeestables. com.
- *Stadtführungen* Die **Ghost Walk Tour,** 021 ✆ 021 477 2263, für 10 € mit mehr Humor als

Kinsale 347

Schrecken, wird von Lesern wärmstens empfohlen und beginnt im Sommer Mi–Fr 21 Uhr an der Tap Tavern, O'Connell St. Ecke Guardwell.

• *Surfen* **Outdoor Education Centre,** ✆ 021 477 2896, www.kinsaleoutdoors.com.

Die Corrida fällt ins Wasser

Alle im Boot hassen den Hai. Der Fischer hasst ihn, weil er die Netze zerreißt. Der Hobbyfischer hasst ihn, weil er nicht anbeißen will und den Kahn zum Erbrechen schaukelt. Der Junge hasst ihn, weil er im Kino gesehen hat, dass er Menschen frisst. Der Skipper hasst ihn, weil er ihm einmal fast ein Bein weggebissen hat. Zugegeben, dass der maritime Allesfresser weltweit jedes Jahr wohl 40 Schwimmer mit Robben verwechselt und angreift. Doch ist das Grund genug, ihn mit dem Bösen an sich zu identifizieren? Die Todesfälle nach Bienenstichen sind jedenfalls zahlreicher.

Die touristische Jagd auf den Hai ist harte Arbeit. Zunächst muss der Köder gefischt werden, am besten Makrelen. Die Schwärme werden mit dem Echolot aufgespürt, und bald glitscht auf dem Deck eine Schicht zappelnder Fische. Der kluge Fischer würde es bei diesem Fang belassen, der eine vorzügliche Mahlzeit ergäbe, aber wir wollen ja keine Makrelen, sondern einen Hai. Deshalb füllt der Skipper einen mitgebrachten Brei stinkender Fischabfälle in einen Leinensack, schüttet eine Art Blutsuppe darüber und wirft das Ganze an einer Leine über Bord. Wenn ihn diese Blutspur nicht heiß macht! In der Zwischenzeit spießen die Angler ihre Makrelen auf die gespitzten Haken und werfen die Angeln aus. Der Motor wird abgestellt. Das Boot bleibt dem Spiel der Wellen überlassen, alle warten gespannt und beobachten hochkonzentriert die hauchdünne Angelleine. Wenn's zuckt und die Rolle abspult, wird der Glückliche in den drehbaren „Fighting Chair" geschnallt, der in der Mitte des Bootes verankert ist.

Doch es zuckt nicht. Das Interesse der menschlichen Jäger war wieder einmal größer als das des Hais. Er gönnt uns die Corrida einfach nicht. Dabei wäre er mit dem Leben davongekommen, denn die gefangenen Haie werden nur betäubt, markiert und dann wieder ins Wasser geworfen – eine sympathische Lösung. Als Speisefisch sind sie nicht salonfähig, und was den Fischstäbchen der Imbissbuden trotzdem an Haifischfleisch beigemischt ist, weiß nicht mal der Fritteur.

*Übernachten (siehe **K**arte **S.** 348)*

Kinsale erwartet überwiegend ein zahlungskräftiges Publikum. Am unteren Ende der Preisskala bieten zwei Hostels ein Dach über dem Kopf, die B&Bs (komplettes Verzeichnis beim Tourist Office) sind etwas teurer als andernorts. Wenn in der ersten Augustwoche die Regatta stattfindet, sind Zimmer nur mit Voranmeldung zu bekommen.

*** **Blue Haven (3),** Pearse St., ✆ 021 477 2209, www.bluehavenkinsale.com, DZ 160–240 €, je nach Saison. Die 10 mit Geschmack eingerichteten Zimmer (diejenigen im Anbau etwas größer) sind nach den Weingütern benannt, die irische Emigranten in Bordeaux gründeten. Kleine Ölbilder aus

der Hand örtlicher Künstler und frische Blumen für jeden Gast sind nur zwei von vielen Kleinigkeiten, die sich zu einer wohltuenden, familiären Atmosphäre summieren. **Old Bank House (5),** Pearse St., ✆ 021 4774075, www.oldbankhousekinsale.com, DZ mit Gourmetfrühstück 120–250 €, je nach

Der Südwesten
Karte S. 328/329

348 Der Südwesten/County Cork

Übernachten
1 Desmond House
2 Cucina Guesthouse
3 Blue Haven
4 Tierney's Guesthouse
5 Old Bank House
6 Dempsey's Hostel

Essen & Trinken
2 Cucina
3 Blue Haven
7 Fishy Fishy Café
8 Man Friday Restaurant
9 Jola's
10 Bulman und Spaniard Inn

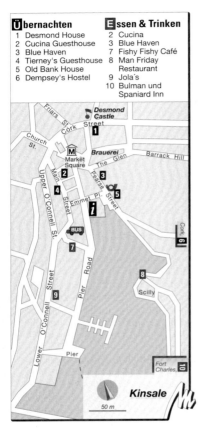

Saison. Die Zimmer sind mit alten Möbeln unterschiedlich ausgestattet, die Bäder mit Blumenmotiven gefliest. Lounge im Stil eines Wohnzimmers. Getafelt wird im unter gleicher Leitung stehenden Blue Haven.

Desmond House (1), Cork St., ✆ 021 477 3575, www.desmondhousekinsale.com, DZ 110–140 €. Georgianisches Stadthaus in ruhiger Zentrumslage. Vier geräumige und komfortable Gästezimmer, die Bäder mit Whirlpools ausgestattet.

Tierney's Guesthouse (4), 70 Main St., ✆ 021 477 2205, www.tierneys-kinsale.com, DZ 90 €. Ein uraltes, winziges Haus. Im Treppenaufgang hängen die Lobeshymnen zufriedener Gäste.

Cucina Guesthouse (2), 9 Market St., ✆ 021 470 0707, www.cucina.ie, DZ ohne Frühstück 70 €. Vier helle, modern eingerichtete und einigermaßen geräumige Zimmer mit Bad über einem guten Café, in dem auch gefrühstückt werden kann.

Dempsey's Hostel (6) (IHH), Eastern Rd., ✆ 021 477 2124, Bett 16 €, DZ 50 €. 10 Min. vom Zentrum neben der Tankstelle. Gemeinschaftsraum mit Landkarten aus aller Welt, die Schlafräume (im Erdgeschoss sehr eng) neu mit Waschbecken ausgestattet. Freundliches Personal, aber etwas abgewohntes Haus.

Garrettstown House Holiday Park, Ballinspittle, ✆ 021 477 8156, www.garrettstownhouse.com, Mai–Mitte Sept., 2 Pers. mit Zelt 14 €, Dusche extra. Der Kinsale nächst gelegene Zeltplatz befindet sich auf dem Areal eines alten Landsitzes und in Laufweite zu einem schönen Strand. Viele Angebote für Kinder machen den Platz für Familien attraktiv, und so geht es im Sommer auch mal laut und lebhaft zu.

Essen/Pubs

Blue Haven (3), Pearse St., ✆ 021 477 2209, www.bluehavenkinsale.com, Hauptgericht um 30 €, Dinnermenü 45 €. Brian und Anne Cronin vertreten Irland auf internationalen Kochwettbewerben. Klassiker wie Lobster Thermidor oder Filet mit Sauce Béarnaise werden ergänzt durch lokale Spezialitäten wie „Jack Berry's Lamb Kidney" (Jack ist ein örtlicher Metzger) und durch vorsichtige Exotik wie Seafood Kashmiri (mit Currysauce und Chutney). Das Restaurant im „maritimen" Stil mit Blick auf einen abends beleuchteten Garten samt Wasserfall. Die Bar (Barfood durchgehend bis 21 Uhr) hat einen schönen Wintergarten und für die warmen Tage auch einen Innenhof. In einem zum Haus gehörenden Feinkostgeschäft kann man erlesene Weine, hausgemachte Konfitüren und andere Delikatessen erstehen.

Jola's (9), 18 Lower O'Connell St., ✆ 021 477 3322, www.jolasrestaurant.com, tägl. ab 18 Uhr, So auch mittags, Hauptgericht um 25 €. Jola Wojtowicz bereichert Kinsales Gourmetszene um polnische Deftigkeiten wie z.B. Kartoffelpuffer mit Schweinegulasch oder irisch-polnisches Multikulti (Pierogi, also polnische Maultauschen, gefüllt Blackpudding).

Kinsale 349

Man Friday (8), Scilly, ℡ 021 477 2260, www.manfridaykinsale.ie, Hauptgericht um 25 €, nur abends. Schöne Lage am Wasser, großzügige Portionen in einem holzgetäfelten Speiseraum mit Gemälden an der Wand und edlem Porzellan auf den Simsen. Eher konventionelle Küche mit Steaks, Geflügel und Meeresfrüchten.

Fishy Fishy Café (7), Crowley's Quay, tägl. 12–16.30 Uhr, www.fishyfishy.ie, Hauptgericht 15–30 €. Keine Reservierung, nur mittags geöffnet – ganz anders als die herkömmlichen Gourmettempel der Stadt und dennoch ein Erfolgsunternehmen, vor dem die Leute Schlange stehen, um einen Platz zu bekommen. Die beiden Etagen des Fischrestaurants von Martin und Marie Shanahan sind mit großen Fenstern, dunklen Holzmöbeln und etwas Kunst auf den weißen Wänden zurückhaltend eingerichtet, so als solle nichts vom aufgetischten Fisch und den Meeresfrüchten ablenken, die allesamt von örtlichen Fischern aus dem Meer geholt wurden. Fishy Fishy, da sind sich Lokalpatrioten und Gourmetführer einig, zählt zu den besten irischen Fischrestaurants.

Bulman (10), Scilly, am Wasser, www.the bulman.com. Am „boat table" der mindestens 200 Jahre alten Kneipe treffen sich Fischer und Freizeitkapitäne zum Pint. Neben der legendären Bar gibt es auch ein Restaurant.

Spaniard Inn (10), Scilly Rd, www.thespaniard.ie. Der Pub in einem früheren Stall auf dem Compass Hill oberhalb der Stadt zählt fast schon zu den Sehenswürdigkeiten Kinsales, und das Murphy's lockert die Zunge und animiert zum Mitsingen. Livemusik von Blues über Traditionals bis Jazz.

Sehenswertes

Geführte Stadtrundgänge (www.historicstrollkinsale.com) beginnen im Sommer jeden Tag um 11.15 Uhr am Tourist Office und kosten 7 €.

Museum: Im Gebäude des Seegerichts, in dem 1915 die Untersuchung über den Untergang der *Lusitania* geführt wurde, informiert heute eine kleine Ausstellung über die Katastrophe. Daneben werden in der etwas chaotischen Ausstellung alte Urkunden aus der Stadtgeschichte gezeigt. Die meisten Schätze des Museums, die von der Sammelleidenschaft seines Kurators zeugen, ruhen jedoch im Magazin. Es fehlt an Platz und Geld für eine zeitgemäße Präsentation.
 ⏱ Sa 10–17, So 14–17 Uhr; Eintritt 2,50 €.

Charles Fort: Die sternförmige Festungsanlage wurde nach 1601 gebaut, um Landungen von Spaniern und sonstigen Feinden zu verhindern. Bis 1922 war dort eine britische Garnison stationiert, nach ihrem Abzug wurde das Kastell von der IRA niedergebrannt und ist seither eine Ruine. Das Fort ist eine typische Verteidigungsanlage des 17. Jh. Im Unterschied zu älteren Burgen waren diese Festungen mit den charakteristischen vorspringenden Bastionen für den Kampf mit weitreichenden Geschützen gebaut. Die ausgeklügeltsten Festungen dieser Art entstanden in Frankreich unter dem Ingenieur Vauban. Charles Fort sollte Kinsale gegen Angriffe von See verteidigen. Seine entscheidende Schwachstelle war der Hügel, der auf der Landseite das Fort überragt – gegen die 1690 von dort anrückende Armee Wilhelms standen die Verteidiger auf verlorenem Posten.
 ⏱ Mitte März–Okt. tägl. 10–18 Uhr, Nov.–Mitte März Sa/So 10–17 Uhr; Einlass bis 45 Min. vor Schließung. Eintritt 4 €. Das Fort liegt 3 km östlich der Stadt. www.heritageireland.ie.

Desmond Castle/Museum of Wine: Das Castle hat eine wechselhafte Geschichte. Im 15. Jh. als befestigtes Stadthaus der Fitzgeralds gebaut, diente es später als Zollhaus, Gefängnis, Suppenküche und Kaserne, bis es schließlich 1997 als Weinmuseum herausgeputzt wurde. Die Ausstellung konzentriert sich auf die Rolle irischer Emigranten im internationalen Weinhandel. Margaux oder Yquem, der Adel der französischen Weine, gehen auf Iren zurück! Auch die Hennessys waren irische Auswanderer.
 ⏱ April–Okt. tägl. 10–18 Uhr; Einlass bis 45 Min. vor Schließung. Eintritt 3 €. www.heritageireland.ie.

Der Südwesten Karte S. 328/329

350 Der Südwesten/County Cork

Das Rosengespenst

Auf den Wällen des Charles Forts treibt des Nachts der Geist einer Dame sein Unwesen, deren Schicksal den Stoff für einen Hollywoodfilm hätte abgeben können. Die Tochter des Festungskommandanten hat sich in einen jungen Offizier verliebt, die Hochzeit ist beschlossene Sache. Das Paar schlendert bei Vollmond auf dem Wall entlang, als das Mädchen zu Füßen der Mauer einen Rosenstrauch erblickt und unbedingt eine Blüte haben will. Er traut sich nicht hinunter, aber ein kecker Wachsoldat erbietet sich, die Rose zu pflücken, wenn der Offizier für einen Moment die Wache übernähme – der Held stürzt ab und kommt nie wieder. Der Verlobte nickt beim Wachestehen ein, wird vom Schwiegervater schlafend angetroffen, mit dem vermeintlich pflichtvergessenen Wachsoldaten verwechselt und als Exempel kurzerhand erschossen. Als der Vater den Irrtum bemerkt, stürzt er sich vor Gram über die Mauer. Das Mädchen, dessen Wunsch nach einer Rose drei Männer in den Tod getrieben hat, tut es ihm nach. Ob sie, der Vater, der Verlobte, der Verehrer oder gar alle vier heute als Geist umgehen, ist unklar. Tatsache ist: Es spukt.

Von Kinsale nach Clonakilty

▶ **Old Head of Kinsale:** Die Landzunge reicht etwa 5 km ins Meer hinaus, um am Ende mit dramatischen Steilklippen ins Wasser zu stürzen. Mancher Ball, der hier auf Irlands vielleicht schönstem Golfplatz übers Ziel hinaus geschlagen wird, wird zum Spielzeug für die Fische. Bester Aussichtspunkt könnte der Leuchtturm an der Spitze des Kaps sein – doch der Golfclub verbietet den Zutritt. Gleich am Beginn der Halbinsel laden **Garrettstown Beach** und **Garylucas Beach** zu Strandspaziergängen im Sand.

Übernachten **B&B & Pub Blue Horizon,** Garrettstown, ✆ 021 477 8217, www.theblue horizon.com, DZ 70–80 €. Auf einer Klippe mit schönem Ausblick.

▶ In **Ballinspittle** begab sich 1985 ein Ereignis, wie es in den mediterranen Gefilden mit ihren heißblütigen Bewohnern nicht ungewöhnlich, hier in Irland aber doch etwas Besonderes ist. In einer Grotte, sie liegt von Kinsale kommend vor dem Ortseingang neben der Straße, hatte sich die blau-weiße Statue der Muttergottes bewegt. Ohne Menschenhand im Spiel, ohne eine feststellbare natürliche Ursache. Das Wunder wiederholte sich, die Madonna spazierte regelrecht durch ihre kleine Nische. Tausende, Zehntausende kamen nach Ballinspittle, auch andernorts in Irland wurden plötzlich sich bewegende Marienstatuen beobachtet, und dann war der ganze Spuk so plötzlich wieder vorbei, wie er gekommen war. Davor und danach war von Ballinspittle nichts mehr zu berichten.

▶ **Timoleague** ist ein schläfriges Dorf an der Mündungsbucht des *Argideen*. Auf der Anfahrt riecht es nach einer Mischung aus Seetang und Heu, Efeu umrankt die Telefonmasten. Das pittoreske Franziskanerkloster mit dem weithin sichtbaren Turm wurde 1642 von den Engländern geplündert und ist seither verlassen. Cromwells Truppen sollen im Keller Hunderte von Fässern mit spanischem Wein gefunden haben und nach dieser „Eroberung" einige Tage gefechtsunfähig gewe-

In Kinsale singt der Lachs

sen sein. Um die Ruine einer Burg wurde von der Familie Travers, die 1818 mit dem Besitz gleich das ganze Dorf erwarb, ein attraktiver Garten mit Palmen und exotischen Bäumen angelegt.

- *Verbindung* Am Spätnachmittag ein Bus von Cork nach Timoleague, morgens zurück.
- *Camping* **Sexton's**, Clonakilty Rd., ℅ 023 884 6357, www.esatclear.ie/~sextons, geöffnet März–Sept., 2 Pers. mit Zelt 15 €. Ein gepflegter und überschaubarer Platz. „Die sauberen Sanitärräume, Küche und ein Shop sind in umgebauten Pferdeställen untergebracht. Auch bei Regen kann man das Gelände ‚gefahrlos' betreten und auch die Besitzer sind liebenswert." (Lesertipp von Brigitte Blass)

Clonakilty

Hätte Clonakilty (4000 Einwohner) wie Kinsale einen Yachthafen, wäre es genauso berühmt. So bleibt der Inchydoney-Strand unter Ausländern ein Geheimtipp und der berühmte Black Pudding den irischen Gourmets vorbehalten.

Clonakilty verbindet eine lebendige Städtepartnerschaft mit dem Spessartdorf Waldaschaff. Viele Jugendliche waren schon einmal in Deutschland, und bei manchen Familien entdeckt man im Büfett zwischen Kristallgläsern und Porzellannippes einen Bocksbeutel Frankenwein. Jedes Jahr Ende August werden die Straßen zur Bühne der Gaukler, Straßenmusiker und Kleinkünstler, die sich in Clonakilty zum *All Ireland Buskers Festival* treffen.

Im Stadtbild ist das georgianische Ensemble um den Emmet Square – ein großflächiger, etwas schmuckloser Platz – erwähnenswert. Die vorbildlich restaurierte Mühle, in der heute die Stadtbücherei residiert, bekam den europäischen Denkmal-

352 Der Südwesten/County Cork

schutzpreis. Sehenswert sind das im alten Bahnhof eingerichtete Modelldorf und 4 km außerhalb der Strand **Inchydoney,** ein von einer Felszunge geteilter Streifen goldgelben Sandes, wo man an warmen Sommertagen unter den wachen Augen der Rettungsschwimmer sogar ein Bad im Ozean nehmen kann.

Geschichte

Die Kleinstadt wurde im 17. Jh. als eine protestantische Kolonie in der ansonsten katholischen Gegend gegründet, doch das Vorhaben war nicht sehr erfolgreich: Die protestantische Kirche ist heute das Postamt und Clonakilty nicht weniger katholisch als der Rest der Republik. Die protestantischen Siedler etablierten jedoch eine Leinenindustrie, die bis ins 19. Jh. florierte und zeitweise über 10.000 Menschen Arbeit gab. Mit Stolz erinnert man sich daran, dass Königin Viktoria das Taufkleid für ihr erstes Kind in Clonakilty fertigen ließ. Die Feuerwache war einst der Leinenmarkt, und hier und da kann man noch eine Manufakturhalle ausmachen (z. B. die Bäckerei am Platz mit der Wasserpumpe).

Information/Verbindungen/Diverses

• *Information* Ashe St., ℡ 023 883 3226, Juni Mo–Sa 9–18 Uhr; Juli/Aug. Mo–Fr 9–19, Sa 9–18, So 10–17 Uhr; Sept.–Mai Mo–Sa 9.30–13 und 14–17.30 Uhr. www.clonakilty.ie.

• *Verbindung* Von der Haltestelle am SuperValu morgens Mo–Sa **Busse** nach Cork. In die Gegenrichtung nach Skibbereen halten die Busse vor O'Donovan's in der Pearse St. Wer nach Killarney will, muss meist in Cork umsteigen. Auskunft ℡ 021 450 8188, www.buseireann.ie.

• *Einkaufen* **Edward Twomey's,** 16 Pearse St., gilt als die beste Metzgerei für die Herstellung des Clonakilty Black Pudding, eine Art irischer Blutwurst, die manchmal auch zum Frühstück serviert wird. www.clonakiltyblackpudding.ie.

Bauernmarkt, Do 10–14 Uhr im Hof von O'Donovan's Hotel

• *Fahrradverleih* **MTM Cycles (5),** Ashe St., ℡ 023 883 3584.

• *Fischen* Zum Hochseeangeln und Küstenfischen frage man in **Shanley's Bar** (Connolly St.) nach Patrick Houlihan. Auch der Anglerbedarfsladen **Clontackle** in der Pearse St. ist eine einschlägige Adresse.

• *Reiten* **Clonakilty Equestrian Centre,** The Retreat, Clonakilty, ℡ 023 883 3533; **Rosscarbery Riding Centre,** Owinhincha Beach Junction, ℡ 023 884 8232, www.rosscarbery.ie/riding_centre. Die Farm an der N 71, 11 km westlich von Clonakilty, organisiert geführte Touren zu Pferd.

Übernachten

* O'Donovan's (6), Pearse St., ℡ 023 883 3250, www.odonovanshotel.com, DZ 90–110 €. Das traditionelle Dorfhotel, die Zimmer direkt über der Gaststube etwas laut.

B&B Bay View House (2), Fam. Driscoll, Old Timoleague Rd., ℡ 023 883 3539, www.bayviewclonakilty.com, März–Okt. DZ 75–90 €. Etabliertes B&B am Ortsrand mit herrlichem Garten und Blick über die Clonakilty Bay. Geräumige Zimmer mit Teppichböden und WLAN. Bücher, Familienfotos und die Puppensammlung der Hausherrin machen den Aufenthaltsraum zur Wohnstube.

B&B Wytchwood (9), Mrs. Clare Hayes, Brewery Lane, ℡ 023 883 3525, www.wytchwood.ie, Juni–Sept. DZ 80 €. Wenn der

örtliche Immobilienmakler Kunden aus Deutschland einfliegen lässt, bringt er sie hier unter. Jedes der geräumigen, gemäßigt modern eingerichteten Zimmer ist in einem anderen Farbton gestaltet. Frühstück im Wintergarten.

B&B Nordav (7), Mrs. MacMahon, 70 Western Rd., April–Sept., ℡ 023 883 3655, http://homepage.eircom.net/~nordav, DZ 80 €. Vom einfachen Zimmer bis zur Mehrraumsuite, teilw. mit Kochgelegenheit; Klavier in der Lounge.

B&B Westbourne (3), Western Rd., nur Juli/Aug., ℡ 023 883 4034, westbourneclon@eircom.net, Juni–Aug. DZ 90 €. „Das Anwesen umfasst die Hälfte eines Doppelhauses und liegt zentral an der Hauptstraße. Die drei

Clonakilty 353

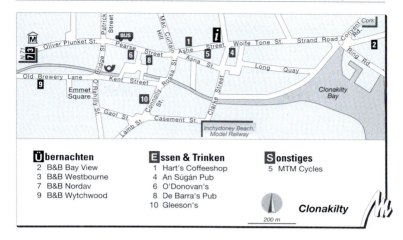

Übernachten
2 B&B Bay View
3 B&B Westbourne
7 B&B Nordav
9 B&B Wytchwood

Essen & Trinken
1 Hart's Coffeeshop
4 An Súgán Pub
6 O'Donovan's
8 De Barra's Pub
10 Gleeson's

Sonstiges
5 MTM Cycles

Clonakilty

Zimmer verfügen alle über Dusche und WC, sind freundlich eingerichtet, geräumig und sehr sauber. Wirtin Mary Peppard hat uns mit ihrer diskreten Freundlichkeit begeistert, alles im Haus strahlt die freundliche Atmosphäre der Gastgeberin aus." (Lesertipp von Unle Serlich)

Essen/Pubs

• *Essen* **Gleeson's (10),** 3 Conolly St., 023 882 1834, www.gleesons.ie. Das beste Restaurant der Stadt gibt sich äußerlich bescheiden, mit seinem dunklen Holz wirkt der Gastraum beim Eintreten fast ein wenig geheimnisvoll. Robert Gleeson legt Wert auf Zutaten aus der Region und weiß, wo die zu Confit verarbeitete Ente dereinst schwamm, welcher Bauer das Huhn mit Mais fütterte und wo die Waldpilze geerntet wurden. Empfehlung ist die Kalbsleber mit geräuchertem Gubbeen-Schinken und Kartoffel-Kohl-Püree *(colcannon)*. Hauptgericht mittags um 12 €, abends 20–30 €. So/Mo Ruhetag.

An Súgán (4), Wolfe Tone St., 023 883 3498, www.ansugan.com, Küche bis 21.30 Uhr. Die rustikal eingerichtete Taverne ist eher ein Platz zum Essen als zur Geselligkeit am Tresen. Snacks und Tellergerichte, überwiegend Meeresfrüchte. Die Küche gewann mehrmals den „national bar food award". Auch Fremdenzimmer.

Hart's Coffeeshop (1), 8 Ashe St. Hier aßen wir bei der vorletzten Irland-Recherche den besten Schokoladenkuchen. Wer's herzhafter mag, nimmt eine Suppe oder die Lachsplatte mit hausgemachtem Braunbrot. So Ruhetag.

• *Camping* **Camping/B&B Desert House,** Ring Rd., 023 883 3331, deserthouse@ eircom.net, Mai–Sept., 2 Pers. mit Zelt 20 €, Dusche extra, B&B DZ 80 €. 2 km außerhalb an der Ostseite der Bucht. Wiese bei einem Bauernhof. Ausreichende Sanitäranlagen, Kochgelegenheit.

• *Pubs* **O'Donovan's (6),** Pearse St. Das Restaurant (Hauptgericht 10 €) ist mittags ebenso der Renner wie abends die Bar. Am Wochenende wird der Platz am Kamin für die Musiker frei geräumt. Shanty und Evergreens sprechen eher die älteren Semester an.

Im Durchgang zum Parkplatz hat das Hotel mit **An Teach Beag** eine Kneipe im „Connemara-Stil" eingerichtet, eine schlichte Hütte mit weißen Wänden und einfachen Möbeln. Hier ist der richtige Ort für Traditional Music.

De Barra's (8), 55 Pearse St., www.debarra. ie. „Da gibt es Carnegie Hall, The Royal Albert, Sydney Opera House und dann ist da de Barra's", lobte kein geringerer als Christy Moore. Auch Roy Harper, Luka Bloom und viele andere Stars der Gitarre und des Folk-Rocks standen hier schon auf der Bühne.

354 Der Südwesten/County Cork

Michael Collins – der Held und die Realpolitik

Nachdem er 1921 den irisch-englischen Vertrag unterzeichnet hatte, war Michael Collins wahrscheinlich der am meisten gehasste Ire – von Republikanern wie Royalisten gleichermaßen. Fünf Jahre zuvor hatte der Osteraufstand den jungen Beamten davon überzeugt, dass nur der bewaffnete Kampf den Iren die Unabhängigkeit bringen würde. Er organisierte einen Guerillafeldzug gegen die Briten, entwischte ihnen immer wieder und trieb sie mit seinen militärischen Nadelstichen schließlich an den Verhandlungstisch. Seinen Landsleuten wurde Collins zur lebenden Legende. Als Meisterstück gilt sein heimliches Eindringen ins Dubliner Polizeipräsidium, wo er eines Nachts die geheimen Dossiers studierte, die die Briten über den irischen Widerstand angelegt hatten.

Am 6. Dezember 1921 unterschrieb Collins in London den Friedensvertrag, der den sechs mehrheitlich protestantischen Ulster-Provinzen die Möglichkeit einräumte, aus dem neuen Freistaat auszutreten, was diese natürlich prompt taten. Die vereinbarte Grenzkommission, die die Grenzen zwischen Nord und Süd neu ziehen sollte, trat nie zusammen. Collins hatte gehofft, dass das protestantische Ulster als staatliches Gebilde nicht lebensfähig sein und eines Tages in den Schoß des Freistaates zurückkehren würde. Er hatte dabei die Ressentiments der Protestanten unterschätzt, die lieber mit der ständigen Wirtschaftskrise und als Teil des Vereinigten Königreiches lebten, als sich den verhassten Republikanern anzuschließen. Michael Collins ging aber auch davon aus, den militärischen Widerstand nicht mehr länger in der bisherigen Intensität aufrechterhalten zu können, und sah auch deshalb keinen anderen Ausweg als den Kompromiss mit den Briten.

Die meisten seiner Landsleute nahmen ihm diesen Kompromiss übel und betrachteten ihn als Verräter, der Ulster ohne Zwang preisgegeben hatte. „Ich habe gerade mein Todesurteil unterzeichnet", soll Collins nach der Unterschrift des Vertrags bemerkt haben. Als er, inzwischen offizieller Kommandeur der irischen Armee, am Morgen des 22. August 1922 mit dem Wagen von Macroom in sein Heimatdorf unterwegs war, geriet das Auto in einen von den Vertragsgegnern gelegten Hinterhalt. Entweder hatte Collins die Lehren des Untergrundkampfes vergessen oder er war lebensmüde. Anstatt Gas zu geben und davonzufahren, ließ er anhalten, erwiderte das Feuer und wurde erschossen. Das Michael Collins Memorial, an der N 71 westlich von Clonakilty, erinnert an seinen Geburtsort.

Sehenswertes

West Cork Regional Museum: Hier wird viel Material zur Wirtschafts- und Sozialgeschichte der Region sowie zum Unabhängigkeitskampf und Bürgerkrieg zu Beginn unseres Jahrhunderts ausgestellt.

⊙ Mai–Sept. Mo–Sa 10.30–17.30 Uhr, So 14.30–17.30 Uhr, Nov.–April nur So 14.30–17.30 Uhr, Eintritt 3 €.

West Cork Model Railway Village: Einst dampfte die West Cork Railway von Cork über Clonakilty bis nach Bantry. Diese Lebensader des Westens, von der man unterwegs gelegentlich noch alte Brücken sieht, ist das übergreifende Thema einer

Clonakilty

Ausstellung, die stilgerecht im alten Bahnhof eingerichtet ist. Hauptsache sind aber nicht die alten Eisenbahnwaggons, sondern Modelle der Dörfer entlang der Bahn, wie sie etwa in den 40er Jahren aussahen. Vor dem Eingang startet „Tschu Tschu" zur Rundfahrt durch die Stadt oder zum Strand – statt auf Gleisen rollt diese Bimmelbahn über den Asphalt.

① Feb.–Juni, Sept./Okt. tägl. 11–17 Uhr; Juli/Aug. tägl. 10–18 Uhr, Einlass bis eine Stunde vor Schließung; Eintritt 7 €, mit Bahnfahrt 11 €. www.modelvillage.ie.

Clonakilty/Umgebung

▸ **Lisnagun Ringfort:** Bisher wurden auf Irland rund 30.000 dieser keltischen Wohnburgen entdeckt. In Lisnagun (gäl. Lios na gCon) wurde ein solches Fort am ursprünglichen Standplatz wieder errichtet, das auch dem Laien einen Eindruck vom Leben im irischen Frühmittelalter vermittelt.

① Mai–Sept. tägl. 12–16 Uhr (letzte Führung); Eintritt mit Führung 5 €. Am Ostende von Clonakilty die Timoleague Rd. nehmen, nach 2 km beschilderte Abzweigung. http://liosnagcon.com

Am alten Bahnhof von Clonakilty – die Werkstatt des Model Railway Village

▸ **Michael Collins Centre:** Tim Crowley hat auf der grünen Wiese eine Michael Collins-Gedächtnisstätte errichtet. Der Nationalheld begegnet uns im Originalton und in Bildern, der Hinterhalt, durch den er sein Leben verlor, wurde nachgestellt. Dazu gibt es einen archäologischen Lehrpfad mit Repliken von Oghamsteinen und vergleichbaren Funden sowie viele Geschichten.

Mitte Juni–bis Mitte Sept. Mo–Sa 10.30–17 Uhr; Eintritt mit Führung 5 €. www.michaelcollins centre.com. Von der Timoleague Rd. nach der Lisnagun-Abzweigung ausgeschildert.

▸ **Lisselan Gardens:** William Bence-Jones wählte sich vor 150 Jahren diesen Platz am Ufer des Argideen-Flusses für ein Schlösschen im französischen Stil und einen naturnahen Landschaftsgarten. Dieser ist inzwischen üppig gewachsen, sein Design blieb jedoch im Wesentlichen unverändert. Wir sehen Azaleen und Rhododendron, eine rosenumrankte Pergola, den Fels- und den Wassergarten, dazwischen immer wieder größere Fremdlinge wie Eukalyptus, Akazien und Robinien, die exotische Akzente setzen. Für Gartenfreude ein Muss. Für Freunde der kleinen Kugeln gibt es einen **Golfplatz**, und für die Fans alter Autos wird auf dem Anwesen gerade ein **Oldtimer-Museum** hergerichtet.

① Tägl. Juni–Aug. 8–21 Uhr, Mai und Sept. 8–20 Uhr, März/April und Okt. 8–18 Uhr, Nov.–Feb. 8–17 Uhr; Einlass bis 1 Std. vor Schließung. Eintritt 6 €. www.lisselan.com. Das Anwesen befindet sich 4 km östlich von Clonakilty an der N 71.

Dromberg Stone Circle – Kultstätte für drei Dutzend Bauern?

Von Clonakilty nach Skibbereen

Nach Clonakilty wird das Land rau und die Besiedlung dünn. Runde Hügel wachsen zu schroffen Bergen, grüne Wiesen und weiße Schafe liefern die Kulisse für romantische Sonnenuntergänge. Fuchsienhecken wuchern wild am Wegrand, viel Land liegt brach und bleibt Farnen, Erika und dem allgegenwärtigen Ginster überlassen. Außer Fischern trifft man zusehends amerikanische und europäische Städter, Wohlstandsimmigranten, die hier ein ruhiges Leben im Einklang mit der Natur suchen, Hostels, Cafés betreiben oder in Handarbeit Souvenirs herstellen. Hier, geographisch noch im Süden, beginnt der irische Westen, den zu erleben die meisten Urlauber nach Irland kommen.

▶ **Castle Salem:** An dieser Burg ist vor allem ein kleines Häuschen bemerkenswert, das irgendwann einmal mitten auf die drei Meter breite Wehrmauer gebaut wurde. Cromwell hatte Benduff – so hieß die Festung ursprünglich – einem Quäker geschenkt, der sie in „Shalom" (Friede) umbenannte, woraus sich dann Salem entwickelte. *William Penn,* der aus der Gegend stammende Gründer des amerikanischen Bundesstaates Pennsylvania und gleichfalls ein Quäker, soll hier ein und aus gegangen sein. Das Castle ist heute ein Bauernhof mit B&B-Unterkünften, die Gäste können auf Wunsch in Penns Bett nächtigen. Und wer kräftig für die Renovierung der maroden Burg spendet, bekommt die Übernachtung sogar gratis.
Anfahrt Von der N 71, 1 km westlich von Rosscarbery ausgeschildert, ✆ 023 884 8381, www.castlesalem.com, DZ 70 €, Dinner 35 €.

▶ **Dromberg Stone Circle:** Nach der Interpretation von Aubrey Burl, des „Papstes" der Steinkreisforscher, war der Dromberg Circle der religiöse und kultische Mittelpunkt einer kleinen Gruppe von vielleicht dreißig Bauern, die den auch in vielen Bildbänden abgelichteten Steinkreis etwa um 600 oder sogar erst um 150 v. Chr. errichteten. Wegen seines geringen Umfangs ist er viel anschaulicher als die meisten anderen Steinkreise, deren Struktur man nur aus der Vogelperspektive nachvollziehen kann. Die 17 Steine auf dem künstlich terrassierten Gelände bilden einen Kreis mit einem Durchmesser von 9 m. Auf der Westseite liegt ein einzelner „Altarstein", ihm gegenüber im Osten überragen zwei „Portalsteine" die übrigen Steine des Kreises. Vom „Portal" oder der Mitte aus betrachtet geht die Sonne zwischen Mitte Dezember und Mitte Januar über dem 2 m langen Altarstein unter, die Ausrichtung nach der Wintersonnenwende ist also eher vage. Unter einer Steinplatte in der Mitte des Kreises wurde ein Brandgrab gefunden, jemand hat Blumen für den oder die unbekannte Tote darauf niedergelegt, andere stiften Münzen und Kerzen. Nebenan entdeckt man die Spuren zweier Rundhütten. Ein mit Steinplatten belegter Pfad führt zu einem Fulacht Fiadh, einer Kochstelle, wo in einer mit Holz verschalten Grube Wasser mit glühenden Steinen zum Kochen gebracht werden konnte.

Anfahrt Von der N 71 in Rosscarbery Richtung Glandore, unterwegs ausgeschilderte Abzweigung. www.megalithicireland.com/Drombeg.htm.

▶ **Glandore:** Wer Zeit hat, nimmt von Clonakilty nach Skibbereen den Umweg über Glandore. Das Dorf liegt an einer windgeschützten Bucht, Segelboote schaukeln im Wasser. In ein Kloster, das sich früher dem Ideal der Armut verschrieben hatte, ist ein Nobelrestaurant eingezogen. In Glandore praktizierte der Frühsozialist *William Thompson* (1785–1833) mit einer Gruppe seine Utopie vom gemeinschaftlichen Leben – eine frühe Form der Landkommune.

Skibbereen

Zwischen Weiden und buschigen Hügeln am River Ilen gelegen, ist Skibbereen mit seinen 2500 Einwohnern, seinen Schulen und dem großen Markt das Zentrum von Westcork. „Quod petis hic est" („Was Du auch suchst, hier findest Du es"), lautet das treffende Motto im Stadtwappen.

Skibb, wie es der Volksmund abkürzt, wurde von Leuten aus Baltimore gegründet, die 1631 nach einem Überfall algerischer Piraten ins sicherere Landesinnere zogen. Aus zwei Siedlungen zusammengewachsen und deshalb sehr langgezogen, erscheint der Ort größer, als er in Wahrheit ist. Gleich hinter der Hauptstraße beginnen die Felder. Touristen und die Brüsseler Finanzspritzen für die Bauern der strukturschwachen Region haben einen bescheidenen Wohlstand gebracht, und besonders an den Markttagen (mittwochs und freitags) sind die Straßen voller Lokalkolorit. Mittelpunkt ist der **Rathausplatz** mit dem Denkmal der *Maid of Erin.* Die um 1900 von Nationalisten gestiftete Statue stand lange mitten auf der Straße und wurde wiederholt von Autos gerammt, jetzt hat man sie ein Stück versetzt. Es heißt, die Dame schaue nun deutlich entspannter. Tafeln widmen das Denkmal verschiedenen Aufständen gegen die Kolonialherren.

Über die überdimensionierte Eisenbrücke hinter dem **West Cork Hotel,** die jetzt einzig der Zufahrt zu einem Haus dient, dampfte bis 1961 die Eisenbahn nach Baltimore. Das Haus von **Roycroft's Bicycles,** schräg gegenüber dem Hotel, ist eine alte Mühle, in der vor gut 150 Jahren die erste Dampfmaschine in Skibbereen installiert wurde. Die Geschichte des Hauses ist geradezu symbolisch. Während des Großen Hungers, der die Gegend besonders hart traf, war hier die Suppenküche für die Armen (der Suppenkessel steht im Heritage Centre); später, als sich bis in die 50er Jahre des 20. Jh. der Jugend als einzige Perspektive die Auswanderung bot, beherbergte die Mühle eine Agentur der Cunard Reederei.

358 Der Südwesten/County Cork

Information/Verbindungen/Diverses

- *Information* North St., ✆ 028 21766, Juli/Aug. tägl. 9–19 Uhr, Juni, Sept. tägl. 9–18 Uhr, Okt.–Mai Mo–Fr 9.15–13, 14.15–17.30 Uhr. www.skibbereen.ie.
- *Verbindung* Vom Busstopp vor Calahane's Bar, Bridge St., nach Cork, Killarney, Schull und Baltimore.
- *Baden* Der **Tragumna Beach** (von der Castletownshend Rd. nach 3 km rechts ab) mit dunklem, feinem Sand ist bei schönem Wetter ein guter Badeplatz und auch bei Tauchern beliebt.
- *Wassersport* **Atlantic Sea Kayaking,** Glandore, ✆ 028 21058, www.atlanticsea kayaking.com. Irlands erstes und ältestes Zentrum für maritimen Kanusport bietet Ausbildung und Fahrten für Kinder und Erwachsene, für Gelegenheitskanuten und Leistungssportler.
- *Fahrradverleih* **Roycroft & Son,** Ilen St., ✆ 028 21235, Do nachm. geschlossen.

- *Kunst & Kultur* **West Cork Arts Centre,** North St., ✆ 028 22090, www.westcorkarts centre.com. Von dem vielfältigen Programm der „Volkshochschule" sind für Touristen die gelegentlichen Lesungen und Ausstellungen irischer Künstler interessant.
- **Gate Gallery,** 63 Townshend St, ✆ 028 40666, www.thegategallery.com, Mo–Sa 10–17.30 Uhr. Die 2002 gegründete Galerie bietet bekannten und unbekannten Malern und Malerinnen aus der Region ein Forum zur Präsentation ihrer Arbeiten.
- *Markt* Old Market Square. Lebensmittel Sa 10–14 Uhr, www.skibbereenmarket.com; Non-Food-Artikel Fr 12.30–14.30 Uhr.
- *Stadtführungen* Im Sommer Di und Sa 18.30 Uhr ab Heritage Centre, 5 €.
- *Whalewatching* Touren für 50 € bietet Nic Slocum mit der südwestlich von Skibb am Reen Pier (Castle Haven) stationierten **Voyager.** ✆ 086 120 0027, www.whalewatch westcork.com.

Übernachten/Essen/Pubs

Die meisten B&Bs findet man an der Straße nach Baltimore.

*** West Cork Hotel (1), Ilen St., ✆ 028 21277, www.westcorkhotel.com, DZ 90–150 €. Das beste Haus am Ort in schöner Lage am Fluss, aber einen Stern zu hoch bewertet. Zeitgemäßer Komfort, die Zimmer im Anbau etwas ruhiger als jene im Haupthaus.

B&B Bridgehouse (5), Bridge St., ✆ 028 21273, monabestbridgehouse@yahoo.com, DZ 70 €, Etagenbad. Mona Best's exzentrisch und vor allem farbenprächtig eingerichtete Fremdenzimmer waren schon Schauplatz von Werbeaufnahmen. Das originellste Quartier der Stadt ist unbedingt erlebenswert!

Hostel Russagh Mill (IHH) **(7),** Russagh, Castletownshend Rd., ✆ 028 22451, www.rus saghmillhostel.com, April–Nov., Bett 15 €, DZ 50 €. Eine umgebaute Mühle mit 60 Betten, die auch Kinder- und Jugendfreizeiten anbietet und deshalb oft mit Gruppen belegt ist – dann kann es vor den Toiletten zu Warteschlangen kommen. Mehrere Aufenthaltsräume mit vielen Pflanzen, in der Halle ist noch das alte Mahlwerk zu besehen. Mit Campingfläche, Kanu- und Fahrradverleih.

Hideaway Camping & Caravaning (8), Castletownshend Rd. (R 596), ✆ 028 22254, Ostern–Mitte Sept., 2 Pers. mit Zelt 20 €.

Der Platz liegt etwa 15 Gehminuten vom Stadtzentrum entfernt.

- *Essen* **Kalbo's (2),** 48 North St., ✆ 028 21515. Mittags Pasta, Salate, hausgemachte Burger und Sandwichs; abends üppigere Gerichte, etwa Steaks, Seafood oder Lammbraten. Innerhalb kurzer Zeit wurde das Bistro zu einem Renner in Skibbereen. Und wem's geschmeckt hat, der kauft im zugehörigen Delikatessengeschäft noch vom leckeren Hausbrot oder ein Gläschen Pesto. Lunch Mo–Sa, Dinner Fr+Sa.

Annie May's (3), Bridge St. Tagsüber günstiges Barfood, die Gäste sind weitgehend einheimische Stammkunden.

Over the Moon (4), 46 Bridge St., ✆ 028 22100, www.overthemoonskibbereen.com. Francois Conradie hat sein Küchenhandwerk in Südafrika, London und bei Jacob's in Cork gelernt. Kleine Karte mit sorgfältig zubereiteten und manchmal mutigen Kreationen (z.B. Petersfisch mit geschmortem Ochsenschwanz). Die Zutaten kommen weitgehend aus der Region. Hauptgericht mittags 10–15 €, abends um 25 €. Di ganztags, So mittags Ruhetag.

SuperValu (6), am Rathausplatz, hat im 1. Stock einen preisgünstigen Coffeeshop mit gutem Blick über die Straße.

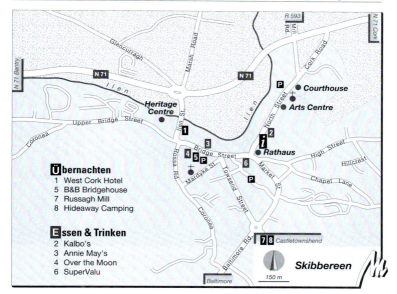

Sehenswertes

Skibbereen Heritage Centre: Den Hungerjahren widmet sich das Heimatmuseum am Platz des früheren Gaswerks. Landarbeiter Jeremy Irons, Pater Matthew und andere Betroffene schildern die dramatischen Ereignisse jener Zeit, als eine 5-köpfige Familie sich mit gerade 10 kg Kartoffeln, 1 kg Mehl und einem Kohlkopf eine ganze Woche lang ernähren musste. Zweites großes Thema des Museums ist die Natur in und um Lough Hyne – ein Film und schöne Fotos wecken Vorfreude auf einen Besuch des Sees, in einem Salzwasseraquarium tummeln sich Fische.

⏱ Juni–Mitte Sept. tägl. 10–18 Uhr, Mitte März–Mai und Mitte Sept.–Nov. Di–Sa 10–18 Uhr; Einlass bis 17.15 Uhr. Eintritt 6 €. Upper Bridge St., www.skibbheritage.com.

Liss Ard Gardens: Ausgeschilderte Rundwege führen durch das 16 ha große Gelände mit Waldlandschaft, Blumenwiesen und einem kleinen Teich. Höhepunkt ist der Irish Sky Garden mit seinem Amphitheater, in dem man nach dem anstrengenden Aufstieg auf einer Monumentaltreppe tatsächlich nichts als den irischen Himmel sieht.

⏱ Mai–Sept. Mo–Fr 10–16.30 Uhr, Eintritt gegen Spende. Castletownshend Rd. www.lissardresort.com.

Skibbereen/Umgebung

▶ **Lough Hyne:** Kern des Naturschutzgebietes, 6 km südlich von Skibbereen (ausgeschildert von der Baltimore Rd.), ist ein ungewöhnlicher Salzwassersee. Eine Schwelle, über die das Meerwasser gerade nur auf dem Höhepunkt der Flut schwappt, trennt ihn von Ozean. Der Salzgehalt in der windgeschützten, von Felsen umrahmten Bucht ist deshalb geringer. So hat sich in dem kristallklaren Wasser ein für Irland ungewöhnliches Biotop mit Seesternen, Seeigeln, Schnecken und sel-

Mittagsstunde am Marktplatz von Skibbereen

tenen Fischen entwickelt. Strandläufer huschen über die Steine, Kormorane jagen, manchmal verirrt sich gar eine Robbe in den See. Das Ostufer ist in privater Hand, auf dem Westufer verläuft jedoch ein Weg, auf dem man in einer guten Stunde nach Baltimore wandern kann. Eine andere schöne Tour (hin und zurück 2 ½ Std.) beginnt etwa dort, wo die Straße nach Baltimore den See verlässt. Ein unscheinbares Schild „Hill Top" weist den Waldpfad zu einem namenlosen Gipfel mit schöner Aussicht und üppig blühendem Heidekraut.

▶ **Castletownshend** ist nach der Familie Townshend benannt, die noch heute im Schloss am Ortsende wohnt. Das Dorf mit seinen alten Steinhäuschen entlang der steilen Dorfstraße und dem ältesten (und wohl auch engsten) Verkehrskreisel Irlands gewann schon mal den Preis als sauberster Ort des Countys Cork. Viele Bewohner sind nur am Wochenende und in den Ferien da. Viele haben unten in der Bucht eine Yacht und sind nicht die Ärmsten – da parkt vor einer renovierten Fischerkate schon mal ein Rolls-Royce. An der Dorfkirche *St. Barrahane* rühmt ein marmorner Memorial die Taten der Townshends, sodass man ins Grübeln kommt, zu wessen Lob dieses Haus eigentlich geschaffen wurde. Die anglikanische Kirche ist bekannt für die hier stattfindenden hochkarätigen Sommerkonzerte.

Ort und Schloss entstanden im 17. Jh. mit der Ansiedlung von Protestanten in West-Cork. Das alte irisch-katholische Dorf lag weiter westlich, wo man den Friedhof sowie die Ruinen der Kirche und der Burg Castlehaven findet. Hier herrschten einst die nach der Schlacht von Kinsale (1601) vertriebenen O'Driscolls. Nicht nur die Townsends, auch andere Siedlerfamilien wie die Bechers, die Coghills oder die Somervilles gewannen um Castletownshend einen Vermögen.

• *Übernachten* **The Castle,** Castletownshend, ✆ 028 36100, www.castle-townshend.com. Wohnen im Schloss der Cochrane-Townshends. Das Vergnügen, mit der Herrschaft zu frühstücken, unter großformatigen Familienporträts zu sitzen oder im Schlosspark flanieren zu dürfen ist als B&B (DZ 100–170 €) nicht so ganz billig. Als

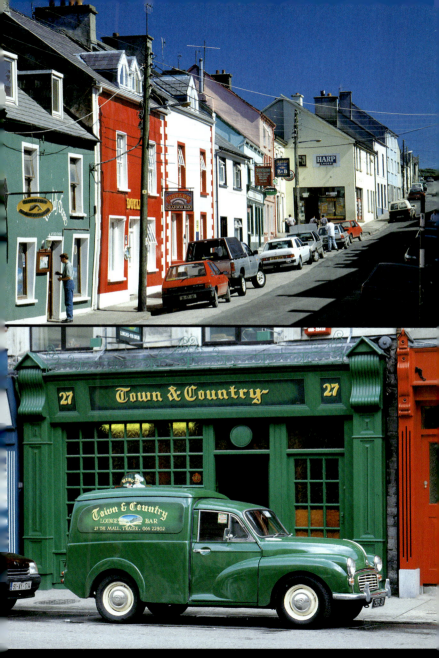

Strände (oben Barleycove, Halbinsel Mizen Head/RRR) und Hügel (unten Black Valley, Killarney/Tl.) laden zur Wanderung

Pause für die Fischer (oben in Knightstown, Valentia Island) und Urlauber (unten Cumeenoole, Slea Head, Dingle) (TL)

Baltimore 361

Schnäppchen erscheinen jedoch die beiden Ferienwohnungen im Schloss (Woche 250–440 €), hier besonders das aussichtsreiche Studio „Chavenage" im Ostturm. Auch Cottages im Dorf werden vermietet.

● *Essen* **Mary Ann's Bar & Restaurant,** ✆ 028 36146, www.westcorkweek.com/mary anns. In Radio und Fernsehen gefeatured, in Gourmet- und Lifestylemagazinen gefeiert und in namhaften Reiseführern erwähnt – was bleibt da noch zu sagen? Im Restaurant (oben) oder auf der Terrasse, die bei schlechtem Wetter eingehaust werden

kann, ist zu Essenszeiten ohne Reservierung kaum ein Tisch zu bekommen. Bleibt ein Bier am Tresen der Bar, die seit dem Gründungsjahr 1848 kaum verändert scheint. Bar tägl. ab 11 Uhr, warme Küche 12–14.30 und 18–21 Uhr. Für ein Abendessen mit Fisch oder anderen Meerestieren rechne man 40–50 €.

● *Pubs* **Collins Bar** und das gegenüberliegende **McCarthy's** sind gute Adressen für traditionelle Musik.

● *Whalewatching* Touren für 40–50 € bietet Colin Barnes mit der **„Holly-Jo".** ✆ 086 327 3226, www.whales-dolphins-ireland.com.

Somerville & Ross

Berühmteste Tochter des Dorfes ist die Schriftstellerin **Edith Œnone Somerville** (1858–1949), die zugleich begeisterte Jägerin und Frauenrechtlerin war – als erste Frau führte sie 1903 die Fuchsjagd in West Cork an. 1866 lernte Edith ihre Cousine **Violet Martin** (1862–1915) aus Moycullen (Co. Galway) kennen. Die beiden exzentrischen Gutsherrntöchter freundeten sich an und publizierten gemeinsam unter dem Doppelnamen Somerville & Ross (Ross Castle war der Stammsitz der Martins) einige Bücher, wobei Edith auch die Illustrationen beisteuerte. *The Real Charlotte* gilt manchen als gelungenster Roman des 19. Jhs.; *Some Experiences of an Irish R.M.* über die Eskapaden eines englischen Richters im für ihn völlig unverständlichen Irland ist sicher einer der witzigsten. Die beiden Freundinnen liegen auf dem protestantischen Friedhof bestattet.

Baltimore

Das Fischer- und Feriendorf um das Dun na Sead Castle ist der Hafen für die Inseln in der Roaringwater Bay. An einem quirligen Sommerwochenende mag man nicht glauben, dass Baltimore gerade mal 400 ständige Einwohner hat.

Immer im Juni kommt in Baltimore der Clan der *O'Driscolls* zusammen, deren Vorfahren als Seeräuber ein Vermögen machten, indem sie die Küsten und spanische Amerikasegler plagten. Auch später schöpfte der Ort seinen Reichtum aus dem Meer. Bis zum 1. Weltkrieg gingen täglich mehrere Güterzüge voll mit Fischen und Meeresfrüchten nach Cork, bis in unsere Tage haben sich drei Bootswerften gehalten. Mit der Zucht von Muscheln und besonders Austern haben die Fischer, denen immer weniger in die Netze geht, ein neues Zubrot gefunden. Doch noch immer hat Baltimore den größten Fischumsatz in West Cork. Im Sommer beleben den Hafen Freizeitsegler, für die durch einen millionenschweren Umbau zusätzliche Liegeplätze entstanden. Viele sind auf der Durchreise zu den Inseln, andere bleiben ein paar Tage und genießen die beschauliche Stimmung vom „Weltende" hier am Übergang zwischen Land und Wasser. Die Anzahl der Häuser des Dorfs dürfte sich in den letzten drei Jahren verdoppelt haben. Betuchte Dubliner und v. a. Ausländer kaufen Ferienwohnungen, die sie dann nur wenige Wochen im Jahr bewohnen.

Der Südwesten
Karte S. 328/329

362 Der Südwesten/County Cork

Information/Verbindungen/Veranstaltungen

- *Information* www.baltimore-ireland.com.
- *Verbindung* 3- bis 4-mal/Tag kommt und fährt Bus 251 von und nach Skibbereen. **Fähren** nach Clear Island 4- bis 6-mal/Tag mit der *Naomh Ciarán II.* (Auskunft ✆ 028 39153, http://capeclearferry.com) und der *Cailín Óir* (✆ 028 41923, www.cailinoir.com); mehrmals täglich nach Sherkin Island, ✆ 028 20125, www.sherkinisland.eu/ferry/; in der Saison auch nach Heir Island und Schull. Dazu im Sommer tägl. 11.30 Uhr **Ausflugsfahrten** (22 €) nach Clear Island und zum Fasnet Rock mit der *Spirit of the Isles*, ✆ 087 2680760; oder um 14.30 Uhr Rundfahrt durch die Bucht mit *Mystic Waters*, www.westcorkcoastalcruises.com.

- *Veranstaltungen* McCarthy's **Baltimore Fiddle Fair**, Mitte Mai, www.fiddlefair.com. In den Lokalen der Stadt gibt's Konzerte, Sessions, Workshops und Meisterklassen rund um die Fidel als Instrument der Volksmusik.
Wooden Boat Festival, Ende Mai, www.baltimorewoodenboatfestival.com. Bis in den 1960er Jahren die Motorboote aufkamen, sah man vor der Südwestküste noch die *Yawls*, elegante 1½-Master (so genannt, weil der hintere Mast gerade mal halb so weit aufragt wie der Großmast), mit denen die Fischer auf Makrelenfang gingen. Buchstäblich in letzter Minute retteten Enthusiasten diesen Bootstyp vor dem Vergessen und zimmerten, nun als Sport- und Freizeitboote, auf Hegarty's Werft wieder vier dieser Yawls, die alle den Makrelensegler „Shamrock" zum Vorbild haben. Diese und andere traditionelle Holzboote treffen sich Ende Mai in Baltimore zur Regatta, die zu Lande von Ausstellungen und einem Bootsbauwettbewerb begleitet wird.
Seafood Festival, zeitgleich und ebenfalls Ende Mai, das große Fressen von Fisch und Meeresfrüchten, begleitet von Musik, Tanz und Fröhlichkeit.

Übernachten

Casey's of Baltimore, Skibbereen Rd., ✆ 028 20197, www.caseysofbaltimore.com, DZ 90–180 €. Ein kleines Hotel am Ortseingang mit gerade 14 Zimmern und herrlichem Meeres- und Himmelsblick. Aufmerksamer Service. Zum Haus gehören ein Restaurant und ein rustikaler Pub mit Rauchergarten.
Baltimore Bay Guesthouse, ✆ 028 20600, www.youenjacob.com, DZ 80–120 €. Ein Neubau gleich am Hafen. Die acht Fremdenzimmer über dem Restaurant „Jolie Brise" sind mit dunklen Möbeln, darunter einzelne Antiquitäten, klassisch-vornehm eingerichtet. Jedes Zimmer hat eine eigene Lounge mit Esstisch, Sofagruppe und TV, einige haben auch Blick auf den Hafen.
The Slipway, The Cove, ✆ 028 20134, www.theslipway.com, April–Okt., DZ 80 €, Ferienwohnung 370–680 €/Woche. „Das beste B&B, das wir erlebt haben ... Geführt von einem netten Ehepaar und mit riesigem Garten. Wir hatten ein Zimmer unter dem

Holy Hour in Baltimore

Baltimore

Sonnenhungrige und Raucher beim Small Talk

Dach, liebevoll eingerichtet mit kleiner Toilette und Dusche, Blick auf den Hafen. Am Morgen gab es sogar Gouda!" (Lesertipp von Verena Eickholt).
Hostel Top of the Hill, ✆ 028 20094, www.topofthehillhostel.ie, Bett 15 €, DZ ohne Frühstück 45 €. Neues Hostel am höchsten Punkt der Dorfstraße; klein, aber nett. Zwei Schlafsäle mit 8 bzw. 6 Betten, weitere 11 Betten in kleineren Räumen. Bei voller Belegung Schlangen vor den beiden Bädern.

*E*ssen/*P*ub

Chez Youen, ✆ 028 20136, www.youenjacob.com, Juni–Sept. Di–Sa ab 18.30 Uhr, Okt.–Mai nur Fr+Sa, Menü 30/40/50 €. Im örtlichen Nobellokal schaffen Klinkerboden, Kunst an den Wänden und ein offener Kamin ein Ambiente schlichter Eleganz. Die französisch inspirierte Küche konzentriert sich auf Meeresfrüchte, meisterlich sind die verschiedenen Saucen.
Custom House, ✆ 028 20200, www.thecustomhouse.com; Juli/Aug. tägl. ab 18 Uhr; Ostern–Juni und Sept. wechselnde Öffnungstage, Winter geschl. Das äußerlich unauffällige Lokal wurde für seine hervorragende Küche mehrfach ausgezeichnet. Zur Auswahl stehen zwei Menüfolgen (35/45 €) mit Seafood, aber auch mit Fleisch- und vegetarischen Optionen. Bis hin zum Brot wird alles im Haus zubereitet.
Bushe's Bar, ✆ 028 20125, www.bushesbar.com, Mo–Sa ab 10 Uhr, So ab 12 Uhr. Zwischen all den verblichenen Seekarten, Schiffsglocken, Laternen, Kompassen, Tauen und anderen maritimen Devotionalien fühlen sich Fischer und Freizeitsegler wie zu Hause. Mittags Suppe und Sandwichs mit hausgemachtem Brot, abends v. a. Alkohol in verschiedenen Zubereitungen. Gleich über der Bar werden drei Fremdenzimmer vermietet, DZ ohne Frühstück 65 €.

*S*port

• *Hochseeangeln* Dieses Vergnügen ist hier preisgünstiger als in Kinsale und hat noch nicht den Charakter einer touristischen Massenveranstaltung. Vielmehr bedeutet es für einen Fischer Abwechslung vom Alltag. Fragen Sie im **Algiers Inn** oder bei **Nick Dent,** ✆ 086 824 0642, www.wreckfish.com, nach einer Gelegenheit.

Der Südwesten
Karte S. 328/329

364 Der Südwesten/County Cork

- *Segeln* **Baltimore Sailing School,** ☎ 028 20141, www.baltimoresailingschool.com, bietet Segelkurse für Anfänger und Fortgeschrittene. Für 5 Tage zahlt man rund 350 €.
- *Tauchen* Mit dem warmen Golfstrom hat das Meer im irischen Südwesten ein für den Atlantik sehr abwechslungsreiches Unterwasserleben. Das **Baltimore Diving Centre** am Ortsausgang, ☎ 028 20300, www.baltimorediving.com, führt in diese Welt der Kliffs, Höhlen und versunkenen Schiffe hinunter. Vor Baltimore liegt die Kowloon Bridge, der größte je in irischen Gewässern gesunkene Frachter, auch Wracks der spanischen Armada warten auf Entdeckung. Anfängerkurse bis zum ersten PADI-Zertifikat (Kurs ca. 500 €), Exkursionen für erfahrene Taucher, Ausrüstungsverleih, eigene und sehr günstige Ferienappartements, die außerhalb der Spitzensaison auch an Nichttaucher vermietet werden.

Die Rache des Piratenclans

Der Familienname O'Driscoll ist in Baltimore so häufig wie in Deutschland „Müller" oder „Schmidt". Auch wenn alle ihre neun Burgen in Schutt und Asche gelegt wurden, besitzen sie bis heute einen Großteil des Landes um Baltimore und auf den Inseln in der Bucht. Die vor allem durch ihre literarische Verarbeitung bekannt gewordene Version des Überfalls algerischer Piraten und der Entführung einer Tochter der O'Driscolls im Jahr 1631 hat mit den wirklichen Begebenheiten nur so viel gemein, dass es einen solchen Überfall tatsächlich gab, bei dem zwei Menschen getötet und 111 entführt wurden. Der irische Piratenclan war allerdings nicht Opfer, sondern wahrscheinlich Anstifter der Tat. Nach der Schlacht von Kinsale hatte man ihnen das Land genommen und an englische Siedler übergeben, und ein Teil der Familie emigrierte nach Spanien. Opfer der Sarazenen, die sich von einem Fischer aus Waterford nach Baltimore lotsen ließen, waren ausschließlich die englischen Siedler. Man nimmt an, dass die Plünderer in Spanien einen guten Tipp bekamen.

Sehenswertes

Castle Dun na Sead: Die zur Ruine verkommene Burg über dem Hafen wurde von Privatleuten in den letzten Jahren wieder aufgebaut. Schlossherr und -dame, die im Schloss leben, erlauben die Besichtigung ihrer von einem Papagei bewachten Gemächer. Wohnen im Museum oder die Wohnung als Museum? Für mich wäre das nichts ... Vom Wehrgang hat man einen schönen Blick über Hafen und Dorf.
⏱ Im Sommer gewöhnlich nachmittags geöffnet. Eintritt 4 €.

Glebe Gardens: Mit dem Pflanzen von Hecken als Windschutz begannen Jean und Peter Perry 1989 ihr Projekt *Glebe Gardens*. Dieses umfasst heute Kräuter- und Blumenbeete, einige Obstbäume und Folientunnel, in denen die erstaunliche Anzahl von 25 verschiedenen Tomatensorten reift. Alle Pflanzen gedeihen ohne Pestizide und chemischen Dünger, die Glebe Gardens sind auch ein Experimentierfeld in Sachen natürlicher Pflanzenschutz. Blumen und Früchte werden auf den Märkten der Region verkauft. Am Ende einer Wiese legten die Perrys mit dem *Amphitheatre* einen kleinen Festplatz an, auf dem gelegentlich Musiker und Mimen vor zahlendem Publikum auftreten, außerdem gibt es noch einen Tearoom mit Snacks und Erfrischungen.
⏱ Juni–Aug. Mi–So 10–18 Uhr, Mai und Sept. Fr–So 10–18 Uhr; Eintritt 5 €. Skibbereen Rd., gleich am Ortsschild „Baltimore" neben der Straße. www.glebegardens.com.

Wilder als wild – Roaringwater Bay

Baltimore/Umgebung

▶ **Wandern:** Erstes Ziel für einen Spaziergang ist der **Beacon,** ein kurioses, zigarrenförmiges Seezeichen auf der Klippe am Eingang zur Bucht. Man folgt links vom Hafen der Straße an „Youens Restaurant" und der Kirche vorbei, in der nächsten Bucht weist ein Schild den Fahrweg landeinwärts. Vom Parkplatz am Ende des Weges führt ein Trampelpfad steil den Hügel hinauf. Wenn der Wind nicht allzu stark pfeift und es einige Tage nicht geregnet hat, ist die Wiese um den Beacon auch ein schöner Picknickplatz. An Gehzeit muss man für den Hin- und Rückweg mit einer Stunde rechnen.

Gleich mehrere Wege führen zum etwa eine Stunde entfernten **Lough Hyne.** Der kürzeste zweigt *nach* der scharfen Linkskurve 10 Min. hinter dem Ortsende rechts von der Skibbereen Road ab. Alternativ kann man noch einen Umweg über den vom **Spanish Tower** gekrönten Hügel nehmen. Dazu schlägt man unmittelbar *in* besagter Kurve den Weg nach rechts ein und erklimmt dann linker Hand den Hügel. Vom Turm hält man sich westlich, ohne ganz zum Klippenrand abzusteigen, und trifft dann auf einen wieder landeinwärts führenden Feldweg zum See.

▶ **Roaringwater Bay:** Es gibt kaum einen Platz an der Südküste, an dem das Meer wilder wäre als hier, und manches Schiff liegt auf dem Grund der Bucht begraben. Die Bay und ihre Inseln und Inselchen im Nordwesten von Baltimore waren das Schlupfloch der erwähnten O'Driscoll-Korsaren. Die wohl 250 Menschen, die heute noch auf den Inseln ausharren, leben vom Fremdenverkehr, von ein wenig Landwirtschaft sowie vom Gartenbau für den Eigenbedarf. Sherkin, Clear und

366 Der Südwesten/County Cork

Heir Island sind Gaeltacht-Gebiet, die Bewohner werden von Dublin für die Unbilden des Insellebens finanziell belohnt. Die meisten Eilande sind heute jedoch unbewohnt. Man wundert sich, dass noch kein Pauschalveranstalter hier eine Robinsonade anbietet.

▶ **Heir Island** als kleinste der ständig bewohnten Inseln in der Bucht ist mit 150 ha Oberfläche immerhin dreimal so groß wie die Bodensee-Blumeninsel Mainau. Früher war Heir für seine reichen Hummervorkommen bekannt, heute lockt ein Gourmet-Restaurant gut betuchte Ausflügler. Es gibt einen Laden samt Poststelle, ein Modellschreiner sägt und schnitzt Segelschiffe nach alten Vorbildern – für schlappe 500 € können Sie einen detailgetreuen Galway Hooker erstehen.

• *Verbindung* Danny O'Driscoll, ✆ 086 888 7799, und Richard Pyburn, ✆ 086 809 2447, setzen von **Cunnamore** (von der Baltimore–Skibbereen Rd. am Church Cross ausgeschildert) aus auf die Insel über. Fahrplan unter http://heirislandwestcork.com. Restaurantgäste (siehe unten) werden um 19.55 Uhr am Kai erwartet und kommen gegen Mitternacht wieder zurück.

• *Übernachten* **Heir Island Sailing School,** Patricia Moore, ✆ 028 38511, www.heir islandsailingschool.com, DZ 70 €, Dinner 20 €/Person. Ein neues Haus mit Zentralheizung und herrlichem Seeblick, keine 50 m vom Strand gelegen.

• *Essen* **Heir Island Restaurant,** Island Cottage, ✆ 028 38102, www.islandcottage.com, 15.5.–15.9. Mi–So abends nach Voranmeldung, Menü 45 €. Gelegenheitskundschaft hat hier keine Chance. Wer bei John Desmond und Ellmary Fenton speisen will, muss sich telefonisch anmelden (bei weniger als 8 Gästen wird nicht gekocht). Auch das Essen ist ungewöhnlich. Nach Lust und Laune kocht John zwar jeden Tag ein anderes, aber eben nur ein Menü, das er immerhin bereits am Telefon mitteilt. Ein echtes Abenteuer. Im Winter kochen John und Ellmary nach Vereinbarung auch bei ihren Gästen zu Hause.

▶ **Sherkin Island:** Von Baltimore dauert die Überfahrt auf die dem Festland nächstgelegene Insel gerade 10 Min. Trotzdem wird Sherkin Island seltener besucht als die benachbarte Clear Island. Dabei sind die Strände, in geschützten Buchten auf der dem Pier gegenüberliegenden Seite, trotz des sonst wilden Meeres ruhig und selbst für Kinder zum Baden geeignet. Man trifft auf der zerschrammten, mit Heidekraut oder Rhododendron bewachsenen Felsnase gelegentlich irische Künstler und andere Intellektuelle, die sich für eine Weile in die Einsamkeit zurückziehen – während der Winterstürme sind sie oft tagelang vom Festland abgeschnitten. Abtei und Burg, früher die gesellschaftlichen Mittelpunkte der Insel, wurden 1537 von Soldaten aus Waterford zerstört, die sich damit für einen Überfall der O'Driscolls rächten. Treffpunkte unserer Tage sind die Post und natürlich die zwei Pubs; ohne Polizei auch keine Sperrstunde, manchmal halten es die Zecher bis zum Morgengrauen aus, ohne umzufallen oder nicht mehr lallen zu können. Da Sherkin bis heute seine eigene Schule hat, können auch junge Familien noch auf der Insel leben.

• *Information* www.sherkinisland.eu.

• *Verbindung* Juni–Sept. von 10.30–20.30 Uhr etwa alle 2 Std. eine **Fähre** (5 € pro Person) von Baltimore; Okt.–Mai tägl. 2–3 Überfahrten, Auskunft ✆ 028 20218. Fahrrad kann mitgenommen werden, aber die Schuhe tun's auch, denn Sherkin ist gerade 25 km² klein. Weitere Überfahrten von Schull mit Kieran Molloy, ✆ 086 237 9302.

• *Fahrradverleih* **Islanders Rest.**

• *Übernachten* **Islanders Rest**(aurant), ✆ 028 20116, www.islandersrest.ie, DZ 100–

140 €. 21 relativ neuen und gut eingerichteten Zimmer, auf der Insel derzeit ohne Konkurrenz.

• *Essen* **Islanders Rest,** Di Ruhetag. Im **Jolly Roger Pub & Restaurant** (✆ 028 20379, www.emara.com/jolly) kocht *Jean-Paul Milot* französische Küche. Im Sommer gibt's immer Do abends auch gälische Folkmusic.

Selbstversorger können bei Maureen O'Neill im **Abbey Stores Shop** einkaufen, der zugleich Postamt ist.

Clear Island

(gäl. Cléire)

Die in der Mitte wie zu einer Wespentaille geschnürte Insel hat jede Menge Blumenwiesen und Vögel, aber keine Badestrände.

Clear ist noch etwas kleiner als Sherkin, nämlich gerade 5 km lang und höchstens 2,5 km breit. Südlichster Punkt Irlands ist der draußen im Meer liegende *Fastnet Rock*, für Clear Island bleibt als Werbeargument nur das südlichste Haus. An Seevögeln brüten Trottellummen *(Uria aalge)*, schwarze Vögel mit weißer Brust, deren Eier auf einer Seite etwas abgeplattet sind, damit sie nicht so leicht von den Felsen kullern. Jeden Morgen und Abend kommen an der Südspitze Schwärme dicht über der Wasserfläche fliegender Sturmtaucher vorbei, auch beim spätsommerlichen Vogelzug ist einiges los. Das **Observatorium** am Hafen beinhaltet auch eine kleine Bibliothek zur Vogel- und Naturkunde. Bester Beobachtungsplatz ist das Kap Blanarragaun an der Südwestspitze von Clear.

Für regnerische Nachmittage gibt es ein **Heritage Centre** (Sommer tägl. 12–13.30/14.30–17 Uhr), in dem Strandgut von der Lusitania-Katastrophe gezeigt und die Geschichte der Insel erzählt wird. Hobbyarchäologen finden Dolmen, Hinkelsteine und Autowracks, verrottende Windräder und einen vor langer Zeit ausgebrannten Signalturm – jede Epoche hat ihre eigenen Hinterlassenschaften. Viele Häuser stehen leer und sind Wind und Wetter überlassen. Von über 1000 Menschen vor der Hungersnot, die sich alle als Selbstversorger ernährten, ist die Bevölkerung auf etwa 140 geschrumpft. Die vielen Steinmäuerchen lassen noch ahnen, wie intensiv die Insel einst landwirtschaftlich genutzt wurde. Doch immerhin: Es gibt eine Grundschule und gelegentlichen Autoverkehr, bei dem TÜV-Prüfers Alpträume über Hügel und Feldwege röhren.

Heute lebt die Insel weitgehend vom Fremdenverkehr und erlebt als Gaeltacht in der Ferienzeit eine kleine Invasion irischer Sprachschüler. Dank der Bemühungen eines regen Bürgervereins (mit dem unaussprechlichen Namen *Comharchumann Chléire Teo)* gibt es regelmäßige Schiffsverbindungen auf die Hauptinsel, außerdem wird den Besuchern neben Natur und Archäologie auch ein Kulturprogramm geboten, dessen Höhepunkt das sommerliche „Festival der Geschichtenerzähler" ist. Als erfolgreiches Projekt des Vereins versorgt eine Regenwurmzucht die irischen Angler mit Ködern.

Tierisch geht es auch auf der **Ziegenfarm** Ed Harper zu. Seine rassigen Tiere, allesamt mit Stammbaum, schauen eher gelangweilt zu den Touristen auf – zu oft wurden sie schon besichtigt. der blinde Ed gilt als führende Autorität in punkto Ziegenzucht und veranstaltet Seminare für Profis und Laien, die schon immer mal einen besonderen Rasenmäher haben wollten. Auch seine Eiscrem ist einen Versuch wert.

● *Information* Am Pier, ✆ 028 39110, Juli/Aug. tägl. 16–18 Uhr. Für 3 € ist ein Wanderführer mit guter Inselkarte erhältlich; falls geschlossen, im Coffeeshop fragen. www. oilean-chleire.ie.

● *Verbindungen* Von **Baltimore** tägl. 4- bis 6-mal/Tag mit der *Naomh Ciarán II.* (Auskunft ✆ 028 39153, http://capeclearferry. com) und der *Cailín Óir* (✆ 028 41923, www.

cailinoir.com). Von **Schull** Juni–Sept. tägl. 1–3 Überfahrten; Auskunft ✆ 028 28278, www.capeclearferries.com. Am Hafen warten bei Schiffankunft **Inselbus** und **Taxi**. Während der Winterstürme, gewöhnlich im Dezember und Januar, kann die Insel bis zu 5 Tagen von der Außenwelt abgeschnitten sein.

Der Südwesten Karte S. 328/329

368 Der Südwesten/County Cork

- *Fest* Das **Storytelling Festival** (Anfang Sept., Eintritt 65 €, www.capeclearstorytelling.com) versammelt Geschichtenerzähler und Barden aus dem gälischen und englischen Sprachraum. Wie anno dazumal tragen sie den in kleinen Gruppen in Privathäusern zusammengekommenen Gästen ihre Geschichten vor. Zum Begleitprogramm gehören archäologische und vogelkundliche Führungen. Wer auf den Geschmack gekommen ist, kann sich im Herbst beim Storytelling Workshop einschlägig weiterbilden.
- *Lesen* Weltbürger **Chuck Kruger,** in Amerika geboren, zeitweise in der Schweiz lebend und nun auf Clear Island, hat den Charme der Insel in seinem Buch „Cape Clear – Island Magic" festgehalten. Vom gleichen Autor stammt der Krimi „The Man who talks to himself" um den schillernden Rohstoffhändler Marc Rich.
- *Übernachten* **B&B Ard na Goithe,** ℘ 028 39160, DZ 70 €. Die gastfreundliche, stets lächelnde Eileen Leonard holt ihre Gäste vom Hafen ab.
Cluain Mara (Ciarán O'Driscoll), North Harbour, ℘ 028 39153, www.capeclearisland.com, DZ 70 €. Auf der Anhöhe über dem Hafen. Auch Cottages und frisches, selbst gebackenes Brot.
Clear Island JH, South Harbour, ℘ 028 29198, www.capeclearhostel.com , Bett 14–

17 €, im Winter Voranmeldung erforderlich. Schön am Wasser gelegen. Mit viel Enthusiasmus haben die aus dem britischen Bristol stammenden Herbergseltern Richard und Janet Fenlon begonnen, die lange vernachlässigte Herberge aufzumöbeln – keine einfache Aufgabe bei diesem jahrhundertealten Gebäude, in dem einst die Küstenwache nach Schmugglern Ausschau hielt.

Noch billiger ist mit 8 € der **Campingplatz,** ℘ 028 39119. „Die Sanitärgebäude sind nicht besonders sauber, und der Platzwart ‚Karl' nimmt es zwar nur mit der Bezahlung sehr genau, nicht aber mit dem Putzen. Der Platz liegt sehr schön auf der Südseite der Insel in einer Bucht direkt am Meer." (Lesertipp von Ann-Katrin Fuierer) Bleibt zu ergänzen, dass man nach Absprache mit den Grundbesitzern auf der Insel auch sonstwo und umsonst zelten kann.

- *Essen* **Ciaran Danny Mike's** Bar mit Restaurant serviert das ganz Jahr über am South Harbour warmes Essen. Auch bei **Cotter's,** North Harbour, ist Barfood erhältlich.
Mit **An Siopa Beag** gibt es am North Harbour einen Coffeeshop samt Laden. Dort steht im Hochsommer auch ein **Fish'n-Chips-Wagen. Käse** und gewöhnungsbedürftige **Eiscreme** bekommt man auf Ed Harper's Ziegenfarm.

Halbinsel Mizen Head

Mit ihrer von kleinen Mooren durchsetzten Heidelandschaft ist die Mizen-Halbinsel landschaftlich nicht ganz so spektakulär wie die Landzunge von Beara oder gar der Ring of Kerry, dafür ist sie aber auch in der Hochsaison nicht überlaufen.

Je weiter man nach Westen kommt, desto hügeliger wird das Land, bis der nackte Kalkstein zutage tritt – am Mizen Head, dem Kap im Südwesten, stürzt es in einer spektakulären Steilklippe ins Meer. Dennoch bleiben die Geländeformationen runder und anmutiger als beispielsweise auf Beara. Barleycove ist der mit Abstand schönste Strand im County, und meist bleibt zwischen Hügeln und Meer noch Platz für eine Küstenebene.

▶ **Ballydehob,** etwas abseits der Küste, ist ein Zentrum der Blow Ins und ihres Kunsthandwerks. Die Zuwanderer und ihre Vorliebe für bunt gestrichene Häuser brachten Ballydehob in den 70ern den Ruf einer „Hippiekolonie", doch davon ist heute nichts mehr zu spüren. Wahrzeichen des Dorfes ist der Viadukt der Eisenbahn, die einst die Sommerurlauber nach Bantry brachte. Von oben bietet sich ein schöner Blick über die Bucht.

Halbinsel Mizen Head

▸ Der Marktflecken **Schull** ist der Hauptort der Halbinsel. Ein deutscher Industrieller stiftete hier 1988 das bislang einzige **Planetarium** der Republik. Von Schulls Hausberg **Mount Gabriel** (407 m) horcht eine Radarstation übers Meer und in die Luft. Die IRA erhob dereinst den Vorwurf, die aufgefangenen Signale würden entgegen der irischen Neutralität an die NATO übermittelt und griff die Anlage prompt einmal an. Am Fuß des Berges wurde während der Bronzezeit Kupfer geschürft.

◉ **Planetarium,** Shows: Juni Mo+Sa 20 Uhr; Juli/Aug. Mo+Sa 20 Uhr, Mi+Fr 16 Uhr; Sept. So 17.30 Uhr. Eintritt 5 €. Community College, Colla Rd. www.schullcommunitycollege.com.

▸ **Crookhaven,** ein Straßendorf mit gerade zwei Häuserzeilen, ist jenseits einer blaugrüne Lagune auf einer Nehrung platziert. Im Winter leben hier noch ein Dutzend Familien, die ihr Geld mit Fischen und Viehzucht verdienen. Der Fang, die Ernte, die Touristen – alles hängt vom Wetter ab. „Wir sind Überlebenskünstler", meint Claire Barrett vom Marconi House. Über eine Antenne in ihrem Garten stellte Guglielmo Marconi, der Erfinder der drahtlosen Telegrafie und des Funks, die ersten Funkverbindungen über den Atlantik her. Das verschlafene Dorf erlebte die Jahre der Segelschifffahrt als florierender Hafen. Hier im äußersten Südwesten Irlands wurde die Post nach Amerika auf die Schiffe geladen, Hochseefischer fassten Proviant und Trinkwasser.

▸ In **Barleycove** drängen sich in der Ferienzeit die Massen in einer kleinen Bucht mit Campingplatz, sodass die eigentliche Barleycove, eine Halbinsel mit Dünen und Sandufer, weitgehend den Kühen gehört, die sich im Sand aalen und wiederkäuen. Schwäne paradieren am geschützten Ende der Bucht, sie erscheinen im irischen Licht weißer als sonst und kommen auch mit Salzwasser offensichtlich gut zurecht. Zwei Männer – oder doch Kinder? – lassen Drachen steigen.

Wasser-Land(schaft) bei Schull

Der Südwesten/County Cork

Abgründe am Mizen Head

Information/Verbindungen/Diverses

- *Information* www.schull.ie.
- *Verbindung* **Bus** von Cork 2- bis 3-mal tägl. über Clonakilty und Ballydehob nach Schull. Dort ist die Haltestelle vor Griffin's Bar in der Main St.; 2 Busse fahren noch weiter bis Goleen. Auf Handzeichen Halt auch außerhalb der Dörfer. Vom Hafen Schull Juni–Sept. **Personenfähren** nach Baltimore und Clear Island (Kieran Molloy, ✆ 028 28138, www.capeclearferries.com). Die Schiffe fahren bis 3-mal täglich und nehmen auch Fahrräder mit. Schließlich gibt's alle paar Tage einen Kutter nach Long Island, einem von wenigen Fischern bewohnten Inselchen vor der Küste.
- *Ausflugsfahrten* Mit dem Boot zum **Fastnet Rock**, Juli/Aug. jeden Mittwoch 19 Uhr, ✆ 028 28138.
- *Reiten* **Ballycumisk Riding School**, Derry Colins, ✆ 028 37246.
- *Tauchen* **Divecology**, Cooradarrigan, Schull, ✆ 028 28943, www.divecology.com.
- *Wassersport* **Watersport Centre**, Schull, am Hafen, ✆ 028 28554, www.schullwatersports.com; vermietet Segelboote und Surfbretter samt Ausrüstung.

Übernachten/Camping

In der ersten Augustwoche, wenn vor der Halbinsel die Segelwettbewerbe der Calves Week abgehalten werden, ist ohne Reservierung kein Zimmer zu bekommen.

- *In Ballydehob* **B&B Lynwood**, Mrs. Ann Vaughan, Schull Rd., März–Okt., ✆ 028 37124, lynwoodbb@hotmail.com, DZ 70 €. Ein einladendes Haus, die Zimmer mit Heißwassergerät für Tee und Kaffee. Im gepflegten Garten gibt es ein Planschbecken für Kleinkinder.
- *In Schull* **Grove House**, Colla Rd., ✆ 028 28067, www.grovehouseschull.com, März–Okt. DZ 100–120€. Ein staatliches, älteres Landhaus mit Parkettböden, kräftigen Farben und gediegener Einrichtung. Schon G.B. Shaw bettete hier sein kreatives Haupt. Ob das den Preis wert ist?
Stanley House, ✆ 028 28425, www.stanleyhouse.net, DZ 70 €. Ein stattlicher Bungalow auf einer Anhöhe etwa 1 km außerhalb des Orts. Die Einrichtung klassisch-gedie-

Halbinsel Mizen Head 371

gen mit dunklem Holz, weißen Tischdecken, Kamin und Kronleuchtern. Wintergarten mit Panoramablick. Die Anfahrt ist ab der zerfallenen Kapelle an der Colla Rd. ausgeschildert.

O'Keeffe's Cottages, 48 Main St., ✆ 028 28122. Wer sich erst kurzfristig entscheidet, ein Ferienhaus mit Selbstverpflegung zu buchen, fragt bei O'Keeffe nach. Die Firma verwaltet die Häuschen über dem Colla Pier, deren Preis für 4 Pers. je nach Saison zwischen 350 und 850 € pro Woche schwankt.

● *Westlich von Schull* ** **Barleycove Beach Hotel,** ✆ 028 35234, www.barleycovebeach hotel.com, DZ 130–170 €, Apartments ohne Frühstück pro Woche 275 € (Winter) bis 850 € (Aug.). Das Apartmenthotel mit modernen Reihenbungalows in bester Lage über dem Traumstrand, wird vor allem von britischen Urlaubern geschätzt.

B&B Galley Cove House, Crookhaven, ✆ 028 35137, www.galleycovehouse.com,

DZ 95 €. Das neuere Haus liegt an der Hauptstraße etwa 500 m außerhalb von Crookhaven. Von allen Zimmern tolle Seesicht – wenn das Panorama im Nachtdunkel abgetaucht ist, kann man sich beim TV-Sehen vergnügen.

B&B/Restaurant Heron's Cove, Goleen, ✆ 028 35225, www.heronscove.com, DZ 70–110 €, Restaurant Nov.–März geschl., Übernachtung dann nur nach Voranmeldung. 300 m vom Ortszentrum an einer Bucht. Zusätzlich zur Zentralheizung sind die Betten mit Heizdecken ausgerüstet. An Aktivitäten wird unter anderem empfohlen: „Watching the tide come and go".

● *Camping* **Camping Dunbeacon,** Durrus, Goleen Rd., ✆ 027 62851, clemnjula@ eircom.net, April–Sept., 2 Pers. mit Zelt 20 €. 4 km außerhalb von Durrus auf einer Hangwiese neben der Straße. Ein echter Zeltplatz ohne Trailer, ansprechend gestaltet, einfache Sanitäranlagen.

Essen/Pubs

Annie's, Main St., Ballydehob, ✆ 028 37292, Di–Sa (Juli/Aug. tägl.) ab 18.30 Uhr, Menü 45 €. Ein intimes, leicht exzentrisch eingerichtetes Restaurant gegenüber von Levis Pub. Der Reiz von Annie Barrys Küche liegt in der Kombination von Fleisch mit geschmacksstarken Saucen: Das Schnitzel, übrigens eine Riesenportion, kommt in Weinsauce auf den Tisch, die Ente in Aprikosensauce. Einige Häuser weiter die Straße hinauf betreibt Annie in den Sommermonaten auch eine Buchhandlung mit Café.

Waterside Inn, Main St., Schull, ✆ 028 28203, www.waterside-inn.net . Im Sommer tägl. mittags und abends geöffnet. Das beste Lokal am Ort ist erstaunlich preiswert (Hauptgericht um 20 €). Auf der Karte halten sich Seafood und Fleischgerichte die Waage, das vegetarische Angebot erscheint etwas überteuert.

New Haven, Main St., Schull, ✆ 028 28642, tägl. ab 12 Uhr. Familienfreundliches Lokal, das Pizza und spezielle Kindermenüs anbietet. Erwachsenen sei das aktuelle Tagesangebot an Fisch und Meeresfrüchten empfohlen, frisch von den Fischern am Hafen und nach klassischen Rezepten.

● *Pubs* **Rosie's,** Main St., Ballydehob. Die Kneipe sieht noch immer aus wie in den Jugendjahren der legendären und längst verschiedenen Wirtin Rosie O'Sullivan. Im Wechsel mit drei anderen Pubs (Vincent Coughlans, The Sandboat und O'Briens) gibt's immer freitags Folkmusik.

Levis', Main St., Ballydehob. Kein Jeansladen, sondern ein Pub mit Lebensmittelladen. Seit dem Tod von Schwester Julia gehen nun jüngere Familienmitglieder der greisen Nell zur Hand. Hoffen wir, dass es Levis' noch weitere 150 Jahre geben wird.

Sehenswertes

Mizen Head Visitor Centre: Der Mizen Head hat zwar ein Leuchtfeuer, aber keinen Turm. Weil es also keinen Turm gibt, dafür außer einem Licht- auch ein Radiosignal ausgestrahlt wird und früher sogar eine Sirene bei Nebel tönte, hat man es nicht mit einem Leuchtturm, sondern mit einer Signalstation zu tun – so jedenfalls muss sich die Landratte von Stephen O'Sullivan belehren lassen, dem letzten Wärter der Station. Seit 1993 funktioniert die Technik vollautomatisch ferngesteuert und braucht keine Wärter mehr – die Versetzungsorder ist die letz-

Der Südwesten Karte S. 328/329

372   Der Südwesten/County Cork

te einer Sammlung von Dienstanweisungen, die fein säuberlich am Schwarzen Brett der Station hängen.

Doch anstelle der „Commissioners of Irish Lights" haben sich die Dörfler von **Goleen** der Station am südwestlichsten Punkt Irlands angenommen, die wie ein Adlerhorst auf dem Cloghane Island thront und vom Festland nur über eine Schwindel erregende Betonbrücke zu erreichen ist. Sie gründeten eine Genossenschaft mit 1000 Anteilscheinen zu je 25 Pfund, sammelten Geld von Institutionen und Sponsoren, mieteten den Signalposten und richteten ein Visitor Centre ein, das schon nach einem Jahr mehr Menschen Arbeit gab als einst die Commissioners.

Am Ende der Fahrstraße und noch auf dem Festland thront die neu gebaute **Fastnet Hall**. Hier befinden sich Kasse, Cafeteria, der Souvenirshop und eine Ausstellung zur Naturkunde und Geschichte. Ein Modell stellt uns den Fastnet Rock vor, ein Film und viele Fotos machen uns auch mit anderen irischen Leuchttürmen bekannt. Höhepunkt der Fastnet Hall ist ihr Navigationssimulator.

Ein steiler Weg und viele Treppenstufen führen zur alten Signalstation hinunter. Die **Brücke,** ein Meisterwerk der Ingenieure, wurde 1910 mit Kränen und Flaschenzügen in Position gehievt. Baulich nicht weniger meisterhaft sind die Zäune, worin die Iren ja Übung haben, die diesmal aber nicht Vieh auf der Weide halten sondern Menschen vor dem Absturz bewahren sollen. Mit etwas Glück und gutem Wetter entdeckt man unter der Brücke Robben.

Willkommen an Bord!

Haben Sie schon mal ein Containerschiff in den Hafen von Calais gesteuert? Im Simulator des *Mizen Head Vistor Centre* können Sie ihr Geschick als Schiffsführer testen. Die nachgestellte Schiffsbrücke ist realitätsnah mit allen technischen Raffinessen wie Radar, GPS und elektronischen Seekarten ausgerüstet und bringt Sie zusätzlich mit schlechtem Wetter, unerwartetem Querverkehr oder gar plötzlichem Stromausfall ins Schwitzen. Sollten Sie Ihren Frachter absaufen lassen, erlaubt der Simulator auch die Weiterfahrt im Schlauchboot. Doch vielleicht übergeben Sie spätestens jetzt mal jemand anderem das Kommando.

In der **Station** erfährt man einiges über Schiffsunglücke, Fische, Seevögel und vom einsamen, aber selbst hier am Ende der Welt von Bürokratie bestimmten Leben der Wärter. Auch Seevögel lassen sich hier gut beobachten. Aus dem Fenster blickt man auf den auf den **Fastnet Rock,** einen echten Leuchtturm draußen im Meer, der zugleich die Wendemarke in den Admirals-Cup-Regatten ist. Schon allein seine spektakuläre Lage macht das Zentrum besuchenswert.

⏱ Juni–Sept. tägl. 10–18 Uhr, April/Mai, Okt. tägl. 10.30–17.30 Uhr, Nov.–März Sa/So 11–16 Uhr; Eintritt 6 €. www.mizenhead.net.

Wandern: Nur bei gutem Wetter sollte man auf dem Ziegenpfad vom *Mizen Head* immer der Küste entlang hinüber zum **Three Castle Head** wandern, dem zweiten, etwas weniger ausgeprägten Kap. Der bequemere Weg führt von der T-Kreuzung vor dem Barleycove Beach Hotel Richtung „Ocean View" und dann den Fahrweg 2 km geradeaus bis ans Ende. Das Land gehört übrigens dem Zeichner Tomi Ungerer, der es vor Jahrzehnten kaufte und von den Iren inzwischen als einer der ihren betrachtet wird.

Bantry

Den Charme der 3000 Einwohner zählenden Stadt macht ihre Lage am Ende einer tiefeingeschnittenen, fjordähnlichen Bucht im Schatten der mächtigen Caha-Berge aus.

Von der stillen und abgeschiedenen Mizen-Halbinsel kommend, trifft man in Bantry wieder auf die Hauptstraße und ein deutlich touristischeres Milieu mit Reisebussen und Souvenirläden. Mittelpunkt der Stadt ist der neu gestaltete Wolf Tone Square mit Springbrunnen, der neogotischen Pfarrkirche und einer Statue des Heiligen Brendan, die von der Firma Gulf Oil gestiftet wurde. Hier wird jeden ersten Freitag im Monat der große *Markt* abgehalten, auf dem es weniger um Rinder, Schafe oder Hühner als um die Produkte der Einwanderer geht, sei es Biogemüse, Töpferware oder handgezogene Kerzen.

Geschichte

1796 segelte eine französische Invasionstruppe nach Bantry, um die von den Idealen der Französischen Revolution begeisterten Iren um *Wolfe Tone* bei ihrem Aufstand zu unterstützen. Von 43 Schiffen waren schon unterwegs 27 auf der Strecke geblieben. Die übrigen kamen zwar bis in die Bantry Bay, konnten wegen des schlechten Wetters aber nicht landen und mussten nach sechs Tagen unverrichteter Dinge wieder abziehen. Richard White, der die örtlichen Verteidigungsmaßnahmen organisiert und das englische Militär in Cork alarmiert hatte, wurde zum Dank für seine vaterländische Tat zum Earl of Bantry geadelt. Sein Schloss ist heute die größte Sehenswürdigkeit des Ortes.

Bis vor dem Weltkrieg war die Bantry Bay ein britischer Marinestützpunkt. Später machte sich Gulf Oil den natürlichen Tiefseehafen zunutze und errichtete auf **Whiddy Island** einen Ölbunker, der 1979 durch eine Unachtsamkeit in Brand geriet. Im Flammeninferno verloren 51 Menschen ihr Leben. Da die modernen Öltanker zu groß für die Bucht sind und das Öllager immer seltener angelaufen wird, hoffen die Bewohner, dass die dem Tourismus abträglichen Tanks eines Tages wieder verschwinden.

Information/Verbindungen/Diverses

● *Information* Old Courthouse, Wolfe Tone Sq., ℡ 027 50229, Ostern–Okt. Mo–Sa 9.30–17 Uhr, Juli/Aug. tägl. bis 18 Uhr, www. westcork.ie. und www.bantry.ie.

● *Verbindung* Tägl. mehrere **Éireann-Busse** Richtung Cork, Juni–Sept. auch nach Killarney. Auskunft ℡ 021 450 8188, www. buseireann.ie.

Der **Bantry Bus,** ℡ 027 52727, www.rural transport.ie, fährt Mo–Fr 2-mal/Tag in die Kleinstädte der Umgebung (Skibbereen, Dunmanway, Kilcrohane, Castletownbere u. a.).

Fähre nach Whiddy Island mit Tim O'Leary, ℡ 086 862 6734, im Sommer ab 10 Uhr stündl., letzte Rückfahrt 22.30 Uhr.

● *Fahrradverleih* **Nigel's Bicycle Shop,** Glengariff Rd., ℡ 027 52657, vermietet Mountainbikes für 15 €/Tag.

● *Feste* **Muschelfest** in der 2. Maiwoche mit viel Musik, Muschelessen und Meeresfrüchten, keine Sperrstunde in den Gaststätten. Im August findet eine internationale Segelregatta statt.

West Cork Chamber Music Festival, Ende Juli im Schloss, wo auch zu anderen Zeiten gelegentlich Konzerte mit klassischer Musik stattfinden. Programm unter: www. westcorkmusic.ie.

Das **West Cork Literary Festival** folgt unmittelbar auf das Musikfest und feiert die Literatur mit Workshops, Lesungen und Diskussionen. www.westcorkliteraryfestival.ie.

374 Der Südwesten/County Cork

Übernachten/Camping

Selbst während der Ferienzeit ist es einfach, in Bantry ein Bett mit Frühstück zu finden. Die meisten B&Bs sind in der Glengarriff Road, einige auf der Nordseite des Hafens. Auch zwei Hostels stehen zur Auswahl.

* Bantry Bay Hotel, ☎ 027 50062, www. bantrybayhotel.ie, Wolfe Tone Sq., DZ 125– 135 €. Die Zimmer sind mit Teekocher und Hinweisschildern ausgestattet, die darum bitten, den Duschvorhang in die Wanne zu hängen – eigentlich eine Selbstverständlichkeit. Im Winter gut geheizt. Das Frühstück enttäuscht.

B&B Bantry House, ☎ 027 50047, www. bantryhouse.ie, DZ 230–250 €. Nicht viel besser als im Bantry Bay, doch erheblich teurer bettet man das Haupt im Schloss. Der Name und das erlesene Ambiente des Frühstücksraums wollen bezahlt sein.

B&B The Mill, Glengarriff Rd., ☎ 027 50278, www.the-mill.net, DZ 75 €. Die Zimmer mit Rattanmöbeln und Fichtenholz, in der Halle betrachten ostasiatische Handpuppen die Gemälde des Hausherren, eines holländischen Künstlers. Gut geheizt.

B&B Atlantic Shore, Glengarriff Rd., ☎ 027 51310, divebantry@eircom.net, DZ 75 €. Das B&B am Ortsausgang Richtung Glengariff (nach der Rowa-Fabrik) lebt von der charmanten Persönlichkeit seiner Wirtin Maggie Doyle und ihrem opulenten Frühstück, das neben den üblichen Deftigkeiten auch Obst und hausgemachte Backwaren umfasst.

Reendonegan House, Ballylickey, ☎ 027 51 455, www.reendoneganhouse.com, Mai– Sept. DZ 75 €. Das georgianische Herrenhaus mit sehr schön eingerichteten Zimmern befindet sich etwa auf der Mitte zwischen Bantry und Ballylickey meerseits etwas ab von der Hauptstraße mitten in Wiesen, durch die man – fernab von jedem Autoverkehr – herrlich zum Meer gehen kann. Da Bantry mit seinen Pubs nicht weit ist, kann man sich gut vorstellen, hier ein bis zwei Wochen zu verbringen. (Lesertipp von Werner Trombik).

● *Camping* **Eagle Point,** Ballylickey, Glengarriff Rd., ☎ 027 50630, www.eaglepoint camping.com; Mai–Sept., Zelt mit 2 Pers. 20 €. 7 km außerhalb bei der Burmah-Tankstelle, einer der besten Campingplätze der Insel. Parkähnliches Terrassengelände mit Meerblick, neues Sanitärgebäude, TV-Salon, Strand mit Bootsverleih.

Essen/Pubs

O'Connor's, Wolfe Tone Sq., ☎ 027 50221, www.oconnorseafood.com, Do+Fr 12–15 Uhr, Mo–Sa (Juni–Sept. tägl.) 18–22 Uhr, Hauptgericht mittags 10–13 €, abends 20– 30 €. Ein Aquarium mit nicht gerade putzmunteren, aber immerhin lebendigen Hummern und Austern signalisiert auch dem Analphabeten, dass sich hier alles um Seafood dreht. Spezialität sind die Muscheln, auch Fleischgerichte stehen auf der Karte. Das Interieur, früher rustikal, wurde nun auf edel umgetrimmt. Anne O'Brien führt das Familienlokal in der 4. Generation.

The Snug, Wolfe Tone Sq., Hauptgericht mittags 15 €, abends 25 €. Die preiswerte Alternative. Rustikale Einrichtung mit Steinboden, Hufeisen und einem Baumstumpf mitten im Lokal. Leser beklagen die etwas ruppige Bedienung.

Brick Oven, Wolfe Tone Sq., tägl. mittags und abends geöffnet, Hauptgericht 10–25 €. Pizza, Pasta, Risotto und eine kleine Auswahl an Seafood werden freundlich und flott aufgetischt. Kinder sind willkommen.

Ó Siocháin's, Bridge St., Mo–Sa 9–22 Uhr. Ein rustikaler Coffeeshop (Natursteinwände) mit vielen einheimischen Gästen. Hausgemachte Kuchen, Salate, an warmen Speisen z. B. Lasagne oder Hühnercurry (je 10 €).

● *Pubs* **Anchor Bar,** Wolfe Tone Sq. Seit drei Generationen in Familienbesitz; der richtige Ort, den Abend zu beginnen und die Zunge zu lösen. Smalltalk über das Wetter, den Anker (es gibt ihn) und natürlich die Seefahrt, mit der die Artefakte an den Wänden auf die eine oder andere Art zu tun haben.

1796, Wolfe Tone Sq. Der Stammkneipe des örtlichen Folkclubs ist ein Besitzerwechsel gut bekommen. Abends öfters Livemusik.

Bantry 375

Bantry House – Luxuswohnsitz in 1-A-Lage

Sehenswertes

Bantry House & Gardens: Nur einige Mauern dieses repräsentativen Herrenhauses haben Richard White noch persönlich erlebt, der größte Teil und vor allem die dekorative Nordfront gehen auf den 2. Earl of Bantry zurück. Er benötigte viel Platz, um die auf seinen Reisen erworbenen Kunstschätze ausstellen zu können, darunter Mosaiken aus Pompeji, französische und flämische Gobelins, natürlich Kronleuchter aus Waterford und altenglische Möbel. Vom Obergeschoss genießt man einen herrlichen Blick auf die Bucht. Auch der in seiner Geometrie strikt auf das Haus bezogene **Park** geht auf den 2. Earl und besonders seine Frau Mary zurück. Lange sich selbst überlassen, wurde er Ende des letzten Jahrtausends mit EU-Mitteln wieder restauriert. Über sieben künstliche Terrassen fällt das mal naturwüchsige, mal streng geordnete Paradies der Farben und Formen zum Meer hin ab. Die frühere Küche des Bantry House beherbergt jetzt ein *Café* (exzellenter Apfelkuchen!) mit Souvenirverkauf. Auf der verglasten Veranda kann man auch an kühleren Sonnentagen draußen sitzen, zwei schöne schmiedeeiserne Bänke und Tische gehören noch zum originalen Inventar des Schlosses.

① Mitte März bis Okt. tägl. 10–18 Uhr, Eintritt Haus mit Garten und Armada-Ausstellung 10 €. www.bantryhouse.ie.

Kilnaruane Pillar Stone: Die Säule mag einst ein Hochkreuz gewesen sein, das seine Arme verloren hat. Von den biblischen Szenen sind z. B. die Wüstenheiligen Paulus und Antonius auszumachen. Der Weg zur Säule ist hinter dem Westlodge Hotel ausgeschildert.

376   Der Südwesten/County Cork

Bantry/Umgebung

▶ **Naturpark Gougane Barra:** Eine halbtägige Radtour führt an einem munteren Bächlein entlang über den **Keimanegh-Pass** („Hirschsprung", 250 m) in ein Gletschertal mit dem Quellsee des River Lee. Auch der Heilige Finbarr, Gründer von Cork, war wohl vom See und seinen Fischen angetan – er lebte zeitweilig als Einsiedler auf einer Insel, die heute trockenen Fußes über einen Damm zu erreichen ist. Die Kapelle soll frisch Vermählten besonderes Glück bringen, was auf katholisch ja wohl heißt: Kindersegen. Auf dem Friedhof ruht unter einem Grabstein mit Shakespeare-Zitat („A star danced and under that was I born") der Schneider und Schriftsteller *Eric Cross*, dessen Erzählung „The Taylor and Ansty" 1942 als „gefährlich und gotteslästerlich" vom Zensor beschlagnahmt und öffentlich verbrannt wurde.

● *Anfahrt* Ausgeschilderte Abzweigung von der R 584 Richtung Macroom, insg. etwa 30 km von Bantry.

● *Übernachten* ** **Gougane Barra Hotel,** ℘ 026 47069, www.gouganebarra.com, April bis Okt., DZ 140–150 €. Modern eingerichtetes Haus am See.

Tir na Spideoga („Land der Rotkehlchen"), Inchigeelagh, ℘ 026 47151, www.euroka.com/spideoga, DZ 60 €, auch Ferienwohnungen.

Das alte Bauernhaus mit strohgedeckten Cottages und Campingmöglichkeit wird von Deutschen geführt. Inchigeelagh und der nahe Lough Ailua sind bei Anglern beliebt. Angeltrips werden organisiert, zum Haus gehören ein Laden für Anglerbedarf und eine Fischräucherei. Fahrräder kann man leihen, Reitunterricht und Kanutouren werden in der Nachbarschaft angeboten.

▶ **Dunmanway:** Während die Küste des Südwestens zu den bevorzugten Reisegebieten Irlands gehört, steht das Hinterland des Countys Cork etwas im Abseits. Dabei bildet seine Landschaft einen wohltuenden Kontrast zum Einerlei, das etwa die Ebenen von Tipperary und Limerick bestimmt, wo die Großbauern über Generationen den Wald gefällt, die Hecken beseitigt und Bäche begradigt haben, wie man es auch aus der Norddeutschen Tiefebene kennt. Nicht so im Hügelland von West Cork, das auf kleinem Raum mit Wäldern, Mooren, Seen und Wiesen viel Abwechslung bietet. Das Shiplake Hostel in Dunmanway ist eine gute Basis, um in bequemen Tageswanderungen etwa das Quellgebiet des **Bandon,** der Anglern fette Beute verspricht, die **Shehy Mountains** oder den **Nowen Hill** zu erkunden, von dem man einen herrlichen Panoramablick genießen kann. Wer es mehr mit Ruinen hält, findet in **Togher** ein verfallenes Castle sowie Steinkreise und Ringforts, zu denen die Leute vom Hostel gerne den Weg weisen. Auf Gartenfreunde wartet an der Straße R 587 nach Macroom der **Aultaghreagh Cottage Garden** mit Fischteich, Wasserfall, bunten Blumen und vielen Anregungen zur Gestaltung der eigenen Grünflächen.

● *Verbindung* Tägl. zwei Busse von Cork und Mo–Fr auch von Bantry.

● *Übernachten* **Shiplake Mountain Hostel** (IHH), Kealkill Rd., 6 km außerhalb, ℘ 023 884 5750, www.shiplakemountainhostel.com, Bett 16 €, DZ 35–40 €. Aus einem verfallenen Gehöft wurde mit gelungenen An- und Umbauten ein ansprechendes und familiäres Hostel. Zuletzt schichtete Uli Rossbach, die aus Köln stammende Besitzerin, sogar die Steine, die einst ein Pferdestall waren, wieder aufeinander und machte aus einer

Ruine ein Haus. Zwei Schlafsäle, neue Sanitäranlagen; als „private rooms" dienen stationäre Planwagen. Gute Informationen zu Freizeitangeboten und Wandermöglichkeiten, Fahrradverleih. Mit Campingwiese und Garten, aus dem das bio-dynamische Gemüse für die Küche kommt. Auf Wunsch werden die Gäste auch bekocht.

① **Aultaghreagh Cottage Garden:** Juni bis Aug. Di–So 11–17 Uhr nach Voranmeldung ℘ 023 885 5307, Eintritt 5 €. www.aultaghreaghcottagegarden.com.

Halbinsel Sheep's Head

Auf die kleinste der Halbinseln im Westen Corks verirren sich die wenigsten Besucher, und Schafkopf spielt hier bestimmt keine Menschenseele. Ursprünglichkeit und Abgeschiedenheit lassen sich noch erahnen – diese gingen am Ring of Kerry und auf Dingle längst verloren.

Auf Gartenfreunde warten in **Durrus** die an einem Bach angelegten *Carraig Abhainn Gardens* oder die in verschiedene Designs unterteilten *Kilravock Gardens*, die hier einen mediterranen, dort einen asiatischen Bereich haben und für Baumfarne und Hostas bekannt sind. Zwischen Ahakista und Kilcrohane gedeihen die Pflanzen in *Cois Cuain* direkt am Meer und sind meist von einer feinen Salzschicht überzogen, was ihnen erstaunlich wenig auszumachen scheint.

Carraig Abhainn, Durrus, März–Okt. Mo–Sa 10–20 Uhr, Eintritt 5 €, www.carraigabhainngardens.com.
Kilravock Gardens, Durrus, während des *West Cork Garden Trail* Di–Sa 12–17.30 Uhr, sonst nur nach Absprache geöffnet. Eintritt 6 €, 027 61111, www.kilravockgardens.com.
Cois Cuain, Kilcrohane, offen nur nach Voranmeldung, 027 67070, www.aseasidegarden.net, Eintritt 5 €.

Radler können eine Rundfahrt über die **Goat's Path Scenic Road** unternehmen. Vom höchsten Punkt des Sträßchens, oberhalb von Kilcrohane, hat man einen grandiosen Ausblick. Wer noch höher hinaus will, erreicht vom Pass aus zu Fuß und querfeldein in einer knappen Stunde den **Seefin** (334 m), den Aussichtsberg der Halbinsel. Wieder auf der Straße, steht unweit des Passes eine Kopie von Michelangelos Pietà etwas verloren in der Landschaft. In **Ahakista** erinnert ein Denkmal an die Opfer des Air India Flugs 182 vom 23. Juli 1985: Nach einer Bombenexplosion stürzte ihr Flugzeug 200 Meilen westlich von Sheep's Head in den Atlantik.

• *Information* www.thesheepshead.com.
• *Verbindung* im Sommer Di und Do **Bantry Bus** (027 52727, www.ruraltransport.ie) von Bantry nach Durrus und Kilcrohane. Sa Verbindung mit **Bus Éireann** Linie 255.
• *Übernachten* Auch wenn die Gegend dünn besiedelt ist, B&Bs finden sich allemal. Besonders empfohlen sei das **Bridge View House** (027 67086, www.bridgeviewhouse.com, DZ 70 €) neben der Kirche von Kilcrohane.

Leuchtturm am Sheep's Head

Hillcrest, Agnes Hegarty, Ahakista, ☏ 027 67045, www.ahakista.com, bietet auf einem Bauernhof (mit Esel!) außer B&B (DZ 75 €) auch rustikale Ferienwohnungen und ein Cottage an.

Seamount Farmhouse, Glanlough, an der Nordküste etwa 13 km nach Bantry, ☏ 027 61226, www.seamountfarm.com, DZ 75 €. Ein B&B auf einem Bauernhof, der seit Generationen von den McCarthys bewirtschaftet wird. Seamount eignet sich besonders als Etappenübernachtung für Wanderer auf dem *Sheep's Head Way*. Die Familie bietet den Sheep's Head Way auch „pauschal", nämlich mit Bring- und Abholservice zu den einzelnen Etappen, mit Lunchpaket und Dinner. Details unter www.sheepshead.ie.

Cheyne's Cottage, Ahakista, ☏ 027 61037, www.homeaway.com/vacation-rental/ p182990, Haus 40–75 €/Nacht, Mindestaufenthalt 3 Nächte. „Das Häuschen zwischen Durrus und Ahakista ist ein erweitertes altes Farmhaus mit großem eigenen Garten und strahlt rundum Gemütlichkeit aus. Die zwei Schlafzimmer und der Wohnraum sind mit Antiquitäten geschmackvoll eingerichtet, Bad und Küche bieten alles, was man an modernen Annehmlichkeiten braucht, sogar einen beheizten Handtuchhalter! Die freundlichen Besitzer, von denen man auch Obst und Gemüse beziehen kann, wohnen im Nachbarhaus." (Lesertipp von Christel Steigenberger).

Carbery View Hostel, Kilcrohane, ☏ 027 67035, Bett 14 €. Ein einfaches, wenig belegtes Haus mit Garten. Es liegt nur wenige Minuten vom Dorfzentrum entfernt.

• *Essen* Das **Bridge View House** in Kilcrohane beherbergte lange das einzige Restaurant der Halbinsel. Doch nun hat schräg gegenüber die **Bay View Bar** nachgezogen.

Sheep's Head Café, Tooreen, am Ende der Straße zum Kap, ein Ausflugslokal mit Kuchen, Suppe und einfachen Gerichten. Geöffnet, wann immer Wetter und Saison Kundschaft erwarten lassen.

• *Einkaufen* Lebensmittel gibt es in Durrus und in Kilcrohane, dort in der Kooperative oder in Mahony's Post Office.

• *Pub* **Fitzpatrick's,** Kilcrohane. An der Wand des liebenswert chaotischen Pubs ein nachdenklich stimmender Artikel des Musikers Mike Harding: „Selling Ireland", ein Trauergesang über den Ausverkauf Irlands. Ansonsten oft Musik und ein warmes Kaminfeuer.

• *Kunst* **Heron Gallery,** Ahakista, www.herongallery.net, am Weg zur Kirche. Annabel Langrish stellt v. a. eigene Bilder und Keramikarbeiten aus.

Auf der Wanderung rund um Sheep's Head

Halbinsel Sheep's Head

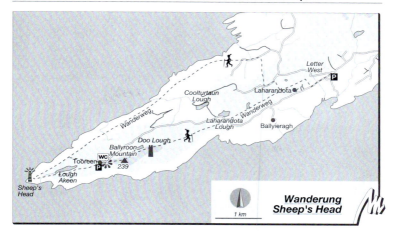

Wanderung Sheep's Head

Wandern: Fernwanderer umrunden auf dem etwa 90 km langen **Sheep's Head Way** von Bantry aus in etwa vier Tagen die Halbinsel. Die nicht sonderlich schwierige Route hat zwei ineinander verkeilte Widder als hübsches Logo, ist gut markiert und wird von den topographischen Karten 85 und 88 abgedeckt, auch gibt es ein kleines Büchlein mit Karte und Wegbeschreibung.

Als **Tageswanderung** von 5 bis 6 Stunden reiner Gehzeit bietet sich ein Rundweg zum Leuchtturm an der Spitze von Sheep's Head an.

• *Wegbeschreibung* Für die Tagestour zum Kap lässt man den Wagen am Wanderparkplatz in **Letter West** stehen. Ein kurzes Stück die Straße westwärts, dann trifft man auf die Markierungen des Sheep's Head Way, dem man nun einige Stunden folgen wird. An einem **Gehöft** geht es von der Straße weg über den ersten von zahlreichen Zauntritten bergauf zu den Stallungen und dort wieder nach links parallel zur Straße den Hang entlang. Vorsicht am Haus zwischen den Wegzeichen 300 und 299: Hier hat der Hausherr seinen **Hund** nicht immer im Griff! Nach einem **See** trifft man wieder auf die Straße, folgt ihr 20 m nach links, bis ein Fahrweg rechts zu einer Häusergruppe abzweigt. Dieser verengt sich bald zu einem Pfad und bringt uns in sanftem Aufsteig auf den **Balyroon Mountain.** Auf einem Vorgipfel wird die Ruine eines **Signalturms** passiert. Wieder bergab geht es zum **Sheep's Head Café,** wo auch der Fahrweg endet. Die letzten 1,2 km zum Kap müssen alle zu Fuß gehen. Dort versteckt sich der von Land her leicht zu übersehende **Leuchtturm** hinter einem Hubschrauberlandeplatz.

Der **Rückweg** an der **Nordküste** entlang führt zunächst durch einen windgeschützten Trog. Hier müssen je nach Jahreszeit einige sumpfige Stellen gemeistert werden. Beim Wegzeichen 231 zweigt rechts ein Querpfad zum Sheep's Head Café ab. Im Folgenden bietet der Uferweg spektakuläre Ausblicke auf die Klippen und das Meer. In der Streusiedlung **Eskraha** trifft man wieder auf einen Fahrweg, dem man auch an der Stelle weiterfolgt, wo der Sheep's Head Way links in eine Wiese absteigt. Nach etwa 100 m schlägt man an einem Zauntritt rechts der Straße den hier gut markierten **Poet's Trail** ein. Dieser überquert zunächst als nur schlecht erkennbarer Pfad etwa im 45-Grad-Winkel zum Hang die Wiese. Dann geht es, immer von Markierungspfosten zu Markierungspfosten, zwischen Zaun und Hecke entlang zum Fahrweg auf dem **Höhenrücken,** diesen ein Stück links und dann wieder rechts. Bleibt noch ein **Moor,** das mit Brücke und Bohlenweg trockenen Fußes gequert werden kann, bis beim Zeichen 295 wieder der Sheep's Head Way erreicht wird. Nach links kommt man, wieder am Haus mit dem Hund vorbei, zurück zum Parkplatz.

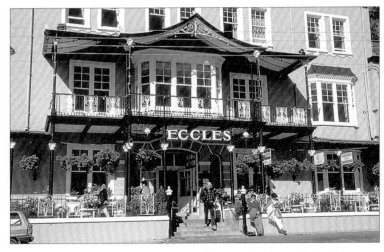

Glengarriffs erste Hoteladresse – schon Yeats und Shaw schliefen hier

Glengarriff

Drei Hügel schirmen die grüne Oase auf der Landseite ab, und im Meer fließt der warme Golfstrom. So hat es in Glengarriff seit wohl dreißig Jahren keinen Frost mehr gegeben, und entsprechend üppig, fast subtropisch ist die Vegetation.

Bootsleute werben um Kundschaft, der gepflegte Stadtwald zwischen Straße und See lädt zu gemütlichen Spaziergängen ein. Schon in der viktorianischen Epoche war Glengarriff ein beliebter Ferienort der englischen Oberschicht, die mit dem Schiff von Bantry, dem Endpunkt der Eisenbahn übersetzte. Wie die Werbetafeln entlang der Dorfstraße erkennen lassen, hat die lange Tradition als Fremdenverkehrsort eine Menge Kommerz gezeitigt. Die meisten Gäste kommen wegen der Gärten auf *Garinish Island,* die eine ähnliche Anziehungskraft besitzen wie die Blumeninsel Mainau im Bodensee – doch stecke man die Erwartungen nicht zu hoch. Von den Besucherströmen weitgehend unberührt bleiben die kleine *Kapelle* (am Ortsausgang gen Kenmare) mit ihren schlichten Holzschnitten der Kreuzwegstationen (Lesertipp von Grit Scholz) und die *Glengarriff Woods,* der Nationalpark vor den Toren der Stadt.

Information/Verbindungen

- *Information* Main St., ✆ 027 63084, Juni bis Mitte Sept. Mo–Sa 10–13, 14.15–18 Uhr. Außerhalb der Saison übernimmt, einige Häuser die Straße hinunter, das Spinning Wheel Café die Rolle einer inoffiziellen Auskunft. www.glengarriff.ie.

- *Verbindung* Von Casey's Hotel, Main St., **Bus Éireann**-Busse nach Castletownbere und Cork, Juli–Aug. auch nach Killarney.

Glengarriff 381

Übernachten/Camping/Essen

** Eccles Hotel, ☎ 027 63003, www.eccles hotel.com, DZ 100–260 €. Das klassische Hotel, in dessen Gästebuch sich schon Shaw, Thackeray und Yeats eingetragen haben. Leider wurden die alten Stilmöbel irgendwann verscherbelt. Dennoch gemütliche Zimmer mit riesigen Bädern. Im Sommer mittwochs Traditional Music.

Murphy's Village Hostel (IHH), Main St., ☎ 027 63555, www.murphyshostel.com, Bett 15–17 €, DZ 40 €. Neueres Haus in zentraler Lage, im Erdgeschoss ein Coffeeshop, der auch Frühstück anbietet. Vorsicht vor dem Zimmer im 2. Stock neben der Wasserpumpe – die kann zu Duschzeiten nervtötend lärmen.

● *Camping* **Dowling's Caravan and Camping Park,** ☎ 027 63154, nickydee@eircom. net, 2 km außerhalb an der Adrigole Rd., geöffnet Ostern–Okt., 2 Pers. mit Zelt 20 €. Ein einfacher, hauptsächlich für Trailer gedachter Platz in einem Wäldchen.

● *Essen* **Casey's Hotel,** Main St., tägl. 12.30–21 Uhr, alteingesessen, bodenständig und verlässlich und noch immer die beste Küche am Ort. Hauptgericht bis 20 €.

Martello Restaurant, Garinish Court, ☎ 027 63860. Das Restaurant mit verkäuflicher Kunst an den Wänden bietet mittags leichte Küche mit Pfiff, abends etwas gediegenere Speisen. Probieren Sie die Jakobsmuscheln aus der Bantry Bay. Hauptgericht mittags bis 18 €, abends bis 28 €, Early Bird Menü 25 €. Sept.–Mai Fr-So abends; im Sommer Di–Sa mittags und abends, So nur mittags.

Rainbow Restaurant / Hawthorn Bar, Main St., ☎ 027 63440, www.glengarriff-rainbow. com. Mittags zum Beispiel eine Fischsuppe (6,50 €) in der Bar oder bei schönem Wetter auch davor, abends die opulente Seafood-Platte (27 €) im angrenzenden Restaurant mit Bistroathmosphäre.

Sehenswertes

Garinish Island: Mit Schiffsladungen von Humus und viel gärtnerischem Geschick wurde hier seit 1910 die irische Blumeninsel geschaffen. Gärten im japanischen und italienischen Stil, Säulengänge, Tempelchen, Statuen, ein Lilienteich und vor allem die vielen Rabatten blühender Blumen vermitteln südländisches Flair. Auf dem Rückweg drehen die Bootsführer gewöhnlich noch eine Runde um die kleinen Felseilande der Bucht, auf denen sich Robben in der Sonne aalen (wenn sie denn scheint), Kormorane den Fischen auflauern und Eisvögel bunte Farbtupfer setzen.

⏱ März und Okt. Mo–Sa 10–16.30, So 13–17 Uhr; April–Juni, Sept. Mo–Sa 10–18.30 Uhr, So 11–18.30 Uhr; Juli/Aug. Mo–Sa 9.30–18.30, So 11–18.30 Uhr. Einlass bis 1 Stunde vor Schließung. Überfahrt von Glengarriff je nach Saison bis 10 €; Eintritt 4 €.

Bamboo Park: Der Erfolg der Blumeninsel ermunterte auch andere Gärtner, ihr Hobby zur Verdienstquelle zu machen. Hier können wir schnellwüchsige Bambushaine, junge Palmen und Farne bestaunen, dazwischen verlieren sich dreizehn alte Steine (Orthostaten), von denen heute niemand weiß, welchem Zweck sie einst dienten.

⏱ Tägl. 9–19 Uhr; Eintritt 5 €. Im Dorf an der Hauptstraße. www.bamboo-park.com.

The Ewe Gallery & Sculpture Garden: Baumstämme werden zu Frauengestalten, eine versteinerte Katze schläft den ewigen Schlaf, die Himmelleiter endet im Nichts. Sheena Woods mit eigenen Skulpturen bereicherter Garten ist ein Zauberwald voller Überraschungen, den man auch gut mit Kindern besuchen kann. Vom oberen Teil hat man eine schöne Aussicht auf *Bantry Bay* und *Caha Mountains*, auch an Picknickflächen wurde gedacht.

⏱ Im Sommer tägl. 10–18 Uhr nach Absprache ☎ 027 63840; Eintritt 5 €. An N 71 5 km nördlich von Glengarriff. www.theewe.com.

Der Südwesten Karte S. 328/329

382   Der Südwesten/County Cork

Glengarriff Woods: Naturliebhaber wandern in den Glengarriff Woods, einem Naturpark, der früher zum Besitz der Blantrys gehörte. Der im 19. Jh. importierte Rhododendron hat sich hier besonders gut vermehrt und die einheimische Flora zum Teil verdrängt – seit der Übernahme des Parks durch die Forst- und Nationalparkverwaltung wird der kaukasische Strauch mit seinen prächtigen Blüten wie Unkraut bekämpft, d. h. samt Wurzeln herausgerissen. Das grüne, vor Verdunstung schützende Dach der Eichen und Pinien und die vielen Niederschläge schaffen eine üppige Bodenvegetation aus Farnen und Moosen. Auch kleine Moorinseln finden sich mitten im Wald. Hier ist auch die Kerry-Schnecke *(Geomalacus maculosus)*, eine seltene Spezies zu Hause, die sonst nur noch im Nachbarcounty und an der spanischen Atlantikküste lebt. Die Süßwassermuscheln im Kerry River, der den Park durchquert, können das biblische Alter von 120 Jahren erreichen und sind damit Rekordhalter unter den heimischen Tierarten Irlands. Auf dem ersten Parkplatz (von Glengarriff kommend) ist eine Tafel mit Wandervorschlägen angebracht, in einem Kasten liegen Faltblätter mit Informationen zur Pflanzen- und Tierwelt des Nationalparks und weiteren Routen von bequem bis steil und 30 bis 90 Minuten Gehzeit.

Der Eingang zum Park liegt an der N 71 2 km nördlich von Glengarriff. www.npws.ie.

Wanderungen

Barley Lake: Als Ziel einer Tageswanderung von Glengarriff aus bietet sich der ringsum von Bergen umgebene Barley Lake an – ein eiskalt wirkendes Gewässer in unwirtlicher Landschaft, das an norwegische Gletscherseen erinnert. Der Weg ist einfach zu finden und zum größten Teil asphaltiert. Von der Kenmare Rd. nimmt man den Fahrweg durch den Nationalpark und zweigt von diesem an der ersten Straßengabelung links ab. Nach einer knappen halben Stunde biegen Sie wiederum links ab, überqueren eine Brücke und sehen rechter Hand ein weißes Haus. Bald geht es steil aufwärts zu einem Parkplatz, von dem aus man unten im Tal den See erblickt.

Sugarloaf Mountain (575 m): Für die Anfahrt zu dieser Tour braucht man ein Auto oder Fahrrad. 8 km nach Glengarriff steht an der Castletownbere Rd. die frühere Derrincorin National School. 500 m danach biegt man rechts in einen asphaltierten Fahrweg ein. An der höchsten Stelle quert der Feldweg einen Bach. Links taucht ein betonierter Pferch und eventuell noch das Wrack eines Lastwagens auf. Hier muss man sein Fahrzeug abstellen, über einen Weidezaun klettern und auf der linken Bachseite am Wasserfall vorbei aufsteigen. Die Falllinie wird weiter oben sehr steil und ist immer wieder von kleinen Felsen durchsetzt; besser hält man zunächst auf den Sattel links vom Gipfel zu und erreicht diesen nach einer guten Stunde dann über den Kamm.

Hungry Hill: Am Ortsausgang von *Adrigole*, 1 km westlich der Polizeistation, überquert die Castletownbere Rd. einen Bach. Gleich nach der Brücke biegt man rechts in den Fahrweg ein, der zu John O'Sullivans Hof am Ende eines Talkessels führt. Es schickt sich, zunächst John einen kurzen Besuch abzustatten, weil ihm ein Teil des Landes gehört, er über Wetter und Weg Bescheid weiß wie niemand sonst und sich über jeden Gast freut. Anschließend schlägt man in der letzten, scharfen Kurve vor dem Hof durch ein Gatter den Weg nach links (Süden) ein und wandert über die Wiese den Hang hinauf bis auf den Kamm, dem man nach West und später Nord-

Glengarriff

Gehöft am Fuße des Sugarloaf Mountain

west zum Gipfel folgt. Vorsicht ist beim *Coomarkane Lake* geboten, der linkerhand verführerisch in einer Felstasche glitzert. Er muss im Süden umgangen werden. Auch der zweite Bergsee, den man vom Gipfel am Fuß einer Steilwand sieht, ist nur schwer zugänglich (Wegzeit hin und zurück 3–4 Std.).

Wasserfall: Vom Dorf gesehen unmittelbar *vor* der oben erwähnten Brücke beginnt ein Fahrweg landeinwärts, der in einem gut einstündigen Spaziergang zu einem spektakulären, über mehrere Stufen 350 m hohen Wasserfall führt. Auf halber Strecke verweigert ein neuer Grundeigentümer mit drohenden Schildern das Wegerecht, doch die Einheimischen raten, diese Verbote zu ignorieren. Bald danach endet der Asphalt, der Wasserfall ist jetzt gut sichtbar. Den direkten Weg durch das Tal versperrt eine Feuchtwiese, überhaupt ist der Grund nach Regenfällen recht schlüpfrig. Besser hält man sich rechts auf etwas höherem Gelände und umrundet den Talkessel.

• *Übernachten* **Dromagowlane House,** Anne und Paul Harris, Adrigole, ✆ 027 60330, www.dromagowlanehouse.com, DZ 70 €. Das alte, aber zeitgemäß modernisierte Haus steht unweit der Straße auf einem großzügigen Grundstück mit Ferienchalets im skandinavischen Stil. Mit Obstbäumen und Bio-Garten, aus dem in der Saison auch die Zutaten für das den Gästen auf Wunsch zubereitete Abendessen (25 €) stammen. Die Zimmer sind u. a. mit DVD-Spieler und Safe ausgestattet, Mineralwasser für den Teekocher gibt's kostenlos.

Hungry Hill Lodge (IHH), Adrigole, ✆ 027 60228, www.hungryhilllodge.com, März bis Okt., Bett 17 €, DZ 35–45 €. Das Hostel liegt an der Hauptstraße nach Castletownbere. 26 farbenfroh bezogene Betten in ebenso farbenfrohen 2- bis 4-Bett-Zimmern, Aufenthaltsraum mit Kamin und Sat-TV; gepflegte Campingwiese mit separaten Sanitäranlagen, Pub und Laden in der Nachbarschaft.

Halbinsel Beara

Während Sheep's Head und Mizen Head dem grünen Irland der Postkarten nahe kommen, ist Beara ein kahler, schroffer Gebirgsriegel, der fast 50 km ins Meer hinausragt. Ohne Moore und ohne Hecken sind die Höhen ein ideales Wandergebiet.

Bevor die Caha und Slieve Miskish Mountains endgültig in den Ozean abtauchen, hebt sich der Felsen von *Dursey Island* wie die Schwanzflosse eines Fisches nochmals steil empor. Die Überfahrt in der vom Wind gebeutelten Kabine der Seilbahn ist ein Erlebnis für sich.

Der **Beara Way,** ein gut ausgezeichneter Fernwanderweg (200 km), umrundet die Halbinsel von Glengarriff nach Kenmare. Wir sind den Weg nicht abgegangen, unterwegs bei allen nennenswerten Sights jedoch immer wieder auf die Markierung mit dem gelbem Wandermännchen gestoßen. Wer sich die Zeit für diese Fernwanderung nimmt, sieht also das Wesentliche. Radler und Autofahrer teilen sich den **Ring of Beara** (140 km), ein schmales Panoramasträßchen, das sich gleichfalls um die Halbinsel zieht. Abseits dieser Hauptstraße bewegt man sich zwischen Steinmauern und Fuchsienhecken auf brüchigen Asphaltpisten. Von Castletownbere bietet sich für Radler der „kleine Ring" über die R 571 an, der mit 35 km Länge mehr als bequem an einem Tag zu schaffen ist. In puncto Panorama nicht weniger schön, aber nur für gut durchtrainierte Radler geeignet ist die Straße über den **Healy Pass** durch die menschenleere Berglandschaft zwischen Adrigole und Lauragh. Da die touristische Infrastruktur wenig ausgebaut und auch die Straße zu schmal für den Omnibusverkehr ist, wird die Halbinsel wenig beworben – sie steht nicht auf dem Reiseplan der Pauschalveranstalter.

- *Information* Beara Tourism Association, Main Square, Castletownbere, ✆ 027 70054, Mo–Fr 10–13.30 und 14–17 Uhr. www.bearatourism.com.
- *Verbindung* Mit **Bus Éireann** Linie 282 Juli/Aug. Mo–Sa tägl. 2 Verbindungen mit Kenmare und Killarney, ganzjährig 3- bis 4-mal/Woche Linie 236 mit Cork. **Harrington's,** ✆ 027 74003 und **O'Donoghue's,** ✆ 027 74007, fahren Mo–Sa 18 Uhr, So 19.30 Uhr von Cork (Parnell Square) nach Castletownbere. Fahrplan auch mit weiteren Verbindungen nach Bantry unter www.bereisland.net.
- *Fahrradverleih* **SuperValu** in Castletownbere, ✆ 086 128 0307.
- *Feste* **Festival of the Sea,** Stadtfest in Castletownbere, Anfang Aug., mit Regatta und Wettbewerben um die Titel der „Queen of the Sea", der „Best Dressed Lady" und des „Best Dressed Dog", Straßenmusik, Blumenschau und Kinderprogramm.

- *Kunst* **Sarah Walker Gallery,** in Castletownbere am Westende des Piers, ✆ 027 70387, www.sarahwalker.ie, zeigt und verkauft Werke der Malerin Sarah Walker.
Mill Cove Gallery, Mill Cove House, ✆ 027 70393, www.millcovegallery.com, Di–Sa 10–18 Uhr, wechselnde Ausstellungen von Künstlern aus der Region.
- *Kunsthandwerk* **Adrigole Arts,** Adrigole, beim Sportplatz, ein Craftsshop mit eher ungewöhnlichen bis exklusiven Stücken. Galerie und Tearoom. Im Sommer auch So geöffnet.
- *Hochseeangeln* **Inches House Boat & Angling Centre,** Eyries, ✆ 027 74494, www.irelandseaangling.com.
- *Reiten* **Cathy Bacon Riding Stables,** Urhan, Eyries, ✆ 027 74878, http://miskish. com.
- *Tauchen* **Beara Diving,** The Square, Castletownbere, ✆ 087 699 3793, www.bearadiving.com, organisiert im Sommer Tauchkurse und Tauchgänge vom Boot aus.

▶ **Castletownbere:** Mit seinem Supermarkt, Postamt, Wechselstube und Waschsalon ist Castletownbere (1000 Einwohner) für Einheimische wie Besucher die

Halbinsel Beara 385

wichtigste Versorgungsstation der Halbinsel. Ein einfacher, etwa eine Stunde dauernder Spaziergang führt zur einzigen Sehenswürdigkeit, einem Steinkreis – der Weg ist vom westlichen Ortsende gut ausgeschildert. Castletownbere entstand im 19. Jh. mit dem Allihies-Bergwerk. Fischtrawler drängeln sich im Hafen und versteigern ihren Fang lautstark auf den unregelmäßig stattfindenden Auktionen des größten Fischereihafens von Irland. 350 Männer arbeiten auf den Trawlern der Genossenschaft, 50 weitere an Land. Castletownbere zählt zu den wenigen Orten Irlands, in denen es praktisch keine Arbeitslosen gibt. Traditionell wird vor allem Hering gefangen und zu Filet verarbeitet, doch mit der Dezimierung des Bestands und immer längeren Schonzeiten weichen viele Fischer auf Thunfisch aus.

„In Castletownbere gibt es etwas außerhalb Richtung Dunboy Castle auf der rechten Seite den kleinen, sehr romantischen, verwunschen wirkenden Friedhof **Glebe Graveyard,** den wir eher zufällig entdeckt haben und der einen Besuch lohnt. Ebenfalls sehenswert ist der **Steinkreis Derreenataggart,** der in Castletownbere auch ausgeschildert ist. Der Weg zum **Ringfort,** das von dort aus angeschrieben ist, zieht sich allerdings (wir waren mind. 1 Stunde unterwegs zu Fuß) und das ‚Ringfort' selbst entpuppt sich lediglich als ein kreisförmiger Erdhügel, also etwas enttäuschend. Der Weg dahin ist aber wunderschön." (Lesertipp von Cornelia Ihle)

Übernachten

B&B Rodeen, Mrs. Ellen Gowan, Glengarriff Rd., ☏ 027 70158, www.rodeencountry house.com, DZ 80–90 €. 2 km außerhalb, Meerblick und anmutiger Garten, auf Wunsch kocht die Wirtin, stolze Gewinnerin mehrerer Kochwettbewerbe, ihren Gästen ein Abendessen. Irische und französische Reiseführer, die „Palm Beach Post" (Miami) und selbst Müller-LeserInnen zeigen sich begeistert. Daniella Gerber: „Ellen Gowan ist eine gute Gastgeberin mit viel Humor."

B&B Sea Breeze, Derrymihan, ☏ 027 70508, www.seabreez.com, DZ 80 €. Die Alternative, wenn bei Mrs. Gowan kein Platz mehr ist. Der staatliche Bungalow mit Garten und Meerblick steht auf einer Anhöhe am Ortsrand. Sechs geräumige und helle, hotelähnlich eingerichtete Zimmer. Auf Wunsch beginnt der Tag mit frischem Fisch zum Frühstück.

B&B Island View, Denis Hanafin, ☏ 027 70415, www.islandviewhouse.com, DZ 75–90 €. Das Haus mit schönem Ausblick und geräumigen Zimmern liegt drei Gehminuten über dem Hafen. (Lesertipp von Christian Meier).

Garranes Hostel Dzogchen Beara, Cahermore, ☏ 027 73147, www.dzogchenbeara. org. Bett 15 €. Dieses Hostel liegt an der Straße von Castletownbere nach Allihies und 7 km vom nächsten Pub entfernt. Es gibt einen Familyroom und auch einige Cottages (für 2, 6 und 8 Personen). Die Aussicht ist fantastisch, die Leute sind sehr nett. Die Küche ist in den Wohnraum integriert. Je nach Sichtweise kleiner Haken oder großes Plus: Das Hostel gehört zu einem Buddhistischen Zentrum – doch keine Angst, man wird nicht missioniert, aber man darf an den Meditationsübungen teilnehmen; so versichert uns wenigstens eine Leserin, die dort war. Am Wochenende ist Reservierung angeraten.

Essen/Pubs

Jack Patrick's, Main St., Mo–Sa 10–21 Uhr, Hauptgericht bis 15 €. Das einfache, modern eingerichtete Lokal gehört zu einer Metzgerei. Vor allem die großzügig portionierten Fleischgerichte (z. B. Steaks, auch Lasagne) werden deshalb empfohlen.

Old Bakery, am Dunboy-Ende der Main St., ☏ 027 70869, Di–So abends, So mittags, „ist ein gemütliches Restaurant und Café in einer restaurierten alten Bäckerei mit gemütlicher Einrichtung und Garten. Viele Gerichte gibt es ‚large' (ca. 15 €) oder ‚small'

Der Südwesten — *Karte S. 328/329*

386 Der Südwesten/County Cork

(ca. 8 €). Besonders köstlich sind das selbst gebackene Brot und die Kuchen. Das Restaurant mit dem besten Preis-Leistungs-Verhältnis, das wir auf unserer Reise kennen lernten." (Lesertipp von Karin Rabus)

● *Pubs* **O'Donaghue's,** Main Square. Treff der Matrosen und Fischer.

McCarthy's, Main St. Ein Pub, dem sich die modernen Zeiten bisher nur auf Zehenspitzen genähert haben. Vorn im Lebensmittelladen kaufen die Fischer ein. Im Snug, dem Séparée am Eingang, trafen sich einst die Heiratsvermittler mit den Brauteltern und verhandelten die Ehekonditionen. In der Bar außer Bier, Whiskey und Plausch gelegentlich auch Folkmusik. Die Wirtsleute sind begeisterte Bergsteiger.

> Vorschlag für einen Regentag: In McCarthy's Bar Pete McCarthy's Buch „McCarthy's Bar" lesen – kein Witz, sondern der umstrittene literarische Versuch und Bestseller eines englischen TV-Stars mit britischem Pass und irischem Vater, der sein Brot zuvor als Komödiant verdiente.

▶ **Bere Island:** Obwohl die frühere Marinebasis keine besonderen Attraktionen ihr eigen nennt, erfreut sich Bere im Sommer großer Beliebtheit. Kein Vergleich also mit der Abgeschiedenheit etwa von Clear Island. Die meisten der jungen Besucher kommen tagsüber, um in *Glenan's Sailing School* dem Wassersport zu frönen. Zwischen Fähranleger und dem nächsten Pub ist es zu Fuß eine Dreiviertelstunde, und das Dorf liegt noch ein Stück weiter – am besten bringt man also ein Fahrrad mit auf die Insel.

● *Information* www.bereisland.net.

● *Verbindung* **Autofähre** von Castletownbere, ganzjährig tägl. 3–8 Überfahrten, Auskunft ☎ 027 75014, http://murphysferry.com.

● *Übernachten* **B&B/Hostel Lawrence**

Cove Lodge, Rerrin, ☎ 027 75988, www.bereislandlodge.com, Bett 20 €, DZ B&B 75 €. 5 Gehminuten vom Pier entfernt, neu und gemütlich wie ein Wohnhaus eingerichtet, auch Gepäckaufbewahrung.

▶ **Puxley Castle:** Das 1730 begonnene und zum größten Teil 1866/67 gebaute Puxley Castle wurde im Bürgerkrieg niedergebrannt, bezeugte aber noch als Ruine den Reichtum von „Copper John" Puxley und seinem Sohn Henry. In den Boomzeiten des keltischen Tigers gewann Colm Power, der örtliche Grundherr, eine Investorengruppe für das Projekt, Puxley Castle zu einem Nobelhotel auszubauen. Die Arbeiten begannen 2005 mit der Umsiedlung der letzten Bewohner, ein Trupp Feldermäuse der Gattung Kleine Hufeisennase. Inzwischen hat die Renovierung bereits mehr als 60 Mio. Euro verschlungen, doch die Eröffnung des Dunboy Castle Hotels (www.capelladunboycastle.com) ist mit dem Bankencrash in ungewisse Ferne gerückt. Die Investoren versuchen nun, mit dem Bau und Verkauf von Apartments ihre Bilanzen aufzubessern. Auch diesem Plan B bleibt ein Scheitern zu wünschen. Damit die kleine Halbinsel weiter den Kühen gehört, Reiher und Seevögel ungestört im Watt nach Würmern und Krabben stochern können.

▶ **Dunboy Castle:** Die Burg am Ende der Landzunge gehörte den O'Sullivans, einem alten irischen Geschlecht, das von den Normannen aus dem fruchtbaren Tipperary hierher vertrieben worden war. Ein Burgherr hatte sich 1549 mitsamt dem Haus in die Luft gesprengt, doch muss das Castle bald wieder instand gesetzt worden sein, denn 1602 leistete es mit einer spanisch-irischen Besatzung den Engländern hartnäckigen Widerstand, um dann von diesen wiederum gesprengt zu werden. Karl I. nahm den O'Sullivans ihr Land weg und verlieh es den englandtreuen Puxleys. Kein Wunder, dass sich beide Familien nicht besonders verstanden. 1754 tötete Murthogh O'Sullivan in einem Duell den Chef der Puxleys, aber das war auch das Letzte, was die Chronisten von den O'Sullivans berichten.

Die Ruine gehört zum Gelände des Dunboy Castle Hotels und ist derzeit nicht zugänglich.

Halbinsel Beara 387

Morgenstund' hat Fisch im Mund – am Hafen von Castletownbere

▸ **Dursey Island:** Eine abenteuerliche Fahrt mit Irlands einziger Seilbahn führt über die im Abgrund tobende Gischt hinüber auf die kleine Felsinsel, die sich hervorragend für eine Rundwanderung eignet. Auch nachdem die Bahn 1994 neu verkabelt wurde, bedarf es noch eines gehörigen Maßes an Gottvertrauen, sich den rostigen Verankerungen anzuvertrauen. Die letzten Alten, die noch ganzjährig auf der kahlen Insel leben, haben es. „Ihre Zeit läuft ab", meint Paddy O'Sheehan, der die Seilbahn bedient. Vielleicht warten sie auf den Tag, an dem sie im Schatten der Kirchenruine die letzte Ruhe finden, die auf Dursey Island wörtlich zu nehmen ist. Es gibt nicht mal einen Pub, dafür eine Unmenge Vögel. Als die englische Armee 1602 Dunboy Castle belagerte, richtete sie quasi nebenbei ein Massaker auf Dursey an, tötete 300 der hierher geflohenen Iren und warf die Leichen ins Meer.

• *Verbindung* Theoretisch ist die **Bahn** tägl. 9–11, 14.30–17 und 19–20 Uhr in Betrieb. Doch Sturm, Krankheit, unvorhergesehene Viehtransporte (die haben Vorrang) oder Unpässlichkeit machen den Fahrplan zur Glückssache. Am besten, Sie rufen Paddy O'Sheehan vorher an (✆ 027 73017) und vereinbaren auch gleich die Rückfahrt. Fahrräder werden nicht befördert. Die Überfahrt kostet 4 €.

• *Übernachten/Essen* **Windy Point House,** ✆ 027 73017, www.windypointhouse.com, DZ 70 €. An der Seilbahnstation, alle Zimmer garantiert mit Seeblick. Frühstückseier von eigenen, frei laufenden Hühnern, auf Vorbestellung wird auch abends gekocht.

Dursey Cottage, Rosarie O'Neill, ✆ 027 74360, http://homepage.tinet.ie/~suebf, Woche 250 €. Das Cottage ist eine Übernachtungsmöglichkeit direkt auf der Insel – Verpflegung muss man natürlich mitbringen. Die Vermieterin lebt in Eyeries und hat dort noch ein weiteres Ferienhaus und B&B.

388 Der Südwesten/County Cork

Die Fahrkunst

Stellen Sie sich vor, man schickte Sie nach langen Stunden härtester Maloche in Staub und Hitze noch eben mal schnell über eine wacklige Leiter einen Fernsehturm hinauf – so ähnlich erging es früher den Bergleuten, die nach Schichtende aus der Grube wieder ans Tageslicht wollten. Von der untersten, etwa 600 m tiefen Sohle der *Silbergrube Samson* im Harz dauerte der Aufstieg rund 2 ½ Stunden. Um das Los der Bergleute zu erleichtern (und um die produktive Arbeitszeit verlängern zu können), entwickelten Ingenieure die „Fahrkunst" (engl. *man engine*). In ihrer einfachen Variante war sie eine mit Trittbrettern ausgestattete Pumpenstange, die sich im Schacht mit einem Hub etwa 3 m auf und ab bewegte. Um auszufahren, stieg der Bergmann auf das Trittbrett, ließ sich besagte 3 m nach oben hieven, stieg dort auf ein anderes an der Schachtwand befestigtes Brett um, wartet dort ab, derweil die Pumpenstange wieder nach unten ging, und ließ sich mit der nächsten Aufwärtsbewegung wieder eine Etage höher heben. Von diesem Typ, der v. a. in Cornwall verbreitet war, war auch die Man Engine in Allihies. Im Harzer Bergbau benutzte man die Zweistangen-Fahrkunst mit zwei parallelen Stangen, deren Bewegung phasenweise verschoben war: Bewegte sich die eine hoch, ging die andere nach unten und umgekehrt. Hier wechselte der Bergmann am Ruhepunkt der Stangen nur von einer zur anderen, war so in einer ständigen Fahrbewegung und kam auf diese Weise doppelt so schnell nach oben wie bei einer vergleichbaren Einstangen-Fahrkunst. Zu erleben ist die letzte funktionsfähige Fahrkunst noch in der Grube Samson im Oberharz – virtuell unter www.foerdergerueste.de/gewalt.1.swf.

▶ **Allihies:** War ihr Besitz zuvor nur eine karge, unnütze Felslandschaft gewesen, machte die Entdeckung der Kupfervorkommen (1810) die Puxleys auf einen Schlag zu reichen Leuten. Bis zu 1300 Bergarbeiter aus Cornwall, darunter viele Frauen und Kinder, holten unter unmenschlichen Arbeitsbedingungen das Erz bis 250 m tief aus dem Berg. Dafür gab es einen Hungerlohn, der ihnen beim Einkauf im bergwerkseigenen Laden – dem einzigen hier – mit überhöhten Preisen z. T. gleich wieder abgeknöpft wurde. *Daphne du Maurier* hat in ihrem Roman „Die Erben von Clonmere" (engl. „Hungry Hill") das Leben der Minenarbeiter von Allihies festgehalten. Seit 1983 ist der Abbau eingestellt, aber nördlich des Dorfes sind die alten, eingezäunten Schächte und die Kamine der Pumpen nicht zu übersehen. Ein Wegweiser führt zum Hauptschacht. Restauriert wurde das Maschinenhaus der **Man Engine** (siehe Kasten). In der früheren methodistischen Kirche wurde ein **Bergbaumuseum** eingerichtet, das die Geologie, die Technik und das Leben der Bergleute dokumentiert.

Allihies Copper Mines Museum, ⊙ Mo–Fr 10–13/14–17 Uhr, Sa/So 12–17 Uhr; Eintritt 5 €; www.acmm.ie.

Der Goldrush ist vorüber – und Allihies wieder ein vergessenes Nest am Ende der Welt, in das sich trotz des schönen Strandes an der **Ballydonegan Bay** nur wenige Fremde verirren. Die Strecke nördlich von Allihies ist der schönste Teil des Ring of Beara. Die Straße windet sich steil über die Kalkfelsen, das Gelände gleicht einer Hochgebirgslandschaft und ist doch nur einen Steinwurf vom Meer entfernt. In der um 1950 aufgegebenen Fischersiedung **Cleanaugh** am **Kap Cod**

Halbinsel Beara

Dursey Cable Car: mit der Seilbahn übers Meer

werden die Ruinen wieder eins mit der Natur. Bonnie's Hostel gibt weitere Tipps zu Zielen in der Umgebung.

Übernachten **Seaview Guesthouse**, Allihies, Main St., ✆ 027 73004, www.seaviewallihies.com, DZ 75 €. In einem älteren Haus gleich neben dem Dorfladen vermietet Mary O'Sullivan 10 einladende Zimmer mit TV, Kaffeekocher und teilw. Meerblick.
Inches House, Eyeries, ✆ 027 74494, www.eyeries.com, Cottages 280–480 €/Woche. Die Cottages sind ansprechend und nicht überladen eingerichtet. Hausherr John fährt die Gäste auf seinem Boot Tigger zum Hochseeangeln.
Village Hostel (IHH), Allihies, Main St., ✆ 027 73107, www.allihieshostel.net, April–Okt., Bett 18–20 €, DZ ohne Frühstück 50 €. Ein neueres Hostel, mit ordentlichen Matratzen, gut ausgestatteter Küche und schönem Blumenschmuck. Campingmöglichkeit. Viele Gäste aus Deutschland. Empfohlen!

Essen **Lighthouse Bar**, Allihies, Main St. Pächter Gary O'Sullivan ist im Hauptberuf Fischer und Fischzüchter. Die Hummer, die seine Frau in der Küche zubereitet, sind deshalb garantiert frisch – und kosten kaum mehr als ein Fleischgericht.

▶ **Wanderung Allihies – Dursey Sound:** Die drei- bis vierstündige Tour ist ein Abschnitt des Beara Way und anhand der Beschilderung kaum zu verfehlen. Man folgt von Allihies der Straße etwa 3 km nach Westen und schlägt dort, wo sie landeinwärts biegt, den Markierungen des Beara Way folgend, rechts einen Feldweg ein, der weiter an der Ballydonegan Bay bleibt. Nach 500 m endet der Fahrweg. Jetzt geht es links den Hügel hinauf und oben auf dem Kamm entlang weiter nach Westen – rechter Hand ist ein Steilabfall, also Vorsicht. Bald kommt Dursey Island in Sicht, der Pfad fällt jetzt leicht ab, stößt auf einen Feldweg und erreicht dann die Landstraße. Dort links halten und an der nächsten Gabelung nach rechts abbiegen, vorbei an einem B&B und in Serpentinen den Hang hinauf bis zu einem Haus auf der Spitze des Hügels. Das Haus wird auf der Nordseite umgangen und man schlägt einen Pfad zwischen Heckenreihen ein, der durch ein hölzernes Gatter entlang einer Mauer und später einem Zaun wiederum bergauf führt. Der Zaun bleibt rechts,

390   Der Südwesten/County Cork

Keiner weiß, wie ich heiß

man steigt fast bis zur Küste ab, folgt dieser ein Stück nach Norden und biegt an einem Haus mit rostigem Dach landeinwärts auf einen Teerweg ein, der in der Streusiedlung Garinish wieder auf die Landstraße trifft. Jetzt ist es links noch etwa 1 km zur Seilbahn.

▶ **Eyeries:** „Dieses hat uns von allen Dörfern und Städten, die wir in Irland gesehen haben, am besten gefallen. Schon von Weitem sieht man das Dorf als einen leuchtenden, bunten Klecks in der Nähe der Küste. Im Ort selbst gibt es wohl keine zwei Häuser, die in der gleichen Farbe gestrichen wurden. Auch der Tourismus ist hier anscheinend noch nicht dominant: Außer einem kleinen Wollpulloverladen und einem kleinen Supermarkt haben wir eigentlich nichts gefunden." (Lesertipp von Birte Rehse und Christian Dorn)

▶ **Glanmore Lake:** Die Nordküste der Beara-Halbinsel zeigt sich weniger schroff als ihre Südseite und wird deshalb von den Bauern bevorzugt. Die Abzweigung zum See ist von der R 572 1/2 km westlich von **Lauragh** ausgeschildert. Die erste asphaltierte Weggabelung wiederum nach rechts endet an einigen Gehöften – hinter dem ersten sieht man einen Steinkreis. Die Teerstraße mündet in einen Pfad, der den Bach überquert und in einer knappen Stunde durch das **Drunminboy-Tal** in die **Pocket** führt, einem Kessel mit einer nach dem Großen Hunger verlassenen Siedlung. Die „Pocket" ist wirklich eine Tasche, also ein Kessel, dessen Steilwände ohne Hilfen nicht zu erklimmen sind. Doch die Höhen im Umkreis, alle um 650 m, reizen natürlich. Für erfahrene Bergwanderer bietet sich der vom Steinkreis aus gesehen am weitesten südlich gelegene Vorberg an. Man hält im rechten Winkel auf ihn zu, öffnet (und schließt) das Gatter und überquert durch eine Furt den Bach, dann erfordert ein steiler Anstieg zum Sattel zwischen dem Vorberg und dem eigentlichen Gipfel (*Lacabane*, 660 m) einiges an Kondition. Ob man vom Sattel aus auf diesen Berg kommt, wäre zu erproben. Auf der Westflanke des Vorbergs kann man jedenfalls, einen Wald links liegen lassend, zum Südufer des Glanmore Lake und zur Straße absteigen. Hier erinnert die Landschaft an den Königssee im Berchtesgadener Land.

Halbinsel Beara **391**

Übernachten **Glanmore JH,** am Südende des Sees, ✆ 064 668 3181, geöffnet Juni–Sept., sonst telefonisch anfragen, Bett 13–16 €. Die JH, die auch Ruderboote verleiht, ist Treffpunkt der Wanderer und die beste Info-Quelle über die Umgebung. Dürftige Sanitärausstattung, kein Laden weit und breit und ein dem Eindruck nach nicht sonderlich engagierter Warden müssen in Kauf genommen werden.

▶ **Inchaquin Wasserfall:** Etwa auf halber Strecke zwischen Lauragh und Kenmare ist rechter Hand ein Weg „Wasserfall 8 km" ausgeschildert. Er führt an mehreren, übereinander liegenden Seen entlang und ist für sich eine Wanderung wert. Am Ende erwartet den Besucher ein Wasserfall – und 4,50 € Eintritt. Wer das Wegegeld löhnt, darf auf einem wüst in die Landschaft geschlagenen Rundweg die Höhe über dem Wasserfall erklimmen. Zugegeben, das Gelände ist traumhaft schön, es gibt einen Steinkreis, an warmen Tagen kann man sogar im Fluss baden, doch der asphaltierte Weg ist eine unnötige und schmerzhafte Wunde.

Camping **Peacock,** Coornagillagh, an der R 571 zwischen Lauragh und Kenmare, ✆ 064 668 4287, www.neidin.net/peacock, Mitte Juni–Mitte Sept., 2 Pers. mit Zelt 15 €, Hütten ab 11 €/Person. „Der Zeltplatz befindet sich auf einem trocken gelegten Moor. Dementsprechend weich ist auch der Boden (das Zeltaufstellen war somit ein richtiger Genuss). Das nette, holländische Ehepaar hat einen Teil des Moors erhalten, was die Idylle vollkommen macht. Es laufen diverse Tiere frei herum, z. B. Pfauen und Katzen; in einem kleinen Gehege befinden sich Ziege, Schafe und Fasanen." (Lesertipp von Annkatrin Fischer)

▶ **Derreen Garden:** Der Park bei Lauragh, etwa 25 km südwestlich von Kenmare, wurde ab 1870 unter dem *5. Marquis of Lansdowne* angelegt, dessen Nachkommen er noch heute gehört. Wenn seine gräfliche Durchlaucht der Krone nicht gerade in Kanada oder Indien diente, überwachte er die Gartenarbeiten höchstpersönlich. Mittelpunkt des Parks ist das Schloss, das nach den Verwüstungen des Bürgerkriegs in den 1920ern neu gebaut wurde. Von der Terrasse streift der Blick über eine Wiese in den subtropischen Wald. Schmale Pfade schlängeln sich durch Bambushaine, Eukalyptusreihen und Pflanzungen mit exotischen Koniferen. Viel bewundert werden die Baumfarne *(Dicksonia antarctica)*, die sich hier im Freien ohne jedes menschliche Zutun vermehren. Auch die chilenische Myrte *(Myrtus luma)* lässt manchen Hobbygärtner vor Neid erblassen. Der Park lohnt besonders im Frühsommer einen Besuch, wenn die Rhododendren blühen.

⏰ April–Juli, Sept.–Okt. tägl. 10–18 Uhr, Aug. nur Fr–So 10–18 Uhr; Eintritt 6 €. Wasserfeste Schuhe und Mückenschutz sind von Vorteil.

Was haben Sie entdeckt?

Haben Sie einen beschaulichen oder einen atemberaubenden Wanderweg gefunden? Ein stimmungsvolles Singing Pub? Ein angenehmes B&B mit freundlichen Gastgebern?

Wenn Sie Ergänzungen, Verbesserungen oder neue Tipps zu diesem Buch haben, lassen Sie es mich bitte wissen.

Ralph-Raymond Braun
Stichwort „Irland"
c/o Michael Müller Verlag
Gerberei 19
91054 Erlangen
r.braun@michael-mueller-verlag.de

County Kerry – Natur pur mit viel Einsamkeit

County Kerry

Highlights

- **Ring of Kerry** – muss wohl sein. Passen Sie auf, dass Ihnen keiner auf die Füße tritt oder gar drüber fährt … (S. 397)
- **Skellig Ring** – bei Michael McGabbham Schokolade kaufen und diese dann zum Sonnenuntergang mit Blick auf St. Finan's Bay genießen (S. 402)
- **Gap of Dunloe** – ein Klassiker seit Thomas Cook ist diese Nationalpark-Tour per Boot und Kutsche. Fahrrad oder fleißige Füße tun's übrigens auch … (S. 422)
- **Inch** – eine sandige Nehrung ragt weit ins Meer hinaus. Schön zum Strandwandern und sogar Baden (S. 425)
- **Fungie** – Dingles Delfin begrüßt morgens die Ausflugsboote und menschlichen Mitschwimmer (S. 432)
- **Gallaruskapelle** – Irlands älteste intakte Kapelle ist nach 1000 Jahren nur ein bisschen schief (S. 438)
- **Mount Brandon** – nur Konditionsstarke, heißt es, sollen den heiligen Berg erklimmen. Doch zum Sommerfest *Féile Lughnasa* strömen die Massen (S. 441)
- **Blasket Islands** – Robben beäugen das schaukelnde Anlanden der Zweibeiner; ein Visitor Centre erzählt vom literarischen Erbe der verlorenen Inselkultur (S. 442)

County Kerry

Natur pur mit viel Einsamkeit, aber an den schönsten Plätzen auch gnadenloser Rummel sind typisch für das County Kerry, das bei kaum einer Irlandreise ausgelassen wird.

Die Landschaft lebt vom Gegensatz. Tiefschwarze oder dunkelblaue Bergseen sorgen für Abwechslung in den sonst eintönigen Farn- und Erikafeldern der Hochflächen. Schroffe Berge stürzen unvermittelt in den tosenden Atlantik und lassen doch Raum für liebliche Sandbuchten, draußen am Horizont ragen einsame Felsinseln aus dem Meer. Auf sanften Hügeln blühen Ehrenpreis und wilde Nelken, während in den Steilfelsen der *Macgillycuddy Mountains*, des höchsten Gebirges von Irland, selbst Moose und Flechten nur mühsam Halt finden.

Thomas Cook, der Erfinder der Pauschalreise, entdeckte Kerry für den Fremdenverkehr. *Killarney* und der *Ring of Kerry*, die Panoramaroute um die Iveragh-Halbinsel, gehören zum „Pflichtprogramm" einer Irlandreise, die touristische Infrastruktur ist dementsprechend gut. Auch in der unteren Preisklasse finden sich fast überall Nachtquartiere und Restaurants, und zumindest im Sommer kommt man mit öffentlichen Verkehrsmitteln recht weit. Doch auch hier muss man sich nur wenige Schritte abseits der ausgetretenen Routen begeben, um ein karges und nur dünn besiedeltes Land zu erleben, in dem die Menschen noch immer von den winzigen, unproduktiven Feldparzellen leben, vom Fischfang, der immer weniger hergibt, vom Geld aus Amerika oder von der Sozialhilfe. Jeder zweite Bewohner ist über 50 Jahre alt, die Jugend wandert ab, wer bleibt, der wartet auf Wunder.

Die *Dingle-Halbinsel* tritt erst allmählich aus dem Schatten des übermächtigen Ring of Kerry. Mit den Bienenkorbhütten der Klosterstadt Fahan, der Gallarus-Kapelle und anderen frühchristlichen Monumenten gibt es hier auf engem Raum eine Fülle archäologischer Stätten wie kaum sonst irgendwo auf der Grünen Insel. Sportlernaturen können in der Dingle-Bucht ihre Runden mit dem Delphin Fungie ziehen, dem örtlichen Medienstar. Weniger interessant ist der *Norden* der Grafschaft. Das flache und fruchtbare Bauernland gehört geographisch schon zu der großen Ebene, die über Limerick bis nach Tipperary reicht und im Gegensatz zum „wilden Westen" die Begehrlichkeit der anglo-normannischen Eroberer weckte.

Kenmare

Die weitgehend nach einem Reißbrettplan von 1775 gebaute Stadt hat keine herausragenden Sehenswürdigkeiten, ist aber das südliche Tor zum Ring of Kerry und lebt weitgehend vom Fremdenverkehr.

Kenmare (2000 Einwohner) ist eine fremde Enklave im irischen Westen. Von Beara kommend fühlt man sich unversehens in eine andere Welt versetzt. Viele Bewohner geben sich keine Mühe, ihren britischen Akzent zu verbergen, andere sprechen mit deutschem Einschlag, und im Sommer dürfte es mehr Urlauber als ständige Einwohner geben. Ursula und Frank, als Duo *Fairing* Stars der lokalen Musikszene, stammen aus Berlin. Delikatessengeschäfte, schicke Boutiquen und gestylte Secondhand-Läden bezeugen, dass sowohl die Zuwanderer als auch die Reisenden nicht zu den Ärmsten gehören. Verglichen mit Killarney ist die kosmopolitische Kleinstadt freilich eine Oase und verdient, als Basisquartier für die Erkundung der Iveragh-Halbinsel in Erwägung gezogen zu werden.

394 Der Südwesten/County Kerry

Geschichte

Als *William Petty* 1670 die Bergarbeitersiedlung Kenmare gründete, konnte er bereits auf eine bemerkenswerte Karriere zurückblicken. Im Dienste Cromwells hatte er die beschlagnahmten Ländereien zu vermessen und als Kriegsbeute unter den Soldaten aufzuteilen. Viele Söldner sahen aber lieber Bargeld, und so brachte Petty nach und nach bald ein Viertel der Grafschaft Kerry in seine Hand. Das Herzstück seines Besitzes bildete das Gut Lansdowne um Kenmare herum. Der eifrige Landvermesser war clever genug, sich rechtzeitig auf die Seite des Königs zu schlagen und konnte so nicht nur den Fall Cromwells schadlos überstehen, sondern weiteres Land und obendrein einen Adelstitel einheimsen. Petty war aber nicht nur ein knallharter Spekulant, sondern auch ein exzellenter Wissenschaftler: mit 27 Jahren Professor der Medizin sowie der Musik, außerdem eine Kapazität auf den Gebieten Statistik und Ökonomie und schließlich ein Wegbereiter der Eisenverhüttung.

Information/Verbindungen/Diverses

• *Information* Beim Heritage Centre am Marktplatz, ☎ 064 664 1233, Juli/Aug. tägl. 9.30–19 Uhr, Juni, Sept./Okt. Do–Di 9.30–17.30 Uhr; mit einer Ausstellung zur Stadtgeschichte. www.kenmare.com und www.neidin.net.

• *Verbindung* Bus nach Killarney, im Sommer auch nach Bantry – Cork, im Sommer auch Mo–Fr nach Castletownbere und Sneem. Abfahrt vor Roughty's Bar in der Main Street.

• *Fahrradverleih* **Finnegan's**, Henry St., ☎ 064 664 1083. Im Sommer organisierte Touren mit dem örtlichen Fahrradclub, ☎ 064 664 1333.

• *Reiten* **Blackwater Stables**, Blackwater Bridge, ☎ 087 620 3627, www.blackwater stables.eu, 12 km außerhalb an der Sneem Rd., Trekking (Std. 25 €) und Unterricht für Kinder und Erwachsene.

• *Angeln* **Kenmare Bay Angling & Sightseeing Cruises**, ☎ 087 259 2209, www.kenmareanglingandsightseeing.com, Mitte Mai bis Sept. Angeltouren in der Bucht.

• *Bootstouren* **Seafari Cruises**, ☎ 064 664 2059, www.seafariireland.com. Bei den naturkundlichen (und humorvollen) „Seafaris" lernt man Robben und allerlei anderes Getier in der Kenmare Bay kennen.

Übernachten/Camping

***** **Park**, ☎ 064 664 1200, www.parkken mare.com, DZ 365–600 €. Das viktorianische Schlösschen ist ein kleines, aber sehr feines Hotel. Der eigene Golfplatz ist ebenso selbstverständlich wie die eigene Gärtnerei, die Schnittblumen zur Dekoration des Hauses zieht. Den Gourmet muss allerdings bedenklich stimmen, dass das Haus seinen vor Jahren verlorenen Michelin-Stern noch nicht wieder gewonnen hat.

***** **Sheen Falls**, ☎ 064 664 1600, www.sheenfallslodge.ie, DZ 310–600 €. Das neuere Haus hat weniger Atmosphäre als die Konkurrenz, macht dies aber mit einem Mehr an Ausstattung wett: Reiten, Tontaubenschießen und Tennis gehören dazu; für die Superreichen gibt es einen Helikopter-Landeplatz und für Exzentriker Oldtimer zum Ausleihen.

*** **Landsdowne Arms**, William St., ☎ 064 664 1386, www.landsdownearms.com, DZ

95–150 €. Das älteste Hotel am Ort wurde unter neuen Besitzern völlig umgekrempelt. Die geräumigen, in zarten Pastelltönen gehaltenen Zimmer sind üppig ausgestattet. Ein Raum auf jeder Etage hat einen halbrunden Grundriss – eine originelle Note des Hauses.

Guesthouse Shelburne Lodge, Cork Rd., ☎ 064 664 1013, www.shelburnelodge.com, DZ 100–160 €. Tom und Maura Foley's haben sich schon mit Packie's Restaurant einen Namen gemacht. Ihre Pension wurde gegen 1740 als Wohnhaus für John Petty erbaut, den Enkel des Stadtgründers und 1. Grafen von Shelburne. Die 9 Zimmer, einige davon im früheren Kutschenhaus, sind mit Antikmöbeln ausgestattet. Aus den Fenstern blickt man auf Garten und Rasentennisplatz. Hoch gelobtes Frühstück.

Virginia's Guesthouse, Henry St., ☎ 064 664 1021, www.virginias-guesthouse.com, DZ

Kenmare 395

60–100 €. Zentral über Mulcahy's Restaurant, modern und doch behaglich eingerichtet, kleine Gästebibliothek, vielfältige Frühstückskreationen wie etwa Porridge mit Whiskeysahne oder Bananenpfannkuchen.

B&B Hawthorn House, Shelbourne St., ☎ 064 664 1035, www.hawthornhousekenmare.com, DZ 80–90 €. Zentral gelegen, die nach Sights aus der Umgebung benannten Zimmer sind im skandinavischen Stil eingerichtet. Gemütliche Lounge, die Frühstückskarte wird auf einem Notenständer präsentiert. Der Preis ist angemessen.

B&B Muxnaw Lodge, Castletownbere Rd., ☎ 064 664 1252, www.muxnawlodge.com, DZ 70–90 €. 15 Gehminuten vom Zentrum entfernt, wurde das 200 Jahre alte Jagdhaus der Calverleys zu einer kleinen Pension mit 5 Gästezimmern umgebaut, wobei die neuen Räume weniger Stil, dafür aber mehr Komfort bieten. Toller Ausblick, großzügiger Garten, auf Vorbestellung auch Dinner.

B&B Caha's, Hospital Cross, ☎ 064 664 1271, www.kenmare.net/caha, April–Okt.,

DZ 70 €. Das Haus befindet sich am Ortsrand etwa 15 Gehminuten nördlich der Kirche. Es ist modern eingerichtet, mit bunten, von der Hausherrin selbst gemalten Bildern geschmückt und hat geräumige Zimmer mit Bergsicht. (Lesertipp)

B&B Greenville, Landsdowne Lodge, am Golfplatz, ☎ 064 664 1769, Mai–Okt. DZ 70–90 €. „… hatten wir ein außerordentlich großes, ruhiges und sehr sauberes Zimmer. Das Frühstück ließ keine Wünsche offen, sehr nette Besitzerin." (Lesertipp von Ulrike Friemann)

Kenmare Lodge Hostel, 27 Main St., ☎ 053 664 0662, www.kenmare.eu/lodgehostel, Mai bis Okt., Bett 17 €, DZ 40–50 €. Das bessere der beiden Hostels im Ortszentrum hat 3 Schlafsäle und 5 kleinere Zimmer, hinter dem Haus kleiner Freisitz mit Grillstelle.

Faungorth Activity Centre, 3 km außerhalb an der Kilgarvan Rd., ☎ 064 664 1770, bietet die Kenmare nächstgelegene Campingmöglichkeit.

Essen/Pubs

The Lime Tree, Shelbourne St., ☎ 064 664 1225, www.limetreerestaurant.com, April–Okt. tägl. ab 18 Uhr, im Winter nur Fr–So. Schönes altes Haus mit freigelegtem Mauerwerk, Holztäfelung und offenem Kamin. Die oberen Räume dienen als Galerie. Die Küche im besten Restaurant der Stadt konzentriert sich auf Meerestiere, dazu wenige Fleischgerichte. Der Gedanke an honigsüße Entenbrust mit Vanillekartoffelbrei, Pastinaken, Sesamcreme und Cranberrys bringt die Speicheldrüsen ins Wallen. Hauptgericht bis 25 €.

Packie's, Henry St., ☎ 064 41 508, Mo–Sa ab 18 Uhr, Menü 45 €. Ob Saison oder nicht, Martin Hallisseys Restaurant und Bar sind jeden Abend gut voll. Die Küche glänzt durch unkomplizierte, aber geschmacksstarke Kreationen. Probieren Sie den Lammrücken mit Linsen oder den mit Hühnerfleisch und Pilzen gefüllten Pfannkuchen. Zum Dessert empfehlen wir Vanilleeis.

An Leath Phingin Eile, 35 Main St., ☎ 064 664 1559, Mi–Mo ab 18 Uhr. Unter neuer Leitung widmet sich die frühere Pizzeria nun der modernen irischen Küche, sei's Seeteufel oder Schweinebauch. Alles hausgemacht, bevorzugt regionale Produkte. Menü 30 €.

The Horseshoe, 3 Main St., ☎ 064 664 1553, www.horseshoebarkenmare.com, tägl. mit-

tags und ab 17 Uhr. Blumengehänge und ein paar Tischchen vor dem Lokal laden ein, einen Blick hineinzuwerfen. Jedoch ist The Horseshoe kein Platz für Leute, die eine Diät machen, denn die Gerichte sind recht gehaltvoll: Schälrippe *(spare ribs)* mit Meerrettich z. B., dazu Salat und handgeschnitzte Pommes, Pudding mit Custardsauce. Gerichte bis 25 €.

Purple Heather, Henry St., Mo–Sa 11–19 Uhr. Ein rustikales Bistro mit Barfood im Stil der neuen irischen Küche, auch Sandwichs und leckere hausgemachte Desserts.

Davitt's, Henry St., „Ausgezeichnetes Essen zu günstigen Preisen", lobt Leser Thomas Schol und empfiehlt die Entenbrust (18 €, diverse Tagesgerichte für 15 €). Über der im Art-Deco-Stil eingerichteten Bar mit Restaurant werden auch Fremdenzimmer vermietet. www.davitts-kenmare.com.

PF McCarthy, 14 Main St., ein gemütlicher Pub mit preiswertem Restaurant, z. B. Lunchmenü mit Fisch 12 €, auch Pizza und klassisches Barfood wie Suppen und Sandwichs. Sonntags keine warme Küche. www.pfmccarthy.com.

Als Coffeeshop empfiehlt sich **Jam** in der Henry St., freundlicher Service, mäßige Preise und eine eigene Bäckerei/Konditorei mit verführerischen Kuchen und Torten. An

Der Südwesten

Karte S. 328/329

396 Der Südwesten/County Kerry

schmackhaften Tellergerichten gibt's z. B. Lachs und Spinat im Teigmantel. Oder darf's eine Quiche mit gebratenem Gemüse und Ziegenkäse sein? Auch Straßenverkauf. www.jam.ie.

● *Pubs* **Crowley's,** Main St., wird für seine Sessions (Mo, Di) gerühmt, bei denen die Wirtin manchmal selbst zur Geige greift. Andere Pilgerziele eines musikalischen Pub Crawl wären **Square Pint** und die **Atlantic Bar** (beide am Market Square) sowie **The Bold Thady Quill Bar** im Landsdown Arms Hotel.

Einkaufen

● *Landkarten/Bücher* Gibt es im **Kenmare Bookshop** an der Ecke Main St./Shelbourne St. **Noel & Holland** in der Bridge St. pflegen als modernes Antiquariat die Schwerpunkte Irland und Krimi.

● *Markt* **Farmers Market,** am Hauptplatz, Mi–Sa ab 10 Uhr, Juli/Aug. tägl.

● *Musikalien* **Soundz of Muzic,** Henry St., www.soundzofmuzic.com. Der hilfsbereite und in seinem Metier schier allwissende John Rubin verkauft CDs mit traditioneller irischer Musik und die entsprechenden Instrumente und Noten.

● *Spitzen* **Lace Centre,** Market Sq., neben dem Verkehrsamt, www.kenmarelace.ie. Bis in die 50er Jahre wurde in der Klosterschule von Kenmare fleißig genäht, gestickt, geknüpft, gehäkelt und gewirkt. Neuerdings hat eine Initiative das alte Handwerk wiederbelebt und verkauft die nach alten Vorlagen gefertigten Spitzen.

● *Strickwaren* **Quills,** Main/Ecke Henry St. Eine Filiale von Irlands größtem Strickwarenhändler, auch Tweed, Kaschmir und andere Textilien.

Sehenswertes

Heritage Centre: Die kleine Ausstellung bei der Touristinformation erzählt die Stadtgeschichte. Außer dem Stadtgründer William Petty begegnen wir beispielsweise der Nonne Margaret Anna Cusack (1824–1899), die als Frauenrechtlerin aus Kenmare vertrieben wurde. Oder dem Poor Clare Convent, jener Klosterschule, die Stickerei und Klöppelei in Kenmare einführte und den Frauen damit eigene Verdienstmöglichkeiten bot.

⊙ Ostern–Sept. Mo–Sa 9.30–17.30 Uhr, Juli/Aug. bis 19 Uhr. Eintritt frei.

Bonane

Mit der Streusiedlung Bonane verabschiedet sich die von Kenmare Richtung Glengariff führende N 71 von der lieblichen und grünen Landschaft, um anschließend in die unwirtlichen Caha-Mountains aufzusteigen. Auf dem Parkplatz vor *Molly Gallivan's* (s. u.) blickt eine lebensgroße Holzfigur über das Tal zum jenseitigen Gipfel, auf dem bei guter Sicht ein Grabhügel auszumachen ist. **„Der Druide"**, wie das knorrige Männlein mit Wanderstab und Kapuze heißt, steht symbolisch für jene Siedler, die in grauer Vorzeit nach Bonane kamen, um das Land zu kultivieren, und deren Nachkommen nicht nur irgendwann einmal einen Anführer oben auf dem Berg bestatteten, sondern an vielen Stellen im Tal steinerne Spuren hinterließen.

So muss der gemeindeeigene **Bonane Heritage Park** nichts nachbauen oder simulieren, sondern kann mit einem kurzen Rundgang Ringfort, Steinkreis, Megalithen und eine eisenzeitliche Kochstelle *(fulacht fiadh)* im Original und am Fundort präsentieren. Auch ein *Bullaun,* ein halbkugelförmig ausgehöhlter Stein steht im Park, über dessen Zweck noch gerätselt wird. Waren es einfache Steinmühlen oder Mörserschalen für das Korn, hängen sie mit dem Wasserkult zusammen oder bilden sie gar astronomische Konstellationen ab? Ein besonders interessanter, jedoch von der Straße nur mühsam über eine Böschung zu erreichender Bullaun steht auf dem verwilderten Feld gleich unterhalb des Friedhofs *Drom-Fiachna,* der sich, von der

Ein Bullaun – Steinmühle, Gletschertrog oder Kultstätte?

Dromagorteen-Brücke als „burial ground" ausgeschildert, am Fahrweg 2 km flussauf des Heritage Parks befindet. Eine im Park erhältliche Karte verzeichnet noch viele andere prähistorische Stätten im Tal.

Die ausgeschilderte Zufahrt zum Heritage Park zweigt bei der Schule von der Hauptstraße ab. Er ist in der Saison täglich geöffnet, hat aber keine festen Öffnungszeiten. Eintritt 2 €. www.bonaneheritagepark.com.

Weiter oben an der Hauptstraße erinnert **Molly Gallivan's Cottage und Farm** an das Landleben des 19. Jh. Ein kurzer Film stellt uns die alleinerziehende Molly mit ihren sieben Kindern vor, die hier tatsächlich einmal gelebt hat, um die sich aber auch viele Legenden ranken. Ihr um einen modernen Toilettentrakt erweitertes Haus ist nun Tearoom und Souvenirladen und beherbergt im Obergeschoss ein Museum. Beim Rundgang durch das Außengelände begegnet man neben Enten und der Sau auch dem verrosteten Destillierapparat, mit dem Molly oder wer auch immer illegalen Whiskey brannte. Interessant und so nur selten zu sehen ist der Kalkofen *(lime kiln)*, in dem Kalkstein zu Dünger und Mörtel gebrannt wurde.

⏱ März–Okt. tägl. 10–18 Uhr. Eintritt 4 €.

Ring of Kerry (Iveragh-Halbinsel)

Die 180 km lange Rundfahrt um die Iveragh-Halbinsel gilt als ein Höhepunkt jeder Irlandreise. Die Nordküste wirkt eher etwas langweilig, doch Süd- und Westküste mit ihren Fjorden und Inselchen sind ein echtes Erlebnis.

Im Lauf der erdgeschichtlichen Entwicklung hoben sich die Sandsteinplatten von Südwesten her um etwa 30 Grad an. Hier ist also die schroffe Seite, an der durch die Erosion der nackte Fels zutage tritt, während die Nordostflanke eine nur flach geneigte schiefe Ebene bildet, die eine Humusschicht durchgehend bedeckt. Rosinen des Landschaftserlebnisses beschert der Aufstieg von Caherdaniel zum **Coomakesta-Pass,** bei dem man die Bucht mit ihren Inseln, Dünen und dem sich zwischen

Sandbänken durchschlängelnden Fluss zu Füßen hat, während sich oben der Bergrücken aufbäumt. Noch grandioser und für Mountainbiker eine echte Herausforderung ist die Bergstraße im äußersten Nordwesten zwischen Ballynahow und Portmagee.

Üblicherweise erfolgt die Rundfahrt entgegen dem Uhrzeigersinn, denn so hebt man sich die besseren Partien für den Schluss auf. Wer nicht ständig Omnibusse überholen oder als Radler von ihnen an den Straßenrand gequetscht werden will, sollte im Sommer aber doch besser gegen den Strom fahren. Die Straße (N 70) ist gut ausgebaut, an den Aussichtspunkten sind Parkplätze angelegt. Ein eigener fahrbarer Untersatz – ob Fahrrad oder Auto – ist allemal besser als die organisierten Ausflüge oder der Linienbus, der im Sommer die Tour fährt, denn nur so kann man auch Abstecher ins Hinterland machen. Übernachtungsmöglichkeiten, auch Hostels und Campingplätze, gibt es mehr als genug. Nur im Juli und August kommt es zu Engpässen, weshalb es sich empfiehlt, in diesen Monaten die Nachtquartiere schon im Voraus von der Tourist-Info in Killarney buchen zu lassen. Drei Tage sollten Sie für den Ring of Kerry mindestens einplanen, denn je mehr Zeit man sich lässt, desto mehr kann man erleben. Am eindrucksvollsten ist natürlich eine Wanderung.

• *Verbindung* Außer den Ausflugsbussen machen Juli/Aug. tägl. Linienbusse von Killarney entgegen dem Uhrzeigersinn die Runde über die Halbinsel, weitere Busse fahren von Kenmare nach Sneem und von Killarney nach Cahirciveen. Auskunft Killarney Bus Station, ✆ 064 663 4777.

Wandern: Mit 215 km ist der Kerry Way der längste Fernwanderweg Irlands und sicher *die* Möglichkeit, die Halbinsel Stein für Stein zu erleben. Der Weg – gut markiert und technisch ohne Schwierigkeit – beginnt und endet in Killarney. Mit bis zu 30 km langen Tagesetappen oder 1000 m Aufstieg geht er allerdings streckenweise ganz schön in die Knochen; besonders, wenn man obendrein Gepäck auf dem

Wohnen am Ring of Kerry

Rücken trägt und gegen den Wind ankämpfen muss. Oft folgt die Route den alten „Butter Roads", auf denen, wie der Name schon andeutet, früher die Butter zum Markt gebracht wurde. Die spezielle Karte der Touristinformation zeigt den Weg leider nur abschnittsweise und nicht im Zusammenhang. Die bessere Alternative sind die Ordnance Karten der Serie 1:50.000. Karte 78 deckt den größten Teil des Weges ab, im Süden und Westen benötigt man zusätzlich Blatt 83.

Von Kenmare nach Sneem

Gut 10 km hinter Kenmare lohnt ein Halt bei der alten **Blackwater Bridge,** unter der in einer tiefen Schlucht der Bach durch sein felsiges Bett tost, überdacht von einem grünen Dschungel aus riesigen Rhododendron-Büschen. Wenig später stößt man bei **Parknasilla** ganz unerwartet auf den exotischen Anblick eines Palmenhains. Dahinter erstreckt sich ein 100 ha großer subtropischer Park (Zugang frei) mit dem Great Southern Hotel.

Staigue Fort

Das keltische Ringfort aus dem 3. oder 4. Jh. war eine Fluchtburg oder der Hof eines Edelmannes. Die Bewohner hatten eine gute Sicht auf das Meer und somit den Vorteil, feindliche Angreifer frühzeitig zu erspähen, ohne dass die Burg ihrerseits vom Wasser aus entdeckt werden konnte. Seltsam ist, dass auch der Eingang zur Meerseite zeigt. Ein Graben und ein 4 m starker Wall sicherten das Fort, innen führten Treppen zu einem Wehrgang hinauf.

Anfahrt Staigue liegt 3 km abseits der Hauptstraße. Die Zufahrt ist sehr eng und über weite Teile einspurig. Der Grundherr erwartet eine „Spende" fürs Wegerecht zum Fort, das jederzeit zugänglich ist.

Kurz vor Castlecove und der Abfahrt zum *Staigue Fort* lädt die malerische Badebucht **White Sands** zu einem Stopp ein. Wohnmobilfahrer können am Parkplatz ihren Frischwassertank füllen.

Caherdaniel

Die Streusiedlung an der Derrynane-Bucht hat einiges mehr zu bieten als der farbenprächtige Nachbarort Sneem oder sogar Kenmare. Ein 3 km langer Sandstrand verführt zu Spaziergängen. Mitsamt den Dünen und einem Wäldchen exotischer Bäume gehört er zum **Derrynane-Nationalpark**. Die Parkverwaltung hat durch die empfindliche Dünenlandschaft einen Naturlehrpfad angelegt, ein im Derrynane House erhältliches Heftchen erklärt an nummerierten Stationen die Entstehung dieser Naturschönheit. Den besten Überblick bekommt man vom Altar Hill, einem kleinen Felsen am Rande des Dünenfeldes. Mit einem Fernglas lassen sich auch die Vögel beobachten, die im Marschland zwischen Wald und Dünen auf Nahrungssuche sind. Bei Ebbe gelangt man fast trockenen Fußes zur **Abbey Island** hinüber, und im Wald ist noch ein aus dem Meer geborgener Ogham Stone aufgestellt.

Übernachten/Camping

● *Übernachten* ***** Derrynane Hotel,** ☎ 066 947 5136, www.derrynane.com, Mai–Sept. DZ 150–180 €. Das Haus liegt traumhaft über der Felsküste, die Preise sind angemessen, ein Stern ist zuviel. Die Zimmer haben Meerblick, wirken mit dem unver-

400   Der Südwesten/County Kerry

putzten Mauerwerk und den offenliegenden Faserplatten an der Decke aber sehr nüchtern und schmucklos.

Derrynane Bay House, Monica Hunt, ℡ 066 947 5404, www.ringofkerry.net, DZ 80 €. Der weiße Bungalow mit Natursteinmauern, Teppichböden und Meerblick liegt etwa 1 km außerhalb an der N 70.

Travelers Rest Hostel, am Ortsende Richtung Waterville, ℡ 066 947 5175, Bett 17 €, DZ 40 €. Ein zweigeschossiges, blumengeschmücktes Haus mit zwei Palmen vor der Tür. Sehr saubere, geräumige Zimmer, gemütlich und gut geheizt. Empfohlen.

● *Camping* **Wave Crest,** ℡ 066 947 5188, www.wavecrestcamping.com, Ostern–Mitte Okt., Zelt mit 2 Pers. 18 €. Ansprechendes, durch Felsen natürlich gegliedertes Gelände am Meer. Laden, Waschküche; heißes Wasser kostet extra.

● *Essen* **The Blind Piper,** Pub mit Restaurant, dort z. B. Lammrücken mit Walnusssauce 22 € oder als Barmeal Fishcake mit Salat. Im Sommer regelmäßig Irish Music.

● *Pub* **Freddie's,** Freddy, ein direkter Nachfahre Daniel O'Connells, verliert am Eichentresen im Hinterraum seines kleinen Ladens niemals den Überblick. Wenn die Luft zu dick wird, öffnet er einfach die Hintertür. Und wer mal „muss", schöpft zwangsläufig frische Luft, denn die WCs sind wie anno dazumal über den Hof.

● *Surfen/Boote* **Derrynane Sea Sports,** am Pier, Mai–Sept., ℡ 087 908 1280, verleiht Surfbretter, Paddel- und Segelboote.

● *Reiten* **Eagle Rock,** Caroline Donnelly, ℡ 066 947 5145, www.eaglerockcentre.com.

Sehenswertes

Derrynane House: Die Gegend war eine Hochburg des Schmuggels mit Spanien und Frankreich, und damit machten die O'Connells ihr Vermögen. Mittels protestantischer Strohmänner konnten sie das Verbot des Grunderwerbs für Katholiken umgehen und hier einen üppig ausgestatteten Landsitz einrichten. Allein an den Schnitzereien des großen Esstischs arbeiteten zwei Männer vier Jahre lang. Schwerter und Pistolen geben eine revolutionäre Note, wie es einem Haus angemessen ist, in dem auch der Begründer der katholischen Emanzipationsbewegung wohnte. Mit welcher Verehrung die Iren Daniel O'Connell begegneten, zeigt auch die restaurierte Prunkkutsche, die ihm die Dubliner Honoratioren 1844 nach seiner Entlassung aus einem englischen Gefängnis schenkten. Nur regnen durfte es während des Triumphzuges auf das mit Samt ausgeschlagene Gefährt nicht. Ein Videofilm erzählt die Lebensgeschichte des Nationalhelden.

⊘ Mai–Sept Mo–Sa 9–18, So 11–19 Uhr, April u. Okt. Di–So 13–17 Uhr, Nov.–März Sa/So 13–17 Uhr; Einlass bis 45 Min. vor Schließung. Eintritt 3 €.

Waterville

Eine Häuserzeile duckt sich unter der steifen Brise, die von der unverbauten Wasserfront her pfeift. Das Seebad auf einer Landzunge zwischen Meer und **Lough Currane** hat nur wenig vom Glanz der viktorianischen Zeit bewahrt, als die Gäste mit der Kutsche anreisten, um hier die Sommerfrische zu genießen. Heute hält der Reisebus zum Fotostopp und Lunch. Aufs Bild gebannt wird das Postkartenpanorama nach Südosten, wo ein scheinbar einsames Haus auf der Klippe thront. Kulinarisch versucht sich der Ort zu einem Gourmettreff à la Kinsale zu entwickeln, doch fehlt das mondäne Umfeld. Außer Essen werden dem Aktivurlauber auch Fischzüge nach Haien und Makrelen angeboten. Wer es behäbiger mag, kann im **Lough Currane** Forellen angeln. Auf der **Church Island** stehen die Ruinen einer Kapelle.

● *Information* **Cork Kerry Tourism,** am Strand nahe Butlers Hotel, ℡ 066 947 4646, geöffnet Mai–Sept. Mo–Sa, Juli/Aug. auch So.

● *Übernachten* ***** Butler Arms Hotel,** April bis Okt., ℡ 066 947 4144, www.butlerarms.com, DZ 140–220 €. Das Haus ist seit drei

Waterville 401

Ein Traumhaus in Waterville

Generationen im Besitz der Familie Huggard. Lange Jahre verbrachte hier Charlie Chaplin samt Familie die Ferien, auch Walt Disney war mal da. Fotos in der Lounge halten die goldene Zeit im Bild fest. Die Zimmer mit Meerblick und etwas düsteren Mahagonimöbeln, in der Lounge kann man sich bei Billard oder am Flügel vergnügen.

The Old Cable House, Mrs. Margaret Brown, ✆ 066 947 4233, www.oldcablehouse.com, DZ 60–85 €. Das historische Haus war Ausgangspunkt des 1866 gelegten Transatlantikkabels und ist dank dieser Connection besonders bei Amerikanern beliebt. Im Erdgeschoss residiert Brown's Restaurant, Hauptgericht bis 25 €, günstiges Early Bird Menü (bis 19 Uhr) für 20 €.

B&B Golf Links View, Mrs. Breda Barry, Murreigh, März–Nov., ✆ 066 947 4623, www.golflinksview.com, DZ 75 €. „Wir haben noch einen Tipp für B&B, mit reichhaltigem Frühstück und schönen Zimmern mit Blick auf das Meer", schreibt Gertrud Stretz. Die sechs Gästezimmer, alle mit Bad, sind in einem schmucken Bungalow untergebracht, vor dem geparkt werden kann. In der Lounge sitzt man am Kamin beieinander und lernt sich kennen. Abendessen auf Vorbestellung.

Hostel Bru na Dromoda, ✆ 066 947 4782, www.dromid.ie, Mai–Sept. Bett 17–20 €. Hier ganz im Osten ist die Iveragh-Halbinsel noch Gaeltacht-Gebiet – sonst hieße es einfach *Drumid Hostel*. Dieses Community-Projekt am Ufer des Inny River, zum dem auch die benachbarte Sporthalle gehört, ist im Besitz der Dorfgemeinschaft. Gleich nebenan lockt ein Pub zum Besuch.

• *Essen* **Huntsman,** ✆ 066 947 4124, Dinner 35 €, nach 20 Uhr günstiger. Ein Haus mit Meerblick, Kandelabern, bordeauxroten Tapeten, Plüsch und Kerzenlicht. Französische Seafoodküche, ergänzt um wenige Fleisch- und Gemüsegerichte. Leider wird sich Raymond Hunt demnächst zur Ruhe setzen.

Paddy Frogs, beim Craft Market, ✆ 066947 8766, April–Sept. tägl. ab 18.30 Uhr. Ein Gourmetrestaurant, neu gebaut und von einem Innenarchitekten mit Fliesenboden, natursteinerner Kaminwand, Holzbalken, moderner Kunst und Polsterstühlen ausgestattet – die Räumlichkeiten balancieren zwischen sachlich und gemütlich. Chef Max Lequet pflegt die französische Kochkunst, hier mit viel Seafood, aber auch Standards wie Kerrylamm und vegetarische Angebote. Terrasse mit Meerblick.

Der Südwesten — Karte S. 328/329

402 Der Südwesten/County Kerry

Mike O'Dwyer's Villa, Main St. Ein rustikaler Pub, mittags Barfood, Hauptgericht um 10 €. Auch Fremdenzimmer.

An Corcan, Main St., Fr–So bis 20.30 Uhr, sonst bis 18 Uhr, Di Ruhetag. Ein schlichtes und preisgünstiges Wohnzimmerrestaurant, auch vegetarische Gerichte im Angebot.

Chédéan, Main St. Ein Wohnzimmercafé mit Suppe, Hotdogs, Scones, Apfelkuchen u. Ä. Als Konversationsthema bietet sich der Golfsport an, denn die Wirtin ist Mutter des Golfchampions Mark Murphy.

● *Einkaufen* **Waterville Craft Market,** tägl. 10–19 Uhr, Juli/Aug. tägl. 9.30–21 Uhr. Entstanden aus einer Initiative örtlicher Kunsthandwerker, verkauft dieser Shop inzwischen Töpferwaren und andere Souvenirs der gehobenen Klasse aus ganz Irland, darunter auch interessantes handgemachtes Kinderspielzeug.

Wanderung Waterville – Caherdaniel

Dieser gut ausgeschilderte Abschnitt des Kerry Way schlägt von Waterville zunächst einen Bogen um den **Lough Currane.** Wer die 28 km lange Etappe etwas abkürzen will, nimmt den Weg über die Straße am Südufer des Sees. Nach 7 km treffen sich beide Varianten, nach weiteren 2 km sind der kleinere **Glenmore Lake** und **St. Brigid's House** erreicht, ein früheres Schulhaus, in dem jetzt während des Sommers eine Gastwirtschaft Erfrischungsgetränke und einen Imbiss anbietet. Von hier aus sollte man nur bei guter Sicht weiter wandern, denn oben im Gebirge verliert man im Nebel leicht die Orientierung. 1 km nach der Schule biegt man rechts in eine Allee ein, die zu einem Haus und dann als Pfad zum **Windy Gap** hinauf führt, einem der besten Aussichtspunkte in Kerry. Auf der Südseite verbreitert sich der Weg für die restlichen 7 km bald zu einer „Butter Road", die um den **Eagles Hill** leicht nach Westen schwenkt. An Gabelungen hält man sich im Zweifel rechts, ohne aber nochmals aufzusteigen.

Skellig Ring

Der „Kleine Ring" eignet sich besonders für Wanderer und Mountainbiker, die das Landschaftserlebnis suchen, denen aber die Tour um die ganze Iveragh-Halbinsel zu lang ist. Das ebene Moorland wird von einem steilen Gebirgsrücken in zwei Hälften geteilt, die „Dörfer" bestehen aus in großen Abständen scheinbar regellos verstreuten Gehöften. Im Sommer trifft man junge Irinnen und Iren aus den Städten, die, wenn sie nicht gerade am Strand faulenzen, sich in Kursen mit dem Erlernen ihrer gälischen Nationalsprache quälen – ungefähr so beliebt wie bei uns die Crashkurse zum Latinum.

Ein Fixpunkt ist der Hafen **Ballinskelligs,** von dem Ausflugsboote zu den Skellig-Inseln starten. Das Kloster der Augustiner an der Sandbucht, dem einst die Halbinsel gehörte und das die Wallfahrten nach Skellig Michael organisierte, wurde von atlantischen Stürmen in Trümmer gelegt. Kreative Abgeschiedenheit finden heute Künstler aus aller Welt im Zentrum *Chill Rialaig,* dessen Galerie die Werke der Stipendiaten ausstellt und verkauft. An der **St. Finan's Bay** trifft man dann, wer hätte in dieser herben Landschaft süße Verführung vermutet, auf eine Chocolaterie, die Schokolade noch in Handarbeit herstellt. So mancher Besucher fährt inzwischen den Skellig Ring allein deshalb, um bei Michael McGabbham oder seinen Verkaufsstellen in Cahirciveen preiswert Pralinen erstehen zu können, die sonst nur in vornehmen Delikatessengeschäften gehandelt werden.

● *Reiten* **Heatherhill Riding,** Kallacknuck, ✆ 066 947 9318, http://homepage.eircom. net/~heatherhill/ Ausritte und Anfängerkurse, Parcours.

● *Einkaufen* **Skellig Chocolate Factory,** St. Finan's Bay, ✆ 066 947 9119, www.skelligs chocolate.com, Mo–Fr 10–16 Uhr, Juli/Aug. bis 17 Uhr und Sa/So 12–17 Uhr.

Kerry Images, am Hafen Ballinskelligs, Schwarzweißfotografien und Kalender nach alten Postkarten und historischen Aufnahmen aus dem Südwesten Irlands. www.kerryimages.com.

• *Essen/Kunst* **Chill Rialaig,** Galerie mit Café, Dun Geagan, Ballinskelligs, ℡ 066 947 9277 Juli/Aug. tägl. 10–19 Uhr, sonst Mi–So 11–17 Uhr.

• *Übernachten/Essen* **The Old School House,** Barry's Cross, Cloon, Ballinskelligs, ℡ 066 947 9340, www.rascalstheoldschoolhouse.com, DZ 70 €. In einem früheren Schulhaus etwa 2 km vom Meer entfernt, mit Restaurant und Fahrradverleih. Auch als hostelähnliche Unterkunft ohne Frühstück für 25 €/Person zu buchen, eine Selbstversorgerküche steht zur Verfügung.

Skellig Hostel (IHH), Ballinskelligs, am Hügel oberhalb des Dorfs, ℡ 066 947 9942, www.skellighostel.com, Bett 10–15 €, DZ 30–45 €. Neu gebaut und eingerichtet, ersetzt das Skellig Hostel die geschlossene Jugendherberge. Durchweg 2-Bett-Zimmer und Family Rooms, teilw. mit eigenem Bad.

Skellig Islands

„But for the magic that takes you out, far out of this time and this world, there is Skellig Michael ... Whoever has not stood in the graveyard on the summit of that cliff ... does not know Ireland through and through."

(George Bernard Shaw)

Gewaltig wie die ägyptischen Pyramiden ragen die zwei Skellig-Inseln aus dem Ozean. Auch wenn längst ein Motor die zehn Ruderer ersetzt, die früher mit Einsatz aller Kräfte ihr Boot durch die Strömungen manövrierten, bleibt die Anfahrt zu den Inseln ein unvergessliches Erlebnis. Nur offene Kutter kämpfen sich durch die Gischt, denn in Kajütbooten würde es den Touristen noch schneller übel. Bis zu 5 m Seegang gelten als „normal". Erst wenn die Wellen noch höher schlagen, eine sichere Landung auf den Skelligs also nicht mehr möglich ist, bleiben die Kähne zu Hause. Doch alle Jahre passiert es, dass unvorsichtige Kapitäne mit dem Helikopter geborgen werden müssen, weil die Rückfahrt zu gefährlich wäre. **Little Skellig,** die

Scariff und Deenish Island sonnen sich vor Caherdaniel im Meer

404   Der Südwesten/County Kerry

kleinere der beiden Inseln, wird von den Ausflugsbooten nur umrundet. Sie gehört den Möwen, Sturmtauchern und Tölpeln, den mit 2 m Flügelspannweite größten Seevögeln Irlands. Wohl 20.000 dieser gar nicht tollpatschigen Riesen nisten auf dem kleinen Felsen, der über und über mit Guano bedeckt ist.

Hochzeit auf Skellig Michael

Auch die Iren ließen früher im Karneval noch mal richtig die Sau raus, denn während der österlichen Fastenzeit waren alle Feste und damit auch Hochzeiten tabu. Doch um die Mitte des 18. Jh. berichtet Charles Smith in seinem „The Ancient and Present State of the County Kerry" von Skellig Michael als einem Wallfahrtsort, an dem es besonders in der Fastenzeit hoch herging und wo dann viele Paare heirateten, während es auf der irischen Insel doch verpönt war.

Gingen auf Skellig Michael die Uhren anders? Und wenn, warum? Zwei Erklärungen bieten sich an. Schon auf dem Konzil von Whitby (663/664) waren sich die Kelten Nordenglands und die Sachsen aus dem Süden über das Datum des Osterfestes in die Haare geraten – die Kelten rechneten nach dem Sonnen-, die romtreuen Sachsen nach dem Mondkalender, wie es auch im Heiligen Land üblich war. Eine Neuauflage erlebte der keltisch-englische Streit um die Zeitrechnung mit der Kalenderreform Gregors XII., die auf den 4. Oktober 1582 kurzerhand den 15. Oktober folgen ließ, um einen Fehler in der Berechnung der Schaltjahre auszugleichen. Entgegen der Regel, dass jedes vierte Jahr einen Tag mehr hat, wird der Schalttag seither an den Jahrhundertwenden nur alle 400 Jahre eingeschoben. Die anglikanischen Engländer akzeptierten diese Reform erst 1782, die Russen erst nach der Revolution. Ägypter und andere Ostkirchen halten bis heute am alten, julianischen Kalender fest, und in manchen Orten der Schweiz – am bekanntesten Basel – beginnt der Karneval erst, wenn anderswo schon Aschermittwoch war. So mögen auch auf der Skellig Michael Fastenzeit und Osterfest zu einem anderem Datum als in Irland gefeiert worden sein, was den erwähnten Heiratstourismus ermöglichte.

Auf der **Skellig Michael** landen die Boote in der *Blind Man's Cove*. Der winzige Steg wurde bereits 1826 von der Leuchtturmgesellschaft angelegt, die dabei wohl auch den Anfang der in den Stein geschlagenen Himmelsleiter zerstörte, auf der einst die Eremiten zu ihren Zellen kletterten. Turmhoch steigen die Felsen auf, Vögel beschweren sich kreischend über die Eindringlinge, die jetzt den Versorgungsweg zu den Leuchttürmen hinauf kraxeln. Um Verwechslungen mit anderen Seezeichen auszuschließen, hatte Skellig Michael zwei ölbefeuerte Signallampen. Der untere *Turm*, 60 m über dem Wasserspiegel, ist noch in Betrieb. Er leuchtet bei guter Sicht 40 km weit übers Meer, ist aber natürlich längst mit einer elektrischen Lampe und einer automatischen Steuerung versehen. Die romantische Einsamkeit der Leuchtturmwärter, die hier allerdings mit ihren Familien lebten, gibt es also auch auf Skellig Michael nicht mehr.

An der Serpentine über dem *Crosscove* wurde der Steig wie eine Gebirgsstraße zum Schutz vor Steinlawinen überdacht. Ausgelöst wird diese drohende Gefahr von den Vögeln, die oben die Vertiefungen für ihre Nester scharren. Eine weitere Treppe (leicht zu übersehen) kreuzt den Weg und führt zum Kloster hinauf. Oben taucht man vollends ein in die Atmosphäre einer besonderen Welt. Als seien die Bewoh-

Valentia Island 405

ner gerade mal ausgegangen, stehen zwischen den beiden Gipfeln auf einem terrassierten Plateau aus Steinplatten gefügte *Bienenkorbhütten,* dazu zwei verfallene Kapellen. Aus einer Felsspalte rieselt frisches Trinkwasser.

Geschichte

Der Mount St. Michael, eine dem Erzengel Michael geweihte Klosterinsel vor Südengland, war vermutlich einst ein keltisches Heiligtum. Auch auf dem französischen Mont Saint Michel beschworen einst Druiden die Götter, und vielleicht war es auf Skellig Michael nicht anders. Genaues weiß niemand, ebenso wenig, wann sich die ersten Mönche hier niederließen. Das erste halbwegs verlässliche Datum ist das Jahr 490, als sich Duach, der König von Munster, vor den Nachstellungen eines rivalisierenden Clans nach Skellig flüchtete. Erst im 8. und 9. Jh. tauch das Kloster in den Chroniken auf, mit Olaf Trygveson wird sogar der erste christliche König Norwegens hier getauft. Nach 1044 verschwindet Skellig wieder aus den Annalen, obwohl die Kapelle mit dem romanischen Fenster, durch das die kleine Skellig so fotogen erscheint, sicher erst aus einer jüngeren Zeit stammt. Auch über den Alltag auf dem Felsen können wir nur rätseln. Im Winter war die Gemeinschaft völlig von der Außenwelt abgeschnitten, doch dürfte ihr Speisezettel abwechslungsreicher gewesen sein, als man heute denkt: Außer Algen, Fischen, Vögeln und deren Eier gab es sogar einen kleinen Gemüsegarten.

Sehenswertes

Visitor Centre: Die Multimediashow „The Skellig Experience" informiert über die Geschichte der Inseln und ihre Natur. Diese „weather-independent tourist attraction" befindet sich in einem Bunker an der Valentia-Brücke. Dazu gibt es Modelle und Fotos zur Klostersiedlung, zu Leuchttürmen und zur Tierwelt auf den Inseln, in der Luft und unter Wasser – schön gemacht, doch alles in allem kein Vergleich mit dem Erlebnis auf den Inseln selbst.

① Juni–Aug. tägl. 10–19 Uhr, April/Mai, Sept.–Nov. tägl. 10–18 Uhr, Einlass jeweils bis eine Stunde vor Schluss. Eintritt 5 €, mit Bootsfahrt 27,50 €.
www.skelligexperience.com.
● *Verbindung* Die Boote des Visitor Centre umrunden die Inseln nur. Wer auf Skellig Michael landen will, muss mit einem privaten Kutter kommen. Trips werden von Knightstown, Portmagee, Ballinskelligs und Waterville veranstaltet. Für den Ausflug, der im Prinzip bei allen Anbietern gleich abläuft, rechne man 40 €. Überfahrten je nach Wetter und nur bis Anfang September. Leserin Jutta Stehle empfiehlt als gesprä-

chigen Skipper Joe Roddy aus Ballinskelligs, dessen Großvater Leuchtturmwärter auf den Skelligs war. Mittlerweile hat Sohn Kenneth das Tagesgeschäft übernommen.
✆ 066 947 4268 und 087 120 9924,
www.skelligstrips.com.
● *Ausrüstung* Warme und wasserdichte Kleidung ist unerlässlich, denn selbst bei schönem Wetter spritzt das Wasser über das Schiff. Fast wichtiger noch sind rutschfeste Schuhsohlen, denn der Ausstieg vom schaukelnden Schiff auf den in der Brandung ruhenden Fels ist nicht ohne. Pillen gegen Seekrankheit sind das gängigste „Souvenir" aus den Hafenorten.

Der Südwesten — Karte S. 328/329

Valentia Island

Nach dem Trip auf die Skelligs wirkt Valentia sanft und harmonisch. Der Boden ist bis zu den Hügeln hinauf kultiviert, an der Westspitze bewacht ein alter Turm die 11 x 3 km große Insel.

Seit es mit dem Festland durch eine Brücke verbunden ist, hat Valentia etwas an Unschuld verloren. Im Sommer ist die Insel ein vor allem bei Tauchern und Hobby-

406 Der Südwesten/County Kerry

fischern beliebtes Ferienziel. Beim Herrensitz **Glenleam,** der samt dem prächtigen Garten heute einem deutschen Fabrikanten gehört, verführt eine lauschige Bucht zum Baden.

Der Hauptort **Knightstown** hat seinen Namen von den Fitzgeralds, den Knights (Ritter) von Kerry. Das Dorf besteht aus wenigen Häuserzeilen am Wasser und entlang der Hauptstraße. Diese mündet beim Royal Pier Hotel in einen weiten, viel zu groß geratenen Platz, der von Ambitionen vergangener Tage kündet. Nur an warmen Sommerabenden entfaltet sich Lokalkolorit, wenn die Akkordeonspieler aus den Kneipen ins Freie kommen und sich die Alten vor dem Uhrturm in wilden Reigentänzen austoben, als wollten sie es dem Tod noch einmal zeigen.

Von Anfang des 19. Jh. immerhin 3000 Seelen ist die Bevölkerung der Insel jetzt auf weniger als 1000 geschrumpft, man trifft nur wenige junge Leute. Es lässt sich schwer nachvollziehen, dass Knightstown einmal eine Enklave der großen, „englischen" Welt in der sonst gälisch sprechenden Inselgemeinschaft war. Hier lebten die Angestellten der Schiefermine und der Radiostation vergleichsweise komfortabel, heizten mit Kohle und hatten wasserfeste Schieferdächer, einen Komfort, den sich sonst nur noch das Glenleam House leistete, während die Pächter in armseligen Cottages hausten. Viele machten sich jeden Sommer zu Fuß auf den langen Weg nach Tipperary, um sich dort als Erntehelfer zu verdingen.

Auf **Beginish,** einem Inselchen in der windgeschützten Hafenbucht, ist ein weiterer Badeplatz, und auf **Church Island,** dem zweiten Felsen in der Bucht, finden Freunde alter Steine die Ruine einer frühmittelalterlichen Einsiedelei mit Kapelle und Bienenkorbhütten.

Information/Verbindungen/Diverses

• *Information* Im Internet unter: http:// indigo.ie/~cguiney/valentia.html

• *Verbindung* Zwischen Reenard Point und Knightstown verkürzt eine **Shuttle-Fähre** (Auto 5 €, mit Rückfahrt 8 €, auch Zehnerkarten) den Weg auf die Insel (April–Sept. tägl. bis 22 Uhr, ✆ 066 947 6141).

Das Pier Hostel bietet **Trips zu den vorgelagerten Inseln** an, und im Sommer schippern Dermot Walsh (✆ 066 947 6120) oder Pat Lavelle (✆ 066 947 6124, http://indigo.ie/ ~lavelles) auf die Skelligs. Schließlich versuchten sich in den letzten Jahren wechselnde Betreiber im Juli und Aug. mit Ausflugsfahrten für 30 €/Person **nach Dingle,** doch hat sich auf dieser Strecke bislang kein regelmäßiger Fährdienst etabliert.

• *Sport* **Valentia Sea Sports Centre,** im Hafen, ✆ 066 9476 204, www.divevalentia.ie, verleiht Boote und Surfbretter, organisiert Tauchausflüge und -kurse. Mit **Richard Quigley** (✆ 066 947 6214), **Siegy Grabher** (✆ 066 947 6420) und **Nealie Lyne** (✆ 066 947 6300), www.valentiaislandseaangling.com, kann man zum Fischen hinausfahren.

Übernachten

• *Auf der Insel* **Glanleam House,** ✆ 066 947 6176, www.hidden-ireland.com/glanleam, April–Okt. DZ 140–300 €, Dinner 50 €. Die deutsch-irischen Besitzer des Herrenhauses vermieten 6 Gästezimmer, ausgestattet mit wertvollen Art Deco-Möbeln. Drumherum ein prächtiger Garten (siehe Sehenswertes). Bootshaus, Gartenhaus und weitere Gebäude auf dem Gelände werden als Ferienwohnungen vermietet und sind im Internet über www.fewo-direkt.de zu buchen.

B&B Shealane Country House, Portmagee Rd., ✆ 066 947 6354, www.valentiaskelligs. com, DZ 70–90 €. Gleich zwei Leserbriefe empfehlen dieses „beste B&B auf unsrer Irlandreise". Toller Blick auf den Hafen von Portmagee, sehr schön eingerichtet und als Höhepunkt ein Frühstück, bei dem der Gast zwischen dem üblichen Irish Breakfast und sieben weiteren Gerichten (z. B. gegrillter Bückling) auswählen kann. Landlady Mary

Valentia Island 407

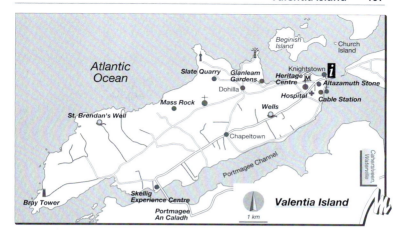

Lane vermittelt auch Ausritte, Ausflüge und Pub-Besuche.

B&B Altazamuth House, Knightstown, ✆ 066 947 6367, www.valentiaislandseaangling.com. DZ 80 €. Ob Leuchtturm, Transatlantikkabel oder Radiostation – in Valentia konzentriert sich das Bemühen, die Ferne mit Signalen zu überbrücken. Auch der Altazimut, wie er auf Deutsch heißt, passt in diese Reihe. Was der Altazimut mit jenem ziegelroten B&B zu tun hat, erklärt Ihnen Mary Lyne. Wem die Technik von anno dazumal aber schnuppe ist, dem bleibt ein gastfreundliches Haus mit schöner Aussicht.

B&B Spring Acre, Knightstown, ✆ 066 947 6141, springacre@eircom.net, März–Okt., DZ 75 €. Der Bungalow mit großer Wiese liegt 10 Min. vom Zentrum entfernt an der Uferstraße. Das Haus ist etwas altbacken eingerichtet, aber freundlich.

The Royal, Knightstown, ✆ 066 947 6144, www.theroyalvalentia.com, pro Person ohne Frühstück 20 €. Verblichenes Grandeur, riesige Gemächer, gute Aussicht. Der Kasten wurde einst für Königin Viktoria und ihren Hofstaat gebaut, die zur Einweihung des Transatlantik-Telegrafen anreiste und gerade eine Nacht blieb. Das Haus verfiel, irgendwann wurde das ganze Inventar versteigert. Die jetzigen Besitzer geben sich alle Mühe, peu à peu wieder Glanz in die feuchten Mauern zu bringen. Die notwendige Generalüberholung würde freilich Millionen kosten, die das Haus nicht erwirtschaftet. Besonders die Eckzimmer mit Panoramablick sind für Nostalgiker die beste Wahl auf der Insel. Fahrradverleih, Pub im Haus.

• *In Portmagee* **B&B The Waterfront,** gegenüber dem „Stadtpark", ✆ 066 947 7208, www.stayskelligportmagee.com, DZ 75 €. Gelb-rot gestrichenes Haus vor grünem Rasen und blauem Meer. Im Salon hält Mrs. Murphy ein Fernglas bereit, mit dem man auf die Insel schauen kann.

Portmagee Hostel, ✆ 066 948 0018 und 087 962 8100, www.portmageehostel.com, Bett 13–15 €, DZ 35–50 €. Unter gleicher Leitung wie das Skellig-Hostel. Ein Neubau im Bungalowstil auf der Ostseite des Orts, freundlich, sauber, ohne Langzeitgäste, mit Fichtenholzmöbeln im skandinavischen Stil eingerichtet, 2 Küchen, TV-Raum, Waschküche.

*E*ssen/*P*ubs

Fuchsia, Main St., ✆ 066 947 6051. Das beste (weil einzige) Restaurant der Insel hat auch einige Plätze im Freien. Auf der Karte etwa Cajun Lachs oder ein täglich wechselndes „vegetarian special". In der Saison Mi–Mo abends geöffnet.

Lighthouse Café, Familie Duff, Dohilla, ✆ 066 947 6304, im Sommer Di–So 11.30–17.30 Uhr (Fr–So auch mal länger). Im Norden der Insel mit guten Mittagsgerichten wie selbst geräuchertem Fisch, Salaten aus dem eigenen Garten und allerlei

Der Südwesten/County Kerry

Der Hafen von Knightstown, Valentia Island

Süßspeisen. Man kann drinnen und draußen sitzen mit Blick auf den Leuchtturm und die Dingle Bay. (Lesertipp von Merike Palisaar)

Boston's Bar und **The Schooner,** die Kneipe des Royal, beide auch mit Pubgrub, sind die Stätten des alkoholseligen Nachtlebens von Knightstown.

The Moorings, Portmagee, ✆ 066 947 7108, www.moorings.ie, geöffnet April–Okt. Di–So ab 18 Uhr. Das mit allerlei Seefahrer-Utensilien dekorierte Dorfrestaurant hat sich – wen wundert's – auf Gerichte mit frischem Fisch und Schalentieren spezialisiert. Wer sich gern überraschen lässt, bestellt den je nach Tagesfang unterschiedlich gefüllten *Seafood Basket* oder den *Catch of Day*. Ein sättigendes Schnellgericht sind die *Sea Skins,* mit Krabbenfleisch gefüllte Ofenkartoffeln an Chilimayonnaise. In der zugehörigen **Bridge Bar** (tägl. geöffnet, warme Küche durchgehend bis 20.30 Uhr) gibt's Fr/So Music-Sessions, doch Höhepunkt ist Di die „Irish Night" (nur Juli/Aug.). „Dann sorgen Chef und Sohn für Musik, geben Hausfrauen und Touristen Lieder zum Besten und zeigen Dorfschönheiten irische Tänze." (Lesertipp von Larissa Akbayoglu) Auch Fremdenzimmer (DZ 90–140 €).

Sehenswertes

Heritage Centre: Im Heimatmuseum erzählen verblichene Fotos die Geschichte des ersten Transatlantikkabels, über das am 16. August 1858 Königin Viktoria von der Alten in die Neue Welt morsen durfte – von Cahirciveen nach New York. Obwohl die Firma Western Union Herrn Samuel Morse persönlich nach Valentia delegiert hatte, um die Verlegung zu überwachen, hielt der Draht nur gerade 27 Tage, um dann zu verstummen – irgendwo auf dem Meeresgrund ging er entzwei. Erst 1866 war schließlich, jetzt von Valentia Island, ein neues Kabel gelegt. Der Anschluss nach Dublin kam noch ein paar Jahre später, sodass die Leute ihren Verwandten in Amerika telegrafieren konnten, nicht aber mit der eigenen Hauptstadt. Genau 99 Jahre war die Valentia Cable Station Schaltstelle zwischen den Kontinenten – dann übernahmen Satelliten die Kommunikation.

① April–Sept. tägl. 10.30–17 Uhr; Eintritt 3 €. In der alten Schule zwischen Knightstown und dem Steinbruch. http://vhc.cablehistory.org.

Valentia Island   409

Glanleam Gardens: Die Fitzgeralds suchten für ihr Anwesen eine Bucht aus, die durch Höhenzüge einigermaßen windgeschützt ist und sogar einen kleinen Sandstrand hat – einen besseren Platz hat Valentia kaum zu bieten. In ihrem Garten sammelten sie Exoten aus der südlichen Hemisphäre: Bananenstauden, chilenische Myrthen und Palmen aus Südamerika schaffen einen surrealen Dschungel, der so gar nicht auf diese sonst karge, kahle Insel zu passen scheint.
① Mitte Juni bis Mitte Sept., tägl. 11–19 Uhr, Eintritt 5 €.

Slate Quarry: Im 19. Jh. war der Schiefer von Valentia Island ein weltweit begehrter Artikel, mit dem z. B. die Londoner Charing Cross Station und sogar der Bahnhof im mittelamerikanischen San Salvador eingedeckt wurde. Im „Marienjahr" 1954 wurde ein Tunnel unter Wasser gesetzt und zu einer Mariengrotte umfunktioniert. Ein Wasserfall plätschert, Maria lächelt, na ja: über Geschmack lässt sich streiten.

Tetrapod Trackway: 1993 machte der Schweizer Geologiestudent *Iwan Stössel* auf Valentia Island die Entdeckung seines Lebens – Fußabdrücke im Fels. Vor 385 Millionen Jahren, so die Wissenschaftler, lief hier ein Tier herum und hinterließ die ältesten bekannten Fußspuren Europas, wenn nicht der Welt. Irland lag damals unweit des Äquators und war eine tropische Schwemmlandebene am Rande eines Ozeans, von Überflutungen heimgesucht wie heute Bangladesch. Die meisten Lebewesen tummelten sich noch im Meer, erst zögerlich eroberten nach den Pflanzen auch die Tiere das Land. Der Vierfüßler von Valentia Island, wohl so groß wie ein Pudel und mit hängendem Bauch, der beim Laufen manchmal eine Schleifspur zog, tappte über den noch frischen Schlick, bevor dieser hart wurde wie Zement und die Abdrücke konservierte. Neue Schichten bedeckten und schützten die Spuren, die erst in unserer Zeit durch die nagende Kraft der Wellen wieder ans Licht kamen.

● *Anfahrt* Die Klippen mit der Vierfüßlerspur gehören inzwischen dem Staat, doch die touristische Erschließung lässt auf sich warten. Lassen Sie sich im „Lighthouse Café", Dohilla, den Weg zu der mit einem weißen Pfosten markierten Stelle zeigen. Das beste Fotolicht haben Sie bei niedrig stehender Sonne. Bei Flut und starkem Wind wird die Spur überspült.

● *Information* Im **Heritage Centre** gibt es für 2 € eine kleine Broschüre des *Geological Service* über den *Tetrapod Trackway*.

Bray Head Tower: Die ganze Insel ist ein lohnendes Ziel für ausgedehnte Wanderungen. Ganz besonders empfiehlt sich ein Spaziergang zum Bray Head mit seinem Turm. Auf dem Weg passiert man die Überreste von Clochans und hat eine schöne Sicht auf den Hafen von Portmagee. Die Südspitze von Valentia Island bewacht der Bray Head Tower, einst erbaut von der englischen Küstenwache, um Schmuggler, Invasoren und andere Seefahrer möglichst früh zu entdecken. Heute spähen die wenigen Ausflügler von hier nach den Skelligs.

Wem die Stunde schlägt

Cahirciveen

Im Hauptort der Iveragh-Halbinsel wurde 1775 Daniel O'Connell, der „Befreier" geboren. Zwei Welten existieren scheinbar unvermittelt nebeneinander.

Hier ist günstig Pferdemist „garantiert ohne Stroh" abzugeben oder wird der überall im Land am gleichen Sonntagmorgen offerierte Benefizkaffee für die Hospizbewegung kurzerhand auf den Abend verlegt, weil vor 10 Uhr, zumal an einem Sonntag, niemand aus den Federn kommt. Daneben steht die touristische Welt. Gegen Mittag überfallen die Reisebusse die Stadt und stoppen mit laufendem Motor vor Potterys, Craftshops und „Regine Bartschs Atelier". Im „Ring of Kerry Hotel" sind die Tischreihen für die Massenspeisung gedeckt.

Auch nach über hundert Jahren Fremdenverkehr hat sich der Marktort viel Ursprünglichkeit bewahrt. Damals dampften die ersten Züge der „Western Railway" durch die Stadt. Unten am Fluss erkennt man noch die Eisenbahnbrücke, bei Kells überspannt ein schönes Viadukt die Landstraße. In Cahirciveen wechselten die Gäste von der Bahn in die Kutsche, die sie weiter nach Waterville brachte. Seinen zungenbrecherischen Namen, der auch „Cahersiveen" geschrieben wird, verdankt der Ort der Kolonialzeit, als die Engländer den gälischen Ortsnamen „Cathair Saidhbhin" („Steinfestung von Sabina") anglisierten. Der in den siebziger Jahren unternommene Versuch, mit Steuervorteilen und Investitionsbeihilfen Industriebetriebe nach Cahirciveen zu locken, hatte auf Dauer keinen Erfolg. Die drei Textilfabriken, Filialen weltweit operierender Konzerne, sind längst wieder geschlossen.

● *Information* Tourist Office im Community Centre, Church St., ✆ 066 947 2589, Juli/Aug. tägl. 9–19 Uhr, Mai/Juni, Sept. Do–Mi 9.30–17 Uhr.

● *Fahrradverleih* Sive Hostel (s. u.) und **Casey's,** New St., ✆ 066 947 2474.

● *Markt* Im Sommer Do 11–14 Uhr vor dem Community Centre.

● *Übernachten* **B&B O'Shea's,** Church St., ✆ 066 947 2402, www.osheasbnb.com, DZ 70 €. Die Tage, da in diesem Haus Viehdiebe verurteilt und Nachbarschaftsstreitereien geschlichtet wurden, sind lange vergangen. Nicht mehr Schwerenöter und das reisende Landgericht, sondern harmlose Feriengäste werden heute von der charmanten Eileen O'Shea bewirtet.

Sive Hostel (IHH), 15 East End (Main St.), ✆ 066 947 2717, www.sivehostel.ie, Bett 13–16 €, DZ 35–45 €. Die Möbel in der Lounge sind etwas brüchig. TV/Video, Hausherr Peter holt persönlich die Spielfilme aus der Videothek. Mehrere Bäder sind auf die Etagen verteilt, auch einige DZ. Fahrradverleih. Tipp: Privatroom im hinteren Bereich, still und gemütlich.

● *Camping* **Mannix Point,** ✆ 066 947 2806, www.campinginkerry.com, April–Sept.,

9 €/Person, heiße Duschen kosten extra. Gut geführte Anlage (Blumen im Bad!), die schon viele Preise gewonnen hat. Auf einer etwas windigen Wiese mit Blick auf die Bucht und das Ballycarbery Castle gelegen, gemütlicher Gemeinschaftsraum; Abholservice der Skellig-Fähren.

● *Essen* **Shebeen,** East End (Main St.), mit der etwas hoch gegriffenen Werbung „Where the people of the world meet", solides Barfood (Hauptgericht um 12 €).

An Cupan Eile, Main St. West, Mo–Sa 9.30–19.30 Uhr. Ein geschäftiger Coffeeshop, in dem sich Schüler, Shopper und pausierende Berufstätige die Klinke in die Hand geben und der bis in den Abend geöffnet ist. Zu Essen gibt's irische Klassiker wie Fish&Chips mit Erbsen und Tatarsauce, auch Muscheln und wechselnde Tagesgerichte von der Tafel.

Helen's Bakery & Coffee House, Main St. Mo–Sa bis 17.30 Uhr, (ein Lesertipp von Simone Weiler und Th. Hinterkeuser).

● *Pubs* **Anchor Bar,** Main St. Der Pub von Paddy und Pauline Maguire in der Hinterstube eines Anglershops ist eine dieser Wohnzimmerkneipen, in denen der Fremde sich wie ein Eindringling fühlt, der nicht zur

Cahirciveen 411

„Good old days" am Kerry Bog Village

Familie gehört. Die Bar vermittelt auch Ausflüge zum Hochseeangeln.

Im **Skellig Rock** und **Shebeen**, beide Main St., kann man abends Folkmusik erwarten.

• *Kunst* **Regine Bartsch,** deutschstämmig und eine der führenden Malerinnen im Südwesten Irlands, hat ihr Atelier mit Galerie in der Main St. West. ✆ 087 686 6448, www.regine-bartsch.com.

Sehenswertes

Old Barracks: Unter dem Eindruck der Fenian-Rebellion verstärkte die Royal Irish Constabulary (RIC), eine Art Landgendarmerie, ihre Präsenz in Westkerry. Die 1867 an der Brücke über den Fertha gebaute Kaserne ist einem Schloss nachempfunden. Das im Bürgerkrieg niedergebrannte Castle wurde restauriert und beherbergt jetzt unter anderem eine Ausstellung zur Ortsgeschichte. Breiten Raum nehmen der Befreiungskampf und Daniel O'Connell ein, der in Cahirciveen das Licht der Welt erblickte.

⏰ Mo–Fr 10–16.30 Uhr, Mai–Sept. auch Sa 11–16 Uhr, So 13–17 Uhr; Eintritt 4 €. www.theoldbarracks.com

Ballycarbery Castle: Überquert man an der Kaserne den Fluss und wendet sich am anderen Ufer nach links, erreicht man nach etwa 2,5 km die romantische Burgruine Ballycarbery mit toller Aussicht auf Cahirciveen und die Valentia Bucht. Ballycarbery war seit dem 13. Jh. Heimat der MacCarthys, der Herrscher von Kerry und des Südens von Munster. Der 1348 verstorbene Tadgh MacCarthy, so berichten die Annalen, soll der größte Trinker seiner Zeit gewesen sein. Vielleicht infolge dieser Sauflust kam Ballycarbery dann an die O'Connells, die hier als Burgwarte walteten, nominell im Auftrag der MacCarthys, tatsächlich aber auf eigene Faust. Zerstört wurde das Gemäuer 1652 durch die Kanonen von Cromwells General Edmund Ludlow. Die Ruine steht auf Privatgelände, doch die Eigentümer tolerieren bislang Besuche, selbst das Klettern ist nicht explizit verboten – wer stürzt, bricht sich das eigene Genick.

412   Der Südwesten/County Kerry

Ringforts: Etwas weiter die Straße entlang befinden sich die Ringforts *Cahergall* und *Leacanabuaile*. Beide wurden im 9. oder 10. Jh. erbaut, sind also jünger als das berühmte *Staigue Fort*. 1939/40 wurden sie freigelegt, erforscht und rekonstruiert. So hat man in Cahergall die mächtige Umfassungsmauer aus Bruchsteinen wieder bis zur Originalhöhe von 6 m erneuert. In Leacanabuaile („Hügel der Sommerweide") sind noch die Gebäude innerhalb des Forts auszumachen, das eine und wohl ältere rund, die anderen rechteckig.

Valentia Observatory: Bisher kann die Wetterstation mit ihrem auffällig geschwungenen Dach an der Valentia Road nur nach Voranmeldung (✆ 066 947 2176) besehen werden. Doch die Tage der Wetterfrösche sind im Satellitenzeitalter gezählt, und man munkelt, dass die Station mit ihrer Sammlung alter Instrumente bald ein technisches Museum werden könnte.

König Puck

Dem Marktort Killorglin ist ungeachtet seiner 24 Pubs an einem gewöhnlichen Tag nicht anzusehen, dass er einmal im Jahr Kopf steht. Mitte August wacht König Puck, ein mit einer Pappkrone geschmückter Ziegenbock, über das alkoholisierte Treiben im Rahmen einer der letzten heidnischen Fruchtbarkeitsriten, die in Europa noch gefeiert werden. In diesen närrischen Tagen ist Killorglin der Nabel der irischen Welt. Tinker, fahrende Händler und Vergnügungssüchtige lassen Killorglin aus allen Nähten platzen, tanzen auf den Straßen, und es ist ein Wunder, dass noch nie jemand zu Tode getrampelt wurde.

Am Gathering Day, der das Fest eröffnet, kehren die Männer aus den Macgillycuddy-Bergen zurück und bringen den stärksten Ziegenbock mit, den sie finden konnten. Begleitet von einer johlenden Menge wird das Tier auf den Dorfplatz geschleppt, dort von der obligatorischen „Jungfrau" gekrönt und auf eine Plattform gehievt, wo das völlig verstörte Tier drei Tage ausharren muss, bis es am Sonnenaufgang des Scattering Day, sicher mit einem Schock fürs Leben, wieder in die Freiheit entlassen wird.

Die Puck Fair war lange als ein Saufgelage verschrien, bei dem die sonst eher prüden Iren und Irinnen die Schamgrenzen vergaßen und die Straßen buchstäblich voller Scheiße waren, die freilich weniger von den Menschen als von den Tieren des gleichzeitig stattfindenden Viehmarktes stammte. Heute ist das Fest, nicht zuletzt mit Rücksicht auf den Fremdenverkehr, sehr viel braver geworden und bis ins Detail durchgeplant. Die Stadtoberen organisieren Musikgruppen, Sportwettbewerbe, akrobatische Shows und Kinderprogramme, man will Familien und nicht mehr nur Säufer und Raufbolde anlocken. Doch nach wie vor ist die Puck Fair das größte Volksfest des Westens.

Cahirciveen/Umgebung

▶ **Wanderung Knocknadobar:** Ausgangspunkt für die hin- und zurück vierstündige Tour auf den 690 m hohen Berg nordöstlich von Cahirciveen ist die Straße zum Coonanna Harbour. Auf der Passhöhe verweist ein Schild „Stations – Next Gate" auf den Kreuzweg, den ein Pfarrer von Cahirciveen auf den Gipfel anlegen ließ, auf dem einst der Heilige Fursey gelebt haben soll. Der Weg, den am letzten Juliwochenende Tausende von Wallfahrern erklimmen, ist allerdings recht feucht. Ein trockenerer Aufstieg über Felsgrund beginnt an der heiligen Quelle, etwa 150 m vor besagtem Schild. Der eigentliche Gipfel ist etwas östlich des **Canon's Cross**, das bei gutem Wetter von Cahirciveen aus zu sehen ist. Noch etwas weiter in diese Richtung liegen die Glendalough-Seen am Fuße eines Steilhangs.

▶ **Glenbeigh:** Ohne seinen schönen Strand wäre das Dorf am Fuß des Seefin nicht der Rede wert. **Rossbehy Beach** ist eine 5 km lange, als Halbinsel ins Meer hinaus ragende Düne. Der Strand darf sich mit der „blauen Umweltflagge" für sauberes Wasser schmücken, der Badebetrieb wird im Sommer überwacht. Im dahinter liegenden Mündungsdelta des **Caragh** überwintern viele grönländische Wildgänse, während man dort und an den Schönwetter-Wochenenden gerne zweibeinige Diebe die abgestellten Fahrzeuge der Strandgänger ausräumen.

● *Übernachten* *** **Towers Hotel,** Main St., ✆ 066 976 8212, www.towershotel.com, April bis Okt., DZ 100–140 €. Ein älteres Haus mit gepflegtem Garten, die Zimmer mit Terrassen oder bis in Fußhöhe verglasten Dachgauben sind in einem Anbau.

● *Camping* **Glenross,** Main St., ✆ 066 976 8451, www.killarneycamping.com, Mai bis Sept., 10 €/Person. Der Platz mit Fahrradverleih ist eine Spur besser als die Konkurrenz von Falvey's, aber beide sind voll mit Caravans.

▶ **Kerry Bog Village:** Es begann mit Jeremiah Mulvihill, einem Torfstecher aus Listowel, der sich, angelockt vom fetten Torf von Glenbeigh, hier niederließ. Jeremiah fand bald viele Kunden, doch seine Pferde liefen sich die Füße wund, denn es fehlte ein Schmied. So überredete er Jack Bell O'Sullivan, sich auch am Rande des Moors anzusiedeln. Es folgten noch Phil McGillicuddy, der Hirte, Paddy Browne, der Dachdecker, Denny Riordan, der Mann für alles – so jedenfalls die Legende des Kerry Bog Museums, das die Häuser und Werkstätten der fünf rekonstruiert hat. Lebten hier auch Frauen, vielleicht auch Kinder? Davon erfahren wir nichts.

◷ März–Okt. tägl. 9–18 Uhr; Eintritt 6 €. Glenbeigh, Killorglin Rd., km 4. www.kerrybogvillage.ie.

Killarney

An Killarney scheiden sich die Geschmäcker. Für die einen lässt die Stadt (15.000 Einwohner) am Schnittpunkt zwischen dem Ring of Kerry und der Dingle Halbinsel dank ihrer Pubs, Einkaufsmöglichkeiten und Verkehrsverbindungen keinen Wunsch offen. Andere verabscheuen sie als eine Hochburg kommerzieller Beutelschneiderei.

Wer langsam in den Südwesten Irlands gereist ist, dem werden erst allmählich immer mehr andere Reisende begegnet sein. Mit Killarney ist jetzt die Nummer Eins des irischen Fremdenverkehrs erreicht, nur das erheblich größere Dublin verfügt über mehr Fremdenbetten. Dabei hat die Stadt selbst, so nett sie auch sein mag, gar nicht allzu viel zu bieten. Im Sommer erstickt sie im Verkehr, und die Freundlichkeit der Einwohner verrät professionelle Routine. Es ist die Umgebung, die die Besucher lockt. Der Ring of Kerry wird als *die* Sehenswürdigkeit Irlands betrachtet, und Killarney ist das Tor zum Ring of Kerry. Gleich vor der Stadt liegen im Schatten der Macgillycuddy-Gipfel in einer Parklandschaft mit gepflegten Wäldern und Anlagen drei idyllische Seen, zu denen man, wie einst die Damen und Herren der englischen Aristokratie, standesgemäß mit der Pferdekutsche hinausfährt.

414   Der Südwesten/County Kerry

Information/Verbindungen

• *Information* Beech Road, ✆ 064 663 1633, Mo–Sa 9.15–17.15 Uhr, in der Saison abends bis 20 Uhr und auch So. Ein quirliger Supermarkt mit Souvenirartikeln und Verkauf von Ausflügen. Logisch, dass der Massensturm das Personal manchmal stresst. www. killarney.ie und www.killarneyonline.ie.

• *Verbindung* **Kerry Airport,** 15 km nördlich von Killarney in Farranfore, ✆ 066 976 4644, www.kerryairport.ie. Die Busse zwischen Tralee und Killarney halten direkt am Flughafen.

Mit der **Bahn** direkt von und nach Tralee, Cork, und Dublin. Umsteigeverbindungen mit Limerick, Galway und Sligo. Bahnauskunft ✆ 064 663 1067.

Busse nach Cork/Waterford/Rosslare, Dingle, Dublin, Limerick, Shannon, im Sommer auch eine Ring-of-Kerry-Tour sowie über Tarbert (Fähre) und Doolin nach Galway. Die Busstation (✆ 064 663 0011) ist neben dem Bahnhof in das Einkaufszentrum *Killarney Factory Outlet* integriert.

Das traditionelle Transportmittel für die nähere Umgebung sind die **Jaunting Cars,** Kutschen. Die Jarveys, wie die Fahrer hier genannt werden, warten an der East Avenue Rd. nahe dem Tourist Office, am Muckross House und am Gap of Dunloe. Für die Stunde rechne man 45 €, zu einigen Sehenswürdigkeiten gibt es auch Festpreise, bei denen Ihnen aber nur 30 Min. für die Besichtigung bleibt – vorher abklären, wenn Sie den Kutscher länger warten lassen wollen.

Diverses

• *Angelscheine* **O'Neill's,** 6 Plunkett St., ✆ 064 663 1970, verkauft nicht nur Angellizenzen und -ausrüstung, sondern ist auch einschlägige Informationsbörse. Die Flüsse Flesk und Laune sind gute Fischgründe für Forelle und Lachs, auch die vielen kleinen Seen zwischen Kilkenny und Kenmare sind ergiebig. Coarse Fishing wird in der Region nicht gepflegt.

• *Ausflüge* Mehrtägige Touren per Pferd bieten O'Sullivan's **Killarney Riding Stables** in Ballydowney, ✆ 064 663 1686, www. killarney-riding-stables.com.

Geführte Wanderungen mit **Deros Tours,** 22 Main St., ✆ 064 663 1251, www.deros tours.com, sowie mit **Killarney Guide Walks,** ✆ 064 663 3471, www.killarneyguided walks.com. Letztere starten Mai–Okt. tägl. 11 Uhr am Westende der New St. gegenüber der Kathedrale zu einem zweistündigen Spaziergang durch den Nationalpark (9 €/Person).

Fahrten im Ausflugsboot auf dem Lough Leane mit **Pride of the Lakes** (Scotts Gardens, ✆ 064 663 1060) und Deros' **Lilly of Killarney** (✆ 064 663 1068, www.killarneyday tour.com).

• *Autoverleih* **Murray's Europcar,** South West Travel, 30 High St., ✆ 064 663 0177; **Hertz,** 28 Plunkett St., ✆ 064 643 4126; **Budget,** International Hotel, Kenmare Pl., ✆ 064 663 4341.

• *Buchhandlung* **Killarney Bookshop,** 32 Main St., im Sommer abends bis 22 Uhr.

• *Campingbedarf* **O'Sullivan's Outdoor Store,** New St.

• *Fahrradverleih* **O'Sullivan (14)** (Raleigh), Bishop's Lane off New St., ✆ 064 663 1282, www.killarneyrentabike.com; Filiale am Parkplatz gegenüber der Touristinformation. Mit Garantie: Wer unterwegs eine Panne hat (Plattfuß ausgenommen), bekommt sein Geld zurück. Löblich! Räder verleiht für 15 €/Tag auch das Hostel **An Sugan,** Lewis Rd.

• *Post* New St., Mo–Fr 9–13/14–17.30 Uhr, Sa 9–13 Uhr..

• *Reiten* **Killarney Riding Stables,** Ballydowney, ✆ 064 663 1686, www.killarney-riding-stables.com – für eine Stunde Ausritt rechne man pro Pferd 35 €. Zu den konkurrierenden **Muckross Stables** beklagt ein Leser: „Die Pferde stehen fertig gesattelt und getrennt in Boxen und warten auf eventuelle Reiter." Der Laie kann nur vermuten, dass solche Effizienz zwar dem Reiter, aber nicht den Tieren zugute kommt.

• *Stricksachen* **Blarney** und **Quills,** beide in der Main St., gute Auswahl an Pullovern etc.

• *Wäscherei* **Gleeson's Laundrette,** Brewery Lane off College Square, Mo–Sa 9–18 Uhr.

Killarney 415

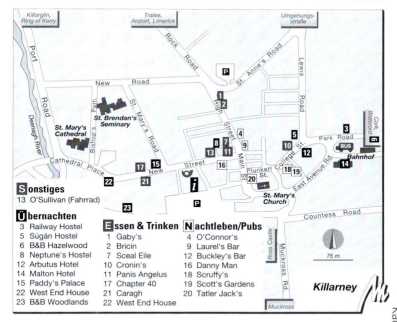

Übernachten/Camping

Die Touristenmetropole bietet Nachtquartiere für alle Ansprüche und in allen Preislagen. Obwohl es nur in Dublin mehr Fremdenbetten gibt, kann es in der Hochsaison zu Engpässen kommen. Im Juli/August sollte deshalb wenigstens einen Tag vorher gebucht werden.

• *Hotels* ****** Malton (14),** am Bahnhof, ✆ 064 663 8000, www.themalton.com, DZ 130–220 €. Das nostalgische Haus empfing als Great Southern Hotel schon die Reisenden der viktorianischen Epoche. Durch Lobby und Flure plätschert klassische Musik; die geräumigen, hohen Zimmer sind für die Preisklasse eher schlicht ausgestattet, teilw. mit Balkon und schönem Blick auf den Garten. Pool, Sauna und Tennis.

*** Gleneagle, Muckross Rd., ✆ 064 36 000, www.gleneaglehotel.com, DZ 120–190 €. Das riesige „leading leisure hotel", so die Eigenwerbung, lockt vor allem junge, doch betuchte Gäste. Das Freizeitangebot umfasst Hallenbad, Sauna, Dampfbad, Whirlpool, Tennis und Golf. Für Kinder gibt es ein Beschäftigungsprogramm, für die Nacht eine hauseigene Disco und zu allem noch eine große Veranstaltungshalle.

*** Arbutus (12), College St., ✆ 064 663 1037, www.arbutuskillarney.com, DZ 120–200 €. Zentral gelegen, kürzlich modernisiert und mit freundlicher Atmosphäre. In der Halle begrüßt eine museumsreife Standuhr, auch die Bar ist recht nostalgisch eingerichtet.

• *B&B* Obwohl es in Killarney mehrere hundert B&Bs gibt, ist in der Hochsaison nicht immer ohne weiteres ein Bett zu bekommen. Am besten wendet man sich an die Tourist Information und lässt dort nach einem freien Bett telefonieren. Die Preise liegen bei durchschnittlich 80 € für das DZ mit Bad und Frühstück, reichen in der Spitze aber bis 100 €. Wer es auf eigene Faust versuchen will, findet die meisten B&Bs an den Ausfallstraßen (Muckross Rd., Tralee Rd.) mindestens 20 Min. vom Zentrum.

Woodlands (23), Bellview Woods, N 72 West, ✆ 064 663 1467, www.stayatwood

416 Der Südwesten/County Kerry

lands.com, DZ 60–80 €. Zehn Gehminuten vom Zentrum neben einer Grundschule gelegen, große Räume, WLAN, breites Frühstücksangebot, viele Stammgäste, herzlicher Empfang durch die erfahrenen und hilfreichen Gastgeber Julia und Patrick.

Hazelwood (6), Upper Park Rd., Ballyspillane, ☎ 064 663 4363, hazelwood_kelliher @yahoo.com, April–Okt. DZ 70 €. 1 km außerhalb in einem Vorort an der Cork Rd., Gäste ohne Auto holt Nora Kelliher vom Bahnhof ab. Zur Begrüßung gibt's Tee und Kekse, nette Atmosphäre. Gepäckaufbewahrung. (Lesertipp von Jutta Stock)

● *Hostels in der Stadt* **Railway Hostel (3)** (IHH), Fair Hill, ☎ 064 663 5299, www. killarneyhostel.com, Bett 15–20 €, DZ 55 €. Das in vielen Zuschriften gelobte Hostel ist in einer früheren Glasfabrik gleich beim Bahnhof eingerichtet. Die meisten Zimmer (am schönsten der „Flintstone Room") mit eigenem Bad. Den Speiseraum verschönern Postkarten und ein altes Wagenrad. Die Küche dominiert der zentrale, auf einem Backsteinsockel montierte Gasherd. Fahrradverleih.

Neptune's (8) (IHH), New St., ☎ 064 663 5255, www.neptuneshostel.com, Bett 15–20 €, DZ 50 €. 100 Betten in Schlafsälen und einigen kleineren Familienzimmern (mit Bad). Saubere, bei Vollbelegung allerdings zu wenige Etagenbäder. Ein Foto im Aufenthaltsraum zeigt das junge Team des Hauses bei der Patrickparade und setzt so einen persönlichen Akzent. Auf die Hauswand vor dem Eingang ist eine große Orientierungskarte der Region gemalt. Die zentrale Lage sichert gute Belegung, deshalb frühzeitige Reservierung dringend empfohlen. Schlechte Parkmöglichkeiten.

Súgán (5), Lewis Rd./Ecke College St., ☎ 064 663 3104, www.killarneysuganhostel. com, Bett 15–16 €, DZ 40 €. Auch nach gründlicher Modernisierung ist dies noch ein Hostel im alten Stil: klein, gemütlich und kontaktfördernd. Manager Pa Sugrue ist ein begnadeter Geschichtenerzähler und auch auf Bühnen zu erleben. Gemeinschaftsraum mit Natursteinwänden und Torffeuer im Kamin. Mit Fahrradverleih.

Paddy's Palace (15), 31 New St. Ecke/St. Mary's Rd., ☎ 064 663 5382, www.paddys palace.com, Bett mit Frühstück 15–20 €. Das Hostel beschränkt sich auf die Basics wie Bett und Frühstück. Im engen Frühstücks- und „Aufenthaltsraum" möchte man sich nicht länger als nötig aufhalten.

Doch das Haus liegt zentral und die Zimmer sind sauber. Fahrradverleih.

● *Hostels außerhalb* **Peacock Farm** (IHH), Gortdromakiery, Muckross, ☎ 064 663 3557, peacockfarmhostel@eircom.net, April bis Sept., Bett 14–20 €, auch Camping möglich. Anfahrt: Von der Muckross Rd. nahe dem (nur für Fußgänger geöffneten) Parktor zur Muckross Abbey die Straße zum Lough Guitane nehmen, von der die Abzweigung zum Hostel ausgeschildert ist. Das kleine, von einem älteren Paar geführte Haus liegt 9 km außerhalb von Killarney einsam und mit herrlicher Aussicht auf den Stoompa Mountain, Abholservice nach Absprache. Es gibt tatsächlich einige Pfauen, dazu Hund und Katze, außerdem rundum einladende Wanderwege.

Killarney International JH, Aghadoe House, ☎ 064 663 1240, www.anoige.ie, Bett 15–20 €, DZ 50 €. 5 km westlich, kostenloser Bustransfer vom (Bus-)Bahnhof. Das gediegene Herrenhaus (160 Betten) mit großem Park ist auch tagsüber geöffnet; ein wenig anonym und mit dem Standard von anno dazumal. Netter Herbergsvater, auf Wunsch gutes Frühstück. Fahrradverleih. Ein Nachteil ist die zumal abends schlechte Busverbindung in die Stadt.

● *Camping* **Fossa,** Killorglin Rd., ☎ 064 663 1497, www.camping-holidaysireland.com, April–Sept., für Wanderer/Radler 2 Pers. mit Zelt 18 €, im Hostel Bett 15 €. 6 km außerhalb, weit von der JH. Der im Bereich nahe der Straße etwas laute Platz ist durch Bäume und Hecken in kleinere Einheiten aufgeteilt, Caravans und die wenigen Mobilhomes sind vom Zeltplatz getrennt. Duschen mit Münzen, aber individuell regulierbar. Tennisplatz, Fahrradverleih, Waschmaschinen und Cafeteria.

Fleming's Whitebridge, N 22, ☎ 064 663 1590; www.killarneycamping.com, Juni bis Sept., Wanderer/Radler 2 Pers. mit Zelt 20 €. 1,5 km außerhalb an einem Bach, mit Waschmaschine und Shop. Tagsüber stört die nahe Bahnlinie etwas, doch nach 18 Uhr fahren keine Züge mehr. Heißwasser für Dusche oder Abwasch kostet extra.

Flesk, 2 km südl. der Stadt am Rande des Nationalparks, Mai–Sept., ☎ 064 663 1704, www.campingkillarney.com, Wanderer/ Radler 10 €/Person. Mit Supermarkt, Fahrradverleih und Cafeteria. Heißwasser kostet extra.

Essen (siehe Karte S. 415)

Wo sich viel Gelegenheitskundschaft tummelt, ist die Gefahr eines kulinarischen Reinfalls besonders in den oberen Preislagen groß. Auch ein schlechter Wirt kann gut verdienen, wenn immer wieder ahnungslose Gäste kommen.

Gaby's (1), 27 High St., 064 663 2519, www.gabysireland.com So Ruhetag, Dinner um 60 €. Das Lokal, eher wie ein Café und damit nicht zu vornehm eingerichtet, ist durch Raumteiler geschickt in kleinere Segmente eingeteilt. Die mit dem „Irish Seafood Award" belohnte Küche konzentriert sich auf Fisch und Schalentiere. Die drängen sich in einem Aquarium – mit zusammengebundenen Scheren, damit sie sich in ihrer Verzweiflung nicht gegenseitig aufessen können. Für den Hummer „Gaby" in Cognac-Sahne-Sauce wird der Gast dann um einen Fünfziger erleichtert. Wenigstens haben die Schalentiere ihren Preis.

Chapter 40 (17), 40 New St., 064 667 1833. www.chapter40.ie, Mo–Sa ab 17 Uhr, Hauptgericht um 25 €. Wer lieber Fleisch als Meeresfrüchte essen mag und dabei nicht auf jeden Euro schaut, für den ist Chapter 40 die beste Adresse in Killarney. Tiere aus der Region kommen hier als Steaks, Schweinebraten oder mit Honig und Ingwer glasierten Entenhälften auf den Tisch. Auch vegetarische Optionen.

West End House (22), Lower New St., 064 663 2271, www.westendhouse.com. Chef Josef Fassbender hat sein Handwerk in den Hotels der Welt gelernt, doch sein im guten Sinne konservativer Kochstil verrät die deutschen Wurzeln. Das Lokal erinnert mit seinen dunklen Holzmöbeln und den Jagdtrophäen an der Wand an einen Landgasthof. Das denkmalgeschützte, einst von den Earls of Kenmare erbaute Haus hat eine wechselvolle Geschichte u. a. als Schule für Holzschnitzerei, Armeekommandantur und Haushaltsschule hinter sich. Auch B&B (DZ 60–90 €). Restaurant 12.30–14 und 18–22 Uhr, Mo und Di'mittag Ruhetag.

Bricin (2), 26 High St., 064 663 4902, www.bricin.com, Mo–Sa 18–21 Uhr, Hauptgericht um 20 €. Ein Bistro über einem Buchladen mit Craftshop, speziell irische Küche, z. B. Boxty-Gerichte (gefüllte Kartoffelpfannkuchen). Als Beilage ausgezeichnetes Brown Bread.

Spitzweg grüßt Killarney

Cronin's (10), 9 College St., tägl. 9–21 Uhr. Das preiswerte Familienrestaurant hat Frühstück, Salate, Suppen und Sandwichs im Angebot. Die wechselnden Tagesgerichte werden auf einer Tafel angeschrieben, auch spezielles Kindermenü.

Caragh (21), 106 New St., tägl. 10–20 Uhr. Mai–Sept. 23 Uhr. „Sehr gutes Restaurant für Reisende, die nicht 20 € für ein Abendessen ausgeben können. Die Atmosphäre erinnert zwar ein bisschen an eine Kantine und lädt nicht zum längeren Verweilen ein, aber es gibt sehr schmackhaftes Essen mit großen Portionen, viele Gerichte für 10–15 €." (Lesertipp von Mathias Richter)

Sceal Eile (7), High St., Konditorei mit Coffeeshop und Restaurant im Obergeschoss, im Sommer auch abends geöffnet. Das vielfältige Angebot reicht von der Hochzeitstorte bis zum Irish Stew.

Panis Angelicus (11), 15 New St., tägl. 10–17.30 Uhr, im Sommer Do–Mo bis 21 Uhr.

418   Der Südwesten/County Kerry

Der Duft frisch gebrühten Kaffees lockt in diesen stylishen Coffeeshop. Der Name „Panis Angelicus" („Brot der Engel") dürfte als Anspielung auf die Transsubstantiation katholische Theologen begeistern – für Protestanten eher schwer verdauliche Kost. Es gibt Backwaren, Kuchen und Torten, bei den Mittags- und Abendgerichten auch Angebote für Vegetarier und glutenfreie Kost.

Am Abend (siehe Karte S. 415)

Die Musikszene Killarneys ist sehr organisiert, wenig spontan und wird von Puristen als nicht authentisch kritisiert, was angesichts der abendlichen Horden jigsuchender Amerikaner aber nicht weiter verwundert. Gut klingt's trotzdem. Und zum österlichen Folkfestival trifft sich wirklich die Elite der irischen Folker.

Laurel's Bar (9), Main St., auch Pubfood. Abends „irische" Musik mit Johnny Cash und auch mal einem Schunkellied – das weitgehend amerikanische Publikum will's so. Oft von Reisegruppen belegt und sehr touristisch, „neatly dressed" erwünscht. Na ja ... www.thelaurelspub.com.

Danny Man (16), New St. Einer der größten Pubs der Stadt. Häufig Livemusik. Poolbillard, mittags Essen, bunt gemischtes Publikum.

O'Connor's (4), High St. Ein Pub, so wie man ihn sich in Deutschland vorstellt: etwas schick mit großer Lounge und weichen Polstern. Junges, gepflegtes Publikum, ein- bis zweimal die Woche Musik.

Buckley's Bar (12), im Arbutus-Hotel, wurde zum *Traditional Irish Music Pub of the Year* gekrönt. Die gemütliche Bar mit Eichentäfelung und Torffeuer wurde seinerzeit von Tim Buckley eingerichtet, der das Hotel 1926 übernahm und die meiste Zeit singend im hauseigenen Pub verbracht haben soll. Heute treffen sich die Musikanten hier immer Di, Fr und Sa abends.

Tatler Jack (20), Plunkett St. Die Stammkneipe der Fans des irischen Sports. Hier kann man sich die Regeln von Hurling, gälischem Fußball oder Road Bowling erklären lassen, irgendeine Übertragung flimmert bestimmt über den Bildschirm. Mittags Pub Grub, am Wochenende Musik. www. tatlerjack.com.

Scott's Gardens (19), College St. Pub mit „Biergarten" (= Holzbänke in einem asphaltierten Innenhof), veranstaltet Setdancing und Discos mit verlängerter Sperrstunde.

Scruffy's (18), College St. Das Discopub für die Jungen ist eine geräumige Höhle aus Natursteinmauern und hat einen offenen Kamin.

Killarney/Umgebung

Die nähere Umgebung Killarneys erkundet man am besten auf einer etwa 35 km langen Radtour, die mit einer Besichtigung, Bootsfahrt, Spaziergängen und gemütlichem Picknick als Tagesausflug geplant werden sollte. Eine Fahrt mit der Pferdekutsche, die man auch am Eingang zum Muckross Park oder am Gap of Dunloe mieten kann, hat ihren romantischen Reiz. Wer sich abseits der ausgetretenen Pfade bewegen will, dem sei die Wanderkarte des Nationalparks 1:25.000 empfohlen.

▸ **Ross Castle:** Der Bergfried aus weißem Kalkstein ist direkt am **Lake Leane** errichtet, einem romantischen Ort mit einer wild-naturbelassenen Uferlandschaft, Booten, Anglern und Kaleschen vor dem Hintergrund der Berge. Ein schöner Spazierweg führt in einer halben Stunde am Seeufer entlang um die Halbinsel hinter dem Castle herum. Zwei Türme der Ringmauer, die das Castle umgab, sind noch erhalten, doch ein Großteil der äußeren Befestigung wurde zerstört, als man im 17. Jh. gleich nebenan eine Kaserne baute. Bis ins 15. Jh. geht die Residenz der O'Donoghues zurück. Es war die letzte Burg in Munster, die von Cromwell genommen wurde. Nach einer alten Legende sollte das Castle eines Tages „mit Feuer aus dem Wasser" zerstört werden. Als die Briten ihre Kanonen auf Boote verluden und Ross Castle auf seiner schwächsten, der Seeseite angriffen, sahen die Verteidiger die Pro-

Killarney/Umgebung 419

„Englischer" Rasen in den Muckross Gardens

phezeiung erfüllt und gaben auf. Die zuletzt arg ramponierte Burg wurde restauriert und dabei insbesondere die alten Deckengewölbe mit mittelalterlichen Techniken wiederhergestellt.
⌾ Juni–Aug. tägl. 9–18.30 Uhr; Mai, Sept. tägl. 10–18 Uhr; Okt. Di–So 10–17 Uhr; April tägl. 10–17 Uhr; letzte Führung 45 Min. vor Schließung. Eintritt 6 €.

▸ **Inishfallen Island:** Das Kloster, von dem nur noch Ruinen stehen, wurde durch seine Chronik berühmt, die heute in Oxford gehütet wird. Das Manuskript aus dem 13. Jh. ist eine der wichtigsten Quellen über das irische Mittelalter. Bootstrips nach Inishfallen werden am Ross Castle angeboten. Da mit dem „Waterbus" für die Insel aber gerade nur 20 Min. bleiben, kommt man besser mit eigener Kraft im Ruderboot. Mit dem lässt es sich natürlich auch einfach nur ziellos auf dem Lough herumrudern.

▸ **Muckross House and Gardens:** Das Herrenhaus wurde 1843 im neoelisabethanischen Stil für Henry Arthur Herbert errichtet, dessen Familie bis in die jüngste Zeit neben den Brownes die größten Grundbesitzer in Kerry waren. Später ging es an die Guinness-Familie, die es als Ferienquartier an aristokratische Jagdgesellschaften vermietete, dann wurde es von einem steinreichen Amerikaner als Hochzeitsgeschenk für seine Tochter erworben und nach deren Tod schließlich dem Staat vermacht. „Muckross möge ein Garten der Freundschaft, möge der größte Spielplatz der Welt werden", hieß es in der Stiftungsverfügung. Die üppig mit Stuck geschmückten Räume sind mit Möbeln verschiedener Epochen eingerichtet, sodass man einen guten Eindruck vom Wandel des Geschmacks und der Wohnkultur bekommt. Interessant ist die im Keller gezeigte Dauerausstellung zum Handwerk und Alltagsleben vor gut hundert Jahren. Die Weberin (warum eigentlich eine Frau?) lässt das Schiffchen flitzen, der Schmied schlägt mit aller Kraft auf das Werkstück ein.

420   Der Südwesten/County Kerry

Der **Park** steigt vom See leicht zur Straße hin an, wo ihn eine Mauer vom Verkehr abschirmt. Großzügige, gepflegte Rasenflächen sind von Rhododendronhecken und Kiefern unterbrochen, auch der aus dem Mittelmeerraum stammende, aber längst ausgewilderte Erdbeerbaum *(Arbutus unedo)* gedeiht prächtig. Im südlichen Teil wird ein neues **Arboretum** angelegt. Von Killarney kommend, stehen nahe dem ersten für Autos gesperrten Tor die Ruinen einer **Franziskanerabtei**. Unter den Grabplatten der Klosterkirche sind Kirchenmänner und die Clanchefs von Kerry bestattet.

⏰ Juli/Aug. tägl. 9–19 Uhr, sonst bis 17.30 Uhr; Einlass bis 1 Std. vor Schließung. Eintritt 7 €, mit Farm 12 €. www.muckross-house.ie.

▶ **Muckross Traditional Farms:** Das Bauernhausmuseum ergänzt die aristokratische Welt des Muckross House. Aus verschiedenen Regionen Irlands wurden Cottages zusammengetragen oder nach entsprechendem Vorbild aufgebaut, in den Küchen knistern die Torffeuer, sodass man an einem Regentag gern ein wenig länger verweilt.

⏰ Juni–Sept. tägl. 10–18 Uhr, Mai tägl. 13–18 Uhr, April, Okt. Sa/So 13–18 Uhr; Einlass bis 1 Std. vor Schließung. Eintritt 7 €, mit Muckross House 11 €.

▶ **Killarney National Park Centre:** Im Pavillon der Nationalparkverwaltung, gleich hinter dem Muckross House, wird eine Videopräsentation des Parks gezeigt. Ein superschlauer und -schneller Computer beantwortet mit Bild und Text Fragen zur irischen Naturkunde, beispielsweise zur Entstehung von Mooren oder zum Waldsterben. Schade, dass das aufwendige Programm nicht auch in anderen Nationalparks gezeigt wird. Unter dem eingängigen Motto „Die Eiche als Supermarkt" wird der Deutschen liebster Baum vorgestellt und gezeigt, wie sich andere Lebewesen an ihm bedienen: Vögel bauen ihre Nester, Käfer fressen die Rinde, und der Mensch versägt die Eiche zu Bauholz und Möbeln.

⏰ März–Okt. tägl. 9–18 Uhr (Juli/Aug. bis 19 Uhr); Eintritt frei.

▶ **Killegy Hill:** Gleich am Anfang des Muckross-Parks liegt auf der anderen Straßenseite ein unscheinbarer Hügel. Die Kelten befestigten ihn mit einem Ringfort, die Christen bauten ein heute verfallenes Kirchlein und legten einen Friedhof an, der seit langem vergessen scheint. Gestrüpp überwuchert manche umgestürzte Grabsteine, deren Inschriften zur Unkenntlichkeit verwittert sind. Weithin sichtbar ist dagegen das gewaltige Kreuz zum Gedenken an den Muckross-Bauherrn *Henry Arthur Herbert den Jüngeren* (gest. 1866), errichtet von seinen Pächtern. Andere Herberts haben in der Familiengruft ihre letzte Ruhe gefunden. In einem namenlosen Grab liegen die Gebeine von *Rudolf Friedrich Raspe* (1737–94), der die Gestalt des Lügenbarons Münchhausen erfand. Als Kurator der Münzsammlung des Landgrafen von Hessen-Kassel hatte Raspe sich Unterschlagungen zuschulden kommen lassen und war nach Schottland geflohen, wo er sich als Geologe verdingte. Auch hier gab es Unregelmäßigkeiten, und Raspe setzte sich 1793 schließlich nach Killarney ab. Kaum ein Jahr noch leitete er hier die Kupfergruben der Herberts, bis er am Fleckfieber starb. Der „Münchhausen" ist Raspes lange Rache am deutschen Landadel, der ihn ins Exil getrieben hatte.

Anfahrt Von Killarney kommend Richtung Muckross 2,5 km nach der Flesk-Brücke. Der nur wenige Minuten lange Weg auf den Hügel beginnt unmittelbar vor der Muckross Galerie.

▶ **Ladies' View:** Für Fußgänger ist der Aussichtspunkt 15 km außerhalb an der Straße nach Kenmare keine Wanderung wert. Radlern sei der Weg an schönen Tagen trotz des Anstiegs empfohlen. Hier pflegten Königin Viktorias Kammerzofen sich der Landschaft zu erfreuen und auf die drei Seen und das verkarstete Tal hinunter zu blicken.

Killarney/Umgebung 421

Wanderungen

▶ **Dinis Island:** Ein schöner, gut vierstündiger Spaziergang führt vom Muckross House durch den Wald auf die mit exotischen Bäumen und bunten Blumen bepflanzte Halbinsel zwischen Lough Leane und dem Muckross Lake. Der Trip wird auch als Kutschenfahrt angeboten. Nach dem **Lough Doo,** einem Teich zwischen den großen Seen, entdeckt man links einen Badeplatz. Über die Brickeen Bridge kommt man auf die Insel mit der Dinis Cottage am **Meeting of the Waters,** dem zweiten Zusammenfluss von Lough Leane und Muckross Lake. Roh gezimmerte Tische und Bänke laden zu einem Picknick ein. Der Rückweg geht am Südufer des Muckross Lake entlang und verläuft auf einem Weg oberhalb der Straße. Am Parkplatz des Torc Wasserfalls biegt man links ab und kommt über den Kerry Way wieder zum Ausgangspunkt.

▶ **Vom Torc-Wasserfall zum Devil's Punch Bowl/Mangerton Mountain:** Diese etwa fünfstündige Bergtour, die man nur in Begleitung und bei gutem Wetter unternehmen sollte, beginnt am Parkplatz des Torc-Wasserfalls. Ein bequemer Weg führt am Ostrand der Schlucht entlang, unten tobt der über Kaskaden stürzende Wildbach. An einer Brücke oberhalb des Wasserfalls wechselt man auf das Westufer und wandert jetzt auf den sich in Serpentinen schlängelnden Forstwegen in südöstlicher Richtung den Berg hinauf. Die sich kreuzenden Schneisen sind etwas verwirrend, doch wenn man stets die nach oben führende Variante wählt, kommt man unweigerlich an den Waldrand mit dem **Barnancurrane Gap,** durch das eine Treppe führt. Oben folgt man dem alten Zaun nach Osten, der früher das Muckross Estate vom schlechten Land der Pächter trennte. Wo der Zaun im rechten Winkel auf einen anderen trifft, wendet man sich rechts und folgt jetzt diesem Zaun zum **Devil's Punch Bowl,** einem von Steilfelsen umgebenen Bergsee. Man geht im Uhrzeigersinn um den See und steigt dabei allmählich an – auf der Südseite des Sees ist vor dem Steilfelsen ein Sattel, über den man auf den **Mangerton** (840 m) gelangt. Links öffnet sich ein Abgrund und gewährt einen weiten Blick in die Ebene.

Für den Rückweg gibt es zwei Varianten. Entweder geht man nach Westen auf den Vorgipfel des Mangerton (auf der Karte ist fälschlich ein Cairn eingezeichnet) und von dort in der Falllinie nach Nordosten ins **Owengarriff-Tal** hinunter, wo man auf die Old Kenmare Road mit dem Kerry Way trifft, der rechts wieder zum Torc-Parkplatz führt. Der andere Pfad beginnt am Nordende des Devil's Punch, trifft auf den erwähnten Zaun und kreuzt ein Geröllfeld, knickt dann leicht nach links und begleitet anschließend einen Bach. Der Trail mündet in eine Teerstraße. An der nächsten T-Kreuzung links, kommt man nach 4 km an Molly Darcys Pub wieder auf die Hauptstraße.

▶ **Vom Torc-Wasserfall zur Lord Brandon's Cottage:** Diese etwa fünfstündige Wanderung ist ein Teil der ersten Etappe des Kerry Way. Man kann sich also an den gelben Markierungen orientieren. Es gibt einige kleinere Anstiege, doch ist die Tour nicht weiter schwierig. Ein Abschnitt ist sehr feucht, wasserfeste Schuhe sind von Vorteil. Um von der Brandon's Cottage wieder nach Killarney zurück zu kommen, sollte man nicht zu spät aufbrechen.

Ausgangspunkt ist wieder der Parkplatz am Torc Wasserfall, und wie bei der letzten Tour steigt man am Fall vorbei auf, bleibt dann aber auf dem Kerry Way und damit parallel zum Bach. Dies ist die alte **Kenmare Road.** Am Waldrand informiert bei einem Gatter ein Schild, dass hier das Reservat des Rotwilds beginnt – es sind die

Der Südwesten Karte S. 328/329

422   Der Südwesten/County Kerry

einzigen noch wild lebenden Hirsche in Irland. Im 19. Jh. wurde die Straße von den Grundherren geschlossen und die weiter oben siedelnden Pächter vertrieben, um das Wild und damit die Jagd nicht zu stören. Der Bach knickt jetzt nach links ab, doch wir behalten die Richtung, und der stellenweise nur noch anhand der Markierungen auszumachende Weg durchquert eine sumpfige Niederung. An den schlimmsten Stellen sind Holzplanken gelegt, damit Wanderer nicht im Morast versinken. Ein neuer Bach begleitet uns ein Stück, links rauscht der **Cores Wasserfall,** dann geht es in die **Esknamucky-Schlucht.** Am oberen Ende des Glens kommen eine sumpfige Passage und ein alter Eichenwald, auf einer Lichtung überquert eine Holzbrücke den **Galway's River.** Am Waldrand stößt man auf einen Feldweg, der rechts an der Serpentine bei der **Derrycunnihy Church** auf die Nationalstraße (N 71) mündet.

Wer müde ist, dem bietet sich hier die Chance auf einen Lift zurück nach Killarney. Zur Brandon's Cottage sind es noch knapp 5 km. Man überquert die Straße, der Weg bleibt links vom Galway's River. Früher hätte man Queen's Cottage passiert, einen 1861 extra für den Besuch Königin Viktorias gebauten Teepavillon, der in den zwanziger Jahren leider abgerissen wurde. Der Trail führt leicht oberhalb des Seeufers durch einen mächtigen Eichenwald, wie man ihn in Irland kaum sonst irgendwo findet. Der Überlieferung nach durften früher nur Männer diesen Weg zur Derrycunnihy-Kirche benutzen, während die Frauen mit dem Boot über den See zu fahren hatten. Die **Lord Brandon's Cottage** wird von Juni bis September bewirtschaftet. Von hier kann man mit dem Boot über Ross Castle, mit einer Kutsche durch das Gap of Dunloe oder mit dem Taxi nach Killarney zurückkehren.

▶ **Gap of Dunloe:** Der Sattel trennt die Macgillycuddy-Berge (im Westen) von den Purple Mountains (im Osten), die einen Großteil des Nationalparks ausmachen. Der Trail scheidet aber auch die Geister. Was für die einen ein sagenhaftes Naturerlebnis, ist für die anderen Kommerz pur. Technisch bietet der durchweg asphaltierte Weg jedenfalls keine Schwierigkeiten – er wird mit dem Rad oder mit den Jaunting Cars absolviert, selbst die Fahrt mit dem Auto ist möglich und gestattet, was zu einem beachtlichen Verkehrsaufkommen führt und angesichts der schmalen Straße eine Zumutung für die Nicht-Motorisierten ist. Als Pauschaltour wird gewöhnlich angeboten: Busfahrt von Killarney bis zum unteren Eingang der Schlucht **(Kate Kearney's Cottage),** durch das Gap nach Wahl eine Fahrt mit dem Jaunting Car oder ein Ritt auf dem Rücken eines Pferdes (nur geübten Reitern zu empfehlen) bis zum Upper Lake, anschließend eine Bootsfahrt nach Ross Castle und von dort wieder mit dem Bus nach Killarney.

> Da die Boote auf dem Upper Lake auch Fahrräder mitnehmen, kann man auch eine **Radtour** durchs **Gap of Dunloe** unternehmen. Weniger gut trainierte Radler werden dabei allerdings streckenweise schieben müssen.

Die Sache hat Geschichte und geht auf Thomas Cook zurück, den legendären Erfinder der Pauschalreise. Damals wurden eigens 20 Polizisten im Gap stationiert, um die englischen Reisenden vor den Nachstellungen irischer Nationalisten zu schützen. Wir schlagen vor, das Gap gegen den „touristischen Strom" zu durchwandern oder zu befahren – ein steiler Anstieg und danach ein langer, bequemer Abstieg erscheint vernünftiger. Fußgänger und Radler nehmen am Ross Castle eines der Boote, die gewöhnlich zwischen 10.30 Uhr und 11 Uhr manchmal noch

Killarney/Umgebung 423

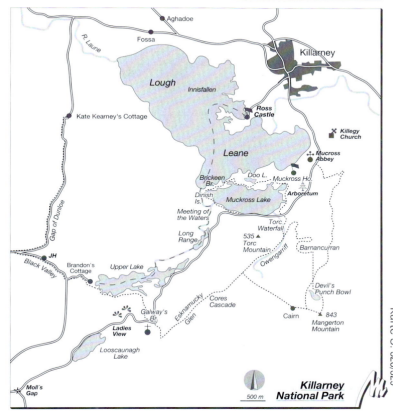

leer zum Upper Lake fahren, um an Brandon's Cottage die ersten Reisegruppen aufzunehmen. Von dort folgt man dem **Black Valley,** einem einsamen Tal mit nur wenigen Häusern und ohne Pub, von dem das Gap of Dunloe rechts abzweigt. Zu Fuß rechne man von Brandon's Cottage bis zu Kate's Cottage 2,5 Stunden Gehzeit.

• *Übernachten* **Black Valley JH,** ✆ 064 663 4712, www.anoige.ie, am Weg zwischen Upper Lake und Gap of Dunloe, März–Okt. tägl. 17–11 Uhr, Bett 13–17 €. Leser beklagen Rückenfolter durch hängemattenartig durchhängende Matratzen und gammelige Sanitäranlagen, aber vielleicht ist es ja inzwischen besser geworden. Auf Wunsch wird auch gekocht. Pferdeverleih.

• *Essen* Bei **Brandon's Cottage** gibt es einen bewirtschafteten Rastplatz; die **Jugendherberge** hat einen kleinen Laden und etwa eine Meile vor dem Landgasthof **Kate's Cottage** lädt in **Colleen's Cottage** eine ältere Dame nachmittags zu Tee und Scones ins Wohnzimmer.

• *Preise* Für die Pauschaltour ab Killarney mit Bus, Kutsche und Boot zahlt man bei *Deros Tours* (www.derostours.com) für alles zusammen 50 €. Nur für ein Pony rechne man 40 €/Std., für die Kutsche 80 € (bei 4 Plätzen also mindestens 20 €/Person), für die Bootstour 15 €, für ein Taxi von Kate's Cottage nach Killarney 20 €.

424   Der Südwesten/County Kerry

Radtour

Macgillycuddy Mountains: Keine Angst – ich will Sie nicht mit dem Fahrrad auf die Gipfel scheuchen, sondern eine etwa 80 km lange Panoramatour um das Massiv herum vorschlagen, die auch in zwei Tagesetappen geteilt werden kann. Hier werden Ihnen, anders als am Ring of Kerry, kaum Autos oder gar Omnibusse die schmale Straße streitig machen. Nehmen Sie den Weg zum nördlichen Eingang des **Gap of Dunloe** und biegen Sie etwa 1,5 km vor Kate Kearney's Cottage nach Westen ab. Spätestens jetzt brauchen Sie eine Karte, um sich im Gewirr der Teerwege und Gabelungen entlang der Nordflanke des Gebirges halten zu können, ohne dabei in die Täler zu geraten, aus denen es oben keinen Ausgang mehr gibt. Wenn Sie auf die von Killorglin nach Glencar führende Straße stoßen, wird die Orientierung einfacher. Ihr folgen Sie nach links, am **Acoose Lough** vorbei. **Glencar** liegt zwar (links) einige Minuten abseits der Route, ist mit seinem Pub aber ein guter Rastplatz auf beinahe halbem Wege. An der Bealawa Bridge wenden Sie sich nach links und strampeln über Boheeshil zum **Ballaghbeama Gap** hinauf. Die Straße ist eine Buckelpiste, schmal und unübersichtlich, doch zum Glück wenig befahren. Belohnt wird man mit urwüchsigem, zerklüfteten Terrain alpinen Charakters. An der Einmündung der von Sneem kommenden Straße geht es wieder links und nochmals einige Kilometer bergauf bis zu **Moll's Gap,** wo in einer wilden Gebirgslandschaft die Hauptstraße erreicht wird, auf der Sie am Ladies' View vorbei zum Muckross Lake hinunter rollen können, von dem es noch etwa 7 km nach Killarney sind.

- *Karte* Nr. 78 der Discovery Series 1:50.000.
- *Übernachten* **Climbers Inn,** Glencar, ☎ 066 976 0101, www.climbersinn.com, Bett 15–20 €, DZ B&B 70 €. Bereits in der 4. Generation führt die Familie Walsh nun ihren Landgasthof samt Laden und Postamt. Retroatmosphäre, alle Zimmer mit Zentralheizung und Bad; Fahrradverleih, Abholservice, Campingmöglichkeit, dazu im Sommer täglich geführte Wanderungen.

Dingle-Halbinsel (gäl. Chorca Dhuibhne)

Ist Dingle das Opfer seiner eigenen Romantik geworden? Ein gälisches Sprachgebiet, eine Fülle keltischer und frühchristlicher Ruinen, die Literatur der heute unbewohnten Blasket Islands und ein leibhaftiger Delphin nähren den Mythos der Halbinsel im Nordwesten von Kerry.

Nachdem der Ring of Kerry als überlaufen gilt, bevorzugen immer mehr Individualreisende die 48 km lange Dingle-Halbinsel. Schroffe, rotbraune Klippen wachsen neben goldenen Sandbuchten aus dem Meer, dramatische Nebelszenarien entfalten sich an den Bergpässen. Besonders der äußerste Westen ist geradezu übersät mit Ringforts, Bienenkorbhütten, alten Kirchen und Hochkreuzen. Hier landete der mythische König Darie Donn, um Irland zu erobern und erlitt eine böse Schlappe durch den Riesen Finn MacCool und seine Genossen. In den *Slieve Mish Mountains* geht die schöne Lady Banba um, eine Feengestalt, in der manche Volkskundler einen Nachklang einer keltischen Göttin sehen. Auch moderne Legenden spielen auf der Halbinsel. Für den Film „Ryan's Daughter" wurde seinerzeit ein ganzes Dorf aufgebaut (und nach Abschluss der Dreharbeiten wieder demontiert); das sorgt bis in unsere Tage für Gesprächsstoff.

Auch Dingle hat seinen Fernwanderweg. Der 178 km lange **Dingle Way** (www.dingleway.net) umrundet von Tralee aus die Halbinsel. Die erste Etappe nach dem Camp kann man sich getrost schenken, der zweite Tag geht über das Gebirge hin-

Dingle-Halbinsel 425

Verschwiegene Buchten säumen die Dingle-Halbinsel

über nach Anascaul, der dritte nach Dingle und erst dann wird die Route wirklich interessant. Der Weg ist auf den Blättern 70 und 71 der Discovery Series (1:50.000) markiert, Sandra Bardwells Büchlein „The Dingle Way" ist bei Amazon erhältlich.

Die **Südküste** hat weichere Konturen als Iveragh, das sich jenseits der Bucht im Dunst verliert. Bei *Inch* ragt eine sandige Nehrung ins Meer hinaus, die einen nahezu perfekten Badestrand abgibt. Aus dem Strandcafé Sammy's Store kann man durch dicke Glasscheiben auch bei schlechtem Wetter die Meersbrandung genießen. Bis Anascaul fährt man auf einer Panoramastraße am Meer entlang, dann durch ein weites Tal mit Wiesen und Feldmauern weiter nach Dingle (Stadt).

• *Übernachten/Essen* **The Phoenix B&B/ Restaurant,** Castlemaine, 6 km außerhalb an der Inch Rd., ✆ 066 976 6284, www.thephoenixorganic.com, DZ 60–80 €, Dinnermenü 35 €. Ein gemütliches, mit fernöstlichem Kunsthandwerk bunt dekoriertes und esoterisch angehauchtes B&B mit Campingmöglichkeit. Die Gäste werden auf Wunsch in Castlemaine abgeholt. Zutaten für die vorzügliche vegetarische Küche stammen weitgehend aus dem eigenen Garten.

Hostel Dingle Gate (IHH), Anascaul, Camp Rd., ✆ 066 915 7150, www.dinglegatehostel.com, Bett 14–18 €, DZ 40 €. 3 km außerhalb an der Landstraße, der gekieste Vorplatz ist groß genug, um mehrere Reisebusse parken zu lassen. Das als Schulhaus gebaute Hostel ist sehr nüchtern eingerichtet, es fehlt an Atmosphäre. Keine Einzelbäder. Fahrradverleih, abends Shuttle-Service ins Dorf(pub).

Paddy's Palace, Anascaul, Main St., www.paddyspalace.com, Bett mit Sparfrühstück 14–16 €, DZ 36 €. Das Hostel hat etwas mehr Platz als sein Pendant in Killarney zu bieten. Im Erdgeschoss des denkmalgeschützten und wegen seiner knallgrünen Fassade in die Kritik geratenen Hauses befindet sich der Pub Randy Leprechaun. Wer tief ins Glas schaut, muss dann für die Nacht nur noch die Treppe meistern.

• *Pub* **South Pole Inn,** Anascaul. „Gegründet von Tom Crean, der auf Scotts unglücklicher Südpolexpedition dessen Leiche barg und 1914 den Schiffbruch der Shackletonschen ‚Endurance' überlebte – danach zog sich der Polarforscher nach Anascaul zurück und soll nie mehr über seine schrecklichen Erlebnisse gesprochen haben." (Lesertipp von Hauke Benner)

426 Der Südwesten/County Kerry

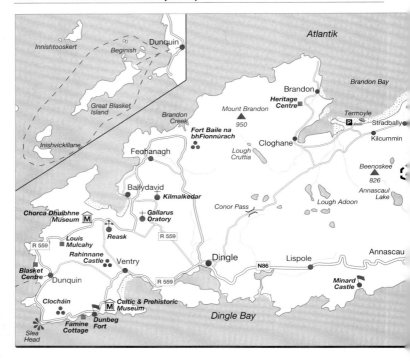

Dingle (Stadt) (gäl. An Daingean)

Der Fischerort ist das Geschäfts- und Ferienzentrum der Halbinsel und eine gute Basis, um die Umgebung zu entdecken. Einzige Attraktion der Stadt ist Delphin Fungie, der in der Hafenbucht mit Schwimmern und Booten spielt.

Robert Mitchum und Trevor Howard sitzen im Pub und haben bereits eine Flasche Brandy nahezu geleert. „Was für ein gottverdammtes Kaff. 50 Pubs und nichts zu essen!", beschwert sich Robert. Aus welchem Film stammt diese Szene? Aus keinem, denn es soll sich 1970 in Dingle tatsächlich so zugetragen haben. Damals war die Stadt allenfalls ein paar Insidern aus Cork bekannt, die ihre Kinder im Sommer zur Aufbesserung ihrer Sprachkenntnisse ins Gaeltacht-Gebiet schickten, um bei den Examen gut abzuschneiden und eine Stelle im öffentlichen Dienst zu bekommen.

Die Pubs sind geblieben, doch sonst ist Dingle (2000 Einwohner) aus seinem Dornröschenschlaf erwacht und hat die Unschuld verloren. Robert Mitchum und die Dreharbeiten zu „Ryan's Daughter" haben eine Entwicklung eingeleitet, von der noch nicht abzusehen ist, ob am Ende ein zweites Galway oder ein zweites Killarney steht. Derzeit erfreut sich Dingle der Wertschätzung einer kosmopolitischen High Society. Politiker (Ted Kennedy), Schauspielerinnen (Julia Roberts) und Intellektuelle verbringen hier einige Ferientage, mit Französisch und Italie-

Dingle (Stadt) 427

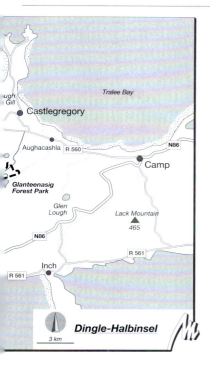

nisch kommt man weiter als mit gälischen Sprachkenntnissen, und neue Ferienhaussiedlungen schießen wie die Pilze aus dem Boden. Auch der von Mitchum beklagte Mangel an Restaurants gehört der Vergangenheit an.

Gezählt scheinen hingegen die Tage der Fischer. Der supermoderne Fischereihafen mit Kühlhäusern und Eisfabrik wird heute v. a. von spanischen Trawlern genutzt. Nur der Lobster- und Krabbenfang ist noch Sache der Einheimischen.

*I*nformation/*V*erbindungen

• *Information* Am Hafen, ✆ 066 915 1188, Juni–Sept. Mo–Sa 9.30–19 Uhr, So 11–13 und 14–17 Uhr; Okt.–Mai Mo–Fr 9–13 und 14–17 Uhr. www.dingle-peninsula.ie sowie www.dodingle.com.

• *Verbindung* Vom Parkplatz hinter Garvey's Supermarkt tägl. **Busse** nach Tralee, Juli/Aug. auch nach Killarney; Mo u. Do (Sommer Mo–Sa) nach Dunquin – Ballyferriter; Di u. Fr nach Ballydavid mit Halt bei der Gallarus-Kapelle; Auskunft ✆ 066 712 3566, www.buseireann.ie.

*D*iverses (siehe *K*arte *S*. 429)

• *Ausflüge* **Con Moriarty,** The Strand, ✆ 087 221 4002, www.hiddenirelandtours.com, Tagesausflüge zu den Blaskets, zum Slea Head oder auf den Connor Pass; auch Verkauf von Outdoor-Ausrüstungen.

Sciuird Archaeological Tours, Tim Collins, ✆ 066 915 1937 und 066 915 1606, archeo@eircom.net. Der frühere Polizeichef und begeisterte Hobbyarchäologe bietet im Sommer Halbtagestouren in die Umgebung von Dingle.

• *Baden* Die Stadtstrände **Slaudeen** und **Beenbane** findet man vor dem Leuchtturm und am östlichen Eingang zur Hafenbucht. Geschützter liegt die **Ventry Bay** 8 km westlich der Stadt, die auch gut zum Surfen geeignet ist.

• *Bootscharter* **Dingle Marina,** am Yachthafen, ✆ 066 915 1344.

• *Bootsfahrten* Zu buchen bei **der Dingle Boatsmen Association**, neben der Touristinformation, ✆ 066 915 2626. **Dingle Marine Eco Tours,** ✆ 086 285 8802, und weitere Bootsleute bieten Fahrten zu den Blaskets (mir Rückfahrt 30 €) und zur Begegnung mit *Fungie* mittags vom Boot aus (20 €), nach Voranmeldung frühmorgens zum Mitschwimmen (25 €, Neoprenanzug 25 € zusätzlich). Mit Geld-zurück-Garantie, wenn der Delphin nicht erscheint. Zweistündige Angeltouren werden für 20 € offeriert.

• *Einkaufen* **Brian de Staic (13),** The Wood (Werkstatt) und Green St. (Verkauf). Einer der führenden Juweliere Irlands. Julia Roberts und Paul Newman tragen seinen Schmuck, sogar der vormalige Papst zählte zu den Kunden. www.briandestaic.com.

The Dingle Record Shop (11), Green St. gegenüber Saint Mary's Church. Mazz O'Flaherty verkauft Tonträger und Bodhrans. Sie ist selbst Musikerin und spielt oft gleich um die Ecke in O'Flaherty's Pub. www.dinglerecordshop.com.

Mulcahy's Weaver's Shop (12), Green St. Webwaren vom Wandteppich bis zum

428   Der Südwesten/County Kerry

Tischtuch, dazu erlesene Designerklamotten, auch Töpferwaren. www.lisbethmulcahy.com.

Leac a'Ré (18), Strand St. Ein sympathischer Laden – Pullover, Handarbeiten und Bücher.

• *Fahrradverleih* Ein Rad kostet 12–15 €/Tag, im Juli/Aug. ist Reservierung angeraten. **„Foxy John" Moriarty's (4)**, Main St., ✆ 066 915 1316; **Paddy Welsh (8)**, Dykegate St. ✆ 066 915 2311.

• *Reiten* **Long's Horseriding & Ponytrekking**, Ventry, ✆ 066 915 9723, www.longsriding.com.

Dingle Horseriding, www.dinglehorseriding.com, Ballinaboula, ✆ 066 915 2199.

• *Segelkurse* **Dingle Sailing Club**, ✆ 066 915 2603, /www.saildingle.com.

• *Tauchen* **Dingle Marina Dive Centre**, ✆ 9152422, www.divedingle.ie.

Neoprenanzüge mit Taucherbrille, Schnorchel, Flossen und Handschuhen für 20–25 € verleihen: **Brosnan's Wetsuit Hire**, Cooleen, in der Gasse gegenüber der Esso-Station, ✆ 066 915 1967, brosnanswetsuithire@yahoo.co.uk. Am Vortag anmelden und anprobieren!

„Ryan's Daughter" (dt. „Ryans Tochter")

Vor dem Hintergrund des irischen Freiheitskampfes und des Osteraufstandes verliebt sich eine irische Lehrerin, gespielt von Sarah Miles, in einen englischen Offizier (Robert Mitchum). Mit dem monumentalen Melodram versuchte der englische Regisseur David Lean seinerzeit (1970) auf der Erfolgswelle von „Doktor Schiwago" zu reiten. Stärke des Films sind seine großartigen Landschaftsaufnahmen, die Story ist etwas trivial geraten.

Übernachten

Die mondänen Gäste besitzen ihre eigenen Villen oder gar Inseln, während die Hotels sich bislang überraschend bescheiden geben.

*** Benner's (5), Main St., ✆ 066 915 1638, www.dinglebenners.com, DZ 140–210 €. Auch nach der gelungenen Renovierung blieb das nostalgische Klima erhalten. Die dunkelgrüne Halle ist mit vornehmen Mahagonimöbeln ausgestattet, die Zimmer im Haupthaus sind im irischen Landhausstil möbliert.

Ballintaggart House (27), Anascaul Rd., ✆ 087 239 6497, www.ballintaggarthouse.com, DZ 140–190 €. Das frühere Jagdhaus des Earl of Cork steht 2 km außerhalb auf einer Anhöhe. Im Hof steht noch der Kessel, in dem während der Hungersnot die Suppe für die Armen gekocht wurde. Sechs hohe, geräumige und stilvoll eingerichtete Gästezimmer im Haupthaus; die früheren Wirtschaftsgebäude wurden zu Ferienhäusern umgebaut (500–900 €).

Alpine Guesthouse (26), Tralee Rd., ✆ 066 9151250, www.alpineguesthouse.com, DZ 75–100 €. Zimmer mit TV und Meerblick, in der Lounge ein Modell der Gallaruskapelle. Freundliches Management. Das Gebäude ist etwas hellhörig.

B&B Stella Doyle's (14), 55 John St., April–Sept., ✆ 066 915 2378, www.stelladoyle.com, DZ 80 €. Zwei Gästezimmer im Landhausstil, der Frühstücks- und Aufenthaltsraum ist mit Kunst und Antiquitäten eingerichtet,

B&B Clonmara (16), Ms. Blandina O'Connor, Milltown, ✆ 066 915 1656, März–Okt. DZ 75 €. Am Meer mit schönem Blick, die geräumigen Zimmer angemessen ausgestattet, im Bad gibt's Wanne und Handtuchwärmer. Nette Wirtin, die auch malt, und großer Frühstücksauswahl, u. a. Rührei mit geräuchertem Lachs. (Lesertipp von Werner Trombik)

B&B Dunlavin House (22), Ms. Denis Kane, Milltown, ✆ 066 915 2375, www.dunlavinhouse.com, DZ 75 €. „Ein schönes nettes B&B mit sehr netter Vermietern, die auch Deutsch spricht." (Lesertipp von Walter Deinböck)

B&B Emlagh Lodge (28), Emlagh West, ✆ 066 915 1922, www.emlaghlodge.com, Febr.–Nov. DZ 70 €. Nicht zu verwechseln mit dem nahen Emlagh House, liegt die Lodge 10 Gehminuten vom Stadtzentrum entfernt direkt am Meer, sodass man den

Dingle (Stadt) 429

Übernachten
1 Rainbow Hostel
5 Benner's Hotel
6 Grapevine Hostel
14 B&B Stella Doyle's
16 B&B Clonmara
22 B&B Dunlavin House
25 Blackberry Lodge
26 Alpine Guesthouse
27 Ballintaggart House
28 Emlagh Lodge

Essen & Trinken
3 Goat Street Café
4 Foxy John's
5 Lord Baker's
10 An Café Liteártha
12 Blue Zone
14 Half Door
15 Oven Doors
17 Out of the Blue
21 Novecento
23 Murphy´s Icecream

Einkaufen
11 Dingle Record Shop
12 Mulcahy's Weaver's Shop
13 Brian de Staic
18 Leac a'Ré

Sonstiges
4 Foxy John's (Fahrräder)
8 Welsh (Fahrräder)
19 Cinema Phoenix

Pubs
2 Adam's
7 An Conhair
9 An Droichead Beag
11 Dick Mack's Pub
20 Murphy's Pub
24 O'Flaherty's Pub

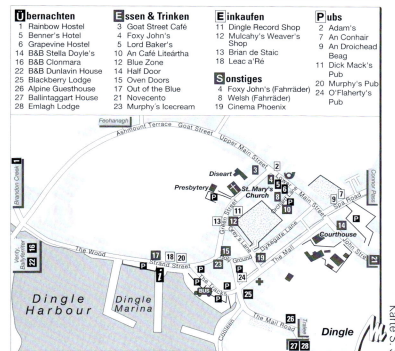

Schiffen zuschauen kann. Die agile und gesprächige Maggie Flaherty ist eine herzliche Gastgeberin. Das Haus ist neu, sehr sauber und gut geheizt, die Zimmer mit Holzdielen, Frühstück gibt's in verschiedenen Varianten – „nach Tagen mit original irischem Frühstück eine angenehme Abwechslung." (Lesertipp von Marina Gellings)

Auf dem gleichen Grundstück vermietet Maggie mit **Emlagh Cottage** auch ein modernes und geräumiges Ferienhaus mit 6 Betten in 3 Schlafzimmern. Preis je nach Saison 300–800 €, zu buchen über www.emlaghcottage.com.

Grapevine (6), Dykegate Lane, ✆ 066 915 1434, www.grapevinedingle.com, Bett 16–20 €. Im Erdgeschoss des Stadthauses sind Küche und Lounge eingerichtet, oben die Schlafräume, alle mit eigenen Bädern.

Blackberry Lodge (25), The Mall, ✆ 066 915 0500, www.dingle-budget.com, Bett 15–25 €. Familiäre, von der Eigentümerfamilie selbst geführte Hostelunterkunft im Stadt-

zentrum. Mit 15 Betten in nur 6 Zimmern.

Rainbow Hostel (1), Brandon Creek Rd., ✆ 066 915 1044, www.rainbowhosteldingle.com, Bett 16 €, DZ 45 €, Camping 7 €. Der große Bungalow mit knallig roten Fenstern befindet sich. 20 Min. vom Zentrum. Die Bäder sind bei voller Belegung zu wenige, die Wände hellhörig. Positiv fällt die große Wohnküche mit ihrem gemütlichen Ofen auf. Fahrradverleih, Delphintrips mit eigenem Boot. Abholservice vom Busplatz.

Ballybeag Hostel, Ventry, ✆ 066 9159 876, www.iol.ie/~balybeag/, Bett 17 €, DZ ohne Frühstück 50 €. Das Hostel mit schönem Garten (Camping möglich) befindet sich zwar einen guten Kilometer landeinwärts der Küste, ist aber besonders bei Tauchern und Wassersportlern beliebt. Die Schlafräume sind in einem eigenen Gebäude etwas abseits des Haupthauses mit Küche, Lounge und den Privaträumen der Eigentümerin. Alle Zimmer (2–6 Betten) mit eigenem Bad.

430 Der Südwesten/County Kerry

Der recherchierende Autor an einem sonnigen Tag in Dingle

Essen (siehe Karte S. 429)

Dingles Gastronomie zielt weitgehend auf betuchtes Publikum mit dicker Brieftasche und konkurriert mit Kinsale um den Ruf als „Gourmethauptstadt" der Insel. Gegen kanadischen Hummer oder französische Austern hat das irische Rind hier wenig Chancen – ganz zu schweigen von der Kartoffel.

Out of the Blue (17), Strand St., ℡ 066 915 0811, www.outoftheblue.ie. Mi Ruhetag, sonst ab Mittag durchgehend geöffnet, Reservierung angeraten. Eine winzige, blaugelbe Hütte, davor wenige Tische im Freien. Hier steht das Essen, nicht das Ambiente im Vordergrund, obgleich selbst der Fußabstreifer die Form eines Fischs hat. „Seafood only, no chips, nothing frozen" verheißt die Tafel, für die auch eine je nach Fang wechselnde Speisekarte geschrieben wird. Stets im Programm sind die Fischsuppe *(seafood chowder)* und der Hummer (40 €/kg).

Half Door (14), John St., ℡ 066 915 1600, nur abends, So Ruhetag, Early Menü 40 €. Eine gemütliche Stube mit rohen Felswänden, Stillleben, die Wände mit Flaschen dekoriert, die Holztische mit rosa Deckchen. Französische Küche, z. B. Filet vom Rind in Rotwein (32 €), auch viele Fischgerichte.

Novecento (21), John St., ℡ 066 915 2584, ab 17.30 Uhr, Mi Ruhetag, Early Menü 25 €. Eine gepflegte Trattoria, wie man sie so eher aus Deutschland als aus Italien kennt. Natursteinwände, dunkle Dielen, einfache, schon etwas abgeschabte Möbel und Plastikblumen schaffen familiäre Atmosphäre, mit dem italienischen Chef ist man schnell auf Du und Du. An Vorspeisen sind die Fragole mit Mascarpone erwähnenswert, Erdbeeren in Balsamico und Parmaschinken. Als Hauptgang gibt's italienische Fisch- und Fleischgerichte, und natürlich haben auch Pizza und Pasta ihren Platz. Einige Schritte die Straße hinunter, gegenüber dem Small Bridge Pub, betreibt Novecento auch einen **Take Away** mit Pizza und italienischen Delikatessen.

Lord Baker's (5), Lower Main St., ℡ 066 915 1277, www.lordbakers.ie, Fr–Mi mittags und abends. Barfood 10–20 €, abends Hauptgericht 16–30 €. Den Pub mit Restaurant gibt's schon seit über hundert Jahren. Kaminfeuer, kuschelige Nischen, ein heller Wintergarten, ein bisschen Art déco. Zu essen gibt's v. a. Fisch und Schalentiere, z. B. mittags Krabben in Knoblauchbutter, aber

Dingle (Stadt) 431

auch Steaks. Auf der Abendkarte fiel die mit Räucherlachs gefüllte Seezunge auf.

Goat Street Café (3), Upper Main St., ✆ 066 915 2770, www.thegoatstreetcafe.com, So–Di bis 17 Uhr, Do–Sa bis 21 Uhr. Das informelle und einfach eingerichtete Café/Restaurant wird von jungen Franzosen geführt. Ein halbes Dutzend Tische drängt sich auf engem Raum. Zum Lunch (10–15 €) empfiehlt sich die Ziegenkäse-Tart mit Salat oder der Schellfisch *(haddock)*.

Blue Zone (12), Green St., nur abends. In dieser „Jazz & Pizza Wine Bar", so der offizielle Name, geraten auch pizzaerfahrene Amerikaner ins Schwärmen. Die „Oriental Duck" z. B. oder die „Green Street Special" sind erfreuliche Abwechslungen im seafoodlastigen Dingle. Dazu Weine aus allen Winkeln des Globus und Musik von Jazz bis Blues, im Sommer auch live dargeboten.

Oven Doors (15), Strand Rd. Kuchen, Salate und preiswerte Pizzeria. Beim Backen kann zugeschaut werden, die Messer sind scharf, und der Weißwein kommt aus einem Weinkühler.

An Café Liteártha (10), Dykegate Lane. Coffeeshop in der Hinterstube einer auf Regionalliteratur spezialisierten Buchhandlung mit Suppe, Salat und Sandwichs; im Hintergrund plätschert Folkmusik.

Murphy's Icecream (23), Strand St., www.icecreamireland.com. Für manche ist Kieran Murphy der beste Gelatiere Irlands, und sie rühmen etwa. sein köstliches Mangosorbet oder das Pistazieneis. Qualität hat freilich ihren Preis, „Obwohl auf der Karte der Eindruck suggeriert wird, je mehr Kugeln verzehrt werden, desto größer der Rabatt, jedoch kann man durch eine nicht ganz nachvollziehbare Eiskugelarithmetik den hohen Preis für eine »erste« Kugel mit, auch wenn man insgesamt eine große Portion verzehrt hat", beklagt eine Leserin, nachdem sie für 7 Kugeln 15 € berappen musste.

Am Abend (siehe Karte S. 429)

Auch wenn alle Bürger, vom Säugling bis zum Greis, gleichzeitig ausgehen würden, wäre in den 57 Pubs von Dingle noch Platz für den einen oder anderen Fremden. Ein Schaukasten neben dem Grapevine Hostel informiert über das abendliche Musikprogramm in den Kneipen.

Foxy John's (4), Main St. Links der Laden, rechts die Bar. Oder war die linke Seite des Ladens der Pub und die rechte Seite des Pubs der Laden? Egal. Bei Foxy John gibt es jedenfalls außer Bier auch Gummistiefel, Heugabeln, Messingfittings und Fahrradfelgen. Der Pub ist nämlich zugleich eine Eisenwarenhandlung mit Radverleih. Prost! In ähnlichem Stil, nur mit dem Verkauf von Reiterbedarf, ist **O'Currain's** gleich auf der anderen Straßenseite zu finden.

Dick Mack's (11), Main St. Die Berühmtheiten, die hier schon zu Gast waren, sind als „Walk of Fame" vor dem Lokal auf dem Gehweg verewigt. Dick Mack, der Vater des jetzigen Besitzers, war Schuhmacher, Wirt und Kaufmann. Die Kneipe hat sich seit damals nur wenig verändert, wurde aber zum Hof hin erweitert. Neu sind die Wandbilder von Jay Killian, einem zugewanderten Amerikaner. Noch immer werden Lederwaren verkauft, und das Wohnzimmer ist eine Art Séparée für Tete-à-tetes und Bekannte des Hauses.

● *Pubs mit Livemusik* **O'Flaherty's (24),** Bridge St. Im Sommer jeden Abend Sessions, nach 21 Uhr ist kaum mehr ein Platz zu bekommen. Fergus O'Flaherty ist selbst ein Multitalent (Flöte, Akkordeon und Banjo). Sehr rustikal eingerichtet, das Ambiente imitiert eine Scheune.

Murphy's (20), Strand St., www.iol.ie/ ~murphyjn. Treffpunkt von Touristen und der örtlichen Jugend, für sein Musikprogramm mit dem „Traditional Music Award" belohnt. Auch B&B.

An Droichead Beag (9) (Small Bridge Bar), Lower Main St, www.thesmallbridge.com. Der beste Pub für Traditional Music. Die abgenutzte Einrichtung der verräucherten Höhle ist künstlich auf alt gemacht, die Kneipe wurde erst in unserer Zeit eröffnet.

John Benny's an Chonair (7), Connor Rd., www.johnbennyspub.com. Eines der sechs Musikpubs. Mo Setdancing, Mi Livemusik, Fr und Sa Session.

Adam's (2), Main St., Pub mit Clubbing, gelegentlich auch Livejazz.

● *Kino* **Cinema Phoenix (19),** Dykegate St., ✆ 066 9151222. Wenn es in einer Kleinstadt ein Kino gibt, das ab und an auch Filme jenseits des Mainstreams zeigt, verdient dies Beachtung. Programm unter www.phoenix dingle.net.

Der Südwesten Karte S. 328/329

Sehenswertes

Fungie: Dingles Star ist ein Delphin. 1983 wurden Fungie und seine Mama vor Dingle entdeckt. Die Delphin-Mutter ist längst verschieden, aber dem Kleinen hat's gefallen. Er „wohnt" am Eingang der Hafenbucht vor dem Flachwasser. Anfangs schenkte ihm niemand Beachtung, denn Delphine sind in der Dingle Bay nicht ungewöhnlich, doch sie bleiben nicht lang. Fungie blieb. Taucher freundeten sich mit ihm an, und nach und nach wurde er zutraulich. Selbst mit dem Pfarrer steht Fungie auf gutem Fuß und nimmt brav an der alljährlichen Segnung der Fischerboote teil.

Heute ist um einen der wenigen Delphine, die sich aus „freiem Willen" – und nicht im Zwang der Gefangenschaft – für ein Leben mit menschlicher Gesellschaft entschieden haben, eine ganze Industrie gewachsen: T-Shirts mit seinem Logo werden verkauft, Bilder und Videos, auf denen er aus dem Wasser springt und seine Kunststücke vollführt. Morgens um 8 Uhr sticht das erste Boot für diejenigen in See, die gemeinsam mit Fungie schwimmen wollen, später gibt's Besichtigungsfahrten. Man kann Fungie auch von Land aus beobachten. Der beste Punkt ist Beenbane Head am Eingang zur Hafenbucht. Es wird über eine Piste erreicht, die von der Tralee Road 1,5 km nach der Shell-Tankstelle meerwärts abzweigt. Fungie ist verlässlich, es vergeht kaum ein Tag, an dem er sich nicht blicken lässt. Warum Fungie auch nach mehrwöchigen Ausflügen immer wieder vor die Bucht zurückkehrt wer niemals auf Dauer einem Schwarm seiner Artgenossen angeschlossen hat, wissen auch Experten nicht zu beantworten. Ein märchenhaftes Rätsel? „Gottes Wille", weiß Pater Padraig O'Fiannachta, und dankt dem Herrn, „dass er uns Fungie zur Unterhaltung unserer Besucher und zum finanziellen Wohlergehen meiner Gemeinde geschickt hat." Bereits zu Lebzeiten bekam Fungie ein Denkmal (am Hafen).
Mehr zu Fungie bei www.irisholphins.com

57 Pubs servieren in Dingle Guinness

Mara Beo Dingle Oceanworld: Nach der Welle der Interpretative, Heritage und Visitor Centres hat die Tourismusindustrie auch die Meereswelt entdeckt. Wenn das Schwimmen im Meer als gesundheitsgefährdend gilt, wird das bedrohte maritime Biotop zu Lande reproduziert. Das „Exploris" in Portaferry (siehe S. 730) ausgenommen meistert kein irisches Aquarium den Spagat zwischen Erlebniswelt und Umweltpädagogik, Zurschaustellung und artgerechter Haltung so bravourös wie Dingles „Mara Beo". Mit viel Sachverstand hat Kevin Flannery, der früher als Beamter des De-

Dingle/Umgebung 433

Geheimnisvoll hüllt sich Mount Brandon in Wolken

partment of Marine die Wasserqualität des Ozeans überwachte, hier eine Attraktion geschaffen, mit der Dingle auch der Zeit nach Fungie gelassen entgegen sehen kann.

Das Skelett eines Wales weist den Weg in die als Reise vom Mount Brandon in die Dingle Bay aufgebaute Ausstellung. Wir begegnen außer allerlei Fischen und Krabben auch St. Brandon auf seiner Atlantikfahrt, der Spanischen Armada, in „Fungie's Garden" der Lebenswelt des Delphins oder der „nachhaltigen Meeresnutzung" in Gestalt von Fischfarmen. Im „Touchpool" lässt sich ein Rochen streicheln, und ein kluger Tintenfisch vermag Schraubdeckelgläser zu öffnen, in denen ihm das Mittagessen serviert wird – nach Protesten von Tierfreunden wurden allerdings die lebenden Krabben vom seinem Speiseplan abgesetzt.

Tägl. 10–18 Uhr (letzter Einlass), Eintritt (teuer ist's!) Erw. 12 €, Familien 32 €. Strand St., www.dingle-oceanworld.ie.

Presentation Sisters' Convent: Das Kloster neben der Stadtkirche – beide sind mit einem unterirdischen Gang verbunden – beherbergt seit einiger Zeit keine Nonnen mehr, sondern ein Institut für keltische Kultur. Damit ist nun auch die Klosterkapelle für Laien zugänglich, deren zwölf **Glasfenster** mit neutestamentlichen Motiven in den 1920er-Jahren von Harry Clarke geschaffen wurden, Irlands führendem Glaskünstler.

Mo–Fr 9.30–17 Uhr, Sa und So 10–13 Uhr, Eintritt 3,50 €. www.diseart.ie.

Dingle/Umgebung

▶ **Burnham Manor** und **Eask Tower:** Die Halbinsel gegenüber dem Hafen fordert zu einer kleinen Wanderung heraus, die aus der Stadt und zurück etwa 4 Std. dauert. Man verlässt Dingle über die Milltown Bridge vorbei an der alten Mühle, eine der letzten Wassermühlen Irlands, und schlägt links die Ventry Road ein. Der Weg auf die Halbinsel ist nach 4 km ausgeschildert („Reenbeg"). Man passiert Burnham Ma-

434   Der Südwesten/County Kerry

nor, das herrschaftliche Anwesen der de Moleyns, denen früher ein Großteil von Dingle gehörte. Sie siedelten die Dörfer in der Umgebung ihres Hauses kurzerhand um, seither ist die Halbinsel nahezu unbewohnt. An der Zufahrt zum Schloss, in dem heute die gälischsprachige Internatsschule *Coláiste Íde* residiert, wurden einige in der Umgebung gefundene **Ogham-Steine** als Freilichtkunst platziert. Vom Burnham Park gelangt man auf der Straße ins Innere der Halbinsel und schließlich zum Fuß des **Eask Hill,** der auf der Meerseite als steiles Kliff abfällt. Der Aufstieg zum Turm beginnt am Fahrweg direkt unterhalb des Hügels.

Vor dem Turm kassiert ein Bauer ein Wegegeld von 2 € pro erwachsenem Wanderer (Leserhinweis von Ralf Steinbach).

▸ **Celtic and Prehistoric Museum:** Hauptattraktion des in einem Privathaus eingerichteten Museums ist ein vor Holland aus dem Meer geborgener Mammutschädel samt Zähnen, ein jeder 4 kg schwer. 5 Abteilungen zeigen Fossilien, Waffen, Schmuck und andere Artefakte von der Vorzeit bis zu den Kelten. Ein Raum ist mit Repliken von Höhlenzeichnungen aus Lascaux dekoriert. Die Funde, meist Grabbeigaben, stammen aus ganz Europa, mit Dingle hat die Ausstellung nur wenig zu tun. Coffeeshop und Souvenirladen runden den Besuch ab.

⏲ Tägl. 10–17 Uhr, Eintritt 45 €. Kilvincadownig, Ventry. www.celticmuseum.com.

▸ **Mount Eagle:** Der Aufstieg zum westlichsten Hügel (517 m) der Dingle-Halbinsel ist anstrengend, wie es Bergtouren nun mal sind, aber technisch ohne Schwierigkeiten und auch für Wanderer mit geringer Bergerfahrung gefahrlos. Die am häufigsten begangene Route (hin und zurück 2–3 Std.) beginnt in *Kildurrihy,* einem Weiler 2 km westlich von Ventry. Die Straße geht in einen Feldweg über, auf dem die Bauern früher den Torf aus dem Hochmoor holten. Die Green Road verläuft gerade den Hang hinauf an einem Sender vorbei zum Mount Eagle Lough, einem stillen Bergsee, auf dem sich im Sommer die Schwäne tummeln. Ein Zickzackpfad führt vom Nordufer des Sees weiter nach oben, ein bequemerer Weg schlägt einen Bogen nach Norden, beide treffen sich auf dem Kamm, über den man, jetzt südwärts, zum Gipfel gelangt. Wer zurück nicht den gleichen Weg nehmen möchte, kann Richtung Südwesten in mehr oder minder gerader Linie zum Slea Head absteigen.

▸ **Dunbeg Fort:** Das Ringfort, ausgeschildert neben der Straße von Ventry nach Dunquin, liegt unmittelbar am Klippenrand – so dicht, dass ein Teil schon ins Meer gestürzt ist. Vier Erdwälle mit Gräben, die noch als Konturen im Gelände zu erkennen sind sowie eine steinerne Rampe sicherten das Fort auf der Landseite. Unter dem Weg befindet sich ein mit Steinplatten gedeckter Tunnel, ein raffinierter Fluchtweg, dessen oberer Teil heute verschüttet ist und der selbst aus der Nähe nur schwer zu entdecken war. Er mündet in der Steinhütte im Zentrum des Forts. Die archäologische Erforschung Dunbegs brachte zwei deutlich trennbare Bauphasen ans Licht. Wer jedoch die Fluchtburg oder ähnliche Anlagen in Kerry (Staigue Fort), Westcork, Cornwall und in der Bretagne baute, ist ungewiss, sofern man sich nicht mit der vagen Antwort begnügen will, es seien die Kelten gewesen. Aschereste aus der untersten Schicht wurden mit der C14-Analyse auf das 6. Jh. v. Chr. datiert.

⏲ Das Fort ist immer zugänglich, der Farmer erwartet ein Wegegeld von 3 € und greift zudem im **Stonehouse Restaurant** nach dem Inhalt Ihres Geldbeutels. Doch zugegeben sitzt man hier sehr schön mit herrlichem Blick auf die Bucht. (Lesertipp von Oliver Trede)

▸ **Famine Cottage & Animal Park:** Gleich beim Dunbeg Fort wirbt ein altes Bruchsteinhaus um Besichtigung – eingerichtet ist es im Stil von anno dazumal und gerade so, als seien die Bewohner nur eben mal aufs Feld gegangen und kämen gleich

Dingle/Umgebung 435

Coumeenoole-Strand am Slea Head

wieder zurück. Um 1845 und damit kurz vor der Großen Hungersnot zunächst mit Strohdach gebaut, bekam das Haus der Kavanaghs 15 Jahre später als eines der ersten weit und breit eine Schieferdeckung – heute ist man jedoch wieder beim „authentischeren" Stroh. Auf den Weiden hinter dem Haus tummeln sich Ziegen, Rinder, Esel und andere Tiere selten gewordener Rassen. Und hoch oben am Berg, so heißt es, werde ab und an sogar ein Einhorn gesichtet. Doch das habe ich nur im Pub gehört ...

 ⏲ In der Saison täglich, sonst nach Lust und Laune. Eintritt 3 €. www.faminecottage.com.

▶ **Fahan:** Gleich hinter dem Dunbeg Fort werben die ersten Farmer für ihre Bienenkorbhütten. Diese „Clocháns", wie sie in Fachkreisen heißen, sind aus Steinplatten gefügte Rundhütten, deren Wand sich nach oben in der Art eines Bienenkorbs verjüngt und das Haus überkuppelt, ähnlich wie die apulischen oder mesopotamischen „Trullis". Sie stehen oft in kleinen Gruppen beieinander, und einige dieser „Dörfer" sind von einer Schutzmauer umgeben. Man hat am Südhang des **Eagle Mountain** Spuren von einigen hundert dieser Hütten gefunden, und lange ging die Spekulation dahin, dass hier die einzige keltische Stadt Irlands existiert habe. Heute wird eine andere Theorie favorisiert, der zufolge der Bau der Hütten im Zusammenhang mit dem Pilgerweg auf dem Mount Brandon gesehen werden muss. Es sei sozusagen ein riesiges frühchristliches Hospiz gewesen, in dem die Frommen auf gutes Wetter für eine Seefahrt warteten, die sie entweder nach Hause oder zur Skellig Michael brachte, der nächsten Station der Pilgerreise.

▶ **Slea Head:** Noch bevor Straße und Wanderweg am Slea Head um den Berg biegen, taucht der erste Zipfel von Great Blasket Island auf. Eine aus Beton gegossene Kreuzigungsgruppe schaut auf die jetzt in voller Größe erscheinende Insel samt den vorgelagerten, im Meer verlorenen Felsen, zwischen denen am 1. Oktober 1588 die „San Juan de Ragusa" auf Grund lief und sank. Die Mannschaft rettete sich auf die „Santa Maria de la Rosa", eines der größten Schiffe der spanischen Armada.

436   Der Südwesten/County Kerry

Doch auch die Santa Maria streifte, als sie mit den Schiffbrüchigen an Bord den Schreckensort verlassen wollte, einen Felsen und ging ihrerseits unter, sodass unter dem Strich schließlich nur ein einziger Matrose das Desaster überlebte. Am Parkplatz werden die Kameras gezückt und das Panorama auf Film gebannt. Nicht weniger spektakulär ist der auf drei Seiten von hohen Felsen geschützte **Coumeenoole-Strand,** vor dem das Meer bei Ebbe einen kräftigen Sog entwickelt, sodass man dann besser nicht ins Wasser geht. Dunmore heißt übersetzt „großes Fort"; auch dieser ins Meer ragende Felsen trug also einmal eine Festung.

> „Die westliche Dingle-Halbinsel kann in der Saison nur im Uhrzeigersinn befahren werden – alles andere endet mit längeren Rückwärtsfahrten, sobald einem die ersten Reisebusse entgegenkommen", warnt Michaela Krause.

Dunquin   (gäl. Dún Chaoin)

Mit dem hypermodernen Blasket Centre ist das Dorf auf die touristische Landkarte gerückt. Der „Hafen" jedoch, wenn man ihn überhaupt so nennen darf, vermittelt noch einen Eindruck von den schwierigen Lebensbedingungen der alten Tage.

Unterhalb einer steilen, förmlich an den Felsen geklebten Betonrampe – hier scheuen selbst berggewohnte Maultiere – liegt ein winziger Steg. Gerade ein Dutzend Boote findet hier Schutz; wie schwarze Käfer drängen sich die mit geteerten Häuten bezogenen Kanus auf der winzigen Fläche, dazwischen die Fischernetze und die Reusen für den Hummerfang. Vieh, Bauholz, Menschen: wer oder was auch immer früher die Blasket-Inseln erreichen oder verlassen wollte, musste durch dieses Nadelöhr.

Das Interesse an den Blaskets hat auch Dunquin etwas ins Rampenlicht gerückt. Sofern sie nicht gleich zu ihren Verwandten nach Springfield, Massachusetts, auswanderten, ließen sich die von Blasket umgesiedelten Menschen hier, in Sichtweite der alten Heimat nieder. Die kleine Schule für die ca. 25 Kinder des Dorfes konnte so erhalten werden. Anderswo in Irland, zumal außerhalb der besonders geförderten Gaeltacht-Gebiete, wäre sie schon lange geschlossen worden. Das *Blasket Centre* (siehe S. 445), auf das wir im Zusammenhang mit der Insel noch zu sprechen kommen, gibt einigen jungen Leuten einen sicheren Arbeitsplatz. Treffpunkt von Einheimischen und Besuchern ist *Kruger's Pub*, benannt nach „Kruger" Kavanagh, dem Großvater des jetzigen Besitzers, der um 1900 als eingeschworener Feind Englands gleichzeitig ein glühender Verehrer des Buren Paul „Ohm" Krüger war, der im fernen Südafrika einen Aufstand gegen die Kolonialmacht führte.

- *Verbindung* Bus von Dingle.
- *Übernachten/Essen* **An Portan,** ✆ 066 915 6212, www.anportan.com, April–Sept. DZ 80 €, Restaurant im Winter geschl. Ein modernes Gasthaus mit 14 Zimmern, die sich, teilweise mit Blick auf die Blaskets, etwas abseits des Hauptgebäudes befinden. Auch Gälisch-Sprachkurse werden angeboten.
- *Pub* **Kruger's.** Im Gastraum des einzigen Pubs im Dorf hängen Fotos von den Dreharbeiten zu „Ryan's Daughter" und „Far and Away", die in der Umgebung entstanden. Auch B&B.

Dunquin JH, ✆ 066 915 6121, www.anoige. ie, Dez./Jan. geschl., Bett 13–18 €. Auch wenn die Betten und Matratzen neueren Datums sind, bleibt das Hostel eine Jugendherberge alten Schlags. Und damit, so der größte Mangel, tagsüber verschlossen. Was tun an einem Regentag?

Ballyferriter/Umgebung 437

Ballyferriter
(gäl. An Buailtín)

Wer Dingle Town noch zu lebhaft findet, wählt das weitläufige Ballyferriter als Urlaubsquartier. In Laufnähe besitzt es mit Clogher und Smerwick Harbour zwei feine Sandstrände.

Das keltische Fort **Dún án Óir** war 1580 Schauplatz einer für damalige Verhältnisse ungewöhnlichen Brutalität. Die spanisch-italienische Besatzung, die mit irischer Unterstützung einen Brückenkopf im Rücken Englands aufbauen sollte, wurde von englischen Soldaten übermannt und anschließend exekutiert. Ein englischer Katholik und zwei prominente Iren, die sich ebenfalls im Fort aufhielten, wurden zur Abschreckung besonders grausam behandelt. Ihnen brach man die Knochen und hängte sie erst am Folgetag. Diese und andere Geschichten, dazu die Geologie und Naturkunde von Dingle dokumentiert das **Heimatmuseum** in Ballyferriter. Nördlich des Dorfs verlockt am windgeschützten **Smerwick Harbour** ein Sandstrand zu Wanderungen und die Kältefesten auch zum Badespaß.

- *Verbindung* Bus von Dingle.
- *Einkaufen* **Mulcahy Pottery,** Clogher, Ballyferriter. Töpferei mit Verkauf (Vasen, Lampen, Geschirr) – zu den Kunden zählten bereits Bill Clinton und Johannes Paul II.; es darf auch mal selbst Hand an die Scheibe gelegt werden, und wer gerade Dampf ablassen will, darf die Bruchware zertrümmern. Werkstatt nur Mo–Fr, Verkauf auch Sa/So. www.louismulcahy.com.
- ⊙ **Corca Dhuibhne Regional Museum:** April–Okt. Mo–Sa 10–18 und So 11–18 Uhr; Eintritt 2,50 €; mit Café. Ballyferriter. www.corca-dhuibhne.com.
- *Sommerschule* **Oidhreacht Corca Dhuibhne,** ☎ 066 915 6100, www.corca-dhuibhne.com, Gälisch-Kurse für Anfänger und Fortgeschrittene.
- *Übernachten* **Óstán Cheann Sibéal,** Ballyferriter, ☎ 066 915 6433, www.ceannsibealhotel.com, Mitte März bis Okt. DZ 110–150 €. Das dreigeschossige Hotel im Dorfzentrum gehört dem hier aufgewachsenen und in der Dubliner Gastronomie zu Vermögen gekommenen Aodh Curran. Geschickt ins Dorfbild eingepasst, wurde es 2004 eröffnet. Die 26 Zimmer, einige davon mit Meerblick, sind modern ausgestattet, verfügen über Internetanschluss und auf die oberen Etagen kommt man mit einem Lift. Im Erdgeschoss gibt's eine Bar, tagsüber mit Barfood, am Wochenende öffnet abends auch ein vergleichsweise preiswertes Restaurant.

B&B An Riasc, Mrs. O'Beglaoi, Moorestown, Feohanagh, ☎ 066 915 5446, www.anriasc.com, DZ 100 €. Ein trutziges Steinhaus, gebaut mit den Steinen des verschwundenen Castle Moorestown, einsam gelegen und vom Winde verweht.

Hostel Tigh An Phoist (IHH), Bothar Bui, Ballydavid, ☎ 066 915 5109, www.tighanphoist.com, April–Okt., Bett 14–18 €, DZ 35–40 €. Schräg gegenüber der Kirche; es besitzt auch einige Doppelzimmer und Ferienwohnungen. Laden im Haus, Fahrradverleih.

Hostel An Cat Dubh („Schwarze Katze"), Dunquin Rd., Ballyferriter, ☎ 066 915 6286, Bett 15 €. Schlafgelegenheit über dem Dorfladen. Mit Fahrradverleih.

- *Camping* **Teach an Aragail,** Gallarus, ☎ 066 915 5143, www.dingleactivities.com, April–Mitte Sept., Radler Sonderpreis 9 €. Einfacher Platz auf einer Wiese bei der Kapelle; saubere, aber nur wenige Sanitäranlagen, Küche.
- *Pub* **Tigh Bhric,** Ballyferriter, an der Landstraße etwas östlich und außerhalb des Zentrums, ☎ 066 915 6325, www.tigbhric.com.. Dasiwrtshaus mit Laden und Kleinbrauerei ist immer freitags die erste Wahl für die Freunde irischer Musik. Im Garten stellt die Wirtin Adrienne Heslin ihre Metallskulpturen aus. Zum Pub gehören auch einige Fremdenzimmer.

Tigh an tSaorsaigh („Sayers Pub"), Ballyferriter, ☎ 066 915 6344, am Wochenende Session. Auch Fremdenzimmer.

Ballyferriter/Umgebung

▸ **Reask:** Die Klostersiedlung liegt auf einem Feld 2 km östlich von Ballyferriter. Im 5. oder 6. Jh. ließen sich einige Eremiten hier nieder, bauten ihre Hütten und legten

Der Südwesten/County Kerry

einen Friedhof an, von dem der mit einer wunderschönen, stilisierten „Kreuzblume" verzierte Stein stammt. Wenn es schon eine Kapelle gab, dann sicherlich aus Holz. Etwa 200 Jahre später war das Feld dichter besiedelt, man hatte den alten Friedhof mit einer steinernen Kapelle überbaut, einen Weg gepflastert. Wohl im 12. Jh. wurde Reask wieder aufgegeben. Aus Hütten wurden Ställe, und bei der Kapelle begrub man die ungetauften Kinder.

▶ **Gallaruskapelle:** Auf einer Fläche von etwa 20 qkm finden sich östlich von Reask 64 frühchristliche Monumente, die alle mit dem Pilgerpfad auf den Mount Brandon zusammenhängen, der hier vorbeiführt. Am beeindruckendsten und für sich genommen Grund genug für die Reise nach Dingle ist das Gallarus-Oratorium. Ohne Mörtel nur aus Stein gefügt, hat es sich seit 1000 Jahren von den Naturgewalten nicht kleinkriegen lassen. Die seltsame Form – wie ein kieloben gewendetes Boot – steht im Übergang zwischen den runden Bienenkorbhütten und den rechteckigen Kirchenschiffen. Statische Schwachstellen sind die Längsseiten, die sich allmählich nach innen durchbiegen und eines Tages einfallen werden. Auch die Gallaruskapelle wird dieses Malheur treffen. Es sei denn, sie bekäme ein Stützkorsett – für eine Tausendjährige sicher keine Schande.

Visitor Centre: Ein Bauer leitet motorisierte Besucher per Wegweiser auf seinen Parkplatz mit Visitor Centre, in dem ein Videostreifen über die Kapelle gezeigt wird – und kassiert dafür wie für den folgenden Fußpfad zur Kapelle 3 €. Wer jedoch die Umleitung des geschäftstüchtigen Grundeigentümers ignoriert und das Visitor Centre links liegen lässt, kann in der Haltebucht des asphaltierten Feldwegs umsonst parken – auch der Besuch der Kapelle ist von hier aus kostenlos. (Lesertipp von Gerlinde Ringlstetter)

● *Verbindung* **Bus**linie 277 fährt Di und Fr 9 Uhr von Dingle zur Kapelle und 14.15 Uhr wieder zurück.

Tausend Jahre alt und ein bisschen schief – die Gallaruskapelle

Der Kirchhof von Kilmalkedar

Kilmalkedar (gäl. Mhaolchéadair)

Der Ort, der seine heutige Berühmtheit seiner Kirche und dem Friedhof verdankt, war in vorchristlicher Zeit neben dem spirituellen Zentrum Mount Brandon die wichtigste Siedlung in Westdingle. Von hier aus missionierte der Heilige Maolceadair die Kelten.

Der Kult um den Heiligen Brendan, der heute in der Region besondere Verehrung genießt, war ein Import des 11. Jh., als Dingle dem Bistum Ardfert zugeschlagen wurde. Die neuen Bischöfe setzten auch „ihren" Heiligen durch. Die *Kirche* (12. Jh.) aus verschiedenfarbigen Steinen ist ein schönes Beispiel für den irisch-romanischen Stil. Es war noch nicht lange her, dass man Gotteshäuser nur aus Holz baute, und die Spitze des Westgiebels imitiert zwei sich kreuzende hölzerne Dachbalken. Der Stifter hat sein Antlitz im Schlussstein des Torbogens hinterlassen, die Innenseite ziert ein Stierkopf. Mit einem ABC-Stein am Eingang des späteren Chors brachten die Priester ihren Schülern das Lesen und Schreiben bei. In den alten Grabstein findet man die Buchstaben des lateinischen Alphabets in der im 7. Jh. üblichen Schreibart eingemeißelt. Mit der Kirche verbinden sich bis heute uralte Rituale, z. B. am Ostertag das neunmalige Umrunden und Werfen von Steinen auf ein bestimmtes Grab. Der an keltischen Baum- und Quellheiligtümern gepflegte Brauch wurde zwar vom Konzil von Arles (5. Jh.) verdammt, doch Arles oder gar Rom waren weit. Auf dem Friedhof weist manches in die vorchristliche Epoche. Ein Oghamstein ist ungewöhnlich durchlöchert, ein anderer Stein, auf den mit großer Sorgfalt ein T-förmiges Kreuz gemeißelt wurde, weist eine dreifingerdicke Vertiefung auf. Er wird oft als Sonnenuhr ausgegeben, wozu man sich einen in das Loch gesteckten Stab vorstellen muss, doch hätte es dafür einfachere Lösungen gegeben,

440   Der Südwesten/County Kerry

auch steht der Stein in eher ungünstigem Winkel zur Sonne. Hinter der Kirche gibt es noch ein kleines Oratorium, vielleicht das älteste seiner Art, ein weiteres liegt 350 m westlich davon im Feld. Gegenüber der Kirche, auf der anderen Seite des Bachs, sind die Außenmauern von **Brendan's House,** einem massiven, zweigeschossigen Haus aus dem 15. Jh. erhalten.

Wer taufte Ari im „Weißmännerland"?

Ob Brendan wirklich selbst solche fabelhaften Fahrten unternahm, wie sie die *Navigatio* berichtet, darf bezweifelt werden. Entscheidend ist, dass die Iren damals weite Reisen über das offene Meer tatsächlich unternahmen. In den in der *Navigatio* zusammengefassten Abenteuergeschichten steckt also ein wahrer Kern. Beispielsweise trafen die Wikinger, als sie im 9. Jh. von Skandinavien aus Island besiedelten, dort als „Ureinwohner" irische Mönche. Und im *Landnamabok,* einer im 12. Jh. auf Island geschriebenen Chronik, finden wir Hinweise auf irische Amerikafahrer. Da heißt es über den Seefahrer Ari Marsson aus Reykjanes: „Ari wurde auf See nach dem Hvitramannaland *(Weißmännerland)* verschlagen, welches einige auch Groß-Irland nennen. Es soll eine Fahrt von sechs Tagen westwärts von Island liegen. Von dort konnte Ari nicht wieder fortkommen, und er wurde getauft." Diese erste Reise eines Wikingers nach Amerika soll sich im Jahre 962 zugetragen haben, und für die Wahrheit verbürgt sich Hrafn der Limerick-Fahrer, ein bekannter und geachteter Kaufmann. Als schließlich der unternehmungslustige Throfin Karlsefni im Jahre 1010 in Massachusetts landete, berichteten ihm zwei Indianerjungen, dass die Menschen in Weißmännerland weiße Kleider trügen, laut schrien und Stangen vor sich her trügen, an denen Lappen befestigt seien. Wer veranstaltete in Weißmännerland offenbar Prozessionen in Messgewändern mit Gesängen und Fahnen? Wer taufte den Ari? Waren dies Nachfahren irischer Amerikafahrer? Beweisen wird man es wohl nie können, und dass Gewährsmann Hrafn öfter in Irland war, lässt auch eine Inspiration seines Berichts durch die „Navigatio" plausibel erscheinen.

▶ **Brandon Creek/Cuas an Bhodaigh:** In dieser Bucht soll der Heilige Brendan (484–577) im 6. Jh. seine lange Reise in einem Lederboot begonnen haben, die ihn über Grönland schließlich bis nach Amerika führte – so berichtet es wenigstens die „Navigatio", eine Schilderung phantastischer Reisen und ein Bestseller der mittelalterlichen Klosterliteratur. Am 17. Mai 1976 machte sich eine Mannschaft von Brandon Creek auf, die Fahrt nachzuvollziehen. Ihr Boot, ein Nachbau, der genau den Angaben der „Navigatio" entsprach, ist im Craggaunowen Projekt (County Clare) ausgestellt. Zur Herstellung dieses Kanus wurden Ochsenhäute über einen Holzrahmen gespannt und mit Pech beschmiert. Die Nussschale trotzte Stürmen und Packeis und erreichte nach über einem Jahr wohlbehalten die kanadische Insel Neufundland.

Übernachten **B&B/Pub An Bothar,** Ballycurrane, ☏ 066 915 5342, www.botharpub.com, DZ 80–120 €. Gemütlich und die beste Basis für die Wanderung auf den Mount Brandon.

▶ **Cathair na bhFionnúrach:** Am Fuß des Mount Brandon haben Archäologen ein frühmittelalterliches Ringfort freigelegt. Der Wall aus unvermörtelten Steinen umschließt ein in den Grundmauern erhaltenes Haus, im Wall selbst ist ein Kellerraum auszumachen. Kleinfunde wie Tonscherben, Werkzeuge aus Stein und Eisen

Die Nordküste der Dingle-Halbinsel   441

sowie zwei Münzen lassen annehmen, dass der Platz vom 6. bis ins 13. Jh. bewohnt war. Leider erklärt uns die am Eingang montierte Tafel alles nur auf Irisch – eine klare Stellungnahme im auf Dingle tobenden Sprachenstreit, mit der allerdings vergessen wir, dass auch Ausländer hierherkommen und Irisch nun mal nicht zu den internationalen Verkehrssprachen zählt ...

Anfahrt Das Fort ist etwa 100 m nördlich des Pubs „An Bothar" ausgeschildert. Auf der Karte 70 der Discovery Series ist es nicht eingezeichnet, liegt aber am Gitterpunkt Q 426 108. Von der Straße aus, wo man den Wagen stehenlassen kann, läuft man etwa 200 m.

▶ **Mount Brandon:** Auf dem Berg (953 m) war früher ein keltisches Heiligtum, in dem der Triumph des Sonnengottes Lug über Crom Dubh, den Gott der Unterwelt, gefeiert wurde. Brendan errichtete an dessen Stelle eine Kapelle, in der er vor der Überfahrt für sich und seine Mannen den Schutz Gottes erfleht haben soll. Das Aluminium für das Gipfelkreuz stammt von einem deutschen Militärflugzeug, das im 2. Weltkrieg, von den Wolken überrascht, am Berg zerschellte.

Bis vor einigen Jahren fand die alljährliche Wallfahrt zum Gipfel am Namenstag des heiligen Brendan statt. Seit der Wiederbelebung, besser wohl Wiedererfindung des heidnisch-keltischen Erntefestes in Cloghane und Brandon Creek pilgern die Massen nun zur **Féile Lughnasa** (siehe www.irishcelticfest.com) am letzten Juliwochenende auf den Berg. Der herkömmliche, gut markierte Aufstieg beginnt von Südwesten her im Weiler Ballybarck (gäl. An Bhaile Bhreac), etwa 2 km südlich vom Pub „An Bothar". Anspruchsvoller ist die Besteigung von Cloghane aus auf der Ostflanke (ausgeschilderter Fahrweg bis zum Farmhaus Faha, der Fußweg ist mit Pfosten markiert). Für Hin- und Rückweg rechne man ca. 6 Std. Wegen der Gefahr unvermutet aufziehenden Nebels sollte man nicht ohne Kompass losziehen und beim letzten Gehöft sicherheitshalber noch eine Wetterprognose einholen. Kulturinteressierte finden an den Westausläufern des Berges das restaurierte frühmittelalterliche Ringfort **Ballanavenooragh.**

Die Nordküste der Dingle-Halbinsel

Die Fahrt von Dingle über den **Connor-Pass** ist ein Erlebnis für sich. Nur 400 m über dem Meeresspiegel fühlt man sich wie im Hochgebirge. Schafe sonnen sich neben der Straße, Radler trainieren für das nächste Bergrennen, unten im Tal schimmern braune Gletscherseen. An einem Wasserfall klettern die Ausflügler wenige Schritte zu einem kleinen Bergsee hinauf.

Unten an der **Brandon Bay** lädt der auch im Sommer kaum besuchte Strand von Fermoyle und Kilcummin zu Spaziergängen ein. Mal kommt ein Reiter, mal ein Auto, dann ein Surfer. Glaubt man den Einheimischen, ist dies der längste Sandstrand Irlands. Die Fremdenverkehrsinitiative von **Cloghane** (gäl. An Clochán) bemüht sich um die touristische Erschließung der Gegend. Bislang werden geführte Wanderungen zum **Lough an Dúin** und zu kleineren archäologischen Sights in einem Tal angeboten, wo schon in der Jungsteinzeit Ackerbau getrieben wurde. Ausgeschilderte Pfade sind angelegt, Brückchen geschlagen und Treppen über die Weidezäune wurden gebaut, eine Wanderkarte wurde produziert.

• *Information* Cloghane, bei der Kirche, ☏ 066 713 8277. Mai–Sept. tägl., sonst nur Sa/So.

• *Verbindung* Schlecht! Im Camp halten die Busse zwischen Trallee und Dingle, weiter ostwärts bis Cloghane fährt der Bus nur freitags.

• *Übernachten* **B&B Beenoskee,** Mary & Michael Ferriter, Connor Pass Rd., Cappatigue, ☏ 066 713 9263, www.beenoskee. com, DZ 70–80 €. Das Haus mit herrlicher Meersicht steht an der Straße von Trallee zum Connor-Pass kurz hinter Stradbally. Zur

Der Südwesten
Karte S. 328/329

442   Der Südwesten/County Kerry

Begrüßung reicht Mary, wenn das Wetter es zulässt, auf der Terrasse vor dem Haus ihren selbst gemachten Guinnesskuchen. Die Zimmer sind in verschiedenen Farben gehalten, und an viele Details bis hin zu Wattestäbchen ist gedacht. Das mehr als reichliche Frühstück bietet neben dem üblichen Irish Breakfast auch Varianten mit überbackenen Toasts, Räucherlachs, Joghurt mit Obst und anderen Köstlichkeiten. Nach Stradbally, genauer zu Tomasin's Pub und Restaurant, läuft man 20 Minuten. (Lesertipp von Beate Helling und anderen – seit Jahren wird dieses Haus in Leserbriefen gelobt).

Hostel Mt. Brandon House, Cloghane, ℘ 066 713 8299, www.mountbrandonhostel. com, Bett 20 €, DZ 50 €. Ein schicker Neubau mit Laden und Post gleich neben dem Pub. Auf der Rückseite reicht der Garten bis unmittelbar ans Meer. Alle Zimmer mit Bad, schöner Wintergarten, Kamin, TV, Bibliothek, gut ausgestattete Küche. Das Hostel wird von einem Deutschen geführt, auch der Pubwirt (Barfood, sonntags Livemusik) lebte lange in Deutschland. Gleich am Haus beginnt der Pilgerpfad auf den Mount Brandon.

Fitzgerald's Euro Hostel, Castlegregory, ℘ 066 713 9133, ein kleines Hostel über Fitzgerald's Bar mit 4er- und 2er-Zimmern und großer Küche. Bett 15 €.

● *Pub*   **Ned Natterjack's,** Castlegregory, ℘ 066 713 9491. Benannt nach einer in den Dünen heimischen Kröte, bietet dieser Pub gutes Essen und im Sommer oft irische Volksmusik. Auf Bestellung werden die Gäste abends per Bus abgeholt und wieder heimgebracht – gratis.

● *Surfen*   **Jamie Knox Watersports,** The Maharees, Castlegregory, ℘ 066713 9411, www.jamieknox.com. Egal, aus welcher Richtung der Wind weht, auf der Maharees-Halbinsel zwischen Brandon Bay und Trallee Bay finden sich fast immer die richtigen Stellen für Anfänger wie Könner. Jamie bietet Kurse im Windsurfen an und Kiten sorgt in seinem Shop für die entsprechende Ausrüstung, er besitzt sogar ein B&B.

● *Einkaufen*   **Food Artisans,** Kilcummin, ℘ 066 713 9028, Maja Binders handwerkliche Käserei hat schon einige Preise eingeheimst, Partner Olivier Beaujouan ergänzt das Sortiment um Delikatessen aus Fleisch und Fisch. Verkauft wird auch auf den Wochenmärkten in Dingle, Kenmare und Limerick.

Blasket Islands   (gäl. Na Blascaodai)

Die rauen Felsinseln, die aus dem Literaturunterricht heute jedes irische Schulkind kennt, und die auch die 20-Pfund-Noten zierten, hinterlassen bei jedem Besucher einen bleibenden Eindruck.

Die letzten 22 Bewohner kapitulierten 1953/54 und zogen aufs Festland um. Anlass war der tragische Tod des 19-jährigen Hoffnungsträgers der sonst überalterten Gemeinde. Er erkrankte an Hirnhautentzündung und musste sterben, weil wegen des schlechten Wetters kein Boot landen und ihn ins Krankenhaus bringen konnte. In den Balladen und Erinnerungen ist die archaische Gaeltacht-Kultur der Blaskets lebendiger denn je, und mit den Jahren werden Armut zu Selbstgenügsamkeit und heroischem Ringen mit der Natur, Analphabetismus zu einer Kultur der Geschichten und Sagen und das Regime der Patriarchen zu einem solidarischen Leben verklärt. Dabei wird vergessen, dass es auf Great Blasket keinen einzigen Karren mit Rädern gab, keinen Laden, kein Pub und keine Kirche. Möbel mussten aus Treibholz gezimmert werden, einzig Steine gab es im Überfluss.

Geschichte

Der älteste Hinweis auf menschliche Besiedlung sind Spuren des Ringforts Doon in der Nähe der „Traffic Lights", einer Wegkreuzung in der Mitte von Great Blasket. Auf Inishvickillane fanden Archäologen Hinweise auf eine frühchristliche Siedlung. Im 18. Jh. gehörte die Insel dem Earl of Cork. Um die Pacht bezahlen zu können, mussten die sonst reine Subsistenzwirtschaft betreibenden Inselbürger ab und zu

Blasket Islands 443

Die Siedlung auf Great Blasket verfällt

auf den Markt von Dingle, denn die Herrschaft wollte bares Geld, keinen Fisch. Um diese Zeit, als in Irland die Bevölkerung rasch wuchs, gleichzeitig aber die Grundherren immer mehr Land einzäunten und die Pächter vertrieben, waren die Blaskets ein Fluchtpunkt. Hier gab es Fisch und Fleisch – man fing sich Tölpel und andere Seevögel. 1907 verkaufte der Earl die Inseln an den Staat.

„Entdeckt" wurde die kleine Gemeinschaft 1907 von dem norwegischen Keltologen Carl Marstrander. Er besuchte die Insel, um den Dialekt mit Hilfe eines edinsonschen Phonographen für die Fachwelt festzuhalten. Bald folgten weitere Wissenschaftler und an ihrem kulturellen Erbe interessierte Iren. Sie animierten die Bewohner, ihren Schatz an Geschichten, Legenden und Erlebnissen aufzuschreiben oder zu diktieren. Tomás Ó Criomhthains (engl. O'Crohan) „Islandmen", das unter dem Titel „Die Boote fahren nicht mehr aus" kein geringerer als Heinrich Böll ins Deutsche übersetzte, Peig Sayers „Peig" und Mícheál Ó Súilleabháins (engl. O'Sullivan) „Twenty Years of Growing" sind nur die drei wichtigsten Werke, in denen die Inselbewohner ihre Welt beschrieben.

In den siebziger Jahren hatte ein Amerikaner begonnen, die verlassene Great Blasket aufzukaufen, dann aber das Interesse verloren. Als er die Insel schließlich im „Wall Street Journal" anbot, ging ein Aufschrei durch Irland. Great Blasket wurde zum Nationalpark erklärt, jetzt kauft der irische Staat, und einige störrische Eigentümer, die das Land ihrer Vorfahren nicht hergeben wollen, müssen mit Enteignung rechnen. Mister Taylor Collings Besitzergreifung von Great Blasket haben die Iren erfolgreich abgewehrt, dafür befindet sich mit Inishvickillane jetzt eine der kleineren Inseln in Privatbesitz. Gekauft hat sie der frühere Premier Charles J. Haughey, in dem die Wohlgesonnenen den besten Lobbyisten und inoffiziellen Minister für Kerry sahen, die Feinde aber einen Paten nach italo-amerikanischem Vorbild, ohne dessen Billigung hier im Westen nichts lief. Mr. Haughey, der sein Feriendomizil ab

444   Der Südwesten/County Kerry

und an mit dem Hubschrauber zu besuchen pflegte, hat dort Hirsche ausgesetzt und einen Windgenerator aufgestellt.

• *Verbindung* Bei „ruhiger" See starten die Boote morgens ab 10 Uhr von **Dingle** (mit der „Peig Sayers" 35 Min., 40 €, Auskunft ✆ 066 915 1344, www.dinglebaycharters.com) und alle halbe Stunde ab **Dunquin** (30 € mit „Blasket Islands Ferry", ✆ 066 915 4864, www.blasketislands.ie; oder „Blasket Island Ferries", ✆ 066 915 6422, www.blasketisland.

com), letzte Rückfahrt ist jeweils gegen 17 Uhr. Tickets werden am Weg zum Steg verkauft. Die Landung ist ein Erlebnis, denn dafür muss man vom Kutter in ein schaukelndes Gummiboot umsteigen. Auch nachmittägliche Ausflugsfahrten um die Inseln herum, die mit einer Landung kombiniert werden können, werden für 40 € angeboten.

Great Blasket

Von den sieben Inseln wird in der Regel nur Great Blasket besucht: ein zerfurchtes Karstland mit einer Fläche von etwa 6 x 3 km, das bis 300 m aus dem Meer ragt und auf dem im Sommer einige Schafe weiden. Am besten kauft man sich, z. B. im Blasket Centre in Dunquin, eines der von den Inselbewohnern geschriebenen Bücher und sucht damit die Schauplätze der Geschichten auf. Vom Landeplatz zieht sich das weitgehend zerfallene Dorf den Hang hinauf. Einige Häuser sind renoviert und neuerdings den Sommer über wieder bewohnt. So auch die weißen, zweigeschossigen „Gouvernment Houses", in denen sich zuletzt auch das Hostel befand. Nordwestlich vom Landeplatz schimmert der **Weiße Strand** *(An Traigh Ban)*. Sobald sich hier einige Menschen versammelt haben, tauchen neugierige Köpfe aus dem Wasser auf. Es sind **Kegelrobben** *(Halichoerus grypus)*, die von Mitte August bis November an der Nordspitze von Great Blasket und auf der nahen Felsinsel Beginish ihren Nachwuchs aufziehen.

Wandern

Als Ziel eines etwa einstündigen Spaziergangs (hin und zurück) auf dem Höhenrücken der Insel bietet sich der **Signaltower** an, ein in den napoleonischen Kriegen errichteter Wachturm. Irgendwann traf der Blitz das Gemäuer, Wind und Wetter trugen ihren Teil dazu bei, um es vollends zu ruinieren. Beginnen Sie Ihren Weg vom Hafen mit dem Aufstieg zur Green Road, die oberhalb des Dorfs den Hang quert und den Ostteil der Insel umrundet. Nehmen Sie die Green Road im Uhrzeigersinn, also nach links. Auf der Ostseite des Hügels – das Dorf ist jetzt außer Sicht – zweigt rechts ein Pfad ab. Er führt bergauf erst zu einem Vorgipfel und von diesem den Kamm entlang zum Hauptgipfel mit der Ruine. Neben ihr markiert ein aufrecht stehender Monolith eine vorchristliche **Kultstätte.** Für den Rückweg können Sie, wenn der Boden einigermaßen trocken ist, über den Sattel zwischen beiden Gipfeln auch querfeldein auf die Nordseite der Insel absteigen. Die Green Road ist von oben gut sichtbar.

Für die Rundwanderung zum **Croaghmore** (gäl. Cro, 292 m ü. M.), dem höchsten Berg der Insel, rechne man mit 2 ½ Stunden Gehzeit. Wieder beginnt der Weg mit der Green Road, die wir diesmal nach rechts zur Nordküste hin einschlagen. Am Wege liegt **Threshers' Well,** eine beschauliche Quelle mit einem kleinen Felspool. Doch der Bach hat nur ein kurzes Leben, schon nach wenigen Metern stürzt er über die Klippe fast hundert Meter tief ins Meer. Man passiert **Sorrowful Cliff,** die „Trauerklippe", von der aus einst die Frauen hilflos zusahen, wie ein plötzlich aufkommender Sturm die Fischerboote und damit ihre Männer an den Felsen zerschmetterte – eine Episode, die George Thomson in seinem Buch *Island Home* überliefert. Green Road Nord und Green Road Süd treffen sich etwa in der Mitte der Insel. Auch der vom Wachturm auf dem Höhenrücken westwärts führende Pfad mündet hier ein, sodass die Einheimischen den Platz mit leichter Ironie *traffic lights* nennen. Weiter bergauf und vorbei am Ringfort **Doon** geht es den Kamm entlang zum **Slievedonagh** (280 m). Noch einmal führt der Weg über einen Sattel und an Steinhütten vorbei, in denen früher Torf getrocknet wurde, bis schließlich der Croaghmore erreicht ist. Wer von hier aus auch noch die letzten 2 km zum **Kap Canduff** will, muss mit einer weiteren Stunde Gehzeit rechnen. Da haben es die vielen Seevögel, die sich dort tummeln, leichter.

Blasket Centre

Das auf dem Festland in Dunquin errichtete Zentrum ist typisch für die so heftig kritisierten Anlagen, die das Office of Public Works mit großzügiger Förderung aus Brüssel auch in anderen strukturschwachen Gebieten errichtet hat, um touristische Anziehungspunkte zu schaffen. Gemeinsam ist diesen Vorhaben, dass in vom Menschen vernachlässigte und damit noch relativ intakte Naturräume gewaltige Bauten geklotzt werden, die auch ästhetisch wenig Rücksicht auf ihre Umgebung nehmen. Kern des Blasket Centre ist ein 60 m langer, leicht abfallender **Korridor,** dessen verglastes Ende genau auf die Inseln zielt. Spötter vergleichen es mit einem Krankenhaus, doch der Architekt hatte eine Oghaminschrift im Auge, an deren Leselinie die einzelnen Strichzeichen im rechten Winkel angeordnet sind – dies verriet er in einem Interview, im Zentrum erfahren wir darüber nichts. Die **Ausstellungsräume** an den Seiten des Ganges beschäftigen sich mit dem Leben auf der Insel, ihren Schriftstellern und der irischen Sprache, zeigen Gebrauchsgegenstände, Bücher und immer wieder großformatige Fotos. Die Präsentation gehört zum Besten, was Irland in dieser Hinsicht zu bieten hat. Die inhaltlich sehr anspruchsvolle, vielleicht zu intellektuell und akademisch geratene **Videoshow** ist vor allem wegen der eingestreuten historischen Aufnahmen sehenswert. Die neuen Bilder jedoch zeigen die Insel meist aus der Luft: abgehoben statt bodenständig. Beachtung verdient auch die **Kunst am Bau:** Róisín de Buitléars „The Journey", herrliche Buntglasfenster einmal im weltlichen Raum, oder, vor dem Eingang, Michael Quanes Skulptur des „Islandmen". Ein Imbiss im **Coffeeshop** mit dem Charme einer Fabrikkantine und das Stöbern im auf irische Themen spezialisierte **Buchladen** runden den Besuch ab.
⏲ Ostern–Okt. tägl. 10–18 Uhr (Juli/Aug. bis 19 Uhr); Einlass bis 45 Min. vor Schließung, Eintritt 4 €.

Tralee

Nach dem Ausflug in die Bilderbuchwelt der Halbinseln wird Tralee zu einer eher nüchternen Begegnung. Eine Kleinstadt (24.000 Einwohner), lebhaft zwar und mit schönem Stadtpark, doch ohne besonderes Flair.

Auch beim wiederholten Besuch erschien mir Tralee als eine sehr nüchterne Stadt, deren Betonarchitektur nichts beschönigt – beispielhaft der 12 Millionen Euro teure Komplex auf dem Marktplatz. Mit seinem großzügigen Stadtpark samt Rosengarten, einem Erlebnisbad, der Museumsshow und der alten Windmühle von Blennerville hat Tralee im Detail aber durchaus etwas zu bieten. Auch der alte Kanal zum Meer und der vor einer Generation mit Schutt aufgefüllte Hafen wurden wieder instand gesetzt. Schönheit findet sich auch beim Stadtfest Ende August, wenn eine hübsche Irin zur „Rose of Tralee" gekürt wird.

446 Der Südwesten/County Kerry

Information/*Verbindungen*/*Diverses*

- *Information* Ashe Memorial Hall, Denny St., ℅ 066 712 1288, Juli/Aug. Mo–Sa 10–18 Uhr, So 14–18 Uhr; Sept.–Juni Di–Sa 10–17 Uhr. www.tralee.ie.
- *Verbindung* **Züge** über Killarney nach Dublin, Umsteigeverbindungen nach Cork, Limerick und Waterford – Rosslare (Bahnhof ℅ 066 712 3522, www.irishrail.ie). **Busse** vom Bahnhofsplatz nach Galway, Limerick – Dublin, über Killarney nach Waterford – Rosslare und Cork, nach Dingle – Dunquin (Auskunft ℅ 066 712 3566).
- *Fahrradverleih* **Tralee Gas and Bicycle Supplies**, Strand St., ℅ 066 712 2018, sowie **O'Halloran Cycles** in der Upper Castle St. Wer von Tralee nach Dingle radeln will, sei vor dem Connor-Pass gewarnt.
- *Theater* **Siamsa Tire**, Town Park, ℅ 066 712 3055, www.siamsatire.com. Das gälischsprachige Nationaltheater singt, tanzt und spielt Mai–Sept. abends um 20.30 Uhr im neuen Haus, dessen Architekten sich vom Staigue Fort inspirieren ließen.

Übernachten/*Camping*

Die meisten B&Bs findet man um den Bahnhof und an der Listowl Road. Außerdem stehen gleich fünf Hostels zur Auswahl.

*** Brandon Hotel (10), Princess St., ℅ 066 7123 333, www.brandonhotel.ie, DZ 140–240 €. Äußerlich wenig ansprechende Betonarchitektur, die Räume in klassischer Eleganz möbliert. Mit Hallenbad und Sauna.

Tralee Townhouse (6), High St., ℅ 066 718 1111, www.traleetownhouse.com, DZ 80–110 €. Neue Pension in bester Stadtlage. Die Zimmer (mit TV, Wasserkocher, Fön) sind mehr zweckmäßig als schön eingerichtet. Internetzugang, Lounge, Lift und egangiertes Personal. Alles in allem für den Preis voll in Ordnung.

B&B Denton, Oakpark, an der N 69 Richtung Listowel, ℅ 066 712 7637, www.dentontralee.com, DZ 70 €. Eileen Doherty ist sehr hilfsbereit, super Frühstück (Räucherlachs mit Rührei). (Lesertipp von Birgit Reier)

B&B The Willows (11), 5 Clonmere Tarrace, ℅ 066 712 3779, www.thewillowsbnb.com, DZ 70 €. Gemütlichkeit in einem viktorianischen Ziegelhaus, die kleinen Zimmer extrem sauber, die Bäder mit flauschigen Handtüchern ausgestattet.

Whitehouse Inn (5), Boherbee, ℅ 066 710 2780, www.whitehousetralee.com, Bett ab 20 €, DZ 60 €. Die zur gegenüberliegenden Whitehouse Bar gehörende Herberge bietet Unterkunft zwischen Hostel und B&B. Zimmer mit bis zu 4 Betten, Bad und TV. Büffet mit Continental Breakfast, Gästeküche, eigener Parkplatz.

Finnegan's Hostel (8) (IHH), 17 Denny St., ℅ 066 712 7610, www.finneganshostel.com, Bett 10–20 €, DZ 40 €, Frühstück p.P. 5 €. Schräg gegenüber dem Museum in einem stattlichen Bürgerhaus (19. Jh.), das einmal nicht den Namen des Hausherrn, sondern des Handwerkers trägt, der den

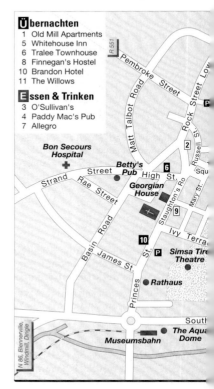

Übernachten
1 Old Mill Apartments
5 Whitehouse Inn
6 Tralee Townhouse
8 Finnegan's Hostel
10 Brandon Hotel
11 The Willows

Essen & Trinken
3 O'Sullivan's
4 Paddy Mac's Pub
7 Allegro

Tralee 447

größten Anteil an der Renovierung hatte. Das Hostel hatte in der Vergangenheit unter wechselndem Management Hochs und Tiefs; bei unserem Besuch waren einige Räume mit studentischen Dauermietern belegt.

Old Mill Apartments (1), North Circular Rd., ℅ 066 7119 412, www.oldmilltralee.com. Ein Studentenwohnheim mit mehr als hundert Apartments mit 4–6 Betten, die in der Ferienzeit von Ende Juni bis Ende August für 320–670 €/Woche auch an Urlauber vermietet werden.

• *Camping* **Woodland's Park,** Bayview, Dingle Rd., ℅ 066 712 1235, www.kingdomcamping.com, März–Sept., Zelt und 2 Pers. 18 €, Heißwasser extra. Ein neuer und komfortabler Platz nahe dem Aquadome und etwa 15 Gehminuten vom Stadtzentrum entfernt. Mit Tennisanlage, Ballspielplatz und Grillstellen.

Essen/Pubs

O'Sullivan's Deli (3), The Mall. Hier kann man mittags die traditionelle irische Küche mit Kohl, Steckrüben *(turnips)*, Kasseler, Backhähnchen und der obligatorischen braunen Sauce *(gravy)* kennenlernen. Eine Saftbar presst frische Obstsäfte. Hauptgericht um 10 €.

Paddy Mac's (4), The Mall. Der mit viel altem Trödel dekorierte Pub offeriert mittags und abends preiswertes Pubfood wie etwa Chili con Carne oder Seafood-Lasagne.

Allegro (7), Castle St. Italienisches Bistro im Stil eines Eisenbahnwaggons, im Angebot Pizza, Pasta, Steaks, Sandwichs

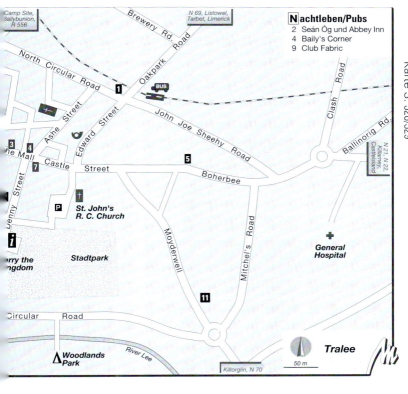

448   Der Südwesten/County Kerry

und einfache Tellergerichte (stew, shepherd's pie), auch Frühstück.

- *Pubs* **Seán Óg (2)**, Bridge St., und **Baily's Corner (4)**, Ashe St./The Mall, empfehlen sich als „Singing Pubs". Zum wochenendlichen Abtanzen legen DJs im **Abbey Inn (2)**, Bridge St., auf.

Club Fabric (9), Godfrey Place, www.club fabric.com. Sieben Millionen Euro, so heißt es, hat es gekostet, das alte Bowlingcenter in die trendigsten Clubräume weit und breit zu verwandeln. In vorderster Front lädt ein im Stil der 60er mit Ahornholz, Leder und dicken Polstern dekorierter Pub zum Herumsitzen, Schwätzen und natürlich Trinken ein. Vor einem separaten Eingang drängen sich die Tanzwütigen um Einlass in *Fabric 1*, den eigentlichen Club mit seiner tollen Sound- und Lightshow. Intimer, doch nicht weniger stylish und modern ist die Atmosphäre im *Fabric 2*.

Sehenswertes

Kerry County Museum: Die imposante Ashe Memorial Hall – Namenspatron Thomas Ashe war ein Führer der Osteraufstandes, der die Zwangsernährung in britischer Gefangenschaft nicht überlebte – wurde nach der Unabhängigkeit als repräsentativer Sitz von Stadt- und Bezirksregierung errichtet, erwies sich aber bald als zu klein für die schnell wachsende Verwaltungsbürokratie. Nach einer gründlichen Renovierung zog das Museum ein, das hier seine historische Sammlung, eine audiovisuelle Präsentation des Countys *(Kerry in Colour)*, die Mittelaltershow *Geraldine Experience* und eine überaus beliebte Antarktis-Ausstellung zeigt.

Was wird geboten? Die vom New Yorker Jorvik Centre inspirierte und sehr amerikanische **Mittelaltershow** ist die spektakulärste Abteilung. Man stieg im Keller des Hauses in kleine Wägelchen und wurde, von unsichtbaren Elektromagneten gelenkt, durch eine lebensgroße Nachbildung des mittelalterlichen Tralee kutschiert. Doch die dem Mittelalter ja auch ganz fremde Technik gab schon bald ihren Geist auf, und so begibt man sich nun zu Fuß auf die Zeitreise. Diese führt, nachdem der Torwächter Einlass in die Stadt gewährt hat, an mechanisch bewegten Puppen vorbei über die Straßen und Plätze zum Hafen und ins Kloster. Lichteffekte, Geräusche, Gerüche (nicht immer die besten) und ein Begleittext über Walkman (auch in dt. Sprache) lassen die Vergangenheit lebendig werden.

Dem gegenüber verblasst das eigentliche **Museum.** Am Eingang begrüßt ein Steinzeitmensch den Besucher. Knapp bekleidet klopft er vor dem Panorama einer Bucht seinen Feuerstein. Auch hier hat man reichlich von Puppen und nachgestellten Szenen Gebrauch gemacht, um die Geschichte Irlands und der Grafschaft anschaulich darzustellen. Echt ist das „Harpsichord", ein Vorläufer des Klaviers, wiederum aus Plastik jedoch die Lady, die darauf zu klimpern scheint. Einige ausgewählte Funde wurden vom Nationalmuseum gestiftet. Auch wenn die Ausstellung den Stand wissenschaftlicher Erkenntnis korrekt wiederzugeben vermag, dürfte diese Museumsshow konservativen Gemütern zu theatralisch erscheinen.

Wegen des Erfolgs immer wieder verlängert wurde die zunächst nur als temporär konzipierte **Antarctica**-Ausstellung zum Leben des aus Anascaul (Dingle) stammenden Tom Crean, der Scott und Shackleton auf ihren Expeditionen begleitete.

ⓘ Di–Sa 10–17 Uhr, Mai–Okt. auch So/Mo; Eintritt 8 €. www.kerrymuseum.ie.

Stadtpark: Herz des großflächigen Stadtparks ist der *Rosengarten,* in dem die Artenvielfalt der Edelblumen zu bestaunen ist. Im angrenzenden *Garten der Sinne* schlagen ein Brünnlein mit Kupferkessel, gewaltige Bronzehörner und andere Skulpturen den Bogen zur irisch-keltischen Geschichte und Mythologie.

Aquadome: Das Funbad gehört einer Aktiengesellschaft, an der auch etwa 100 Bürger der Stadt Anteile gezeichnet haben. Der 5,5 Millionen Euro teure Spaß, wozu

Tralee 449

Mit Volldampf zur Windmühle Blennerville

der EU-Regionalfond zwei Drittel beisteuerte, liegt am südlichen Ortsausgang, leicht zu erkennen an seinem futuristischen Design mit der grünen Glaskuppel und der halbrunden Sandsteinmauer. Whirlpools, Geysire und Riesenrutschen sollen an regnerischen Tagen, woran ja kein Mangel herrscht, vor allem Familien ins Bad locken.
 Juli–Aug. tägl. 10–22 Uhr, Sept.–Juni Mo–Fr 12–22 Uhr, Sa/So 11–20 Uhr; Eintritt 12 €. Ballyyard. www.discoverkerry.com.

Blennerville Windmill: Nach einer gründlichen Restaurierung knarrt Irlands größte noch betriebene Windmühle wie eh und je. Technikfans lernen die Mechanik des Mahlwerks und des Sackaufzugs kennen, ein Videofilm zeigt die Geschichte und Technik der Windkraft und den Wiederaufbau der Mühle. Wer lieber Natur mag, kann von der Mühle den im Watt nach Würmern pickenden Vögeln beim Essen zuschauen. Eine angeschlossene Ausstellung beschäftigt sich mit so verschiedenen, aber doch typisch irischen Themen wie Emigration (Blennerville war der Auswandererhafen Nordkerrys) oder Brotbacken, so wie es die irischen Hausfrauen früher machten. Eine Spezialität ist z. B. das Sodabrot, bei dem statt der Hefe Soda als Treibmittel beigemischt wird.
 April–Okt. Mo–Sa 9.30–17.30 Uhr, So 11–17.30 Uhr. Eintritt 5 €. Denny St.

Museumsbahn: Zwischen 1891 und 1953 dampfte eine Schmalspurbahn von Tralee auf die Dingle-Halbinsel. Ein kurze Teilstrecke zwischen dem Aquadome und der Windmühle in Blennerville wurde bis 2006 während der Sommermonate als Museumsbahn befahren. Eine Dampflok, die schon früher hier im Einsatz war, hatten die Eisenbahner in einem amerikanischen Museum aufgestöbert, die Waggons ratterten zuletzt auf einer Nebenstrecke im Baskenland. Seit die Lok wegen Kesselschadens ausfiel, ruht der Betrieb und es wächst Gestrüpp auf den Gleisen.
 Bis 2006 Juni–Aug. Mo–Sa 10.30 bis (letzte Fahrt) 17 Uhr, So ab 11.30 Uhr; ab Tralee zur vollen, ab Blennerville zur halben Stunde; Ticket 5 €. www.tdlr.org.uk.

Der Südwesten Karte S. 328/329

Tralee/Umgebung

Üblicherweise rauschen Touristen von Tralee nordwärts in einem Rutsch durch bis zur Shannon-Fähre in Tarbert. Das flache Weideland im Norden Kerrys ist landschaftlich nicht sonderlich attraktiv. Wen die Zeit nicht drängt, wählt den kleinen Umweg über **Ardfert** (Klosterruine 13./14. Jh.) und die Küste. **Ballyheige** und **Ballybunion** haben attraktive Badestrände, und am Ortseingang von **Ballyduff** gibt es mit dem *Rattoo Tower* (10. Jh.) den einzigen Klosterturm in Kerry. Seine vier Fenster sind genau nach den Himmelsrichtungen orientiert.

⊙ **Ardfert Monastery,** Mai–Sept. tägl. 10–18 Uhr, Einlass bis 17.15 Uhr. Eintritt 3 €.

▸ **Crag Cave:** Die schon lang bekannte Tropfsteinhöhle von Castleisland wurde in den 1980er Jahren für das Publikum erschlossen. Sie ist nicht ganz so spektakulär wie die Höhle von Mitchelstown (siehe S. 312), doch wer dort nicht vorbeikommt, mag an einem Regentag hier in den irischen Untergrund steigen. Vor der Höhle wurde die *Crazy Cave*, ein Indoor-Spielplatz für Kinder, eingerichtet, der freilich noch einmal zusätzlichen Eintritt kostet.

⊙ Ostern–Dez. tägl. 10–18 Uhr, Juli/Aug. bis 18.30 Uhr, Jan./Feb. nur Mi–So. letzte Führung ½ Std. vor Schließung. Eintritt 9 €. www.cragcave.com.

Irlands größte Windmühle knattert heute in Tralee

▸ **Monorail:** Zwischen Listowel und dem knapp 15 km entfernten Seebad Ballybunion dampfte von 1888–1924 eine einzigartige Schmalspurbahn. Das nach ihrem Konstrukteur Charles Lartigue benannte Lartigue Monorail „ritt" auf einem aufgebockten Schienenstrang, der von A-förmigen Stelzen getragen wurde. Zwei weitere, an den Flanken der Stelzen laufende Schienen dienten lediglich der Balance. Die Passagiere saßen Rücken an Rücken, auch die Fracht musste sorgfältig ausbalanciert werden.

Am früheren Bahnhof von **Listowel** wurde ein Abschnitt der Bahn nachgebaut. Angeblich war Lartigue von Kamelen in der algerischen Wüste zu seiner ungewöhnlichen Konstruktion inspiriert worden. Gegenüber einer herkömmlichen Eisenbahn versprach die Monorail geringere Baukosten, da das Gelände für die Schienen nicht nivelliert werden musste, sondern Unebenheiten über die unterschiedliche Länge der Stelzen ausgeglichen werden konnte. Allerdings waren keine schienengleichen, also ebenerdige Übergänge möglich und jede Weichenstellung bedeutete einen kleinen Umbau. Im Betrieb erwies sich die Monorail als extrem störungsanfällig und geriet schnell aus dem Lot. Zudem verrosteten Schienen und Stelzen in der salzigen Atlantikluft viel schneller als erwartet.

⊙ Fahrten Mai–Sept. tägl. 14–17 Uhr. Ticket 6 €.

King John's Castle mit dem Treaty Memorial

County Limerick

Highlights

- **Flying Boat Museum** – an die ersten Transatlantikflüge und die Erfindung des Irish Coffee erinnert dieses Museum (S. 453)

- **Hunt Museum** – John Hunts Beruf war guter Geschmack, das Sammeln von Kunst seine große Leidenschaft; das Ergebnis kann sich sehen lassen (S. 461)

- **Lough Gur** – Menhire, Steinkreise und alte Gräber häufen sich am Ufer des stillen Sees, ein Visitor Centre erklärt die historischen Zusammenhänge (S. 462)

- **Adare** – „Ireland's most charming village" sagen zumindest Amerikaner und die Veranstalter von Busausflügen. Entscheiden Sie selbst ... (S. 455)

County Limerick

Die Autofähre über den Shannon-Fjord verkürzt den Weg zwischen Kerry und Galway um rund 100 km und lässt Limerick links liegen. Schade, denn Stadt und County sind besser als ihr Ruf und den kleinen Umweg wert, zumal die meisten Sehenswürdigkeiten direkt am Ufer des Shannon liegen.

Flach und grün wie ein Billardtisch und ideal für Radler ziehen sich die Wiesen und Felder von Horizont zu Horizont, nur der äußerste Osten ist etwas hügeliger. Die Normannen wussten, warum sie das Gebiet um den Shannon-Fjord teilten und dem irischen Adel nur den kargen Norden, das heutige County Clare beließen, während sie sich die fruchtbare Südseite der Bucht aneigneten. Reisende finden hier außer den Spuren der Kelten, den Burgen, Klöstern und pittoresken Marktflecken auch ungewöhnliche Sights wie ein Gefängnis und ein Flugbootmuseum. Auch die Stadt Limerick kann man ruhig kurz besuchen.

Eine Brücke über den Ozean

Schon bevor das erste Passagierflugzeug auf dem Shannon landete, war der Westen Irlands ein Dreh- und Angelpunkt der Transatlantik-Kommunikation und Schauplatz einer technologischen Revolution. Der Italo-Ire *Guglielmo Marconi* (1874–1937) entwickelte den drahtlosen Funk aus den ersten Laborversuchen, über die er in einer Zeitschrift gelesen hatte, zu einer alltäglichen und kommerziell einsetzbaren Technik, ohne die Rundfunk, Fernsehen, Handys und Satellitenkommunikation nicht denkbar wären. Warum Marconi damals an der irischen Westküste arbeitete, liegt auf der Hand: Sie war Amerika am nächsten, und von hier konnten auch die mit Kabel unerreichbaren Schiffe angefunkt werden. Als 20-jähriger Collegeschüler stellte er 1894 die erste Funkverbindung her, 1898 funkte er von einem Schlepper in der Dublin Bay den an Land wartenden Reportern den Ausgang der Kingston Regatta, 1901 führte er das erste Gespräch über den Atlantik. Marconi verband technisches Genie mit Geschäftssinn. Seine eigenen Mittel hätten nie ausgereicht, die kostspieligen Stationen in Crookhaven und später in Clifden und Ballybunion einzurichten. Zuerst interessierte sich Lloyd's of London für die neue Technik, um damit Sturmwarnungen an Schiffe senden zu können, später stiegen die amerikanischen Telefongesellschaften ein.

Tarbert

Wir treffen Thomas Dillon im **Bridewell** von Tarbert. Schon wieder hatte er seine Kuh auf fremder Leute Grund weiden lassen. Diesmal wurde er von Peg Ahern erwischt, die gleich den Wachtmeister mitgebracht hatte, um Thomas festnehmen zu lassen. Übermorgen wird seine Gerichtsverhandlung wegen „illegal trespassing" stattfinden. „Bridewell" ist der Name einer Londoner Besserungsanstalt und gleichzeitig eine höfliche Umschreibung für die kleinen Dorfgefängnisse, von denen es um 1830 acht Stück im County Kerry gab, alle nach dem gleichen Schema wie der Kerker von Tarbert gebaut. Thomas Dillon ist eine Puppe und seine Geschichte, die im zum Museum umgewandelten Gefängnis erzählt wird, spielte vor 150 Jahren, als der Diebstahl eines einzigen Schafes auf einer Stufe mit Totschlag stand

Foynes 453

und mit der Deportation nach Australien gesühnt wurde. Mehr darüber erfahren Sie im Bridewell von Tarbert.

Im **Tarbert House,** der zweiten Attraktion des Dorfes, waren schon Benjamin Franklin, Charlotte Brontë und Winston Churchill zu Gast. Im Sommer öffnet das Landgut am Hafen von Tarbert seine Pforten auch für gewöhnliche Besucher. Das Haus im georgianischen Stil besitzt einen besonders prächtigen, halbrunden Kamin und eine mit erlesenen Edelhölzern getäfelte Bibliothek.

• *Verbindung* Autofähre Tarbert – Killimer, Abfahrten von Tarbert April–Sept. Mo–Sa 7.30–21.30, So 9.30–21.30 Uhr, Okt.–März Mo 7.30–19.30, So 9.30–19.30 Uhr, jeweils zur halben Stunde, im Sommer bei Bedarf Zusatzkurse. Auskunft ℡ 065 905 3124, www.shannonferries.com. Pkw 17 €, hin und zurück 28 €, Radler/Fußgänger 5 €, mit Rückfahrt 7 € – „zwar relativ teuer, die Überfahrt ist aber nett und man spart nicht nur Zeit, sondern eventuell auch etwas (Benzin-)Geld", meint Oliver Trede in einem Leserbrief.

① **Tarbert Bridewell:** April–Okt. tägl. 10–18 Uhr; Eintritt 5,50 €. **Tarbert House:** Mai–Aug. Mo–Sa 10–12, 14–16 Uhr, Eintritt 5 €.

• *Übernachten* **Ferrry House Hostel** (IHH), The Square, ℡ 068 36555, Bett 15–20 €, DZ 50 €. Neueres Hostel in einem älteren, völlig umgebauten Haus im Ortszentrum. Insgesamt sehr gepflegt und sauber. Relativ geräumige Zimmer mit 2 bis 8 Betten, teilw. mit Bad. Der Gemeinschaftsraum (mit TV) wirkte bei unserem Besuch etwas steril, zumal die meisten Gäste sich abends im Coffeeshop (bis 21 Uhr) des Hostels oder in den Pubs der Umgebung aufhalten. Eine Grundreinigung täte mal wieder gut.

Foynes

Wem beim Gedanken an die Pioniertage der transatlantischen Passagierflüge sofort „Shannon" in den Sinn kommt, liegt richtig, wenn er damit die Mündungsbucht des Flusses und nicht den gleichnamigen Airport meint. Es geschah nämlich hier in Foynes: Am 9. Juli 1939 stiegen die ersten Passagiere aus New York aus dem Wasserflugzeug „Yankee Clipper" und betraten europäischen Boden. Das One-way-ticket für diesen Flug kostete 334 Dollar. Seine kurze Blüte erlebte der Flughafen Foynes während des Zweiten Weltkriegs, als Irland, obwohl offiziell neutral, eine Drehscheibe im Verkehr zwischen London und New York war. Doch der Krieg brachte auch enorme Fortschritte in der Luftfahrttechnik, und mit der DC 4 wurde ein Langstreckenflugzeug entwickelt, das nicht mehr auf dem Wasser landen musste.

Das **Flying Boat Museum** erklärt mit Schautafeln und einem Video die Geschichte der Fliegerei in Foynes. Highlight der Ausstellung ist eine in Originalgröße nachgebaute Boeing B-314 mit Empfangsdeck, Hochzeitssuite, Schlafquartier, Toiletten und Cockpit. Dazu gibt es den Funkraum des Flughafens mit einem echten Marconi-Sender, einem Dinosaurier des Funks, mit Röhren groß wie Kinderköpfe. In Foynes wurde auch der *Irish Coffee* erfunden, als Chefkoch Joe Sheridan an einem Winterabend 1942 übermüdeten Passagieren, die nach 10 Std. in der Luft wegen schlechten Wetters statt in Amerika wieder in Foynes gelandet waren, etwas Whiskey in den Kaffee goss. In der Bar kann das Nationalgetränk probiert werden.

① April–Okt. tägl. 10–18 Uhr, Nov. bis 16 Uhr; Einlass bis 1 Std. vor Schließung. Eintritt 8 €. www.flyingboatmuseum.com.

▶ **Aughinish Island:** Auf dieser Insel östlich von Foynes macht eine **Aluminiumfabrik** nicht nur Umweltschützern, sondern offenbar auch der Regierung Sorgen. Die in Windrichtung der Anlage liegenden Bauern klagen über ein mysteriöses Rindersterben (hier einmal nicht BSE), Kinder bekommen Asthma und Hautausschläge, auch die Zahl der Fehlgeburten, so heißt es, sei in dieser Region ungewöhnlich

Der Südwesten Karte S. 328/329

Kilcornan Celtic Park and Gardens

hoch. *Aughinish Alumina,* eine Tochter des russischen Aluminumkonzerns *Rusal,* produziert mit 500 Beschäftigten neben Aluminium auch 2 % des gesamten CO_2-Ausstoßes der irischen Republik.

- **Kilcornan Celtic Park and Gardens:** Die vom Prospekt gepriesenen keltischen Attraktionen (Crannóg, Steinkreis usw.) sind Nachbildungen. Einzig das Ringfort ist echt – und bisher nicht ausgegraben oder rekonstruiert. Der Platz ist an schönen Tagen unter dem Aspekt Wald-Wiesen-See-Spaziergang einen Besuch wert. Für Kinder gibt es Enten, Hühner und einen Hirsch. Skurril ist der Ziergarten mit seinem Teich, schönen Rosen und „antiken" Betonsäulen. Mit offensichtlich beschränkten Mitteln wurde hier versucht, einen Schlossgarten nachzuahmen.
  ① Mitte März–Okt. tägl. 9.30–18 Uhr. Eintritt 6 €. Ab dem Friedhof Kilcornan (N 69) ausgeschildert.

- **Rathkeale:** Rathkeale war das Zentrum der deutsch-irischen Pfälzer (Palatinate = Pfalz), die um 1709 ihre alte Heimat verließen und nach Irland auswanderten. Das **Irish Palatinate Heritage Centre** rekonstruiert diese kuriose Episode der „Plantations", ihre Bedeutung für die Entwicklung der Landwirtschaft und die Ausbreitung des Methodismus, einer christlichen Gemeinschaft, der die Pioniere überwiegend angehörten.

  Sean O'Driscoll, ein betuchter Amerikaner irischer Abstammung, hat einige Kilometer westlich von Rathkeale mit dem **Castle Matrix** eine spätmittelalterliche Turmburg restauriert. Nach seinem Tod hüten nun Frau und Sohn den Turm. Allein im County Limerick soll es 427 solcher Kleinfestungen gegeben haben. Im Inneren ist allerlei Kunsthandwerk ausgestellt, das Sean hier und dort auf Auktionen sammelte, wie etwa eine juwelenbesetzte Harfe aus Belfast oder elfenbeinernes Schreibzeug aus China. Edmund Spenser soll in Castle Matrix an seiner „Feenkönigin" geschrieben haben, auch Walter Raleigh war einst zu Gast.
  ① **Palatinate Centre:** Mitte Mai–Mitte Sept. 5 €. An der N 21. www.irishpalatines.org. Di–Fr (Juli/Aug. auch So) 14–17 Uhr, Eintritt

Limerick (Stadt) 455

- *Übernachten* **Trainor's Hostel** (IHH), Ballingary, ℡ 069 68164, April–Sept., Bett 16–18 €, DZ 40–45 €. Das Hostel liegt etwa 8 km südöstlich von Rathkeale in den oberen Stockwerken von Trainor's Pub. Paddy und Trudy kümmern sich rührend um ihre Gäste und haben allerlei Freizeittipps parat.

- *Lesen* Cooney, Dudley L. „The Irish Palatines/Die irischen Pfälzer", zu beziehen gegen 5 € vom Deutsch-Irischen Freundeskreis Baden-Württemberg, Nadlerstr. 4, 70173 Stuttgart (www.dif-bw.de).

Adare

Im 19. Jh. wurde Adare vom Earl of Dunraven, einem zum Katholizismus konvertierten protestantischen Grundherren, zu einem Musterdorf ausgebaut. Und ein Vorzeigedorf im touristischen Sinn ist es auch heute noch: herausgeputzte Cottages mit Rieddach, zwei Castles, zwei Klöster, die Mittelaltershow im **Heritage Centre,** allerlei Souvenirläden, also genau das Richtige für einen allen Klischees gerecht werdenden Stopp der Tourbusse. Der Landsitz **Adare Manor** (1832) ist jetzt eine Luxusherberge, aber mit Führung zu besichtigen (Anmeldung beim Heritage Centre). Teile des Gartens wurden zu einem Golfplatz planiert, mittendrin steht die 1875 restaurierte Kirche eines alten **Franziskanerklosters** (Anmeldung im Clubhaus). **Desmond Castle,** das man vor der Brücke über den *Maigue* am Nordostende des Dorfes sehen kann, ist nach gründlicher Renovierung nun öffentlich zugänglich.

- *Information* Im Heritage Centre, Main St., ℡ 061 396 255, Feb./März, Nov./Dez. Mo–Fr 9–13 und 14–17 Uhr; April/Mai, Sept./Okt. Mo–Sa 9–13 und 14–18 Uhr, Juni auch So 9–13 Uhr, Juli/Aug. Mo–Sa 9–19 Uhr, So 9–13 Uhr.

- *Verbindung* Bushalt an der N 21 zwischen Tralee und Limerick.

- ⓘ **Heritage Centre:** März–Juni tägl. 9–17 Uhr, Juli–Sept. tägl. 9–17.30 Uhr, Okt.–März Mo–Fr 9–17 Uhr; Eintritt 5 €. Main St., www.adare heritagecentre.ie.

Desmond Castle: Juli–Aug. tägl. 10–18 Uhr Führungen. Treffpunkt im Heritage Centre, Eintritt mit Bustransfer 6 €.

Limerick (Stadt)

Als jüngster Phoenix des irischen Westens streift auch Limerick sein Schmuddelimage ab. Mit der Sanierung des Stadtzentrums entstand urbanes Flair, und die Studierenden der Universität sorgen dafür, dass es abends nicht langweilig wird.

Obwohl die 80.000-Einwohner-Stadt an der Mündung des Shannon im Schnittpunkt der wichtigsten Fernstraßen des Westens liegt, wurde sie von Reisenden bislang nicht sehr geschätzt. Abgesehen von der Burg fehlten die großen Sehenswürdigkeiten, und die kuschelige Altstadt, mit der etwa Galway aufwarten kann, sucht man vergebens. Noch bis in die 80er Jahre verdichtete sich in Limerick auf engem Raum das Elend des irischen Westens: Arbeitslosigkeit, Alkoholismus, Industrieruinen und verlotterte Vorstädte, wie sie Frank McCourt in seinem Bestseller **Angela's Ashes** skizziert. Die Misere traf auf ein stockkatholisches Milieu. In keiner irischen Stadt waren und sind die Kirchen so voll wie in Limerick.

Die Gründung einer inzwischen zur **Universität** aufgewerteten Fachhochschule markiert die Wende in der Stadtgeschichte. Große Anstrengungen wurden unternommen, um den Uferbereich im Herzen der Stadt zu sanieren, wo der Abbey River in den Shannon mündet. Limerick hat seine Flüsse entdeckt und missbraucht sie nicht mehr nur als Kloaken. Neue Schleusen und Wehre sollen den Shannon für die Freizeitkapitäne bis in die Stadt schiffbar machen. Mit der **Castle Lane,** einer

Der Südwesten Karte S. 328/329

456 Der Südwesten/County Limerick

umstrittenen, neu im Stil des 18. Jh. gebauten Häuserzeile neben der Burg, bemüht sich die Limerick um ein schöneres Gesicht. Ein neues **Rathaus,** der sanierte Kartoffelmarkt, die nach Geschäftsschluss allerdings völlig ausgestorbene Einkaufszone zwischen Denmark Street und William Street sowie ein Park um die Touristinformation stehen für ein neues, besseres Image. Privatleute, die Häuser im Stadtzentrum sanierten, wurden mit reichen Steuervorteilen belohnt.

Herausragende Sehenswürdigkeit ist **King John's Castle,** eine trutzige Normannenburg am Rande von King's Island, dem ältesten Stadtteil. Das Viertel **Newtown Pery** am Südende der Hauptstraße (O'Connell St.) ist ein schönes georgianisches Architekturensemble, wie man es in dieser Geschlossenheit andernorts kaum findet. So rechtfertigt Limerick einen kleinen Umweg und im Hinblick auf die Sights in der Umgebung auch eine Zwischenübernachtung. Vielleicht können Sie ja auch die Frage klären, warum die Limericks Limericks heißen? Wir bekamen darauf bislang keine überzeugende Antwort.

Geschichte

Limerick stand, typisch für Irland, meist auf der Verliererseite. Ursprünglich eine **Wikingersiedlung** (9. Jh.), geriet es 1014 in die Hände der von Brian Boru geführten Iren. Im nächsten Jahrhundert setzten die Normannen den Bewohnern eine Burg vor die Nase, die nicht nur fremde Eindringlinge abschrecken, sondern auch die Einheimischen unter Kontrolle halten sollte. Nach der Schlacht am Boyne zogen sich die katholischen Verlierer nach Limerick zurück und leisteten hier letzten, verzweifelten Widerstand. Der **Vertrag von Limerick** (1691) brachte den 12.000 Verteidigern und ihren Familien immerhin einen sicheren Abzug nach Frankreich und versprach den Katholiken Religionsfreiheit sowie das Recht auf Landbesitz, woran sich die Engländer aber nur einige Monate hielten. Mit dem Bau des Grand Canal hinüber nach Dublin entwickelte sich Limerick seit dem 18. Jh. zu einer frühkapitalistischen **Industriemetropole,** und während des großen Streiks gegen die englische Besetzung regierte 1919 für einige Wochen sogar ein Komitee der Arbeiterräte die Stadt.

Das Limerick von „Angela's Ashes"

Der in Limerick aufgewachsene Frank McCourt hat der Stadt mit seinem teils autobiographischen Bestseller *Angela's Ashes* (dt. „Die Asche meiner Mutter") ein literarisches Denkmal gesetzt, Altmeister Alan Parker (u. a. „Midnight Express", „Evita") verfilmte den Roman und en passant auch den irischen Regen – wenn es im Film einmal nicht regnet, sind die Gassen noch vom letzten Schauer feucht und glitschig. Stadtrundgänge auf den Spuren des jungen Frank und seiner Mutter Angela bieten St. Mary's Action Centre, 44 Nicholas St., ☎ 318106, und das Internet unter www.iol.ie/~avondoyl/angelas1.htm. Im Georgian House, 2 Pery Square, ist Film und Roman eine Ausstellung gewidmet.

Information/Verbindungen/Diverses (siehe Karte S. 459)

● *Information* Arthur's Quay, ☎ 061 317 522, Juli/Aug. Mo–Fr 9–18.30 Uhr, Sa/So 9.30–17.30 Uhr, sonst Mo–Sa 9.30–17.30 Uhr. Mit Wechselstube und Busbüro. www.visitlimerick.com.

Limerick (Stadt)   457

• *Verbindung* Vom Bahnhof im Süden der Stadt **Züge** nach Dublin, Waterford – Rosslare und Ennis, mit Umsteigen nach Cork und Tralee; Bahnhof ✆ 061 315 555, www.irishrail.ie. **Busse** vom Bahnhofsvorplatz in alle größeren Städte des Landes. Busauskunft ✆ 061 313 333, www.buseireann.ie.

• *Fahrradverleih* **Emerald Cycles (11),** 21 Roches St., ✆ 061 416 983, www.irelandrentabike.com; ein alteingesessener Fahrradladen, Rückholservice auch von außerhalb Limericks.
Bike Shop (18), O'Connell R., Nähe Crescent, ✆ 061 315 900; **Mc Mahon's Cycleworld (12),** 30 Roche St., ✆ 061 415 202.

• *Festival* **Sionna Festival of World Music & Dance,** Mitte Nov. Infos unter www.sionna.com.

• *Hunderennen* Mo, Do und Sa um 20 Uhr auf der Rennbahn, Henry St., ✆ 061 214 604, www.igb.ie.

• *Parken* Das Tourist Office verkauft die in der Innenstadt obligatorischen Parkscheiben. Sonst kann das große Parkhaus des Einkaufszentrums am Arthur's Quay benutzt werden.

• *Reisebüro* **USIT,** Central Buildings, O'Connell St., ✆ 061 415 064, www.usit.ie.

• *Stadtführungen* Im Sommer tägl. 11 u. 14.30 Uhr ab Touristoffice Rundgänge über King's Island oder auf den Spuren von „Angela's Ashes", 10 €/Person.

Übernachten/Camping (siehe Karte S. 459)

Die meisten Hotels und B&Bs befinden sich an der Ennis Road in der Nordweststadt. Da viele Vermieter lieber semesterweise an Studierende vermieten als an Kurzzeit-Feriengäste, sind preiswerte Touristenquartiere in Limerick vergleichsweise schwer zu finden.

Jury's Inn (14), Lower Mallow St., ✆ 061 207 000, www.jurysinns.com, DZ ohne Frühstück 65–110 €. Der Billigableger der Jury-Kette steht am Shannon keine 10 Gehminuten vom Stadtzentrum. Typisch ist der Einheitspreis fürs Zimmer, egal, ob 1, 2 oder 3 Personen darin wohnen. Wegen der schönen Aussicht sind die flussseitigen Zimmer in den Obergeschossen besonders begehrt.

Absolute Hotel (2), Harry's Mall, ✆ 061 463 600, www.absolutehotel.com, DZ 100–120 €. Das 2008 eröffnete Hotel liegt schön am Abbey River. Modern und chick, geräumige Zimmer in den Varianten „comy" und „cosy", in jedem Fall aber mit Schreibtisch, Internetradio und WLAN ausgestattet. Wellnescenter im Haus.

Guesthouse Old Quarter Lodge (6), Denmark St., ✆ 061 315 320, www.oldquarter.ie, DZ 80–110 €. Eine moderne, vielleicht etwas anonyme Unterkunft im Herzen der Stadt und über dem Old Quarter Pub. Ideal für Nachtschwärmer, die sich am nächtlichen Trubel in der Nachbarschaft nicht stören.

B&B Glen Eagles (4), Carola O'Toole, 12 Vereker Gardens, Ennis Rd., ✆ 061 455 521, DZ 75 €. Von den B&Bs an der Ennis Road liegt Glen Eagle dem Stadtzentrum am nächsten – und zudem nicht direkt an der lauten Hauptstraße, sondern in einer ruhigen Sackgasse. Besondere Highlights erwarte man hier nicht, doch auch keine bösen Überraschungen.

B&B Avondoyle Country Home, Evelyn Moore, Dooradoyle Rd., ✆ 061 301 590, www.avondoyle.com, DZ 70 €. Das Haus der recht gesprächigen Evelyn Moore liegt, nahe der N 20 (Cork Road), etwa 3 km außerhalb des Stadtzentrums. Gut eingerichtet mit hübschem Garten, Hunde sind willkommen.

Courtbrack Hostel (IHH), Courtbrack Av., off Dock Rd., ✆ 061 302 500, www.courtbrack.com, Mitte Juni–Ende Sept. Bett mit Frühstück im 2er- oder 4er-Zimmer 24–30 €. Die Anlage, etwa 2,5 km außerhalb des Zentrums, besteht aus mehreren neuen, im Halbkreis angeordneten Gebäuden mit zwei Etagen und ausgebautem Souterrain. Im Haupthaus befinden sich Rezeption, zwei großzügige Küchen mit Speiseraum sowie eine TV-Lounge und die Waschküche. Die Zimmer, weitgehend mit 2–4 Betten ausgestattet, u. a. mit fließendem Wasser, Teppichboden und bunter, auf die Vorhänge abgestimmter Bettwäsche. WCs und Duschen sind auf jeder Etage in ausreichender Zahl vorhanden. Während des Semesters werden die Zimmer an Studenten vermietet.

• *Camping* **Curragh Chase,** Kilcornan, ✆ 061 396 349, www.curraghchase.com, Mai bis Anfang Sept., 2 Pers. mit Zelt 16 €. Der gerne von Pfadfindergruppen besuchte

Der Südwesten
Karte S. 328/329

458   Der Südwesten/County Limerick

Platz liegt an der N 69 etwa 20 km westlich von Limerick in einem Wald. Zelte werden auf einer leicht abschüssigen Wiese aufge-schlagen. Zum Platz gehört ein kleiner Laden, der nächste Pub ist etwa 5 km entfernt.

Essen

Limericks Gastroszene hat sich erheblich gemausert. Ein „good food circle" wacht über die Qualität und vergibt die begehrten Kochmützen.

Market Square Brasserie (16), 74 O'Connell St., ☎ 061 316 311, Di–Sa ab 17.30 Uhr. Im Kellergewölbe eines georgianischen Hauses empfängt den Gast aristokratische Romantik mit Ziegelmauern, Kerzenschein, bordeaux-roten Samtvorhängen, gülden gerahmten Spiegeln und Kellnern im Anzug. Irisch-französische Küche, täglich wechselnde Specials. Hauptgericht 20–30 €,

River Bistro (1), 4 Georges Quay, ☎ 061 316 311, Di–Sa abends. Diarmuiid O'Callaghan, lange Chefkoch im Market Sqare, hat nun sein eigenes Lokal aufgemacht. Klassische Musik flutet durch den chicken, doch zugleich intimen Speiseraum, die je nach Saison wechselnde Karte ist knapp gehalten und favorisiert Fisch und Fleisch aus der Region. Hauptgericht um 25 €

Copper & Spice (8), 2 Cornmarket Row, ☎ 061 313 620, www.copperandspice.com, Mo–Sa ab 17 Uhr, So Lunch.. Indische und thailändische Gerichte aus ein und derselben Küche? C&S meistert diesen Spagat zur Zufriedenheit seiner Gäste. Menü 25 €, ab 19 Uhr nur à la carte.

Freddy's Bistro (13), Theatre Lane, Lower Glenworth St., ☎ 061 418 749, www.freddysbistro.com, Di–Sa 17.30–22.30 Uhr. Das Lokal geht über zwei Etagen. Ziegelwände und das am frühen Abend durch die Dachlichter flutende Licht schaffen eine warme Atmosphäre. Aufgetischt werden beispielsweise mit Käse gefüllte Teigtaschen oder Hühnerbrust mit Pfeffersauce. Die Portionen sind allerdings klein, sodass der hungrige Magen Beilagen und Dessert fordern wird, und der Geldbeutel anschließend ein langes Gesicht macht. Hauptgericht 20–25 €.

Ducartes (3) im **Hunt Museum,** Mo–Sa 10–17 Uhr, So 14–17 Uhr. Ein beliebter Mittagstreff der Einheimischen, im Sommer mit offener Terrasse am Fluss.

Luigi Malones (10), O'Connell St./Ecke Cecil St., ☎ 061 401 040, www.luigimalones.com. In München beendete Malones sein Gastspiel mit der Fußball-WM, doch in Irland bleibt das in den USA entwickelte Franchise-Konzept italo-irischer Gastronomie ein Renner. Nach Cork und Dublin ist Limerick der dritte Standort, und Szenekenner gehen von 2,5 Mio. Euro Jahresumsatz bei 20 % Rendite aus – für jedes Lokal und ohne große Werbung. Das Erfolgsrezept beruht auf 1a-Lagen, einem preiswerten Tagesgericht (11 € mit Getränk) und nicht allzu aufwendigen Speisen, die auch Kinder und damit Familien begeistern (Pizza & Pasta, Burger, Fajitas, aber auch Steaks und Krabben). Hauptgericht 15–25 €.

Mojo Café Bar (5), 15 Patrick St., ☎ 061 410 898, www.mojocafebar.com, Mo–Fr 9–21 Uhr, Sa bis 20 Uhr. Das im letzten Herbst neu eingerichtet Bistro eröffnet den Tag mit leckerem Frühstück. Später treffen sich Berufstätige und Shopper zum Lunch – neben warmen Gerichten stehen dann auch allerlei Sandwiches und lecker belegte Brötchen zur Auswahl.

Wild Onion (9), High St., www.wildonioncafe.com, Di–Fr 8–16, Sa 9–15 Uhr. Die Bäckerei mit Coffeeshop bringt US-amerikanische Küche nach Limerick: riesige Cookies, Karottenkuchen, Muffins und an warmen Mahlzeiten TexMex-Chicken, Burger & Co.

Am Abend

In den letzten Jahren hat sich eine bemerkenswerte Musikszene entwickelt, aus der etwa die *Cranberries* zu Weltruhm gelangt sind. Der „Limerick Event Guide" der Touristinformation oder das Internetportal www.whazon.com listen auf, wann wo was gespielt wird.

● *Pubs* **Nancy Blake's (7),** 19 Upper Denmark St, bei St. Michael's Church. Zwar steht Nancy Blake nicht mehr am Tresen, doch noch immer ist der Pub eingerichtet wie anno dazumal. Am beliebtesten sind die Stehplätze im schmalen Korridor zwi-

Limerick (Stadt) 459

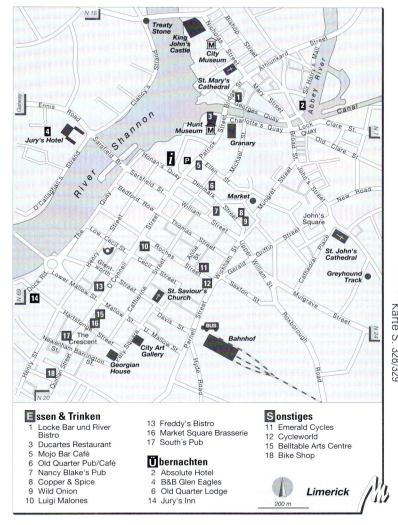

Der Südwesten
Karte S. 328/329

Essen & Trinken
1 Locke Bar und River Bistro
3 Ducartes Restaurant
5 Mojo Bar Café
6 Old Quarter Pub/Café
7 Nancy Blake's Pub
8 Copper & Spice
9 Wild Onion
10 Luigi Malones
13 Freddy's Bistro
16 Market Square Brasserie
17 South's Pub

Übernachten
2 Absolute Hotel
4 B&B Glen Eagles
6 Old Quarter Lodge
14 Jury's Inn

Sonstiges
11 Emerald Cycles
12 Cycleworld
15 Belltable Arts Centre
18 Bike Shop

Limerick
200 m

schen Bar und Lounge. Mittwoch und Sonntag Traditional Music.

Locke Bar (1), George Quay. Ein traditioneller Pub am Ufer, im Sommer auch einige Tische im Freien. So und Di Folkmusik. An der Promenade vor dem Pub stehen sich im Schatten der Platanen der „universal soldier" und sein Opfer im Duell gegenüber.

W. J. South's (17), O'Connell St., südl. vom Crescent. Ein etwas vornehmerer Pub mit zeitloser Einrichtung: viel Mahagoni, Buntglas und Reklamespiegel. Das Publikum ist eine bunte Mischung aus Studenten und Anwohnern aus der Nachbarschaft, mittags kommen Angestellte und Geschäftsleute.

460 Der Südwesten/County Limerick

Old Quarter Pub/Café (6), Little Ellen St. Ein neuer, geräumiger Pub am Rande der Einkaufszone mit modernem, vom Art déco beeinflusstem Interieur. Im Sommer auch Plätze im Freien.

Dolan's, 34 Dock Rd. www.dolanspub.com, „können wir als Singing Pub empfehlen" (Lesertipp von Christine Le Pape). Mit Restaurant und dem „Warehouse", wo die größeren Events stattfinden.

● *Kino* **Omniplex,** Crescent Shopping Centre, Dooradoyle, ✆ 0818 719 719, www.omniplex.ie. **Storm Cinema**, Castleroy, ✆ 061 330 036, www.stormcinemas.ie. Außerdem betreibt das **Belltable Arts Centre** (siehe unten) ein kleines Programmkino.

● *Kunst* **Belltable Arts Centre (15),** 69 O'Connell St., ✆ 061 319 866, www.belltable. ie. Die Bühne des Kulturzentrums zeigt im Sommer Theaterstücke, sonntags gibt es einen Film. In der angeschlossenen Kunstgalerie (Mo–Sa 10–21 Uhr) Wechselausstellungen irischer und ausländischer Künstler.

Limerick City Art Gallery, Pery Square, ✆ 061 310633, www.limerickcity.ie/lcga/, Mo–Fr 10–18 (Do bis 19 Uhr), Sa 10–17, So 14–17 Uhr. Eintritt frei. Die städtische Kunstgalerie präsentiert irische Maler des 19. und 20. Jh. wie Paul Henry, Jack B. Yeats und Sean Keating, dazu wechselnde Ausstellungen zeitgenössischer Kunst.

Sehenswertes

St. Mary's Cathedral: Auf dem Hügel von King's Island, dem ältesten Teil der Stadt, stand einst die Residenz der Fürsten von Munster. Donal Mór O'Brien (gest. 1194), der auch den Grundstein zur Kathedrale von Cashel legte, stiftete das Land für eine Kirche. Ein Grab im Chor von St. Mary's wird ihm zugeschrieben. Aus der Gründungszeit ist noch das romanische **Westportal** erhalten. Die Kapellen, die schöne Kanzel und das aufwendige **Chorgestühl** mit seinen aus dunklem Eichenholz geschnitzten Tierfiguren wurden im 15. Jh. hinzugefügt.

⏱ Mo–Sa 9–16 Uhr, (Okt.–Mai am Sa nur bis 13 Uhr); Eintritt 2 €.

King John's Castle: Der Bau der Festung wurde um 1200 nach der normannischen Eroberung begonnen, und 1210 stattete König Johann seinem Castle sogar persönlich einen Besuch ab, um sich vom Abschluss der Bauarbeiten zu überzeugen. An der Ostseite ist der Burg ein Besucherzentrum aus Stahl und Glas vorgesetzt. Der Kontrast ist gewollt, und die Stadterneuerer zeigen auch an anderen Stellen ihre Vorliebe für die Verbindung von altem Stein mit neuem Eisen. Im Keller des Zentrums sind bis ins Frühmittelalter reichende Fundamente ausgegraben worden. Es bedarf gehöriger Kombinationsgabe, die sich überschneidenden Mauerzüge der verschiedenen Epochen auseinander zu halten, und viel Phantasie, um mehr als nur Steine zu sehen. Weitere Grabungen sind im Burghof zugange. Eine Diashow führt im Schnelldurchgang durch die Geschichte der Stadt, eine dramatische Videoshow erzählt die Belagerung von 1690/91, und mit Computerhilfe kann man sich die Geschichte seines Familiennamens ausdrucken lassen.

⏱ Mai–Spt.. tägl. 9.30–17.30 Uhr, Okt.–Febr. tägl. 10–16.30 Uhr, März/April tägl. 9.30–17 Uhr; Einlass bis 1 Std. vor Schließung. Eintritt 9,50 €. www.shannonheritage.com.

Limerick City Museum: Wer keinen besonderen Bezug zur Stadt hat, wird von dem Sammelsurium aus Urkunden, Buchdrucken, vorgeschichtlichen Artefakten, Erzeugnissen der Leinenindustrie und Silberwaren wenig beeindruckt sein. Dabei hat das Museum durchaus tolle Stücke – die 5000 ausgestellten Exponate (weitere 25.000 ruhen in den Magazinen) muten dem Besucher nur einfach zu viel zu, und beim Umzug in die jetzigen Räume wurde die Chance auf eine zeitgemäßere Präsentation nicht genutzt.

⏱ Di–Sa 10–13, 14.15–17 Uhr; Eintritt frei. Castle Lane, Nicholas St. www.limerickcity.ie.

Limerick (Stadt) 461

Belagerungsmaschinen im Hof von King John's Castle

Hunt Museum: Die Privatleute Hunt sammelten Kunst, Kunsthandwerk und archäologische Funde, und so reichen die Exponate vom steinzeitlichen Feuerstein über ein Bronzepferd aus der Hand Leonardo da Vincis bis zu Bildern von Renoir, Picasso und Gaugin. John Hunt war Berater des Auktionshauses Sotheby und guter Geschmack sozusagen sein Beruf. Ihm verdankt Irland auch das Craggaunowen Projekt bei Ennis. Mit dem alten Zollhaus an der Matthew Bridge hat das Museum nun auch eine angemessene Unterkunft gefunden. Vor allem die mittelalterliche Abteilung mit ihren Ikonen, Kruzifixen (Antrim Cross) und liturgischen Gegenständen, Teppichfragmenten und Juwelen genießt Weltruf.
① Mo–Sa 10–17, So 14–17 Uhr, Eintr. 8 €. Custom House, Rutland St., www.huntmuseum.com.

No. 2 Pery Square: Das aufwendig restaurierte Stadthaus gilt als ein herausragendes Beispiel georgianischer Architektur. Die gesamte Häuserzeile wurde 1836–40 von der „Pery Square Tontine Company" errichtet und an reiche Bürger vermietet. Haus Nr. 2 gehört heute dem Limerick Civic Trust, einer Stiftung für Denkmalschutz, die es aufwendig restauriert und mit alten Möbeln ausgestattet hat. Besonders sehenswert sind die kunstvoll marmorierte Tapete im Treppenhaus, im Damenzimmer neben dem Kamin ein Wandschirm, mit dem die Ladies das Dahinschmelzen ihrer wächsernen Gesichtspomade verhinderten. Die Vitrinen mit den Militaria, Fotos und anderen Erinnerungsstücken der Familie Carrol kann man getrost übergehen, wenn man keinen besonderen Bezug zu dieser Familie hat. Mit der Geschichte des Hauses haben die Carols zudem nichts zu tun. Der Küchentrakt im Untergeschoss war das Reich der Dienstboten, und in den früheren Stallungen wurde zuletzt eine Ausstellung mit Filmrequisiten aus „Angela's Ashes" gezeigt.
① Mo–Fr 10–16.30 Uhr, Eintritt 6 €, 2 Pery Square. www.limerickcivictrust.ie.

462 Der Südwesten/County Limerick

Tontine-Fonds

Der Name geht auf Lorenzo Tonti zurück, einen neapolitanischen Bankier, der dieses riskante Anlagemodell um 1650 in Frankreich populär machte. Investoren zeichneten Anteilscheine an einem geschlossenen Immobilienfonds. War genug Geld zusammen, wurde gebaut. Der Mietertrag wurde jährlich als Dividende ausgeschüttet. Soweit so gut. Doch die Anteile waren nicht übertragbar oder vererbbar. Starb einer der Aktionäre, ging sein Anteil verloren – der Gewinn jedes Teilhabers wurde also umso größer, je weniger der Investoren noch am Leben waren. Starb auch der letzte Gesellschafter, fiel das Vermögen der Gesellschaft an den Staat – so jedenfalls bei den ursprünglichen Tontines, die deshalb von den Monarchen sehr gern gesehen waren. Besonders in Großbritannien und den USA kamen später auch private Tontines in Mode, bei denen das Gesellschaftsvermögen an den letzten oder eine vorher festgelegte Zahl von Überlebenden überging, die dann frei darüber verfügen durften. Die Tontines wurden schließlich verboten, weil besonders in der Endphase mit nur noch wenigen Aktionären der Anreiz recht groß war, dem Sterben der Konkurrenten etwas nachzuhelfen. Tontines als Motiv für den Serienmord: Robert L. Stevenson hat es in seinem Roman „The Wrong Box" aufgegriffen.

Limerick/Umgebung

▶ **Castleconnell:** Leser Hans Larel zeigte sich von diesem Dorf am Shannon 20 km flussauf von Limerick begeistert. „Viele Wildvögel konnten wir aus unserem Fenster beobachten: Schwäne mit Jungen, Enten mit Jungen, Kormorane, Fischreiher, Haubentaucher. Im Dorfkern ein altes verfallenes Castle."

• *Übernachten* **Castle Oaks Hotel & Country Club,** ☏ 061 377 666, www.castleoaks.ie, DZ 100–160 €. Das über expedia relativ preisgünstig zu buchende Haus liegt in einem großzügig bemessenen Garten direkt am Shannon. Die gewöhnlichen Zimmer befinden sich im Altbau, einem Herrenhaus mit knarrenden Dielen; daneben sind in einem angrenzenden Feriendorf auch Apartments kurzzeitig zu mieten. Zum Hotel gehören Hallenbad mit Sauna und Fitnesscenter.

Rivergrove, Mrs. Jean Newenham, World's End, ☏ 061 377 107, www.rivergrovehouse. com, DZ 70 €. Das Haus liegt sehr schön am Shannon am Ortsende (flussauf) und wird von einer netten älteren Dame geführt. Ambiente mit sehr viel Atmosphäre, Zimmer mit neuester Ausstattung. (Lesertipp von Hans Larel)

▶ **Lough Gur:** Die Umgebung des hufeisenförmigen Sees mit einer beachtlichen Dichte an Gräbern, Menhiren und Ringforts muss in frühgeschichtlicher Zeit ein beliebter Siedlungsplatz gewesen sein. Als im 19. Jh. der Wasserspiegel künstlich abgesenkt wurde, sollen ganze Wagenladungen prähistorischer Funde weg gekarrt worden sein, die heute über Museen in aller Welt verstreut sind. Größter Schatz war ein 2700 Jahre alter Schild, dessen einzige Löcher von der Hacke des Bauern stammen, der das heute im Nationalmuseum ausgestellte Stück nahe dem See entdeckte. Ein **Visitor Centre,** in wohltuend dem Gelände angepassten Hütten untergebracht, erklärt mit Dias und Videofilmen die Zusammenhänge und bietet Führungen in die Umgebung. Auch ohne das vom Shannon-Heritage-Konzern (Bunratty) gemanagte Zentrum ist der Platz einen Besuch wert. Grüne Hügel spiegeln sich im

Limerick/Umgebung 463

Wasser, hinter den Bäumen versteckt sich eine Burgruine, für Unverfrorene gibt es sogar einen Badeplatz mit Liegewiese.

Größte Sehenswürdigkeit am Westufer des Sees sind die **Lios-Steinkreise,** ein großer mit 47 m Durchmesser, im nördlich angrenzenden Feld ein kleinerer, während der dritte Steinkreis des Komplexes zuletzt 1826 dokumentiert wurde und heute bis auf wenige Blöcke verschwunden ist – er war den Farmern beim Pflügen im Weg. Am interessantesten ist der große Kreis, dessen von zwei Portalsteinen und den gegenüberliegenden „Fixiersteinen" gezeichnete Achse vor etwa 4000 Jahren nach dem Mittsommer-Untergang des Mondes justiert wurde. In der Mitte fand man das Loch für den Pfosten, von dem aus mit einer Schnur der Kreis fixiert wurde. Er ist von einem Erdwall umgeben, auch das Innere wurde, nachdem zwölf Steine in unregelmäßigem Abstand gesetzt waren, mit Lehm und Kies aufgefüllt. Erst danach wurden die mehr als 100 übrigen Monolithen auf den jetzt höheren Boden gesetzt. Man hat errechnet, dass allein mit dem Auffüllen etwa hundert Menschen 60–70 Arbeitstage beschäftigt waren. Auch das Lager dieser Arbeiter wurde anhand von Tonscherben und Ascheresten identifiziert. Die Lios-Kreise könnten, auch von der Größe her, ein Treffpunkt für verschiedene, im weiteren Umkreis wohnende Gruppen gewesen sein – die Siedler am Lough Gur hätten ja kein Camp gebraucht, sondern abends in ihre Hütten zurückkehren können.

① **Lough Gur Centre** Mai–Sept. tägl. 10–18 Uhr; Einlass bis 17.30 Uhr. Eintritt 5 €. www.shannonheritage.com.

▸ **Kilmallock:** 25 km südlich von Limerick, war Killmalock im Mittelalter die drittgrößte Stadt Irlands. Aus diesem goldenen Zeitalter stammen die Stadtmauer mit dem **Blossom's Gate,** die Turmburg **King's Castle** der Earls of Desmont, ein von Cromwells Truppen niedergebranntes **Dominikaner-Kloster,** die **Collegiate Church** mit ihrem auffälligen Rundturm, und natürlich die zwei Dutzend stattlicher alter Häuser an der Hauptstraße, in denen einst Kaufleute und Grundherren residierten. Das **Heimatmuseum** (Mo–Fr 11–15 Uhr, Sa/So 14–17 Uhr, Eintritt frei) zeigt ein Modell der Stadt.

• *Verbindung* Busse von Limerick.
• *Übernachten* **B&B Deebert House,** Anne O'Sullivan, Kilfinan, ✆ 063 98106, www.deeberthouse.com, DZ 70 €. In Kilmallock von der Wolfe Tone St. über die Brücke und dann nach rechts den Hügel hinauf.

Steinkreis am Lough Gur

Schlichtweg geplättet – ein Touri und ein Dolmen

Der Westen

Let's go west ... Jenseits der Shannonbucht lassen wir den vom Golfstrom und dem Geldsegen der Reisebusse verwöhnten Teil Irlands hinter uns und kommen mit den Counties Clare, Galway und Mayo in ein karges und dünn besiedeltes Land voller Mythen und Natur, aber mit Galway auch in die dynamischste Stadt Irlands.

Der Westen als Land der unbegrenzten Möglichkeiten und Traum vom besseren Leben? So erschien er den Polen, die vor hundert Jahren ins Ruhrgebiet kamen, den Ossis, als die Mauer sie noch vom „Klassenfeind" trennte, den Amis, als sie in Kalifornien noch das gelobte Land sahen. Mit dem Westen Irlands verhält es sich nicht so eindeutig. „Go to hell or Connaught" soll Cromwell seinen irischen Gegnern angedroht haben, nachdem er das Land zwischen Shannon und Meer gesehen hatte: Sumpf und Steine, Hunger und Armut.

Mit der Vertreibung des irischen Adels von ihren fruchtbaren Ländereien in die Ödnis des Westens wurde das schlechte Image zementiert, das der Gegend lange anhaftete. Das Desinteresse der Eroberer und anglisierten Gentry haben hier aber auch die irische Kultur und Sprache mehr als irgendwo sonst erhalten,

Nachmittag auf Galways Eyre Square

wodurch sich mit der Unabhängigkeit und Rückbesinnung auf das nationale Erbe das Bild vom Westen verklärte und nun zum romantischen Ideal des „wirklichen Irland" umschlug: riedgedeckte Hütten, der strenge Geruch der Torffeuer, genügsame Bauern in zeitlosem Einklang mit der Natur, Pubgänger, die keine Gelegenheit zum „socializing" auslassen, die in geselliger Runde zu Flöte und Fiedel greifen und die Lieder ihrer Großväter anstimmen oder junge Leute, die das Set-Dancing der Disco vorziehen.

Es versteht sich, dass dieses idealisierte Bild immer weniger der Wirklichkeit entspricht. Die „Krise des Westens", von der in Irland so oft die Rede ist und die erst jüngst wieder lange Berichte der Bischofskonferenz heraufbeschwor, ist in erster Linie eine Krise des Klischees. Denn in den trockenen Zahlen der Wirtschafts- und Bevölkerungsstatistiken verringert der Westen seinen Rückstand gegenüber dem Rest des Landes, woran die Förderung aus dem EU-Regionalfond für benachteiligte Gebiete erheblichen Anteil hat. Die Entvölkerung der Dörfer ist zumindest vorübergehend gestoppt, die Arbeitslosigkeit liegt unter dem Landesdurchschnitt, der Anteil der Studierenden ist bei den Jugendlichen besonders hoch und das jugendliche Galway die am schnellsten wachsende Stadt Irlands.

Das Rathaus von Kilkee

County Clare

Highlights

- **Ennis** – die Hauptstadt des „Singing Country" mit lebhafter Musikszene (S. 472)
- **Kilkee** – Klippen, so steil und mindestens so schön wie die Cliffs of Moher, jedoch nicht überlaufen (S. 477)
- **Scattery Island** – die verlassene Klosterinsel mitten in der Shannon-Mündung (S. 479)
- **Burren** – ein karges Kalksteinplateau mit seltenen Pflänzlein und fotogenem Dolmen (S. 485)
- **Fanore** – vorne das Meer, hinten die Dünen, dazwischen ein Streifen feinen goldgelben Sands, durchsetzt mit pechschwarzen Felsen (S. 492)

County Clare

Die Halbinsel zwischen Shannon Bay im Süden und Galway Bay im Norden hat ihren eigenen Charme. Die Landschaft ist vielseitig: welliges Farmland, eine zerklüftete Küste und im Norden das karge Kalksteinmassiv Burren, das bei Botanikern, Geologen und Wanderern besonders hoch im Kurs steht.

Das Gebiet zwischen dem Flughafen Shannon und der Stadt Limerick fällt aus dem Rahmen der sonst ländlichen Grafschaft. Durch Steuervorteile angelockt, haben sich hier einige Fabriken niedergelassen. Auch die Amerikaner, die hier zum ersten Mal irische Luft schnuppern und mit dem „Ritteressen" im *Bunratty Castle* und dem angeschlossenen Museumsdorf die Alte Welt gleich so erleben, wie sie sich diese immer vorgestellt haben, lassen hier viel Geld.

Doch obwohl der Fremdenverkehr der wichtigste Wirtschaftszweig in Clare ist, blieb die Landschaft im Großen und Ganzen intakt. An der Küste versetzen die *Cliffs of Moher* ihre Besucher wie eh und je ins Staunen, nicht weniger beeindruckend und dramatisch sind die Klippen von *Kilkee*. Und dann der *Burren*, das Eldorado der Naturfreunde, eine fremdartige Karstlandschaft, wo, scheinbar aus dem bloßen Stein, seltene Blumen sprießen. Die *Aillwee Cave* vermittelt eine Ahnung von dem geheimnisvollen Netz unterirdischer Flüsse und Höhlen, das sich unter dem Burren erstreckt. Wer gern Abenteuer erlebt und dafür Dreck und blaue Flecken in Kauf nimmt, findet z. B. in *Fanore* noch völlig unerschlossene Höhlen. Auch zum Felsklettern und Tauchen bietet sich hier reichlich Gelegenheit.

Die dünne Besiedlung hat in Clare viele archäologische Stätten vor der Zerstörung bewahrt. Am bekanntesten und am häufigsten fotografiert ist der *Poulnabrone-Dolmen*, doch daneben gibt es noch 2000 keltische Ringforts und 250 Burgen, zumeist einfache Wehrtürme, die von den gälischen Clanchefs im 15. und 16. Jh. errichtet wurden. Die großzügigen Parks und Landsitze, wie sie vor allem um Dublin Akzente setzen, sucht man hier ebenso vergebens wie die normannischen Bilderbuchburgen, zu denen John's Castle in Limerick durchaus zu rechnen ist. Bleibt die Musik. Clare gilt als das „Singing County", die Hochburg der traditionellen irischen

Publikumsmagnet Bunratty Castle

468 Der Westen/County Clare

Musik. *Doolin* und seine Pubs waren noch in den achtziger Jahren ein Geheimtipp unter den Freunden irischer Volksmusik, und es ist noch immer eine Reise wert, auch wenn die Sessions heute weitgehend von Ausländern gestaltet werden – es ist die Crème der irlandbegeisterten Musiker aus aller Welt, die sich in Doolin trifft und auf ihre Entdeckung hofft. *Ennis* erlebt in den letzten Maiwochen das Festival der irischen Folkmusik, und *Miltown Malbay* pflegt mit der „Willie Clancy Summer School" die hohe Schule der Dudelsackbläserei.

Von Limerick nach Ennis

Bunratty

Wenn Masse für Klasse steht, sind das Bunratty Castle und sein Museumsdorf die zweitgrößte Sehenswürdigkeit der Grünen Insel. 344.000 Besucher ließen im letzten Jahr die Kasse klingeln. Nur der Dubliner Zoo erfreut sich einer noch größeren Publikumsgunst.

Früher stand die **Burg** auf einer Insel im Shannon, der heute aber sein Bett nach Süden verlagert hat. Der nahezu quadratische Bergfried wurde um 1450 von den McNamaras an der Stelle eines älteren Kastells erbaut. Das perfekt restaurierte Gemäuer, ein beliebter Stopp auf den Bustouren, ist vollgestopft mit alten Möbeln, Wandteppichen und Gemälden, die aus ganz Europa zusammengetragen wurden. Abends finden in der prunkvoll eingerichteten Empfangshalle mittelalterliche Bankette statt. Gegessen wird mit den Fingern; die Schildkrötenpanzer über dem Küchenherd sind allerdings nicht mehr als Suppenschüsseln in Gebrauch. Das große Fressen begleiten ein Vortrag über die Geschichte der Burg und die „Bunratty Singers" mit Tafelmusik – mit einer bildschönen, engelsgesichtigen Harfnerin verheißt der Prospekt besonders männlichen Besuchern ein traumhaftes Erlebnis.

Um den vor allem amerikanischen Besuchern ein vollständiges Klischee von „good old Europe" zu vermitteln, ist im **Folk Park** ein ganzes Dorf nachgebaut. Die Bauernhäuser sind hübsch anzuschauen und wären, wenn man sie nicht hierher versetzt hätte, schon längst der Spitzhacke oder dem Wetter zum Opfer gefallen. Man staunt, in wie einfachen Verhältnissen die Menschen lebten. Im Sommer wird der Show halber getöpfert, gezimmert, geschmiedet und gebacken. Befremdlich ist die Ladenstraße, denn sie sieht nicht anders aus als manche irische Kleinstadt – die Wirklichkeit ist geradeso museal. Abendliche Ceilidhs ergänzen im Sommer die Gelage in der Burg um ein von Tanz und Musik begleitetes „Volksessen" mit Stew, Apfelkuchen und Sodabrot.

• *Verbindung* Die Busse der Linie 343 zwischen Limerick und Ennis oder dem Airport halten vor dem Bunratty Shannon Shamrock Hotel. Auskunft ✆ 061 313 333, www. buseireann.ie.

☉ Juni–Aug. tägl. 9–18 Uhr, Sept.–Mai tägl. 9.30–17.30 Uhr. Einlass in den Folk Park bis 45 Min.. vor Schließung, in die Burg stets nur bis 16 Uhr. Eintritt 16 €, mit Bankett 50 €; Reservierung ✆ 061 360 788, www. shannonheritage.com.

• *Pub/Restaurant* **Durty Nelly's.** Das strohgedeckte Haus zwischen Burg und Brücke ist seit 1620 ein Pub und damit, so jedenfalls die Werbung, der älteste Pub Irlands. Den Gast erwartet ein Labyrinth aus Tresen, Séparées, größeren und kleineren Räumen mit rohen Holzbänken und rustikalen Tischen, dazu eine schöne Terrasse. Die Wände sind mit altertümlichem Schnickschnack dekoriert, und man bemüht sich, das Flair der alten Zeit zu bewahren – eine Gratwanderung zwischen den Ansprüchen der ausländischen Gäste an klinisch-keimfreie Umgebung und dem Milieu einer alles andere als hygienischsterilen Bauernwirtschaft des 17. Jh. www.durtynellys.ie.

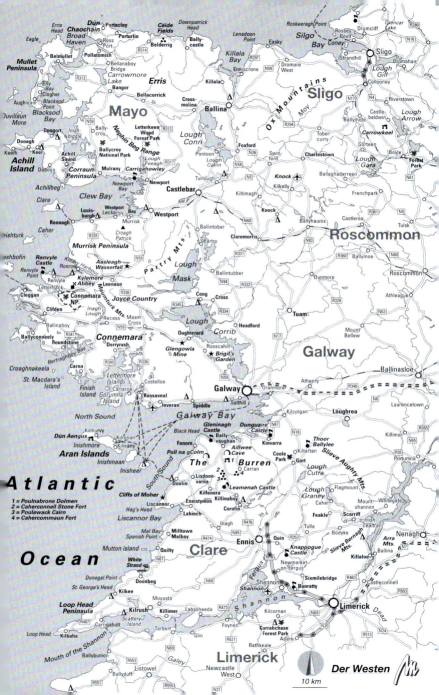

470   Der Westen/County Clare

Shannon Airport

Im Zeitalter der Propellermaschinen mit ihren kurzen Reichweiten war Shannon die Drehscheibe des Transatlantikverkehrs, und 1947 wurde in Shannon der Duty-free-shop erfunden. Ein heute viel zu großes Abfertigungsgebäude und die überdimensionierten Startbahnen und Parkflächen zeugen von den guten alten Tagen. Seit die Jets direkt von Dublin oder London fliegen, hält der irische Staat Shannon mit allerlei Kniffen am Leben. Ein Gesetz, das alle irischen Atlantikflüge über Shannon zwang, wurde erst von der Europäischen Union ausgehebelt. Nach wie vor verwehrt man Charterflügen unter allerlei Vorwänden die Landerechte in Dublin, um sie nach Shannon zu bringen. So ist das Flugfeld, das kaum jemand braucht, inzwischen ein teurer, aus politischen Gründen subventionierter Luxus.

• *Information* Tourist Information (✆ 061 471 664) in der Ankunftshalle, tägl. 6–18 Uhr; Flugauskunft ✆ 061 712000, www.shannon airport.com.

• *Verbindung* Busse nach Limerick, auch nach Ennis – Galway und Dublin. Der Busticketschalter im Airport, ✆ 061 313 333, öffnet um 7 Uhr.

• *Übernachten* *** **Park Inn,** vor dem Terminal, ✆ 061 471 122, www.rezidorparkinn. com, DZ 100–140 €. Die nächsten **B&Bs** (DZ um 80 €) sind in Bunratty (12 km) und Shannon (5 km), hier z. B. **Moloney's,** 21 Coill Mhara St., ✆ 061 364 185, oder **Avalon,** Balleycaseymore Hill, ✆ 061 362 032, www.avalonbnb.net.

Jamaica Inn (IHH), Mount Ivers, Sixmilebridge, ✆ 061 369 220, www.jamaicainn.ie, Bett 18–25 €, DZ ohne Frühstück 60 €. „Alle Zimmer sind großzügig geschnitten, immer sauber und sehr gemütlich. Es gibt einen Fernsehraum, einen großen Aufenthaltsraum, eine wohnliche, saubere Küche und einen Innenhof, wo man draußen sitzen kann. Vor allem überzeugt dieses Hostel durch die Atmosphäre und liebevolle Fürsorge des Besitzers. Er achtet darauf, dass es dort schön bleibt, ohne penibel zu wirken." (Lesertipp von Rebecca Friedmann)

Der Crannog – Wohnen im See

Die keltische Zeit und das Frühmittelalter müssen kriegerische Epochen gewesen sein. Warum sonst hätten die Menschen sich solche Mühe geben sollen, künstliche Inseln zu errichten, um dort zu wohnen? Die ersten Crannogs wurden vor mehr als 3000 Jahren gebaut, manche bis ins 17. Jh. benutzt. Man versenkte Steine, Buschwerk und Baumstämme auf dem Grund eines Sees, darüber kam eine Lage aus Sand und Erde, bis der künstliche Hügel aus dem Wasser ragte. Ein Palisadenzaun gab der kleinen Festung zusätzlichen Schutz. Die Wände der Rundhütten bestanden aus Flechtwerk und Lehm, das Dach aus Schilf. Mensch und Vieh lebten in einem Raum, so war es im Winter um einige Grad wärmer. Nicht alle Crannogs waren nur mit dem Einbaum zu erreichen, manche hatten unter der Wasseroberfläche einen für Fremde nicht ohne weiteres zu entdeckenden Damm.

Knappogue

Von allen 42 Burgen der McNamaras, der örtlichen Feudalherren, überstand das **Knappogue Castle** die Parlamentskriege mit den geringsten Schäden – die ausnahmsweise einmal nicht Kanonen und Brände verursachten, sondern Architekten,

Quin Abbey

die den alten Wehrturm überrestaurierten und einen disneyhaften Vorbau hinzufügten. Entstanden ist ein Märchenschloss, nicht in bester, aber doch sehr schöner Lage, viel schöner jedenfalls als Bunratty, mit dem es sich messen muss. Auch hier gibt es im Sommer mittelalterliche Gelage, freundlicherweise mit Essbesteck. Thema des zugehörigen Unterhaltungsprogramms, so entnehmen wir dem Prospekt, sind „Königinnen, Heilige und Sünderinnen aus unserer keltischen Geschichte." Wieder hergerichtet wurde der romantische Garten des frühen 19. Jh., und anstatt zum Burgbankett zu kommen, kann man hier in ganz anderer, doch nicht weniger schöner Atmosphäre wunderbar picknicken.

Mai–Sept. tägl. 9.30–17 Uhr, Einlass bis 16.15 Uhr; Eintritt 8 €; mit Bankett 50 €, Anmeldung 061 360 788, www.shannonheritage.ie. 3 km südöstlich von Quin.

Quin

Die zu einer romantischen Ruine zerfallene **Franziskanerabtei** wurde 1433 unter Einbeziehung einer alten Burgruine errichtet. 1820 trug man den letzten Bruder in der Kirche zu Grabe. Ihre Dimensionen sind funktional und bescheiden: Hier sollte niemand mit himmelwärts strebenden Höhen oder einem massigen Baukörper beeindruckt werden. Quin verzeichnet auch im Sommer kaum Besucher, und so ist der Kreuzgang mit seinen schlanken Strebepfeilern noch immer ein guter Ort zum Meditieren und zur Besinnung. In der Nähe von Quin wurde 1854 beim Eisenbahnbau Irlands größter Goldschatz aus der Keltenzeit entdeckt, der vielleicht den Herren des **Mooghaun Ringforts** gehörte. Nur ein Bruchteil der Spangen, Armreifen und Anhänger fand den Weg ins Nationalmuseum, das meiste ging auf zweifelhafte Weise „verloren".

472 Der Westen/County Clare

Craggaunowen Project

Das **Freilichtmuseum** in einem schönen, leicht abfallenden Waldgelände lässt das irische Mittelalter lebendig werden. Dabei unterscheidet sich Craugggaunowen wohltuend von ähnlichen Versuchen, beispielsweise dem Heritage Park in Wexford: Hier wurde ausschließlich mit den Materialien und Techniken der Altvordern rekonstruiert, auch wenn dies arbeitsintensiv und damit teuer war. Für die wissenschaftliche Seriosität bürgt John Hunt, einer der besten Kenner des irischen Mittelalters, dessen Kunstsammlung wir schon in Limerick kennen gelernt haben, der das Museum aufbaute und später dem Staat schenkte. Anhand eines Crannogs, den nach einem schweren Brand 2004 wieder herzustellen zwei Jahre dauerte, und eines Ringforts erhält der Besucher einen umfassenden Einblick in die Wohn- und Lebensformen der einfachen Leute. Ein Feld wird wie damals bestellt, am Eingang begegnet man den heute selten gewordenen Kerryrindern. Fünf Jahre musste ein im Moor gefundener Einbaum in einer mit Sand gefüllten Kiste ruhen, um dem Holz allmählich die Feuchtigkeit zu entziehen, ohne es dabei zu zerstören. Meisterstück der Handwerker war die *Brendan*, ein Boot aus eichengegerbten Häuten über einem Rahmen aus Eschenholz, mit dem Tim Severin 1976/77 den Atlantik auf den Spuren Brendans überquerte. Ein Waldlehrpfad und die **Burg,** in der John Hunt zuletzt lebte und ein Teil seiner Antiquitätensammlung ausgestellt ist, runden das Erlebnis ab.

⏱ Mitte April bis Okt. tägl. 9.30–18 Uhr, Einlass bis 17 Uhr; Eintritt 10 €. 10 km östlich von Quin.

Ennis

Eine nette Altstadt am Fluss, der zudem zum Uferspaziergang einlädt. Auch die Musikszene könnte Anlass sein, einen Abend in der Hauptstadt (19.000 Einwohner) des Countys Clare zu verweilen.

Wie die Achsen eines Spinnennetzes streben die Autostraßen aus allen Richtungen auf die Stadt am River Fergus zu. Schmale, verwinkelte Gässchen erinnern an die mittelalterlichen Anfänge der Stadt. Auf einer Säule schwebt der Freiheitsheld Daniel O'Connell, der 1828 vom Wahlkreis Clare als erster Katholik ins Londoner Unterhaus gewählt wurde. Nachts im Scheinwerferlicht erscheint er noch unerreichbarer und entrückter. Später vertrat Eamon de Valera, Irlands erster Präsident, Clare im Londoner und dann Dubliner Parlament. Liebt die Stadt Höhenflüge? Den Marktplatz ziert ein metallener Ikarus.

Herausragende Sehenswürdigkeit ist die **Ennis Friary** (13./14. Jh.), einst eines der größten Klöster der Insel und eine hochangesehene Schule für junge Kleriker und den Nachwuchs des Adels. Im Kirchenschiff gibt es einige schöne Skulpturen, besonders das MacMahon-Grab mit seiner Passionsszene sticht hervor. Das moderne Museum **The Riches of Clare** präsentiert unter den Stichworten *Earth, Power & Faith* die üblichen Video- und Diashows zur Historie des Countys; daneben auch allerlei Kuriositäten wie den Spaten, mit dem Charles Stewart Parnell den ersten Stich zum Bau der West Clare Railway tat, sowie einen Füllfederhalter, mit dem Chamberlain und Valera 1938 jenen Vertrag unterzeichneten, der Irland die volle Souveränität über seine Häfen gab. Im Obergeschoss geht es dann ums Wasser.

Ennis 473

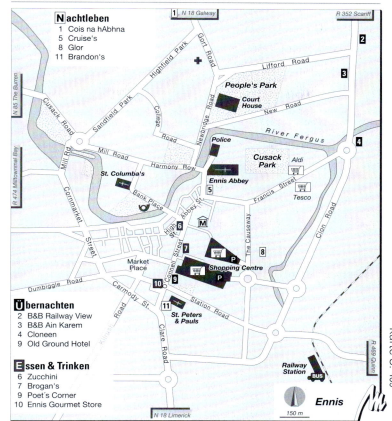

Information/Verbindungen/Diverses

- *Information* Arthur's Row, off O'Connell St., ☏ 065 682 8366; Juni–Sept. tägl. 9.30–17.30 Uhr; April–Mai, Okt. Mo–Sa 9.30–13 und 14–17.30 Uhr; Nov.–März Mo–Fr 10–13 und 14–17.30 Uhr. www.visitennis.ie.

- *Verbindung* Tägl. 8 **Züge** nach Limerick, dort teilw. Anschluss nach Dublin. **Busse** vom Bahnhofsplatz nach Limerick, Dublin, Galway, Kilkee, Kilrush – Cork. Bahnauskunft ☏ 065 684 0444, www.irishrail.ie; Busauskunft ☏ 065 682 4177, www.buseireann.ie.

- *Buchhandlung* **Ennis Bookshop,** Abbey St., www.ennisbookshop.ie, gut zur Vorbereitung auf den Burren.

- *Fahrradverleih* **Michael Tierney** (Raleigh), 17 Abbey St., ☏ 065 682 9433. www.tierneysbikehire.com

- *Markt* **Bauernmarkt,** Upper Market Place, freitags 8–14 Uhr.

- *Musikinstrumente* **Custy's,** Francis St., auch Noten und CDs. www.custysmusic.com.

- ⓘ **Ennis Friary:** Juni–Mitte Sept. tägl. 10–18 Uhr; April/Mai, Mitte Sept.–Okt. Di–So 10–17 Uhr. Eintritt 3 €.

- **Clare Museum,** Arthur's Row, off O'Connell St., Juni–Sept. Mo–Sa 9.30–17.30 Uhr, So 9.30–13 Uhr; Okt.–Mai Di–Sa 9.30–13 und 14–17.30; Eintritt frei. www.clarelibrary.ie.

- *Stadtführungen* Mai–Okt. Mi–Mo 11 Uhr ab Touristinfo, 8 €, www.enniswalkingtours.com.

474   Der Westen/County Clare

Übernachten

*** Old Ground Hotel (9), Station Rd., ✆ 065 682 8127, www.flynnhotels.com, DZ 120– 160 €. Ein alter, von wildem Wein umrankter Bau; die Zimmer im Haupthaus sind im Heritage-Stil geräumiger und geschmackvoller eingerichtet als jene in der neuen Dependance. Die Honeymoon-Suite mit Blick auf die Kathedrale – Gottes Segen für das junge Glück.

B&B Railway View (2), Tulla Rd., ✆ 065 682 164, DZ 70 €. Ein großes Anwesen 15 Gehminuten vom Zentrum entfernt und etwas abseits der Straße. 6 hotelmäßig neutrale Zimmer mit TV und van Gogh-Postern, im Flur lächelt Mona Lisa. Das Haus ist hellhörig, doch die Railway wurde schon lange stillgelegt. Gartensitz mit Hollywood-Schaukel.

B&B Ain Karem (3), Tulla Rd. ✆ 065 68240024, http://homepage.eircom.net/~ainkarem/home.htm, DZ 65 €. 10 Gehminuten von der Stadtmitte entfernt und irgendwie arabisch klingend und Neugier erweckend, was es mit „Karims Quelle" in Ennis auf sich hat.

B&B Cloneen (4), Clon Rd., ✆ 065 682 9681, DZ 70 €. Ein Bungalow 5 Minuten vom Zentrum entfernt, Zimmer teilw. mit Etagenbad, sicherer Parkplatz für Autos und Fahrräder.

Weitere zentrumsnahe B&Bs findet man z. B. bei Aldi in der Francis St.

Essen/Am Abend (siehe Karte S. 473)

Als Hauptstadt des „Singing County" hat Ennis eine lebendige Musikszene. Höhepunkte sind das „An Fleadh Nua", ein großes Volksfest Ende Mai, und das „Ennis Arts Festival" im Oktober, zu denen Gruppen aus ganz Irland in die Stadt kommen.

Zucchini (6), 7 High St., ✆ 065 686 6566, www.zucchini.ie, tägl. ab 17 Uhr, Hauptgericht 25–30 €, Early Menu 25/30 €. Eine schmale Stiege führt in den ersten Stock eines Altstadthauses, dem man nicht ansieht, dass es hier in legerem Rahmen das vielleicht beste Essen der Stadt gibt. Auch Kinder sind willkommen, für sie gibt es etwa Pasta, hausgemachte Fischstäbchen und Pommes. Für Erwachsene pflegt Eigentümer und Chefkoch Colm Chawke die moderne irische Küche.

Poet's Corner (9), ,im Old Ground Hotel, Station Rd., warme Küche tägl. 12–20.30 Uhr, Hauptgericht 8–15 €. Irische Hausmannskost und Klassiker wie Steak in Pfeffersauce werden in gemütlichem Ambiente als Barfood serviert. Im Sommer Do–So abends Volksmusik.

Brogan's (7), 24 O'Connell St., Lunch 10– 15 €. Vorn das Restaurant, hinten Bar und Lounge. Die Tische sind mit Wandschirmen abgeteilt, doch ein Guckloch ermöglicht Blickkontakt mit Nachbar und Nachbarin. Immer gut voll, auch einfach zubereitete Gerichte. Im Sommer Livemusik.

Ennis Gourmet Store (10), 1 Old Barrack St., Mo–Sa 9–19, So 12–18 Uhr. In einem der besten Feinkostgeschäfte des irischen Westens gibt's tagsüber Suppen, einfache Tellergerichte, Sandwichs und Salate.

Cruise's (5), Abbey St. Seine erste Schanklizenz bekam das Haus nahe der Abtei bereits 1658. Die heutige Bar (mit Barfood) und das Restaurant sind jedoch neu, obgleich auf alt gemacht. Im Hinterhaus lädt die mit Fichtenholz-Möbeln und rotschwarzen Bodenfliesen auf rustikal getrimmte „Country Kitchen" zu Folkkonzerten ein, für die größeren Musikevents gibt es mit dem „Sanctuary" noch einen Saal.

Brandon's (11), 70 O'Connell St. Junges Publikum, Rock und Blues, auf einem Riesenbildschirm laufen Videoclips, auf der Bühne manchmal Livemusik. Barfood auch abends.

Glor (8), Friar's Walk, ✆ 065 684 3103, www.glor.ie. Das ambitionierte Kulturzentrum beansprucht für sich, *das* Zentrum für irische Musik zu sein. Außer Konzerten, Lehrgängen und Proberäumen gibt es auch eine Galerie mit wechselnden Ausstellungen sowie ein Restaurant.

Cois na hAbhna (1), Gort Rd., 1 km außerhalb, ✆ 086 826 0300, www.coisnahabhna.ie; Schule für gälische Musik, die sommerlichen Ceilidh- und Seisun- Aufführungen (Di und Sa 21 Uhr) sind ein Genuss für die Fans irischer Folklore. Tolle Akustik, auch die Bar fehlt nicht.

County Clare im Endspiel um den irischen Football-Cup

Ennis/Umgebung

▶ **Inagh:** Die kleine **Biddy Early Brewery** braut vorzügliches Bier und bietet während der üblichen Arbeitszeiten nach Terminabsprache Betriebsführungen an. Gemeinhin hat Alkoholgenuss auf die Libido der Geschlechter eher abtörnende Wirkung. Dagegen machen geheimnisvolle Kräuterzusätze das Black Biddy (Stout) zu einem allseits wirksamen Aphrodisiakum. So berichten es wenigstens die nicht immer jugendfreien Legenden, die sich um das Gebräu ranken. Probieren Sie dieses in der Brauereischänke und besuchen Sie das angeschlossene Visitor Centre.

 ⓘ Tägl. 12–23.30 Uhr, Eintritt Visitor Centre 5 €. www.beb.ie.

▶ **Ennistymon:** Um die **Burg** des Turlough O'Brien hat sich 4 km vor der Küste ein Städtchen entwickelt, das vom sommerlichen Ferientrubel kaum berührt wird. Pubs und altertümlich eingerichtete Läden strahlen den Charme vergangener Tage aus, am **Wasserfall** des Inagh sitzen mitten in der Stadt die Angler und lassen sich auch vom Getöse des Straßenverkehrs nicht aus der Ruhe bringen.

• *Verbindung* Busse nach Galway, Ennis–Limerick, Lahinch – Kilkee und Lahinch – Doolin. Auskunft ✆ 065 682 4177.

• *Übernachten* *** **Falls Hotel,** ✆ 065 707 1004, www.fallshotel.ie, DZ 130–170 €. Das Landhaus liegt ruhig in einem großzügigen Garten, den Strom liefert ein eigenes Wasserkraftwerk. Die Zimmer im Neubau sind etwas komfortabler, haben aber weniger Flair.

Als **B&B** empfehlen wir **Station House,** Ennis Rd., ✆ 065 707 1149, www.bb-stationhouse.com, DZ 75 €.

• *Essen* **Unglert's Bakery,** New Rd., Mo geschl. „Stephan Unglert ist Allgäuer und hat die Kunst des Backens in Deutschland erlernt. Kein Wunder also, dass die Regale seines Ladens u. a. mit ‚richtigen' Semmeln und Sauerteigbrot gefüllt sind." (Lesertipp von Inge Schmid)

• *Am Abend* **Teach Ceoil,** Main St. Eine frühere Kirche wurde vom örtlichen Folkclub in ein Tanzhaus umgewandelt. Juli/Aug. immer dienstags 21 Uhr, Eintritt 8 €.

Cooley's, Main St., hat im Sommer nahezu jeden Abend Sessions.

476 Der Westen/County Clare

▸ **Küste zwischen Lahinch und Kilkee:** Läge Irland im Mittelmeer, wären die Sandstrände nördlich von Kilkee ein echter Tipp. Doch wer fährt nach Irland zum Baden? Viel anderes kann man hier nicht machen, und deswegen ist dieser Küstenstreifen, so schön die Strände auch sein mögen, für Reisende nur wenig interessant. **Lahinch** ist – ungeachtet seines Golfplatzes – ein Seebad der kleinen Leute. Spielhallen rattern und piepsen, aus Fastfoodständen riecht es nach Pommes. An den Strand, der mitten im Ort liegt, wurde mit der *Seaworld* ein Vergnügungszentrum mit Aquarium und Spaßbad geklotzt, von dem man sich neue touristische „Impulse" (sprich: Einnahmen) erhofft. Von der Promenade kann man die Surfer draußen in der Bucht beobachten. **Milltown Malbay** wird in der ersten Juliwoche zum Treffpunkt der Barden. Jeder Quadratmeter Wiese ist mit Zelten belegt, die Straßen sind überfüllt. Ein Musikfestival feiert Willie Clancy, einen der größten Pfeifer Irlands. Auch Sommerkurse für irische Volksmusik werden veranstaltet. Am **Spanish Point** wurde 1588 die schiffbrüchige Besatzung eines Seglers der Spanischen Armada, kaum dass sie das rettende Ufer erreicht hatte, vom englandfreundlichen Clanchef Turlough O'Brien festgenommen und exekutiert. In **Quilty** hängt noch hier und da über den Mauern Seetang zum Trocknen. Früher war der Ort ein Zentrum der Algenverarbeitung. Aus dem Grünzeug wurden Zahnpasta sowie Verdickungsmittel für Saucen und andere Nahrungsmittel hergestellt, sogar zum Bierbrauen kann man es gebrauchen.

• *Verbindung* Die von Limerick und Ennis kommenden Buslinien gabeln sich in Lahinch: Route 333 führt nach Dunbeg, die andere (337) zu den Cliffs of Moher und nach Doolin. Eine weitere Linie (50) kommt von Galway über die N 67 bis Kilkee, Kilrush und Tralee. Auskunft ☎ 065 682 4177, www.buseireann.ie.

🕐 **Sea World:** Bad tägl. 10–21 Uhr, Aquarium tägl. 10–18 (Okt.–Mai bis 17 Uhr), Eintritt Aquarium 8 €. www.iol.ie/~seaworld/.

• *Übernachten* **** **Moy House,** Miltown Rd., Lahinch, ☎ 065 708 2800, www.moyhouse.com, DZ 180–270 €. Ein Herrenhaus des 19. Jh. wurde zur Luxuspension umgebaut. Die sechs Gästezimmer sind alle unterschiedlich, doch im britisch-irischen Stil eingerichtet, einige haben Himmelbetten; die Bäder neu auf alt gemacht. Restaurant nur für Hausgäste.

B&B Clonmore Lodge, Quilty, ☎ 065 708 7020, www.clonmorelodge.com, DZ 60–75 €. Geführt von einem netten älteren Ehepaar, Blick aufs Meer und die Cliffs of Moher. Auf Vorbestellung auch Abendessen, Pub in Laufweite.

Lahinch Hostel (IHH), Church St., Lahinch, ☎ 065 708 1040, www.visitlahinch.com, Bett 19 €, DZ mit Bad 50 €. Ein erfolgloses Hotel wurde mit Minimalaufwand renoviert und zum Hostel gemacht. Auf den ersten Blick erscheint das Haus voll in Ordnung, auf den zweiten wirkt es, zumal wenn nur wenige Gäste da sind, etwas unpersönlich bis steril. Dazu trägt ein Übermaß an Ver- und Gebotsschildern bei.

• *Wassersport* **Lahinch Surf School,** an der Promenade, Lahinch, ☎ 087 960 9667, www.lahinchsurfschool.com.

Kilkee

Wenn schon der Tropfen den Stein höhlt, um wieviel stärker höhlt ihn dann der Brecher. An den Klippen von Kilkee liegen die Elemente Wasser und Stein im Dauerclinch. Irland verliert – und wird bei jedem Sturm etwas kleiner.

Der in eine hufeisenförmige Bucht hineingewachsene Badeort ist seit alters her im Sommer ein beliebtes Ziel für Wochenendausflügler aus Clare und Limerick. Tausende tummeln sich dann auf den Campingplätzen, das jugendliche Nachtleben ist laut und wild. Drei teilweise noch viktorianische Häuserringe schmiegen sich wie die Ränge eines Amphitheaters an einen windgeschützten Sandstrand. Die aus dem Atlantik anstürmenden Wellen brechen sich vor der Bucht

Kilkee 477

im **Duggernariff.** Am Nordende bietet **St. Georg's Head** Wanderwege auf dem Klippenrand. Ein kleines Naturwunder sind die natürlichen Pools im Südwesten des Strands, in denen sich bei Ebbe das Wasser staut und hartgesottene Naturen planschen können. Die **Kilkee Waterworld,** eine der größten künstlichen Badelandschaften Irlands, ermöglicht zu allen Jahreszeiten ein Badevergnügen bei subtropischen Temperaturen.

Kilkee erlebte seine beste Zeit im 19. Jh., als etwa die Schriftstellerin Charlotte Brontë (1816–1855) hier ihre Flitterwochen verbrachte oder der österreichisch-ungarische Thronfolger Franz Ferdinand sich zur Sommerfrische einfand. Die 1890 eröffnete Bahnverbindung nach Ennis öffnete den Ort auch für weniger betuchte Kreise.

- *Information* O'Connell Street, ℰ 065 905 6112, Juni bis Anf. Sept. tägl. 10–18 Uhr. www.kilkee.ie.
- *Verbindung* Busse nach Ennis, Galway, Kilrush und im Sommer nach Doolin. Auskunft ℰ 065 902 4177, www.buseireann.ie.
- *Feste* Mitte Sept. gibt es am Strand inoffizielle Pferderennen.
- *Wellness* **Thalassotherapie Centre,** Grattan St., ℰ 065 905 6742, www.kilkeethalasso.com, Tangbäder, Massagen und Kosmetik. Mit eigenem Gästehaus.
- *Wassersport* **Kilkee Dive & Watersports Centre,** am Strand, East End, ℰ 065 905 6707, www.diveireland.com.
- *Übernachten* **Bay View,** O'Connell St., ℰ 065 905 6058, www.bayviewkilkee.com, DZ 70 €. Pension an der Strandpromenade mit 8 kleinen Gästezimmern, auf der See-

seite mit hübschen Erkern. Charme von anno dazumal, Lounge mit Kamin, zum Haus gehört auch ein Pub.

Ansprechende B&Bs mit Seeblick findet man auch auf der Anhöhe im Südwesten der Bucht, z. B. **B&B Duggerna House,** Mrs. Maureen Haugh, West End, direkt am Meer, ℰ 065 905 6152, Mai–Sept., DZ 70 €. (Lesertipp von Birgit Reier)

- *Essen/Pub* **Myles Creek,** mit farbenprächtiger Fassade in der O'Curry St., öffnet tägl. schon vormittags und bietet einfache, aber sättigende Gerichte wie Lasagne oder Hähnchencurry. Im Sommer gibt's abends oft Livemusik.

Pantry, O'Curry St., offen Mo–Sa 9–18.30 Uhr, ist ein beliebter Coffeeshop mit eigener Bäckerei. www.thepantrykilkee.com.

Sehenswertes

Klippen: Die dramatische Unterwasserlandschaft der Klippen im Süden hat Kilkee zum Treffpunkt für irische Taucher gemacht. Doch auch von oben ist das Spektakel eindrucksvoll – ein Wanderweg führt auf dem Kliff entlang. Unten donnern die Brecher an den dunklen Fels, fressen sich in das Gestein und spülen Höhlen aus, über denen eines Tages die Decke einstürzen und damit ein Stück Land ins Meer fallen wird. An den **Bridges of Ross** hat sich die See einen Tunnel frei gespült. Hier und da ragen isolierte Felstürme aus dem Wasser. Blickt man vom Ufer auf **Bishop Island** entdeckt man die Reste einer Kapelle, die auf St. Senan zurückgehen soll. Wie der Heilige auf seine Insel kam, lässt sich heute nicht mehr nachvollziehen. Der Fels ist so steil wie die griechischen Meteorafelsen und ohne Seil unmöglich zu bezwingen. Eine weitere Insel stellt sich wie ein

> „Auch die **Klippen gen Nordosten** lohnen sich: Mit dem Auto über die Küstenstraße zum Golfplatz, kurz dahinter das Auto auf dem Parkplatz stehen lassen und zu Fuß über den Golfplatz an den Klippen entlang wandern – beschwerlich, da bergig. Nach einer Weile endet der befestigte Weg und Zäune begrenzen das Wandervergnügen." (Lesertipp von Oliver Trede)

478 Der Westen/County Clare

Flugzeugträger den Brechern entgegen, und an anderer Stelle läuft das Land als ein verkohlter Blätterteig in einer schiefen Ebene ins Wasser. Hier hinaufgeschleudert, bräche sich ein Schiffbrüchiger genauso alle Knochen wie an den Steilklippen. Kurz gesagt: Die Klippen von Kilkee sind nicht weniger eindrucksvoll als die gefeierten Cliffs of Moher.

Der Klippenpfad beginnt etwa 20 Gehminuten westlich des Orts an einem Parkplatz mit Café und Pitch&Putt-Platz, zu erreichen über die Uferstraße.

Kilrush

Das Hafenstädtchen kann mit dem **Vandeleur Walled Garden** aufwarten. Der mit einer Mauer eingefasste Park wurde im 19. Jh. um das Schloss der Vandeleurs angelegt. Diese waren Clares mächtigste Grundbesitzer und berühmt-berüchtigt für die unbarmherzige Vertreibung säumiger oder missliebiger Pächter. Nach einem Brand 1897 wurde das Haus nicht wieder aufgebaut, sondern irgendwann gänzlich abgetragen. Der Park verwilderte und geriet in Vergessenheit, erst im Jahre 2000 begann die mit EU-Mitteln geförderte Instandsetzung. Wer sich für Glaskunst interessiert, besuche auch noch die **Kirche St. Senan** mit ihren prächtigen Fenstern. Kilrush Marina, Irlands größter Jachthafen, ist Startpunkt für Touren zur **Delfinbeobachtung** im Shannonfjord, wo sich regelmäßig eine Gruppe der intelligenten Meeressäuger tummelt. Eine kleine Ausstellung im Haus der *Shannon Dolphin and Wildlife Foundation* (SDWF), das an der Marina von Kilrush mit seinem Wandbild springender Delfine leicht erkennbar ist, basiert auf den jüngsten Forschungsergebnissen über die Shannondelfine.

● *Information* Im Hostel, Frances St., ✆ 065 905 1577, nur Juni–Aug. Mo–Sa 10–13 und 14–18 Uhr, So 10–14 Uhr. www.westclare.com und www.kilrush.ie.

● *Verbindung* **Busse** nach Kilrush von Limerick – Ennis und Galway. Auskunft ✆ 065 682 4177.

⊙ **Vandeleur Garden:** April–Sept. tägl. 10–18 Uhr, Okt.–März Mo–Fr 10–17 Uhr; Einlass bis 30 Min. vor Schließung. Eintritt 5 €. www.vandeleurwalledgarden.ie.

Shannon Dolphin and Wildlife Centre: www.shannondolphins.ie, Mitte Juni–Mitte Sept. tägl., sonst nur Mo–Fr. Eintritt frei.

● *Delfinbeobachtung* **Dolphin Discovery,** Gerald Griffen, Kilrush Marina, ✆ 065 905 1327, www.discoverdolphins.ie. Juni–Aug. tägl. 2–3 Fahrten, 22 €/Person.

● *Festival* **Eigse,** Mitte Aug., www.eigse mrscrotty.com, ein Festival mit Schwerpunkt Akkordeonmusik, auch Volkstänze und Workshops.

● *Wassersport* **Kilrush Creek Adventure Centre,** im Hafen, ✆ 065 905 2855, www. kilrushcreekadventure.com. Bootsverleih, Kurse, Verkauf von Neoprenanzügen.

● *Übernachten* **Crotty's Bar & Guesthouse,** The Square, ✆ 065 905 2470, www.

crottyspubkilrush.com, DZ 80–100 €. Elisabeth Crotty, vormalige Wirtin des Pubs, war eine bekannte Akkordeonspielerin, der zu Ehren jedes Jahr das Musikfestival *Eigse* gefeiert wird. Die Gästezimmer in den beiden Etagen über den Schankräumen sind etwas altbacken, aber gediegen eingerichtet.

B&B Bruach na Coile, Killimer Rd., ✆ 065 905 2250, www.clarekilrush.com, DZ 90 €. Ein neueres Haus mit großem Grundstück, 15 Gehminuten vom Zentrum entfernt und gegenüber dem Vandeleur Garden. Die Empfehlung durch den Automobilclub AA bringt viele britische Gäste, zu deren Geschmack auch die Einrichtung passt. Üppiges Frühstücksmenü.

B&B Hillcrest View, Doonbeg Rd., ✆ 065 905 1986, www.hillcrestview.com, DZ 80 €. 6 geräumige Zimmer in einem Bungalow 1,5 km außerhalb am Berg. Schöner Blick vom Frühstücksraum, zur Entspannung fernsehmüder Gäste gibt's ein Lesezimmer.

Katie O'Connors Hostel (IHH), Frances St., März–Okt., ✆ 065 905 1133, Bett 17 €, DZ 40 €. Zentral und schon etwas älter, durchgelegene Matratzen, ungeeignet für Leute mit Stauballergie.

Kilrush/Umgebung

Irische Urlauber in Kilrush

● *Essen* **Harbour Restaurant,** am Hafen, ✆ 065 905 2836, tägl. Lunch, Di–Sa auch Dinner. Neu, modern eingerichtet und auch bei den Einheimischen beliebt, mittags Hauptgericht bis 15 €, abends bis 25 €, z. B. Cordon bleu mit einer Art Jägersauce.
Tubridy's, Frances St., neben der Post, Mo–Sa tagsüber. Ein bodenständiger Coffeeshop mit eigenen Backwaren und irischer Küche (Kraut, Rüben, Kasseler etc.).

Kilrush/Umgebung

▶ **Scattery Island:** Im Jachthafen von Kilrush legen die Schiffe zur Scattery Insel ab, eine mystische und scheinbar zeitlose Welt, die der Shannon von jeder Entwicklung abgeschnitten zu haben scheint. Das weitgehend kahle und vor 30 Jahren von den letzten Bewohnern verlassene Eiland beherbergte seit dem 6. Jh. gleich mehrere Klöster. Über die Gründung durch den Heiligen Senan rankt sich die Legende, dass der Heilige mit Engelshilfe erst eine Seeschlange vertreiben musste. Mit dem Monster und den vom offenen Meer hereinstürmenden Westwinden mochten die Mönche noch fertig werden, nicht aber mit den räuberischen Wikingern, die hier eine leichte Beute fanden und die Klöster wiederholt plünderten. Geblieben ist ein gut erhaltener, 32 m hoher Rundturm, auf dessen verwittertem Stein das Moos wuchert, nicht anders wie auf den Trümmern der Kirchen und Kapellen. Natur und Geschichte des Eilands zu verstehen hilft das neue *Scattery Island Visitor Centre*.

● *Verbindung* Überfahrten zur Insel von der Kilrush Marina mit **Scattery Island Ferries,** Gerald Griffen, ✆ 065 905 1327, www.discoverdolphins.ie.

⏰ **Scattery Island Visitor Centre:** Mitte Juni–Mitte Sept. tägl. 10–18 Uhr, Einlass bis 17.15 Uhr, Eintritt frei.

▶ **Killimer** ist der Hafen für die Autofähre von Tarbert (Kerry). Vor langer Zeit machte hier *Ellen Hanly* von sich reden, deren Grabstein auf dem Dorffriedhof Souvenirjäger Stückchen für Stückchen vollständig abgetragen haben. Ellen fiel 1819 dem

480   Der Westen/County Clare

Dolch ihres Gatten John zum Opfer, der sie anschließend in den Shannon warf. Die Leiche wurde an Land gespült, die Untat kam ans Licht und der Mörder an den Galgen. Die Geschichte lieferte den Stoff für Romane und Opern, und als „Weiße Frau" erschrickt Ellen, oder besser ihr Gespenst, bis heute kleine Kinder. Weniger prosaisch, dafür nicht zu übersehen ist das **Moneypoint-Kraftwerk,** dessen Schornsteine etwa so hoch sind wie der Stuttgarter Fernsehturm. Es verbrennt täglich 5000 Tonnen Kohle, sichert damit ein Viertel des irischen Strombedarfs und bläst die Hälfte des irischen Ausstoßes an Schwefeldioxyd in die Luft. Damit Moneypoint in Sachen Umweltschutz nicht ganz so schlecht aussieht, ducken sich im Schatten der Schlote auch ein paar Windräder.

▸ **West Clare Railway:** Kaum zu glauben, aber wahr ist, dass es einmal einem Passagier gelang, einer Eisenbahngesellschaft für die erlittene Verspätung eine Entschädigung abzuringen. Dieser Erfolg liegt freilich schon lange zurück und hing sicher auch mit der Prominenz des Geschädigten zusammen. Der Musiker und Alleinunterhalter Percy French sollte am 10. August 1896 eine Vorstellung in Kilrush geben – und erreichte den Ort mit 5-stündiger Verspätung, nachdem das enttäuschte Publikum längst wieder nach Hause gegangen war. Der Vorfall ärgerte den Star dermaßen, dass er die West Clare Railway verklagte und zugleich, wohl noch schlimmer, ein Spottlied auf die Schmalspurbahn zwischen Ennis und Kilrush dichtete. Diese und andere Episoden erfahren wir im alten Bahnhof von Moyasta, wo auch allerlei Erinnerungsstücke an die West Clare Railway ausgestellt sind. Zwei Gleiskilometer wurden bereits neu verlegt, Diesellok und Waggons stehen bereit, und 2007 soll es gar unter Dampf wieder auf die Strecke gehen. Hoffentlich pünktlich.

Anfahrt Moyasta Station, zwischen Kilrush und Kilkee, ⏱ April–Sept. Mo–Sa 10–18, So 12–18 Uhr; Eintritt 6 €. www.westclarerailway.ie.

▸ **Halbinsel Loop Head:** Die Halbinsel zwischen Kilkee und dem Shannon ist ein weithin ebenes, überraschend dicht besiedeltes Bauernland. Weil es keine Nachtquartiere gibt, kann der 25 km weite Ausflug zur Landspitze nur Radlern oder Autofahrern empfohlen werden. Besonders schön ist die erste Hälfte des Weges, die am Rand der Steilklippen entlang führt. Das Panorama des Loop Head reicht vom Mount Brandon (Dingle) bis zu den Araninseln. Ein kurioses Relikt bewahrt die Dorfkirche von **Kilbaha**. Mit der „kleinen Arche", einem hölzernen Altar, wanderten die Dörfler früher bei Ebbe ins Watt hinaus, um dort die Messe zu feiern. Vor der Emanzipation hatte der protestantische Grundherr auf seinem Besitz, der die ganze Halbinsel umfasste, katholische Messen verboten. Doch die Frommen von Kilbaha bewiesen Köpfchen. Jeder Landbesitz endet nämlich an der Flutlinie, und das Meer gehörte allen und keinem.

Fühlen sich Delphine im erwärmten Abwasser des Kraftwerks und der anderen Industriebetriebe am Shannonfjord besonders wohl? Jedenfalls lebt hier eine Gruppe der Meeressäuger. Vom Erfolg Fungies in Dingle inspiriert, bietet **Dolphinwatch** (www.dolphinwatch.ie, ✆ 065 905 8156) ab dem Hafen Carrigaholt Bootsfahrten (25 €/Person) auf den Spuren der Delphine an, bei denen mit Hilfe des „Hydrophones" auch die Gespräche der Tiere verfolgt werden können.

● *Übernachten* **Loop Head Lightkeepers House,** Loop Head, 750–800 €/Woche. Nachdem der Leuchtturm am Loop Head heute automatisch gesteuert wird, steht das Haus des Leuchtturmwärters leer. Als Ferienwohnung für bis zu 5 Personen kann es gemietet werden vom Irish Landmark Trust, ✆ 01 6704733, www.irishlandmark.com. ● *Hochseeangeln* **Carrigaholt Sea Angling Centre,** Carigaholt, ✆ 065 9058209, www.fishandstay.com. Angelferien für Gruppen von 4–8 Personen, mit eigener B&B-Unterkunft.

Cliffs of Moher

Die eindrucksvollen Klippen von Moher zählen zu den meistbesuchten Naturwundern an der Küste. Zum Glück sind sie 8 km lang, und abseits des Parkplatzes und Besucherzentrums finden sich noch Fleckchen, um kreischende Möwen und donnernde Brecher genießen zu können.

Die Klippen ziehen sich vom Hag's Head bis Aillenasharragh, einer Landzunge vor Doolin. Ihren höchsten Punkt hat die Felswand mit 230 m am O'Brien's Tower, wo eine Autostraße fast bis an die Küste führt und die Menschen sich auf die Füße treten, um das Naturwunder zu bestaunen. Nach einigen Touristenstürzen sichert nun ein hüfthohes Geländer die Kliffkante, man muss also nicht mehr schwindelfrei sein, um das Naturwunder genießen zu können. Schilder warnen auf gut Deutsch: „Gefahr!". 2007 hat ein neues **Visitor Centre** eröffnet, auch ein gewaltiger Parkplatz wurde neu angelegt.

O'Brien's Tower wurde 1835 von einem exzentrischen Landlord gebaut, der auch den Weg mit Steinplatten einfassen ließ. Erst in der Abenddämmerung, wenn sich die Menge aufzulösen beginnt, gewinnt der Ort an Würde, und wenn fern am Horizont das letzte Sonnenlicht die Wolken über dem schon schwarzen Meer ein letztes Mal erglühen lässt, vergisst man schnell den Trubel. Vor dem Abbruch des aus horizontalen, kaum verworfenen Schichten von Sandstein und Tonschiefer bestehenden Plateaus zeigen Möwen, Lummen und sogar Falken ihre Flugkünste. Unten donnern die Wellen gegen den Stein, oft brechen große Stücke ins Meer.

Die beste Aussicht, bis hin zu den Arans, nach Connemara und nach Kerry, hat man vom *Hag's Head*. Schon die Kelten hatten hier ein Fort. Während der napoleonischen Kriege wurde am Kap der **Moher Tower** errichtet, ein Signalturm, um

Naturschauspiel an den Cliffs of Moher

Der Westen/County Clare

frühzeitig vor einer französischen Landungsflotte warnen zu können. Vom Parkplatz am Visitor Centre wandert, wer das bald auftauchende Verbotsschild ignoriert, in südwestlicher Richtung etwa 1,5 Std. immer die Klippen entlang bis zum Turm. Und trifft auch in der Hochsaison unterwegs nur wenige Menschen.

• *Information* Im Visitor Centre, ✆ 065 708 1171, März–Okt. tägl. 10–18 Uhr, Juli/Aug. bis 19 Uhr. www.cliffsofmoher.ie.
• *Verbindung* Linie 337 zwischen Ennis und Lisdoonvarna fährt über Liscannor und zum Visitor Centre und weiter nach Doolin; mit Bus 50 Verbindung nach Galway und Tralee über Killkee; Auskunft ✆ 065 6824177, www. buseireann.ie.
• *Parken* PKW gegen 8 € Gebühr.
⊙ **Visitor Centre**, Juli/Aug. 8.30–20.30 Uhr; Juni 8.30–19.30 Uhr; April/Mai, Sept. 8.30–18 Uhr; März, Okt. 9–18 Uhr; Nov.–März 9–17 Uhr. Eintritt 4 €.
O'Briens Tower: zuletzt März–Okt. 9.30–17 Uhr (2008 geschl., Wiedereröffnung für 2009 geplant).
• *Taxi* **Tom Dowling's Cab Service,** Liscannor, ✆ 086 834 6450 (Lesertipp von Familie von Laue, die der freundliche und gesprächige Tom umsonst in den Pub und wieder heimgefahren hat).
• *Übernachten* **B&B Moher Lodge,** Doolin Rd. Liscannor, ✆ 065 708 1269, www.cliffsof moher-ireland.com, April–Okt., DZ 80 €. Der Bauernhof ist das den Cliffs of Moher nächstgelegene Quartier. „Sehr freundliche und nette Dame. Servietten aus Stoff!! Zimmer wie im Hotel." Lesertipp von Hans-Peter von Laue)
• *Essen* **Vaughan's Anchor Inn,** Main St., Liscannor, ✆ 065 708 1548, www.vaughans. ie. Netze, Lampen, Ruder und Schraube – das bereits zum „Pub of the Year" gekrönte Lokal ist mit einer nahezu kompletten Bootsausrüstung ausstaffiert, die riesige Küche der Traum von Hausfrauen und Hobbyköchen. Für die Fischplatte rechne man 25 €. Wer den Hummer bestellt, fragt gewöhnlich nicht nach dem Preis. Tägl. ab 12 Uhr geöffnet.

In den Cliffs of Moher – hoffentlich sind Sie schwindelfrei

Doolin

Der langgezogene, aus Weilern zusammengewachsene Küstenort gilt als das Mekka der irischen Volksmusik. Im Sommer verwandelt sich Doolin in ein musizierendes Ferienlager.

Besonders die Deutschen zieht es seit den siebziger Jahren, dem ersten Boom der Folkmusik, in Scharen an die Mündung des *Aille*. Höflich und ordentlich seien sie schon damals gewesen, loben die Einheimischen, an die Regencapes aus gelbem Ölzeug hat man sich gewöhnt. Mit seiner scheinbaren Idylle dörflicher Ursprünglichkeit und Einfachheit, den Fischern, drei Pubs und dem Laden, entsprach Doolin ganz dem romantisch verklärten Irlandbild. Aber warum gerade Doolin? Warum nicht irgendein anderes Dorf dieser Art, deren es wohl Tausende auf der Insel gibt?

Doolin 483

Hier kommt *Micho Russell* ins Spiel, einer der besten irischen Flötisten, der aus Doolin stammte, und, wenn er nicht gerade auf Amerika-Tournee oder bei einer Fernsehproduktion war, mit seinen zwei Brüdern in O'Connor's Pub anzutreffen und immer zu einer Session bereit war. Micho war ein Star, dem sein Ruhm nie zu Kopf stieg, und der außergewöhnlich offen und hilfsbereit war. „Ich habe die Menschen immer gut behandelt und jedermanns Fragen beantwortet, egal wer er war", resümierte er einst seine Lebensphilosophie. Der Geheimtipp sprach sich herum, und seither pilgern die Jungen auf der Suche nach guter Musik, Craic und dem irischen Lebensgefühl nach Doolin und finden bei *O'Connor's* und *McGann's* jeden Abend Gälophile und Musikbesessene zum Musizieren und geselligen Beieinander.

Micho Russell ist längst gestorben. O'Connor's ist renoviert und erweitert worden, das Personal für die Saison stammt aus Polen und Litauen, und auch unter den Pub-Musikanten sowie ihrem Publikum, so muss man zugeben, sind waschechte Iren heute die große Ausnahme. Auf den Weiden längs der Straße wachsen die neuen Guesthouses und B&Bs im Stil amerikanischer und australischer Farmhäuser, und mancher frühere Rucksacktourist kommt heute mit etwas dickerer Brieftasche und den Kindern an die Stätte seiner Jugenderlebnisse zurück. Doolin ist in jener Phase seiner touristischen Entwicklung, in der jeder Reisende den anderen misstrauisch als einen die Idylle zerstörenden Eindringling betrachtet – ein Spiegel seiner selbst. Bei den Einheimischen sind die Deutschen noch immer beliebt, die irischen Urlauber jedoch weniger. Die spielen Chartmusik vor den Pubs und zeigen keine Spur der den Ausländern eigenen Irlandbegeisterung.

*V*erbindungen/*F*ahrradverleih

• *Verbindung* April–Okt. schicken drei Gesellschaften tägl. mehrere Fähren zum Einheitspreis nach Inisheer (hin und zurück 30 €), manchmal auch nach Inishmór, der größten Araninsel (hin und zurück 35 €). **Doolin Ferries,** ℡ 065 707 4455, www.doolin ferries.com; **Doolin Ferry,** ℡ 065 707 5555; **Cliffs of Moher Cruises,** ℡ 065 707 5949, www.cliffs-of-moher-cruises.com, bietet auch Fahrten zu den Cliffs of Moher an. Von der Haltestelle vor dem Doolin Hostel **Busse** nach Kilkee, Limerick, Ennis (Umsteigeplatz für Dublin) und an der Küste entlang nach Galway (nur Ende Juni bis Anf. Sept.). Busauskunft ℡ 065 682 4177, www.buseireann.ie.

• *Fahrradverleih* Im **Rainbow** oder dem **Aille River Hostel.**

*Ü*bernachten/*C*amping

Mit Hostels hat es begonnen, später wurde die Hauptstraße mit Pensionen und Bed&Breakfast-Häusern zugepflastert. Mit dem Arran View hat Doolin auch ein richtiges Hotel.

*** **Aran View House,** Lisdoonvarna Rd., 1 km nach der katholischen Kirche, ℡ 065 707 4061, www.aranview.com, DZ 110–140 €. Ein orangefarbener, romantisierender Neubau auf einem zugigen Hügel. Gute Sicht in alle Richtungen, ob wirklich bis zu den Arans, wäre bei gutem Wetter zu überprüfen.

Doolin Activity Lodge, Lisdoonvarna Rd., ℡ 065 707 4888, www.doolinlodge.com, DZ 50–90 €, Apartment (ohne Frühstück) 50–70 €. Eine Unterkunft der neuen Art. Jedes der fußbodengeheizten Zimmer oder Apartments hat einen separaten Eingang, es gibt wie auf der Skihütte einen „Schmutzraum" für Stiefel und nasse Klamotten. Wer ein Zimmer für sich will, ist hier besser aufgehoben als in den Hostels.

B&B Atlantic Sunset House, Lisdoonvarna Rd., ℡ 065 707 4080, www.atlanticsunset doolin.com, DZ 70–85 €. Neubau, alle Zimmer mit Bad, schöne Aussicht. Ohne Auto oder Rad allerdings schlecht zu erreichen.

B&B Doolin Cottage, Carol Spencer, an der Dorfstraße, ℡ 065 707 4762, caroldoolin@ hotmail.com, DZ 65 €, wird von Lesern als preisgünstiges B&B in Doolin empfohlen.

Der Westen
Karte S. 469

484 Der Westen/County Clare

Flanagan's Village Hostel (IHH), ℡ 065 707 4564, Bett 16 €, DZ 40 €. Das Hostel am Ortsrand (Lisdoonvarna Rd.) wird von Gerald und Diane geführt, die mit ihren Kinder auch in einem Teil des Hauses wohnen. Familiäre Atmosphäre, geräumige Zimmer mit von Geralds Bruder geschreinerten Betten. Da das Hostel gelegentlich mit Reisegruppen belegt ist, wird Voranmeldung empfohlen.

Paddy's Doolin Hostel (IHH), Fisher St., ℡ 065 707 006, www.doolinhostel.com, Bett 17 €, DZ 45 €. Eine von Josephine Molony professionell geführte Herberge bei O'Connor's Pub im Unterdorf. Mit Zentralheizung (die in den Zimmern allerdings nur selten läuft), 6-Bett-Zimmer mit sehr kleinen Betten; bei guter Belegung zu wenig Bäder. Shop mit Lebensmitteln und Wanderkarten.

Rainbow Hostel (IHH), Roadford, ℡ 065 707 4415, www.rainbowhostel.net, Bett 15–20 €, DZ 50 €. Im Oberdorf schräg gegenüber der Post, schon etwas älter und mit nur 20 Betten familiärer als das Doolin Hostel. Den Boden des Gemeinschaftsraumes bedecken Steinplatten mit interessanten Mustern. Die jungen Wirtsleute haben nebenbei noch einen Bauernhof und fischen auch mal das Abendessen persönlich aus dem Bach.

Aille River Hostel (IHH), an der Brücke zwischen den beiden Ortsteilen, ℡ 065 707 4260, www.esatclear.ie/~ailleriver/, 17 €, DZ 45 €, Camping 7 €. Zu beiden Pubs in noch akzeptabler Laufweite gelegen. Ein gemütlicher Ofen heizt den etwas zu klein geratenen Gemeinschaftsraum, in dem die Musiker sich auf den Auftritt im Pub einstimmen. Familiär, saubere Küche, kostenlose Waschmaschinen- und Internetnutzung, Camping im Garten hinter dem Haus.

• *Camping* **Nagle's,** beim Hafen, ℡ 065 7074458, www.doolincamping.com, April–Sept., Zelt mit 2 Pers. 13 €. Weil die Gäste nicht nur zum Hören kommen, sondern viele auch selbst spielen – gern wird nach dem Kneipenbummel noch in die Klampfe oder gar in den Dudelsack gegriffen – ist der Platz manchmal etwas laut.

O'Connor's Riverside, ℡ 065 707 4314, www.oconnorsdoolin.com, April–Sept., Zelt mit 2 Pers. 16 €. „Der Platz besteht aus einer windigen Wiese, die ummauert ist. Der Sanitärblock ist nagelneu [...] und auch ein Aufenthaltsraum ist vorhanden. Die Einrichtung des Gebäudes ist in hellem Holz gehalten – also ganz ansprechend, auch wenn die Duschen hier natürlich auch kosten." (Leserbrief von Christian Dorn und Birte Rehse)

Essen/Pubs

Nach Doolin kommt man nicht wegen des Essens – die kulinarische Szene ist unterentwickelt. Was die Musik und das „irische Lebensgefühl" betrifft, verheißen die Pubs jedoch einen Höhepunkt der Irlandreise.

Cullinan's, Roadford, ℡ 065 707 4183, www.cullinansdoolin.com, offen März–Dez. ab 18 Uhr, Mi+So Ruhetag, Early Menu 30 €, Hauptgericht bis 30 €. Im Restaurant von James Cullinan speist man in edlem Ambiente bei Kerzenschein an blütenweißen Damasttischdecken. Kleine Auswahl an wechselnden Gerichten aus regionalen Produkten, z.B. Lammkeule oder Seeteufel in Senfkruste. Auch Gästezimmer.

Doolin Café, Roadford, beim Rainbow Hostel, ℡ 065 707 4795, www.thedoolin cafe.com. Der Name täuscht – es handelt es sich um ein reines Restaurant, in dem man bei netter Atmosphäre zu vernünftigen Preisen sehr gut essen kann. (Lesertipp von Karin Rabus)

• *Pubs* **O'Connor's,** Fisher St. Mit dem Totalumbau hat die Kneipe etwas an Charme verloren, besonders das „Hinterzimmer" mit seinen Nähmaschinentischen und der Wandtäfelung aus Fichtenholz verrät die Handschrift eines professionellen Kneipeneinrichters, der Interieurs von der Stange liefert. Aber wer denkt an die Einrichtung, wenn er in das jeden Abend gut volle Lokal kommt, um Musik zu hören oder selbst mitzuspielen. Sessions sind die Regel, organisierte Konzerte die Ausnahme. Tagsüber ist O'Connor's auch ein beliebtes Speiselokal.

McGann's, Roadford, http://mcgannspub doolin.com, spielt etwas zu unrecht nur die zweite Geige. Die Kneipe ist kleiner und intimer als O'Connor's, die Musiker, die abends zum zwanglosen Spiel zusammenkommen, nicht schlechter. Pubfood wie Stew oder Burger bis 15 €.

McDermott's, Roadford. Die nach dem Motto „Wagenrad" rustikal dekorierte und von den Einheimischen bevorzugte Kneipe, hat für Musikfreunde weniger zu bieten – hier läuft abends oft der Fernseher.

Willkommen am „gewöhnlichen Ort"!

Doolin/Umgebung

„Von der Fähre in Doolin kann man sehr hübsch entlang der Uferlinie nach Norden wandern. Die Steinmauern sind gut zu überqueren, und irgendwann kommt man wieder auf die Straße" (Tipp von Wolfgang Fiedler). Auch das **Doonagore Castle** auf der Anhöhe 3 km südlich von Doolin bietet sich als Ziel eines Spaziergangs an. Vor dem Hintergrund des Dorfs und sogar der Araninseln ist der restaurierte Wehrturm (15. Jh.) ein schönes Fotomotiv. Mehr Abenteuer versprechen die **Green Holes**, ein ausgedehntes Netz unterirdischer Bäche und Seen nördlich des Hafen von Doolin. Wer nicht taucht, kann von der Erdoberfläche einen Blick in die „Hölle" werfen, eine Doline im Karst, von deren mit Wasser gefülltem Grund unterirdische Passagen weiter in den Fels führen. Mehr zur Umgebung im nächsten Kapitel.

Burren

„Kein Wasser zum Ertränken, kein Baum zum Hängen, keine Erde zum Begraben", soll ein Cromwellscher Heerführer den Burren aus der den Militärs eigenen Sicht charakterisiert haben. Der Nordwesten von Clare ist ein bleiches, hellgraues Karstland, wie man es als Kulisse von Wildwestfilmen kennt, auf der „Grünen Insel" aber nicht erwartet.

Der einzige oberirdische Fluss ist der *Caher*, und die Seen des Burren sind nichts anderes als Einbrüche im Karst, die nach starken Regenfällen für einige Zeit voll laufen, bis das Wasser durch die Risse und Spalten wieder versickert ist. Diese Ödnis, in der sich Fuchs und Hase, Marder und Hermelin gute Nacht sagen, für die sich Kolonisatoren und Spekulanten nie interessierten und der deshalb die prächti-

486 Der Westen/County Clare

gen Landsitze fehlen, wies Cromwell dem andernorts vertriebenen katholischen Adel zu. Im Burren, übersetzt „großer Stein", galt als reich, wer nicht verhungerte. Dabei war das Gebiet bis in die Steinzeit reich bewaldet. Rodungen der Farmer und der Holzschlag für den Schiffbau haben die Erde der Erosion ausgesetzt, und heute ist die Erdkrume weitgehend abgetragen. Wo sich in Gesteinsritzen aber noch ein Fleckchen Humus festkrallt, ist der Boden reich an Mineralien und fruchtbar. So gedeiht im Burren eine erstaunliche Vielfalt an mediterranen, arktischen und alpinen Pflanzen. Im Frühling blüht der tiefblaue, fünfblättrige Enzian. Der Sommer ist die Zeit der Orchideen, des gelbblühenden Klees und der Heckenrosen. Gerade bei den mediterranen Pflanzen fragt man sich, wie sie nach Irland gekommen sind, und vor allem, wie sie hier überleben können. Trotz des Golfstroms ist das Klima so warm nun auch nicht, wie jeder Reisende deutlich spürt. 2500 archäologische Stätten sind ein Beweis dafür, wie dicht der Burren einmal besiedelt war. Am sehenswertesten ist der *Poulnabrone-Dolmen*. Mit einheimischen Führern kann man in einigen Höhlen in die Unterwelt des Karsts eindringen. Gut erschlossen und ohne besondere Ausrüstung zu begehen sind *Aillwee Cave* und *Doolin Cave*.

Geologie

In grauer Vorzeit war der Meeresspiegel sehr viel höher als heute und der Burren von einem warmen Meer bedeckt. Muscheln, Korallen und abgestorbene Kleinstlebewesen bedeckten den Boden mit einer Kalkschicht, darüber lagerte sich der von den Flüssen ins Meer gespülte Sand und Ton ab. Vor ungefähr 270 Millionen Jahren hob sich die Erdkruste, Irland tauchte aus dem Meer auf. Der Unterschied zwischen den Gegenden, wo die wasserabweisende Tonschicht noch intakt ist und die darüberliegende Erde feucht hält, und anderen wie dem Burren, wo Wind, Regen und Eis den Kalkstein freigelegt haben, könnte kaum größer sein: Südlich der Linie Doolin – Lough Inchiquin sattgrüne Wiesen oder gar Moore, der Burren aber ein karges **Kalkmassiv**, in das der leicht saure Regen Ritzen und Klüfte gefressen hat, durch die das Wasser sofort versickert und sich in unterirdischen Seen und Flüssen sammelt. Dabei trägt das Wasser die Decken der Kavernen immer weiter ab, bis diese schließlich einstürzen und die charakteristischen, für den Wanderer so gefährlichen **Dolinen** entstehen. Eine Besonderheit des Burren sind einzelne Granitblöcke, wie sie sonst eher für Galway und Connemara typisch sind. Sie wurden von den eiszeitlichen Gletschern nach Süden verfrachtet und beim Schmelzen des Eises hier abgelagert. Auch im Burren gibt es einige grüne Inseln. So erstreckt sich unter dem **Slieve Elva,** mit 380 m der höchste Hügel der Region, eine wasserdichte Tonschicht unter der Erdoberfläche und bewirkte die Bildung eines Moores. Hier wurden kleinere Flächen entwässert und aufgeforstet.

Burren Way: Eine Wanderung ist sicher die beste Art, die Landschaft intensiv zu erleben. Der Weg beginnt in Ballyvaughan, begleitet ein Stück die Küste nach Westen und führt dann auf einer alten Feldstraße landeinwärts, quert den Caher River, führt um den Slieve Elva zum Ballinalacken Castle und von dort weiter nach Doolin und an die Cliffs of Moher. Insgesamt 42 km sind für eine Tagestour jedoch zu lang; es wird eine Übernachtung im Ballinalacken Castle empfohlen, das etwa auf halber Strecke liegt.

Information Außer dem guten Faltblatt „The Burren Way" der Tourist Information sei auch Tim Robinsons „Burren – Map & Guide" empfohlen. Über den Burren informieren auch www.theburren.ie und www.burrenpage.com.

Corofin

Als wolle die Natur vor dem kargen Burren noch einmal verschwenderisch mit Wasser protzen, ist die Umgebung des Dorfes voll kleiner Seen. Ein Heritage Centre hält die Erinnerung an schlechte Zeiten wach.

Für einen Spaziergang bietet sich die Umrundung des **Lake Inchiquin** mit seinen romantischen Ruinen zweier O'Brien-Burgen an. Vielleicht trifft man am See einen Angler aus deutschen Landen, denn Corofin und seine dicken Fische machten vor einiger Zeit erst Schlagzeilen im „Blinker", worauf „Fisch & Fang" und schließlich auch „Rute & Rolle" mit Features nachzogen. (Da staunt der Laie, was es doch alles für Fachzeitschriften gibt!)

Das **Clare Heritage Centre** in der früheren protestantischen Kirche von Corofin hat sich auf die Geschichte der ersten Hälfte des 19. Jh. spezialisiert, die Zeit der Bauernvertreibungen, der Hungersnot und der gewaltsamen Unterdrückung gälischer Kultur. Eine bizarre Episode ist zu der von einer Kugel durchlöcherten Bibel zu berichten. Die in der Brusttasche getragene Bibel rettete Edward Synge am Aschermittwoch 1831 das Leben. Der Landlord von Dyseart O'Dea war ein tiefgläubiger Protestant, der die katholischen Pächter mit Zuckerbrot und Peitsche zu seiner Konfession zu bekehren versuchte und deshalb den besonderen Hass der Iren auf sich gezogen hatte. Der Anschlag soll seinem Enthusiasmus einen Dämpfer versetzt haben.

- *Verbindung* Ganzjährig Mo u. Fr nachmittags ein Bus der Linie 333 von Ennis; Juni–Sept. tägl. Bus 337 von Ennis aus.
- ⓘ Museum im **Clare Heritage Centre:** Mai–Okt. tägl. 10–17.30 Uhr; Eintritt 4 €. www.clareroots.com.
- *Unterhaltung* Folkloreshow im Clubhaus **Teach Cheoil,** Juli/Aug. Do 20.30 Uhr. Alljährlich am 1. Wochenende im Mai ist Corofin Schauplatz der Weltmeisterschaftskämpfe im **Steinewerfen.**
- *Übernachten* **B&B Fergus View,** ✆ 065 683 7606, www.fergusview.com, März–Okt. DZ 75 €. Mr. Kelleher ist ein begeisterter Angler, und seine Frau tischt den schmackhaft zubereiteten Fang den Gästen als

Abendessen auf. Und massenweise Bücher zum Schmökern gibt's auch.
Corofin Village Hostel (IHH), Main St., ✆ 065 683 7683, www.corofincamping.com, Mai–Sept. Bett 20 €, DZ 50 €. Nachdem es geraume Zeit als Flüchtlingsherberge vermietet war, steht das gepflegte Haus im Dorfzentrum nun wieder Touristen zur Verfügung. Spieleraum mit Billard und Tischfußball, im Garten Camping möglich.
- *Essen* **Inchiquin Inn/Anne's Kitchen,** Main St., bietet tagsüber preiswerte Hausmannskost (bis 12 €) wie etwa Guiness Stew oder Kohl mit Speck. Abends speist man etwas gediegener im **Corofin Arms Restaurant,** Main St., ✆ 065 683 7373.

▶ **Dysert O'Dea:** Die *Burg* aus dem späten 15. Jh. wurde kürzlich restauriert, im Turm ist eine kleine Sammlung mit archäologischen Funden aus der Region zu sehen. Ein etwa 6 km langer archäologischer Rundweg führt zu einem Fulacht Fiadh, einer mittelalterlichen Straße, dem spärlichen Rest eines Ringforts und zum **Kloster des Heiligen Tola** mit dem „Weißen Kreuz" (12./13. Jh.), das ein schönes Relief Daniels in der Löwengrube zeigt. Bevor das Kreuz zum Schutz vor Dieben einzementiert wurde, konnte der Teil mit dem Haupt Jesu abgenommen werden. Die Bauern der Umgebung borgten ihn sich gelegentlich aus – als Mittel gegen Zahnschmerzen. Steinerne Köpfe von Menschen, Tieren und Fabelwesen bewachen im romanischen Südportal den Eingang der Kirche, auch der Stumpf eines Rundturms ist noch erhalten.
ⓘ Mai–Sept. 10–18 Uhr; Einlass bis 17.30 Uhr. Eintritt 4 €. /www.dysertcastle.com.

▶ **Killinaboy:** Über dem Eingang zur Kirche (12.–14. Jh.) auf dem Friedhof prangt das Relief einer Nackten mit gespreizten Schenkeln. Man findet ähnliche, aus Stein

488 Der Westen/County Clare

gehauene Figuren der **Sheila na Gig** („Julia mit den Brüsten") gelegentlich auch an den Eingängen oder Fenstern von alten Burgen. Sie sollen allem Übel, bösen Geistern und dem Teufel wehren. Auch in den romanischen Kirchen Frankreichs begegnen uns manchmal Skulpturen männlicher oder weiblicher „Exhibitionisten", mit denen die Bildhauer, so die offizielle Lesart, eine Versuchung darstellten, die wenigstens für Nonnen und Mönche nur der Teufel selbst ersonnen haben konnte. Mehr an ein Fruchtbarkeitsritual erinnert der etwa bei der Wallfahrt von Ballyvourney (County Cork) übliche Brauch, mit der Hand über das Geschlecht des Figürchens zu streichen. Auch wenn die Sheila mit der Heiligen Brigid oder St. Gobnait assoziiert wird, ist es deutlich, dass in ihr die vorchristliche Furchtbarkeitsgöttin fortlebt.

Eine weitere Kuriosität des Friedhofs ist ein T-förmiges, nach dem griechischen Buchstaben τ benanntes Tau-Kreuz, wie es in dieser Form nur sehr selten in Irland zu finden ist.

Cahercommaun

Das Ringfort auf einer Klippe zwischen Killinaboy und Carran wurde im 8. oder 9. Jh. angelegt. Es ähnelt der Anlage von Staigue am Ring of Kerry, liegt aber sehr viel schöner und ist besser erforscht.

Zwei Erdwälle und eine Steinmauer sicherten das Dutzend Hütten, ein unterirdischer Fluchtweg führte von der Burg unter der Mauer hindurch an den Berghang. Bei ihren Ausgrabungen in den dreißiger Jahren rekonstruierten die Archäologen der Harvard University anhand der Abfälle auch den Speisezettel der Burgbewohner. Außer Getreide aßen sie offensichtlich alle größeren Wildtiere, die ihnen in die Falle gingen: Kaninchen, Marder, Dachse, Füchse, Raben und sogar Rotwild, das heute nur noch im Killarney Nationalpark frei lebt. Aufsehen erregten Menschenknochen, die man nach Metzgersart zerhackt fand. Waren die Kelten Kannibalen? Dagegen spricht, dass niemand das Mark aus den Knochen gesaugt hatte, das ja eine besondere Delikatesse gewesen sein müsste. In einem Keller lag jedoch ein Kopf unter einem Wandhaken. Eine Trophäe oder eine Art Ahnenkult? Cahercommaun hat mehr Fragen aufgeworfen als beantwortet.

• *Anfahrt* Am nördlichen Ortsende von Killinaboy zweigt beim B&B Burren House rechts ein unbeschilderter Fahrweg von der R 476 ab. Auf diesem erreicht man nach 5 km auf einem Höhenrücken einen gelben Bungalow. Hier beginnt der 15-minütige Fußweg zum Fort. Fährt man den Fahrweg weiter, kommt man irgendwann nach Carran.

• *Übernachten* **Clare's Rock Hostel** (IHH), Carran, ✆ 065 708 9129, www.claresrock. com, Mai–Sept. Bett 16 €, DZ ohne Früh-

stück 45 €. Der trutzige Neubau aus grauem Kalkstein, tipptopp sauber, mit vielen Regeln und herrlicher Aussicht, steht nahe der Dorfkneipe am Hang über der Straße.

• *Einkaufen* **Burren Perfumery & Floral Centre**, Carran, tägl. 9–17 Uhr, Juli/Aug. bis 19 Uhr, www.burrenperfumery.com. Hier werden die Kräuter und Wildblumen des Burren zu Parfümessenzen verarbeitet. Ein Videofilm (gratis) stellt die Region vor.

Caherconnell/Poulnabrone-Dolmen

Kann man mit einem keltischen Ringfort aus dem 5./6. Jh., Geld verdienen? Mr. Davoran versucht es und hat vor das **Caherconnell Stone Fort** ein Visitor Centre gesetzt, in dem uns Schautafeln und eine Videoshow das Fort nebst anderen Monumenten der Region vorstellen und erklären. So ist der Film zugleich eine gute Einstimmung auf den **Poulnabrone-Dolmen**. Zehntausendfach gegen die untergehende Sonne fotografiert und auf Postkarten abgebildet, steht er neben der R 480 zwischen Leamaneh und Ballyvaughan in der Karstlandschaft. Als Archäologen 1989 das Grab näher untersuchten, kamen außer den Knochen von 25 Menschen auch den Toten beigegebener Schmuck und Töpferwaren zutage.

① **Caherconnell Stone Fort:** April–Okt. 10–17 Uhr, Juli/Aug. bis 18 Uhr; Eintritt 5 €, www.burrenforts.ie. Das Fort liegt 1 km südlich des Poulnabrone-Dolmen an der R 480. Der Dolmen ist jederzeit zugänglich.

Weltberühmt – der Poulnabrone-Dolmen

Dolmen als Sonnenuhr?

Mit den Dolmen oder Hünengräbern, wie sie bei uns im Volksmund heißen, gibt uns die Megalithkultur ein weiteres Rätsel auf. Nach der herkömmlichen Chronologie wurden sie um 2000 v. Chr. gebaut, also in einer Zeit, da die Gräber à la Newgrange außer Mode kamen und gleichzeitig eine Vielzahl neuer Formen auftauchte, z. B. schlichte Hügelgräber oder die Wedge Tombs.

Waren die Dolmen früher mit Erde bedeckt, die durch Erosion abgetragen wurde? Die Wissenschaft ist sich uneins, und wahrscheinlich liegt die Wahrheit in der Mitte: Einige waren es, andere nicht. Einmal mehr zeigt sich die „Megalithkultur" als vielfältig und unsystematisch. Wurden die Dolmen als Gräber gebaut? Unter vielen fanden sich menschliche Asche oder Knochenreste, aber dies können Spuren späterer Kulturen gewesen sein. Der britische Forscher Aubrey Burl vermutet, dass die Dolmen eine Art Tempel waren, in denen die Ahnen einer Sippe bestattet und verehrt wurden.

Markiert man die irischen und britischen Dolmen und die Steinkreise auf einer Karte, zeigt sich, dass beide Formen niemals zusammen vorkommen – offenbar gab es eine „Steinkreiskultur" und eine „Dolmenkultur". Allerdings haben auch manche Dolmen einen astronomischen Bezug, sei es mit einer Art Lichtkasten (häufig in der Bretagne) ähnlich wie Newgrange, einem Loch im Deckstein oder einem „Outlier", der in Poulnabrone genau nach Süden zeigt. Offenbar wurde hier der Sonnenstand zur Mittagszeit beobachtet, während die Steinkreise nach dem Auf- und Untergang von Sonne und Mond ausgerichtet sind. Waren die Dolmen eine Art prähistorischer Sonnenuhr?

490   Der Westen/County Clare

Wer an den vorgeschichtlichen Relikten seine Freude hat, findet nach 1 km Richtung Ballyvaughan die **Glenisheen Wedge Tombs,** eine Art oberirdischer, keilförmiger Steinsärge. Die Einheimischen nennen sie Druidenaltar. In der Nähe fand ein Junge bei der Kaninchenjagd zufällig eine goldene Halskrause, ein Meisterstück frühkeltischer Handwerkskunst, das im Nationalmuseum ausgestellt ist.

Zwischen Leamenah und Caherconnell weist ein Schild westwärts zum **Poulawack Cairn** – der kleine Abstecher lohnt sich. Von der Hügelspitze (Kartenpunkt 233 985) hat man eine super Aussicht auf den Burren, außerdem sind dort nicht ganz so viele Touristen und man kann sich ein Cairn mal so richtig aus der Nähe ansehen. (Lesertipp von Anja Scholl)

Leamenah Castle

Als Burgherr Connor O'Brien 1651 im Kampf gegen die Protestanten fiel, weigerte sich seine Witwe, die Leiche in Empfang zu nehmen. Um ihr Vermögen zu retten, immerhin hatte sie acht Kinder zu ernähren, hielt sie stattdessen um die Hand Cronet John Coopers, eines Cromwellschen Offiziers, an.

Die Burg wurde trotzdem eingezogen, doch nach Cromwells Abgang erhielt Maire Rua McMahon ihr Eigentum zurück. Von da an scheint sich das Verhältnis zwischen den Eheleuten rapide verschlechtert zu haben. Cornet John engagierte sich in waghalsigen Finanzgeschäften – und stürzte unter nie geklärten Umständen vom Burgturm. Die Gerüchteküche schob die Untat Maire in die Schuhe, ohne dass ihr je etwas bewiesen werden konnte. Sie starb 1686 eines natürlichen Todes und ging in die Geschichte als eine Männer verschlingende Hexe ein.

Über die Jahrhunderte gaben sich verschiedene Burgherren die Klinke in die Hand, heute ist das Castle wieder im Besitz eines O'Briens. Der verteidigt die Ruine mit Hund und Elektrozaun gegen ungebetene Besucher. Wer weiß, vielleicht lauert hinter einem Fenster noch eine Kanone und stehen in der Pechnase über dem Eingang zum Turm Fässer mit Jauche und Öl bereit. Begnügen wir uns sicherheitshalber mit einem Blick von außen. Zwei Bauabschnitte sind deutlich zu unterscheiden: der ältere, um 1480 gebaute fünfstöckige Turm und das um 1640 angefügte, ästhetisch ansprechendere, aber weniger wehrhafte Hauptgebäude.

Die Burg steht zwischen Killinaboy und Kilfenora an der Kreuzung R 476/R 480.

Kilfenora

Als Bischofssitz war Kilfenora das geistliche Herz des Burren. Außer der Kirche ist das Informationszentrum zu Geologie und Botanik der Region einen Besuch wert.

Die mit 13 Pfarreien kleinste Diözese Irlands ist seit 1879 nur noch ein Titularbistum ohne eigenen Bischof. Auch der Titel ist zu unbedeutend, um einen Kurienkardinal damit ehren zu können, und so trägt ihn der Papst persönlich – als einen unter wohl hundert anderen. Die Gläubigen haben dem verstorbenen Johannes Paul II. nicht verziehen, dass er auf der letzten Irlandreise nicht „sein" Bistum besuchte. Father Vaugham musste die Gemeinde damals in den Bus setzen und nach Galway fahren, damit die Schäflein ihren Hirten zu Gesicht bekamen.

Die **Kirche,** in deren hinterem Teil sich die Church of Ireland eingerichtet hat, ist eher bescheiden. Die unbeholfenen, fast lebensgroßen Figuren auf zwei senkrecht

Lisdoonvarna 491

gestellten Grabplatten wurden nach der Pest von 1348 gefertigt, als die guten Handwerker offenbar alle weggestorben waren. Dem aus Bruchstücken wieder zusammengefügten **Doorty-Kreuz** fehlt das für die irischen Hochkreuze sonst typische Rad. Auf der am besten erhaltenen Ostseite befiehlt Christus (oben) zwei Heiligen oder Engeln (Mitte) die Zerstörung des Bösen (unten). Möglicherweise wurde das Kreuz anlässlich der Gründung des Bistums (12. Jh.) errichtet. Zwei weitere Hochkreuze, 100 m westlich der Kirche im Feld, sind in sehr viel schlechterem Zustand.

Das in einem bescheidenen Haus am Dorfplatz eingerichtete **Burren Centre** erklärt mit einer Multimediashow auch auf Deutsch die Geologie und Botanik des Burren. Die einen finden's informativ, die anderen fühlen sich an langweilige Schulstunden erinnert. Auch Reiseführer und alle mögliche Literatur zum Thema Burren werden verkauft, nebenan lockt ein Coffeeshop.

⏰ **Burren Centre:** März–Mai, Sept.–Okt. 10–17 Uhr, Juni–Aug. 9.30–18 Uhr; Einlass bis 30 Min. vor Schließung. Eintritt 6 €. www.theburrencentre.ie.

• *Übernachten* **Kilfenora Hostel Shepherd's Rest,** in Kilfenora zwischen Vaughan's Pub und der Kirche, ✆ 065 708 8908, www.kilfenorahostel.com, Bett 20 €, DZ 50–70 €, mit Frühstück. Das von Lesern hoch gelobte gehört den Pubgeschwistern Orla und Mark Vaughan. Die einladenden, in kräftigen Farben gestrichenen Zimmer haben alle ein eigenes Bad. Schulungsräume bringen auch Salsa-Workshops oder Biologiestudenten, die auf Exkursion sind, ins Haus.

• *Camping* „Neben dem Burren Display Centre ist eine einfache **Campingwiese** eingerichtet worden (nur für Wanderer und Radler), die die kommunalen Facilitäten mitbenutzen können." (Lesertipp von Ernst Herold).

• *Musik* Do- und Sa'abend irischer Tanz (Céili) bei **Vaughan's.** Nicht entgehen lassen sollte man sich die Auftritte der legendären **Kilfenora Céili Band** (www.kilfenoraceiliband.com) oder der lokalen Fiddlergröße Tommy Peoples. Pubmusik gibt's häufig auch bei **Linnane's.**

Lisdoonvarna

Anders als Baden-Baden oder Karlsbad war das einzige Heilbad Irlands nie ein Treff der High Society, sondern der einfachen Leute. Früher kamen die Landarbeiter und Pächter, um nach der Erntezeit ihre rheumageplagten Gelenke im heißen Schwefelwasser zu entspannen und sich von der harten Arbeit zu erholen.

Das Badevergnügen war für die Jugend auch eine gute Gelegenheit, mit dem anderen Geschlecht anzubandeln, und wer nicht selbst einen Partner/eine Partnerin finden wollte oder konnte, dem boten zahlreiche Heiratsvermittler ihre Dienste an. Noch heute werden beim „Matchmaker Festival", das im September mit viel Musik, Whiskey und Bier gefeiert wird, die ersten zarten Fäden mancher Romanze gesponnen. Den Kurpark findet man am Südende des Städtchens. Leider sind die Thermen samt dem viktorianischen Brunnenhaus geschlossen, ein geplanter Neubau kommt nicht recht in Gänge.

• *Verbindung* Busse nach Galway und Ennis – Limerick, im Sommer auch nach Kilkee. Auskunft ✆ 065 682 4177, www.bus eireann.ie.

• *Einkaufen* **Burren Smokehouse,** Doolin Rd., ✆ 065 707 4432, www.burrensmoke house.ie, Mai–Sept. tägl. 9–17 Uhr (Juni–Sept. bis 18 Uhr). Im Winter nur Mo–Fr. Geräucherter Lachs in allen Variationen, dazu eine Videoshow über die Lachsräucherei und geduldige Verkäufer, die alle Fragen rund um den Fisch beantworten.

• *Übernachten* ***** Ballinalacken Castle,** 5 km nördlich an der Fanore Rd., ✆ 065 707 4025, www.ballinalackencastle.com, DZ 130–160 €. Auf einem Hügel mit mächtigen Bäumen steht neben einer Burgruine ein Landsitz des 19. Jh. Die Lounge mit altem

Der Westen
Karte S. 469

492   Der Westen/County Clare

Mobiliar und Kaminfeuer, die Zimmer mit leicht abgewohnten Stilmöbeln, schöner Blick übers Meer.
Sleepzone, ℘ 065 707 7168, www.sleep zone.ie, Bett 16–26 €, DZ 55–70 €. Ein früheres Hotel wurde zum Hostel umgebaut.

Farbenfrohe Zimmer mit bis zu 10 Betten, WLAN, Gepäckaufbewahrung, Bar (nur bei guter Belegung geöffnet), karges Frühstück, sparsame Heizung, üppiger Garten. Im Sommer „Hausbus" zum Sleepzone-Hostel in Galway.

Lisdoonvarna/Umgebung

▶ **Höhlen um Lisdoonvarna:** Besonders die für viele Spleens bekannten Engländer meiden gerne das Tageslicht und kriechen statt dessen durch enge, glitschige Stollen, tauchen in unterirdischen Seen und picknicken in stockdunklen Felsendomen, um sich abends beim Guinness von diesen Abenteuern zu erholen. Vielleicht tut die erhöhte Konzentration an radioaktivem Radon in der Höhlenluft ihren Teil zum Kitzel – doch wäre, so sagen Wissenschaftler, nur ein wochenlanger Aufenthalt unter Tage gesundheitsgefährdend. **Poll na gColm,** 5 km von Lisdoonvarna auf der Ostflanke des Slieve Elva, ist mit insgesamt 12 km begehbaren Stollen die größte Höhle der Insel. Nachdem der Grundbesitzer immer wieder von Höhlenfans um die Erlaubnis zum Besuch der **Doolin Cave** (gäl. *Poll an Ionain*) gebeten wurde, hat er seine unterirdischen Gewölbe beim Ballinalacken Castle nun für die Öffentlichkeit erschlossen und lässt sich die Tour zu einem 6,50 m langen Stalaktitenriesen als Hauptattraktion gut bezahlen.

① **Doolin Cave,** April–Okt. nach Voranmeldung, ℘ 065 707 5761, www.doolincave.ie, Eintritt 15 €. Da es an der Höhle selbst keine Parkmöglichkeiten gibt, werden die Besucher vom Restaurant „Bruach na h'Aille" (Doolin, Roadford Rd.) im Kleinbus zur Höhle gebracht.

Fanore

Die wenigen, entlang der Straße verstreuten Häuser können kaum „Dorf" genannt werden. Bekannt ist der Ort für seinen Strand. Einfach am Ufer zu sitzen, sich den Wind um die Ohren pfeifen lassen und am Spiel der Wellen berauschen – was gibt es Schöneres?

Feiner goldgelber Sand ist mit pechschwarzen Felsen durchsetzt, dahinter türmen sich mit Strandhafer und schütteren Gräsern bewachsene Dünen. Doch Fanore bietet mehr als einen sicheren Badeplatz. Am Felsen **Aill an Daill,** kurz bevor die Straße im Süden landeinwärts biegt, messen Kletterer ihr Können, in einer Bucht suchen Taucher unter Wasser die Fortsetzung der Klippen, die erst in 20 m Tiefe auslaufen. Bei starken Regenfällen wird das Meer hier von kräftigen braunen Strudeln durcheinandergewirbelt. Sie zeigen die Stellen an, an denen die unterirdischen Flüsse aus dem Karst in den Ozean münden. Landeinwärts wird die kurze Wanderung auf den **Cathair Dhuin** (185 m) mit einem Ringfort belohnt, in dem noch die Spuren eines unterirdischen Speichers auszumachen sind. Wandert man gegenüber dem Strand in das **Caher-Tal,** kommen nach 45 Minuten linker Hand die Ruinen von **Cahrbannagh,** einem nach der Hungersnot verlassenen Dorf. Ein drittes Wanderziel sind auf dem Hügel hinter dem früheren Admiral's Rest die Höhlen **Poll Dubh** und **Poll Mor,** wovon die Erstere, so heißt es, auch für Amateure geeignet ist – ein Tipp für einen verregneten Nachmittag.

● *Verbindung* Di u. Do (Ende Juni–Aug. Mo–Sa) hält Bus 423 auf dem Weg zwischen Galway und Doolin in Fanore.
● *Reiten* **Burren Riding,** ℘ 065 707 6140, im Sommer tägl. Trekking, auch Unterricht.

● *Surfen* **Aloha Surf School,** Peter Heynes, ℘ 087 213 3996, www.surfschool.tv. Mit Hawaii ist der Fanorestrand nicht zu vergleichen, doch wer das Wellenreiten lernen will, muss ja irgendwann mal klein anfangen.

Ballyvaughan 493

- *Übernachten* **Rocky View Farmhouse,** ℡ 065 707 6103, www.rockyviewfarmhouse. com, DZ 75 €. Abgesehen von den Ferienhäusern hinter O'Donohue's Pub gibt es in Fanore nur wenige Unterkünfte. Das Rocky View steht einsam auf einer Anhöhe mit Meerblick, den man am besten aus dem Frühstücksraum mit seiner großen Glasfassade genießt.
- *Essen* **Hollywell Trattoria,** ℡ 065 707 6971, www.holywell.net, nur Juni–Aug. tägl. ab Mittag geöffnet. Eine Höhle mit dunklen Holzbalken und dezenter Beleuchtung. Auf der knapp gehaltenen Karte stehen Pasta- und einige Fleischgerichte, zum Dessert empfiehlt sich die hausgemachte Eiskrem.

▶ **Gleninagh Castle:** Die Burg der O'Lochlainns, die noch im 19. Jh. die ungekrönten Könige des Burren waren, liegt auf halber Strecke zwischen dem Black Head und Ballyvaughan direkt am Meer. Renovierungsarbeiten sind im Gange, eines Tages soll das Haus für das Publikum geöffnet werden. Am Eingang stehen eine heilige Quelle und eine zerfallene Kapelle.

Ballyvaughan

Das schmucke Fischerdorf an der Galway-Bucht war einmal der wichtigste Hafen für die Aran Islands. Auf den vorgelagerten Inseln nisten im Winter Wildgänse, auch Robben sind in der Bucht zu Hause. In Ballyvaughan bezieht das gehobene Publikum für die Erkundung des Burren Quartier. Das „Truthahnschnitzel Waldorf" mit Nüssen und Äpfeln auf der Speisekarte weist die Richtung, und der Sparladen führt – ganz ungewöhnlich für ein irisches Dorf – Quark und französischen Käse. Bezeichnenderweise gibt es auch kein Hostel, dafür mehrere Kunsthandwerkläden und reichlich Ferienwohnungen.

Verbindungen/Diverses

- *Information* www.ballyvaughanireland.com.
- *Verbindung* Busse von Galway und Lisdoonvarna, Di/Do (Juni–Aug. Mo–Sa) auch von Doolin – Fanore. Auskunft ℡ 091 562 000, www.buseireann.ie.
- *Fahrradverleih* **Burren Bike,** bei der Tankstelle, ℡ 065 707 7061, www.burrenbike.com.
- *Einkaufen* **Farm Shop,** Aillwee Cave, an der Zufahrt zur Höhle. Lebensmittel der Region. Ab Mitte Juni wird für einige Wochen jeden Morgen Käse gemacht – Zuschauer sind willkommen.
- *Geführte Wanderungen* **Burren Hill Walks,** Corkscrew Hill, ℡ 088 2654 810, http: //homepage.eircom.net/~burrenhillwalks/.

Shane Connolly, gelernter Archäologe und praktizierender Bauer, führt Kleingruppen halb- oder ganztags durch die Landschaft.
- *Tauchen* **Burren Adventure Dive Centre,** Main St., ℡ 065 707 8914, www.burrenad ventures.com, Tauchkurse und Verleih von Ausrüstungen.
- *Sprachkurse* **Holywell Language Centre,** ℡ 065 7077322, www.holywell.net. In Irland unter Südtiroler Leitung Englisch als Fremdsprache lernen, und sich dazu, so verspricht es jedenfalls die Küche des Zentrums, rein vegetarisch ernähren – ein mutiges Projekt, das Sybille und Wolfgang Dietl da aufgezogen haben.

Übernachten/Essen

Die meisten Fremdenbetten stehen in den etwa 50 Ferienwohnungen, die auch von deutschen Reiseveranstaltern angeboten werden. Informationen über die B&Bs der Umgebung bekommt man z. B. in „Hyland's".

**** **Gregan's Castle,** Lisdoonvarna Rd., ℡ 065 707 7005, www.gregans.ie, April–Okt., DZ 200–260 €. Das vornehmste Hotel des Burren ist ein ehrwürdiger Herrensitz inmitten eines gepflegten Parks, 5 km außerhalb am Fuß des Corkscrew Hill. Auflagen der Feuerpolizei haben den Park um einen Teich bereichert. Prächtige Aussicht, auch die Küche wird gelobt – Tafelmusik mit Piano und Harfe.

Der Westen
Karte S. 469

494   Der Westen/County Clare

** Hyland's, im Zentrum, ☏ 065 707 7037, www.hylandsburren.com, DZ 90–140 €. Gemütliches Familienhotel mit Restaurant, Bar und Supermarkt. Zimmer von verschiedener Qualität, die im Anbau sind um eine Halle mit Lichtkuppel und Pflanzeninsel angeordnet, neu möbliert und sehr geräumig.

Drumcreehy House, Kinvara Rd., ☏ 065 707 7377, www.drumcreehyhouse.com, DZ 85–100 €. „Das von einem deutsch-irischen Ehepaar geführte Drumcreehy House bietet nahezu Hotelstandard, v. a. das Frühstücksbuffet ist gigantisch. Dies außerhalb der Hochsaison auch zu recht günstigen Preisen." (Lesertipp von Thomas Schol)

B&B Rusheen House, Lisdoonvarna Rd., ☏ 065 7077092, www.rusheenlodge.com, DZ 80–100 €. 1 km außerhalb, von meinen Kollegen hoch gelobt und vielfach ausgezeichnet („Guesthouse of the Year", 5 Diamanten von AA und RAC etc.). Gehobene Ausstattung (z. B. mit den so herrlich britischen Hosenbüglern – die allein haben beim Königlichen Automobilclub bestimmt einen Diamanten gebracht). Wer's geräumiger mag, nimmt eine Suite.

B&B Oceanville, Pier Rd., neben Monk's Bar, ☏ 065 707 7051, www.ballyvaughanband b.com, DZ 75 €. „... verbrachten wir zwei Nächte im wohl schönsten B&B unserer Reise. Ein riesiges Zimmer en suite [also mit Bad], sehr gepflegt, mit Aussicht auf die Galway-Bucht. Zuerst dachten wir an einen Irrtum, weil es so günstig war." (Lesertipp von Christian Meier)

Village & Country Holiday Homes, ☏ 065 905 1977, www.ballyvaughan-cottages.com. Durch eine Passage kommt man von der Hauptstraße in ein kleines Feriendorf mit 8 komfortabel ausgestatteten Apartments, die um einen Garten angeordnet sind.

● *Essen* **Hyland's Hotel,** bietet in seiner Bar günstiges und gutes Essen in angenehmer Atmosphäre.

Tea Junction, im Zentrum. Eine Konditorei mit Coffeeshop; kleine Snacks, z. B. Chili con Carne auf Pittabrot.

Monk's Pub & Restaurant, am Hafen, ☏ 065 707 7059, www.monks.ie. Auf der Karte vorwiegend Meeresfrüchte; als Dessert etwa hausgemachter Apfelkuchen oder Reispudding. Geradezu legendär ist jedoch die Fischsuppe, für die manche wirklich von weit her anreisen. Im Sommer stehen auch Tische im Freien und abends gibt's gelegentlich Livemusik. Okt.–März schließt die Küche bereits um 18 Uhr.

An Fulacht Fia, Fanore Rd., ☏ 065 707 7300, www.anfulachtfia.ie, Mo–Sa ab 17.30 Uhr, So ab 13.30 Uhr, Early Menu (bis 19 Uhr) 25/30 €, Hauptgericht 25–35 €. Inmitten eines farbenfrohen Gartens steht das Restaurant in bester Lage. Schon die Architektur des Hauses ist ein Genuss: Blickfang des Eingangsbereichs (mit Bar) ist eine Feuerstelle mit kirschrotem Kamin. In Speiseraum sitzt man unter dem Granitrelief eines Segelschiffs und genießt von jedem Tisch die Aussicht aufs Meer. Gekocht wird mit Bio-Zutaten aus der Region, z.B. geschmorte Keule vom Burren-Lamm. Auch vegetarische Gerichte werden angeboten.

▸ **Burren College of Art/Newtown Castle:** Mitten auf dem Campus von Ballyvaughans Kunsthochschule steht ein Wehrturm (16. Jh.) mit ungewöhnlicher Gestalt. Von einer quadratischen Basis verjüngt er sich über eine Pyramide zu einem Rundturm. Gebaut von den O'Briens, ging die Burg bald in die Hände der O'Lochlainns über. Heute ist fünfstöckigen Turm gelegentlich im Rahmen von Ausstellungen öffentlich zugänglich. Gewöhnlich beschränken sich diese jedoch auf die mit allen Finessen ausgestatteten Galerieräume des Colleges.
www.burrencollege.com.

▸ **Aillwee Cave/Bird of Prey Centre:** Die einzige touristisch erschlossene Höhle des Burren wurde 1944 per Zufall von einem Bauern entdeckt. Eingang, Parkplatz und Zufahrt sind harmonisch in die Landschaft eingepasst – hier könnte sich so manches staatliche Visitor Centre ein Beispiel nehmen. Im Café vor dem Eingang vergeht die Wartezeit bis zum Beginn der Führungen rasch. Vergessen Sie ihren Pullover nicht – unter Tage hat es sommers wie winters gerade 10 Grad Celsius. Nur ein Bruchteil der 50 km Stollen kann begangen werden, doch dieser ist mit Gespür für Dramatik elektrisch ausgeleuchtet. Am Ende der Führung wird für einen Moment das Licht abgedreht: Der Besucher soll nicht vergessen, dass die Höhle von Natur aus ein dunkles Loch ist. Der Hauptkorridor öffnet sich zu mehreren Kavernen, an manchen Stellen liegen noch die Knochen der Braunbären, die sich in der Höhle zu ihrem letzten Winterschlaf niederlegten. Höhepunkt ist ein Wasserfall. Im Eintrittspreis der Höhle inbegriffen ist der Besuch der neuen **Falknerei**. Adler, Falken und andere Greifvögel zeigen ihre Flugkünste, Geier recken die Hälse, auch Irlands einzige Schneeeulen sind hier zuhause.

Auch bei der Aillwee Cave gehen die Meinungen auseinander. Leseprobe: „Für einen gesalzenen Eintrittspreis läuft man 50 % der Führung in künstlich angelegten Stollen und bekommt gerade mal 2 bis 3 winzige Tropfsteine zu sehen." (Harald Schönfeld).

> Tägl. 10–17.30 Uhr, Juli/Aug. bis 18.30 Uhr; Flugschau tägl. 12 Uhr und 15.30 Uhr. Eintritt 15 €. www.aillweecave.ie.

Kinvara (Kinvarra)

Kinvara, das Tor zum Burren, gehört bereits zum County Galway. Am Kopf einer flachen und geschützten Bucht wird es von Seglern und Durchreisenden besucht. Das **Merriman Hotel** kann mit dem größten Schilfdach Irlands aufwarten. Ob bei bunten Häusern oder dem Kontrast zwischen blauem Wasser, grünen Rasen und roten Brüstungen, offensichtlich lieben die Bewohner knallige Farben. Ursprünglich eine Hugenottensiedlung und damit für irische Verhältnisse relativ jung, kam Kinvara Anfang des 19. Jh. in den Besitz von Richard Gregory of Coole.

Auf einer Felsnase über dem Wasser präsentiert sich das **Dunguaire Castle** mit der untergehenden Sonne im Hintergrund als ein romantisches Fotomotiv. Die um 1520 gebaute Burg steht wahrscheinlich genau an der Stelle des Palastes von

Die Wasserburg Dunguaire Castle

496   Der Westen/County Clare

Guaire, der im 6. Jh. König von Connaught war. Sie ist in exzellentem Zustand und jeder Raum spiegelt den Geschmack einer anderen Epoche wider. Wer vorbeikommt, mag reinschauen, doch einen Umweg ist das Castle nicht wert: Man sieht gerade nur drei Räume mit einfach gestalteten Schautafeln, und den Führer, der den Besuch einst zu einem lehrreichen und unterhaltsamen Erlebnis machte, gönnt man uns leider auch nicht mehr. Am Abend veranstaltet das *Shannon Development Board* seine Bankette im Mittelalterstil, wie wir sie schon in Bunratty kennen gelernt haben. Der Rahmen ist hier etwas persönlicher, als Beilage zum Essen gibt es geistige Nahrung in Form literarischer Lesungen.

- *Information* www.kinvara.com.
- *Verbindung* Bushalt zwischen Galway und Doolin (Busauskunft ☎ 091 562 000).
- *Festival* Mitte Aug. **Fischerfest** mit Wettrudern in der Bucht und einer Parade der Galway Hookers, der traditionellen Segelboote. Ende April **Fleadh na gCuach,** das Festival der Folkmusic in den Kneipen der Stadt.
- ⑦ **Dunguaire Castle:** Mai–Okt. tägl. 9.30–17 Uhr; Einlass bis 16.30 Uhr, Eintritt 6 €, mit Bankett 50 €; Anmeldung Bankett ☎ 061 360 788. www.shannonheritage.com.
- *Übernachten* **Merriman Hotel,** Main St., ☎ 091 638 222, www.merrimanhotel.com, DZ 80–120 €. Wohnen unter Irlands größtem Reetdach und doch ein erst wenige Jahre altes Haus. Am Wochenende tanzt das Dorf in der Bar.

B&B Fallon's, Main St., ☎ 091 638 088, www.kinvarra.com/fallons, DZ 75 €. Beim Spar-Geschäft gleich gegenüber dem Merriman-Hotel vermietet Familie Fallon im Dachgeschoss ihres etwas von der Straße zurück gesetzten Hauses einige Fremdenzimmer.

Mountain View House, Mary Flanagan, Ballyclery (2 km außerhalb via N 67 Nord), ☎ 091 637 275, www.kinvara.com/mountainviewbb, DZ 70 €. Das auch mit dem "Irish Welcomes Award" ausgezeichnete B&B wird von Leser Jochen Hell empfohlen.

Doorus JH, Doorus, ☎ 091 637 512, www.anoige.ie, ganzjährig geöffnet, Bett 12–16 €. Ein berühmtes Haus, in dem einst Yeats und sein Freundeskreis einige Stücke schrieben und wo die Idee des irischen Nationaltheaters geboren wurde. Außer um Yeats in der Originalumgebung zu lesen, ist der steinige, aber sichere Badestrand nahe dem Haus ein weiterer Grund, hierherzukommen. Auch zur Vogelbeobachtung ist die ruhige, abgeschiedene Halbinsel bestens geeignet.

Gort

Willkommen in „Real Brazil". So steht es auf einem gelb-grünes Schild am Ortseingang. Der Supermarkt verkauft Maniokwurzeln und Kochbananen. Der lokale Fußballclub heißt Samba Celtics, Sambarhythmen tönen am Wochenende aus den Tanzsälen der Pubs.

Der Gorter Fleischfabrikant Sean Duffy hatte 1999 die ersten Schlachter aus Brasilien engagiert. Inzwischen stammt einer von drei Gortern aus Südamerika. Viele sind illegal im Land. Vor der Kirche bieten sie sich jeden Morgen als Taglöhner feil. Pfarrer Keenan, der die Sklavenarbeit als Missionar in Brasilien kennen gelernt hat, hält seine Messen auch auf Portugiesisch. Duffys Fleischfabrik hat längst dicht gemacht und die Arbeitslosigkeit steigt. Die Krise wird zeigen, wie fest sich die Brasilianer in Gort verankert haben und wie viele auch in schlechten Zeiten bleiben werden.

Im Frühmittelalter herrschte hier der legendäre Häuptling Guaire. Er stiftete das Land für die Klostersiedlung **Kilmacduagh,** von der 5 km westlich von Gort ein restaurierter Rundturm, die „Kathedrale" und Reste weiterer Kirchen, dazu allerlei Steinkreuze blieben. Auf Guaire führte sich das örtliche Geschlecht der O'Shaughnessy zurück, die wiederum ihren Besitz im 17. Jh. an die Verkers, die künftigen

Viscounts Gort verloren – deren prächtiger Stammsitz am nahen **Lough Cutra** bleibt der Öffentlichkeit leider verschlossen. Die Gorts entwickelten Gort zum regionalen Wirtschaftszentrum: Sie etablierten den samstäglichen Markt, errichteten eine Getreidemühle, Brauerei und Gerberei. An dieses zumindest für die Grundherrn Goldene Zeitalter erinnert etwa das **Waaghaus** auf dem Marktplatz. „It is a regularly built little place with a square and street, but it looked as if it wondered how the deuce it got into the midst of such a desolate country and seemed to bore itself considerably. It had nothing to do and no society", notierte William Thackeray im Jahre 1842.

- *Information* www.gortonline.com.
- *Verbindung* Der Marktort liegt an der Landstraße (N 18) zwischen Ennis und Galway und damit abseits der gängigen Touristenroute, aber am Weg der **Linienbusse** zwischen Limerick und Galway. Auskunft ☎ 091 562 000, ww.buseireann.ie.
Für Selbstfahrer bietet sich ein Abstecher von Kinvara (15 km) aus an.
- *Festival* **Cooley-Collins Traditional Music Festival,** alljährlich Ende Okt. am Bank Holiday Weekend, mit Konzerten, Ceili, Pubmusik, Tin-Whistle- und Akkordeon-Wettbewerb. Auskunft bei Mary Coen, ☎ 091 632 370.
Mitte Juni feiert Gort sein brasilianisches Stadtfest **Quadrilha.**

- *Übernachten* **B&B Cedar Lodge,** Prospect, ☎ 091 631 376, cedarlodgeireland@eircom.net, DZ 70 €. Ein neuer Bungalow 2 km außerhalb von Gort an der Straße nach Galway.
B&B Naomh Colman, Kilmacduagh, ☎ 091 631 849, www.galway.net/pages/colman, DZ 70 €. Gleich beim Kloster bietet Josephine Finnegan drei Fremdenzimmer.
- *Essen* **Jonny Walsh's** Bar and Restaurant, The Square, Gort; Küche 11–19 Uhr, So Ruhetag. Das Barfood wie etwa gegrilltes Lachssteak oder die Käse- und Schinkenplatte ist kein kulinarischer Höhenflug, doch grundsolide Hausmannskost.

Gort/Umgebung

▸ **Thoor Ballylee:** Als 20-jähriger besuchte W.B. Yeats erstmals Ballylee und begeisterte sich für die an einem idyllischem Flüsschen gelegene Normannenburg und für die Hymnen des blinden gälischen Sängers Anthony Raftery an die hübsche Müllerstochter Mary Hynes, die „leuchtende Blume von Ballylee" – später mag er hier Parallelen zu seiner eigenen unerwiderten Neigung für die militante Republikanerin Maud Gonne entdeckt haben.

1916 erwarb Yeats den Bergfried im Nordosten der Stadt samt Cottage und Garten für lächerliche 35 Pfund und richtete hier seine Sommerresidenz ein. Vom Kampf gegen die das Gemäuer zersetzende Feuchtigkeit zermürbt, gab er zwölf Jahre später auf und verließ Ballylee. Heute kann man hier in einem Yeats-Museum Porzellan und Möbel des Hausherren, einige Erstausgaben und einen Videofilm bewundern. Um den efeuumrankten Turm kreisen Yeats' Gedichtsammlungen „The Tower" und „The Winding Stair". Auf der Letzteren erklimmen die Besucher die Dachterrasse des Turms und dort blicken hinüber zum Coole Park.

⏲ Juni–Sept. Mo–Sa 9.30–17 Uhr; Eintritt 6 €. Von der N 18 und der N 66 jeweils 5 km nördlich von Gort ausgeschildert.

▸ **Coole Park:** Im Landsitz der Yeats-Freundin und Dramatikerin Lady Gregory gingen seinerzeit die Größen der literarischen Szene aus und ein, die ihre Initialen in der Rinde einer prächtigen Blutbuche hinterließen. Das im Bürgerkrieg ausgebrannte Haus wurde 1941 abgerissen, doch es blieb ein prächtiger Park mit Wald und beschaulichem See. Reproduktionen von Shaws Postkartengedichten, die er *Me* und *Nu*, den Enkelinnen von Lady Gregory schrieb, säumen als Steindrucke die

498   Der Westen/County Clare

Wanderwege, halb zahmes Rotwild lugt neugierig aus seinem Gehege. In den früheren Wirtschaftsgebäuden wurde ein Besucherzentrum mit Café eingerichtet.

⏱ Der **Park** ist ganzjährig bei Tageslicht geöffnet, Eintritt frei. Das **Visitor Centre** April/Mai, Sept. tägl. 10–17 Uhr, Juni–Aug. bis 18 Uhr; letzte Videoshow 1 Std. vor Schließung. An der N 18 4 km nördlich von Gore. www.coolepark.ie.

▶ **Kiltartan Cross Gregory Museum:** Fans von Lady Gregory und der Irischen Literarischen Renaissance finden in einer früheren Dorfschule weitere Erinnerungsstücke an die Mitbegründerin des Dubliner Abbey Theatre. Ein Klassenzimmer wurde im alten Stil erhalten.

⏱ Juni–Aug. tägl. 11–17 Uhr, Sept.–Mai nur So 13–17 Uhr. Eintritt 2,50 €. An der N 18 4 km nördlich von Gore. www.gortonline.com/gregorymuseum.

Lough Graney

Die Einheimischen vergleichen ihr Hügelland um den stillen See stolz mit Killarney – als wesentlicher Unterschied bleibt freilich festzuhalten, dass sich Fremde nur sehr selten zum Lough Graney verirren.

Auf dem gut ausgeschilderten **Shore Walk** umrundet man in vier bis fünf Stunden den See und lernt dabei auf engem Raum eine erstaunlich vielfältige Landschaft kennen. Ab und an trifft man ein paar Angler beim Warten auf den dicken Hecht oder Jäger bei der Pirsch auf Enten, Schnepfen und (leibhaftige!) Moorhühner. Als Ausgangspunkt empfiehlt sich **Caher,** das Dorf am Südende des Lough. Unterhalb von **Flagmount** lädt eine Bucht zum Baden, ein weiterer Badeplatz sind die **White Sands** eine halbe Stunde nördlich des Orts. Der Weg entfernt sich jetzt etwas vom See und passiert die Wälder von **Cahermurphy,** ein Naturschutzgebiet, in dem sich, für Irland eine Rarität, noch wild lebende Rehe tummeln. Nach der Brücke über den **River Bleach** öffnet sich Weideland, doch bald geht es wieder in den Wald. Vom Picknickplatz im **Kocknaeeha Forest** lassen sich Singschwäne und Reiher beobachten. An den Eichenwald schließt sich die Moorlandschaft des **Doorus Bog** an, aus der ein steiler Aufstieg zum **Lough Graney Inn** führt.

● *Anfahrt* Von Gort nach Caher zunächst die N 18 6 km südwärts, dann am Ende des Lough Cultra links ab auf der R461 Richtung Scariff.

● *Wegbeschreibung* Die Umrundung des Lough Graney folgt größtenteils dem East-Clare-Fernwanderweg (siehe www.clare walks.com), zu dem die Touristenbüros in Gort oder Ennis die Broschüre „The East Clare Way" bereithalten.

▶ **Feakle,** zwischen dem See und der Ennis-Portumna-Road (R 352) hat sich einen Namen mit dem alljährlich im August veranstalteten Traditional Music Festival gemacht. Auf dem Dorffriedhof ruht der Bauer, Lehrer und Dichter Brian Merriman (1749–1805), der mit dem gälischen Epos *Cúirt an Mheán-Oiche* („Der mitternächtliche Gerichtshof") eine für die Zeit erstaunlich emanzipierte Satire auf die herrschende Sexualmoral hinterließ. In der Nachbarschaft von Feakle lebte die sagenumwobene Biddy Early. Einige Mythen um diese Wahrsagerin und Heilerin, die sich noch 1865 wegen Hexerei vor Gericht verantworten musste, überliefert Lady Gregory in den *Visions and Beliefs in the West of Ireland.* Wer sich für Obst- und Gartenbau interessiert, mag den Garten der *Irish Seed Savers Association* besuchen. Diese gemeinnützige Vereinigung bemüht sich um den Erhalt seltener, vom Aussterben bedrohter Nutzpflanzenarten. Statt immer nur in Jonagold und Cox Orange zu beißen, können Sie hier den „Kerry Pippin", den „Yellow Pitcher" und andere irische Apfelsorten kosten.

Killaloe 499

② **Irish Seed Savers Association,** Capparoe (von Feakle auf der R 461 Richtung Scariff, nach dem Derymore-Gestüt links ab), ✆ 061 921 866, www.irish seedsavers.ie, Mo–Fr 9–17 Uhr, Führungen (3 €) nach Voranmeldung.

• *Einkaufen* Freitagmorgens gibt es im Zentrum einen kleinen Markt.

• *Übernachten* **B&B Laccaroe House,** Gurrane, ✆ 061 924 150, www.laccaroe house.com, DZ 70 €. Pat und Karen Brenns Farm liegt einen guten Kilometer außerhalb von Feakle Richtung Scariff. Schöne Aussicht, solide eingerichtete Zimmer mit Bad

und TV, dazu gastfreundliche Wirtsleute.

• *Essen/Pub* **Peppers Bar** wirbt mit traditional music-sessions mittwochs und samstags. Im Nebenzimmer warme Küche bis 21 Uhr.

Flappers, Tulla, ✆ 065 683 5711. Das beste Restaurant der Gegend hat mittags gesunde Bauernküche mit vielen Zutaten aus der Region. Die Abendkarte bietet ungewöhnliche Kombinationen wie Krabbenfleisch mit Tomatensauce und Curry-Crème fraîche oder ein Karotten-Steckrüben-Püree als Beilage zum Lammrücken. So Ruhetag, Mo abends geschlossen.

Killaloe

Vor rund tausend Jahren war das unscheinbare Dorf am Südende des Lough Derg die Residenzstadt des Königs Brian Boru. An der alten Bogenbrücke zum Schwesterdorf Ballina endet die touristische Flussschifffahrt.

Killaloe bezieht seinen Charme von der Lage am Fluss. Vom Aussichtsparkplatz in Ballina aus betrachtet ähnelt es einem fränkischen Weindorf in einer Mainschleife. Nachdem er sich so lange bequem durch die Ebene schlängeln konnte, muss sich der Shannon bei seiner letzten Etappe auf dem Weg ins Meer doch noch durch einen Engpass zwischen den *Slieve Bearnagh* und *Arra Mountains* zwängen. Nur erfahrene Bootsleute mit Führerschein dürfen auch den schwierigen Abschnitt zwischen Killaloe und Limerick befahren. Bevor 1929 der Wasserspiegel durch das Wehr des Kraftwerks von Ardacrusha angehoben wurde, mussten die Schiffe auf einem Kanal die jetzt im See untergegangenen Stromschnellen südlich von Killaloe passieren. Der künstliche Wasserweg ist im Ortsbereich noch erhalten und trennt die Insel mit dem Schleusenhaus (jetzt Tourist Information) von der Stadt.

Eine Überlieferung vermutet Brian Borus Palast auf der Anhöhe, wo heute die katholische Kirche **St. Flannan** und das ursprünglich holzgedeckte **St. Lua's Oratorium** stehen. Das Oratorium (9./10. Jh.) wurde aus einer überfluteten Insel im Fluss hierher versetzt. Leicht mit der Kirche zu verwechseln ist die ebenfalls St. Flannan, dem ersten Bischof von Killaloe, geweihte **Kathedrale** am anderen Ende der Main Street. Sie ist im romanisch-gotischen Übergangsstil gebaut. Der **Thorgrim Stone** bittet gleich neben dem Eingang in skandinavischen Runen und Oghamschrift um Gebete für den Wikinger Thorgrim, und nebenan steht wiederum ein Oratorium, über dessen Tonnengewölbe ein steiles Satteldach gesetzt wurde. Mit **Béal Ború** beansprucht noch ein weiterer Platz, einst königliche Residenz gewesen zu sein. Der gut halbstündige Weg zu diesem vielleicht 5 m hohen ringförmigen Erdwall am Ufer nördlich des Ortes ist ausgeschildert.

• *Information* Lock House, Killaloe, ✆ 061 376 866, Mai–Sept. tägl. 10–18 Uhr. Im Schleusenhaus an der Brücke. Das angeschlossene **Heritage Centre** (Eintritt 3,50 €) thematisiert Brian Boru, die Stadt und den Fluss.

• *Verbindung* **Bus** von Limerick.

• *Fahrradverleih/Wassersport/Reiten* **Killaloe Activity Centre,** Two Mile Gate, ✆ 061 376 622, www.ulac.ie, 3 km in Richtung Scariff. Wassersport bis zur Erschöpfung im Sportzentrum der Universität Limerick, auch Fischen, Fahrradverleih und Reiten. Unterkunft im hauseigenen B&B.

Der Westen
Karte S. 469

500 Der Westen/County Clare

• *Übernachten* ***** Lakeside Hotel,** Marina, ✆ 061 376 122, www.lakeside-killaloe.com, DZ 130–150 €. Das Haus mit Flussblick stammt noch aus der Zeit, als die Ausflügler mit der Bahn anreisten, um eine Dampferfahrt auf dem Lough Derg zu machen. An der Wand des Speisesaals erinnern kolorierte Postkarten an diese Epoche, sonst sieht man dem Haus sein Alter nicht an. Halle und Zimmer sind modern möbliert, die Bar hat einen Wintergarten. Zum Haus gehört ein „Leisure Centre" mit Sauna, Gymnastikraum, Whirlpool und anderen Annehmlichkeiten für kalte Tage.

B&B Kincora House, Church St., ✆ 061 376 149, www.kincorahouse.com, Mai–Sept. DZ 80 €. Farbenfrohes Stadthaus. Großes Plus ist die zentrale Lage, die Einrichtung stammt dagegen noch aus Großmutters Zeiten.

B&B Burnaby, Drumbane, ✆ 061 375 407, www.burnabylodge.com, DZ 75 €. Der Bungalow befindet sich am Westufer zwischen Wiesen und der R 494 einen knappen Kilometer nördlich der Brücke. Die Zimmer sind mit Geschmack und nicht altbacken eingerichtet.

• *Essen* **Cherry Tree,** am Ufer, 061 375 688, www.cherrytreerestaurant.ie, Mi–Sa ab 18 Uhr, So Lunch. Bekannt durch Funk und Fernsehen und ein beliebtes Ausflugsziel der Limericker. Unkomplizierte Gerichte mit Biokost. Die Karte wechselt jeden Monat, doch legendär sind die Salate und Rindfleischzubereitungen. Menü 52 €.

Goosers Pub and Restaurant, Ballina, Hauptgericht bis 30 €. Das örtliche Nobellokal zielt auf die zahlungskräftige Klientel der Bootsreisenden. Kulinarische Stärke sind die Fischgerichte, im rustikal eingerichteten Pub gibt es auch einfache Snacks.

Galloping Hogan's, Ballina, im alten Bahnhof am Kai, nur abends. Benannt nach einem Reiterhauptmann und Freiheitshelden des 17. Jhs., hat das Lokal auch eine Filiale in (nein, Sie erraten es nicht) Lissabon. Hier am Lough Derg ist's schön zum Draußensitzen, es gibt einfache Gerichte wie Stew und Lasagne, aber auch raffinierte Fischküche.

• *Pubs* In den meisten Pubs von Killaloe spielt im Sommer am Wochenende eine Folk- oder Countryband auf. Probieren Sie **Seanachaoi** oder **Crotty's** in der Bridge St. Das **Anchor Inn** lädt mittwochs zum Set-Dancing.

Killaloe/Umgebung

▶ **Mountshannon:** Das schmucke Örtchen am Westufer des Lough, etwa eine Fahrradstunde von Killaloe und vor der einsamen Moorlandschaft der **Slieve Aughty Mountains,** gewann einst den irischen „Unser-Dorf-soll-schöner-werden"-Wettbewerb. Großzügig sahen die Juroren darüber hinweg, dass das einzige sehenswerte Gebäude, die **Markthalle** aus der Gründerzeit, nur mehr als Sarglager dient. Urlauber kommen zum Angeln oder machen eine Stippvisite mit dem Kabinenkreuzer. Hauptattraktion des Dorfs ist der labyrinthartige Park **Aistear Iniscealtra.** Für Kinder gibt es einen großen Spielplatz, Erwachsene machen sich auf den Weg durch das Labyrinth. Aistear ist das gälische Wort für Reise und der Park ist als Pilgerweg zur Insel Inishcealtra (siehe unten) angelegt. Stationen symbolisieren die Entwicklung der Spiritualität vom Weltbild der Jäger und Sammler bis zur Marienverehrung.

▶ **Inishcealtra:** Vielleicht lässt sich einer der Freizeitskipper im Hafen von Mountshannon dafür begeistern, auf die „Heilige Insel" überzusetzen. Dort befand sich zwischen dem 7. und 17. Jh. eine Klostersiedlung, von der außer alten Kirchen auch der noch 27 m hohe Rundturm stammt. Die heilige Quelle war einst jeweils zu Pfingsten Ziel einer Wallfahrt, die von den Engländern jedoch im 19. Jh. verboten wurde, weil ihnen das festliche Treiben zu unmoralisch schien und Agitatoren die versammelten Bauern gegen die Kolonialmacht aufhetzten.

Trockenen Fußes übers Moor im Connemara Nationalpark

County Galway

Highlights

- **Aran Islands** – die Inseln vor der Insel, zerklüfteten Mondlandschaften gleich, sind ein ganz besonderes Stück Irland (S. 502)
- **Dun Aengus** – aussichtsreiche Archäologie: ein altes Ringfort thront am Klippenrand 90 m über dem Meer (S. 508)
- **Galway City** – die junge Boomtown des irischen Westens trumpft mit Festivals und Pubs. Zum Wohl! (S. 511)
- **Twelve Pins** – das bevorzugte Ziel der Bergwanderer im irischen Westen. Der Glencoaghan Horseshoe, der gleich über mehrere Gipfel führt, gilt als der ultimative Fitnesstest (S. 542)
- **Clifden** – Küste und Landschaft, zu erobern von der heimlichen Hauptstadt Connemaras aus (S. 543)
- **Connemara Nationalpark** – wetterfeste Wege führen über Heide und Moor auf den Diamond Hill (S. 550)

County Galway

Es gibt zwei ganz gegensätzliche Gründe, Galway zu besuchen: eine jugendliche und lebenslustige Stadt, die von einem Festival in das nächste taumelt, und ein einsames Land voll rauer Naturschönheit.

Galway ist die an Fläche zweitgrößte Grafschaft Irlands, und noch etwa die Hälfte der Einwohner spricht Gälisch als Muttersprache. Galway City, das unbestrittene Zentrum des Westens mit einer dynamischen Ökonomie und einer lebendigen Kulturszene, ist ein Fremdkörper in der sonst ländlichen Region. Östlich des *Lough Corrib*, des größten Sees der Republik, beginnt ein flaches, von Torfmooren unterbrochenes Farmland, das sich über die County-Grenzen hinaus bis zum Shannon fortsetzt. *Cong*, ein stilles Dörfchen auf einer Flussinsel, ist der Höhepunkt dieser satten und friedlichen Idylle. Ganz anders präsentiert sich *Connemara*, die Westhälfte Galways: raue Berge, verlassene Cottages zwischen Granitbrocken, Sumpfwiesen und unzählige Seen und Tümpel. Wer von Süden kommt, für den war der Burren eine gute Einstimmung auf diesen wilden und dünn besiedelten Landstrich, über den die atlantischen Winde pfeifen. Doch der Burren-Karst lässt das Wasser durchsickern und ist mit den ersten Sonnenstrahlen nach dem Regenguss wieder trocken. Connemara aber präsentiert sich, sobald man die Berge verlässt, als eine feuchte, geradezu amphibische Landschaft. *Clifden* hat sich zur heimlichen Hauptstadt Westgalways entwickelt und ist neben Galway der einzige Ort, an dem auch am Abend noch etwas los ist. Wie drei riesige Schiffe ankern draußen in der Galway Bay die *Aran-Inseln*. Auf diesen bis zum nackten Fels erodierten Steinwüsten haben die Menschen früher ihre Felder nur mit Hilfe einer künstlichen, aus Sand, Seetang und Stroh gemixten Ackerkrume bebauen können. Auf Inishmore, der größten Insel, bezeugt das geradezu dramatisch am Rand einer Steilklippe angelegte Fort Dún Aengus, dass die Inseln schon in grauer Vorzeit besiedelt und begehrt waren.

Aran-Inseln (gäl. Oileáin Arainn)

Mit den inzwischen guten Verkehrsverbindungen sind die Inseln ein beliebtes Reiseziel geworden. Unterkünfte gibt es en masse, Mountainbikes warten auf unternehmungslustige Ausflügler. Die Hauptinsel Inishmore verzeichnet die meisten Besucher, Inishmaan hat den geringsten Anteil an den Segnungen der Moderne.

Die Aran-Inseln sind die natürliche Fortsetzung des Burren, ein Kalkriff, das auf Inishmore wie ein Dampfer in Schieflage von der flachen Nordküste allmählich gen Süden hin ansteigt und mit einer Steilwand wieder ins Meer stürzt. Die kahle, zerklüftete Mondlandschaft ist von Moosen, Flechten und einer schütteren Grasschicht überzogen, nur aus den Ritzen und Spalten sprießt üppiges Grün und wagen sich im Frühling die Wildblumen. Mannshohe, aus Steinbrocken geschichtete Mauern fassen die Felder ein, in deren von den Vorfahren mühsam zusammengetragener Erde die Bauern Kartoffeln und Roggen anpflanzen.

Durch die isolierte Lage der Inseln ist die gälische Kultur hier besonders stark verankert und haben sich Traditionen gehalten, die andernorts längst untergegangen sind. Hier wurde der klassische Aranpullover aus ungefärbter Wolle und mit kom-

Entspannen in Clifden

plizierten Mustern erfunden. Auf Inishmaan begegnet man noch manchmal alten Frauen in Tracht gekleidet – roter Rock und schwarzer Schal – oder Männern in den bauschigen Wollhosen mit farbenprächtigen Gürteln.

Geschichte

Zumindest Inishmore und Inishmaan, die beiden größten Inseln, waren schon in der Eisenzeit besiedelt. Eiserne Relikte sind längst zu Rost verfallen, aber zwei steinerne Ringforts blieben erhalten. *Dún Aengus* klebt an einer tief ins Meer abstürzenden Steilklippe. Der Überlieferung nach waren die kriegerischen Bauherren vom vorkeltischen Stamm der Firbolg und vom Festland her zugewandert. Das Christentum erreichte die Inseln um die Wende zum 5. Jh. St. Enda, ein zur neuen Religion konvertierter Häuptling, der sogar eine Pilgerfahrt nach Rom unternahm, soll das erste Kloster gegründet haben. Geistliche Größen wie Columban und Columcille gingen hier in die Lehre. Nachdem im 16. Jh. die Clans der O'Flahertys und der O'Briens um die Inseln stritten, schenkte Königin Elisabeth die Arans schließlich einem englischen Grundherren, Cromwell richtete später gar eine Garnison ein. Viele ausgemusterte Soldaten blieben auf den Inseln, und so haben viele der heutigen Bewohner, die dies allerdings nicht gerne wahrhaben wollen, in ihrem Stammbaum auch englische Vorfahren.

Mit dem Erwachen der gälischen Nationalbewegung kamen Künstler und Intellektuelle auf der Suche nach ihren Wurzeln auf die Inseln. *John Millington Synges* (1871–1909) schrieb mit „The Aran Islands" (in deutscher Übersetzung bei Suhrkamp) den Klassiker über das Leben auf dem Archipel, auch sein Theaterstück „Riders to the Sea" spielt auf den Inseln. Auf Inishmore wuchs der auf einer Amerikareise vom katholischen Nationalisten zum Kommunisten konvertierte *Liam O'Flaherty* (1897–1984) auf, der als Vorsitzender eines Sowjets während des Bürgerkriegs 1922 die rote Fahne auf der Dubliner Rotunda hisste. Lesenswert ist vor allem seine Novelle

504   Der Westen/County Galway

„Famine" (dt. als „Zornige grüne Insel" bei Diogenes). Der amerikanische Ire *Robert Flaherty*, dessen Vorfahren im Spätmittelalter mit den O'Briens um die Macht auf den Inseln stritten, hielt mit dem 1934 gedrehten Filmklassiker „Man of Aran" den Inselalltag in Bildern fest. *Tim Robinsons* Karten und Bücher sind die beste Quelle über die heutigen Arans. Das Verkehrsbüro hat eine ganze Liste von weiteren, außerhalb Irlands freilich kaum bekannten Künstlern, die die Arans in Text und Bild verarbeitet haben.

„The Man of Aran"

Ob Hemingway „The Man of Aran" gesehen hatte, bevor er „Der alte Mann und das Meer" schrieb? Die Parallelen sind jedenfalls verblüffend. Im Mittelpunkt des Dokumentarfilms steht der Kampf des Menschen mit der Natur und besonders dem Meer. Tagelang ringen die Männer in einer Nussschale von Boot mit einem Hai, dessen Tran sie für die spärlichen Öllampen in den Hütten der Insel brauchen. Wenn sie nicht voller Angst auf die Rückkehr der Männer und Väter warten, kratzen Frauen und Buben die spärliche Erde aus den Ritzen der Kalkfelsen und bringen sie, vermischt mit Seetang, auf den kargen Feldern aus. Ohne viele Worte (Flaherty nutzt nur zögerlich die damals neuen Möglichkeiten des Tonfilms), sondern durch seine eindrücklichen Bilder heroisiert der Film das Leben in Armut und beständiger Lebensgefahr.
Es fällt schwer, sich vorzustellen, dass Menschen hier vor 70 Jahren noch unter solchen Bedingungen leben mussten. Und Flaherty schummelt auch ein bisschen. Für die Haifischjagd aus dem Ruderboot musste er die gesamte Westküste absuchen, um noch einen steinalten Fischer zu finden, der sich darauf verstand. Schon seit der Mitte des 19. Jh. brannten nämlich die Lampen auf den Arans mit Paraffin und niemand ging mehr auf Haifischjagd. Als Zeitdokument darf der Film also nur mit Einschränkungen verstanden werden. Als Filmkunstwerk ist „The Man of Aran" jedoch unbedingt sehenswert.

• *Verbindungen* **Fliegen:** Wer in Eile ist, kann mit der **Aer Arann** tägl. mehrmals vom Connemara Airport bei Inveran, rund 30 km westlich von Galway, auf alle drei Inseln fliegen. Obwohl die kleinen Propellermaschinen bei ihren Hopsern zu den Inseln gerade 10 Min. in der Luft sind, ist der Flug ein echtes Erlebnis. Auch der Airport erinnert an die Pioniertage der Luftfahrt. Zubringerbusse starten vom Tourist Office in Galway. Für den Hin- und Rückflug rechne man 45 €, auch Kombi Flug/Schiff, Arrangements mit B&B und Fahrradmitnahme möglich. Auskunft und Buchung ☎ 091 593 034, www.aerarannislands.ie.
Fähren von Rossaveal: Rossaveal (gäl. Ros an Mhil, bei Casla) ist der Haupthafen mit den kürzesten (ca. 45 Min.) und häufigsten (2 bis 6-mal tägl.) Verbindungen zu den Inseln. **Aran Island Ferries,** ☎ 091 568 903, www.aranislandferries.com, haben ihr Galway-Büro am Victoria Place und bieten von

dort Zubringerbusse nach Rossaveal. Der reguläre Tarif macht hin und zurück 25 € (mit Bus 32 €), doch es gibt kaum jemanden, der nicht für irgendeinen Sonderrabatt qualifiziert wäre. Für Dreiecksfahrten, also beispielsweise Rossaveal – Inishmore – Inisheer – Rossaveal, werden die Einzelfahrtpreise addiert – der Trip ist dann erheblich teurer als bei Hin- und Rückfahrt auf der gleichen Route.
Aran Direct, ☎ 091 566 535, www.aran direct.com, haben ihr Galway-Büro in 29 Foster St. gegenüber der Touristinformation. Fahrplan und Preis sind nahezu gleich wie bei der Konkurrenz. Im Winter 2008 stellte Aran Direct jedoch (vorübergehend?) den Betrieb ein.
Fähren von Doolin: siehe S. 483.
Die **Fähren zwischen den Inseln** sind theoretisch auf die Schiffe von und nach Irland abgestimmt, in der Praxis aber ist der Fahrplan wenig verlässlich.

Inishmore

(gäl. Inis Mór)

Die westlichste der bewohnten Arans, vor deren Spitze noch vier kleine Felseilande aus dem Wasser ragen, ist mit 31 qkm und etwa 800 Menschen zugleich die größte und bevölkerungsreichste. Hier gibt es noch eine Ärztin und zwei Friseusen, gelegentlich kommt der Zahnarzt aus Galway.

Vom Schiff aus präsentiert sich eine Sandküste vor dem Hintergrund grauer Kalkhügel, die den Burren ähnelt. Die Insel ist leicht nach Norden gekippt, steigt von dieser Seite somit flach an, um im Süden mit einer Steilklippe abrupt ins Meer zu stürzen. Die zerfurchte Oberfläche ist eine Schöpfung der eiszeitlichen Gletscher, die bei ihrem letzten Rückzug mit Eis und Geröll über das Land schrammten. Die Felder und Weiden, die Generationen dem kargen Boden abgerungen haben, sind säuberlich mit Feldmauern eingefasst. Nur an geschützten Stellen wachsen Haselbüsche und Weißdorn, für Bäume ist der Boden zu karg, die Luft zu salzig und der Wind zu stark. Der Hafen des Hauptorts **Kilronan** ist die Lebensader der Insel. Am Kai schauen die Tagelöhner zu, wenn wieder ein Schiff die Tagesgäste ausspuckt oder ein Bauer seine schlachtreife Kuh über den Steg zerrt. Zeit gibt es im Übermaß, Arbeit, die lohnen würde, nur wenig. Die Landwirtschaft zählt gemeinhin nicht mehr dazu.

Die neue Zeit

Auch auf den Arans bleibt die Zeit nicht stehen. Der Inselpriester hatte eine Affäre mit der Frau des Polizisten. Ordnungshüter und Frau ließen sich in Amerika einvernehmlich scheiden, und sie heiratete ihren Geliebten, der seinerseits die Soutane an den Nagel hängte. Soweit keine ungewöhnliche Geschichte. Bemerkenswert ist allerdings, dass das Paar wie der ebenfalls wieder verheiratete Polizist nicht irgendwo inkognito untergetaucht sind, sondern noch immer auf den Arans leben – und dort geschätzt und geachtet werden.

Im Hafen und auf dem Flugfeld landen im Sommer täglich bis zu 3000 Besucher, von denen einige Hundert auch über Nacht bleiben. Kilronan, das sich pittoresk von der Bucht den Hang hinauf erstreckt, hat die beste Infrastruktur und ist Basis für Ausflüge in den Westen und an die Steilklippen. Die Entfernungen sind für Fußgänger zu groß, es werden jedoch Fahrräder verliehen. Darüber hinaus bieten Kleinbusse Rundfahrten an, ebenso die traditionellen Jaunting Cars, Pferdekutschen, wie man sie aus Killarney kennt. Höhepunkt des Ausflugs ist das Fort Dún Aengus. Zum Relaxen hat Inishmore zwei schöne Sandstrände. Bei **Killeany** (gäl. Cill Éinne) auf der Südseite liegt eine kleine, von Dünen eingefasste Bucht. Auf der Nordseite kann man in **Kilmurvy** (gäl. Cill Mhuirbhigh) ins Wasser. Beide Plätze verfügen über Toiletten.

Information/Verbindungen/Diverses

• *Information* Am Pier in Kilronan, ☏ 099 61263, Mo–Fr 11–13, 14–17 Uhr, Sa/So 10–13, 14–17 Uhr, im Winter eingeschränkte Öffnungszeiten. Mit Gepäckaufbewahrung und Geldwechsel. www.aran-isles.com und www.aranisland.info.

• *Verbindungen* **Kleinbusse** (10 €/Person) machen in der Hochsaison laufend die Runde über die Insel und halten unterwegs auf Handzeichen.

506 Der Westen/County Galway

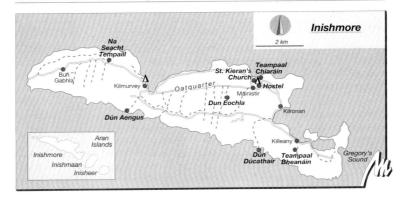

Ein **öffentlicher Bus** startet Mo–Sa nach Ankunft der Fähre am Pier und fährt für 3 € bis nach Dun Gabhla im Westen der Insel. Eine stilvollere Art der Fortbewegung bieten die **Ponykutschen** – für die Rundfahrt bis ans Westende der Insel rechne man pro Kutsche (bis 4 Pers.) 60 €. www.aranpony andtrap.com.

• *Bootsausflüge* Jeden Vormittag gegen 10 Uhr vom Hafen, Auskunft in den Hostels oder unter ☎ 099 61255.

• *Einkaufen* Die Aranpullover gibt es nahezu an jeder Ecke, die Preisunterschiede sind gering. Schnäppchen macht man am Ende der Saison, wenn die Restware oft bis um die Hälfte reduziert wird. Große Auswahl hat **Carraig Donn** (am Hafen, www.carraigdonn.com), dort gibt es auch Regenjacken und Tweed.

Snamara, Kilronan, verkauft neben anderen Souvenirs Karten aus gepresstem Seegras, aus alten Tauen gefertigte Fußmatten und die zur traditionellen Frauentracht der Insel gehörenden Hüfttücher sowie die absatzlosen Schuhe aus Schafsleder.

• *Fahrradverleih* In den Hostels, bei **Mullin's Aran Bike Hire**, am Pier, Kilronan, ☎ 099 61132, www.aranbikehire.com, oder bei **BNN Bike Hire,** Kilronan, ☎ 099 61402. Mountainbikes (Tag 10 €, Woche 50 €) sind auf jeden Fall zu empfehlen. Aber man sollte sehr genau hinsehen beim Anmieten, am besten samt Probefahrt, denn viele Räder sind dank schlechter Wartung in üblem Zustand. Unglaublich, aber wahr: Auf der Insel werden viele Fahrräder geklaut, mit denen sich irgendwelche Idioten damit beim Verleiher das hinterlegte Pfand abholen.

• *Geld* Ein Geldautomat ist im Spar-Markt zu finden. Eine Filiale der *Bank of Ireland* ist Juni–Aug. Mi und Do geöffnet, auch auf der Post kann man Geldgeschäfte tätigen.

• *Landkarte* Die auf der Insel, aber auch schon in Galway (z. B. im Touristoffice) erhältliche Karte **Tim Robinsons** zu den Aran-Inseln ist für alle, die mehr als nur eine Nacht auf Inishmore bleiben wollen, unerlässlich.

• *Lesen* O'Rourke, Con, **Nature Guide to the Aran Islands,** (Lilliput Press).

Synge, John M., **The Aran Islands.** Der vor rund 100 Jahren geschriebene Klassiker zu den Inseln ist als günstiges Penguin-Taschenbuch oder als aufwändiger reprint des Originals erhältlich.

Übernachten/Camping

Die Fährgesellschaften bieten Pauschalarrangements mit Übernachtung an. In Kilronan kann man über die Touristinformation buchen. Viele der etwa zwanzig B&Bs und Pensionen liegen nahe dem Hafen.

Kilmurvey House, ☎ 099 61218, www.kil murveyhouse.com, April–Okt., DZ 90–110 €. Ein schönes, altes Natursteinhaus neben dem Visitor Centre Dún Aengus und in Laufweite eines Badestrands. Mit Restaurant.

Man of Aran Cottage, Kilmurvey Beach, ☎ 099 61301, www.manofarancottage.com,

Inishmore 507

März–Okt., DZ 80 €. Das Cottage wurde einst für Robert Flahertys Film gebaut und ist gut in Schuss. Drei kleine Zimmer mit Charme, zum Frühstück gibt's Tomaten aus dem eigenen Garten.

B&B Beach View House, Oatquarter, ℡ 099 61141, www.beachviewhousearan.com, Mai–Sept., DZ 80 €. Auch Ms. Conneely trumpft mit der Aussicht auf, diesmal auf Dún Aengus und ein gerahmtes Alpenpanorama. Das Haus liegt an der Inselstraße nahe dem Kilmurvey-Badestrand, 5 km von Kilronan.

Kilronan Hostel, nahe dem Pier über Joe Mac's Pub, ℡ 099 61255, www.kilronanhostel.com, Bett mit Frühstück 17 €, DZ 45–50 €. Über einem Pub und deshalb eher für Nachtschwärmer als für Leute mit leichtem Schlaf geeignet, es sei denn mit Ohrstöpseln.. Alle Zimmer mit Bad; Aufenthaltsraum und Gemeinschaftsküche nebenan in einer früheren Scheune – freundlicher Hauasherr, gute Hostelatmosphäre, Internet.

The Artist's Lodge, Kilronan, ℡ 099 61456, www.artistshostel.com, Bett 17 €. Ein früheres Pfarrhaus mit nicht mehr ganz neuer Einrichtung und ohne Künstler, doch vielleicht inspiriert der Meerblick dazu, ein solcher zu werden. Zwei Schlafsäle und ein DZ, Küche, Lounge mit TV, Spielen und kleiner Bibliothek, freundliche und hilfsbereite Eigentümer. Pub und Supermarkt in Laufweite.

Killeany Lodge Pilgrim Hostel, www.aislinglodge.com, Bett 17 €, DZ 50 €. Das Hostel wird von einer New Age-Gemeinschaft betrieben, die keltische Spiritualität und organischen Landbau verbindet. Das Haus befindet sich eine halbe Gehstunde südlich des Hafens. Dürftige Sanitäranlagen und schlechter Bauzustand machen es zur Notunterkunft.

*E*ssen/*A*m *A*bend

Aran Islands Hotel, Kilronan, ℡ 099 61104, www.aranislandhotel.com, Hauptgericht bis 35 €. Das vornehmste der Insel, in dem auch viele Reisegruppen speisen, befindet sich im Hotel nahe dem Hafen. Es gibt eine gute Auswahl an Meeresfrüchten, die Qualität der Küche hat mit einem neuen Chef deutlich zugelegt. Spezialität ist der Seafood Chowder.

Man of Aran Cottage, Kilmurvey Beach, ℡ 099 61301, www.manofarancottage.com, Dinnermenü 35 €. „Wir haben ein kleines

Auf Inishmore unterwegs: bequem mit der Droschke ...

508 Der Westen/County Galway

Restaurant mit organic food gefunden. Der Salat war mit Blumen und Gewürzen aus dem Garten kreativ angerichtet, im Menü Aperitif, Dessert und Mineralwasser inbegriffen." (Lesertipp von Beatrice Beer). Den Sommer über mittags Snacks und wechselnde Tellergerichte, abends auf Vorbestellung ein großes Menü.

Joe Watty's Pub, am Ortsrand Richtung Kilmurvey, sei für Pubfood (bis 20 Uhr) empfohlen.

Mainistir House Hostel, Dún Aengus Rd. Abends Schlag 20 Uhr (Winter 19 Uhr) Dinnerbuffet „all-you-can-eat" mit großer Auswahl auch an vegetarischen Gerichten, 15 €.

Supermacs, Kilronan. Spätestens seit der

Eröffnung dieser 61. Filiale der irischen Fastfoodkette gehören die Aran Inseln zum global village. Auch hier verschönern nun Plastikbecher, Pappschachteln und Einwickelpapier das Straßen- und Landschaftsbild. Guten Appetit ...

● *Am Abend* Joe **Mac's** und die von den Jüngeren bevorzugte **American Bar** sind die beiden abendlichen Treffpunkte Kilronans. Von der Sperrstunde hält man wenig, und manche Session geht bis tief in die Nacht.

Dance Hall (Halla Rónáin), Kilronan. Im Sommer abends Tanz (Ceilí). Volkstanz und gelegentlich auch Disco gibt es außerdem in der **Parish Hall**.

Sehenswertes

Aran Heritage Centre: Das Museum führt mit Tafeln, Karten und Fotos in Naturkunde und Geschichte der Inseln ein. Die Sights werden dokumentiert, die literarische Tradition gefeiert, die Ausstellung „The Men and the Sea" erzählt vom Fischen und vom Wetter. Im Obergeschoss wird Flaherty's Dokumentarfilm „The Man of Aran" (1934) gezeigt.

⏱ April–Okt. tägl. 11–13, 14–17 Uhr, Sa/So ab 10 Uhr, Juli/Aug. bis 19 Uhr, Eintritt 5,50 €. Das Centre findet sich in Kilronan, in der Straße gegenüber dem Postamt. www.visitaran islands.com.

Dún Aengus: Das unmittelbar am Klippenrand angelegte Fort Dún Aengus (gäl. Dun Aonghasa) ist die spektakulärste archäologische Stätte Irlands. Auf der Meerseite gewährte die Steilküste Schutz vor Überfällen, auf der Landseite ist der halbrunde Steinwall von zwei weiteren Steinkreisen umgeben, dazwischen holten sich die Angreifer in einem „Todesstreifen" mit angespitzten Steinen blutige Füße. Möglicherweise war das Fort einst kreisrund, und die heute fehlende Hälfte ist bei einem Felsbruch mitsamt der Klippe ins Meer gestürzt. Der Zugang erfolgt heute durch ein **Visitor Centre,** das unterhalb an der Stelle eines alten Klosters liegt und das das Fort in seinen historischen Zusammenhang stellt.

⏱ **Dún Aengus:** Tägl. 10–18 Uhr (Nov.–Feb. bis 16 Uhr); Tickets (3 €) im Visitor Centre. Außerhalb der Öffnungszeiten kommt man durch eine Seitentür am Visitor Centre umsonst zum Fort.

Das kleinere **Dún Eochla,** beim Turm auf dem höchsten Punkt der Insel, ist eine herkömmliche Ringfestung, während **Dún Dúchathair,** das dritte Fort, auf einer Halbinsel gleich auf drei Seiten von Felswänden gesichert ist. Über das Alter der Forts sind sich die Archäologen uneinig. Dún Aengus und Dún Dúchathair wurden früher ins 1. Jh. v. Chr. datiert; kürzlich gefundene Tonscherben sprechen jedoch dafür, dass die Plätze bereits 500 Jahre vorher, in der späten Bronzezeit, besiedelt waren.

Klöster und Kirchen: Die Klostersiedlung „Sieben Kirchen" (**Na Seacht Tempaill**) hatte tatsächlich nur zwei Kapellen; doch auf dem Friedhof gibt es einen uralten Gedenkstein für die „sieben Heiligen", römische Märtyrer, denen das Kloster vielleicht geweiht war. Ein Steinkreuz markiert das angebliche Grab des heiligen Brendan. Auch **Teampall Chiaráin,** die mittelalterliche Kirche am Ufer unterhalb des Dorfes **Mainistir,** gehörte einst zu einem Kloster. Neben der Kirche sprudelt die in

... oder sportlich auf dem Fahrrad

ein U-förmiges Becken gefasste **Quelle St. Kierans,** die wohl ein vorchristliches Wasserheiligtum war. Auch die um die Quelle aufgestellten Steine, in die nachträglich Kreuze gemeißelt wurden, müssen eine Bedeutung im heute vergessenen Kult der Druiden gehabt haben. Von den vielen anderen religiösen Stätten ist noch **Teampall Bheanáin** erwähnenswert, ein vor-romanisches Oratorium und angeblich die kleinste Kirche Irlands.

Inishmaan (gäl. Inis Meáin)

Die mittlere Insel, mit 5 x 3 km nicht einmal halb so groß wie Inishmore, wird am wenigsten besucht. Mit ihrer Strickwarenkooperative, die Pullover in alle Welt verkauft, sind die 300 Bewohner relativ unabhängig vom Fremdenverkehr und dem Fischfang. Ein kleiner Ausstellungsraum in der Strickwarenfabrik versammelt Trachten, land- und hauswirtschaftliche Geräte und andere Erinnerungsstücke an das Inselleben der alten Zeit. Die einzige Streusiedlung duckt sich auf der Leeseite des zentralen Hügels. Ein Rundweg führt in gut zwei Stunden rund um Inishmaan und streift dabei die Sights. Die Kooperative oder die Fährgesellschaften halten ein Faltblatt mit Weg- und Inselbeschreibung bereit. Highlight ist das elliptische Ringfort **Dún Conchúir,** einige Minuten westlich des Postamts. Am Aussichtspunkt **Synge's Chair** soll JM Synge, der um 1900 vier Sommer auf der Insel verbrachte, besonders gerne meditiert haben. Nördlich vom Landungssteg liegt ein kleiner Strand.

- *Information* Im Büro der Kooperative, ✆ 099 73010, oder auf der Post.
- *Einkaufen* Fabrikladen (Designerstrickwaren) der **Cniotáil Inis Meáin,** Juni–Sept. Mo–Fr 9–17 Uhr, ✆ 099 73003, www.inismeain.ie. Angeschlossen ist ein kleines **Inselmuseum.**
- *Übernachten/Essen* **Ostan Inis Meáin** (Inishmaan Hotel), ✆ 099 73020, www.inismeainhotel.ie, DZ 100 €. Der neuere, langgezogene Flachbau mit zehn Zimmern, Bar(food) und Restaurant (Menü bis 40 €) – eigentlich eher Pension als Hotel – steht nördlich der Kooperative.

510 Der Westen/County Galway

An Dún Guesthouse/Restaurant, am Eingang zu Dún Chonchúir, ℘ 099 73047, www. inismeainaccommodation.com, DZ 70–100 €, Dinner 35 €. Zur Jahrtausendwende hat Padraic Faherty das Haus seines Großvaters neu eingerichtet. Vier Gästezimmer mit Bad, im Haus auch Sauna und Dampfbad, Massagen und Aromatherapie. Im Winter Reservierung erforderlich.

B&B/Restaurant Tig Congaile, Vilma Conneely, am Hügel über dem Hafen, März–Okt.,℘ 099 73027, DZ 80 €. Essen nicht nur für Hausgäste, ungewöhnlich ist die Seetang-Suppe. Auch den mit Abstand besten Kaffee bekommt man hier.

B&B Creig Mor, Angela Faherty, 500 m nordwestl. des Hafens, ℘ 099 73012, DZ 90 €, nur Mai–Okt.

Teach Osta Inis Meáin, der einzige Pub der Insel. Wirt Padraic war Leuchtturmwärter, seine Frau Meg Sekretärin in New York. Essen gibt's (nur Juni–Sept.) bis 19.30 Uhr.

Inisheer

(gäl. Inis Oírr)

Das beinahe kreisrunde Inisheer ist die kleinste Aran-Insel. Vom Fährschiff erscheinen die Häuschen als weiße Punkte. Die meisten sind aus Beton, von der traditionellen Architektur blieb kaum etwas übrig. Auch Inisheer hat seinen Rundweg, der gut ausgeschildert ist; ebenso gibt es ein Faltblatt, das Sie wiederum, wenn nicht schon auf dem Schiff, bei einer Kooperative bekommen. Erste Station sind die Kirche **Teampall Chaomhain** (10. Jh.) und ihr Friedhof. Das Gotteshaus wird regelmäßig vom Treibsand eingeweht und muss dann ausgegraben werden! Auf der Ostseite der Insel sieht man das auf einen Felsen gespießte Wrack des 1960 gestrandeten Frachters *Plassy*. Die O'Brien-Burg **Caisleán Uí Bhrían** (16. Jh.) ist mitten in ein altes Ringfort gebaut.

● *Information* Am Pier, ℘ 099 75022; im Winter bei der Kooperative, ℘ 099 75008. www. inisoirr-island.com.

● *Übernachten* Wegen der Fährverbindung mit Doolin ist das Angebot an Übernachtungsmöglichkeiten besser als auf Inishmaan. Eine Liste mit Adressen und Preisen der 15 anderen B&Bs der Insel hängt im Fenster der Tourist Information.

Óstán Inis Oírr (Inisheer Hotel), ℘ 099 75020, ℘ 099 75099, DZ 90 €. 15 Zimmer teilw. mit Etagenbad, Restaurant auch für Gäste, die nicht im Haus übernachten.

South Aran Guesthouse, am Pier, ℘ 099 75073, www.southaran.com, DZ 80 €. Das neue Guesthouse des Fisherman's Cottage (siehe unten) bietet neben neben guten Zimmern auch Gelegenheit zum Hochseeangeln und Kurse in Makrobiotischer Ernährungsphilosophie.

B&B Radharc an Chláir, bei der Burg, ℘ 099 75019, bridpoil@eircom.net, DZ 70 €. Wirtin Brid Poil stammt aus Clare, und von dort kommen auch die vielen Stammgäste, die außer ihrem Charme auch die hausgemachten Scones und Konfitüren schätzen, dazu die wunderbare Aussicht. So ist im Sommer ohne Reservierung kaum ein Zimmer zu ergattern. Daher Vorbestellung auch Abendessen. Fahrradverleih.

B&B Ard Mhuire, beim Hafen, ℘ 099 75005, mcdonaghuna@yahoo.com, DZ 70 €. Seit das Haus 1934 bezogen wurde, haben hier schon viele Gäste gewohnt, darunter auch Berühmtheiten wie der Dichter Brendan Behan und der Maler Sean Keating. Alle werden mit Tee und Scones begrüßt. Die Zimmer sind neu möbliert, und wenn alles belegt ist, telefoniert Una McDonagh in der Nachbarschaft herum, um noch ein Bett für die Besucher zu finden. Auf Wunsch auch Abendessen.

Hostel Brú Radharc na Mara (IHH), am Pier, März–Okt., ℘ 099 75024, radharcnamara @hotmail.com, Bett 17 €, DZ 45 €. Das nur im Hochsommer ausgelastete Hostel veranstaltet auch Bootstrips und Wanderungen in den vom Rundweg nicht berührten Süden der Insel. Der **Pub Tigh Ned** ist gleich nebenan.

Hostelunterkunft auch in Rory Conneely's Pub **Tigh Ruariri.**

● *Camping* **Inisheer,** Juni–Aug., ℘ 099 75008 (Paddy Crowe), Zelt 5 €. Kleiner Platz in schöner, aber zugiger Lage, mit Duschen.

● *Essen* **Fisherman's Cottage,** ℘ 099 75073. Gemüse aus eigenem Garten, der Fisch kommt frisch von örtlichen Fischern. Die Gerichte sind gesund und die Portionen klein. Enda und Maria Connelly fühlen sich der Slow-Food-Bewegung verpflichtet. Mittagsgericht ab 15 €, Dinner (mit Wein) 40 €. Mo Ruhetag, Nov.–März geschl.

Vom Pullover zur Haute Couture

Acht Monate im Jahr hat Tarlach de Blacam den Lebensrhythmus eines Ölarbeiters: Nach einer Woche Heimaturlaub im englischen Leicester fliegt er für zwei Wochen zum Arbeiten nach Inishmaan, verbringt dann wieder eine Woche zu Hause und so fort. Tarlachs Beruf und zugleich Leidenschaft ist das Stricken von Pullovern. Dazu nimmt er keine Nadeln zur Hand, sondern setzt sich an einen Computer und hantiert mit Tastatur und Maus. Der Computer steuert seinerseits eine komplexe Maschinerie, die aufgespulte Wollfäden in Pullover und Westen verwandelt. Der ganze Betrieb, es ist die Kooperative von Inishmaan, produziert mit 20 Angestellten heute an einem Tag mehr Kleidungsstücke, als die Frauen der Insel in einem Jahr stricken könnten – und bessere.

Entgegen der Legende ist das Stricken von Pullovern auf den Inseln keine althergebrachte Beschäftigung. Erst seit den 1930ern, als Muriel Grahan das Stricken als Heimarbeit im irischen Westen propagierte und in Dublin eigens einen Shop für die Produkte der Landfrauen einrichtete, werden auf den Aran-Inseln Pullover gemacht. Die typischen Muster stammen gar erst aus den 1950er Jahren. „Der klassische Aranpullover ist ein schweres, raues und kratziges Ding, eine Massenware, die heute oft im Fernen Osten produziert und an die Touristen und Amerikaner irischer Abstammung verkauft wird", erklärt Tarlach. Die Pullover von Inishmaan haben damit kaum noch etwas gemein. Sie werden von einer Designerin (Geraldine Clark) entworfen, in die Fäden ist südamerikanische Alpakawolle, Belfaster Leinen oder feinste Wildseide gewirkt, und das topmodische Produkt liegt für 250 € oder mehr in den Boutiquen von Rom, Tokio und New York.

Wem die Aranpullover immer zu kratzig und farblos vorkamen, dem sei gesagt, dass ein „echter" Aran keineswegs mehr so struppig ist, wie wir bisher dachten. Und wenn man die neue Generation auch eher in deutschen Boutiquen als in irischen Souvenirläden findet, bleibt der Weg zur Kooperative selbst – hier lässt sich wirklich ein Schnäppchen machen.

Galway (Stadt)

In der mit 75.000 Einwohnern größten Stadt des irischen Westens treffen sich im Sommer Iren mit Urlaubern aus aller Welt. Musikanten und Gaukler geben dem Straßenbild südländisches Flair und ergänzen die lebendige gälische Kulturszene.

Das „Tor des Westens" liegt auf beiden Seiten des *River Corrib*, der den gleichnamigen See mit dem Meer verbindet. Enge Gassen, alte Steinhäuser mit hölzernen Ladenfronten bestimmen im Zentrum auf dem Ostufer das Stadtbild, während Claddagh auf der anderen Flussseite weitgehend neu überbaut ist. Im Südwesten schließt sich der Bade- und Vergnügungsvorort *Salthill* an. Aus gutem Grund verirren sich nur wenige Touristen in die nicht wirklich schönen Viertel der Boomtown, die von jenen flächenfressenden und gleichförmigen Reihenhaussiedlungen geprägt sind und die Kernstadt umgeben.

Die *Altstadt* ist mit ihrer komplizierten Verkehrsführung und ohne Parkplätze ein Horror für ortsunkundige Autofahrer – und damit gleichzeitig ein Paradies für

Der Westen/County Galway

Am River Corrib

Fußgänger und Flaneure, eine urbane Qualität, die nicht nur in Irland ihresgleichen sucht. Kein Zweifel: Galway ist jung, hip und voller Lebensfreude. Am Eyre Square aalen sich bei schönem Wetter die Sonnenhungrigen im Gras, am Ufer vor dem Spanish Arch wird musiziert und jongliert. Wo vor nicht allzu langer Zeit noch eine grüne Weide war, strömen heute Studenten zu Vorlesungen auf den Campus, und selbstverständlich hat die Boomtown ein lebhaftes Nachtleben. Einheimische, Urlauber und hängen gebliebene Langzeittouristen pendeln zwischen Studentenkneipen und den Pubs der Malocher. Trotz seiner Universität, den Colleges und Theatern ist Galway keine Stadt der Intellektuellen, sondern des ökonomischen Booms. Hier werden Geschäfte gemacht – und die gehen gut. Baukräne, die sanierten Speicherhäuser der Altstadt und die neuen Wohnviertel am Fluss zeugen von der wirtschaftlichen Prosperität.

Geschichte

Seit die Anglo-Normannen das vorher unbedeutende Fischerdorf 1234 besetzten, entwickelte sich Galway zum englischen Vorposten im wilden Westen. 1396 gewährte Richard II. das Stadtrecht und übertrug die Macht den vierzehn führenden Kaufmannsfamilien, die in Dauerfehde mit den irischen Clans aus dem Umland lebten. Keinem „O" oder „Mac" war es erlaubt, die Stadt zu betreten. Auch als der englische Einfluss im 15. Jh. abnahm, behielt Galway seine Unabhängigkeit und knüpfte enge Verbindungen mit Portugal und vor allem Spanien, wohin die führenden Familien ihre Söhne in die Schule schickten. Eine Überlieferung will wissen, dass Christopher Kolumbus auf seiner ersten Überfahrt nach Amerika in Galway Station machte, um die Gerüchte über St. Brendan zu überprüfen, der ja anscheinend schon im 6. Jh. den Atlantik überquert hatte. Die Loyalität zur englischen Krone wurde der Stadt schließlich zum Verhängnis. Cromwell stürmte sie 1652

Galway (Stadt) 513

nach neunmonatiger Belagerung, und vierzig Jahre später fielen die Truppen Wilhelms von Oranien ein. Mit diesen Zerstörungen und dem gleichzeitigen Niedergang des Spanienhandels fiel Galway in einen langen Dornröschenschlaf, den erst der Boom der letzten Jahre unterbrach.

Die wilden O'Flahertys

„Seid ihr bereit, beraubt und vergewaltigt zu werden?" „Ja!" schreit die auf dem Eyre Square versammelte Menge zurück. „Dann seid ihr selbst schuld, denn jetzt kommen die wilden O'Flahertys." Der kriegerische Clan, der seit dem Mittelalter die Stadt tyrannisiert, ist in wilder Kriegsbemalung von Claddagh her angerückt und greift nun die um ihre Burg versammelten „Tribes" an, die vierzehn Stämme der Stadt. Kanonenschläge donnern über die Köpfe, beißender Pulverdampf nimmt den Atem, eine Belagerungsmaschine rollt an. Doch keine Angst, die Bürger Galways begehen keinen kollektiven Selbstmord. Ihre Festung ist aus Pappmaché und der „Kampf" ein wohl inszeniertes Schauspiel. Mit einer Feuerwehrspritze werden die wilden O'Flahertys schließlich in die Flucht geschlagen. Galway feiert, wie jedes Jahr an einem Sonntag Mitte Juli, seine Macnas-Parade.

Information/Verbindungen

• *Information* Foster St., ℘ 091 537 700, Mai/Juni, Sept., Mo–Sa 9–18 Uhr; Juli–Aug. tägl. 8.30–19.30 Uhr; Okt.–April Mo–Fr 9–17.30, Sa 9–12.30 Uhr. Mit Buchungsschaltern der Aran-Fähren. An der Reservierung für Übernachtungen bilden sich im Sommer oft lange Warteschlangen und das Personal steht unter Stress. Weniger überlaufen sind die Filialen im Kiosk an der Ostecke des Eyre Square und in Salthill (Seapoint Promenade/Ecke Salthill Rd). Im Web kann man sich unter www.galwaytourism.ie und www.galway.net informieren.

• *Verbindungen* **Züge** über Athlone nach Dublin. ℘ 091 564 222, www.irishrail.ie. Vom Terminal am Bahnhof mit **Bus Éireann** nach Belfast, Clifden, Cork, Dublin, Ennis, Limerick, Waterford/Rosslare und ins Connemara (Auskunft ℘ 091 562 000, www.buseireann.ie).

Die meisten anderen Busgesellschaften benutzen das neue Terminal am Tourist Office (Fairgreen Rd.): Nach Dublin und Dublin Airport mit **Go Bus** (℘ 091 564 600, www.nestorlink.ie. Mit **Citylink** (℘ 091 564 163, www.citylink.ie) etwa stündlich nach Dublin und zum Airport, den man auch rechtzeitig zu den frühmorgendlichen Flügen erreicht. Auch Busse nach Ennis und zum Shannon-Airport sowie nach Clifden.

Nach Donegal mit **Feda O'Donnell,** ℘ 091 761 656, www.fedaodonnell.com. Abfahrt an der Kathedrale.

Stadtbus 1 fährt vom Eyre-Platz nach Salthill. Vom **Flughafen** in Carnmore (10 km östlich) werktags Flüge nach Dublin und Großbritannien (Flugauskunft ℘ 091 755 569, www.galwayairport.com). Busse fahren den Airport nur zweimal am Tag an. Für ein Taxi ins Zentrum zahlt man rund 20 €.

Diverses

• *Angeln* Fischlizenzen für den River und Lake Corrib beim **Fishery Office,** Weir Lodge, Nuns Island, ℘ 091 563 110, www.wrfb.ie.

• *Ausflüge* Connemara, Burren oder Cong, welche Tagestour darf's denn sein? Bus Éireann und verschiedene private Busunternehmen umwerben mit heftigen Preiskämpfen die nicht motorisierten Gäste. Gehen Sie einfach morgens gegen acht auf den Eyre Square und schauen Sie, wer gerade welche Tour fährt.

• *Autoverleih* **Budget,** Eyre Square, ℘ 091 566 376, www.galway.budgetireland.com;

Der Westen

Karte S. 469

514 Der Westen/County Galway

Avis, Airport, ☎ 091 786 440; **Argus,** Flannerys Garage, Headford Rd., ☎ 01 490 4444, www.argusrentals.com.

● *Bootsfahrten* Mit der **„Corrib Princess"**, ☎ 091 592 447, www.corribprincess.ie, auf dem Lough Corrib, im Sommer bis zu drei Abfahrten täglich vom Woodquay.

● *Fahrradverleih* Außer bei den Hostels auch bei **Europa Bicycles,** Hunters Building, Earls Island, ☎ 091 563 355.

● *Krankenhaus* **University College Hospital,** Newcastle St., ☎ 091 524 222, Notfälle ☎ 091 563 081.

● *Post* Eglinton St., Mo–Sa 9–17.30 Uhr. Eine kleine Sehenswürdigkeit ist der viktorianische Briefkasten an der Gabelung von High St. und der zur O'Briensbridge führenden Main Guard. Der Typ, von dem es nur noch wenige Exemplare gibt, wurde 1865 von einem Herrn Penfold kreiert. Erstaunlich ist auch, dass die junge Republik nicht alle königlich-englischen Briefkästen beseitigte – derartige Stürmerei von Denkmälern und Symbolen ist den Iren offensichtlich fremd.

● *Reiten* **Rockmount Riding Centre,** 10 km außerhalb an der N 17 in Claregalway, ☎ 091 798 147. Reitschule mit großer Halle auch zum Springtraining und Dressurreiten, Pferde und Ponys werden für begleitete Ritte verliehen.

Rusheen Riding Centre, Barna Rd., Salthill, ☎ 091 521 285, www.galwayhorseriding. com. Ein Reitstall mit etwa 20 Pferden bietet Ausritte ins Gelände und Unterricht für Anfänger wie Fortgeschrittene.

● *Waschsalon* **The Laundrette,** 4 Sea Rd. (Verlängerung der William St.).

*Übernachten/*C*AMPING (siehe* K*arte* S*. 517)*

Wer B&Bs bevorzugt, muss auf die Vororte ausweichen – das Zentrum gehört den Hostels. Deren gibt es inzwischen wohl zehn, doch sind sie von sehr unterschiedlichem Niveau. Besonders während der Rennwoche sind die Quartiere schon einige Zeit vorher ausgebucht.

● *Hotels* ****** Meyrick** (ex Great Southern Galway) **(19),** Eyre Square, ☎ 091 564 041, www.hotelmeyrick.com, DZ 120–170 €. Der graue Kasten wurde 1858 zugleich mit einer neuen Dampferlinie nach Amerika eröffnet und stilgerecht renoviert – im Dachgeschoss gibt es ein Schwimmbad. Die Zimmer in dezentem Rot oder Blau sind wahrhaft fürstlich eingerichtet.

**** Park House (12), Forster St.,, ☎ 091 564 924, www.parkhousehotel.com, DZ 130–240 €. 86 farbenfroh ausgestattete Zimmer in einem umgebauten Speicherhaus nahe dem Bahnhof. Naturholzmöbel, Kunst an den Wänden, luxuriöse Stoffe und gestärkte Leinenbettwäsche stiften Wohlfühlatmosphäre. Alle Zimmer haben eine individuell einstellbare Klimaanlage und Internet-Anschluss.

Travelodge (1), Joyce Roundabout, Tuam Rd. (N 17), ☎ 091 781 400, www.travelodge. co.uk, Zimmer mit 1–2 Betten 110 € (Frühstück extra). Diese britische Kette folgt dem gleichen Konzept wie Ibis & Co: Standardisierte „Bausatzhotels" auf billigem Baugrund an Verkehrsknotenpunkten vor den großen Städten – nicht schön, aber preiswert. Ein Bistro serviert auch Frühstück und warme Gerichte.

● *B&B* **St. Jude's (39),** 10 Lower Salthill, ☎ 091 521 619, www.st-judes.com, DZ 95 €. Eine Villa aus den 1920er Jahren mit hohen, edel eingerichteten Räumen und vielen Gästen aus der Neuen Welt. Ins Zentrum läuft man etwa eine halbe Stunde.

Ardawn (9), College Rd., ☎ 091 568 833, ardawn@iol.ie, DZ 90 €. Auch wenn die vier Sterne des britischen Automobilclubs zu hohe Erwartungen wecken, zählt Ardawn zu den besten unter dem Dutzend B&Bs, 15 Gehminuten bis zum Bahnhof. Das Haus ist ein Stück von Straße zurückversetzt, nahe dem Stadion und der Greyhound-Rennbahn. Breda, Mike und ihre Tochter halten das Haus in Ordnung und bieten ihren Gästen eine reichhaltige Frühstücksauswahl.

Saint Martin's (27), 2 Nuns Island St., ☎ 091 568 286, DZ 75 €. Von der Straßenseite gibt sich das dem Zentrum nächste B&B trotz der Blumen sehr bescheiden. Trumpf ist die Rückfront zum Fluss, mit einem schönen Garten über einem Wasserfall. Innen hält Mary Sexton die eher kleinen Zimmer tipptopp sauber und in Schuss.

Coolavalla (6), Mary Corless, 22 Newcastle Rd., März–Okt., ☎ 091 522 414, coolavalla@ eircom.net, DZ 75 €. 4 Fremdenzimmer teilw. mit Bad in einem Einfamilienhaus 10 Gehminuten vom Zentrum.

Galway (Stadt) 515

Wohin des Wegs?

● *Hostels* **Kinlay House (IHH) (20),** Eyre Sq. Ecke Merchants St., ℡ 091 565 244, www.kinlayhouse.ie, Bett mit Frühstück 10–25 €, DZ 45–65 €. Freundlicher Empfang im 2. Stock, den großen Speiseraum schmückt das Wandbild eines mittelalterlichen Gelages. Separater Aufenthaltsraum für TV-Gucker. In der Küche dürfte es um die wenigen Kochplatten abends heftiges Gedränge geben, denn das Haus hat über 150 Betten. Außer Getränke- und Snackautomaten (bei der Küche) findet sich für andere leibliche Genüsse auch ein Automat für Kondome (im WC) und schließlich eine Maschine für Rasiercreme und Zahnputzzeugs. Die Zimmer (teilw. mit Bad) sind mit kleinen Tischchen, Kleiderschrank, Nachttischlampen, Spiegeln und zentral gesteuerter Elektroheizung ausgestattet. Gepäckaufbewahrung.
Snoozles (7), Forster St., ℡ 091 530 064, www.snoozleshostelgalway.ie, Bett mit Mini-Frühstück 15–30 €, DZ 55–70 €. 2008 eröffnetes Hostel gleich beim Touristoffice, Kritisiert werden die Duschen Typ Allesfluter, das Alkoholverbot und das teure Internetcafé. Viel gelobt dagegen die zentrale Lage und das engagierte Personal. Gepäckaufbewahrung.
Sleepzone (3), Bothar na mBhan, Woodquay, ℡ 091 566 999, www.sleepzone.ie, Bett mit Frühstück 8–25 €, DZ 50–65 €. Ein neueres, professionell geführtes Hostel mit 200 Betten in 2er- bis 8er-Zimmern. Gut eingerichtete Küche samt super Kaffeemaschine, TV-Lounge und Ruheraum, und in der Waschküche stehen die unverwüstlichen Miele-Maschinen. Im angeschlossenen Cyber-Café kostenloser Internet-Zugang, nachts gesicherter Parkplatz in Laufweite. Alles in allem derzeit die beste Wahl unter den Hostels in Galway.
Galway Hostel (16), Eyre Sq., ℡ 091 566 959, www.galwaycityhostel.com, Bett 16–25 €, DZ 50–65 €. Gleich gegenüber dem Bahnhof macht das über einem Pub eingerichtete Hostel (etwa 80 Betten) auf sich aufmerksam. Der Aufgang wird aus einer Pförtnerloge bewacht, abends öffnet sich die Sicherheitstür nur jenen, die ihre Security Card ans Guckloch halten. Laute und enge Schlafräume – denkt man sich zu acht Menschen noch acht Rucksäcke hinzu, kommt niemand mehr ohne Klettern ins Bett. Die 4-Bett-Zimmer mit eigenem Bad, gemeinsamer Ess- und Aufenthalts-TV-Raum, sehr kleine Küche, saubere Bäder.
Salmon Weir (4), 3 St. Vincent's St., Woodquay, ℡ 091 561 133, www.salmonweirhostel.com, Bett 13–23 €, DZ 40–50 €. Das Hostel (34 Betten) ist die kontaktfreudigste unter den kleinen Herbergen in Galway. Die Zimmer sind sauber, aber sehr eng, und manche muffeln nach kaltem Schweiß. In

516   Der Westen/County Galway

der Lounge gibt es Spiele, TV und ein Videogerät, Wanduhren zeigen, was die Stunde in New York und Sidney schlägt. Der Küchenherd funktioniert. Im Hof befinden sich ein gesichertes Fahrradabteil und die Waschküche, an schönen Tagen auch ein Tisch zum draußen Sitzen. **Claddagh Hostel (24)**, Queen St., ✆ 091 533 555, www.claddaghhostelgalway.com, Bett mit Frühstück 8–20 €, DZ 40–60 €, Parkplatz 8 €. Das Hostel, zentrumsnah und doch relativ ruhig, befindet sich in einem älteren, schmalen Haus über einem Fahrradladen. Seine neuen Besitzer haben es komplett renoviert, die Front mit einem Panoramaerker aufgepeppt und die Einrichtung erneuert. Drei Schlafsäle und mehrere winzige Doppelzimmer; Aufenthaltsraum mit Brettspielen, TV und Blick über den Hafen, ausreichend eingerichtete Küche, kostenloser Internetzugang.

● *Sonstiges* **Corrib Village (2)**, Newcastle Rd., ✆ 091 492 264, www.nuigalway.ie, Juni–Aug. DZ mit Continental Breakfast 65–80 €, Apartments mit Küchenzeile bis 70 €. Das moderne Studentendorf auf dem Campus der Galway University am Corrib vermietet während der sommerlichen Semesterferien seine Zimmer und Apartments an Feriengäste. Gute Infrastruktur mit Café, Laden, Waschküche, gratis Parkplätzen und Bus ins Zentrum. Gäste dürfen die Sportanlagen auf dem Campus nutzen.

● *Camping* **Salthill**, ✆ 091 523 972, April–Sept., Zelt mit 2 Pers. 20 €. Ein Wiesengelände 1 km westlich von Salthill in windiger Lage am Meer, einfache Sanitärausstattung. Stadtbus Nr. 2 hält in der Nähe. **Ballyloughane**, Dublin Rd., ✆ 091 755 338, Juni–Aug., 2 Pers. mit Zelt 18 €. Von Dublin kommend 7 km nach Dranmore an der N 6.

Essen

Vornehme Feinschmeckertempel muss man lange suchen. Es sind eher die weniger förmlichen Lokale der mittleren Preislagen, die für kulinarische Überraschungen gut sind. Die meisten liegen im unteren Teil der Altstadt Richtung Wolf Tone Bridge.

Kirwan's Lane (29), Kirwan's Lane, ✆ 091 568 266, www.galway.net/pages/kirwans-lane, tägl. 12–13.30, 18–22.30 Uhr, Menü 45 €. Aus Clifden, wo die Familie ein Fischrestaurant betreibt, brachte Michael O'Grady neuen Schwung in Galways Gastroszene: Ungewöhnliche Kombinationen wie Muscheln mit Kokosmilch und Koriander, Kabeljau mit Curry und Zitronencreme oder Räucherschinken samt Ananas im Risotto prägen den Stil.

McSwiggan's (8), Eyre Ecke Francis St., ✆ 091 568 917, www.mcswiggans.com. Ein rustikales „old world restaurant" der Mittelklasse mit Klinkerboden, unverputzten Ziegelwänden und auf alt getrimmte Einrichtung aus Fichtenholz. Multikultiküche, Do/Fr Irish Music live, Do–Sa Tapas Bar.

Conlon's (10), Eglington St. Ein neu eingerichtetes Fischlokal, das den Laien mit großen Wandtafeln zeigt, wie die aufgetischten Schalentiere und Kiemenatmer vor der Zubereitung aussahen. Conlon's hat eine große Auswahl an Seafood und günstige Preise bei gutem Service. (Lesertipp von Ernst Herold).

McDonagh's (33), Quay St., www.mc donaghs.net. Ein Edel-Chippy, der gerne von Touristen besucht wird. Schleppnetze,

Taue, Muscheln und das Steuerruder eines Kutters schaffen nautisches Ambiente. Außer dem Imbiss mit Fish'n'Chips in vielfältigen Kombinationen gibt es noch eine Seafoodbar mit weiteren preiswerten Fischgerichten, die abends öffnet. Und damit Sie coram publico nicht als Banause auffallen, können Sie unter Anleitung von McDonagh's Website schon mal zu Hause das Austernknacken üben.

BK's Wine Bar (35), Spanish Arch, ✆ 091 568450, Mo–Sa abends. Französische Küche und Weine, gelegentlich Jazz- oder Pianomusik und Kleinkunst.

Milano (30), Middle St., www.milano.ie. Hinter großen Fenstern werden an Marmortischchen mit Holzstühlen Pizza (15 €) und Cocktails serviert. Die Küche verliert sich im Meeresblau. Cool und stylish. Das Lokal gehört zum Pizza-Express-Imperium, dessen irische Lokale unter „Milano" firmieren.

Fat Freddy's (34), Quay St., www.fat freddys.net, Riesenpizza 12–17 €, im zugehörigen „Café du Journal" auch andere irisch-italienische Gerichte. Rustikal und mit alten Emailschildern eingerichtet, Kerzenlicht; mittags Familien- und abends Jugendtreffpunkt, immer gut voll.

Galway (Stadt) 517

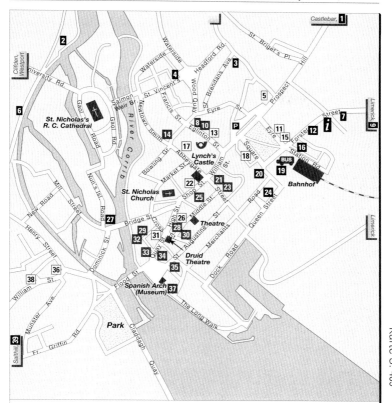

Übernachten
1 Travelodge
2 Corrib Village
3 Sleepzone Hostel
4 Salmon Weir Hostel
6 B&B Coolavalla
7 Snoozles Hostel
9 Ardawn
12 Park House Hotel
16 Galway Hostel
19 Meyrick
20 Kinlay House
24 Claddagh Hostel
27 B&B St. Martin's
39 St. Jude's

Essen & Trinken
8 McSwiggan's
10 Conlon's
14 Homeplate
21 GBC
23 Food for Thought
25 Lynch's Café
28 Da Tang Noodle House
29 Kirwan's Lane
30 Milano
32 Goya's
33 Mc Donagh's
34 Fat Freddy's
35 BK's Wine Bar
37 Ard Bia

Nachtleben/Pubs
5 Cuba
11 O'Connell's
13 Cellar Bar und GPO
15 An Púcán
17 Central Park
18 Karma
22 Garavan's
26 King's Head
31 Tigh Neachtain
34 The Quays
36 Blue Note
38 Crane Bar

Der Westen
Karte S. 469

Galway
200 m

518 Der Westen/County Galway

Food for Thought (23), Lower Abbeygate St., Mo–Sa 8–17.30 Uhr, Hauptgericht 12–18 €. In einem winzigen Raum werden Sandwichs und vegetarische Gerichte serviert. Empfehlenswerte Moussaka, reiche Auswahl an Salaten, für Veganer dagegen nur ein oder zwei Alibigerichte.

Da Tang Noodle House (28), 2 Middle St., tägl. ab 17.30 Uhr. Gerichte bis 20 €. Die Erfolgsgeschichte eines irisch-chinesischen Paars, das sich mit einer weitgehend authentisch-chinesischen Küche wohltuend vom glutamatisierten Einerlei abhebt, wie es viele Chinarestaurants in Europa auftischen. Auf einer Tafel stehen die wechselnden Tagesgerichte: Nudeleintöpfe, Kombinationen mit den viel gerühmten Klößen, manchmal Samosas. Chef Du-Han Tuo arbeitet mit einer original chinesischen Nudelmaschine. Das Ambiente ist schlicht, doch mit Geschmack gestaltet.

Homeplate (14), Mary Ecke Abbeygate St., tägl. 10–20 Uhr. Hier stehen die meist einheimischen Gäste zur Lunchtime Schlange, um einen der wenigen Plätze zu bekommen. Serviert wird weitgehend vegetarische Küche zu mäßigen Preisen (Hauptgericht mit Softdrink um 10 €).

Galway Bakery Company (GBC) (21), William St., www.gbcgalway.com, tägl. bis 22 Uhr. Ein viel gerühmter Coffeeshop mit Self-Service, auch Frühstück, im 1. Stock Restaurant. Gute Küche, die jedoch ihren Preis hat.

Ard Bia & Nimmo's (37), Spanish Arch., www.ardbia.com, Café Di–Sa 10–17, So 12–17 Uhr, Restaurant Di–Sa ab 18 Uhr. Im alten Zollhaus am Claddagh Basin trifft sich Galways Boheme. Kunst aus der Galerie von Inhaber Aoibheann MacNamara's schmückt die Wände. Auf der Terrasse am Fluss bekommt man ohne Reservierung nur selten einen Platz. Auf der Karte des Cafés stehen allerlei Kuchen, die auf den Britischen Inseln unverzichtbaren Sandwichs und Suppen, dabei auch viele Angebote für Vegetarier, Veganer und andere Gesundheitsbewusste. Auf Vorbestellung gibt's mittags auch ein Menü (25/30 €).

Nur abends öffnen die beiden Restaurants: unten Nimmo's (So+Mo Ruhetag), oben das gediegenere Ard Bias (So–Mi Ruhetag). Auch die Restaurantküche verwendet weitgehend Bioprodukte aus der Region und produziert damit Gerichte im Stil zwischen modern Irish und mediterran. Typisch ist der gegrillte Halloumikäse mit Granatapfelkernen und Salat.

Goya's (32), Kirwan's Lane, www.goyas.ie, Mo–Sa tagsüber, Lunch bis 18 €. Ein feiner, zugleich preiswerter Coffeeshop. John McKenna, Irlands führender Gastrokritiker, lobt Emer Murray als „führende Köchin von Galway".

Lynch's Café (25), Shop St., Mo–Sa bis 19 Uhr. Der alteingesessene Coffeeshop liegt etwas versteckt im 1. Stock. Im Eingangsbereich findet man die Speisekarte originell auf ein Teller-Set geschrieben – ein abgestorbener (Kunst)-Baum macht nicht gerade Appetit. Das durch eine große Lichtkuppel beleuchtete Lokal selbst ist mit alten Steinen dekoriert, die wohl ans Mittelalter erinnern sollen. Im Unterschied zum kuriosen Ambiente gibt sich die Küche (Stews, Lasagne, etc., auch Kaffee und Kuchen), grundsolide.

Am Abend (siehe Karte S. 517)

Bei den vielen Pubs in der Altstadt fällt es nicht schwer, abends die passende Musikkneipe zu finden. Im Sommer übersteigt die Nachfrage nach Folklore allerdings das Angebot an qualifizierten Musikern, und so hört man auch viel Schrott – ein Grund mehr, eine Tour zu machen und die Kneipen zu wechseln. Quay und Dominick Sts. sind die beliebtesten Nightspots, auch in Salthill finden sich Clubs. Veranstaltungshinweise findet man unter http://entertainment.ie.

● *Pubs* **O'Connell's (11),** Eyre Sq. Die Bar fällt mit ihrer Art-déco-Einrichtung etwas aus dem irischen Rahmen und könnte so besser in Belgien stehen – ein museales Schmuckstück, das 2005 für stolze 10 Mio. Euros den Besitzer wechselte (zugunsten der Kirche, der der verstorbene Altbesitzer den Erlös vermacht hat). Keine Musik, kein Barfood, selten Touristen, dafür viele junge Berufstätige, die sich nach der Arbeit noch an einem Bier oder Scotch laben, der in erstaunlicher Auswahl offeriert wird.

Tigh Neachtain (31), Quay/Ecke Cross St. Ein mittelalterliches Haus, in dem einst Richard „Humanity Dick" Martin (siehe Con-

Galway (Stadt) 519

nemara) wohnte. Die Kneipe mit schönen Glasfenstern wurde seit der Übernahme durch den Großvater des jetzigen Besitzers kaum verändert. Jeden Abend Folk, auch Sessions, vielleicht die beste Musikadresse. Ein Live-Mitschnitt wurde unter dem Titel *Ceoil Tigh Neachtain* veröffentlicht. Im Obergeschoss befindet sich ein anspruchsvolles Restaurant.

The Quays (34), Quay St. Ein großer Pub mit sehenswerter Einrichtung im Mittelalterstil, die teilweise aus einer schottischen Kirche stammt. Ab 22 Uhr gerammelt voll, häufig Livemusik (Rock, Blues) und Sessions.

An Púcán (15), 11 Forster St., off Eyre Square. In dieser Kneipe hört man Gäste der mittleren bis älteren Generation auch mal gälisch sprechen; im Sommer täglich Folkkonzerte.

Garavan's (22), Shop St., ein klassischer Pub mit Lounge, dunklem Holz und vielerlei Nischen und Winkeln, der eher älteres Publikum anspricht.

King's Head (26), 15 High St. 1999 feierte das ehrwürdige Lokal seinen 250. Geburtstag, doch das Publikum sind Studenten und Collegeschüler. Der Name geht auf die Enthauptung Karls I. zurück, an der Soldaten aus Galway beteiligt gewesen sein sollen. Regelmäßig Livemusik, gelegentlich Comedy, sonntags Jazzmatinee.

Cellar Bar (13), Eglington St. Ein weitläufiger Keller mit offenem Kamin, jeden Abend Livemusik, gut zum Tanzen, wenn es nicht zu voll ist.

Blue Note (36), West William St. Jazzige Musikbar mit großem Biergarten und beliebtem Sonntagsbrunch.

Crane Bar (38), 2 Sea Road, ein etabliertes Lokal mit allabendlicher Folkmusik, Wohnzimmeratmosphäre. (Lesertipp von Birgit Riedl)

● *Discos/Clubs* Im Stadtzentrum seien empfohlen der **GPO Nightclub (13),** Eglinton St., www.gpo.ie, und **Cuba (5),** Eyre Square, www.cuba.ie, ebenso **Central Park (17),** www.centralparkclub.com, in der Abbeygate St., **Karma (18),** www.karma.ie, im Skeff gilt als der versnobteste Club.

● *Theater* **Druid Theatre,** Chapel Lane, off Quay St., ☎ 091 568 617, www.druidtheatre. com. Ein privates, recht erfolgreiches Kleintheater, überwiegend Stücke in englischer Sprache, oft mit Livemusik. Bislang größter Erfolg der Truppe war die Umsetzung von „The Midnight Court", einem gälischen Epos aus dem 17. Jh., in eine musikalische Revue.

An Taibhdhearc (sprich „Tiveyark"), Middle St., ☎ 091 569 777, www.antaibhdhearc. com. Seit 1928 inszeniert die Truppe Stücke in irischer Sprache.

Im **Galway Arts Centre,** Dominick St., ☎ 091 565 886, www.galwayartscentre.ie, ist ein erfolgreiches **Jugendtheater** zu Hause.

Außerdem gastieren hier wie im **Town Hall Theatre** (☎ 091 569 777, www.townhall theatregalway.com) ab und an Tourneetheater.

● *Hunderennen* **Greyhound Track,** College Rd., ☎ 091 562 273, www.igb.ie, Rennen Do, Fr u. Sa ab 20 Uhr; Eintritt 10 €.

Der Westen
Karte S. 469

Einkaufen

Eine Tradition der Fischer Galways war der Claddagh-Ring, der mit zwei Händen verziert ist, die ein Herz halten. Ringe dieser Art waren seit dem 18. Jh. in Gebrauch und sind heute das beliebteste Souvenir. Zeigen die Hände des Ringträgers zur Fingerspitze, ist das Herz noch zu haben; nach der Hochzeit wird der Ring andersherum aufgesteckt.

● *Bücher* **Hawkins House,** 14 Churchyard St., bei St. Nikolaus; **Eason & Son,** 33 Shop St., ein Buchkaufhaus mit großer Auswahl an irischer Literatur, auch deutsche Zeitungen.

● *Claddagh-Ringe* **Hartmann's,** 29 William St., www.hartmanns.ie. Gute Auswahl auch gegenüber bei **Lazlo**. Die Preise beginnen bei 25 € (Silber) und 60 € (Gold).

● *CDs/Vinyl* **Zhivago's,** Shop St., www. zhivagomusic.ie. Kaufen sie, so lange es diesen Laden noch gibt! Das Sortiment ist

nicht nur auf Bestseller ausgerichtet; verkauft werden auch Videos, T-Shirts und andere Werbeträger sowie Tickets für örtliche Musikveranstaltungen. Ein Bankomat liefert den Kunden das nötige Bargeld.

● *Markt* Am Samstagvormittag und Sonntagnachmittag vor der Nicholaskirche großer Öko-Markt mit Lebensmitteln und Kunsthandwerk. www.galwaymarket.net.

● *Musikalien* **Four Corners** (Powell's), Shop Ecke Abbeygate St., Musikinstrumente

520 Der Westen/County Galway

und Noten. Familie Powell eröffnete den Laden bereits 1918, verkaufte damals aber noch Schnupftabak.

• *Pullover* **Padraic O'Maille's,** High St., www.omaille.com, mit großer Auswahl an Tweed und Pullovern zu fürstlichen Preisen.

Feste/Veranstaltungen

• *Literaturfestival* Seit Jahren ist „Cuirt", wie das Festival heißt, eine Institution im irischen Literaturbetrieb und zieht mit seiner lockeren Atmosphäre Autoren, Künstler und Leser aus dem gesamten englischen Sprachraum an. Im April, Auskunft und Programm beim Arts Centre, www.galwayarts centre.ie/cuirt/iterature.htm.

• *Kunstfestival* Im Juli, mit Theater, Lesungen, Musik und Film – abgesehen von der großen Parade eine weltoffene und internationale Veranstaltung, die auch inhaltlich über den irischen und über den schöngeistigen Tellerrand blickt. Programmauskunft ☎ 091 509 700, www.galwayartsfestival.ie.

• *Filmfestival* In der Woche vor dem Kunstfestival trifft sich die Filmszene in Galway. Irische und internationale Wettbewerbsbeiträge laufen in den Kinos der Stadt. www.galwayfilmfleadh.com.

• *Rennwoche* Ende Juli ist der Höhepunkt des Jahres. Nicht nur die High Society reist an, um die Pferderennen zu sehen und um gesehen zu werden, auch Bauern und ganz normale Leute kommen, um sich auf der Messe und in den Pubs zu vergnügen, ja viele Partypeople kommen überhaupt nur zum Feiern, ohne je die Rennbahn zu besuchen. www.galwayraces.com.

• *Austernfestival* Ende September klingt die Touristensaison mit dem Austernfestival aus. Außer frischen Muscheln aus dem Atlantik wird reichlich Guinness konsumiert, Straßentheater und Kneipenmusik begleiten das Spektakel. www.galway oysterfest.com.

Sehenswertes

Galways Stärke sind nicht einzelne Sehenswürdigkeiten, sondern sein intaktes Altstadtensemble, das Wohnen, Einkaufen und Vergnügen noch unter einen Hut bringt. Mit der Ausweitung der Fußgängerzone, die wie wohl überall zunächst auf den erbitterten Widerstand der Geschäftsleute stieß, ist man auf dem richtigen Weg, das urbane Leben zu pflegen und ihm noch mehr Raum zu geben. Straßenmusikanten, Gaukler und Akrobaten sorgen für ein kostenloses Unterhaltungsprogramm, und die Bettler würden hier nicht stehen, wenn die Stadt und ihre Menschen für sie nichts übrig hätten. Da spielt es keine Rolle, dass die mittelalterliche Stadtmauer nahezu verschwunden ist und die meisten Häuser aus dem 18. und 19. Jh. stammen. Auch die mit der Verlagerung des Hafens funktionslos gewordenen Speicher haben die kritischen Jahre überstanden und sind heute beliebte Büro- und Wohnadressen.

Eyre Square: Der repräsentative Stadtplatz mit dem Bahnhof und dem Great Southern Hotel ist ein guter Ausgangspunkt für einen Stadtspaziergang. Wie man an der **Stadtmauer** im Shopping Centre sieht, liegt er am Rande des mittelalterlichen Galway, das sich von hier bis hinunter zum Fluss zog. **Brown's Doorway,** das am Nordrand der Grünfläche platzierte Portal eines Kaufmannshauses von 1627, schmückte ursprünglich die Abbeygate Street und wurde erst beim Abriss des Hauses hierher versetzt. Das kuriose Kunstobjekt im **Brunnen** hinter dem Tor soll an die Segel der Handelsschiffe erinnern, die vor 500 Jahren von Galway aus das Meer durchpflügten. Zwei **Kanonen** aus dem Krimkrieg feiern die Connaught Rangers der britischen Armee – nicht der militärischen Verdienste des Regiments, sondern seiner patriotischen Gesinnung wegen, denn die damals in Indien stationierten Ranger verweigerten 1920, auf dem Höhepunkt des Unabhängigkeitskrieges, ihren Dienst. Der Park ist nach Galways Ehrenbürger John F. Kennedy benannt. Ronald Reagan, ein späterer Besucher, muss sich mit einer Gedenktafel begnügen.

Galway (Stadt) 521

Am Eyre Square

Eyre Square Shopping Centre: Die Kunde, hier habe ein Einkaufszentrum ein Stück Stadtmauer und einen Turm restauriert und in seinen Bau integriert, stimmte mich zunächst sehr skeptisch. Doch die Verbindung von Alt und Neu ist ausgezeichnet gelungen und sehenswert.

Lynch's Castle: An der Ecke Shop/Abbeygate St. hat eine der alten „Stadtburgen" überlebt, wie man sie vor allem aus Carlington (Co. Louth) und Killmalock (Co. Tipperary) kennt. An der feudalen Fassade prangen die Wappen englischer Könige und für Irland ungewöhnliche Wasserspeier. Die Lynchs waren die angesehenste Patrizierfamilie im Galway und stellten zwischen 1480 und 1650 fast durchgehend den Bürgermeister. James Lynch ging in die Geschichte als ein besonders unbestechlicher und nur auf das Gemeinwohl bedachter Mann ein. Sein Gerechtigkeitssinn ging so weit, dass er sogar seinen eigenen Sohn zum Tode verurteilte, weil der einen spanischen Matrosen umgebracht hatte. Nachdem niemand aus der Stadt das Urteil vollstrecken wollte, hängte der „Gerechte" seinen Sohn persönlich und zog sich anschließend in ein Kloster zurück. Im Eingangsbereich der Bank, die heute im Haus residiert, befindet sich eine Ausstellung zur Geschichte von Lynch's Castle.

Saint Nicholas: Die normannische Stadtkirche wurde über die Jahrhunderte vielfach an- und umgebaut, doch blieb noch viel von der ursprünglichen Bausubstanz erhalten. Im Boden sind die Grabplatten der Honoratioren eingelassen, besonders prächtig ist das Grab der Lynchs. Die Inschrift des ältesten Steins (12. oder 13. Jh.), der noch aus einer früheren, beim Bau des Gottesauses abgerissenen Kapelle stammt und jetzt in der **Christ Chapel** liegt, ist noch in altertümlichem Französisch abgefasst und wird einem Kreuzfahrer zugeschrieben. Der leere Rahmen am Ende des Schiffs enthielt einst ein Marienbild, das unter nie geklärten Umständen später in Ungarn auftauchte.

522 Der Westen/County Galway

Nora Barnacle House: In Bowling Green Nr. 8 wohnte Nora Barnacle, die spätere Gattin von James Joyce. Der Meister selbst scheint nur zweimal hier gewesen zu sein, doch hat man ein kleines Museum mit Erinnerungsstücken an das Paar eingerichtet. Mit Michael Bodkin wird auch ein vorjoyce'scher Verehrer Noras gewürdigt.
① Mai–Sept. Mo–Sa 10–13/14–17 Uhr; Eintritt 2,50 €, www.norabarnacle.com.

Salmon Weir Bridge: Gleich oberhalb der O'Briens-Brücke steht das letzte Wehr, das den Abfluss des Corrib ins Meer reguliert. Eine Fischtreppe erleichtert den Lachsen ihren Weg flussauf in die Laichgebiete. Besonders im späten Frühling tummeln sich die Fische unterhalb des Wehrs im Wasser, um dann in eleganten Sprüngen das Hindernis zu überwinden und die letzte Etappe ihrer langen Reise flussauf zu den Laichgründen zu nehmen. Ein neu angelegter Uferweg führt auf dem Damm des Mühlenkanals zum Jury's Hotel. Das lange vernachlässigte Ufer wurde in den letzten Jahren herausgeputzt, verfallene Häuser sind zu neuem Leben erwacht. Ein Beispiel für gelungene Sanierung bietet die **Mühle** an der O'Brien's Bridge; sie beherbergt jetzt das Kulturzentrum und ein kleines Café, wo man direkt am Wasser sitzen kann.

Kathedrale: Meine kritischen Bemerkungen zur Architektur der 1965 vollendeten Bischofskirche haben den energischen Widerspruch mehrerer Leser provoziert. So halte ich mich nun zurück und kann Sie nur auffordern, sich selbst ein Urteil über das umstrittene Bauwerk zu bilden – in dem dereinst ein gleichfalls umstrittener Gottesmann die Messe zu zelebrieren pflegte. Eamonn Casey, vormals Bischof von Galway, geriet in die Schlagzeilen, als eine Amerikanerin ihn als Vater ihres Sohnes benannte.

Claddagh: Auf dem Westufer des Corrib bestand schon vor der Stadtgründung ein Fischerdorf. Bis zu 300 Boote fuhren früher aufs Meer hinaus. Die Fischer sprachen einen besonderen Dialekt und gehörten einer Zunft an, die bis ins 20. Jh. ihren „König" wählte, eine Art Bürgermeister und Friedensrichter, der als einziger mit weißem Segel fahren durfte, während die anderen nur braunes oder schwarzes Segeltuch benutzten. Der Verkauf des Fangs auf dem Fischmarkt, etwa zwischen Hafenbecken und Brücke, war Sache der Frauen.

Spanish Arch: Über die Wolfe Tone Bridge kommt man wieder zurück in die Altstadt. Der Platz vor Jury's Hotel, auf dem früher spanische Kaufleute ihre Waren feilboten, ist der städtebauliche Kontrapunkt zum Eyre Square. So störend der Autoverkehr empfunden werden mag, er ist wenigstens in schmale Spuren kanalisiert und lässt Platz für die Fußgänger. Am Eingang der Quay Street wagt ein Café sogar, Tische vors Haus zu stellen. Der Neubau rechter Hand spiegelt die Fassade von **Blake's Castle,** der Wohnburg neben dem Hotel. Eine Skulptur, die Galway von der Stadt Genua geschenkt bekam, erinnert an den Besuch von Christoph Kolumbus in Galway. Der Spanish Arch war eine Verlängerung der Stadtmauer zum Fluss hin, durch das Tor wurden die Waren von den Schiffen in die Stadt gebracht.

Galway City Museum: Das hinter dem Spanish Arch neu errichtete Stadtmuseum ist der Geschichte Galways vom Mittelalter bis in die 1950er Jahre gewidmet. Einen prominenten Platz haben Schwert und Szepter der Bürgermeister als Symbole von Galways Unabhängigkeit. Vom Eyre Square ins Museum verbracht wurde die Skulptur des in Galway geborenen und skandalumwitterten gälischen Dichters *Padraic O'Conaire* (Patrick O'Connor, 1882–1928). Das Gebäude selbst bietet spektakuläre Ausblicke auf Claddagh, den Spanish Arch, den Fluss Corrib und die Galway Bay.
① Juni–Sept. tägl. 10–17 Uhr, Okt.–Mai nur Di–So; Eintritt frei.

Ein sonniger Nachmittag bei Maggie's

Salthill/Aquarium: Eine breite, künstlich aufgeschüttete Autostraße trennt den Bade- und Vergnügungsvorort Salthill vom Meer. Durch die Nähe zur Stadt herrscht hier auch im Winter Leben: Abends geht es in die Disco, tagsüber flaniert man an der Promenade – oder besucht das **Aquarium**. Dort begrüßen mächtiges Wellenrauschen und krachende Brecher den Besucher. Die kühle Luft schmeckt nach Meer, aus dem das Wasser für die Aquarien gepumpt wird. Die großzügigen Wasserbecken gleichen Bühnen, deren Kulissenbild maritime Biotope imitieren. Nicht alle der bisweilen bizarr anmutenden Meeresbewohner tummeln sich munter. Mancher maritime Schauspieler verweigert sich dem Zuschauer, bleibt faul und will partout nicht aus seiner Höhle oder seinem Sandversteck hervorkommen. Im „Touch-Pool" gestatten Seesterne, Krebse und Flundern Hautkontakt. Daneben hängt das gewaltige Gerippe eines Finnwals, ein Videostreifen zeigt die Gattung auf hoher See. Zum Aquarium gehören Souvenirshop und Cafeteria.
 ① Mo–Fr 9–17 Uhr, Sa/So 9–18 Uhr, im Winter Mo und Di Ruhetag; Eintritt 10 €. www.nationalaquarium.ie.

Östliches County Galway

Anders als Connemara ist der Osten des Countys ziemlich unspektakulär und flach und ist dank des kalkreichen Bodens geprägt von fruchtbarem Ackerland.

Als Naturraum gehört das Gebiet bereits zu den Midlands (siehe S. 796). Touristen bietet es nur wenige Highlights: Die Stadt Athenry mit ihrer Burg und anderen mittelalterlichen Mauern, die Kathedrale von Loughrea und das verschlafene Portumna mit seinem Schloss und der Marina von Emerald Star, wo viele Hausbootfahrer ihre Kahnpartie beginnen oder beenden.

524   Der Westen/County Galway

Athenry   (gäl. Baile Átha an Rí)

Die „Stadt an der königlichen Furt", wie der irische Ortsname übersetzt lautet, liegt etwa 25 km östlich von Galway an einem Übergang über den River Clarin. Die Verkehrsachse N 6 macht einen großen Bogen um die Stadt, doch mit dem Zug ist sie von Galway aus bequem zu erreichen. Athenry überrascht den Besucher mit einer noch weitgehend erhaltenen mittelalterlichen Stadtmauer samt Türmen, Tor und einer Burg.

● *Information* www.galwayeast.com und www.athenry.net.

● *Verbindung* Athenry ist **Zug**halt zwischen Galway und Dublin. Bahnhof ☎ 091 844 020. Auch die **Bus**linien 418 und 427 verbinden die Stadt mit Galway.

● *Übernachten* **Caheroyan House,** Monivea Rd., ☎ 091 844858, www.caheroyanhouse athenry.com, DZ 100–140 €. Der Biohof der Coynes befindet sich etwa 10 Gehminuten außerhalb des Nordtors. Das stattliche Gutshaus mit den Gästezimmern verbindet historischen Charme mit modernster Technik und wird mit einer Wärme pumpe beheizt, Windmühlen und Solarzellen erzeugen Strom. Spazierwege erschließen die abwechslungsreiche Umgebung mit einem Teich, Weiden und Wald. Auch Ferienwohnungen werden vermietet.

● *Essen* **La Rustica,** beim Nordtor, ist ein gehobener Imbiss mit Pizza, Pasta und abends auch aufwendigeren Gerichten.

Sehenswertes

Es bietet sich an, die Stadterkundung im **Heritage Centre** zu beginnen, das am Marktplatz in einer ehemaligen Kirche untergebracht ist. Auf dem Kirchhof begrüßen Blechkrieger den Besucher. Bei der von Touchscreens und anderem elektronischen Schnickschnack unterstützten Zeitreise zurück ins Mittelalter dürfen dann Kinder wie Erwachsene in historischen Gewändern Ritter spielen und sich im Bogenschießen üben. Draußen auf dem Platz steht noch das **Marktkreuz** an originaler Stelle, es soll das letzte im Lande sein, dem wir ein besseres Schicksal wünschen als dem einst von einem Lastwagen umgenieteten Kreuz von Kells. Die steinerne Kreuzigungsszene und die Maria mit dem Kind sind nur noch mit Mühe zu erkennen. ⏱ April–Sept. Mo–Sa 10–17 Uhr, Okt.–Mai Mo–Fr 10–14 Uhr. Eintritt 5 €. www.athenry heritagecentre.com.

Die aus dem 13. Jh. stammende **Burg** bewachte den Flussübergang. Nach deren Zerstörung 1579 durch *Hugh Roe O'Donnell* fiel die dreigeschossige, nahezu fensterlose Turmburg in einen Dornröschenschlaf, der erst in den 1990ern mit der Renovierung durch das *Office of Public Works* endete. Der mit sakralen Motiven verzierte Eingang im 1. Stock ist über eine Außentreppe erreichbar, innen gibt's eine Videoshow und ein paar Schautafeln, sonst ist das Gemäuer kahl. Nicht mehr benutzt werden darf der historische Abort, aus dem die Notdurft in freiem Fall entlang der Burgmauer in den Graben plumpste. ⏱ Juni–Mitte Sept. tägl. 10–18 Uhr; April/Mai, Mitte Sept.–Mitte Okt. Di–So 10–17 Uhr. Einlass bis 45 Min. vor Schließung. Eintritt 3 €.

Am anderen Ufer liegen die frei zugänglichen Ruinen des Dominikanerklosters **St. Peter & Paul** mit einer schönen Sammlung alter Grabplatten.

Loughrea   (gäl. Baile Locha Riach)

Die „Stadt am grauen See", nämlich am Lough Rea, könnte ein idyllisches Provinznest sein, wäre da nicht der Autoverkehr: Wer immer zwischen Galway und Dublin unterwegs ist – und es sind viele – quält sich mitten durch die Stadt. Davon gänzlich unbeeindruckt tummeln sich im klaren Wasser des **Sees** zahlreiche Forellen,

Loughrea/Umgebung 525

weshalb Loughrea bei Anglern in gutem Ruf steht. Es gibt einen Uferpark, ein paar Inselchen wurden einst als Crannogs künstlich angelegt. Größte Sehenswürdigkeit ist die Kathedrale der Stadt.

● *Verbindung* In Loughrea halten die **Busse** zwischen Galway und Dublin. Auskunft ✆ 091 562 000.

● *Essen* **Catherine's Kitchen,** Barrack St., neben der Kathedrale, eine Bäckerei mit Delikatessenverkauf und preiswertem Mittagstisch. Auch sonntags geöffnet.

Sehenswertes

Loughrea Cathedral: Das Bistum Clonfert umfasst kaum mehr als den Osten des Countys Galway und ist damit eine der kleinsten irischen Diözesen. Seine Bischofskirche aber muss sich nicht verstecken. Das Gotteshaus wurde von *William Byrne* 1897 entworfen und schon fünf Jahre später geweiht. Nicht die Architektur, vielmehr die Ausstattung macht die Kirche künstlerisch wertvoll. So wie die mittelalterliche Kathedrale von Clonfert (siehe S. 837) der künstlerische Höhepunkt iro-romanischer Steinmetzarbeit ist, gilt die heutige Kathedrale St. Brendan in Loughrea als ein Höhepunkt des **Celtic Revival,** einer Stilrichtung im Kunsthandwerk um 1900, die keltisch-nordische Motive und Ornamente als Dekor benutzte und auch den Jugendstil beeinflusste. In Irland traf dieses Design im Zuge der neu erwachenden irischen Kultur und Identität auf besonders fruchtbaren Boden. Da sind etwa die Glasfenster aus der Dubliner Werkstatt *An Tur Gloaine*. Obgleich aus der Hand verschiedener Künstler und über einen langen Zeitraum entstanden – Michael Healys *Himmelfahrt* und *Jüngstes Gericht* wurden als letzte Fenster erst 1940 eingebaut –, demonstrieren sie doch bemerkenswerte Kontinuität. Als weitere Beispiele dienen am rechten Seitenaltar die Statue *Maria mit dem Kind* von John Hughes und Michael Shortalls Kapitelle mit Szenen aus dem abenteuerlichen Leben des Kirchenpatrons Brendan. Auch die im **Kirchenmuseum** ausgestellten Wandteppiche nach Entwürfen von *Jack B. Yeats* sind im Stil des Celtic Revival angefertigt. Mit *Our Lady of Clonfert* präsentiert dieses Museum auch eine wunderbare Holzskulptur aus dem Mittelalter.

⏲ **Kathedrale:** Mo–Fr 10–11, 11.30–13 und 14–17.30 Uhr. Für 2 € kann man eine etwa halbstündige Audioführung ausleihen. **Kirchenmuseum:** Zuletzt Mo–Do 14–16 Uhr, Eintritt frei.

Loughrea/Umgebung

▶ **Dartfield Horse Museum:** Der Reiter, Züchter und Pferdehofbesitzer Willie Leahy hat sich hier einen Traum erfüllt und die verfallenen Stallungen eines alten Landguts zu einem Museum rund um Ross und Reiter umgebaut. Wussten Sie, dass die Bonsai-Ponys der Rasse *Fallabella* nicht größer sind als ein Schäferhund? Interessierte erfahren hier mehr über die verschiedenen Rassen, über abscheuliche Pferdekrankheiten, gefährliche Verletzungen und das heilsame Wirken der Tierärzte. Man sieht Sattler und Hufschmied bei der Arbeit und das Pferd als Kunstobjekt. Vierbeinige Superstars werden in einer „Hall of Fame" verehrt, leibhaftige Rösser schnauben und scharren im Stall. Da der umtriebige Willie Leahy ehrenhalber Anführer der ostgalway'schen Fuchsjagd ist, hat auch dieses Sujet seinen Raum. Souvenirs gibt's auch, und wer will, kann im Anschluss an den Museumsbesuch auf den ausgedehnten Ländereien von Dartfield auch ausreiten. Nur im Coffeeshop hat man mich mit entrüsteten Blicken bedacht, als ich nach Pferdefleisch fragte …

⏲ Tägl. 9.30–18 Uhr, Einlass bis 17 Uhr, Eintritt 9 €. www.dartfieldhorsemuseum.com. Dartfield ist ab der N 6 rund 6 km östlich von Loughrea ausgeschildert.

Der Westen Karte S. 469

526   Der Westen/County Galway

▸ **Turoe Stone:** Der Turoe-Stein bei Bullaun, 7 km nördlich von Loughrea, ist ein etwa 1 m hoher phallischer Pfeiler, der vermutlich im letzten vorchristlichen Jahrhundert geschaffen wurde. Er stand ursprünglich bei dem einige Kilometer entfernten Rath of Feerwore. Seine Spitze ist mit einem floralen Rankenmuster verziert, wie wir es von der eisenzeitlichen La-Tene-Kultur kennen. Deren Spuren hat man v. a. auf dem Kontinent gefunden, aber kaum in Irland.

Portumna

Das verschlafene Dorf liegt eine Fußstunde vom Nordende des Lough Derg entfernt. Sein Castle repräsentiert kunsthistorisch den Übergang von den wehrhaften Burgen des Mittelalters zu den luxuriösen Herrenhäusern der Neuzeit. Das Kloster und den kleinen Naturpark am See erkundet man am besten mit dem Fahrrad oder auf einem etwa dreistündigen Spaziergang.

Am westlichen Ortsende besticht die Renaissanceanlage des **Portumna Castle** mit Sinn für Geometrie und dramatische Steigerung. Eine Allee führt zum Pförtnerhaus, dahinter breiten sich zwei Ziergärten in rundem und eckigem Design aus, erst dann erreicht man das Haus, das sich von einer sich pfeilförmig zum Schloss hin verengenden Treppe erschließt. Wiederum wurde auf strenge Symmetrie geachtet. Die Fenster sind schmal, und in den vier hervorspringenden Ecktürmen sind Schießscharten eingelassen, aus denen unerwünschte Eindringlinge noch unmittelbar vor der Tür ins Jenseits befördert werden konnten. Das Castle wurde um 1618 vom 4. Earl of Clanricard erbaut. Nachdem es 1826 durch einen Brand völlig zerstört worden war, errichteten die Hausherren etwas zum See hin versetzt einen Neubau, der ebenfalls den Flammen zum Opfer fiel. 1948 erwarb der Staat das Anwesen. Gärten und Schloss wurden gründlich restauriert, der historische Küchengarten wiederbelebt. Im Haus sind die Handwerker noch immer zugange. Bis auf einige Schautafeln ist völlig leer, und es scheint, als wisse niemand so recht, was mit dem Gebäude anzufangen sei.

⏱ Mitte März bis Okt. tägl. 10–18 Uhr, Einlass bis 17.15 Uhr; Eintritt 3 €.

Weiter in Richtung Hafen stößt man auf die Ruine des **Klosters.** Um ehrlich zu sein: Angesichts der Fülle von Klosterruinen, die Irland zu bieten hat, ist die spätgotische, zuletzt von den Dominikanern genutzte Abtei trotz ihres beschaulichen Kreuzgangs nicht sonderlich aufregend. Der **Forest Park** beginnt unmittelbar am Hafen. Ein 8 km langer Rundweg führt durch den Wald.

● *Verbindung* **Busse** über Birr und Tullamore nach Dublin sowie nach Galway. Auskunft ☎ 091 562 000, www.buseireann.ie.

● *Angeln* **Portumna Angling Service,** Dave Harris, ☎ 087 234 8038.

● *Baden* Portumna hat ein richtiges **Strandbad** zu bieten. Es liegt etwas östlich des Hafens und wird von der Ortsmitte durch eine eigene Stichstraße erreicht.

● *Reiten/Pferdewagen* Um Portumna gibt es eine ganze Reihe von Reiterhöfen, die Unterricht und Ausflüge anbieten. **Flowerhill House Equestrian Centre** (Oliver Walsh), Tynagh, ☎ 090 967 6112, www. flowerhill.net, ist für Anfänger wie auch erfahrene Reiter wohl die beste Adresse in Ostgalway. Geboten wird eine breite Palette vom Trekking über Springen und Polo bis zu Jagdausflügen, für Kinder gibt es spezielle Ponyprogramme. 6 Übernachtungen mit Halbpension und 12 Unterrichtsstunden kosten beispielsweise 750 €. Für 100 € kann man bei einer Fuchsjagd mitreiten. Keine Sorge, bei der irischen Variante dieser Hatz bleibt Meister Reineke gänzlich unversehrt – aber das lassen Sie sich besser vor Ort im nächsten Pub erklären ...

Galway-Clare-Burren-Trail, An Síbín Riding Centre, Derryoran East, Whitegate, ☎ 061 927 411, www.ansibinriding.com. Die sechstägige Pferdetour beginnt am Fuß der *Slieve Aughty Mountains* und führt über

Portumna Castle – Übergang von der Wehrburg zum Luxuswohnsitz

den *Lough Derg* und den *Burren* hinüber an die *Westküste*. Übernachtet wird in B&Bs, auch Dinner und Lunchpaket sind im Preis inbegriffen (Juni–Aug. 1050 €). Daneben bieten die Cummins auch Eselwandern und eine Kombination aus Sprachunterricht und Reitkurs an.

• *Übernachten* **Clonwyn Pub/Restaurant/ B&B,** Main St., ✆ 090 974 1420, www.clonwynhouse.com, DZ 80 €. Die Zimmer über dem Pub sind etwas klein, aber durchaus gemütlich. Mit der **Laurel Lodge** haben die Wirtsleute 1 km außerhalb auch ein ruhig gelegenes Gästehaus.
B&B Auvergne Lodge, Elizabeth Ryan, Dominick St., ✆ 090 974 1138, auvergnelodge@eircom.net, und **Shannon Villa,** Bridie Doran, Bridge Rd., ✆ 090 9741269, shannonvilla@ireland.com, liegen beide zentral und kosten fürs DZ 75–90 €.

Cartron House Farm, Ballinakill, Kylebrack, ✆ 090 974 5211, www.cartronhouse.com, DZ 80 €. „Geheimtipp für Liebhaber unverfälschten irischen Hinterlands: In einer renovierten Farm von 1770 mit freundlicher Atmosphäre, exzellenter Küche, Zimmer z. T. rollstuhlgerecht. Selbstversorgung, B&B, Halb- und Vollpension möglich." (Lesertipp von Nikola Schneider) Auch Neill Carpenter, Sammler und Experte für Bakelittelefone, pflegt auf der Jagd nach den altertümlichen Sprechapparaten hier am Fuß der Slieve Aughty Mountains abzusteigen. Cartron House liegt an der R 353 etwa 15 km westlich von Portumna.

• *Essen* **Dalton's Bistro,** Main St., ✆ 090 974 1929, wird gerne von den Bootsurlaubern besucht und hat Salate, Sandwichs und dergleichen im Angebot, aber besonders abends auch aufwendigere Gerichte wie gegrillten Lachs mit Weinsauce.

Lough Corrib

Der mit 200 qkm größte See der Republik sorgt für die schlechte Verkehrslage von Westgalway. Das Anglerparadies hat außer reichlich Forellen und Lachsen auch 365 Inseln, darunter Inchagoill mit dem ältesten christlichen Monument Irlands. Unterirdische Ströme verbinden Lough Corrib mit dem Lough Mask im County Mayo.

Für die gut 100 km lange Radtour von Galway rund um den See veranschlage man zwei Tage. Das Ostufer ist flach und sumpfig, auf der Westseite reichen die

528   Der Westen/County Galway

Quarzitberge Connemaras direkt bis ans Ufer. Bäume wachsen nur auf den flachen Inselchen im See – das Wasser schützt die Vegetation vor dem Kahlfraß der Ziegen und Schafe. Die Landschaft erinnert an das schottische Hochland. Zum Wandern ist der Boden zu nass.

Das einsame Hügelland an der Nordwestküste, etwa zwischen den Maumturk Mountains und Cong, wird **Joyce Country** genannt. Irlands Meister der nur schwer bezwingbaren Wortgebirge und verschlungenen Bedeutungspfade hat damit nur indirekt zu tun. Es war ein gewisser Thomas Joyce, Ahnherr der irischen Joyce-Sippe, der im 14. Jh. aus Wales einwanderte und es schaffte, seinen Sohn mit einer Tochter der O'Flahertys zu verheiraten. Als ihre Mitgift gelangte das Land in den Besitz der Joyce-Familie.

Oughterard

Das Anglerzentrum am Lough Corrib liegt zugleich an der Straße zwischen Galway und Clifden. Zugegeben, manche Exemplare gehen auch einem Laien an den Haken: Anfängerglück. Doch die meisten Fische sind nicht so dumm, wie es ihr Gesichtsausdruck verheißt. Und seit die Forellen im Lough Corrib nach dem Fang wieder ins Wasser geworfen werden müssen, woran sich die Einheimischen auch durchweg halten, sind sie umso gewitzter geworden. Sie an die Angel zu locken ist eine Kunst und bedarf langer Erfahrung. Sportsgeist allein bringt wenig. Für Forellen schwören die meisten auf metallene „Wet Flies“, die im Wasser ertrunkene Insekten imitieren. Der Angler hat die Qual der Wahl zwischen „Zulu“, „Butcher“, „Green Peter“ und wie die Typen aus dem unglaublichen Repertoire an künstlichen Ködern sonst noch heißen, und dann muss er noch wissen, wann der Fisch wo im See zu schwimmen pflegt. Der Laie heuert also besser zunächst im Pub oder Tackleshop einen „Gillie“, einen Führer an, bevor er sich nur Frustrationen einhandelt.

Oughterard ist größer, als die zwei Straßenzüge des Ortskerns vermuten lassen. Außerhalb verstecken sich vornehme Villen hinter hohen Hecken abseits der Straße. Die Landschaft lebt vom Kontrast zwischen dem Blau des Wassers, dem Grün der Wiesen und den violetten Erikafeldern des Moors. Im Hintergrund kratzen die Berge der Twelve Pins und des Joyce Country an den Wolken. Am Clifden-Ende des Orts ist ein kleiner Park mit Picknickplätzen. Ein Spazierweg führt den Hügel hinauf zu einem Wasserfall und auf der anderen Bachseite wieder in den Ort zurück.

Information/Verbindungen/Diverses

- *Information* Main St., ✆ 091 552 808, Mo–Fr 9–17 Uhr, Mai–Sept. auch Sa/So 14–17 Uhr. www.oughterardtourism.com.
- *Verbindung* **Bus**halt der Linien 61 und 419 zwischen Clifden und Galway. Auskunft ✆ 091 562 000, www.buseireann.ie. Im Sommer **Ausflugsboote** nach Inchagoill und Cong (www.corribcruises.com, ✆ 092 46029).

- *Angeln* Der wichtigste Angelplatz und zugleich Schiffssteg ist am Galway-Ende des Orts hinter der Poliklinik. Bei **Tommy Tuck's** (Main St.) gibt es Anglerbedarf und eine Karte des Sees, in der weitere Angelreviere verzeichnet sind. Auch Boote werden vermittelt.

Übernachten

Currarevagh House, Mitte April–Mitte Okt., ✆ 091 552 312, www.currarevagh.com, Restaurant nur abends geöffnet, Menü 45 €, DZ

210 €. Das viktorianische Herrenhaus inmitten eines großzügigen Parks befindet sich in der 5. Generation im Familienbesitz.

Aussichtspunkte: Gipfelkapelle des Croagh Patrick, Mayo (oben) und Doonagore Castle, Doolin (unten) (Tl.)

▲▲ Der Wind pfeift über Connemara (TL)   ▲ Blick auf Clifden (TL)

Gezeichnet von Wind und Wetter: Die Küste zwischen Sligo und Donegal (oben), die Cliffs of Moher (unten links), Boston Castle (Clare, unten rechts) (TL)

▲▲ "Bitte Einsteigen!" Die Fintown Railway, Donegal (RRB)
▲ Killybegs, Irlands wichtigster Fischerhafen (RRB)

Oughterard

In Oughterard steht der Fisch hoch im Kurs

June Hodgson, die selbst über die Küche wacht, lässt Schlag 20 Uhr den ersten Gang ihres sechsteiligen Menüs auftragen – irische Küche nach „Mutters Art". Reservierung erbeten. Das Haus vermietet auch 8 Fremdenzimmer.

Guesthouse und **Pub Boat Inn**, ✆ 091 552 196, www.theboatinn.com, DZ 75–85 €. Pubfood, besonders Fisch, bis 21 Uhr. Am Wochenende und im Sommer auch öfter Livemusik.

B&B Riverwalk House, Ann Kelleher, Riverside, ✆ 091 552 788, www.riverwalkhouse.com, DZ 70 €. Ein freistehendes Haus am Fluss, neue Einrichtung im „britisch-irischen Neobarock" mit Ohrensesseln, tolles Frühstück. (Lesertipp von Stephan Schneider).

Canrawer Hostel, ✆ 091 552 388, www.oughterardhostel.com, Bett mit Frühstück ab 17 €, DZ 45 €. Das äußerlich einem Einfamilienhaus ähnliche Hostel befindet sich etwa 600 m südlich des Ortszentrums auf einem mit Naturstein verkleideten Sockel inmitten einer Wiese. In der Lounge schweigt ein präparierter Fisch, den Hausherr Michael Faherty ist ein Angelcrack. Warme Einrichtung mit viel Fichtenholz, großer, heller Aufenthaltsraum, alle Schlafräume mit eigenem Bad. Ein sehr sauberes und einladendes Haus – sofern man die zahlreichen Regeln, Ge- und Verbote zu beachten bereit ist. Campingmöglichkeit im Garten.

Essen/Pubs

The Yew Tree, Main St., Mo–Sa, ist eine handwerkliche Bio-Bäckerei (denken Sie einfach nicht dran, wie ungesund Weißmehl ist, und probieren Sie stattdessen das köstliche Olivenbrot) mit Café (Danke für den Lesertipp!).

• *Pubs* **Powers**, The Square. Ein auffälliges „Thatchpub" im Connemara-Stil, das nicht etwa für folkloristische Bedürfnisse von Touristen gebaut wurde, sondern wie durch ein Wunder schon bald 200 Jahre überdauert hat. Am Wochenende Irish Music.

Faherty's, The Square. Für die jüngere Generation, Fr Gigs, Sa Disco. In der Lounge bis 21 Uhr Barfood.

Der Westen/County Galway

Der Winter als „ruhende Erde" in Brigit's Garden

Oughterard/Umgebung

▶ **Aughnanure Castle:** Die Burg 3 km südöstlich von Oughterard war die Bastion des westlichen, königstreuen Zweiges der O'Flahertys, dem das Land von Oughterard bis vor Galway gehörte, während ihre englandfeindlichen Verwandten in Connemara das Sagen hatten. Für Cromwell lief „englandfeindlich" und „königstreu" auf das gleiche hinaus, also vertrieb er auch die Burgherren von Aughnanure. Mit der Restauration bekamen die O'Flahertys zwar ihr Haus noch einmal zurück, doch dass sie katholisch blieben, brach ihnen unter den Penal Laws wirtschaftlich das Genick. Auch der Familiensitz verfiel, erst in den letzten Jahren hat ihn der Staat restauriert. Zeichnungen rekonstruieren, wie die Räume einmal ausgesehen haben könnten. Neben dem Bankettsaal im vierten Stock gibt's ein Geheimzimmer zu entdecken, vom Dach bietet sich ein schöner Ausblick über den See.
① Mitte März bis Okt. tägl. 9.30–18 Uhr, Einlass bis 17.15 Uhr, Eintritt 3 €.

▶ **Brigit's Garden:** Nicht an die Eigentümerin, sondern an die Heilige soll der Name dieser im Sommer 2004 eröffneten Gartenanlage erinnern. Entworfen wurde die mythische Landschaft von der renommierten Gartenbauarchitektin Mary Reynolds. Der Rundgang gleicht einer Reise durch den Jahreszyklus. Vier Gärten, kreisförmig angeordnet um eine strohgedeckte Rundhütte, zeigen die vier Jahreszeiten. Im keltischen „Wintergarten" symbolisiert die Bronzefigur einer liegenden Frau die ruhende Erde. Im Frühlingsgarten führt der Pfad durch Wiesen und Obsthaine zu einem Spielplatz mit Schaukelkörben. Im Sommergarten deutet eine Kuhle das Liebesbett des mythischen Paares *Diarmuid* und *Grainne* an, dann geleiten uns Orthostaten zu einer Feuerstelle vor dem Thron. Spiralförmige Gemüsebeete und zwei Festkreise stehen für die Fülle und die Feiern des Herbstes. Außerhalb der Gärten gibt es noch einen Naturlehrpfad und eine begehbare und komplizierte Sonnenuhr, deren Linien den Schattenverlauf zu Beginn jedes Monats, an den Tagund-

Inchagoill Island   531

nachtgleichen und zur Sonnenwende vorzeichnen. Kinder gehen auf Schnitzeljagd oder bauen mit Weidenruten.

Febr.–Okt. tägl. 10–17.30 Uhr, Juli/Aug. bis 18 Uhr; Eintritt 7,50 €. 091 550 905, www.galwaygarden.com. Die Zufahrt ist ab der N 59 bei Roscahill ausgeschildert. Von der Bushaltestelle Roscahill läuft man 2 km; wer vorher anruft, wird abgeholt.

▶ **Glengowla Mine:** Paddy Geoghegans Gehöft steht auf löchrigem Grund. Von 1851–65 wurde hier Blei- und Silbererz abgebaut, dann verfielen die oberirdischen Gebäude, liefen die Schächte voll mit Wasser oder wurden mit Abraum verfüllt. In den 1990ern machte sich Paddy daran, diese geheimnisvolle Unterwelt zu erforschen. Tonnen von Schlamm und Geröll hievte er mit einer Winde nach oben, ersetzte die alten Holzbohlen durch Betonstützen, legte elektrisches Licht, Stege und Trittleitern. Auf diesen klettert man nun in die Schächte und Kavernen aus feinem Connemara-Marmor herab. Hier funkelt ein herrlicher Bergkristall, dort erinnern ein alter Meißel oder ein Bohrloch an die Mühen der Minenarbeiter. Andere Funde und Mineralien sind oben in einem kleinen Museum ausgestellt, das auch die Geschichte der Mine rekapituliert.

Führungen Mitte März bis Nov. tägl. 10–17.30 Uhr; Eintritt 9 €. Die Mine liegt ausgeschildert neben der N 59, 3 km westlich von Oughterard.

▶ **Maam Cross:** Etwa 15 km westlich von Oughterard kreuzt die N 59 zwischen Galway und Clifden die von der Küste nach Cong und ins Joyce Country führende Landstraße. Aus einer Tankstelle mit Pub und Laden hat sich ein Touristenkomplex entwickelt, an dem die Tourbusse gern eine Pause einlegen. Als Blickfang dient das pittoreske **Quiet Man Cottage,** das zugleich für die klischeehafte Rekonstruktion der Vergangenheit steht. Die Hütte wurde nach einem Vorbild aus dem Film „The Quiet Man" gebaut, wobei natürlich bereits das „originale" Filmcottage eine Behausung war, wie man sich das „alte Irland" im fernen Hollywood vorstellte.

Inchagoill Island

Auf dem dicht bewaldeten Inselchen stand eines der ersten irischen Klöster, von dem aber keine nennenswerten Spuren mehr erhalten sind. Über die Bedeutung des Namens Inchagoill sind sich die Gelehrten nicht einig. Einige übersetzten es als „Insel der Fremden", was hieße, dass die Mönche – egal, ob sie nun aus Gallien oder Britannien kamen – Fremde waren. Bewohnt war Inchagoill, das lange zum Besitz des Ashford Castle gehörte, bis in die Mitte des 20. Jh. Zuletzt hielt nur noch ein einsamer Aufseher die Stellung, der die Gräber zu pflegen hatte. Eine andere Interpretation des Inselnamens übersetzt ihn als „Insel des Steins" und sieht einen Bezug zum **Obelisk des Luguaedon** (neben der romanischen Kapelle) mit Irlands ältester Inschrift in lateinischen Lettern. Mit „Lie Lugucredon Macci Menueh" sagt der Stein allerdings nicht mehr, als dass Luguaedon der Sohn des Menueh war. Wahrscheinlich wurde die Inschrift von einem Oghamstein auf den Obelisk übertragen. Der Überlieferung nach war der Tote ein Neffe des Heiligen Patrick. Die **Saints Church,** ein frühromanischer Bau mit schönen Reliefs am Torbogen, wurde im 19. Jh. unter Benjamin Guinness restauriert, der auch die Wege anlegen ließ. Ein besonderes Ereignis ist die Messe, die an einem Sonntag im Juni in der **Patrick's Church,** der zweiten Kapelle auf der Insel, gefeiert wird. An diesem Tag kommen die Angler, wozu ja praktisch jeder männliche Seeanwohner zählt, aus allen Richtungen in langen Bootskaravanen auf die Insel.

*Überfahrt Von Cong und Oughterard mit **Corrib Cruises,** 092 46029, www.corribcruises.com.*

Der Westen
Karte S. 469

Cong

Der 200-Seelen-Ort auf der Landbrücke zwischen Lough Corrib und Lough Mask ist vielleicht das schönste Dorf im Westen Irlands. Ringsum von Bächen umgeben, fügt es sich harmonisch in eine natürliche Parklandschaft.

Nachdem das zu einem Luxushotel umgewandelte Ashford Castle seit 1939 die Crème des internationalen (Geld)adels und Jetsets nach Cong zog, sprach sich der Tipp auch außerhalb Irlands herum. Der 1951 mit Maureen O'Hara und John Wayne in „Cong" gedrehte „Quiet Man" brachte dann den endgültigen Durchbruch – wer den Filmklassiker noch nicht kennt, kann dies in den Herbergen von Cong am Videoschirm oder gar vor der Leinwand nachholen. Trotz seiner Bekanntheit ist Cong ein schlichtes, im Winter verschlafenes Dorf geblieben. Für die großen Reisebusse liegt es zu abseits von den Hauptrouten, und die Gäste, ob sie nun im Hostel oder im Castle übernachten, sind eher Individualisten, die mehr Wert auf das Naturerlebnis legen als auf Nachtleben und Einkaufsmöglichkeiten. Eine übermäßige touristische Entwicklung ist dem Dorf erspart geblieben, auch die Bausünden lassen sich an einer Hand abzählen.

Der 5 km breite Isthmus aus Kalkstein ist ein echtes Naturwunder. Lough Mask hat keinen sichtbaren Abfluss, vielmehr verschwindet das Wasser in unterirdischen Kavernen und Strömen, die im **Rising of the Waters** durch mehrere Karsttöpfe wieder an die Oberfläche quellen und um den Ort herum zum Lough Corrib fließen. Der wenig durchdachte Versuch, die beiden Seen mit einer schiffbaren Wasserstraße zu verbinden, hat Cong den **Dry Canal** beschert, ein Denkmal der Torheit, über das sich seinerzeit die zeitungslesende Öffentlichkeit noch im fernen London köstlich amüsierte. Bei den beiden größten Sehenswürdigkeiten hat das Zusammenspiel von Mensch und Natur besser geklappt. Zwischen Dorf und Lough Corrib lädt der Park des **Ashford Castle** zu beschaulichen Spaziergängen ein, und die Ruine des **Augustinerklosters** erscheint als eine romantische Kulisse, extra für die Flusslandschaft geschaffen.

> ### „The Quiet Man" (dt. „Der Sieger")
>
> Ein amerikanischer Boxer (John Wayne) kommt in das Land seiner irischen Väter, um sich eine Frau zu suchen. Er heiratet eine Dorfschönheit (Maureen O'Hara) und zeigt ihr und ihrem Bruder recht handgreiflich, wer der Herr im Haus ist. John Fords Charakterkomödie, die ihm 1952 den Oscar brachte, orientiert sich an Shakespeares „Der Widerspenstigen Zähmung". Der Film lebt vor allem von den glänzenden Dialogen, Höhepunkt ist eine fröhliche Prügelei.

Geschichte

Cong geht auf ein 627 vom Heiligen Feinchin gegründetes Kloster zurück. Um die erste Jahrtausendwende war es Mittelpunkt eines eigenen Bistums, wurde aber durch die Wikinger zerstört. Vielleicht stand es an der gleichen Stelle wie die zweite, im 12. Jh. von den Augustinern gegründete Abtei. Sein größter Schatz war das kunstvolle, mit Silber beschlagene und juwelengeschmückte *Prozessionskreuz*, ein Geschenk des Königs Turlough O'Connors, das heute im Nationalmuseum bewun-

Cong 533

Pförtnerhaus von Ashford Castle

dert werden kann. Mit der landesweiten Säkularisierung der Klöster mussten 1542 auch die Mönche von Cong ihre Abtei verlassen, doch wirkte jeweils ein Augustinerpater, der nominell den Titel des Abtes weiterführte, noch bis 1829 als Gemeindepriester im Dorf. Bestimmend für die Entwicklung Congs war jetzt die weltliche Macht. 1852 erwarb die Guinness-Familie Ashford Castle mitsamt dem Dorf und dem Land zwischen den Seen. Eine Fläche von 14 qkm wurde eingezäunt und zum Landschaftspark entwickelt. 1938 verkaufte sie Schloss und Park an den Staat.

*I*nformation/*V*erbindungen/*D*iverses (siehe *K*arte *S*. 534)

● *Information* Abbey St., ✆ 094 954 6542, Ostern–Nov. tägl. 10–18 Uhr. Hilfreich sind die Heftchen „The Glory of Cong" und „Cong: Sights, Walks, Stories". Im Sommer Führungen auf den Spuren des Films „The Quiet Man". www.congtourism.com.

● *Verbindung* Ganzjährig Mo–Sa morgens nach Galway und nachmittags zurück, nur in der Ferienzeit Ende Juni bis August fährt ein zweiter Bus mittags nach Galway und nachmittags in die Gegenrichtung über Leenane nach Clifden. Die Bushaltestelle ist vor Ryan's Hotel. Nur am Eingang des Ashford Castle Parks halten Di u. Do Busse von Galway nach Westport – Ballina und in die Gegenrichtung. Busauskunft ✆ 091 562 000, www.buseireann.ie.

● *Boote* Im Sommer Kreuzfahrten mit der „Corrib Queen" auf dem Lough Corrib (www.corribcruises.com, ✆ 094 954 6029). Am Steg auch Bootsverleih an Selbstruderer.

● *Fahrradverleih* **O'Connor's Tankstelle (1),** Main St., ✆ 094 954 6008.

*Ü*bernachten/*C*amping/*E*ssen (siehe *K*arte *S*. 534)

***** **Ashford Castle,** ✆ 094 954 6003, www.ashford.ie, DZ ab 200 €. Das Top-Hotel Irlands dürfte für Otto Normalurlauber unerschwinglich sein. Ein Märchenschloss mit Zinnen, Erkern, Türmchen und Suiten groß wie Ballsäle. Das Gästebuch ist zu-

Der Westen/County Galway

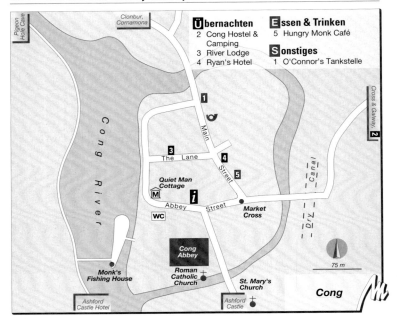

gleich ein „Who is Who" der Weltpolitik (z. B. Ronald Reagan, Margaret Thatcher) und des Showbusiness (John Wayne, Johnny Cash).
** **Ryan's (4)**, Main St., ✆ 094 954 6243, www.ryanshotelcong.ie, DZ 90–130 €. Einfaches, kaminrotes Dorfhotel, das früheren Managern des Ashford Castle gehört. Am Abend spinnen die Petrijünger vor dem Kamin ihre unglaublichen Geschichten.
River Lodge (3), The Lane, ✆ 094 954 6057, bridryan@eircom.net, Mai–Sept. DZ 70 €. Ein neueres, rustikales Haus mit Flussblick und schönem Garten im Ortszentrum.
Cong Hostel (IHH) mit **Camping & Caravan Park (2)**, Lisloughrey, Lake Rd., ✆ 094 9546089, www.quietman-cong.com, Bett 18–25 €, DZ 55 €, Camping 2 Pers. mit Zelt 20–30 €. 2 km außerhalb neben der Cross Rd., gut ausgeschildert. In schöner Naturkulisse gelegen. Gerry Collins kann auch im Winter die Hände nicht in den Schoß legen und werkelt jedes Jahr an der Verbesserung von Gebäude und Ausstattung. Das ist auch nötig, denn das gut belegte und etwas hellhörige Haus wird stark beansprucht. Zelte und Wohnmobile stehen auf einer terrassierten Wiese mit schönem Ausblick. Angel-, Boots- und Fahrradverleih.

● *Essen* **Hungry Monk Café (5)**, Abbey St., im Sommer tägl. 10–18 Uhr. „Ein netter Coffeeshop mit selbst gebackenen Muffins und Kuchen, dazu echt italienischer Cappuccino. Ebenso Frühstück und kleine Gerichte, sogar die Weinpreise sind zivil. Leider nur 7 Tische, daher eigentlich immer voll." (Lesertipp von Sven Quittkat)

Sehenswertes

Quiet Man Cottage: Knapp fünfzig Jahre nach den Dreharbeiten ist die filmische Fiktion des „Quiet Man" in der Realität angekommen. Wie zuvor schon am Maam Cross wurde auch in Cong von einem geschäftstüchtigen Unternehmer die Hütte von John Wayne und Maureen O'Hara nachgebaut und nach dem filmischen Vorbild eingerichtet. Die einzige echte Filmrequisite ist ein Pferdegeschirr, alles andere

Cong 535

sind Repliken. Im Dachgeschoss stellen Modelle, Schautafeln und ein Videofilm die anderen Attraktionen der Region vor.

② April–Okt. tägl. 10–17 Uhr; Eintritt 5 €.

Ashford Castle Garden: Das im 18. Jh. begonnene Schloss war 1852–1938 ein Landsitz der Guinness-Familie. Angesichts des beachtlichen Vermögens der Sippe überrascht es, dass der Park etwas stiefmütterlich behandelt wurde. Ihm fehlt das gärtnerische Design, der Gesamtplan, der englische und irische Gärten sonst so auszeichnet. Man beließ es bei einigen Exoten. Oscar Wilde soll der seinerzeitigen Hausherrin abschätzig empfohlen haben, ein Petunienbeet in der Form eines Schweins anzulegen – selbst dies würde den Garten nur verschönern. Vom Schloss führt, immer gen Südwesten am Ufer entlang, ein Weg zum *Chalet,* einem hölzernen Aussichtspavillon neben einem Obelisken. Auf einem Hügel 200 m weiter ist mit dem **Viewing Point** ein schöner Platz für Freunde stimmungsvoller Sonnenuntergänge geschaffen worden. Bei der Einfahrt in den Park werden 5 € verlangt, doch über die Fußgängerbrücke beim „Fishing House" hinter der Abtei ist der Zutritt außerhalb der Saison kostenlos (einfach nach dem Brücklein den linken Waldpfad nehmen, dann kommt man nach zehn Minuten zum Helikopterlandeplatz und zum Schloss).

Falconry: Außer dem Golfspiel auf dem hoteleigenen Platz, der Fuchsjagd, dem Tontaubenschießen und der Reiterei bietet Ashford Castle seinen Besuchern auch eine Falknerei – wer seinen eigenen Raubvogel mit auf Reisen zu nehmen pflegt, kann ihn hier standesgemäß versorgen lassen. All jene, welche nicht mit „Mein Haus! Mein Boot! Mein Falke!" trumpfen können, ja vielleicht nicht mal einen Sittich besitzen, können in Ashford Castle wenigstens den Umgang mit dem Jagdvogel üben. Einführende Lektion 70 €, der „hawk walk" als simulierte Jagd macht 105 €. Mehr dazu unter www.falconry.ie.

Cong Abbey: Der steinerne Kopf von Rory O'Connor beobachtet von einem Portalbogen an der alten Brücke, wie der Zahn der Zeit das von seinem Vater gestiftete **Kloster** zernagt. Rory (gälisch „Ruairi") war der letzte irische Hochkönig und unterlag 1186 den Normannen, bevor er sich in die Abtei zurückzog. Ein Lageplan am Weg zum Klostergarten gibt einen Überblick über die Anlage: Kirche, Kapitelhaus und Kreuzgang sind leidlich erhalten, besonders gelungen ist die Westfassade mit ihren romanischen Fenstern und dem gotischen Portal. Das kuriose **Fishing House** sitzt auf einem Felsen mitten im Fluss. Durch ein Loch im Boden konnten die Mönche auch bei schlechtem Wetter gut geschützt ihr Mittagessen fangen. Weil ihnen die Ordensregel das Angeln mit Rute und Leine verbot, fischten sie mit einem Netz. Sobald sich darin ein Fisch verfing, läutete oben die mit einer Schnur am Seil befestigte Glocke.

Dry Canal: Mit seinen Treidelpfaden und Schleusen sieht der Dry Canal am westlichen Ortsausgang geradeso aus, als müsse nur etwas aufgeräumt und das Wasser eingelassen werden, um den Dampfschiffen einen Weg von Lough Mask zum Meer zu bahnen. Die Ausschachtung des Kanalbetts begann 1848 während der großen Hungersnot. Gemäß dem Grundsatz der englischen Armenfürsorge „Unterstützung nur gegen Arbeit" wurden die darbenden Bauern, soweit sie noch genug bei Kräften waren, überall zu Arbeitsbeschaffungsprojekten wie dem Bau von Kirchen, Straßen und eben Kanälen herangezogen. Als mageren Lohn gab es 4 Pence am Tag, dazu eine warme Mahlzeit. 1854 war das Werk vollendet. Als am Eröffnungstag feierlich der Damm zum Lough Mask durchstochen worden war, warteten die Festgäste am anderen Ende allerdings vergebens auf das Wasser: Es versickerte un-

Der Westen Karte S. 469

Der Westen/County Galway

Sein erster Fototermin

terwegs im Fels. Die Ingenieure hatten nicht berücksichtigt, dass die Wasserstraße auf weiten Strecken über porösen Kalkstein läuft. Pläne, das Bett mit Ton abzudichten, wurden nie verwirklicht – die Eisenbahn war schneller. So blieb der Dry Canal unbeabsichtigterweise ein Arbeitsbeschaffungsprojekt der Art, wie sie knapp 100 Jahre später der Ökonom John Maynard Keynes forderte: mit keinem anderen Nutzen als der Beschäftigung von Arbeitslosen.

Höhlen: Von den rund 40 Höhlen um Cong ist **Kelly's Cave** am besten erschlossen und am bequemsten zu erreichen. Die 20 m große Höhle, durch die ein Bach fließt, liegt etwa 20 Min. vom Zentrum neben der Cross Road. Den Schlüssel zur Höhle bekommt man im Quiet Man Coffeeshop (Main St. Ecke Abbey St.). Auf dem Rückweg bietet sich der Besuch von **Captain Webb's** an, keine Höhle, sondern einfach ein kreisrunder Einbruch im Karst, auf dessen Grund ein stiller See funkelt. Am schlüpfrigen Rand des Trichters ist äußerste Vorsicht geboten, denn ohne Seil gibt es von unten kein Entkommen mehr. Der Ort hat seinen Namen von einem Psychopathen, der seine Geliebten, wenn er ihrer überdrüssig war, hierher lockte und sie dann nackt in den Abgrund stürzte. Dem dreizehnten Opfer gelang es, den irischen Ritter Blaubart selbst in die Tiefe zu stoßen. Man findet den schaurigen Ort, wenn man von der Cross Rd. an der Westmauer des Schulgeländes entlang in den Wald abbiegt, nach 100 m wiederum rechts zunächst einen Pfad und dann links die Treppe nimmt.

Ein Besuch von **Pidgeon Hole** lohnt sich besonders im Sommer, wenn der Bach auf dem Grund der Höhle nur wenig Wasser führt und man so ein gutes Stück in den Berg eindringen kann. Die Legende weiß von zwei unsterblich Verliebten, die in Gestalt zweier Forellen im Wasser des Pidgeon Hole leben. **Giant's Cave** ist ein gewaltiges Hügelgrab (3. Jh. v. Chr.), bei dem es sich möglicherweise um das des letzten vorkeltischen Häuptlings handelt.

• *Weg* Zu Fuß dauert der Ausflug zu Pidgeon Hole und Giant's Grave hin und zurück gut 2 Std. (reine Gehzeit). Der Weg beginnt an der Klosterbrücke und führt dann nach Westen am Bach entlang durch den Park. An der Gabelung nach 500 m hält man sich geradeaus, unterquert in einem Tunnel die Cornamona Rd. und kann das Pidgeon Hole dann kaum verfehlen. Für den weiteren Weg zum Giant's Cave empfehle ich dringend eine Landkarte! Man folgt dem Weg weiter bis zur nächsten Teerstraße, wendet sich nach Norden und an der nächsten Kreuzung links (Clonbur Rd.). Nach 600 m zweigt vor einer Rechtskurve links ein Pfad zum Cairn ab.

Connemara

Von den Maumturk-Bergen und den grauen Twelve Pins, einem vorzüglichen Wandergebiet, blickt man über Moorland, einsame Täler und eine feuchte Steinwüste mit unendlich vielen Seen, die stufenlos in das wiederum mit Inselchen gesprenkelte Meer übergeht.

Die Region wird im Süden durch die Galway Bay, im Norden durch den Killary Harbour und im Osten durch den Lough Corrib begrenzt. Im weiteren Sinn schließt sie auch das Joyce Country und die Landschaft vor den Toren Galways ein. Connemara ist Irlands flächenmäßig größte Gaeltacht, wo sich der Reisende an gälische Laute und einsprachige Wegweiser gewöhnen muss. Hier ist das Land mit rotbraunen Granitbrocken übersät, während die Bergfelsen aus Gneis, Marmor und vor allem Quarzit bestehen. In den tieferen Lagen kommt der sonst unter dem Quarzit verborgene Schiefer an die Oberfläche. Die wenigen Bäume hat der Wind nach Osten gebeugt. Hier heizt man nur mit Torf, den es im Überfluss gibt. Schafe und Ponys leben halbwild in den Bergen, manche Bauern arbeiten noch mit Eseln, die genügsamer sind als Pferde und im Morast nicht so tief einsinken.

Am besten erschließt sich die Landschaft, wenn man sie erwandert oder mit dem Fahrrad bereist. In den seltenen Schönwetterperioden ist das einsame Land ideal zum Campen, Badebuchten laden zum Faulenzen ein. Von Galway kommend, muss man sich zwischen zwei Routen entscheiden: Die langsamere (und ursprünglichere) folgt der Küste und umrundet Bucht um Bucht, nicht zu reden von den verführerischen Abstechern auf die Inseln. Schneller und mit 80 km wesentlich kürzer ist der Highway (N 59) über Oughterard, Maam Cross und dann am Fuß der Berge entlang.

Geschichte

Das Land hat seinen Namen vom keltischen Stamm der *Conmaicnemara*, den „Conmacs am Meer". Vor Cromwell hat sich kein Eroberer für die karge Einöde interessiert, er jedoch nutzte sie als „Reservat" für die andernorts vertriebenen irischen Grundherren. Alle, die als besonders gefährlich galten, z. B. königstreue Soldaten und katholische Priester, wurden nach Inishbofin verbannt und dort von einer Garnison bewacht. Aus Sicherheitsgründen war es den Iren verboten, näher als drei Meilen an der Küste zu wohnen. Die strategische Absicht war, einer „katholischen Flotte", ob nun aus Spanien oder Frankreich, die Landung zu erschweren und den Schmuggel zu unterbinden, doch in der Praxis erschwerte diese Maßnahme vor allem das ohnehin schon ärmliche Leben der Menschen, die auf den Fischfang und auf das Seegras als Dünger angewiesen waren.

Mit der Ankunft der Vertriebenen brach auch das alte Clansystem zusammen. Obwohl mit der Restauration wieder eingesetzt, konnten die O'Flahertys ihre frühere Position als führende Sippe nicht mehr halten. Das Land gehörte jetzt dem, der es kaufte, und es waren die Martins, eine katholische Kaufmannsfamilie aus Galway, die mehr und mehr Grund zusammenrafften, bis sie während des Großen Hungers bankrott gingen. Außer Kartoffeln gab der Boden nichts her, und wie groß muss erst die Not der Bauern gewesen sein, wenn es selbst für den Grundherren nicht mehr langte.

538 Der Westen/County Galway

Richard **„Humanity Dick"** Martin (1754–1834) steht als Begründer der ältesten englischen Tierschutzvereinigung bis heute in hohem Ansehen. Er setzte sich auch als Unterhausabgeordneter immer wieder für Vierbeiner ein, und wenn der fanatische Tierfreund jemanden beim Schinden und Quälen einer Kreatur beobachtete, pflegte er ihn, je nach Stand, einzukerkern oder zum Duell herauszufordern.

Spiddle

(auch Spiddal, gäl. An Spidéal)

Der Badeort 20 km westlich von Galway ist das kulturelle Zentrum der Gaeltacht. Hugh's Bar, wo Anfang der 70er die musikalische Karriere von De Dannan begann, ist bis heute eine der ersten Adressen in Sachen Volksmusik. Bereits 1909 wurde in Spiddal die erste gälische Sommerschule eröffnet, in der irische Jugendliche noch heute in dreiwöchigen Kursen die Nationalsprache lernen – weil die Lehrgänge in die Ferienzeit fallen, sind sie bei den Eltern beliebter als bei den Kids selbst. Noch vor den Schülern entdeckten die Reichen aus Galway und die schmale Oberschicht Connemaras Spiddle als Sommerfrische; man kommt für das Wochenende oder einfach nur für einen Sommerabend. Entsprechend zahlreich sind die Restaurants, die im Unterschied zu Galway auch bei Feinschmeckern Beachtung finden, sowie die Kneipen und Boutiquen. Wer am westlichen Ortsende dem *Owenboliska* nicht hinab zum Pier, sondern flussaufwärts folgt, trifft auf eine kleine Natursehenswürdigkeit. Der Bach kommt direkt aus einem der letzten natürlich gewachsenen Wälder Connemaras. Es fällt schwer, sich vorzustellen, dass Connemara statt mit Torfmooren bis vor 4000 Jahren weitgehend mit solchen Wäldern bedeckt war.

• *Verbindung* Busse der Linie 424 von Galway und weiter nach Carraroe oder Lettermullan Island. Busauskunft ☎ 091 562 000, www.buseireann.ie.

• *Angeln* **Spiddle Angling School,** ☎ 091 553 510, www.spiddalanglingschool.com, die seltene Gelegenheit, den Umgang mit Blinkern, Fliegen, Haken, Ködern zu lernen. Für Könner werden Angelausflüge und Wettbewerbe veranstaltet – wer zieht den dicksten Fisch?

• *Baden* Der größere der beiden Strände liegt vor dem Ortseingang von Galway. Es gibt eine Picknickwiese und Toiletten.

• *Einkaufen* **Standún's,** Galway Rd., www.standun.com. Der größte Souvenirshop in Connemara bietet die üblichen Strickklamotten, Tweed, Waterford Glas u. Ä.

Ceardlann, Galway Rd., www.ceardlann.com. Die etwa zehn Läden, einige mit Werkstatt, befinden sich im „Handwerkerdorf" (klingt doch schöner als Gewerbegebiet) gegenüber dem Strand und führen originellere Produkte als Standún. **An Spailpin Fanach** (www.spailpin.com) beispielsweise fertigt und verschickt gälisch beschriftete T-Shirts.

• *Übernachten* **B&B Cloch na Scíth Thatch Cottage,** Kellough, ☎ 091 553 364, www.thatchcottage.com, DZ 75 €. Nancy Hopkins-Naughton empfängt ihre Gäste mit über dem offenen Torffeuer gebackenen Sodabrot. Man wohnt in einer 130 Jahre alten, mit Schilf gedeckten Bauernkate. Die drei Schlafzimmer sind mit modernen Möbeln, TV, Zentralheizung und Bad technisch und optisch auf dem Stand der Jetztzeit; im Stil von anno dazumal eingerichtet ist die Lounge mit ihrem gemütlichen Kaminfeuer.

• *Essen* Ein früher sehr angesehenes Seafood-Lokal in Spiddle wird nicht mehr empfohlen. Die bessere Alternative ist **Padraicin's** in Furbogh, etwa auf halbem Weg zwischen Spiddle und Galway, ☎ 091 592 444, www.padraicins.com. Bei schöner Aussicht – oder an grauen Tagen mit heimeligem Kaminfeuer – werden tagsüber schmackhafte Pubgerichte wie Pie, Steak und Muscheln aufgetischt. Die ebenfalls angebotenen Fremdenzimmer sind jedoch nicht erste Wahl.

• *Pub* **Tigh Hughes,** ist in ganz Irland berühmt für seine Sessions. Außerhalb der Saison jeden Dienstag Set Dancing.

An Caladh Mor, ein 200 Jahre alter Pub, der in den Sommermonaten jeden Abend „Sessions vom Feinsten" bietet. (Lesertipp von Monika Schmittner)

Amphibische Landschaft in Connemara

Von Spiddle nach Roundstone

Nach Spiddle wird das Land zusehends einsamer und der Verkehr dünner. Ab und an stehen riedgedeckte Hütten oder das, was von ihnen übrig blieb, auf der Landseite neben der Straße. An einem Dach hat sich gerade das Moos festgesetzt, im anderen klafft schon ein großes Loch, vom dritten stehen nur noch die Grundmauern. Montierte man die Bilder in der richtigen Reihenfolge, ergäbe dies einen Film vom zeitgerafften Verfall eines Hauses. Neben mancher Ruine prangt ein Neubau. Einige Ferienhäuser und Pubs setzen den „Cottagestil" fort und strahlen weiß mit bunten Fenstern, andere orientieren sich an amerikanischen und australischen Farmhäusern. Ihr Protz will nicht recht in die karge Landschaft passen.

Über das Flugfeld von **Inveran** (Indreabhan) und den Fischerhafen **Rossaveal** (Ros an Mhíl) läuft der meiste Verkehr mit den Aran-Inseln. Von **Costelloe** (Casla) bieten sich zwei Abstecher an. Am westlichen Ortsrand bei der Station von Radio na Gaeltachta, des gälischsprachigen Rundfunks, der viel für die Sprachpflege getan und auch eine Fernsehtochter hat, gabelt sich die Straße nach Carraroe und jene auf die Inseln Lettermore und Corumna. In **Carraroe** (An Ceathrú Rua), genauer auf dem Hügel hinter dem An Ciseóg Restaurant, hat der Metallkünstler Edward Delaney bei seiner Werkstatt einen Skulpturenpark eingerichtet. An der Granitküste der Halbinsel versprechen geschützte Buchten ungestörtes Badevergnügen, am „Korallenstrand" **Trá an Doilin** findet man versteinertes Seegras. Ein Damm führt hinüber nach **Lettermore** und **Gorumna Island.** Vögel nisten auf den Inselchen in der Bucht, die Luft ist erfüllt vom Gezanke der Möwen. Nachdem von den ersten Bauern schon alle Bäume gefällt wurden, ist jetzt auch der meiste Torf durch die Kamine gegangen und die Insel nahezu kahl. Ein **Heritage Centre** zeigt alte Fotos und erzählt vom Überlebenskampf der Menschen.

540   Der Westen/County Galway

Zurück nach Costelloe und weiter die Küste entlang wird das Land wieder grüner. Der Fels hat sich ein Kleid aus Moor übergezogen, dazwischen bleibt Platz für kleine Seen und Tümpel. Vor **Gortmore** weist ein Schild zu einem weißen Häuschen jenseits des Lough Turlough. Hier pflegte der Schriftsteller Patrick Pearse die Sommer zu verbringen, bis er für seine Beteiligung am Dubliner Osteraufstand von den Engländern exekutiert wurde. Das Haus ist mit Erinnerungsgegenständen an den Nationalhelden ausgestattet und für Leute, die sich intensiver mit irischer Geschichte beschäftigen, sicher einen Besuch wert.

In **Derryrush** – das Dutzend verstreuter Häuser ist kaum als Ort auszumachen – bietet sich eine schmale und schlechte Straße durch das Moor als Abkürzung über die nächste Halbinsel an. Die Hauptstraße schlägt jedoch den Bogen entlang der Küste und passiert **Carna,** dessen Fischer sich auf Hummer spezialisiert haben, den sie in der flachen Bucht noch immer reichlich finden. Auf der kleinen Werft von Joe Connolly werden in Handarbeit die Galway Hookers gebaut, die schlanken Segelboote Connemaras mit ihrem bauchigen Rumpf auf einem Eichenholzkiel und den braunen, früher geteerten Segeln. Bei Ebbe kann man zu Fuß hinüber auf die verlassene **Finish Island** mit ihrer Geistersiedlung wandern. Höhepunkt im Jahresrhythmus, zu dem sogar die Emigranten von Amerika anreisen, ist am 16. Juli das Fischerfest zu Ehren des Ortsheiligen MacDara. Er ist auf **Macdara's Island** neben seiner mit Steinplatten gedeckten Kapelle begraben. Der Brauch will es, dass vorbeifahrende Segler ihm durch dreimaliges Eintauchen des Segels ins Wasser ihre Reverenz erweisen, und natürlich finden am Namenstag des Heiligen auch Segel- und Ruderregatten statt.

Verbindungen/Diverses

- *Information* www.connemara.net und http://connemarainformation.com.
- *Verbindung* Eine Buslinie geht von Galway über Spiddle und Costelloe nach Carraroe und Lettermullen, die andere von Galway zunächst über die N 59 bis Recess und dann südwärts nach Cashel, Glinsk und Carna.

Auskunft ℘ 091 562 000, www.buseireann.ie.
- *Feste* Féile Mhic Dara, Carna, am 16. Juli; mit Regatta, Ausstellung und einer Messe auf der Insel.
- ⓘ **Patrick Pearse Cottage:** Juni–Sept. tägl. 10–18 Uhr, Einlass bis 17.15 Uhr. Eintritt 3 €.

Übernachten

**** **Cashel House,** Cashel, ℘ 095 31001, www.cashel-house-hotel.com. DZ 160–290 €. Ein luxuriöser Landsitz mit gepflegtem Park, eigenem Yachthafen, Pferden, Tenniscourt und Strand. Im Lauf der Jahre wurden die Hotellerie, die Gastronomie und sogar der Garten preisgekrönt, Der richtige Ort für stressgeplagte Manager, um ein paar Tage am Ende der Welt zu entspannen.
**** **Zetland House,** Cashel, ℘ 095 31111, www.zetland.com, DZ 160–230 €. Der Konkurrent des Cashel House kann gebäude- und gartentechnisch nicht mithalten. Zetland House hat sich jedoch auf Angler spezialisiert und dazu Fischrechte an 14 Seen erworben.

B&B Bun-Invhir, Derryrush (an der R 340 zwischen Screeb Cross und Kilkieran), ℘ 091 574238, www.buninvhir.com, DZ 70 €, Dinner 25 €. „Es ist landschaftlich traumhaft gelegen und eignet sich für mehr als nur eine one-night-Stopover. Serge und Anne sind unheimlich liebenswerte Gastgeber, Serge obendrein ein exzellenter Koch. Im Gegensatz zu vielen anderen B&Bs mit fast professionellem Hotel-Charakter waren wir hier wirklich in der Familie, verbrachten Abende mit langen Diskussionen am Kaminfeuer, in denen wir viel über das Land erfuhren. Idealer Ausgangspunkt für Besuche von Galway und Clifdon und für diverse Aktivitäten, angefangen beim Fischen über Wandern bis Golfen. Definitiv die beste

Roundstone 541

Ein „Thatch-Pub" bei Spiddle – hier macht das Einkehren Spaß

Adresse auf unserer Irlandrundreise." (Lesertipp von Christian Weber).
B&B Sonas, Fam. Dowd, Carna, ✆ 095 32 277, DZ 70 €. Ein neues Haus zwischen Dorfmitte und Fußballplatz, modern eingerichtet, riesiges Grundstück mit eigenem See (Lesertipp von Anne Renning).

B&B Hernon's, Rossaveal, ✆ 091 572 158, bhmh@eircom.net, April–Sept., DZ 70–80 €. Der einfache, langgezogene Bungalow ist die dem Fährhafen Rossaveal nächstgelegene Unterkunft. Zimmer teilweise mit Etagenbad.

In den Pubs zwischen Spiddle und Clifden hört man oft noch **Sean Nós,** eine besondere Tradition der irischen Volksmusik, die nur in Connemara gepflegt wird. Beim Sean Nós trägt der Sänger ohne Begleitung eine Geschichte oder Begebenheit vor, eine uns Mitteleuropäern sehr fremde Musik, die mit ihren ausschweifenden Verzierungen und Modulationen der Laute eher an Indien erinnert.

Roundstone

Der an der **Bertraghboy Bay** zwischen Meer und Errisbeg Hill eingeklemmte Ort Roundstone geht auf den Schotten Alexander Nimmo zurück, der nach 1820 als Bezirksingenieur zahlreiche Landungsstege und Straßen in Connemara anlegte. Nimmo trat gleichzeitig als privater Investor auf, kaufte das Land um den Roundstone Kai, parzellierte es und gab es an eine Gruppe schottischer Fischer weiter.

Noch immer lebt Roundstone außer vom Fremdenverkehr auch vom Hummerfang. Entsprechend preiswert, was im Zusammenhang mit dem edlen Schalentier aber keineswegs „billig" bedeutet, sind hier die Hummer in den Restaurants. Einen guten Ruf genießen die Instrumentenbauer im Kunstgewerbehof der Industrial Development Agency, der auf dem Gelände des früheren Franziskanerklosters

542   Der Westen/County Galway

eingerichtet ist. Malachy Kearns ist Spezialist für die aus Ziegenhaut gefertigten Bodhráns, die einst mit Schlegeln aus Knochen getrommelt wurden, und wurde auf der Briefmarke zum 75. Jahrestag der irischen Unabhängigkeit geehrt. Seine Frau Anne verziert die Instrumente mit keltischen Mustern.

Der Aufstieg auf den Aussichtspunkt **Errisbeg Hill** (300 m) unmittelbar vom Dorf aus mag verlockend sein, doch führt die Kletterei über eine Feldmauer nach der anderen, und das ist kein Vergnügen. Besser nähert man sich dem Hügel von seiner Westseite, nämlich von der Ballyconneely Road, bevor diese sich wieder vom Berg entfernt. Die Tour dauert zu Fuß von der Straße aus keine zwei Stunden, anschließend bieten sich **Gorteen Bay** und **Dog's Bay** zum Relaxen an. Die Buchten auf den Flanken einer kleinen Halbinsel scheinen mit ihrem fast weißen Sand und dem hellblauen Wasser aus der Südsee hierher versetzt. Wenn der Wind nicht gerade vom Meer hereinbläst, ist das Wasser an einem sommersonnigen Spätnachmittag überraschend warm (wobei „warmes" Atlantikwasser so relativ ist wie der „preiswerte" Hummer). Ein kleiner Campingplatz verkauft Getränke und Snacks.

• *Verbindung* Bushalt zwischen Galway und Clifden, im Sommer tägl., Sept.–Juni nur Mi–Fr, So. ℡ 091 562 000, www.bus eireann.ie.

• *Einkaufen* **Roundstone Musical Instruments,** IDA Craft Centre, ℡ 095 35808, www.bodhran.com. Außer Bodhrans werden auch Tin Whistles, Flöten und Harfen gebaut und verkauft. Eine Auswahl an CDs, Noten und Musikbüchern sowie ein Coffeeshop runden das Angebot ab.

• *Übernachten* ✹✹ **Eldon,** Main St., ℡ 095 35933, www.eldons.ie, DZ 80–120 €. Vielleicht eine Spur komfortabler als das konkurrierende „Roundstone House". Die geräumigen „superior rooms" im Anbau sind gar mit Himmelbett ausgestattet. Gefertigt wurden die Möbel vom Dorfschreiner.

B&B St. Joseph's, Main St., ℡ 095 35865, www.connemara.net/stjosephs, DZ 75 €. Aus Wintergarten und Zimmern schöner Blick über den Hafen.

B&B Westwinds, Mary Mongan, Balyconneely Rd., 50 m westlich der Polizeistation, ℡ 095 35796, DZ 65 €. „Moderne Zimmer, schönes Bad, gute Betten, gutes Frühstück und tolle Seesicht." (Lesertipp von Stephan Schneider)

• *Camping* **Gurteen Beach,** 4 km westlich am gleichnamigen Strand, ℡ 095 35882, www.gurteenbay.com, März–Sept., 2 Pers. mit Zelt 18 €. Die einfache Ausstattung wird durch die bezaubernde Lage über dem Strand wettgemacht.

• *Essen* Eldon's **Beola,** Main St., ℡ 095 35 871, April–Okt. tägl. Lunch und Dinner. Oyster, Lobster, Chowder und anderes Getier aus dem Ozean. Hauptgericht um 25 €. Die vegetarische Option scheint für 15 € etwas teuer; doch wer weiß, welchen Weg das Gemüse hinter sich hat, bis es nach Connemara kommt, während der Hummer beinahe bis in die Küche krabbelt. **O'Dowd's,** am Hafen, www.odowds bar.com, tägl. mittags und abends, April–Sept. durchgehend 12–22 Uhr. Der Dorfpub mit kleinem Restaurant hat gute Austern (Dutzend 9,50 €), auch hausgemachte Suppen. Etwas Besonderes ist der Lachsburger mit scharfer Tomatensauce. Kräuter und Salat kommen aus dem eigenen Garten.

Twelve Pins

(auch Twelve Bens, gäl. Beanna Beola)

Die bis 800 m hohen Gipfel sind das bevorzugte Ziel für Bergwanderer in Connemara. Seltener werden die Maumturk Mountains auf der anderen Seite des landschaftlich besonders reizvollen Tales um den Lough Inagh begangen.

Die Wege sind allerdings nicht markiert und oft schlecht zu erkennen, man braucht Orientierungssinn und vor allem eine gute Karte. Die Blätter 37 und 44 der Ordnance Survey 1:50.000 decken das Gebiet ab, Routenvorschläge sind unter www.go connemara.com abrufbar. Mitwanderer findet man in der Ben Lettery Jugend-

Clifden 543

herberge. Eine schöne Tour führt auf den Hausberg **Ben Lettery,** nur mit guter Kondition sollte man sich an den **Glencoaghan Horseshoe** wagen, der in stetigem Auf und Ab über mehrere Gipfel um den hufeisenförmigen Talkessel herum führt. Voraussetzung für diesen auch bei gutem Wetter anspruchsvollen, 8-stündigen Weg sind Wanderstiefel, Orientierungssinn und ein Kompass.

Einfacher gestaltet sich der Aufstieg zum **Bencorr** (711 m) von der Lough Inagh Road (R 344). Die etwa vierstündige Tour (hin und zurück) beginnt am „Inagh Valley Inn", einem zuletzt geschlossenen und verfallenden Gasthaus etwa bei km 2,5 der R 344, vor dem man gut parken kann. Von Süden kommend nach dem Gasthof beginnt links ein mit einem Gatter verschlossener Fahrweg (auf der anderen Straßenseite steht ein Cottage). Man folgt ihm, überquert auf einer Brücke den kurzen Fluss zwischen Lough Inagh und Derryclare Lake und spaziert am Ufer des Letzteren entlang durch einen abgeholzten Wald. Bei der Gabelung an der Nordspitze wendet man sich nach links, bis der Weg an einer Lichtung endet. Dann muss man geradewegs ca. 300 m nach Westen bis zu einer Rinne wandern, durch die man, steil bergauf, von Ostsüdost her zunächst den **Derryclare** erklimmt. Von diesem südlichen Vorberg des Bencorr kommt man dann auf dem Kamm weiter zum Hauptgipfel. Für den Rückweg kann man vom Gipfel ein Stück über die Nase nach Osten absteigen; bevor diese in den Steilabfall übergeht, geht es rechts ins Tal hinunter, wo man im Wald auf die Verlängerung des Fahrweges trifft.

● *Verbindung* Die südlich an den Bergen vorbeiführende N 59 ist die Hauptroute für die Busse zwischen Galway und Clifden.

● *Übernachten* *** **Lough Inagh Lodge,** Inagh Valley, ☎ 095 34706, www.loughinagh lodgehotel.ie, DZ 180–260 €. Das komfortable Jagdhaus (mit Hintereingang für Fischer, Wanderer und andere Schmutzschuhträger) mit Restaurant liegt abgeschieden mitten im Tal. Lounge mit Kamin und schweren Mahagonimöbeln, geräumige Zimmer mit Umkleideraum und teilweise Himmelbetten. Fahrradverleih.

Benn Lettery JH, Lettery Bridge, Ballinafad (N 59), ☎ 095 51136, www.anoige.ie, März–Nov., Bett 13–18 €. 13 km vor Clifden am Fuße der Twelve Pins und am Ufer des Ballinahinch Lake, der Bus von Citylink hält auf Wunsch vor der Herberge. Solide Militärbetten mit neuen Matratzen, neuere Duschen. Leider ist das Haus tagsüber zu.

Der Westen
Karte S. 469

Clifden

(gäl. An Clochán)

Die mit 2000 Einwohnern einzige „Stadt" Connemaras klebt förmlich auf einem Kliff über der Mündung des Owenglin River. Zahlreiche Unterkünfte, ein beachtliches Nachtleben, der nahe Strand und die idyllische Umgebung machen Clifden zu einem eher heißen als geheimen Tipp.

John d'Arcy, dem Anfang des 19. Jh. das Land um Clifden gehörte und der zugleich „High Sheriff" von Galway war, träumte von einer Bastion des Rechts und der Ordnung im „wilden Westen". Er ließ mit großzügiger Staatshilfe das Moor entwässern, baute über der Bucht seine heute zerfallene Residenz und überließ die Parzellen unternehmungslustigen Handwerkern und Kaufleuten, die hier ihr Glück versuchen wollten. Das Experiment gelang; das **Station House Museum** in einem Lokschuppen beim früheren Bahnhof erinnert an die Gründerzeit. Das für Galway so typische, weltoffene Flair ist auch in Clifden zu spüren. Die Restaurants geben sich mondän bis chic, Typ Seafood-Lokal mit Dinner bei Kerzenlicht. Unter den Urlaubern vom Kontinent sind bemerkenswert viele Franzosen, deren Geschmack Clifden besser zu treffen scheint als die deutschen Sehnsüchte von heimeliger Pubgemütlichkeit und idyllischem Landleben.

544   Der Westen/County Galway

Information/Verbindungen/Diverses

- *Information* Station St., ℅ 095 21163, Ostern–Sept. Mo–Sa 10–17.45 Uhr, Juli/Aug. auch So 14–17 Uhr.
- *Verbindung* Von der Haltestelle vor Cullen's, Market St., mit **Bus Éireann** (Auskunft ℅ 091 562 000, www.buseireann.ie) und mit **Citylink** (℅ 095 51086, www.citylink.ie) nach Galway über Recess, Oughterard und auch über Cleggan, Leenane, Cong.
- *Baden* Ein sandiger Badeplatz (mit WC) liegt 2 km außerhalb unten in der Bucht beim **Hafensteg.** Das Seglerheim versorgt die Gäste im Sommer mit Getränken und Snacks. Ansprechender sind die Strände von **Ballyconneely** und vor **Omey Island.**
- *Fahrradverleih* **Mannion's (3)** (Raleigh), Bridge St., ℅ 095 21160, Mo–Sa 9.30–19 Uhr, So 10.30–11.30 Uhr. Probefahren und Mängel gleich reklamieren, denn wer unterwegs eine Panne hat, muss selbst zusehen, wie er nach Clifden zurückkommt.

- *Feste* **Connemara Pony Show,** www. cpbs.ie, um den 15. August. Großes Stadtfest mit Pferderennen und Springen, Markt und Freinächten.

Clifden Community Arts Week, Mitte Sept. Ein Festival, das mit Blues und Country begann und auf der Suche nach einem Profil inzwischen bei Folkmusik, Sean Nós, Geschichtenerzählen und Poesie angelangt ist. Programm unter www.clifdenartsweek.ie.

- *Fischen* Auf Haifischfang mit **John Ryan** und der „Celtic Queen", Dun Aengus House, Sky Rd., ℅ 095 21069, http://celtic queen-seaangling.itgo.com.
- ① **Station House Museum:** Mo–Sa 10–17, So 12–18 Uhr; Eintritt 2 €.
- *Reiten* **Errislannan Manor,** Ballyconneely Rd., einen guten Kilometer hinter dem Alcock & Brown Memorial. ℅ 095 21134, www. errislannanmanor.com, organisiert April–Okt. Mo–Fr Ausritte oder auch längere Trekkingtouren zu Pferd, 35 €/Std.

Übernachten/Camping

Rund 50 B&Bs liefern sich einen harten Konkurrenzkampf, einige werben sogar auf großen Tafeln mit Dumpingpreisen. Trotzdem ist im August ohne Vorausbuchung kein Bett zu bekommen.

*** Rock Glen House, Ballynaboy Rd., ℅ 095 21035, www.rockglenhotel.com, März–Dez., DZ 160–220 €. Ein stilvolles Jagdhaus (18. Jh.) 2 km außerhalb, von Lage und Ausstattung dem konkurrierenden ***** Ardagh** vorzuziehen.

Quay House, am Hafen, ℅ 095 21369, www. thequayhouse.com, DZ/Studio 150–180 €. Clifdens ältestes Haus, etwas außerhalb und direkt am Hafen gelegen, hat schon die unterschiedlichsten Bewohner gesehen. Gebaut für die Hafenmeister, war es später Kloster und schließlich Hotel, heute ist es eine stilvolle Pension, ausgestattet mit edlen Antiquitäten und exotischen Trophäen. 14 großzügig bemessene Zimmer, einige davon mit kleiner Küchenzeile. Im Salon stiftet das Kaminfeuer Gemütlichkeit, zum Frühstück sitzt man unter einem Dach aus wildem Wein.

Guesthouse Dún Rí (12), Hulk St., ℅ 095 21625, www.connemara.net/dun-ri, DZ 70–90 €. Das neuere Haus mit etwa 20 Betten liegt ruhig und wenige Gehminuten vom Stadtzentrum entfernt beim Platz der Ponyshow. Zimmer mit TV und jenen kuriosen

Hosenbüglern, mit denen der Gentleman seine Hosenfalten stärken kann.

B&B Seamist (13), Market St., ℅ 095 21441, www.seamisthouse.com, DZ 80–120 €. Das kürzlich komplett renovierte Stadthaus mit seinen mächtigen Bruchsteinmauern ist seit drei Generationen im Besitz der Familie. 4 Gästezimmer sehr unterschiedlichen Zuschnitts mit Fön und Radio – TV gibt's nur in der Lounge. Schöner Blumengarten, WLAN.

B&B Mallmore Country House, 2 km an der Ballyconnely Rd., ℅ 095 21460, www.mallmore.com, DZ 80 €. Ein wenig erinnert das 1798 für die D'Arcys gebaute Landhaus mit seinem schneeweißen, säulengestützten Vorbau an eine Südstaaten-Villa aus „Vom Winde verweht". Große, hohe Räume mit Sitzecken edlen Tapeten und flauschigen Teppichen, WLAN und Garten.

B&B Ardmore House, Sky Rd., 5 km außerhalb, ℅ 095 21221, www.ardmore-house.com, Ostern–Sept., DZ 80 €. „Sehr ruhig und sauber, privater Zugang zur Klippe, zum Frühstück 5 Gerichte zur Auswahl. Ein vergleichbares Frühstück hatten wir nie mehr." (Lesertipp von Anja Gaul)

Clifden 545

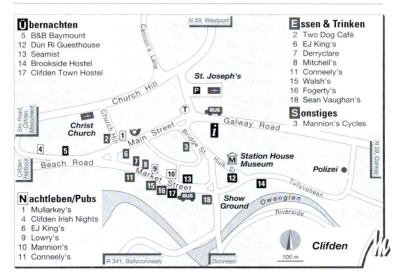

Übernachten
- 5 B&B Baymount
- 12 Dún Rí Guesthouse
- 13 Seamist
- 14 Brookside Hostel
- 17 Clifden Town Hostel

Essen & Trinken
- 2 Two Dog Café
- 6 EJ King's
- 7 Derryclare
- 8 Mitchell's
- 11 Conneely's
- 15 Walsh's
- 16 Fogerty's
- 18 Sean Vaughan's

Sonstiges
- 3 Mannion's Cycles

Nachtleben/Pubs
- 1 Mullarkey's
- 4 Clifden Irish Nights
- 6 EJ King's
- 9 Lowry's
- 10 Mannion's
- 11 Conneely's

B&B Baymount (5), Beach Rd., ℡ 095 21459, baymounthouse@eircom.net, DZ 70 €. Bungalow mit protzig-kitschigem Eingangsbereich im Stil der 1970er Jahre. Die nicht sonderlich geräumigen Zimmer in hellen Beigetönen. Von der Wand des Frühstücksraums lechzt ein Tiger hungrig nach dem Schinken. Stärken des Hauses sind die zentrale Lage und der günstige Preis.

Clifden Town Hostel (IHH) (17), Market St., ℡ 095 21076, www.clifdentownhostel.com, Bett ab 17 €, DZ 45 €. In der gemütlichen Lounge dämpft ein Teppichboden die Schritte. Zwei Küchen, in den hellhörigen Zimmern mit höchstens 6 Betten wird es bei voller Belegung eng (Leserin Grit Scholz hatte hier eine üble Nacht auf durchgelegener Matratze). Seesicht mit Sonnenuntergängen, wenn das Wetter mitspielt; Fahrradverleih. Ab Mitternacht wird das Hostel verschlossen.

Brookside Hostel (IHH) (14), Hulk St., am Sportplatz, ℡ 095 21812, www.brooksidehostel.com, März–Sept., Bett ab 16 €. 35 Betten, auch „Familienzimmer". Das einfache Haus lebt vom Charme und Engagement seines Besitzers Richard. Anhand der großen Wandkarte in der Rezeption gibt er wertvolle Wandertipps, Ausflugstouren werden arrangiert, Fahrräder an die Gäste verliehen. Gut ausgestattete Küche, Aufenthaltsraum mit TV.

• *Camping* **Shanaheever Camping,** 3 km außerhalb an der Westport Rd. (N59), Mitte April–Sept., ℡ 095 21018, www.clifdencamping.com, 2 Pers. mit Zelt 20 €. Ausgestattet u. a. mit Fahrradverleih, überdachtem Aufenthaltsraum, Poolbillard, Münztelefon und kleinem Shop. „Der Platz ist v. a. für Leute ideal, die abends noch gerne in einen Pub gehen und Musik hören wollen." (Lesertipp von Stefanie Schwab)

Essen

Mitchell's (8), Market St., ℡ 095 21867. In rustikaler Wohnzimmeratmosphäre werden die ortsüblichen Seafoodgerichte und einige Hühnerzubereitungen serviert. Schmackhaft und gut präsentiert. Jedoch, so ein (sicher von der neidischen Konkurrenz gestreutes) Gerücht, soll ein Gast schon mal einen Herzinfarkt bekommen haben, als man ihm die Rechnung präsentierte. Tägl. ab 12 Uhr.

Fogerty's (16), Market St., ℡ 095 21427, nur abends, Mi Ruhetag. Etwa 30 Plätze auf 2 Etagen eines reetgedeckten Hauses mit putzigen Fenstern und Wohnzimmeratmosphäre. Schmackhafte Küche vom Irish Stew bis zu wechselnden Fischgerichten (bis

546 Der Westen/County Galway

25 €). Freundlicher Service, gute Weine.

Sean Vaughan's Bar and Lounge (18), Market/Ecke Bridge St. Die „Lounge" ohne jeden Plüsch ist ein einfaches Restaurant mit dunklen Holzmöbeln, Strohblumen, Ziertellern und anderem Klimbim. Zu essen gibt's Pubfood bis in den späten Abend. Mäßige Preise (Gerichte bis 20 €).

Derryclare (7), Market St., tägl. 9.30–22 Uhr. Auf zwei Ebenen, eingerichtet mit hellem Holz und gefliestem Boden. Morgens Frühstück, ab Mittag reichhaltige Auswahl an Tellergerichten von der Pizza (ab 10 €) über Pasta und Seafood bis zur Ente mit Rotkohl.

EJ King's (6), Eingang Market St., Pubfood zu mäßigen Preisen, z. B. Irish Stew für 12 €.

Conneely's (11), Market St., ein modern eingerichteter Pub mit Restaurant und Night Club, hat eine Terrasse mit fantastischer Sicht auf die Bucht. Das Essen (warme Küche bis 21 Uhr) spielt da nur eine Nebenrolle, ist aber akzeptabel.

Two Dog Café (2), Church Hill, www.two dogcafe.ie, Imbiss 7–10 €. Trendiger Laden mit Musik aus den 1970ern, Kaffee, Backwaren, Sandwichs und Wein. Mit Internetcafé im Obergeschoss (der Eigenwerbung „Western-most Internet-Café in Europe!" sollte man aber nicht trauen).

Walsh's Cakeshop (15), Market St., Mo–Fr 8.30–21 Uhr, Sa/So bis 18 Uhr. Café mit Bäckerei/Konditorei, die beste Frühstücksadresse, von den hinteren Tischen Blick über die Bucht.

Am Abend (Karte S. 545)

EJ King's (6), The Square. Das bei den Einheimischen zwischen 20 und 30 beliebteste Pub hat auch mit der jüngsten Renovierung nicht an Charme verloren. Auch im Winter am Wochenende Livemusik, oft Traditionals, doch die Kneipe ist so groß und so voll, dass man nur in unmittelbarer Nähe der Musiker etwas von ihnen hört. www.ejkings.com.

Lowry's (9) und **Mannion's (10)**, beide Market St., bieten im Sommer Folkmusic. Bei **Conneely's (11)** sorgen Musiker im Pub oft für irische Unterhaltung, während im Night Club am Wochenende ein jüngeres Publikum mit Bands verschiedener und

auf jeden Fall angesagter Stilrichtungen bedient wird.

Mullarkey's (1), die Bar des Foyles Hotels am Market Square hat donnerstags „Basket House", nämlich die von einem seit vielen Jahren schon aktiven Team lokaler Hobbykulturveranstalter organisierten Abende mit Folkmusic und Kleinkunst, bei denen das Publikum zum Mitmachen aufgefordert ist. Der Freitagabend gehört in Mullarkey's der Rock- und Bluesmusik.

Clifden Irish Nights (4), eine Folkloreshow mit Musik und Tanz gibt's Juli–Aug. Di und Do 21 Uhr im Rathaus.

Clifden/Umgebung

▶ **Connemara Heritage & History Centre:** Mittelpunkt des Centres ist die um 1840 gebaute Farm des Dan O'Hara, dessen traurige Erlebnisse während der Hungersnot auch Thema eines Volkslieds sind. Der renovierte Hof wird jetzt als Museum bewirtschaftet wie anno dazumal – der Besucher darf beim Torfstechen und Kartoffelbuddeln selbst Hand anlegen. Auch eine Herde von Connemara-Ponys grast auf dem Ausstellungsgelände. Schließlich wurden ein Crannog, ein Haus auf einer künstlichen Insel, und ein Fulacht Fiadh, also eine Erdgrube nachgebaut, in der die Iren – lange vor Dan O'Hara – Wasser mit Hilfe zuvor am Feuer erhitzter Steine zum Kochen brachten und so ihre Jagdbeute ohne einen Kochtopf garen konnten.

⏱ April–Okt. tägl. 10–18 Uhr; Eintritt 7,50 €. Lettershea, an der Galway Rd., zehn Autominuten von Clifden. www.connemaraheritage.com.

▶ **Alcock & Brown Memorial:** Nicht der unvergessene Charles Lindbergh, sondern John Alcock und Arthur Brown überquerten als erste Flieger nonstop den Atlantik und strichen die 10.000 £ ein, die der „Daily Mail" als Preis für die Pioniertat ausgesetzt hatte. Dass sie zu zweit und „nur" von Insel (Neufundland) zu Insel (Irland) flogen, hat sie etwas in Vergessenheit geraten lassen. Die tollkühnen Männer lande-

Clifden/Umgebung 547

Die Hafenbucht von Clifden

ten nach 16 Stunden in der fliegenden Kiste am Morgen des 15. Juni 1919 südwestlich von Clifden im Moor. Über die Kleinbahn einer nahen Funkstation, die mit dem Schienenfahrzeug den Torf für ihr Kraftwerk einsammelte, konnten die Flieger geborgen werden – brüderliche Hilfe zwischen Transatlantikpionieren, denn der im Bürgerkrieg zerstörte Sender war Marconis erste Station für den kommerziellen Funk zwischen den Kontinenten. Zum fünfundsiebzigjährigen Jubiläum hat sich Clifden seiner Flieger erinnert und ihnen auf einer Höhe neben der Ballyconneely Rd., etwa 5 km vor der Stadt, ein Denkmal gesetzt. In Clifdens Station House Museum ist den Pionieren eine Ausstellung gewidmet.

▶ **Bog Tour:** Diese etwa 25 km lange Route über wenig befahrene Straßen eignet sich besonders für einen Fahrradausflug. Man verlässt Clifden auf der Ballyconneely Rd., fährt vorbei an einem Salzsee (links) und einem Ausläufer der Clifden Bay (rechts), bis 2,5 km hinter der Stadt an der Ballinaboy Bridge eine schmale Straße nach links abzweigt. Diese führt durch die hier menschenleere Connemara-Landschaft, die geprägt ist von Seen, Sümpfen und Felsbrocken, und mündet nördlich von Roundstone wieder auf die R 341. Über diese gelangt man – an Gabelungen und Abzweigungen immer links halten – auf die N 59 und auf dieser wieder nach Clifden.

▶ **Connemara Smokehouse:** Ob Lachs, Makrele oder Forelle – jeder Fisch, der hier geräuchert wird, wird zuvor von Firmenchef Graham Roberts und seinen Kollegen fachkundig von Hand filetiert. Connemaras älteste Räucherkammer bietet im Sommer Betriebsführungen an. Urlauber, die den dicken Fang gemacht haben, können ihren Fisch hier für den heimischen Küchentisch konservieren lassen, und im Shop kann man geräucherten Biolachs als Mitbringsel erstehen.

Shop Mo–Fr 9–13/14–17 Uhr, Führungen Juni–Aug. Mi 18 Uhr. Bunowen Pier, Ballyconneely, 095 23739, www.smokehouse.ie.

548   Der Westen/County Galway

Clifden, Schloss des Sheriffs und Stadtgründers John d'Arcy

▸ **Sky Road:** Weil sie an manchen Steigungen geradewegs in den Himmel zu führen scheint, bekam die 15 km lange Straße um die Halbinsel zwischen Clifden und Streamstown Bay ihren himmlischen Namen. Wegen des regen Ausflugsverkehrs kann die Strecke Fußgängern im Sommer nur eingeschränkt empfohlen werden, ist außerhalb der Saison aber für eine schöne Wanderung (4 Std. Gehzeit) mit Panoramablick bis Ballyconneely und Inishbofin zu empfehlen. Etwa 2 km nach Clifden ragt linker Hand die Ruine des neogotischen **d'Arcy-Schlosses** aus einer Wiese. Als kürzerer Rundweg (1,5 Std.) bietet sich an: Von Clifden zum Hafen, dann hinauf zur Sky Road, Abstecher zum Schloss und auf der Sky Road zurück in die Stadt.

▸ **Cleggan Ring:** Eine etwa doppelt so lange, besonders für Radler geeignete Tour führt um die Cleggan-Halbinsel, mit der sich Connemara am weitesten ins Meer hinaus wagt. **Omey Island** ist über einen 500 m breiten Sandstrand die meiste Zeit fast trockenen Fußes und Reifens zu erreichen. Auf der Insel gibt es einen kleinen See und eine verfallene Kapelle. Über den Hafen von **Cleggan** geht der Verkehr nach Inishbofin und Inishturk; Trawler laden ihren Fang zur Weiterverarbeitung ab.

• *Reiten* **Cleggan Riding Centre,** Cleggan, ℡ 095 44746, www.clegganridingcentre.com. Bei rund 35 €/Std. fürs Reiten muss man sich wundern, was die Ponys hier so teuer macht, wo doch das Land kaum etwas kostet.

• *Übernachten/Essen* **Oliver's Seafood Bar & Restaurant,** Cleggan, ℡ 095 44640, www.oliversbars.com, nahe dem Hafen, auch preiswerte Fremdenzimmer. (Lesertipp von Ernst Herold)

Inishbofin

Inishbofin ist eine sanfte und weiche Insel, fruchtbar und grün, und ihre Landschaft hat wenig mit Connemara gemein. Einzig an der Nordwestküste, wo der Atlantik oft mit voller Wucht auf die Insel einstürmt, ist der nackte Fels bloßgelegt. Hier lassen sich die Robben beim Sonnenbad beobachten.

Die gut 200 Menschen, davon 40 Kinder, die auf der 5 x 3 km großen Insel geblieben sind, leben weitgehend vom Fremdenverkehr – oder von Rentenzahlungen, Sozialhilfe und Arbeitslosenunterstützung. Immerhin 20.000 Touristen, davon 80 %

Inishbofin 549

als Tagesausflügler, besuchen jährlich die Insel. Völlig zusammengebrochen sind dagegen die traditionellen Erwerbszweige Fischfang und Landwirtschaft. Selbst Gemüse und Eier werden heute auf Paul O'Halloran's Postschiff auf die Insel importiert. Mit Beharrlichkeit widersetzten sich die Bewohner dem Schicksal ihrer früheren Nachbarn von **Inishark,** die am 27. Oktober 1960 aufs Festland umgesiedelt wurden, und seit wenigen Jahren steigt die Bevölkerungszahl sogar wieder an. Außer den Insulanern gibt es auf Inishbofin ein Pub, zwei Läden, vier Leuchttürme, dazu Sand, Höhlen und reichlich Vögel. Nicht zu vergessen das kleine **Heritage Centre** samt Souvenirshop gegenüber Day's Hotel.

Im Jahr 664 geriet Inishbofin kurz in den Sog der Weltgeschichte. Nachdem der heilige Colman mit anderen iroschottischen und britischen Klerikern auf der Synode von Whitby die vom Papst diktierte Kalenderreform nicht akzeptiert und damit das Primat der römischen Kirche in Frage gestellt hatte, hängte er seinen Bischofsstab an den Nagel und zog sich mit Freunden nach Inishbofin zurück. Doch bald zerstritten sich irische und britische Mönche, und Colman verließ die Insel wieder. Von seiner Abtei ist nichts übrig, doch wird sie an der Stelle vermutet, wo etwa 1 km östlich des Piers am **Church Lake** eine alte Kapelle und ein Bullaun („Schalenstein") stehen. Die **Burg** über der Hafenbucht wurde von der Piratenkönigin Grace O'Malley angelegt, die damit die Einfahrt zu ihrem Schlupfwinkel schützte. Cromwells Truppen bauten das Kastell weiter aus. Die internierten Priester und königstreuen Soldaten mussten im Nordosten der Insel in einem Camp auf ihre Deportation in die Sklaverei warten. Den einzigen Schutz vor Wind und Regen boten einige Höhlen, die bei Flut unter Wasser standen.

Die „weiße Kuh"

Nach einer Sage war Inishbofin früher immer in Nebel gehüllt. Fischern, die ein Sturm auf das geheimnisvolle Eiland verschlagen hatte und die am Ufer des Sees ein Feuer entzündeten, erschien eine Frau, die mit einem langen Stock eine weiße Kuh vor sich hertrieb. Auf einen Schlag mit dem Stock erstarrte das Rind zu Stein. Die irritierten Fischer entrissen der Hirtin den Stecken und schlugen damit auf sie ein: Auch die Frau erstarrte, und beide sollen noch lange im Lough Bó Finne als weiße Felsbrocken sichtbar gewesen sein. *Bó Finne,* die „weiße Kuh", stiftete den Namen der Insel und ihres größten Sees.

● *Information* **Island House,** Market St., Clifden, ✆ 095 21379, ist die beste Infoquelle über Inishbofin. David Hogan und Michael Gibbons bieten im Sommer von Clifden aus **Tagesausflüge** auf die Insel an und haben auch ein Buch über Inishbofin geschrieben. www.inishbofin.com.
● *Verbindung* Von Cleggan mit **Island Discovery,** Tickets am Pier und gegenüber dem Pub, ✆ 095 45894; und mit **Inishbofin Ferries** (MV „Galway Bay", Tickets im Sparladen, Cleggan, ✆ 095 45903). Die Abfahrtszeiten sind auf den Bus von Clifden abgestimmt. Im Sommer mehrmals tägl. Überfahrten (hin und zurück 15 €), im Win-

ter wenigstens zweimal am Tag. Beide Firmen operieren unabhängig voneinander und akzeptieren die bei der Konkurrenz ausgestellten Tickets nicht.
● *Fahrradverleih* **King's,** ✆ 095 45833, verleiht Mountainbikes am New Pier.
● *Landkarten* Verkauft der „Shop" am Hafen, bei dem Camper auch ein ausreichendes Angebot an Lebensmitteln finden.
● *Übernachten/Essen* ** **Doonmore Hotel,** ✆ 095 45814, www.doonmorehotel.com, April–Sept., DZ 90–120 €, Dinner 30 €. 10 Min. vom Hafen entfernt, ein Teil der Zimmer ist im neuen Anbau.

Der Westen
Karte S. 469

550 Der Westen/County Galway

Day's Inishbofin House, am Pier, ☎ 095 45809, www.inishbofinhouse.com, DZ 100–190 €. Brendan Day hat das Hotel seiner Eltern und Großeltern, in dem bereits der letzte Grundherr von Inishbofin Ende des 19. Jh. seine Freunde bewirtete, abreißen und komplett neu bauen lassen – eine luxuriöse Oase mit Wellnesszentrum. Gäste klagen über schlechtes Management und ruppiges Personal.

B&B The Galley, East End, ☎ 095 45894, carolinecoyne@hotmail.com, DZ 75 €. Fünf gemütliche Zimmer mit Fichtenholzmöbeln in einem B&B-Neubau mit Tagesrestaurant, nur wenige Minuten vom Strand entfernt.
Island Hostel (IHH), ☎ 095 45855, www.inishbofin-hostel.ie, April–Sept., Bett 15–22 €. 500 m vom Pier entfernt, vom Dorflehrer geführt. Helle Zimmer mit Holzbetten, Fahrradverleih, Campingmöglichkeit.

Connemara Nationalpark

Das 1849 von Quäkern gegründet Letterfrack wird vom abweisenden Gebäude der Industrial School beherrscht. Gebaut als Waisenhaus, war hier später eine Besserungsanstalt für Jugendliche eingerichtet, in der grässliche Verhältnisse geherrscht haben müssen.

Auf einem Gedenkstein an der Kirche stehen die Namen von 60 Kindern, die für immer in Letterfrack blieben. Im Schulhaus ist jetzt unter anderem Irlands einzige Lehrwerkstatt für Holzschnitzer untergebracht. Im Sommer werden die besten Werke der jungen Künstler ausgestellt. Hinter dem Gebäude beginnt der Fußweg zum Nationalpark.

Der Park umfasst ca. 20 qkm weitgehend Heide oder Moorland, doch gehören auch die nördlichsten Gipfel der Twelve Pins dazu. Die unteren flachen Partien der Hänge waren einst besiedelt. Man stößt auf die Reste von Cottages und erkennt die Konturen von Feldern. Einst gehörte das Land zur Kylemore Abtei oder war im Besitz der Martin-Familie. Wahrzeichen ist der **Diamond Hill** (450 m). Auf seiner Rückseite bildet das **Glanmore-Tal** mit dem **Polldirk River** eine schöne Schlucht, doch ist der Grund sehr morastig und nur mit Gummistiefeln begehbar. Man belässt es also besser bei den beschilderten und mit Bohlen und Kiesbelag versehenen und regenfesten Wegen hinter dem Visitor Centre, wo auch die Route auf den Diamond Hill beginnt (hin und zurück 2 Std., mit Turnschuhen begehbar). Das **Visitor Centre,** ein gelungener, halbrunder Bau an einem Teich, führt mit Schautafeln und einer Videoshow in die Naturkunde des Parks und der Moore ein.

• *Information* www.npws.ie.
• *Verbindung* Mo–Sa Busse von Clifden über Leenane nach Galway und zurück; im Sommer auch nach Westport.
① **Visitor Centre:** März–Mai, Sept./Okt. tägl. 10–17.30 Uhr; Juni–Aug. tägl. 9.30–18.30 Uhr; Einlass bis 45 Min. vor Schließung. Eintritt frei.

• *Übernachten/Essen* ****** Rosleague Manor,** Letterfrack, ☎ 095 41101, www.rosleague.com, April–Okt., DZ 170–230 €. 2,5 km außerhalb auf einer Halbinsel über der Bucht steht das alte Landhaus in einem prächtigen Park, die 15 Zimmer sind mit erlesenen Stilmöbeln ausgestattet. Dem Gästebuch entnehmen wir, dass auch der frühere Bundespräsident von Weizsäcker schon die elegante und gleichzeitig fa-

miliäre Atmosphäre des Hauses schätzte. Für das Abendmenü rechne man 40 €.
Old Monastery Hostel (IHH), Letterfrack, ☎ 095 41132, www.oldmonasteryhostel.com, Bett ab 15 €, DZ 40–50 €, jeweils mit Frühstück. Das Hostel residiert gleich hinter der Industrial School und der Kirche im früheren Konvent der Christlichen Brüder – ein massives Gebäude mit Zentralheizung, Holztäfelung und Parkettböden, das angesichts seines Alters laufend Reparaturen erfordert. Geräumige 6- und 8-Bett-Zimmer, im Winter auch „private rooms". Gemütliche Gemeinschaftsräume mit Kaminfeuer und Klavier, vegetarisches Restaurant, getrennte Gästeküche. Radverleih, kein TV.
Letterfrack Lodge Hostel (IHH), Letterfrack, Juni–Sept., ☎ 095 41222, www.letter

Bequeme Spazierwege im Connemara Nationalpark

fracklodge.com, Bett mit Frühstück 16–20 €, DZ 50–60 €. Hier ein Lob von vielen: „... hatten wir zuerst im Old Monastery gebucht, haben uns aber, nachdem es dort extrem unhygienisch war, nach was anderem umgeschaut und haben Letterfrack Lodge entdeckt, ein Hostel innen neu mit Parkettboden, großen Küchen auf jeder Etage und gefliesten WC/Dusche im Zimmer." (Lesertipp von Michael Fuchs)

Pangur Bán, Letterfrack, ℘ 095 41243, www.pangurban.com, Di–So Dinner (Menü 28/36 €), So auch Lunch (Menü 23 €), Okt—März geschl. Das geschmackvoll eingerichtete Restaurant (mit angeschlossener Kochschule) bietet in einem gemütlichen, restaurierten Steinhaus hervorragende Küche. (Lesertipp von Karin Rabus)

Renvyle-Halbinsel

Selbstfahrern und vor allem Radlern sei von Letterfrack ein Abstecher auf die einsame Renvyle-Halbinsel empfohlen. Dazu verlässt man den Ort gen Nordwesten, wendet sich nach etwa 2 km links und erreicht bald Jo Mongans **Ocean & Country Museum** an der **Derryinver Bay.** Außer der Unterwasserwelt thematisiert die Ausstellung auch die Naturkunde Connemaras und die Lebenswelt vergangener Tage; mit einem Fernrohr werden sogar die Twelve Pins einbezogen. Im Museum werden auch Tickets für eine Bootsfahrt mit der *Queen of Connemara* durch die Ballynakill-Bucht verkauft. Der Prospekt verspricht Begegnungen mit Seevögeln und Robben; gewiss sind Möwen und Lachsfarmen. Zu Lande reizt der **Tully Mountain** (356 m) zu einer kleinen Kraxeltour.

Der einfachste **Aufstieg** erfolgt von Südwesten her, das Museum und sein Parkplatz sind ein guter Ausgangspunkt. Vom Museum geht man die Straße etwa 1 km weiter (an der Gabelung rechts) bis zu einer Häusergruppe. Im ersten Haus links (2006 im Bau) fragen, ob man über das Grundstück laufen darf. Ansonsten das nächste Tor nehmen und links auf den Grat zuhalten – dort ist der Untergrund am trockensten. Auf dem Grat geht's geradewegs bergauf. Erst nach dem ersten Vorgipfel wird ein Pfad erkennbar, der eine Schotterfläche rechts umgeht und zum Hauptgipfel führt. Aufstieg ab Straße ca. 30 Minuten.

Renvyle House, die nächste Station der Rundfahrt und schon an der Nordküste, ist heute ein vornehmes Hotel, das seinen Gästen „Mystery Weekends" mit eigens gedungenen Mördern bietet, die in Wirklichkeit natürlich Schauspieler sind. Das beheizte Schwimmbad und die Reitpferde stehen, gegen entsprechende Bezahlung natürlich, auch Besuchern zur Verfügung, die nicht im Haus wohnen. Einst gehörte das Anwesen Oliver St. John Gogarty (1878–1957), nach dem in Dublins Temple Bar ein Kneipenimperium benannt wurde und der hier in Renvyle illustre Gäste wie Winston Churchill oder Lady Gregory bewirtete. Gogarty, der außer seinen Memoiren auch einige Theaterstücke und Gedichte hinterließ, war regelmäßiger Gast in den literarischen Salons seiner Zeit und dort mit seinem schlagfertigen Spott gleichermaßen geschätzt wie gefürchtet. Joyce hat ihm als „stately plump Buck Mulligan" im Ulysses ein literarisches Denkmal gesetzt.

Eine Meile westlich von Renvyle House blicken die Ruinen einer **Burg der O'Flaherty's** übers Meer. Längs des Ufers leuchten einsame Sandstrände, wenige Häuser verlieren sich zwischen großen Findlingssteinen. Bei Lettergesh wendet sich die schmale Straße von der Küste ab, zieht durch eine Moor- und Heidelandschaft und streift Lough Fee, bis nach insgesamt etwa 20 Kilometern bei der **Tullyconor Bridge** wieder die Hauptstraße und schließlich Killary Harbour erreicht wird.

- *Information* www.goconnemara.com.
- *Verbindung* Im Sommer fährt tägl. außer So je ein Bus in beide Richtungen die Strecke Clifden, Cleggan, Letterfrack, Kylemore, Tully Cross, Lettergesh, Salrock, Leenane und Cong.
- *Lesen* Richard Wall: **„Wittgenstein in Irland",** Wien/Klagenfurt (Ritter Verlag) – der Philosoph Wittgenstein vollendete in einem abgeschiedenen Haus auf Renvyle seinen „Tractatus logicus".

① **Ocean & Country Museum,** Mai–Sept. tägl. 9.30–17 Uhr, Okt.–April tägl. 10–16.30 Uhr; Eintritt 5 €.

- *Sport* **Scubadive West,** Glassilaun Beach, Lettergesh, ℡ 095 43922, www.scubadivewest.com, bietet Tauchkurse und -ausflüge.

Connemara Kite Sports, Dan Forrester, Tullymore, Renvyle, ℡ 087 9673077, www. www.connemara.net/kitesports, Unterricht und Verleih von Ausrüstungen.

John Mongan, Derryinver, ℡ 095 43473, vermietet seine Boote „Lorraine-Marie" und „Queen of Connemara" für Ausflüge und zum Hochseefischen.

Renvyle Equestrian Centre, ℡ 065 43486, www.diamonds-of-renvyle.com. Connemara-Ponys für Strandritte und längere Trekkingtouren.

Killary Adventure, Salrock, ℡ 095 43411, www.killaryadventure.ie. Segeln, Surfen,

Der Diamond Hill im Connemara Nationalpark

Einst ein Lustschloss, heute ein Kloster

Kanu, Klettern und alle möglichen anderen Sportarten. Jamie Young, der schon im Kanu Kap Horn umrundete, ist die persönliche Garantie fürs Abenteuer.

- *Veranstaltungen* **An Teach Ceoil,** Tully, ✆ 095 43446, veranstaltet außer hochkarätigen Folkloreshows (Juli/Aug. Di 21 Uhr) auch Kurse zum Erlernen irischer Tänze.
- *Übernachten* **Renvyle House** (s. o.), ✆ 095 43511, www.renvyle.com, DZ 110–240 €.
B&B Olde Castle House, Mrs. Virginia Davin, Curragh, Renvyle, ✆ 095 43460, www.theoldecastle.com, DZ 70 €, „liegt unheimlich schön und ist sehr gepflegt". (Lesertipp von Cornelia Leu)
Diamonds Castle House, Tully, ✆ 065 43431, www.castlehouseconnemara.com, DZ 70 €. Das bezinnte Haus wurde kürzlich saniert und mit einer Zentralheizung und neuen Bädern ausgestattet, doch die alten und manchmal knarrenden Dielenböden blieben erhalten. Dem Salon im Erdgeschoss merkt man noch an, dass er einmal ein Ladenlokal war. Schöne Aussicht bis hin zum Croagh Patrick, gleich nebenan eine Bar und die Post ist gar im Haus.
- *Camping* **Connemara,** Lettergesh, Mai–Sept., ✆ 095 43406, 2 Pers. mit Zelt 18 €. Ein schmaler Wiesenstreifen über dem Meer, 5 Min. von einem Sandstrand. Kneipe und kleiner Shop.
Renvyle Beach, Renvyle, April–Sept., ✆ 095 43462, www.renvylebeachcaravanpark.com, 2 Pers. mit Zelt 16 €. „Sehr schön auf einer Wiese direkt über dem Sandstrand gelegen. Von hier aus lässt sich auch wunderbar der Sonnenuntergang beobachten." (Lesertipp von Peter Hager)

Kylemore Abbey

Das neuschwansteinähnliche Märchenschloss am Lough Pollacappul ist seit dem Ersten Weltkrieg ein Kloster der Benediktinerinnen mit Internatsschule. Die Kirche, eine neogotische Kopie der Kathedrale von Norwich, und die Halle mit einer Ausstellung von Kirchenschätzen können besichtigt werden, ebenso der herrliche **Klostergarten** mit zwei (von dereinst 21) Gewächshäusern aus den Gründerjahren des Schlosses. Nicht recht zu einem Kloster passen will die Flagge des Herzogs von Marlborough, die irische Söldner im 18. Jh. erbeuteten. Die Nonnen betreiben eine florierende Töpferwerkstatt, einen großen Souvenirladen und einen ausgezeichneten

554   Der Westen/County Galway

Coffeeshop, in dem Gemüse und Kräuter aus dem Klostergarten verarbeitet werden. Im Visitor Centre kann man zudem einen Kurzfilm über die Stätte anschauen. ⏰ Mitte März–Okt. tägl. 9–17 Uhr, Nov.–März tägl. 10–16.30 Uhr; Garten nur Mitte März bis Nov. tägl. 10–16.30 Uhr. Eintritt 12 €, www.kylemoreabbey.com.

Vom Lustschloss zur Klosterschule

Als Mr. und Mrs. Henry frisch vermählt im Jahre 1852 auf ihrer Hochzeitsreise am Kylemore Lake vorbeikamen, soll Margaret, ganz hingerissen von der Landschaft, auf eine Hütte am Berg gezeigt haben: Wie schön wäre es doch, hier zu wohnen. Der frischgebackene Ehemann, ein Prominentenarzt und Finanzier aus begütertem Hause, erfüllte den Wunsch auf seine Art. Er kaufte das Land und ließ seiner Frau ein Schloss mit 33 Schlafzimmern, Ballsaal und Dampfbad bauen, dazu gleich noch einen Bauernhof und eine Gärtnerei, damit es zu allen Jahreszeiten frische Blumen gab. Das Hochzeitsgeschenk soll 1,25 Millionen Pfund gekostet haben. 1875 starb Margaret, inzwischen Mutter von neun Kindern, auf einer Ägyptenreise am Nilfieber, eine Tochter stürzte vom Pferd und brach sich das Genick. Mitchell baute ihnen zum Gedenken zwar noch die neogotische Kirche, hatte jedoch am Schloss jetzt keine rechte Freude mehr, und auch die Geschäfte gingen schlecht.

Er veräußerte Kylemore an einen reichen Amerikaner aus Chicago, der eine standesgemäße Mitgift für seine Tochter suchte, die gerade den Herzog von Manchester ehelichte. Den neuen Besitzern war Kylemore freilich eher ein Klotz am Bein, den sie gerne zu Geld gemacht hätten. Doch wer konnte sich einen Palast dieser Größe als Ferienhaus leisten? Die Chance schien gekommen, als König Edward VII. eine Reise nach Connemara plante. Es war bekannt, dass Seine Hoheit ein neues Landgut in Irland zu kaufen gedachte. Kylemore wurde herausgeputzt, eine Suite neu ausgestattet und der schöne Ballsaal auf barbarische Art zu einer Küche umgebaut. Doch die Launen der Majestäten sind unwägbar. Edward beließ es bei einer Tasse Tee und übernachtete lieber auf seiner Yacht – Kylemore gefiel ihm nicht.

Es bedurfte eines Krieges, einer gehörigen Portion göttlicher Fügung und reichlicher Spenden der irischen Kirchgänger, um das Schloss seiner gegenwärtigen Nutzung als Kloster zuzuführen. Das Stammhaus der belgischen Benediktinerinnen in Ypres wurde in den Materialschlachten des 1. Weltkriegs bis auf die Grundmauern zerstört. Die nach Irland geflohenen Nonnen suchten eine neue Bleibe, worauf ihnen der Bischof Kylemore Castle kaufte. Die Ballsaalküche wurde zur Kapelle, und zum Kloster gehört eine exklusive Internatsschule für die Töchter der besseren Kreise.

▶ **Wanderung Benbrack:** Eine halbtägige Wanderung führt von der Kylemore Abbey auf den 582 m hohen Benbrack. Vom Parkplatz der Kylemore Abbey nimmt man die N 59 nach links, bis nach etwa 300 m auf der rechten Straßenseite hinter einem Holztor ein alter, von Bäumen gesäumter Fahrweg beginnt. Man folgt diesem vorbei an einem alten Steinbruch mit Kalkofen (754579) und erreicht in südöstlicher Richtung nach steilem Anstieg den Gipfel des Benbaun (765568). Südwärts geht's dann weiter zur Gipfelpyramide des Benbrack (765558). Für den Abstieg wendet man sich nach rechts und folgt dem Felsrücken, läuft an einem kleinen See (764558) vorbei, bis auf dem Sattel zwischen Benbrack und Knockbrack ein Zaun den Weg verstellt.

Leenane   555

Hinter dem Zaun wendet man sich nach rechts, spaziert über die Felsen und dann nordwärts ins Tal, den Mwellin River dabei immer rechts von sich lassend. Im Talgrund kreuzt man bei Punkt 753574 einen weiteren Zaun und folgt diesem nach links. So sollte man wieder den Kalkofen und schließlich den Parkplatz erreichen.

▸ **Wanderung von Kylemore Abbey nach Leenane:** Der Weg ist bequem, da kaum Höhenunterschiede zu überwinden sind, doch der Untergrund oft feucht, wie es in Irland halt der Fall zu sein pflegt. Der Pfad folgt zunächst dem Südufer des Kylemore Lough, passiert nach dem See eine Quelle, kreuzt den Kylemore River und die Landstraße R 334 (Lough Inagh Road). Am Ende der alten Green Road trifft man auf den Fernwanderweg Western Way, der jetzt nordwärts und streckenweise durch den Wald den Fuß der Maumturk Mountains umrundet. Für diesen Abschnitt wird man auf die Karte (Nr. 37) nicht verzichten können. Schließlich wird der Blick auf Killary Harbour frei, der Pfad nähert sich in spitzem Winkel der Uferstraße; den letzten Kilometer muss man mit den Autos teilen. Die gesamte Gehzeit beträgt vier bis fünf Stunden.

Leenane   (Leenaun)

Das Dorf liegt am Ende des von Steilfelsen eingerahmten **Killary Harbour,** einer 15 km langen, aber nur gerade 600 m breiten Bucht. Die Gelehrten streiten sich, ob der Meeresarm ein „echter" Fjord ist, ein eiszeitlicher, später vom Meer überfluteter Gletschertrog. Ein Stück weit führt die Autostraße unmittelbar am Ufer entlang. Schöner ist die alte Green Road, die, im hinteren Teil nur noch für Fußgänger passierbar, von der *Tullyconor Bridge* zum **Rosroe Quay** führt. Die seltsamen Gestelle, die im Wasser schwimmen, sind Muschelfarmen. Die jungen Schalentiere, die auf den übersetzten Felsen am Grund des Fjords keinen Platz mehr finden, siedeln sich auf den Seilen an, die von den Kästen ins Wasser hängen. Nach etwa zwei Jahren werden sie geerntet und landen im Kochtopf.

Im **Sheep & Wool Centre** dreht sich alles um Schafe und Wolle. Die einzelnen Techniken wie Karden, Färben und Spinnen werden demonstriert, ein Hirtenhund sammelt für die Besucher die Schafe von der Weide ein und liefert sie brav im Hof des Zentrums ab, wo dem interessierten Laien die einzelnen Rassen, die er zuvor auf Fotos sah, nun leibhaftig vorgestellt werden.

Eine Videoshow im Zentrum macht Geschmack auf die Naturschönheiten der Umgebung. Das ist z. B. der **Aasleagh-Wasserfall** an der Straße zur Delphi Lodge (siehe unten) herrlich in die Landschaft eingebettet. In Jim Sheridan's Film „The Fields", der weitgehend in und um Leenane gedreht wurde, spielt er eine unbezahlte Hauptrolle.

● *Information* www.goconnemara.com.

● *Verbindung* Busse von Clifden, Galway und im Sommer auch von Westport. Auskunft ✆ 091 562 000, www.buseireann.ie. März–Okt. Mo–Do vormittags und Fr–So am frühen Abend fährt ein Bus des Sleepzone Hostels (s. u.) von Galway zur Filiale in Leenane.

● *Bootstouren* Von April–Okt. läuft tägl. die „Connemara Lady" zur Tierbeobachtung (Delphine, Seehunde etc.) im Killary Fjord aus. Die 90-minütige Fahrt kostet 21 €. Info ✆ 091 566 736, www.killarycruises.com.

① **Sheep & Wool Centre:** April–Okt. tägl. 9.30–18 Uhr; Eintritt 4 €. www.sheepandwoolcentre.com.

● *Lesen* Martin McDonagh: „**The Beauty Queen of Leenane".** Mutter Mags Einmischung in die erste und möglicherweise letzte Liebe der einsamen Maureen setzt zwischen Herd und Spüle, Ohrensessel und Eisschrank einen schonungslosen Zweikampf in Gang, der sich keineswegs mit verbalen Gemeinheiten begnügt. Das Stück wurde 1997 uraufgeführt.

Der Westen
Karte S. 469

Leonie Swann: „Glenkill". Miss Maple, das klügste Schaf der Herde, klärt den Mord an Schäfer George auf. Der lockerleichte Schafskrimi wurde unter fachkundiger Beratung des Sheep & Wool Centre geschrieben.

• *Übernachten/Essen* **Guesthouse Portfinn Lodge,** Leenane, ✆ 095 42265, www.portfinn.com, April–Okt., DZ 70–90 €. Nach dem Leenane Hotel die zweitbeste Unterkunft am Ort. Die Wirtsleute sprechen Deutsch, was ihnen viele Gäste aus Österreich beschert. Mit Restaurant (nur abends geöffnet).

B&B The Convent, Mary Hamilton, Leenane, ✆ 095 42240, leenaneconvent@msn.com, DZ 70 €. Ein früheres Nonnenkloster, an einem Hügel mit toller Aussicht gelegen und ausgestattet mit wertvollen Bleiglasfenstern, wurde zu einem komfortablen B&B umgebaut.

B&B Glen Valley House, Josephine O'Neill, Glencroff, ✆ 095 42269, www.glenvalleyhouse.com, März–Okt., DZ 75 €, bietet Unterkunft in einem alten Farmhaus.

Hostel Sleepzone, 5 km westlich von Leenane, ab der N 59 ausgeschildert, ✆ 095 42929, www.sleepzone.ie, Bett mit Frühstück 15–26 €, DZ 50–60 €. Das Hostel liegt ziemlich dicht am Ufer, verfügt über family-rooms und 6- bis 8-Bett-Zimmer, freien Internetzugang, TV-Raum, Küche und großen Speisesaal. „Die Gemeinschaftsräume waren sauber, aber die Schlafräume mit En-Suite-Badezimmer dafür überhaupt nicht", schreibt uns ein Leser. Camping möglich.

K2, Leenane, ✆ 095 43411, Bett im B&B ab 18 €, DZ 70 €. Das brandneue Gästehaus des Killary Adventure Centre (s. o.) liegt 6 km westlich von Leenane auf einer Anhöhe mit Blick auf die Bucht. Gestresste Stadtmenschen finden hier und im Centre wieder zu sich selbst. Der Verzicht auf Fernsehgeräte steht für die Philosophie des Hauses.

Blackberry Café, Ostern–Sept. Mi–Mo ab 12 Uhr geöffnet, Juli/Aug. tägl. Ein hervorragender Coffeeshop an der Hauptstraße mit sehr gemütlicher Einrichtung. Hausgemachte Suppen mit dunklem Brot, Fischkuchen, Muscheln, Lasagne etc. Tellergerichte und leckere Süßspeisen. Dem Besitzer gehört auch die nebenan liegende **Hamilton's Bar,** sodass man zum Essen auch Bier trinken kann.

Wanderung Leenane Hill: Man verlässt Leenane westwärts auf dem Western Way, anfangs auf der N 59, nach einem guten Kilometer auf dem Fußweg links oberhalb der Straße. Nach einer kleinen Brücke (und oberhalb des an der Straße gelegenen Parkplatzes der Killary Cruises) folgt man links dem Flusslauf bergauf bis zu einem Sattel (Karte Nr. 37 Gitterpunkt 860604). Nun geht man einen Zaun entlang und etwa auf gleicher Höhenlinie im Bogen nach links zum Gipfel des Leenane Hill (618 m ü. M.), der mit seinem Steinmännchen schon von Weitem zu sehen ist. Zum Abstieg läuft man weiter am Zaun entlang, verlässt diesen am Punkt 593883, um über den Bergrücken ins Dorf hinunterzuwandern. Kurz vor dem Dorf erreicht man an einem verfallenen Cottage die Straße R 336.

Für die 11 km lange Tour sollte man mit 4 Stunden rechnen.

Schattenspiel in Connemara

Aufstieg zum Croagh Patrick

County Mayo

Highlights

- **Croagh Patrick** – schon die Könige von Connaught erklommen auf steinigen Pfaden diesen heiligen Berg (S. 561)
- **Museum of Country Life** – hier wird das romantische Bild vom alten Irland mit der Realität ländlichen Lebens konfrontiert (S. 568)
- **Knock** – für fromme Katholiken ist der Besuch von Irlands beliebtestem Wallfahrtsort ein Muss. Vielleicht begegnet man der Jungfrau, aber gewiss irischer Volksfrömmigkeit (S. 569)
- **Ceide Fields** – vor 5000 Jahren rodeten Menschen den Wald, um Weideland zu gewinnen, und das Verhängnis nahm seinen Lauf … Das Ceide Fields Visitor Centre erklärt die Klimaveränderungen, ob natürlich oder menschengemacht (S. 578)

County Mayo

An Kultur, Kunstwerken und Denkmälern hat Irlands drittgrößte Grafschaft wenig zu bieten. Ihre Attraktionen sind Natur pur: Moore, Berge, Buchten und Strände, dazwischen Einsamkeit und nochmals Einsamkeit – ein Land für Angler, Wanderer oder Leute, die einfach mal ausspannen und nichts um die Ohren haben wollen.

Die durch Moore und Bergketten vom Rest der Insel abgeschiedene Küste zwischen Killarey Harbour und Killala Bay ist der am dünnsten besiedelte Teil des Westens. Für die Iren ist Mayo eine Art Ostfries- oder Appenzellerland mit hinterwäldlerischen Bauersleuten, denen der Ruf anhaftet besonders stur, abergläubisch, konservativ und mit sich selbst beschäftigt zu sein. Eine Felswüste aus Gneis, Quarz und Schiefer oder ein endloses Moor, in jedem Fall haben die Bauern in Mayo nicht viel zu bestellen, und wer sich nicht in die Armut fügen wollte, dem blieb schon vor dem Großen Hunger nur die Auswanderung. Nur östlich von Lough Mask und Lough Conn lohnt sich der Ackerbau, aber auch hier wurden die Höfe ungeteilt dem ältesten Sohn vererbt, während sich die jüngeren Geschwister einen anderen Broterwerb suchen mussten oder von den Überweisungen aus Amerika lebten.

In den letzten Jahren gelang es, mit Hilfe großzügiger Förderung um *Castlebar* und *Ballina* etwas Industrie anzusiedeln. Der Tourismus spielt, verglichen mit Connemara oder gar Kerry, nur eine bescheidene Rolle. *Knock* avancierte seit einer Marienerscheinung zu Irlands meistbesuchtem Wallfahrtsort, dem selbst der Papst schon seine Reverenz erwies. Auch der *Croagh Patrick* wird hauptsächlich von Pilgern erklettert. *Westport* lockt mit seinem georgianischen Ensemble und einem Schloss, und nach *Achill Island*, Irlands größter Insel, zog sich einst Heinrich Böll zurück, um in Ruhe zu schreiben.

Murrisk

Die Strecke vom Killary Harbour durch das Doolough-Tal nach Westport ist zwar etwas länger als der Weg über die Hauptstraße N 59, aber landschaftlich sehr viel schöner und mit ihren nur sanften Steigungen auch für Radler ein Vergnügen.

Die Route quer durch die alte Baronie Murrisk führt zunächst am Fjord entlang, anschließend durch ein weithin kahles, von bis 800 m hohen Gipfeln eingefasstes Tal. Ein Gedenkstein am Weg erinnert an eine Episode während der Hungersnot: Die ausgemergelten Einwohner von Louisburgh schleppten sich zum Haus ihres Grundherren nach Delphi, um dort Hilfe zu erflehen. Der Marquis verweigerte jeden Bissen Brot, und der Menge blieb nichts übrig, als wieder nach Hause zu ziehen. 400 Opfer starben unterwegs an Entkräftung. Nach Sturmfluten, so heißt es, könne man am Strand von Kinnadoohy noch heute freigespülte Gebeine finden. Die hungernden Bauern verscharrten ihre Toten oberflächlich im Sand, denn für ein Grab in der Erde reichten die Kräfte nicht mehr.

● *Übernachten/Sport* **Delphi Lodge,** Lough Fin, ✆ 095 42222, www.delphilodge.ie, DZ 150–200 €. 8 km am Weg nach Louisburgh. Die Jagdhütte wurde 1830 vom Marquis von Sligo erbaut, einem Freund Lord Byrons, der dessen glühende Begeisterung für Griechenland und seine Altertümer teilte.

Clare Island   559

Das **Delphi Mountain Resort and Spa,** ✆ 095 42208, www.delphimountainresort. com, verbindet Sport- mit Wellnessangeboten. Hier spannen gestresste Manager für ein paar Tage aus oder erholen sich Eltern, während ihre Kinder in allerlei Abenteuerprogramme eingespannt sind. Kein TV, kein Handyempfang.

Inishturk

Wie eine verlorene Scholle treibt die etwa 6 qkm große Insel draußen im Atlantik. 300 Millionen Pfund soll Inishturk wert sein – so jedenfalls die Schätzung einer Minengesellschaft, die hier Gold entdeckte und das Eiland gerne in ein Bergwerk verwandelt hätte. Doch die Bewohner verzichteten dankend: „Wir haben alles, was wir brauchen", erklärt Inselsprecher Michael O'Toole. Haben sie das wirklich? An den Fördertöpfen, mit denen die Regierung die Gaeltacht-Gebiete päppelt, haben die englischsprachigen Inseln, zu denen auch Inishturk gehört, bislang keinen Anteil – sehr zum Ärger der 18 Familien, die mehr schlecht als recht vom Fischfang, bescheidener Landwirtschaft und vom Verdienst ihrer Verwandten in Dublin oder Amerika leben. Auch Touristen lassen sich auf Inishturk nur selten blicken; wenn doch mal jemand kommt, ist er hier wirklich noch Gast, über den sich alle freuen. Zu bieten hat die karge, nur mit einer schütteren Erdschicht bedeckte Insel vor allem Natur: Wildblumen und seltene Klippenvegetation, dazu allerlei Vögel wie Seepapageien, Tölpel, Sturmtaucher und Falken, ganz zu schweigen von Raben und Möwen. Zwei Sandstrände laden an warmen Tagen zum Sonnenbad.

- *Information* Inishturk Development Association, ✆ 098 45778. www.inishturkisland. com.
- *Verbindung* Überfahrten mit Jack Heanues **Inishturk Ferries** 1- bis 2-mal am Tag ab Roonagh, im Winter auf Anfrage; ✆ 098 45541.
- *Organisierte Ausflüge* **Connemara Safari,** ✆ 095 21071, www.walkingconnemara. com, ein kleiner Veranstalter aus Clifden, bietet fünftägiges Island-hopping mit Besuchen auf den Inseln Inishbofin, Inishark, Inishturk und Clare.
- *Übernachten* Auf der Insel gibt es drei B&Bs, die ihren Gästen auf Wunsch auch Essen auftischen:

Ocean View House, Mary Heanue, ✆ 098 45520, mheanue@online.ie, DZ 80 €.

Tranaun House, Phylomena and Bernard Heaney, ✆ 098 45641, DZ 75 €. Nahe beim Hafen, der Hausherr ist Fischer und holt das Abendessen selbst aus dem Meer.

Teach Abhainn, Anne u. Paddy O'Toole, ✆ 098 45510, DZ 65–75 €, der Hausherr ist Hobbyhistoriker und eine wandelnde Enzyklopädie zu Geschichte und Geographie der Insel.

- *Pub* Als Pubersatz dient die Bar des **Community Centre.**

Clare Island

Die 16 qkm große Insel wird von gut 150 Menschen bewohnt, davon 14 Schulkinder. Größter Arbeitgeber ist eine **Fischfarm**, die „Bio-Lachs" produziert. Größter Stolz der Insulaner ist ihr neues **Community Centre.** Clare Island lockt vor allem Taucher, Hochseeangler und Segler. Bei schönem Wetter, wenn die Wellen den Strand behutsam streicheln, ist die Insel aber auch für Landratten einen Zweitagesausflug wert. Eine Wanderung auf den **Knockmore Mountain** (461 m) bietet sich an. Blumen blühen auf der kargen, vom Verbiss der zahlreichen Schafe kurz gehaltenen Grasnarbe, die Einheimischen weisen den Weg zu bislang unerforschten Dolmen. Es gibt windgeschützte Sandstrände und die Ruine der **Clare Abbey** (15. Jh.) mit den Resten mittelalterlicher Wandmalereien. Unter einem Stein mit dem Motto „Invincible on land and on sea" („Zu Wasser und zu Lande unbesiegbar")

Der Westen Karte S. 469

560 Der Westen/County Mayo

wird das Grab der Piratenkönigin *Grace O'Malley* vermutet, über die man abends am Kaminfeuer oder in der Bar des Bay-View-Hotels mehr erfährt. Der Turm über dem Hafen war ihr Stammsitz.

Information/Verbindungen/Diverses

• *Information* www.clareisland.info sowie beim **Clare Island Tourism Committee,** Community Centre, ✆ 098 26525.

• *Verbindung* Ganzjährig tägl. 2–6 Überfahrten vom **Roonagh Quay,** westlich von Louisburgh. Die Fähren von **O'Gradey's Clare Island Ferry** ✆ 098 28288, www.clareislandferry.com, konkurrieren mit **O'Malley's,** ✆ 098 25045, www.omalleyferries.com. Die erbitterte Erbfehde zwischen den beiden Fährunternehmern hält den Fahrpreis für Hin- und Rückfahrt bei gerade mal 15 €.

• *Einkaufen* **Ballytoughey Loom,** Lighthouse Rd., www.clareisland.info/loom. Die kleine Weberei fertigt edle Schals, Decken, Tischläufer u. Ä. aus selbst gesponnener, pflanzengefärbter Wolle.

• *Fahrradverleih* **O'Leary's Bike Hire,** am Landungssteg, ✆ 098 25640, geöffnet zur Ankunft der Fähren.

• *Festival* **Bard Summer School,** www.bard.ie, Anfang Juli, mit Musik, Tanz und Story Telling.

• *Kommunikation* Browsen oder Mailen mit den PCs in der **Bibliothek des Community Centre.** Di/Mi 14–18, Do 15–18, Fr 11–17 Uhr.

• *Wanderführer* Ein Bändchen mit fünf beschriebenen Wanderrouten ist auf der Insel etwa im Community Centre erhältlich.

Übernachten/Camping/Essen/Pub

Das * **Bay View**, , ✆ 098 26307, clareislhotel@hotmail.com, bislang einziges Hotel der Insel, war 2008 geschlossen und wartet auf die dringend notwenige Instandsetzung. Bis dahin ist wohl das gleich am Hafen gelegene **O'Grady's Guesthouse**, ✆ 098 22991, www.ogradysguesthouse.com, die beste Unterkunft auf der Insel. DZ 110 €, auf Vorbestellung auch Abendessen.

B&B-Zimmer vermieten auch **Cois Abhainn,** Mary O'Malley, ✆ 098 26216, abgelegen am Westende der Insel; **Sea Breeze,** Mary Moran, am Hafen, ✆ 098 26746; **Granuaile House,** Mary MacCabe, am Hafen, ✆ 098 26250, www.granuailehouse.net; alle nehmen für das DZ 70–90 €.

Großfamilien und Kleingruppen können sich in Ciara Cullens **Yoga Retreat** einmieten, wenn dort nicht gerade Kurse und Workshops stattfinden. Die beiden Häuser haben je 7 Schlafplätze und kosten pro Woche 400–600 €. ✆ 098 25412, www.yogaretreats.ie.

• *Camping* **Clare Island Camping,** Zelt mit 2 Pers. Hochsaison 12 €, sonst 6 €. Der kleine Zeltplatz liegt am Strand, die Sanitäranlagen befinden sich am 50 m entfernten Community Centre.

• *Pub* Als Pubersatz dient das **Community Centre.** Im Sommer Freitagabend Tanz.

Louisburgh

In Umkehrung der üblichen Abfolge hat das 1802 gegründete Städtchen seinen Namen von einer französischen Kolonie in Kanada geerbt, wo die Engländer eine Schlacht gegen die Franzosen gewannen. In der vormals protestantischen Kirche feiert das **Granuaile Visitor Centre** Grace O'Malley, eine notorische Seeräuberin, die aus ihrem Schlupfwinkel in der Clew Bay englische Schiffe piesackte. Um Grace oder Granuaile, wie sie auch genannt wird (ihr irischer Name war Gráinne Ní Mháille), rankten sich schon zu ihren Lebzeiten (1530–1603) allerlei Legenden, die sie zu einer Nationalheldin und zugleich Männer verschlingenden Amazone stilisieren. Als Tochter eines O'Malley-Häuptlings gehörte Grace zu der führenden Familie Connemaras, die ihren „Zoll" von allen Schiffen erhob, die vor Westirland kreuzten. So lernte auch Grace die Seeräuberei, und bald kommandierte sie ihr eigenes Schiff. Als größte Heldentat wird kolportiert, wie sie gleich nach der Geburt

Croagh Patrick 561

ihres Kindes wieder an Deck erschien und das verloren geglaubte Gefecht mit einem algerischen Handelsschiff noch zu ihren Gunsten entschied. Ihr erster Mann, ein O'Flaherty, kam 1570 bei einem Überfall auf Galway ums Leben. Ihren zweiten, Richard Bourke of Mayo, verstieß sie, wie es das keltische Recht im ersten Ehejahr erlaubte, nachdem sie ihm seine Burg Carrigahooly abgenommen hatte. Einmal wurde Grace von den Engländern gefangen und nach Galway gebracht, dort von ihrem Sohn aber wieder befreit. Andererseits hatte sie aber auch keine Skrupel, mit der Krone zusammen zu arbeiten, wenn es gegen ihren geschiedenen Gatten ging. Nachdem man ihre Familie als Geisel genommen hatte, begab sich die Piratenkönigin im Alter von 63 Jahren selbst in die Höhle des Löwen und segelte nach London, um Elisabeth um Gnade zu bitten. Ihre Majestät muss beeindruckt gewesen sein, und die beiden Damen einigten sich darauf, dass Grace künftig nur noch die Feinde Englands „mit Feuer und Schwert verfolgen" werde.

● *Information* www.louisburgh.com.

● *Verbindung* Busse von Westport. Auskunft 096 71800.

ⓘ **Granuaile Visitor Centre:** Mai–Sept. Mo–Sa 11–17 Uhr; Eintritt 4 €.

● *Übernachten* **Westview Hotel**, Chapel St., ✆ 098 66140, www.westviewhotel.ie, DZ 110–140 €. Neu eröffnetes Haus mit gerade mal 18 Gästezimmern, Restaurant und freundlichem, engagiertem Personal.

B&B Rivervilla, Mrs. Mary O'Malley, Shraugh, Mai–Sept., ✆ 098 66246, www.

rivervillamayo.com, DZ 65–70 €. Viele Stammgäste aus Frankreich und Belgien kommen Jahr für Jahr und fühlen sich wie zu Hause.

● *Lesen* Anne Chambers: „Granuaile –Sea Queen of Ireland". Franjo Terhart: „Ich – Grace O'Malley" und „Maeve – Herrin der Stürme" (beides Jugendbücher).

● *Surfen* **Surf Mayo,** Carrowniskey Beach, Louisburgh, ✆ 087 621 2508, www.surfmayo. com, veranstaltet Kurse im Wellenreiten und verkauft einschlägiges Equipment.

Croagh Patrick

Der 765 m hohe Berg, den man seinem Aussehen nach für einen Vulkan halten könnte, steht isoliert und fast direkt an der Küste. So erscheint er von unten sehr viel höher, als er tatsächlich ist. Das Quarzgestein hat einen hohen Goldgehalt, einige Adern wären durchaus kommerziell auszubeuten – doch der Croagh Patrick ist als Irlands heiliger Berg vor den Wunden geschützt, die ihm der Bergbau schlagen würde, um aus einer Tonne Gestein schließlich 15 Gramm Feingold zu holen. Auf dem Gipfel, wo sich schon ein vorkeltisches Heiligtum befand, soll St. Patrick nach 44-tägigem (!) Fasten den Bann über alle irischen Schlangen gesprochen haben – seither ist die Spezies von der Insel verschwunden. Das Ereignis wird am letzten Sonntag im Juli mit einer großen Wallfahrt gefeiert. Der Pfad ist der gleiche, auf dem schon die heidnischen Könige von Connaught auf den Berg pilgerten. Er beginnt an Campbell's Pub in Murrisk, und die Frömmsten der Frommen begeben sich barfuß und in der Nacht, wie es bis 1970 für alle üblich war, auf den zweistündigen Aufstieg zur Gipfelkapelle. Die Tafel, die den Pilgern Ratschläge für einen gottgefälligen Gipfelsturm gibt, versäumt leider den Hinweis „don't litter". Immerhin gibt es auf halber Höhe Toilettenanlagen.

● *Information* **Croagh Patrick Information Centre,** Murrisk, ✆ 098 64114, www.croagh-patrick.com, April–Sept. tägl. 10–17.30 Uhr, März und Okt. tägl. 11–17 Uhr. Wer zu faul oder zu gebrechlich ist, den Berg zu erklimmen, kann sich hier einen Videofilm über den Croagh Patrick anschauen. Dazu gibt es Gelegenheit zu Tee und Kuchen, auch

Souvenirs und Devotionalien werden verkauft. Wanderer können duschen und ihr Gepäck aufbewahren lassen.

● *Verbindung* Wer auf den öffentlichen **Bus** angewiesen ist, kann von Westport nur donnerstags schon am Vormittag nach Murrisk fahren und am gleichen Abend wieder zurück.

Der Westen
Karte S. 469

562 Der Westen/County Mayo

● *Übernachten* **B&B Beal an tSáile,** Walter und Brenda Coleman, Murrisk, ☎ 098 64012, www.bealantsaile.com, DZ 70 €. Auf der Meerseite der Landstraße, etwa 1 km vom Information Centre entfernt und damit gut geeignet als „Basislager" für den Gipfelsturm.

Western Way/Tóchar Phádraig: Im Mittelalter zogen die Pilger von der Ballintubber Abbey (siehe S. 568) auf den Berg. Dieser 35 km lange Weg ist heute markiert. Er

vereinigt sich später mit dem Fernwanderweg „Western Way".

Ein anderer Einstieg erfolgt ab der R 335 westlich von Westport an der **Belclare Bridge** über den Owenwee River. Gleich nach der Brücke geht man nach links und bergauf, bis der Western Way kreuzt, und folgt diesem dann nach rechts. Er trifft etwa 40 Min. unterhalb des Gipfels auf die übliche Pilgerroute.

Die **Murrisk Abbey** am Ufer zu Füßen des Craogh Patrick wurde im 15. Jh. von Augustinermönchen gebaut. Ein auf Kacheln gebrannter Plan zeigt den Grundriss. Da das Haupttor zur Kirche später bis auf einen schmalen Durchlass zugemauert wurde, muss das Gotteshaus ebenfalls einmal eine Fluchtburg gewesen sein. Zwischen Straße und Kirche erinnert das **Famine Monument** in Gestalt eines metallenen Geisterschiffs an die Große Hungersnot im 19. Jh.

Auch ein Besuch des **Batraw Beach** bietet sich an, eine sandige Halbinsel mit einem Dünenstreifen etwas westlich von Murrisk, wo sich im Sommer die Pilger nach vollbrachter Tat den Schweiß abspülen und sich an Wintersonntagen die Strandwanderer den Wind um die Ohren pfeifen lassen.

Westport

Die rund 5000 Einwohner zählende Stadt an der Mündung des Carrowbeg ist ein charmantes Beispiel für ein „Plantation Village", eine im 18. Jh. am Reißbrett entworfene Siedlung.

Von Süden kommend trifft man zunächst auf den Hafen, früher ein lebhafter Umschlagsort für Heringe, Austern und Getreide. Die historischen Lagerhäuser werden gerade restauriert und eine Siedlung wurde gebaut, doch sind es zumeist Ferienwohnungen, und so wirkt das Hafenviertel außerhalb der Sommermonate eher leblos. Erst nach einigen Kilometern kommt man am Park des Westport House vorbei in die eigentliche Stadt. Das georgianische Ensemble mit seinen schnurgeraden Straßenzügen liegt auf einer Anhöhe. Nicht einzelne, herausragende Gebäude, sondern die harmonische Kombination im Detail unterschiedlicher, im Ganzen jedoch einheitlicher Bauten geben Westport seinen Reiz.

Geschichte

Nachdem John Browne Earl of Altamont (1709–1776) das O'Malley Castle durch ein prächtiges Landschloss ersetzt hatte, wünschte er sich auch einen standesgemäßen Park. Dem standen jedoch die 60 Hütten des alten Dorfes im Wege, und so gab er bei dem Architekten James Wyatt gleich eine neue Siedlung in Auftrag. Eine richtige Stadt sollte es werden: John Browne lud Leinenweber aus Ulster ein, sich hier an der Westküste eine neue Existenz aufzubauen, gab ihnen Webstühle und günstige Kredite zum Kauf von Garn. Die Siedlung wuchs und gedieh, und am Vorabend des Großen Hungers wohnten wohl 8000 Menschen in der Stadt. Die Hungersnot und der Aufstieg der großen Baumwollmanufakturen, mit denen die Leinenweber nicht mehr konkurrieren konnten, brachen der Wirtschaft Westports das Rückgrat. Selbst die Herren von Westport House mussten ihr Schloss aufgeben und sich mit einem Domizil in der Stadt bescheiden.

Westport

Der Ruf der Wildnis in Westports Bridge Street

Information/Verbindungen/Diverses

- *Information* James St., ✆ 098 25711, Juli/Aug. tägl., sonst Mo–Fr 9.30–17.30 Uhr, Sa 10–14 Uhr. www.westporttourism.com.
- *Verbindung* Vom mehrfach als „best station" Irlands ausgezeichneten Bahnhof, ✆ 098 25329, tägl. 3 **Züge** nach Dublin. **Busverbindung** von der Mill St. u. a. nach Achill Island, Louisburgh, Sligo (im Sommer bis Belfast), Galway, Cork und Dublin. Auskunft ✆ 096 71800, www.buseireann.ie.
- *Fahrradverleih* **Sean Sammon,** Brennstoffhandel, James St., ✆ 098 25471.
- *Fischen* Angelscheine, Ausrüstung und gute Tipps bei **Norman Hewetson,** Bridge St., ✆ 098 26018. Der Inhaber des Ladens ist Mitglied der irischen Nationalmannschaft der Forellenangler. Meeresangeln mit **Francis Clarke,** ✆ 086 64865, oder mit **Mary G.**

Hughes, ✆ 086 806 2282, www.clewbayangling.com, Irlands erstem „Lady Skipper".
- *Reiten* **Westport Woods** Hotel & Riding Centre, ✆ 098 25 811, www.westportwoodshotel.com; **Carrowholly Stables,** Newport Rd., ✆ 098 27057, www.carrowholly-stables.com.
- *Schwimmen* **Westport Leisure Park,** James St., www.westportleisure.com, Mo–Fr 8–22 Uhr, Sa/So 10–19 Uhr. Hallenbad mit Sauna und Fitnesscenter, Eintritt Erw. 8 €.
- *Segeln, Windsurfen* **Glenans,** Collanmore Island, ✆ 098 26046, http://gisc.ie, eine der größten Segelschulen Irlands. Jugendliche können hier Sprachkurse mit Segelunterricht verbinden.
- *Stadtführungen* Juli/Aug. Di und Do 20 Uhr, Treffpunkt beim Uhrturm, 6 €.

Übernachten/Camping (siehe Karte S. 564/565)

*** **Clew Bay Hotel (3),** James St., ✆ 098 28088, www.clewbayhotel.com, DZ 90–140 €. Das von den Eigentümern geführte Hotel wurde kürzlich neu möbliert. Zum ziemlich hellhörigen Haus gehört eine Kunstgalerie. Hotelgäste haben gratis Zugang zum nahen Leisure Park mit Schwimmbad, Fitness und Sauna.

*** **Wyatt (14),** Octagon, ✆ 098 25057, www.wyatthotel.com, DZ 90–160 €. Das frühere Grand Central Hotel wurde völlig umgekrempelt und bekam zu guter Letzt auch einen neuen Namen. Solide Mittelklasse mit offenem Kamin in der Lounge und einem Kunst-Rad in der Bar.

Der Westen/County Mayo

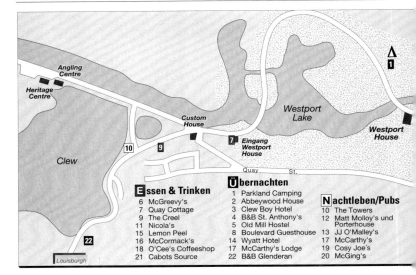

Boulevard Guesthouse (8), South Mall, ✆ 098 25138, www.boulevard-guesthouse.com, DZ 80–100 €. Georgianisches Stadthaus am Kanal mit hohen, ganz unterschiedlich großen und mit kräftigen Farben individuell eingerichteten Räumen.

McCarthy's Lodge (17), Quay St., ✆ 098 27050, www.mccarthyslodge.com, DZ 70–100 €. Helle und freundliche Fremdenzimmer gleich neben dem Pub – zentraler geht's kaum.

B&B St. Anthony's (4), Sheila Kilkenny, Distillery Rd., ✆ 098 28887, www.st-anthonys.com, DZ 80 €. Luxus in einem bald 200 Jahre alten, von Efeu umrankten Pfarrhaus. Mitten durch den Garten fließt der Carrowbeg River.

B&B Glenderan (22), Rosbeg, ✆ 098 26585, www.glenderan.com, DZ 80 €. Das für Autofahrer geeignete Haus steht 2,5 km vom Stadtzentrum etwas abseits der Landstraße mitten im Grünen. Klassische Eleganz, romantische „Honeymoon Suite", Lounge mit Kaminfeuer, Garten mit Baumhaus.

Old Mill Hostel (5) (IHH), James St., ✆ 098 27 045, www.oldmillhostel.com, Bett ab 18 €. Das Haus, früher eine Brauerei und voller Atmosphäre, liegt etwas abseits der Straße und damit ruhig. Die Schlafsäle sind mit bis zu 24 Betten sehr groß, und der Architekt gehört einen lieben langen Wintertag in die Kälte gestellt, weil er den Gästen zwischen Küche, Dusche und Zimmer unnötige Wege über den Hof zumutet.

Abbeywood Budget Accomodation (2), Newport Rd., neben der Kirche, Mai–Sept., ✆ 098 25496, www.abbeywoodhouse.com, Bett 20–24 €, DZ 60 €, jeweils mit light breakfast. Das Hostel, das nicht so heißen will, ist in einem früheren Konvent der Christlichen Brüder eingerichtet. Die Zimmer sind geräumig, die Sanitäranlagen pieksauber, und in der Lounge erinnert ein Kreuzmosaik daran, dass dies einst die Hauskapelle war.

• *Camping* **Parkland (1),** Louisburgh Rd., beim Westport House, ✆ 098 27766, www.westporthouse.ie, Mitte Mai–Ende Aug., 2 Pers. mit Zelt 28 € (!). Eine Wiese im Schlosspark ist als Campingfläche eingerichtet. Keine Trailer.

Essen

Quay Cottage (7), Quay St., ✆ 098 26412, www.quaycottage.com, nur abends, im Winter So/Mo Ruhetag, Hauptgericht bis 30 €. Ein pittoreskes Häuschen am Eingang zum Westport Park. Die nautische Inneneinrichtung zielt auf Segler, die Küche serviert vor allem Meeresfrüchte.

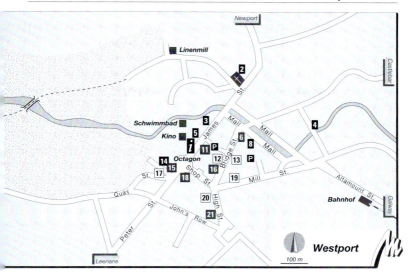

Lemon Peel (15), Octagon, ✆ 098 26929, www.lemonpeel.ie, Di–So ab 17 Uhr. Ein gemütliches kleines Lokal mit junger irisch-französischer Küche. Hauptgerichte um 20 €.

Cabots Source (21), High St., Mo–Sa 11–21 Uhr. Delikatessengeschäft mit Bio-Gerichten. Ein Genuss ist etwa die Kürbissuppe mit hausgemachtem Brot. Kräuter kommen aus dem eigenen Garten.

The Creel (9), Harbour Mill, The Quay, Mi–So 11–18 Uhr. Ein einladendes Bistro mit hellem Holz, Terrakottafliesen und Nautik-Dekoration. Die wechselnden Gerichte (um 15 €) – nicht nur Fisch und Meeresfrüchte – werden auf einer Tafel notiert, auch Kleinigkeiten wie Panini und hausgemachte Desserts sind im Angebot.

McCormack's (16), Bridge St., bis 18 Uhr, Mi und So Ruhetag. Essen in der Kunstgalerie: Über einer Metzgerei werden einfache Gerichte wie Quiche, Irish Stew u. Ä. gereicht.

Nicola's Food Emporium (11), Lime Court, in der Passage gegenüber der Touristinformation, Mo–Sa bis 18 Uhr. Ein „Deli-Café" mit fair gehandelter Reformkost und Zutaten für belegte Brötchen; eigene Bäckerei, warme Mittagsgerichte, knackige Salate, frische Obstsäfte, Tee und Kuchen.

O'Cee's Coffeeshop (18), Octagon, Mo–Sa bis 19 Uhr. Ein modern eingerichtetes Lokal mit Selbstbedienung, irische und internationale Gerichte, auch Kaffee und Kuchen.

McGreevy's Book, Coffee & Wine Shop (6), The Mall. Lebensmittel, Schreibwaren, Bücher und Café – alles aus einer Hand und in einem Haus.

Am Abend

Was an Restaurants fehlt, macht Westport durch seine bald 50 Pubs mehr als wett. Das Städtchen hat eine lebendige Musikszene.

Matt Molloy's (12), Bridge St., www.mattmolloy.com. Erstklassige Konzerte von Rock bis Folk. Matt Molloy war lange Jahre Flötist bei den Berliner Philharmonikern und ist heute Musiker bei den Chieftains, der angesehensten Folkgruppe der Insel, deren Repertoire von einer Aufnahme gemeinsam mit Mick Jagger bis zu einem Konzert mit James Galway reicht. Wenn es das Wetter zulässt, finden die Konzerte im Garten statt.

Wenn Sie im Matt Molloy's keinen Platz mehr finden, schauen Sie nebenan ins **Porterhouse (12).** Auch hier gibt es oft gute Musik.

566 Der Westen/County Mayo

JJ O'Malley's (13), Bridge St. Wenn Sie jung sind, sich für schön halten und gerne viel Alkohol trinken und Getümmel mögen, dann ist dies freitag- und samstagabends für Sie die richtige Adresse.

McCarthy's (17), Quay St. Die Lounge ist in Séparées unterteilt, der Tresen stammt noch aus den dreißiger Jahren. Hinten gibt es einen schönen Biergarten, Tische und Stühle sind aus Baumstrünken gefertigt.

John McGing's (20), High St. Wer die alte Kneipe mit John's Gemischtwarenladen noch kannte, wird enttäuscht sein. Doch die Renovierung hätte schlimmer ausfal-

len können. Noch immer ist McGing's einer jener Wohnzimmerpubs, in denen man sich fast wie ein Eindringling fühlt, vollgestellt (im doppelten Sinn) mit allerlei musealem Krempel.

The Towers (10), Harbour. Mit Biergarten, Sandkasten und Kinderspielhaus, im Sommer gelegentlich Musik, ein guter Platz für Sonnenuntergänge. Barfood bis 21 Uhr.

Cosy Joe's (19), Mill Times Hotel, Mill St., www.cosyjoesbar.ie. Die örtliche Late Night Bar, in dem die Nachtschwärmer Do–So tanzend den Morgen erwarten können. Im Sommer gelegentlich Live Bands.

Sehenswertes

Die Stadt: Mit Rathaus, Grand Hotel, Gerichtsgebäude und Markthallen ist das **Octagon** um das Denkmal Saint Patricks der repräsentative Mittelpunkt der Stadt. Ursprünglich stand auf der Säule eine Statue von George Clendining, einem Westporter Bankier und Organisator der United Irishmen. Während des Bürgerkriegs schossen die im Rathaus einquartierten Soldaten bei Zielübungen den Kopf des Standbilds entzwei, der Rest wurde gegen den Heiligen ausgetauscht. Etwa auf der Mitte der **James Street** führt ein Durchgang zum **Park** hinunter, auf dessen Gelände das alte Dorf und die O'Malley-Burg lagen. Der zweite und etwas ältere Zentralpunkt der Stadtentwicklung war die im Volksmund **Fountain** genannte Kreuzung südöstlich des Octagon, auf der seit 1947 statt des Brunnens ein Uhrturm steht. Von hier läuft die **Bridge Street** als Haupteinkaufsstraße zur **Mall** hinunter, einer großzügigen Allee auf beiden Seiten des Carrowbeg, der hier Anfang des 19. Jh. in sein künstliches Bett gezwungen wurde.

Clew Bay Heritage Centre: Die Ausstellung in einem restaurierten Lagerhaus nahe dem Hafen widmet sich der Heimatgeschichte. Wir sehen etwa ein Spinnrad, das die Leute von Ballina einst der politischen Aktivistin und Yeats-Angebeteten Maude Gonne schenkten. Oder die Akten der Gerichtsverhandlung gegen Patrick Egan, dem örtlichen Kommandanten der Erhebung 1798. Wer die Ausstellung verpasst, hat nichts Großes versäumt.

⏱ Juli/Aug. Mo–Sa 10–17, So 15–17 Uhr; Juni, Sept. Mo–Fr 10–17 Uhr; April–Mai, Okt. Mo–Fr 12–14 Uhr; Eintritt 3 €, The Quay, www.museumsofmayo.com/clewbay.htm.

Westport House: Das 1732–1778 von den Stararchitekten Richard Cassels und James Wyatt gebaute Westport House ist ein typisches Landhaus des anglo-irischen Adels und noch immer im Besitz der Gründerfamilie – salopp gesagt ein alter Kasten, in dem es knarzt und bröckelt und der sich vergeblich gegen den Zerfall zu wehren scheint. Gleichzeitig hat die Kommerzialisierung amerikanische Ausmaße erreicht: Kein Souvenir, das es hier nicht gibt, dazu ein schauriger Kerker, eine Horoskop-Maschine und vor dem Schloss Irlands größte Wasserrutsche. Im weiteren Angebot auch Essen, Trinken, Reiten, Angeln, Rudern und was sonst noch alles Geld kostet. Zu den seriöseren Sights, die im Haus gezeigt werden, gehören Rubens' „Heilige Familie" und eine Violine aus dem Besitz von J.M. Synge.

⏱ April–Sept. tägl. 11.30–17.30 Uhr. Eintritt Haus & Garten 11,50 €, mit Vergnügungspark 21 €. www.westporthouse.ie.

Westport/Umgebung

▶ **Newport:** Ein eher unscheinbarer Durchgangsort. Über das abends schön beleuchtete Viadukt dampfte einst die Eisenbahn nach Achill Island. *Das Jüngste Gericht*, ein Glasfenster in der katholischen Kirche, war Harry Clarkes letztes und vollkommenstes Werk. An der Brücke weist eine Tafel auf den Beginn des **Bangor Trail** hin, einen 48 km langen Wanderweg durch die **Nephin-Beg-Berge**. Einen Eindruck von den Bergen vermittelt auch der Abstecher zum **Lough Feeagh** oder weiter in den **Letterkeen Forest Park**. Im **Rockfleet Castle**, früher hieß es Carrigahooly oder gälisch Carraig-an-Cabhlaigh, verbrachte Grace O'Malley ihren Lebensabend. Es war diese Burg, die sie ihrem Gatten abnahm und von deren Zinnen sie dem Ausgesperrten die Scheidung verkündete. „Der Turm kann auch besichtigt werden, den Schlüssel verwahrt eine Nachbarin." (Tipp von Thorsten Fischbeck)

● *Verbindung* Busse nach Castlebar über Westport und nach Achill Island. Auskunft ✆ 096 71800, www.buseireann.ie.

● *Übernachten* **** **Newport House,** ✆ 098 41222, www.newporthouse.ie, DZ 230–330 €. Ein feudales, im 18. Jh. erbautes Landhaus inmitten eines großen Parks am Fluss. Das Restaurant serviert ein sechsgängiges Abendmenü für läppische 62 €, Austern kommen als Beilage (!) auf den Tisch, und die Weinkarte erlaubt weitere Ausgaben im dreistelligen Bereich. Da die Reichen immer zahlreicher und immer reicher werden, muss sich das Haus für die Zukunft keine Sorgen machen.

Traenlaur Lodge JH, Lough Feeagh, ✆ 098 41358, www.anoige.ie, Juni–Sept., Bett 13–16 €. 8 km außerhalb am Ostufer des Lough Feeagh, und eine gute Basis für den *Bangor Trail*. Managerin Elma Brazel hält das Haus extrem sauber und ist Expertin für Fledermäuse.

Castlebar

Mit 12.000 Einwohnern ist Castlebar etwa doppelt so groß wie Westport – und doch kaum halb so bekannt und ohne Sehenswürdigkeiten.

Die Hauptstadt Mayos ist ein historisch gewachsener Ort. Er bekam bereits 1611, als in Westport nur ein paar Hütten standen, das Stadtrecht verliehen. 1798, nach der Landung französischer Truppen in Killala, rief John Moore die kurzlebige *Republic of Connaught* aus. Ein Denkmal auf der Mall im Zentrum erinnert an diese Episode. Castlebar hat das Glück, dass es Patrick Flynn, ein Sohn der Stadt, zum Minister und EU-Kommissar brachte – und über so viel Glück seinen Geburtsort nicht vergaß. Sanft schwebt man über die neu asphaltierte N 5 in die Stadt, Metallskulpturen zieren die Kreisel. Der Norden Castlebars um das „Welcome Inn Hotel", in dem Flynn seinen politischen Aufstieg zu feiern pflegte und sich zugleich der Ortsverein der Fianna Fail Partei trifft, konnte von einem besonderen Stadterneuerungsprogramm profitieren. Inzwischen pflegt Tochter und Abgeordnete Beverley Flinn das politische Erbe des Vaters.

● *Information* Linenhall Ecke Main St., Mai bis Mitte Sept. Mo–Sa 10–18 Uhr, ✆ 094 902 1207. www.castlebar.ie.

● *Verbindung* **Bus**verbindungen nach Dublin, Westport und Achill Island, Ballina – Sligo und Galway – Cork. Auskunft ✆ 096 71800, www.buseireann.ie. **Züge** nach Westport und Dublin. Bahnhof ✆ 094 9021222, www.irishrail.ie.

● *Übernachten* *** **Days Hotel**, Lannagh Rd., ✆ 094 928 6200, www.dayshhotel castlebar.com, DZ 100–180 €. Neues Hotel 1 km vom Stadtzentrum, die tadellos doch geschmacksneutral gestalteten Zimmer sind mit Safe, Fön und Internetzugang ausgestattet, in den Business-Suiten gibt's sogar eine kleine Küchenzeile.

B&B Garden Gates, Martina Sammon, Islandeady, Westport Rd., ✆ 094 902 3110, DZ

568   Der Westen/County Mayo

80 €. Ein Nachtquartier für Durchreisende, 8 km außerhalb an der N 5 West gelegen. Das von einem Jagdhund bewachte Landhaus hat 4 Gästezimmer mit rustikalen Dielenböden, Vollholzmöbeln und Hosenbüglern.

• *Essen* **The Tulsi,** Lower Charles St., ✆ 094 9025066, So Ruhetag. Diese Filiale eines Dubliner Restaurants kocht indische Küche vom Feinsten.

McCarthy's Restaurant, Main St., zwei Häuser neben dem gleichnamigen Pub. Ein einfaches Speiselokal mit Fachwerkdekor, auf der Karte irische Klassiker, z. B. Beans & Chips oder Lammbraten, nur Mo–Fr 12–17 Uhr, Sa 12–16 Uhr geöffnet.

Café Rua, New Antrim St., sei als Sandwichbar und für einfache Mittagsgerichte empfohlen. Weitgehend Bio-Kost, So Ruhetag. www.caferua.com.

• *Pubs* **McCarthy's,** Main St. Eine Pubhöhle mit niedrigen Decken und Snugs, ab und an Livemusik.

Castlebar/Umgebung

▸ **National Museum of Country Life:** Irlands neues Volkskundemuseum, eine Art Schiff aus viel Beton und wenig Glas, ankert etwas versteckt im Park hinter dem viktorianischen Turlough Park House, dem früheren Landsitz der Fitzgeralds. Es ist die erste Filiale des Nationalmuseums außerhalb von Dublin. Gleich im Eingangsbereich des **Ausstellungsgebäudes** stehen ein Filmplakat des „Quiet Man" und ein etwa zeitgleiches Foto von der Seetangernte auf Inisheer einander gegenüber: Das Museum, so der Anspruch, will das romantische Bild vom alten Irland mit der harten Realität ländlichen Lebens etwa zwischen 1850 und 1950 konfrontieren und tut dies vor allem anhand von Alltagsgegenständen. Der Rundgang geht von oben nach unten. Das **erste Untergeschoss** gibt einen *historischen Überblick* und zeigt uns in Wechselausstellungen die *natürlichen Ressourcen* und ihre handwerkliche Nutzung, etwa die Verarbeitung von Stroh oder die Korbflechterei. Das **zweite Untergeschoss** stellt uns die Bereiche *häusliches Leben,* dann *Landwirtschaft und Fischerei* und schließlich das *Leben in der Gemeinde* vor. Zuunterst, im **dritten Untergeschoss,** werden die *Kräfte des Wandels* gestreift, die das Leben so nachhaltig veränderten. Zeitzeugen berichten vom ersten elektrischen Licht, vom ersten Auto im Dorf oder vergleichen Damals mit Heute. Zum Abschluss kann man noch einen Blick in das **Turlough Park House** werfen, wo zwei Räume im Stil des 19. Jh. eingerichtet wurden und in dessen Anbau **Museumsshop** und **Café** untergebracht sind.

⏰ Di–Sa 10–17, So 14–17 Uhr; Eintritt frei. Das Museum ist in Turlough, 6 km östlich von Castlebar an der N 5. www.museum.ie.

▸ **Ballintubber Abbey:** Hinter einer **Kirche** aus jüngerer Zeit verbergen sich die Ruinen einer **Augustinerabtei,** „die nicht sterben wollte". 1216 gegründet, mehrfach durch Krieg und Feuer zerstört, nochmals und nochmals wieder aufgebaut. „Im Gelände ringsum hat ein Künstler unserer Tage einen **Kreuzweg** aus behauenen Megalithfelsen, Bruchholz, Efeu und anderen Pflanzen sowie unter Einbeziehung von Wasserfällen und Felshöhlen gestaltet. Ich bin kein Fan moderner Kunst, aber dies war wirklich unglaublich beeindruckend und ausdrucksstark. Und man konnte einen Sinn in den Darstellungen erkennen." (Lesertipp von Larissa Akbayoglu). Am Westende des **Friedhofs** beginnt ein Pilgerpfad zum Croagh Patrick; **Elisabeth's House** ist kaum mehr als die Wohnhöhle einer frommen Frau, die in einfachsten Verhältnissen am Rande des Friedhofs lebte. Nebenan erklärt das Visitor Centre **Celtic Furrow** mit Bildern, Texten und nachgestellten Szenen vorchristliche Bräuche und ihre Spuren im ländlichen Volksglauben unserer Tage.

⏰ Die **Abtei** liegt etwa 12 km von Castlebar (N 84 Richtung Ballinrobe) am Nordende des Lough Carra. Tagsüber geöffnet, Eintritt frei. **Celtic Furrow** Mai–Sept. tägl. 10.30–17 Uhr, Eintritt 5 €.

Hier geschah das Wunder von Knock

▸ **Knock:** Andernorts in Irland mögen Glaube und Kirche an Bedeutung verlieren, doch in Knock ist davon nichts zu merken. Seit die Jungfrau Maria hier zusammen mit Joseph und dem Apostel Johannes am 21. August 1879 auf dem First der Dorfkirche erschien, stieg Knock zum führenden Wallfahrtsort der Insel auf und spielt nun in einer Liga mit Lourdes und Fatima, hat an der Straße nach Charlestown gar einen eigenen Flughafen. Neben besagter Dorfkirche, auf deren Rückseite drei Monumentalstatuen an das Wunder erinnern, entwickelte sich eine Art Pilgerstadt mit Kapellen, Vortragsräumen, Devotionalienhandlungen, Kreuzwegstationen und Beichtstühlen. Den Mittelpunkt bildet eine sternförmige Basilika von gewaltigen Dimensionen (doch ohne Heizung!), in der 20.000 Besucher Platz finden. Das **Museum of Folk Life** (Mai–Okt. tägl. 10–18 Uhr, Eintritt 4 €, www.knock-shrine.ie) versucht, die Marienerscheinung und die Wunder von Knock aus nüchterner Sicht als ein volkskundliches Phänomen darzustellen – vergeblich, auch hier beten Pilger vor der nachgestellten Wunderszene.

Achill Island

Bei schönem Wetter ist Achill Island ein kleines Paradies für Naturfreunde. Kein Hochhaus, kaum Autos, dafür leere Strände, beeindruckende Klippen, stille Seen, markante Gipfel und dazwischen das große Nichts.

Die mit 145 qkm größte Insel vor der irischen Küste ist das touristische Zentrum Mayos, doch was heißt das hier schon? Ein paar einfache Hotels, B&Bs und Hostels – mehr nicht. *Heinrich Böll* lebte in Doogort und schrieb hier sein „Irisches Tagebuch". Das Haus gehört heute der den Grünen nahe stehenden Heinrich-Böll-Stiftung, und mancher, der auf des Dichters Spuren nach Doogort pilgert, ist enttäuscht, wenn ihn ein Schild am Haus darum bittet, die hier lebenden Stipendiaten doch nicht zu stören.

570 Der Westen/County Mayo

Nur der Nordosten der Insel läuft flach ins Meer aus. Ansonsten säumt ein von Sandbuchten unterbrochenes Klippenband die Küste, das am **Croaghaun** (665 m) mehrere hundert Meter tief zum Wasser abfällt. Steinforts lassen spekulieren, ob Achill Island in der keltischen Zeit vielleicht dichter besiedelt war als heute. Noch älter ist Irlands westlichster Dolmen. Einige Berge sind über die Insel verstreut, dazwischen ist Heide und Moor. Sorgen bereitet den Leuten der wilde Riesen-Rhabarber *(Gunnera tinctoria)*, ein bis 10 m hohes Unkraut aus Amerika, das gerade die Insel erobert. Auch für den irischen Westen ungewöhnlich ist der heftige Wind, der hier pfeift. Kein Baum stellt sich ihm in den Weg, selbst Kirchtürme wagen die Menschen nicht zu errichten. Wenn der Himmel die Schleusen über Achill Island öffnet, fällt einem schnell die Decke auf den Kopf. Dann bleibt nur der Ausflug nach Westport und Sligo. Zum Glück verbindet eine Brücke die Insel mit dem Festland.

Information/Verbindungen/Diverses

• *Information* **Bord Fáilte,** Courthouse, Achill Sound, ✆ 098 45384, nur Juni–Aug. Mo–Sa 9–13, 14–18 Uhr. Außerdem gibt es ein **örtliches Touristenamt,** ✆ 098 47353, Mo–Sa 9–17 Uhr, neben Lavelles Tankstelle in Cashel. Wer länger auf Achill bleiben will, sollte sich Bob Kingstons Karte und Inselbeschreibung **„Achill Island, Map and Guide"** kaufen. Infos im Internet unter www.achill tourism.com und www.achill.mayo-ireland.ie.
• *Verbindung* **Busse** von Ballina über Castlebar und Westport nach Dooagh, Auskunft ✆ 096 71800, www.buseireann.ie.
• *Aktivitäten* Theresa McDonald organisiert im Juli und August die **Achill Archeological Field School** für interessierte Laien, jeweils einwöchige Sommerkurse mit Exkursionen, Vorträgen und Diskussionen. Auskunft im Folklife Centre, Dooagh, ✆ 098 43564, www. achill-fieldschool.com.
Achill Island Scuba Dive Centre, Joseph Carey, ✆ 087 2349884, www.achilldivecentre.

com. Tauchen für Anfänger und Könner, auch Ausrüstungsverleih.
Windsurfing mit Gareth Allen, Keel, ✆ 087 4023068, www.windwise.ie, Kurse und Verleih von Boards.
Calvey's Horse Riding, Keel, ✆ 098 43158, www.calveysofachill.com. Nicht alle Tiere auf der Calvey-Farm enden schon im Jugendalter in der familieneigenen Metzgerei. Die Ponys dürfen alt werden und erleben derweil Reitunterricht, Kindercamps, Trekkingausflüge zum Deserted Village, ja ganze Reiterferien.
• *Feste* Das populäre **Achill Festival** („Scoil Acla"), das Ende Juli in Dooagh gefeiert wird, bringt Workshops und ein Kulturprogramm mit Musik, Volkstanz und Lesungen auf die Insel. Teil des Programms ist der Musikwettbewerb Hata Acla, zu dem nur Familienbands zugelassen sind. Auskunft www.scoilacla.com.

Übernachten/Camping

• *Hotels/Guesthouses* **Ostan Oilean Acla,** Achill Sound, ✆ 098 45138, www.achillisland hotel.com, DZ 90–160 €. Ein neues und viel gepriesenes Hotel gleich an der Brücke zur Insel. Mit Restaurant und Bar, die im Sommer zur Bühne für Volksmusik wird.
Achill Cliff House Hotel, Keel, ✆ 098 43400, www.achillcliff.com, DZ 80–160 €. Ein unauffälliges Haus mit 10 Fremdenzimmern und Restaurant. Man legt Wert auf Ruhe („no disco").
Gray's Guesthouse, Doogort, ✆ 098 43244, DZ 110 €. Die greise Hausherrin Vi McDowell, noch unter britischer Herrschaft geboren und von den Einheimischen „Duchess of

Doogort" genannt, ist die letzte Nachfahrin der protestantischen Missionare auf Achill Island. 15 Gästezimmer sind in drei Häusern der früheren Mission untergebracht und von recht unterschiedlichem Komfort. In der Lounge knistert ein Torffeuer, Sitzecken mit Polstersesseln bieten Landschaftsblick. Jedes Gebäude verfügt zudem über eine Gästeküche sowie Waschmaschine und Trockner. Maler können das hauseigene Atelier benutzen. Preislich ist Gray's für die Gebotene jedoch an der Schmerzgrenze. Und im Sommer, wenn Halbpension (Dinner Schlag 19 Uhr) obligatorisch ist, müssen pro Person noch ca. zusätzliche 32 € gezahlt werden.

Achill Island 571

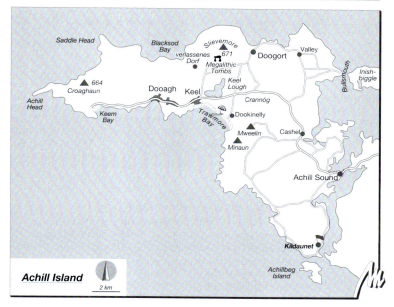

Guesthouse Joyce's Marian Villa, Keel, ✆ 098 43134, www.joycesachill.com, DZ 90 €. Das Haus liegt zwischen Keel und Dooagh auf der Meerseite der Hauptstraße. Die Zimmer sind mit Naturholzmöbeln ausgestattet, es gibt sogar kleine Schreib-/Frisiertischchen. Wintergarten, Veranda für Sonnentage.

Ferndale Guesthouse & Restaurant, Crumpaun, Keel, Juni–Okt., ✆ 098 43908, www.ferndale-achill.com, DZ 100 €. Das Haus liegt etwa 200 m oberhalb des Beehive Craftshop. Von Schweizerinnen geführt, bietet es auf „orientalisch", „römisch" und dergleichen dekorierte Themenzimmer.

B&B West Coast House, Dooagh, ✆ 098 43317, www.achillcliff.com/westcoasthouse. htm, DZ 70 €. Ein zentral beheizter Bungalow auf dem Höhenrücken zwischen Keel und Dooagh. Teresa McNamara, der auch das Cliff House Hotel gehört, gibt Tipps für Wanderungen und andere Freizeitaktivitäten.

Atlantic Breeze, Mrs. Mary Sweeney, Pollagh, Keel, ✆ 098 43189, www.bnb assist.com/bnb.php?pid=1179, April–Okt. DZ 70 €. „Die Vermieterin hat uns bei der Ankunft gleich herzlich mit leckeren Scones und Tee und einem Blick vom Frühstückszimmer auf den Atlantik und die Klippen begrüßt. Unser Zimmer war ziemlich gemütlich und sauber, das Frühstück mit diversen Auswahlmöglichkeiten sehr gut. Kurzum: wir haben uns dort ausnehmend wohl gefühlt." (Lesertipp von Claudia Beck)

• Hostels **Valley House,** ✆ 098 47204, www.valley-house.com, im Nordwesten der Insel, Bett mit kleinem Frühstück 19–22 €, DZ 50 €, Camping im Garten. Gebaut als Jagdhaus des Earl of Cavan, war das kleine Schloss später im Besitz von Agnes McDonald. Ein Angriff wütender Bauern, die das Haus niederbrannten und die Lady ins Krankenhaus brachten, gab Synge Stoff für seinen „Playboy of the Western World". Valley House wurde in den 90er Jahren renoviert und neu ausgestattet. An der Bar trifft sich die Bevölkerung der Umgebung, auch Heinrich Böll ging hier ein und aus. Zum Repertoire der Videothek gehört ein Mitschnitt der ZDF-Reportage „Heinrich Bölls Irland".

Über das **Rich View Hostel** in Keel schreiben Leser nichts Gutes. Ein weiteres, sehr einfache Hostel befinden sich in Achill Sound an der Brücke zur Insel: Das **Railway Hostel,** noch auf dem „Festland", im früheren Bahnhof, ✆ 098 45187, Bett 15–20 €. Es bieten auch Platz zum Zelten.

572 Der Westen/County Mayo

- *Camping* **Keel Sandybanks,** am Strand, Keel, ✆ 098 43211, www.achillcamping.com, Juni–Aug., 2 Pers. mit Zelt 13 €. Der für irische Verhältnisse gut ausgestattete, doch leider auch mit Trailern belegte Platz liegt am Ortsrand hinter den Dünen.

Lavelle's Golden Strand, Doogort, ✆ 098 47232, April–Okt., 2 Pers. mit Zelt 20–25 €. Das Meer liegt gleich auf der anderen Straßenseite.

Essen/Pubs/Ausgehen

Für Selbstversorger gibt es in Achill Sound einen Supermarkt. Auch bei O'Malley's in Keel kann man sich mit Lebensmitteln eindecken. Wer auswärts essen und sich bedienen lassen möchte, sucht eines der Hotelrestaurants oder Pubs auf.

Calvey's Restaurant, Dooagh ✆ 098 43158, www.calveysofachill.com, Ostern–Sept. tägl. 11–16.30 und ab 17.30 Uhr. Die hauseigene Metzgerei macht Calvey's zu einem Tipp für Fleischesser. Gelobt wird etwa der köstliche „Biolamm"-Braten. Doch auch seine vegetarischen Gerichte brachten dem Lokal schon Gastropreise.

Beehive, Keel, Ostern–Okt., tägl. 10–18 Uhr. Patricia und Michael Joyce führen

---

Inishbiggle: kein Pub, kein Laden, keine Schule ...

Die Freude war groß: Mit Patrick Michael Calvey, dem ersten Baby seit langer Zeit, stieg die Einwohnerzahl um 1,5 % auf 73 Menschen. Doch als der kleine Patrick ins schulpflichtige Alter kam, verlor Inishbiggle wieder einen Menschen. Denn auf der Insel gibt es keine Schule mehr. Als Paddy Henry seine Lehrerstelle antrat, unterrichtete er 35 Kinder. Zuletzt, als er 1991 mit 70 in den wohlverdienten Ruhestand ging, waren es nur noch zwei.

Inishbiggle lebt in einem Teufelskreis. Weil es keine Schule gibt, keine Arbeit, keinen Laden und kein Pub, wandern die Jungen ab. Und weil die Jungen abwandern, gibt es keine Schule, keinen Laden und kein Pub. Dabei wäre der Teufelskreis leicht zu durchbrechen. Ein nur 300 m schmaler, per Boot in fünf Minuten zu überquerender Meeresarm trennt Inishbiggle von Achill Island, das ja durch eine Brücke mit dem Festland verbunden ist. Doch das *Bullsmouth* hat es in sich: Zwei Strömungen treffen hier aufeinander und erzeugen einen so gewaltigen Wirbel, dass die hölzernen, mit geteerter Leinwand bespannten Kähne allenfalls an 100 Tagen im Jahr die Überfahrt wagen können. Für eine richtige Fähre fehlte der Hafen und für eine Brücke das Geld.

Trotzdem wussten die Leute von Inishbiggle eine pfiffige Lösung. Mit einer Seilbahn wäre Bullsmouth jederzeit sicher zu überwinden, und die Insel hätte obendrein eine Touristenattraktion. Eine französische Firma erklärte sich sogar bereit, das Material zu stiften, um ihre Kabelbahnen im Seeklima zu erproben. Nur die Baukosten hätte Dublin bezahlen oder der Europäischen Union abringen müssen.

Politiker kamen, tranken Tee und schüttelten Hände, versprachen das Blaue vom Himmel – 15 Jahre vergingen, bis die Regierung im Jahre 2000 schließlich die Finanzierung der damals auf 2,03 Mio. Euro veranschlagten Baukosten zusagte. Doch nun verzögerten Einsprüche von betroffenen Grundeigentümern den Bau. Wieder gingen Jahre ins Land, die Streitsache gelangte bis vor den obersten Gerichtshof. Als der Weg endlich frei schien, machte die Regierung einen Rückzieher. Für inzwischen gerade noch 26 Bewohner, so Minister Eamonn O'Cuív bei einem Blitzbesuch im Dezember 2005, lohne sich der Millionenaufwand nicht mehr. Man werde stattdessen Hafenanlagen bauen.

Achill Island 573

diesen Craftshop mit Tagesrestaurant. Im Angebot finden sich Kuchen, Sandwichs, Snacks wie etwa marinierte Muscheln und wechselnde Tellergerichte, dazu hausgemachtes Brot.

The Pub, Dooagh, wird von den Einheimischen bevorzugt und ist auch im Winter geöffnet. Mit Bildern von Don Allum, der mit dem Ruderboot einen Ausflug nach Neufundland unternahm und auf dem Rückweg direkt vor dem Pub landete, wo man ihm ein Denkmal aufgestellt hat.

Gielty's Clew Bay Bar, Dooagh, www.gieltys.com. Jetzt mit Coffeeshop und gro-

ßem Veranstaltungssaal. Für Stimmung in der Bar sorgt die Hausband mit Tom Barron auf der Fiddle und Kieran O'Malley mit Tin Whistle und Dudelsack.

Annexe Bar, Keel. Mal Folk mal Pop, auf jeden Fall Livemusik, sobald sich genug Leute zum Musizieren finden. Im Sommer beinahe täglich, sonst am Wochenende.

Club Zamba im Achill Head Hotel, Pollagh, Keel. Hier tanzt das bescheidene Nachtleben der Insel. Seine Wunschtitel bestellt man beim DJ per SMS. Nur am Wochenende geöffnet.

Sehenswertes

Seit dem Eisenbahnzeitalter ist die kleine Siedlung an der Brücke über den **Achill Sound** das wirtschaftliche Herz des Eilandes. Von hier führt die Panoramastraße **Atlantic Drive** um den Süden der Insel. In *Kildavnet* passiert man einen Wehrturm, den der Volksmund Grace O'Malley zuschreibt. Auf dem Friedhof des Weilers sind die Opfer der Schiffsunglücke bestattet, die sich immer wieder in den Stürmen der Clew Bay ereignen. **Achillbeg Island,** das im Süden vorgelagerte Inselchen, ist seit einiger Zeit im Sommer wieder bewohnt, nachdem sich Leute, denen es offenbar selbst auf Achill Island noch zu lebhaft ist, die verfallenen Cottages als Ferienhäuser ausgebaut haben. Die Straße zieht dann die Klippen hinauf und eröffnet über der **Ashleam Bay** einen weiten Blick über die Felsküste. Bei **Dooega** können sich Radler an einer Kiesbucht von den Anstrengungen erholen.

Nur sehr hartgesottenen Radfahrern sei der Aufstieg zum **Mweelin** (403 m) empfohlen, dem besten Aussichtspunkt der Insel. Wohingegen es mit dem Auto natürlich keine Mühe bereitet, die Teerstraße zu den Sendemasten hinauf zu fahren. Unmittelbar zu Füßen des Bergs liegen *Keel*, das zweitgrößte Dorf der Insel, und der kilometerlange Sandstrand der **Trawmore Bay.** Man vermutet, dass die Bucht noch im Mittelalter auch den **Keel Lough** umfasste – der Landstreifen mit dem Golfplatz, der heute den See vom Meer trennt, wäre demnach eine Aufspülung der jüngeren Zeit. Eine alte Green Road führt von **Dookinelly,** ein Stück landeinwärts vom Südende des Strands, diagonal den Hang des **Minaun** (463 m) hinauf, doch sollte diesen nicht ungefährlichen Weg nur begehen, wer etwas Bergerfahrung hat.

Dooagh ist der Hauptort der Insel. Danach endet die Straße an der **Keem Bay,** einer intimen, von Felsen eingefassten Badebucht. Bis in die siebziger Jahre fingen die Fischer hier Haie, indem sie den Haien mit Netzen den Fluchtweg absperrten und sie dann harpunierten. Die Flossen wurden getrocknet und in den Fernen Osten exportiert. Ein aufgegebenes Dorf zieht sich am Fuß des **Slievemore** entlang. Heinrich Böll hat es im „Irischem Tagebuch" trefflich beschrieben und seinen Teil beigetragen, dass das Dorf heute an Sommertagen alles andere als verlassen ist. Schätzungsweise zehn- bis fünfzehntausend Neugierige stapfen jede Saison durch das **„Deserted Village"** und die in der Nachbarschaft ausgeschilderten Steinzeitgräber. Etwas weiter Richtung Doogort findet man eine weitere verlassene Siedlung, die schlicht **„The Settlement"** genannt wird. Die Ruinen zeugen vom Scheitern der 1834 gegründeten **Protestantischen Mission** des Pastors Nangle. Ihr gehörte zeitweise mehr als die Hälfte der Insel, und sie

Der Westen
Karte S. 469

574   Der Westen/County Mayo

warb auch mit Schulen und Arbeitsplätzen für die Abkehr vom Katholizismus. Vom Pier in **Doogort**, dem größten Dorf an der Nordküste, schippern im Sommer Ausflugsboote hinüber zu den **Seal Caves**, Grotten, vor denen sich gerne die Robben in der Sonne aalen.

Wanderung Achill Head und Croaghaun: Der Fußweg von der Keem Bay zum Achill Head steigt zunächst südwärts auf die Klippe zur gut sichtbaren Marconi-Funkstation auf und hält sich dann auf dem Klippenkamm gen Nordwesten. Unten im Tal entdeckt man verlassene Hirten-Unterstände. Wendet man sich, statt den Einschnitt zum Achill Head zu queren, vor dem Steilabfall zur Nordküste nach rechts, kommt man hinüber zum nicht minder steilen Aufstieg auf den Croaghauen. Der direkte Abstieg zur Kem Bay verkürzt zwar die Strecke, ist aber nicht ungefährlich und keineswegs Energie sparend. Besser folgt man weiter dem Kamm, steigt zwischen **Lough Bunnafreeva West** (links) und **Lough Acorrymore** (rechts) in einem weiten Bogen ab und erreicht über einen Feldweg wieder die Küstenstraße und nach insgesamt 5 Stunden Keem Bay (Lesertipp von Matthias Fabian).

Das Monster von Scaheens Lough

Scaheens Lough passiert man auf der Hauptstraße (R 319) wenige Kilometer nach Achill Sound. Unwissende Fremde verweilen hier gelegentlich, suchen die Reste eines Crannog oder sollen in dem kleinen See sogar schon gebadet haben, Einheimische aber meiden den Ort, seit um 1970 im Wasser ein Monster gesichtet wurde, 3 m lang und 1 m hoch, der braun behaarte Körper ähnlich einem Greyhound und der Kopf nach Art eines Schafs, doch mit raubtierhaftem Maul und Gebiss. Alles ein Hirngespinst? Zwei Menschen, die einst dem Ungeheuer begegneten, sind noch am Leben, verbürgen sich für die Wahrhaftigkeit der Erscheinung und schwören, sie seien damals stocknüchtern gewesen. Außerdem gibt es da noch einen vergilbten Zeitungsartikel über das *Irish Lake Monster in Scaheens Lough*, und die Zeitung muss es ja wissen. Oder war's doch nur eine Ente?

Erris

Mit nur etwa 10 Einwohnern pro Quadratkilometer (zum Vergleich: in Deutschland sind es 230) ist der Norden Mayos der Höhepunkt irischer Einsamkeit. Hier zwischen Lough Conn, der Nephin Beg Range und dem Meer fühlt man sich vollends am Ende der Welt. Kein Baum, kein Strauch, nur Moor, Moor und nochmals Moor – und eine große Baustelle.

Die einzigen Farbtupfer sind die Torfabbaugebiete, wo die gelbgrüne Vegetation abgetragen ist und der nackte, schwarzbraune Torf an die Oberfläche kommt. Bis vor kurzem verirrten sich außer ein paar Anglern und Naturfreunden kaum Reisende nach Erris. Nur wenige können dem Natur-pur-Erlebnis etwas abgewinnen – man muss mit sich selbst und seinen Reisepartnern im Reinen sein, um in der offenen, gleichförmigen Landschaft nicht nur Langeweile oder gar Angst zu empfinden. Neuerdings trifft man auch Medienleute, Demonstranten, Ingenieure und Malocher. Unruhe, ja Aufruhr spaltet die Region.

Erris 575

Steinerne Schafe weiden an Mayos Sculpture Trail

Information/Verbindungen/Angeln

- *Information* **Iorras Domhnann Office,** American St., **Belmullet,** ℡ 097 81500, Juli/Aug. tägl. 10–19 Uhr, sonst Mo–Fr 10–16.30 Uhr. Liegt es daran, dass hier nur selten Reisende vorbeikommen? Das Büro war kompetent, nahm sich Zeit und scheute sich nicht, bei schwierigen Fragen per Telefon Auskunft einzuholen. Dankeschön!
- *Verbindung* **Busse** von Ballina über Bangor nach Belmullet, Auskunft ℡ 096 71800, www.buseireann.ie. Die privaten McNulty Coaches, ℡ 097 81086, www.mcnultycoaches.com, verbinden Belmullet über Bangor mit Castlebar.
- *Angeln* **Northwestern Fisheries Board,** Ballina, ℡ 096 22788, www.northwestfisheries.ie. Die Fischereiaufsicht weiß, wer wann wo was fischen darf und wer die Angelscheine verkauft.

▶ **Ballycroy National Park**: Das 1998 zum Nationalpark erklärte Gebiet östlich des Örtchens Ballycroy umfasst etwa110 km Sümpfe und nährstoffarmes Regenmoor von der Mündung des River Owenduff bis zu den Nephin-Beg-Bergen. Hier trifft man noch seltene Tiere wie den Otter und botanische Raritäten wie die im Sommer gelb blühende, im Deutschland dank Klimaerwärmung jüngst ausgestorbene Sumpfblume Moor-Steinbrech (Saxifrage hirculus). Ein Visitor Centre an der N 59 in Ballycroy soll 2009 seine Pforten öffnen und die phantastische Landschaft den Besuchern näher bringen. Die Präsentation erstellt eine Firma, die auch am Trickfilm der Knetfiguren Wallace & Gromit mitwirkte. Man darf gespannt sein.
www.ballycroynationalpark.ie

▶ **Bangor Erris** (gäl. Baingear): Der Verkehrsknotenpunkt an der Brücke über den Owenmore ist gerade mal eine Straßenzeile mit einer Kirche, vier Pubs und einigen Läden. Hier endet der von Newport kommende **Bangor Trail**. Mit der Schließung des Torfkraftwerks Bellacorick verlor die Region 2005 ihren wichtigsten Arbeitgeber. Westlich des Orts, an der Straße nach Belmullet, wird auf einem mit martialischen Zäunen gesicherten Areal der beim Bau der Gasraffinerie ausgehobene Torf gelagert. Niall O'Neill's **Stratified Sheep,** eine Gruppe in Stein gehauener Schafe neben der Bellanaboy Bridge etwa auf halbem Weg (Kreuzung mit R 314) zwischen Bangor und Pollatomish, sind das schönste Denkmal des Sculpture Trail.

576   Der Westen/County Mayo

- *Übernachten* **B&B Hillcrest**, Main St., ✆ 097 83494, http://homepage.eircom.net/~hillcresthouse, DZ 75 €. Ein gastfreundlicher Bungalow schräg gegenüber der Tankstelle. Die Hausherrin empfängt ihre Gäste mit selbstgebackenem Kuchen.
- *Pub/Angeln* In Bangor treffen sich die Angler im **Westend Pub,** wo auch die Permits verkauft werden. www.bangorerris angling.com.

▶ **Mullet-Halbinsel:** Das 1825 vom örtlichen Grundherren William Carter schachbrettförmig angelegte Städtchen **Belmullet** (gäl. Beal an Mhuirthead) liegt am Eingang der 33 km langen und an ihrer schmalsten Stelle gerade 400 m breiten Halbinsel. Die Ostküste bietet mit **Elly Bay** und **Mullaghroe Beach** zwei relativ windgeschützte Badestrände, auch der **Annagh Beach** kann sich sehen lassen. Etwas südlich der Linie von Belmullet zum **Doonamo Fort,** einem keltischen Ringfort, bewegt man sich auf einer der geologisch ältesten Formationen Irlands. Der mit weißen und rosafarbenen Streifen durchzogene Granit entstand vor rund einer Milliarde Jahren. Ob Naturkunde, Folklore, die Geschichte des Lokalheiligen St. Deirbhile, oder weitere bescheidene Sehenswürdigkeiten: Von alledem erfährt man im **Ionad Deirbhile Heritage Centre** von Aughleam im Süden der Halbinsel.

North Mayo Sculpture Trail

1993 feierte Erris „5000 Jahre ländliche Kultur", ein etwas willkürlich gesetztes Jubiläum der in den Céide Fields gefundenen Spuren früher Ackerbauern. Als bleibendes Ergebnis des Festes war der *North Mayo Sculpture Trail* gedacht, 15 an verschiedenen Plätzen der Region installierte Skulpturen. Sie sollen die nächsten 5000 Jahre überdauern und den Menschen der Zukunft etwas über unsere Kultur erzählen, wie es uns die Feldmauern der Céide Fields taten.

Weil es statt einer vernünftigen Karte nur eine vage Beschreibung zu den Standorten der einzelnen Objekte gibt, gleicht die Suche nach der Kunst einer Schnitzeljagd. Erst in unmittelbarer Nähe weisen braune Wegweiser mit der Aufschrift „Tir Saile" den Weg zur Kunst. Nicht immer sind wir fündig geworden. Ist die Parallele zur mühsamen Arbeit der Archäologen gewollt? Oder ging den Kulturverantwortlichen einfach das Geld aus, bevor sie das Heftchen über den Sculpture Trail drucken konnten? Eine Beschreibung findet sich immerhin im Internet (http://ballina.mayo-ireland.ie/TirSaile/TirSaile.htm).

- *Bootsausflüge* Die **Geraghtys**, ✆ 097 85741, schippern vom Blacksod Point auf die Inishkea Inseln.
- ⏱ **Heritage Centre:** Mai–Sept. Mo–Sa 10–18 Uhr, So 12–18 Uhr, Eintritt 3 €. www.museumsofmayo.com.
- *Übernachten* **Broadhaven Bay Hotel,** Ballina Rd., Belmullet, ✆ 097 20600, www.broadhavenbay.com, DZ 120–180 €. Neues Hotel mit zeitgemäßem Komfort in fabelhafter Aussichtslage, doch schlecht geplant. So verstellen parkende Autos die Sicht aus einigen Erdgeschosszimmern. Meiden sollte man auch die Nachbarschaft des Nightclubs, denn der ist schlecht isoliert. Ein Wellnesszentrum ist geplant.

* **Western Strands Hotel,** Main St., Belmullet, ✆ 097 81096, DZ 70 €. Das alte Hotel im Dorf hat schon bessere Zeiten gesehen. Die Zimmer, großteils nur mit Etagenbad, sind verblichen und abgewohnt, der Preis allerdings unverschämt günstig. Auch das Restaurant serviert gewaltige Portionen zu lächerlichen Preisen.

B&B Highdrift, Anne Reilly, Ballina Rd., Belmullet, ✆ 097 81260, anne.reilly@ireland.com, April–Okt., DZ 75 €. Ein Bungalow etwa 1 km außerhalb mit schönem Blick über die Bucht, in der Lounge knistert das Torffeuer im Kamin.

Erris 577

B&B Barnagh House, Clogher, ☎ 097 81187, http://barnaghhouse.com, DZ 60–70 €. „Das Haus liegt wunderschön an der Elly Bay und wird von Joe und Mary Edwards geführt. Vom nahen Barnagh Castle gibt es nur noch wenige Überreste, aber der Flair der Geschichte ist im Haus noch zu spüren. Wir wurden mit Tee und selbst gebackenem Kuchen empfangen, die Zimmer sind sehr geräumig, traditionell eingerichtet und mit schönem Bad." (Lesertipp von Thea Profunser)

B&B Brú Chlann lir, Tiranne, Clogher, ☎ 097 85741, www.bruchlannlir.com, 15 km

von Belmullet am Südende der Mullet-Halbinsel, DZ 75 €. Martin Geraghty besitzt außer seinem Haus an der Wespentaille der Mullet-Halbinsel auch zwei Kutter, mit denen er Gäste zum Angeln oder zu den Inishkea-Inseln mitnimmt.

● *Essen/Pubs* **Lavelle's Bar,** Main St., Belmullet, ist nicht nur Treff der Schwulenszene von Mayo, sondern hat auch einen günstigen Mittagstisch mit Stews, Pies und wechselnden Tagesgerichten.

An Chéib , Barrack St., Belmullet, serviert mittags und abends fangfrisch zubereite Fischgerichte..

David gegen Goliath

In die Schlagzeilen geriet der Norden Mayos durch das Vorhaben des Ölmultis Shell, vor der Küste Erdgas zu fördern und dieses mit einer unterirdischen Pipeline an Land zu bringen, wo es dann beim abgelegenen Örtchen Bellanaboy weiterverarbeitet werden soll. Diese Raffinerie wäre die größte ihrer Art in Europa. Der irische Staat und seine Gerichte haben das Projekt längst abgesegnet und die Enteignung der betroffenen Grundstücke angeordnet, doch die Anlieger, deren Häuser in einer Entfernung von bis zu 70 m zur Pipelinetrasse stehen, leisten Widerstand und blockieren seit über einem Jahr die Baustelle. Sollte die für den gigantischen Druck von 345 bar ausgelegte Leitung explodieren, so Experten, würde das im Umkreis von einer Meile niemand überleben. Zudem befürchtet man Erdrutsche und dass die Gasfabrik das größte Trinkwasserreservoir der Region vergiften könnte.

So fordern die Anwohner den Bau einer Off-Shore-Raffinerie auf einer Plattform im Meer. Zu teuer, winkt Shell ab – noch. Denn längst spaltet der Fall die Nation und wird für den Konzern auch zur Imagefrage. Die einen sehen die Protestler als rückwärtsgewandte Verhinderer, die anderen unterstützen den Widerstand und boykottieren die Tankstellen des Ölmultis.

Der Westen Karte S. 469

▶ **Inishkea Islands:** Vom **Blacksod Point,** dem winzigen Landungssteg an der klippenumsäumten Südspitze Mullets, werden Ausflüge auf die vor zwei Generationen von den letzten Bewohnern verlassenen Inseln vor der Küste angeboten. Mit Glück entdeckt man Wale im Wasser, auf den Felsen aalen sich die Robben. Die beiden Inishkeas sind ein Vogelparadies. Auf North Inishkea, das von drei großen Dünen beherrscht wird, hat man die Reste eines frühmittelalterlichen Klosters freigelegt. Ungewöhnlich ist das Relief einer Kreuzigungsszene auf einem Grabstein.
  http://irishislands.info/inishkea.html

▶ **Dún Chaocháin:** Die sturmverwehte Halbinsel an der Nordspitze Mayos ist auf dem Papier noch eine Gaeltacht, doch die wenigen jungen Leute, die hier noch leben, sprechen auch im Alltag überwiegend Englisch. Im Feld neben der Schule von **Carrowteige** (gäl. Ceathru Thaidhg), dem zentralen Dorf von Dún Chaocháin, liegt das recht abstrakt geratene *Dún Caocháin's Head*. Das Steinkunstwerk des Sculpture Trail bezieht sich auf die Sage eines einäugigen Riesen, nach dem die Halbinsel

578 Der Westen/County Mayo

benannt wurde, und ist auch von der Küstenstraße bei Pollatomish gut zu sehen. Als alter Brauch hat sich in Carrowteige die gemeinschaftliche Bewirtschaftung des Bodens erhalten. Zum Vorteil der Wanderer sind Äcker und Weiden hier ausnahmsweise nicht durch Zäune abgetrennt. Ein Wanderweg führt zum Aussichtspunkt **Benwee Head,** eine einsame Alternative zu den überlaufenen Cliffs of Moher, und weiter am Klippenrand über **Portacloy** nach **Porturlin,** zwei kleine Fischerhäfen. Vor der Küste ragen die sieben Felsnadeln **Stags of Broadhaven** aus dem Meer.

● *Übernachten* **B&B Stag View,** Freeda O-Malley, Portacloy (gäl. Port a'Chlad), ✆ 097 88853, www.familyhomes.ie → mayo; DZ 70 €. Eines der wenigen B&Bs in der Gegend wird vor allem von Tauchern besucht. Auf Vorbestellung auch Abendessen. **Hostel Kilcommon Lodge** (IHH), Pollatomish (gäl. Pol a'tSomáis), ✆ 097 84621, www.kilcommonlodge.net, Bett 15–19 €. Das Hostel wird von einem deutschen Paar geführt. Die Zimmer, überwiegend mit vier Betten, sind mit Geschmack eingerichtet und zeigen, dass Einfachheit nicht zwangs-

läufig Verzicht auf Ästhetik bedeutet. Nur wenige Durchreisende, sondern Stammgäste, die wenigstens eine Woche bleiben. Gemütliche Lounge mit Torffeuer, Büchern und Spielen. Für Hausgäste wird auf Bestellung gekocht, das Gemüse kommt aus dem eigenen Garten.

● *Essen* Supermärkte gibt es in Porturlin und Carrowteige.

● *Pub* Bei **Denny's,** Rossport, treffen sich Dienstagabends die Musikenthusiasten der Gegend zur Session.

▶ **Von Porturlin nach Belderrig:** Als Tagestour kann man von Porturlin (gäl. Port Durlainne) auch die Küste ostwärts bis Belderrig (14 km) laufen, ein stetes Auf und Ab zwischen Meeresniveau und den Hängen des **Glinsk** (305 m). Unter dem Gipfel stehen noch die Reste eines 1806 erbauten Wachturms, aus dem die Briten nach feindlichen Geschwadern Ausschau hielten. Bei gutem Wetter reicht der Blick über kleine Inselchen bis nach Donegal.

Wanderführer **Dún Caocháin Walks,** herausgegeben von der lokalen Kooperative.

Kein Baum, kein Strauch

In der Zeit des Großen Hungers wanderten auch viele Menschen aus Dún Chaocháin auf Nahrungssuche ins Landesinnere. Dort trafen sie auf fürchterliche Riesen, die sich stumm und reglos in die Erde krallten. Manch einer, so die Überlieferung, machte vor Schrecken kehrt – die Leute aus dem kargen Dún Chaocháin hatten noch nie zuvor einen Baum gesehen.

Céide Fields

Mitten in der einsamen Moorlandschaft Nordmayos versteckt sich der flächenmäßig größte Steinzeitfundort Europas. Über 15 qkm erstrecken sich Feldmauern, Steinhütten und Gräber, von denen bisher nur ein Bruchteil freigelegt wurde.

Westlich von Ballycastle entdeckten Torfstecher in den dreißiger Jahren zufällig auf dem Grund des Moors die Reste einer Mauer. Patrick Caulfield, der Lehrer von Belderrig, benachrichtigte damals das Nationalmuseum. Heute leitet sein Sohn Seamus, Professor am Dubliner University College, die Ausgrabung. Viehzüchter rodeten hier vor 5000 Jahren den Wald und legten Weiden an. Zeitweilig lebten wohl 300 Menschen auf den Céide Fields, auf denen es damals etwa zwei Grad wärmer war als heute. Die ökologische Katastrophe, die das Land versumpfen und zu

Céide Fields   579

Moor werden ließ, haben sie selbst mit verursacht, denn nur der Wald und nicht der Boden konnte die gewaltigen Regenmengen absorbieren, die hier niedergingen.

Vor rund 3500 Jahren haben Menschen sich nochmals die Mühe gemacht, den Sumpf zu entwässern. Sie waren Ackerbauern, die Weizen und Gerste anbauten und die Kupfervorkommen auf Horse Island ausbeuteten. Ihre Spuren fand man auf der **Belderrig Prehistoric Farm,** einem kreisrunden Haus mit einem Dreschplatz.

Ein Bilderbuch der Erdgeschichte ...

Wer beispielsweise in *Belderrig* einen Abstecher ans Meer hinunter macht, trifft auf „metamorphes", also durch Hitze und hohen Druck im Erdinneren gefaltetes und verworfenes Gestein. Auf der Ostseite der Bucht ist irgendwann in der Vorzeit schwarzer Basalt aus der Tiefe hervorgequollen und schließlich erkaltet. Kurz vor den Céide Fields passiert man die Bruchlinie, östlich derer das Gestein in beinahe waagrechten Schichten liegt. Dieses Phänomen lässt sich sehr schön in der Bucht vor dem Visitors' Centre beobachten. Mühelos kann man die wechselnden Schichten aus (dunklem) Ton und (hellerem) Sandstein unterscheiden. Diese Gesteine, die mit 350 Millionen Jahren nur etwa halb so alt sind wie jene bei Belderrig, wurden von einem warmen Ozean abgelagert. Dessen Küste muss sich mehrmals geändert haben, denn nur die Sandsteinschichten sind das, was die Zeit aus einem Sandstrand formt, während die Tonschichten sich aus den feinen Sedimenten am Grund des Meeres bilden. Am Downpatrick Head kann man auf der obersten Schicht dieser Ablagerungen spazieren und erleben, wie das Meer heute den „steinernen Blätterteig" unterspült und schließlich zum Einsturz bringt.

Gerade in den Céide Fields, deren Steine dem archäologisch ungebildeten Laien nichtssagend erscheinen, ist man dankbar für eine vermittelnde Ausstellung. Denn ohne diese stellen die Mauern im Moor bestenfalls unsere gewöhnliche Vorstellung von „Entwicklung" auf den Kopf: Hier hat sich nicht der Mensch die Natur angeeignet und eine Wildnis (früher) zu Kulturland (heute) gemacht, sondern die Natur das Kulturland angeeignet. Das **Céide Fields Visitor Centre** erklärt die damals noch natürlichen, nicht vom Menschen verursachten Klimaveränderungen mit Schwankungen von Erdachse und -neigung sowie dem zyklischen Wechsel unseres Planeten zwischen kreisförmiger und elliptischer Umlaufbahn um die Sonne. Einen weiteren Schwerpunkt bildet die Entstehung des Moors. Im Sommer gibt es Führungen durch die Ausgrabungen, an kalten Tagen begnügt man sich mit einem Blick vom Aussichtspavillon unter dem Dach. Auch das Video fehlt nicht, und einmal spricht sogar eine weibliche Stimme den Begleittext – sonst sind die Filme der Besucherzentren eine Domäne für männliche Sprecher.

Das einer Pyramide nachempfundene Gebäude aus Holz, Stahl und Glas mit aufgesetzter Lichtkuppel liefert den Beweis, dass sich moderne Architektur in die Landschaft fügen kann und nicht unbedingt aussehen muss wie das krankenhausähnliche Blasket Centre bei Dingle. Zusammen mit dem langen, schnurgeraden Weg, der im Gebäude in einem spiralförmigen Rundgang mündet, ergibt sich eine Architektur der einfachen geometrischen Formen. Für Galilei waren diese der Schlüssel zum Verständnis des Universums, und religiöse Menschen mögen hier den Zyklus aus Leben, Tod und Auferstehung erkennen. Nicht jedem Besucher mag die so ein-

580 Der Westen/County Mayo

fache wie raffinierte Symbolik der Anlage auf Anhieb deutlich werden; doch mit dem Appell an die in unserem Unterbewusstsein verankerten Archetypen schafft die Architektur hier eine Atmosphäre, der man sich kaum entziehen kann und die auch das Erlebnis der Ausstellung maßgeblich bestimmt.

• *Verbindung* Die von Ballina kommende Buslinie endet in Ballycastle.

⏱ **Céide Fields Visitor Centre:** Mitte März–Mai und Okt./Nov. tägl. 10–17 Uhr, Juni–Sept. bis 18 Uhr; Saisonende zu erfragen unter ✆ 096 43325. Einlass bis eine Stunde

vor Schließung. Eintritt 4 €.

• *Übernachten* **B&B Yellow Rose,** Eileen McHale, Belderrig, ✆ 096 43125, bd.yelrose @mayo-ireland.ie, DZ 70 €, mit Meerblick und Ponys.

▶ **Ballycastle/Downpatrick Head:** Sobald man den Ballinglen River überschreitet, wird deutlich, warum es hier wieder ein richtiges Dorf gibt. Der Sumpf endet abrupt und wird durch ein fettes Ackerland abgelöst. Damit gehört Ballycastle (gäl. Baile an Chaisil) auch streng genommen nicht mehr zu Erris. Sehenswert sind die Klippen von Downpatrick Head, eine gute Fußstunde nordöstlich des Dorfes. Auf einem schmalen Fahrweg kann man auch mit dem Auto bis fast an die Klippen fahren. Die Brandung hat Höhlen und Tunnel ausgespült, an einigen Stellen klafft mitten auf der Wiese ein Loch, tief unten gurgelt das Wasser. 1798 warfen die Briten hier Rebellen in den Abgrund. **Dun Briste,** der Felsen draußen im Meer, war bis 1393 mit Irland verbunden. Die dort zurückgebliebenen Menschen mussten mit Seilen und Booten gerettet werden. Für das Kunstwerk des Sculpture Trail, zwei gegenüber gestellte Steinformationen, die als *Battling Forces* den Kampf der Elemente symbolisieren, gäbe es hier kein besseres Thema. Bei Sturm kommt man nur mit äußerster Kraft an den Steilabbruch – die Seevögel haben es leichter und warten unten in den Grotten, bis das Unwetter abgeklungen ist. Ein Beobachtungsposten aus dem letzten Weltkrieg gewährt Schutz vor dem beißenden Wind. Moderne Kunst bringt auch die **Ballinglen Arts Foundation** nach Ballycastle. Zwei Galeristen aus den USA haben sich im Dorf niedergelassen und laden jeden Sommer einige Künstler ein, die als Dankeschön für dieses Stipendium eines ihrer in Ballycastle geschaffenen Werke stiften. Diese sind im alten Schulhaus und im Gerichtssaal ausgestellt.

• *Information* Im **Ballycastle Resource Centre,** ✆ 096 43256, Juli/Aug. Mo–Sa 10–13, 14–17 Uhr, So 13–16 Uhr, mit einem Video zu den Céide Fields.

• *Verbindung* Busse von Ballina über Killala. Auskunft ✆ 096 71800, www.buseireann.ie.

• *Übernachten* **Stella Maris Hotel,** 2 km außerhalb an der R 314 West, Ballycastle, ✆ 096 43322, www.stellamarisireland.com,

Mai–Sept. DZ 200–250 €. Das Haus am Meer wurde im 19. Jh. für die Küstenwache gebaut und war später ein Kloster. Die Hoteliers Frances Kelly und Terence McSweeney haben es von Grund auf restauriert und die 12 Gästezimmer mit wertvollen alten Möbeln ausgestattet. Highlights sind der lange Wintergarten auf der Seeseite und die preisgekrönte Küche.

Killala

„Ahs" und „Ohs" wegen der Aussicht über den Fjord. Killala, das vor langer Zeit sogar einen eigenen Bischof hatte, war bis ins 19. Jh. der wichtigste Hafen im Norden Mayos. Hier landete im August 1798 die französische Invasionstruppe unter General Humbert, um die irischen Freischärler gegen die Engländer zu unterstützen. Vor dem Kerryman's Inn sind die zwei Steine ausgestellt, worauf er seine Füße gesetzt, also wo der erste Kontakt mit irischem Boden stattgefunden haben soll. Doch die Truppe war zu klein, der erhoffte Massenaufstand der irischen Bauern blieb aus,

Ballina **581**

und nach wenigen Wochen wurden die Franzosen vernichtend geschlagen. Immerhin wurde die Episode und damit auch Killala mehrfach literarisch verarbeit, und irgendwann in den 80er Jahren sogar am Originalschauplatz verfilmt.

Wahrzeichen Killalas ist der **Rundturm** des von einem Schüler St. Patricks gegründeten Klosters. Die von einem Blitzschlag zerstörte Spitze wurde kürzlich rekonstruiert. Die Kunst am Pier hinter dem Haus der Küstenwache vermag weniger zu überzeugen. Der **Inter Communications Park** mit Steinen in einem Rondell steht wohl für ins Gespräch vertiefte Menschen. Gleich daneben liegt ein gestrandetes Seezeichen im Sand, von dem man nicht recht weiß, ob es nun Kunst oder Schrott oder vielleicht gar Kunstschrott ist. Außerhalb Richtung Ballina ruhen die zerfallenen Franziskanerklöster **Moyne** und **Rosserk**. Beide wurden im 16. Jh. von den Protestanten niedergebrannt. Rosserk, einigermaßen erhalten, liegt besonders schön direkt am Wasser. Die Halbreliefs zweier Engel und eines Löwen bewachen das in die Wand eingelassene Taufbecken.

- *Information* **Community Centre,** am Ortsausgang gen Ballina, Mo–Sa 9.30–17.30 Uhr, ✆ 096 32166, www.killala.ie.
- *Verbindung* Busse von Ballina.
- *Literatur* Historisch Interessierte lesen zur French Connection die „**Narratives**" von Bishop Stock, der als protestantischer Bischof von Killala seinerzeit von den Franzosen interniert wurde. Der amerikanische Ire Thomas Flanagan hat den Stoff zu einem dickleibigen Schmöker „**The Year of the French**" verarbeitet.

- *Übernachten* **B&B Avondale House,** Maria Caplice-Bilbow, Pier Rd., ✆ 096 32229, bilbow@eircom.net, DZ 80 €. Ein Bungalow mit gepflegtem Garten unten an der Bucht. Von den Zimmern im Obergeschoss schöner Blick aufs Meer.
- *Essen/Pub* **Anchor Inn,** im Zentrum, serviert Pubfood und ist am Samstagabend Treffpunkt der örtlichen Musikanten.

Ballina

In der einzigen Stadt im Morden von Mayo dreht sich alles ums Angeln. Aus dem River Moy kommen die fettesten Lachse, während die Lough Conn für seine Forellen berühmt ist.

Höhepunkt des Anglerfests in der 2. Juliwoche ist der *Heritage Day*, an dem 40.000 Mensch nach Ballina kommen, um mit Tanz, Feuerwerk, Umzügen und volkstümlichen Spektakeln wie Schweinefangen und Eselskarren-Rennen ausgelassen zu feiern. Doch wenn es so weitergeht, wird man eines Tages am Anglerfest keine Lachse mehr angeln können. Seit die Jagd auf Robben verboten ist, wächst ihr Bestand in der Killala Bay, und die possierlichen Tiere verspeisen immer mehr Lachse, die auf dem Weg in ihre Laichgründe sind. Von denen, die es bis in den Moy schaffen, landen jährlich über 10.000 in den Netzen des Fischereiministeriums – unter dem Strich bringt das dem Staat für jeden Lachs 30 Cent. Umweltschützer wie die Touristikbranche befürchten, dass es sich bald nicht mehr lohnen wird, mit der Angel auf Fang zu gehen. Für das etwa 10.000 Einwohner zählende Ballina wäre das Ausbleiben der Hobbyfischer ein schwerer Schlag, denn außer dem Fisch gibt es wenig Gründe, hier länger als eine Nacht zu bleiben. Die kunsthistorischen Sehenswürdigkeiten, wenn man sie so nennen will, beschränken sich auf ein Denkmal des General Humbert und die Ruine des Augustinerklosters Ardaree. Berühmteste Tochter der Stadt ist die frühere Präsidentin Mary Robinson.

Der Westen
Karte S. 469

582 Der Westen/County Mayo

Wo man trinkt, da lass dich ruhig nieder

• *Information* Cathedral St., ✆ 096 70848, Ostern–Sept. Mo–Sa 10–17.30 Uhr. www.ballina.ie.

• *Verbindung* Gute **Busverbindungen** (Auskunft ✆ 096 71800) nach Athlone – Dublin, Galway, Sligo und in die Region nach Westport – Achill Island, Ballycastle und Belmullet. **Züge** nach Dublin (Auskunft ✆ 098 25253, www.irishrail.ie).

• *Angeln* Über Fischgründe, Angelscheine usw. gibt es ein Informationsblatt vom **Northwestern Fisheries Board,** Ardnaree House, Abbey Rd., ✆ 096 22788, www.northwestfisheries.ie.

• *Feste* **Ballina Street & Arts Festival,** Mitte Juli. Höhepunkt des Stadtfestes ist der Heritage Day, an dem mit alten Kleidern und Oldtimern die Atmosphäre der „guten alten Zeit" heraufbeschworen wird. Nur die Bierpreise bleiben auf dem Stand unserer Tage. www.ballinastreetfestival.ie.

• *Übernachten* *** **Downhill House Hotel,** Sligo Rd., ✆ 096 21033, www.downhillhotel.ie, DZ 80–180 €. Das Hotel liegt am Stadtrand, die meisten Zimmer sind in einem ruhig gelegenen Anbau des Haupthauses. Garten, Hallenbad und Sauna versprechen Entspannung nach anstrengenden Tagen. **Suncroft,** Dave & Breda Walsh, Cathedral Close, ✆ 096 21573, www.suncroftbb.com, DZ 75 €. Fünf Gästezimmer in einem ruhigen Zweifamilienhaus gleich hinter der Kathedrale. Zur Ausstattung gehört, in Ballina besonders wichtig, eine große Tiefkühltruhe, in der die Gäste ihren Fischfang einfrieren können.

• *Camping* **Belleek,** Killala Rd. 3 km entfernt, März–Okt., ✆ 096 71533, www.belleekpark.com, mit TV-Room, Zelt mit 2 Pers. 20 €.

• *Essen* **Dillon's,** Pearse St, ✆ 096 72230, www.dillonsbarandrestaurant.ie, Hauptgericht 12–20 €. Bar mit Restaurant in einem altem Lagerhaus am Fluss. An schönen Tagen kann man im Innenhof sitzen. Die Küche jongliert mit mexikanischen, italienischen und globalen Einflüssen. Fr u. Sa abends Dancing.

Crockets on the Quay, Crocketstown, 1 km außerhalb am rechten Flussufer. ✆ 096 75930, www.crocketsonthequay.ie. Der Gastrokomplex am River Moy lockt ein vielfältiges Publikum: Musiker zur Session (montags), das Partyvolk zum Dancing (Fr/

Sa), Sportsfreunde zum Fußballgucken. Bei extremen Wetterlagen sitzt man am gasbefeuerten, gleichwohl gemütlichen Kamin oder auf der Terrasse (auch für Nichtraucher erlaubt!). Tagsüber gibt's Barfood, abends öffnet das in Braun und Beige gehaltene Restaurant. Mit Blick auf den fischreichen Fluss empfiehlt sich von Frühjahr bis Spätsommer das Lachsfilet. Menü 35/40/45 €.

Gaughan's, O'Rahilly St. Ein Pub aus alter Zeit. Michael Gaughan ließ das Lokal 1936 einrichten und übergab es nach 35 Jahren an Sohn Edward, der noch heute hinterm Tresen steht. In der Küche wirkt Ehefrau Mary. Eine Tafel verzeichnet die wechselnden Tagesgerichte, doch Marys Spezialität ist die Quiche Lorraine. Warme Küche 11–17 Uhr, So Ruhetag.

Ballina/Umgebung

▶ **Enniscoe Estate:** Das elegante georgianische Landhaus mit seinem großzügigen Park und dem schönen Blick auf Lough Conn beherbergt neben der Schlossherrin samt Sohn, Hund und Bediensteten inzwischen auch zahlungskräftige Urlauber, die in sechs fürstlich ausgestatteten Gästezimmern wohnen. Öffentlich zugänglich sind der **Garten** im viktorianischen Stil und das Mayo North Heritage Centre mit einem **Museum**, in dem alte Gerätschaften aus Haushalt und Landwirtschaft ausgestellt sind.

    Enniscoe House, ℘ 096 31112, www.ennisco.ie, DZ 180–230 €. **Museum** und **Garten** April bis Okt. Mo–Fr 9–18, Sa/So 14–18 Uhr, Eintritt jew. 6 €. Das Anwesen liegt an der R 315 5 km südlich von Crossmolina.

▶ **Foxford:** Im **Lough Conn** und **Lough Cullin** hat der Forellentod nicht die Gestalt kleiner Parasiten, wie sie andernorts in den zu dicht besetzten Lachsfarmen entstehen und dann auf die freilebenden Fische übersiedeln. Hier hat der Tod zwei Beine und bedient sich einer Rute mit Schnur, Haken und Köder. Schon in aller Frühe treffen sich die Petrijünger in Foxford und Pontoon bei *Tiernan Brother's Angling Centre* oder am Tresen der *Angler's Bar* und schmieden finstre Pläne, wie und wo sie den Fischen am besten zu Leibe rücken. Wer sich nicht auskennt, mietet für rund 50 € einen „Ghillie", der Anfängern zeigt, wie man's macht. Das Bridge Hotel in Pontoon veranstaltet gar mehrtägige Angelkurse.

Wer mit Fisch nichts im Sinn hat, mag sich stattdessen für das Industriemuseum der **Foxford Woolen Mills** interessieren. Die Fabrik, die heute Wollstoffe höchster Qualität webt, wurde 1892 von einer Nonne zusammen mit einem protestantischen Weber aus Tyrone gegründet und galt damals als vorbildlich in Sachen Arbeitsschutz und Sozialeinrichtungen. Bis Ende der 1960er Jahre waren die „Sisters of Charity" mit ihrem Kloster, der Weberei und verschiedenen anderen Betrieben der wichtigste Arbeitgeber im Ort. Umso größer war der Schock, als die Schwestern 1987 Konkurs anmelden mussten. Privatleute, darunter langjährige Mitarbeiter, übernahmen den Betrieb, wagten mit erheblich verkleinerter Belegschaft einen Neuanfang und stellten die Produktion von der Massenware, vor allem Wolldecken, auf hochwertigen Tweed um. Heute arbeiten gerade noch zwei Dutzend Menschen im Betrieb. Eine abwechslungsreiche Multivisionsshow erzählt die Geschichte der Fabrik, anschließend darf man einen Blick in die Weberei werfen, und natürlich gibt es auch Gelegenheit, die Stoffe, deren Entstehen man gerade gesehen hat, nebst anderen Souvenirs im Shop zu kaufen. Die Galerie mit wechselnden Ausstellungen und der *Old Mill Coffeeshop* runden den Besuch ab.

    ⊙ **Foxford Woolen Mills:** Mai–Okt. Mo–Sa 10–18, So 12–18 Uhr; Nov.–April Mo–Sa 10–18, So 14–18 Uhr, Einlass bis 17.30 Uhr, Führungen alle 20 Min., Eintritt 8 €.

Stumme Zeugen alter Zeiten im County Sligo: Carrowmore ...

Der Nordwesten

So abgegriffen der Begriff einer „unverdorbenen" Landschaft auch klingen mag, von allen Regionen Irlands trifft er am besten auf den Nordwesten des Landes zu: Sligo, Leitrim und das raue Donegal, „Irisch-Alaska" wie es die Amerikaner nennen.

Besonders Donegal, das historisch zur Provinz Ulster gehört, ist ein Land voller Gegensätze: Dicht besiedelte Küstenebenen treffen auf raue, im Winter schneebedeckte Berge, eine große Gaeltacht auf die Nachfahren schottisch-protestantischer Siedler. Sanfte Konturen und prägnante Tafelberge bestimmen die Landschaft Sligos, ein Land voller Mythen und Geheimnisse, das den Nobelpreisträger William Butler Yeats zu zahlreichen bewegenden Gedichten inspirierte. Nicht zu vergessen die einsamen Gebirge im Nordwesten Leitrims, in denen man kaum einem Wanderer begegnet.

Obwohl der Nordwesten näher an Dublin liegt als Cork oder Kerry, finden die großen Tourbusse nur selten den Weg hierher. Die Reisenden sind außer Badeurlaubern aus Nordirland vor allem Individualisten, die Naturerlebnis und Einsamkeit suchen: Angler, Wanderer, Hobbyarchäologen, Fans der Volksmusik und Intellektuelle auf den Spuren der irischen Literatur, die alle recht genau wissen, was sie herführt, und nicht zum ersten Mal auf der Grünen Insel sind.

... und Creevykeel

County Sligo

Highlights im County Sligo

- **Model Arts Centre** – hinter altehrwürdiger Fassade präsentiert sich irische Malerei der klassischen Moderne (S. 593)
- **Strandhill** – ein super Surfrevier vor den Toren von Sligo City (S. 588)
- **Carrowkeel** – Dolmen und Ganggräber, die den Vergleich mit Newgrange nicht zu scheuen brauchen (S. 596)
- **Lough Gill** – der stille Bergsee inspirierte dereinst W. B. Yeats zu seinen Gedichten (S. 597)
- **Lisadell House** – Pilgerstätte der Yeatsianer mit schönen Gärten, die gerade zu alter Pracht aufpoliert werden (S. 600)

County Sligo

Zwischen dem Sumpfland Mayo und den Küstengebirgen des Donegal bietet Sligo ein sanftes Zwischenspiel mit seinen Seen und grünen Hügeln. William Butler Yeats, Irlands angesehenster Dichter, hat die Landschaft und besonders den Himmel über Sligo in vielen Versen festgehalten.

Eingeschworene Yeatsianer können quasi den Gedichtband als Reiseführer zu den bezauberndsten Flecken der Grafschaft benutzen. Und obwohl Sligo es an Schönheit durchaus mit Killarney aufnehmen kann, ist es in punkto Fremdenverkehr ein Nachzügler. Lange hat man anderen Regionen den Vortritt gelassen und sich damit manche Fehlentwicklung erspart. Erst in jüngster Zeit versuchen die alteingesessenen Familien, die hier noch stärker als anderswo das Sagen haben, Versäumtes nachzuholen und nicht nur Bildungsreisende für „ihr" County zu begeistern.

Yeats County

Obwohl *William Butler Yeats*, Irlands berühmtester Dichter, den größten Teil seines Lebens (1865–1939) in Dublin, London und zuletzt auf dem Kontinent verbrachte, ist sein literarisches Schaffen eng mit Sligo verbunden. Ein Großvater war Pfarrer in Drumcliff, und die Pollexfens, Vorfahren mütterlicherseits, waren eine alteingesessene Kaufmannsfamilie in Sligo, bei denen der junge Yeats gewöhnlich die Sommermonate verbrachte. Die Magie Sligos, seiner Berge und Heidelandschaften, seiner Seen und Inseln und vor allem das Himmelsszenario der vom Wind getriebenen Wolken ließen W.B. Yeats zeit seines Lebens nicht los. Bezeichnenderweise begann er, bevor er sich dem Schreiben zuwandte, seine Künstlerkarriere als Maler. Schon Vater *John* (1839–1922) war ein führender Portraitmaler seiner Zeit, und Williams Bruder *Jack* (1871–1957), der Sligo in Farben festhielt, ist Irlands renommiertester Maler der Vorkriegszeit.

Trotz seines Nobelpreises (1923) und dem Engagement in der irischen Nationalbewegung war W.B. Yeats nicht unumstritten: Aus einer protestantischen Upperclass-Familie stammend, stand er der protestantischen wie katholischen Kirche sehr kritisch gegenüber. Auch von Technik und Wissenschaft wollte er nichts wissen, sondern suchte unter dem Einfluss der Theosophie, die damals auch den Anthroposophen Rudolf Steiner prägte, sein Heil in Magie und Mystik. Yeats beschwor ein geheimnisvolles, vorchristliches Irland, keltisches Erbe und den Aberglauben der Bauern, wofür er in Sligo reichlich Material fand. Dass die Kirchen davon wenig begeistert waren, versteht sich.

In Sligo feiert man ihn heute jedes Jahr mit der *Yeats International Summerschool*, zu der Studenten und Literaturwissenschaftler aus aller Welt anreisen. Bruder Jack und Vater John haben im örtlichen Museum eine eigene Galerie, auch im Dubliner Nationalmuseum sind ihre Werke ausgestellt.

Als Ausgangsbasis für die Entdeckung des Countys bietet sich *Sligo Town* an, die größte Stadt im Nordwesten der Republik. In bequemen Tagesausflügen lassen sich mit dem Rad die Gestade des *Lough Gill* und des *Glencar Lake* umrunden, auch die

Sligos Schauseite am River Garavogue

Halbinseln *Rosses Point* und *Strandhill* auf beiden Seiten der Sligo-Bucht laden ein. Der markante *Knocknarea* (350 m), der Hausberg Sligos, ist bei schönem Wetter ein herrlicher Aussichtspunkt, der Tafelberg *Benbulbin* (540 m) bietet sich für anspruchsvollere Wanderungen an. Hobbyarchäologen besuchen *Creevykeel*, das am besten erhaltene Hofgrab aus Irlands Steinzeit, das Gräberfeld *Carrowmore* und den *Cairn der Maeve*, Irlands sagenhafter Königin.

Sligo (Stadt)

Mit 19.000 Einwohnern ist Sligo die letzte größere Stadt auf der Reise in den Nordwesten. Von der Anhöhe der Dublin Road aus betrachtet, begeistert jeden die schöne Lage an der Mündung des Garavogue River, der den nahen Louh Gill mit dem Meer verbindet.

Anders als Galway ist Sligo relativ kompakt und im Zentrum dichter und höher bebaut als die Konkurrentin. Dass die neue Schnellstraße die Stadt durchquert, gefällt nicht jedem, entlastet die übrigen Straßen aber vom Autoverkehr. Am lebendigsten ist Sligo während der *Yeats Summer School* und des Kunstfestivals, wenn es sich für drei Wochen in eine kosmopolitische Kulturmetropole verwandelt. Auch sonst stehen die Yeats-Brüder im Mittelpunkt, haben ihr eigenes Museum und im Yeats Memorial Building ein Zentrum, das mit Veranstaltungen und Ausstellungen ihr Andenken pflegt. Um es salopp zu sagen, hat sich in Sligo um die Yeats herum ein ganzer Industriezweig entwickelt, und mit dem Factory Performance Space und dem neuen Model Art Centre versucht sich Sligo als heimliche Kulturhauptstadt der Republik zu etablieren. Am Fluss hat sich die Stadt mit einer neuen Fußgängerzone sozusagen ihr öffentliches Wohnzimmer eingerichtet.

588 Der Nordwesten/County Sligo

Geschichte

Der römisch-griechische Geograph Ptolemäus berichtet von einer Stadt *Nagnata* an der Nordwestküste Connaughts. Vielleicht lag sie wie das heutige Sligo am Garavogue River. Hier führte auch die einzige Route nach Norden vorbei, denn weiter landeinwärts waren der See und die Berge im Wege. 1237 besetzte jedenfalls der Anglo-Normanne Maurice Fitzgerald den Ort und baute 1245 etwa an der Stelle des Rathauses eine Burg. Auch das Kloster geht auf die Anglo-Normannen zurück, fiel samt Stadt und Burg aber schließlich wieder in die Hände der irischen O'Connors.

Der misslungene Aufstand der Iren gegen die Enteignung der alten, katholischen Geschlechter durch die Engländer brachte der kleinen Stadt die schlimmste Zeit ihrer Geschichte. Am 1. Juli 1642 fiel Frederick Hamilton, ein General Cromwells, mit den Parlamentstruppen in Sligo ein, brannte die Stadt nieder und tötete alle, die nicht rechtzeitig geflohen waren. Yeats hat die Ermordung der Mönche in *The Curse of the Fires and of the Shadows* mit eindrücklichen Worten festgehalten.

Information/Verbindungen/Diverses

• *Information* **North West Tourism,** Temple St., oberhalb der Kathedrale, ✆ 071 916 1201, www.irelandnorthwest.ie, Sept.–Juni Mo–Fr 9–17 Uhr, Juli/Aug. Mo–Sa 9–19 Uhr, So 11–15 Uhr. Im Sommer Stadtführungen. Private Webseiten zur Stadt sind z. B. www.sligotourism.ie, www.discoversligo.com und www.sligotown.net.

• *Verbindungen* **Züge** (Auskunft ✆ 071 916 9888, www.irishrail.ie), tägl. 4- bis 5-mal über Carrick-on-Shannon nach Dublin. **Busse** (Auskunft ✆ 071 916 0066, www.buseireann.ie) vom Bahnhofsplatz nach Derry über Donegal, Enniskillen, Dublin, Ballina, Westport und Galway; in die Umgebung nach Strandhill und Rosses Point. Vom

Flughafen Strandhill (✆ 071 916 8280, www.sligoairport.com) fährt Bus 472 in die Stadt.

• *Gepäckaufbewahrung* Im Bahnhof.

• *Reiten* **Sligo Riding Centre,** Declan McGarry, Carrowmore, ✆ 087 230 4828, www.irelandonhorseback.com. 3 km außerhalb der Stadt mit Reithalle und Ausritten am Sandstrand.

• *Surfen* **Perfect Day Surfshop and School,** Strandhill Maritime Centre, ✆ 087 202 9399, http://perfectdaysurfing.com. Tom Hickey bietet Kurse im Wellenreiten und verleiht und verkauft das entsprechende Material.

Übernachten/Camping

Viele B&B findet man entlang der Pearse Road, die vor dem Bau der Autobahn Ausfallstraße gen Dublin war. Im Sommer, besonders Mitte August während der Yeats Summer School, werden die Quartiere in der Stadt knapp. Dann weicht man besser nach Rosses Point oder Strandhill aus.

*** Sligo City Hotel (4) Quay St., ✆ 071 914 4000, www.sligocityhotel.com, DZ 100–150 €. Zentral in einem neuen Gebäude nahe dem Rathaus, die Zimmer im weltweit üblichen Hotelgeschmack eingerichtet.

B&B Park House (19), Pearse Rd., nach dem Sligo Park Hotel stadteinwärts auf der rechten Seite, ✆ 071 917 0333, www.parkhousebnb.com, DZ 70 €. Sehr sauber, statt mit Teppichböden und Tapeten eher modern, nämlich mit Fliesenböden und gestrichenem Wandputz eingerichtet, 5-6 Frühstücksmenüs. (Lesertipp von Birgit Reier)

B&B Pearse Lodge (20), Mary & Kieron Kearney, Pearse Rd., ✆ 071 916 1090, pearselodge@eircom.net, DZ 75 €. In Laufweite zum Stadtzentrum vier gemütliche Gästezimmer mit Bad, Föhn und Wasserkocher. Mit einem Formular kann man am Vorabend aus dem reichhaltigen Frühstücksangebot auswählen. Eigener Parkplatz.

B&B Lissadell House (1), Mail Coach Rd., (nämlich N 15/N 16), Lissadell, Carney, ✆ 071 916 1937, DZ 85 €. 10 km außerhalb von Sligo „ein Tipp für alle, die wenigstens einmal keine Blumenmuster sehen möchten! Aus-

Sligo (Stadt) 589

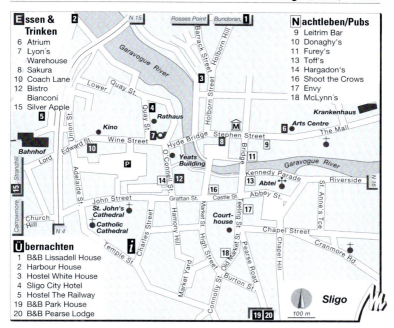

nehmend freundliche Leute und ein absolut wahnsinniges Frühstück. Nichtraucherhaus, nach Zimmer zum Garten fragen." (Lesertipp von Carola Kulbarsch)

Hostel White House (3) (IHH), Markievicz Rd., ✆ 071 914 5160, Bett 17 €. 2 Häuser, 5 Min. vom Zentrum am Fluss. Das größere und eigentliche White House ist zeitweise mit Studenten belegt. Der den Reisenden verbleibende Bungalow hat einen chaotisch-gemütlichen Gemeinschaftsraum mit Kamin und abgewetzter Polstergarnitur, eine nur mäßig saubere Küche. Die Zimmer sind nach Größen wie Jimi Hendrix und Sokrates benannt. Kein Frühstück. Das Hostel mit dem besten Ruf und deshalb am schnellsten voll.

Harbour House Hostel (2) (IHH), Finisklin Rd., ✆ 071 917 1547, www.harbourhousehostel.com, Bett 15–25 €, DZ 40–50 €. Das frühere Haus des Hafenmeisters liegt 15 Gehminuten von der Busstation im ruhigen, etwas verfallenen Hafenviertel. Sanitäranlagen und Küche machen einen sauberen Eindruck, der Gemeinschaftsraum ist wie ein heimeliges Wohnzimmer eingerichtet. (Lesertipp von Jutta Prohaska)

Hostel The Railway (5), 1 Union Place, ✆ 071 914 4530, www.therailway.ie, Bett 13–17 €, Das winzige Hostel (ein 4-Bett- und zwei 2-Bett-Zimmer) liegt, durch eine Mauer von der Schnellstraße abgeschirmt, nahe dem Bahnhof. Eigentümer Sean wohnt selbst im Haus. Kleine, leicht antiquiert eingerichtete Zimmer, neu gerichtetes Bad, in der Küche statt Herd nur Mikrowelle.

• *Camping* **Greenland,** Rosses Point, ✆ 071 917 7113, Ende März bis Mitte Sept., 2 Pers. mit Zelt 22 €. 8 km außerhalb auf einem Hügel beim Golfplatz. Ein Wiesengelände mit herrlicher Sicht auf Berge und Meer. Die wenigen Stellplätze für Durchreisende sind leicht abschüssig.

Camping Strandhill, Strandhill, ✆ 071 916 8111, Mitte April–Sept., 2 Pers. mit Zelt 22 €. 8 km von Sligo in einem Dünengelände direkt hinter einem schönen Sandstrand. Ohne stationäre Wohnmobile, und da der Betrieb auf dem nahen Flugplatz kaum der Rede wert ist, auch ohne nennenswerten Fluglärm.

Essen/Trinken (siehe Karte S. 589)

Bistro Bianconi (12), O'Connell St., www.bistrobianconi.ie, ✆ 071 914 7000, So Ruhetag. Eingerichtet im Stil des „roman revival" mit Fresken à la Pompeji, allerlei Terrakottazeugs und sandigen Farbtönen. Italienische Küche (auch Pizza zum Mitnehmen) in mittlerer Preislage. Und weil wir in Irland sind, wird beim Italiener auch Guiness gezapft.

Coach Lane (10), Lord Edward St., ✆ 071 916 2417. Das Restaurant befindet sich über Donagy's Pub und gehört den gleichen Wirtsleuten. Man speist, wenn nicht im Sommer „al fresco" im Freien, in einem langen, schmalen Raum mit Natursteinmauern und Dielenböden an weiß eingedeckten Tischen, bedient von adrett schwarz-weiß gekleideten Kellnerinnen. Patron Andy Donaghy ist ein Freund und Förderer der örtlichen Bauernschaft und verarbeitet viele regionale Produkte, wozu auch das Straußenfleisch gehört (wie sich wohl die Wüstenvögel auf Irlands grünen Weiden fühlen mögen?). Mit üppigen Steaks, Pommes und britischen Saucen kommt die Küche auch traditionell daher, was ja nicht schlecht sein muss. Restaurant tägl. ab 18 Uhr, Hauptgericht 15–25 €.

Silver Apple (15), Lord Edward St., ✆ 071 914 6770, www.silverapple.ie. Das beliebte Bistro (am Wochenende abends Reservierung angeraten) über der Gateway Bar serviert zu moderaten Preisen französisch beeinflusste Fleisch- und Seafoodküche, auch vegetarische Gerichte. Mi–So ab 17 Uhr, So auch 13–16 Uhr, Hauptgericht 15–25 €.

Sakura (8), Calry Court, Stephens St. Kürzlich neu eingerichtet, so wie die fernöstlichen Restaurants in unseren Breiten auszusehen pflegen, bietet Sakura eine überraschend authentische Küche zu maßvollen Preisen. Mittags ist ein Teil des Lokals als Sushibar geöffnet, da eigentliche Restaurant aber nur abends.

Atrium (6), im Niland Model Arts Centre, das gestylte Tagescafé in der Kunstgalerie überzeugt mit würzigen Suppen, Sandwichs und wechselnden Mittagsgerichten. Natürlich kann man sich auch an Kuchen und anderen Süßigkeiten laben. Di–Sa 10–17 Uhr, warme Küche 12–15 Uhr.

Lyon's Sligo Warehouse (7), Wine St./Ecke Quay St. Im 1. Stock dieses alteingesessenen Kaufhauses trifft man sich in der Cafeteria zum Lunch oder zum Nachmittagstee mit Blick auf das Straßentreiben.

592 Der Nordwesten/County Sligo

Am Abend (siehe Karte S. 589)

Musik-Infos im wöchentlichen „Sligo Champion". Im Internet bringt www.scene.ie Veranstaltungshinweise.

● *Pubs* **McLynn's (18),** Old Market St. Die Nummer 1 der Stadt. Wenn keine professionellen Gruppen auftreten, greift der Wirt, ein Urgestein der örtlichen Folkszene, zu vorgerückter Stunde selbst zum Instrument.
Hargadon's (14), O'Connell St. Der museale und denkmalgeschützte Pub, seit bald hundert Jahren eine Landmarke an Sligos bester Einkaufsstraße, wurde nach langer Pause mit neuem Wirt, neuem Tresen und behutsam modernisiert wieder geöffnet.
Shoot the Crows (16), Castle St., kein Jägertreff, wie man im Zeitalter der Vogelgrippe vielleicht meinen könnte, sondern ein Pub der Künstlerszene. Di und Do Sessions zum Mitspielen und -singen.
Weitere Plätze mit Livemusik sind die **Leitrim Bar (9),** **Donaghy's Pub (10)** und **Furey's Sheela na Gig (11),** das Musikern der Folk-Gruppe Dervish gehört.
Thatch Pub, Ballisodare, 10 km außerhalb an der N 59. Ein 300 Jahre alter reetgedeckter Pub, Do (Juli/Aug. auch Di, Fr) traditional music und Balladen.

● *Clubs* **Envy (17),** www.envy.ie, lockt Do–So die Massen mit Mainstream-Musik auf den Dancefloor. Davor und an anderen Tagen kann man sich in der angeschlossenen Cocktailbar Octagon oder in der Front Lounge vergnügen. Wer über die Stränge schlägt, auf den wartet gleich über der Straße die Polizeistation.
Jung und wild geht es auch im **Toff's (13)** zu, dem Nightclub des Embassy Imperiums, gleich um die Ecke. Hier droht Volltrunkenen die Ausnüchterung durch Absturz in den Fluss.

● *Kino* **Gaiety Cinema,** Wine St., ein Multiplexkino mit 12 Leinwänden. Programmansage ℡ 152 092 7011, www.gaietysligo.com.

● *Theater* Das **Hawk's Well Theatre,** Temple St. (beim Tourist Office), ℡ 071 916 1526, www.hawkswell.com, ist Bühne für die großen Kulturveranstaltungen der Stadt. Ein ständiges Schauspielensemble leistet sich die **Blue Raincoat Theatre Company,** Quay St., ℡ 071 917 0431, www.blueraincoat.com.

Einkaufen/Feste/Ausstellungen

● *Einkaufen* **Keohane's,** Castle St., verkauft Kirbys „The Yeats Country" und Cowells „Sligo, Land of Yeats' Desire".
Call of the Wild, Stephen Street, Shop und Infoquelle für Wanderer und Outdoorfreaks.
The Book Nest, Rockwood Parade, www.booknest.ie. Gute Auswahl an Büchern über Irland und seine Literatur.
Record Room, Grattan St., CDs und Musik aus Sligo (z. B. von „Westlife") und dem Rest der Insel.

● *Festivals* **Yeats International Summer School,** im August, ℡ 071 914 2693, www.yeats-sligo.com. Unter der Schirmherrschaft von Michael Yeats, dem Sohn des großen Dichters. Workshops, Lesungen und Seminare zum literarischen Werk, im Rahmenprogramm auch Konzerte und andere Kulturspektakel. Als Pendant gibt es mittlerweile auch eine **Yeats International Winter School.**
Sligo Choral Festival, im November, Programmauskunft ℡ 071 913 8791., www.sligo choralfest.org.
Sligo Live, www.sligolive.ie, Ende Oktober, bringt Folk-Barden à la Sinéad O'Connor und viele Hobbymusiker in die Kneipen der Stadt. Dazu als Kontrastprogramm im März das **Sligo New Music Festival,** www.modelart .ie/events, im September veranstaltet von der *Model Arts Galerie* und gewidmet der zeitgenössischen E-Musik.

Sehenswertes

Die Sights der Stadt lassen sich am besten auf einem kleinen Rundgang durch das Zentrum erkunden. Ausgangspunkt sei die nach dem ersten irischen Staatspräsidenten benannte **Hyde Bridge** mit dem **Yeats Memorial Building**. In der ursprünglich von einer Bank errichteten Klinkervilla residieren heute das Büro der Sommerschule und eine Kunstgalerie, auch eine kleine Ausstellung zum Leben des Meisters

Sligo (Stadt) 593

Sligos verschneiter Hausberg Knocknarea

wird gezeigt. Auf der anderen Flussseite, am Beginn der Stephen Street, steht das Gebäude der **Ulster Bank**, an das sich Yeats bei der Entgegennahme des Nobelpreises angesichts des Stockholmer Königspalasts erinnert fühlte – ein sehr hoch gegriffener Vergleich.

Sligo County Museum: Im Mittelpunkt des Museums, für das hinter der Model Arts Gallery ein Neubau mit moderner Präsentation geplant ist, stehen die männlichen Mitglieder der Familie Yeats. *William Butler Yeats* ist mit Fotografien und Erstausgaben vertreten, einige Werke sind von Bruder *Jack* illustriert.
① Di–Sa 9.30–12.30 Uhr, Juni–Sept. auch Di–Sa 14–16.30 Uhr. Eintritt frei. Stephen St.

Model Arts and Niland Gallery: Hinter der altehrwürdigen Fassade eines früheren Gerichtshauses verbirgt sich ein moderner, lichtdurchfluteter Kunstraum aus Sichtbeton und Glas. Die Dauerausstellung zeigt Gemälde von *Jack Yeats*, Vater *John* und anderen Größen der modernen irischen Malerei, mit *Nora McGuinness* ist sogar eine Frau vertreten. Dazu gibt es Wechselausstellungen zeitgenössischer Kunst, Lesungen, Konzerte und sogar Kleinkunst.
① Bis 2009 wegen Umbau geschl., zuvor Di–Sa 10–17.30, So 11–16 Uhr; Eintritt frei. www.modelart.ie.

Sligo Abbey: Die 1252 gegründete, nach einem Brand (1414) wieder aufgebaute Dominikanerabtei ist das einzige bis ins Mittelalter zurückreichende Gebäude der Stadt. Hier fanden auch die Chefs des O'Connor-Clans ihre letzte Ruhestätte. Charakteristisch sind die acht extrem schmalen und hohen Fensteröffnungen des überlangen Chors. Auch der reich verzierte Hochaltar und drei Seiten des Kreuzgangs blieben erhalten, obwohl obwohl das Kloster im 17. Jh. aufgegeben werden musste. Heute beten die Dominikanermönche in der modernen Kirche in der High Street.
① Mitte März–Okt. tägl. 10–18 Uhr, sonst Fr–So 9.30–16.30 Uhr; Einlass bis 45 Min. vor Schließung. Eintritt 3 €. Abbey St.

594   Der Nordwesten/County Sligo

Courthouse: Das viktorianische Gerichtsgebäude mit seinem achteckigen Turm in der Old Market Street ist ein für eine Provinzstadt ungewöhnlich prächtiges Gebäude und eine Replik der London Law Courts. Der Kunsthistoriker Sean O'Faolain charakterisierte es als „ein Musterbeispiel für die städtische Neogotik: verrückt vom Blitzableiter bis zum Keller."

Saint John's Cathedral: Die protestantische Kathedrale ist von der Architektur her die interessantere der beiden direkt nebeneinander stehenden Bischofkirchen Sligos. Ihr Baumeister war Richard Cassels, der 1830 eigentlich zum Bau des Hazelwood House nach Sligo gekommen war. Der Lehmboden des Kirchhofs hat die ungewöhnliche Eigenschaft, Leichen zu mumifizieren, statt sie verwesen zu lassen.

An der Ecke Adelaide/Wine Street findet man die Gebäude der **Western Wholesale Company**. Aus dem Turmzimmer pflegte Firmenchef William Pollexfen, der Großvater von W.B. Yeats, mit dem Fernglas nach seinen Schiffen Ausschau zu halten, die vor allem Getreide und Emigranten transportierten. Hier an der Quay Street war früher der Hafen Sligos. Dadurch erklärt sich auch die heute etwas abgelegen erscheinende Lage der **City Hall** (1865) – O'Faolain, der Sligos Architektur offenbar wenig abgewann, spricht in diesem Fall von „französischer Renaissance mit einem Geschwulst von Turm".

Sligo/Umgebung

▶ **Carrowmore:** Die Legende weiß auf diesem prähistorischen Gräberfeld, dem größten der Insel, die „Soldaten der Königin Maeve" bestattet. Archäologen bringen es mit der Kultur von Newgrange in Verbindung. Unglückseligerweise stehen die Gräber auf Sand und Kies, die seit dem 19. Jh. zum Straßenbau gebraucht werden, aber ohne die Zerstörung der Monumente kaum abgebaut werden können. Von den 83 Gräbern, die noch 1900 gezählt wurden, sind nur etwa 25 übrig. Zeitweise zerschnitt ein Steinbruchbetrieb die Denkmäler in handliche Bausteine, und 1983 sollte das Gelände gar zur Müllkippe des Countys werden. Es bedurfte eines sechsjährigen Gerichtsstreits zwischen engagierten Anwohnern und der Verwaltung, um die letzten Gräber zu retten.

Die heute frei stehenden Dolmen sind eigentlich die inneren Kammern von Ganggräbern, deren Hügel im Laufe der Jahrtausende abgetragen wurden. Vertraut man den Erkenntnissen schwedischer Wissenschaftler, sind hier die ältesten Begräbnisstätten Europas. Sie wurden vor etwa 6500 Jahren angelegt. Einige stehen auf privatem Grund, und nicht alle Eigentümer freuen sich an kulturbeflissenen Besuchern. Problemlos zugänglich ist das Gelände hinter dem Visitor Centre. Dessen Führungen sollte man sich anschließen, denn nur sachkundige Erklärung lüftet für den Laien wenigstens einige Geheimnisse der Steine.

ⓘ Ostern–Okt. tägl. 10–18 Uhr, Einlass bis 17 Uhr; Eintritt 2 €. Im Winter ist das Visitor Centre geschlossen, die Gräber aber sind frei zugänglich.

▶ **Knocknarea:** Der Hausberg (350 m) von Sligo bietet bei klarer Sicht einen herrlichen Blick bis zum Croagh Patrick und zu den Bergen des Donegal. Er kann von der Ransboro-Kreuzung aus über die Ostseite bestiegen werden. Auf dem Gipfelplateau ist ein 10 m hoher Geröllberg aus 40.000 Tonnen Stein aufgehäuft, der seine wahre Größe erst aus der Nähe offenbart. Anders als sonst, wo Souvenirjäger über Jahre Stein für Stein abtragen, wächst die *Knocknarea* durch Menschenhand: Hier ist es Sitte, dass jeder Besucher einen Stein mit auf den Berg bringt und auf den

Carrowmore in „Irisch Alaska"

Miscaun Maeve legt. Eine Amerikanerin, die davon erst später erfuhr, schickte jüngst ihren vom Hügel mitgenommenen Stein per Post wieder aus Amerika zurück – samt einer Dollarnote für den Postmaster, damit er auch den beschwerlichen Gang übernähme. Unter all den Steinen ist der Sage nach Queen Maeve bestattet – allerdings hätte sie ihre in Carrowmore beigesetzten Krieger dann um rund ein Jahrtausend überlebt, was auch für eine sagenumwobene Königin etwas viel scheint. Das Ganggrab wurde bisher nicht näher erforscht.

Anfahrt Die Anfahrt ist ab Carrowmore ausgeschildert („Mescan Meadhbha Chambered Cairn"), vom Parkplatz sind es noch 30 Min. bis zum Gipfel.

▶ **Coney Island:** Die eher von New York bekannte Insel hat eine Namensvetterin, vielleicht sogar -stifterin, in der Bucht von Sligo. An einem windstillen Sommertag bietet sich die baumlose Insel für faule Stunden am Strand an. Davor sollte man allerdings in den Gezeitenkalender schauen, denn die mit Pfosten abgesteckte Zufahrt (von der Strandhill Rd.) führt durch das Watt und geht bei Flut im Wasser unter.

▶ **Seaweed Baths:** Bäder im Seetang – mit der Wellness-Welle wurde auch die Thalassotherapie neu entdeckt, die besonders Rheuma und Arthritis lindern soll. In Salthill entstand ein nagelneues Badehaus, und wer's lieber altmodisch mag, fährt ins historische Bad von Enniscrone, das mit seinen Dampfkabinen aus Zedernholz zugleich ein Museum der Badekultur ist.

① **Voya Seaweed Baths,** Strandhill, tägl. 10–21 Uhr, Bad 25 €, 2 Pers. 35 €; www.voya.ie.
Kilcullen's Seaweed Baths, Enniscrone, Mai–Okt. 10–21 Uhr, Nov.–April Mo–Fr 12–20 Uhr, Sa/So 10–20 Uhr; www.kilcullenseaweedbaths.com.

596 Der Nordwesten/County Sligo

Von Sligo nach Boyle

▶ **Sligo Folk Park:** Von der N 4 Richtung Dublin weist bald nach Sligo ein Wegweiser zum Folk Park in **Riverstown**. Die neuen Gebäude sind zum Karree nach Art eines Gutshofs angeordnet. In einer Halle wurde eine Ladenzeile mit Geschäften und Handwerksbetrieben aufgebaut, wie sie vor gut 50 Jahren in einer irischen Kleinstadt ausgesehen haben mag. Auf dem Gelände drum herum fanden wir ein noch ungeordnetes Sammelsurium landwirtschaftlicher Gerätschaften und anderer alter Maschinen, etwa eine riesige Reprokamera. Eine Schmiede, ein Cottage von anno dazumal, Kleinvieh und Coffeeshop runden die Ausstellung ab.
  ⏰ Mo–Fr 10–17 Uhr, Mitte April bis Sept. auch Sa 10–17 u. So 12.30–18 Uhr; Einlass bis halbe Stunde vor Schließung. Eintritt 6 €. www.sligofolkpark.com.

▶ **Carrowkeel:** Von Castlebaldwin führt ein Abstecher nach Westen ins Gebirge zum Steinzeitfriedhof Carrowkeel mit Ganggräbern, Dolmen und einer prächtigen Aussicht. Einige Gräber haben noch immer ihr steinernes Dach. *Cairn K*, in den die Sonne nur zur Sommersonnenwende am 21. Juni strahlt, muss den Vergleich mit Newgrange (siehe S. 216) nicht scheuen. Auch auf **Keshcorran,** dem westlichen Nachbargipfel, kann man einen Grabhügel erkennen. Auf der dem Dorf Kesh zugewandten Seite des Berges findet man eine Reihe von Höhlen. Der Legende nach versteckte sich einst das Heldenpaar *Diarmuid* und *Grainne.* Auch *Cormac Mac Art*, Vorbild des Sagenkönigs Artus, soll als Baby von Wölfen genährt und geschützt in den Höhlen gelebt haben.

> **Tipp:** Fernwanderer erkunden das Dreieck um Lough Arrow, Lough Meelagh und Lough Key auf dem 75 km langen **Historical Trail,** einem in Boyle beginnenden Rundweg, der mit wenigen Umwegen auch einen guten Tagesausflug per Rad abgibt. Karte und Streckenbeschreibung hat (hoffentlich noch) die Touristinformation von Boyle vorrätig.

• *Übernachten/Essen* **Coopershill House,** Riverstown, an der N 4, ✆ 071 916 5108, www.coopershill.com, April–Okt., DZ 220–270 €. Ein gepflegtes Landhaus (1774) mit alten Möbeln und Himmelbetten, das den Bauherrn seinerzeit ein Vermögen kostete. 5 Gästezimmer, Bootsverleih, Angelmöglichkeiten und gediegenes Dinner, das freilich seinen Preis hat. „Eine Bereicherung jeder Irlandreise", lobt Leser Karl-Friedrich Strobl.

B&B Tower Hill, Castlebaldwin, ✆ 071 916 6021, www.towerhillfarmhouse.com, DZ 80 €. Die preiswertere Alternative an der N 4, etwa 2 km Richtung Boyle.
• *Kunst* **Taylor's Art Gallery**, N4 zwischen Drumfin und Castlebaldwin, ✆ 071 916 5138, verkauft Mo–Sa 9–18 Uhr Werke irischer Künstler.

▶ **Gorteen**: Der Prophet, so weiß es das Sprichwort, gilt nichts im eigenen Land. **Michael Coleman,** möglicherweise Irlands begnadetster Geiger, musste aus purer Not auswandern und brachte es erst in Amerika zu Ruhm. Seine ab 1920 in New York aufgenommenen Schallplatten fanden mit den Jahren den Weg zurück in die Heimat, und auch der Erfolg von *Riverdance* ist eine späte Hommage an den „Teufelsgeiger", dem sich die Gruppe erklärtermaßen verpflichtet fühlt. Die Coleman Heritage Company betreibt in Colemans Geburtsdorf Gorteen ein Zentrum, das mit Konzerten, der Ausbildung von Musikern und einer Dauerausstellung das Andenken an den Meister wie auch die Tradition Sligos als Heimat der besten irischen Fiedler pflegt.

Lough Gill   597

⏱ **Coleman Heritage Centre:** Gorteen, April–Sept. Mo–Sa 10–17, So 14–18 Uhr, Okt.–März Mo–Fr 10–17 Uhr; Eintritt 4 €. www.colemanirishmusic.com.

• *Essen* **Crossbar,** Main St., dekoriert mit Devotionalien, die an Michael Coleman und die örtliche Fußballmannschaft erinnern, serviert abends und sonntags nachmittags eine gute Auswahl an Barfood.

Lough Gill

Eine schöne, ca. 50 km lange Radtour führt von Sligo um den Lough Gill, der es bezüglich seiner Lage durchaus mit den Seen von Killarney aufnehmen kann. Auf dem Grund – glaubt man der Legende – ruht eine versunkene Stadt. Auch per Boot lässt sich der von Hügeln und Wäldern eingerahmte See genießen, von dem man im 19. Jh. sogar durch einen Kanal zum *Lough Allen* und damit zum Shannon hätte schippern können.

▶ **Hazelwood Sculpture Trail:** Das schmucke Landhaus auf einer Halbinsel unweit von Sligo wurde 1730/31 von Richard Cassels für Owen Wynne gebaut, dessen Familie durch die Cromwellsche Landreform in den Besitz des Gutes gekommen war. Der dreistöckige Bau ist ein heiteres Lustschloss und hat nichts mehr von einer Wehrburg – die frühen protestantischen Grundherren mussten sich vor den Iren nicht mehr fürchten, deren Widerstand war gebrochen. Durch eine nahe Fabrik hat der Charme des Parks allerdings etwas gelitten. Der Bildhauer James McKenna schuf eine Reihe lebensgroßer Holzskulpturen, die bei schönem Wetter auf alle Fälle einen Spaziergang durch den Park rechtfertigen.

▶ **Deerpark Cairns:** Steinzeitfreaks machen vom Nordufer des Sees zuerst einen Abstecher (Richtung „Manorhamilton") durch den Wald auf den Colga Hill mit einer Reihe von Hofgräbern (ca. 3000 v. Chr.). Vom Typ her ein Vorläufer der Ganggräber à la Newgrange und Carrowmore, liegt es auf einem Hügel im Wald. Ungewöhnlich ist die Anordnung des Hofs – nicht vor den Grabkammern, sondern als eine Art Atrium, von dem die drei Gräber abgehen.

▶ **Parke's Castle:** Auch dieses architektonische Kleinod, eine restaurierte Siedlerburg, liegt auf einem Hügel im Wald über dem Lough Gill. Vor der Führung wird ein Videofilm auch über die anderen Sehenswürdigkeiten der Gegend gezeigt, der Appetit auf weitere Ausflüge macht. Am Castle startet im Sommer die *Rose of Innisfree* zu Rundfahrten auf dem See. Der Vortrag der Führerin ist zugleich eine Dichterlesung, denn die Gestade des Lough Gill waren der Lieblingsplatz von W.B. Yeats, und alle markanten Punkte hat er in seinen Gedichten gewürdigt. **Inishmór,** die größte der spiegelglatten im Wasser liegenden Inseln, trägt die Ruine eines Klosters. **Innisfree,** mit profanerem Namen „Cats Island", ein winziges Eiland nahe der Südküste, ist das Mekka der Yeats-Enthusiasten.

⏱ **Parke's Castle,** April–Okt. tägl. 10–18 Uhr, Einlass bis 45 Min. vor Schließung; Eintritt 3 €. **Bootsfahrten** (Erw. 12 €) Juli/Aug. 11–16.30 Uhr alle 1–2 Std., ✆ 071 916 4266, www.roseofinnisfree.com.

▶ Auch der **Dooney Rock** ist Schauplatz eines netten Gedichtes von Yeats, in dem Petrus an der Himmelspforte einem Fiedler den Vortritt vor zwei Priestern gewährt. **Creevelea Abbey** (1508) war das letzte von den Franziskanern vor der Reformation gegründete Kloster in Irland. Die Mönche harrten bis ins 18. Jh. aus, und der protestantische Grundherr erlaubte ihnen gegen teures Geld sogar, die Gebäude instand zu halten.

Der Nordwesten Karte S. 590/591

598   Der Nordwesten/County Sligo

Von Sligo nach Donegal

▶ **Drumcliff:** „After a year or so, dig me up and bring me privately to Sligo", hatte der 1939 in Frankreich verstorbene W.B. Yeats in seinem Testament verfügt und sich ein Grab in Drumcliff gewünscht, wo sein Großvater Pfarrer gewesen war. Die Inschrift „Cast a cold Eye / On Life, on Death / Horseman, pass by!" des schlichten Grabes aus grauem Stein stammt von ihm selbst. Der **Friedhof** ist von der Hauptstraße (N 15) aus anhand eines alten Rundturms gut auszumachen. Das Kloster ging auf St. Columcille zurück, auf dem Friedhof steht noch ein Hochkreuz (10. Jh.) mit Szenen aus dem Alten Testament. Kreuz und Turm an des Dichters Grab symbolisieren ein letztes Mal den rückwärts gewandten Aspekt von Yeats' künstlerischem Schaffen, der Irland in der Erinnerung schön machte. In der Kirche zeigt eine **Videoshow** die Geschichte der „Schlacht um das Buch", vor dem Eingang verkauft ein Maler Porträts von Yeats und anderen Poeten. Das **Visitor Centre** bietet Kaffee und Souvenirs.

⏰ Mo–Fr 9–17.30, Sa 10–18, So 13–18 Uhr; Videoshow gegen Spende.

The Lake Isle of Innisfree
(W.B. Yeats)

I will arise and go now, and go to Innisfree;
And a small cabin build there, of clay and wattles made:
Nine bean rows will I have there, a hive for the honey-bee,
And live alone in the bee-loud glade.

And I shall have some peace there, for peace comes dropping slow,
Dropping from the veils of the morning to where the cricket sings;
There midnight's all a glimmer, and noon a purple glow,
And evening full of the linnet's wings.

I will arise and go now, for always night and day
I hear lake water lapping with low sounds by the shore;
While I stand on the roadway, or on the pavements grey,
I hear it in the deep heart's core.

▶ **Glencar Lake:** Kings Mountain, ein südlicher Vorberg des Benbulbin, markiert den Eingang des Glencar Tales; bald weichen die Wiesen einem stillen Bergsee. Von den Hängen der Darty Mountains sprudeln Wasserfälle, unten blüht der Weißdorn – ein romantisches Fleckchen. In der heute verschwundenen Sibbery's Cottage („Where the wandering water gushes/from the hills above Glencar" ...) verbrachte der junge Yeats manchen Sommernachmittag am Wasserfall und ließ sich zu weiteren Gedichten inspirieren.

▶ **Lissadell House:** Hier ist das Heim der Familie Gore-Booth, deren Töchter („two girls in silk kimonos" ...) der 29-jährige Yeats 1894 kennen lernte. Eva Gore-Booth (1870–1926) schrieb ebenfalls Gedichte; bei ihr suchte Yeats Trost, als die anderweitig verheiratete Maude Gonne ihn abblitzen ließ. Evas Schwester Constance Markievicz (1868–1927) gründete mit Yeats das Dubliner Abbey Theatre, nahm am Osteraufstand teil und wurde 1919 die erste (weibliche) Ministerin Europas.

Yeat's Grab in Drumcliff

Ungeachtet des schönen Interieurs aus der Zeit um 1900 und der kuriosen Standbilder von Familienmitgliedern und Hauspersonal (!) an den Säulen des Speisesaals ist das Haus nur für ausgesprochene Yeatsianer sehenswert. Da Sir Josselyn Gore-Booth die Unterhaltskosten des Schlosses nicht mehr tragen wollte und der irische Staat kein Interesse an der Übernahme des Nationaldenkmals hatte, ging es 2003 für 3,5 Mio. Euro an Eddie Walsh und Constance Cassidy über, ein Anwaltspaar mit den offenbar einträglichen Tätigkeitsschwerpunkten Schmerzensgeld und Gaststättenrecht. Die neuen Besitzer rekonstruieren den ziemlich verwilderten **Garten,** für den Lissadell einst berühmt war und der bis in die Mitte des 20. Jh. mit Saatgut, Setzlingen und Früchten auch ordentlich Geld einbrachte. Nach einem Streit mit der County-Verwaltung um öffentliche Wegerechte im Park sind Haus und Garten allerdings nur noch 60 Tage im Jahr zugänglich – gerade genug, um Steuervergünstigungen für den Unterhalt eines Denkmals in Anspruch zu bekommen.

① Eintritt Haus 6 €, Küchengarten 5 €, Alpengarten 5 €, Haus und Gärten 12 €. Aktuelle Öffnungszeiten siehe www.lissadellhouse.com.

▶ **Benbulbin:** Einen gebahnten Weg auf den Benbulbin gibt es nicht, man muss ziemlich querfeldein steigen. Mit dem Auto von Sligo kommend, 1 km nach Drumcliff die N 15 nach rechts verlassen (Ballintrillick ausgeschildert). Nach einer halben Meile folgt ein Schild „North Sligo Water Works", man fährt nochmals eine halbe Meile bis zu einer Gabelung. Hier überquert man die Brücke und parkt das Auto. Ab hier läuft man eine weitere halbe Meile bis ans Ende der Straße, danach geht's rechts durchs Moor steil bergauf, am besten geht man im oder gleich neben dem Bett eines kleinen Bachs. Oben wird man durch einen herrlichen Blick belohnt.

600 Der Nordwesten/County Sligo

Wenn Sie die Karte Nr. 16 der Discovery Series besitzen und sich mit dem irischen Koordinatensystem angefreundet haben, können Sie zum Aufstieg auch am Punkt 684451 ansetzen.

Die Schlacht um das Buch

Cooldruman, ein Weiler in der Nachbarschaft von Drumcliff, war der Schauplatz der „Battle of the Book", der erste überlieferte und zugleich äußerst gewalttätige Streit um ein Urheberrecht. 561 weilte Columcille im Kloster seines Lehrers Finian. Dessen bibliophile Kostbarkeit war ein von Finian übersetztes Psalterbuch. Gern hätte der Schüler das prächtige Werk kopiert, doch der Meister verweigerte die Erlaubnis. Columcille war jedoch wie besessen vom Wunsch nach dem schönen Buch: Er kopierte es heimlich, nachts, beim schummrigen Licht flackernder Kerzen. Doch die nächtlichen Umtriebe des späteren Heiligen kamen ans Licht, und der erzürnte Finian verlangte die Herausgabe der Kopie. Columcille weigerte sich. Sollte nicht jeder die Lobpreisungen Gottes lesen und hören dürfen? Der Hochkönig musste eingeschaltet werden und fällte einen Schiedsspruch zugunsten des Finian, der zugleich der Kern des heutigen Urheberrechts ist: „Wie das Kalb zur Kuh, so gehört die Abschrift zum Original". Jetzt rief Columcille, der aus dem herrschenden Clan Nordirlands stammte, seine Verwandten und Mannen zu den Waffen. In der Schlacht von Cooldruman verteidigten sie die Abschrift des Psalters erfolgreich gegen das Heer des Großkönigs Diarmuid. 3000 Tote blieben zurück, bei deren Anblick die Heilige dann doch ein schlechtes Gewissen bekam. Er ging freiwillig in die Emigration und gründete an der schottischen Küste das Kloster Iona.

▶ **Truskmore:** Nach den vielen Schildern zu urteilen, die hier Durchgang und Zutritt verbieten oder Wanderer für unerwünscht erklären, muss das Plateau hinter dem Benbulbin ein beliebtes Wanderrevier (gewesen) sein. Der an der Balaghnatrillick Bridge beginnende **Gleniff Horseshoe Loop** führt als Panoramarundstraße durch zwei Gletschertäler auf der Rückseite des Massivs. In seiner Südwestecke zweigt eine Schotterpiste zum Sendeturm auf dem Truskmore ab, die wohl der einzige öffentliche Weg ist, der auf den mit 645 m höchsten Gipfel des Massivs führt. Für den Aufstieg rechne man eine Stunde. Alternativ bietet sich vom Nordufer des Glencar Lake die Direttissima einer Seilbahntrasse an, mit deren Hilfe bis 1979 das Erz einer Barytmine zu Tal befördert wurde.

▶ **Inishmurray Island:** Von Streedagh Point oder von Mullaghmore setzen Boote zur seit 1948 verlassenen Insel über. Auf dem gerade 1500 x 800 m großen Felsen nisten und jagen allerlei Seevögel, Irlands größte Brutkolonie von Eiderenten ist hier heimisch. Krähenscharben, die kleinen Verwandten der Kormorane, lassen sich ungeniert aus der Nähe beobachten. Eigentümlich sind die über die Insel verteilten Steinhaufen. 16 sollen es sein, Stationen der Pilgerprozession, mit der man hier Mariä Himmelfahrt feierte. In einem prähistorischen Ringfort steht als Ruine das **Kloster des Heiligen Molaise.** Man entdeckt die Bienenkorbhütten und sogar ein Badehaus, in dem die Klosterbrüder ihre rheumatischen Glieder entspannten und sich aufwärmten. Die Holzstatue des Heiligen Molaise, die in der Hauptkirche verehrt wurde, schmückt heute das Nationalmuseum. Auf einem Altar vor der Kirche liegen jedoch noch fünf gesprenkelte Wunschsteine, die über gottlose Feinde Unheil brachten. Noch während des letzten Weltkriegs soll eine in England verheiratete Frau aus Inishmurray auf die Insel gekommen sein und den Bann über Hitler gelegt haben.

Überfahrt Boote von Mullaghmore (z. B. Rodney Lomax, ✆ 071 916 6124) nur auf Vorbestellung, mindestens 6 Passagiere erforderlich. Mitfahrer vermittelt im Sommer etwa das Beach Hotel in Mullaghmore. Auch der Historiker und Autor Joe McGowan, ✆ 087 667 4522, www.sligoheritage.com, organisiert Führungen auf die Insel.

▸ **Mullaghmore:** Ein Disneyschloss, schon aus der Ferne zu sehen, verführt zu einem Abstecher auf die Halbinsel Mullaghmore. **Classiebawm Castle** wurde im 19. Jh. für die an Tuberkulose erkrankte Tochter des britischen Premiers Lord Palmerston erbaut, galt doch frische Luft damals als einzige Therapie für die meist tödliche Lungenkrankheit. 1979 machte Classiebawm Castle Schlagzeilen, als ein IRA-Kommando Lord Mountbatten ermordete, der hier seinen Urlaub verbrachte. Das in einem Wäldchen gelegene Schloss kann nicht besichtigt werden, doch Mullaghmore entschädigt mit seiner Küste: Auf der zum Meer offenen Luvseite mit wilden Klippen und tosenden Wellen, auf der Leeseite mit einem feinen Sandstrand.

▸ **Creevykeel:** Das keilförmige Hofgrab dürfte 4500 Jahre alt sein. Anders als bei den häufigeren Ganggräbern ist der Hügel nicht rund, sondern gestreckt wie der Rücken eines Tieres. An einem Ende befindet sich ein runder Hof, in dem in der Keltenzeit Eisen geschmolzen wurde und von dem die Hauptkammer abgeht (Vorsicht, damit Sie sich am Eingang nicht den Kopf stoßen!). Drei Nebenkammern, vielleicht aus späterer Zeit, befinden sich im hinteren Teil des Hügels. Im Boden entdeckten die Archäologen neben Grabbeigaben z. B. Steinäxte und Töpferwaren, auch Spuren von Einäscherungen.

Das Grab liegt ausgeschildert an der N 15 östl. von Cliffony an der Abzweigung nach Ballinatrillick, schräg gegenüber dem Pub.

Creevykeel – der Deckstein hält seit 4500 Jahren

Silver Strand, Malinbeg

County Donegal

Highlights
- **Slieve League** – Kletterpartie auf die höchsten Klippen Europas (S. 613)
- **Meenaleck** – in Leo's Tavern begann die Karriere von Clannad, bei Tessie's treffen sich die Einheimischen zum Musizieren (S. 625)
- **Tory Island** – trotzt in einer besonders stürmischen Ecke dem Atlantik und inspiriert seine autodidaktischen Maler, die weltweit schon in Ausstellungen gefeiert wurden (S. 629)
- **Glenveagh** – ein Traumschloss inmitten des grandiosen Glenveagh-Nationalparks (S. 633)
- **Glebe House** – Wohnhaus und Atelier des Malers Derek Hill sind heute eine beachtliche Galerie mit Bildern der irischen Moderne (S. 634)
- **Malin Head** – der Ballyhillin Beach überrascht mit seiner unendlichen Fülle bunter Kiesel, die von Freizeitjuwelieren gern zu Schmuck verarbeitet werden (S. 646)

County Donegal

Eine Traumlandschaft von rostroten Mooren, atlantischen Steilklippen, tiefschwarzen Gebirgsseen und von Farnen und Heidekraut überzogenen Tälern zwischen erhabenen Bergen. Wild und zerklüftet, melancholisch und dramatisch, dabei abseits genug, um von reisenden Massen auf absehbare Zeit verschont zu bleiben.

Dun na nGall, „die Festung der Fremden", war früher eng mit dem britischen Norden verflochten, der sie bis auf einen schmalen Korridor vom Rest der Republik abschneidet. Besonders schmerzhaft ist die Trennung von Derry, der wirtschaftlichen und kulturellen Metropole des Nordens. Auch auf der republikanischen Seite der Grenze sind viele Bewohner Nachfahren protestantischer Einwanderer, die sich eher den Traditionen Derrys oder gar Schottlands zugehörig fühlen. Zwar ist Donegal die größte Gaeltacht Irlands, doch steht auch der örtliche Dialekt dem schottischen Gälisch näher als der irischen Sprache. Statt nach Amerika oder Australien auszuwandern, verdingten sich die jungen Leute aus Donegal bis in die 80er Jahre als Gastarbeiter in Glasgow und Aberdeen. Und schließlich sind die drei parallelen Gebirgszüge, die in Nordost-Südwest-Richtung das Land durchziehen, eine natürliche Fortsetzung des schottischen Hochlands.

Das Verwaltungszentrum *Donegal Town* gehört noch zum Einzugsbereich von Sligo. Die *Derryveagh Mountains* sind der Nationalpark des County, und um das verwunschene *Poisened Glen* zu Füßen des *Errigal Mountain* ranken sich allerlei Legenden. *Malin Head* an der Spitze der Halbinsel *Inishowen* ist der nördlichste Punkt Irlands (der aben nicht zum Vereinigten Königreich gehört). Das Ringfort *Grianan of Aileach* zwischen Derry und dem Lough Swilly, als Sitz der Könige von Ulster schon auf der ptolemäischen Weltkarte verzeichnet, gilt als die bedeutendste archäologische Stätte Donegals.

Bundoran

Auswanderung war hier immer ein Fremdwort – das Geld kam und kommt in die Stadt. Bis zu 20.000 Urlauber drängen sich an einem Sommerwochenende am Strand und in den Straßen.

Bevor es auch von den Surfern entdeckt wurde, war Bundoran ein Ferienziel der Arbeiterklasse. Noch immer stammen viele Besucher aus dem britischen Ulster. Der **Republican Garden** erinnert an die Märtyrer der republikanischen Sache. Spielhallen, Imbissstände, Souvenirläden und nochmals Spielhallen säumen die Hauptstraße, ja manche nennen Bundoran abschätzig „Backstreets von Las Vegas". Gewohnt wird in Ferienappartements, die sich hinter der Promenade zu gewaltigen Blocks auftürmen. Kinder erfreuen sich an der **Waterworld**, einem Vergnügungsbad mit Rutsche, Wellenbecken, wasserspeiendem Plastikschwan und infernalischem Lärm. Erwachsene gehen besser an den **Tullan Beach,** wo die Wellen oft noch um einiges höher sind und eine sehr viel angenehmere Geräuschkulisse schaffen, wenn sie sich in bizarren Felsformationen wie dem **Puffing Hole** und unter der **Fairy Bridge** brechen.

Der populäre Badeort lebt im Rhythmus der Jahreszeiten. Ende September ist der Trubel vorbei, dann schlägt das irische Blackpool eine gemächlichere Gangart ein.

604 Der Nordwesten/County Donegal

Als einzige Fremde harren einige Surfer auch im Winter in Bundoran aus, denn dann ist der Wind am stärksten. Die Einheimischen, nun weitgehend unter sich, spielen Karten, treffen sich im Hallenbad des **Great Northern Hotel** oder kämpfen auf der **Strandpromenade** und auf dem **Roghuey,** dem nördlich anschließenden Küstenweg, mit der steifen Brise.

Am Westende der Stadt sind noch einige Häuser aus jener Zeit übrig, als die englische Aristokratie nach Bundoran in die Sommerfrische kam. Fast hätte auch Queen Viktoria einmal vorbeigeschaut, aber im letzten Moment entschied sie sich dann doch für Killarney.

• *Information* Main St., an der Brücke, ℡ 071 9841350, April–Okt. Mo–Sa 9–13, 14–18 Uhr, im Sommer bis 20 Uhr und So 10–18 Uhr. www.donegalbay.ie.

• *Verbindung* Vom Bushalt gegenüber Pebbles Boutique mit **Bus Éireann** (℡ 074 912 1309, www.buseireann.ie) nach Derry über Donegal und Letterkenny, nach Sligo und Galway; mit **Ulsterbus** (www.ulsterbus.co.uk) von der Abzweigung zum Great Northern Hotel nach Enniskillen und Belfast; mit **Feda O'Donnell,** ℡ 074 954 8114, www.fedaodonnell.com, vom Hollyrood Hotel nach Crolly, Letterkenny, Donegal und Galway.

• *Fahrradverleih* **Rent a Bike,** West End, ℡ 071 9841526.

• *Reiten* **Donegal Equestrian Holidays,** Homefield House, Bayview Avenue, ℡ 071 984 1288, www.donegalequestrianholidays. com, bietet Reiterferien und Ausflüge auf dem Rücken der Pferde über Stock und Stein. Für den halben Tag zahlt man 65 €.

• *Surfen* **Bundoran Surf Company** (BSC), Main St./Ecke Astoria Rd., ℡ 071 984 1968, www.bundoransurfco.com, bietet Kurse im Wellenreiten und Kiten, bei Bedarf mit Unterkunft in der Surf Lodge. Mit Verleih und Verkauf von Ausrüstung. Chefin Niamh Hamill ist auch Gitarristin der Lokalband Surfchixxx.

Donegal Adventure Centre (DAC), Bayview Av., ℡ 071 984 2418, www.donegal-holidays. com, hat für Kinder wie Erwachsene ein umfangreiches Sportprogramm mit Klettern, Hochseilgarten, Kajaktouren, Surfen und anderen Outdooraktivitäten im Angebot.

• *Übernachten* *** **Fitzgerald's Hotel,** West End, ℡ 071 984 1336, www.fitzgeraldshotel. com, DZ 100–150 €. Hier begrüßt der Chef noch jeden Gast persönlich. 16 neu und komfortabel ausgestattete Zimmer, die meisten davon mit Seblick, alle mit WLAN.

Homefield Hostel (IHH), Bayview Av., ℡ 071 9841288, www.homefieldbackpackers. com, Bett 20–25 €, DZ 50 €, jeweils mit Frühstück. Das ehemalige Ferienschloss des Viscount von Enniskillen, später Kloster und Hotel, ist nun etwas abgewirtschaftet, doch sind die Zimmer sauber und geräumig. Trumpf ist das Sportangebot mit Surfen und eigenen Pferden (s. o.), das auch viele Gruppen anlockt.

• *Essen* **Madden's Bridge Bar & Deli,** Main St., www.maddensbridgebar.com. An der Brücke, ein gemütlicher Pub mit Restaurant (ganzjährig geöffnet), in der Saison Di, Do, So Folkmusik. Über der Bar gibt's B&B mit unverbaubarem Meeresblick, nebenan ein Delikatessengeschäft mit eigener Bäckerei und Take away (Sandwichs, Snacks u.ä.).

La Sabbia, Homefield House, Bayview Av., nur Juni–Sept. abends. Mediterrane Küche von der Pizza Mafiosa bis zur Paella, auch einige Currygerichte, Ente in Orangensauce und für Vegetarier eine Gemüsepfanne – eine gute Alternative zu den immergleichen Imbissständen an der Hauptstraße.

Ballyshannon

Das Städtchen an der Mündung des Erne ist ein ansprechenderer Ort als Bundoran. Steil führen die beiden Hauptstraßen den Berg hinauf, auf halber Höhe liegt der kleine Marktplatz.

Top-Ereignis jedes Jahres bildet das Folkfestival Anfang August, das erstmals 1977 stattfand. Seit damals hilft die halbe Gemeinde in irgendeiner Form bei der Organi-

Ballyshannon 605

sation des Festes, das zwar professionell, aber eben nicht kommerziell abläuft. Außer Irish Folk wird auch Blues oder Bluegrass gespielt. Die meisten Konzerte finden unter einem Dach statt, sodass der Regen das Vergnügen nicht trüben kann. Als deutsche Gruppe wurde „Limerick Junction" schon mehrmals eingeladen.

- *Information* www.ballyshannon.ie
- *Verbindung* Wie Bundoran. Die Busstation ist zwischen Brücke und Uhrturm. Feda O'Donnell's hält vor Maggie's Bar.
- *Festivals* **Ballyshannon Folk & Traditional Music Festival,** www.ballyshannonfolkfestival.com, Anfang Aug., ist seit Jahrzehnten ein auch international beachteter Höhepunkt der irischen Folkfestivalsaison.
Rory Gallagher Festival, www.goingtomyhometown.com. Zu Ehren dieses in Ballyshannon geborenen Bluesgitarristen pilgern Ende Mai Fans und Revivalbands in die Stadt.
- *Übernachten* ** **Dorrian's Imperial,** Main St., ☎ 071 985 1147, www.dorriansimperialhotel.com, DZ 105–170 €. Das klassischelegante Stadthotel ist seit 1781 Mittelpunkt des gesellschaftlichen Lebens von Ballyshannon.
B&B Rockville House, Station Rd./Ecke Belleek Rd., ☎ 071 985 1106, rockvillehouse @eircom.net, DZ 70 €. Ein älteres, aber stattliches Haus am Ostrand des Zentrums mit protzigem Eingang und eigenem Parkplatz.
Centre of Peace and Reconciliation, Franciscan Friary, Rossnowlagh, ☎ 071 985 2035 (Mo–Fr 10–18 Uhr), http://franciscans.ie. Die „etwas andere Unterkunft", nämlich im Gästehaus eines Franziskanerklosters, mit Gelegenheit zur Meditation oder zur Teilnahme am Leben der Mönche.

- *Camping* **Lakeside Centre,** Beellek Rd., ☎ 071 985 2822, lakesidesports@eircom.net Mitte März–Sept., 2 Pers. mit Zelt 24 €. Der Platz liegt im Hinterland am Assaroe Lake. Ausreichende Sanitäranlagen, in der Hochsaison öffnet ein kleiner Shop.
- *Essen* **Shannon's Corner,** Bishop St., gegenüber dem Thatch Pub, Mo–Sa 8–17 Uhr, ein familiäres Tagesrestaurant mit Frühstück, Backwaren, Suppen (Einheimische loben den Seafood Chowder) und kleiner Auswahl an wechselnden Mittagsgerichten.
- *Pubs* **Seán Og,** Market St. Ein geräumiges Singing Pub, in dem gelegentlich auch deutsche Gruppen auftreten. Fr/Sa traditional music, auch zum Lunch empfohlen.
Sweeney's White Horse Bar, Bundoran Rd., www.sweenys.ie. Die Bar ist am Wochenende ein weiterer Treffpunkt der Folkfans. Mit dem Neubau, zu dem jetzt im 1. Stock auch ein Restaurant gehört, hat das Lokal allerdings etwas an Charme verloren. Über dem Eingang erinnern Fotos an die Zeit vor dem Bau des Staudamms, als der Erne noch direkt vor dem Haus vorbei floss und man mit dem Boot statt mit dem Auto in die Kneipe fuhr. Mo Ruhetag.
Dorrian's Thatch Pub, Bishop St. Ein Pub im Connemara-Stil mit Schilfdach, Stalltür, weißem Putz und roten Fenstern.

Sehenswertes

Assaroe Abbey und **Mill:** Etwas abseits der Rossnowlagh Rd. ragen die Reste der Zisterzienserabtei Assaroe aus dem Grün. Die Ruine inspirierte *William Allingham* (1824–1889), den auf dem örtlichen Friedhof bestatteten Dichter und bekanntesten Sohn Ballyshannons, zu den traurigsten seiner sonst eher heiteren Verse. Hinter dem Kloster knarren die Wasserräder einer restaurierten Mühle mit Café und Craftshop. Von den Einheimischen kann man sich den Weg zu zwei nahen, aber versteckten Naturschönheiten erklären lassen: eine **heilige Quelle** und zwei aus dem Fels geschnittene Höhlen. In der **Catsby Cave** wurden während der Penal Laws heimlich Messen abgehalten, von der anderen führt, so die Überlieferung, ein unterirdischer Gang zur Abtei und weiter nach Rossnowlagh.
⏱ Juni–Aug. tägl. 10.30–18.30 Uhr, Sept.–Mai So 14–19 Uhr.

Der Nordwesten
Karte S. 590/591

606 Der Nordwesten/County Donegal

Donegal (Stadt)

Der Verkehrsknotenpunkt ist das Sprungbrett ins County. Ursprünglich eine Wikingergründung, wuchs die Stadt um die Stammburg der O'Donnells, die bis ins 17. Jh. den Südteil des Countys beherrschten.

Auf dem **Diamond**, dem Zentralplatz, feiert ein Obelisk die „Four Masters", vier Franziskaner des einstigen Klosters der Stadt. Ihre *Annals of the Four Masters* sind die wichtigste Quelle zur keltischen Mythologie und Geschichte „von der Sintflut bis 1618". Getrieben von der Furcht um die sich abzeichnende Anglisierung sammelten und notierten die vier in ihrem Monumentalwerk den reichen Schatz an Mythen und anderen Überlieferungen.

Information/Verbindungen/Diverses

• *Information* Ballyshannon Rd., ✆ 074 9721148, Juli/Aug. Mo–Sa 9–18 Uhr, So 10–13, 14–18 Uhr, Ostern–Juni und Sept. Mo–Fr 9.30–17.30 Uhr, Sa 10–13 Uhr, Winter Mo–Fr 10–13 Uhr. Broschüre „A Signposted Walking Tour of Donegal Town" erhältlich. www.donegaltown.ie und www.donegaldirect.com.

• *Verbindung* Vom Bushalt am Diamond (mit Gepäckaufbewahrung) mit **Bus Éireann** nach Dublin (Linie 30), Sligo – Galway (Linie 64), Letterkenny – Derry (Linie 64), Glencolumbkille (Linie 490) und Dungloe (Linie 492); Auskunft ✆ 074 912 1309, www.buseireann.ie. Mit **Feda O'Donnell** (✆ 074 954 8114, www.fedaodonnell.com) nach Galway sowie über Letterkenny an die Nordwestküste. Die Busse fahren vor der Polizeistation ab. Mit **SITT Community Bus,** ✆ 074 973 8913, www.cill-chartha-kilcar.com/sitt.html, Mi, Do, Sa 15 Uhr nach Killybegs und Glencolumbkille.

• *Fahrradverleih* **Pat Boyle's Bike Shop (1),** Waterloo Pl., ✆ 074 972 2515, verleiht Fahrräder und hilft bei der Tourenplanung.

• *Bootsfahrten* **Donegal Bay Waterbus,** ✆ 074 972 3666, www.donegalbaywaterbus.com, 15 €. Etwa einstündige Rundfahrten durch die Bucht, Juni–Sept. tägl. 1–2 Abfahrten am Pier etwas südlich der Touristinformation.

Übernachten

Die meisten B&B-Häuser liegen abseits des Zentrums an den Ausfallstraßen. Wer im Hochsommer kommt und ein Quartier in der Ortsmitte sucht, sollte vorher reservieren.

*** Abbey (10), The Diamond, ✆ 074 972 1014, www.abbeyhoteldonegal.com, DZ 95–180 €. Das bessere der beiden Hotels am Stadtplatz, wenngleich es auch hier am Wochenende manchmal etwas laut zu geht. Vornehme Atmosphäre, nur bei genauem Hinschauen entdeckt man, dass die Einrichtung nicht mehr ganz so neu ist. Empfehlenswert sind die Zimmer auf der Rückseite zum Fluss hin, von den oberen Etagen gar mit Meerblick.

Donegal Manor, 2 km außerhalb an der Letterkenny Rd., ✆ 074 919 725 222, www.donegalmanor.com, DZ 110–140 €. Premium-Pension mit Hotelkomfort, die nach Lokalgrößen benannten Zimmer sind mit italienischen Möbeln, WLAN-Verbindung und Wannenbädern ausgestattet, das Haus mit Tagesrestaurant und Garten.

Ard na Breatha, Drumrooske Middle, ✆ 074 972 2288, www.ardnabreatha.com, DZ 80–120 €. Das Guesthouse mit Restaurant steht 3 km nördlich des Stadtzentrums nahe der Umgehungsstraße, doch ruhig im Grünen. Die Zimmer sind mit schmiedeeisernen Betten und Fichtenholzmöbeln im modernen Landhausstil eingerichtet.

Atlantic Guesthouse (7), Main St., ✆ 074 972 1187, www.atlanticguesthouse.ie, DZ 60–80 €. Die Pension im Stadtzentrum wird von einer jungen Familie geführt. Zimmer teilweise mit Etagenbad, hübsch und hell eingerichtet, wenn auch die Möbel nicht mehr die jüngsten sind. Eigener Parkplatz.

Diamond Lodgings (11), Diamond Centre, The Diamond, ✆ 074 972 2027, www.diamondlodgings.com, DZ 50 € (ohne Frühstück), große Zimmer mit grünen Teppich-

Donegal (Stadt) 607

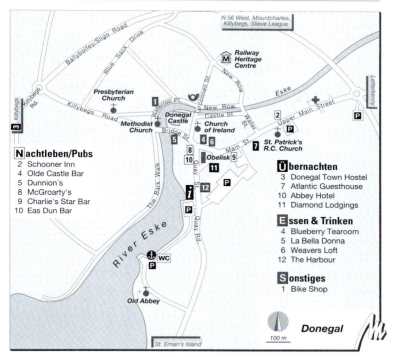

Nachtleben/Pubs
2 Schooner Inn
4 Olde Castle Bar
5 Dunnion´s
8 McGroarty's
9 Charlie's Star Bar
10 Eas Dun Bar

Übernachten
3 Donegal Town Hostel
7 Atlantic Guesthouse
10 Abbey Hotel
11 Diamond Lodgings

Essen & Trinken
4 Blueberry Tearoom
5 La Bella Donna
6 Weavers Loft
12 The Harbour

Sonstiges
1 Bike Shop

---

böden, karg, aber zweckmäßig möbliert, mit Teekocher.

Donegal Town Hostel (IHH) **(3),** Killybegs Rd., Doonan, ✆ 074 972 2805, Bett 17 €, DZ 45 €. Anders als der Name suggeriert, liegt es 2 km außerhalb, nämlich in Richtung Killybegs auf einer Anhöhe mit Meerblick. Das zentralbeheizte Haus ist gepflegt, wird regelmäßig renoviert und hat solide Doppelfenster. Im Gemeinschaftsraum liegen Flöte, Bodhran und Gitarre bereit. Mit Campingmöglichkeit, wobei die Camper beklagen, nicht das Haupthaus, sondern nur einen barackenartigen Anbau mit dunkler Küche und wenigen Toiletten benutzen zu dürfen. (Lesertipp von Irmgard Bühner)

Essen

Im irischen Vergleich ist Donegal Town kulinarische Diaspora. Die meisten Lokale liegen in der Nähe des Diamond.

The Harbour (12), Quay St., gegenüber der Touristinformation, ✆ 074 972 1702, www.theharbour.ie, Mo–Sa 16–22 Uhr. Nautisch-rustikales Dekor, zu Essen gibt's Pizza, Seafood und Steaks, auch vegetarische Küche; Pizza ab 10 €, Hauptgericht bis 28 €.

La Bella Donna (5), Bridge St., ✆ 074 972 5790, offen 12–16, 19–22 Uhr, Okt.–Mai Mo Ruhetag, Fr–So abends Reservierung erwünscht. Der kleine Italiener an der Brücke konzentriert sich auf Pizza, Pasta und Seafood. Besonders stolz ist man auf den original italienischen Kaffee. Dass man am Wochenende abends schichtweise um 19.30 und 21.30 Uhr zu Tisch bestellt wird, bedarf der ist Gewöhnung. Hauptgericht abends bis 25 €.

The Blueberry Tearoom (4), The Diamond, Mo–Sa tagsüber. Frühstück, Kaffee, Tee und Kuchen, mittags versammeln sich die Berufstätigen zur Suppe, zu gehaltvollen Pies und wechselnden Tellergerichten nach

608   Der Nordwesten/County Donegal

Rezepten von Peking bis New York. Preiswert und gut.

Weavers Loft (6), The Diamond, ist eine Alternative zum Blueberry. Die Cafeteria ist Teil von Magee's Shop am Diamond und hat dieselben Öffnungszeiten wie der Laden.

Village Tavern, Mountcharles, ✆ 074 972 5622, www.villagetavern.ie. „In Mountcharles (N 56) haben wir ein sehr empfehlenswertes Pub zum Essen gefunden.Ein phantastischer Koch kocht kreative Speisen – von Fisch, Seafood, Lamm bis vegetarisch – zu vernünftigen Preisen (Hauptgericht 15–25 €). Das Pub liegt mitten im Ortszentrum." (Lesertipp von Martin Längle)

Am Abend (siehe Karte S. 607)

- *Pubs* **McGroarty's (8)**, The Diamond. Hinter einer schönen Sandsteinfassade wurde das Pub der Sportsfreunde zu altem Glanz aufpoliert. Mittags mit warmer Küche.

Olde Castle Bar (4), The Diamond, mit niedriger Holzdecke und Natursteinwänden, gemütlichen Ecken und Winkeln zum tête-à-tête.

Dunnion's (5), Bridge St., ist die beste Adresse für Folkmusik in Donegal Town.

Charlie's Star Bar (9), Main St. Donegals Yuppie-Hangout, mit Livemusik.

Schooner Inn (2), Main St., gegenüber der Church of Four Masters. Nautisches Ambiente, mit vorgetäuschten Fensterläden künstlich auf alt gemacht. Gelegentlich Traditional Music. Auch B&B.

Eas Dun Bar im **Abbey Hotel (10)**, The Diamond. Getränketipp in der überaus gut sortierten Bar ist der „Vintage Cider", ein gehaltvoller und zugleich spritziger Apfelwein. Am Wochenende gelegentlich Live-Music.

Einkaufen

Magee's, The Diamond, www.mageeclothing.com, Mo–Sa 10–18 Uhr. Das führende Geschäft für Tweed. Die Stoffe werden in der eigenen Fabrik hergestellt, im Sommer demonstriert ein Handweber seine Kunst im Laden. Mit Coffeeshop.

Donegal Craft Village, Bundoran Rd., 2 km außerhalb, http://donegalcraftvillage.com.

Am Donegal Diamond

Donegal (Stadt) 609

Donegal Castle – leider ohne Schlossgespenst

Töpfer-, Weber- und Juwelierwerkstätten und andere Kunsthandwerker, nicht zu vergessen den Dudelsackbauer Charles Roberts.

Four Masters Bookshop, The Diamond, verkauft neben Büchern und Souvenirs auch Landkarten, die das ganze County abdecken und für Wanderer unverzichtbar sind.

Sehenswertes

Donegal Castle: Die Turmburg auf dem Felssporn über dem Eske wurde vom Burgherrn Hugh Roe O'Donnell eigenhändig angezündet, damit sie nicht in die Hände der Engländer fiel. Basil Brooke, der die Ruine Anfang des 17. Jh. erwarb, platzierte auf den Grundmauern ein Renaissance-Schlösschen, ein Earl of Aran schenkte 1898 das inzwischen verfallene Anwesen dem Staat. Nach der jüngst erfolgten Renovierung kann der stilistisch am Übergang von der Wehrburg zum Schloss stehende Bau besichtigt werden. Besonders sehenswert ist die große Banketthalle mit dem Kamin.

① Mitte März bis Okt. tägl. 10–18 Uhr, im Winter Do–Mo 9.30–16.30 Uhr; Einlass bis 45 Min. vor Schließung. Eintritt 4 €.

Railway Heritage Centre: Im alten Bahnhof erinnert das Railway Heritage Centre an die Tage, als man noch mit der Bahn nach Donegal reisen konnte. Zu sehen sind alte Waggons, Lokomotiven und absonderliche Schienenbusse – ein später und verunglückter Versuch, dem Straßenfahrzeug Konkurrenz zu machen. Im Bahnhofsgebäude sind Fotos, diverse Memorabilia der County Donegal Railway und eine große Modellbahn ausgestellt. Wenn die Träume der örtlichen Eisenbahnfans in Erfüllung gehen, werden auf einem neu verlegten Gleisstück demnächst Museumszüge dieseln und dampfen.

① Zuletzt außerhalb des Donegal Railway Festivals (alljährlich Ende Mai) nur unregelmäßig geöffnet; Eintritt 3,50 €. www.cdrrl.com.

610 Der Nordwesten/County Donegal

Donegal/Umgebung

▸ **Lough Derg:** Eine Wallfahrt zur Station Island im Lough Derg ist etwas anderes als die Taxitour zu den sieben Kirchen Roms. Anlass des Bußgangs ist eine Vision der Hölle *(St. Patrick's Purgatorium)*, die dem Heiligen Patrick nach 40-tägigem Fasten in einer Höhle auf der Insel erschien. Einzelheiten der höllischen Erscheinung erfahren Interessierte im Visitor Centre am Seeufer. Auch nachdem besagte Höhle, vermutlich ein vorchristliches Druidenheiligtum, von Cromwell verschüttet worden war, um den seit dem Mittelalter gepflegten Pilgerfahrten ein Ende zu setzen, blieb die Anziehungskraft der Insel ungebrochen, die den irischen Katholiken heute als die heiligste Stätte ihres Landes gilt.

Mühsam kämpft der Kutter gegen den eisigen Wind an, der das Wasser des Sees aufpeitscht. Für die Pilger, überwiegend Frauen, scheint das der rechte Auftakt zur Bußübung, die sie sich selbst auferlegt haben. Die folgenden drei Tage werden noch um einiges härter als die Überfahrt: eine 24-stündige Vigilie ohne Schlaf, der barfüßig zu absolvierende Kreuzweg, Fasten bei Wasser und Zwieback, Bittgottesdienste und Gesänge in der Basilika. Was in Teufels Namen treibt die Menschen zu derartiger Selbstkasteiung?

• *Information* Prior of St. Patrick's Purgatory, Pettigo, ☎ 071 986 1518, www.lough derg.org. Bei der Ankunft bekommen die Pilger ein Merkblatt zum Ablauf des Rituals.

• *Verbindung* Während der Pilgersaison (1. Juni–15. August) tägl. **Busse** von Dublin (Auskunft ☎ 01 509 8090) und Sligo – Ballyshannon. Die **Boote** pendeln von 11 bis 15 Uhr zwischen der Insel und dem Landungssteg nördlich von Pettigo.

• *Lesen* „Station Island", der einschlägige Gedichtband von Seamus Heaney.

• *Übernachten* Die dreitägige Pilgertour mit Bootsfahrt und einer Übernachtung im Massenlager des Hospizes (die andere Nacht wird gebetet) muss in Pettigo gebucht und bezahlt werden.

An **B&Bs** gibt es in Pettigo das **Avondale**, Lough Derg Rd., ☎ 071 986 1520, www.avon dalefarmhouse.com, sowie **Hilltop View**, Billary, ☎ 071 9861535, www.hilltopview.ie. In beiden B&Bs kostet das DZ 65 €.

▸ **Lough Eske/Blue Stack Mountains:** Auch wenn der Weg oft nicht direkt am Wasser, sondern nur in Sichtweite um den See führt, ist Lough Eske, knapp 10 km nordöstlich von Donegal, ein gutes Ziel für eine nachmittägliche Radtour mit Wanderung. An der Nordspitze des Sees zweigt eine Stichstraße ab, die nach wenigen Minuten an einer Scheune endet. Eine Tafel informiert Wanderer über mögliche Routen. Wir schlagen den Fußweg ein, der an einem Wäldchen vorbei zum **Eas-Doonan-Wasserfall** führt. Zwar wird ein Teil des Wassers aus dem Corraber River dem kleinen Kraftwerk unten am See zugeleitet, doch niemals so viel, dass die Kaskade trocken fällt. Der Weg folgt jetzt dem Bach, bis nach insgesamt etwa einer Stunde der **Lough Belshade** auftaucht. In den Granitfelsen der einsamen Blue Stack Mountains, die den See einrahmen, nisteten noch vor einer Generation die letzten frei lebenden Adler Irlands. Wer statt eines längeren Spaziergangs eine halbtägige Gipfeltour vorhat, kann den See im Uhrzeigersinn oberhalb der Klippen umrunden und dabei **Ardangeer** und **Croaghbann**, zwei rund 640 m hohe Gipfel des Hauptkammes der Blue Stacks erwandern.

• *Übernachten/Essen* **** **Harvey's Point Country Hotel,** Ballybofey Rd., ☎ 074 972 2208, www.harveyspoint.com, DZ 250–350 €. Der Landschaft angepasste Bungalows (mit Seeblick) sind durch überdachte Korridore mit dem Haupthaus verbunden. Promis fliegen mit dem Heli ein, um dann Ausflüge in der Pferdekutsche zu unternehmen. Unter Schweizer Leitung, eines der besten Hotels und Restaurants in Donegal.

Viel Hafen für immer weniger Fisch

Bluestack Centre, Drimarone Chapel, Letterbarra, ✆ 074 973 5564, www.donegalbluestacks.com, Bett 17 €. Schickes Gemeindezentrum mit Hostel 8 km nordöstlich von Donegal am Fuße der Blue Stack Mountains. Geeignet für Wanderer, Angler und andere Naturfreunde. Pub und Laden sind in Laufweite.

Killybegs (gäl. Na Cealas Beaga)

Das Städtchen in der gleichnamigen Bucht ist der wichtigste Fischerhafen im Nordwesten Irlands. Während der winterlichen Fangperiode herrscht im Hafen nahezu rund um die Uhr lebhafter Betrieb.

Mit Castletownbere (Cork), dem zweiten großen Fischerort an der Westküste, besteht gewissermaßen eine Arbeitsteilung: Dort macht man Jagd auf Hering und Thunfisch, in Killybegs dreht sich alles um Makrelen. Die kleinen Kutter bringen ihren Fang täglich an Land, andere, mit Meerwassertanks ausgerüstete Trawler bleiben einige Tage auf See, bevor sie ihren mit Fischen gefüllten Bauch in Killybegs entleeren. Ein Teil des Fangs kommt sofort in die örtlichen Fischfabriken, der andere findet bei der Versteigerung auf dem Fischmarkt seine Abnehmer. Auch Spätaufsteher haben die Chance, dieses Spektakel in der rostbraunen Markthalle zu erleben: Die Auktionen beginnen nicht vor 10 Uhr. Fischer und Arbeiter treffen sich anschließend in den Kneipen am Kai. Wer mal mit ausfahren will, knüpft hier bei einer Runde Guinness die Kontakte.

- *Information* Kelly's Quay, ✆ 074 973 2346, www.killybegs.ie. In einem Container, vom Hafen kommend in der Straße rechts nach dem Cope-House-Parkplatz, nur in der Saison geöffnet.
- *Verbindung* Von der Haltestelle vor Hegarty's Shop fährt **Bus Éireann** über Donegal nach Dublin. Eine weitere Linie fährt über Ardana nach Glenties, eine dritte nach Kilcar, Glencolumbkille und Malinmore. Auskunft ✆ 074 912 1309, www.buseireann.ie. Mit **McGeehan's,** ✆ 074 954 6150, www.mgbus.com, kommt man Mo–Sa morgens und mittags nach Ardara – Letterkenny.

612 Der Nordwesten/County Donegal

• *Baden* Die **Fintragh Bay,** 2 km hinter dem Ort und weit genug vom Hafen entfernt, ist ein weiter, meist windgeschützter Sandstrand.

• *Hochseeangeln* Ausfahrten zum Fischen bietet für Gruppen ab 8 Personen etwa **Brian McGilloway,** ☏ 074 973 1144.

Die Klondyker der Meere

Das neue, über 100 m lange Flaggschiff der Fangflotte von Killybegs sieht man nur selten in Hafen. Die schwimmende Fabrik kann bis zu 2200 Tonnen Fisch direkt an Bord verarbeiten – die Menge würde reichen, um alle Dubliner über zwei Wochen lang täglich mit einer Fischmahlzeit zu versorgen. Der Trawler lief zu einem günstigen Zeitpunkt vom Stapel, denn die Szene der „Klondyker", wie die nach Fischschwärmen spähenden Glücksritter der Meere heißen, ist im Umbruch. Es waren Deutsche, die nach dem 1. Weltkrieg damit begannen, Fischern bereits auf hoher See ihren Hering abzukaufen, ihn im Transportschiff mit Eis und Salz berieselten und nach spätestens sechs Tagen an Land brachten, wo er dann freilich nur noch zum Räuchern und Marinieren taugte.

Heute ist die Konservierung kein Problem mehr, manche Schiffe verarbeiten den Fang gleich bis in die Dose. Lange war das Geschäft fest in Händen osteuropäischer Trawler, doch mit dem Untergang des Ostblocks gerieten auch dessen Schiffe ins Trudeln. Da kommt es schon vor, dass eine Mannschaft, die seit Monaten keinen Lohn mehr gesehen hat, ihr Schiff quasi beschlagnahmt. Wird die Heuer nicht innerhalb einer bestimmten Frist nachgezahlt, dürfen es die „Meuterer" nach internationalem Seerecht verkaufen. Andere arbeiten auf eigene Rechnung mit den Aufkäufern in den irischen und britischen Häfen zusammen. Manche dieser Schiffe laufen irgendwann, weil an der Wartung gespart wird, mit einem technischen Defekt auf Grund. Dass solche Seelenverkäufer dennoch eine Lizenz zur Arbeit in den britischen und irischen Gewässern bekommen, liegt nur zum Teil daran, dass die nationalen Flotten selbst zu wenig Fabrikschiffe besitzen. Die Ausländer sind billiger. Auch die kleinen Fischer brauchen die Klondyker, denn wer würde ihnen sonst draußen auf hoher See, weitab von den Häfen, den Fang abkaufen? Heringe und Makrelen im Wert von 25 Millionen Euro wären ohne die schwimmenden Fischfabriken nicht zu verarbeiten.

• *Übernachten* *** **Bay View,** ☏ 074 973 1950, www.bayviewhotel.ie, DZ 100–150 €. Schon wieder etwas abgewohnt und von häufigen Besitzerwechseln strapaziert, doch in bester Lage mit Blick auf den Hafen. Zum Haus gehören Hallenbad, Sauna und Fitnessraum.

Bannagh House, Fintra Rd., ☏ 074 973 1108, www.bannaghhouse.com, DZ 70 €. "Sehr netter Betreiber, prima Frühstück, unbedingt ein Zimmer mit Hafenblick geben lassen. Zum Zentrum sind es nur 5 Minuten zu Fuß." (Lesertipp von Gerlinde Böggle)

The Ritz, Chapel Lane, ☏ 074 973 1309, www.theritz-killybegs.com, Bett 20 €, DZ 60 €, jew. mit Continental Breakfast. Farbenfrohe Budget-Accomodation in einem umgebauten Kino im Stadtzentrum, die Zimmer mit 2–6 Betten, Zimmer mit Bad. Aufenthaltsraum mit TV, Küche, Waschmaschine.

Bruckless House, Mrs. Evans, Bruckless, ☏ 074 973 7071, www.bruckless.com, April bis Sept., DZ 110–130 €. 7 km außerhalb Richtung Donegal. Ein schmuckes Landhaus (18. Jh.) mit Wirtschaftsgebäuden inmitten eines Parks unweit der Küste, mit Pferdezucht, Enten und Gänsen. Die Gäste haben einen eigenen Speise- und Aufenthaltsraum sowie bei Bedarf eine Küche zur Selbstverpflegung.

Slieve League 613

Carrick House, Benroe, Bruckless, ✆ 074 973 2388, DZ 65 €. Neues, modern eingerichtetes Haus, große Zimmer mit Bad, Ausblick nach Killybegs, wird von einer netten, unkomplizierten Familie geführt. Da beide berufstätig sind, läuft das Frühstück do-it-yourself: Müsli, Milch, Toast und Tee stehen im Frühstücksraum bereit. (Lesertipp von Simone Kreiling)

● *Essen* Castle Murray House, St. John's Point Rd., Dunkineely, ✆ 074 973 7022, www.castlemurray.com, tägl. ab 18.30 Uhr, So auch Lunch, im Winter Mo/Di Ruhetag. Thierry Delcros leitet in der Wildnis des Donegal eine Oase französischer Küche. Als Vorspeise z. B. Profiteroles gefüllt mit Krabbenfleisch und Tomatenconfit oder Salat mit Entenpastete, zum Hauptgang etwa gefüllte Hühnchen mit Blaukraut. Dinnermenü ab 35 €. Besonders für den Sonntag sollte man vorab reservieren. Im Dachgeschoss gibt es einige wenige Fremdenzimmer.

Kitty Kelly's, Largy, ✆ 074 973 1925, www.kittykellys.com, tägl. ab 18 Uhr, Okt.–März Mo–Mi Ruhetag, Hauptgericht bis 25 €. In einer ausgebauten Bauernkate an der Straße nach Kilcar bewirtet Noel Cunnigham seine Gäste mit Fisch, Pasta und Traditionsgerichten wie Irish Stew.

22 Main Street, ebenda, ✆ 074 973 1925, www.22mainstreet.com, tägl. ab 17.30 Uhr, Hauptgericht bis 25 €. Edelbistro mit mediterranem Ambiente, auf den Tisch kommen Pizza, Fleisch und Fisch von irgendwo, was in einem Fischerort verwundert.

Donegal Carpet Factory mit Killybegs Maritime and Heritage Centre: Außer für seinen Fisch war Killybegs auch für seine Teppiche berühmt. Die *Donegals*, handgeknüpfte Edelware aus der 1898 von einem schottischen Fabrikanten in Killybegs gegründeten Manufaktur, zieren den Dubliner Präsidentenpalast, das Weiße Haus und sogar den Vatikan. Zum hundertjährigen Jubiläum wurde die Werkstatt nach langer Pause wieder geöffnet und ist nun die einzige Teppichknüpferei Westeuropas. Nur die Teppiche für sehr prominente Auftraggeber entstehen noch in Killybegs. Die meisten „Donegals" werden inzwischen in Indien und Nepal hergestellt.

Im Gebäude der Teppichfabrik ist auch das Killybegs Heritage Centre untergebracht. Man sieht den weltgrößten Webstuhl und darf sich unter Anleitung selbst als Knüpfer versuchen. Fischer erzählen audio-visuell vom Leben anno dazumal, Computersimulationen machen die Fahrt am nachgebauten Steuerstand eines Fischtrawlers zum Abenteuer, ein Tea Room lädt zur Stärkung ein.
☉ Mo–Fr 10–18 Uhr, Juli/Aug. auch Sa/So 11–17 Uhr, Eintritt 6 €. Fintra Rd., www.visitkillybegs.com.

St. Johns Point: Zwischen Dunkineely, Bruckless und St. John's Point wurde der Killaghtee Heritage Trail angelegt, der an den verschiedensten historischen und prähistorischen Stätten der Halbinsel vorbei führt (Dolmen, Ringforts, Kreuze, heilige Quellen, Ruinen usw.). Einige sind auf höchst abenteuerlichen Pfaden durch Moorgras und Fichtenwäldchen zu erreichen. Ein Ausflug für wahre Entdecker und Pfad-Finder. (Lesertipp von Larissa Akbayoglu)

Slieve League

Nach der Fintragh Bay werden die Klippen zusehends gewaltiger, bis sie am Slieve League schließlich über 600 m steil ins Meer abfallen – von der Höhe Bunglas bietet sich ein grandioses Panorama.

Zwei Wege führen von **Teelin**, einem Weiler südlich von Carrick, auf die Klippen. Der am Ortsanfang mit „Slieve League" ausgeschilderte **Pilgrim's Path** nähert sich den Klippen von der Landseite her. Beliebter ist jedoch der **One Man's Track**. Dazu folgt man zunächst den Wegweisern zum **Bunglass-Plateau**, einem Aussichtspunkt mit Blick auf die Klippen. Wetterfest ausgerüstete Wanderer können hier Auto oder

Der Nordwesten Karte S. 590/591

614   Der Nordwesten/County Donegal

Bike stehen lassen und auf dem One Man's Track entlang der Abbruchkante zum höchsten Punkt der Klippen wandern.

> Bitte gehen Sie niemals bei starkem Wind, Regen oder Nebel auf die Klippen – ein einziger Fehltritt kann tödlich sein.

• *Information* Mo–Fr im Gemeindezentrum **Aisleann Cill Cartha,** Main St., Kilcar, ℡ 074 9738376; Broschüre mit Wandervorschlägen in der Umgebung. www.cill-chartha-kilcar.com und www.carrickonline.com.

• *Verbindung* Von Kilcar und Carrick Busse nach Donegal und Glencolumbkille.

• *Bootstouren* In Teelin werden Bootsausflüge zu den Klippen angeboten, etwa mit MS **Nuala Star,** ℡ 074 973 9365, 087 628 4688, www.irishanglingcharters.ie .

• *Einkaufen* **Studio Donegal,** Kilcar, ℡ 074 9738194, www.studiodonegal.ie. Kleine Tweed-Manufaktur mit 25 Beschäftigten. Meterware zum Dumpingpreis, auch Mützen, Schals u. Ä.

• *Übernachten* **B&B Cairnsmore,** Glen Rd., Carrick, ℡ 074 973 9137, DZ 70 €. Nicht viel mehr als „very clean with a very nice view" stand auf dem Briefchen, das wir samt Visitenkarte aus Carrick erhielten. Können Sie sich dieser Meinung anschließen?

Dun Ulun House, Derrylahan Rd., Kilcar, ℡ 074 973 8137, dunulunhouse@eircom.net, DZ 70 €. Eine Pension 2 km außerhalb an der Küstenstraße, im Winter wenig geheizt, mit Segelschiffen auf den Badezimmerspiegeln. Den Salon schmücken Fotos und Trophäen der Hausband. Mit Gastgeber Dennis Lyons können Sie auch Ihre Gälisch-Sprachkenntnisse verbessern, denn er ist Autor eines einschlägigen Schulbuchs. Mit Campingwiese.

Derrylahan Hostel (IHH), Derrylahan, ℡ 074 973 8079, Bett 14–16 €, DZ 40–50 €. An der Küstenstraße zwischen Kilcar und Carrick unterhalb einer Telefonzelle und mit schönem Meerblick. „Es ist vor allem wegen der Umgebung, u. a. dem keine 10 Gehminuten entfernten Beach, und wegen der kostenlosen ‚Videothek' empfehlenswert." Abends Busservice zu den Dorfpubs. Mit Campingwiese, kleinem Reitstall und Verkauf frischer Hühnereier. (Lesertipp von Anne Renning)

• *Essen* **Teach Barnai,** Main St., Kilcar, ℡ 074 9738160, Mo–Sa ab 18 Uhr, So 12–15 Uhr. Man speist im 1. Stock eines hübschen, rot-weiß gestrichenen Eckhauses im Dorfzentrum. Eigentümerin Ann Carr, die auch ein Ferienhaus vermietet, kocht selbst, Spezialität ist der in Schinken gewickelte Seeteufel.

Ti Linn, Bunglas Rd., www.sliabhleague.com, April–Okt. tägl. geöffnet. Ein Coffeeshop mit Souvenirladen und Information. Spezialität ist ein hausgemachtes Brot mit Seetang *(dulse)*.

• *Pubs* Auch die Pubs bieten warme Küche. **John Joe's,** Kilcar, www.johnjoes.com, im Sommer Di u. Fr traditional music, ansonsten viele Aktiv- und Passivsportler.

Slieve League Pub (Óstán Sliabh Liag), Carrick, ℡ 074 9739973, www.ostansliabhliag.com, DZ 60 €. Gasthof mit hostelähnlicher Unterkunft in 2- bis 4-Bett-Zimmern mit Bad, Gemeinschaftsküche, Waschmaschine. Organisiert am Bank Holiday-Weekend Ende Okt. ein Folkmusicfestival.

Wanderung Slieve League: Die Route auf den Slieve League ist, wenn der Wind nicht zu stark bläst, im Sommer vergleichsweise einfach, und bei gutem Wetter wird man für den Stress mit einer fantastischen Aussicht bis hinüber nach Mayo belohnt. Allerdings hüllt sich der Berg gern in Wolken und es bläst oft ein heftiger Wind. Als Rundwanderung (5 Stunden Gehzeit) kann man vom Bunglas-Plateau aufsteigen und über den Pilgerweg wieder zurückgehen. Für eine Tagestour führt der Pfad weiter bis Malinbeg (s. u.).

Wer die Rundwanderung plant, parkt am unteren Parkplatz, ansonsten kann man noch 1,7 km bis zum oberen Parkplatz Bunglas weiterfahren – zwischen beiden steht auf der Meerseite die Ruine eines Wachturms aus den Napoleonischen Kriegen.

Für den Aufstieg sollte man mit ca. 2,5 Stunden Gehzeit rechnen. Der Pfad führt anfangs über leicht begehbare Steinstufen und Grasmatten, dann aber über – durch viele Wandererfüße stark in Mitleidenschaft gezogenen – Moorboden und Fels-

Glencolumbkille 615

Slieve League, Irlands höchste Klippen

grund. Eine gute halbe Stunde nach dem Parkplatz erreicht man **Eagles Nest,** dann geht's wieder eine Weile bergab. Rechts kommt das Tal mit dem Pilgrim's Path in Sicht. Auf einem Sattel gabelt sich der Pfad. Bei schlechtem Wetter oder mit schlechten Schuhen hält man sich rechts. Dies ist der sicherere Weg, der auf der Landseite dem **Crockrawer** entlang leicht abwärts zum Pilgrim's Path hinüberführt. Auf diesem trifft man nach insgesamt 1 ½ Std. Gehzeit auf die Reste einer Kapelle für den hl. Assicus, den Goldschmied Patricks. Die letzte Wallfahrt fand 1909 statt.

Bei gutem Wetter klettert man an erwähnter Gabelung links den Crockrawer (gäl. Cnoc Reamhar) hinauf, immer am Grat entlang. Über die exakte Lage des legendären **One Man's Pass** sind sich die Experten nicht einig. Ein Kandidat ist ein etwa 30 m langer, glatter und keinen halben Meter breiter Felsrücken, der freilich auf der Landseite umgangen werden kann. Er bereitet v. a. beim Abstieg Mühe. Eine Steinpyramide markiert den Zugang zum oft wolkenverhangenen Gipfelplateau, wo man auf allerlei Cairns und den Pilgerpfad trifft. Ein zweiter Kandidat für den Pass ist der Grat zwischen östlichem Vorgipfel (570 m) und dem Slieve League (595 m), der inzwischen aber zu einem 1–2 m breiten Weg ausgetreten ist. Links geht es steil, doch keineswegs senkrecht ins Meer hinunter, rechts in den Felsabgrund zum Lough Agh.

Glencolumbkille (gäl. Gleann Cholm Cille)

Scheinbar am Weltende gelegen, hat sich der kleine Ort mit Dorfmuseum, Kulturzentrum und einer überaus aktiven Sommerschule zu einem geistigen Mittelpunkt der Donegal-Gaeltacht entwickelt.

Das Straßendorf duckt sich in ein Tal an der Mündung des Murlin River. Hügelketten begleiten das Tal und stürzen sich schließlich über dramatischen Klippen ins Meer. Bei den im Winter gar nicht so seltenen Schneefällen ist Glencolumbkille

616 Der Nordwesten/County Donegal

Schafe brauchen im Winter ein dickes Fell – Herde bei Glencolumbkille

schon mal von der Außenwelt abgeschnitten, denn hierher kommt der Schneepflug zuletzt. Nur selten stört ein Auto die Ruhe. An den Hausfassaden entlang der Dorfstraße erkennt man noch die Pfosten, an denen früher mit Seilen die Schilfdächer befestigt waren. Die Mischung aus begrabener Hund und Fuchs und Hase, die sich Gute Nacht sagen, lockt manchen wetterfesten Wanderer und naturbegeisterten Urlauber – Glencolumbkille zahlt dafür mit der Abwanderung der gelangweilten einheimischen Jugend.

Das Dorf geht auf ein Kloster zurück, dessen Gründung dem Heiligen Columcille zugeschrieben wird. Wie die Dolmen und Hofgräber im nahen **Malinmore** bezeugen, war die Gegend jedoch schon in der Jungsteinzeit besiedelt. Die Reste einer Kirche sind noch erhalten, am Namenstag des Heiligen, dem 9. Juni, sind sie Ziel der Bußprozession *Turas*, die Schlag Mitternacht beginnt.

James McDyer ist außerhalb Donegals nicht ganz so bekannt wie der Heilige Columcille, für Glencolumbkille aber nicht weniger wichtig. Der zuvor in den irischen Arbeitervierteln Londons tätige Priester übernahm 1951 die örtliche Pfarrei und war erschüttert von der wirtschaftlichen und mentalen Depression, die er hier antraf. Wer nur irgend konnte, wanderte aus. Statt seine Schäflein nur auf das Jenseits zu vertrösten, initiierte Father James das „Experiment von Glencolumbkille", eine Reihe genossenschaftlicher Projekte, wie beispielsweise gälische Sommerschulen, eine gälische Zeitung, Kleinindustrien und ein Museumsdorf – lange bevor das Wort „Strukturhilfe" in Dublin oder Brüssel auch nur angedacht wurde.

Mit dem Tod ihres geistigen und geistlichen Vaters zerfiel auch die Kooperative, die meisten Projekte werden heute als Privatunternehmen geführt. Das **Folk Village** – ein nachgebautes Schulhaus, eine Pubhöhle und drei strohgedeckte Bauernkaten

Glencolumbkille/Umgebung 617

im Stil des 18., 19. und frühen 20. Jh. – verschafft Einblick in die Lebensbedingungen der gar nicht guten alten Zeit. In der angeschlossenen Cafeteria wird Whiskeymarmelade und „Wein" mit den exotischen Geschmacksrichtungen Honig oder Seetang serviert und verkauft.

• *Information* Im Folk Village. Lesenswert das Büchlein „A Guide to 5000 Years of History in Stone", auch ein örtlicher Wanderführer wird verkauft.

• *Verbindung* Mit **Bus Éireann,** ℘ 074 912 1309, nach Killybegs, Donegal und Dublin. Mit **McGeehan's,** ℘ 074 954 6150, www. mgbus.com, nach Ardara – Letterkenny. **SITT Community Bus,** ℘ 074 973 8913, www.cill-chartha-kilcar.com/sitt.html, Di u. Fr von Killybegs nach Glencolumbkille und Malinbeg, Mi, Do, Sa von und nach Donegal Town.

• *Einkaufen* **Woollen Mill Shop,** zwischen Malinmore und Menavean, ℘ 074 973 0069, www.rossanknitwear-glenwoolmill.com. Eine abgelegene Strickwarenmanufaktur mit preiswertem Fabrikladen.

• *Fahrradverleih* Im **Glencolumbkille Hotel** (siehe Übernachten).

⊙ **Folk Village:** Ostern–Sept. Mo–Sa 10–18 Uhr, So 12–18 Uhr; Eintritt 3 €. www. glenfolkvillage.com.

• *Sprachkurse* **Oideas Gael,** ℘ 074 973 0248, www.oideas-gael.com, bietet von Juni–Okt. Gälischunterricht für Erwachsene (auch ohne Vorkenntnisse), dazu auch Aktivitäten wie Wandern, Weben, Tanzen und archäologische Exkursionen.

• *Übernachten* **Glencolumbkille Hotel,** Malinmore, ℘ 074 973 0003, www.glenhotel. com, April–Okt., DZ 100–160 €. Das einzige Hotel der Gegend liegt 5 km außerhalb am Meer. Für warme Tage gibt's eine windgeschützte Terrasse, sonst bleibt der Blick aus dem Fenster.

• *Essen* **An Chistin** im **Foras Cultúir Uladh** (Ulster Cultural Centre), ℘ 074 9730213, einem Kulturzentrum mit Tagungs- und Ausstellungsräumen, in dem auch die Kurse der Sommerschule stattfinden. Im Sommer tägl. 9–21 Uhr geöffnet.

Glencolumbkille/Umgebung

Die Bucht am Folk Village ist wegen der Strömungen nur zum „Luftbad" geeignet. Ins Wasser können kältefeste Schwimmer jedoch in **Doonalt** und dem von schwarzen Klippen eingefassten **Silver Strand** am Südende der **Malinbeg Bay**. Der kaum benutzte Fahrweg an den Klippen entlang bietet sich auch für eine halbtägige Wanderung an.

• *Übernachten* **Malinbeg Hostel** (IHH), Malinbeg, ℘ 074 973 0006, www.malinbeg hostel.com, Bett 14–20 €, DZ ohne Frühstück 35–40 €. „Ein neues, sehr gut eingerichtetes Hostel, mit 2-Bett-Zimmern und Schlafsälen, großer Aufenthaltsraum mit gemütlichem Kamin." (Lesertipp von Brigitte Seitzer). Das Haus befindet sich zwischen Straße und Meer. Der Besitzer führt zugleich den gegenüber liegenden Dorfladen.

▶**Wanderung Glen Head:** Dramatischer ist die Klippenszenerie im Norden der Glen Bay. Man verlässt bei der Feuerwehr die Dorfstraße nordwärts, überquert den Bach und hält sich an der Gabelung links. Bei einer weiteren Gabelung (Kartenpunkt 857520) zweigt links ein Weg zur **Skelpoonagh Bay** ab, der an bizarr verformten Felsschichten vorbei nach einem Schlenker wieder auf den schon bekannten Fahrweg trifft. Bevor dieser Weg wieder gen Süden Richtung Dorf schwenkt, nehmen wir nach insgesamt einer halben Stunde Gehzeit am Punkt 859524 einen Pfad nordwärts bergauf. An der nächsten Gabelung kann man links einen Abstecher (hin und zurück 1,5 km) zu einem Beobachtungsturm aus den napoleonischen Kriegen machen, der am Kliff den Naturgewalten trotzt. Zurück an der Gabelung steigt nun links der Weg zum **Beefan** (280 m) an, bleibt aber unterhalb des Gipfels und wendet sich nach Südosten und bergab, bis wieder eine Straße erreicht wird, auf der man wieder hinunter ins Dorf kommt.

Der Nordwesten
Karte S. 590/591

618   Der Nordwesten/County Donegal

▸ **Klippenwanderung zum Lough Annafrin:** Wer sich eine Tageswanderung zumuten will, früh aufgebrochen ist und rechtzeitig an Proviant und Karte gedacht hat, folgt vom napoleonischen Turm weiter der zerklüfteten Küstenlinie zum **Sturall**, einer ins Wasser hinausragenden Felsnase, auf die man sich besser nicht hinauswagt. In 180 m Tiefe krachen die Brecher gegen den Stein und zermürben die **Stacks**, zwei isolierte Felstürme draußen im Meer. Kurz vor der Sandbucht von **Port**, einem verlassenen Ruinendorf (der Fachausdruck „Wüstung" trifft den Kern), mündet rechts der vom **Garveross Mountain** herunterkommende Passpfad, der sich später für den Rückweg anbieten wird. Hinter dem nächsten Hügel und vorbei an **Tormore Island** trifft man die Mündung des **Glenlough River**. Folgt man diesem 20 Minuten bachaufwärts, trifft man auf zwei bröckelnde Hütten (auf der Wanderkarte mit zwei schwarzen Rechtecken markiert). Hier verbrachte der walisische Schriftsteller und Bohemien Dylan M. Thomas den Sommer 1935 und versuchte, sich den Alkohol abzugewöhnen – ein in Irland absurdes Vorhaben, das der im Nachbarhaus wohnende Bauer mit Lieferungen hausgebrannten Whiskeys hintertrieb (Thomas starb 18 Jahre später während einer Vortragsreise in den USA an seiner Sucht). Die Zeit in Glenlough vertrieb er sich mit der Arbeit an romantischen Gedichten über Natur, Liebe und Tod sowie mit der symbolischen Steinigung seiner schriftstellernden Konkurrenten. Dazu bemalte Thomas, wie ein Augenzeuge berichtet, unten am Strand die weißen Kiesel mit schwarzen Gesichtszügen, türmte sie zu Steinmännchen und zerschmetterte diese.

Für das bekanntere Kinderspiel Steine-übers-Wasser-hüpfen-lassen eignet sich der **Lough Anaffrin**, ein stiller Bergsee, der etwa 1 km von den Hütten bachaufwärts zwischen steilen Felsen schlummert. Anstatt jetzt zunächst den gleichen Weg zurück nach Port und dann über den Garveross-Pass wieder nach Glencolumbkille zu laufen, könnte man von der Glenlough-Mündung auch noch zehn weitere einsame Küstenkilometer bis zum Sandstrand von **Maghera** wandern. Dort würde man nach Millionen weißer Kiesel endlich wieder Menschen begegnen – und einem Pub. Da es von Maghera nach Glencolumbkille aber keinen Bus gibt, und die Straße selbst von Autos nur selten befahren wird, scheint es ohne Abholservice oder die Hilfe eines Taxis höchst ungewiss, ob man noch am Abend, per Anhalter, Glencolumbkille erreichen kann. Als Etappe des Fernwanderweges **Slí Cholmcille** ist die gesamte Route ausgeschildert.

Ardara   (gäl. Ard na Rátha)

Das schmucke Dorf wurde von Bord Fáilte als „Heritage Village" deklariert und kam damit in den Genuss eines kräftigen Geldstroms aus Brüssel. „Hier spielt der Tourismus schon eine Rolle", räumt der Bürgermeister ein, zeigt dabei aber noch einen Anflug von schlechtem Gewissen.

Ardara liegt am Ende eines Gletschertals zu Füßen des Glengesh-Passes. Von Glencolumbkille aus erreicht man das Dorf auf einer schmalen Bergstraße, die sich durch ein nahezu menschenleeres Gebiet windet. Umso größer ist der Schock, wenn die zwei Hauptstraßen Ardaras sich dann als eine Art ländliches Shopping Centre entpuppen, in denen ein Tweed- und Souvenirladen neben dem anderen mit Spinnrädern und Webstühlen vor allem die mit American Express, Visa und anderen Plastikkarten ausgerüsteten Fremden umwirbt. Auch im **Heri-**

Ardara 619

tage Centre, dem alten Gerichtshaus an der Brücke, zeigen Weber und Kunsthandwerker ihr Können.

Zugegeben, für die Maßstäbe Donegals spielt der Fremdenverkehr hier eine große Rolle. Die meisten Besucher kommen aus dem britischen Teil Ulsters. „Fast alle verdienen ein bisschen daran – durch Handarbeiten oder Zimmervermietung, durch die Ausstattung der Unterkünfte oder als Zulieferer für die Geschäfte und Restaurants", erklärt Dorfvorsteher Charles Benett. Dieser Verdienst ist auch dringend nötig, denn an den Segnungen der Gaeltacht-Förderung, von der die Dörfer der Umgebung profitieren, hat Ardara keinen Anteil. Ardara ist seit jeher eine englischsprachige Enklave in der Gaeltacht, seine Bewohner verdienten ihr Geld nicht als Bauern, sondern als Weber. Allein für Molloy's, die größte Manufaktur am Ort, arbeiten mehr als tausend Familien.

Information/Verbindungen/Diverses

• *Information* Im Heritage Centre. www.ardara.ie.
• *Verbindung* Vor dem Supermarkt hält **Bus Éireann** mit den Linien 30 (nach Dungloe oder Donegal Town – Dublin) und 492 (nach Dungloe oder Donegal Town). Auskunft ☏ 074 912 1309, www.buseireann.ie. Mit **McGeehan's,** ☏ 074 954 6150, www.mgbus.com, kommt man Mo–Sa morgens nach Glenties – Letterkenny.
• *Einkaufen* **Kennedy's,** Main St., Ardara, ☏ 074 9541106, ist zugleich die inoffizielle Tourist Information. Wer Tweed oder Wollsachen einkaufen will, kann zusätzlich noch bei **Bonner's** (Front St.), wenige Schritte weiter bei **Eddie Doherty,** bei **John Molloy** (www.johnmolloy.com) und **Triona** (Killybegs St., www.trionadesign.com) vorbeischauen.
• *Fahrradverleih* **Donald Byrne,** West End, Ardara, ☏ 074 9541156.
⏰ **Heritage Centre:** Mitte März–Sept. Mo–Sa 9.30–18 Uhr; So 14–18 Uhr, Eintritt gegen Spende.

Übernachten/Camping

Woodhill Guesthouse, Ardara, ☏ 074 954 1112, www.woodhillhouse.com, DZ 120–150 €. 5 km außerhalb (von der Killybegs Rd. ausgeschildert) thront auf einer Anhöhe ein 300 Jahre altes Landhaus mit großzügigem Grundbesitz. Statt dem üblichen Nippes steht Holzspielzeug als Zierrat in der Lounge, auch sonst beweist die Einrichtung Geschmack. Das Haus hat auch die beste Küche der Gegend (nur für Hausgäste).
*** **Nesbitt Arms Hotel,** The Diamond, ☏ 074 954 1103, www.nesbittarms.com, DZ 100–120 €. Das Haus ist gründlich renoviert, alle Zimmer haben nun ein eigenes Bad und ein Fahrstuhl wurde eingebaut. Vorsicht am Wochenende, wenn die hinteren Teile des Hauses im Rhythmus der Disco beben.
B&B Rosewood House, Susan McConnell, Killybegs Rd., ☏ 074 954 1168, seanmac conaill@eircom.net, DZ 70 €. Das unauffällige Haus steht etwa 1 km außerhalb an der N 56 und zählt zu „Ireland's best 300 B&Bs" – wer auch immer für dieses Rating verantwortlich ist.

B&B Brae House, Front St., neben Bonner's, ☏ 074 954 1296, braehouse@eircom.net, DZ 75 €. Ms. Nora Molloy hat mir ein nettes Briefchen geschrieben und um Hinweis auf ihr B&B mitten im Zentrum von Ardara gebeten. Die Betten sind mit orthopädischen Matratzen ausgerüstet, die Zimmer mit TV und Bad. „Once been, never forgotten."
Drumbarron Hostel, The Diamond, ☏ 074 954 1200, April–Okt., Bett 17 €. 4- bis 8-Bett-Zimmer teilweise mit gemütlichen Dachschrägen, ein kleiner „Family Room", 4 Bäder komplett mit Du, WC und Lavabo. Der Gemeinschaftsraum und die mit einem schönen Natursteinboden gepflasterte Küche waren früher ein Laden für Bootsbedarf. Falls geschlossen, verwahrt die Pension gegenüber den Schlüssel.
• *Camping* **Camping Tramore,** Rosbeg, ☏ 074 955 1491, www.campbellireland.com, April–Sept., Zelt mit 2 Pers. 20 €. 6 km außerhalb, in hügeliges Dünengelände in abgeschiedener Lage mit Sandstrand und schönem Blick über die Bucht. Überwiegend Dauercamper.

Der Nordwesten
Karte S. 590/591

620   Der Nordwesten/County Donegal

Essen/Pubs

Nancy's, Dungloe Rd. In dem winzigen, mit allerlei Trödel und Antiquitäten dekorierten Schankraum (echt sehenswert!) wird jeder Gast sofort ins Gespräch einbezogen. Für warme Tage gibt's zwei Bänke vor der Tür. Im Sommer auch Pubfood vom Sandwich bis zu Austern in Knoblauchsauce (12 €), manchmal spielt „Teufelsgeiger" John Gallagher auf.

Peter Oliver's Corner House, neben dem Nesbitt Arms. Als Musiker und früher auch Fußballer ist Peter Oliver in Ardara überaus beliebt. An den Wänden der Kneipe hängen Fiedel, Banjo und Bodhran, und im Juli/Aug. wird nahezu jeden Abend gespielt (doch nicht immer nur Folk). Gelegentlich gibt's Setdancing und Konzerte im Saal.

West End Café & Take Away, Westend, Schlichter Self-Service mit riesigen Portionen von Hühnerteilen, Fish&Chips, Quiche oder Lasagne. Hauptgerichte bis 10 €.

Ardara/Umgebung

▸ Die sechs **Maghera-Höhlen,** an der Küste westlich von Ardara, sind alle nur bei Ebbe zugänglich. Während der Penal Laws feierten die Katholiken hier heimlich ihre Messen, später schätzten illegale Schnapsbrenner die schwer zugängliche Lage. Abenteuerlustige sollten die Taschenlampe nicht vergessen.

▸ Die Halbinsel **Dawros Head,** eine Moorlandschaft mit unzähligen Tümpeln und Weihern ist im Sommer belebter, als man annehmen sollte. Vor allem Urlauber aus dem britischen Teil Ulsters tummeln sich an den Badestränden bei **Rossbeg** und **Naran.** Vom Naran Beach, dem schönsten Strand der Umgebung, wandert man bei Ebbe zur Insel **Inishkeel** hinüber, wie es in der Vergangenheit die Mönche des längst verfallenen Klosters taten. Bei **Portnoo** entzückt das idyllisch inmitten eines Sees auf einem Crannog, einer künstlichen Insel, errichtete **Doon Fort.** Vom nächsten Bauern kann man sich ein Ruderboot ausleihen und damit zu diesem keltischen, jedoch weitgehend im frühen 20. Jh. rekonstruierten Ringfort übersetzen. Auch den fotogenen **Kilclooney-Dolmen** sollte man sich nicht entgehen lassen – der kurze Fußweg beginnt an der Kirche von **Kilclooney.** Gleich neben der Kirche bekommt man im **Dolmen Centre** (www.dolmencentre.com), einem Gemeindezentrum mit Craft Shop und tollem Kinderspielplatz, weitere Tipps zur Archäologie und Natur der Gegend.

Glenties   (gäl. Na Gleannta)

Glenties, knapp 10 km abseits der Küste, ist ein Stück authentischer als Ardara. Regelmäßige Teilnahme wurde schließlich mit dem Gewinn des irischen „Unser-Dorf-soll-schöner-werden"-Wettbewerbs belohnt.

Gegenüber der modernen Kirche, sie erinnert an eine Sprungschanze, ist im früheren Gerichtsgebäude das **Saint Connell's Museum** untergebracht. Sehenswert sind die Petitionen aus der Hungerzeit, mit denen die Pächter um Hilfe baten. Ein Edinsonscher Phonograph spielt den „Long Way to Tipperary". Der Musikant *John Doherty* und die Schriftsteller *Brian Friel* und *Patrick MacGill* werden uns vorgestellt, alle drei stammten aus der Region, zu Ehren des letzteren (siehe www.patrick macgill.com) gibt's jedes Jahr eine Sommerschule über gesellschaftliche Fragen. Andere Memorabilia erinnern an die County Donegal Railway.

● *Information* www.glenties.ie.
● *Verbindung* Wie Ardara.

⊘ **Saint Connell's Museum:** April–Okt. Mo–Fr 10–13, 14–17 Uhr, Sa/So 14.30–18 Uhr; Eintritt 3 €.

Finn Valley 621

• *Übernachten* ** **Highlands Hotel,** Main St., ℰ 074 955 1111, www.thehighlandshotel.com, DZ 110–120 €. Im Zentrum, ein freundlicher Treffpunkt von Fischern, Wochenendausflüglern, Hochzeitsgästen und anderen dem Dorf Verbundenen. Zimmer mit TV und Teekocher, Restaurant im Haus, ein Leser empfiehlt den Seafood Chowder.

B&B Avalon, Mary Boyle, Ballybofey Rd., ℰ 074 955 1292, www.avalonbedandbreakfast.net., DZ 70 €. Ein einladender Bungalow mit hübschem Vorgarten.

B&B Lisdanar House, Rosaleen Campbell, Mill Road, ℰ 074 955 1800, www.lisdanar.com, DZ 80 €, im Zentrum gelegene Villa mit riesigen Zimmern, hinter dem Haus rauscht der Bach. Das sehr gutes Frühstück wird im Wintergarten serviert. (Lesertipp)

Campbell's Holiday Hostel, bei der Kirche, ℰ 074 9551491, www.campbellireland.com, April–Okt. (am Anfang und Ende der Saison nur am Wochenende), Bett ab 13 €, DZ 30 €. Neubau, die Zimmer mit Bad, die geräumige Küche ist zugleich Aufenthaltsraum. Freundlicher Chef, aber Gäste beklagen mangelnde Sauberkeit.

• *Pub* **Paddy's,** Main St. Im Sommer und während des „Fiddlers Weekend" (Oktober) Zentrum des musikalischen Geschehens.

• *Musik* **Highlands Hotel** bietet sonntagabends Sessions und ist Anfang Okt. auch Schauplatz des **Fiddler's Weekends,** zu dem die in Glenties lebenden Campbell-Brüder und andere Fiddlevirtuosen ihr Können zum Besten geben.

Finn Valley

Das Tal und die nördlichen Ausläufer der *Blue Stack Mountains* sind das ideale Terrain für „Outdoorer", die für ein paar Tage mit sich, Gott und der Natur alleine sein wollen.

Am Wege von Glenties nach Ballybofey (R 250/R 252) trifft man außer ein paar Lachsfischern kaum eine Seele. An den Hängen und auf den Hochebenen wurden weite Flächen aufgeforstet, doch es ist ein monotoner Industriewald aus schnellwüchsigen Nadelhölzern entstanden, der aus ökologischer Sicht nicht unbedenklich ist. Der Slí na Finne führt als ausgeschilderter Rundweg (48 km) von Fintown aus durch das Terrain. **Fintown,** der Hauptort des Tales am idyllischen **Lough Fin,** zählt gerade zwei Dutzend Häuser. Groß ist die Überraschung, hier auf eine Eisenbahn zu treffen. Einst dampfte die **Fintown Railway** durch das Tal nach Glenties. Zu ihrem 100. Geburtstag 1995 wurden den See entlang einige Gleiskilometer neu verlegt und eine Museumsbahn eingerichtet – mit Straßenbahnwagen aus dem belgischen Charleroi und einem Schienenbus der Donegal Railway. Kurz vor Cloghan hat der pensionierte Postbeamte Michel Gallagher neben seinem Haus **Biddy & Joe's Cottage** eingerichtet, ein kleines Heimatmuseum mit alten Möbeln, Gerätschaften und Küchenutensilien. Ein weiteres Museum erinnert in der alten Dorfschule an den Lokalpatrioten **Isaac Butt** (1813–79).

Die **Fahrpläne** der privaten Busgesellschaften finden Sie im Internet:
McGehann's unter www.mgbus.com
Lough Swilly Bus unter http://home.clara.net/sjp/nibus/lswilly.htm
Feda O'Donnell unter www.fedaodonnell.com
John McGinley unter www.johnmcginley.com

• *Information* www.finnvalley.ie.

• *Verbindung* **McGeehan's** Buslinie Glencolumbkille – Letterkenny führt durch das Tal, ℰ 074 954 6150, www.mgbus.com.

ⓘ **Fintown Railway,** ℰ 074 954 6260, www.antraen.com, Mitte Juni–Mitte Sept. Mo–Sa 11–16.30 Uhr, So 13–17.30 Uhr, Fahrt 8 €.

• *Übernachten* **B&B Stranorlar House,** Letterkenny Rd., Stranolar, ℰ 074 913 0225,

Der Nordwesten
Karte S. 590/591

622 Der Nordwesten/County Donegal

www.stranorlarhouse.com, DZ 70 €. Zugegeben, Stranolar ist nun wirklich kein sehenswerter Ort – dafür liegt es zentral, Autofahrer erreichen innerhalb einer Stunde jeden Winkel von Donegal. Das B&B ist ein hübsches Haus aus dem 19. Jh., einst gebaut als Aussteuer für die Tochter eines betuchten Geschäftsmannes. Großer Garten, dazu ein Cockerspaniel namens Argus.

Finn Farm Hostel, Cappry, Ballybofey, ℡ 074 913 2261, April–Sept., Bett 15 €. In the middle of nowhere, 2 km außerhalb Ballybofeys, von der Straße nach Glenties ausgeschildert. Die winzigen 6- und 8-Bett-Zimmer befinden sich nicht im Neubau, sondern im renovierten Stallgebäude. Die Küche erreicht man nur von außen. Zumal auch ausländische Arbeiter im Haus wohnten, war es bei unserem Besuch um die Hygiene eher schlecht bestellt. Pferdeverleih, erfahrene Reiter dürfen auch ohne Begleitung ausreiten. Neben Pferdefreunden handeln auch Musiker das Hostel als Tipp. Es gehört „Mad Eddie" Gallagher, der 1975 den holländischen Geschäftsmann Tiede Herrema entführte, um inhaftierte Republikaner freizupressen, und dafür dann selbst 20 Jahre in den Knast kam.

The Rosses
(gäl. Na Rossa)

Das wenig aufregende Dungloe (An Clochán Liath) ist das Tor zu The Rosses, einer kleinräumigen, braun-grünen Landschaft mit Hügeln, unzähligen Weihern, grauen Findlingssteinen und weißen Häuschen.

Mit der Halbinsel **Crohy Head,** deren Spitze von einer Jugendherberge gekrönt wird, endet vorerst die Felsküste. Nördlich von Dungloe wird das Ufer flach, hier befinden sich die meisten der fotogenen Sandstrände Donegals. Als Ziel eines kurzen Radausflugs bietet sich z. B. die sandige, über eine Brücke mit dem „Festland" verbundene **Cruit Island** an. The Rosses, das zu Irlands größter zusammenhängender Gaeltacht gehört, war bis zum 17. Jh. nahezu unbewohnt. Was sollte man auch hier, wo zwischen Mooren und Steinen sich kaum ein Fleckchen nutzbarer Erde findet, während im Tal des Foyle, auf der Ostseite der Gebirge in einer Entfernung von knapp 60 km Luftlinie, einige der fruchtbarsten Böden Irlands liegen. Erst mit den Vertreibungen und dem Bevölkerungsdruck vor der Hungersnot ließen sich Menschen in der heute stark zersiedelten Region nieder. Ein neuer Schub kam mit dem Niedergang der Glasgower Schwerindustrie – wenn schon arbeitslos, dann lieber zu Hause, dachten sich viele der zuvor in Schottland beschäftigten Iren und kehrten zurück, wie es auch die Rentner tun. Wer sich in der Gaeltacht niederlässt, bekommt vom Staat gut 1000 Euro Beihilfe für den Hausbau. Heute ist zwischen Siedlung und offener Landschaft kaum mehr ein Unterschied auszumachen – die Landschaft ist eine einzige, durchgehende Streusiedlung.

Information/Verbindungen/Diverses

● *Information* In der Stadtbücherei, Upper Main St., Dungloe, ℡ 074 952 1297, Juni–Sept. Mo–Fr 10–13, 14–17 Uhr, Juli/Aug. auch Sa.

● *Verbindung* Mit **Bus Éireann** von Dublin über Donegal Town. **Lough Swilly Bus,** ℡ 048 7126 2017, verbindet Dungloe über Burtonport, Crolly und Bunbeg mit Letterkenny und Derry. **John McGinley,** ℡ 074 913 5201, fährt nach Dublin über die Nordküste und Letterkenny, **Feda O'Donnell,** ℡ 074 954 8114, von Annagry über die Nordküste nach Letterkenny, Donegal und Galway. Der **Flughafen Carrickfin,** ℡ 074 954 8284, www.donegalairport.ie, bietet Verbindungen mit *Aer Arann* nach Dublin und Glasgow. Der Donegal **Airport Bus,** ℡ 074 953 2772, www.aerbhus.com, verbindet den Flughafen über Dunlewey mit Letterkenny.

● *Angeln* Permits und Boote von **Charlie Bonner's Tackel Shop,** Main St., ℡ 074 952 1163, www.rossesanglers.com.

The Rosses

Amphibische Wattlandschaft vor The Rosses

• *Feste/Veranstaltungen* Das Ende Juli gefeierte Dorffest **Mary from Dungloe** ist nicht so fromm, wie der Name vermuten lässt, sondern eine feuchtfröhliche Angelegenheit mit viel Bier, Musik, Tanz und einem kleinen Rummelplatz. Höhepunkt ist die Wahl der „Mary". Außer Schönheit braucht die erfolgreiche Bewerberin auch Charme, Witz und eine gute Stimme, muss singen, tanzen und erzählen können. www.maryfromdungloe.com.

Übernachten/Camping/Essen/Pubs

Die Festivalzeit ausgenommen, fällt es auch Spätankömmlingen nicht schwer, ein Bett im B&B zu finden. Allerdings fehlen Hotels mit gehobener Ausstattung.

*** **Ostan na Rosann,** Dungloe, ✆ 074 952 2444, www.ostannarosann.com, DZ 85–150 €. Ein flacher Bungalow mit Leisure Centre, gelegen am Ortsrand Richtung Burtonport. Auf der Aussichtsseite sind außer dem Restaurant und der Lobby ein langer Flur, WCs und sogar Kühlräume; die meisten Zimmer schauen dagegen nach hinten. Zuvorkommender Service und gute Küche, die Einrichtung der Zimmer war 2008 etwas abgewohnt.

Midway Guesthouse, Main St., Dungloe, ✆ 074 952 1251, http://midwayguesthouse.littleireland.ie, DZ 75 €. Über einem Pub im Dorfzentrum. Vergleichbar ist das nur wenige Schritte entfernte **Atlantic Guesthouse**, ✆ 074 952 1061, www.atlantichousedungloe.com.

B&B Rest a Wyle, Glenties Rd. (N 56), ✆ 074 956 1701, jobonner@hotmail.com, DZ 70 €. Drei Gästezimmer mit Bad und Blick auf den See. „Das B&B ist sehr neu, hat helle, gepflegte Zimmer, die Besitzerin war sehr freundlich und hat uns sogar die Wäsche gewaschen." (Lesertipp von Christoph Spaeth)

Screag an Iolair Mountain Centre, Tor, Crolly, ✆ 074 954 8593, isai@eircom.net, März–Okt., Bett ab 18 €. Das vor allem von Bergwanderern besuchte „Adlernest" klebt 5 km abseits der Hauptstraße am Hang über Crolly. Sauber, professionell geführt und mit Hauskatze, beim Frühstück schöner Blick auf den Sonnenaufgang und einen alten Steinkreis. Hausherr und Musiker Eamonn Jordan Gäste holt seine Gäste auf Anruf ab.

624 Der Nordwesten/County Donegal

The Rosses: Meer, Moor, Steine und Einsamkeit

Camping Dungloe, Carnemore Rd., Dungloe ✆ 074 952 1021, Mai–Sept., 2 Pers. mit Zelt 18 €.

Sleepy Hollows, Meenaleck, ✆ 074 954 8272, http://homepage.eircom.net/~sleepyhollows, April–Okt., 2 Pers. mit Zelt 20 €. Schattiger Zelt- und Caravanplatz unter holländischer Leitung auf einem terrassierten Wiesengelände, die Sanitäranlagen im Anbau eines früheren Bauernhauses. Leider viele Moskitos. Zu Leo's Pub läuft man 200 m, zum nächsten Laden eine halbe Stunde.

• *Essen* **Riverside Bistro,** Main St., Dungloe, bis 22 Uhr. Lasagne und andere Tellergerichte (bis 25 €), auch Currys.

• *Pubs* **Beedy's,** Main St., Dungloe. Der örtliche Fischer- und Anglertreff; mancher gibt hier statt der Drinks eine Runde Muscheln aus, die er mitgebracht hat und von Dave, dem Wirt, in der Küche garen lässt. Juli/Aug. am Wochenende Folkmusik.

Tessie's, Meenaleck, bei den Einheimischen inzwischen beliebter als die sehr touristische Leo's Tavern auf der anderen Straßenseite. Sessions sind den Sommer über sonntagabends.

Burtonport (gäl. Ailt an Chorráin)

Dieser Fischerort, von dem auch die Fähren zur Arranmore Island ablegen, ist das Zentrum der kommerziellen Lachsfischerei. Doch der Wildlachs draußen im Meer ist selten geworden. Nur noch sechs Wochen pro Jahr darf man ihn fangen, und nur jeder dritte Fischer bekommt die erforderliche Lizenz. Der Tag ist abzusehen, an dem der Wildlachs auf der „roten Liste" steht, wenn die Regierung den Lachsfang im Meer nicht sogar generell verbietet. Eigentlich müssten mit dem sinkenden Angebot wenigstens die Preise für die Fischdelikatesse steigen. Doch die sind niedriger denn je. Die Verbraucher können Wildlachs nämlich nicht von den in den Käfigen der Fischzuchtanstalten herangewachsenen Tieren unterscheiden, und so drückt das Überangebot an Zuchtfisch auch den Preis für den Wildlachs.

Als Verwaltungssitz hatte Burtonport seit dem 18. Jh. eine Kolonie englischer Siedler und „Gastarbeiter". So wurde es auch zur Endstation der „Londonderry & Lough Swilly Railway". Noch heute fahren im Donegal die Busse dieser kuriosen Gesell-

The Rosses 625

schaft, die eine Eisenbahngesellschaft ohne Züge ist und zugleich wohl, 1853 gegründet, das älteste Busunternehmen der Welt.

• *Verbindung* **Taxi** nach Dungloe, ☎ 074 954 2253, Bus siehe Dungloe (The Rosses).

• *Übernachten* **B&B Inimil,** Leckenagh, Burtonport, ☎ 074 954 2087, http://inismilhouse.littleireland.ie, DZ 70 €. Die nähesten Gästezimmer für alle, die das Schiff verpasst haben.

• *Essen* **Lobster Pot,** Pier Rd., ☎ 074 954 2012, abends bis 23 Uhr. Ein übergroßer Plastikhummer an der Hauswand macht auf die urige Kneipe aufmerksam. Fisch und Hummer kommen frisch vom Hafen und in „titanischen" Portionen auf den Tisch. Das Lokal hat zudem eine beachtliche Sammlung von Trikots und anderen Sporttrophäen zu bieten.

Skipper's Seafood, Pier Rd. beim Supermarkt, wird wegen seiner guten Küche gelobt. Im Sommer gelegentlich Volksmusik.

Leo's Tavern

In Leo Brennans damals noch unscheinbarer Kneipe in Meenaleck, einem Weiler bei Crolly, begann die Karriere einer der bekanntesten irischen Musikgruppen: „Clannad", im Lauf vieler Jahre von Jazz-Rock-Anfängen über den Folk zu New Age und Worldmusic gekommen, bestand aus zwei Söhnen, einer Tochter und zwei Schwiegersöhnen Leos. Tochter Enya hat es als Solistin zu Ruhm gebracht, Sohn Bartley inzwischen die Kneipe übernommen. Dort wird gewöhnlich freitags gespielt, an den anderen Tagen bietet sich Gelegenheit zur Session. Mitte Juli, zum Dorffest Jack's Fair, sind vielleicht auch die musikalischen Wunderkinder dabei.

Anfahrt Von der N 56 an der Crolly Junction Richtung Annagary abbiegen. 2 km nach der Kreuzung weist ein Schild rechts nach Meenaleck. ☎ 074 954 8143.

Arranmore Island
(gäl. Árainn Mhór)

Die Insel ist längst nicht so erschlossen wie die Aran-Inseln vor Galway, mit denen sie oft verwechselt wird. Vom Hafen wuchern die Einfamilienhäuser des Hauptdorfes **Leabgarrow** den Hang hinauf. Etwa 600 Menschen wohnen auf Arranmore, und im Gegensatz zu Tory Island stand hier die Aufgabe der Insel nie zur Diskussion. Dabei gehört Arrranmore, wo jeder zweite Bewohner von Arbeitslosengeld und Sozialhilfe abhängig ist, zu den ärmsten Gebieten Irlands. Der markierte **Arranmore Way** führt in einer gut fünfstündigen Wanderung um das 14 x 5 km große Eiland herum, auch mit dem Auto kann man die Insel nun umfahren. Den Norden und Westen nimmt eine weitgehend unberührte Hochfläche ein, die über Steilklippen zum Atlantik abfällt. Den besten Blick hat man von der Plattform des Leuchtturms.

• *Information* www.arainnmhor.com und www.arranmoreco-op.com.

• *Verbindung* Fähre von Burtonport, 4- bis 9-mal tägl. Im Winter befragt man über die Abfahrtszeiten am besten Kapitän Cornelius Bonner, ☎ 074 952 0532, www.arranmoreferry.com.

• *Übernachten/Essen* **Hotel Arranmore House,** ☎ 074 952 0918, www.arranmorehousehotel.ie, DZ 90–120 €. Das einzige Hotel der Insel, neu gebaut in bester Aussichtslage, die Zimmer mit TV und Internetzugang, das Haus mit Restaurant und Pub.

Bonner's B&B/Ferryboat Restaurant, am Hafen, ☎ 074 952 1532, www.arranmoreferry.com, DZ 75 €. Die Familie des Fährmanns betreibt auch ein Restaurant mit B&B. Das Haus ist nicht bei Bord Fáilte registriert und daher nur direkt zu reservieren.

Arranmore Hostel, Leabgarrow, ☎ 074 9520015, Bett 15 €, DZ 35 €. Zur Jahrtausendwende im früheren Postamt eröffnet, gut

Der Nordwesten Karte S. 590/591

626   Der Nordwesten/County Donegal

ausgerüstete Küche, Meeresblick, Kaminfeuer und alles extrem sauber.

● *Pubs* Im Sommer strömt die halbe Insel jeden Mittwoch in eines der sechs Pubs mit wechselnder Livemusik (**Phil Bhán's** ist gleichzeitig der einzige Laden). Und weil es auf Arranmore keine Polizei gibt, hält sich auch niemand an die Sperrstunde.

Gweedore

An der Nordwestspitze Donegals setzt die Landschaft Gweedore geographisch fort, was schon in The Rosses angeklungen ist: eine flache Küste mit vorgelagerten Inseln, dicht besiedelt und wenig spektakulär. Auch das Kap Bloody Foreland, das seinen Namen den blutroten Sonnenuntergängen verdankt, ist nicht so dramatisch, wie es klingt. Erst mit dem Horn Head wird das Ufer wieder wilder.

Bunbeg
(gäl. An Bun Beag)

Das mit dem Nachbarort **Derrybeg** nahezu zusammengewachsene Bunbeg war ein Schwerpunkt der Industrialisierungsbemühungen in der Donegal-Gaeltacht. Die halbstaatliche Gesellschaft für Wirtschaftsförderung *Udarás na Gaeltachta* stellte den Unternehmen billiges Gelände zur Verfügung und belohnte sie mit Steuervorteilen und Lohnzuschüssen. Bis auf einen Hersteller von Regenkleidung (!) haben jedoch alle Firmen, die hier einst für den Weltmarkt produzierten, ihre Produktion in andere, noch billigere Länder verlegt. Qualifizierte Spezialisten sind nur schwer in die Donegal-Wildnis zu locken. Für einen Urlaubsaufenthalt mag der Donegal gut und schön sein, aber zum Leben und Arbeiten? Wer kein ausgesprochener Naturliebhaber ist, findet hier einfach zu wenig Abwechslung. Die Transportwege sind lang, die Straßen schlecht, und aus Fischern und Bauern werden nicht von heute auf morgen disziplinierte, stechuhrgesteuerte Malocher. Mit Tschechien kann Donegal nicht konkurrieren.

Doch Bunbeg hat außer dem Industriegebiet und der kilometerlangen Hauptstraße mit den Drive-In-Lokalen noch ein drittes, sehr viel ansprechenderes Gesicht: das Viertel um den *Hafen*, wo sich die Häuschen zwischen Ginsterhecken und Granithügeln verstecken. Der Hafen selbst stand einst im Guinness-Buch der Rekorde als kleinster Naturhafen der Britischen Inseln. Mit einem neuen Kai hat man sich um den Eintrag gebracht.

● *Information* www.gweedore.net.

● *Verbindung* Mit **Lough Swilly Bus**, ✆ 048 7126 2017, und **McGinley**, ✆ 074 913 5201, von Bunbeg über Dunfanaghy nach Letterkenny und Derry. Mit **Feda O'Donnell**, ✆ 074 954 8114, über die Nordküste nach Letterkenny, Donegal und Galway.

● *Übernachten* *** **Ostan Gweedore**, Bunbeg, ✆ 074 953 1177, www.ostangweedore. com, März–Okt., DZ 120–150 €. Das beste Hotel der Umgebung ist ein moderner Bau mit viel Beton und Glas sowie jeder Menge Seesicht. Die neu möblierten Zimmer sind mit TV und Hausvideo ausgestattet. Im angeschlossenen Leisure Centre kann man sich mit Hallenbad, Sauna und beim Tennis vergnügen, in der Hausbibliothek („the most westernly reading room on the Atlantic seabord") mit einem Buch.

Bunbeg House, am Pier, Bunbeg, ✆ 074 953 1305, www.bunbeghouse.com, DZ 80 €. In einer umgebauten Mühle mit Blick auf den Hafen, hauseigene Bar, auch Kleinigkeiten zum Essen.

Guesthouse Teac Campbell, Main St., Bunbeg, ✆ 074 913 1545, www.teac-campbell.com, DZ 75 €. Ein festungsartiger Riesenbungalow unterhalb der Straße, Zimmer mit Meer- und Inselblick.

● *Pub* **Hudi Beag's,** Bunbeg. Ein heißer Tipp für Freunde der Folkmusik. Der Vater der Altan-Sängerin und -Fiddlerin Mairead spielt hier regelmäßig auf. Ganzjährig Montagabend Session.

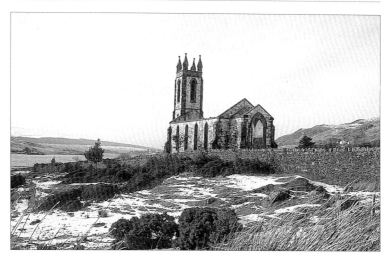

Kirche in Dunlewy (Lough Nacung)

Gola Island (gäl. Gabhla): Vor Bunbeg liegt eine der vielen kleinen, vor oder zwei Generationen von den Menschen verlassenen Inseln und Inselchen, die im Meer an der Westküste Irlands schwimmen. Gerade zehn Minuten bracht der Kutter nach Goha. Am gut ausgebauten Pier empfängt ein gepflegter Marienschrein den Besucher, doch auf dem Weg landeinwärts dann ausgeschlachtete Geisterhäuser. Als es mit dem Fischen bergab ging, zogen die einst bis zu 150 Bewohner nach und nach weg. 1966 wurde die Schule geschlossen. Doch jetzt, mit dem irischen Wirtschaftswunder und neuer Zuversicht, wagen sich im Sommer auch wieder Menschen zurück. Fährfrau Mairead Sweeney hat ein neues Haus gebaut, andere folgen ihrem Beispiel. Auch Strom und Leitungswasser sind inzwischen auf Gola angekommen. Manch einer träumt von Urlaubsgästen, denn außer mit vielen Vögeln und markierten Wanderwegen kann das Eiland auch mit tollen Kletterfelsen aufwarten.

- *Information* www.donegalislands.com
- *Verbindung* Fähre Juli/Aug. 9 Uhr ab Bunbeg, danach stündlich ab Magheragallon (bei Derrybeg). Den Rest des Jahres Überfahrt nach Absprache, ✆ 087 660 7003.

Lough Nacung (gäl. Loch na Cuinge)

Statt aus einem Torfkraftwerk kommt der Strom jetzt von fünf Windrädern, deren bald 20 Meter lange Flügel sich oben auf dem **Cronalaght Mountain** drehen. Die private, von einem früheren Ingenieur der ESB entwickelte und betriebene 3-Megawatt-Windfarm versorgt etwa 3000 Haushalte, und es könnten noch mehr sein, wenn die Elektrizitätsgesellschaft nur ein besseres Leitungsnetz und ein neues Umspannwerk einrichten würde. Doch die muss, so will es das Gesetz, für den von John Gillespie erzeugten und ins Netz gespeisten Strom teuer bezahlen, und ist damit wenig motiviert, der privaten Konkurrenz noch unter die Arme zu greifen.

628 Der Nordwesten/County Donegal

Der Errigal Mountain wartet auf Bergwanderer

Attraktion am See ist das **Dunlewey Lakeside Centre**. Das idyllisch gelegene Haus des 1975 verstorbenen Manus Ferry, eines bekannter Webers, wurde zu einem Museum ausgebaut, das mit einer kleinen Sammlung und einem Film die Geschichte der Weberei und das Leben in den fünfziger Jahren festhält. Die Verarbeitung der Wolle von der Schafschur über das Spinnen bis zum Färben wird demonstriert, eine Whiskeybrennerei ist aufgebaut, für Kinder gibt es einen Spielplatz und viele Tiere – auf den Ponys darf geritten werden, auch Bootstouren auf dem See werden angeboten. Das Centre hat zudem einen guten Namen in der Musikszene, Größen wie Dolores Keane und Martin O'Connor traten schon auf.

- *Verbindung* Siehe Bunbeg.
- ⏱ **Lakeside Centre/Ionas Cois Locha:** April–Mai, Okt. Sa/So 12.30–18 Uhr; Juni–Sept. Mo–Sa 10.30–18 Uhr, So 11–19 Uhr. ✆ 074 913 1699, www.dunleweycentre.com.
- *Übernachten* **B&B Dunlewey Lodge,** Marie McFadden, Moneymore, Dunlewy, ✆ 074 913 2774, dunleweylodge@ireland.com, DZ 70 €. Das neuere Haus steht etwas abseits der Landstraße und damit in einer sowieso ruhigen Gegend in absoluter Stille. Die Zimmer im 1. Stock haben Blick auf Lough Dunlewy, die Kirchenruine und Errigal Mountain. Zum Pub sind es etwa 20 Min. Fußweg. (Lesertipp von Wolfgang Schimmel)

Errigal JH, Dunlewy, ✆ 074 913 1180, www.errigalhostel.com, ganzjährig, Bett 16–21 €, DZ 50 €. Bei der Tankstelle am Nordufer des Sees. Die meisten Gäste sind Deutsche und gleichzeitig eingefleischte Wanderer. Die „Juhe" wurde 2007 neu gebaut und ist mit Internetzugang, Büchern und sogar Kinderspielsachen ausgestattet. Auch die Küche kann sich sehen lassen.

- *Essen* Im Café mit Restaurant des **Lakeside Centre.**

Errigal Mountain

Hinter dem Dunlewy Lough erhebt sich mit 750 m Donegals höchster Berg majestätisch aus dem Moor. Man könnte den Quarzkegel ebenso für einen Vulkan halten. Der anspruchsvollere Aufstieg über den Nordwestgrat beginnt an einem Gehöft hinter McGeady's Pub (Kartenpunkt 915201). Leichter ist die markierte „Tourist Route", die von der Südostseite in gut 2 Std. auf den sturmverwehten Gipfel führt. Der mit einem zementierten Pfosten bei einer Brücke markierte Pfad beginnt an der R 251 etwa 3 km östlich von Dunlewy. In jedem Fall braucht man gute Wanderschuhe. Oben wird man mit grandioser Aussicht über ganz Donegal bis hinüber nach Derry belohnt.

Tory Island

Das Eiland, etwa 5 x 1,5 km klein und in einer besonders stürmischen Ecke des Atlantiks, ist die abgelegenste der noch bewohnten Inseln vor der irischen Küste.

Eine amtliche Studie beschied der Insel in den siebziger Jahren, dass sie vielleicht noch als Schießplatz oder Gefängnis geeignet sei, die letzten Bewohner (heute sind es 140) aber aufs Festland umzusiedeln wären. Doch anders als auf den Blaskets sind hier nur wenige Familien dem Appell der Behörden gefolgt, die meisten blieben. Sie pflanzen Kartoffeln, fangen Fisch, malen (dazu gleich mehr) und setzen neuerdings verstärkt auf den Tourismus. Etwa 10.000 Tagesbesucher setzen jedes Jahr auf die Insel über, nur wenige bleiben über Nacht. Es gibt eine Schule, einen Pub, zwei Läden, eine Kirche samt Pfarrer und jetzt auch eine Müllabfuhr – was will man mehr? Und dann ist da noch Patsy Dan Mac Ruaidhri (www.littleireland.ie/patsydanrodgers), Maler, Musiker und von den Insulanern mit dem Ehrentitel des „Königs von Tory" („An Ri") ausgezeichnet. Er wartet oft am Kai auf Fremde, um ihnen dann seine Insel persönlich zu zeigen.

Noch vor nicht allzu langer Zeit wäre ein Fahrt nach Tory Island nur etwas für Reisende gewesen, für die Zeit keine Rolle spielt. Bei einem unvermuteten Wetterumschwung musste man Tage, im Winter auch Wochen auf eine Chance zur Rückfahrt warten. Mit besseren Booten ist diese Gefahr nun gebannt. Der wachsende Besucherstrom füllt die Geldbörsen des Fährmanns und der Insulaner, hat aber auch Schattenseiten. Mit Garda John Gallagher hat die Insel jetzt den seit Menschengedenken ersten Polizisten bekommen. Zum Glück des Wirts weilt John bislang allerdings nur drei Tage die Woche auf Tory Island. Noch widerstehen die Leute von Tory Island den Angeboten reicher Fremder, die auf der Insel ein Grundstück erwerben und sich hier niederlassen wollen. Doch die Landpreise sind drastisch gestiegen.

Geschichte

Früher war Tory Island ein berüchtigter Piratenstützpunkt. So berüchtigt, dass die „Torys", die heutigen Konservativen im englischen Parlament, einst nach der Insel benannt wurden. *Balor*, „der mit dem bösen Blick", durch den allein er ganze Geschwader versenken konnte, war der bekannteste Anführer der Tory-Piraten. Seinen Namen hatte er von dem keltischen Gott der Dunkelheit, der in den örtlichen Legenden unvergessen ist. Noch Ende des 19. Jh. waren offenbar magische Kräfte am Werk. Als das britische Kanonenboot *Wasp* 1884 an der flachen Südküste zu landen versuchte, um die längst überfälligen Abgaben der Inselbewohner unter Androhung von Gewalt einzutreiben, lief es in den tückischen Untiefen auf Grund – wie es heißt, weil die Leute von Tory das Boot durch einen magischen Steinzauber verhexten.

630   Der Nordwesten/County Donegal

Ein Glücksfall für Tory Island war Father *Diarmuid O'Peicin*, der gerade zu dem Zeitpunkt auf die Insel kam, als ihre Evakuierung beschlossene Sache schien. Dem Jesuitenpater verdankt man das Dieselkraftwerk (bis 1984 gab es keine durchgehende Stromversorgung), fließendes Wasser und den regelmäßigen Postdienst. Er initiierte die nach einem Dämmerschlaf heute wieder aktive Inselkooperative, gründete eine Strickwarenfabrik und brachte die Anliegen der Bewohner bis vor das Straßburger Europaparlament. Als sein Meisterstück gilt eine Petition zum Schutz der nordirischen Inseln, die von allen Abgeordneten aus beiden Teilen Ulsters unterzeichnet wurde. Nachdem sich der volksverbundene Pfarrer mit nahezu allen staatlichen und kirchlichen Instanzen überworfen hatte, wurde er 1984 von einem Tag auf den anderen abberufen.

• *Information* Comharchumann Oileán Thoraí, ℡ 074 913 5502, www.oileanthorai.com.

• *Verbindung* Jeden Morgen ein Schiff von Bunbeg, dazu April–Sept. tägl. 2–3 Schiffe von Magheraroarty (östlich vom Bloody Foreland). Auskunft über die Abfahrtszeiten und Verbindungen besonders im Winter bei **Turasmara Teo** (Donegal Coastal Cruises), ℡ 074 953 1340, ℡ 074 913 5061 (Abfahrten Magheraroarty), www.toryislandferry.com.

• *Fahrradverleih* (gäl. „Rothair ar Cíos") **Pádraig Mac Ruairí**, ℡ 074 916 5614.

• *Musik* Abendliche Sessions im **Ostán Thoraigh** und im Community Centre **Club Soisialta**.

• *Lesen* Diarmud O'Peicin: „Tory Island: The Island That Wouldn't Go To Sleep", Trafford Publ., New York.

• *Übernachten* In den letzten Jahren entstand eine ganze Reihe neuer Quartiere, die aber nicht ausgeschildert sind. So müssen Fremde nach dem Weg fragen.

Ostán Thoraigh, West Town, ℡ 074 913 5920, www.toryhotel.com, am Hafen, DZ 140–150 €. Das einzige Hotel der Insel verlangt von Fremden stolze Preise für vergleichsweise schlichte Zimmer und hat einen nicht sonderlich freundlichen Chef, der auch ein Fährschiff und ein Tauchzentrum betreibt. In der hauseigenen „People's Bar" sorgt Patsy King of Tory mit dem Akkordeon für die Abendunterhaltung. Das Hotel ist Okt.–März geschlossen.

Grace-Ann Duffy, East Town, ℡ 074 913 5136, April–Okt., DZ 65 €. Drei einfache Zimmer, im Garten ein Dutzend sturmgebeugter Bäume. Auf Wunsch auch Abendessen. Weitere Zimmer vermittelt die Kooperative (℡ 074 9135 502), die April–Sept. auch das **Hostel Teach Bhillie** (℡ 074 916 5145, www.toraigh.net, EZ 25, DZ 40 €) betreibt.

• *Essen* Am Hafen ist ein Café, zum Hotel gehört auch ein Restaurant.

Sehenswertes

Balors Fort, die Nordostspitze Torys, ist eine natürliche Festung. Zum Meer hin durch Steilklippen geschützt, haben die keltischen Burgherren auf dem schmalen Grat, der das Kap mit der Insel verbindet, einen Wall angelegt, der immer noch zu sehen ist. Der Legende nach hielt hier Balor, der einäugige Kriegsgott aus dem keltischen Schattenreich, seine Tochter und Mondgöttin Eithne gefangen. Kein Mann durfte sie berühren, denn, so die Überlieferung, ein Enkel würde dereinst Balor erschlagen. Naja, es kam, wie es kommen musste ... Heute siedelt in Balors Fort eine der größten irischen Kolonien von Seepapageien, die mit ihrem farbenfrohen dunklen und weißen Gefieder und den orangefarbenen Schnäbeln eher in südliche Gefilde zu gehören scheinen.

Ob das im 16. Jh. aufgelassene **Kloster**, von dem am Rande von West Town noch ein *Rundturm* steht, wirklich auf St. Columcille zurückgeht, mag bezweifelt werden. Jedenfalls war Tory Island auch im Mittelalter besiedelt. Ein anderes frühchristliches Zeugnis ist das *τ-Kreuz* am Landungssteg von West Town.

Die Hubschrauber der Leuchtturmbehörde „Commissioners of Irish Lights", die den 1832 an der Nordwestspitze von Tory Island errichteten **Leuchtturm** versorg-

Falcarragh/Dunfanaghy 631

ten, bildeten lange die einzige, unabhängig von Wind und Wetter verlässliche Verbindung zur Außenwelt. Seit der Leuchtturm unbemannt und automatisiert ist, kommt der Arzt mit seinem eigenen Helikopter.

West Town und **East Town,** die beiden durch eine Piste verbundenen Siedlungen, sind ein buntes Sammelsurium von Fischerhäuschen in unterschiedlichem Zustand. Die einen proper herausgeputzt und farbenfroh gestrichen, die anderen vernachlässigt – so wie die Menschen selbst auf ihr Äußeres mehr oder weniger Wert legen. Nicht verschwiegen sei, dass der wild abgelagerte Müll zu einem Problem auf Tory Island geworden ist.

Die Maler von Tory

Es begann in den 50er Jahren mit einem „Arbeitsaufenthalt" des englischen Landschaftsmalers Derek Hill auf Tory Island. *James Dixon* schaute dem Meister über die Schulter und befand: „Das kann ich besser!" Der Engländer stellte sich der Konkurrenz und gab Dixon Farbe und Leinwand. Die Pinsel fertigte sich der Herausforderer selbst aus den Schwanzhaaren eines Esels. Es entstand eine naive Vogelperspektive von West Town, wie es sich an den Felsrücken über der Hafenbucht schmiegt – Dixon hatte weder jemals eine künstlerische Ausbildung erhalten, noch seine Stadt je aus der Luft gesehen. Diese und andere Bilder, die meisten befinden sich in der Glebe Galerie in Church Hill, sind heute Tausende wert. Vom Erfolg des Pioniers angestachelt, versuchen sich auch andere Inselbewohner als Maler. *Anton Meenan* ist bislang der einzige, der eine Kunstschule besucht hat. Doch auch er nimmt seine Motive ausschließlich von der Insel. Die Bilder der „Naiven" von Tory, die schon auf Ausstellungen in Paris gefeiert wurden, sieht man im Donegal z. B. in der Glebe Galerie oder auf Tory Island in der Dixon Galerie und im Gemeindehaus.

Falcarragh/Dunfanaghy

Zwischen Falcarragh und Dunfanaghy, einer Plantation mit strenger, presbyterianischer Atmosphäre und nettem Hafen, glänzt die Nordküste Donegals mit einem feinsandigen Strand.

Wegen der starken Strömungen taugt das Meer hier allerdings nicht zum Schwimmen. Die Straße kurvt jedoch weiter landeinwärts durch eine karge Moorlandschaft im Schatten des Mukish Mountain. Außer Natur hat die Gegend nicht allzu viel zu bieten. Fast bis ins Dorf reicht der einsame **Killyhoey Beach** und lädt zu Spaziergängen ein. Belebter geht es im Sommer in **Marble Hill** zu, dem Strand von Portnablaghy. Windsurfer aus ganz Irland hoffen hier auf die richtige Brise, die Bucht soll besonders geeignet für Anfänger sein. Die Cracks erlebt man nordwestlich von Gortahork am **Magheroarty Beach,** der sich vom Pier der Tory-Island-Fähre im Bogen nach Nordosten zieht und auch die angeblich höchsten Sanddünen Europas hat.

Der Nordwesten
Karte S. 590/591

● *Verbindung* Von Falcarragh und Dunfanaghy **Busse** nach Dungloe, Letterkenny, Galway und Derry. Mit **Lough Swilly Bus,** ✆ 048 7126 2017, und **McGinley,** ✆ 074 913 5201, nach Letterkenny, Derry und Dublin sowie in die Gegenrichtung nach Dungloe. **Feda O'Donnell,** ✆ 074 954 8114, Letterkenny, Donegal und Galway.

● *Surfen* **Marble Hill Windsurfing,** The Cottage, Marble Hill, Dunfanaghy, ✆ 074 913

632 Der Nordwesten/County Donegal

6231. Richard Harshaw zählt zu den bekanntesten und erfahrensten Windsurfern Irlands. Unterricht, auch Verleih und Verkauf einschlägiger Ausrüstung.

● *Übernachten* *** **Arnold's,** Dunfanaghy, ✆ 074 913 6208, www.arnoldshotel.com, 15. März–Okt., DZ 110–150 €. Am Ortsrand und seit drei Generationen in Familienbesitz, viele Stammgäste. Als besonderes Schmankerl werden Malkurse und geführte Wanderungen offeriert, das Hotel hat einen eigenen Reitstall. Spezialität des Restaurants ist der Seafood-Eintopf.

The Whins, Anne Marie Moore, Dunfanaghy, ✆ 074 913 6481, www.thewhins.com, DZ 75 €. Das preisgekrönte B&B steht 10 Gehminuten südlich von Dunfanaghy am Rande des Golfplatzes. Eingerichtet mit Geschmack und Können, jedes Zimmer in anderen Farbtönen. Salon im Stil britisch-irischer Gemütlichkeit mit schweren Polstermöbeln und Kamin. (Lesertipp von Holger Dannat)

B&B Rosman House (McHugh's), Falcarragh Rd., Figart, Dunfanaghy, ✆ 074 9136273, www.rosmanhouse.ie, DZ 75 €. Ein Bungalow mit Meerblick 100 m abseits der Hauptstraße, farbenrohe Zimmer mit TV, Radio und Heizdecken; Garten.

Shamrock Lodge Hostel (IHH), Falcarragh, ✆ 074 913 5057, Bett 17 €, DZ 40 €. Über dem Dorfpub (Sa Musik), dessen Stimmung über die kleinen Zimmer des Hostels hinwegtröstet.

Corcreggan Mill Hostel (IHH), Dunfanaghy, ✆ 074 913 6409, www.corcreggan.com, Bett 20 €, DZ bis 60 €. 4 km Richtung Falcarragh in einer restaurierten Mühle Der schneidige Inhaber Brendan Rohan, ein pensionierter Offizier, suchte lange einen Käufer für seinen vorkeltischen Kraftort – stattdessen hat

er eine (deutsche) Partnerin gefunden und geheiratet. Auf dem Gelände befindetn sich sich auch ein Restaurant und das

Carriage Hostel, ✆ 074 910 0814, www.thecarriage-hostel-corcreggan.com, Bett 15–18€, Dz bis 50 €. Ein aus Naturstein errichtetes Häuschen mit einem umgebauten Eisenbahnwaggon, auch Camping möglich. Gut ausgerüstete Küchen, den Aufenthaltsraum wärmt im Winter ein Kaminfeuer (der Waggon hingegen ist schweinekalt).

● *Essen* **The Mill,** Dunfanaghy, Falcarragh Rd., nahe der kath. Kirche, Di–So abends, So auch mittags, ✆ 074 913 6985, www.themillrestaurant.com, Menü 43 €. Das hoch gelobte Restaurant ist in einer früheren Flachsmühle eingerichtet, passend dazu sind die Tischdecken aus Leinen. Moderne irische Küche, auch Fremdenzimmer.

Preiswerter ist **Danny Collins Pub & Restaurant,** Main St., Dunfanaghy, mit Pastagerichten ab 12 €.

Maggie Dan's Tearoom, Gortahork, Market Square, ✆ 074 916 5022, www.maggiedans.ie, tägl. ab 18 Uhr. Die Speisekarte bringt Klassiker wie Suppe, Pizza, Fischplatten und, nicht selbstverständlich, hausgemachte Eiscreme. Doch essen ist hier eigentlich nur Nebensache. Denn Maggie Dan hat ihre hauseigene Theatertruppe, und wenn die mal nicht spielt, demonstriert ein Pianospieler unterhaltsames Können. Im Oktober ist das Lokal Schauplatz des örtlichen Poetry-Festivals (→ www.samhainpoetry.com).

● *Pub* **Teach Ruairi,** in Baltoney, Gortahork, war bislang ein Treffpunkt der Folkmusiker. Hoffen wir, dass der neue Besitzer keine anderen Pläne hat.

▶ **Falcarragh Visitor Centre:** Die frühere Polizeistation von Falcarragh wurde zu einem Dorfgemeinschaftshaus mit Café, Veranstaltungs- und Ausstellungsräumen umgebaut. Letztere widmen sich der für Fremde nicht unbedingt interessanten Geschichte des Polizeiwesens in Donegal und besonders in Falcarragh. Ein Videofilm wirbt für die Sehenswürdigkeiten der Umgebung.

⏰ April–Okt. Mo–Fr 10–17, Sa/So 11–17 Uhr; Eintritt frei. www.falcarraghvisitorcentre.com.

▶ **Dunfanaghy Workhouse:** Nach dem britischen Armengesetz, das just wenige Jahre vor der großen Hungersnot beschlossen worden war, gab es öffentliche Hilfe nur für jene Bedürftigen, die zu arbeiten bereit waren. Mancher deutsche Sozialpolitiker und Stammtischbruder wird diese Regel vorbildlich finden. Alte, Kranke und für die harte körperliche Arbeit zu Schwache blieben außen vor – sie waren auf die Hilfe menschlicher Grundherren und der Kirche angewiesen oder mussten verhungern. Die arbeitsfähigen Armen wurden in gefängnisähnlichen Arbeitshäusern kaserniert und hier, nach Männern, Frauen und Kinder getrennt, nicht anders als

Glenveagh Nationalpark 633

Zwangsarbeiter behandelt. Eines dieser Arbeitshäuser, die damals an vielen Orten Irlands errichtet wurden, ist in Dunfanaghy als Museum erhalten. Die Lokalgeschichte und besonders die Zeit der Hungersnot werden anhand der Lebenserinnerungen von Hannah Herrity (gest. 1926) rekonstruiert, doch ist die Ausstellung stark textlastig. Daneben stellt das Workhouse auch Arbeiten einheimischer Künstler aus und hat einen Coffeeshop.

⏱ April–Sept. Mo–Sa 10–17 Uhr, So 12–17 Uhr, Eintritt 4,50 €. www.dunfanaghyworkhouse.ie.

▸ **Horn Head:** Die Klippen vor Dunfanaghy, nach Slieve League die höchsten im Donegal, sind noch nicht lange Teil der irischen Insel. Erst zu Beginn des 20. Jh. hat der durch Überweidung der Dünen locker gewordene Sand bei außergewöhnlich heftigen Stürmen die Meerenge von Westen her buchstäblich zugeschüttet. Der Süßwassersee **New Lake** ist das letzte Überbleibsel des Meeresarms, der Horn Head einst von Irland trennte.

Den Ostteil von Horn Head kann man auf einer „Scenic Road" per Fahrrad oder Auto erkunden, die spektakuläre Westküste lässt sich nur auf Schusters Rappen erschließen. Eine schöne Halbtages**wanderung** beginnt am Corcreggan Mill Hostel, nimmt ein kurzes Stück die Straße nach Westen und biegt dann den ersten Weg rechts zum Strand ein. An dessen Ende geht es auf den Hang hinauf, oben wird man an den **Two Pistols** und an **McSwyne's Gun** (200 m nördlich von der Gedenktafel für die Opfer eines Unfalls) von einer eigenartigen Naturerscheinung erwartet. Die Felslöcher sind die „Hinterausgänge" von zum Meer hin offenen Höhlen, in denen sich Wind und Brecher fangen und die Luft unter enormen Druck und einem Höllenlärm auf der Landseite hinauspressen. Nach der **Pollaguill Bay,** in der man bei entsprechendem Wetter picknicken und sogar baden kann, geht es an einem Cairn vorbei zum **Marble Arch,** wo sich das Meer einen Tunnel unter dem Fels ausgespült hat. Wer keine Rückfahrgelegenheit arrangiert hat, muss jetzt wohl umkehren. Andernfalls setzt man den Weg immer der Küste entlang fort. Erst jetzt kommen nämlich mit **Crockaclogher**, **Horn Head** und **Traghlisk Point** die Steilklippen der Halbinsel, der Weg wird steiler und schwieriger. Wenn Sie von Traghlisk Point landeinwärts auf den Hügel mit der verfallenen Wachstation zuhalten, sehen Sie von dort bereits den Parkplatz am Ende des Scenic Drive.

▸ **Ards Forest Park:** Der Waldpark an der Nordküste der Ards-Halbinsel ist aus einem Landgut hervorgegangen. Die Forstverwaltung hat gleich mehrere Spazierwege durch den Wald und am Strand angelegt. Ein Heftchen mit Vorschlägen für Touren ist am Eingang erhältlich.

Anfahrt An der N 56 etwa auf der Mitte zwischen Dunfanaghy und Creeslough; Eintritt frei.

▸ **Doe Castle:** Die bis 1909 bewohnte Ruine der von den MacSweeneys im frühen 16. Jh. angelegten Wehrburg thront auf einem kleinen Felsen und ist auf drei Seiten von Wasser umgeben. Landseitig schützt sie eine aus dem Stein gehauene Schanze vor Angreifern, bei denen es sich meistens um nahe Verwandte, z. B. Brüder, handelte – ein so schön gelegenes Haus fordert Erbstreitigkeiten geradezu heraus. Manch einer der Häuptlinge, die auf dem Friedhof vor der Burg bestattet sind, starb keines natürlichen Todes. Der beste Fotowinkel ist von McFaddan's Pub an der Straße nach Carrigart.

Anfahrt Cresslough, Carrigart Rd., 5 km außerhalb; gut ausgeschildert. Eintritt frei.

Der Nordwesten

Karte S. 590/591

Glenveagh Nationalpark

Der Glenveagh Nationalpark, mit fast 100 qkm Irlands größtes Naturschutzgebiet, ist, gemessen an den Besucherzahlen, auch die Top-Attraktion Donegals. Der mannshohe Zaun, der das Gelände umgibt, schützt zugleich eine der letzten irischen Herden frei lebenden Rotwilds.

Der Naturpark geht indirekt auf den damaligen Landlord John George Adair zurück. Als sein Verwalter 1861 beim Versuch, den Diebstahl einiger Schafe aufzuklären, von Unbekannten umgebracht wurde, wies Adair kurzerhand alle Pächter von seinem Besitz – mit Schafen ließ sich mehr verdienen, als die Abgaben der Bauern brachten, und weniger Ärger bereiteten sie auch. Im **Besucherzentrum** am Eingang geben Vitrinen und ein Film einen Überblick über die Geschichte des Parks, seine Pflanzen und Tiere und Erklärungen zur ökologischen Bedeutung des Reservats. Hinter dem Haus ist ein Naturlehrpfad angelegt.

Ein Kleinbus bringt die Gehfaulen zum 4 km entfernten **Castle,** einem viktorianischen Protzbau am Ufer des Lough Beagh. Die Einrichtung wurde großteils von Henry McIlhenny zusammengekauft, einem steinreichen Amerikaner irischer Abstammung, der das Schloss seit den dreißiger Jahren bewohnte und es schließlich dem Staat vermachte. Wie man im Rahmen der Führung an den Trophäen, Gemälden und sogar an manchen Möbeln sieht, galt McIlhennys große Leidenschaft der Jagd. Noch in anderer Hinsicht eiferte der Mann aus Philadelphia der englischen Gentry nach. Zwar hatte schon der letzte Adair vor dem steingrauen Haus einen **Park** angelegt, doch McIlhenny brachte die bunte Oase, die so gar nicht in das sonst raue und kahle Tal zu passen scheint, erst richtig zum Blühen. Wälder und Anlagen, Terrassen mit antiken Skulpturen, ein Küchengarten und Blumenrabatten sind zu einer künstlichen Landschaft verwoben. Das Glashaus erinnert an die königlichen Gärten in Brüssel.

Längere Streifzüge führen vom Schloss aus am Ufer des **Lough Beagh** entlang durch die Eichen- und Fichtenwälder. So muss einmal der größte Teil Donegals ausgesehen haben. Die kleinen Inseln im See waren vor Adairs drakonischer Strafaktion ein beliebtes Versteck der illegalen Schnapsbrenner, an der Südspitze rauscht der **Asteellen Wasserfall.** Wer auch auf die angrenzenden Höhen wandern oder mit einem Fernglas die Hirsche aufspüren will, kauft sich am besten im Visitor Centre die kleine Broschüre über den Nationalpark, die auch eine Karte enthält.

● *Information* www.glenveaghnationalpark.ie
● *Verbindung* Es gibt keine öffentlichen Verkehrsmittel in den Nationalpark.
① **Nationalpark:** Park, Schloss, Gärten und Visitor Centre sind tägl. 10–18 Uhr (März–Nov. bis 17 Uhr) geöffnet, Einlass bis 1 Std.vor Schließung. Der Eintritt zu Visitor Centre, Park und Gärten ist frei, die Führung durchs Schloss kostet mit Busfahrt 5 €.
● *Führungen* Durch den **Park** geführte Spaziergänge April–Sept. Mi+So 14 Uhr ab Visitor Centre, dazu etwa alle vier Wochen samstags oder sonntags längere Bergwan-

derungen (Auskunft und Anmeldung ✆ 074 913 7090).
● *Übernachten* **B&B Mountain View,** Susan Alexander, Drimacanoo (an der Straße zwischen Church Hill und Letterkenny), ✆ 074 913 7060, www.mountainviewdonegal.com, DZ 70 €. „Die B&B-Betreiberin ist supernett und sehr hilfsbereit. Die Zimmer sind sauber und gemütlich eingerichtet, Frühstück im Wintergarten mit tollem Blick. Hausherr Tony arbeitet im Nationalpark." (Lesertipp von Ronja Sonntag)

Church Hill

Glebe House: Der Kunstmaler Derek Hill erwarb 1953 am Ufer des Lough Gartan das frühere Kloster und Hotel Glebe House. Später stiftete er es dem Staat, und das Haus wurde so belassen, wie es Hill einst einrichtete: Je nach Geschmack des Betrachters wird es als ein einzigartiges Gesamtkunstwerk oder als ein Kitschkabinett empfunden. Unstrittig ist der Rang einzelner Kunstwerke, mit denen der Landschafts- und Porträtmaler sich umgab. Da hängen Gemälde von Kokoschka und Picasso, Landseer und Jack B. Yeats, in der Küche sind die Tory-Maler versammelt, allen voran James Dixon mit seiner bezaubernden Vogelperspektive von Westtown. Wagemutig sind die Kombination und das unvermittelte Nebeneinander der vielen und ganz verschiedenen Dinge, an denen Hill Gefallen fand: englische, italienische und türkische Tapeten, Orientalika und Asiatika, das viktorianische Bad und die Tiffany-Lampe, kurz: ein buntes Allerlei, dessen Fäden einzig im Kopf von Derek Hill zusammenliefen. Seine Bilder sind zusammen mit Wechselausstellungen in der in den einstigen Ställen eingerichteten Galerie zu bewundern.
Ⓣ Ostern und Juni–Sept. Sa–Do 10–18.30 Uhr, Einlass bis 17.30 Uhr; Eintritt 3 €.

Columcille Heritage Centre: Der Heilige Columcille, nach Patrick Irlands wichtigster Heiliger, wurde 521 am Lough Gartan geboren. Die kleine Ausstellung ist seinem Leben und Wirken gewidmet, es gibt ein wunderschönes Bleiglasfenster mit biblischen Szenen und eine gut verständliche Erklärung zur Technik der Buchmalerei und Kalligraphie.
Ⓣ Ostern und vom 1. Sonntag im Mai bis Sept. Mo–Sa 10.30–18, So 13–18 Uhr; Eintritt 3 €.

Rosguill

Von der Gaeltacht-Gemeinde **Carrigart** (gäl. Carraig Airt) aus führt der etwa 15 km lange **Atlantic Drive** im Uhrzeigersinn um die Halbinsel Rosguill herum. Die Landschaft öffnet sich zu einem feinsandigen Strand, der sich mit der Annäherung an **Downings** und seine Campingplätze zusehends bevölkert. Auch in puncto Kneipen und Nachtleben muss sich Downings während der Sommerferien nicht verstecken. Gebräunte bis geröstete Girls und Girlies treffen auf testosterongesteuerte Burschen, da geht natürlich die Post ab. Ein Abstecher in die Dünenlandschaft an der Nordspitze Rosguills endet in einem inoffiziellen Campingplatz, der sehr viel schöner liegt als die Zeltplätze beim Dorf. Auf dem Rückweg, zwischen Downings und Carrickart, bietet sich noch der Ausflug zur 65 ha kleinen **Insel Roy** (gäl. Oilean Ruaidh) an, die nur bei Hochwasser eine echte Insel ist, denn dann ist der hinüberführende Damm überflutet.

● *Verbindung* Im Sommer Busse von Carrigart nach Downings und Letterkenny **(Lough Swilly,** ✆ 048 7126 2017).

● *Übernachten* ****** Rosapenna,** Downings, ✆ 074 915 5301, www.rosapenna.ie, April–Okt., DZ 170–190 €. Das vornehme Haus liegt in einem großem Grundstück direkt am Meer. Ganzer Stolz ist der hoteleigene Golfplatz, der schon seinen hundertsten Geburtstag feiern konnte. Gemütliche Kaminfeuer, wuchtige Polstermöbel, die Zimmer mit TV und teilweise Meerblick. In der Architektur ist vom viktorianischen Haupthaus bis zu den neuen Bungalowbaracken allerdings ein gewisser Niedergang festzustellen.

** Carrigart Hotel, Carrigart, ✆ 074 915 5114, www.carrigarthotel.com, April–Sept., DZ 110–130 €. Seit drei Generationen in Familienbesitz, mit Freizeitzentrum (Hallenbad, Sauna, Squash). Leider wurde dem stattlichen Haus der Gründerzeit ein hässlicher Anbau beigefügt.

636 Der Nordwesten/County Donegal

B&B Sonas, Mary Gallagher, Upper Carrigart, Mitte März–Okt., ℰ 074 915 5401, www.sonas bandb.com, DZ 70 €. Schöner Rosengarten.

Tra na Rossan JH, ℰ 074 915 5374, www. anoige.ie, Ende Mai bis Sept., Bett 13–16 €. 6 km nördlich von Downings, in bester Lage auf einem Hügel, betten schon seit 1937 müde Wanderer in dem aus Naturstein gebauten Haus ihr Haupt. Einsam gelegen, weitgehend saniert.

● *Camping* **Casey's Camping,** Downings, ℰ 074 915 5301, www.caseyscamping.com, April–Sept., Zelt mit 2 Pers. 20 €. Sehr einfach, viele Wohnmobile, in der Ortsmitte direkt am Strand.

● *Essen/Pubs* **Old Glen Bar & Restaurant,** Glen, Carrigart. Vorne der Pub wie anno dazumal, hinten ein modernes Restaurant, das für seine Seafoodküche berühmt ist. Hauptgericht um 20 €.

Eine Chance für den Bio-Farmlachs?

Heute mag man kaum glauben, dass Lachs einmal ein Arme-Leute-Essen war. 1842 gingen an der französischen Atlantikküste Hausangestellte und Tagelöhner gegen den Versuch der Weinbauern, sie jeden Tag mit Lachs abzuspeisen, auf die Barrikaden. Nicht öfter als dreimal die Woche dürfe der Fisch auf den Tisch kommen, einigte man sich schließlich.

Heute ist echter Wildlachs eine Rarität, und ohne die Bemühungen der Fischzüchter, die massenweise Jungtiere in den Flüssen aussetzen, wäre der Edelfisch vielleicht schon ganz ausgestorben. Einem angeborenen Instinkt folgend, kehrt der Lachs nach einer Reise in den Atlantik zum Laichen immer wieder dorthin zurück, wo er selbst aufgewachsen ist. Die meisten Lachse, die heute in den Schlünden der Feinschmecker enden, haben das offene Meer jedoch nie gesehen. Sie kommen aus einer Bucht, wo sie in den Käfigen der Fischfarmen herangewachsen sind. In der *Mulroy Bay* zwischen den Halbinseln Fanad und Rosguill befindet sich die wohl größte derartige „Fischfabrik" Irlands. Die Lachsfarmen sind ein Lieblingskind der halbstaatlichen Wirtschaftsförderung, die darin eine Chance für neue Arbeitsplätze und sichere Einkommen sieht. Ein Großteil der irischen Produktion geht nach Deutschland.

Doch die Farmen sind umstritten: Massenhaltung auf engem Raum, oft an ungeeigneten, weil zu wenig durchströmten Standorten und inzuchtbedingte genetische Schäden machen die Fische anfällig für Krankheiten und besonders Infektionen – ein einziger erkrankter Lachs kann alle anderen im Käfig anstecken. Vorbeugend geben die Züchter Antibiotika ins Futter und bringen Pestizide gegen Läuse und Ungeziefer aus. Diese schützen die Zucht, dezimieren aber die viel empfindlicheren Wildlachse, die auf dem Weg in die Laichgründe an den Farmen vorbeikommen. Damit erzürnen die Züchter Ökologen, Fischer und die Tourismusbranche, die zu Recht befürchtet, dass die Angelurlauber ausbleiben, wenn es in den Flüssen keine Lachse mehr gibt.

Vor allem in Norwegen, wo man die längsten Erfahrungen mit der Lachszucht hat, experimentieren Züchter mit „Bio-Farmlachs". Dabei werden wild lebende Jungtiere beim Zug ins Meer abgefangen und in vergleichsweise dünn besetzten Käfigen aufgezogen. Sie sind widerstandsfähiger gegen die Parasiten, auf Pestizide und Medikamente kann verzichtet werden. Doch der „Bio-Farmlachs" ist arbeitsintensiv, bringt weniger Ertrag und ist damit viel teurer als der gewöhnliche Farmlachs. Noch sind nur wenige Verbraucher bereit, dafür auch mehr zu zahlen.

Thatch, Downings. Auch Essen, im Sommer Folkmusic und Sessions. Lokalmatadore sind die „Mollones", eine Familienband, die auch gälische Lieder singt.
• *Reiten* **Dunfanaghy Stables,** ℡ 074 910 0980, www.dunfanaghystables.com. Der Reitstall von Arnold's Hotel bietet unbegeleitete Ausritte (30 €/Std.) und Unterricht.
• *Tauchen* **Diveology,** Derek Flanagan, ℡ 086 809 5737, www.diveology.com, Loughross, Milford. Tauchschule und -basis, auch Segelkurse.

Fanad

Die nächste Halbinsel, ein Hügelland zwischen Mulroy Bay und Lough Swilly, ist landschaftlich weniger spektakulär als Rosguill. In den geschützten Lagen der Westseite wächst üppiger Wald, die Hochflächen sind Weideland.

Bei **Carrowkeel** an der Westküste wurde im 19. Jh. das **Knockalla Fort** angelegt, um Fanad vor einer erwarteten Invasion der Franzosen zu schützen. **Portsalon** an einem schönen Sandstrand am Eingang des Lough Swilly hofft, dass mit der Entspannung in Nordirland wieder mehr Wochenendausflügler aus Derry kommen. Das einzige größere Hotel des Seebades brannte vor einigen Jahren aus. Im Sommer bieten die Fischer Boottrips zu den **Seven Arches,** einem natürlichen Triumphbogen im Meer, und dem von der Brandung zernagten Felsen **Doaghbeg** an. 5 km vor Rathmullan weist ein Schild landeinwärts zum **Drumhallagh Cross,** einem mittelalterlichen Hochkreuz, das auf einem Felsen am Rand eines Wäldchens thront.

▶ **Rathmullan** sah 1607 die „Flight of the Earls", bei der die O'Neills und O'Donnells sich vor dem englischen Druck nach Frankreich absetzten und damit den Weg für die Konfiszierung ihrer Güter und schließlich die „Plantation", die Ansiedlung schottischer Protestanten, freimachten. Geschichtsfans erfahren im **Heritage Centre**

Natürliche Fassadenbegrünung am Karmeliterkloster von Rathmullan

638   Der Nordwesten/County Donegal

in der alten Hafenfestung mehr über diese Episode (2008 wegen Renovierung geschlossen). Die Earls sammelten sich vor dem **Karmeliterkloster,** das damals sicher noch die Spuren der Zerstörung und Plünderung des englischen Überfalls von 1595 trug. Später richtete ein Bischof das efeuumrankte Gemäuer als Amtssitz wieder her. Im 18. Jh. war Rathmullan eine Basis der englischen Amerikasegler, später kamen die Russen, um hier in Salz eingelegten Hering zu erstehen. Auch als Heimat der angeblich besten irischen Saatkartoffeln hat das Städtchen einen Namen, und last not least gibt es ein liebenswert angestaubtes Seebad mit verschwiegenen Buchten in der nahen Umgebung. Am Strand südlich des Hafens sollte man allerdings nicht ins Wasser gehen – dort mündet auch die Kanalisation des Städtchens.

• *Verbindung* **Lough Swilly Bus,** ☎ 048 7126 2017, umrundet von Letterkenny aus die Halbinsel. **Lough Swilly Ferry,** ☎ 074 938 1901, pendelt Juni–Aug. zwischen Rathmullan und Buncrana. Abfahrten tägl. 9–20 Uhr etwa alle 90 Min., Auto mit Insassen 15 €, Fußgänger 3 €.

• *Übernachten/Essen* ****** Rathmullan House,** ☎ 074 915 8188, www.rathmullanhouse.com, Ostern–Okt., DZ 200–330 €. Etwas nördlich des Dorfs liegt das elegante Herrenhaus (1790) mit wertvollen alten Möbeln, Marmorkaminen, einem Speisesaal im orientalischen Stil, Sauna und Hallenbad in einem weitläufigen Park nahe dem Ufer. Für Hunde (in Begleitung ihrer Herrchen) gibt's den „doggy room", über den sich der in „Buster's Diaries" zu Ruhm gekommene Bullterrier Buster hoch zufrieden zeigte. Die Küche (für Zweibeiner) pflegt neben Seafood auch irische Gerichte (z. B. Lauch-Kartoffelsuppe).

▶ **Ramelton** (auch: Rathmelton), pittoreskes Ensemble aus Lagerhäusern, einfachen Fischerkaten und georgianischen Stadthäusern, war einst ein Zentrum der Lachsfischerei. Ein auf die Fassade des Fish House am Hauptplatz gezeichneter Plan weist den Weg zu den historisch bedeutsamen Gebäuden des Städtchens. Das **Heritage Centre** am Kai erzählt mit Tafeln, Bildern und Filmen die Geschichte der Stadt: Hervorgegangen aus einer Residenz der gälischen O'Donnell-Fürsten, dann protestantische Siedlerstadt und Heimat von Francis Makemie, der als Missionar die presbyterianische Konfession nach Amerika brachte, erlebte Ramelton seine beste Zeit im 18. Jh.

• *Information* www.ramelton.net.

① **Heritage Centre:** Juni–Sept. Mo–Fr 10 bis 17 Uhr, Juli/Aug. auch Sa; Eintritt 4 €, www.donegalancestry.com.

• *Übernachten* **B&B Frewin,** ☎ 074 915 1246, www.frewinhouse.com, DZ 130–180 €. Von Letterkenny kommend gleich am Ortseingang weisen Schilder nach rechts zu einem prächtigen Haus mit Natursteineinfassade etwas abseits der Straße. Samt den Bäumen des umgebenden Parks stammt es aus viktorianischer Zeit und wurde von Thomas und Regina Coyle entsprechend möbliert. (Lesertipp von Renate Franz) **B&B Ardeen House,** ☎ 074 915 1243, www.ardeenhouse.com, April–Okt., DZ 80 €. An der Bucht hinter dem Hafen (150 m von Kellys Lagerhaus) steht inmitten makelloser Rasenflächen dieses überdurchschnittlich gut ausgestattete Erkerhaus aus viktorianischer Zeit.
Lennon Lodge, Market Sq., ☎ 074 915 1227, www.lennonlodge.com, DZ 70 €. Eine Adresse für Nachtaktive, denn in der angeschlossenen Bar gibt's Do Sessions, dazu Fr–So häufig Livebands. Zimmer mit TV und teilw. mit eigenem Bad, Waschküche.

• *Essen* **Mirabeau Steak House,** ☎ 074 915 1138, nur abends, Hauptgericht um 20 €. Gediegen, in Blaurosa eine Spur kitschig eingerichtet., französische Küche.

Bridge Bar, Bridge End, auf der nördlichen Flussseite, ☎ 074 915 1833, www.bridgebar.com, mit einem Restaurant (offen Mi–Sa abends) im Obergeschoss. „Fischgerichte vom Feinsten mit sympathischer Bedienung. Unbedingt vorher reservieren." (Lesertipp von Renate Franz)

• *Pubs* **Conway's,** in einer riedgedeckten Bauernkate erwarten den Gast ein riesiger Tresen, oben von einem zum Auswanderer den Daheimgebliebenen geschickte Standuhr („Seht her, hier schlägt die Stunde Amerikas!") sowie viel Bier und gute Laune.

Letterkenny

Mit 17.000 Einwohnern ist der Marktort an der Mündung des River Swilly die größte Stadt der Grafschaft und die Verkehrsdrehscheibe Norddonegals. Zu sehen gibt es außer Irlands längster Hauptstraße wenig in Letterkenny, doch bei der Anfahrt zu den Halbinseln kommt man unweigerlich daran vorbei.

Für viele Menschen und besonders die Bauern, deren Felder in beiden Landesteilen liegen, war die Grenzziehung zwischen Donegal und Derry ein harter Schlag. Als Stadt hat Letterkenny von der Teilung jedoch profitiert und wirtschaftliche wie administrative Funktionen für den Nordosten Donegals übernommen, die vorher Derry innehatte. Im Sommer merke man sich Anfang August als Termin des *Letterkenny Folk Festivals* vor, das mit Musik und Straßentheater aufwartet.

Letterkenny ist eine Plantationgründung des 17. Jh. George Maybury, der über seine Frau an das Land kam, siedelte damals 50 schottische Farmer an. Allmählich wuchs das Dorf, immer entlang der heutigen **Main Street,** weswegen man hier die derzeit wohl längste Hauptstraße Irlands findet. Sie wird von der neo-gotischen **St. Einan's Cathedral** überragt, in der, nachdem die Anglikaner sein altes Gotteshauses enteignet hatten, der katholische Bischof von Letterkenny und Raphoe seit 1901 wieder seine Schäflein zum Gebet versammelt. Die Glasfenster des Chors und der Marienkapelle fertigte eine Firma Mayer aus München. Die weltliche Sehenswürdigkeit Letterkennys ist das **Museum** im früheren Gefängnis. Die kleine Sammlung umfasst archäologisch bedeutsame Funde aus der Region, Reminiszenzen an die Eisenbahn und etwas Folklore.

Information/Verbindungen/Diverses

- *Information* **North West Tourism,** Port Bridge Roundabout, Derry Rd., ✆ 074 912 1160, www.donegaldirect.ie, Mo–Fr 9–17 Uhr, Juni–Aug. bis 18 Uhr u. Sa/So 12–15 Uhr. Wenig fußgängerfreundlich 20 Min. von der Busstation an der Ausfallstraße nach Derry gelegen. Das Büro verkauft die **Broschüre** „Tourist Trail" mit einem geführten Stadtrundgang. Im **Internet** Informationen über Letterkenny unter www.letterkennyguide.com und www.letterkenny.ie

- *Verbindung* Letterkennys Busbahnhof (✆ 074 912 2863) ist die Verkehrsdrehscheibe Norddonegals. Mit **Bus Éireann** (✆ 074 9121309, www.buseireann.ie) nach Dublin über Monaghan, nach Cork über Sligo, Galway, Limerick und nach Derry. Mit **Lough Swilly Bus** (✆ 048 7126 2017) nach Dungloe über Dunfanaghy, nach Derry und Fanad. Mit **Feda O'Donnells** (✆ 074 491 8114, www.fedaodonnell.com) nach Donegal – Sligo – Galway, mit **John McGinley** (✆ 074 9135201, www.johnmcginley.com) nach Dublin und mit **McGeehan** (✆ 074 954 6150, www.mgbus. com) nach Ardara und Glencolumbkille. Mit **Northwest Busways** (✆ 074 938 2619, www. foylecoaches.com) nach Inishowen.

- *Angeln* **Brian McCormick Sports,** 56 Upper Main St., verkauft Permits sowie Angelzubehör und vermittelt Boote und Führer.

- *Galerie* **Arts Centre,** Lower Main St., ✆ 074 912 9186, www.donegalculture.com, mit wechselnden Kunstausstellungen.

- ⊙ **County Museum:** Di–Fr 10–12.30, 13–16.30 Uhr, Sa 13–16.30 Uhr; Eintritt frei. High Rd.

- *Theater* **An Grianan,** Port Rd., ✆ 074 912 0777, www.angrianan.com.

- *Feste* **Earagail Arts Festival,** Mitte Juli, www.eaf.ie. Letterkennys Kulturfest mit Musik, Theater, Tanz und Ausstellungen – ein dicht gedrängtes Programm oft paralleler Veranstaltungen, was manchem die Qual der Wahl bereitet. Tickets im Theater An Grianan.

640   Der Nordwesten/County Donegal

Übernachten

Außer drei Hotels gibt es in Letterkenny auch einige B&B-Häuser und ein Hostel – zusammen ergibt das mehr Übernachtungsmöglichkeiten als Gründe, in der Stadt zu verweilen.

*** Gallagher's Hotel, 110 Upper Main St., ✆ 074 912 2066, www.gallaghershoteldonegal.com, DZ 95–150 €. Zentral gelegen, modern gestylt, engagierte Leitung und gutes Preis-Leistungs-Verhältnis. Einige Zimmer leiden am Wochenende unter dem Lärm des hoteleigenen Clubs.

** Gleneany House, Port Rd., am Kreisel bei der Busstation, ✆ 074 912 6088, www.gleneany.com, DZ 80–100 €. Kleines, einfaches und familiäres Hotel mit Restaurant. Der Vater des jetzigen Besitzers baute es in die Hülle eines früheren Warenhauses.

Castle Grove House, Castle Grove, ✆ 074 915 1118, www.castlegrove.com, DZ 150–190 €. 5 km außerhalb, ein charmantes Herrenhaus des 18 Jh. mit gerade 8 Zimmern und einem exzellenten Restaurant, dessen Dessertspezialität Mousse aus weißer Schokolade mit Cointreau ist.

Hillcrest House, Lurghybrack, Sligo Rd. (N 56), ✆ 074 912 2300, www.hillcresthousebb.com, DZ 70 €. Martin Anderson ist ein außergewöhnlicher Gastgeber und macht dieses B&B zu einem der besten im Norden Irlands. Auf Wunsch bekocht der der Profi-Küchenchef seine Gäste. Wem's schmeckt, der kann Martins Kochbuch als Souvenir erstehen oder einen Kurs in der angeschlossenen Kochschule buchen.

Glencairn House, Ramelton Rd. ✆ 074 9124393, www.glencairnhousebb.com, DZ 70 €. Der Bungalow steht 2 km außerhalb inmitten eines gepflegten Gartens mit Blick auf Lough Swilly. Eingerichtet mit irisch-britischer Gemütlichkeit, aufmerksame Gastgeberin.

Port Hostel, Port Rd. Das Hostel liegt videoüberwacht in einer Sackgasse hinter dem Theater. Der Empfang ist freundlich; doch muss man Abstriche bei der Sauberkeit machen, ist nachts gröhlenden Party People ausgesetzt und muss nicht nur im Winter frieren. Wollen Sie sich das antun?

Essen/Pubs

Yellow Pepper, 36 Lower Main St., ✆ 074 9124133, www.yellowpepperrestaurant.com, tägl. ab 12 Uhr, in einer früheren Hemdenfabrik, rustikal eingerichtet, tagsüber Sandwichs und Pubfood, abends à la carte 15–20 €, darunter auch vegetarische Gerichte. Verlagsleiter Karsten L. würde wohl die Ente mit Mango und Ingwerglasur wählen ...

The Lemon Tree, 39 Lower Main St., ✆ 074 912 5788, tägl. ab 17 Uhr. Spezialisiert auf Seafood und so populär, dass es mit dem Oak Tree kürzlich eine Filiale eröffnen konnte.

The Oak Tree, Port Road, beim Theater, ✆ 074 912 5892, tägl. mittags und abends ab 17 Uhr. Gerne von Theatergängern besucht.

Pat's on the Square, Market Square, Di–So ab 17 Uhr, Juli/Aug. ab 11 Uhr. Ein Familienrestaurant mit take-away. Auf der Karte stehen vor allem Pastagerichte und Pizza. Besonders kreativ ist etwa „Black & Blue", belegt mit Oliven, Walnüssen und irischem Gorgonzola.

Quiet Moment, 95 Lower Main St. (bei Dunnes) und 96 Upper Main St. (beim Court House), beide Mo–Sa 8–18 Uhr geöffnet. „Wer die notorisch zu fette Küche Irlands satt hat, bekommt in diesen Coffeeshops etwas kontinental-europäische Entlastung für den Magen. Preiswerte, frische Gerichte, z. B. eine Lasagne, die auch nach Lasagne schmeckt, von aufmerksamem Personal serviert." (Lesertipp von Claus-Peter Lieckfeld). Bleibt anzufügen: Die Einrichtung ist im Omastil und die Lasagne gibt's im Regelfall mit Chips!

Simple Simon's, Oliver Plunkett St., bei der Bücherei, Mo–Sa 9–18 Uhr. Wer sich an Kräutertees zu laben vermag, auf genveränderte Nahrung verzichtet und gar noch Vegetarier ist, für den ist dieser Naturkostladen mit Bäckerei und Café die richtige Adresse. Mittags wechselnde Tagesgerichte.

O'Hehir's Bakery & Café, Upper Main St./Ecke Market Square, Mo–Sa 9–18 Uhr, So 11–17 Uhr. Café mit Delilladen. Morgens Frühstück, tagsüber Snacks und Sandwichs. Oder lieber Tee und Schokoladenkuchen?

● *Pubs* **McGinley's,** Lower Main St., mit Natursteinwänden und rustikaler Einrichtung, Publikum um die 30, ist die beliebteste Musikkneipe im Ort. Mittwochs Folksession.

Geradezu ein Fixpunkt im studentischen und anderweitig jungen und junggebliebenen Nachtleben Letterkennys ist **The Old Orchard Inn** in der High St., gleich gegenüber dem Museum. Im angeschlossene Nachtclub spielen am Wochenende Bands. Wer sich bewegungslos aufwärmen will, hat die Wahl zwischen den Heizstrahlern im Biergarten und dem höhlenartigen Barraum, in dem es über Mittag auch Lunch gibt.

• *Clubs* **Milan,** Upper Main St. Der Club setzt die Maßstäbe in Letterkenny: Tanzen auf drei Etagen inmitten stylishen Interieurs. Kleiderordnung „dress to impress". **Mount Errigal Hotel,** Derry Rd. Äußerlich einem Castle oder der Bank of England ähnlich, bietet am Wochenende (Juli/Aug. tägl.) abends musikalisches Entertainment. **The Pulse,** Ramelton Rd., http://pulsenite club.ie, offen Do–So, Disco, Sa auch Livemusik.

Damit das Bier weiter im Pub und nicht vor dem Supermarkt getrunken wird, hat der Council von Letterkenny ein **Alkoholverbot** auf Straßen und öffentlichen Plätzen verhängt. Wer dort dennoch säuft, riskiert bis 500 € Buße.

Letterkenny/Umgebung

▸ **Newmills:** Im Tal des River Swilly, 6 km westlich von Letterkenny, klapperte bis 1982 die Kornmühle der Familie Gallagher. Jetzt hat sich das Office of Public Works des Industriedenkmals angenommen und es zu einem Museum ausgebaut. Ein kleine Ausstellung und eine Videoshow mit Zeitzeugen erzählen die Geschichte der Mühle und der Flachsindustrie, dann gibt's eine Führung durch die Getreidemühle. Ein kurzer Spaziergang am Bach entlang führt zur Flachsmühle und zur Dorfschmiede. Auch Laden und Pub des Gallagherschen Landhandels sind samt Einrichtung noch erhalten und sollen ebenfalls Teil des Museums werden.

⏲ Juni–Sept. tägl. 10–18 Uhr, Einlass bis 45 Min. vor Schließung, Eintritt frei.

Gallaghers Mühle am rauschenden Bach

642 Der Nordwesten/County Donegal

Flachsbrecher im Dauereinsatz

▶ **Lifford:** Direkt an der Grenze zu Nordirland gelegen, ist das Städtchen vor allem ein Ziel motorisierter Schnäppchenjäger, die an der vermutlich teuersten Tankstelle der irischen Republik noch immer deutlich billiger tanken als im Reich Ihrer Majestät. Zu sehen gibt es das **Old Courthouse,** das frühere Gerichtshaus. Hier erzählt uns Manus O'Donnell die Geschichte seines Clans. Ein riesiger Stammbaum hängt an der Wand, dem wir entnehmen, dass Donegals einst führende Familie inzwischen Ableger in Spanien, Österreich, Kuba und Zimbabwe hat. Im Gerichtssaal erleben wir, mit lebensgroßen Puppen inszeniert, Verhandlungen von anno dazumal: Kleinkriminelle werden drakonisch abgestraft, während der adlige Rebell James Napper Tandy dank guter Freunde ins französische Exil ausreisen darf. Wir treffen ihn nochmals im Kerker des Hauses. Schlüssel klirren, Zellentüren knarren, dann werden wir gar selbst zum Gefangenen und verurteilt – ein gelungenes Spektakel und unbedingt erlebenswert.

⏰ Mo–Fr 10–17, So 12.30–17 Uhr; Einlass bis 16 Uhr. Eintritt 6 €, www.liffordoldcourthouse.com.

Inishowen

Es wäre geradezu eine Sünde, wollte man Donegal verlassen, ohne auf Inishowen gewesen zu sein. Die Halbinsel ist ein buntes Mosaik aus goldgelben Sandstränden, grünen Wäldern, grauen Findlingen, weißen Schafen – und seit alters her die Sommerfrische der Einwohner von Derry.

Zwischen Lough Swilly und Lough Foyle reicht Inishowen, dessen Umrisse an einen Hundekopf erinn1ern, weit in den Atlantik hinaus. Die Nordspitze Malin Head ist zugleich der nördlichste Punkt Irlands. Die meisten Dörfer liegen an der Küste oder wenigstens nicht weit davon entfernt, das hügelige Landesinnere (bis 615 m) ist kaum besiedelt. Für Autofahrer der beste Weg, Inishowen kennen zu lernen, ist eine Rundtour auf der gut ausgeschilderten **Inishowen 100 Route,** deren Länge schätzungsweise 100 Meilen (160 km) beträgt. Radfahrer werden hier oder da sicher ein Wegstück abkürzen. Als Orientierungshilfe sei die Broschüre „Inishowen, Map and Guide" empfohlen, die für ein paar Mark von den örtlichen Touristenämtern und Newsagents verkauft wird.

• *Information* **Buncrana,** North West Tourism, Letterkenny Rd., gegenüber der Shell-Tankstelle, ✆ 074 936 2600, Juni–Sept. Mo, Mi–Sa 10–17 Uhr.

Carndonagh, Inishowen Tourism, The Diamond, ✆ 074 9374 933, www.visitinishowen.com, Juni–Aug. tägl. 10–19 Uhr, sonst Mo–Fr 10–17 Uhr. Auch www.inishowenonline.com.

Buncrana **643**

• *Verbindung* **Lough Swilly Bus,** ✆ 048 7126 2017, **Northwest Busways,** ✆ 074 938 2619, www.foylecoaches.com, fahren zwischen Cardonagh, Buncrana und Letterkenny sowie von Derry entlang der Ostküste bis Cardonagh, Juli/Aug. bis Malin Head. **John McGinley,** ✆ 074 913 5201, www.johnmcgin ley.com, fährt von Inishowen tägl. 2-mal über Derry nach Dublin.

Autofähren pendeln Mo–Sa 7–21.30, So 9–21.30 Uhr (im Winter tägl. nur bis 19.30 Uhr) zwischen Greencastle und Magilligan. ✆ 074 938 1901, www.loughfoyleferry.com. Die gleiche Firma betreibt Juni–Aug. auch eine Autofähre zwischen Buncrana und Rathmullan.

Grianan of Aileach

Der „steinerne Palast der Sonne", wie der Name übersetzt wird, thront schon von weitem sichtbar auf einem Hügel mit Panoramablick. Ob das kreisrunde Fort von den Kelten angelegt wurde oder noch aus der Bronzezeit stammt, ist umstritten. Im 2. Jh. n. Chr. war es jedenfalls in der antiken Welt bekannt und der alexandrinische Geograph Ptolemaios verzeichnete es auf seiner Weltkarte. Später war es die Residenz der O'Neill-Könige von Ulster. Als Murtogh O'Brien 1101 die Festung einnahm, ließ er, so die Überlieferung, jeden seiner Soldaten einen Stein mit fortnehmen, um das Kultzentrum gänzlich dem Erdboden gleichzumachen – was heute wieder steht, ist eine Rekonstruktion aus dem 19. Jh. Als im November 2000 ein Stück der Westwand einstürzte, wurde das Monument geschlossen. Der dilettantische Versuch, die aus losen Steinen geschichteten Trockenmauern mit Zementmörtel zu stabilisieren, führte zu weiteren Schäden, so dass das Denkmal bis für das Publikum gesperrt bleibt. Die moderne, von Liam McCormack entworfene Kirche am Fuß des Greenan-Hügels ist dem Fort nachempfunden.

Anfahrt Von der N 13 an der runden Kirche 4 km vor der Grenze rechts ab (ausgeschildert).

Fahan

Anziehungspunkt ist der lange Sandstrand am Nordende des Dorfs. Weniger Beachtung findet **St. Muras Cross** (7./8. Jh.) auf dem Friedhof der protestantischen Kirche, das letzte Überbleibsel von St. Columcilles Kloster. Das Hochkreuz ist über und über mit Ornamenten aus verschlungenen Bändern verziert und trägt eine nur noch schwer entzifferbare griechische Inschrift, die einzige, die man aus dieser Zeit in Irland kennt.

Buncrana

Der Hauptort Inishowens besitzt einen auch zum Baden sicheren Sandstrand mit Grünzone und ist im Sommer von Besuchern aus Nordirland geradezu überschwemmt.

Der Swane Park entlang dem Bach am Nordende der „Promenade" schmückt sich mit **O'Doherty's Keep,** einem Wehrturm von 1430, und dem **Buncrana Castle,** in dem Wolfe Tone nach der misslungenen französischen Landung 1798 einige Zeit inhaftiert war. Eine Ausstellung in der **Tullyarvan Mill,** einem Community-Projekt, dokumentiert die Restaurierung der Mühle, etwas Lokalgeschichte (Schwerpunkt Leinenindustrie) und die Naturkunde von Inishowen. Dazu gehören ein Souvenirladen, ein Hostel, das Kulturzentrum mit allerlei Veranstaltungen und ein Café, in dem im Sommer öfter Folkmusiker und Geschichtenerzähler gastieren.

• *Information* Siehe S. 643, www. buncrana.com.

• *Einkaufen* **Cranaknits,** Railway Rd., ✆ 074 936 2355, www.cranaknits.ie. Factory Shop mit großer Auswahl an Pullovern und vor

Der Nordwesten
Karte S. 590/591

644 Der Nordwesten/County Donegal

allem Wolle, auch eine kleine Ausstellung und Strickkurse für Fortgeschrittene.

① **Tullyarvan Mill,** April–Sept. Mo–Fr 10–17 Uhr, Sa/So 13–18 Uhr; Eintritt frei. Dunree Rd., www.tullyarvanmill.com.

• *Übernachten* ** **Lake of Shadows,** Grianan Park, ✆ 074 936 1005, www.lakeof shadows.com, DZ 80–110 €. Ein weißes, älteres Haus mit putzigen Erkern. Der anscheinbare Eingang ist mit fliegenden Holländern geschmückt, die Zimmer sind mit TV, Fön und Teekocher ausgestattet. Am Wochenende Livemusik im Saal.

** **Harbour Inn,** Derry Rd., ✆ 074 932 1810, www.harbourinnhotel.com, DZ 100 €. Neueres Haus etwa 1 km vom Zentrum am Meer. Geräumige, farbenfrohe Zimmer mit TV, die Bar serviert tagsüber durchgehend warme Küche.

B&B Ross na Ri, Mrs. McCallions, Ballymacarry, ✆ 074 936 1271, DZ 80 €. Das Haus liegt außerhalb, leider durch einen Hügel und die frühere Textilfabrik vom Meer getrennt. Zum Ausgleich gibt's Brot aus eigener Herstellung und ebensolche Marmelade.

Tullyarvan Hostel (IHH), Tullyarvan Mill, ✆ 074 936 1613, www.tullyarvanmill.com, Bett 15–20 €, family room 60–85 €. Neues Hostel mit Schlafsälen und fünf 4- bis 6-Bett-Zimmern im Keller einer früheren Mühle und Hutmanufaktur, die zum Kulturzentrum mit Musikschule umgebaut wurde. Jugendherbergsähnlich und noch etwas steril, der Warden wohnt im Haus.

• *Essen/Pubs* Fressgasse ist die Main Street, auf der man, für eine Kleinstadt ganz ungewöhnlich, noch um Mitternacht seinen Hunger stillen kann.

Cranberry, 49 Main St., empfiehlt sich mittags zum preiswerten Lunch., abends bis 15 €. Lockere Atmosphäre, auch einige Plätze im Freien an der Straße.

O'Flaherty's Bar, Main St. Ein Pub im Mainstream-Stil mit Sammelsurium-Dekor und örtlicher Musikertreff. Der Wirt und seine zwei Brüder spielen mit. Mittwochs Session, freitags Konzert. www.oflahertys bar.com.

Von Buncrana nach Carndonagh

Die Küste des Lough Swilly wurde von den Briten Anfang des 19. Jh. gleich mit mehreren Festungen gegen eine vermeintliche französische Invasion befestigt. Eine davon, **Fort Dunree** am gleichnamigen Kap, beherbergt jetzt ein Militärmuseum, das mit einem Videostreifen und alten Schlachtplänen die Geschichte einschließlich der Landung Wolfe Tones schildert. Von Infotafeln und Picknickplätzen gesäumte Spazierwege verlaufen durch das weit auseinandergezogene Gelände, eine Cafeteria lädt zur Rast.

Nach **Dunree** muss man sich zwischen einer direkten Route Richtung Clonmany und dem empfehlenswerten Schlenker über das **Gap of Mamore** entscheiden, an dem Radler wohl schieben werden müssen. Die Aussicht auf **Tullagh Bay,** den schönsten Strand Inishowens, versöhnt. Zwar wird wegen den starken Gezeitensogs vom Baden abgeraten, doch eine Strandwanderung tut's auch. Dank ihrer abseitigen Lage war die Gegend einst eine Hochburg der Schwarzbrenner; die Straße über das Gap of Mamore wurde nur deshalb gebaut, um der Gendarmerie den schnellen Anmarsch zu flächendeckenden Razzien zu erleichtern.

Wer in der ersten Augustwoche kommt, kann beim Dorffest von **Clonmany** Straßenmusiker aus ganz Irland erleben. 2 km außerhalb des Dorfs, Richtung Straid, beginnt beim Glen House ein schöner Spazierweg zum **Glenevin Waterfall.** Bei **Ballyliffin,** das immerhin zwei Hotels und einen Golfplatz aufzuweisen hat, lockt im Sommer der **Pollanod Beach** mit der Ruine von **Carrickabraghey Castle** die Wanderer, im Dorf selbst ist eine Tweedmanufaktur zu besichtigen. Das **Doagh Famine Village** stellt mit allerlei Puppen Szenen aus den Jahren der Großen Hungersnot nach und schlägt dabei auch den Bogen zu heutigen Hungersnöten in Afrika.

Carndonagh/Malin Head 645

② **Dunree Fort:** Juni–Sept. Mo–Sa 10.30–18 Uhr, So 12.30–18 Uhr; Eintritt 4 €, www. dunree.pro.ie.

Doagh Famine Village, Ostern–Sept. tägl. 10–17 Uhr, Eintritt 7 €. www.doagh faminevillage.com.

● *Übernachten* ** **Strand Hotel,** Ballyliffin, ✆ 074 937 6107, www.ballyliffin.com, DZ 110–120 €. Das kleine preiswerte Haus mit gepflegtem Garten ist seit 1917 im Besitz der Familie Harkin. Zimmer mit TV, Radio, Föhn und Teekocher. Spezialität des Res-

taurants sind gebackene Pilze in Sahnesauce und Blumenkohlpüree.

● *Camping* **Tullagh Bay,** am Strand, ✆ 074 937 6289, Stellplatz 18 €, geöffnet Mitte Mai bis Mitte Sept., Shop nur Juli/Aug. Hübsche Dünen, doch ein recht zugiger Platz mit vielen Caravans.

● *Einkaufen* **Inishowen Bogwood,** Mary Doherty, Bocan, Culdaff, ✆ 074 937 9245, www.inishowenbogwood.com. Holzkunst aus Mooreiche. Von Braun bis Tiefschwarz und auf jeden Fall einige tausend Jahre alt.

Carndonagh/Malin Head

Carndonagh, das nach Buncrana größte Dorf der Halbinsel und 3 km landeinwärts der Trawbreaga Bay, ist eine gute Basis, um mit dem Fahrrad oder zu Fuß den Norden Inishowens zu erkunden. Der Ort gruppiert sich um einen dreieckigen Marktplatz mit einem Mosaik in Gestalt eines Kreuzes. Ringsherum findet man die wichtigsten Läden, Banken, Pubs und Restaurants. An der protestantischen Kirche hat man **St. Patrick's Cross** (8. Jh.) wieder aufgerichtet.

Freunde alter Steine finden östlich des Dorfs (Moville Rd.) noch das bronzezeitliche **„Dreieck von Culdaff"**. Dazu gehören die den Ceide Fields (Mayo) vergleichbaren Feldmauern im Moor von Kindroyhead; die Kammergräber von Larrahill und Cara (auf manchen Karten als „Cromlech" benannt); und schließlich der Steinkreis hinter der Bocan Church, der insoweit Seltenheitswert hat, als in ganz Donegal nur drei Steinkreise nachgewiesen sind – die Steinkreisbauer bevorzugten den Südwesten Irlands. Da die vier Denkmäler dieses Freilichtmuseums der Bronzezeit kaum ausgeschildert sind, wird die Suche selbst mit Hilfe der Landkarte (Discovery Series Nr. 2) zu einer spannenden Schnitzeljagd. Auch das bei den Touristinformationen erhältliche Büchlein *Ancient Monuments of Inishowen* ist da nicht wirklich hilfreich. Während sonst im Norden der Halbinsel Streusiedlungen mit oft noch rietgedeckten Häuschen anzutreffen sind, wurde **Malin Town** als geplante Siedlung um einen zentralen Platz gruppiert. Das Dorf gewann zwei „Tidy-Town-Wettbewerbe". Die streckenweise von Sanddünen oder schönen Kiesständen gesäumte **Trawbreaga Bay** bleibt als Schutzgebiet von Muschel- und Fischfarmen verschont. Der Turm am sturmverwehten **Malin Head,** dem nördlichsten Punkt Irlands, wurde 1805 als Wachturm gegen die Franzosen gebaut und später von Lloyds of London als Signalstation benutzt. Nebenan die unansehnlichen Unterstände der irischen Armee aus dem letzten Weltkrieg. Auch die verblasste Inschrift „Eire" ist ein Relikt aus der Kriegszeit. Mit ihr wollte man den deutschen Bombern signalisieren, dass hier nicht das britische Ulster, sondern neutrales Territorium sei. Belfast wurde 1940/41 des Öfteren von deutschen Luftangriffen heimgesucht.

Östlich des Kaps überrascht der **Ballyhillin Beach** mit einer unendlichen Fülle bunter Kiesel, die von Freizeitjuwelieren gern zu Schmuck verarbeitet werden. Weiter die Küste entlang, vorbei an der Wetterstation und dem Seaview Restaurant, führt schließlich ein ausgeschilderter Abzweig ans Meer hinunter zum **Wee House,** der Einsiedelei des St. Muirdealach mit einer Quelle, romantischem Wasserfall, Höhle im Kliff und einer uralten, verfallen Kapelle.

Der Nordwesten
Karte S. 590/591

646   Der Nordwesten/County Donegal

● *Information* Siehe S. 643.

● *Übernachten* Nur wenige der B&Bs in Cardonagh und Umgebung sind bei Tourism Ireland registriert. Das Reisebüro „Inishowen Tourism" hilft bei der Vermittlung.

** Malin Hotel, Malin, ☎ 074 937 0606, www.malinhotel.ie, DZ 130–170 €, zentral am Dorfplatz, ausgestattet mit gediegener Eleganz im alten Stil, eigene Reitpferde.

McGrory's Guest House, Culdaff, ☎ 074 937 9104, www.mcgrorys.ie, DZ 70–160 €. John und Neil, zwei Remigranten aus New York und Musiker mit Leib und Seele, haben den Landgasthof von ihren Eltern übernommen und die angebaute Backroom Bar zu einem führenden Veranstaltungsort für Live-Konzerte entwickelt, in dem sich irische und internationale Stars die Klinke in die Hand geben – wenn sie nicht gerade im dazugehörigen Tonstudio mit Plattenaufnahmen beschäftigt sind.

Most Northerly B&B, Ellen Hickox, ☎ 074 937 0249, www.inishowenonline.com/northerly-bb.htm, DZ 70 €. Ein Schild vor dem Bungalow weist auf das „most northerly B&B" hin. Werbewirksam, doch nicht mehr ganz der Wahrheit entsprechend, was Ellen und Frederik nicht weiter stört, denn immerhin waren sie die ersten „most northerly". Beide wissen von seltsamen Gästen zu berichten: Da war ein Schweizer, der tagelang auf den Klippen verharrte, um Gott nahe zu sein; oder der Deutsche, der auf Malin Head seine Alkoholsucht kurierte und nie in den Pub ging.

Whitestrand B&B, Mary Houghton, Crega, ☎ 074 937 0335, http://homepage.eircom.net/~whitestrand, DZ 70 €. "Wenn man am Nachmittag ankommt erhält man eine Kanne warmen Tee und Selbstgebackenes.

Das Haus wirkt neu, die Zimmer sind hell und das Badezimmer funktioniert. Abends wird auch im Sommer schon mal die Heizung angemacht." (Lesertipp von Gudrun Hahn)

Sandrock Holiday Hostel (IHH), Port Ronan Pier, Malin Head, ☎ 074 937 0289, www.sandrockhostel.com, Bett 14 €. Das Hostel liegt 15 Minuten von der nächsten Kneipe direkt am Meer bei einem Landungssteg für die Fischerboote. 2 geräumige Schlafsäle mit je 10 Betten und 2 Bädern, vom Gemeinschaftsraum mit Küche herrlicher Meerblick. Luxuriöse Ausstattung (Föhn!), Waschmaschine und Fahrradverleih. Ausgearbeitete Wanderrouten und Karten zum Ausleihen, kleiner Shop.

Malin Head Hostel (IHH), Malin Head, bei der Schule, ☎ 074 937 0309, www.malinheadhostel.com, März–Sept. Bett 13 €, DZ 40 €, in einem früheren Farmhaus mit Anbau. Zimmer mit 2–6 Betten, extrem sauber. Managerin Mary bietet Gemüse aus dem eigenen Garten an und in der Legesaison auch frische Eier von freilaufenden Hühnern. Kein TV, der Gebrauch von Handys und Computern ist nicht erwünscht. Restaurant, Pub und Bushalt in Laufweite.

● *Essen* **Seaview Tavern,** ☎ 074 937 0117. Nach dem Tod von Vera Doherty, die in Robert Emma Ginas *The Irish Way* auch zu literarischen Ehren kam, haben Sohn Michael und Schwiegertochter Caitriona das Geschäft übernommen und ausgebaut. Dieses umfasst neben Tankstelle und Pub nun auch einen Supermarkt, die Postagentur und ein abends geöffnetes Restaurant, Caitrionas großer Stolz sind ihre Steaks, die auf den Punkt zu garen sie in New York gelernt hat. Tägl. geöffnet, mäßige Preise.

Greencastle

Greencastle hat seinen Namen von der auf einem Felssporn nördlich des Hafens gebauten **Normannenburg,** aus der die Mannen Richard de Burgos die Einfahrt von Lough Foyle bewachten und in dessen Kerker Richard schließlich als Gefangener seines Cousins den Hungertod starb. Mit seinem Fischerhafen ist Greencastle der geschäftigste Ort an der Ostküste: Es riecht nach Fisch und Tang, Trawler laden ihre Fracht am Kai ab, Trucks warten vor dem Kühlhaus. Das **Fishermens College** bildet weiter Nachwuchs für einen Beruf aus, den es angesichts der geplünderten Gewässer vor Irlands Küsten bald nicht mehr geben wird. Mit **Greencastle Fort,** in dem heute ein Gästehaus (http://thecastleinngreencastle.com) Bett und Frühstück anbietet, hat der Ort noch eine zweite Festung aus den Jahren des napoleonischen Kriege. Castle und Fort bieten zum Sonnenuntergang einen herrlichen

Moville/Muff 647

Blick auf den gegenüberliegenden Magillian Strand, vor dem das Meer im Abendlicht glitzert.

Im früheren Haus der Küstenwache, gleich am Hafen, zeigt das **Inishowen Maritime Museum** allerlei maritime Memorabilia. Wir sehen historische für die Region typisches Fischerboote, dazu Modellschiffe, Erinnerungsstücke an die irische Auswanderung und an die Spanische Armada, und als Höhepunkt ein Geschütz, mit dem im 19. Jh. bei Unglücksfällen in der Nacht Leuchtraketen aufs Meer geschossen wurden, um die Bergung der Schiffbrüchigen zu erleichtern. Dem Museum angeschlossen ist ein kleines **Planetarium**. Vor dem Haus gedenken Bronzetafeln im **Maritime Memorial** der auf dem Meer gebliebenen Seeleute Inishowens.

Als weitere Attraktion versucht sich das **Cairn Visitor Centre** zu etablieren. Die Schöpfung des Freizeitmusikers und -historikers Paddy Cavanagh hält mit alten Fotos das Inishowen von gestern fest, außerdem wird hier ab und an die Vergangenheit mit Historienspielen inszeniert.

⊙ **Maritime Museum:** Ostern–Sept. Mo–Sa 10–18 Uhr, So 12–18 Uhr, Okt.–Ostern Mo–Fr 10–17 Uhr; Eintritt 5 €. www.inishowen maritime.com.

Cairn Visitor Centre, Drumaveir, www. cairnsvisitorcentre.com, Ostern–Sept. tägl. 11–18 Uhr.

• *Fähre* Siehe S. 643.

• *Essen* **Kealy's Seafood Bar,** am Hafen, ✆ 074 9381019, Restaurant 12.30–15, 19–21.30 Uhr, 15–17 Uhr barmeals, Mo Ruhetag,

Lunch 20 €, Dinnermenü 35 €. Auch Fischer kehren hier ein. Der Fisch kommt frisch vom Hafen, Tricia Kealys Zubereitungen sind eher bodenständig als raffiniert – eines der besten Seafoodlokale der Halbinsel.

Tea-Room im **Maritime Museum,** im Sommer Mo–Sa 10–17.30 Uhr. Das Tagescafé ist ideal und vor Ort konkurrenzlos für den kleinen Hunger: Suppe, Sandwichs, Salate; hausgemachter Kuchen, frisch gepresster Orangensaft.

Moville/Muff

Moville war einst der Hafen für die Transatlantikdampfer nach Amerika. Auf dem Uferweg nach Greencastle passiert man die längst verlassenen Kais. Ende September feiert man das *Foyle Oyster Festival,* das größten Volksfest der Gegend. Von **Muff,** schon beinahe ein Vorort des nur 8 km entfernten Derry, bieten sich Abstecher in die nahezu unberührte Natur im Herzen Inishowens an. Ziele für Wanderungen oder für kurze Radtouren sind die Ruinen der **Ishakeen Abbey** und der **Ardmore Gallan Stone,** ein mit Symbolen und geometrischen Mustern verzierter Kultstein aus der Bronzezeit. Richtig wach wird Muff erst am Abend, wenn die Zecher aus Nordirland anfahren, um hier ihr republikanisches Bier zu trinken.

• *Übernachten* **B&B Trean House,** Joyce und Mervyn Norris, Tremone, Leckemy, ✆ 074 936 7121, www.treanhouse.com, DZ 70 €. Die Aufzucht von Rindern und Schafen ist das Hauptgeschäft dieses weit ab vom Schuss und fünf Gehminuten oberhalb der Tremone gelegenen Bauernhofs. Ein idealer Platz für Ruhesucher und Kinder. Ab der R 238 ca. 5 km nördlich von Moville ausgeschildert.

• *Essen* **Barron's,** Main St., März–Okt. Mo–Sa 10–21 Uhr. Dieses einfache Restaurant mit Take-away vermag etwas, wozu viele noble Hotels nicht in der Lage

sind: Bei Marie McGinley kann der Gast auch noch um 18 Uhr ein Frühstück bestellen. Außerdem gibt's Deftiges wie Steaks, Huhn und Burger.

• *Einkaufen* **Moville Pottery,** Lowry Wasson, Glencrow, ✆ 074 938 2059, www.movillepot tery.com. Ein Tipp für Regentage: Bei einer dampfenden Tasse duftenden Kaffees dem Töpfer bei der Arbeit über die Schulter schauen, im Verkaufsraum die schönsten Formen suchen oder, Stichwort „Aktivurlaub", die eigene Tonschale formen und bemalen.

Der Nordwesten
Karte S. 590/591

Einsamer Löwe am bischöflichen Landsitz Downhill

Nordirland

Sattgrüne Hügel, romantische Seen, dramatische Küsten, Backsteinhäuser und Industrieruinen – die gleiche Insel und doch ein anderes Irland, zerrissen im Zwist zwischen protestantischen Unionisten und katholischen Nationalisten.

Gerade nur sechs Prozent der deutschen Irlandurlauber besuchen auch den von Großbritannien kontrollierten Teil der Insel. Wenn zu diesem Buch auch ein ausführliches Nordirland-Kapitel gehört, dann deshalb, weil der Norden, politische Trennung hin oder her, ein Teil der Insel ist. Und in der Hoffnung, dass eine Irlandreise, vielleicht noch nicht heute, doch eines nicht allzu fernen Tages ganz selbstverständlich auch das britische Ulster einschließen wird, das mit der Antrim Coast und ihren Tälern, Giant's Causeway und den Mourne Mountains nicht minder schöne Landschaften aufzuweisen hat als die irische Republik, und mit Derry und Belfast auch zwei lebensfrohe Städte sein eigen nennt.

Bishop's Gate, bis heute gut bewacht

County Derry (Londonderry)

Highlights

- **Walls of Derry** – ein Spaziergang über die Wehrmauern von Nordirlands zweitgrößter Stadt (S. 661)
- **Bellaghy Bawn** – ein trutziges Herrenhaus protestantischer Siedler, das ganz dem Dichter Seamus Heaney gewidmet ist (S. 666)
- **Benone Beach** – 10 km Dünenstrand, wie geschaffen für Surfer und Strandläufer (S. 667)
- **Mussenden Temple** – ein Tempelchen im italienischen Stil, errichtet vom Earl- Bischof für seine liebe Cousine und später beinahe ins Meer gestürzt (S. 667)

County Derry (Londonderry)

Die Grafschaft im Nordwesten der sechs Counties kann mit einer vielfältigen Landschaft aufwarten, die vom sturmverwehten Strand von Benone über das anmutige Roe Valley bis zu den einsamen Sperrin Mountains reicht. Besonders sehenswert ist die Stadt Derry.

Vor der englischen Unterwerfung herrschten die Clans O'Neill und O'Cahan über die Region. Im 17. Jh. wurde das Land von den Londoner Zünften mit englischen und schottischen Auswanderern besiedelt, die sich besonders in den fruchtbaren Flusstälern von Foyle, Roe und Bann niederließen und den irischen Bauern nur die unwirtlichen Landstriche überließen. Die wie das County „Derry" oder „Londonderry" genannte Hauptstadt, die zweitgrößte Stadt in Ulster, war lange ein Brennpunkt der politischen Gewalt, hat mit ihrer Stadtmauer und schönen Lage aber sicherlich mehr Charme hat als das spröde Belfast. Als weitere Reiseziele bieten sich die Küste zwischen Limavady und dem Badeort Portstewart und schließlich das Roe Valley an. Lange, schnurgerade Hauptstraßen, quadratische Marktplätze, Kirche, Markthalle und natürlich die Orange Hall, das Versammlungshaus der Oranier, bestimmen das allzu ordentliche Bild der am Reißbrett geplanten Siedlerstädte. Selbst die Einheimischen kolportieren das Bonmot: „Ich fuhr durch Derry und es war geschlossen."

Derry (Londonderry)

Wo der River Foyle sich zu seiner Mündungsbucht ausweitet und die Gezeiten sich bemerkbar machen, liegt Irlands viertgrößte Stadt (90.000 Einwohner). Auf beiden Ufern überzieht ein Teppich aus pastellfarbenen Häuserzeilen die Stadthügel, Kirchtürme wagen sich keck hoch hinaus. Wer in die Metropole eintauchen will, steuert die von einer wuchtigen Mauer geschützte Altstadt an.

Selbst zu zwei Dritteln katholisch, liegt Derry eingekeilt zwischen dem katholischen Donegal, dessen wirtschaftliches Zentrum es vor der Teilung war, und den Plantationgebieten der Provinzen Derry und Tyrone. Derry erinnert an die „heiligen Städte" der Weltreligionen: eine befestigte Altstadt auf einem Hügel, eine Geschichte der Teilung und des Konflikts, der Vertreibung, der Wiederbesiedlung und der Belagerung.

Schon mit dem **Ortsnamen** bewegt man sich auf politisch sensiblem Terrain: In der Republik und bei den Katholiken heißt es schlicht „Derry"; in Nordirland weisen alle Wegweiser jedoch nach „Londonderry", wie die Stadt amtlich heißt, deren Stadtrat sich seit 1984 wiederum „Derry City Council" nennt. Der Beiname erinnert an die Londoner Zünfte, denen der 1608 (von einem irischen Heer!) zerstörte Ort zur Wiederbesiedlung übertragen wurde und die ihn mit der Mauer erst richtig zur Stadt und zur „Kronjuwele" der Plantations machten. Inzwischen wartet die Frage, ob die Stadt denn nun Derry oder Londonderry heißen soll, auf eine Entscheidung des obersten nordirischen Gerichts. Aus Gründen der Political Correctness nennen manche die Stadt inzwischen als nicht ganz ernstgemeinten Kompromiss „Stroke City" („Strich-Stadt"), eine Anspielung auf den Schrägstrich im diplomatischen

Derry (Stadt)

Bogside – Derrys katholisches Viertel

Sprachgebrauch von *BBC Radio Ulster*, dessen Starmoderator Gerry Anderson von Derry/Londonderry spricht.

Die Trennung der beiden Bevölkerungsgruppen war in Derry lange Zeit noch rigider als in Belfast. Man lebte neben-, aber nicht miteinander: Katholiken und Protestanten hatten jeweils eigene Schulen, eigene Läden, eigene Kneipen, eigene Kinos, ja selbst im Urlaub fuhr man an verschiedene Ziele. Nur für ihren schwarzen, um nicht zu sagen ätzenden Humor sind beide Gruppen gleichermaßen gefürchtet.

In Derry begannen die „Troubles", doch hier kehrte ein zunächst noch brüchiger Frieden auch schon einige Zeit vor dem offiziellen Waffenstillstand ein. Vielleicht waren die Kampfhähne beider Seiten einfach eher erschöpft als andernorts. Eine rege Bautätigkeit schloss die Wunden, die der Krieg ins Stadtbild geschlagen hat (1974 lagen 5400 Häuser in Schutt und Asche). Weltfirmen wie Seagate, DuPont und, nicht zu aller Freude, die Waffenschmiede Raytheon haben mit neuen Arbeitsplätzen den Niedergang der Textilindustrie aufgefangen, für die Derry einst berühmt war.

Geschichte

Das Stadtwappen zeigt einen Turm und ein menschliches Gerippe auf schwarzem Grund. Der Turm ist unschwer als Verweis auf die mächtige Mauer zu verstehen, die – fast vollständig erhalten – die Altstadt einschließt. Das Skelett soll an Walter de Burgo erinnern, zu dessen Familienbesitz Derry im 14. Jh. gehörte, Er geriet mit seinem Cousin William aneinander und verhungerte im Kerker von dessen Burg Greencastle (Inishowen). Vielleicht ist er der böse Geist, der immer mal wieder in die Stadtgeschichte eingriff. Andere sehen den Knochenmann als Anspielung auf die Belagerung von 1689, als die mehrheitlich protestantischen Städter sich 105 Tage gegen die Truppen Jakobs II. zur Wehr setzten. Ein Viertel der 30.000

654   Nordirland/County Derry

Eingeschlossenen war an Krankheiten und Hunger gestorben, bevor protestantische Schiffe den Belagerungsring von der Flussseite her sprengen konnten. Lieber wolle man zuerst die mit eingeschlossenen Katholiken und dann einander verspeisen, als aufzugeben, hatten die Verteidiger zuvor dem König ausrichten lassen. Dies ist der Stoff für Heldensagen („Lieber verhungern als sich ergeben") und böse Vermutungen („Wer weiß, ob die Unmenschen damals nicht wirklich die Unseren geschlachtet und gefressen haben").

Bloody Sunday

Mehr als vier Jahre, von März 2000 bis Dezember 2004, untersuchte eine Kommission unter Leitung des Lordrichters Mark Saville die Ereignisse rund um den 30. Januar 1972, der als „Blutsonntag" von Derry in die Bücher einging. An diesem Tag hat ein Fallschirmjäger-Regiment der britischen Armee das Feuer auf eine friedlich demonstrierende Menge eröffnet; 14 Menschen starben in dem Kugelhagel.

Dass eine unabhängige Kommission fast dreißig Jahre nach dem Massaker Zeugen befragt und Beweismittel begutachtete, war dem nordirischen Friedensprozess zu verdanken. Allzu lang war der „Bloody Sunday" und dessen Aufarbeitung Beleg für das rücksichtslose Vorgehen der britischen „Besatzungsmacht" gewesen. Wenn London ein Stück Glaubwürdigkeit wiedergewinnen wollte, musste die Regierung handeln – und so installierte Premierminister Tony Blair die Kommission.

Dabei hatte es an den wesentlichen Fakten nie Zweifel gegeben. Im April 1971 hatte die protestantisch-unionistische Regionalregierung von Nordirland mit Zustimmung Londons die Internierung eingeführt und Tausende angeblicher IRA-Sympathisanten ohne Gerichtsverfahren eingesperrt. Als die Empörung wuchs, verhängten die Unionisten ein Demonstrationsverbot. Dennoch folgten am Morgen des 30. Januar 1972 – es war ein Sonntag – rund 30.000 Menschen dem Aufruf des Bürgerrechtskomitees von Derry, um gegen die Internierungspraxis zu protestieren. Sie versammelten sich im Stadtteil Creggan und zogen in die William Street hinunter, wo die Polizei, hinter ihren Barrikaden verschanzt, bereits wartete. Der Marsch verlief friedlich. Doch als die Kundgebung begann und die nordirische Bürgerrechtlerin Bernadette Devlin das Mikrophon ergreifen wollte, eröffneten die extra hinzubeorderten Fallschirmjäger gezielt das Feuer. Nach einer halben Stunde waren 13 Menschen tot, ein Weiterer starb wenige Tage später.; fast alle wurden in den Rücken getroffen, erschossen auf der Flucht.

Die IRA habe zuerst geschossen, begründete der Kommandant der Fallschirmjäger den Schießbefehl (er wurde noch im gleichen Jahr für seine Verdienste zum Ritter geschlagen) – aber niemand hatte einen Schuss gehört. IRA-Einheiten sollten in eine Konfrontation gelockt werden, um sie zu eliminieren, gab ein Offizier zu Protokoll – doch die IRA hatte sich fern gehalten. Eine von London eingesetzte Untersuchungskommission unter Vorsitz von Lord Widgery kam nur wenige Wochen später zu dem Schluss, die Armee jedenfalls habe sich tadellos verhalten, allerdings sei auch den Opfern keine Schuld anzulasten.

Die folgenden Proteste fielen weniger friedlich aus. Drei Tage später zogen Zehntausende in Dublin vor die britische Botschaft und brannten sie nieder.

Derry (Stadt) 655

> Bei der nächsten Parlamentssitzung in London nannte die Abgeordnete Bernadette Devlin den zuständigen Innenminister einen Lügner und ohrfeigte ihn. Die *Irish Press* schrieb: „Wenn es vor der Schlächterei gestern noch einen Mann mit republikanischer Gesinnung gab, der nicht in der IRA war, so ist er heute drin." Nach dem 30. Januar 1972 standen nicht mehr Bürgerrechte auf der Tagesordnung, sondern die irische Vereinigung.
>
> Das Saville-Tribunal wird, so heißt es, Ende 2009 die Ergebnisse seiner Untersuchung veröffentlichen. So lange braucht es, bis alle Zeugenaussagen und Dokumente ausgewertet sind und die passenden Formulierungen gefunden sind. Dann wird die Wahrheit ein Stück weiter ans Licht kommen, und ohne diese Wahrheit ist eine Versöhnung kaum möglich.
>
> *(Pit Wuhrer und Ralph Braun)*

In Derrys Geschichte, die im Stadtmuseum vorzüglich dargestellt ist, kommt den Mythen mindestens die gleiche Bedeutung zu wie den historisch gesicherten Fakten. Genau genommen gibt es zwei Geschichten: eine unionistische und eine republikanische. Letztere beginnt mit dem heiligen Columcille, der hier ein Kloster gegründet haben soll, aus dem sich im Mittelalter unter den MacLochlainns ein Bischofssitz mit einer kleinen Stadt entwickelte. Für die Unionisten beginnt die Stadtgeschichte im 17. Jh. mit der Kolonisierung durch die Londoner Gilden.

Im 18. und 19. Jh. klapperten in Derry die Webstühle der Leinenweber. Neue Arbeiterquartiere entstanden vor den Toren der Altstadt, der Hafen wuchs zum größten Umschlagplatz von Waren und Auswanderern im Nordwesten. Zuletzt boomte der Hafen im 2. Weltkrieg, als hier über 20.000 Soldaten und 150 Kriegsschiffe stationiert waren, um die Geleitzüge über den Atlantik zu schützen.

Nach der Teilung entwickelte sich auch in Derry ein rigides Apartheidsregime, in dem die protestantische Minderheit die katholische Mehrheit von Wahlen, öffentlichen Ämtern und Jobs fernhielt. Auf die Diskriminierung antworteten die Katholiken Ende der sechziger Jahre mit „Free Derry", dem Aufbau einer eigenen, von der IRA kontrollierten Verwaltung in den westlichen Stadtteilen. Der „Bloody Sunday" am 30. Januar 1972, an dem britisches Militär eine Demonstration der Bürgerrechtsbewegung mit Gewalt auflöste und dabei 14 Menschen erschoss, markiert den Beginn des Bürgerkriegs.

Information/Verbindungen

● *Information* Im Infopalast, 44 Foyle St., am Fluss unterhalb des Foyleside Centre, ✆ 028 7126 7284, sind zugleich **Fáilte Ireland**, also das Fremdenverkehrsamt der Republik Irland, und das **Northern Ireland Tourist Board** vertreten. Geöffnet Juli–Sept. Mo–Fr 9–19 Uhr, Sa 10–18 Uhr, So 10–17 Uhr, Okt.–Juni Mo–Fr 9–17 Uhr, Sa 10–17 Uhr (Nov.–Ostern Sa geschl.). Nützlich ist die Broschüre „Historisches Derry" und der „Visitor's Guide". Im Internet informieren www.derryvisitor.com und www.visitderry.com.

● *Verbindungen* Der **Bus**bahnhof befindet sich in der Foyle St. zwischen Altstadt und Fluss. Das Tagesticket für die unter „Ulsterbus Foyle" firmierenden Stadtbusse kostet 1,50 £. Die schnellste Verbindung nach Belfast ist mit 1 ½–2 Std. Fahrzeit der Ulster Maiden City Flyer (**Ulsterbus** Nr. 212). Andere Busse nehmen den Umweg über Omagh. Zum Giant's Causeway mit Umsteigen in Coleraine. Auskunft Ulsterbus ✆ 028 7126 2261, www.translink.co.uk. Mit **Bus Éireann** tägl. nach Dublin, Donegal, Galway und Sligo. Auskunft: ✆ 00353 74 912 1309, www.buseireann.ie.

656 Nordirland/County Derry

Lough Swilly, ℡ 028 7126 2017, www.sjp.clara. net/nibus/lswilly.htm, fährt nach Inishowen sowie Dungloe (über Letterkenny und Glenveagh).

John McGinley, www.johnmcginley.com, fährt nach Dublin und Inishowen. Dorthin nämlich nach Culdaff und Moville, auch mit **Northwest Bus,** ℡ 00353 74 938 2216, www. foylecoaches.com.

Der **AirPorter,** ℡ 028 7126 9996, www.air porter.co.uk, verbindet Derry stündlich mit Belfast International Airport und Belfast City.

Bahn: Täglich ein halbes Dutzend Züge verbinden Derry mit Belfast. Der **Bahnhof,** ℡ 028 7134 2228, liegt auf dem Ostufer etwas flussabwärts von der Brücke. Zwischen

Bus- und Zugbahnhof fährt ein kostenloser Shuttlebus.

Fliegen: Vom Derry City Airport, ℡ 028 71 81 0784, www.cityofderryairport.com, 11 km außerhalb an der A 2, Flüge u. a. nach Dublin, Liverpool, East Midlands und Stansted. **Zubringerbus** Ulsterbus Linie 143 vom Busbahnhof Foyle Street.

Taxi: Eine Besonderheit sind die Black Cabs, Sammeltaxis, die auf festen Strecken vor allem zwischen dem Foyle Square und den katholischen Wohnvierteln verkehren. Für ein Taxi im üblichen Sinn ruft man z. B. **Foyle Delta Cabs,** ℡ 028 7127 9999, www. foyledeltacabs.com.

Diverses (siehe Karte S. 659)

• *Autoverleih* **Ford Rent-a-Car,** Desmond Motors, 173 Strand Rd., ℡ 028 7136 7137.

• *Bootsausflüge* Mit **Foyle Cruise Line,** ℡ 028 7136 2857, www.foylecruiseline.com, Juni–Aug. tägl. 14 Uhr vom Steg hinter der Guild Hall flussab nach Culmore (8 £), abends 20 Uhr Kreuzfahrt (12 £) bis vor Greencastle.

• *Einkaufen* **Derry Craft Village (15),** Shipquay St. In der Nordecke der Altstadt verkaufen die Läden des Handwerkerhofs Kristallglas, Tweed, Pullover und die übliche Souvenirpalette. Der seinerzeit nicht von der Queen, sondern von der irischen Präsidentin Mary Robinson eröffnete Hof war ein Projekt des rührigen Architekten Paddy Doherty, der die beiden Gemeinschaften einander näher zu bringen versuchte.

Fascinatin' Rhythm, www.irishdancing shop.com, ist mit seinen Kostümen, Schuhen und Accessoires für Tänzer und Tänzerinnen sicher der ungewöhnlichste Laden im Craft Village.

Richmond Centre (19) / Foyleside Centre (22), ohne die Sonne zu sehen bzw. nass zu werden, kann man durch die Shopping-Arkaden und über die Rolltreppen der beiden Einkaufszentren vom Fluss bis ins Herz der Altstadt aufsteigen.

• *Feste/Veranstaltungen* **Foyle Film Festival,** im November, www.foylefilmfestival. com, mit Schwerpunkt Kurz- und Dokumentarfilme.

City of Derry Jazz Festival, im Mai, www. cityofderryjazzfestival.com, 4 Tage Jazz an verschiedenen Spielstätten der Stadt.

Gasyard Wall Féile, Juli/Aug., www. freederry.org/gasyard.htm, das große Stadtfest des katholisch-republikanischen

Derry mit Musik, Theater, Graffiti-Workshops und Kinderprogramm.

Mit dem **Apprentice Boy March** feiern Derrys Protestanten am 12. August ihre Verteidigung der Stadt gegen die katholischen Belagerer von 1688/89. Der Marsch ist Höhepunkt des **Maiden City Festival** (www. maidencityfestival.com).

Halloween, Ende Okt., www.derrycity.gov. uk/halloween, Derrys Karneval mit Feuerwerk, Straßenmusik und farbenprächtigen Kostümen ist die größte Party der Stadt. Schon Wochen vorher beginnt das Vorfeiern, und in den Kneipen isst man Dracula-Steaks und Kürbissuppe.

• *Freizeit & Sport* **Angeln,** Tom's Fishing Tackle Shop, 31a Ardlough Rd., Drumahore, Mo–Sa 10–18 Uhr (Do/Fr bis 20 Uhr), ist die richtige Adresse für Anglerbedarf und Tipps für den Hobbyfischer.

Loughs Agency, 22 Victoria Rd., ℡ 028 7134 2100, www.loughs-agency.org, Mo–Fr 10–16 Uhr. Die Staatliche Gewässeraufsicht verkauft Angelscheine, bietet Infobroschüren und eine kleine Ausstellung zum Ökosystem Wasser an.

Reiten, Lenamore Stables, Muff (Co. Donegal), ℡ 00353 74 938 4022, www.lenamore stables.com. Ein etabliertes Gestüt vor den Toren der Stadt, das vor allem von Springreitern gerne als Trainingszentrum benutzt wird. Außer Reiterferien und Unterricht (für Kinder stehen Ponys bereit) gibt's auch Trekkingtouren.

• *Kunst* The **McGilloway Gallery,** 6 Shipquay St., ℡ 028 7136 6011, www.themc gillowaygallery.com, Mo–Sa 10–17 Uhr, zeigt und verkauft zeitgenössische Kunst.

Derry (Stadt)

Im Pub: Unterhaltung, bis die Mauern bersten

• *Sprachkurse* **Foyle Language School,** 7-15 Foyle Street, ℡ 028 7137 1535, www.foyle languageschool.com. 2- bis 3-wöchige Sommerkurse in Verbindung mit (wahlweise) Golfen, Fischen, Reiten und handwerklichen Aktivitäten. Mit Übernachtung (bei Familien) ca. 900 £.

Eine weitere Sprachschule ist die **North West Academy of English** (www.north westacademy.net).

• *Stadtführungen* Über die wechselnden Termine der unterhaltsamen wie informativen **Stadtrundgänge** (3-6 £) informiert das Tourist Office.

Free Derry Tours ℡ 028 7126 2812, www. freederry.net, haben politische Rundgänge durch die Stadt im Programm. Nach Anmeldung tägl. 10 u. 14 Uhr ab *Museum of Free Derry*, Rossville St., 5 £.

Geführte Rundfahrten im **Black Cab** (25 £/Std.) können unter ℡ 028 7126 0247, www.derrytaxitours.com, gebucht werden.

Stadtrundfahrten im offenen **Doppeldecker,** bei denen man unterwegs beliebig ein- und aussteigen kann, gibt's Mai–Okt. 10–16 Uhr stündl. ab Tourist Office. Tagesticket 9 £.

Übernachten (siehe Karte S. 659)

Obwohl es touristisch wieder aufwärts geht, gibt es derzeit noch wenige Hotels in Derry. Viele B&B-Häuser leben von den Studenten, doch ist es im Sommer (Semesterferien) kein Problem, hier ein Quartier zu finden. Die Tourist Information hat ein Unterkunftsverzeichnis.

*** **Beech Hill Country House,** 32 Ardmore Rd., ℡ 028 7134 9279, www.beech-hill.com, DZ 80–120 £. Das elegante, schon etwas ältere Landhaus steht 3 km außerhalb in einem großen Park und wurde zum Hotel umgebaut. Das Hotel hat Facilities für kleinere Konferenzen und gleichzeitig das beste Speiselokal der Stadt (Dinner um 25 £).

Ramada Da Vinci's (1), Culmore Rd., ℡ 028 7127 9222, www.davincishotel.com, DZ 50–110 £, Frühstück extra. Das die meiste Zeit des Jahres erstaunlich preiswerte Haus liegt autogerecht an der Ausfallstraße zur Foyle Bridge. Geräumige Zimmer mit Teekocher und TV, angeschlossenes Pub, großer Parkplatz. In einem gesonderten Haus

658 Nordirland/County Derry

am College Place, Strand Rd., also in Gehweite zum Stadtzentrum, befinden sich Apartments, die auch für Kurzaufenthalte vermietet werden.

Derry City Travelodge (10), 22 Strand Road, ☎ 087 1984 6234, www.travelodge.co.uk, Zimmer mit 1–2 Betten 35–55 £, Frühstück extra. Das erste Hotel, dass nach den „Troubles" wieder im Stadtzentrum öffnete und mit Konferenzräumen vor allem Geschäftsreisende in seine postmodernen Mauern zu locken versucht.

B&B The Saddler's House (8), 36 Great James St., ☎ 028 7126 9691, www.thesadlershouse.com, EZ 35 £, DZ 50 £. „Absolut schön", lobt eine Leser-Mail dieses historische Stadthaus. Alle Zimmer mit Bad, das Haus eingerichtet mit Stilmöbeln, zentral gelegen, nette Vermieter und sogar ein kleiner Garten – was will man mehr? Die gleiche Familie betreibt zwei Ecken weiter **The Merchant's House (3),** 16 Queen St., mit Internetzugang und für meinen Geschmack mit noch schöneren Räumen (EZ 35 £, DZ 50 £), allerdings nur mit Etagenbad.

B&B Abbey (12), 4 Abbey St., ☎ 028 7127 9000, www.abbeyaccommodation.com, DZ 60 £. Viele B&Bs in Derry sind entweder so teuer wie ein Hotel oder haben klaustrophobisch winzige Zimmer. Bei Seamus & Helen Kennedy, zwei herzlichen und informativen Gastgebern, geht es etwas geräumiger zu. Ihr Haus steht in der Bogside, doch nur wenige Gehminuten vom Stadtzentrum entfernt.

Sunbeam House (23), Mrs. McNally, 147 Sunbeam Terrace, Bishop St., ☎ 028 7126 3606, http://sunbeamhouse.com, DZ 50–60 £. Hübsches Backsteinhaus mit Erker. Kleine, doch helle und einladend eingerichtete Zimmer, alle mit TV und Wasserkocher.

Derry City Independent Hostel (7), 44 Great James St., ☎ 028 7137 7989, www.derryhostel.com, Bett mit light breakfast ab 13 £, DZ 45 £. „Netter Empfang mit Tee und Stadtplan inklusive 20 Min. Tipps zur Besichtigung der Stadt. Echt alternativer Laden (,nimm ruhig ein Buch mit, aber stell ein anderes hin'), aber sehr sehr nett. Wohl nix mehr für jene über 30." (Lesertipp von Edda Luckas) Zu ergänzen bleiben der freie Internetzugang, eine gut ausgestattete Videothek, kostenloser Tee/Kaffee – und die drangvolle Enge. Zum Hostel gehört auch das „Dolce Vita" gleich um die Ecke, neuer und mit großer Küche, in dem v. a. 2-Bett-Zimmer vermietet werden.

Paddy's Palace (2), 1 Woodleigh Terrace, Asylum Rd., ☎ 028 7130 9051, www.paddyspalace.com, Bett mit light breakfast 12–15 £. Das Hostel, in dem vorrangig die Paddy Waggon-Gäste absteigen, ist am grüngelben Anstrich leicht zu erkennen. Die Lage gleich hinter der Polizeistation hat offenbar magisch sichere Wirkung: Jedenfalls kann man die Schlafräume nicht abschließen.

● *Außerhalb* **B&B Mount Royd,** Josephine Martin, Carrigans (Co. Donegal), ☎ 00353 74 914 0163, www.mountroyd.com, DZ 70 €. „Wunderschöne Lage im Grünen, liebevoll eingerichtete Zimmer, das beste Frühstück in ganz Irland, sehr freundliche Gastgeber." (Lesertipp von Silvia Thum) Carrigans liegt an der A 40 ca. 8 km außerhalb auf dem Westufer des Foyle.

Essen

Aus der kulinarischen Wüste der Bürgerkriegsjahre entwickelt sich Derry allmählich zu einem Ort für die Freunde guter Küche.

Mange 2 (4), 2 Clarendon St., ☎ 028 7136 1222, www.mange2derry.com, So–Fr 12–15 und ab 17 Uhr, Sa nur abends. Elegantes Restaurant mit Kerzenlicht und Damasttischdecken, die Küche vermählt „modern Irish" mit französischen Rezepten, für ein Hauptgericht rechne man abends mit 11–20 £.

Fitzroy's (22), Bridge St. neben dem Foyleside Shopping Centre, ☎ 028 7126 6211, www.fitzroysrestaurant.com, Mo–Sa ab 10 Uhr, So ab 12 Uhr geöffnet. Eine modern eingerichtete und populäre Brasserie, internationale Küche, z. B. Lammfleisch marokkanische Art mit Couscous und Joghurtsauce. Hauptgerichte abends um 7 £.

Exchange (11), Queens Quay, ☎ 028 7127 3990, www.exchangerestaurant.com, Mo–Sa Lunch, tägl. abends. Beliebtes Restaurant mit cooler Atmosphäre und trendiger Designereinrichtung mit dunklem Holz und Stahl. International geprägte Speisekarte, preislich im Rahmen, Hauptgericht abends ca. 10–17 £. (Lesertipp von Silvia Thum)

Derry (Stadt) 659

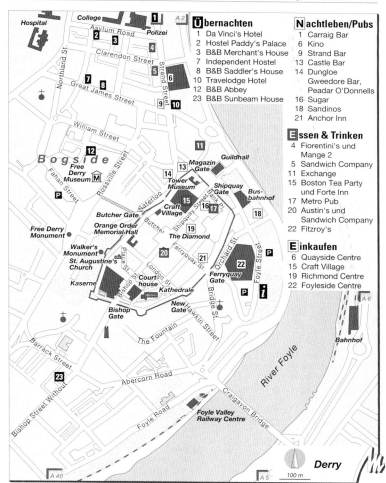

Übernachten
1 Da Vinci's Hotel
2 Hostel Paddy's Palace
3 B&B Merchant's House
7 Independent Hostel
8 B&B Saddler's House
10 Travelodge Hotel
12 B&B Abbey
23 B&B Sunbeam House

Nachtleben/Pubs
1 Carraig Bar
6 Kino
9 Strand Bar
13 Castle Bar
14 Dungloe Gweedore Bar, Peadar O'Donnells
16 Sugar
18 Sandinos
21 Anchor Inn

Essen & Trinken
4 Fiorentini's und Mange 2
5 Sandwich Company
11 Exchange
15 Boston Tea Party und Forte Inn
17 Metro Pub
20 Austin's und Sandwich Company
22 Fitzroy's

Einkaufen
6 Quayside Centre
15 Craft Village
19 Richmond Centre
22 Foyleside Centre

Forte Inn (15), Craft Village, So Ruhetag. Im Innenhof des Craft Village. Reiche Auswahl an Salaten, mittags Sandwichs und preiswerte Tagesgerichte, abends aufwändigere Gerichte à la carte zu gehobenen Preisen.

Metro (17), 38 Bank Place. Ein black-and-white-Pub an der Stadtmauer. Mittags Barmeals (mit Dessert 12 £), abends in der oberen Etage DJs mit den neuesten Charts oder Livebands mit jungem Publikum um die 20, während die älteren Semester den unteren Barbereich besetzen.

Austin's (20), The Diamond. Ein Tagesrestaurant in der oberen Etage des Kaufhauses. Schöne Aussicht aus der Kinderecke. Das Essen ist preiswert, aber nichts Besonderes.

Sandwich Company (20), The Diamond und 61 Strand St. **(5),** Fr (ab 18 Uhr Musik) bis 22 Uhr, sonst bis 17.30 Uhr. Kleine Tellergerichte, Salate und die größten Sandwichs in der Stadt – bei Studenten wie Werktätigen und Hausfrauen gleichermaßen beliebt.

660 Nordirland/County Derry

Boston Tea Party (15), Craft Village. Coffeeshop mit Salaten, Lasagne, gutem Apfel- und Schokoladenkuchen. Mit Nichtraucherraum.

Fiorentini's (4), 69 Strand Rd. Cappuccino, hausgemachtes Eis und leckere Kuchen.

Am Abend (siehe Karte S. 659)

Was beim Essen fehlt, macht die Stadt mit Pubs wett. Zentrum des Nachtlebens sind das Universitätsviertel und die Waterloo Street. Infos zu Veranstaltungen im Raum Derry findet man unter www.gettogether.at.

● *Pubs* **Strand Bar (9)**, Strand Rd. Ecke Great James St. – die Farbe kaum getrocknet und schon die perfekt inszenierte Gemütlichkeit eines Pubs von anno dazumal.

Anchor Inn (21), 38 Ferryquay St. Mit seinem nautischen Dekor aus Tauen, Schiffslaternen, Ankern und Rettungswesten der richtige Platz für Bootsleute und andere, die von der Seefahrt träumen.

Castle Bar (13), 26 Waterloo St. Der Bauherr war ein sparsamer Mensch und nutzte die Stadtmauer als Rückwand des denkmalgeschützten Lokals. Geschickt ausgeleuchtet, bestimmen die massiven Quader heute das rustikale Ambiente. Die Bar hat auch einen Hausgeist, nämlich ein im Stil des 17. Jh. gekleidetes Mädchen, das sich, zur Prostitution gezwungen, dereinst dem Begehren eines trunkenen Seemanns widersetzte, von dem es dann im Zorn erschlagen wurde. Um die Tat zu vertuschen verbarg man den Leichnam unter den Dielen des 1. Stocks – und da geistert die arme Seele nun ruhelos um und erscheint vorzugsweise dem Personal.

● *Livemusik* **Dungloe (14)**, 41 Waterloo St., www.thedungloebar.com. Früher übernachteten in den Gasthäusern der Waterloo Street die Emigranten aus Donegal, bevor sie sich nach Schottland oder Amerika einschifften. Der schlichte Pub ist heute eine gute Adresse für Folk und Rockmusik. Beinahe jeden Abend spielt im Obergeschoss eine Gruppe.

Gweedore Bar (14), 59 Waterloo St., www.peadars-gweedorebar.com. Seit Jahren das Mekka der Rock- und Popmusik am Foyle, mit Disco im Obergeschoss.

Peadar O'Donnells (14), 61 Waterloo St., gleich neben dem Gweedore und unter gleicher Leitung, ist benannt nach einem republikanischen Gewerkschaftsführer und Spanienkämpfer. Jeden Abend Folkmusik.

Sandinos (18), Water St., www.sandinos.com, beim Busbahnhof, und anhand der grellgelben Fassade leicht zu finden. Hier zecht man unter den Postern lateinamerikanischer Revolutionshelden und kann am Tresen auch Fair Trade Kaffee und Soli-Olivenöl erstehen. Der drangvollen Enge wegen heißt das Lokal im Volksmund auch Sardinos. Do–So Livemusik, oft mit Nachwuchsbands aus der Region.

● *Clubbing* **Carraig Bar (1)**, 119 Strand Rd. Der Studententreff veranstaltet gewöhnlich am Wochenende Konzerte, Mi–Sa im Obergeschoss Disco. Mittags Pubfood.

Sugar (16), 33 Shipquay St. Ein Nachtclub mit mehreren Tanzebenen, der die verschiedenen Musikgeschmäcker gleichzeitig anzusprechen versucht; mit Burger Bar.

● *Kino/Theater/Konzert* **Strand Omniplex (6)**, Kino im **Quayside Centre (6)**, Strand Rd.

Millenium Forum, Newmarket St., ✆ 028 7126 4455 (Kasse), http://mforum.sed2.info. Konferenz- und Eventpalast für Gastspiele der Sparten Theater, Ballett und Musik bis zum Kinderprogramm.

Gasyard Centre, 128 Leaky Rd., Brandywell, www.freederry.org. Ein Community-Projekt mit großer Mehrzweckhalle, in der auch schon internationale Showstars gastierten.

The Nerve Centre, 7 Magazine St., ✆ 028 7126 0562, www.nerve-centre.org.uk. Ein Multi-Media-Zentrum mit Tonstudios und Plätzen zur Videoproduktion; auch Programmkino.

Playhouse, 5 Artillery St., ✆ 028 7126 8027, www.derryplayhouse.co.uk. Vor allem die Theater- und Kleinkunstsparte des städtischen Kulturzentrums hat sich trotz enorm engem Budget mit Gastspielen und als Bühne anspruchsvoller Amateurensembles einen guten Namen erarbeitet. Im gleichen Haus gibt die **Context Gallery** der zeitgenössischen Bildenden Kunst Ausstellungsraum.

Waterside Theatre, Ebrington Centre, Glendermot Rd., ✆ 028 7131 4000, www.watersidetheatre.com. Theater, Konzert und Comedy in einer alten Fabrikhalle auf dem Ostufer.

Sehenswertes

Stadtmauer: Wohl als letzte Stadt Europas wurde Derry 1614 nach mittelalterlichem Muster mit einer Mauer umgeben. 1,5 km lang, 9 m dick und etwa so hoch wie ein zweistöckiges Haus, war sie noch durch Bastionen verstärkt, wovon drei heute allerdings abgetragen sind. Sonst ist die Mauer noch durchgehend erhalten und auch zu begehen. Die vier ursprünglichen **Tore** (Shipquay, Ferryquay, Bishop's und Butcher Gate) wurden später durch drei weitere Durchbrüche (New, Magazine and Castle Gate) ergänzt. Zwischen **Royal Bastion** und **Double Bastion** an der Südwestecke wacht noch immer die Armee mit viel Elektronik über die Bogside. Hier hat man einen schönen Blick auf das Viertel mit seinen Graffiti und dem Free Derry Monument. Ein leerer Sockel erinnert an das 1973 von der IRA gesprengte **Walker's Monument**. Walker war während der Belagerung Gouverneur der Stadt, seine Statue über der Bogside ein Symbol der protestantischen Herrschaft. Eine neue Statue steht seit 1993 an unverfänglicherer Stelle in der Society Street.

In der Altstadt von Derry

Altstadt: Die Straßenzüge innerhalb der Mauern entsprechen nur noch teilweise dem Layout des 17. Jh. Erhalten blieben die beiden Zentralachsen zwischen den Toren, die sich im **Diamond** treffen, dem rechteckigen Hauptplatz der Stadt. Manches hier, wie das **Craft Village** oder **O'Doherty's Castle** sind künstlich auf alt gemachte Neubauten. Für das Castle, das gleichermaßen nach seinem Initiator *Paddy Doherty* und der O'Doherty-Familie benannt ist, die im 16. Jh. die Stadt beherrschte, gibt es kein historisches Vorbild. Es ist ein künstlicher Identifikationspunkt für die katholische Geschichte der Stadt vor den Plantations.

Tower Museum: Die Räume im O'Doherty Castle machen nur den geringsten Teil des Stadtmuseums aus. Hier wird auf vier Etagen – der Rundgang beginnt oben – eine gelungene Ausstellung um *La Trinidad Valencera* gezeigt, ein vor der Küste geborgenes Wrack der spanischen Armada. Die weitaus größeren Flächen des Museums mit Exponaten zur Stadtgeschichte befinden sich hinter dem Turm in den von außen nicht sichtbaren Kellern des Craft Village. Die mit hochkarätigen Museumspreisen ausgezeichnete Ausstellung dokumentiert unter dem Motto „Story of Derry" die Stadtgeschichte bis in die Gegenwart. Die „Troubles" werden mit einem eindrücklichen Videostreifen illustriert. Offensichtlich können beide Seiten mit der Ausstellung leben: Opponenten wie die Bürgerrechtskämpferin

Nordirland/County Derry

Bernadette McAliskey (Devlin), der protestantische Hardliner Ian Paisley und der damalige Bürgermeister John Hume nahmen an der Einweihungsfeier teil.

① Okt.–Juni Di–Sa 10–17 Uhr, Juli–Sept. Mo–Sa 10–17 Uhr, Juli/Aug. auch So 11–15 Uhr; Einlass bis ½ Std. vor Schließung; Eintritt 4 £. www.derrycity.gov.uk/museums.

Saint Columb's Cathedral: Die protestantische Kathedrale war 1633 die erste Bischofskirche, die nach der Reformation, also einer Pause von beinahe 100 Jahren, auf den Britischen Inseln errichtet wurde. Mit ihrem später „Planters Gotik" genannten Stil war sie Vorbild für viele noch folgende protestantische Gotteshäuser in Irland. Vom Turm hat man die beste Sicht über Derry.

① April–Sept. Mo–Sa. 9–17 Uhr, Okt.–März Mo–Sa 9–13 und 14–16 Uhr, Eintritt 2 £. www.stcolumbscathedral.org.

Bishop's Gate: Mit dem Gerichtsgebäude, einer Kaserne, Videokameras und dem granitverkleideten Wachturm lässt sich die Nachbarschaft des Bishop's Gate unschwer als ein früherer Brennpunkt der „Troubles" ausmachen. Vor dem Tor trennt ein hoher Zaun die Straße von der **Fountain Area,** der letzten protestantischen Siedlung auf dem Westufer. Ein alter Rundturm (nur zu besonderen Anlässen geöffnet) ist letzter Rest des früheren Gefängnisses. Heute beherbergt dieser **Heritage Tower** eine Art Heimatmuseum des unionistischen Londonderry. Doch auch die Zeichen des Wandels sind am Bishop's Gate nicht zu übersehen: Ein modernes Geschäftshaus in exponierter Ecklage imitiert den Granitturm und lässt ihn, ganz schwarzer Humor, damit zugleich als ein Stück von Derrys Normalität erscheinen.

Verbal Arts Centre: Weniger Texte als die Kunst des Erzählens und des Sprechgesangs *(seán nos)* stehen im Mittelpunkt dieses Kulturzentrums. In der Eingangshalle kann man an Computerplätzen renommierten Geschichtenerzählern aus allen Teilen der Insel lauschen, im Klassenzimmer der früheren Schule treten gelegentlich bekannte Erzähler *(seanachie)* und Poeten live auf. Alljährlich Anfang April veranstaltet das Zentrum ein internationales Festival der Erzählkunst.

① Mo–Do 9–17.30 Uhr, Fr 9–16 Uhr, Bishop's Gate, www.verbalartscentre.co.uk.

Mittagspause im Craft Village

Derry (Stadt) 663

Guildhall: Früher floss der Foyle unmittelbar an der Stadtmauer entlang, erst im 19. Jh. wurde er in sein jetziges Bett gezwungen. Auf dem jetzt freien Raum zwischen Mauer und Fluss entstand 1890 die Guildhall, das Rathaus von Derry. Das bereits 1908 zum ersten Mal abgebrannte Haus wurde 1972 durch einen Bombenanschlag schwer beschädigt. 1985 nahm einer der Attentäter als gewählter Magistrat auf einem der vorher Protestanten vorbehaltenen Ratssessel Platz. Sehenswert sind die Glasfenster mit Motiven zu den Londoner Zünften, die im 17. Jh. die Geschicke Derrys bestimmten.

Mo–Fr 9–17 Uhr, Eintritt frei. Juli/Aug. Führungen.

Die Guildhall – das Rathaus von Derry

Harbour Museum: Es residiert im früheren Haus des Hafenmeisters, einem denkmalgeschützten Bau von 1882. So wie die Architektur und Innenausstattung setzt uns auch die eklektizistische Sammlung in die viktorianische Zeit zurück: Vitrinen voll mit Dingen, die auf irgendeine Art etwas mit der Derry als Hafenstadt zu tun haben, dazu alte Seekarten und Pläne. Glanzstück ist der Nachbau eines alten Curragh, nämlich ein Bootes jenes Typs, in dem der Heilige Columcille (d. i. Kolumban der Ältere) Im Jahre 563 von Irland nach Schottland übersetzte, um dort zu missionieren. Eine Gruppe von Klerikern wiederholte die Überfahrt im Jubiläumsjahr 1963 und benutzte dabei besagtes Boot.

Mo–Fr 10–13, 14–16.30 Uhr. Eintritt frei. www.derrycity.gov.uk/museums.

Bogside: Bis ins Mittelalter war der Altstadthügel eine Insel. Allmählich trocknete der Westarm des Foyle zu einem Sumpf aus, daher der Name Bogside für das katholische Viertel mit seinen gleichförmigen Straßenzügen im Westen der Stadt. Von der Stadtmauer gut zu sehen ist das **Free Derry Monument** in der Fahan Street (vom Butcher Gate links). Nicht alle **Wandbilder** stellen Parolen der früheren Bürgerkriegsparteien dar. Friedensgruppen haben mit Kindern beider Fraktionen eine Reihe bewusst neutraler, lebensbejahender oder einfach nur schöner Szenen gemalt. So z. B. am Eingang zum Glenfada Parking die Taube mit Eichenblatt vor dem Hintergrund bunter Quadrate, mit der die Künstler Tom und Willie Kelly und Kevin Hasson ihren Zyklus zur Geschichte der Bogside abschlossen. Das **Bloody Sunday Memorial** erinnert an jene Episode, die unmittelbarer Auslöser des Bürgerkriegs war.

Museum of Free Derry: Das Museum dokumentiert mit Fotos, Plakaten und einem Videofilm die republikanische Sicht der Stadtgeschichte seit den 1920er Jahren, wobei der Schwerpunkt auf der Bürgerrechtsbewegung und besonders dem Bloody

664 Nordirland/County Derry

Sunday liegt. In einer späteren Phase soll die Ausstellung bis an die Gegenwart heranführen. die Macher können dabei auf ein umfangreiches Archiv mit Fundus zurückgreifen, in dem wohl 25.000 von der Bevölkerung gestiftete Dokumente und Artefakte ruhen.

ⓘ ganzjährig Mo–Fr 9.30–16.30 Uhr, April–Sept. auch Sa 13–16 Uhr, Juli–Sept. auch So 13–16 Uhr, Eintritt 3 £. Glenfada Parking, Roseville St., www.museumoffreederry.org.

Workhouse Museum: Das restaurierte Gebäude, in dem auch die Stadtbücherei residiert, war im 19. Jh. ein Arbeitshaus. Im Obergeschoss wagt eine bescheidene Ausstellung den Vergleich zwischen dem irischen Hunger vergangener Tage und der Not im heutigen Afrika. Eine weitere Ausstellung erinnert an die „Battle of the Atlantic", als Derry im 2. Weltkrieg amerikanische Truppenbasis war.

ⓘ Mo–Do, Sa 10–16.30 Uhr, Eintritt frei. 23 Glendermott Rd., www.derrycity.gov.uk/museums.

Ein halb Gehängter

Halb gehängt klingt etwa so wie ein bisschen schwanger. Und doch soll sich dergleichen im Jahre 1761 begeben haben. Als nämlich der gutmütige Andrew seinen verarmten Standesgenossen, manche sagen Freund, John MacNaughten in Prehen aufnahm. John hatte sein Vermögen mit Glücksspiel verloren, das ihm zum Pechspiel geriet. Ein Spieler, ein Tunichtgut, wir ahnen schon, dass John Unglück über Prehen bringen wird. Und so geschah es. John verführte Mary Ann, die gerade 15-jährige Tochter des Hauses. Nach der offiziellen Version, wie sie heute in Prehen erzählt wird, überzeugte John die gerade halb so alte Mary Ann sogar, ihn in aller Schnelle und Heimlichkeit zu heiraten, um mit der zu erwartenden Mitgift seine Spielschulden bereinigen zu können. In letzter Minute bekam der alte Knox Wind von der Sache und versuchte, die Tochter nach Dublin in sichere Verwahrung zu bringen. McNaughten lauerte der Kutsche auf, um seine Braut zu entführen, erschoss sie aber versehentlich dann im Handgemenge. Nach einer anderen Version, wie sie von der honorigen BBC aus Benvarden berichtet wird, dereinst Stammsitz der MacNaughtens, starb Mary Ann nicht durch die Kugel, sondern beim dilettantischen Versuch des Paares, das empfangene Kind abzutreiben.

Wie dem auch war, John wurde als Mörder von Mary Ann zum Tode verurteilt. Doch beim Vollzug der Strafe riss dem Henker das Seil. Statt nun, wie es die von Gottes Eingreifen überzeugten Schaulustigen forderten, sich aus dem Staube zu machen, blieb John an der Richtstatt und wartete geduldig auf die neuerliche Vollstreckung. Manche sagen gar, John habe mit eigener Hand des Henkers Werk vollendet. Lieber der Tod als mit dem Spitznamen eines halb Gehenkten durch's restliche Leben gehen, soll er gesagt haben. Sein Todesmut hat John nicht geholfen: Man kennt ihn heute als den „halb Gehängten".

Glenaden Shirts: 1870 waren von den 26.000 Bewohnern Derrys mehr als 10.000 in der Hemdenherstellung beschäftigt, heute ist die Hemdenfabrik Glenaden das letzte Überbleibsel dieses einst blühenden Industriezweigs – und in ihrem Hochpreissegment mit limitierten Editionen überaus erfolgreich, denn Glenaden schreibt nicht nur schwarze Zahlen, sondern stellt auch zusätzliche Arbeitskräfte ein. Na-

Derry (Stadt)

Blick von der Stadtmauer auf den Schauplatz des Bloody Sunday

türlich hat die in einem Vorort von Derry beheimatete Fabrik dort auch ein factory outlet. Und nebenan „A World of Shirts", nämlich das Firmenmuseum zu 150 Jahren Herstellung edler Herrenhemden.

⏲ Mo–Do 8.30–17 Uhr, Fr bis 15 Uhr, Eintritt frei. Altnagelvin Industrial Estate, Trench Rd., Waterside, zu erreichen über die A 6 Glenshane Rd. www.glenaden.com und www.1shirt.co.uk.

Riverwatch: Die Show im Wasserwirtschaftsamt richtet sich vor allem an Schulklassen. Zehn Kurzfilme stellen Lough Foyle und seine Lebewesen vor, vom Lachs über die Seeforelle bis zur Scholle, dazu die Spezies der Angler und andere Zweibeiner, die über die Wasserqualität wachen.

⏲ Mo–Fr 10–16 Uhr, Eintritt frei. 22 Victoria Rd., www.loughs-agency.org.

Prehen House: Das edle Herrenhaus auf einer Anhöhe über dem Ostufer des Foyle wird um 1740 nach den Plänen von Michael Priestley gebaut, der später auch das Courthouse in Lifford entwarf. Durch Heirat der Tomkins-Erbin Honoria mit dem Offizier und Abgeordneten Andrew Knox (gest. 1774) ging Prehen an die Knox-Dynastie über. Die hatte 1971, auf dem Höhepunkt der Troubles, genug von Derry und verkaufte an Colin Peck, einen bekannten Fotografen und Dokumentarfilmer, der das marode Gemäuer vor dem Untergang rettete und mit viel Aufwand restaurierte.

⏲ Führungen durchs Haus März–Okt. Di–So 14–17 Uhr, Eintritt 4 £. www.prehen.net. Anfahrt über die A 5 Victoria Rd., nach dem Everglades Hotel links ausgeschildert.

Creggan Country Park: Drei alte Speicherseen hoch über der Stadt wurden zunächst zu Forellenteichen und mit einem Freizeitzentrum dann auch zum Revier von Kanuten, Segelschülern und Pfadfindern. Das Gelände rund um die Seen lädt auch zu aussichtsreichen Spaziergängen fernab vom Trubel der Stadt ein, in einem Restaurant kann man sich stärken.

Westway, ☎ 028 7136 3133, www.creggancountrypark.com. Zu erreichen ist der Park mit Bus FY08 ab Foyle St.

666 Nordirland/County Derry

Südliches County Derry

Als die Ländereien der heutigen Grafschaft Derry im Jahre 1610 an die Londoner Zünfte verteilt wurden, zogen die Textilhändler (Drapers) das schlechteste Los: Der Boden um Draperstown und Moneymore ist von geringer Qualität, schlecht entwässert und ohne Zugang zum Meer. So kränkelten die neuen Siedlungen eher dahin, und während die andere Zünfte wenig Mühe hatten, im überbevölkerten London und anderswo Kolonisten zu finden, mussten die Drapers ihren Pächtern sogar noch die Hütten bauen.

▸ **Bellaghy Bawn:** Die Gegend um Lough Beg fiel damals den Weinhändlern zu. Auf einem Hügel, der schon in grauer Vorzeit mit einem Ringfort befestigt war, errichteten sie 1618 ihr Hauptquartier Bellaghy Bawn, ein wehrhaftes Herrenhaus, von dem ein markanter Rundturm allen feindlichen Angriffen und späteren Umbauten standhielt. Heute ist es Museum und Kulturzentrum. Schrifttafeln und der Film *A Sense of Place* stellen Gebäude, Dorf und Region vor. Durch den anspruchsvollen Film führt der in der Nachbarschaft aufgewachsene Poet und Nobelpreisträger Seamus Heaney, dem auch das Obergeschoss von Bellaghy Bawn gewidmet ist. Wir sehen persönliche Gegenstände wie etwa seine Schultasche, dazu Manuskripte und in der Bibliothek seine Werke. Ein wunderschöner Rundteppich im Turm zeigt die Kompassrose. Angeblich ist hier der Mittelpunkt Nordirlands. Doch einmal mehr kommt es darauf an, was man unter „Mitte" versteht.

⏲ April–Sept, tägl. 10–18 Uhr, Okt.–März Di–Sa 9–17 Uhr; Eintritt 2 £.

▸ **Draperstown** war im 17./18. Jh. nicht mehr als eine Straßenkreuzung mit einem „wilden" Markt. Erst William Joseph Booth, ein gelernter Maurer und 1822–54 Vorsteher der Drapers Company, entwickelte die Stadt und gab ihr, weitgehend nach eigenen Plänen, ein bis heute kaum verändertes Gesicht: eine Reihe schlichter Cottages, bescheidene Bürgerhäuser mit italienischen Fenstern, die Kirche der Church of Ireland und das klassizistische Versammlungshaus der Presbyterianer und schließlich die Zeile um die Markthalle am Platz.

● *Verbindung* **Busse** von Magherafelt, Cookstown und Derry.
● *Markt* Freitags Wochen- und Viehmarkt.
● *Übernachten/Essen* **Derrynoid Conference Centre** („Rural College"), Derrynoid, ✆ 028 7962 9100, www.derrynoid.co.uk, DZ 60 £. Die frühere Landwirtschaftsschule, 2 km außerhalb von Draperstown, ist heute ein Tagungszentrum. Geräumige Zimmer mit TV und Schreibtischchen, Restaurant und Bar im Haus.

▸ **Moneymore:** Wäre da nicht der tosende Verkehr, könnte Moneymore ein beschaulicher Ort sein. Die repräsentative Hauptstraße beginnt an der Orange Hall und endet am Herrenhaus. Im **Model Village** hinter dem Manor House wurde das Moneymore der Gründerzeit nachgebaut. Etwas außerhalb an der B 18 gibt es mit **Springhill House** einen Landsitz zu besichtigen. William Conyngham erbaute ihn 1680–1700 und erfüllte damit eine Auflage seines Ehevertrags. Die Familie überließ das Haus 1957 dem National Trust, doch eine gewisse Olivia Lenox-Conyngham wohnt noch immer in Springhill – als Schlossgespenst sucht sie ihren Gatten, der sich dereinst das Leben nahm. In den früheren Stallungen wird eine **Sammlung historischer Kostüme** gezeigt, und natürlich gibt es auch einen Schlosspark zum spazieren gehen.

⏲ **Moneymore Modell Village**, High St., im Sommer tägl. geöffnet, sonst beim Verkehrsbüro im Manor House nachfragen, ✆ 028 8674 8910. Eintritt 3 £. **Springhill House**, Juli/Aug tägl. 13–18 Uhr; April–Mai, Sept. Sa/So 13–18 Uhr; Eintritt 6 £. www.ntni.org.uk.

Von Derry nach Portstewart **667**

• *Übernachten* **B&B Fortview,** 36 Tullyboy Rd., Moneymore☎ 028 8676 2640, www. smoothhound.co.uk/hotels/fortview.html, DZ 45–60 £. Haus im Grünen 2 km abseits der A 29 Moneymore–Cookstown, eingerichtet im modernen Landhaustil, Garten.

• *Reiten* **Beechhill Stables,** 53 Cookstown Rd., Moneymore, ☎ 028 8674 8293, www. beechhillstables.com, bietet Unterricht und Ausritte in die Umgebung.

Von Derry nach Portstewart

▸ **Roe Valley Country Park:** Nachdem er zunächst am Fuße der Sperrins entlang plätschert, wendet sich der River Roe in Dungiven geradewegs nach Norden und mündet nach Limavady schließlich ins Meer. Etwa auf der Mitte zwischen beiden Städten verbindet der Country Park Naturerlebnis mit Industriegeschichte. Spazierwege führen auf beiden Ufern entlang, an denen einst die Mühlräder der Webereien und Flachsmühlen klapperten und heute die Angler auf Beute warten. Das kleine Kraftwerk, das seit 1896 elektrischen Strom nach Limavady brachte, wurde restauriert. Eine Ausstellung im benachbarten **Dogleap Centre** erzählt mehr über das Tal, eine Cafeteria lädt zum Tee ein.

ⓘ **Visitor Centre:** April–Sept. tägl. 9–18 Uhr, Okt.–März Mo–Fr 9–17 Uhr. Der Park ist von der B 192 und der B 68 zu erreichen.

• *Übernachten/Essen* **Dungiven Castle,** Upper Main St., Dungiven, ☎ 028 7774 2428, DZ 80–100 £. Das imposante Schloss aus dem 19. Jh. wurde vor einigen Jahren von der Gemeinde restauriert und an einen Hotelier vermietet. Für vergleichsweise wenig Geld darf man sich hier als Schlossherr und Prinzessin fühlen. die Zimmer sind in altem Stil eingerichtet, das Restaurant ist täglich geöffnet. Hauptgericht abends um 15 £.

▸ **Benone Strand:** Vom Dörfchen Downhill westwärts bis zum Magilligan Point, der Landspitze am Ausgang des Lough Foyle, erstreckt sich über 10 km einer der schönsten Sandstrände Nordirlands. Zum Baden zu kalt, doch gut geeignet für Strandwanderungen zwischen Dünen und Meer, begleitet von den mal plätschernden, mal donnernden Wellen, deren letzte Ausläufer nach den Füßen der Spaziergänger zu greifen scheinen. Wer es bis zum Magilligan Point schafft, trifft dort auf einen Martello-Turm und die Fähre nach Greencastle (Inishowen).

• *Übernachten* **Downhill Hostel,** Mussenden Rd., Downhill, ☎ 028 7084 9077, www. downhillhostel.com, Bett 11 £, DZ 35 £. Die viktorianische Villa Glenhassan Hall duckt sich am Anfang des Strandes zwischen Straße und Bahn im Windschatten eines Felsens. Die neuen Besitzer haben das Haus mit viel Liebe renoviert, für Regentage gibt es jede Menge Bücher und ein knisterndes Kaminfeuer.

▸ **Mussenden Temple:** Der überaus begüterte Frederick Harvey, Earl of Bristol und zugleich anglikanischer Bischof von Derry, ließ sich etwa 10 km vor Coleraine an der Küste 1775 den Landsitz **Downhill** bauen. Downhill brannte zweimal aus und wurde nach dem 2. Weltkrieg aufgegeben, sodass heute nur noch eine traurige Ruine steht. Am Ufer findet sich jedoch noch ein fotogenes Rundtempelchen, das der Earl-Bischof im italienischen Stil für seine Cousine errichten ließ. Die starb allerdings, bevor der Kiosk fertig wurde, so richtete Frederick Harvey darin eine Bibliothek ein und erlaubte darüber hinaus dem katholischen Landgeistlichen, hier sonntags mit seinen Schäflein die Messe zu feiern – eine noble Geste des protestantischen Kirchenmanns. Jüngst drohte der Kiosk samt den erodierten Klippen ins Meer zu stürzen, sodass nun dicke Stahlseile das Gestein sichern. Auch die Straße von Limavady nach Downhill geht auf den Bischof zurück – eine landschaftlich besonders schöne Strecke mit Aussicht über den Lough Foyle, auf den von Gleit-

Nordirland Karte S. 652/653

668 Nordirland/County Derry

schirmfliegern geschätzten **Binevenagh** (250 m), der von der Seite dem Rücken eines schlafenden Reptils ähnelt. Allzu oft dürfte der Earl-Bischof diese Aussicht nicht genossen haben – er war überaus reiselustig und die meiste Zeit irgendwo in Europa unterwegs. Der beliebte Hotelname „Bristol" erinnert an ihn.

① **Mussenden Temple:** Mitte März–Okt. Sa/So (Juni/Aug. tägl.) 10–17 Uhr, Einlass bis ½ Std. vor Schließung. Eintritt 2,30 £, Parken 4 £. Anfahrt mit Bus 134 von Coleraine oder Derry.

Portstewart

Der englische Novellist William Thackeray, dessen Reiseberichte nicht unwesentlich zum Ruhm und Boom der Nordküste beitrugen, nannte Portstewart „komfortabel und gefällig".

Um das gemeine Volk von diesem Badeort fernzuhalten, so heißt es, wurde die Eisenbahn bewusst einige Kilometer an der Stadt vorbeigeführt. Offenbar mit nachhaltigem Erfolg, denn die Grundstückspreise sind bis heute höher als in den besten Vierteln Belfasts. Dennoch entstehen in Portstewart immer mehr Ferienhäuser und Zweitwohnungen, und so verwandelt sich der Ort im Sommer (8000 ständige Einwohner) v. a. in einen Familien- und Rentnerbadeort: Kirmes, Nippes und Bowlingbahnen, Imbissbuden und Bänke mit Meerblick. Ältere Herrschaften trotzen am Klippenweg zwischen Stadt und Strand der steifen Brise, Mütter mahnen ihre Kleinen, sie mögen sich um Himmels Willen vom Abgrund fernhalten. Andere fahren lieber gleich an bzw. auf den Strand – der Sand ist so fest, dass kein Wagen stecken bleibt, und der Gemeinde ist's recht, denn sie kassiert dort Parkgebühren. Auf der Promenade zeigen ein paar Skater ihr Können, vor der Küste tummeln sich die Surfer. Ist der Sommer vorbei, wird Portstewart zur Studentenstadt. Die studieren tagsüber im nahen Coleraine und erwecken Portstewart erst bei Dunkelheit zu nächtlichem Leben. In der Nacht zum Sonntag wird die Stadt zudem

Gazebo auf Downhill – der lange Weg zur schönen Aussicht

Portstewart 669

regelmäßig, sehr zum Verdruss ihrer Bewohner, zum Treff jugendlicher Möchtegern-Rennfahrer, die hier ihre aufgemotzten und getunten Autos vorführen.

- *Information* Im Rathaus, Juli/Aug. Mo–Fr 10–13 und 14–17 Uhr, ✆ 028 7083 2286.
- *Verbindung* Von der **Bus**haltestelle an der Hauptstraße etwa alle halbe Stunde nach Coleraine (Bus 139, 140), dem nächsten Umsteigepunkt. Juli/Aug. mit Linie 218 direkt nach Belfast.
- *Veranstaltung* Anfang Mai ist das Städtedreieck Portstewart – Coleraine – Portrush Schauplatz der Motorradrennen **North West 200** (www.northwest200.org). Diese wichtigsten Motorsportevents der Insel sind noch richtige Straßenrennen, denn sie laufen auf normalen, nur vorübergehend für den öffentlichen Verkehr gesperrten Straßen.
- *Übernachten* Die meisten Gäste übernachten im Wohnmobil oder Trailer auf einem der vielen Campingplätze um Portstewart.

Cromore Halt, 158 Station Rd., ✆ 028 7083 6888, www.cormore.com, DZ 80 £. Von Colraine kommend findet man das moderne Guesthouse gleich am Ortseingang. Zimmer mit Hotelkomfort bis hin zum Hosenbügler, doch die autogerechte Lage (vorne die Straße, an der Seite die Tankstelle) sorgt dafür, dass man nachts die Fenster besser geschlossen lässt. Mit Restaurant.

B&B Cul-Erg, Mary Maguire, 9 Hillside, ✆ 028 7083 6610, www.culerg.co.uk, DZ 55– 70 £. In einem Reihenhaus sechs Zimmer mit Bad und teilweise Meerblick, eine Spur weniger altbacken eingerichtet als viele andere Pensionen im Ort.

Rick's Causeway Hostel, 4 Victoria Terrace, am Nordostende des Orts zwei Häuser vom Meer, ✆ 028 7083 3789, rick@ causewaycoasthostel.fsnet.co.uk, Bett ab 11 £, DZ ab 35 £. „Alles sehr gepflegt und sauber. Der Besitzer war sehr nett und hat sich erst mal bei einer Tasse Tee mit mir unterhalten." (Lesertipp von Christoph

Spaeth). Eine Fotosammlung im Treppenhaus macht Geschmack auf weitere Reiseziele in Irland. Küche, Waschmaschine und echte Badewannen. An kühlen Tagen wärmt ein gemütliches Kaminfeuer den Aufenthaltsraum.

- *Camping* Gleich sechs Plätze in der näheren Umgebung. Der gemeindeeigene **Juniper Hill Caravan Park,** 70 Ballyreagh Rd., ✆ 028 7083 2023, www.colerainebc.gov. uk, Oster–Okt., verlangt für 2 Pers. mit Zelt 14 £.
- *Essen* **Shenanigan's,** 78 The Promenade. Das Gastropub ist gleichermaßen bei Geschäftsleuten wie Urlaubern beliebt. Gerichte aus aller Welt, warme Küche durchgehend 12–21.30 Uhr. www.shenanigans portstewart.com.

Morelli's, 55 The Promenade. Ein etablierter Italiener mit Selbstbedienung. Kühler Gastraum mit viel Chrom und hellen Farben, am Tresen gibt's hausgemachte Eiscreme, Pizza, Pasta und wechselnde Mittagsgerichte.

Skippers, im Anchor Bar Complex, 87 The Promenade, ✆ 028 7083 2003. Restaurant mit global food von Mexiko bis Fernost. Fr/Sa nach dem Dinner spielen Bands auf der Bühne. www.theanchorbar.co.uk.

- *Pubs & Clubs* **The Anchor,** 87 The Promenade. Livemusik, Quizabende, Karaoke – im populärsten Studentenlokal der Stadt wird jeden Abend etwas geboten. Angeschlossen sind eine Disco und eine weitere Bühne. www.theanchorbar.co.uk.

Havana, über Shenanigan's, The Promenade. Die Konkurrenz des Anchor. ein vor allem von Studenten besuchter Club, Fr/Sa geöffnet. Über riesige Plasmabildschirme flimmern Musikclips, Alk geht in Strömen über den Tresen, es gibt Poolbillard und natürlich auch Tanzflächen samt DJs.

▶ **Küstenwege um Portstewart:** Am beliebtesten ist der **Cliff Path**, der in zwanzig Minuten vom Hafen südwärts zum Strand führt. Am Weg passiert man das oben in den Klippen thronende **Rock Castle,** ein neo-gotisches Märchenschloss aus dem 19. Jh., das heute eine Schule des Dominikanerordens beherbergt. Auch das verfallene Eishaus ist noch auszumachen. Am Strand selbst kann man noch etwa 3 km weiter bis zur **Mündung des River Bann** laufen – eine wunderbare Dünenlandschaft mit Wasservögeln, Schmetterlingen und Wildblumen. Vom Hafen in die andere Richtung führt der **Port Path** in einer knappen Stunde nach Portrush. Er umrundet zunächst das Kap Portstewart Point und passiert dann den Golfplatz. Der Meeresgrund zwischen Portstewart und Portrush ist ein wahrer Schiffsfriedhof, schmetterten doch hier in alten Tagen die Stürme regelmäßig Segelschiffe auf die Klippen.

Nordirland Karte S. 652/653

Irlands größtes Naturwunder – Giant's Causeway

County Antrim

Highlights im County Antrim

- **Giant's Causeway** – Steine wie aus dem Baukasten und Nordirlands größtes Naturwunder (S. 673)
- **Carrick-a-Rede** – auf schwankender Hängebrücke über den Abgrund (S. 677)
- **Antrim Coast Road** – mit schillernden Klippen, stillen Stränden und putzigen Dörfern Irlands schönste Küstenstraße; im Hinterland die Gletschertröge der Glens (S. 683)
- **McCollam's Bar** – die Sessions im Pub von Cushendall sind ein Muss für die Freunde irischer Folkmusic (S. 686)
- **Carrickfergus Castle** – oft belagert und manchmal gestürmt, hier wird den Besuchern das normannische Ritterleben vorgeführt (S. 690)

County Antrim

Die Nordküste ist das älteste und bekannteste Feriengebiet von Ulster. An die *Causeway Coast* mit ihrem Naturwunder der kantigen Basaltsäulen schließen sich die *Glens of Antrim* an, anmutige Täler mit Wasserfällen, Wildblumen und Vogelgezwitscher. Die Causeway Coast und der Küstenabschnitt zwischen Ballycastle und Cushendall, wo die Hauptstraße im Landesinneren verläuft, sind mit ihren nur mäßigen Steigungen eine gute und, wenn der Wind mitspielt, nicht allzu anstrengende Radlstrecke. Weniger interessant ist das Hinterland des Countys zwischen den *Antrim Mountains* und dem River Ban. Lediglich die Leinenstadt *Lisburn,* schon vor den Toren von Belfast, ist wegen ihres Leinenmuseums noch einen Besuch wert.

Portrush

Der zweite große Badeort (6500 Einw.) der Causeway Coast steht auf einer ins Meer hinausragenden Halbinsel und damit sozusagen mitten im Wasser. Feinsandige Dünenstrände und die bizarre Kalksteinformation der „White Rocks" machen den Charme des Städtchens aus ...

... der, wie man hinzufügen muss, durch Spielhallen, Spaßbad, Kirmesplatz, billige Fastfoodlokale, Nippesläden und andere für englische Seebäder typische Verunstaltungen allerdings gemindert wird. Viele Häuser stehen zum Verkauf. Eine aberwitzige Verkehrsführung zwingt ortsunkundige Autofahrer zu unfreiwilligen Stadtrundfahrten (man beachte die Straßenlampen!). Das Publikum scheint etwas proletarischer als in Portstewart, doch unter die Feriengäste aus Belfast und Derry mischen sich auch Studenten der nahen Universität von Coleraine, die lieber hier am Wasser als in der drögen Unistadt wohnen – Coleraine bekam die *University of Ulster* nur, weil die damalige Regierung sie lieber in einem protestantischen Umfeld als in Derry ansiedelte.

Information/Verbindungen/Diverses

• *Information* Im **Dunluce Centre,** Sandhill Drive, ✆ 028 7082 3333, April–Juni, Sept. Mo–Fr 9–17, Sa/So 12–17 Uhr; Juli–Aug. Mo–Fr 9–19, Sa/So 12–19 Uhr; März, Okt. nur Sa/So 12–17 Uhr.

• *Verbindung* Auch wenn der bedauernswerte Bahnhof nicht mehr danach aussieht, fährt Mo–Sa noch immer jede Stunde ein **Zug** (Auskunft ✆ 028 9066 6630) nach Coleraine; dort Anschluss nach Belfast und Derry. Vom Terminal in der Dunluce Av., nahe dem Bahnhof, **Busse** (Linie 218) über Portstewart nach Belfast. Dazu halten die Antrim Coaster (Linie 252 Coleraine – Küstenstraße –

Belfast) und die nur Juli/Aug. fahrende Linie 177 Coleraine – Giant's Causeway, bei schönem Wetter als Doppeldecker mit offenem Oberdeck.

• *Reiten* **Maddybenny Riding Centre,** 18 Maddybenny Park, ✆ 028 7082 3394, www. maddybenny.com, Kurse mit Unterkunft für fortgeschrittene Spring-, Dressur- und Military-Reiter.

• *Surfen* **Troggs Surf Shop,** 88 Main St., ✆ 028 7082 5476, www.troggssurfshop.co.uk, verkauft und verleiht Ausrüstung und hat Tipps zu den besten Surflocations an der Nordküste. Auch Schulung.

Nordirland
Karte S. 652/653

672   Nordirland/County Antrim

Übernachten

Nahezu jedes Haus im Ort vermietet Fremdenzimmer. Spätaufsteher werden die Abendsonne und den Blick auf die Westbucht aus den B&Bs in der Kerr Street und von den oberen Etagen der Market Street schätzen, Frühaufsteher begrüßt die Morgensonne in der Landsdowne Road und auf der Bath Terrace.

Guesthouse Beulah, 16 Causeway St., ☏ 028 7082 2413, www.beulahguesthouse. com, DZ 50–70 £. 11 einfache Zimmer, doch sehr gut geführt, von der oberen Etage Meerblick, reiche Frühstücksauswahl. Handicap ist der manchmal lautstarke Pub auf der anderen Straßenseite.

B&B Harbour Hights, 17 Kerr St., ☏ 028 70982 2765, www.harbourheightsportrush.

com, DZ 60–90 £. Gut ausgestattetes Haus u.a. mit Internetzugang, Bibliothek, Waschmaschine. Von Erker der Suite genießt man Panoramablick über den Weststrand.

Albany Lodge, 2 Eglington St., ☏ 028 7082 3492, www.albanylodge.f2s.com, DZ 70–90 £. Viktorianische Villa mit geräumigen Zimmern in warmen Farben, die Suite ist gar mit einem Himmelbett ausgestattet.

Essen/Pub

Nicht das gediegene Essen, sondern die schnelle Küche ist angesagt. Zwischen Fastfood und Neon geht abends die Post ab.

Ramore Oriental Restaurant, über dem Hafen, ☏ 028 7082 4313, www.ramorerestau rant.com. Die eleganteste Speiseadresse am Ort. Fernöstliche Küche, das Hauptgericht kostet abends etwa 10–15 £. In cooler Einrichtung zelebriert eine Brigade diensteifriger Geister Service auf hohem Niveau. Nur Dinner. Unter gleicher Leitung steht nebenan das weniger förmliche, auch mittags geöffnete **Harbour Bistro.**

55 Degrees North, 1 Causeway St., ☏ 028 7082 2811, www.55-north.com. In einem schicken Neubau mit großen Schaufenstern

zum Meer, gute Küche. Gerichte mittags bis 8 £, abends bis 15 £.

Silver Sands, Eglington St., beim Kriegerdenkmal. Ein schlichtes, doch solides Lokal. Preiswerte Küche mit Chicken Curry, Burger, Kartoffeln und anderen Standards.

● *Pub* **Harbour Bar,** 5 Harbour Rd. Für jeden Geschmack etwas – im Schankraum mit Sägespänen auf dem Boden. Wie die Seemannskneipe aus dem Bilderbuch, die Nebenzimmer dagegen sind auch zum intimen Tête-à-tête geeignet.

Große Liebe und Riesen-Schreck

Die Sage sieht im Giant's Causeway den Anfang einer im Meer versunkenen Straße, die der Riese Finn Mac Cumhaill baute, um seine auf der schottischen Insel Staffa lebende Geliebte, die ebenfalls dem Riesengeschlecht entstammte, trockenen Fußes nach Irland bringen zu können. Eine kriegerische Variante der Sage lässt Finn Mac Cumhaill den Weg errichten, um einen schottischen Riesen zum Zweikampf herausfordern zu können. Des Konkurrenten schließlich ansichtig, verließ ihn jedoch der Mumm und er rannte nach Irland zurück. Wieder zu Hause, begegnete er dem nachsetzenden Schotten statt mit roher Gewalt mit Grips: Er legte sich, ein Baby vortäuschend, in eine hastig gezimmerte Wiege und jagte damit seinerseits dem Schotten einen nachhaltigen Schrecken ein, denn: wenn schon das Baby so groß war, wie mochte erst der Vater aussehen? Die beiden Riesen sollen zeitlebens einen großen Bogen um das jeweilige Nachbarland gemacht haben. Anhand eines versteinerten Stiefels am Port Noffer haben Wissenschaftler für Finn übrigens eine Körpergröße von etwa 17 m errechnet. Oder war es doch der Stiefel des flüchtenden Schotten?

Präsent des Bischofs an seine Cousine: Mussenden Temple, Derry (RRB) ▲▲
Nur für Schwindelfreie: Die Brücke nach Carrick-a-Rede (RRB) ▲

White Park Bay, Ant. im: Blick aus Irlands schönster Jugendherberge (BBB)

Naturwunder Giant's Causeway, Antrim (RRB) ▲▲
Dunluce Castle (Antrim), dessen Küche ins Meer fiel (RRB)

(unten) bewachte die Meerenge "The Narrows" (oben) am Ausgang des Strangford Lough (BBR)

Sehenswertes

Dunluce Centre: Ein interaktives Multimediaspektakel örtlicher Folklore und Naturkunde. Kernstück der Show ist eine „Turbotour" (Achtung: Ihr Stuhl bewegt sich!), deren Programm alle paar Monate wechselt – bei unserem Besuch gab's gerade eine Wildwasserfahrt in British Columbia. Ein großer Indoorspielplatz lässt Kinderherzen höher schlagen.

① April–Okt. Sa/So 12–17 Uhr, Juli/Aug. tägl. 10–18 Uhr. Eintritt 8,50 £. Dunluce Arcade. www.dunlucecentre.co.uk.

The Coastal Zone (vormals „Portrush Countryside Centre"): Die jedes Jahr wechselnde naturkundliche Ausstellung hält mehr, als die äußerlich unansehnliche Baracke des alten Badehauses verspricht. Bei unserem Besuch blickten wir aus dem Wrack der am Meeresgrund liegenden *Nautilus* man auf Tintenfische, Seeanemonen und anderes Getier und hörten die exotischen Laute der Wale. Ein Videomikroskop macht Sandkörner zu Felsbrocken, Fotos zeigen das Portrush um 1900, und am Strand vor dem Haus gibt es Fossilien zu entdecken.

① Juni Sa/So 10–17 Uhr, Juli/Aug. tägl. 10–17 Uhr. Eintritt frei. 8 Bath Rd., am Wasser auf der Ostseite der Halbinsel. www.ni-environment.gov.uk/portrush.shtml.

Giant's Causeway

Seit die Royal Geographical Society 1693 ihren ersten Artikel über die wundersamen Steine an der Antrim-Küste veröffentlichte, gilt der Giant's Causeway als das größte Naturwunder Nordirlands. Kaum ein Prospekt verzichtet auf das Motiv der in das warme Licht der Abendsonne getauchten Basaltformationen.

Doch nicht alle Reisende zeigten sich von den etwa 37.000, zumeist fünf- oder sechseckigen, wie Bauklötze zu Türmchen gestapelten Steinen tief beeindruckt. „Bin ich wirklich 150 Meilen gereist, um jetzt *das* zu sehen?", mokierte sich Thackeray 1842.

Über die Entstehung der seltsamen Naturerscheinung, die es ähnlich auch an der schottischen Küste gibt, wurde lange gerätselt. Für die einen war es ein versteinerter Bambuswald, für die anderen aus dem Meerwasser gewachsene Kristalle. Nach heutigem Wissensstand gehen die seltsamen Steine auf vulkanische Eruptionen zurück, bei denen vor 60 Millionen Jahren flüssige Lava aus der Erdkruste brach, sich in „Säulen" einen Weg nach oben bahnte und beim Abkühlen zu den ungewöhnlichen Formationen auskristallisierte. Der Effekt ist nachzuvollziehen, wenn man etwa verschiedenfarbige Knetwürste nebeneinander stellt und diesen Wulst von den Seiten gleichmäßig zusammenpresst – die Würste füllen die Zwischenräume und werden dabei zu sechsseitigen Säulen, bei ungleichem Druck vielleicht auch zu fünf- oder vierseitigen.

Wer es genauer wissen will, wird im **Visitor Centre** aufgeklärt, das sich auch der Naturkunde und der Tourismusgeschichte widmet. Im Frühjahr 2000 bei einem Brand erheblich beschädigt, ist das Visitor Centre seither in Baracken untergebracht. Fünf Jahre dauerte es, bis die Regierung einen Wettbewerb für den Neubau zuwege brachte, den übrigens jenes Dubliner Architektenbüro gewann, das auch Ägyptens „Grand Museum" bei den Pyramiden entwarf. Die Interessen eines lokalen Grundbesitzers, der gern ein privates Besucherzentrum gebaut hätte,

674 Nordirland/County Antrim

und seine guten Verbindungen zur Regierungspartei DUP brachten weitere Verzögerungen, so dass der Neubau frühestens 2011 bezogen werden kann. Die Videoshow im Visitor Centre erschien uns als etwas oberflächliche Effekthascherei, die man nicht unbedingt gesehen haben muss, zumal sie zusätzlich Eintritt kostet. Das Original ist allemal besser. Während Königin Viktoria bereits mit einer elektrischen Straßenbahn anreisen konnte, fährt die moderne **Museumsbahn** von Bushmills wieder unter Dampf zum Causeway. Am Endbahnhof kann man auch (noch) umsonst parken, während 300 Meter weiter, am **Parkplatz** beim Visitor Centre, stolze 5 £ Gebühren verlangt werden. Von hier fährt ein Kleinbus Gehbehinderte und Fußfaule zum **Giant's Causeway** hinunter – zu Fuß dauert es etwa 20 Minuten. Die Felsen am Weg tragen phantasievolle Bezeichnungen wie „Kamelrücken", „Harfe", „Orgel", „Amphitheater", die den Hirnen der viktorianischen Reisegesellschaften und ihrer Cicerones entstammen, unter denen Thackeray so litt. Wieder am Parkplatz kann man noch die **Causeway School** besuchen und in einem Klassenzimmer der 1920er Jahre die Schulbank drücken – sofern gerade Ferien sind, denn das museale Schulhaus wird ansonsten für erlebnisorientierten Geschichtsunterricht genutzt.

• *Verbindung* **Bus**anschluss mit Linie 172 von Colraine. Außerdem halten der Antrim Coaster (Linie 252 Coleraine – Küstenstraße – Belfast). Bei schönem Wetter verkehrt Juli/ Aug. „Bushmills Open Topper" (Linie 177 Coleraine – Giant's Causeway), ein Doppeldecker mit offenem Oberdeck. Bus 402 verbindet Juni bis Mitte Sept. Bushmills mit Giant's Causeway, Dunseverick Castle und Carrick-a-Rede. Tagesticket 4,30 £. Auskunft ✆ 028 9066 6630, www.ulsterbus.co.uk. **Causeway & Bushmills Railway,** Fahrten Ostern–Okt. Sa/So, Juli/Aug. tägl. etwa jede Stunde, Fahrt hin und zurück 5 £. www.freewebs.com/giantscausewayrailway. ① **Visitor Centre:** Sept.–Mai tägl. 10–17 Uhr, Juni bis 18 Uhr, Juli/Aug. bis 19 Uhr; Eintritt frei, Video 1 £. www.giantscauseway centre.com. **Causeway School:** Juli/Aug. tägl. 11–17 Uhr, Eintritt 1,50 £.
• *Übernachten* ** **Causeway Hotel,** Causeway, ✆ 028 2073 1226, www.giants-causeway-hotel.com, DZ 70–85 £. Gleich beim Visitor Centre, seit 1836 als Hotel betrieben und trotz Renovierung mit dem Charme der viktorianischen Zeit. Die Zimmer mit TV und Teekocher ausgerüstet. Andere Hotels in der Nähe sind das neue *** **Bushmills Inn** (in Bushmills, ✆ 028 2073 2339, www.bushmills-inn.com) und das **Bayview** (in Portballintrae, ✆ 028 2073 4100, www.bayviewhotelni.com). Die nächsten **B&Bs** sind in Bushmills, Portballintrae, Ballintoy und Portrush.
• *Jugendherberge* **Bushmills,** 49 Main St., im Hinterhaus neben Scott's Pub, ✆ 028 2073 1222, www.hini.org.uk, Bett 16 £, DZ 37 £. Ein neues, schickes Hostel, überwiegend 4er-Zimmer mit eigenem Bad, gut ausgestattete Küche, Lounge mit Kamin. **White Park Bay,** 3 km östl. von Dunseverick Castle, April–Okt., ✆ 028 2073 1745, www.hini.org.uk, Bett 16 £, DZ 37 £. An einer Bucht mit schönem Sandstrand. Das Haus wurde grundlegend erneuert. Schlafräume mit 2, 4, und 6 Betten, alle mit eigenem Bad, die DZ mit TV, Schrankwand und Tee-/Kaffeetablett. Auch die Aufenthaltsräume (einer mit TV, der andere mit Kamin) verraten mit künstlerischen Fotos und den sorgfältig abgestimmten Farbtönen die Hand des Innenarchitekten. Cafeteria (nur April–Sept.) mit gesonderter Küche. Waschküche, Fahrradverleih, Gepäckaufbewahrung. Mancher ist in Irlands schönster Jugendherberge für den Rest seiner Reise hängen geblieben.
• *Camping* **Ballyness Caravan Park,** 40 Castlecatt Rd., Bushmills, Portballintrae, Mitte März–Okt., ✆ 028 2073 2393, www.ballynesscaravanpark.com, Stellplatz 25 £. Ein umweltbewusster und vergleichsweise gut ausgestatteter Campingplatz, 5 Gehminuten südlich von Bushmills Distillery.
• *Essen/Pub* **Sweeney's,** Portballintrae, ✆ 028 2073 2404, Barfood auch abends, im Sommer durchgehend bis 21.30 Uhr geöffnet. Seymour Sweeney hat den alten Landgasthof aufgemöbelt und um einen Wintergarten erweitert, der freie Sicht aufs Meer erlaubt. Zu essen gibt's etwa Folienkartoffeln mit diversen Füllungen, Hühnerkebab im Fladenbrot oder Entenconfit mit Linsen. Fr/Sa (im Sommer auch unter der Woche) Livemusik.

Giant's Causeway/Umgebung 675

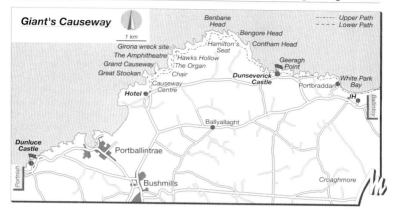

Wanderung

Der herkömmliche Rundweg beginnt am Visitor Centre mit dem **Lower Path,** der allerdings im hinteren Teil durch einen Erdrutsch blockiert ist. Deshalb steigt man nach dem Causeway über die 149 Stufen des **Shepherd's Path** auf die Klippen des **Aird Snout** hinauf und hier mit wunderbarem Ausblick wieder zum Ausgangspunkt zurück. Es lohnt sich jedoch, den oberen Küstenpfad noch eine gute Stunde über den Causeway hinaus am **Amphitheater** vorbei bis zum **Dunseverick Castle** zu wandern, wo man wieder auf die Straße trifft. Unterwegs passiert man die **Chimney Tops.** Der Kapitän der spanischen Fregatte „Gerona" verwechselte den bizarren Felsturm 1588 mit Dunluce Castle, wo er sich Hilfe von den verbündeten McDonnells erhoffte, und lief prompt auf Grund. **Hamilton's Seat,** der Felsen über dem Kap, ist einer der besten Aussichtspunkte an der Nordküste, von dem man bei gutem Wetter in der Ferne Inishowen aus dem Dunst steigen sieht.

Giant's Causeway/Umgebung

▸ **Bushmills:** Seit 1784 wird hier legal Whiskey (siehe S. ???) destilliert, die erste Konzession stammt gar aus dem Jahr 1608. Ob Bushmills damit die älteste (legale) Brennerei der Insel ist, wie die Werbestrategen behaupten, ist unter Wirtschaftshistorikern eine offene Frage, die hoffentlich noch zu mancher Doktorarbeit Material geben wird. Nach der Führung durch die – ungeachtet ihrer altertümlichen Pagodentürme – hochmoderne und damit wenig romantische Schnapsfabrik des Konzerns Pernod-Ricard darf in der Hausbar getestet werden. Probieren Sie etwa *Coleraine*, ein leichter, nur in kleinen Mengen produzierter Single Malt, oder *Bushmills Malt*. Beide sind im Unterschied zu den meisten anderen Sorten nicht mit ungemälztem Gerstenbrand oder Mais- und Sojadestillaten verschnitten.
  ⏱ März–Okt. Mo–Sa 9.30–17, So 12–17 Uhr (letzte Führung jeweils 16 Uhr); Nov.–Febr. Mo–Fr 9.30–15.30, Sa/So 12.30–15.30 Uhr (letzte Führung jeweils 15.30 Uhr); Eintritt Mo–Freitagvormittag (mit Produktion) 6 £, Freitagnachmittag–So (ohne Produktion) 5,50 £. www.bushmills.com.

▸ **Benvarden Garden:** Die Montgomerys öffnen zwar nicht ihr Haus, doch immerhin den im 18. Jh. angelegten Garten dem Publikum. Besucht werden können auch die

676 Nordirland/County Antrim

um einen Hof in Diamantform angelegten Stallungen mit einem kleinen Museum zur Geschichte des Anwesens.

① Juni–Aug. Di–So 12–17.30 Uhr; Eintritt 4 £. www.benvarden.com. Der Garten liegt südlich von Bushmills an der B 67 zwischen Ballybogy und Dervock.

▶ **Dunluce Castle:** Die imposante Ruine auf einem Felssporn über dem Meer war die Stammburg des irischen Zweiges der McDonnells, die im 16. u. 17. Jh. über Antrim herrschten. Wie die meisten der protestantischen Kolonisten, die von der Krone nach 1600 in Ulster angesiedelt wurden, stammten auch die McDonnells aus Schottland. Als „Herren der Inseln" herrschten sie kurzzeitig über Ländereien auf beiden Seiten des Kanals, bevor die Engländer und die mit ihnen verbündeten Campbells sie aus Schottland vertrieben.

Vom Wrack der *Gerona,* deren erst 1968 geborgener Goldschatz im Ulster Museum (Belfast) ausgestellt ist, holte sich Sorley Boye McDonnell (1505–1590) seinerzeit die Kanonen für seine Burg Dunluce. Diese hatte der „Yellow Charles", wie er auch genannt wurde, 1560 den MacQuillans abgenommen, 1584 nach harter Belagerung samt Sturmangriff an einen unehelichen Sohn Heinrichs VIII. verloren und bald darauf mit List wieder gewonnen. Diese militärischen Auseinandersetzungen überstand das Gemäuer ohne großen Schaden, doch stürzte bei einem Unwetter 1639 der Küchentrakt samt Personal und allen Vorräten ins Meer. Vom Grundriss her noch ganz ein mittelalterliches Wehrbau, verrät der Innenausbau des Haupthauses schon den Geschmack der aufkommenden Renaissance. Dass die Loggia nach italienischem Vorbild gen Norden, also der sonnenabgewandten Seite blickt, dürfte im irischen Norden mehr Frösteln als nötig beschert haben. Die aus gemäßigteren Gefilden Englands stammende Frau McDonnell fühlte sich zusätzlich durch das ständige Tosen der Brandung genervt, und so zog die Familie einige Jahre nach dem Totalverlust der Küche schließlich in eine ruhigere Bleibe nach Glenarm und überließen die Burg dem Verfall. Die *Grotte der Meerjungfrauen,* gleich unter der Burg, kann bei ruhiger See mit dem Boot besucht werden.

① April–Sept. tägl. 10–17.30 Uhr; Okt.–März tägl. 10–16.30 Uhr; Einlass bis ½ Std. vor Schließung. Eintritt 2 £. www.ehsni.gov.uk.

▶ **Portbraddan:** Östlich des Causeway geht die Basaltküste bei Portbraddan abrupt in helle Kalksteinformationen über. Der fünf oder sechs Häuschen zählende Weiler macht mit der *St. Gobhan,* dem Heiligen der Baumeister geweihten Kapelle auf sich aufmerksam, die gerade mal 3,7 m x 1,82 m klein ist – allzu kinderreich dürften die Familien von Portbraddan nicht gewesen sein, sonst hätten sie in ihrem Gotteshaus nicht mehr gemeinsam beten können.

▶ **Ballintoy:** An der Bucht unterhalb des Dorfs lassen sich noch die Verladeanlagen alter Erzminen ausmachen. Der parallel zur Erzgewinnung im 18. Jh. aufgenommene Braunkohleabbau geriet zum Fiasko. Ein Grubenbrand, der über Jahre hinweg unter der Erde wütete, vernichtete die Vorkommen.

● *Übernachten* **B&B Whitepark House,** Whitepark Rd., ✆ 028 2073 1482, www.white parkhouse.com, DZ 100 £. Zu Recht hoch gelobtes B&B, dessen Eigentümer Bob Aisles vom britischen Automobilclub AA als „Landlord of the Year" ausgezeichnet wurde. Bob, ein überzeugter Vegetarier und Buddhist, geleitet Sie vom Parkplatz ins Haus, an dessen Eingang ein Buddha mit Räucherwerk für die gute Atmosphäre sorgt. Drinnen gibt es einen gemütlichen Kamin, dann erst mal Tee und Gebäck. Die Einrichtung mischt wertvolle alte Möbel mit „Landhaus" und „Fernost". Die drei Gästezimmer haben Meerblick, Waschbecken und teilen sich ein geräumiges Bad.

B&B Ballintoy House, Mrs. Rita McFall, 9 Main St., ✆ 028 2076 2317, DZ 45 £. Ein 250

Giant's Causeway/Umgebung

Jahre altes, doch gründlich modernisiertes Haus am Ortsende Richtung Ballycastle. 3 Zimmer mit Bad, üppiges Frühstück.

Hostel Sheep Island View (IHH), 42 Main St., ✆ 028 2076 9391, www.sheepislandview. com, Bett ab 12 £. Freundlicher Empfang mit dezenter Musik. Alle Zimmer (2–8 Betten) mit eigenem Bad. Aufenthaltsraum mit TV und einer Gedenkplakette an die Dorfälteste Anny Johnson, die das Hostel 1997 an ihrem 101. Geburtstag eröffnete. Geräumige, gut ausgestattete Küche, Blick auf die Kormoran-Insel Sheep Island. Der auf Carrick-a-Rede von einem fürchterlichen Wolkenbruch überraschte Autor lernte den Wäschetrockner und die Zentralheizung des Hostels zu schätzen. Auch Leserbriefe loben die Hilfsbereitschaft der Wirtin. Camping möglich.

• *Essen* **Roark's Kitchen,** 56 Harbour Rd., Juli/Aug. Di–So 11–19 Uhr, Mai/Sept. nur Sa und So. Eine kleine gemütliche Cafeteria, idyllisch am Hafen gelegen. Die wechselnden Tellergerichte sind auf einer Tafel angeschrieben.

Schwankender Zugang nach Carrick-a-Rede

▶ **Carrick-a-Rede Island:** Wie kommt eine Insel zu dem kuriosen Namen „Fels im Weg"? Gemeint ist der Weg der Lachse, deren Zug zu den Laichplätzen direkt um Carrick-a-Rede herum führt. Diesen Umstand macht sich eine genossenschaftliche Lachsfischerei auf der Insel zu Nutzen, die die Fische mit Netzen aus dem Verkehr zieht. Auch die hier beheimatete Kolonie von Sturmvögeln kann mit reicher Beute rechnen. Touristen kommen nicht wegen dem Fisch, sondern um auf der zur Insel führenden **Hängebrücke** das Fürchten zu lernen. Sie verbindet zwei Teile eines längst erloschenen Vulkans. Das schwankende, an Stahlseilen aufgehängte Gebilde schwingt sich am Ende eines etwa viertelstündigen Klippenpfads über einen 25 m tiefen Abgrund, in dem das Meer haushohe Wellen schlägt. Bis 1890 gab es nur ein einziges Griffseil, und die Fischer sollen das Anbringen von „Geländern" (ein Euphemismus für schlichte Halteseile) auf beiden Seiten der Brücke als höchst unnötig erachtet haben.

① Außer bei Sturm von Juni–Aug. tägl. 10–19 Uhr, März–Mai, Sept./Okt. tägl. 10–18 Uhr, Einlass bis 45 Min. vor Schließung. Eintritt 3,70 £. Jeden Herbst wird die Brücke abgebaut! Am Parkplatz befindet sich ein Café. www.nationaltrust.org.uk.

Ballycastle

Die 3400 Einwohner zählende Hauptstadt des Moyle District eignet sich gut als Übernachtungsort zur Erkundung der Causeway Coast und der Glens of Antrim.

Ballycastle liegt in einer Senke um die Mündung der Flüsse *Margy* und *Tow*, die die beiden nördlichsten Antrim-Täler entwässern. Dank fruchtbarer Böden und der

678   Nordirland/County Antrim

windgeschützten Lage kann die Stadt mit viel Grün aufwarten – nicht die üblichen Wiesen, sondern ein richtiger Wald zieht sich vom Hausberg *Knocklayd* bis an den Stadtrand, auch im Ort selbst wachsen überraschend viele Bäume.

Höhepunkte im Jahreszyklus des Städtchens sind die *Fleadh Amhrán agus Rince*, ein dreitägiges Musik- und Tanzfestival im Juni, sowie die *Ould Lammas Fair* am letzten Montag und Dienstag im August. Dieser älteste Viehmarkt Irlands geht auf die McDonnells zurück, die zugleich eine Art Highland Games veranstalteten: Mit Baumstammwerfen, Gewichtheben und Wettrennen demonstrierten die schottischen Neusiedler den Iren, was für Kerle sie waren. Heute sind die Kraftmeiereien aus dem Programm verschwunden, es kommen auch so jedes Jahr fast 100.000 Schaulustige, die mit ihren braungelben Caravans jede Wiese und Freifläche belegen. Außer Schafen und Pferden werden auch zwei kulinarische Spezialitäten gehandelt: *Yellowman*, ein steinhartes Konfekt, das mit dem Hammer verkleinert wird, und *Dulse*, getrockneter Seetang.

Geschichte

Die ältesten Mauern gehören zur *Bonamargy Abtei*, einer Ruine mit gotischem Fenstermaßwerk auf dem Golfplatz neben der Cushendun Road. Das um 1500 von Rory MacQuillan gestiftete Franziskanerkloster unterhielt enge Kontakte zu den Hebriden. Direkt im Kircheneingang ließ sich in einer Geste besonderer Demut die „schwarze Nonne" Julia bestatten, eine Nachfahrin des Stifters, deren seherische Gabe – sie prophezeite „erfolgreich" eine Lavaeruption des Knocklayd – den Zeitgenossen nicht recht geheuer war.

Kern der Stadt war eine heute völlig verschwundene Turmburg des iro-schottischen Fürsten Randal McDonnell nahe dem Hauptplatz. Der 1620 zum Dank für seine Zusammenarbeit mit der Krone zum Earl of Antrim geadelte Randal, der neben Sorleye Boye in der Familiengruft bei der Bonamargy Abbey bestattet wurde, siedelte möglicherweise britische Kolonisten um seine Burg an. Der planmäßige Grundriss der Altstadt spricht jedenfalls für eine Plantation, doch es wäre der einzig bekannte Fall, dass in Ulster ein Ire die protestantischen Kolonisten angesiedelt hätte.

Mitte des 18. Jh. entwickelte Colonel Hugh Boyd Ballycastle zur führenden Industriestadt an der Nordküste. Boyd ließ nach Kohle und Eisenerz schürfen, Kalk brennen, Bier brauen, Glas schmelzen und Seife herstellen und baute den Hafens aus. Doch das Industriezeitalter währte hier nur kurz. Nach kaum 50 Jahren hatten die Fabriken wieder geschlossen, und der Hafen war versandet.

Information/Verbindungen

• *Information* **Sheskburn House,** 7 Mary St., ✆ 028 2076 2024, Sept.–Juni Mo–Fr 9.30– 17 Uhr, Juli/Aug. Mo–Fr 9.30–19 Uhr, in der Schule am Ortseingang (von Cushendun kommend). www.moyle-council.org.

• *Verbindung* Ganzjährig Mo–Sa **Bus** 171 und 172 von Ballycastle nach Coleraine, dazu mit dem Antrim Coaster (Linie 252) nach Coleraine und über die Küstenstraße nach Belfast.

Reiten **Hillmount Riding Centre,** 6a Straid Rd., ✆ 20 762 313. Unterricht für Anfänger und Fortgeschrittene (Springen, Gelände).

Übernachten/Camping

*** Marine Hotel, North St., ✆ 028 2076 2222, www.marinehotel.net, DZ 50–95 £. Ein grauer Neubau, der sich gut in die Nachbarschaft fügt, ersetzte eine alte Herberge des 18. Jh. Die Zimmer mit TV, meistens mit Seesicht, teilw. als Apartments mit eigener Küche. Hotelgäste haben Zugang zum *Marine Country Club* mit Schwimmhalle, Sauna und Fitnesscenter.

Ballycastle

Besser warm anziehen zum Sonnenbad in Ballycastle

B&B Colliers Hall, 50 Cushendall Rd., ☎ 028 2076 2531, www.collliershall.com, DZ B&B 60 £, mit Küche (statt Frühstück) 30 £. 2 km außerhalb. Übernachten auf einem stattlichen Bauernhof aus dem 18. Jh. Drei Zimmer, teilw. mit Bad, großzügiger Aufenthaltsraum mit Kamin, Klavier, TV und Video. Alternativ dazu sechs Zimmer in der ausgebauten Scheune, hier mit Gemeinschaftsküche und Waschmaschine.

Ballycastle Backpackers, 4 North St., ☎ 028 2076 3612, Bett 15 £, DZ 50 £. Das Hostel in einem Reihenhaus am Hafen wirkt aufgeräumt (wer gern im Chaos lebt, würde sagen: steril). Die meisten Zimmer mit Meerblick, im Garten gibt es ein kleines Cottage mit 2 Doppelzimmern.

• *Camping* **Silvercliffs Holiday Village,** 21 Clare Rd., März–Sept. ☎ 028 2076 2550, www.hagansleisure.co.uk, Stellplatz 18 £. Ein lebhafter und sogar mit einem Hallenbad ausgestatteter Caravan-Park. Am Weg zum Causeway, im Sommer überwiegend mit Dauercampern belegt.

Essen/Pubs

Cellar Restaurant, 11 The Diamond, ☎ 028 2076 3037, www.thecellarrestaurant.co.uk, So–Fr ab 17 Uhr, Sa ab 12 Uhr. Ein hölzerner Lachs weist den Weg in das kuschelige Kellerlokal. Die Küche legt Wert auf frische Zutaten vom örtlichen Markt. Spezialitäten sind der in Carrick-a-Rede gefangene Lachs oder (vegetarisch) die Auberginenrolle. Hauptgericht bis 15 £.

Pantry, 41 Castle St., Mo–Sa 9–19 Uhr. Nettes Tagescafé mit Sandwichs, Quiche, Lasagne und Kuchen. Weitere preiswerte Coffeeshops wie **Donelly's** (mit Bäckerei) oder **Herald's** findet man in der Ann St.

Morton's, 22 Bayview Rd., am Hafen. Bei der besten Chippy von Ballycastle herrscht oft großer Andrang. Man muss eine Nummer ziehen und lange warten, bis man dran kommt. (Lesertipp von Ingrid Hallmann)

• *Pubs* **Central Bar,** Ann St. Unten der auf traditionelle gemachte Pub, oben das neue Restaurant, das den besten Chicken Caesar Salad der Stadt auftischt. Nicht teuer, trotzdem exklusiv. Nach dem Essen unterhält sich der Koch mit den Gästen.

House of McDonnell, 71 Castle St., www.houseofmcdonnell.com. Der stilvolle Pub mit wuchtigem Mahagonitresen ist seit über 200 Jahren in Familienbesitz. Sandwichs und kleine warme Gerichte werden von der Bäckerei auf der anderen Straßenseite geholt. Abends gelegentlich Livemusik, Fr Session.

O'Connor's, Ann St. Einheimische treffen sich jeweils am Donnerstag in wechselnder Besetzung zur Folkmusik – man merkt den Musikern die Freude am Spiel an.

680 Nordirland/County Antrim

Sehenswertes

Der *Diamond* mit dem **O'Connor Memorial** und der protestantischen **Holy Trinity Church** ist bis heute das Zentrum der Stadt. Nach Westen läuft die *Castle Street*, ein schönes Ensemble mit Geschäftshäusern aus der ersten Hälfte des 19. Jh. und dem Markt- und Gerichtshaus, in dem heute ein **Heimatmuseum** untergebracht ist – leider ohne festes Personal und deshalb nur in der Ferienzeit geöffnet (Juli/Aug. tägl. 12–18 Uhr, Eintritt frei). Vom Diamond nach Nordosten führt die *Ann Street*. Sie ist die neuere Hauptstraße, denn mit den Jahren verschob die Stadt ihr Gewicht in Richtung Hafen, geht dann in die *Quay Road* über und erreicht beim Kriegerdenkmal das Hafenviertel. Gegenüber dem Denkmal steht noch das Herrenhaus von Colonel Boyd. Gleich um die Ecke füllen auf der Seeseite der *Mary Street* Tennisplätze das von Boyd angelegte Hafenbecken. Auf einer Insel zwischen ihm und dem Meer befand sich die Glashütte. Der moderne Hafen ist ein gutes Stück nach Norden gerutscht, den zentralen Uferbereich schmückt heute eine Grünanlage mit Sandstrand. Die aufs Meer blickende *North Street*, an der man Cafés oder die in anderen Seebädern üblichen Spielhallen erwarten würde, gibt sich überraschend wenig touristisch.

Rathlin Island

Mit 6,5 x 1,5 km ist Rathlin die größte Insel vor der irischen Küste. Wenn sie sich nicht gerade im Nebel versteckt, lädt sie mit ihrer urwüchsigen Wildnis zu Wanderungen und Naturbeobachtungen ein.

Von vor der Hungersnot über 1000 schrumpfte die Einwohnerzahl auf heute etwa 75 Menschen. Es gibt eine Grundschule, zwei Kirchen, Pub, Restaurant, Laden, Postamt und öffentliche Toiletten. Drei große Windräder liefern Strom, der Hafen Church Bay bietet bei Winterstürmen den Schiffen sicheren Schutz. Landwirtschaft und Fischfang, mit denen die Insulaner in der Vergangenheit ihren Lebensunterhalt sicherten, spielen nur noch eine Nebenrolle – die Insel ist weitgehend von Heidelandschaft geprägt, aus der sich nur wenige Gehölze recken: Weißdorn, Birken, Ebereschen, dazu einige Ahornbäume hinter dem Herrenhaus. Zum wichtigsten Erwerbszweig avancierte der Fremdenverkehr und das im Boathouse Craft Centre an die Besucher verkaufte Kunsthandwerk. Einige hundert Tagesgäste kommen an guten Sommertagen auf die Insel, doch nur wenige bleiben über Nacht. Hauptattraktion sind die Papageientaucher, Sturmvögel, Kormorane und Möwen, die im Frühjahr in den Klippen am Westende von Rathlin brüten, dazu die Seehundkolonie in der Mill Bay südlich des Hafens.

Geschichte

Ein sturmverwehtes Eiland mit stürmischer Geschichte. Der Sage nach verunglückte hier die Mutter des Riesen Finn, als sie sturzbesoffen mit einem Sack voll Landschaft (Rathlin) auf der Schulter nach Schottland unterwegs war. In der Jungsteinzeit fertigten die Insulaner aus dem vulkanischen Mineral Porzellanit steinharte Äxte, die bis nach England gehandelt wurden. 795 landeten hier die Wikinger bei ihrem ersten Raubzug auf die irischen Inseln. 1595 ermordeten englische Soldaten die gesamte Sippschaft des Sorley Boye McDonnell und seiner Anhänger, die Frauen, Kinder und Alte auf die vermeintlich sichere Insel evakuiert hatten – wenn man der „Geißel Gottes", wie Elisabeth I. den nicht klein zu kriegenden Sorley Boye

Rathlin Island 681

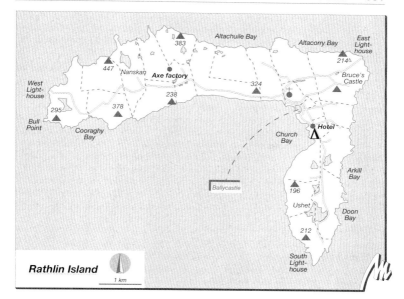

nannte, schon nicht habhaft werden konnte, sollte er wenigstens ein trauriges Leben haben. Lange war umstritten, ob die Insel überhaupt zu Irland oder nicht etwa zu Schottland gehöre. Ein kirchliches Gericht klärte die Frage im 17. Jh. schließlich mit einer einleuchtenden Beweisführung: Da es auf Rathlin Island keine Schlangen gäbe, und St. Patrick Irland, aber nicht Schottland von den Schlangen befreit hätte, müsse die Insel folglich zu Irland gehören.

• *Information* **Rathlin Development & Community Association,** The Rocket House, South Cleggan, Rathlin, ✆ 028 2076 3988.
• *Verbindung* Überfahrten von Ballycastle bis zu 4-mal tägl. mit der **Rathlin Island Ferry** (✆ 028 2076 9299, www.rathlinballycastleferry.com). Die Fahrt kostet hin und zurück 10 £. Nach umstrittener Ausschreibung soll 2009 eine andere Reederei die Linie übernehmen. Auf der Insel verkehren im Sommer **Kleinbusse** zwischen Hafen und Vogelwarte.
• *Übernachten* **The Manor House,** ✆ 028 2076 3964, www.rathlinmanorhouse.co.uk, DZ 60–65 £. Ein altes Herrenhaus im Besitz des *National Trust*, Die Kräuter für den Nachmittagstee kommen aus dem eigenen Küchengarten. Mit Restaurant.
B&B Coolnagrock, Mrs. McQuilkin, ✆ 028 2076 3983, DZ 50 £. Neues, allein stehendes Haus etwa 15 Gehminuten vom Hafen. Pastellfarbene Zimmer, gemütliches Kaminfeuer.
Soermeog View Hostel, südlich des Hafens, ✆ 028 2076 3954, www.n-irelandholidays.co.uk/rathlin/. Bett 10 £, mit gerade nur sechs Betten, Fahrradverleih.
• *Essen/Pub* **McCuaig's,** am Hafen, ✆ 028 2076 3974.

Sehenswertes

Zum Leuchtfeuer des **Bull Light** *(West Lighthouse)*, dem eigenartigsten „Leuchtturm" der irischen Inseln, klettert man nicht hinauf, sondern hinunter. Da die Klippen am Westende Rathlins häufig in tiefhängenden Wolken verschwinden, wurde das 1919 in Betrieb genommene Licht auf halber Höhe der Felswand angebracht, damit es besser gesehen wird. Wegen des zerklüfteten Meeresgrundes sind die

682   **Nordirland/County Antrim**

Strömungen um Rathlin besonders tückisch; in den Grotten am Fuß der Klippen sollen noch immer Wrackteile gestrandeter Schiffe zu finden sein. Im Wärterhaus von Bull Light residiert auch die von April bis August besetzte **Vogelwarte** der „Royal Society for the Protection of Birds".

Im **Bruce's Castle** und **Bruce's Cave** versteckte sich – das 22 km entfernte, von Paul McCartney besungene Mull of Kintyre stets im Blick – 1306 der Schottenkönig Robert the Bruce und sann auf Rache für die ihm von den Engländern zugefügte Niederlage. Die Beobachtung einer beharrlichen Spinne, die sich durch keinen Misserfolg davon abbringen ließ, ihr Netz zu knüpfen, soll ihn dazu inspiriert haben, sich nochmals mit dem überlegenen Gegner anzulegen – Robert gewann (1314 die Schlacht bei Bannockburn) und sicherte Schottland noch drei Jahrhunderte Unabhängigkeit. Auf den **Lloyd's Stones,** zwischen Castle und Leuchtturm *(East Lighthouse)*, experimentierte Marconi 1898 mit drahtloser Telegrafie und stellte die Funkverbindung nach Ballycastle her – auf eine öffentliche Stromversorgung mussten die Insulaner bis 1992 warten. Für Regentage empfiehlt sich ein Besuch des **Boathouse** (beim Hafen) mit einer Ausstellung zu Naturkunde und Geschichte der Insel.

Wanderungen

Rathlin hat etwa die Gestalt einer Pistole: mit dem Hafen am Drücker und drei Leuchttürmen an den Enden bzw. am Hahn. Diese Türme sind die kaum zu verfehlenden Ziele von drei Wanderungen, wobei die Route zur Westspitze *(Bull Point)* für Tagesausflügler recht lang ist – besser nimmt man für den Hinweg den Kleinbus, wenn er gerade am Hafen wartet.

Glens of Antrim

Das schroffe Nebeneinander von Meer und Gebirge, unterbrochen durch anmutige Täler (Glens) und kleine Küstenebenen, schuf eine abwechslungsreiche Landschaft, die zu den schönsten Partien an Irlands Küste zählt.

Entlang der Küste zwischen Ballycastle und Larne entspricht das britische Nordirland ausnahmsweise den Erwartungen, die die meisten Reisenden bezüglich irischer Landschaft hegen: dramatische Klippen im Wechselspiel des Lichts, einsame Sandstrände, puppenstubenhafte Dörfer, die sich in Buchten kuscheln; dazu im Hinterland die mythischen „neun Glens" (in Wirklichkeit noch einige mehr), nämlich sanfte Gletschertröge, die in ein naturbelassenes und menschenleeres Hochland hinaufführen, das weitgehend vom Moor bedeckt ist. Die Landschaft entstand vor 17.000 Jahren, als sich am Ende der letzten Eiszeit die Gletscher zurückzogen – am Felsen des Fair Head sieht man noch die Schrammen der Eismassen. Als bis dato anspruchvollstes und teuerstes Straßenbauprojekt Irlands wurde 1832–42 unter Leitung des Ingenieurs William Bald jene Küstenstraße gebaut, die kein Irlandreisender auslassen sollte. Felsen wurden gesprengt, andere untertunnelt, Bäche und Täler mit eleganten Brücken und Viadukten überwunden.

Fair Head/Murlough Bay

Vieles spricht dafür, statt der Hauptstraße von Ballycastle nach Cushendan die in Ballyvoy beginnende Nebenroute entlang der Küste zu nehmen, zumal die schnurgerade und blitzschnelle A 2 lediglich mit Mooren, Farnen, Feuchtgräsern und dem ab 1948 angelegten **Ballypatrick Forest Park** aufwarten kann, einem als „Drive Inn" übermäßig erschlossenen Nadelwald, in dem es wenig zu sehen gibt.

Fair Head, bei gutem Wetter mit Schottland-Blick

Die Küstenroute dagegen erschließt über eine Sackgasse ein abwechslungsreiches Wandergebiet an der Murlough Bay. Am besten lässt man den Wagen noch oben auf dem Plateau am ersten von insgesamt drei Parkplätzen stehen, wo eine Karte einen Überblick über die Wege gibt. Ein etwa einstündiger Rundweg führt über das Gehöft Coolanlough und vorbei an Schafweiden und an einem See mit Crannog zum **Fair Head,** einem 186 m hohen Buckel und nordöstlichsten Punkt der irischen Insel. Der Rückweg direkt an der Kliffkante bietet eine schöne Aussicht auf die Felsküste.

Zwischen erstem und zweitem Parkplatz, bevor die Straße steil abfällt, gedenkt ein unscheinbares **Memorial** Sir *Roger Casement*, der im 1. Weltkrieg deutsche Waffenlieferungen für die irischen Nationalisten arrangierte und 1916 dafür gehängt wurde. Zu Casements Hochverrat kam erschwerend hinzu, dass seine Tagebücher ihn als schwul entlarvten – ein zusätzlicher Verrat am Ideal des britischen Gentleman.

Vom zweiten Parkplatz, etwa auf halber Höhe zwischen Klippenabbruch und Meer, lässt sich der Nordteil der **Murlough Bay** erkunden. Verfallene Grubeneingänge in den Blumenwiesen und die Grundmauern einer Siedlung erinnern an die Tage des Bergbaus, als die Arbeiter, auf dem Bauch liegend, in den niedrigen Stollen die Kohle abschlugen, sie in Körben an den Strand hinunter trugen und dort auf Boote verluden.

Cushendun

Mehr noch als Cushendall war Cushendun eine systematisch geplante Ferienkolonie. Ronald McNeill, der erste und einzige Lord Cushendun, engagierte 1912 den Stararchitekten Clough William-Ellis, der schon den walisischen Badeort Portmerrion entworfen hatte, und ließ ihn hier eine weitere Ferienstadt bauen. Um die sandige Bucht bilden Blöcke aus zweigeschossigen, weiß-verputzten Reihenhäuschen mit Schieferdach, ein historisierender Uhrturm und das „Stadttor" ein Ensemble puppenstubenhafter Gemütlichkeit, das man sich gut als Bausatz für eine Modell-

684 Nordirland/County Antrim

eisenbahn vorstellen kann. Die denkmalgeschützten Bauten gehören heute dem National Trust. Auf dem Fußballfeld weiden Schafe, und über dem Strand hat das Meer Höhlen aus dem Fels gespült.

- *Information* Vor Ort am besten in **Theresa's Tea Room,** Main St., ℰ 028 2176 1506, Ostern–Sept. tägl. 11–19 Uhr, im Winter nur Sa/So.

- *Verbindung* Ulster**bus** 150 nach Ballymena, Nr. 162 nach Larne, der Antrim Coaster (Nr. 252) nach Coleraine und Belfast.

- *Übernachten* **B&B The Villa,** Mrs. Catherine Scally, 185 Torr St., ℰ 028 2176 1265, maggiescally@amserve.net, DZ 60 £. Das herausgeputzte Farmhaus steht auf einer Anhöhe etwa 2 km nördlich des Dorfs. Zimmer teilw. mit Bad, Abendessen für Hausgäste. Mr. Scally ist ein ernsthafter Hobbykoch, der auch schon Kochwettbewerbe gewann. **Mullarts Apartments,** 1 Tromra Rd., ℰ 028 2176 1221, www.mullartsapartments.co.uk/, Apartments für 2–4 Pers. 300–425 £/Woche. Die frühere Kirche (1849) wurde in drei Feri-

enwohnungen umgebaut – ein ungewöhnliches Quartier.

- *Camping* **Cushendun Caravan Park,** 14 Glendun Rd., ℰ 028 2176 1254, April–Okt., 2 Pers. mit Zelt 13 £. Der einfache Campingplatz der Kommune befindet sich in einem Wäldchen nördlich des Dorfs und ist etwa 10 Gehminuten vom Meer entfernt.

- *Pub/Essen* **Mary McBride's,** der historische, dem *National Trust* gehörende Pub ist nur wenig größer als ein Kleiderschrank; um den Gästen auch Essen (bis 21 Uhr) servieren zu können, wurde ein Nebenraum hinzugefügt. Mary, die Frauen nie in der Kneipe, sondern in der Küche bewirtete, ist zwar schon lange verschieden, doch in den am Tresen erzählten Geschichten lebendig wie eh und je.

Cushendall

Der denkmalgeschützte Ort, an dem die Täler von Glencorp, Glenaan und Glenballyemon zusammentreffen, bietet ein weitgehend intaktes Ensemble spätgeorgianischer und viktorianischer Provinzarchitektur.

Die den Weg ins Hinterland versperrenden Basaltkuppen und eine Küste ohne Straße und Hafen waren keine günstigen Bedingungen für eine Siedlung. Den ersten Anlauf unternahmen im 18. Jh. die damaligen Landlords, doch allzu ernst kann es ihnen mit der Entwicklung der Region nicht gewesen sein. Weder ließen sie sich selbst in der Einöde nieder, noch bekam das kleine Dorf an der Brücke über den River Dall eine Kirche.

1813 verkauften die Richardsons ihren Besitz an *Francis Turnly.* Der hatte in Indien ein Vermögen gemacht und mit seinem Investment an der Glen Coast den richtigen Riecher. Mit dem neu erwachten Interesse an Natur und Romantik, die uns in Cahir etwa das Swiss Cottage und auf den Landsitzen des Adels die scheinbar natürlichen Waldparks bescherte, war auch das Interesse an der Glen Coast gestiegen. Die napoleonische Kontinentalsperre trug ihren Teil dazu bei, dass englische Reisende nun die Insel vor ihrer Haustür erkundeten und auf noch abenteuerlichen Wegen auch die Glen Coast entdeckten.

Noch bevor die legendäre Coast Road Cushendall erreichte, legte Turnly neue Straßen in der Umgebung an: die Waterfoot Road durch den Red-Arch-Tunnel nach Carnlough, das ihm ebenfalls gehörte, und die Shore Road nach Cushendun, dem nächsten Hafen, von dem bis 1833 regelmäßig eine Fähre nach Schottland verkehrte. Mit dem während der „Troubles" zerbombten *Glens of Antrim* bekam Cushendall sein erstes Hotel, dem nach 1850 weitere Herbergen auch für weniger betuchte Reisende folgten. Am Eckhaus High Street/Shore Street, gegenüber dem Turm, erinnert eine Plakette an den *Cyclist's Touring Club,* dessen Mitglieder hier einst unterkamen, die Häuser 14 und 16 der Shore Street waren preiswerte Pensionen.

Cushendall 685

Die gerade vier Straßenzüge des Ortskerns mit ihren meist weißen, schiefergedeckten Häuschen, das Gericht (das heute im Folk Museum von Cultra steht), die Schule und eine Kirche entstanden weitgehend noch zu Lebzeiten des 1845 verstorbenen Stadtvaters. Als Mittelpunkt des Orts platzierte Turnly nicht etwa ein Kreuz, einen Brunnen oder ein Denkmal, sondern den braunroten **Curfew Tower** (1819), ein Gefängnis für „Müßiggänger und Unruhestifter". Besonders an den acht Markttagen im Jahr, wenn die Hirten mit ihren Ponys und Schafen von nah und fern nach Cushendall kamen, dürfte sich der Kerker gefüllt haben. Der Turm wurde kürzlich sorgfältig renoviert und auf der Rückseite um einen Anbau erweitert. Da der für Cushendall typische Sandstein in der Region heute nicht mehr abgebaut wird, musste ein wenigstens ähnlicher Stein aus dem englischen Northumberland heran geschifft werden.

Cushendall war von Anfang an ein Markt- und Ferienort, in dem die Industrie kaum eine Rolle spielte. Außer einer Flachsmühle gab es nur noch die alte **Getreidemühle,** die der Mill Street ihren Namen gab. Heute als Wohnhaus genutzt, steht sie am Ende der Straße vor dem Hintergrund des baumbestandenen Hügels **Court McMartin,** der einst ein keltisches Fort gewesen sein könnte. 1870, Cushendall hatte inzwischen an der Red Bay einen Hafen, wäre um ein Haar die Eisenbahn in den Ort gekommen. Doch der Erzabbau im Hochland, dessentwegen die *Ballymena, Cushendall & Red Bay Railway* geplant worden war, wurde eingestellt, noch bevor die Eisenbahningenieure den schwierigen Abstieg nach Cushendall gemeistert hatten. So endete die Strecke an einem Ort mit dem bezeichnenden Namen „Retreat" irgendwo im Moor, und die Passagiere mussten das letzte Wegstück in der Kutsche und später im Motorwagen zurücklegen.

Heute bemüht man sich, wieder an die goldenen Tage des Fremdenverkehrs anzuknüpfen. Die verfallene Residenz der Turnlys, in bescheidener Untertreibung „The Cottage" genannt, soll zu einem Museum ausgebaut werden. Mit den Wanderwegen in den nahen Tälern, einem Sandstrand am Rande des Golfplatzes und sogar einem Nachtleben in McCollam's Pub hat Cushendall gute Voraussetzungen, die des Causeway-Rummels überdrüssigen Reisenden für ein paar Tage zum Bleiben zu bewegen.

Cushendall zur Morgenstunde: Wo bleibt nur der erste Kunde?

- *Information* **Glens Tourist Information Centre,** 24 Mill St., gegenüber der Bücherei, 028 2177 1180, Mo–Fr 10–13, 14–17.30 Uhr, Juli/Aug. auch Sa 9–18 Uhr.
- *Verbindung* Wie Cushendun.
- *Fahrradverleih* **Ardclinis Activity Centre,** 11 High St., 028 2177 1340, www.ardclinis.com.

686   Nordirland/County Antrim

• *Übernachten* Mit seinen vielen B&B-Häusern und dem Hostel ist Cushendall das beste Standquartier zur Erkundung der Glens.

B&B Riverside, Mrs. Anne McKeegan, 14 Mill St., ✆ 028 2177 1655, riversidebandb @aol.com, DZ 45 £. Drei Fremdenzimmer (Etagenbad) in einem denkmalgeschützten Haus im Zentrum.

Cullentra House, 16 Cloughs Rd., ✆ 028 2177 1762, www.cullentrahouseireland.com, DZ 50 €. Das Haus von Olive und James steht 1,5 km außerhalb auf einer Anhöhe mit herrlicher Meersicht. Drei Gästezimmer mit Bad und TV und wirklich gastfreundliche Wirtsleute.

B&B Glendale, Mrs. Mary O'Neill, 46 Coast Rd., ✆ 028 2177 1495, glendalebb@yahoo.co.uk, DZ 40 £. Am südlichen Ortseingang mit prächtiger Auffahrt, Zimmer teilw. mit Wannenbad.

Ballyeamon Camping Barn, Ballyeamon Rd., ✆ 028 2175 8451, www.ballyeamon barn.com, Bett 10 £, Camping möglich. Der frühere Bauernhof liegt 8 km landeinwärts an der B 14. Mittelpunkt ist eine gemütliche Wohnküche, im Obergeschoss befindet sich der geräumige Schlafraum mit 14 Betten. Das Haus gehört der professionellen Geschichtenerzählerin Liz Weir, die hier auch Workshops veranstaltet, wenn sie nicht gerade irgendwo in der Welt auf Tournee ist. (Lesertipp von Karin Vrielmann)

• *Camping* **Cushendall Caravan Park,** 62 Coast Rd., 3 km außerhalb nahe der Layde Church, ✆ 028 2177 1699, April–Okt., 2 Pers. mit Zelt 13 £.

• *Essen* **Upstairs at Joe's,** 23 Mill St., ✆ 028 2177 2300, www.upstairsatjoes.com, Mo Ruhetag. Zu moderaten Preisen (Hauptgericht bis 15 £) speist man im Restaurant über Joe McCollam's Pub. Geradezu ein Gedicht ist der Seafood Chowder. (Lesertipp von Ingrid Hallmann)

Arther's Tea & Coffee Warehouse, 1 Shore St., tägl. tagsüber; ein Café mit Scones und Kuchen, an warmen Gerichten gibt's Tearoom-Klassiker wie die hausgemachte Suppe, Pies, und Lasagne.

• *Pubs* **Joe McCollam's,** 23 Mill St., www.mccollamsbar.com. Joe Blaney hat das gut 150 Jahre alte Pub von seinem Onkel geerbt. Verblichene Fotos zeigen Dorfcharaktere und Schafhirten mit wettergegerbten Gesichtern. Im Sommer wird die alte Scheune auf der anderen Seite des Hofs jeden Fr u. Samstag am Abend zum Schauplatz der „traditional nights" mit Gesang, Geschichten und reichlich Alkohol.

Central Bar, 7 Bridge St., In den 20er Jahren möbelte ein weit gereister Wirt das Lokal nach jenen Vorbildern auf, die er in Amerika und Australien kennen gelernt hatte – ein Hauch von Art Deco mit angedeuteten Stuckkapitellen an der Eingangsfront. Im Sommer Pubfood bis 21 Uhr; auch Fremdenzimmer.

Cushendall/Umgebung

▶ **Red Bay:** Die attraktive Bucht bei Waterfood im Süden der Stadt verdankt wie der kurze Straßentunnel **Red Arch** ihren Namen dem rotfarbenen Buntsandstein der Klippen. Von der Straße erkennt man zahlreiche Höhlen im Fels, in deren größter, **Nanny's Cave,** im 19. Jh. die legendäre Schwarzbrennerin Ann Murray ihrer Arbeit nachging.

▶ **Layde Church:** Die verfallene Layde Church, in einer Senke nahe dem Ufer 2 km nördlich des Dorfs, geht auf ein Franziskanerkloster zurück. Das aus dem rotbraunen Sandstein der Region gebaute und früher mit einem Schilfdach bedeckte Gotteshaus diente später den Protestanten und wurde 1790 aufgegeben. Auf dem Kirchhof („mit Schottlandblick") befinden sich einmal mehr Gräber der McDonnells, denen das Land um Cushendall bis 1703 gehörte; dazu eine „Lochstele", vielleicht ein altes Kreuz, das seine Arme verloren hat, auf jeden Fall erheblich älter ist als die 1861 eingemeißelte Grabinschrift.

▶ **Tieveragh Hill:** Um den Tieveragh Hill ranken sich allerlei Sagen: Das Tor zur Unterwelt soll er sein, vom „gentle folk" der Feen und Zwerge bewohnt. Die treiben an Halloween (oder war es das keltische Neujahrsfest?) musizierend ihr Unwesen, sind den Rest des Jahres aber friedliche und hilfsbereite Zeitgenossen, die man sogar schon beim Hurlingspiel gesehen haben will.

Larne 687

▶ **Glenariff Forest Park:** Der Anblick des **Glenariff Glen** ließ den verzückten Thackeray von einer Schweiz en miniature schreiben. Die oberen Hänge des Gletschertals und die Hochplateaus sind weitgehend kahl und vermoort, die unteren Partien als Weideland parzelliert oder aufgeforstet. Zwei Flüsschen, Glenariff und Inver, rauschen über mehrere Wasserfälle meerwärts. Durch diesen etwa 1200 ha großen Waldpark wurden mehrere Wanderwege angelegt. Das Erholungsgebiet geht auf eine Initiative der Eisenbahngesellschaft zurück, die nach der Stilllegung der Erzminen im Tal zu Anfang des 20. Jh. Ausflügler als Passagiere gewinnen wollte. Am beliebtesten ist der etwa einstündige Rundweg vom Parkplatz am *Manor Lodge Restaurant* zu den Wasserfällen.

Eintritt Hier zahlen auch Radler und Fußgänger 1,50 £ Eintritt. Auto 4 £.

Ossian's Grave – Vorsicht Fälschung!

Ein steinzeitliches Kammergrab am Eingang zum *Glenaan Glen* erinnert an eine grandiose Fälschung. Der schottische Schriftsteller *James MacPherson* beeindruckte im 18. Jh. das literarische Publikum mit seinen gefühlvollen „Fragmenten alter Dichtung, in den Hochlanden gesammelt und aus der gälischen Sprache übersetzt". Vom Erfolg dieser Sammlung schottisch-gälischer Sagen und Überlieferungen angestachelt, brachte MacPherson dann die *Ossian-Gesänge* heraus, die er dem keltischen Krieger und Barden Ossian zuschrieb, in Wirklichkeit aber selbst verfasst hatte. Goethe nahm in den „Werther" ein Lied dieser Weltschmerzlyrik auf, Herder übersetzte etliche Verse ins Deutsche, und selbst Napoleon erbaute sich auf seinen Feldzügen an der Lektüre der Ossian-Gesänge, die er stets mit sich führte. Neben dem (falschen) Ossian-Grab liegt das (echte) Grab des Lyrikers John Hewitt, der auf eigenen Wunsch hier bestattet wurde.

▶ **Cranny Falls:** Vom Hafen Carnlough kann man landeinwärts einen etwa einstündigen Spaziergang zu den Cranny Falls unternehmen. Der Weg verläuft zunächst auf einer früheren Bahntrasse sanft bergan, begleitet von Brombeer- und Weißdorngestrüpp. Wer sich für Botanik interessiert, macht einen kurzen Abstecher in den aufgegebenen Kalksteinbruch Gortin, den sich allmählich die Natur wieder zurückerobert. Im letzten Abschnitt – wir sind jetzt im Naturschutzgebiet um den Wasserfall – wird der Boden feuchter und lässt mächtige Farne gedeihen.

Larne

Wer mit dem Fährschiff von Schottland kommend in Larne landet, erlebt Nordirland zunächst von seiner schlechten Seite. „No Popery Here", informieren die Graffiti den Neuankömmling, der auf eine graue Hafenstadt trifft.

Die Bucht von Lough Larne, in der schon römische Galeeren, die der Sturm auf hoher See überraschte, Schutz suchten, ist einer der sichersten Ankerplätze an der Nordostküste Irlands. Hier landeten Wikinger und später die anglo-normannische Familie Bizet, die sich niederließ und das **Olderfleet Castle** baute. Die letztmalig wohl im 15. Jh. erneuerte Turmburg ist heute eine bescheidene Ruine, doch immerhin das älteste Bauwerk der weitgehend protestantischen Stadt. Eindrucksvoller präsentiert sich der **Chaine Memorial Tower** nördlich des Hafens. Diese Replik ei-

Nordirland
Karte S. 652/653

688 Nordirland/County Antrim

nes alten Klosterturms feiert James Chaine, der als Abgeordneter (1855–1874) maßgeblich daran beteiligt war, dass die Dampfer von Schottland und gar von Amerika hier in Larne landeten und nicht etwa in Bangor oder Donaghadee. Von den Bizets über die Siedler bis zu den Fährschiffen von P&O zieht sich die „Scottish Connection" als roter Faden durch die Stadtgeschichte. Mehr davon erfährt man im **Carnegie Centre**, Larnes neuem Kulturzentrum, wo auch das örtliche Museum untergebracht ist.

Die Küste von Larne ist ein Bilderbuch verschiedener Gesteinsformationen, die sich selten auf so engem Raum beieinander finden. Am **Curran Point,** gleich südlich vom Hafen, wurden in der Vorzeit Werkzeuge und Waffen aus Feuerstein fabriziert. Am **Black Arch,** dem nördlichen Stadtausgang, wo im 19. Jh. ein Straßentunnel aus den Felsen gesprengt wurde, findet man bei Ebbe allerlei Fossilien.

• *Information* Narrow Gauge Rd., ✆ 028 2826 0088, Mo–Fr 9–17 Uhr, April–Sept. auch Sa 10–16 Uhr. Ein kleiner Palast mit Videoshow, Shop und kleiner Ausstellung zur Geschichte der Antrim Coast Road. vwww. larne.com.

• *Verbindung* Wenigstens stündlich **Züge** nach Belfast. Larne hat zwei Bahnhöfe (am Hafen und in der Stadt) – verwechseln Sie nicht die Abfahrtszeiten! Auskunft ✆ 028 2827 0517. **Busse** zur Belfaster Oxford St. **Fähre** nach Islandmagee, ✆ 028 2827 3785, Mo–Sa 7.30–17.30 Uhr mindestens stündlich, So seltener.

⑦ **Museum:** 2 Victoria Rd., Old Carnegie Library, Mo–Sa 10–16.30 Uhr, Eintritt frei. www.mid-antrimmuseums.org.

• *Übernachten* **Curran Court Hotel,** 6 Redlands Rd., ✆ 028 2827 5505, www.curran court hotel.co.uk, DZ 90 €. Ein Lesertipp von Da-

nielle Jutzi, die hier nach einer Motorradpanne unterkam – 2008 komplett neu gebaut. **Seaview Guesthouse**, 154 Curran Road, ✆ 028 2827 2438, www.seaviewlarne.co.uk. DZ 55 £. "Eine gute Übernachtungsmöglichkeit in Hafennähe. In den Betten gab es sogar Heizdecken. Schon morgens um 6.30 Uhr erhielten wir ein komplettes irisches Frühstück." (Lesertipp von Ingrid Hallmann) **Manor Guesthouse,** 23 Olderfleet St., ✆ 028 2827 3305, DZ 50 £, www.themanorguest house.com. Ein viktorianisches Reihenhaus nahe dem Fährterminal. Allergiker werden mit Latexkissen umworben, Brautpaare mit einem „Hochzeitszimmer" samt Himmelbett. • *Camping* Besser als der Curran Caravan Park nahe dem Hafen gefiel uns die einfache Zeltgelegenheit (April–Sept.) im **Carnfunnock Country Park** an der Ballygally Rd. (A 2), ✆ 028 2827 0541, Stellplatz Zelt 10 £.

Larne/Umgebung

▶ **Islandmagee:** Gegenüber von Larne wirbt die Halbinsel Islandmagee mit „Rural Ulster Beauty", der Schönheit des ländlichen Ulster, die hier weitgehend aus sanften Hügeln, fetten Weiden und schwarz-weißen Kühen besteht, ergänzt vom schönen Strand *Brown's Bay*. Über die nicht minder schönen Klippen von *Gobbins* wurde 1641 die katholische Bevölkerung der Halbinsel von Truppen aus Carrickfergus in den Tod gestürzt.

▶ **Carnfunnock Country Park:** Das frühere Landgut an der Antrim Coast Road kann mit Golfplatz, Waldspazierwegen, einem Garten, Abenteuerspielplatz, Camping und der üblichen Triade aus Coffeeshop, Souvenirladen und Visitor Centre aufwarten. Sollten Sie Mitglied des Lions Club sein, steht Ihnen vielleicht das mondäne Ferienhaus der Vereinigung offen. Ungewöhnlich sind im *Time Garden* die verschiedenen Sonnenuhren und besonders die *Armillary Sphere*, ein gepflanztes Modell der Himmelssphäre samt den Tierkreisen. An einer anderen

Ungewöhnliches Security Personal sichert ein Einkaufszentrum in Carrickfergus

690 Nordirland/County Antrim

Stelle kann der Besucher, wenn gerade die Sonne scheint, die Zeit an seinem eigenen Schatten ablesen.

ⓘ **Visitor Centre mit Coffeshop,** April–Sept. tägl. 10–18, Sa/So bis 19 Uhr; Okt. nur Sa/So. Eintritt zum Park frei, Parken je nach Dauer 1–4 £. www.larne.gov.uk/carnfunnock.html.

Carrickfergus

Mit seiner Burg empfiehlt sich das kaum eine halbe Stunde von Belfast entfernte Carrickfergus (28.000 Einw.) als Ziel eines Nachmittagsausflugs.

Wer im Juli oder August an einem Sonntag kommt, kann mit dem alten *Gaswerk* auch ein außergewöhnliches Denkmal der Industriegeschichte besichtigen. Die Stadt selbst, vor dem Aufstieg Belfasts heimliche Hauptstadt des britisch-protestantischen Ulsters, besitzt noch einige alte Straßenzüge, Stadttore und Reste der Stadtmauer. Die Pfarrkirche St. Nicholas wurde um 1180 von John de Courcy gegründet, nach der Reformation jedoch völlig umgebaut. Als Kind des Stadtpfarrers wurde hier der spätere Poet Louis MacNeice (1907–1963) geboren. In einem Gedicht bedauert der vom bigotten Oraniertum seiner Stadt angewiderte Protestant MacNeice, to be „banned for ever from the candles of the Irish poor". Als wollte man ihm nachträglich das Gegenteil beweisen, benannte Carrickfergus sein Obdachlosenasyl nach MacNeice. Im nahen *Kilroot* hatte Jonathan Swift seine erste Pfarrstelle.

Mit Ausnahme der Augusttage, an denen das Stadtfest *Lughnasa* gefeiert wird, klappt Carrickfergus nach Geschäftsschluss die Bürgersteige hoch und wirkt dann wie ausgestorben. Auch der Ausbau des Yachthafens hat daran nichts geändert.

● *Information* Heritage Plaza, Antrim St., ✆ 028 9335 8000, Okt.–März Mo–Sa 10–17 Uhr; April–Sept. Mo–Sa 9–18, So 13–18 Uhr. www.carrickfergus.org.

● *Verbindung* Von Belfast mit dem Vorort-**Zug** oder mit **Bus** 166 von der Laganside Busstation.

● *Essen* Man wird satt, doch Carrickfergus ist kein Ort zum Ausgehen. Zum Lunch empfiehlt sich die Bar des **Dobbins Inn Ho-**tels oder das **Courtyard Coffee House** (36 Scotch Quarter, nahe dem Uferpark). Günstig, doch ohne Schick isst man mittags in **O'Neill's Bakery,** 27 North St.

Mittags serviert am Yachthafen das **Windrose Bistro** Barfood wie Lasagne, Pizza oder Pfeffersteak, nur abends öffnet im oberen Stockwerk das trendige **Windrose Marina Restaurant** (Hauptgericht 15–25 £, www.thewindrose.co.uk).

Sehenswertes

Castle: Die auf einem Basaltfelsen thronende Feste von Carrickfergus verkörpert 800 Jahre britischer Präsenz auf der Insel und zählt zu den beeindruckendsten Burgen Irlands. 1315 fiel sie an den Schotten Edward Bruce, 1760 an die Franzosen, und um ein Haar wäre sie 1778 gar in die Hände des amerikanischen Freibeuters John Paul Jones gefallen, der vor der Burg ein britisches Schiff versenkte – doch stets vertrieben die Briten nach einigen Monaten wieder die fremden Eroberer. Erst 1928 zog sich die Armee ihrer Majestät aus der Burg zurück, die im Zweiten Weltkrieg noch einmal als Luftschutzbunker Verwendung fand. Mit dem Dramatiker William Congreve (1670–1729) brachte das Castle allerdings auch einen Künstler hervor. Sein Vater war hier als Offizier beschäftigt.

Um die Baufolge der einzelnen Abschnitte besser zu verstehen, beginnt man die Besichtigung am besten im **inneren Hof** vor dem Donjon. Dieser älteste Teil der Burg geht auf John de Courcy zurück. John hatte nach 1177 den Osten von Ulster

Ritter John de Courcy im Hof von Carrickfergus Castle

im Namen der Krone unterworfen und mit einem Netz von Burgen überzogen. *Der Normanne ist gerade draußen im Hof angekommen, ein Knappe hilft ihm vom Schimmel. Affreca, sitzt an einem Fenster und hält Ausschau. Ist ihr die Ankunft des Gatten entgangen oder wartet sie auf jemand ganz anderen?* Mit den Jahren stieg de Courcy sein Erfolg zu Kopf: Er paktierte mit gälischen Fürsten und verweigerte 1199 als selbst ernannter „Herr von Ulster" dem König den Lehenseid.

Der kam schließlich selbst nach Ulster. 1210 eroberte König Johann, den wir später noch treffen werden, die Burg und erweiterte sie mit einer heute weitgehend verschwundenen Mauer, die von der Nordseite des Donjons bis zum **Seeturm** zwischen den Geschützen auf der Ostseite verlief. Ein Modell, das die Mauer noch zeigt, steht im Erdgeschoss des Donjons. *Vom Seeturm können die Armbrustschützen – einer legt gerade an – die Flanken der Burg sichern. Aus dem Verlies im Obergeschoss, wir schreiben das Jahr 1603, flieht der gefangene Con O'Neill mit Hilfe eines Seils, das seine Freunde ihm in einem Käse versteckt zukommen ließen.*

Erst Hugh de Lacy, der dritte Burgherr (1228–1242), ließ die Mauer um den **äußeren Hof** und die wuchtigen **Eingangstürme** errichten und gab der Burg damit im Wesentlichen ihre Gestalt. *Ein Wächter lässt uns passieren, im Ostturm sitzt der Kastellan de Lacy's und müht sich mit Abrechnungen für seinen Herrn, oben leeren Verteidiger gerade Eimer mit Pech oder siedendem Öl über die ahnungslosen Besucher im Torgang aus.* Die Gebäude und Batterien im äußeren Hof sind jüngeren Datums. *Auf der Ostmauer mühen sich Kanoniere mit einem Geschütz, auf der Westseite wacht ein Gardist.*

Kehren wir noch einmal in den **Donjon** zurück, den man heute bequemerweise ohne Zugbrücke im Erdgeschoss betreten kann. Ein tiefer Brunnen versorgte die

Besatzung mit Süßwasser. *Eine der Latrinen im ersten Stock, auf der man sich direkt ins Meer entleerte, ist gerade besetzt: wir erspähen König Johann bei einer wenig majestätischen, doch sehr menschlichen Handlung.* In der obersten Halle können Kinder bei einer Art Mensch-ärgere-dich-nicht mit Ritterfiguren spielen, sich als solche verkleiden oder ihr eigenes Wappen kreieren.

 ⏱ Juni–Aug. Mo–Sa 10–18 Uhr, So 12–18 Uhr; April/Mai, Sept. Mo–Sa 14–18 Uhr, So 14–18 Uhr; Okt.–März Mo–Sa 10–16 Uhr, So 14–16 Uhr; Einlass bis ½ Std. vor Schließung. Eintritt 3 £. www.ehsni.gov.uk.

Carrickfergus Museum: In einer gläsernen, nie in die schwarzen Zahlen gekommenen Shopping Mall hat die Stadt nun ein Bürgerbüro, Ausstellungsräume und ihr Museum eingerichtet. Dazu entrümpelten andere Museen ihre Lager, auch die Bürgerschaft stiftete viele Stücke. Blickfang ist eine knallrote Feuerwehrkutsche. Ausstellung und Videoshow führen uns durch die Stadt- und Weltgeschichte. Wir sehen die Arbeitsweise und Funde der Stadtarchäologen, Zeugnisse des Gewerbefleißes und alte Uniformen. Auch der Museumsladen fehlt nicht.

 ⏱ Mo–Sa 10–17 Uhr, So 13–17 Uhr (April–Sept. jeweils bis 18 Uhr). Eintritt frei. Antrim St. www.mid-antrimmuseums.org.

Flame Gasworks Museum: Irlands ältestes Gaswerk wurde 1855 gebaut, um die Straßen von Carrickfergus zu beleuchten. Seit den 1960er Jahren ist die Anlage stillgelegt und neuerdings ein technisches Museum, von lokalen Fans alter Technik liebevoll restauriert und gepflegt. Außer dem Gaswerk selbst gibt es auch eine Sammlung von Gasherden und -kochern zu bestaunen.

 ⏱ nach Absprache ✆ 028 9336 9575. Eintritt 3 £; Irish Quarter West. www.flamegasworks.co.uk.

Als die Feuerwehr noch mit der Kutsche kam (zu sehen im Carrickfergus Museum)

Das viktorianische Opernhaus von Belfast

Belfast

Highlights:

- **City Hall** – mit dem pompösen Rathaus setzte sich Belfasts Bürgertum ein Denkmal (S. 706)

- **Titanic Quarter** – eine Bootstour auf den Spuren der Titanic (S. 709)

- **Botanic Garden** – der Botanische Garten mit seinem viktorianischen Glashaus als beschauliche Oase im städtischen Trubel (S. 710)

- **Murals** – eine Fahrt im Black Cab (S. 699) zu den Wandbildern der Weststadt (S. 712)

- **Crown Liquor Saloon** – ein Pint in der Kathedrale der Trinker (S. 703)

Clifton House, seit 1774 Altenstift

Belfast

Viktorianische Architektur aus besseren Tagen, eine schöne Lage zwischen Hügeln und Meer – ohne die „Troubles" hätte die mit dem Strukturwandel kämpfende Hauptstadt Nordirlands kaum Schlagzeilen gemacht.

Blickt man vom Civic Mountain auf das Häusermeer um die Lagan-Mündung, offenbart die mit Vororten etwa 500.000 Einwohner zählende Metropole eine weit größere Ausdehnung als deutsche Städte mit vergleichbarer Einwohnerzahl. Wollte ein Fußgänger Belfast in Ostwestrichtung, etwa von Glencairn nach Stormont durchqueren, was angesichts des lebhaften Autoverkehrs niemandem geraten werden kann, wäre er wenigstens drei Stunden unterwegs – die meiste Zeit entlang gleichförmiger Zeilen aus backsteinroten Einfamilienhäusern, hier und da unterbrochen durch ein kleinstädtisch, wenn nicht dörflich erscheinendes Zentrum mit Kirche, Polizeifestung, Pubs und Läden für den täglichen Bedarf. Die „Troubles", während der die Leute nur ungern ihre Nachbarschaft verließen, und jeder, der ins Stadtzentrum wollte, sich dort eine erniedrigende Durchsuchung durch die Sicherheitskräfte gefallen lassen musste, haben die zentrifugalen Tendenzen noch verstärkt.

So blieb das Geschäftszentrum im Herzen Belfasts kompakt und bequem zu erlaufen. Attentäter hatten hier nie lange Gelegenheit, sich an den durch Autobomben verursachten Zerstörungen zu erfreuen. Als hätte man die Anschläge ungeschehen machen wollen, wurden beschädigte Gebäude stets unverzüglich repariert oder durch Neubauten ersetzt. Und mit dem Ende der Troubles setzte ein regelrechter Bauboom ein. Gefördert mit Geldern aus London oder Brüssel werden die verfallenen Fabrikviertel saniert und herausgeputzt, auch der Lagan kann sich wieder riechen lassen. Nach dem Viertel um die Kathedrale wird nun auch das Gelände der verwaisten Titanic-Werft neu überbaut.

Geschichte 695

Es scheint, als hätten die Menschen noch immer Nachholbedarf an Vergnügen und Konsum. Jedenfalls gibt es in Belfast mehr und glänzendere Einkaufszentren als in Dublin. Auch das Nachtleben entlang der Golden Mile kann sich sehen lassen. Einheimische wie auch Partytouristen aus der Republik und von der Britischen Insel machen die Nacht zum Tag. Belfast ist hip und längst auch billiger als Dublin.

Eine Fahrt etwa durch den Vorort Andersontown oder der Anblick der beiden bewegungslosen Krupp'schen Riesenkräne „Samson" und „Goliath" von Harland & Wolff erinnern jedoch daran, dass es selbst im boomenden Belfast noch Arbeitslose gibt. Die Männer im besten Alter, die man tagsüber in den Arbeitervierteln beim Müßiggang trifft, sind keine Schichtarbeiter, sondern schlicht arbeitslos. Sind es in Deutschland oft die über 50-Jährigen, die keine Stelle mehr finden, trifft es in Nordirland v. a. die Jungen: Unter den 18- bis 24-Jährigen findet einer von zehn Arbeitssuchenden keinen Job. Die durchaus beachtlichen Anstrengungen des Staates, mit dem Bau neuer Mietwohnungen wenigstens die Wohnsituation zu verbessern, können Arbeitsplätze nicht ersetzen.

Geschichte

Nordirlands Hauptstadt entstand als Handelsplatz an einer Furt durch das Flüsschen *Farset*, das heute in Röhren gezwängt unter dem Stadtzentrum hindurch fließt. *Béal Feirste* bedeutet nichts anders als „Mündung des Fjords". 1177 befestigten die Normannen unter John de Courcy den Ort mit einer Burg, aber schon hundert Jahre später war die Gegend wieder in der Hand der gälischen Ulster-Fürsten O'Neill. Bei der Kolonisierung wurde das Gebiet Sir Arthur Chichester aus Devon zugeschlagen, der zugleich den Titel eines Earls of Donegall verliehen bekam und Belfast mit Schotten und Engländern besiedelte. Chichesters gute Verbindungen zum Hof sicherten Belfast das Marktrecht, doch noch 1657 zählte der Ort gerade 150 Häuser. 1685 brachten aus Frankreich vertriebene Hugenotten die Leinenherstellung nach Belfast, bald folgten Tabakverarbeitung und Schiffsbau, die wiederum neue Auswanderer aus England und Schottland an den Lagan lockten.

Bei den ersten Spannungen zwischen englandtreuen Unionisten und den nach Unabhängigkeit strebenden Nationalisten gingen die Fronten noch quer durch die Konfessionen. Ausgerechnet die *Ulster Volunteers*, auf die sich heute die protestantischen Paramilitärs berufen, feierten 1783 mit einer Parade die Eröffnung des ersten katholischen „Messhauses". In der in Belfast entstandenen Bewegung der *United Irishmen* (siehe S. 49) kämpften, von der französischen Revolution inspiriert, protestantische Presbyterianer wie Katholiken gemeinsam um Religionsfreiheit und irische Unabhängigkeit. Doch schon zwei Generationen später schlossen sich unter dem Eindruck der katholischen Emanzipation die zuvor verfeindeten Presbyterianer und die anglikanische Staatskirche zusammen. Prediger schwangen Hetzreden gegen die Katholiken, und der Konflikt forderte in Sandy Row die ersten Opfer. Derweil wuchs die Stadt ungestüm: Zeile um Zeile entstanden die damals wie heute so trostlosen Backsteinsiedlungen der Arbeiter. Von 1800 bis zum Vorabend des 1. Weltkriegs verzwanzigfachte sich die Einwohnerzahl auf etwa 400.000, und in Dublin erweiterte man die Stadt eilig um einige angrenzende Dörfer, um weiter die Größte im Lande zu sein.

Mit der Teilung wurde Belfast 1922 Hauptstadt des britischen Nordens. England überließ die Provinz sich selbst bzw. den Unionisten. Doch der Boom hatte, auch wenn es zunächst noch kaum jemand bemerkte, seinen Zenit bereits überschritten.

Nordirland
Karte S. 652/653

696 Nordirland/Belfast

Im Rückblick leitete die Katastrophe der auf Harland & Wolff gebauten *Titanic* auch den Niedergang der Industrie ein. Nur während der Kriegsjahre liefen die Maschinen noch einmal auf Hochtouren. 1939–45 liefen bei Harland & Wolff 170 Schiffe vom Stapel, der Flugzeughersteller Short produzierte Bomber, andere Betriebe Granaten und die ersten Radargeräte, während die Textilfabriken statt feinem Damast grobe Uniformen und Zeltplanen an die Armee lieferten. Als ein Zentrum der Kriegsindustrie wurde Belfast im Winter 1941/42 wiederholt das Ziel deutscher Bomberstaffeln, die mehr als die Hälfte aller Gebäude beschädigten oder völlig zerstörten und mehr als tausend Menschen töteten.

Erst mit den „Troubles" besann man sich im fernen London wieder der Stadt. Marode Viertel werden mit EU-Hilfe planiert, um Belfast zu einem „Hibernian Rio" zu verschönern, wie es die Fremdenverkehrswerbung verspricht. Die Mittelschicht profitiert von Steuervorteilen und den gegenüber der Britischen Insel niedrigeren Lebenshaltungskosten.

Orientierung

Der Donegall Square mit dem markanten Rathaus ist die politische wie geographische Mitte der Stadt. Nördlich davon zieht sich entlang dem Donegall Place, der Royal Avenue und den Seitengassen bis zur protestantischen Kathedrale das **Geschäftsviertel** der Stadt, während nordöstlich des Rathauses, um High Street und Ann Street, die Ensembles der viktorianischen Ära noch am besten erhalten sind. Wer abendliches Vergnügen oder eine Unterkunft sucht, hält sich von Donegall Square südwärts: Entlang der **Golden Mile** (Bedford Street, Dublin Road, University Road) pulsiert das Nachtleben der sonst eher spröden Arbeiterstadt. Gen Osten führt die May Street zum Gerichtshof und als East Bridge Street über den Fluss zur Werft **Harland & Wolff**. Die traditionellen **Arbeiterviertel** liegen weitgehend im Westen von Belfast, noch hinter dem Autobahnring. Hier trennt die durchaus der früheren Berliner Mauer vergleichbare **Peace Line** Shankill Road (protestantisch) von Falls

Informationen/Verbindungen 697

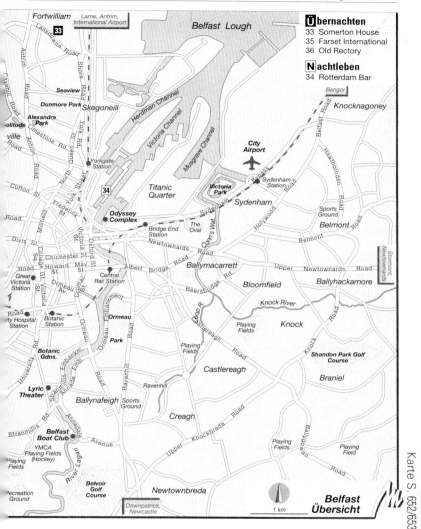

Belfast Übersicht

Road (katholisch) und zwingt die wenigen Leute, die von einem Viertel ins andere wollen, zu einem langen Umweg.

Information/Verbindungen

• *Information* **Belfast Welcome Centre**, 47 Donegall Place Ecke Donegall Square, ℡ 028 9024 6609, Mo–Sa 9–17.30 Uhr (April–Sept. bis 19 Uhr), So 11–16 Uhr. Mit Geldwechsel, Zimmervermittlung, Souvenirs, Tickets und Gepäckaufbewahrung. www.belfastcity.gov.uk und www.gotobelfast.com.

698   Nordirland/Belfast

Filialen im City Airport, ✆ 028 9093 5372, Mo–Sa 8–19 Uhr, So 10–17 Uhr, und im International Airport, ✆ 028 9448 4677, Mo–Sa 7.30–19 Uhr, So 8–17 Uhr.

● *Flughäfen* **Belfast International Airport,** Aldergrove, ✆ 028 9448 4848, www.belfast airport.com; 25 km außerhalb. Mo–Sa alle 10 Min., So halbstündlich Bus 300 für 7 £ (hin und zurück 10 £) ins Stadtzentrum zur Europa Bus Station (Great Victoria St.).

Der kleine **Belfast City Airport,** ✆ 028 9093 9093, www.belfastcityairport.com, 5 km nordöstlich, wird von *Air Berlin* und britischen Inlandsfluglinien angeflogen. Ins Stadtzentrum (City Hall) mit Bus 600 (1,50 £) oder mit dem Vorortzug von der nahen Sydenham Station, die per Shuttlebus mit dem Airport verbunden ist.

● *Häfen* **Belfast Harbour** (www.belfast-harbour.co.uk) wird von den Luftkissenbooten und Fähren von *Stena Line* aus Stranraer sowie von der *Norfolk Line*-Fähre aus Liverpool angelaufen. Die Schiffe von *P&O* benutzen den Hafen von **Larne,** 30 km außerhalb, zu erreichen mit Ulsterbus ab Great Victoria St. oder den Vorortzügen.

● *Bahn* Die **Great Victoria Station** im Stadtzentrum ist der Mittelpunkt des nordirischen Bahnnetzes. Hier beginnen die Fernzüge nach Londonderry sowie die meisten Vorortzüge nach Bangor und Larne. Da der Bahnhof direkt neben der Europa Bus Station liegt, bereitet das Umsteigen zwischen Bahn und Bus wenig Mühe. Züge nach Dublin und einige Vorortzüge begin-

nen an der **Central Railway Station,** zu erreichen ab Stadtzentrum u. a. mit Bus Nr. 500 u. 600 (für Bahnfahrer gratis).

● *Bus* Überlandbusse von **Ulsterbus** laufen das zentrale **Europa Bus Centre,** Great Victoria St. an. Der **Laganside Terminal** an der Oxford St. wird von den Regionalbussen aus Antrim, Ost-Derry und Down angefahren.

Drehscheibe der Stadtbusse **Metro** ist der Donegall Square. Einzelfahrscheine (Stadtzentrum 1,20 £, sonst 1,50/1,80 £) und Tageskarten (Mo–Sa 3,50 £, beim Kauf zwischen 10 und 15 Uhr oder am So nur 2,70 £) werden im Bus selbst gelöst. Wer länger in der Stadt bleibt, kann sich auch eine aufladbare **Smartlink Card** zulegen, die es als Zeitkarte oder Mehrfahrtenkarte (und hier wieder nach Zonen gesondert) gibt – ein unnötig kompliziertes System, das nur für fortgeschrittene Busnutzer geeignet ist.

Zentrale Auskunft für Bus und Bahn Mo–Fr 7–22 Uhr ✆ 028 9066 6630 oder im Internet unter www.translink.co.uk. Streckenpläne und Smartlink Cards gibt es am Metro-Kiosk Donegall Sq. West.

● *Taxis* Schwarze **Sammeltaxis** („Black Cabs") fahren auf festen Routen und verlangen etwa 1,30–1,80 £ pro Fahrgast. Abfahrt für die protestantischen Viertel in der North St., in die katholischen Viertel ab Castle St. Die Fahrer gelten als politische Aktivisten der jeweiligen Seite.

Gewöhnliche **Taxis** fahren ab Donegall Sq. und können etwa über ✆ 028 9080 9080 od. 028 9024 2000 bestellt werden.

Diverses

● *Autoverleih* **Avis,** 69–71 Great Victoria St., ✆ 028 9024 0404, www.avis.co.uk; **Budget,** 96–102 Great Victoria St., ✆ 028 9023 0700, ww.budget.ie.

● *Fahrradverleih* **McConvey Cycles,** 476 Ormeau Rd., ✆ 028 9033 0322, www.mc conveycycles.com; **Bicycle Workshop,** 1a, Lawrence St., ✆ 028 9043 9959, www.life cycles.co.uk.

● *Fluggesellschaften* **Aer Lingus,** ✆ 0870 876 5000, www.aerlingus.com. **British Airways,** ✆ 028 9089 9133, www.ba.com. **Ryan Air,** ✆ 0871 246 0000, www.ryanair.com. **Easy Jet,** ✆ 0870 600 0000, www.easyjet.com.

● *Galerien* **Ormeau Baths Gallery,** Ormeau Baths, 18a Ormeau Av., ✆ 028 9032 1402, www.ormeaubaths.co.uk. Das frühere Hallenbad wurde zu Nordirlands führender

Kunstgalerie umgebaut. Außer Gemälden (Wechselausstellungen) auch Multimedia; Mo Ruhetag.

Fenderesky's im **Crescent Arts Centre,** 2 University Rd., www.crescentarts.org, hat einen guten Namen als Ausstellungsort zeitgenössischer irischer Maler.

Belfast Exposed, 23 Donegall St., www. belfastexposed.org, geöffnet Di–Sa 11–17 Uhr. Nordirlands einzige Galerie, die sich auf Fotokunst spezialisiert hat.

Print Workshop & Gallery, 30–42 Waring St., www.belfastprintworkshop.org.uk. Mo–Fr 9.30–17.30 Uhr, Sa 12–16 Uhr. Künstler finden hier Werkstätten und Hilfestellung für Sieb- und Steindruck, Kunstinteressenten können in der Galerie Grafiken und Kunstdrucke erstehen.

Belfast/Übernachten 699

- *Post* GPO, 12–16 Bridge St., geöffnet Mo–Sa 9–17.30 Uhr.
- *Schiffsagenturen* **Norfolk Line,** 9 West Bank Rd., 028 9077 9090, www.norfolkline-ferries.co.uk; **Stena Line;** Westbank Road, 0870 520 4204, www.stenaline.com; **P&O,** 0870 242 4777, www.poirishsea.com.
- *Stadtrundfahrten* **Belfast City Sightseeing,** 028 9062 688, www.belfastcity sightseeing.com, veranstaltet ab Castle St. Stadtrundfahrten im offenen Doppeldecker. Mai–Sept. tägl. 9.30–16.30 Uhr alle halbe Stunde, im Winter zur vollen Stunde.

Black Cab Tours, www.taxitrax.com und www.belfasttours.com, Stadtrundfahrten mit dem Taxi kosten 30 £ aufwärts und sind etwa unter 28 9031 5777 oder 028 9064 2264 zu bestellen.

Bootsfahrten flussaufwärts durch die Stadt (Di–Do) oder durch den Hafen zur Werft *Harland & Wolff* (Fr–So) bietet für 10 £ die **Lagan Boat Company,** 028 9033 0844, www.laganboatcompany.com, an. Abfahrten am Lagan Lookout März–Okt. 12.30 und

14 Uhr, im Sommer auch 15.30 Uhr, im Winter, wenn überhaupt, nur am Wochenende.

- *Stadtführungen* **Historic Belfast,** 028 9024 6609, ganzjährig Mi, Fr, Sa, Juni–Sept. auch So jeweils um 14 Uhr ab Touristinformation. Der **Blackstaff Way** (www.belfast-city-walking-tours.co.uk) beginnt Sa 11 Uhr und folgt dem 1871 in den Untergrund verlegten Blackstaff River durch die Stadt. **Historical Pub Tour,** 028 9268 3665, www.belfast pubtours.com, Do 19 Uhr, Sa 16 Uhr, führt Sie vom Treffpunkt Crown Liquor Saloon in die berühmtesten Kneipen der Stadt. Für jede Führung rechne man pro Person 6–8 £. Über weitere Touren informiert das Touristoffice. Und wer die Stadt lieber **ohne Führer** entdeckt, bekommt dort Info-Blätter mit Vorschlägen für Rundgänge und kann den GPS-unterstützten Taschen-PC zum **Titanic Trail** ausleihen.
- *Waschsalon* **Globe,** 37 Botanic Av. Weitere Waschsalons sind etwa **Whistle,** 160 Lisburn Rd., und **Wash n Tumble,** 120 Agincourt Av.

Übernachten (siehe Karten S. 696/697 und S. 701)

In der Eglantine Rd., 1,5 km südl. des Zentrums und nahe der Universität, bietet bald jedes zweite Haus Bed & Breakfast. Da während des Semesters auch viele Studierende hier absteigen, wird man ohne Reservierung trotzdem einige Häuser abklappern müssen, um ein freies Zimmer zu finden.

- *Hotels* **Merchant (4),** Waring St., 028 9023 4888, www.themerchanthotel.com, DZ ab 220 £. Das frühere Hauptquartier der Ulsterbank, ein Prachtbau im italienisch-viktorianischen Stil des 19. Jhs., ist vielleicht das nobelste Hotel der Stadt. In den Tresorräumen residiert der hauseigene Nachtclub. Auf Wunsch können sich die Gäste in einem Bentley mit Chauffeur durch die Stadt und zu den Ausflugszielen kutschieren lassen.

Europa (15), Great Victoria St., 028 9032 7000, www.hastingshotels.com, DZ 110–180 £. Vom *Guardian* zum „am häufigsten zerbombten Hotel der Welt" gekrönt (Beiruts Commodore und Sarajevos Holiday Inn landen abgeschlagen auf hinteren Plätzen), war das Europa bis zu seiner letzten und gründlichsten Zerstörung im Mai 1993 Treffpunkt der Kriegsberichterstatter. Doch jedes Mal wurde Belfasts bestes Hotel wieder renoviert – die Kosten übernahm gewohnheitsmäßig der britische Steuerzahler.

Malone Lodge (31), 60 Eglantine Av., 028 9038 8060, www.malonelodgehotel. com, DZ 70–120 £. Mit alten Möbeln und

Lüstern gediegen eingerichteter Neubau, in dem vor allem Geschäftsleute absteigen. Außergewöhnlich geräumige Zimmer, eigener Parkplatz.

Madison's (22), 59 Botanic Av., 028 9050 9800, www.madisonshotel.com, DZ ohne Frühstück 90 £. Ein videoüberwachtes Hotel über dem gleichnamigen Pub. Zentral gelegen, die Straßenseite bei geöffnetem Fenster etwas laut. Geräumige, modern eingerichtete Zimmer mit TV, Schreibtisch, Fön und anderen Annehmlichkeiten, freundliches Personal und große Auswahl zum Frühstück.

Travelodge (13), 15 Brunswick Street, 0870 191 1687, www.travelodge.co.uk, DZ ohne Frühstück 50–85 £. Das Haus einer britischen Budgethotelkette im Herzen der Stadt – zentraler geht's kaum.

- *B&B* **The George (30),** 9 Eglantine Av., 028 9068 3212, EZ 30 £, DZ 50 £. Die Zimmer etwas vollgestellt, doch alle mit TV und eigenem Bad.

Avenue Guesthouse (29), 23 Eglantine Av., 028 9066 5904, www.avenueguesthouse.

Nordirland
Karte S. 652/653

700   Nordirland/Belfast

com, EZ 45 £, DZ 60 £. Ein viktorianisches Backsteinreihenhaus im Universitätsviertel. Gemütliche Lounge mit Kamin und Gäste-PC. Zimmer mit Bad, Teekocher, TV und Internetanschluss.

Marine Guesthouse (29), 30 Eglantine Av., ✆ 028 9066 2828, www.marineguesthouse 3star.com, EZ 45 £, DZ 60 £. Eingeführte Pension nahe der Universität in einem viktorianischen Reihenhaus mit Parkmöglichkeit auf dem Grundstück.

Kate's (24), 127 University St., ✆ 028 9028 2091, katesbb127@hotmail.com, EZ 25 £, DZ 50 £. In einem Backsteinbau gegenüber dem „Express by Holiday Inn". Einfache Zimmer mit TV, teilw. Etagenbad. Früchtekorb zur Begrüßung, Katzen im Haus.

● *Hostels* **Arnie's Backpackers (25)** (IHH), 63 Fitzwilliam St., ✆ 028 9024 2867, www.arnies-backpackers.co.uk, Bett 12–15 £. In einem älteren Backsteinreihenhaus im Universitätsviertel. 22 Betten in Zimmern mit 3 bis 7 Betten, 2 Toiletten, 2 Duschen. Kommunikative Atmosphäre in leicht chaotischem Aufenthaltsraum (mit Klavier) und in der Küche. Vom humorvollen Eigentümer Arnie persönlich geführt, ohne den das Klima nur halb so gemütlich wäre. Die 1. Wahl unter den Hostels in Belfast, Reservierung angeraten.

The Ark (23), 18 University Rd., ✆ 028 9032 9626, www.arkhostel.com, Bett 11 £. Das Nichtraucher-Hostel befindet sich in einem älteren Reihenhaus im Universitätsviertel. Zentralheizung, Lounge mit TV und Video, sehr enge Zimmer, in der Küche ein sauberer Kühlschrank, Waschmaschine und Trockner im Hof. Freier Interzugang und Tee/Kaffee. Das Hostel organisiert Stadtrundfahrten im Black Cab und Tagesausflüge zum Causeway.

Linen House (1), 18 Kent St., ✆ 028 9058 6400, www.belfasthostel.com, Bett 6,50–13 £. In einem alten Backsteinhaus, dessen frühere Bestimmung als Schlachterei im Keller noch auszumachen ist. Kleine Zimmer teilw. mit Bad, mäßig sauber und extrem billig, weniger Atmosphäre als bei Arnie's oder im Ark-Hostel. Zudem ist die Gegend nachts kein Ort zum Flanieren.

Elms Village (Queen's University Accomodations) (32), 78 Malone Rd., ✆ 028 9097 4525, www.qub.ac.uk, Reservierung erforderlich; nur Mitte Juni–Ende Aug., EZ ohne Frühstück 32/38 £. Das Studentendorf der Queen's University wurde in den letzten

Jahren gründlich modernisiert. Fast alle Zimmer haben nun ein eigenes Bad, etwa 10 Zimmer teilen sich eine Küche. Gemeinschaftsraum mit TV, im Keller Waschmaschine und Trockner; Kantine.

Belfast International Youth Hostel (19), 22 Donegall Rd., ✆ 028 9031 5435, www.hini. org.uk, Bett 10–14 £. Relativ neues Hostel mit 128 Betten in 2- bis 6-Bett-Zimmern, teilw. mit Bad, zuletzt 2006 umfassend renoviert. Cafeteria, separate TV-Lounge, eigener Parkplatz, Stadtrundfahrten, keine Kochgelegenheit.

● *Am Stadtrand* **Somerton House (33)**, 22 Lansdowne Road, ✆ 028 9037 0717, www. somertonhouse.co.uk, EZ 45 £, DZ 58 £. Eine ältere Villa im Norden der Stadt unweit des Zoos. Die mit Geschmack eingerichteten Zimmer sind bei Geschäftsleuten beliebt. Morgens gibt's Tageszeitungen für die Gäste, Frühstück auch mit vegetarischer Auswahl.

Old Rectory (36), 148 Malone Rd., ✆ 028 9066 7882, www.anoldrectory.co.uk, EZ 39/49 £, DZ 75 £. Das um die Jahrhundertwende gebaute Pfarrhaus ist heute ein gepflegtes B&B. Eigener Parkplatz, Grün ums Haus, Salon mit kleiner Bibliothek und Klavier, im Winter wird abends heißer Whiskey serviert. Die Zimmer mit Gebrauchsspuren, doch relativ geräumig.

Farset International (35), 466 Springfield Rd., ✆ 028 9089 9833, www.farsetinternatio nal.co.uk, EZ 34 £, DZ 48 £, zu erreichen mit Bus 80 und 81. Das Budgethotel und Tagungszentrum ist ein gemeinnütziges Community-Projekt. Die dorfähnliche Anlage liegt in einem kleinen Park am Rande eines Vogelschutzgebiets. Den Gästen bleibt die Wahl zwischen einem Restaurant und einer Selbstversorgerküche, auch eine Waschküche steht zur Verfügung.

● *Übernachten beim International Airport* **Killead Lodge**, 25 Killead Rd., Aldergrove, Crumlin, ✆ 028 9445 9896, www.killeadlodge. com, DZ 60–70 £. Neues B&B an der Zufahrt zum Flughafen, schick eingerichtet, WLAN, auf Wunsch auch Abendessen.

● *Camping* **Dundonald Caravan Park**, 111 Old Dundonald Rd., Dundonald, ✆ 028 9080 9123, www.theicebowl.com, Ostern–Sept., Stellplatz 10–17 £. Der Belfast nächstgelegene Campingplatz liegt am Rand eines Freizeitparks. Zu erreichen via A 20 oder mit Bus 19 ab Donegall Sq. West.

Belfast/Übernachten

Übernachten
1. Linen House
4. Merchant Hotel
13. Travelodge
15. Europa Hotel
19. Youth Hostel
22. Madison's
23. The Ark
24. Kate's
25. Arnie's Hostel
29. Avenue Guesthouse und Marine Guesthouse
30. The George
31. Malone Lodge
32. Queen's Univ. Acc.

Essen & Trinken
2. Nick's Warehouse
3. John Hewitt
7. Delaney's Café
9. Café Paul Rankin
18. Cayenne
20. Bishop's
22. Madison's
27. Villa Italia
28. Conor Café

Nachtleben
5. The Spaniard
6. Northern Whig
8. Kelly's Cellars
10. Kitchen Bar
12. Thompson's
14. Crown Liquor Saloon und Robinson's und Beaten Docket
17. Limelight
20. Lavery's Gin Palace
21. The Empire

Sonstiges
11. Old Museum Arts Centre
16. Ulster Hall
26. Queen's Film Theatre

Belfast Innenstadt

Nordirland Karte S. 652/653

702 Nordirland/Belfast

Essen (siehe Karte S. 701)

Neben ihren politischen Leidenschaften haben die Menschen in Belfast offenbar auch eine Passion für gutes Essen. In kulinarischer Hinsicht hat sich die Stadt jedenfalls längst von Großbritannien gelöst.

Cayenne (18), 7 Ascot House, Shaftesbury Sq, ℡ 028 9033 1532, www.rankingroup.co.uk, Di–Fr Lunch, tägl. Dinner. Das Flaggschiff des Rankin-Imperiums (siehe unten) gibt sich zugleich stylisch und locker bis hin zur Partystimmung. Von Tischen und Stühlen befreit wäre das Lokal noch als Galerie für moderne Kunst sehenswert. Die Küche hat einen fernöstlichen Einschlag, und das Cayenne sei, so versichern Gourmets, neben Michel Deane (38 Howart St.) das beste Restaurant der Stadt.

Nick's Warehouse (2), 35 Hill St., ℡ 028 9043 9690, www.nickswarehouse.co.uk, Di–Sa Lunch und Dinner. Nick Price versuchte sich mit zwei Lokalen in der Provinz, bevor er in das separate Lagerhaus im Cathedral-Viertel einzog – ein Pionier, denn die Gegend war damals alles andere als schick. Der Gast hat die Wahl zwischen der Bar und dem vornehmeren Restaurant im Obergeschoss. Die Karte wechselt nach Laune und Saison, reiche Auswahl an offenen Weinen.

Villa Italia (27), 37 University Road, ℡ 028 9032 8356, www.villaitaliarestaurant.co.uk, tägl. ab 17 Uhr. Ein geräumiges Lokal mit buntem Publikum, darunter viele Familien. Auf der Karte vor allem Pizza, Pasta und Grillgerichte. Die selbst im Regen geduldig vor dem Eingang wartende Schlange bezeugt den exzellenten Ruf des Restaurants.

Madison's (22), Botanic Av., www.madisonshotel.com. Ein Bistropub mit der Geräuschkulisse einer Bierhalle, auf drei Ebenen mit viel Schmiedeeisen und orange getönten Wänden. Multikulturelle Küche, Weine aus Übersee, ein definitives In-Lokal mit bürgerlichen Preisen.

Conor Café (28), 11a Stranmillis Rd., tägl. 9–23 Uhr. Manus McConn's Bistro ist im früheren Atelier des Belfaster Malers William Conor eingerichtet. Das Tageslicht fällt durch eine Dachkuppel in die hohen Räume mit großflächigen Gemälden, zwischen denen eine Tafel die wechselnden Tagesessen ankündigt.

John Hewitt (3), 51 Donegall St., www.thejohnhewitt.com. Vom Dichter und Sozialisten John Hewitt (1907–1987) gegründet, kommt der Gewinn aus dem Pub heute der benachbarten Arbeitsloseninitiative zugute, was den Besuch auch zur Wohltat macht. Deutsche Biertrinker treffen alte Bekannte wie Erdinger, Köstritzer und Bitburger. Mittags wird die gemütliche Bar zum preiswerten Restaurant, die Küche hat nicht nur bei den Berufstätigen der Innenstadt einen exzellenten Ruf.

Bishop's (20), Bradbury Place. Grüne Kacheln geben dem beliebten Seafood-Imbiss eine Spur von klassischer Eleganz. Immer gut voll, effizienter Service.

Café Paul Rankin (9), 27 Fountain Place. Modern eingerichtet, mit großen Schaufenstern und Tischen auch zum draußen Sitzen in der Fußgängerzone, gut geeignet zum Sehen und Gesehen werden. Selbstbedienung.

Delaney's Café (7), 9–27 Lombard St. Das sehenswerte Selbstbedienungsrestaurant erinnert ein wenig an den Art déco-Stil der 20er Jahre. Im Raum hängen riesige Spiegel und Jagdtrophäen, irgendwo wacht ein ausgestopfter Tiger. Passanten auf Einkaufstour kommen mit Tüten bepackt zum Lunch oder zu Kaffee und Kuchen, Rentner werden mit Rabatten umworben.

● *Pubfood* **Crown Liquor Saloon,** Great Victoria St., gegenüber dem Europa Hotel, www.crownbar.com. Pubfood wie etwa Austern oder Stew werden mittags in historischem Ambiente serviert.

Am Abend (siehe Karten S. 696/697 und S. 701)

Entlang der „Golden Mile" von Great Victoria St. und University Rd. werben immer neue Kneipen und Clubs um die Gunst der launischen Szene. Aktuelle Veranstaltungsinfos listen die Unterhaltungsbeilage des *Belfast Telegraph* und die etwa bei der Touristinfo erhältlichen Programmkalender *That's Entertainment* und *whatabout?* auf. Im Internet informiert www.gotobelfast.com über die Events.

Am Abend

Queen's Film Theatre (QFT) (26), University Square, ℡ 028 9097 1097, www.queensfilmtheatre.com. Belfasts Programmkino zeigt auf zwei Leinwänden auch Retrospektiven und selten zu sehende Streifen.

Waterfront Hall, Tickets ℡ 028 9033 4400, www.waterfront.co.uk. Der bombastische Tempel für die großen Showevents klassischer Musik ist eines der edelsten Konzerthäuser der Britischen Inseln und zugleich Konferenzzentrum mit Nobelrestaurant, Bar und schönem Blick über den Fluss.

Grand Opera House, Great Victoria St., Tickets ℡ 028 9024 1919, www.goh.co.uk. Belfasts Galabühne für Theater-, Musicalund Opernproduktionen – oft zerbombt und stets erneuert. Der Musentempel im viktorianischen Zuckerbäckerstil feierte 1996 sein hundertjähriges Jubiläum.

Lyric Theatre, Ridgeway St., Stranmillis, ℡ 028 9038 1081, www.lyrictheatre.co.uk. Gastspiele und Eigenproduktionen anspruchsvoller Klassiker und zeitgenössischer Stücke vor allem irischer Autoren, auch Jugendtheater.

Old Museum Arts Centre (11), College Square North, ℡ 028 9023 3332, www.oldmuseumartscentre.org. Das multifunktionale Kulturzentrum residiert im früheren Sitz der Naturgeschichtlichen und Philosophischen Gesellschaft. Außer einer Studiobühne gibt es auch Räumlichkeiten für kleinere Ausstellungen.

Ulster Hall (16), Bedford St., ℡ 028 9032 3900, www.ulsterhall.co.uk. Eine Halle der viktorianischen Zeit mit in Fachkreisen berühmter Orgel – hier finden auch große politische Massenveranstaltungen und Parteiversammlungen statt.

King's Hall, Lisburn Rd., Balmoral, ℡ 028 9066 5225, www.kingshall.co.uk. Eine weitere Mehrzweckhalle für Ausstellungen, Bierfeste, Boxkämpfe, Konzerte und vieles mehr.

● *Pubs* **Crown Liquor Saloon (14),** 46 Great Victoria St., www.crownbar.com. Buntglasfenster, kunstvolle Fliesenmosaike und Tapeten aus schwerem Brokat machen den Crown Liquor Saloon zu einer Kathedrale der Trinker. Auch die Beichtstühle (Snugs) fehlen nicht, nur der Fernsehapparat will nicht recht ins Ensemble passen. Das Pub wurde 1885 eingerichtet und steht heute unter Denkmalschutz.

Robinson's (14), 38/40 Great Victoria St., www.robinsonsbar.co.uk, steht etwas im Schatten seines berühmten Nachbarn – umgerechnet 5 Mio. Mark soll die Renovie-

Donegall St.

rung des in den 80ern von einer Bombe zerstörten „Theme Pub" gekostet haben. Fünf Etagen von der Kellerbar BT!, dem HeavyMetal-Biker's „Rock Bottom" über „Fibber McGee's" New Yorker Gemischtwarenhandlung bis zur Livebühne „Top Floor".

The Beaten Docket (14), 48 Great Victoria St. Hier trifft sich die trendbewusste Studentenszene unter einem spektakulären, nachts illuminierten Glasdom. Das Untergeschoss mit seiner Mahagoni-Bar und den possierlichen Bronzeelefanten, die die Reling halten, ist alten, viktorianischen Pubs nachempfunden. In der Hamill Lounge (Obergeschoss) haben sich die Innenausstatter mit hellem Holz und Marmor am Art Deco orientiert.

The Empire (21), 43 Botanic Av., www.thebelfastempire.com. Das Pub wurde nach einem berühmten, doch längst verschwundenen Varieté am Victoria Square benannt. Bierhallenatmosphäre im Keller, dem Betsaal einer früheren Kirche. An den Wänden Plakate aus den Zeiten der Music Halls, in einer Vitrine einige Ansichtskarten von Bord der Titanic. Fr, Sa Livemusik, Di abends Comedy Club – scharfzüngige Satiren verraten mehr über den Belfaster Alltag als manche tiefschürfende Analyse.

704 Nordirland/Belfast

Kelly's Cellars (8), 30 Bank St. „Eine Zufluchtsstätte in der Wildnis" nannte der Schriftsteller Hugh McCarten dieses 1720 gegründete Pub. In diesem Gewölbe trafen sich bereits die Verschwörer der United Irishmen und suchen heute Banker, Rechtsanwälte und Jungmanager Erholung von ihren harten Geschäften. Eine Ahnengalerie versammelt die früheren Wirte, und anders als in den anonymen Superpubs begrüßt der Wirt hier noch jeden Gast persönlich. Sa Nachm. Folk, Sa Abend Blues, mittags Pubfood.

Kitchen Bar (10), 16 Victoria Sq., www.thekitchenbar.com. Nach dem Abriss des alten Domizils umgezogen, ist die Kitchen Bar nach wie vor Treffpunkt der Folk- und Bluesszene. Fr abends Konzert oder Session, mittags Pubfood.

Rotterdam Bar (34), Pilot St. In dieser Gegend des Hafenviertels möchte man nachts kein Auto ohne Aufsicht lassen. Immerhin fährt Freitag- und Samstagnacht nach Kneipenschluss ein Bus ins Stadtzentrum. Das Pub selbst hat eine bewegte Vergangenheit als Lager für Sträflinge, die auf ihre Deportation warteten, und schließlich (seit 1820) als Hafenkneipe hinter sich. Die Immobilienkrise rettete 2008 das von junge Leuten betriebene und mit allerlei Trödel ausstaffierte Lokal vor der Abrissbirne. Häufig Livemusik, auch Folk.

Northern Whig (6), 2–10 Bridge St., www.thenorthernwhig.com. Good-bye Lenin? Meterhohe Skulpturen aus dem einst kommunistischen Prag schmücken nun, Trophäen gleich, neben riesigen Bierfässern diesen Tempel des Alkoholkonsums. Im Angebot auch Essen und allerlei Cocktails, die das offenbar häufig wechselnde Personal manchmal überfordern.

The Spaniard (5), Skipper St. off Waring St., www.thespaniardbar.com. Schlauchartige Kneipe über drei Etagen, die am Wochenende aus allen Nähten platzen. Das Dekor schwankt zwischen Spanien und Opas Wohnstube. Rock und Popmusik, tolle Cocktails, Tapas und herzhaftes Pubfood.

• *Discos, Clubs, Livemusik* **Limelight (17)**, 17 Ormeau Av., www.the-limelight.co.uk. Ihre Schulzeit haben viele Teens und Twens offenbar in guter Erinnerung. Im Limelight waren zuletzt Blazer und Blusen angesagt, Männer ohne Krawatte müssen beim Eintritt ein Pfund mehr hinblättern.

Bambu Beach Club, Odyssey Complex, www.bambubeachbelfast.com. 5 Bars und 2 Dancefloors mit Hip-Hop, Charts und Electronic für die 18- bis 24-Jährigen. Fürs Strandambiente und Sexappeal sorgt auch das wohlgestalte, in Bikini und Badehose gekleidete Personal. Nur der Teint ist irischblass – wie wär's mit Gutscheinen fürs Sonnenstudio als Dreingabe zum Gehalt?

Lavery's Gin Palace (20), Bradbury Sq., www.laverysbelfast.com. Eine mobile Einsatztruppe massiger Türsteher kündet davon, dass es hier nicht immer friedlich zugeht. In den verschiedenen Räumen des verwinkelten Pubs treffen sich Jugendliche unterschiedlichster Couleur, in der Disco prallen die Kulturen dann aufeinander.

Thompson's (12), Paterson's Place off Upper Arthur St., www.clubthompsons.com. Der Sound, meist R'n'B mit einer Prise Hip-Hop, weist dem Weg vom Rathaus zu dem in einer Gasse versteckten Late-Night-Club. Bis gegen 2 Uhr angenehme Atmosphäre; dann fallen die aus anderen Kneipen ausgeworfenen Trunkenbolde ein.

Feste/Veranstaltungen

Ein Festkalender ist im Internet unter www.belfastcity.gov.uk/events zu finden. Aktuelle Veranstaltungsinfos listen die Unterhaltungsbeilage des *Belfast Telegraph* (www.belfasttelegraph.co.uk) und der etwa bei der Touristinfo erhältliche Programmkalender *What about?* oder *The Big List* (www.thebiglist.co.uk) auf.

Belfast International Festival at Queen's, 2–3 Wochen im Okt./Nov. Mit einer Vielzahl einzelner Veranstaltungen (Theater, Musik, Tanz, Performance) ist das Festival at Queen's nach Edinburgh das größte Kulturspektakel der Britischen Inseln. ☎ 028 9097 1197, www.belfastfestival.com.
Cathedral Quarter Arts Festival, Anfang Mai, ein Stadtfest mit Straßentheater und

Clownerien, Lesungen, Musik und Diskussionen. www.cqaf.com.
Film Festival, www.belfastfilmfestival.org, im April, auch mit Kurzfilmen.
Orange Day, 12. Juli, der große Aufmarsch der protestantischen Orden.
West Belfast Féile an Phobail, eine Woche Anfang Aug.; das Kulturfest der Republikaner mit Tanz, Musik, Film und

Einkaufen

Theater. Tickets ℘ 028 9031 3440, www.feilebelfast.com.

Einkaufen

- *Bücher* **Bookfinders,** 47 University Rd. Secondhand-Bücher und Antiquarisches, die Werke stapeln sich in Regalen, auf Stühlen, Tischen und am Boden. Im dazugehörigen Café (Obergeschoss) kann nach dem Kauf gleich geschmökert werden.

Waterstone's, Fountain St., ist die führende Mainstream-Buchhandlung der Stadt.

- *Einkaufszentren* **Castlecourt Centre,** Royal Av. Ein Glas- und Stahlpalast mit den Filialen namhafter Einzelhandelsketten.
- *Kunsthandwerk* **Craftworks,** Bedford House, Bedford St., eine Auswahl von Arbeiten der besten nordirischen Kunsthandwerker. Wer sich speziell für diese Szene interessiert, findet hier das Handbüchlein „Contemporary & Traditional Craft in Northern Ireland" mit weiteren Einkaufstipps.

Open Window Productions, 25 Lower Donegall St. Hier gibt es schwarzen Humor in Form von Puppen und Skulpturen. Mit den irischen und britischen Politstars mag unsereiner wenig anfangen können, doch wie wär's mit dem Nahost-Schach? Die Figuren von George Dabbeljuh und Osama werden auch einzeln verkauft.

- *Märkte* Die Hallen des **St. George's Market** wurden mit Millionenaufwand restauriert. Freitagvormittag Variety Market mit Klamotten, Werkzeug, Kochtöpfen und dergleichen, Samstagvormittag weitgehend Lebensmittel.

Smithfield Retail Market, West St./Ecke Winetaverne St., Textilien u. Ä., auch Gebrauchtwaren.

Delaney's Café

Die Rankins – Lifestyle für die Küchen der Welt

Verglichen mit Paul und Jeanne Rankin sehen Deutschlands Küchenpäpste ganz schön alt aus. Die Stars der britisch-irischen Gastroszene begannen ihre Karriere als Tellerwäscher und Servicekraft, eröffneten 1989 in Pauls Heimatstadt Belfast ihr erstes Lokal „Roscoff's", das mit experimentierfreudiger Edelküche bei minimalistischem Design, großen Schaufenstern, lockerer Kleiderordnung und Jazzmusik Furore machte und den Rankins schon nach zwei Jahren einen Michelin-Stern bescherte.

Heute besitzen Paul und Jeanne in Belfast gleich mehrere Restaurants, mit denen sie ganz unterschiedliche Zielgruppen ansprechen. Andere Meisterköche bekennen sich stolz dazu, bei den Rankins gelernt zu haben. Das unkomplizierte und telegene Paar kommt mit eigenen TV-Serien in die Wohnstuben der Britischen Inseln, Australiens und der USA. Dazu gibt es jede Menge Zeitschriftenkolumnen („Cooking with Ideal Home") und Kochbücher, denen gleich eine Musik-CD beiliegt, damit beim Kochen auch die richtigen Vibrations rüberkommen.

706 Nordirland/Belfast

Sehenswertes

City Hall: Das pompöse Rathaus am Donegall Square ist mit seiner 52 m hohen Kupferkuppel Wahrzeichen der Stadt. Für den 1906 vollendeten Bau musste die alte Linen Hall weichen, die genau an dieser Stelle stand. Das Rathaus imitiert äußerlich die Londoner St. Paul's Cathedral und symbolisierte bis in die frühen neunziger Jahre die Herrschaft der Unionisten über die Stadt.

Am Haupteingang thront Queen Viktoria und blickt mürrisch auf die Passanten. Zu ihren Füßen rackern ein werktätiger Vater, seine leinen-spinnende Frau und ein studierendes Kind. Andere Statuen im Vorgarten feiern frühere Bürgermeister und Edward Harland, den Begründer der Werft Harland & Wolff. Ein Memorial betrauert das größte Fiasko der Firmengeschichte, den Untergang der als unsinkbar gepriesenen *Titanic*. Den Reigen der steinernen Berühmtheiten um das Rathaus herum beschließt auf der Westseite der Marquis von Dufferin, der Myanmar (Burma) 1886 für die Krone eroberte.

Betritt der Besucher endlich den Bau, sieht er sich einer neoklassizistischen Orgie aus Marmor, Stuck, Buntglasfenstern, Prunktreppen und Statuen gegenüber. Ein Wandbild im ersten Stock zelebriert die Stadtgründung und jene Industriebranchen, denen Belfast seinen Aufstieg verdankte. Der Rundgang passiert eine Galerie mit Portraits der früheren Bürgermeister (Aldermen): bewusst übergroße Köpfe sitzen auf in Prachtgewänder gehüllte Körpern, nur zwei republikanische Aldermen fallen mit unkonventionellen, doch künstlerisch anspruchsvolleren Gemälden aus der Reihe. In der Garderobe kleiden sich nicht nur amerikanische Touristen in die Prunkroben der Bürgervertreter und halten die Pos(s)e per Kamera fest. Auf dem Sessel des Bürgermeisters möge man bitte nicht Platz nehmen; auch jene Stühle bleiben tabu, auf denen am 22. Juni 1921 für wenige Stunden die majestätischen Gesäße von Georg V. und Queen Mary ruhten, und die seither zur Heimstatt von Holzwürmern und Motten wurden. Der prächtige, nach den Bombenregen des Weltkriegs wieder hergestellte Ballsaal beschließt den Rundgang.

Führungen Bis 2009 wegen Umbau geschlossen. Zuvor Juni–Sept. Mo–Fr 11, 14, 15 Uhr, Sa 14, 15 Uhr; Okt.–Mai Mo–Fr 11, 14 Uhr, Sa 14.30 Uhr. Eintritt frei. www.belfastcity.gov.uk.

Linen Hall Library: Eingerichtet, „um den Verstand zu fördern und allgemeinen Wissensdurst zu erregen", steht die Bibliothek seit 1788 bildungshungrigen Bürgern zur Verfügung – zuerst in der legendären White Linen Hall, die dem Rathaus weichen musste, und jetzt in einem früheren Leinenkontor an der Nordseite des Donegall Square. Eine Sammlung früher irischer Drucke und Flugschriften macht die Linenhall für Historiker besonders wertvoll, und die „political collection" versammelt 80.000 Dokumente zu allen Aspekten des Nordirland-Konflikts. Mit der *Linen Hall Review* gibt die Bibliothek eine eigene Zeitschrift heraus. Thomas Russell, der erste Bibliothekar, gehörte zu den Gründern der United Irishmen und wurde 1803 gehängt.

Mo–Fr 9.30–17.30 Uhr, Sa 9.30–13 Uhr. www.linenhall.com.

Cathedral Quarter

Belfasts ältester und zugleich jüngster Stadtteil. Nach Jahren des Niedergangs, in hier arme Leute und ein paar Künstler wohnten, wird ist Viertel um die Kathedrale seit der Jahrtausendwende ein Schwerpunkt der Stadterneuerung.

Neben Bürohäusern entstehen auch neue Restaurants, Bars und subventionierte Kunsträume. Ob sich die als städtische Avantgarde gern gesehenen Kunstszene

Sehenswertes/Cathedral Quarter

wird halten können oder angesichts steigender Mieten und der Gentrifizierung des Quartiers abwandern wird, ist aber noch offen.

Albert Clock: Das von den deutschen Bomben im 2. Weltkrieg schwer getroffene Viertel um High Street und Ann Street ist der älteste Stadtteil von Belfast. Schmale, *entries* genannte Passagen verbinden die Hauptstraßen. Warum die Belfaster am Ende der High Street dem Prinzen Albert ein Denkmal in Form eines Uhrturms setzten, bleibt rätselhaft. Jedenfalls setzte Albert nie auch nur einen Fuß in die Stadt. Unerbittlich neigt sich der Turm Millimeter um Millimeter und will offenbar seinem schiefen Kollegen in Pisa Konkurrenz machen.

Laganside: Das restaurierte **Custom House** (1854–57) zeugt vom Wohlstand der Belfaster Frühkapitalisten. Mit einem nicht minder ambitionierten Projekt wurde die Uferpartie unten am Fluss entwickelt. Dämme und ein Wehr mit mächtigen Stahltoren schützen die Stadt vor Hochwasser und stauen bei Ebbe den Lagan, der andernfalls sein abfallübersätes, verschlammtes und vergiftetes Flussbett freigeben würde – der damit verbundene Gestank machte früher bei Niedrigwasser jeden Aufenthalt am Fluss unerträglich.

Das Wahrzeichen von Belfast – die City Hall

Big Fish, die mit blau-weißen Kacheln verkleidete Riesenplastik eines Lachses steht für die Rückkehr der Spezies in den sanierten Fluss. Verlassene Fabrikruinen am Ufer wichen neuen Mietshäusern, Bürotürmen und einem Nobelhotel. Mit dem **Waterfront Centre** leistet sich die Stadt ein hochmodernes Kongresszentrum mit Konzertsaal, und der **Odyssey Complex** auf dem Ostufer umfasst ein weitere Arena für Großveranstaltungen, dazu Kinos, Clubs und das W5 Discovery Centre.

Harbour Commissioners Office: Auch das restaurierte Harbour Commissioners Office, gleich neben der Kirche und nahezu zeitgleich gebaut, wäre mit seinen kunstvollen Bleiglasfenstern und der prächtigen Ausstattung einen Besuch wert. Die massive Garnitur aus Esstisch und Stühlen im Besprechungszimmer wäre um ein Haar auf dem Meeresgrund gelandet. Sie war für die Titanic gedacht, doch die Schreiner wurden mit ihrer Arbeit nicht rechtzeitig zur ersten und letzten Fahrt des Schiffs fertig. Bislang ist das Haus nur während des Stadtfestes im Mai zugänglich.

St. Anne's Cathedral: Die etwas kühle und karg ausgestattete anglikanische Kathedrale (gebaut 1904–1981) steht anstelle einer älteren und kleineren Kirche. Um den Gläubigen auch während der Bauphase den regelmäßigen Kirchgang zu ermöglichen, wurde das neoromanische Gotteshaus um die alte Kirche herum gebaut und

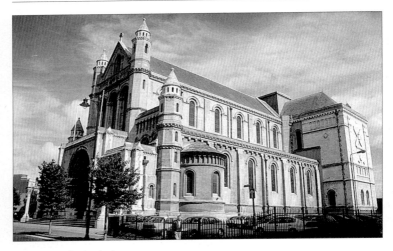

St. Anne's Cathedral

diese erst am Schluss abgerissen. Die Bodenplatten stammen aus Steinbrüchen in allen Landesteilen und repräsentieren die Counties der Insel. Unter dem Hauptschiff ruhen die Gebeine von *Edward Henry Carson* (1854–1935), den die einen als den Retter Ulsters vor den Nationalisten verehren und die anderen als den teuflischen Architekten der irischen Teilung hassen.

 ⓘ Mo–Sa 10–16 Uhr, So vor und nach der Messe. Eintritt frei. www.belfastcathedral.org.

Ostufer

W5 Discovery Centre: Mit den notorischen fünf W-Fragen (Wer? Was? Wo? Wann? Warum?) quälen Redakteure ihre Azubis, denn jede Nachricht in Presse oder Fernsehen soll eben diese Fragen beantworten. Das Discovery Centre im Odyssey Complex lässt Besucher die Antworten gleich vielsinnig erfahren: ein technisches Museum, das uns zum Mitmachen auffordert. Wir heben schwere Lasten mühelos mit dem Flaschenzug, messen unsere Kräfte, Reaktionszeit, Schrecksekunde und Herzschlag, hantieren mit dem gyroskopischen Aktenkoffer, der partout nicht die Richtung wechseln will, ertasten Blindenschrift und lernen als Tresorknacker die Tücken der Wahrscheinlichkeitsrechnung kennen. Kinder wie Erwachsene können hier mühelos verregnete Tage verbringen.

 ⓘ Juli/Aug. Mo–Sa 10–18 Uhr, So 12–18 Uhr; Sept.–Juni Mo–Do 10–17 Uhr, Fr/Sa 10–18 Uhr, So 12–18 Uhr; Einlass bis 1 Std. vor Schließung. Eintritt 6,80 £, Kinder 4,90 £. www.w5online.co.uk.

SS Nomadic: Hinter dem Discovery Centre wird im Hamilton Dry Dock der Dampfer (engl. *steamship*) Nomadic restauriert – genau dort, wo dieses letzte noch erhaltene Schiff der White Star Line 1911 gebaut worden war. Die Nomadic war zunächst im französischen Cherbourg als Beiboot im Einsatz und transportierte Passagiere vom Kai zu den auf Reede liegenden Ozeanriesen. Dabei bediente sie am 10. April 1912 auch die Titanic. Die war, wie ihre Schwesterschiffe der Olympic-Klasse einfach zu groß, um im Hafen anlegen zu können. SS Nomadic überlebte

Sehenswertes/Ostufer 709

wie durch ein Wunder Militäreinsätze in den beiden Weltkriegen und schwamm zuletzt als Restaurantschiff in Paris auf der Seine. Nun alt genug, um als technisches Denkmal vor der Verschrottung bewahrt zu werden und eine Zukunft als Kronjuwel des Belfaster Titanic-Erbes vor sich zu haben.

Information www.nomadicpreservationsociety.co.uk und www.belfast-titanic.com

Titanic Quarter: Gingen einst täglich bis 35.000 Arbeiter durch die Werktore von Harland & Wolff, hat die Werft – das letzte Schiff lief 2003 vom Stapel – heute gerade 100 Beschäftigte. Und braucht deshalb nur noch einen Bruchteil der alten Flächen. So haben sich die Stadtentwickler dieser Industriebranche angenommen. Um den Neubau des **White Star Building** entsteht ein Wissenschafts- und Hightech-Park, auch Forschungsinstitute der Queen's University werden einziehen. Man hofft auf Hotels, Büros und schicke Wohnungen am Wasser, insgesamt stehen etwa 65 ha oder eine Fläche von 100 Fußballfeldern zur Verfügung. Vor allem aber soll ein Titanic-Erlebnispark Besucher anlocken. 2012, zum hundertsten Jubiläum der ersten und letzten Titanic-Fahrt, soll er fertig sein. Die Bootstouren (siehe S. 699) am **Thompson Dry Dock** entlang, wo das Unglücksschiff gebaut wurde sind schon jetzt ein voller Erfolg. Im benachbarten **Albert Dock** liegt mit der *Caroline* noch ein Kriegsschiff aus dem 1. Weltkrieg. Zwischen den beiden Docks wurde im **Pump House** ein Visitor Centre (mit Café) eingerichtet. das mit einem Film und erklärenden Tafeln die Geschichte des Schiffbaus in Belfast erzählt.

ⓘ Pump House Visitor Centre, Mo–Fr 10.30–14.30 Uhr, Eintritt frei. Führungen (5 £) durch Thompson Dock und Pumphouse tägl. 14 Uhr. Anfahrt Mo–Fr mit Bus 26 und26 B ab Donegall Sq. West bis Haltestelle Queens Rd. oder mit dem Firmenbus („Dial-A-Bus") des Science Centre ab Adelaide St. (Fahrplan unter www.titanicsdock.com).

Edward Carson – der Architekt von Irlands Teilung

Edward Carson hatte sich schon als junger Rechtsanwalt bei Katholiken wie Liberalen einen schlechten Namen gemacht. Er galt als Spezialist für die Vertreibung von Pächtern und erwirkte im Auftrag der Grundherren unzählige einschlägiger Gerichtsurteile gegen verarmte Bauern. Auch war er maßgeblich an der Verurteilung Oscar Wildes wegen dessen Homosexualität beteiligt. 1892 wurde der Belfaster Protestant ins Unterhaus gewählt. Nach einer weiteren Stufe auf der Karriereleiter, der Wahl zum britischen Generalstaatsanwalt, sahen viele in ihm den kommenden Toryführer oder gar Premierminister. Als entschiedener Gegner der irischen Selbstverwaltung *(Home Rule),* die das Parlament damals schon beschlossen und nur das Oberhaus verhindert hatte, war Carson jedoch auch innerhalb der Konservativen nicht mehrheitsfähig. Nachdem die Home Rule, die nach Carsons Ansicht unausweichlich in die völlige Unabhängigkeit Irlands münden würde, mit Parlamentsreden allein nicht mehr zu verhindern schien, änderte er seine Taktik und kämpfte jetzt für den Verbleib wenigstens des protestantischen Ulsters bei der Krone. Ohne die Industriestadt Belfast, so dachte Carson, wäre das katholische Irland wirtschaftlich nicht lebensfähig. 1913 etablierte er in Belfast eine provisorische Regierung für Nordirland und formierte die *Ulster Volunteers* als paramilitärische Truppe der Unionisten. Die von ihm genährte Opposition der nordirischen Protestanten gegen die Unabhängigkeit führte schließlich zur Teilung Irlands.

Nordirland
Karte S. 652/653

710 Nordirland/Belfast

Stormont: Eine schnurgerade, 1,5 km lange Zufahrt führt von der Newtownards Road zum früheren Sitz des 1972 aufgelösten nordirischen Parlaments. Heute beherbergt der 1932 im neoklassizistischen Stil vollendete Bau allerlei Behörden und ist für Besichtigungen nicht freigegeben. Immerhin erlaubt der Pförtner die Fahrt bis ans Ende der Prunkallee, wo Edward Carson als Statue thront.

Südstadt

Seit jeher ist die Südstadt die bessere oder wenigstens reichere Hälfte von Belfast. Besonders in den Alleen um die Universität verstecken sich großzügige Villen hinter parkähnlichen Vorgärten. Die Great Victoria Street und ihre Verlängerung Botanic Avenue sind als „Golden Mile" zugleich das abendliche Amüsierviertel Belfasts.
Information www.visitsouthbelfast.com.

Sandy Row: Gerade einen Block westlich der Great Victoria Street wandelt sich das kosmopolitische Ambiente jedoch zum tristen Arbeitermilieu. Auch wer mit Belfasts politischer Topographie nicht vertraut ist, erkennt anhand ihrer Wandbilder und -sprüche die Sandy Row unschwer als eine Hochburg der Unionisten. Im Eckhaus zur Donegall Road residiert der *Rangers Supporters Club* (RSC), der Fanclub des protestantischen Fußballvereins Glasgow Rangers.

Ulster Museum: Hier erzählt das Bürgertum seine Geschichte und stellt seinen Kunstsinn und Sammeleifer unter Beweis. Sammlungen von Gemälden und Skulpturen (die Moderne ist unter anderem mit Henry Moore vertreten), von feinen Porzellanwaren und Gläsern. Auch die Naturgeschichte fehlt nicht, selbst das alte Ägypten ist mit drei Fingern von den Memnon-Kolossen und einer Mumie vertreten – eine erschöpfende und unübersichtlich gegliederte Ausstellung, die man besser häppchenweise bei mehreren Besuchen besichtigt. Höhepunkte sind ein Maschinensaal, der die einzelnen Schritte der Leinenherstellung dokumentiert, die Präsentation keltisch-frühchristlichen Schmucks und eine neue Galerie zur Frühgeschichte der Insel.
① Das Museum ist bis 2009 wegen Umbauarbeiten geschlossen. Stranmillis Rd., im Botanischen Garten, zu erreichen mit den Bussen 8 A und B. www.ulstermuseum.org.uk.

Botanic Garden: Der seit 1827 gehegte Garten ist eine erholsame Oase im städtischen Trubel. Wer auch von der irischen Kälte genug hat, flüchtet in das **Palmenhaus,** jenen prächtigen Palast aus Gusseisen und Glas, der bei der Eröffnung (1851) als architektonisches Wunder gefeiert wurde. Unter der zentralen Kuppel streben haushohe Palmen zum Glasdach, Grillen zirpen und auch Spatzen haben sich eingenistet, die hier ihr ganzes Leben als einen fortwährenden Tropenurlaub verbringen. Ein Seitenflügel zeigt Blumen aus dem Süden, der andere die weniger prosaische, doch ungleich wichtigere Seite der tropischen Kolonien des Königreichs: Nutzpflanzen wie Kaffee, Zuckerrohr und Bananenstauden. Das **Tropical Ravine House** kann mit weiteren tropischen Raritäten und sogar einem geheizten Teich mit schönen Wasserlilien aufwarten. Am Ausgang zur Stranmillis Road wird der Besucher wieder an die Kälte erinnert. Lord Kelvin, der den absoluten Nullpunkt entdeckte (−273 °C), stammt aus Belfast und wird hier mit einem Denkmal geehrt.
① Gärten tgl. bis Sonnenuntergang, Palmenhaus Mo–Fr 10–12, 13–17 Uhr, Sa/So 13–17 Uhr (Okt.–März jeweils bis 16 Uhr), Eintritt frei. Busse 7 und 8.

Queen's University: Etwa 8000 Studierende besuchen die angesehenste Universität von Ulster, die mit fast 3000 Beschäftigten – darunter vor ihrer Wahl zur Präsidentin der Republik auch Mary McAleese – zugleich einer der größten öffentlichen

Sehenswertes/Weststadt

Glas und Glanz im Botanischen Garten

Arbeitgeber Nordirlands ist. Da heute beinahe die Hälfte aller protestantischen Studienanfänger Ulster verlässt und sich in einer englischen oder schottischen Universität einschreibt, studieren an der Queen's University vor allem die Kinder der katholischen „working class". Queen Viktoria legte 1845 den Grundstein für das nach den Plänen von Charles Lanyon gebaute College-Gebäude. Der Stararchitekt des viktorianischen Belfast entwarf auch die Theologische Hochschule (hinter der University), das Custom House und viele andere öffentliche Gebäude seiner Zeit. Den University Square, auf der Nordseite des Campus, säumt ein schönes Ensemble ziegelroter Reihenhäuser.

Führungen durch die Universität Juni–Aug. Sa 12 Uhr ab Visitors Centre, Lanyon Building. Tickets für 5 £ auch im Touristoffice.

Weststadt

Die eher tristen, doch von Graffiti und politischen Wandbildern aufgelockerten Arbeiterviertel im Westen Belfasts sind die Hochburgen der Unionisten und Republikaner. Die Stadtrundfahrt „Belfast: A Living History Tour" führt zu den Hotspots der „Troubles".

Längst ist das Ächzen der Flachsmühlen und das Klappern der Leinenwebereien verstummt. Geblieben sind die endlosen Reihen grauer und roter Arbeiterhäuser, an den einzig die Wandmalereien und Graffiti der politischen Gruppen Farbtupfer setzen – eine ebenso lebendige wie vergängliche Kunst: Verblassende Bilder werden übermalt, andere verschwinden eines Tages mit dem Abriss der Mauern, auf die sie gesprüht waren. Eine andere Mauer wurde an einzelnen Stellen vorsichtig geöffnet, bleibt aber, zumal in den Köpfen, weiter bestehen: Die **Peace Line** trennt das protestantische Viertel entlang der Shankill Road vom katholischen Sektor an der Falls Road. In den „gemischt" bewohnten Straßenzügen, die es damals hier noch gab, begannen 1969 die gewaltsamen Auseinandersetzungen zwischen den Gemeinschaften. Eine weitere Grenzlinie gibt sich unauffälliger. Der *Westlink*

Motorway, der als Stadtautobahn die Weststadt vom Zentrum trennt, bündelt den Verkehr zwischen den Arbeitervorstädten und der Innenstadt in wenige Brücken und Unterführungen, die von der Armee leicht kontrolliert und abgeriegelt werden können. Doch ungeachtet ihres tristen Umfelds und oft harten Lebens sind die Menschen Ausländern gegenüber aufgeschlossen und gastfreundlich. Eine Geiselnahme zum Nachmittagstee ist nicht ausgeschlossen.

Die Murals – politische Kunst

Die Malereien *(murals)* an den kahlen Häuserfronten der Falls sind ein fester Bestandteil republikanischer Kultur und Propaganda. Die ersten Bilder entstanden 1981 zur Unterstützung des großen Hungerstreiks der IRA-Häftlinge; heute thematisieren sie die Wahlen, den Widerstand, den Friedensprozess und sonstige aktuelle Themen der politischen Tagesordnung, aber auch historische Ereignisse wie etwa die große Hungersnot im 19 Jh. oder gar religiöse Themen, so die Maria mit dem Kind am Beginn der Lower Falls Road. In einem Wettbewerb werden alljährlich die besten Bilder bzw. Künstler prämiert. Als Altmeister der Murals gilt Gerry Kelly, von dem Sie etwa in der Ballymurphy Road das 5 x 13 Meter große Werk „Freiheit" *(saoirse)* bestaunen können. Die Tradition der loyalistischen Murals soll bis zur vorletzten Jahrhundertwende zurückreichen. Zum traditionellen Repertoire gehören Wilhelm von Oranien (auf einem Schimmel in der Schlacht am Boyne), die Fahne und die „Rote Hand von Ulster". Diese war ursprünglich das Symbol des O'Neill-Clans und wurde später zum Wahrzeichen Ulsters. Die schönsten Murals der Loyalisten findet man in der Lower Newtownards Road.

Falls Road: Den Beginn der Falls Road markieren gleich nach Überqueren der Autobahn die **Divis Flats**, eine nach dem höchsten Hügel um Belfast benannte Hochhaus-Siedlung. Als diese Wohntürme in den 60er Jahren gebaut wurden, galten sie als großer Fortschritt gegenüber den alten Arbeiterhäusern, die weder Bad noch Innentoilette hatten. Doch kaum bezogen, entwickelten sich die Türme zu sozialen und politischen Brennpunkten und zu einem Kampfplatz zwischen Armee

Cave Hill 713

und Bewohnern. Die meisten Häuser wurden verlassen und schließlich wieder abgerissen. Nur der höchste Turm blieb. Hier hatte die Armee in den oberen Stockwerken den „Planet of the Apes" eingerichtet, wie die Republikaner den Stützpunkt nannten, der die Gegend mit Horchantennen und Videokameras observierte. Versorgt wurde die Festung per Helikopter.

Es folgen rechter Hand das **Falls Leisure Centre**, ein architekturpreisgekröntes Sport- und Freizeitzentrum, das mit viel Glas und Transparenz beeindruckt. Im Vorgängerbau tötete 1988 eine IRA-Bombe zwei Zivilisten. Die **Conway Mill** (www.conwaymill.org), eine von den Bewohnern in Selbsthilfe zum Bürgerhaus umfunktionierte Leinenfabrik mit Ateliers, Galerien, Künstlerläden und einer Ausstellung zur Geschichte der Mühle. Auch das neue und noch eher bescheidene **Irish Republican History Museum** (Di–Sa 10–14 Uhr) ist in der Conway Mill zuhause.

Das viel fotografierte **Bobby-Sands-Mural** markiert das Hauptquartier von Sinn Féin mit dem parteieigenen Green Cross Art Shop. Auf der linken Straßenseite wurden die alten Slums der **Lower Falls** planiert und durch neue Sozialwohnungen ersetzt. Das **Royal Victoria Hospital** hat sich während der Troubles zu einer bis heute weltweit geachteten Kapazität in der Behandlung von Kriegsverletzungen entwickelt. Eine säkularisierte Kirche beherbergt das **Cultúrlan MacAdam O'Fiaich** (www.culturlann.com), ein gälisches Kulturzentrum mit Buchhandlung, Galerie, Theater und Café, wo man mittags gut essen kann. In der Touristinformation des Zentrums bekommt man eine kostenlosen Stadtplan von West-Belfast, auf dem auch berühmte Murals (siehe Kasten) und die Peace Lines verzeichnet sind. In **Ballymurphy,** dem folgenden Viertel zur Rechten, sind vor allem die Wandmalereien sehenswert. Am Ende der Falls Road findet man den **Milltown Cemetery,** auf dem auch Bobby Sands und andere republikanische Märtyrer bestattet sind.

www.visitwestbelfast.com. Anfahrt mit dem Sammeltaxi ab Castle St. oder mit den Bussen 10 A–D. Politische Führungen durch das republikanische Belfast bieten frühere IRA-Kämpfer an unter www.coiste.ie.

Shankill Road: Statt *freedom* fordern die Murals hier *no surrender*, statt der IRA wird der loyalistische Widerstand gefeiert: *One faith, one crown – united we stand.* Abgesehen von den Wandmalereien ist eine Fahrt entlang der Shankill oder Crumlin Road jedoch weniger spektakulär als jene durch die Falls. Anders als die Katholiken wandert die protestantische Mittelklasse aus den alten Vierteln mit ihren wenig komfortablen Häusern in die neuen Vorstädte ab. Wer bleibt, ist arm oder alt. *Frizzells Fishshop* an der Shankill Road ging als Ziel eines der letzten Bombenattentate (Oktober 1993) in die Geschichte der „Troubles" ein. Das **Fernhill House People's Museum** zeigt die Entwicklung des Shankill-Viertels aus protestantischer Sicht.

① Fernhill House People's Museum, Mo–Sa 10–16 Uhr, So 13–16 Uhr; Eintritt 2 £. www.fernhillhouse.co.uk. Glencairn Rd. Anfahrt mit dem Sammeltaxi ab North St. oder mit den Bussen 11 B–C.

Belfast/Umgebung

Cave Hill

Bequemerweise finden sich am Hang des Cave Hill die beiden größten Attraktionen im Norden der Stadt, Belfast Castle und der Zoo, gleich nebeneinander.

MacArts Fort: Der Hügel im Norden Belfasts bescherte jenen, die ihn in grauer Vorzeit von MacArts Fort auf dem Gipfel beherrschten, ein sicheres Einkommen. Unter der Basaltdecke fanden sie den scharfkantigen Feuerstein, der in ganz Irland

714 Nordirland/Umgebung von Belfast

Cat Garden des Belfast Castle

für Werkzeuge und Waffen geschätzt wurde. Spätere Generationen schürften in künstlichen Höhlen nach Eisenerz. 1795 trafen sich hier oben Wolfe Tone und seine Verschwörer zum irischen Rütlischwur, „... nicht nachzulassen in unseren Anstrengungen, bis wir die Autorität Englands über unser Land abgeworfen und unsere Unabhängigkeit erreicht haben."

Belfast Castle: Im 19. Jh. umzäunte der Marquis von Donegall die meerseitigen Hänge mit einer Steinmauer, richtete einen Wildpark mit Hirschen und Rehen ein und fügte 1870 noch ein Schloss hinzu. Mit dem Design von Belfast Castle betraute seine Lordschaft Charles Lanyon, der uns auch schon unten in der Stadt auf Schritt und Tritt als Schöpfer repräsentativer Gebäude begegnet ist. Kein Aufwand wurde gescheut, um mit dem einer schottischen Burg nachempfundenen Schloss die Herrensitze konkurrierender Adliger zu übertrumpfen – als der Marquis 1883 verstarb, war die Familienkasse geleert und die Erben mussten Schloss samt italienischem Garten und Park verkaufen. Der Palast gehört heute der Stadt und beherbergt ein nobles Restaurant, das gerne für Empfänge und Hochzeiten genutzt wird. Ein kleines **Heritage Centre** im Obergeschoss kann nach formloser Anmeldung an der Rezeption besichtigt werden. Hier bekommt man auch ein Faltblatt, auf dem die Wanderwege am Cave Hill eingezeichnet sind. Im **Cat Garden** neben dem Haus erinnern Statuen und sogar Pflastermosaiken von Katzen an die Legende, dass es um Schloss und Bewohner solange gut bestellt sei, wie auch eine weiße Katze darin lebe.

  ⓘ Heritage Centre im Belfast Castle, Mo–Sa 9–22 Uhr, So 9–17.30 Uhr, Eintritt frei. www.belfastcastle.co.uk. Bus 1.

Belfast Zoo: Der Zoo wurde 1934 im Erholungspark der Belfaster Straßenbahngesellschaft eingerichtet. Nach einem umfangreichen Investitionsprogramm und 15-jährigen Bauarbeiten ist der Tierpark mit seinen großzügigen Freigehegen heute kein Tiergefängnis mehr, sondern ein wirklicher Park, bei dessen Besuch auch Tierfreunde kein schlechtes Gewissen haben müssen.

  ⓘ April–Sept. tägl. 10–19 Uhr, Einlass bis 17 Uhr; Okt.–März tägl. 10–16 Uhr, Einlass bis 14.30 Uhr. Eintritt 8 £, im Winter ermäßigt. www.belfastzoo.co.uk. Anfahrt mit Bus 1.

Lisburn **715**

Pattersons Spade Mill

Im Talgrund neben der Landstraße von Templepatrick nach Belfast führt der National Trust die letzte Schmiede Irlands, in der noch ausschließlich Spaten in Handarbeit und mit einfachen wasserkraftgetriebenen Maschinen hergestellt werden. Obwohl Museum, produziert die Werkstatt noch immer Spaten. Wer schon genug Pullover, Kleeblätter und Guinness-Devotionalien gesammelt hat, findet hier ein wirklich ungewöhnliches Souvenir.

⏱ Juli–Aug. Di–So 14–18 Uhr, April–Juni, Sept. Sa/So 14–18 Uhr, Einlass bis 1 Std. vor Schließung, Eintritt 4,50 £. Anfahrt von Belfast mit den Bussen 110 und 120 ab Oxford St. www.ntni.org.uk.

Lagan Valley Regional Park

Vorausschauende Landschaftsplanung erhielt den Belfastern das Flusstal im Süden der Stadt als Erholungsgebiet.

Inzwischen ist das Laganufer wieder von Belfasts Innenstadt flussauf bis nach Lisburn begehbar – mit dem Rad braucht man für die von zwei Dutzend auffälligen Kunstwerken gesäumte Strecke etwa eine Stunde. Auf diesem **Lagan Towpath** schleppten früher Pferde die Kähne flussaufwärts. Der Lagan wurde Ende des 18. Jh. schiffbar gemacht, um die Kohle aus den Gruben am Lough Neagh an die Küste zu bringen. 1958 wurde die Wasserstraße aufgegeben. Hier und da kürzte ein Kanal die Flussschleifen ab, sodass der asphaltierte Uferweg etwa in den Marschen der **Lagan Meadows** nicht dem Fluss, sondern dem verfallenen Kanalbett folgt.

Barnett Demesne: An Anglern, alten Schleusen und pittoresken Brücken vorbei führt der auch mit dem Rad befahrbare Weg zur Barnett Demesne, einem 1830 angelegten Landgut mit seltenen Bäumen und ausgedehnten Narzissenpflanzungen, die im Frühjahr wunderschön blühen. Nicht die alte Aristokratie, sondern die zu neuem Reichtum gekommenen Leinenfabrikanten ließen sich hier am Fluss ihre Landsitze bauen. Weiter flussauf ist der **Sir Thomas and Lady Dixon Park** für seinen Rosengarten bekannt. Ein 4 km langer Rundweg führt durch das abwechslungsreiche Parkgelände.

⏱ tägl. 7.30 bis Sonnenuntergang, Eintritt frei. Anfahrt ist über die Upper Malone Road mit Metrobus 8 A–C oder Ulsterbus 21 ab Europa-Busstation.

Giant's Ring: Ein Abstecher über *Shaw's Bridge* führt zum Giant's Ring. Hier umschließt ein kreisrunder Erdwall eine etwa drei Fußballfelder große Fläche. Im Zentrum des Kreises ruht ein Dolmen ungewissen Alters. Im 18. Jh. veranstaltete man Pferderennen um den Ring – sechs Runden machten zwei Meilen.

Rückfahrt Dreimal am Tag passiert Ulsterbus 22 den Ring.

Lisburn

Am Marktplatz der sonst wenig bemerkenswerten Industriestadt südwestlich von Belfast steht mit dem preisgekrönten „Irish Linen Centre" eines der interessantesten Museen der Insel.

Schon das Gebäude macht neugierig: Die historische Markthalle (17. Jh.) wurde um einen modernen Flügel erweitert, der sich an die Fluchten und Fassadengestaltung des Altbaus anpasst, ohne dabei zum historisierenden Abklatsch missraten zu sein. Alt und Neu fügen sich zu einem harmonischen Ensemble.

Der Rundgang beginnt mit einer Ausstellung zu den Hungerjahren (1845–49) im Lagan Valley. Detailliert werden die Zustände des Arbeitshauses bis hin zum Speiseplan geschildert (3x tägl. Haferbrei mit Buttermilch, zur Abwechslung Reisbrei mit Frischmilch oder Brown Bread). Im Obergeschoss wird man mit der Geschichte

Nordirland
Karte S. 652/653

716 Nordirland/Umgebung von Belfast

von Leinen und Flachs bekannt gemacht, der schon in der Jungsteinzeit angebaut und etwa zu Fischernetzen verarbeitet wurde. Man erfährt etwas über die traditionellen Techniken Rötten, Schwingen, Hecheln und Kämmen, mit denen aus den unscheinbaren Pflanzenstängeln schließlich spinnfähige Fasern werden, und darf sich unter Anleitung selbst am Spinnrad oder an einfachen Webstühlen versuchen. In der Handweberei zeigen Vorrichter, Musterstecher und schließlich ein Weber am vermutlich letzten betriebsfähigen Jacquard-Webstuhl Irlands ihr Können und produzieren in Handarbeit gemusterte Damastdecken. Schließlich geht's abwärts in den Factory Floor mit einer nachgestellten Fabrikhalle voller Maschinenungetüme. Eine Multimediashow stellt den Arbeitsalltag samt Klatsch und Tratsch der Spinnerinnen vor.

⏱ Mo–Sa 9.30–17 Uhr, Einlass bis 16.15 Uhr. Eintritt frei. www.visitlisburn.com.

Vom Bettlaken zur Designerklamotte – irisches Leinen

Mancher hat sie noch von der Großmutter geerbt, jene unverwüstlichen Damast-Tischdecken und Bettlaken mit Weiß in Weiß eingewebten Ornamenten, die sich so wunderbar kühl anfühlen und leider gern knittern. Von deutschen Feldern ist der anspruchslose Rohstoff nahezu verschwunden, doch in Belgien und Frankreich wird die Faserpflanze mit dem dünnen Stängel hier und da noch angebaut. Die Verarbeitung war mühsam: Die geernteten Halme mussten gewässert, getrocknet und dann in besonderen Mühlen gebrochen und geschlagen werden, eine staubige und die Lunge belastende Arbeit. Erst dann konnten die Fasern, ähnlich wie Wolle, ausgekämmt und versponnen werden.

Schon im Mittelalter wurde irisches Leinengarn in England geschätzt, doch das goldene Zeitalter der Leinenindustrie begann erst 1698, als Louis Crommelin, ein aus Frankreich geflohener Hugenotte, in Lisburn die erste Manufaktur eröffnete. Crommelin teilte den Bauern der Umgebung Garne zu, sammelte die daraus in Heimarbeit gefertigten Gewebe zu Spottpreisen wieder ein und exportierte sie mit hohem Gewinn. Mit Verzögerung kamen auch der Flachsanbau und die Spinnerei wieder in Schwung. Da die Flachsfasern technisch schwieriger zu verarbeiten sind als Wolle oder Seide, setzte sich die industrielle Fertigung von Leinen erst relativ spät durch: 1801 erfand der Franzose Girard eine geeignete Spinnmaschine, erst ab 1850 hielt die Maschinenweberei Einzug. Damals war „irisches Leinen" aus Belfast und dem Linen Country am Lagan bereits ein weltbekanntes Qualitätsprodukt.

Heute ist die irische Textilindustrie nur noch ein Schatten ihrer selbst. Eine Handvoll Webereien und Veredelungsbetriebe halten Marktnischen im High-Quality-Bereich und produzieren auf Bestellung exklusive Mischgewebe oder Leinenstoffe in kleinen Mengen für die Designermode.

Hilden Brewery: Die 1981 gegründete Kleinbrauerei produziert in der früheren Residenz der Leinenfabrikanten Barbour am Weg nach Belfast. Angeschlossen sind ein Besucherzentrum mit Biermuseum, Bar und Restaurant. Passionierten Biertrinkern sei das *Great Northern Porter* empfohlen. Das preisgekrönte Stout fermentiert auf gute alte Art im Fass und nicht im Kessel, stellt damit aber an die Kneipiers hohe Anforderungen: Es kann nur gepumpt und nicht mit Kohlensäure gezapft werden, muss vor dem Anstich ruhen und nach dem Anstich schnell konsumiert werden – nur wenige Wirte nehmen diese Herausforderung an.

⏱ Di–Sa 10.30–16 Uhr, Führungen (4,50 £ mit Verkostung) Di–Sa 11.30, 14.30 Uhr; an der Ortsausfahrt Richtung Belfast auf der rechten Seite.

Bangor Castle, Irlands schönstes Rathaus

County Down

Highlights

- **Ulster Folk and Transport Museum** – vom Bauernhaus bis zum Sportwagen: Das beste Freilichtmuseum Nordirlands zeigt Kultur- und Technikgeschichte (S. 718)
- **Mount Stewart** – ein edles Herrenhaus mit traumhaften Gärten (S. 726)
- **Portaferry** – tagsüber im Aquarium mit Seehunden und Haien auf Du und Du, abends den Sonnenuntergang am Strangford Lough genießen (S. 728)
- **Castle Ward Opera** – im Park von Castle Ward erfreut sich die feine Gesellschaft an ihresgleichen und populären Opern (S. 734)
- **Mourne Mountains** – Nordirlands höchsten Berg erklimmen (S. 745) oder die Naturparks zu seinen Füßen erkunden (S. 743)

County Down

Mit spektakulärer Landschaft, wie sie unsere Vorstellung von Irland prägt, ist das County im Süden von Belfast nur an wenigen Stellen gesegnet. Dafür kann Down auf engem Raum mit einer Fülle verschiedenster Sehenswürdigkeiten aufwarten, die zumindest im Norden der Insel ihresgleichen sucht.

Auch Ulster hat mit der *Halbinsel Ards* seine Sonnenküste. Es regnet ein bisschen weniger als andernorts und der Wind läuft nur selten zum Sturm auf. Am Wochenende strömen die Belfaster ans Meer und suchen Erholung von ihrer Stadt, und viele Pendler und Rentner haben sich auf Dauer in den Seaside Resorts niedergelassen. *Strangford Lough,* der trotz seiner Verbindung mit dem Meer eher einem großen Binnensee gleicht, ist Treffpunkt vielfältiger Vogelscharen, die sich etwa auf der Vogelwarte *Castle Espie* beobachten lassen. Einen Blick auf den Meeresgrund erlaubt das *Exploris Aquarium* in Portaferry. Highlight des Countys sind aber nicht seine Küsten, sondern ein Gebirge. „Where the Mountains of Mourne sweep down to the sea", so feiert eine Verszeile von Pery French den Südosten von Down. Der die Landschaft beherrschende *Slieve Donard* ist trotz seiner für Nordirland stolzen 852 Höhenmeter an einem Nachmittag zu erklettern. Last not least kommen historisch interessierte Besucher auf ihre Kosten. *Mount Steward* und andere Schlösser erlauben einen Blick in die Wohnzimmer der Aristokratie, und entlang dem *Newry Kanal* und in den *Linen Homelands* im Westen des Countys lassen sich industriegeschichtliche Denkmäler aufstöbern.

Von Belfast nach Bangor

Von Holywood bis hinter Bangor erlaubt der „North Down Coastal Path" schöne Küstenwanderungen. Wer genug hat, kommt über die vielen Haltestellen der ufernahen Vorortbahn bequem wieder in die Stadt zurück.

Redburn Country Park: Der Landschaftspark im Hinterland von Holywood gehörte bis in die 40er Jahre den Dunvilles, die mit der gleichnamigen Whiskeybrennerei zu sagenhaftem Reichtum gekommen waren. Bruno Dunville leistete sich hier nach dem 1. Weltkrieg einen Privatzoo, während sich Violet Dunville einen Reitstall mit 60 Pferden hielt. Heute ist das Schloss ein Altersheim und der Park ein beliebtes Naherholungsgebiet der Belfaster: viel Wald, eine kleine Schlucht mit einem munter über die Kaskaden plätscherndem Wasserfall und von den Freiflächen eine schöne Aussicht auf Belfast Lough.

Ulster Folk and Transport Museum

Neben dem Folk Park von Omagh ist das weitläufige Gelände des „Cultra Estate" das interessanteste und abwechslungsreichste Museum Nordirlands.

Über dreißig historische Gebäude wurden aus verschiedenen Teilen der sechs Provinzen vor dem Abriss gerettet und hierher versetzt – Kirchen, Schulen, Bauern- und Arbeiterhäuser sind eingerichtet wie anno dazumal, und jedes Jahr kommen noch einige hinzu. Der beißende Geruch der Torffeuer zieht über das Gelände. Zum Inventar der Gehöfte gehören selbstverständlich auch lebende Tiere, in den Werkstätten arbeiten, zumindest während der Hochsaison, Statisten wie einst die Handwerker.

Ulster Folk and Transport Museum

Aristokratisches Stillleben im Folk Village

Folk Village: Die **Kilmore Church** hat zwar keinen Pfarrer (auch einen Statisten wagte man hier nicht einzusetzen), doch immerhin einen originalen Friedhof. In der **Spade Mill** erfährt der erstaunte Laie, der bislang mit Mühe einen Spaten von einer Schaufel unterscheiden konnte, dass es vielerlei Arten von Spaten gab, mit denen, in Ermangelung eines Pfluges, die Armen sogar den Ackerboden umstachen. Im Flur der **Ballydown National School** findet man ein in den Boden eingelassenes Becken, in dem die Schüler vor Betreten des Klassenzimmers ihre Füße waschen mussten – offenbar gingen die Kinder sommers wie winters barfuß zur Schule. Der Bauer von **Whitecross** kam mit einer Flachsmühle zu bescheidenem Wohlstand und konnte sich so einen seinerzeit komfortablen Anbau leisten. In den Räumen der *Folk Galleries* schließlich wird eine Sammlung landwirtschaftlicher Geräte vom Pflug bis zum Flachsbrecher gezeigt.

Transport Galleries: Die **Fahrzeugshow** auf der anderen Straßenseite zielt auf Kinder und technikbegeisterte Väter. Star der Automobile ist ein in Belfast gefertigter De Lorean-Sportwagen mit Edelstahlkarosserie (ohne Gewichtsangabe); ein „Cortina" vermittelt zum Sound von Engelbert Humperdinck das Lebensgefühl der 60er. In der **Eisenbahnabteilung** begegnen wir Kuriositäten wie einer dampfgetriebenen Straßenbahn, absonderlichen Zwittern namens „Railbus", die wirklich aussehen wie ein auf Schienen gesetzter Straßenbus. Darf es noch etwas Landschaft sein? Ein **Wanderweg** mit schöner Aussicht führt vom Bahnhof Cultra zunächst die Circular Road ans Meer hinunter und hier auf dem Uferweg zum Grey Point und zur Helen's Bay.

① März–Juni Mo–Fr 10–17, Sa 10–18, So 11–18 Uhr; Juli–Sept. Mo–Sa 10–18, So 11–18 Uhr; Okt.–Feb. Mo–Fr 10–16, Sa 10–17, So 11–17 Uhr. Eintritt Folk Village und Transport Galleries je 5,50 £, zusammen 7 £. www.uftm.org.uk. Anfahrt mit Ulsterbus 2 oder dem Vorortzug nach Bangor (an der Cultra Station aussteigen).

720   Nordirland/County Down

Grey Point Fort bewachte als Hauptquartier der Küstenwache einst zusammen mit Fort Kilroot auf der Antrim-Seite den Eingang des Belfast Lough. Allerdings wurden die großkalibrigen Geschütze weder im Ersten noch im Zweiten Weltkrieg auf eine ernsthafte Probe gestellt und 1957 schließlich verschrottet – die Kanone, die heute als Museumsstück vorgeführt wird, musste extra aus Cork herangeschafft werden. Soweit das Schussfeld nicht mit Bäumen zugewachsen ist, erlauben Ferngläser einen Blick über die Bucht. Die aufgegebene Artilleriestellung ist heute zugleich ein Picknickplatz.

⊙ Ostern–Sept. Mi–Mo 14–17 Uhr, Winter nur So 14–17 Uhr, Eintritt frei. Das Fort (mit WC) versteckt sich in einem Wäldchen und ist vom Küstenpfad noch vor Helen's Bay ausgeschildert.

Küstenpfad und „Footpath Officer"

Der von der offenen Landschaft Mitteleuropas verwöhnte Wanderer sieht sich in Irland gemeinhin schlecht behandelt. Unzählige Schilder warnen ihn vor den strafrechtlichen Folgen des „illegal trespassing". An anderen Stellen, wo sich inmitten eines eingehegten Ackers oder einer Wiese etwa ein Steinkreis oder ein Naturdenkmal befindet, lassen sich die Grundeigentümer den Zugang mit einem Obolus vergüten. County Down jedoch macht hier eine erfreuliche Ausnahme. Nirgendwo sonst im Land finden sich so viele und noch dazu gut beschilderte Fußwege. Einheimische wie Gäste verdanken dies der Arbeit von Tara Haughian. Mit ihr leistete sich das County den unseres Wissens einzigen „Footpath Officer" in Ulster, dessen Aufgabe es war, alte, im automobilen Zeitalter nahezu vergessene Wege und Pfade aufzuspüren, diese zuvor nur mündlich überlieferten, gewohnheitsmäßigen Wegerechte zu dokumentieren und am Ende einer komplizierten juristischen Prozedur zum „öffentlichen Weg" zu erklären. So entstand auch der *North Down Coastal Path,* der als Tageswanderung (24 km) von Holywood über Bangor bis nach Donaghadee die Küste entlang führt. Als abwechslungsreichste Etappe sei das Teilstück (10 km) von Cultra (Ulster Folk Museum) nach Bangor empfohlen.

Helen's Bay: Der schönste Strand am Belfast Lough verdankt seinen Namen Helen Sheridan, der Mutter des Marquis von Dufferin. Im Clandeboyne Estate, wenige Kilometer landeinwärts, ist der Dame auch ein Turm gewidmet, der wiederum den viktorianischen Modepoeten Alfred Tennyson (1809–1892) zu einem melancholischen Gedicht inspirierte. Doch genug des bildungsbürgerlichen Namedroppings. Die von Zypressen- und Zedernwäldchen gerahmt Sandbucht wird im Sommer gleichermaßen von Badegästen wie von Spaziergängern frequentiert, das Hinterland gilt als eine der vornehmsten Wohngegenden im Umland von Belfast.

Crawfordsburn Country Park: Das frühere Anwesen der Sharman-Crawford-Dynastie ist einer der schönsten Landschaftsgärten in der Umgebung Belfasts. Nicht der farbenprächtige Rhododendron, die exotischen Koniferen, der Mammutbaum oder der Wasserfall machen den Reiz des Parks aus – es ist das Farbenspiel der Wildblumenwiesen, das einen Frühsommerspaziergang durch den Garten unvergessen macht. Das frühere Schloss ist heute ein Pflegeheim. Die Familiengeschichte der Crawfords hat für beide Fraktionen des Irlandkonflikts respektable Persönlichkeiten aufzuweisen. Der Abgeordnete William Sharman-Crawford machte sich um

1800 als Fürsprecher verarmter Pächter einen Namen, während sein Enkel am Vorabend des Ersten Weltkriegs Pläne für die Teilung Irlands schmiedete.
① April–Sept. 9–20 Uhr, Winter 9–17 Uhr, Eintritt frei. www.ehsni.gov.uk. Das Visitor Centre (mit Café, tägl. 10–17 Uhr) veranstaltet gelegentlich botanische Führungen. Anfahrt mit Bus Nr. 2 oder mit der Vorortbahn.

Bangor

Gleichermaßen Ausflugsort wie Schlafstadt im Einzugsbereich von Belfast, schmiegt sich Bangor um seine mit einem neuen Yachthafen aufgewertete Hafenbucht.

Vor gut hundert Jahren wurde eigens eine Bahnlinie gebaut, damit die Belfaster High Society den 21 km entfernten Badeort bequem erreichen konnte. Vom Charme der Belle Epoque ist außer den Terrassenhäusern um den Hafen und einer schönen Zeile am Oststrand jedoch wenig geblieben – Automatenhallen, Spielgeräte, Kirmesmaschinen, billige Imbissbuden und die üblichen Kettenläden säumen die Hauptstraße, Plastikschwäne schwimmen auf einem künstlichen Tümpel. Der Yachthafen mit Promenade hat das Städtchen wieder etwas aufwertet. Beide ersetzen den mit dem Niedergang des Frachtverkehrs überflüssig gewordenen Handelshafen, in dem bis in die 80er Jahre Kohle und Stückgut angelandet wurden.

Bangor geht auf ein Kloster des heiligen Comgall zurück und spielte eine wichtige Rolle bei der Missionierung der grünen Insel. Auch Columban (der Jüngere), der um die Wende zum 7. Jh. unter den Alemannen und in Oberitalien missionierte, lebte zeitweise in Bangor. So nahe an der Küste war die Abtei, von der nur noch eine Mauer steht, ein bevorzugtes Ziel der Wikinger und wurde nach etlichen Überfällen im 10. Jh. schließlich aufgegeben. Aus dem Kloster stammt die älteste irische Handschrift. Dieses „Antiphonar von Bangor", ein im 7. Jh. geschriebenes

Die Strandpromenade in Bangor

722 Nordirland/County Down

Buch mit liturgischen Gesängen und Stundengebeten, wird heute in der Mailänder Bibliotheca Ambrosiana aufbewahrt.

• *Information* Quay St., im Tower House, ☏ 028 9127 0069, Sept.–Mai Mo–Fr 9–17 Uhr, Sa 10–16 Uhr; Juni Mo–Fr 9–17 Uhr, Sa 10–17; Juli/Aug. Mo–Fr 9–18 Uhr, Sa 10–17 Uhr, So 13–17 Uhr. www.northdown.gov.uk.

• *Verbindung* Busstation und Bahnhof liegen gleich nebeneinander am oberen Ende der Main St. Nach Belfast mit **Bahn** oder **Bus** alle 20 Min., etwa stündlich nach Newtownards und auf die Ards-Halbinsel. Auskunft ☏ 028 9127 1143.

• *Übernachten* In Ausstattung und Preisen mehr oder minder gleichwertige B&Bs säumen die Queen's Parade (mit Sicht auf den Yachthafen), Seacliff Rd. (am Ufer) und Princetown Rd. (nahe dem Bahnhof). Empfohlen seien:

B&B Hebron House, 59 Queen's Parade, ☏ 028 9146 3126, www.hebron-house.com, DZ 75 £. Ein luxuriöses B&B mit hübschem Vorgarten und Hafenblick. Den Gast erwarten Blumen und Pralinen, Bademantel, DVD-Player, drahtloser Internetanschluss und in manchen Bädern sogar ein Whirlpool.

Beresford House, 45 Queen's Parade ☏ 028 9147 2143, www.beresfordhouse.co.uk, DZ 75 £. Die moderne Inneneinrichtung des vik-

torianischen Reihenhauses schafft reizvolle Kontraste zwischen Alt und Neu.

• *Essen* **Jeffers by the Marina,** 7 Grey's Hill, ☏ 028 9185 9555, http://Jeffersbythemari na.com, Mo 10–16.30 Uhr, Di–Sa 10–22 Uhr, So 11–20 Uhr. Caféatmosphäre mit Hafenblick und Essen vom Frühstück über den Tea-Time-Kuchen bis zu rustikalen Hauptgerichten (abends 15–20 £), wobei das Angebot der regional- und bio-orientierten Küche mit den Jahreszeiten wechselt.

Avant Garde („Ava"), 132 Main St., ☏ 028 9146 5490, www.theava.co.uk, Mo–Sa mittags und abends, So durchgehend 12–20 Uhr. Moderne irische Küche in schicker Einrichtung, gleich gegenüber der Busstation, Hauptgerichte mittags bis 10 £, abends 10–15 £.

Café Brazilia, Bridge St., am Hafen, Mo–Sa bis 17 Uhr, Mi–Sa auch 18.30–21 Uhr. Farbenfroh wie ein Kindergarten und mit Vorliebe für runde Formen. Der Coffeeshop bietet tagsüber einfache Tellergerichte, Sandwichs, Snacks und Kuchen, dazu Kaffee in so vielen Variationen, dass selbst Wiener zufrieden sein dürften.

Sehenswertes

North Down Heritage Centre: Als die letzte Hausherrin 1941 starb, wussten die in London ansässigen Erben mit dem 1852 gebauten **Bangor Castle** nichts mehr anzufangen und verkauften es an die Gemeinde, die hier ihr Rathaus einrichtete – Bürgermeister und Stadtverwaltung residieren seither in fürstlichen Räumlichkeiten, um die sie manche größere Stadt beneiden dürfte. In den früheren Wirtschaftsgebäuden wurden ein Tearoom und das Heimatmuseum untergebracht. Die Ausstellung konzentriert sich auf die Geschichte des Klosters (zu sehen ist etwa eine Kopie des Antiphonars), die Zeit der Plantations und den Aufstieg Bangors zum Badeort. Die dem Museum gestiftete **Jordan Collection** fernöstlichen Kunsthandwerks sprengt den Rahmen eines Heimatmuseums und hat außer dem Umstand, dass der Sammler und britische Diplomat John Jordan aus Bangor stammte, keinen Bezug zu den einzelnen Exponaten.

⏱ Di–Sa 10.30–16.30 (Juli/Aug. bis 17.30), So 14–16.30 Uhr; Eintritt frei. www.northdown.gov.uk.

Bangor/Umgebung

▶ **Groomsport:** Fast noch ein Vorort im Nordosten von Bangor, bemüht sich Groomsport mit einer restaurierten Fischerkate um die Aufmerksamkeit der Besucher. Cockle Row wurde so eingerichtet, wie es etwa 1910 ausgesehen haben mag, dazu vermitteln alte Fotos ein Bild von Groomsport anno dazumal. Nebenan ist ein Souvenirladen.

⏱ Cockle Row, Juni–Aug. tägl. 11.30–17.30 Uhr; Eintritt frei. www.northdown.gov.uk.

Westufer des Strangford Lough **723**

▶ **Somme Heritage Centre:** Die High-Tech-Show schildert mit Kurzfilmen, sprechenden Puppen und Modellen die Schlacht an der Somme (1916), bei der neben Franzosen und Engländern auch irische Truppen gegen die Deutschen kämpften. Neben der weitgehend protestantischen Ulster Division, die mehrere tausend Mann verlor, kam auch die aus Nationalisten formierte Irish Division zum Einsatz. Nationalisten wie Loyalisten sind sich heute immerhin darin einig, dass die Iren damals, egal welcher Konfession, von der englischen Heerführung als Kanonenfutter missbraucht wurden. Höhepunkt der Ausstellung ist ein Gang durch einen Schützengraben mit Pappkameraden und Artilleriegedonner.

⏰ Juli/Aug. Mo–Fr 10–17 Uhr, Sa/So 12–17 Uhr; April–Juni, Sept. Mo–Do 10–16 Uhr, Sa 12–16 Uhr; Okt.–März Mo–Do 10–16 Uhr, Eintritt 3,75 £. Das Centre liegt an der A 21 nach Newtownards. www.irishsoldier.org.

▶ **Ark Open Farm:** Auf der anderen Autobahnseite stellt ein Farmer seine Schafe und Ziegen, Rinder ungewöhnlicher Rassen, einen Trupp Esel und das Federvieh aus. Nicht ganz nach Irland passen will die kleine Herde südamerikanischer Lamas.

⏰ Mo–Sa 10–18 Uhr, So 14–18 Uhr (Nov.–März jeweils bis 17 Uhr). Eintritt Erw. 4.20 £, Kids 3,10 £, Familie 15 £ . www.thearkopenfarm.co.uk.

Westufer des Strangford Lough

Nach alten Legenden entstand Stranford Lough, durch einen nur wenige hundert Meter breiten Durchlass am Südostende mit dem Meer verbunden, vor etwa 1500 v. Chr. durch eine gewaltige Sturmflut.

Heute ist der See ein beliebtes Segelrevier, viele Belfaster haben hier ihre Jollen und Yachten. Das teils flache, teils von Drumlins gegliederte Westufer formt im Wechsel der Gezeiten eine Wattlandschaft mit kleinen Inselchen, auf denen früher fromme Mönche siedelten und heute Wasservögel Schutz suchen.

Scrabo Hill Country Park: Der erloschene Vulkan mit seinem markanten Turm ist von der Autobahn (A 20) nicht zu übersehen, aber nur über eine sehr verwirrende Wegführung tatsächlich zu erreichen. Auf dem Hügel, der heute unter Naturschutz steht, fanden Archäologen Reste eines bronzezeitlichen Cairns, und der Legende nach stand hier der Palast einer Fee. Seit dem Mittelalter wurde die Anhöhe als Steinbruch ausgebeutet und stiftete etwa das Material für Grey Abbey. Später wurde sogar eine Tramlinie vom Fuß des Berges nach Newtownards gebaut, um den bis nach Dublin verkauften Stein besser abtransportieren zu können. Der 41 m hohe und einer Rakete ähnliche Turm wurde 1857 zur Erinnerung an den Marquis von Londonderry gebaut, der, anders als viele andere Grundherren, in der Hungersnot selbstlos seine Pächter unterstützt hatte und sich damit an den Rande des Ruins brachte. Im Obergeschoss präsentiert eine Multimediashow die Natur des Strangford Lough, die sich allerdings schöner live erleben lässt. Ein Spaziergang durch die Wildwiesen und die verlassenen Steinbrüche mit ihren Brombeer- und Haselnusssträuchern wird zur Begegnung mit Krähen, Falken, Schwarzkehlchen und allerlei Singvögeln.

⏰ **Turm** April–Sept. Sa–Do 10.30–18 Uhr; Eintritt frei. www.ehsni.gov.uk.

Castle Espie Centre: Ob die Henne oder das Ei älter ist, weiß auch hier niemand ernsthaft zu beantworten. Immerhin erfahren wir, warum Schwäne einen langen Hals haben, weshalb manche Flamingos rot sind und andere nicht, und noch viel mehr Wissenswertes und Amüsantes über Gänse, Enten, Schwäne und andere Mitglieder der Wasservogelgattung Anseriformes. Der britische Wildfowl &

724 Nordirland/County Down

Wetland Trust betreut hier am Ufer des Strangford Lough ein vielfältiges Gelände mit aufgelassenen Kiesgruben und einer überwucherten Landebahn aus der Weltkriegszeit. Der Rundgang beginnt an Wiesen und Teichen mit nahezu zahmen Enten und Gänsen. Besonders gern nehmen die gepflegt und sympathisch dreinschauenden grau-braunen Hawaiigänse mit schwarzen Köpfen über weißem Hals ihr Futter aus der Hand der Besucher entgegen. Weiter draußen in der schilfbewachsenen Uferzone lassen sich aus einem geschützten Ausguck scheue Saisongäste beobachten, etwa kanadische und grönländische Wildgänse und Singschwäne, die den Sommer in Island verbringen und sich auf ihrem Nonstop-Flug dorthin bis 9000 m hoch in die eisigen Lüfte schwingen.

⏱ April–Sept. Mo–Fr 10.30–17 Uhr, Sa/So 11–17.30 Uhr; Winter Mo–Fr 11–16 Uhr, Sa/So 11.30–16.30 Uhr; Eintritt 6 £. www.wwf.org.uk.

Nendrum Abbey: Vorbei an Auwäldern und Drumlins, über Dämme und schmale Brückchen erreicht man **Mahee Island** mit den Resten der 490 gegründeten Nendrum-Abtei, die zeitweise sogar einen eigenen Bischof hatte und 1178/79 von den Benediktinern übernommen wurde. Im Visitor Centre zeigen großformatige Bildtafeln Heilige und Szenen des Klosterlebens, auch einige Funde sind ausgestellt. Drei Modelle demonstrieren, wie man sich die frühmittelalterliche Klostersiedlung auf dem Hügel vorzustellen hat, von der vor Ort nicht mehr allzu viel zu sehen ist. Es blieben der Stumpf eines Rundturms und die Grundmauern der Klosterkirche, neben deren Eingang eine Sonnenuhr den Mönchen die Gebetsstunden zeigte. Wie hat man den pünktlichen Beginn von Mette, Laudes, Vesper und Komplet wohl an Regentagen bestimmt?

⏱ Visitor Centre April–Sept. Di–Sa 10–18 Uhr, So 14–18 Uhr, Okt.–März nur Sa 10–16 Uhr. Eintritt frei. Die Klosterruinen sind jederzeit zugänglich. www.ehsni.gov.uk.

> Ingenieure unserer Tage haben erhebliche Mühe, die Energie des Tidenhubs nutzbar zu machen. Die Mönche von Nendrum meisterten dieses Problem schon im 7. Jh. und mahlten ihr Korn mit einer **Gezeitenmühle.** Wie's funktionierte, zeigen Schautafeln im Visitor Centre von Nendrum Abbey.

Rowallane Garden: Eine der größten Pflanzensammlungen Irlands präsentiert sich in ganz unkonventionellem Arrangement. Hugh Armitage Moore, der das Anwesen 1903 erbte, pflanzte seine Exoten und Züchtungen zwischen den Feldern und im Küchengarten seines Onkels. So werden der Rundgang und die Suche nach den botanischen Schätzen zu einer Schnitzeljagd.

⏱ Tägl. 10–16 Uhr, Mitte April bis Mitte Sept. bis 20 Uhr; Eintritt 4,80 £. An der A 7, ca. 1,5 km südlich von Saintfield. www.ntni.org.uk.

The Ards

Mit seiner schönen Lage zwischen den Wassern und der nur eine Autostunde entfernten Großstadt entwickelte sich Ards zum bevorzugten Naherholungsgebiet.

Wie ein zum Daumen hin gekrümmter Finger umklammert die etwa 6 km breite und 45 km lange Halbinsel den Strangford Lough. Die noch verbliebenen Bauern experimentieren mit modischen Erwerbsquellen wie der Zucht von Straußen und Blumenzwiebeln, die Fischer versuchen es mit Austern. Originell ist eine kulinarische Spezialität der Gegend, die es nur noch in Antrim und der Bretagne gibt: Getrockneter Seetang, den die Gemüsehändler als *Dulse* verkaufen, und der, wie zu erwarten, auch zubereitet noch recht salzig schmeckt. Eine andere Spezialität von Ards sind die über die Halbinsel verstreuten *Turmhäuser*. Heinrich IV. gewährte Anfang des 15. Jh. jedem englandtreuen Bauherrn, der sich an der Grenze zu Ulster niederzulassen bereit war, einen Kostenzuschuss von damals stattlichen zehn Pfund – die Kette der Kleinburgen sollte das Pale vor irischen Überfällen sichern.

Donaghadee

Mit Bangor endet der Speckgürtel um die Hauptstadt. Donaghadee erfreute sich nie der Gunst viktorianischer Sommerfrischler, sondern blieb ein sympathischer, bescheidener Fischer- und Hafenort. Kein sanfter Rosenduft steigt aus Vorgärten oder Parks, sondern eine Geruchsmischung aus Torf, Tang, Fisch und Küche liegt über dem Ort, wenn die steife Brise vom Meer her einmal pausiert. Hier und da beweist eine unionistische Fahne die rechte Gesinnung der Bürger. Kopfschütteln weckt der gründlich misslungene Versuch, mit einem neu gestalteten Uferpark und einem Pavillon die Hafenseite zu verschönern. Die Bucht, um die sich das Städtchen schart, war früher der einzige sichere Ankerplatz auf der rauen Meerseite von Ards, an deren Klippen in der Vergangenheit manches stolze Schiff zerschellte. Heute liegen die wenigen Fischerboote die meiste Zeit untätig am Kai, denn mit den Fangquoten, die die EU den Fischern noch zugesteht, und angesichts der weitgehend abgefischten Küstengewässer der Irischen See lohnt sich die Arbeit nicht mehr.

Achtung: In Donaghadee gibt es eine alkoholfreie Zone

Geschichte

Vom 17. Jh. bis 1849, als der Anlegeplatz des Postschiffs nach Larne verlegt wurde, war Donaghdee der führende Hafen an Ulsters Westküste. Die Wellenbrecher wurden 1819 nach einem Plan des Ingenieurs John Renie angelegt, der sich in London als Konstrukteur der Themsebrücke einen Namen gemacht hatte. An berühmten Besuchern vermerkt die Ortschronik Zar Peter den Großen, der auf seiner Europareise 1697 in Grace Neill's Pub zum Lunch einkehrte. Der englische Lyriker John Keats befand Donaghadee als „charming and clean", beschwerte sich jedoch gleichzeitig, dass die Einheimischen ihn wegen seiner Kleidung ausgelacht hätten – offensichtlich war Donaghadee nicht auf dem letzten Stand der Londoner Mode. Last not least hat Franz Liszt seine Irlandreise hier beendet und sich, mit einem Piano im Gepäck, nach Schottland eingeschifft.

726 Nordirland/County Down

- *Information* www.visitdonaghadee.com
- *Verbindung* Etwa halbstündlich **Bus** von Belfast über Bangor.
- *Übernachten* Die **B&B-Häuser** liegen allesamt außerhalb. In 92 Windmill Road etwa **Lakeview,** ☏ 028 9188 3900, DZ 45 £.
- *Essen/Pub* **Grace Neill's Pub** mit Restaurant, 35 High St., www.graceneills.com.

Seit 1611 im Geschäft, und die Gäste sind noch immer zufrieden. Mittags Lunch, am Wochenende abends Tanz.

Pier 36, The Parade, www.pier36.co.uk. Das geräumige, rustikale Pub steht an der Hafenfront. Zu essen gibt's vor allem frischen Fisch, gegrillt, gebraten, gesotten oder als Suppe. Auch Fremdenzimmer.

Sehenswertes

Um den **Leuchtturm** herum stochern bei Ebbe die Muschel- Krebs- und Tangsucher im Watt. **The Moat,** der Hügel über dem Ort, wurde von den Normannen mit einer Schanze befestigt, später für den Hafenbau geplündert und ein gutes Stück abgetragen. Von dem einer Burg nachempfundenen Ausguck schweift der Blick an klaren Tagen bis nach Schottland hinüber. Im Sommer tuckern Ausflugsboote zur Vogelinsel **Copeland,** auf der noch drei Bauernfamilien als ganzjährige Bewohner ausharren. Etwa 2 km südlich von Donaghadee dreht sich die **Ballycopeland Windmill.** Nachdem der letzte Müller schon 1915 aufgegeben hatte, wurde die Mühle jüngst restauriert und kann besichtigt werden.

⓪ **Ballycopeland Windmill,** Juli–Aug. Mi und Do 10–13 Uhr sowie Di und Fr–So 14–18 Uhr; außerhalb der Saison unregelmäßig geöffnet, ☏ 028 9054 6552; Eintritt frei, zu erreichen mit Bus 7 ab Donaghadee. Millisle, Newtownards Rd. www.ehsni.co.uk.

Mount Stewart

Am Ufer des Strangford Lough errichteten die Londonderrys im 18. Jh. ihren irischen Landsitz. Das Schloss prunkt mit Stuck, Marmorstatuen und Gemälden, der Park zählt zu den geschmackvollsten Landschaftsgärten der grünen Insel.

Schloss: Es knarren die Dielen, es bröckelt der Putz. Wie kann man in einem solchen Museum nur wohnen und leben? Lady Mary, 8. Marchioness of Londonderry, lernen wir auf einem Bild in der Halle als junge Amazone neben ihrer Mutter Edith kennen. Wenig später begegnet uns die dem Ideal ewiger Jugend um Jahrzehnte entwachsene Hausherrin leibhaftig: Als rüstige Greisin eilt sie über den Flur, ohne der Besuchergruppe auch nur die entfernteste Beachtung zu schenken. Leider, so wird sie denken, erfordern die wirtschaftlichen Verhältnisse unserer Tage, dem gemeinen Volk Einblick in die herrschaftlichen Gemächer zu gewähren. Ihre Großmutter konnte sich noch, anlässlich des Besuchs von König Edward, 274 Bedienstete leisten. Heute fehlt es, so der Augenschein, sogar an Putzpersonal.

Porträts barocker Potentaten zieren den Speisesaal. Unter den manchmal etwas exzentrischen Möbeln sind jene Stühle erwähnenswert, auf denen einst europäische Diplomaten ihre Hintern wetzten, als sie 1815 beim Wiener Kongress die künftige Landkarte des Kontinents entwarfen. Zehn dieser Stühle sind um den schweren Esstisch platziert, die übrigen achtlos unter der Treppe gestapelt. Eine Kur in der Werkstatt des Polsterers täte ihnen gut. Hier ein Bild, dort eine Vase, Nippes, Statuen, Lady Ediths Bücherschrank und vieles mehr – die Führung verliert sich zusammenhanglos in den Details vieler Einzelstücke, die sich doch niemand merken kann. Ein Paar achtlos neben dem Wohnzimmerkamin liegende Gartenbau-Illustrierten neueren Datums verraten, dass dieser Raum noch benutzt

Mount Stewart

Tempel der Winde

wird. Zum Abschluss die Hauskapelle mit den Orden und Ehrenzeichen der Familie, noch eine Küche, dann werden die Besucher nach gut einer Stunde in den Souvenirshop entlassen.

Gärten: Den 35 ha großen Park, sozusagen ein Museum der Gartenarchitektur und die berühmteste Grünanlage in Ulster, verdanken wir Lady Edith (1879–1959). Sie entwarf die Anlagen und arrangierte die Pflanzen nach Herkunft und Themen. So entstanden ein halbes Dutzend Gärten in verschiedenen Stilrichtungen der letzten 250 Jahre: ein italienischer Garten, ein spanischer Garten, ein Garten des Friedens und ein (irischer) Shamrock Garden mit Buchsbaumharfe, in dem Rabatten auch die „Rote Hand von Ulster" nachbilden. Hier stiften immergrüne Eichen und Olivenbäume mediterranes Flair, dort imitieren Akazien und Eukalyptus eine australische Landschaft. Dazwischen überraschen immer wieder Statuen und Fabelwesen wie Nixen, Dinosaurier und Riesenfrösche, sodass in Mount Stewart auch Kinder ihre Freude haben.

Tempel der Winde: Der achteckige Tempel der Winde ist typisch für die spielerischen Verrücktheiten *(folly)*, die sich der Adel damals leistete. Auf einer Anhöhe mit Seeblick kopierte James „Athenian" Stuart, ein Pionier der klassizistischen Architektur in Irland, den legendären Uhrenpavillon des Andronikos von Kyrrhos, der mit einer monumentalen Wasseruhr im Inneren den Athenern auch an schattigen Tagen die Stunde wies.

ⓘ **Garten,** Mai–Sept. tägl. 10–20 Uhr; April und Okt. tägl. 10–18 Uhr; März, Nov.–Febr. tägl. 10–16 Uhr. **Schloss,** Mai, Sept. Mi–Mo 13–18 Uhr; Juni–Aug. tägl. 12–18 Uhr; Okt.–April nur Sa/So 12–18 Uhr. **Tempel,** April–Okt. So 14–17. Uhr. **Eintritt** 7 £, Garten ohne Tempel und Haus 5,35 £. Ulster**busse** 9, 509, 10, 510 halten, von Belfast (Oxford St.) kommend, vor dem Eingang. www.ntni.org.uk.

Grey Abbey

Drei Pubs, drei Gemischtwarenläden, drei Antiquitätengeschäfte und eine Abtei – alles Grau in Grau und den bescheidenen und hart arbeitenden Zisterziensermönchen angemessen.

Die Abtei wurde 1193 von Affreca de Courcy gestiftet, einer Tochter des Königs von Man, die damit Gott für die Rettung aus einem Seesturm dankte. Da die aus England stammenden Zisterzienser aus Prinzip keine Iren in ihre Reihen aufnahmen und die Zusammenarbeit mit dem einheimischen Klerus verweigerten, war die Klostergründung auch ein Mittel zur religiösen Kolonisierung der grünen Insel. Die Gesamtanlage folgt dem üblichen Schema der Zisterzienser, wie wir es auch von Mellifont (siehe S. 206) kennen. Ungewöhnlich ist jedoch die Kirche. Ihr fehlt der Prozessionsumgang für die Mönche, gleichzeitig haben hier erstmals gotische Architekturelemente den Weg nach Irland gefunden, wie man etwa im Westportal sieht. Im Park haben Botaniker unserer Tage die medizinische Abteilung eines mittelalterlichen Klostergartens nachgepflanzt. Ein Handzettel hilft dem Besucher, die Kräuter zu identifizieren und gibt zudem Tipps, welches Kraut bei welchem Zipperlein oder auch ernsteren Leiden Heilung oder wenigstens Linderung verspricht.

② April–Sept. Di–Sa 10–18, So 14–18 Uhr; Okt.–März nur Sa 10–16 Uhr. Eintritt frei. www.ehsni.gov.uk. Ulsterbusse 9, 509, 10, 510 von Belfast und Newtownards.

Portaferry

Das bislang einzige Aquarium Nordirlands macht das Städtchen am Ausgang des Strangford Lough auch für ausländische Besucher interessant. In einer mittelalterlichen Turmburg erzählt ein Museum von den Anfängen des Tauchsports.

Ein Erlebnis für sich ist der Sonnenuntergang über dem Sund, der Strangford Lough mit dem Meer verbindet. 400.000 Tonnen Wasser rauschen mit dem Wechsel der Gezeiten viermal am Tag durch die Passage, die selbst den Wikingern zu gefährlich erschien. Seit 2008 setzt ein Strömungskraftwerk die Meeresströmung in elektrischen Strom um und deckt den Bedarf von etwa 1000 Haushalten. Zwei gewaltige Rotoren von 15 m Durchmesser sind an die Seiten einer am Meeresgrund stehenden Stahlsäule montiert und drehen sich, wenn das Wasser durch die Meerenge strömt.

• *Information* Im Castle, ℡ 028 4272 9882, Ostern–Sept. Mo–Sa 10–17 Uhr, So 14–18 Uhr. www.portaferry.info.

• *Verbindung* Ulster**bus** 9, 509, 10, 510 über Grey Abbey und Newtownards nach Belfast. Bis 22.45 Uhr halbstündlich **Fähre** nach Strangford (Auto 5,30 £, Radler u. Fußgänger 1,10 £), ℡ 028 4488 1637.

• *Übernachten* **B&B Mrs. Adair,** 22 The Square, ℡ 028 4272 8412, DZ 42 £. Das einfache Haus mit einer ins Glas der Haustür geätzten, romantischen Landschaftsszene liegt an der Abfahrt vom Hauptplatz Richtung Fähre.

Barholm Hostel, 11 The Strand, ℡ 028 4272 9598, www.barholmportaferry.co.uk, Bett 14 £, DZ 40–45 £. Gut ausgestattete Herberge in einem älteren Wohnhaus gleich bei der Fähre. 13 Zimmer mit 1–7 Betten, als Frühstücksraum dient ein angebauter Wintergarten. Alan Pots und seine Frau sorgen für familiäre Atmosphäre. Für die vielen Tauchergruppen, die hier zu Gast sind, gibt es einen eigenen Kompressor. Auf Wunsch werden auch Frühstück und Abendessen serviert.

Grey Abbey mit Friedhof und Kräutergarten

730 Nordirland/County Down

- *Camping* **Tara Caravan Park,** Ballyquintin Road, Tara, am Kap, 5 km südlich von Portaferry, ☎ 028 4272 8459, kleiner Platz an einem Sandstrand.
- *Essen* In Strangford, auf der anderen Seite des Fjords, hat der Gasthof **Cuan,** ☎ 028 4488 1222, www.thecuan.com, günstige Gerichte (bis 20 £) mit Fisch oder Fleisch aus der Region im Angebot. Auch Fremdenzimmer (DZ 75–85 £).

Wer's einfacher mag, findet in Portaferrys Burghof einen tagsüber geöffneten Coffeeshop.
- *Pub* **Fiddler's Green,** Church St, www.fiddlersgreenportaferry.com. Zu bierseliger Stunde stimmt der Wirt selbst Trinklieder an und freut sich über jede Begleitung. Sa gelegentlich Tanz oder eine Comedy Show.
- *Veranstaltung* Mitte Juli **Stadtfest** mit Karnevalsstimmung. www.portaferry.gala.com.

Sehenswertes

Exploris Aquarium: Mit etwa 120.000 Besuchern in Jahr zählt das gemeindeeigene Exploris Aquarium zu den großen Publikumsmagneten des Countys. Etwa 200 verschiedene Spezies leben in den Becken, deren Wasser direkt aus dem Meer gepumpt wird. Die Aquarien imitieren unterschiedliche Lebensräume im Lough, Kiesgrund, Sand, ein Riff, eine „Wiese" mit Seegras und natürlich auch das offene Wasser.
Noch vor dem Haus planscht ein junger Seehund im Pool. Er gehört zu den Pfleglingen, die durch Krankheit geschwächt und irgendwo an den Strand gespült, hier wieder aufgepäppelt und schließlich zurück ins Meer gebracht werden. Dann folgen ein Videofilm zur Einstimmung und schließlich die eigentlichen Aquarien. Außer mit Schwimmen und Krabbeln sind die Tiere vor allem mit Essen beschäftigt. Krabben knacken hinter ihrer Glasscheibe härteste Muscheln, Seeanemonen fangen mit ihren Tentakeln auf geradezu hinterhältige Art kleine Fischlein, ein Wolfsfisch fletscht sein Furcht erregendes Gebiss und wartet auf sein Mittagessen aus frischen Seeigeln. Die Schwergewichte des Hauses wie Kabeljau und Haie schwimmen in einem offenen Becken, das auch von oben eingesehen werden kann. Im Touchpool lassen sich neugierige Rochen streicheln und Seeigel vorsichtig aus dem Becken heben, im Labor des Aquariums können wir den Meeresbiologen bei der Alltagsarbeit über die Schulter schauen. Laien wie Fortgeschrittenen, Kindern wie Erwachsenen verspricht das Exploris ein rundum gelungenes Erlebnis. Nur eine Jacke darf man nicht vergessen mitzubringen, denn zwischen den auf 12 °C temperierten Becken ist es auch im Sommer empfindlich kühl.
⏰ April–Aug. Mo–Fr 10–18 Uhr, Sa 11–18 Uhr, So 12–18 Uhr; Sept.–März Mo–Fr 10–17 Uhr, Sa 11–17 Uhr, So 13–17 Uhr. Eintritt 7 £. www.exploris.org.uk.

Portaferry Castle/Heritage Centre: Zusammen mit ihrem Gegenüber in Strangford bewachte die Turmburg von Portaferry (neben der Touristinformation) die Meerenge am Ausgang von Strangford Lough. Das Haus wurde irgendwann im 16. Jh. von den Savages gebaut, lokalen Grundherren, die ihren Besitz auch über die Plantations retten konnten. Das Leben in dem düsteren, nahezu fensterlosen Gemäuern dürfte alles andere als komfortabel gewesen sein. Machten feindliche Truppen oder Banden das Land unsicher, konnten die Bewohner über Wochen das Haus nicht verlassen. Besonders die klamme Kälte machte den Menschen zu schaffen. Über den im Erdgeschoss untergebrachten Tieren lebte man zwischen wenigen Möbeln auf Binsen und Stroh.
Heute ist der Turm völlig neu ausgebaut, bekam Fenster, eine Heizung und birgt jetzt ein kleines Museum. Ein Videostreifen erzählt die Geschichte des Hauses und stellt weitere Turmburgen der Region vor. Die Ausstellung beschäftigt sich vor allem mit der Unterwasserarchäologie – in Portaferry befand sich seit dem 19. Jh. eine der ersten kommerziellen Tauchbasen der Britischen Inseln, deren Taucher

Halbinsel Lecale 731

Hier lässt es sich aushalten – Jugendherberge in Portaferry

etwa zu Rettungseinsätzen, zur Reparatur von Seekabeln oder zur Bergung gesunkener Schiffe eingesetzt wurden. Ein schwerer Gummianzug mit Messinghelm erinnert an diese grobschlächtigen Anfänge der Taucherei.
⊙ Ostern–Sept. Mo–Sa 10–17, So 14–18 Uhr, Eintritt frei.

Strangford Castle: Auf der anderen Seite der Narrows kann nahe dem Fähranleger mit Strangford Castle eine nur wenig veränderte Wohnburg besichtigt werden. Sie diente später als Lagerhaus und bekam dabei auch einen neuen Eingang. Der Schlüssel wird im Haus Castle Street Nr. 39 verwahrt. Castle Street mündet in einen Fußweg, der auf die Anhöhe hinter dem Dorf führt und den kurzen Spaziergang mit einem schönen Blick über die Meerenge belohnt. Weiter am Ufer entlang kommt man in etwa einer Stunde nach Castle Ward.

> Am Ausgang der Narrows treffen sich in den Cloghy Rocks zahlreiche **Robben**, um hier hier ihren Nachwuchs zur Welt bringen. Das kleine Naturschutzgebiet liegt vor der Küstenstraße etwa 2 km südlich von Strangford, ein Parkplatz ist vorhanden.

Halbinsel Lecale

Saint Patrick's Land – an der Mündung des River Slaney in den Strangford Lough soll der Nationalheilige Anno Domini 432 seine Mission begonnen haben.

Stolz werden dem Besucher tatsächliche oder angebliche Spuren seines Wirkens gezeigt. Der am County Museum von Downpatrick beginnende *Lecale Trail* führt Pilger in zwei Tagen zu den Stätten, die mit Patricks Leben verbunden sind. Dane-

732   Nordirland/County Down

ben sind entlang der Küste die vielen Kleinburgen sehenswert, mit denen die englischen Kolonisten seit dem 15. Jh. das Land oder wenigstens ihr Leben sicherten. Erstaunlich rar sind touristische Unterkünfte in dieser doch gar nicht so abseits gelegenen Landschaft.

Castle Ward Estate

Im ausgedehnten, etwa 300 ha großen Anwesen von Schloss Ward kann man bei schönem Wetter leicht einen ganzen Tag verbringen. Kein Zaun behindert Spaziergänge durch Wiesen, Wälder und die Parkanlagen. Außer dem Schloss gibt es noch zwei ältere Burgen, ein Freilichtmuseum und eine naturkundliche Ausstellung zu besuchen.

New Castle Ward: Das neue Schloss, dessen Architekt nicht überliefert ist, wurde um 1760 für Anne und Bernard Ward gebaut, der County Down im Dubliner Parlament repräsentierte und 1781 zum Viscount of Bangor geadelt wurde. Bernards Mutter hatte auch das Anwesen um das heutige Rathaus von Bangor in die Familie gebracht. Das Paar konnte sich über den Stil ihres Landsitzes nicht recht einig werden. So ist die Vorderfront im klassizistischen Design, die zum See gerichtete Rückseite mit Spitzbogenfenstern und Ziertürmchen an gotischen Vorbildern orientiert. Selbst in den Innenräumen (beachten Sie die Baldachin-Decke im Gemach der Lady) setzt sich das unvereinbare Nebeneinander der Geschmäcker fort, die offenbar keinen Kompromiss zuließen – Lady und Lord reichten schließlich die Scheidung ein. Als Lord Maxwell, der 6. Viscount, 1950 verstarb, konnte die Familie die Erbschaftssteuer für den riesigen Grundbesitz nicht aufbringen und musste Schloss und Landgut dem Staat übereignen, der es seinerseits in den National Trust einbrachte.

Stableyard: Um den Ausblick der Herrschaft nicht zu beeinträchtigen, wurden die Stallungen, das Waschhaus und die Kammern der Bediensteten in einer künstlichen Senke neben dem Schloss platziert. In diesen Räumlichkeiten sind heute auch ein Restaurant, der Souvenirshop und eine kleine Ausstellung viktorianischer Spielzeuge untergebracht. Durch einen Tunnel konnte das Personal trockenen Fußes ins Schloss gelangen.

Wildlife Centre: Für den Besucher, der bereits in Castle Espie und im Exploris Aquarium etwas über die Tierwelt und Ökologie des Strangford Lough erfahren hat, bietet die Ausstellung in der Scheune neben dem Old Castle wenig Neues. Dabei hätte sich mit der Persönlichkeit von Mary Ward für die Gestalter des Wildlife Centre ein guter „Anker" angeboten. Die Pfarrerstochter und Gattin des 5. Viscounts vermochte bereits als Achtjährige den Halley'schen Kometen zu identifizieren und arbeitete später am Teleskop ihres Cousins in Birr (siehe S. 842). Ihre Lehrbücher zu Astronomie und Mikroskopie wurden Standardwerke, ihre Aquarelle dokumentieren das Estate. 1869 wurde die Naturforscherin von einem Dampfwagen überrollt und starb. Im früheren Billardraum des New Castle werden einige Memorabilia gezeigt.

Old Castle Ward/Wirtschaftsgebäude: Das erste Haus der Wards, eine Turmburg (gebaut um 1610), wie wir sie ähnlich schon in Portaferry und Strangford kennen gelernt haben, steht noch unten am See. Auch nach dem Umzug der Familie blieb hier das wirtschaftliche Herz des Anwesens – ein Landgut mit Stallungen, Schlachthaus, Scheunen, Mühle und Sägewerk, das als Freilichtmuseum hergerichtet wurde.

Castle Ward Estate

Castle Ward – verarmter Adel schenkte es dem Staat

Folgt man durch das Tor beim Schlachthaus dem Uferweg südwärts, findet sich ein **Bootshaus** und schließlich ein **Landungssteg**. In diesem Teil des Anwesens betrieben die Wards Mitte des 19. Jh. für kurze Zeit eine nicht sonderlich erfolgreiche Bleimine. Die schlichten **Cottages** der Landarbeiter sind bis heute bewohnt, während vom alten **Gaswerk** nur noch Ruinen blieben. Das aus verfeuerter Kohle gewonnene Gas wurde über eine Leitung zum Schloss gebracht und erlaubte noch vor der Elektrifizierung eine abendliche Beleuchtung.

Audley's Castle: Die Audleys gehörten zum alten anglo-normannischen Adel und waren vor den Wards die führende Familie in der Region. 1648 verkaufte James Audley die Burg an seine neuen Nachbarn, und bereits 80 Jahre später war das um 1450 gebaute Castle zur Ruine zerfallen. Mit dem zurückgenommenen Eingangsbereich täuscht die Vorderfront ein Torhaus zwischen zwei Flankentürme vor. Auf dem Plateau um den Turm befanden sich Wirtschaftsgebäude und Stallungen, eine Mauer umgrenzte das ganze Areal – Audley's Castle trägt noch viele Züge einer mittelalterlichen Normannenburg.

Park: Die Gärten und Anlagen des Estates zeugen vom Wandel der Gartenbaumode. Von den Cottages landeinwärts erreicht man **Temple Water**. Solche Zwitter zwischen künstlichem See und Kanal waren bei den Landschaftsgärtnern des frühen 18. Jh. en vogue. Temple Water, dessen Achse genau auf Audley's Castle zielt, entstand zusammen mit einem Schloss, das nach der Errichtung des New Castle völlig abgetragen wurde. Erhalten blieb jedoch ein entzückendes **Tempelchen** auf der Anhöhe über dem See.

Etwa ab 1750 waren solche künstlichen Ensembles out. Temple Water und das Neue Schloss wurden mit einem naturalistischen Park umgeben, dem niemand anmerken sollte, dass er nicht natürlich gewachsen, sondern von Menschenhand gepflanzt worden war. Erst in der viktorianischen Zeit kamen die förmlichen Gärten

734 Nordirland/County Down

mit gepflegten Rabatten in streng geometrischer Anordnung wieder in Mode. Den Geschmack dieser Zeit verkörpert der **Windsor Garden** neben den Stallungen beim Neuen Schloss.

① **Park:** April–Sept. tägl. 10–20 Uhr, Okt.– März tägl. 10–16 Uhr. **Haus & Wildlife Centre:** April–Juni, Sept. Sa/So 13–18 Uhr; Juli/Aug. tägl. 13–18 Uhr, Beginn letzte Hausführung 16.30 Uhr. **Eintritt** Park und Wildlife Centre 4,80 £, Haus 2,70 £. www.ntni.org.uk.

● *Camping* **Castle Ward Camping & Caravan Park,** ✆ 028 4488 1204, Ostern–Sept., Zeltplatz 8 £. Der Platz liegt wenige Schritte vom Ufer entfernt am Rande des Landguts. Gezeltet wird auf einem leicht abschüssigen Wiesengelände mit Bäumen. Heiße

Duschen, doch kein Aufenthaltsraum.

● *Event* **Castle Ward Opera,** alljährlich im Juni pilgert die feine Gesellschaft Nordirlands nach Castle Ward, um sich an ihresgleichen und einer populären Oper zu erfreuen. Die Herren pflegen in Jackett und Krawatte zu erscheinen. In der Pause begibt man sich zu Tisch und verzehrt das mitgebrachte Picknick oder lässt sich vom Catering-Service bewirten. Für Regenfälle steht ein Armeezelt bereit. Tickets unter ✆ 028 9263 9545, www.castlewardopera.com.

Saint Patrick's Land

Drei Stätten östlich von Downpatrick sind besonders eng mit dem Wirken St. Patricks verknüpft. In **Saul** soll der Heilige seine erste Messe gelesen und den Häuptling Dichu bekehrt haben. Der schenkte ihm eine Scheune, die Patrick zur Kapelle weihte, und die er zeit seines Lebens immer wieder aufsuchte, um sich im Kreis seiner Anhänger von den Missionsreisen zu erholen, und wo er schließlich auch starb. Am vermuteten Ort des Geschehens errichteten Mönche im 10. Jh. eine steinerne Kapelle; das heutige Gotteshaus samt dem Rundturm wurde 1932 zur 1500-Jahrfeier von Patricks Ankunft gebaut.

Folgt man der Nebenstraße zwischen Saul und Raholp, auf der auch der Ulster Way verläuft, zweigt am höchsten Punkt der Kreuzweg auf den **Slieve Patrick** ab. Berg kann man den bescheidenen Hügel kaum nennen, dessen Gipfel eine Granitstatue des Heiligen krönt.

Mit Hilfe einer Wanderkarte lassen sich von Saul auch die **Struell Wells** besuchen. Autofahrer nehmen besser den Umweg über Downpatrick. Den heiligen Quellen werden seit Menschengedenken Wunderheilungen zugeschrieben. Wohl noch auf vorchristliche Zeiten geht der Brauch zurück, hier die Mittsommerwende zu feiern. Längst erfreut sich die Wallfahrt des kirchlichen Segens, und in der kürzesten Nacht des Jahres zelebriert ein Priester vor dem *Badehaus* (16. Jh.) die Messe. Das Bad teilte sich in Männer- und Frauenabteil. Wäre das Becken nicht voller Unrat, könnte man sich heute noch unter das eiskalte Wasser stellen und duschen.

Anfahrt Von Downpatrick zu den Struell Wells zunächst über die Ardglass Rd., nach dem Krankenhaus links, dann (ausgeschildert) rechts.

Downpatrick

Die frühere Hauptstadt von County Down kann mit ehrwürdigen Kirchen, der multimedial-interaktiven Präsentation des heiligen Patrick, seinem angeblichen Grab, einem zum Museum umfunktionierten Gefängnis und einer Sammlung alter Eisenbahnwaggons aufwarten.

Das auf mehreren Hügeln um die Mündung des River Quoile in den Strangford Lough angelegte Downpatrick (10.000 Einwohner) zählt zu den ältesten Städten der Insel. Archäologische Funde reichen bis in die Jungsteinzeit zurück. Bis zur

Downpatrick 735

Schienenkran „Herkules" im Railway Museum Downpatrick

Auflösung der nordirischen Selbstverwaltung (1973) war Downpatrick die Hauptstadt der Grafschaft Down. Der Name bedeutet „Patricks Fort". Besagtes Fort war wohl zu Patricks Zeit das politische Zentrum der Region. Diese historische Wurzel der Stadt befand sich auf dem Hügel um die Kathedrale, der früher auf drei Seiten von Marschen umgeben war. Wo heute in der Market Street parkende Anlieferer den Durchgangsverkehr behindern, legten noch im 19. Jh. bei Flut kleinere Schiffe vor den Lagerhäusern an und luden ihre Waren ab.

Wie die Speichen eines Wagenrades laufen die Hauptstraßen an einem namenlosen Platz vor der alten Town Hall zusammen, die jetzt das Kulturzentrum beherbergt. Da es der Stadt in den letzten Jahrzehnten wirtschaftlich nicht sonderlich gut ging, wurden vergleichsweise wenige Häuser des 18. und 19. Jh. durch Neubauten ersetzt. Allerdings beeinträchtigt der Autoverkehr Spaziergänge im Stadtzentrum.

• *Information* Vor dem Saint Patrick's Centre, Market St., ℡ 028 4461 2233, Juli/Aug. Mo–Sa 9.30–18, So 14–18 Uhr; Sept.–Juni Mo–Sa 9.30–17 Uhr, www.visitdownpatrick.com und www.armaghanddown.com.

• *Verbindung* Von der **Bus**station an der Market St. mit Ulsterbus 15 alle halbe Stunde nach Belfast, seltener nach Strangford. Auskunft ℡ 028 4461 2384.

• *Übernachten* Da Downpatrick abseits der Küste und gleichzeitig nur 45 Busminuten von Belfast liegt, ist das Angebot an Unterkünften dürftig. Der nächste Campingplatz ist in Castle Ward.

Rathdune House, 102 Bridge St., ℡ 028 4483 9752, www.rathdunehouse.co.uk, DZ 60 £. Älteres Haus mit neuem Anbau in einer ruhigen Seitenstraße. 14 geräumige, mit Geschmack eingerichtete Zimmer, gemütliche Lounge mit Kaminfeuer, auf Wunsch auch Abendessen.

• *Übernachten/Essen* **Ballydugan Mill,** Drumcullen Rd., Ballydugan, ℡ 028 4461 3654, www.ballyduganmill.com, DZ 75 £. Einige Kilometer außerhalb an der A 25 wurde eine alte, acht Stockwerke hohe Mühle restauriert und bietet nun rustikale Unterkunft in schmiedeeisernen Betten unter mächtigen Holzbalken. Auch ein Coffeeshop und ein Abendrestaurant befinden sich im Haus.

• *Essen* **Iniscora Café,** Down Arts Centre, Irish St., Mo–Sa tagsüber. Der Coffeeshop im schmucken Ziegelbau des Kulturzen-

736 Nordirland/County Down

trums serviert neben Snacks, Sandwichs und Kuchen auch warme Gerichte.

Justine's, 19 English St., ✆ 028 4461 7886, Mo–Sa mittags, Do–Sa abends, So durchgehend. Innovative, doch preiswerte Küche in den historischen Räumen des Hunt Clubs. Zum Beispiel Tortilla mit diversen Füllungen, Penne Primavera mit Tomaten-Wodkasauce, natürlich auch die unumgänglichen Steaks.

● *Pub* **De Courcy Arms,** 14 Church St., gegenüber der Tankstelle. Ein Pub „appointed to supply Furstenberg", was will der deutsche Biertrinker mehr? Mo–Fr mittags Pubfood.

Wer erfand die Worcestershire-Sauce?

In der Ortsgeschichte von Downpatrick wird ein gewisser Nicholas Coates als Erfinder der Worcestershire-Sauce gefeiert. Nicholas, der im 19. Jh. lange Jahre das Lokal des Hunt Clubs in der English Street führte, war zuvor Butler in Worcestershire und soll hier die typisch britische Würzmischung aus gemalztem Essig, Molasse, Zucker, Zwiebeln, Knoblauch, Tamarindenwurzel, Anchovis, Gewürznelken und Fleischbrühe entwickelt haben.

Der „Larousse Gastronomique", sozusagen die Bibel in allen kulinarischen Fragen, schreibt die Worcestershire-Sauce jedoch Sir Marcus Sandy aus Worcestershire zu, der das Rezept von einer Fernostreise mitbrachte und die Sauce erstmals 1838 von der Kolonialwarenhandlung Lea & Perrins produzieren ließ.

Wer hat Recht? War Nicholas Coates Butler bei Sir Marcus Sandy? Oder war er gar kein Butler, sondern als Saucier in der Küche beschäftigt? Der Autor bittet seine geneigte Leserschaft, dieses Problem mit aller dem Lokalpatriotismus gegenüber gebotenen Rücksicht in den Pubs von Downpatrick zu diskutieren und ihm die allfällige Lösung mitzuteilen.

Sehenswertes

English Street: Nach dem Bau der Kathedrale auf der Hügelspitze fand die weltliche Gewalt hier am Aufweg einen neuen Standort: Mit dem **Bezirksgefängnis** und heutigen Museum, dem **Gerichtshaus,** den **County Rooms** der früheren Bezirksverwaltung und dem **Custom House** säumen repräsentative Gebäude des 18./19. Jh. die English Street. Die frühgeorgianischen Backsteingebäude der **Southwell Charity** gegenüber dem Museum wurden 1733 von den Southwells, den damaligen Landlords, als Armen- und Waisenhaus gestiftet; gegenüber dem Gerichtshaus findet man noch eine Zeile älterer Häuser, die vom Klerus als „Altenwohnungen" für die Witwen gebaut wurden.

Kathedrale: Der Hügel, auf dem die anglikanische Kathedrale thront, war schon lange vor der Christianisierung Sitz eines keltischen Fürsten. Der Normannenführer *John de Courcy,* der 1177 gegen den Willen seines englischen Lehensherrn in Ulster einfiel, hatte allen Grund, sich wenigstens mit der englischen Kirche bzw. dem Papst gut zu stellen. Er vertrieb die irischen Augustiner, die sich der römischen Kirchenreform widersetzt hatten, und schenkte das Kloster samt dem angeblichen Grab Patricks dem Benediktinerorden. Die heutige Kirche wurde um 1818 unter Einbeziehung älterer Bausteine (Chor!) errichtet. Außergewöhnlich ist das Gestühl für die Mitglieder des Kapitels. Dem Bischof gegenüber thronte der (weltliche) Richter, und angesichts der engen Verbindung von Kirche und Staat erlebte das Gotteshaus auch einige Gerichtsverhandlungen.

Downpatrick 737

Nach dem Tod Patricks, so weiß die in Downpatrick gepflegte Überlieferung, wurde sein Körper auf Geheiß der Engel mit einem Ochsenkarren von Saul nach Downpatrick gebracht und hier bestattet. Man darf annehmen, dass diese Legende von de Courcy gefördert wurde, um sein Kloster aufzuwerten und den damals in Bangor residierenden Bischof zum Umzug nach Downpatrick zu bewegen. Dazu ließ der Normanne gleich noch die Reliquien von Brigid und Columcille nach Downpatrick umbetten. Eine Granitplatte auf dem kleinen Hügel nahe dem Turm markiert Patricks Grab. Darunter befindet sich eine regelrechte Höhle, denn die früheren Pilger nahmen jeweils eine Handvoll Erde des heiligen Orts mit nach Hause.

Saint Patrick's Centre: Hier erfahren Sie alles, was Sie schon immer wissen wollten, und noch viel mehr über den Nationalheiligen. Und wie! Hier ein Knöpfchen gedrückt, dort einen Bildschirm berührt, AV-animiert im Tiefflug über die Landschaft geflogen, da sag noch einer, die Kirche sei von gestern. Eine Frage bleibt offen: Wie haben die das nur gemacht damals, Patrick und die anderen Missionare, so ganz ohne Computer und Video, nur mit einem Buch ausgerüstet, die Menschen zu bekehren?
① Juni–Aug. Mo–Sa 9.30–18, So 10–18 Uhr; April/Mai, Sept. Mo–Sa 9.30–17.30, So 13–17.30 Uhr; Okt.–März Mo–Sa 10–17 Uhr. Einlass bis 1 ½ Std. vor Schließung. Eintritt 5 £. Market St. www.saintpatrickcentre.com.

County Museum: Das Museum ist in einem früheren Gefängnis untergebracht. 1789 bis 1796 gebaut, galt es damals als musterhafte und fortschrittliche Einrichtung, die es im Vergleich mit der mittelalterlichen Kerkerkultur sicherlich war. *Thomas Russell*, der prominenteste Häftling, wurde hier 1803 im Exekutionshof gehängt. 1830 zog die Haftanstalt in einen Neubau um. Das alte Gefängnis wurde zur Kaserne und in den 90er Jahren schließlich Museum. Im Torhaus wird die Lebensgeschichte St. Patricks rekapituliert, in der Governor's Residence die Lokalgeschichte des Countys. Im Zellenblock begegnen wir den fiktiven Gestalten von James McGan and John Dorrian, die wegen einer Rauferei auf der Strangford Fair festgesetzt wurden und nun nur hoffen können, dass man sie nicht nach Australien verschickt.
① Mo–Fr 10–17, Sa/So 13–17 Uhr; Eintritt frei. www.downcountymuseum.com.

Downpatrick and County Down Railway: Eine kleine Gruppe von Eisenbahnenthusiasten hat den früheren Bahnhof der Stadt in ein ungewöhnliches Museum verwandelt. Die Exponate, wenn man die Waggons und Lokomotiven so nennen kann, stammen aus allen Teilen Irlands. Nicht alle sind fahrbereit, viele stehen noch in der Werkstatt oder im Schuppen, und so wird der Rundgang zugleich eine Lektion über die mühselige Arbeit, wie man aus einem zeitweiligen Hühnerstall oder einer Gartenlaube wieder einen Eisenbahnwagen macht. Prunkstück ist ein für Königin Viktoria gefertigter Salonwagen. Ihre Majestät benutzte ihn ein einziges Mal; danach gingen die Direktoren der Bahnverwaltung damit gelegentlich auf Inspektionsfahrt, und über das spätere Schicksal schweigen wir lieber. Jedes Stück hat seine ausgiebig erzählte Geschichte und darf ab und zu an den Wochenendausfahrten teilnehmen. Diese führen auf neu verlegten Gleisen hinüber zur Inch Abbey oder einige Kilometer weit Richtung Ballydugan. An der Station King Magnus's Halt, wo im Sommer 1003 der legendäre Wikingerhäuptling *Magnus, der Barfüßige* getötet und begraben wurde, inszeniert eine Laiengruppe an manchen Wochenenden ein **Wikingerlager.**
① Mitte Juni–Anfang Sept. Sa und So 14–17 Uhr, Fahrt 5 £. www.downrail.co.uk. Der Bahnhof befindet sich hinter dem Einkaufszentrum und dem Parkplatz am Ende der Market Street.

Nordirland/County Down

Inch Abbey: Die Schwesterabtei von Grey Abbey schimmert als Ruine von der anderen Flussseite herüber. Die aus Lancashire stammenden Zisterzienser hatten, wie bei allen Klostergründungen des Ordens, einen außerordentlich schönen Platz gewählt. Auch wenn die frühere Insel inzwischen mit dem irischen „Festland" zusammengewachsen ist, stiften die überwucherten Mauern und Säulenstümpfe zwischen anmutigen Drumlins eine romantische Atmosphäre und lassen auf dem Spaziergang sinnieren, wie es hier einmal zugegangen sein mag, bevor das Kloster 1542 aufgegeben wurde. Die Kirche, deren Schiff den Laienbrüdern vorbehalten und durch eine Chorschranke vom Bereich der Mönche und dem Altar getrennt war, wurde nach einem Brand auf den Chor und das frühere Transept reduziert. Die Klostergebäude wie Kapitelhaus, Arbeitsraum, Refektorium und Küche sowie der Kreuzgang schlossen sich auf der Südostseite an.

① Frei zugänglich.

Downpatrick/Umgebung

▸ **Ardglass:** Ein beschaulicher Fischerhafen, ein Golfplatz mitten im Ort – und wieder Turmburgen! Diesmal gleich sieben an der Zahl, alle von englischen Kaufleuten errichtet. Im 15. Jh. war Ardglass der wichtigste Handelshafen im Nordwesten der Insel. Und weil es weder eine große Burg mit Garnison noch eine Stadtmauer gab, mussten sich die Händler einst selbst mit Turmhäusern wie **Jordan's Castle** helfen, um ihre Waren oder gar ihr Leben nicht an die aufsässigen Iren aus dem Hinterland zu verlieren. Im **Commercial,** der früheren Herberge, kommt das Wasser längst aus der Leitung. Der alte Brunnen des Wirtshauses wurde jedoch nicht einfach zugeschüttet, sondern verglast – er steht mitten in der Lounge.

• *Übernachten* **B&B Burford Lodge,** Anne Willis, Quay St., ✆ 028 4484 1141, www.burfordlodge.eu, DZ 50 £. Das ansprechende Haus im georgianischen Stil steht an der Wasserfront. Auf Wunsch Abendessen.

▸ In **Killough** erinnern Palatine Street und Palatine Square an die Auswanderer aus der Pfalz, die das Dorf im 17. Jh. gründeten. Eine schnurgerade Chaussee verbindet

Frankreich grüßt – Krabbensuche im Schlick der Ardglass Bay

Downpatrick/Umgebung 739

es mit Castleward, dessen Hafen die heute versandete Bucht einmal war. Verlässt man den Ort auf einem Feldweg nach Süden, wird eine halbe Fußstunde nach den letzten Häusern **St. John's Point** erreicht. Niemand weiß mehr, warum die verfallene Kirche (10. Jh.) nahe dem Leuchtturm nicht Patrick, sondern dem Evangelisten Johannes geweiht war. Ausgrabungen haben Spuren einer noch älteren, hölzernen Kapelle ans Licht gebracht.

▸ **Tyrella Beach:** Als goldgelbes Band sieht man den feinen Sandstrand schon aus der Ferne leuchten. Mit seinen Dünen und dem sauberen Wasser, in das man sich weit hinaus wagen kann, ohne gefährliche Strömungen fürchten zu müssen, lockt der Tyrella-Strand auch viele Tagesbesucher aus Belfast. Bei Ebbe müssen sie sich allerdings mit Wattwanderungen begnügen, denn dann verschwindet das Meer irgendwo am Horizont. Ein Platzwächter sorgt für Ordnung und regelmäßige Müllsammlung, es gibt Toiletten, Trinkwasser und einen Kiosk.

▸ **Loughin Island:** Die kleine Insel ist eine der Idyllen, die mit St. Patrick in Verbindung gebracht werden. **Mac Cartan's Chapel**, die kleinste der drei Kapellen mit einem gerade 1,50 m hohen Portal, wurde lange von Katholiken und Protestanten gemeinsam benutzt, bis man an einem Regensonntag darüber in Streit geriet, wer denn nun unter das schützende Dach der für die zahlreich gekommenen Gläubigen viel zu kleinen Kapelle dürfe.

Anfahrt Von Downpatrick die Newcastle Rd., nehmen, nach dem Rennplatz rechts.

▸ **Seaforde Garden & Butterly House:** Eine große Gärtnerei lockt Kunden und andere Interessierte mit einem **Schmetterlingshaus**. Die Familie der *Lepidotera*, so erfahren wir, zählt weltweit 100.000 verschiedene Arten, wovon immerhin 60 die freie Natur der Britischen Inseln bevölkern. Als schlechte Nachricht nehmen wir aus Seaforde mit, dass die bei Weitem größte Fraktion der Lepidotera nicht aus den farbenprächtigen und gern gesehenen Schmetterlingen besteht, sondern aus ihren von Hausfrauen und -männern gefürchteten Verwandten, den Motten. Doch die geben optisch nicht viel her und sind zudem meist nachtaktiv, weshalb die Menagerie im Schmetterlingshaus eben nur aus Schmetterlingen besteht. Sie können Ihren Naturwollpullover also während des Besuchs unbesorgt anlassen. Bleibt der **Ziergarten**, mit dem wenigstens ein Teil des riesigen Seaforde-Parks für das Publikum zugänglich ist. Angelegt in den 1970er Jahren anstelle eines viktorianischen Vorgängers, ist er unter Experten für seine *Eucryphiae* bekannt, im fernen Australien beheimatete Büsche mit weißen, intensiv duftenden Blüten.

Ⓞ Ostern bis Sept. Mo–Sa 10–17, So 13–18 Uhr, Eintritt 6 £, nur Schmetterlingshaus 3,50 £. www.seafordegardens.com.

▸ **Dundrum:** Das Städtchen liegt an einer hammerförmigen Bucht, die sich bei Ebbe in eine Schlickwüste verwandelt. Dundrum ist eine Hochburg der Loyalisten – alljährlich beschließt eine Parade der Royal Blacks, eines Ablegers des Orange Order, die nordirische Marching Season. Die Ruine des **Dundrum Castle** überragt den Ort. Die einen schreiben die Burg John de Courcy zu, der sie für den Kreuzritterorden der Templer angelegt haben soll, andere sehen seinen Nachfolger de Lacy als Urheber. Jedenfalls galt das noch immer eindrucksvolle Fort als die sicherste Normannenfestung in Ulster, fiel aber 1210 König Johann in die Hände. Ungewöhnlich ist der später angefügte kreisrunde Donjon. Oliver Cromwell ließ 1652 alle Befestigungen sprengen und bescherte uns damit jene romantische Ruine, die heute der Staat erhält.

Ⓞ Dundrum Castle, April–Sept. Di–Sa 9–18, So 14–18 Uhr, im Winter nur Sa 10–16 Uhr; Eintritt frei. www.ehsni.gov.uk.

Nordirland Karte S. 652/653

Mourne Mountains

Das kompakte Küstengebirge im Süden des Countys ist mit seinen einsamen Tälern das beste Wandergebiet Nordirlands. Auch Kletterer finden an den urwüchsigen und steilen Granitwänden manche Herausforderung.

Vulkanische Eruptionen, aus dem Erdinneren emporgestiegene Granitschmelzen und die Erosion der weicheren Oberflächenmineralien brachten vor rund 65 Millionen Jahren jenes Granitgestein zu Tage, das heute so wunderschön in vielerlei Farbschattierungen von Rosa bis Grüngrau schillert. Da die Erosion in diesem erdgeschichtlich jungen Gebirge bislang wenig Gelegenheit hatte, die Felsen zu glätten und die Spitzen abzutragen, sind die Mournes auch ein gutes Terrain für Kletterer. Aus der Vogelperspektive bilden die fünfzehn Gipfel in etwa eine Acht. Die unteren Partien der Hänge sind teilweise noch mit dichten Nadelwäldern bedeckt, die Höhen jedoch eine Heidelandschaft mit Ginster, Erika und vielen Steinen.

Das bis 848 m hohe Gebirge erstreckt sich über gerade mal 20 x 15 km und ist nahezu unbewohnt, weshalb es auch nur mit wenigen Straßen erschlossen wurde. Als wichtigste Panoramastraße überquert die B 27 zwischen Kilkeel und Hilltown die Berge und streift dabei das *Spelga Reservoir,* den kleinsten der drei Stauseen in den Mournes. Für Wanderer gibt es den *Mourne Trail,* der in Strangford beginnt und als Fernwanderweg das Gebirge nach Newry überquert. Wegen der vielen Anstiege rechne man für die etwa 100 km lange Strecke fünf Tage. Als Karte empfiehlt sich die *Mourne Country Outdoor Pursuits Map* im Maßstab 1:25.000. Tagestouren führen etwa auf den *Slieve Donard.* Wer es bequemer mag, sucht in den Landschaftsgärten und Naturparks der Forstverwaltung Erholung.

Newcastle

Im Schatten des Slieve Donard schmiegt sich Newcastle (8000 Einwohner) an die Dundrum Bay. Eine schöne Promenade führt am Sandstrand entlang. Der Badeort ist zugleich ein guter Ausgangspunkt für Wanderungen in den Mourne Mountains.

Mittelpunkt des Städtchens ist das **Newcastle Centre,** ein Kurhaus, in dem sich auch die Touristinformation befindet. Etwa hier befand sich die Burg, die dem Ort seinen Namen gab. Das Gebäude des Centres (die neuen Anbauten auf der Meerseite übersehen wir höflich) entstand 1839 als *Annesley Arms Hotel.* Um diese erste, vom weitsichtigen William Richard Earl of Annesley für wohlhabende Sommerfrischler gebaute Herberge herum entwickelte sich dann der Ferienort.

Information/Verbindungen/Diverses

• *Information* **Tourist Board,** Newcastle Centre, 10–14 Central Promenade, ☎ 028 4372 2222, Mo–Sa 10–17 (Juni–Sept. bis 19 Uhr), So 14–18 Uhr; Stadtplan, Wanderführer, Souvenirs. www.downdc.gov.uk. Speziell zu Wanderungen und Naturschutz auch beim **Mourne Heritage Trust,** 67 Central Promenade, ☎ 028 4372 4059, www.mournelive.com.
• *Verbindung* Von der **Bus**station (am Nordende der Hauptstraße) nach Belfast, Downpatrick, Newry. Nur im Juli/Aug. fährt Ulsterbus 34 A („Mourne Rambler") morgens zum Silent Valley und Spelga Damm und sammelt am Spätnachmittag die müden Wanderer wieder ein. Auskunft ☎ 028 4372 2296.
• *Campingausrüstung* **Hilltrekker,** 115 Central Promenade. Wanderkarten, Verleih von Zelten und sogar Stiefeln, dazu jede Menge Tipps.

Newcastle 741

Newcastle – 170 Jahre Sommerfrische

- *Fahrradverleih* **Wiki Wiki Wheels,** 10B Donard St., ☎ 028 4372 3973, Mo–Sa 9–18, So 14–18 Uhr.
Mourne Cycle Tours, 13 Spelga Av., ☎ 028 4372 4348, www.mournecycletours.com, Leihrad 15–17 £/Tag.
- *Kletterkurse* **Tollymore Mountain Centre,** Bryansford, ☎ 028 4372 2158, www.tollymore.com. Mit Kletterwand. Die Kurse müssen mindestens zwei Wochen vorher gebucht werden.
- *Reiten* **Newcastle Riding Centre,** Carnacaville Rd., Castlewellan, ☎ 028 4372 2694. Mit vielen Ponys speziell für Kinder geeignet, die hier auch unbegleitete Ferien machen.
Mourne Trail Riding Centre, 96 Castlewellan Rd., ☎ 028 4372 4351. Ausritte im Tollymore Park (15 £/Std.), auch mehrtägige Ausflüge.
Mount Pleasant Riding & Trekking Centre, 15 Bannonstown, Castlewellan, ☎ 028 4377 8651, www.mountpleasantcentre.com, mit dem gleichen Angebot.

Übernachten

Das Angebot reicht vom Luxushotel bis zur Jugendherberge, hinzu kommen im Sommerhalbjahr einige Campingplätze in der näheren Umgebung.

**** Slieve Donard Hotel, ☎ 028 4372 1066, www.hastingshotels.com, DZ 100–200 £. Zeitgemäßer Luxus im Backsteinambiente aus der Zeit um 1900. Während im Sommer betuchte Urlauber, Reisegruppen und Hochzeitsgesellschaften das Haus beleben, hält man sich im Winter mit allerlei Konferenzen über Wasser. Lounge mit Meerblick, Leseraum, die Zimmer in Blau- und Apricottönen mit Mahagonimöbeln. Zum Hotel gehören ein luxuriöses Wellnesscenter, Garten und eigener Strand.

B&B Beach House, Mrs. Macauley, 22 Downs Rd., ☎ 028 4372 2345, myrtle.macauley@tesco.net, DZ 90 £. Das ältere Haus mit attraktiven schmiedeeisernen Balkonen liegt zentral am Meer. Die 3 Zimmer mit Bad und TV sind neu ausgestattet.

Harbour House Inn, 4 South Promenade, ☎ 028 4372 3445, www.stoneboatrestaurant.com, DZ 60 £. Familienfreundliche Zimmer (auf Wunsch mit Kinderbett und Babyphone!) über einem Pub mit Restaurant.

Youth Hostel, 30 Downs Rd., ☎ 028 4372 2133, geöffnet März–Okt., Nov./Dez. nur Fr–So, Bett ab 12 £. Das ältere Haus liegt zentral am Wasser. 4 geräumige Schlafsäle mit 6–8 Betten, ein 4er-Zimmer und eine Art Apartment mit eigener Küche. Saubere Sanitäranlagen, doch vor den Duschen kann es morgens zu Warteschlangen kommen. TV-Lounge, karger Speiseraum und riesige Küche. Tagsüber bleibt das Haus verschlossen.

742 Nordirland/County Down

Essen

Auch in Newcastle wird man satt, doch wer fein ausgehen und gut essen will, wird enttäuscht oder muss sehr tief in seine Brieftasche greifen. Spezialität im Pub ist „Bees Endeavour", ein Honigale aus der Whitewater-Brauerei im nahen Kilkeel.

Percy French Inn, Down's Rd., am Eingang zum Slieve Donard Hotel. Das große Lokal im rustikalen Landhausstil gliedert sich innen in Bar, Tearoom und Restaurant. Unter Aufsicht des Chefkochs grillt die Küchenbrigade vor den Augen der Gäste. Mit Biergarten.

Diamond Pats, 69 Central Promenade. Der legendäre Diamond Pat, so die Überlieferung, ließ einst die Leute glauben, er könne den Granit der Mournes in Diamanten verwandeln. Tatsächlich schmuggelte er die Edelsteine. Die nach ihm benannte Lokalität umfasst eine Bar (tagsüber Barfood), Mariner's Restaurant (ab 18 Uhr) und eine am Wochenende geöffnete Diskothek.

The Strand, 67 Central Promenade, www.

thestrand.net. Seit 1930 im Geschäft, unten ein modern eingerichtetes Café, im 1. Stock Restaurant mit britischer Küche.

Shimna, Main St., bietet sich tagsüber als Coffeeshop an, der auch von den Einheimischen gern besucht wird. Auf der Karte etwa Quiche, Pies oder Pfannkuchen mit Ahornsirup.

Maud's, Shimna Bridge, Main St., www.mauds.co.uk. Aus dem modern eingerichteten Coffeeshop hat man einen schönen Blick übers Meer, an warmen Tagen stehen auch einige Tische draußen. Es gibt Pizza und Pasta, bunte Bonbons aus riesigen Glaskästen und vor allem Eiscrem, den Maud's ist auch Nordirlands größter Speiseeishersteller.

Sehenswertes

Gegenüber des Newcastle Centres erkennt man noch die früheren Stallungen des Hotels, in die jetzt eine Spielhalle eingezogen ist. Gleich neben dem Hotel befand sich ein *Badehaus,* in dem die Gäste sich in kaltem oder heißem Meerwasser erfrischen konnten. Das vor dem Abriss gerettete Eingangsportal mit seinen stattlichen Granitsäulen führt heute ins **Tropicana,** ein Freibad mit nicht gerade tropisch temperiertem, aber doch erwärmtem Wasser. Auf der anderen Seite des Centres mündet der Shimna River; Hauptstraße und Promenade überqueren ihn auf einer Brücke. Unmittelbar vor der Mündung erweitert sich der Fluss zu einem kleinen See, auf dem sich Schwäne, Enten und Tretbootfahrer tummeln.

Im Norden des Orts markiert ein massiger Uhrturm aus roten Ziegeln den früheren **Bahnhof** (1906) der County Down Railway. Drinnen vermittelt Lidl deutsches Heimatgefühl. Aus den gleichen Ziegeln baute die Eisenbahngesellschaft seinerzeit auch das Slieve Donard Hotel, das dem Annesley Arms den Rang ablief und bis heute das vornehmste Hotel von Newcastle blieb. Gleich zwei Golfclubs okkupieren die Wiesen hinter dem Haus.

Machen wir vom Newcastle Centre noch einen Spaziergang in südlicher Richtung. Vor der nächsten Brücke über den Glen River liegt rechts hinter einem Parkplatz der **Donard Park,** in dem die Wanderwege in die Berge beginnen und wo samstags ein großer Flohmarkt abgehalten wird. Wo der **Black Rock** die Uferstraße zu einem kleinen Anstieg zwingt, befindet sich am Ufer ein weiteres Schwimmbecken. Früher war dieser Platz das städtische Damenbad. Bei Ebbe tauchen zwei Steinmäuerchen aus dem Wasser auf – eine alte **Fischfalle,** die den Tieren bei ablaufendem Wasser den Rückweg ins Meer versperrte und sie zum leichten Opfer der Fischer werden ließ.

Schließlich wird der **Hafen** von Newcastle erreicht. Hier wurden früher die in den Bergen gebrochenen Granitsteine verladen, dazu Bauholz und Kartoffeln, während

An der Strandpromenade in Newcastle

die einfahrenden Schiffe Schiefer, Kohle und natürlich Fisch brachten. Beim **Haus der Küstenwache,** die hier nach Schmugglern Ausschau hielt, führt ein schmaler Weg hoch zur **King's Road,** in der früher die Fischer und Seeleute wohnten. Die Häuserzeile der **Widow's Row** erinnert an den Untergang eines Schoners im Januar 1842, bei dem 46 Männer ihr Leben verloren. Die Reihenhäuschen wurden damals für die Hinterbliebenen gebaut und mit einer Spendensammlung finanziert.

Wanderung Granite Trail: Kurz aber steil! Der von Infotafeln gesäumte Weg folgt vom Hafen der *Bogie Line,* einer Seilbahntrasse, mit deren Hilfe im 19. Jh. Granit transportiert wurde. Sie endet nach etwa 1 ½ Std. Aufstieg am Aussichtspunkt Thomas' Mountain Quarry. Wer nicht den gleichen Weg zurückgehen möchte, kann einen ausgeschilderten Umweg (4 km) durch den Wald hinunter zum Glen River machen und diesen entlang wieder zum Städtchen laufen. Ein Faltblatt mit Karte gibt's in der Touristinformation.

Newcastle/Umgebung

▶ **Tollymore Forest Park:** Der 5 qkm große Wald liegt auf beiden Ufern des Shimna River und zieht sich noch ein gutes Stück den Nordhang der Mournes hinauf. Die Pflanzung geht auf James Hamilton, Earl of Clanbrassil und seinen Gartenarchitekten Thomas Wright zurück, die das Gebiet Mitte des 18. Jh. aufforsten ließen. Zehn Jahre lang, so wird überliefert, schufteten die Arbeiter, bis sie die etwa 5 Millionen Setzlinge im Boden hatten.

Heute wird der überwiegend aus Lärchen bestehende Wald von der staatlichen Forstverwaltung bewirtschaftet. Auf Wald- und Parkspaziergängen trifft man unvermutet auf gotische Bögen, künstliche Felsen, Grotten, Höhlen und einen Wasserfall. Von der **Ivy Bridge** kann man im Spätsommer den Lachsen im Bach zuschauen.

Die als Kirche getarnte Scheue – ein herrschaftlicher Scherz im Tullymore Park

Schade, dass das Schloss völlig abgetragen ist – das **Visitor Centre** in der alten, äußerlich einer Kirche nachempfundenen Scheune zeigt als letztes Überbleibsel ein Stuckfragment. Dafür überdauerten neben dem unterem Parkplatz, auf dem das Schloss einst stand, einige Baumveteranen aus den Gründerjahren des Parks. Das **Arboretum** zeigt u. a. einen Erdbeerbaum, zwei Lawson-Zypressen, eine Korkeiche, amerikanische Mammutbäume und schließlich als Star der Sammlung den Urahnen aller *Piceae abies Clanbrassilianae*. Die nach dem Lord benannte und äußerst langsam wachsende Zwergkoniferenart wird heute als eleganter, etwa 1 m hoher Busch gerne in Ziergärten angepflanzt. Den sichtlich in die Jahre gekommenen Vorfahren würde allerdings kein Hobbygärtner mehr nehmen. Zwar erreicht er mit 5,7 m Höhe Weltrekord, ist im unteren Teil des Stammes aber völlig kahl – genau das, was die Gärtner nicht wollen.

- *Information* www.forestserviceni.gov.uk.
- *Eintritt* Auto 4 £, Fußgänger und Radler 2 £. Bus 34 hält am Parkeingang.
- *Camping* **Tollymore Forest Park,** 176 Tullybrannigan Rd., ☎ 028 4372 2428, ganzjährig offen, 2 Pers. mit Zelt 8–13 £. Im Naturpark unter Mammutbäumen und Zedern, 3 km außerhalb an der A 2, ausgezeichnete Sanitäreinrichtungen, Animationsprogramm mit Ponyreiten und geführten Wanderungen.

▶ **Castlewellan Forest Park:** Dieser Naturpark besticht mit seinem Panorama aus Bergen und Seen. Spaziergänge führen durch eine abwechslungsreiche Gartenarchitektur mit Terrassen, Treppenfluchten, Springbrunnen, Gazebos und modernen Skulpturen. Geometrische und geordnete Anlagen wechseln mit der inszenierten Natürlichkeit nur scheinbar urwüchsiger Wälder ab. Unter Botanikern ist Castlewellan für die seltenen Bäume und Sträucher seines Arboretums bekannt, die seit 1850 in allen Erdteilen gesammelt und hier angepflanzt wurden – die windgeschützte Südlage lässt auch hier mediterrane Erdbeerbäume gedeihen. Nach dem Park sind eine Wacholderart *(Juniperus recurva Castlewellan)* und eine Subspezies

Von Newcastle nach Newry 745

der Lawson-Zypresse benannt, die etwa an den Ufern des großen Sees wächst. Hier darf, nach Anmeldung bei den Rangern, auch gezeltet werden. Boote werden verliehen, aus denen die Angler den Forellen nachspüren. Den **Sculpture Trail,** der als einstündiger Wanderweg um den See herum führt, säumen acht Skulpturen und Landschaftskunstwerke aus natürlichem Material wie Holz und Stein, darunter ein Dinosaurier. Das um 1720 gebaute **Schloss** der Annesleys, die uns schon in Newcastle begegneten, wird heute als Konferenzzentrum genutzt.

- *Information* www.forestserviceni.gov.uk.
- *Eintritt* Auto 4 £, Fußgänger und Radler 2 £.
- *Camping* **Castlewellan Forest Park,** ✆ 028 4377 8664, gleich hinter dem Gutshof.

Dolly's Brae – für Gott und König gegen die Papisten

James Hamilton hinterließ keine Kinder, aber den Tollymore Forest. Über seine Schwester kam das Anwesen in den Besitz der Familie Roden. Lord Roden machte sich als Katholikenfresser und Großmeister der Oranierloge einen Namen. 1849 attackierten aufgehetzte Oranier in Castlewellan und Crossgar die Paraden am St. Patrick's Day. Später kam es bei *Dolly's Brae* zu einen regelrechten Gefecht zwischen Protestanten und Katholiken, bei denen die Letzteren den Kürzeren zogen und je nach Quelle acht oder gar dreißig Tote zurück ließen. Der Zwischenfall führte zu einem Verbot aller Aufmärsche in den Folgejahren. Eine Untersuchungskommission machte Lord Roden als den Anstifter der Unruhen aus. Er verlor sein Amt als Friedensrichter, blieb aber weiter Großmeister des Ordens, dessen Chroniken ihn bis heute als heldenhaften Verteidiger des politischen Protestantismus feiern.

▶ **Wanderung Slieve Donard:** Der am häufigsten begangene Aufstieg auf Nordirlands höchsten Berg (853 m) beginnt im **Donard Park,** dem Stadtwald vom Newcastle. Vom Ende des Parkplatzes führt ein Pfad am Bach entlang den Berg hinauf und trifft oben auf dem Kamm schließlich den **Mourne Wall,** eine etwa 1,50 m hohe Natursteinmauer, die das 36 qkm große Quellgebiet der Stauseen einfasst. Diese „irische Mauer" wurde als Arbeitsbeschaffungsprojekt 1904–22 errichtet, um das von der Belfaster Wasserwirtschaft erworbene Land vor Schafen und „Unbefugten" zu schützen. Man folgt ihr nach links. Der Weg ist einfach (an windstillen Tagen kann man auf der Mauer selbst laufen), aber steil und steigt auf dem letzten Kilometer um 300 Höhenmeter an. Ein Wasserturm und ein Cairn markieren den Gipfel, von dem die Aussicht bis zur Ilse of Man und nach Schottland reicht (ab Newcastle hin und zurück 5 Std.).

Ein zweiter Weg beginnt an der Küstenstraße 3 km südlich von Newcastle bei der **Bloody Bridge,** so genannt nach einem Gemetzel von 1641, bei dem die Katholiken hier einem Trupp Protestanten aus Newry auflauerten. Vom Parkplatz (an dem auch ein schöner Küstenpfad über die Klippen beginnt) folgt der von Schmugglern und den Arbeitern der Steinbrüche ausgetretene **Brandy Path** dem Bach landeinwärts und passiert die Ruine einer 1933 für die Wanderer gebauten Jugendherberge. Ein Granitsteinbruch bleibt links liegen, steigen Sie weiter in der Talsohle zwischen **Chimney Rock** (links) und **Slieve Donard** (rechts) auf, bis Sie oben auf dem Sattel den Mourne Wall treffen. Diesem nach rechts folgend kommt man auf den Gipfel (ab Bloody River Bridge 5 Std.).

An den Sommerwochenenden gibt es auch geführte Wanderungen auf den Berg – die Termine erfährt man von der Touristinformation.

Nordirland Karte S. 652/653

746 Nordirland/County Down

Von Newcastle nach Newry

▸ **Annalong:** Vor dem majestätischen Hintergrund des *Slieve Binnian* duckt sich der kleine Fischerort abseits der Küstenstraße an die Bucht (gälisch: Áth na Long, „Fjord der Schiffe"). Fremde lassen sich hier nur selten blicken. Im Hafen dümpeln Fischerkähne. Trawler laden den Fang ab und in der Luft liegt ein Geruch von Seetang und Hering. Zu besichtigen (Führungen im Sommer Mi–Mo 14–18 Uhr) ist eine alte **Wassermühle**, gleich hinter dem Campingplatz, deren mächtige Steinscheiben noch immer Getreide zerreiben – auch wenn die Ausflügler heute sicher mehr Geld im Haus lassen als das eigentliche Müllerhandwerk.

● *Übernachten* **Cornmill Quay Hostel,** ☎ 028 4376 8269, www.cornmillquay.com, Zimmer ab 40 £, Bett 15 £. 6 Zimmer à 3 oder 4 Betten mit Bad, neu eingerichtete Zimmer mit Zentralheizung; Küche und

Waschküche. Auch Ferienwohnungen.
● *Camping* **Marine Park,** beim Hafen, ☎ 028 4376 8736, Mai–Sept., gemeindeeigener Platz in bester Lage direkt am Meer, doch mit wenig Komfort. Zelt 15 £.

Die Mournes – ein gefährdetes Biotop

Naturschützer waren nicht unglücklich darüber, dass wegen der „Troubles" nicht allzu viele Wanderer in die Mournes kamen. Deren Spuren sind nämlich nicht zu übersehen: Entlang der Trampelpfade ist die dünne Vegetation zerstört – entweder tritt der nackte Stein zu Tage, oder es bilden sich sumpfige Wasserlöcher. Der National Trust, der weite Teile des Gebirges erworben hat, versucht deshalb, die Wanderer auf wenigen, befestigten Routen zu „kanalisieren". In Newcastle werben die Ranger für den Naturschutz und versuchen, die Besucher über das fragile Ökosystem der Mournes aufzuklären. Kräftige Subventionen sollen aus Bauern Landschaftsschützer machen und vor allem die Steinbruchbesitzer dazu bringen, ihre Granitbrüche nicht weiter auszubeuten.

▸ **Silent Valley:** Bei Annalong zweigt die Route ins Silent Valley mit dem gleichnamigen Stausee ab, dessen Trinkwasser bis nach Belfast gepumpt wird. Mit dem Bau des 1933 vollendeten Damms aus Erde und Naturstein waren über 10 Jahre hinweg 2000 Arbeiter beschäftigt. Die geologischen Verhältnisse erwiesen sich als unerwartet schwierig. So verzichteten die Ingenieure auf den ursprünglich geplanten weiteren Damm im Annalong Valley und trieben stattdessen einen Tunnel unter dem **Slieve Binnian** hindurch, der das Wasser des Annalong River ins Silent Valley Reservoir umleitete. Unterhalb des Damms empfängt ein **Visitor Centre** mit Restaurant die Besucher. Der beliebteste Spazierweg führt in einer guten Stunde den See entlang zum **Ben Crom Reservoir** hinauf, einen zweiten See, der 1957 geschaffen wurde. Für Fußfaule pendelt im Sommer (Mai, Juni, Sept. nur Sa/So; Juli/Aug. täglich) ein Bus zum Ben Crom.

● *Information* **Silent Valley Visitor Centre,** Juni–Aug.. tgl. 11–18.30 Uhr, April/Mai, Sept. nur Sa/So. ☎ 0845 744 0088, Wanderinfos und Coffeeshop. www.newryandmourne.gov.uk.
● *Verbindung* Der **Mourne Rambler** (Ulsterbus 34 A) fährt im Juli/Aug. morgens von Newcastle ins Silent Valley und am Spätnachmittag zurück.
● *Eintritt* Autos 4,50 £, Radler/Fußgänger

1,60 £. Die Zufahrt zum Tal schließt April–Okt. 18.30 Uhr, Nov.–März um 16 Uhr.
● *Übernachten* **Cnocnafeola Centre,** Bog Rd., Attical, www.mournehostel.com, ☎ 028 4176 5859, Bett 15 £, DZ 36 £, Frühstück extra. Neue Budgetunterkunft in den Bergen zwischen Silent Valley und Spelga Damm, Zimmer (mit Bad) mit 2–8 Betten; Restaurant, Gästeküche, Waschmaschine.

Von Newcastle nach Newry 747

Grün ist auch das Land um Greencastle

- **Greencastle:** Die anglo-normannische Burg Greencastle steht auf einer Anhöhe am Rand einer kleinen Halbinsel am Eingang des Carlingford Lough. Nicht die Burg, sondern das Land ist grün. Weide fügt sich an Weide, dazwischen hier und da ein Gehöft – keine Kleinbauern, sondern Viehbarone mit großen Scheunen und modernstem Maschinenpark sind hier zu Hause. Es riecht nach Gülle, und unmittelbar neben der Burg wird ein Gutshof bewirtschaftet. Greencastle wurde von den Anglo-Normannen im 13. Jh. etwa zeitgleich mit der Feste auf der anderen Seite der Bucht angelegt. Die meiste Zeit war hier eine kleine Garnison stationiert. Über 350 Jahre blieb die Burg eine Bastion der englischen Könige, dann fiel sie an einen irischen Clan, bevor Oliver Cromwells Truppen das Fort schließlich zur Ruine machten. Von der Mauerkrone hat man einen schönen Blick über den Fjord. Im Westen erkennt man noch die Grundmauern einer alten Kirche, an der Landspitze einen künstlichen Hügel, der wohl vor dem Bau der Burg als Heerlager diente.
  ⓘ Juli–Aug. Di, Fr–So 14–18 Uhr, Mi, Do 10–13 Uhr; Eintritt frei. www.ehsni.gov.uk.

- **Rostrevor:** In diesem schmucken Dorf, das aus dem Musterkatalog eines Dorfverschönerungswettbewerbs stammen könnte, veranstaltet die Musikerfamilie Sands jeden August das *Fiddler's Green Festival* (www.fiddlersgreenfestival.com), auf dem sich Legenden wie Dolores Keane und die Dubliners ein Stelldichein gaben. Im **Kilbroneypark** am Ufer des gleichnamigen Flüsschens laden Sportanlagen zu körperlichen Aktivitäten ein. Gleich an der Einfahrt und noch vor dem Parkplatz findet man rechter Hand einen Eichenhain, der einen Eindruck vom natürlichen Bewuchs der Hänge gibt, bevor die Forstwirtschaft sich der Wälder annahm. Die Wanderroute auf den **Slieve Martin** (485 m) verläuft zum großen Teil auf einem asphaltierten „scenic drive", auf dem auch die Autofahrer eines durch den Wald kurven – es gibt bessere Wanderwege.

748 **Nordirland/County Down**

Warrenpoint

Der einstige Vorhafen von Newry hat die Kais der Mutterstadt längst überflügelt. Als sortiere ein Riesenkind seine Bausteine, hieven Kräne Container vom Schiff auf den Lagerplatz oder schlichten an anderer Stelle die Stapel um, weil ausgerechnet der unterste Container auf den Sattelschlepper soll. Vom Hafenbetrieb unbekümmert vergnügen sich im Watt vor dem Stadtzentrum Familien beim Stochern nach Krebsen und Muscheln, während sich weiter draußen Jugendliche bemühen, ihr Surfbrett im Wind zu halten. Die Häuser der Uferpromenade wurden hübsch herausgeputzt – hier bemüht sich das Städtchen, an seine viktorianische Tradition als Ausflugsort anzuknüpfen. Zu sehen gibt es allerdings wenig. Beim **Narrow Water Castle,** der Burg von Warrenpoint, sprengten die Republikaner 1979 eine Truppe britischer Soldaten in die Luft; das neue Schloss **Mount Hall** (1830) beherbergt eine Kunstgalerie. Im Nachbarort Burren, mehrfacher Inselmeister im gälischen Fußball, bemüht sich das **Burren Heritage Centre,** uns die Bronzezeitgräber der Region und andere Heimatkunde näher zu bringen.

● *Information* Town Hall, Church St., ✆ 028 4175 2256, Mo–Fr 9–17 Uhr.
● *Verbindung* Juni–Sept. **Personenfähre** „Seascapes" nach Omeath, Juni–Sept. tägl. 11–19 Uhr. Auskunft ✆ 028 4175 3425.
⏱ **Burren Heritage Centre:** Winter Di–Fr 9–13, Juni–Sept. Di–Fr 9–17, Sa/So 13–17 Uhr.
Narrow Water Castle: Juli/Aug. Di, Fr, Sa 10–13 Uhr, Mi, Do 14–18 Uhr. Eintritt frei. www.ehsni.gov.uk.
● *Fahrradverleih* **Stewart Cycles,** 14 Have-

lock St., ✆ 028 4177 3565.
● *Wassersport* **East Coast Adventure Centre,** ✆ 028 4173 9333 , www.eastcoast adventure.com. Das Hauptquartier befindet sich bei Rostrevor (s. o.), doch am Strand von Warrenpoint werden in der Saison auch Surfbretter, Segelboote und Fahrräder verliehen.
● *Essen* **Bennett's Pub,** 23 Church St., serviert von den örtlichen Fischern gefangenen Fisch, Steaks und die gängigen Pies.

Newry

Auf einem Stadtspaziergang lässt sich manch netter Winkel entdecken. Allerdings werden höchstens Polittouristen in dieser recht nüchternen Arbeiterstadt am Weg von Dublin nach Belfast gleich mehrere Tage verweilen.

Zwischen den Mournes im Osten und Slieve Gullion im Südwesten kontrolliert Newry (23.000 Einw.) mit dem *Gap of the North* die natürliche Pforte zwischen Ulster und Leinster. Während des Bürgerkriegs war das katholische Newry eine besetzte Stadt. Soldaten in Kampfmontur patrouillierten am helllichten Tag mitschussbereiten Gewehren durch die Hauptgeschäftsstraße, vor dem Gericht blockierten graue Einsatzwagen und Mannschaftstransporter den Bürgersteig – kein Ort für Touristen.

Heute bemühen sich die Leute vom *Newry Regeneration Project* der Stadtverwaltung, vor allem Gäste aus der Republik wenigstens zu einem Tagesausflug in die Stadt zu locken. Immerhin kann Newry mit einer der ersten irischen **Fußgängerzonen** aufwarten, mit einem sanierten, von Einkaufszentren gesäumten **Kanal** und einem kuriosen **Rathaus,** das auf einer Brücke mitten über dem Fluss errichtet wurde.

Geschichte

Newry geht auf eine mittelalterliche Zisterzienserabtei zurück. Nach der Säkularisierung (1545) bemächtigte sich der englische Abenteurer Nicholas Bagenal der Stadt, im 18. Jh. geriet sie in die Hände des Earls of Hillsborough. Die Glanzzeit Newrys begann mit der Eröffnung des *Newry Canal* (1742). Auf diesem ersten gro-

Newry 749

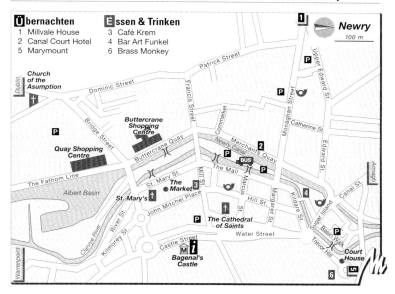

ßen Kanal des Königreichs wurde die Kohle vom Lough Neagh sowie das Getreide der Region transportiert und in Newry auf Küstenschiffe umgeladen, die es weiter nach Dublin oder gar nach England brachten. Newry wurde schnell zum viertgrößten Hafen Irlands. Mit den Schiffen kamen die Händler und mit ihnen die Bauern von Nah und Fern, um zu kaufen und zu verkaufen.

Die 1849 gebaute Eisenbahnlinie drängte den Kanal jedoch ins Abseits, das Hinterland orientierte sich zusehends nach Belfast. Von einer Handelsstadt wandelte sich Newry nun zur Industriestadt. Die neue Textilindustrie siedelte sich im Westen der Stadt an, zu den Spinnereien in Bessbrook wurde sogar eine Straßenbahn gebaut. Dennoch war das goldene Zeitalter zu Ende. Ab 1881 stagnierte die Einwohnerzahl, die Fabriken schlossen nach und nach ihre Tore. Auch wenn besonders am Donnerstag, dem Markttag, noch immer viele Leute aus der gerade zehn Autominuten entfernten Republik in die Stadt kommen, hat Newry auch durch die Grenze an wirtschaftlicher Bedeutung verloren. Die Arbeitslosigkeit liegt heute weit über dem Landesdurchschnitt. Als Hotspot der „Troubles" war Newry wiederholt Schauplatz von Attentaten, die, zusammen mit den Machtdemonstrationen der Armee, den Ruf der Stadt bei potenziellen Investoren ramponierten.

• *Information* In Bagenal's Castle, Mo–Fr 9–17 Uhr (Mitte Juni–Sept. bis 18 Uhr), April–Sept. auch Sa 10–16 Uhr, ✆ 028 3031 3170, hat Stadtpläne und die üblichen Prospekte. www.newryandmourne.gov.uk und www.newrycity.eu.

• *Verbindung* Zentrale **Busstation** an der Mall neben dem Newry-Kanal. Auskunft ✆ 028 3026 3531.

Der brandneue Bahnhof (✆ 028 3026 9271, **Züge** nach Belfast und Dublin) liegt 2 km außerhalb an der Camlough Rd. Zubringerbusse von der Busstation.

• *Fahrradverleih* **McCumiskey Cycles,** beim Spar-Markt, Forkhill Rd., Dromintee, ✆ 028 3088 8593, www.mccycles.com.

• *Übernachten* **Canal Court Hotel (2),** Merchants Quay, ✆ 028 3025 1234, www.canalcourthotel.com, DZ 130–150 £. Der

750 Nordirland/County Down

auf alt gemachte Neubau des Hotels liegt zentral gleich gegenüber dem Busbahnhof. Die 50 Zimmer sind geschmacksneutral im Allerweltshotelstil eingerichtet. Das Hotel hat einen eigenen Fitnessclub mit 20-m-Schwimmbecken.

B&B Marymount (5), Windsor Av., ℡ 028 3026 1099, www.marymount.freeservers.com, DZ 60 £. Bungalow auf einem Hügel 10 Gehminuten vom Zentrum. Drei Gästezimmer teilw. mit eigenem Bad. Keine Kreditkarten.

B&B Millvale House (1), 8 Millvale, Bessbrook Rd., ℡ 028 3026 3789, DZ 60 £. Ein Bungalow etwa 20 Gehminuten außerhalb des Zentrums und nahe dem Bahnhof, alle Zimmer mit Bad.

● *Essen* **Art Bar Funkel (4),** 1a Bank Parade, ℡ 028 3031 3186, www.artbarfunkel. com, Mo–Fr 9–17 und Do–Sa ab 18 Uhr. Gute Restaurants haben es in Newry offenbar schwer – sie schließen zu Autors Leid oft schon nach kurzer Zeit. Eine Aus-

nahme macht das Bistro im Arts Centre. Internationale Küche in verlässlicher Qualität: Morgens Frühstück (z.B. Pfannkuchen mit Ahornsirup), mittags das Hauptgericht für 5–7 £, abends bis 15 £.

The Brass Monkey (6), 16 Trevor Hill, gegenüber dem Gericht, ℡ 028 3028 3176, www.thebrass.co.uk, Mo–Sa Lunch und Dinner (bis 22 Uhr). Ein früheres Arbeiterpub wandelte sich zum gutbürgerlichen Gasthaus mit Landhausambiente. Die Küche hat sich auf Steaks und Seafood spezialisiert, auf Spätaufsteher wartet das Ulster „Monkey Fry". Kneipier Ross Carr gewann mit seiner Mannschaft einst die Inselmeisterschaft im Gaelic Football. Häufig Livemusik.

Café Krem (3), 14 Hill St., Mo–Sa tagsüber geöffnet, Junge Gäste räkeln und lümmeln sich auf coolen Ledersofas. Hit ist die heiße Schokolade, zu essen gibt's Sandwichs und Panini.

Sehenswertes

Der **Town Trail,** ein in längerer oder kürzerer Variante abzugehender Stadtrundgang, führt zu den größeren und kleineren Sehenswürdigkeiten. Einen entsprechenden Plan mit Kurzbeschreibungen verteilt die Touristinformation.

Newry Canal: Vom heute zum Parkplatz verfüllten **Victoria Basin** im Norden bis zum **Albert Basin** im Süden begleitet der Newry Kanal den Fluss quer durch die Stadt. Die großen Dampfer konnten nur bis in das 1850 geschaffene Albert Basin dampfen; kleinere Schiffe luden ihre Waren direkt an den Quays der Stadt ab und wendeten dann im Victoria Basin. Der Verkehr auf dem Kanal endete 1958/59 mit dem Bau einer Brücke, die sich nicht mehr wie ihre Vorgänger hochklappen ließ. Kürzlich wurde jedoch südlich der Stadt eine Schleuse restauriert, und wenn es nach den Plänen der Tourismusbranche geht, werden eines Tages wieder Freizeitkapitäne den Kanal befahren können.

Town Hall: Der **Clanrye,** der parallel zum Kanal durch Newry fließt, ist zugleich die Grenze zwischen Down und Armagh. Da beide Counties das neue Rathaus auf ihrem Boden haben wollten, stellten die Stadtväter es 1893 schließlich genau in die Mitte – auf eine Brücke im Fluss. Heute residiert hier das Bezirksparlament von Newry, Mourne und South Armagh, also der katholischen Gebiete im Südosten Ulsters.

Sugar Island: Auf und um die Insel, auf der das Rathaus mit einem Fuß steht, sind noch eine Reihe von Gebäuden einen Blick wert. Gleich beim Rathaus z. B. das klassizistische Bankgebäude mit dem **Arts Centre** und seinen Ausstellungsräumen. Die **Clanrye Mills** in der New Street wurden 1872, als die Fabrikherren sich noch um ästhetische Bauten bemühten, nach dem Vorbild venezianischer Palazzi errichtet.

Trevor Hill: Auf dem Ostufer protzt das **Gerichtshaus** mit Granit und Stuck in „kompakter Eleganz", wie es ein Architekturkritiker beschrieb. In der Häuserzeile am Fuß des Trevor Hill findet man ein dezentes, dreistöckiges graues Haus mit blauer Tür, das von Francis Johnston einst für die Bank of Ireland entworfen wurde.

Brontë Homeland 751

Hinter dem **Heather Park** wacht auf dem Hügel die **St. Patrick's Church** über die Stadt, deren Vorläufer 1578 als erste reformierte Kirche Irlands gebaut wurde.

Hill Street: Die Hauptstraße Newrys und zwei Plätze sind nach Lord Hill und seinen Anverwandten benannt, der das frühere Sumpfland um 1760 entwässerte und überbaute. Bereits 1978 wurde die Straße für den Autoverkehr gesperrt. Die vornehmsten Gebäude sind einmal mehr die Bankpaläste. Haus Nr. 71/73 war Newrys erstes Theater. Am unteren Ende steht die granitgraue katholische **Cathedral of St. Patrick & St. Coleman,** die innen mit Marmor und Mosaiken verkleidet ist.

Bagenal's Castle: Kann sich eine Burg so verstecken, dass sie völlig vergessen wird? In Newry war das möglich, denn erst jüngst wurde die Burg des Herrn Bagenal unter einer Bäckerei im Abbey Way wieder entdeckt. Manche Archäologen bezweifeln allerdings, dass die im 16. Jh. errichtete Turmburg wirklich das Haus des Stadtgründers war. Wie auch immer, das Gemäuer wurde wieder errichtet und ist nun Heimat des **Stadtmuseums**, das auch die bei der Ausgrabung gemachten Funde zeigt. Prunkstück der für Fremde nicht allzu interessanten Austellung ist ein Tisch, der einmal Admiral Nelson gehörte.

ⓘ Mo–Sa 10–16.30 Uhr, So 13–16.30 Uhr, Eintritt frei. www.bagenalscastle.com.

Newry/Umgebung

▶ **Bessbrook:** Die protestantische Enklave 5 km westlich von Newry wurde 1845 als Modelldorf von *John Grubb Richardson* errichtet, einem Industriellen, der hier Flachs anbauen und in der Leinenfabrik verarbeiten ließ. In ihrer besten Zeit beschäftigte die 1972 geschlossene **Bessbrook Mill** 2500 Arbeiter. Der sittenstrenge Richardson hatte sein Arbeiterdorf mit Schule, Kirche, Bank und allem Möglichen ausgestattet, nur Pub, Pfandhaus und Polizei waren tabu. George Bernhard Shaw nannte Bessbrook so eintönig, dass selbst die Schwäne auf dem Dorfweiher vor Langeweile verenden würden. Am Ortsrand gibt es mit **Derrymore House** einen hübschen Park samt reetgedecktem Landhaus (um 1800) im Stil einer Cottage orné. Im Salon des Hauses, der als einziger Raum besichtigt werden kann, soll der Unternehmer und Politiker *Isaac Corry* den *Act of Union* entworfen haben, der im Jahre 1800 die Vereinigung Irlands mit England vollzog.

ⓘ Derrymore House: Park Mai–Sept. tägl. 10–16 Uhr, Mai–Sept. bis 18 Uhr, Eintritt frei; Haus Juli/Aug. Sa/So 14–17.30 Uhr, Eintritt 3,50 £. www.nationaltrust.org.uk.

Brontë Homeland

Bei **Rathfriland,** etwa 15 km nordöstlich von Newry, weisen Schilder ins Brontë Homeland und zum Brontë Homeland Drive. Der Zusammenhang mit den drei Brontë-Schwestern, deren unter Pseudonymen veröffentlichte Romane die literarischen Salons des viktorianischen Englands in Aufruhr versetzten, scheint allerdings weit hergeholt. Im Brontë Homeland wuchs lediglich ihr Vater Patrick (1777–1861) auf, ein anglikanischer Geistlicher, der seine Kinder malträtierte und von jeder Gesellschaft fern zu halten suchte. Von den Töchtern betrat nur Charlotte (auf ihrer Hochzeitsreise) kurzzeitig irischen Boden. Die Rundfahrt führt zu einer zum Museum umgebauten Kirche mit Schule in **Drumballyroney,** an der Patrick Brontë einst wirkte, zu den Grundmauern seines Geburtshauses und zur Hütte, in der die Großmutter der Schwestern aufwuchs.

ⓘ Brontë Homeland Centre, Drumballyroney Church, April–Sept. Fr–So 12–16.30 Uhr. Eintritt 3 £.

Nordirland
Karte S. 652/653

752 Nordirland/County Down

Banbridge/Linen Homelands

Der Nordwesten von County Down wird von der Tourismusbranche als „Linen Homelands" vermarktet. **Banbridge** ist Ausgangspunkt der **Irish Linen Tour,** die auf einem Tagesausflug das Lisburn Linen Centre (siehe S. 716), Mc'Conville's Leinenspinnerei in Dromore und schließlich eine der wenigen noch aktiven Webereien besucht. Unabhängig von der Tour kann in Banbridge das **Ferguson Linen Centre** besucht werden, eine Edelmanufaktur, die es mit ihren noblen Tischdecken geschafft hat, von 1854 bis heute zu überleben.

Die breite Hauptstraße von Banbridge hat eine abgesenkte Mittelfahrbahn, die unter einer Brücke hindurch einen kreuzungsfreien Geradeausverkehr erlaubt. Das wäre nicht weiter bemerkenswert, wäre diese Schnellstraße nicht bereits 1834 gebaut worden. Die Royal Mail hatte damals gedroht, ihre Postkutschen nicht mehr durch Banbridge zu schicken, da der Stadthügel für die Pferde zu steil sei. Deshalb senkten die findigen Bürger die Straße ab. An der Brücke über den River Bann hat die Stadt dem berühmtesten Banbridger ein Denkmal gesetzt. Vier **steinerne Eisbären** verteidigen Kapitän Francis Crozier gegen den Straßenverkehr. Der Polarforscher starb 1847 auf der Suche nach der Nordwestpassage im arktischen Eis.

• *Verbindung* Banbridge liegt 20 km von Newry entfern an der A 1 Richtung Belfast und von Ulsterbus 38 und 238 angefahren.

• *Information* 200 Newry Rd., ✆ 028 4062 3322, Mo–Sa 10–17, So 13–17 Uhr (Juni–Sept. jeweils bis 18 Uhr). www.banbridge.com.

⊘ **Ferguson Linen Centre:** Mo–Do 9–12.30/13.15–16.30 Uhr, Fr 9–12 Uhr. 54 Scarva Rd. www.fergusonirishlinen.com. Fabrikführung auf Vorbestellung ✆ 028 4062 3491.

Legananny Dolmen/Binder's Cove

Nordirlands schönster Dolmen steht etwas abseits am Fuß des Slieve Croob, doch an schönen Tagen lohnt sich der Abstecher. Es muss viel Mühe gekostet haben, die schweren Steine heranzuschaffen. Die Archäologen fanden Spuren von Urnengräbern und eines Cairns, der die Steine einst bedeckte. Ganz in der Nähe wurde mit Binders Cove ein Fluchtgang aus der Wikingerzeit entdeckt. In einem unterirdischen, wohl 30 m langen und sorgfältig ausgemauerten Korridor konnten die Einheimischen sich und ihre Wertgegenstände vor Überfällen verstecken. Der niedrige, mit Steinplatten überdachte Gang wird heute mit Hilfe von Solarzellen ausgeleuchtet. Im Winter ist er oft nur mit Gummistiefeln begehbar.

• *Anfahrt von Banbridge* A 50 Richtung Newcastle, in Moneyslane B 7 nach links Richtung Dromara, nach 6 km (Kreuzung) rechts in die Slievenaboley Road, nach 1 km links in die Carrigagh Road, dann folgt bald eine Parkbucht auf der rechten Straßenseite. **Binder's Cove** (Kartenpunkt J 272442) liegt dahinter im Feld. Zum **Dolmen** (Kartenpunkt J 289434) fährt man die Carrigagh Road 700 m weiter, dann scharf rechts in die Legannanay Road und die nächste links (ausgeschildert).

• *Anfahrt von Newcastle* A 50 Richtung Castlewellan. Vor dem Ortsschild Annsborough bei einer Bushaltestelle rechts (war 2006 ausgeschildert mit „Cycle Hire") in die Clarkill Rd. 8 km immer geradeaus, dann an einer Kreuzung rechts in die Legananny Road, nach 500 m rechts (ausgeschildert) zum Dolmen. Nach Binder's Cove die Legananny Road weiter geradeaus und am Ende links (Carrigagh Road) noch ca. 700 m.

• *Übernachten/Essen* **Slieve Croob Inn,** Clonvaragham Road, ✆ 028 4377 1412, www.slievecroobinn.com, DZ 60–75 £. Der preiswerte Landgasthof in der Nähe des Dolmen empfiehlt sich zum zünftigen Abschluss der Schnitzeljagd. Ausgeschildert von der A 50 in Annsborough oder der B 7 ab Finnis Junction.

Scarva/New Canal 753

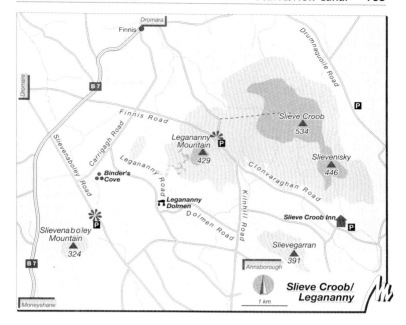

Scarva/Newry Canal

Bei Scarva, einem bescheidenen Städtchen am Newry-Kanal, campierte und exerzierte im Juni 1690 die Armee Wilhelms von Oranien, bevor sie sich auf den Marsch zur Schlacht am Boyne machte. Die Protestanten Scarvas feiern dieses Ereignis noch immer jedes Jahr am 13. Juli, also einen Tag nach dem Orange Day, mit Schaukämpfen in historischen Kostümen und einem großem Volksfest. Am Nordrand des Orts erzählt ein bescheidenes **Visitor Centre** mit Bildtafeln und wenigen Artefakten die Geschichte des Newry-Kanals und seine Bedeutung für Scarva. Vor dem Haus erkennt man die Reste des alten Hafenbeckens. Folgt man dem als Wanderweg am Kanalufer neu angelegten Treidelpfad nordwärts, kommt man nach einer knappen halben Stunde zur verfallenen Schleuse **Campbell's Lock** und noch ein Stück weiter zur **Terryboogan Lock**. Am Ortsrand von **Portadown**, kurz bevor der Kanal in den River Bann mündet, wurde im Schleusenhaus des **Moneypenny's Lock** eine weitere Ausstellung zum Kanal eingerichtet. Der Name der Schleuse geht nicht auf die Sekretärin von James Bond zurück, sondern auf die Familie der Schleusenwärter, deren Leben und Arbeit auch im Mittelpunkt der Ausstellung stehen.

Bleibt noch eine ungewöhnliche Sehenswürdigkeit auf dem Westufer des Kanals zu erwähnen. In **Tandragee**, etwa auf der Mitte zwischen Scarva und Moneypenny's Lock, lädt die in einem alten Castle eingerichtete **Tayto Crisp Factory** dazu ein, die wundersame Verwandlung roher Kartoffeln in knackige Chips zu verfolgen.

① **Scarva Visitor Centre,** April–Sept. Di–So 9–17 Uhr; Eintritt frei. **Moneypenny's Lock,** Knock Bridge, April–Sept. Sa/So 14–17 Uhr, Eintritt frei. **Tayto Crisp Factory,** Führungen (6 £) Mo–Fr 10.30 Uhr und Mo–Do 13.30 Uhr, ✆ 028 3884 0249, www.tayto.com.

Gehöft in Armagh

County Armagh

Highlights

- **Slieve Gullion** – Schnitzeljagd am Hausberg von Newry (S. 756)

- **Armagh City** – in Irlands heiliger Stadt ist man dem göttlichen Himmel wie auch den profanen Sternen nahe (S. 757)

- **Navan Centre** – gut in Szene gesetzt und erzählt wird die Geschichte vom Sitz der Könige von Ulster (S. 764)

- **The Argory** – so lebte die Herrschaft vor hundert Jahren. Dank exzellenter Führung eine gelungene Zeitreise (S. 766)

- **Lough Neagh Discovery Centre** – spazieren und Vögel gucken am Ufer von Irlands größtem Binnensee. Offene Fragen werden im Naturschutzzentrum beantwortet (S. 768)

County Armagh

Mit seiner weitgehend katholischen Bevölkerung war Süd-Armagh lange ein Hort des Widerstands gegen die Briten und litt im Gegenzug unter den Schikanen der Sicherheitskräfte. Beim Talk im Pub sind Sympathien für die republikanische Seite noch immer von Vorteil.

Von der katholischen Kathedrale in Armagh Stadt blickt ein versteinerter St. Patrick über die historische Hauptstadt Ulsters hinaus auf eine scheinbar stille, ländliche Idylle mit Obstgärten und sattgrünen Weiden. Außerhalb der vom Erbe des Heiligen zehrenden County-Hauptstadt ist die touristische Infrastruktur eher bescheiden. **Navan Fort** und das Wandergebiet **Slieve Gullion** führen in die mystische Zeit der Kelten zurück. Auf die Freunde von Schlössern und Gärten wartet mit **Ardress House** ein sehr bodenständiges, bescheidenes Herrenhaus. Im Norden grenzt das hier flache und fahrradfreundliche Armagh an den **Lough Neagh,** Irlands größten See und Vogelparadies. So republikanisch der Süden Armaghs ist, so loyalistisch ist die Gegend um die früheren Industriestädte Lurgan, Craigavon und **Portadown,** wo der alljährliche Marsch des Oranierordens auch durch katholische Straßen für böses Blut sorgt.

Süd-Armagh – das Banditenland

Nur ein paar Meilen südwestlich von Newry liegt das „Banditenland". Hier hatten britische Besatzungstruppen schon immer ihre Mühe mit den rebellischen Iren gehabt.

So war es in den Aufständen des 19. Jh., im Unabhängigkeitskrieg 1919–1921, während der so genannten Grenzkampagne der alten IRA in den fünfziger Jahren und ganz besonders seit Beginn der „Troubles". Die Bewohner nannten ihr Gebiet hingegen „Freie Volksrepublik South Armagh", und das nicht ohne Grund.

Die Grenze: Nirgendwo ist deutlicher zu sehen, welch Unfug es war, die Insel zu teilen. Vor 1921 hatte die Grenze nur eine administrative Bedeutung gehabt. Heute verläuft sie völlig unübersichtlich und meist auch unsichtbar entlang alter Gemeinde- und Pfarrbezirke. Sie zieht sich quer über Wiesen, kreuzt hier eine Straße, folgt dort einem Weg und geht ab und zu auch direkt an einer Hauswand vorbei. In einem Fall verläuft sie mitten durch ein Wohnhaus, in einem anderen überschreiten die Kunden eines Krämerladens die Staatsgrenze, wenn sie einkaufen gehen: Der Gehweg vor dem Geschäftseingang gehört zu Nordirland, der Verkaufsraum liegt in der Republik. Manchmal markiert ein einsamer Pfahl die Grenze, manchmal ist es nur ein kurzer Strich auf der Straße. Diese Grenze zu kontrollieren, war und ist für die britische Armee und die irische Gardai völlig unmöglich. So sorgte der Schmuggel hier auch in politisch ruhigeren Zeiten für kleine Nebeneinkünfte der armen Bevölkerung auf beiden Seiten – mal waren Zigaretten, Whiskey, Benzin und anderes im Süden billiger, mal im Norden. Und mit den „Troubles" kam natürlich der Transport von Waffen, Sprengstoff und Munition für die IRA hinzu. Um diesen regen Verkehr zu unterbinden, errichtete die britische Armee entlang dieser Staatsgrenze zahlreiche Beobachtungstürme, die rund um die Uhr besetzt und mit den modernsten optischen Geräten ausgestattet waren.

756 Nordirland/County Armagh

Geschichte: South Armagh ist ein Hügelland mit einer kargen Krume und sumpfigen Senken. In solch mühsame, landwirtschaftlich unergiebige Regionen hatten die britischen Kolonialherren ab dem 17. Jh. die (katholischen) Iren und Irinnen abgedrängt, um den (protestantischen) Siedlern Platz zu schaffen, die im Rahmen der „Plantation" in den Nordosten der irischen Insel verfrachtet wurden. Die Siedler nahmen sich die Täler mit den saftigen Wiesen, der ursprünglichen Bevölkerung blieben nur die Hügel. Das ist im Nordosten heute noch so: die Protestanten unten, die Katholiken oben. South Armagh war so arm an Boden, dass hier die Bevölkerung fast ausschließlich irisch-katholisch blieb.

Crossmaglen

Die Bevölkerung von Crossmaglen, der Hauptstadt von South Armagh, errichtete auf dem riesigen Marktplatz ein Bronzedenkmal, das allen „Helden" gewidmet ist, die für „ihre Liebe zur irischen Freiheit" das Leben gaben. Doch auf dem Platz selbst starben keine „Helden", sondern nur britische Soldaten – bis zum Beginn des Waffenstillstandes 1994 waren es zwanzig. Das Denkmal steht knapp vor dem Eingang zur britischen Kaserne, die mit ihren Beobachtungstürmen, Antennen, Kameras und Stacheldrahtrollen noch immer bedrohlich wirkt. Alle paar Minuten hält mit hoher Geschwindigkeit ein Armeehubschrauber auf den Dorfplatz zu, steht kurz nur wenige Meter über den Hausdächern und landet dann hinter den Kasernenmauern.

- *Information* Ó Fiaich House, The Square, ✆ 028 3086 8900, Mo–Fr 9–17 Uhr, im Sommer bis 18 Uhr und auch am Wochenende. www.south-armagh.com.
- *Verbindung* Mo–Sa Busse von Newry. Auskunft Ulsterbus ✆ 028 9066 6630.
- *Übernachten* **Cross Square Hotel**, The Square, ✆ 028 3086 0505, www.crosssquare hotel.com, DZ 70 £. 2007 öffnete das seit Menschengedenken erste Hotel der Region – ein Zeichen des Friedens und der Hoffnung.
- *Essen* gibt's außer im Hotel auch in **Murtagh's Bar**, 13 North St., und in der **Cartwheel Bar** am Marktplatz.
- *Lesen* Toby Harnden: „Bandit Country – The IRA & South Armagh".

Slieve Gullion

Eine wenig befahrene Panoramastraße führt durch die bewaldeten Hänge um den Slieve Gullion herum; einen verschwiegenen See und den kahlen Gipfel kann man nur zu Fuß erreichen. Das Visitor Centre im Slieve Gullion Yard, einem alten Gutshof, informiert über die Wanderwege.

Newrys 575 m hoher Hausberg liegt etwa 10 km südwestlich neben der Forkhill Road. In geologischen Lehrbüchern muss er manchmal als Musterbeispiel eines früheren Vulkans herhalten, den eine gewaltige Explosion zerriss. Slieve Gullion ist das Zentrum des Feuerschlunds, vom Kraterrand blieb noch ein Kreis kleinerer Erhebungen rund um den Hauptberg – vom Gipfel aus oder auf dem Satellitenbild ist dieser **Ring of Gullion** schön zu erkennen.

Früher verstellten oder entfernten Nationalisten die Wegweiser, um die ortsunkundigen Soldaten in die Irre zu führen. Heute haben Kinder dieses Spiel übernommen, und so wird der Besuch nachgenannter Stätten in der Umgebung von **Camlough** zu einer kleinen Schnitzeljagd. Die beiden mittelalterlichen **Killevy Churches** (Kartenpunkt J 040 221) gehen auf ein sonst verschwundenes Augustinerkloster zurück. Sie verstecken sich nahe einer heiligen Quelle in einem romantischen Hain mit verwitterten Grabplatten und Kreuzen. Auf einer Anhöhe wacht der

Armagh (Stadt) **757**

Ballymacdermot Cairn (J 066 240) über das Tal. Die beiden bronzezeitlichen Kammergräber wurden freigelegt, teilweise sind sogar die Decksteine über den Gängen noch am Platz. Nimmt man das gelegentliche Geknatter der Hubschrauber in Kauf, eignet sich der Cairn vorzüglich als Picknickplatz.

Wanderungen: Von Newry aus umrundet der 55 km lange **Ring of Gullion Waymarked Way** in zwei bis drei Tagen den Berg. Bei der Touristinformation gibt es eine Wegbeschreibung mit Karte. Eine Halbtagestour (12,5 km, 500 m Aufstieg, gut ausgeschildert) führt vom Slieve Gullion Courtyard auf das **Gipfelplateau des Slieve Gullion.** Hier gibt es direkt neben dem Messpunkt eine steinzeitliche Grabkammer, wohl die höchstgelegene auf der irischen Insel. Dann Calliagh Berra's Lough, so benannt nach einer Hexe, die den Riesen Finn McCool austrickste, indem sie ihn zu einem Bad im See verführte. Danach war sein blondes Haar schneeweiß. Angeblich wirkt der See noch heute als Haarbleiche – da er aber zudem eiskalt ist, geht jemand, der bei Sinnen ist, sowieso nicht ins Wasser.

Ti Chulain Cultural Centre: Ungewöhnlich mutet an, in dieser Gegend einen Hort gälischer Tradition zu finden. Im Kulturzentrum Ti Chulainn in **Mullaghbane** üben sich katholische Nordiren in irischer Sprache, alten Tänzen und Instrumenten. Ein Geschichtsprojekt, zugleich Ritual psychosozialer Vergangenheitsbewältigung, zeichnet die Erinnerungen der Leute an die „Troubles" auf und archiviert sie. Im Sommer veranstaltet man Festivals. 2 Mio. Euro hat das Haus gekostet, Gelder aus Washington, Brüssel, London und Belfast. Auch der Frieden kostet seinen Preis.

• *Übernachten* **Ti Chulainn,** Mullaghbane, ✆ 028 3088 8828, www.tichulainn.ie. Wenn gerade nicht von Gruppen belegt, werden die Gästezimmer des Zentrums auch an Urlauber vermietet. 3-Bett-Zimmer 40–45 £.
Slieve Gullion Courtyard, Drumintee Rd., Killeavy, ✆ 028 3084 8084. In den früheren

Stallungen wurden auch fünf Apartments eingerichtet, die eigentlich für die Gäste von Konferenzen und Seminaren gedacht waren, die meiste Zeit aber leer stehen und deshalb auch für 50–60 £ an Wanderer vermietet werden.

Armagh (Stadt)

Mit mächtigen Kathedralen konkurrieren Katholiken und die anglikanische Staatskirche in Irlands heiliger Stadt um das Erbe des hl. Patrick.

Für beide Konfessionen gilt Irland als kirchenpolitische Einheit. Lange beanspruchte Dublin den Rang der religiösen Hauptstadt, und im Mittelalter legten sich die dortigen Erzbischöfe den Titel „hiberniae primas" (Primas von Irland) zu, worauf der Stuhl von Armagh mit einem „hiberniae totius primas" (Primas von ganz Irland) konterte. Seit gut hundert Jahren wird der katholische Erzbischof von Armagh zudem regelmäßig mit der Kardinalswürde ausgezeichnet.

Doch kommen wir aus den kirchenpolitischen Höhen zurück in die Stadt. Ein historisches Wohnquartier um den anglikanischen Dom, die gepflasterte und sorgsam gefegte Einkaufszone und schließlich die georgianische Prachtmeile der *Mall* schaffen gleichzeitig heimelige wie großzügige Atmosphäre. Gelber und rosaroter Sandstein setzen Farbtupfer, die gerade an Regentagen ihren vollen Glanz entwickeln. Der an Kunst und Geschichte interessierte Besucher findet das brandneue Theater und Ausstellungshaus *The Markt Place,* zwei *Kathedralen* und *Museen,* das *Planetarium* rückt den Sternenhimmel in greifbare Nähe. Die Schäden der „Troubles" wurden sorgfältig beseitigt, und dem pompösen *Courthouse* merkt niemand mehr an, dass es mehrmals Ziel von Autobomben war. Erst bei genauem Hinsehen

Nordirland Karte S. 652/653

758 Nordirland/County Armagh

entdeckt man, dass die Stadt tief gespalten ist und die Gemeinschaften ihren Streit nicht nur in Kanzelreden austrugen. Die Vorstadt im Norden um die verlängerte English Street ist die Hochburg der katholischen Seite, während Flaggen am unteren Ende der Scotch Street signalisieren, dass man hier das protestantische Quartier betritt.

Geschichte

Armagh (gäl. Ard Mhacha, „Höhe der Mhacha") trägt den Namen einer mythischen Göttin, die 608 Jahre nach der Sintflut mit ihrem Stamm in Irland angekommen und sich auf jenem Hügel niedergelassen haben soll, auf dem heute die protestantische Kathedrale steht. Etwa 300 v. Chr. errichtete dann eine andere, nicht weniger legendäre Mhacha das Navan Fort auf der anderen Flussseite.

443, so weiß die Überlieferung, vermachte der frisch bekehrte Lokalfürst *Daire* den Kirchhügel *St. Patrick,* der darauf inmitten des prähistorischen Ringforts seine Bischofskirche baute. Weitere Kirchen und Klöster entstanden, und ab dem 8. Jh. beanspruchte Armagh unter Berufung auf den Nationalheiligen eine Vorrangstellung gegenüber den anderen Bistümern Irlands. Zwischen 831 und 1013 verwüsteten die Wikinger bei zehn Überfällen die Stadt. *Brian Ború,* der den Nordmännern schließlich die entscheidende Niederlage beibrachte (siehe S. 45), wurde auf seinen Wunsch hin in Armagh bestattet. Im Spätmittelalter stritten irische Clans untereinander und mit den Normannen um Armagh, mit den Reformationskriegen verkam das „irische Rom" zu einem unbedeutenden Dorf.

Um den Wiederaufbau Armaghs machte sich vor allem der anglikanische Erzbischof *Richard Robinson* (1709–1794) verdient, der Unsummen für die Renovierung der Kirchen, den neuen Bischofspalast und andere öffentliche Bauten ausgab. Ihm verdankt Armagh auch seine Mall, die Bibliothek und das Observatorium.

Information/Verbindungen/Diverses

● *Information* 40 English St., ☎ 028 3752 1800, Mo–Sa 9–17 Uhr, So 14–17 Uhr. www.visitarmagh.com.

● *Verbindung* Von der Westseite der Mall

Busse nach Belfast, Enniskillen, Newry, Monaghan und Galway. Busstation ☎ 028 3752 2266.

● *Parken* Parkhaus beim Touristoffice.

Übernachten/Camping

Die Quartiere sind preiswert, doch die Auswahl ist beschränkt. Der nächste Campingplatz befindet sich 10 km außerhalb.

Charlemont Arms Hotel (5), 63 English St., ☎ 028 3752 2028, www.charlemontarmshotel.com, EZ 50 £, DZ 80 £. Einfaches, zentral gelegenes Stadthotel, die Zimmer neu eingerichtet und alle mit eigenem Bad.

De Averell House (8), 47 English St., ☎ 028 3751 1213, www.deaverellhouse.co.uk, DZ 75 £. Ein neues B&B in einem alten Haus. John de Averell, der es 1770 bis zum Bischof vom Limerick brachte, baute seinen sieben Schwestern als Mitgift die „Seven Houses" – eine Zeile von identischen Reihenhäusern, denn keine sollte bevorzugt werden. In Nr. 3 wurden 4 Fremdenzimmer

und ein Apartment eingerichtet. Auf dieser Straßenseite ist am Wochenende abends mit lärmenden Kneipengängern zu rechnen.

Desart Guesthouse (2), Desart Lane, Cathedral Rd., ☎ 028 3752 2387, sylvia.mcroberts@armagh.gov.uk, DZ 50 £. Die gediegene Backsteinvilla mit Park liegt in einer ruhigen Seitenstraße 10 Gehminuten vom Zentrum entfernt. Hausherrin und Altbürgermeisterin Sylvia McRoberts ist im Gemeinderat von Armagh aktiv.

Fairylands Country House (14), Mrs. Maureen Oliver, 25 Navan Fort Rd., ☎ 028 3751 0315, www.fairylands.net, DZ 60 £. Die Pen-

Armagh (Stadt)

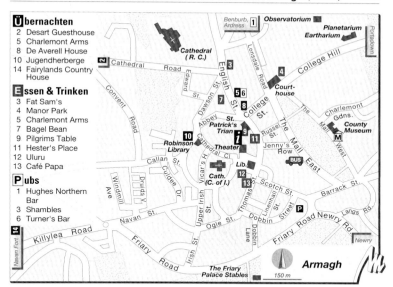

Übernachten
2 Desart Guesthouse
5 Charlemont Arms
8 De Averell House
10 Jugendherberge
14 Fairylands Country House

Essen & Trinken
3 Fat Sam's
4 Manor Park
5 Charlemont Arms
7 Bagel Bean
9 Pilgrims Table
11 Hester's Place
12 Uluru
13 Café Papa

Pubs
1 Hughes Northern Bar
3 Shambles
6 Turner's Bar

sion mit immerhin 20 Betten steht in ländlicher Umgebung etwa 1,5 km außerhalb des Zentrums neben der A 28 nach Enniskillen. Tadellose, neutral eingerichtete Zimmer mit TV und Kaffeetablett, Salon mit Kamin.

Armagh City Youth Hostel (10), 39 Abbey St., beim College der Queen's University, ✆ 028 3751 1800, www.hini.org.uk, Bett 16 £, DZ 35 £, zwischen 11–17 Uhr geschlossen. Ein luxuriöses Hostel – die 2-Bett-Zimmer sind sogar mit TV und Föhn ausgestattet. Gut eingerichtete Küche, Waschküche, Leseraum und eigener Parkplatz.

• *außerhalb* **B&B Dundrum House,** Mrs. Elizabeth Nugent, 116 Dundrum Road, Tassagh, Armagh, ✆ 028 3753 1257, www.dundrumhouse.com, DZ 50 £. Das nur für Automobilisten geeignete B&B steht 10 km südlich von Armagh. Liz und Larry empfangen ihre Besucher in einem kleinen Landhaus aus dem 18. Jh. mit historischem Speisesaal und gemütlichem Salon. Die in Grün und Blau gehaltenen Gästezimmer sind zum Glück etwas schlichter.

• *Camping* **Gosford Forest Park,** an der A 28, 10 km südl. von Armagh, ✆ 028 3755 1277, ganzjährig, 2 Pers. mit Zelt 8–12 £. In einem Naturpark mit Castle und vielen Wanderwegen gelegen.

*E*ssen/*A*m *A*bend

Einfache Restaurants findet man in der Scotch Street und in der English Street. Schwieriger wird es am Abend. Für einen Pub Crawl bieten sich die Kneipen um den Shambles Market an.

• *Essen* **Manor Park (4),** 2 College Hill, ✆ 028 3751 5353, Mo Ruhetag, sonst mittags und abends. In einem rustikalen und mit „old world charme" eingerichteten Häuschen, in dem einmal der Pförtner des erzbischöflichen Parks gewaltet haben mag, wird nun französische Küche mit regionalen Zutaten zelebriert. Mittagsmenü ab 7 £, abends Hauptgericht 15–25 £.

Charlemont Arms Hotel (5), English St. Mittags wie abends ist die rustikale Hotelbar ein echter Geheimtipp (um den die Einheimischen natürlich längst wissen) für gute Hausmanns- bzw. -frauenkost. Probieren Sie etwa Bangor & Mash (Gemüse mit Pellkartoffeln, Sauce und Schweinswürstchen).

Uluru (12), 14 Market St., ✆ 028 3751 8051, Di–Sa mittags und abends, So ab 16 Uhr. In

760 Nordirland/County Armagh

Sidney verliebten sich einst ein australischer Koch und eine irische Kellnerin. Deshalb kann man in Armagh nun in Kräutersud mariniertes Känguru, Krokodilfleisch und Hähnchen auf balinesische Art essen. Neben Gerichten von Down Under gibt's auch europäisches Seafood wie Seeteufel in Parmaschinken oder gar hausgemachte Fish'n'Chips. Hauptgericht bis 15 £.

Hester's Place (11), Upper English St., So Ruhetag. Das gemütliche, etwas altbacken eingerichtete Lokal füllt sich bereits am Vormittag mit Frühstücksgästen. Mittags Lunch, Hauptgericht bis 15 £.

Pilgrims Table (9) in St. Patrick's Trian, 40 English St. Der Coffeeshop, der auch Plätze im Wintergarten und auf der Terrasse hat, bietet mittags eine reiche Auswahl auch an vegetarischen Gerichten.

Café Papa (13), 15 Thomas St., Mo–Sa tagsüber, Fr/Sa auch abends. Die beliebteste Sandwichbar in Armagh. Auch Salate und einfache Tellergerichte wie Pies und Lasagne werden angeboten.

Bagel Bean (7), 60 Lower English St., gegenüber dem Charlemont Arms Hotel, tägl.

7.30–17 Uhr. Nicht Teil der Kette mit zum Verwechseln ähnlichem Namen, doch mit ähnlichem Angebot: Bagels mit allerlei Belag, Suppen und frische Säfte. Gute Frühstücksadresse und auch sonntagvormittags geöffnet.

Fat Sam's (3), Lower English St., Mo–Fr bis 17, Sa bis 18 Uhr. In dieser lokalen Institution mit Kultstatus können sich hartnäckige Anhänger volkstümlicher Fastfoodküche gemeinsam mit den Besuchern des Wochenmarkts den Ranzen füllen. Wechselnde Tagesgerichte, Burger, mit allerlei Saucen gefüllte Folienkartoffeln.

● *Nachtleben* Shambles (3), Lower English St., empfiehlt sich als Singing Pub, **Turner's Bar (6)** im Charlemont Arms Hotel hat Sa Volksmusik. **Northern Bar (1)**, besser bekannt als „Hughes", Railway St., hat Fr DJs, Sa Livebands und Di Volksmusiksessions.

Market Place Theatre and Arts Centre, Market Place, www.marketplacearmagh. com, ist das städtische Kultur- und Kongresszentrum mit großer Bühne für Theater- und Musikveranstaltungen.

Sehenswertes

St. Patrick's Trian: Das barocke Gebäude der Belfast Banking Company, in dem heute die Touristinformation residiert, ist zugleich der Eingang zu Saint Patrick's

Trian, dem großen Besucherzentrum von Armagh. Doch was ist eine Trian? Das Wörterbuch schweigt sich aus. Im Mittelalter umfasste Armagh neben dem Kirchhügel („rath") drei Stadtviertel, die auf gälisch „trian" (sprich: tri-en) genannt wurden, was zugleich ein Drittel wie ein Stadtviertel bedeutete.

Mit der lebensgroßen Puppe einer grotesken Touristin begegnen wir noch in der Schalterhalle uns selbst. Durch die Villa des Bankdirektors geht es weiter in eine moderne Rotunda mit Cafeteria und Souvenirläden. Im Mittelpunkt der Ausstellungen bzw. Shows steht, einer heiligen Stadt angemessen, der christliche Glaube und natürlich St. Patrick – in dessen Schriften Armagh übrigens mit keinem Wort erwähnt wird. **The Last of the Faithfull** erzählt das Leben des Heiligen, die Videoshow *Belief* betont die Einheit des Glaubens jenseits

Die Kathedrale des katholischen „Primas von ganz Irland"

Armagh (Stadt)

Heiligtum der Astronomen in Armagh

der konfessionellen Gegensätze, die **Armagh Story** begleitet uns durch die Stadt- und Kirchengeschichte. Wer all der in Armagh versammelten Heiligkeit samt Bigotterie überdrüssig geworden ist, findet ausgerechnet in der früheren Kirche der Presbyterianer willkommene Abwechslung. In **The Land of Lilliput** erzählt die geschickt auf eine Puppe projizierte Miene eines Schauspielers Gullivers Reise nach Liliput und Belfescu. Ein Modell stellt das Land Liliput nach, dessen Bewohner auf dem vertäuten Menschenriesen herumklettern.

Mo–Sa 10–17, So 14–17 Uhr, Einlass bis 1 Stunde vor Schließung. Eintritt 5,25 £.

St. Patrick's Cathedral (Church of Ireland): Umbauten lassen den gotischen Kern des Gotteshauses nur mehr erahnen. Von den Steinmetzarbeiten der Außenwände blieb beispielsweise nur ein Band grotesker Köpfe erhalten. Eine Tafel an der Westfassade des nördlichen Querschiffs weist auf das Grab von BrianBorú hin. Das nüchtern gestaltete Innere der Kirche ist mit Gedenktafeln an verstorbene Adlige und Kirchenleute geschmückt. Im *Kapitelsaal* sind wahllos und ohne weitere Erklärung allerlei Funde versammelt, die im Stadtgebiet und speziell bei Bauarbeiten an der Kirche gemacht wurden: etwa die „Königin Mhacha", eine Frauengestalt mit Eselsohren, Kilt und Helm.

April–Okt. tgl. 10–17, sonst tgl. 10–16 Uhr, Führungen Juni–Aug. Mo–Sa 11.30 u. 14.30 Uhr. www.stpatricks-cathedral.org.

Robinson's Library: Die Häuserzeile am Vicar's Hill gegenüber dem Eingang zur Kirche geht auf Richard Castle zurück und gehört zu den ältesten *Terraces* auf der Insel. Robinson's Library, am Fuße des Hügels, birgt neben vielen alten Manuskripten und Drucken eine Erstausgabe von Swifts „Gullivers Reisen" mit handschriftlichen Randnotizen aus der Feder des Autors. Außer der Bibliothek des sammelwütigen Erzbischofs wird hier auch seine Münzkollektion präsentiert.

Mo–Fr 10–13, 14–16 Uhr. www.armaghrobinsonlibrary.org.

762 Nordirland/County Armagh

Sternenhimmel nicht nur für Astronauten

St. Patrick's Cathedral (katholisch): Über eine Treppenflucht nähert sich der Erdenwurm dem majestätischen, im neogotischen Stil himmelwärts strebenden Bauwerk. Unterbrochen von der Hungersnot zogen sich die 1840 begonnenen Bauarbeiten an der Kathedrale des ranghöchsten irischen Bischofs bis 1887 hin, der Mosaikschmuck des Innenraums wurde gar erst 1924 vollendet. Wegen dieser an Kitsch grenzenden Ausstattung, die in scharfem Kontrast zum kargen Interieur der anglikanischen Kathedrale steht, vergleichen Kunsthistoriker St. Patrick's mit einer römischen Vorstadtkirche. Doch über Geschmack lässt sich ja bekanntlich streiten. Der moderne Blickfang aus Lesepult, Altar und Tabernakelschrein wurde 1981 von Liam McCormick geschaffen, der uns schon als Architekt der avantgardistischen Kapelle am Grianan of Aileach (siehe S. 643) begegnet ist.
www.armagharchdiocese.org.

Sternwarte/Planetarium: Nach einem schönen Spaziergang den College Hill hinauf erreicht man den Astropark um die **Sternwarte**, die 1990 ihr zweihundertjähriges Jubiläum feierte. Aus dieser Gralsburg der Astronomen bleibt die Öffentlichkeit ausgesperrt, lediglich durch die Fenster kann man auf die musealen Teleskope spähen, durch die Erzbischof Robertson den Himmel erforschte. Für die Laien wurde jedoch im gleichen Park ein **Planetarium** gebaut, dessen Gänge und Galerien mit imposanten Bildern galaktischer Gebilde, mit Modellen von Satelliten, dem „Moonwalk" für Fotos als Mondspazierer und anderen Exponaten (darunter ein Steinchen vom Mars) gefüllt sind. Höhepunkt sind die Vorführungen im Sternentheater, einem 360°-Kino. Einige Shows werden von einer Moderatorin live kommentiert.

Juli/Aug. tägl. 11–18 Uhr, die Show beginnt 12–17 Uhr zu jeder vollen Stunde. Sept.–Juni Di–Fr 13–17 Uhr (Show nur 15 Uhr); Sa 11.30–17 Uhr (Show 13, 14, 15, 16 Uhr). Buchung unter 028 3752 3689 erwünscht. Eintritt mit Star-Show 6 £. www.arm.ac.uk (Sternwarte) und www.armaghplanet.com (Planetarium).

Armagh (Stadt) 763

The Mall: Auch diese Prachtmeile mit ihren zu einem großen Park erweiterten Mittelstreifen verdankt Armagh Erzbischof Robinson und dessen hier geborenem Hofbaumeister Francis Johnston, der auch in Dublin mit hervorragenden Bauten vertreten ist (als sein Meisterstück gilt die Georgs-Kirche in der Temple St.). In den ersten Jahren diente die Mall auch als Pferderennbahn und Rinderweide. Das obere Ende wird vom **Courthouse** beherrscht, am anderen residiert die Stadtverwaltung im **Sovereign's House,** dazwischen liegen das Museum, die Gotteshäuser verschiedener Konfessionen und die Orangehall.

County Museum: Armaghs Heimatmuseum an der East Mall zeigt die üblichen Funde prähistorischen Steinzeugs, ausgestopfte Tiere und Militaria. Eine kleine Kunstgalerie feiert den Maler J.B. Vallely, dessen Ruf bislang kaum über

Im Planetarium

die Stadtgrenzen hinaus drang, und den Dichter George Russell (1867–1935), der unter dem Künstlernamen Æ auch einige Bilder hinterließ. Die etwas antiquierte Präsentation von Irlands ältestem Museum wurde zuletzt 1997 neu geordnet.

① Mo–Fr 10–17, Sa 10–13, 14–17 Uhr. Eintritt frei. www.magni.org.uk.

Friary/Palace Stables Heritage Centre: Nahe den Ruinen der mittelalterlichen Franziskanerkirche baute Primas Robinson seinen **Bischofspalast,** in dem heute die Bezirksverwaltung residiert. Da Robinson jede Art Küchengeruch verabscheute, musste die Küche in einem separaten Gebäude eingerichtet werden, das mit dem Palast durch einen Tunnel verbunden war – das Essen dürfte nur noch lauwarm auf den Tisch gekommen sein. Um aus dem Schloss auf die Portalseite seiner Privatkapelle blicken zu können, die äußerlich eher einem griechischen Tempel als einer Kirche gleicht, nahm Robinson sogar die Ausrichtung des Altars nach Westen in Kauf. Im Park lasse man sich noch den für Blinde eingerichteten **Garten der Sinne** und das **Eishaus** zeigen, ein hausgroßer Steinkühlschrank aus vorelektrischer Zeit.

Was wäre ein solches Gelände ohne **Visitor Centre**? Die Ausstellung in den früheren *Stallungen* konfrontiert den Alltag der Magd Abigail und des Stallburschen Brendan mit dem Zeitvertrieb von Elizabeth Cumberland. Diese, selbst Tochter des Bischofs von Kilmore, ist gerade beim Kollegen und Freund ihres Vaters zu Besuch und lamentiert über die zunehmenden Einhegungen der Felder, die ihre Ausritte erschweren – auch eine Perspektive. Solcherart Maßnahmen dürfte der Agrarreformer Arthur Young empfohlen haben, der, wir schreiben den 23. Juli 1776, ebenfalls gerade bei seiner Eminenz zu Gast ist. Mehr darüber in besagtem Visitor Centre oder in Youngs Reisebericht *A Tour in Ireland*. Die Romanze zwischen Arthur und Elizabeth, die der Leser jetzt vielleicht erwartet, entwickelt sich allerdings nicht.

① Juni–Aug. Mo–Sa 10–17, So 12–17 Uhr; April, Mai, Sept. Sa 10–17, So 12–17 Uhr. Eintritt 5,25 £.

764 Nordirland/County Armagh

Armagh/Umgebung

▶ **Gosford Forest Park:** Der um das neo-normannische Gosford Castle angelegte Park ist heute ein beliebtes Picknickziel. Botaniker erfreuen sich an einer mächtigen Himalaja-Tanne *(Abies spectabilis)*, an anderen Edeltannen und der seltenen Prinz-Albert-Eibe, Kleintierfreunde an offenbar glücklichen Exemplaren seltener Hühnerrassen und anderen außer Mode geratenen Nutztieren, die hier gehegt werden. Am Aussichtspunkt *Deans Chair* soll Jonathan Swift, der das Schloss auch in seinen Gedichten feiert, viele Stunden verbracht haben.

⏲ Tägl. 10 Uhr bis Sonnenuntergang, Eintritt mit Auto 4 £, Fußgänger/Radfahrer 1,50 £; der Park liegt an der Armagh–Newry Rd. bei Markethill. www.forestserviceni.gov.uk.

Die Kugel rollt

Am ersten Sonntag im August wird in Armagh die Weltmeisterschaft im Road Bowling („Bosseln") ausgetragen. Nachdem die Trophäe über Jahrzehnte nur zwischen Cork und Armagh als den einzigen Orten wechselte, in denen dieser Sport noch gepflegt wurde, bewerben sich neuerdings auch Mannschaften aus den USA, Italien, den Niederlanden und von der deutschen Nordseeküste. Selbst eine Frauenkonkurrenz um den Titel der „Queen of the Road" wurde eingeführt.

Navan Fort & Centre

Das **Fort** ist eines der wichtigsten Monumente aus Irlands Frühgeschichte. Ein Erdwall von etwa 250 m Durchmesser umgibt einen künstlichen Hügel, der seinerseits etwa 50 m Durchmesser hat. Im Sagenzyklus des *Táin Bó Cúailnge* (siehe S. 211) ist Navan (gäl. *Eamhain Mhacha*, „Mhachas Zwillinge") Sitz des Königs Conchobar von Ulster und Schauplatz der Geschichten um den Helden Cúchulainn. Das Fort war im 2. Jh. n. Chr. so bedeutend, dass es sogar der alexandrinische Geograph Claudius Ptolemaios auf seiner Weltkarte notierte und mit der Unterzeile „Regia" als königliche Residenz kennzeichnete. In der näheren Umgebung gibt es mit dem Wasserheiligtum **King's Stables** und der Wohnstatt **Haughey's Fort** noch zwei weitere vorgeschichtliche Fundorte.

Auch nach den in den 60er Jahren unternommenen Ausgrabungen bleibt unklar, wie alt und was Navan Fort eigentlich war. In der untersten Schicht des Cairns fand sich eine bronzezeitliche Siedlung (8./7. Jh. v. Chr), einzelne Spuren reichen gar bis in die Steinzeit zurück. Keltische Siedler übernahmen den Ort; vermutlich Herren von Rang mit weit reichenden Verbindungen, denn unter alten Knochen fand sich auch der Schädel eines nordafrikanischen Affen, der als Geschenk oder Souvenir nach Navan kam. In der obersten Schicht entdeckten die Archäologen Reste eines runden, hölzernen Bauwerks von 40 m Durchmesser, dessen Dach von fünf Kreisen aus zum Mittelpunkt hin immer höheren Eichenpfosten getragen wurde. Nach den Baumringen zu urteilen, wurden die Eichen etwa 100 v. Chr. gefällt. Dieses Gebilde in Gestalt eines Zylinders mit aufgesetztem Kegel wurde nach einigen Jahren dann etwa auf halbe Höhe mit Steinen verfüllt – und abgebrannt. Die ganze Mühe war also offenbar auf ein gigantisches Brandopfer verwendet worden. Schließlich bedeckten die Leute die Brandstätte noch mit einem etwa 2,5 m dicken Mantel aus mehreren Lagen Erde, die teilweise von weit entfernten Orten herangebracht wurde.

Armagh/Umgebung 765

Kein Wunder, dass ein solches Bauwerk zu vielen Spekulationen Anlass gibt, über die Sie im **Navan Centre** mehr erfahren. Dieses duckt sich in eine Mulde, um den Blick auf den Navan-Hügel nicht zu verstellen. Wer Newgrange kennt, dem wird die gewollte Ähnlichkeit auffallen. Die Show beginnt mit „Dämmerung" *(The Dawning)*, einem Film, der mithilfe der Mythen die Geschichte von Navan rekonstruiert. In „Die wirkliche Welt" *(The Real World)* können wir uns über ausgestellte Funde und Nachbildungen mittels Schautafeln, Texten und an Touchscreens selbst ein Bild machen, während „Die andere Welt" *(The Other World)* uns mit einer Hightechshow in drei Geschichten von Deirdre und Cúchulainn entführt – Richard Wagner hätte an dieser Inszenierung sicher seine Freude gehabt. Mit dieser Vermischung von Poesie und Archäologie entlässt das Centre den Besucher einigermaßen verwirrt – man weiß weniger als je zuvor, was hier eigentlich mal ablief.

Als Fremdkörper und wohl als Bühne für Living-History-Inszenierungen zu verstehen ist die auf einer Wiese beim Parkplatz rekonstruierte **Rundhütte,** die einen Eindruck vom häuslichen Leben zu Zeiten des heiligen Patrick vermitteln soll.

ⓘ Juni–Aug. Mo–Sa 10–17, So 12–17 Uhr; Apri, Mai, Sept. nur Sa/So. Einlass bis eine Stunde vor Schließung. Eintritt Visitor Centre 5 £. Navan Centre liegt an der A 28 ca. 3 km westlich von Armagh und ist Mo–Fr mit Bus 73 zu erreichen. Das Fort (Eintritt frei) ist jederzeit zugänglich – an der ersten Bushaltestelle außerhalb der Stadt rechts.

Mhachas Zwillinge

Der Legende nach soll eines Tages am Hof des Witwers Crunnchu eine schöne Frau erschienen sein. Sie führte ihm den Haushalt, brachte das Gehöft zu Wohlstand, teilte auch des Hausherrn Bett und ward schließlich schwanger. Als Crunnchu zur alljährlichen Versammlung der Ulsterfürsten aufbrach, bat sie ihn, dort nichts von ihrer Verbindung zu erzählen. Doch Crunnchu konnte den Mund nicht halten und verstieg sich beim Rennen zu der Behauptung, seine Frau sei schneller als die besten Pferde des Landes. König Conchobar wollte den Beweis sehen, ließ die Schwangere holen und laufen. Mhacha gewann, brach am Ziel zusammen, gebar ihre Zwillinge und starb – nicht ohne zuvor die Männer von Ulster zu verfluchen: Über neun Generationen hinweg sollten sie angesichts jeder Gefahr in die Schwäche und den Schmerz einer gebärenden Frau verfallen.

▶ **Benburb:** Das Dorf liegt über einem Knie des Blackwater, der hier mit Schwung über kleine Wasserfälle und Kaskaden talwärts plätschert. Auf dem Südufer begleitet ihn das trockene Bett des Ulster-Kanals. Unten am Fluss wurde die alte Burg restauriert, oben beherrscht ein jetzt als Kloster genutztes viktorianisches Herrenhaus mit schönem Park den Ort, während die alten Stallungen und der Gutshof als Tagungszentrum dienen. Im 2. Weltkrieg unterhielten die Amerikaner hier ein Militärkrankenhaus. Die Wasserkraft des Flusses und die Transportmöglichkeiten auf dem Kanal ließen im eine halbe Gehstunde flussabwärts liegenden **Milltown** eine Textilfabrik entstehen. 1979 stellte *Orr's Mill* die Arbeit ein, ohne dass sich jemand die Mühe machte, die alten Webstühle zum Schrotthändler zu bringen. Teils notdürftig restauriert, doch größtenteils verrostet, stehen sie allesamt am alten Platz, und man kann sich ein gutes Bild von der früheren Fabrik machen. Nur das Kesselhaus mit den Dampfmaschinen und Turbinen wurde zu musealem Glanz aufpoliert.

ⓘ Orr's Mill, geöffnet nach Absprache. Mo–Sa ist gewöhnlich jemand da.

766 Nordirland/County Armagh

▶ **Loughgall:** Der Diamond Hill in der Nähe von Loughgall war 1795 Schauplatz eines Scharmützels zwischen Katholiken und Protestanten, das den Anlass für die Gründung des *Orange Order* gab. Diese nach Wilhelm von Oranien, dem Sieger der Schlacht am Boyne, benannte Loge bildet den harten Kern der nordirischen Unionisten. In Loughgall rekapituliert ein kleines Museum (→ http://orangenet.org/winter) die Geschichte der Loge (siehe auch Kasten unten).

▶ **Ardress House:** Mit begrenzten Mitteln, doch viel Geschmack verwandelte Architekt *George Ensor* 1760 das Bauernhaus seiner Schwiegereltern in ein kleines Herrenhaus mit einem wunderschönen Stucksalon, in dem noch immer Möbel aus dem 18. Jh. stehen. Auch im Park gibt sich das Anwesen sehr bodenständig. So wird die Auffahrt nicht von irgendwelchen Exoten oder auf Eindruck zielenden Baumriesen gesäumt, sondern von schlichten Apfelbäumen. Die Landwirtschaft wird bis auf den heutigen Tag weitergeführt, und im angrenzenden Hof zeigt eine Ausstellung alte Gerätschaften und Haustiere.

ⓘ **Park** tagsüber freier Eintritt. **Haus** April–Sept. Sa/So 14–18 Uhr, Einlass bis ½ Std. vor Schließung. Eintritt 4,40 £. Bus 67 Portadown–Moy–Dungannon hält nahe dem Eingang. www.nationaltrust.org.uk.

▶ **The Argory:** Der Besuch dieses Landsitzes am Blackwater River gleicht einer Zeitreise, denn in dem 1824 für Walter McGeough gebauten Haus blieb die gesamte Einrichtung auf dem Stand von vor etwa hundert Jahren. So gibt es bis heute keinen elektrischen Strom – ein Minigaswerk lieferte den Brennstoff für die Gaslampen im Haus. Noch funktionsfähig ist auch die stattliche „Heimorgel", um die sicher mancher Pfarrer den Hausherren beneidet hat. Kleider hängen im Schrank, die Ahnenporträts an der Wand. Draußen gibt es einen hübschen Rosengarten mit Sonnenuhr, der Park lädt zu Spaziergängen ein.

ⓘ **Park** Mai–Sept. tägl. 10–18, sonst bis 16 Uhr, Eintritt frei. **Haus** Juli/Aug. tägl.13–18 Uhr, Mai/Juni/Sept. nur Sa/So. Einlass bis 1 Std. vor Schließung. Eintritt 5,50 £. Derrycaw Road, Moy, ausgeschildert von den Ausfahrten 13 und 14 der M 1. www.nationaltrust.org.uk.

Für Gott und Ulster – die protestantischen Logen

Mitten in der sommerlichen nachrichtenarmen Saure-Gurken-Zeit wird Nordirland für Presse und Fernsehen zum verlässlichen Lieferanten von Schlagzeilen. Am 12. Juli marschieren die „Orangemen" – im guten Fall werden bunte Bilder von farbenfroh dekorierten Herren mit Schärpen und Bowlerhüten, Picknicks und Karnevalatmosphäre geliefert, gewöhnlich aber Szenen, in denen ein massives Polizeiaufgebot, das „Wegerecht" der protestantischen Marschkolonne durch katholische Wohngebiete erzwingt. Am 12. Juli steht der Frieden auf der Kippe. Wer sind diese Oranier?

Die 50.000 bis 100.000 nordirischen Oranier sind in 1400 lokalen Logen organisiert, die jeweils ihr Versammlungshaus (Orange Hall), ihr eigenes Banner, wie jeder ordentliche Verein einen eigenen Vorstand mit Kassier und 2. Präsidenten, aber auch einen Kaplan haben. Die einzelnen Logen wählen Delegierte zu den Bezirkslogen, die wiederum zu den County-Logen, und diese bestimmen schließlich die Mitglieder der Großloge, deren etwa 40 Köpfe umfassendes Zentralkomitee die eigentliche Führung der irischen Oranier ist. Weitere Großlogen existieren in England und Schottland, in den USA, Australien und anderen Emigrantenländern, ja sogar in Westafrika.

Armagh/Umgebung 767

Bei seiner Aufnahme versichert der neue Orangeman, treues Mitglied einer protestantischen Konfession zu sein, protestantische Eltern und gegebenenfalls eine protestantische Frau zu haben, den Sonntag zu heiligen, die Bibel zu lesen und sich von „Popish worship" fernzuhalten. Dazu verpflichtet er sich zu Gehorsam gegenüber dem Statut und dem Logenmeister. Der Nachwuchs wird in der *Junior Loyal Orange Lodge* organisiert, und seit Kurzem dürfen mit den *Loyal Orangewomen* auch die Frauen mitmachen. Bewährte Oranier werden mit einem den Bräuchen der Burschenschaften vergleichbaren Initiationsritual in den *Royal Arch Purple Order* aufgenommen. Paul Malcomson, als abtrünniges Ordensmitglied Kenner der Szene, führt diese oft blutigen Riten in seinem Buch „Behind Closed Doors" auf alte Bräuche der Freimaurer und von Satanskulten zurück, nicht aber auf christliche Traditionen. Als höchste Stufe winkt schließlich die Mitgliedschaft in der *Royal Black Institution*, die nicht am 12. Juli, sondern erst Ende August durch die Straßen marschiert. Wer hier mitmachen will, muss sogar seine eheliche Geburt nachweisen. Eine besonders radikale, politisch der DUP nahestehende Minderheit von Orangemen hat sich im *Independent Orange Order* organisiert. Formal völlig unabhängig von den Oraniern operieren schließlich die *Apprentice Boys of Derry*, die etwa 10.000 Mitglieder haben mögen.

Wie ihre Führer zu betonen nicht müde werden, sind die Logen soziale und kulturelle Vereinigungen. Auf dem Lande etwa sind die Orange Halls Treffpunkte für Müttergruppen, Rentner und Jugendliche. Die Mitgliedschaft hilft bei der Job- und Wohnungssuche, eigene Darlehenskassen der Logen gewähren zinsgünstige Kredite. Darüber hinaus sichern die Logen mit ihrem radikalen Anti-Katholizismus die konfessionsübergreifende protestantische Identität der in ein Dutzend Kirchen zersplitterten Unionisten. Ein Minister wurde aus der Loge gefeuert, nachdem er bei einer katholischen Zeremonie zugegen war; ein anderer kam durch freiwilligen Austritt dem Ausschluss zuvor, nachdem seine Tochter einen Katholiken geheiratet hatte.

Über die einst aus dem Orange Order heraus gegründete Ulster Unionist Party (UUP) agiert die Loge auf allen politischen Ebenen und liefert den Politikern zugleich eine Massenbasis. Alle Premierminister der nordirischen Regierungen von 1921–1972 waren Orangemen, dazu 90 % der Minister und der übrigen Stormont-Abgeordneten. Auch die Spezialeinheiten der Polizei rekrutieren sich weitgehend aus Orangemen. Dazu binden die Oranier protestantische Unternehmer und ihre Beschäftigten in eine ständische Hierarchie, die soziales oder gar klassenkämpferisches Aufbegehren in einen Kampf gegen Katholizismus und Republikanismus bzw. gegen die katholische Minderheit umlenkt, die als Schuldiger für die zunehmend schlechtere Lage der protestantischen Unterschichten ausgemacht wird.

Zum Terror der loyalistischen Paramilitärs hatte die Orange Lodge ein widersprüchliches Verhältnis. Offiziell hielt man Distanz. Den *Orange Volunteers*, wie sich der in den 70er Jahren aktive militärische Flügel der Oranier nannte, wird nur ein einziges Attentat nachgesagt. Die Royal Blacks verboten bei ihren Paraden etwa das Zurschaustellen von Symbolen und Standarten der bewaffneten Gruppen. Andererseits nahmen Kapellen der loyalistischen Untergrundorganisationen regelmäßig an den Umzügen in Derry teil.

Südufer von Lough Neagh

In den Flachwassern von Irlands größtem See (ca. 390 qkm) tummelt sich die größte Population an Wasservögeln auf den britischen Inseln. Zwei Naturschutzgebiete machen mit dem ganz unterschiedlichen Feuchtland-Biotopen bekannt.

Lough Neagh ist über den bei Coleraine mündenden *River Ban* mit dem Atlantik verbunden. Dazu kamen im 19. Jh. die nach Belfast und Newry führenden Kanäle, sodass der See vor dem Eisenbahnzeitalter sozusagen der Verkehrsknotenpunkt von Ulster war. Heute ist es auf dem flachen, höchstens 9 m tiefen Wasser ruhiger geworden, als einziges größeres Schiff kreuzt gelegentlich die in Antrim stationierte *Maid of Antrim* mit einer Ladung Touristen auf dem See. Angler schätzen den *Pollan*, eine nur im Lough Neagh und seinen Zuflüssen heimische Seeforellenart. Auch die Aale des Sees gelten als Delikatesse und werden bis auf den Kontinent exportiert, Karpfen und Hecht landen auf lokalen Speisetischen, und die erst in den 70er Jahren im See ausgesetzten Rotaugen gedeihen prächtig. Die Ablagerungen von Algen im Brackwasser wurden im 2. Weltkrieg als Bindemittel für Sprengstoffe verarbeitet.

Oxford Island/Lough Neagh Discovery Centre: Mehr über den See erfährt man im Visitor Centre des Naturschutzgebiets. Nach einem Videofilm, der kein Klischee auslässt, kommt in der Ausstellung auch die Ökologie zu Wort. Wir sehen einen halb fertiggestellten, 1500 Jahre alten Einbaum und versteinertes Holz und dürfen uns, die richtige Bedienung der Touchscreens vorausgesetzt, vom Computer weitere Fragen beantworten lassen. Am Weg zum Coffeeshop wird der Besucher dann allerdings für dumm verkauft, indem ihm die elektrische Nachtspeicherheizung des Gebäudes als Beitrag zum Umweltschutz angepriesen wird. Leihen wir uns lieber

Bauernschloss Ardress House

Parklandschaft Down: Oben der Garten von Castle Ward, unten das Badehaus des heiligen Struell Wells (BBB)

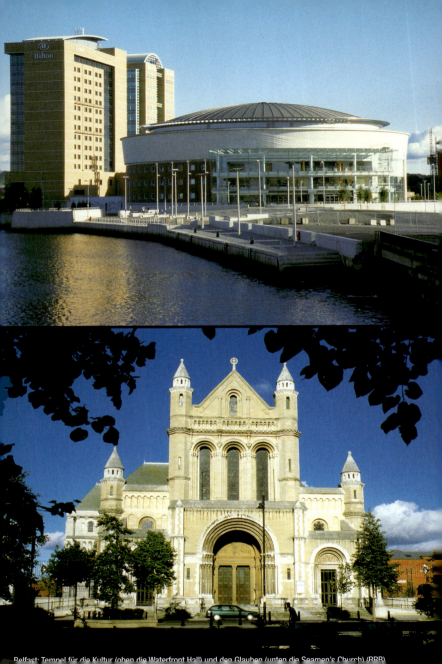

Belfast: Tempel für die Kultur (oben die Waterfront Hall) und den Glauben (unten die Seamen's Church) (BBB)

Belfast: Auch im schmalsten Haus ist ▲▲
Platz für ein Pub (RRB)

Edward Carson grüßt die Besucher des ▲▲
nordirischen Parlaments Stormont (RRB)

Im Hafen von Bangor (Down) dümpeln die Yachten ▲

▲▲ Castle Coole (Fermanagh), ein Fest der Symmetrie und der Trugbilder (RRB)
▲ Bukolische Landschaft am Navan Fort (Armagh) (RRB)

Südufer von Lough Neagh 769

Geschützte Moorlandschaft im Peatland Park am Lough Neagh

ein Fernglas und beobachten draußen die Wasservögel, die sich offenbar weder vom Lärm der nahen Autobahn noch von den Helikoptern stören lassen.
 April–Sept. tägl. 10–18, So bis 19 Uhr; Okt.–März Mi–So 10–17 Uhr. Eintritt frei. Das Naturschutzgebiet ist von der M 1 (Ausfahrt 10) ausgeschildert. www.oxfordisland.com.

▶ **Peatlands Park:** Durch Torfabbau, Aufforstungen, die Umwandlung zu Weideland oder gar durch die Nutzung als Mülldeponie wurden die ausgedehnten Moore Nordirlands zu kleinen Inseln dezimiert, die noch 12 % der Oberfläche der sechs Counties bedecken. Auf Spaziergängen durch den Peatland Park kann der Besucher (trockenen Fußes) die einzigartige Pflanzen- und Tierwelt des Moors kennen lernen. Im Sommer fährt eine Schmalspurbahn durch das Gelände – eine Hinterlassenschaft der Gesellschaft, die früher Torf abbaute. Außer dem Moor gehören zum Naturreservat auch ein natürlicher Wald und schließlich ein Park mit Rhododendron und Zierbäumen, in dem einst adlige Grundherren ihre Jagdgesellschaften unterhielten. Das Visitor Centre im alten Gutshof gibt sich angenehm bescheiden – kein Multimediaspektakel, sondern eine schlichte Ausstellung zur Naturkunde des Parks.
 Park tägl. bis Sonnenuntergang, **Visitor Centre** Juni–Aug. tägl. 12–17 Uhr, Ostern–Mai, Sept. nur Sa/So. Eintritt frei; von der Ausfahrt 13 der M 1 ausgeschildert. www.peatlandsni.gov.uk.

▶ **Cornmill Heritage Centre:** Die alte Getreidemühle von Coalisland zeigt mit Hilfe modernster Technik den Bürgerfleiß und die Industriegeschichte von Ulster, die hier über 400 Jahre ganz im Zeichen der Kohle stand.

 Mo–Fr 10–17 Uhr. Eintritt 1,50 £. Lineside, am südlichen Ortseingang von Coalisland, von der Ausfahrt 14 der M 1 ausgeschildert.

• *Einkaufen* **Island Turf Crafts,** Coalisland Enterprise Centre, 51 Dungannon Rd., Coalisland, www.islandturfcrafts.com, verkauft ungewöhnliches Kunsthandwerk aus Torf oder versteinertem Holz.

Nachgebautes Siedlerdorf im einstigen Ulster History Park

County Tyrone

Highlights

- **Beaghmore Stone Circles** – ein magisches Ensemble aus Steinkreisen und Steinzeitgräbern in aussichtsreicher Lage (S. 773)
- **Sperrin Mountains** – wandern in der Ödnis oder das Glück beim Goldwaschen suchen (S. 774)
- **Ulster American Folk Park** – die irischen Wurzeln von Uncle Sam. Ein gelungenes Freilichtmuseum lässt uns von Ulster nach Amerika auswandern (S. 777)

County Tyrone

Das Bauernland Tyrone hat mit Touristen wenig im Sinn: kleine und kleinste Dörfer, dazwischen Felder, Weiden und noch einmal Felder; dazu einige Fernstraßen, auf denen die meisten Reisenden schnell das Weite suchen.

Außer vielleicht mit neuen BSE-Fällen und anderen „Meldungen für den Landwirt" macht Tyrone in der Presse keine Schlagzeilen. Bezeichnenderweise beschäftigen sich die Heritage Centres in Tyrone, allen voran der sehenswerte *Ulster-American Folk Park*, mehr mit der Auswanderung als mit der Heimat. Wanderer, die Einsamkeit und Natur suchen, werden jedoch vom spröden und menschenleeren Hügelland der *Sperrin Mountains* begeistert sein. Von den zahlreichen prähistorischen Relikten seien die *Steinkreise von Beaghmore* oder der *Cairn von Knockmany* erwähnt, dazu die mittelalterlichen *Hochkreuze von Ardboe* und *Donaghmore* und schließlich der Hügel von *Tullaghoge*, auf dem sich die O'Neills krönen ließen und der bis heute die beste Aussicht über das Land bietet.

Neben dem Hauptort *Omagh* gibt es gerade drei größere Städte: *Strabane* ist eine katholische Insel im protestantischen Umfeld. *Cookstown*, von der Fremdenverkehrswerbung für seine Würstchen gerühmt, ist in Wahrheit das abschreckende Beispiel einer zwischen Loyalisten und Republikanern gespaltenen Stadt. Die einen wohnen im Viertel am oberen Ende der schnurgeraden Hauptstraße, die anderen am unteren; die Zugänge bewachen zwei Militärposten. „Wir entschuldigen uns für die Unannehmlichkeiten. Die Verantwortung dafür tragen die Terroristen." *Dungannon*, die vierte Stadt, machte 1969 mit einem der ersten Bürgerrechtsmärsche auf sich aufmerksam.

Geschichte

Geographisch liegt das County im Mittelpunkt Ulsters. Umgeben und geschützt von Sümpfen, Seen und Bergen war Tyrone im 16. Jh. ein Zentrum des irischen Widerstands gegen die Engländer. *Hugh O'Neill*, Nachfahre der alten Ulster-Könige und Enkel des ersten Earl of Tyrone, war, halb als Elitesprössling und halb als Geisel, bereits in England erzogen worden. Doch diese Erziehung blieb offenbar fruchtlos. Zurück in Ulster (1585) befreite er sich vom britischen Einfluss und bekämpfte die Kolonialmacht, bis er bei Kinsale (1601) vernichtend geschlagen wurde. O'Neill und die irischen Fürsten mussten auf Titel und Land verzichten. 1607, die Einwanderung der englischen und schottischen Siedler war bereits im Gange, führte Hugh O'Niell die irischen Fürsten, die jetzt keine mehr waren, ins Exil auf den Kontinent und schließlich nach Rom, von dem er sich vergeblich Hilfe gegen die Reformierten erhofft hatte. Er liegt dort in der Kirche St. Pietro begraben.

Doch die protestantischen Siedler, deren Nachfahren bis heute das Land von Tyrone beackern, hatten offenbar keine gute Wahl getroffen. Schon im 18. Jh. suchten viele von ihnen ihr Glück in Amerika oder gar Australien. Auch die kurze Blüte der Leinenindustrie konnte diese Abwanderung nicht aufhalten – nach deren Niedergang war das County wieder ohne Industrie und ein Bauernland wie eh und je.

Cookstown

Ein Ort zur Durchreise, der bestenfalls einen Eindruck von der Langeweile irischen Kleinstadtlebens zu vermitteln vermag. In der Umgebung sind die Steinkreise von Beaghmore und das Hammerwerk der Wellbrook Mill einen Abstecher wert.

Mit der Enteignung der irischen Fürsten kam das Gebiet an den Kirchenrechtler Allen Cook, der Cookstown mit Hilfe englischer und schottischer Kolonisten gründete. 1641 bemächtigten sich die irischen Nachbarn der Stadt, die zwei Jahre darauf von englischen Truppen dem Erdboden gleich gemacht wurde. 1734 nahm William Stewart, damals der größte Grundherr in Tyrone, einen neuen Anlauf und gründete etwas südlich der Cook'schen Siedlung, die gerade noch aus zwei Häusern bestand, die heutige Stadt. Auch die 40 m breite und über 1 km lange Hauptstraße geht auf Stewarts Planung zurück – der Ort wetteifert mit Letterkenny um die Ehre, Irlands längste **Main Street** zu besitzen. Am einen Ende wohnen die Protestanten, am anderen die Katholiken. Selbst der umfangreiche Stadtprospekt muss bei der Suche nach Sehenswürdigkeiten in die Umgebung ausweichen. Die erbitterten Auseinandersetzungen während der „Troubles" unterschlägt er ebenso wie die bekannteste Bürgerin von Cookestown, die am katholischen Ende aufgewachsene Bürgerrechtlerin Bernadette McAliskey. Noch am interessantesten wäre vielleicht **Killymoon Castle**, das letzte Schloss der Stewarts unten am Fluss. Als Privatbesitz eines Großfarmers ist es jedoch nur nach Voranmeldung (✆ 028 8676 3514) zugänglich.

● *Information* **Burnavon Arts Centre**, Burns Rd., ✆ 028 8676 9949; Sept.–Juni Mo–Fr 9–17, Sa 10–16 Uhr, Juli/Aug. Mo–Sa 9–17, So 14–16 Uhr. www.cookstown.gov.uk.

● *Verbindung* Vom **Busbahnhof**, ✆ 028 8676 6440, in der Molesworth St. nahe der Touristinformation mit Ulsterbus 210 nach Belfast, Nr. 278 nach Dungannon und Monaghan, Lokalbusse nach Omagh und Draperstown.

● *Markt* Samstags Wochenmarkt auf der William St.

● *Übernachten* ** **Tullylagan Country House**, 40b Tullylagan Rd., ✆ 028 8676 5100, www.tullylagan.com, EZ 60 £, DZ 80 £. Das Hotel in einem großen Park scheint äußerlich ein älteres Landhaus zu sein, wurde tatsächlich aber erst vor wenigen Jahren gebaut. Die 15 Zimmer sind alle mit TV, Telefon und Teetablett ausgestattet, die luxuriö-

sen Bäder haben sogar ein Bidet. Für Regentage gibt es eine Hausbibliothek. Mit Restaurant.

B&B Central Inn, 27 William St., ✆ 028 8676 2255, www.thecentralinn.co.uk, DZ 45 £. Fünf Zimmer mit Bad über einem Pub mit Restaurant an der Hauptstraße. Kein Palast, doch im Stadtzentrum ohne Konkurrenz.

● *Camping* der nächste Platz ist im **Drum Manor Forest Park**, 4 km westlich der Stadt, ✆ 028 8676 2774, Stellplatz 7–11 £. Eine einfache Campingwiese mit heißen Duschen und WC, dazu in Laufweite die Juli/Aug. tagsüber geöffnete Cafeteria des Waldparks.

● *Essen* **Cookstown Courtyard**, 56 William St., Mo–Sa bis 18 Uhr. Ein mit Pflug und alten Karren rustikal gestalteter Coffeeshop; preiswerte Naturkostküche.

Umgebung von Cookstown

▸ **Kinturk/Ardboe Cross:** Vor einer Klosterruine, mit dem Rücken zum See steht am Ufer des Lough Neagh das imposante *Ardboe Cross*. Die Reliefs des gut 5 m hohen Kreuzes aus dem 10. Jh. zeigen auf der Ostseite Szenen des alten Testaments. Man erkennt etwa Adam und Eva, das Opfer Isaaks und Daniel in der Löwengrube. Die andere Seite, heute stark verwittert, führte dem Gläubigen das Wunder von Kanaan, den Einzug nach Jerusalem und schließlich die Kreuzigung

Umgebung von Cookstown

vor Augen. Im nahen Fischerdorf **Kinturk** dreht sich eine Ausstellung im **Cultural Centre** um den See und den Aal, den die Leute hier aus dem Wasser holen. Mit **Coyles Cottage** hat man hier auch eine alte Fischerkate restauriert und zum Museum gemacht.

⏰ **Kinturk Cultural Centre**, tägl. 9–17, 19.30–23.30 Uhr, Eintritt frei; **Coyles Cottage**, nur So 14–18 Uhr; Eintritt 1 £.

▸ **Drum Manor Forest Park:** Park, Fischteiche und Wald gehörten zur Residenz der Familie Close, von der außer dem Turm allerdings nur die leere Hülle übrig blieb – eine romantische Ruine. Durchs Gelände führen markierte Spazierwege. Als besondere Attraktion wird ein *Schmetterlingsgarten* geboten, dessen Wildblumen und Sträucher gezielt dazu ausgewählt wurden, um Schmetterlinge anzulocken.

⏰ Tägl. bis Sonnenuntergang; Eintritt Auto 3 £, Fußgänger und Radler 1 £. www.forestserviceni.gov.uk.

▸ **Wellbrook Beetling Mill:** Das Beetling („Schlagen") war die letzte Stufe der Leinenherstellung. Mit schweren Holzhämmern wurden die Stoffbahnen geklopft, um den feinen Glanz zu erzeugen, der das Material so edel aussehen lässt. Die über ein Mühlrad mit Wasserkraft angetriebene Wellbrook Mill stellte 1961 den kommerziellen Betrieb ein und wurde schließlich vom National Trust übernommen. Während der Öffnungszeiten wird auch das Hammerwerk in Aktion gezeigt, eine kleine Ausstellung erläutert die Vorstufen der Leinenherstellung. An schönen Tagen bietet sich als Zugabe ein Spaziergang durch das Wäldchen am Fluss an.

Drum Manor, Waldhaus mit Stil

⏰ Juli/Aug. Sa–Do 14–18 Uhr, April–Juni, Sept. nur Sa/So 14–18 Uhr. Eintritt 3,80 £. Die Mühle steht 6 km westlich von Cookstown und ist von der Omagh Rd. ausgeschildert. Bus 90 von Cookstown. www.nationaltrust.org.uk.

▸ **Beaghmore Stone Circles:** Steinkreise mag es viele auf der Insel geben, doch kein Ensemble ist so komplex und damit zugleich so rätselhaft wie die Anlage von Beaghmore, zu der noch einige Cairns (Grabhügel) gehören. Zwischen sechs paarweise angeordneten Kreisen weisen Achsen zum Sonnen- und Mondaufgang am Tag der Wintersonnenwende. Das Innere eines siebten, isolierten Kreises ist mit etwa 800 kleinen Steinen („Drachenzähnen") gefüllt. Im 2. vorchristlichen Jahrtausend, als die Kultstätte gebaut wurde, muss sie noch mitten im Wald gestanden

774 Nordirland/County Tyrone

Wellbrook Mill, die schlagende Mühle am rauschenden Bach

haben. Später versumpfte die Gegend zum Moor. Noch heute ist in Beaghmore gutes Schuhwerk von Vorteil.

Anfahrt Von der Omagh Road Richtung Dunnamore abzweigen, an der Mühle vorbei durch den Ort, dann noch etwa 3 km weiter über einen eiszeitlichen Esker, ein dammartiger Kiesrücken.

Sperrin Mountains

Als die Agenten der Londoner Kaufmannschaft im Jahre 1609 Ulster bereisten, um zu prüfen, ob die Siedlungsvorhaben der Krone auch ihr Geld wert seien, ließ der Lord Deputy of Ireland die Delegation einen weiten Bogen um die Sperrin Mountains machen – beim schieren Anblick dieser Ödnis, so die Befürchtung, hätten die Kaufleute keinen Penny mehr in die Kolonisierung Ulsters gesteckt. Während damals wenigstens Wanderhirten im Sommer in die Berge zogen, sind die bis 672 m hohen Sperrins heute völlig menschenleer. Felsen, Grate, Steilwände und Gipfel haben sie nicht zu bieten – sie gleichen eher der Oberfläche eines aufgespannten Regenschirms. In der Eiszeit hat sich die arktische *Rubus chamaemorus* hierher verirrt, ein Strauch mit brombeerähnlicher, orangefarbener Frucht, der hier an seiner südlichen Klimagrenze aber eher vegetiert als gedeiht und den es sonst nirgendwo in Irland gibt. Auf der Ostseite, zwischen Draperstown und Dungiven, wurden eintönige Nadelwälder aufgeforstet, im Westen laufen die Berge ins Tal des Mourne River aus. Das **Glenelly Valley** erlaubt auch Radlern und Autofahrern, ein gutes Stück in die Moor- und Heidelandschaft vorzudringen. Besonders schön ist die Aussicht vom Nebensträßchen auf der Südflanke des Tals. Ihm folgt zunächst auch der von Gortin über den herrlichen und kaum befahrenen Pass **Barnes Gap** kommende Ulster Way, der in diesem Abschnitt auf befestigten Wegen verläuft und damit auch gut für Radler geeignet ist. Wer jedoch im weiteren Verlauf des Fernwanderweges das Gebirge überqueren will, muss mindestens zwei Nächte in der Wildnis campieren. Von der Passhöhe der **Park Road,** die 3 km östlich des Sperrin Centre das Gebirge gen Norden (Dungiven) überquert, erreicht man durch sumpfiges Gelände den Sawel Mountain (678 m) und die anderen Gipfel der Sperrins. Eine Mappe mit zehn Wandervorschlägen auf wetterfesten Kärtchen gibt es für 5 £ im Sperrin Centre.

• *Information* www.sperrintourism.com.
• *Verbindung* **Bus** 403 „Sperrin Rambler", Mo–Fr von Omagh über Gortin und Draperstown nach Magherafelt, Sa nur zwischen Magherafelt und dem Sperrin Centre.
• *Übernachten* Die nächste Übernachtungsmöglichkeit ist das **Gortin Accommodation Centre,** Main St., Gortin, ✆ 028 8164 8346, www.gortin.net. Zum Komplex gehören mehrere Ferienhäuser mit 4–6 Betten (200–420 £/Woche) und ein Hostel (Bett 12,50 £, 4-Bett-Zimmer 50 £). Jeweils zwei Schlafräume teilen sich ein Bad; Küche und Aufenthaltsraum sind geräumig. Montagabend findet gleich neben dem Hostel ein Viehmarkt statt. Fahrradverleih.

Sperrin Centre: Im Café des Sperrin Heritage Centre kann man sich bei einer Tasse Kaffee aufwärmen. Videofilme und Computeranimationen vermitteln die Ökologie der Berge, wenn es das Wetter zulässt, kann man unter Anleitung im nahen Bach sein Glück als Goldwäscher versuchen – nicht nur für Kinder eine Mordsgaudi.
① April–Okt. Mo–Fr 11.30–17.30, Sa 11.30–18, So 14–18 Uhr; Einlass bis 1 Std. vor Schließung, Eintritt 2,70 £. Das Zentrum liegt an der B 47, 13 km östlich von Plumbridge.

Creggan

(gäl. An Creagán)

Auch wenn in den Sperrins und der Gegend östlich von Omagh die gälische Sprache vor wenigen Jahrzehnten aus dem Alltag verschwand, haben die Menschen bis heute eine ausgeprägte irische Identität. Deshalb stellten die Dörfler von Creggan

Blick von den Sperrins ins Glenelly Valley

776 Nordirland/County Tyrone

(an der A 505 Cookstown Rd.) ihr *Visitor Centre* auf das Grundstück des 1950 verstorbenen Peadar Joe Haughey, einem der letzten gälischen Muttersprachler, gaben ihm den gälischen Ortsnamen *An Creagán* und betreiben es als Kulturzentrum für die Einheimischen und als Museum für Fremde. Die kleine Ausstellung in der einem Cairn nachempfundenen Anlage schildert die Entstehung des Black Bog, der gleich hinter dem Dorf beginnt, und die Siedlungsgeschichte der Region. Faltblätter schlagen Wanderungen und Radtouren in die Umgebung vor, als deren Ziel sich etwa das eine oder andere der 44 prähistorischen Monumente anbietet, die in nur 5 Meilen Umkreis von Creggan gefunden wurden. Schließlich laden ein Coffeeshop und ein Pub zu längerer Rast ein.

- *Information* www.an-creagan.com.
- *Verbindung* **Bus**halt an der Strecke Cookstown–Omagh.
- ⓘ **An Creagán Visitor Centre:** April–Sept. tägl. 11–18.30 Uhr, Okt.–März Mo–Fr 11–16.30 Uhr, Eintritt frei. Mit Fahrradverleih.

- *Übernachten* **An Clachan Cottages,** Creggan, ☎ 028 8076 1112. Das Visitor Centre verwaltet acht gemütliche Cottages mit ein bis drei Schlafzimmern, Aufenthaltsraum mit Kamin und gut ausgestatteter Küche, je nach Größe u. Saison 180–350 £/Woche.

Omagh

Als Etappenstadt am Weg zwischen Sligo und Belfast oder zwischen Derry und Dublin bietet sich Omagh für eine Zwischenübernachtung oder als Basis zum Besuch des Ulster-American Folk Park und der Sperrin Mountains an.

Schnurgerade zieht die Hauptstraße vom Fluss zum neoklassizistischen *Court House* hinauf. Viel mehr als landstädtisches Straßentreiben, die Einkaufslandschaften von Dunnes Store und Supervalue, viele Banken und noch mehr Kirchen hat der 25.000 Einwohner zählende Ort am Zusammenfluss von Camowen und Drumragh allerdings nicht zu bieten. Ins Rampenlicht der Medien geriet Omagh am 15. August 1998, als zur Hauptgeschäftszeit eine von der republikanischen Splittergruppe „Real IRA" in der High Street platzierte Autobombe detonierte: 28 Tote und 200 Verletzte, ein trauriger Rekord in der dreißigjährigen Geschichte der „Troubles".

Information/Verbindung/Diverses

- *Information* 1 Market St., ☎ 028 8224 7831, Mo–Fr (Ostern–Sept. auch Sa) 9–17 Uhr. www.omagh.gov.uk.
- *Bus* Vom Terminal (mit Gepäckaufbewahrung) an der Mountjoy Rd. auf der Nordseite des Stadtzentrums nach Belfast, Derry, Enniskillen und Dublin.

- *Angelscheine* **Anderson Angling Supplies,** 64 Market St., ☎ 028 8224 2311.
- *Markt* Am 3. Samstag des Monats Lebensmittelmarkt auf der Sedan St.; jeden Montag Wochenmarkt (Textilien, Haushaltswaren u. Ä.) im Stadtzentrum.

Übernachten/Camping

B&B Mullaghmore House , Old Mountfield Rd., ☎ 028 8224 2314, www.mullaghmore house.com, DZ 80 £. Das äußerlich schlichte georgianische Landhaus am Stadtrand ist stilsicher mit Antiquitäten eingerichtet und bietet unerwarteten Luxus: Dampfbad, WLAN, Billardraum und Bibliothek, dazu ein Gewächshaus mit

exotischen Pflanzen. In den Wirtschaftsgebäuden sind Werkstätten für Möbelrestauration und traditionelle Handwerkskünste.
B&B Ardmore, Mrs. McCann, 12 Tamlaght Rd., ☎ 028 8224 3381, irismccann@hotmail. com, DZ 50 £. Das dem Zentrum nächste B&B befindet sich in schlechter Lage am Rand eines kleinen Industriegebiets und

Omagh/Umgebung 777

nicht einfach zu finden: Zu Fuß geht man vom Touristoffice die Hauptstraße Richtung Gericht, bei der Kirche links (James St.), sofort nach der Unterführung am Coach Inn rechts. Mit dem Auto muss man von der James St. kommend die Schnellstraße überqueren.

Omagh Independent Hostel (IHH), 94 Waterworks Rd., ☎ 028 8224 1973, www.omagh hostel.co.uk, geöffnet März–Okt., Bett 12,50 £. Das Hostel liegt 4 km nördl. von Omagh und ist von der B 48 (Gortin Rd.) ausgeschildert. Lassen Sie sich abholen oder nehmen Sie ein Taxi – der Anmarsch, zumal bergauf, ist mit Gepäck nicht ohne.

Das neuere Haus (mit Internetzugang, Zentralheizung, doch dünnen Wänden) grenzt an einen Bauernhof, morgens schauen die Schafe ins Schlafzimmer. Die Besitzer Billy und Marella samt Kindern und Hofhund Bonzo wohnen gegenüber. Als erstes Hostel der Insel ließ es sich als „umweltfreundlich" zertifizieren.

● *Camping* **Gortin Glen Forest Park Camping,** ☎ 028 8167 0666, www.forestservieni. gov.uk, 10 km außerhalb an der Gortin Rd. (B 48), zu erreichen mit Bus Nr. 92 und 213. Der Zeltplatz des Nationalparks (2 Pers. 5 £) ist eine gute Wahl für Fußgänger und Radfahrer.

Essen/Pubs

Tagsüber, wenn Besucher und Durchreisende das Städtchen beleben, gibt's entlang der High Street genug Auswahl. Am Abend nährt sich der anständige Bürger offenbar hauptsächlich mit Bier.

Coach Inn, Railway Terrace, Dromore Rd., ☎ 028 8224 3330. Uralter Pub mit Restaurant an der Unterführung, dem das beste Essen in der Gegend nachgesagt wird. Freitagabends Volksmusik zum Mitmachen.

Grant's, George St., gegenüber der Kathedrale. Heimeliger Pub mit Restaurant; internationale Küche mit Pasta, Enchiladas, griechischem Salat u. Ä. Mo–Fr ab 16 Uhr, Sa und So ab 12 Uhr.

Pink Elephant, 19 High St., Mo–Sa 10–18 Uhr. Der Coffeeshop mit weiß-grauer Holztäfelung, Streifentapete, pastellfarbenen Stühlen und grauen Tischen modisch eingerichtet. Lunch (Hauptgericht um 8 £), auch Frühstück.

● *Pubs* **Bogan's Pub,** 26 Market St. Das gemütlichste Pub der Stadt, am Wochenende gelegentlich Livemusik. Mittags Lunch.

McElroy's, Castle St. Im grün gestrichenen Pub mit Plastikefeu und Nightclub gibt's Fr/Sa Disco, unter der Woche gelegentlich auch Jazz- und Blueskonzerte.

● *In der Umgebung* **Dún Uladh,** Ballinamullin, Carrickmore Rd. (B 4), ☎ 028 8224 2777, www.dunuladh.ie. Das Hauptquartier der gälischen Kulturvereinigung in Tyrone veranstaltet Sa Abend Folk Sessions und bietet im Sommer gelegentlich Volkstheater. Fragen Sie bei der Touristinformation nach dem aktuellen Programm.

Teach Ceoil, Rouskey, Drumlea, ☎ 028 8164 8882. 20 km außerhalb im Owenreagh Valley haben Charlie und Bernadette Ward eine alte Scheune in ein Ceílí-Haus umgebaut. Erkundigen Sie sich auch hier vorab nach Öffnungszeiten und Programm.

Omagh/Umgebung

▶ **Ulster-American Folk Park:** Allein im 18. Jh. sollen 200.000 Menschen Ulster verlassen haben und in die Vereinigten Staaten ausgewandert sein. Nicht alle waren so erfolgreich wie Thomas Mellon, der es in der neuen Heimat zum Bankier und Multimillionär brachte. Bis heute gehören die Mellons zu den reichsten Familien der USA. Sie finanzierten das New Yorker Waldorf Astoria Hotel, die Golden Gate Bridge, die Schleusen des Panama-Kanals, und schließlich den Ulster-American Folk Park.

Herz des Parks ist jene zum Freilichtmuseum gewordene Welt, in der Thomas Mellon geboren wurde: armselige Hütten, die Schule, eine Kapelle und das schlichte Gemeindehaus der Presbyterianer. Dieser protestantischen Gemeinschaft, die heute den harten Kern der nordirischen Unionisten bildet und gleichzeitig für

778 Nordirland/County Tyrone

Wo bleiben sie denn schon wieder?

ihren sprichwörtlichen Fleiß und eine calvinistische Arbeitsmoral berühmt-berüchtigt ist, gehörten die meisten Ulster-Emigranten an. Die in einem dicht begrünten Gelände weiträumig verteilten Gebäude sind teils original (Mellons Geburtshaus), wurden hierher versetzt oder als Repliken nachgebaut. Mit dem Geburtshaus von John Joseph Hughes, dem ersten Erzbischof von New York, wurde jüngst auch das katholische Irland repräsentiert.

Der dunkle Rumpf eines Auswandererschiffs schlägt die Brücke in die Neue Welt und hier schließlich nach Pennsylvania, wo viele Presbyterianer eine neue Heimat fanden. Das amerikanische Dorf hält die Atmosphäre der Pionierzeit fest: Handwerker in historischen Kostümen demonstrieren ihr Geschick und erklären dem Neugierigen geduldig die alten Techniken. Waren die irischen Hütten düster, verräuchert und trotz der Torffeuer kalt, sind die pennsylvaniaschen Blockhäuser hell, geräumig und haben sogar einen Kamin im Schlafzimmer. Ein Museum stellt die Schicksale erfolgreicher und gescheiterter Emigranten gegenüber. Für den Besuch sollte man mindestens einen halben Tag einplanen.

① April–Okt. Mo–Sa 10.30–18, So 11.30–18.30 Uhr; Nov.–März Mo–Fr 10.30–17 Uhr; Einlass bis 1 ½ Std. vor Schließung. Eintritt 5,50 £. www.folkpark.com. Der Park liegt 8 km nördlich von Omagh an der A 5 und ist von Omagh mit den Bussen 97 und 403 zu erreichen.

▸ **Gortin Glen Forest Park:** Waldverwöhnte Mitteleuropäer wird der etwa 10 qkm große Glen Forest vermutlich enttäuschen. Der Forst ist nicht naturbelassen, sondern gleicht mit seinen ordentlich gereihten Kiefern eher einer Plantage. Auf einem asphaltierten Rundkurs erfreuen sich Autofahrer am Grün, beim Parkplatz gibt es einige Wildgehege und einen Naturpfad, eine überdachte Holzbrücke führt zum Abenteuerspielplatz und einer regensicheren Grillstelle. Zu einem längeren Spaziergang lädt der gut ausgezeichnete **Ulster Way** ein. Man muss ja nicht gleich den ganzen Weg ablaufen und in etwa fünf Wochen Nordirland umrunden, sondern kann sich mit einer ca. dreistündigen „Schnuppertour" zum Ulster-American Folk Park begnügen. Das Touristoffice in Omagh hält eine Karte mit Kurzbeschreibung des durch Fermanagh und Tyrone laufenden Wegabschnitts bereit.

Eintritt Mit Pkw 3 £, Radler und Fußgänger 1 £. www.forestserviceni.gov.uk.

▸ **Sion Mills:** Sion Mills, an der Omagh–Derry Road 3 km südlich von Strabane, zählte zu den Leinendörfern, die im 18./19. Jh. streng nach Plan rund um die neuen Fabriken entstanden, und hat sich zumindest äußerlich seit jener Zeit kaum verändert. Noch immer arbeitet hier eine Leinenweberei, deren Maschinen aber längst von Elektromotoren statt vom Wasser des Mourne angetrieben werden.

Samstagmorgen in Enniskillen

County Fermanagh

Highlights

- **Castle Coole** – kühl und grandios, Irlands größtes Schloss im neoklassischen Stil (S. 785)
- **Marble Arch Caves** – Stalagmiten, Stalaktiten und andere Kalkgebilde sind hier als Märchenwelt gut ins Licht gesetzt (S. 786)
- **Boa Island** – zwischen Grabsteinen wachen ein janusköpfiger und ein keltischer Kriegsgott. Noch mehr solcher Figuren stehen auf **White Island** (S. 792 u. 794)
- **Devinish Island** – wie wär's mit einem Picknickausflug auf die Klosterinsel? (S. 795)

County Fermanagh

Als wolle er die grüne Insel so lange wie möglich genießen und das unausweichliche Ende im Meer hinauszögern, schlängelt sich der River Erne gemächlich durchs Land und schafft dabei ein Naturparadies mit Seen, Fjorden und winzigen Inselchen.

Seit etwa 3500 v. Chr. benutzten Einwanderer die 90 km lange Wasserstraße des Lough Erne, um in das damals dicht bewaldete Landesinnere vorzudringen. Die keltischen *Fir Monach,* die Leute von Manach, gaben dem County seinen Namen. Im Spätmittelalter operierte der herrschende Clan der Maguire mit einer Flotte von 1500 Booten auf dem Lough. Schwere Böden, die das Wasser lange halten, behindern den Ackerbau, und in Anspielung auf die Winterregen und Überschwemmungen weiß das Sprichwort: „Die eine Hälfte des Jahres liegt Lough Erne in Fermanagh, die andere Fermanagh in Lough Erne." Weniger als 1 % der Oberfläche des Countys wird heute mit Feldfrüchten bebaut, nahezu alle Bauern leben von der Viehzucht.

Heute spricht die Seenlandschaft Fermanaghs besonders Angler, Bootsfahrer und Naturfreunde an. Daneben kann das County mit Klosterruinen, uralten Grabstelen und einer Reihe prächtiger Schlösser aufwarten, auf denen die Führer der im 17. Jh. hier angesiedelten britischen bzw. schottischen Siedler Hof hielten. *Florence Court* und *Castle Coole,* die prächtigsten dieser Planters' Castles, sind öffentlich zugänglich. In die Ebenen oder gar ins Hochland abseits des Sees verirrt sich kaum ein Reisender. Weite Flächen sind vermoort, doch im Kalkmassiv des Benaughlin sickert das Regenwasser in den Untergrund und formt Höhlen und unterirdische Ströme.

Von der 1994 erfolgten Wiedereröffnung des *Shannon-Erne-Kanals,* der die Seen mit dem Shannon-Revier verbindet, erhoffte sich die relativ arme und auch für Farmer wenig ertragreiche Region einen größeren Anteil am Fremdenverkehr. Diese Hoffnungen haben sich bislang kaum erfüllt – offenbar steht der Kanal unter einem schlechten Stern, denn schon nach der ersten Eröffnung (1860) passierten gerade acht Schiffe die künstliche Wasserstraße, bis man sie mangels Rentabilität wieder aufgab. Die touristische Fangemeinde bleibt klein, die meisten streifen das County nur auf der Durchreise nach Donegal.

Bei der Teilung Irlands wurde Fermanagh ungeachtet seiner katholischen Bevölkerungsmehrheit dem britischen Ulster zugeschlagen. Auch wegen dieser historischen „Ungerechtigkeit" haben die Nationalisten hier großen Rückhalt. Als Nationalheld wird Bobby Sands gefeiert, der im April 1981 als Gefangener und zugleich frisch gewählter Unterhausabgeordneter an den Folgen eines Hungerstreiks starb, mit dem er und andere IRA-Häftlinge die Anerkennung als politische Gefangene zu erreichen versuchten.

Enniskillen

Wo sich der Erne zwischen Ober- und Untersee auf einem kurzen Stück wieder zum Fluss verengt, liegt auf einer Insel mitten im Strom die bezaubernde Altstadt von Enniskillen – Treffpunkt für Bootsfahrer wie Landreisende.

Neben der einmaligen Lage trägt die Architektur viel zum Charme des Städtchens bei: Die Häuser erzählen vom biederen Wohlstand der viktorianischen und georgianischen Zeit und laden zu einem Bummel über die schwarz-gold-schmiedeeisern

Enniskillen 781

Größer, schöner, höher – St. Michael's und St. Macartin's in Enniskilen

möblierte Hauptstraße ein, die auf wenigen hundert Metern sechsmal den Namen wechselt. Das im Touristoffice aufliegende Faltblatt „Town Trail" vermerkt 20 Gebäude und Punkte von Interesse, was mir übertrieben erschien. Auf einem Hügel thront die **Portora Royal School,** 1608 zur Kultivierung der Iren gegründet, die spätere Größen wie Oscar Wilde und Samuel Beckett zu ihren Schülern zählte. Einen noch besseren Überblick über Enniskillen bietet *Cole's Monument* im **Forthill Park,** das der erste Earl für seinen Sohn errichten ließ. Die dorische Säule kann nachmittags über eine Wendeltreppe (108 Stufen sollen es sein, ich zählte 110) erklettert werden. Vor der Säule hat man einen hübschen viktorianischen Kiosk mit Uhrturm restauriert. Hier im Park fand 1987 jene Feier zum Gedenken an die Weltkriegstoten statt, während der eine IRA-Bombe detonierte und elf Menschen tötete.

*I*nformation/*V*erbindun*G*en/*D*iverses

• *Information* Wellington Rd., an der Abzweigung zum Lakeland Forum, ✆ 028 6632 3110, Okt.–Ostern Mo–Fr 9–17.30 Uhr (Okt. auch Sa/So 10–14 Uhr); Ostern–Sept. Mo–Fr 9–17.30 (Juli/Aug. 9–19 Uhr), Sa 10–18, So 11–17 Uhr. Mit guten Infotafeln zur Region, Geldwechsel und Souvenirverkauf, die Auskünfte freundlich und informativ – ein Anwärter für die kundenfreundlichsten Top Ten der irischen Touristenbüros.
Im Internet findet man Informationen zu Stadt und Region unter www.fermaghonline.com, www.enniskillen.com und www.fermanaghlakelands.com.

• *Verbindungen* Von der **Busstation,** ✆ 028 6632 2633, an der Wellington Rd. Fernbusse nach Belfast, Omagh, Sligo, Donegal Town und Dublin.
Mit dem **St. Angelo Airport,** Castle Archdale Rd., ✆ 028 6632 9000, www.enniskillen-airport.co.uk, hat Enniskillen einen von der Royal Airforce verlassenen Flughafen reaktiviert. 2008 gab es allerdings keine Flugverbindungen dorthin.

• *Einkaufen* Der historische **Buttermarket,** Queen Elizabeth Rd., wurde zu einem Craft Centre umgebaut, in dem Kunsthandwerker und Landschaftsmaler ihre Werkstätten und Läden haben. www.thebuttermarket.com.

782 Nordirland/County Fermanagh

Wochenmarkt jeden 1. Samstag im Monat am Diamond.

• *Frisör* **Headhunters Barber Shop,** 5 Darling St., www.headhuntersmuseum.com. Der ungewöhnliche Salon ist zugleich ein Museum und voll mit Erinnerungsstücken an die Eisenbahn, die einst nach Enniskillen dampfte. Geöffnet Di–Sa 9–17.30 Uhr.

• *Gepäckaufbewahrung* **Ulsterbus Parcel Link,** in der Busstation, geöffnet nur Mo–Fr.

• *Kino* **Omniplex (1),** Factory Rd., 1,5 km außerhalb; die üblichen Mainstream-Filme, Programm unter http://entertainment.ie.

⑦ **Cole's Monument,** April–Sept. tägl. 13.30–15 Uhr, Tickets (1 £) vorab bei der Touristinformation oder im Rathaus – oder auf die Freundlichkeit des Schließers hoffen.

• *Veranstaltungen* **Fermanagh Feis,** um Ostern, ein Musikfestival mit breitem Programm vom Folk bis zur Klassik.

Ardhowen Theatre (12), Dublin Rd., 2 km außerhalb, ℡ 028 6632 5440, www.ardhowen theatre.com, zeigt außer Theater auch Konzerte, ja sogar Filme.

Übernachten

Die meisten B&Bs liegen an der Straße nach Sligo. Die Nähe zum Seeufer wiegt den bis zu halbstündigen Fußweg ins Stadtzentrum auf. Während der Saison wird rechtzeitige Reservierung angeraten.

Railway Hotel (6), 34 Forthill Rd., ℡ 028 6632 2084, www.railwayhotelenniskillen.com, DZ 75 £. Einfaches, etwas altbackenes Stadthotel in einem älteren Haus beim früheren Bahnhof, etwa 1 km vom Zentrum; die 18 Zimmer mit TV und Telefon.

Belmore Court Motel (10), Tempo Rd., ℡ 028 6632 6633, www.motel.co.uk, DZ 50–60 £, Frühstück kostet extra. Das Motel liegt ein gutes Stück außerhalb an der B 80 und ist auch abends dank Flutlicht nicht zu verfehlen. Zimmer mit TV und Internetzugang, teilweise mit Küchenzeile.

B&B Mountview House (2), 61 Irvinstown Rd., ℡ 028 6632 3147, www.mountview guests.com, DZ 65 £. Die viktorianische Villa in einem Garten mit mächtigen alten Bäumen steht etwa 15 Gehminuten außerhalb des Zentrums. Besonderer Clou ist ein Billardzimmer.

Rossole Guesthouse (13), 85 Sligo Rd., Westufer, ℡ 028 6632 3462, nora.sheridan@

Übernachten
2 B&B Mountview
6 Railway Hotel
7 JH The Bridges
10 Belmore Court
13 Rossole Guesthouse

Essen & Trinken
3 Café Merlot und Number 6
4 Franco's
7 Mint
9 Scoff's und Weinbar Uno
11 Café Cellini
12 Theatre Restaurant

Nachtleben/Pubs
1 Omniplex
3 Blakes of the Hollow
5 The Thatch und Crowe's Nest
8 Bush
12 Ardhowen Theatre

btinternet.com, DZ 50 £. Älteres, aus grauem Naturstein gemauertes Haus am Rossole Lake, etwa 20 Gehminuten vom Zentrum. Geräumige Zimmer mit TV, teilw. mit Dusche, eigenes Boot zum Angeln.

JH The Bridges (7), im Clinton Center, Belmore Bridge, ℡ 028 6634 0110, www.hini.org.uk, Bett 15–17 £. Ein schicker Neubau am Fluss mit blauer Glas- und Solarzellenfassade. Im öffentlich zugänglichen Erdgeschoss befinden sich Cafeteria und Räume für Ausstellungen und Tagungen, darüber die Jugendherberge, weitgehend 4-Bett-Zimmer mit eigenem Bad. Kostenloser Internetzugang, TV-Lounge und Ruheraum, Küche.

Enniskillen

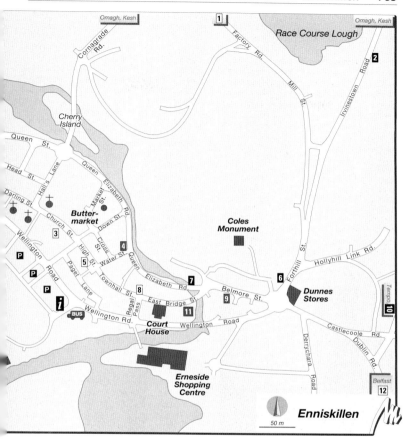

Essen/Pubs

Vor allem entlang der Hauptstraße finden Einheimische wie Besucher überraschend viele Möglichkeiten zur Einkehr – selbst am späten Abend muss niemand hungrig bleiben.

Restaurant Number 6/Café Merlot (3), 6 Church St., ℘ 028 6632 0918. Der alte Pub (s. u.) blieb unberührt, doch das Haus wurde zu einem Gastrotempel umgekrempelt. Oben residiert nun das A-la-carte-Restaurant „Nr. 6" (nur Fr–So ab 18 Uhr) mit Kaminfeuer und gediegener irischer Küche. Für's Essen rechne man hier 35 £ pro Nase. Café Merlot (tägl. mittags und abends) pflegt einen weniger förmlichen Stil und mischt mutig fernöstliche mit westlicher Küche. Wer vermag da noch zwischen hipper Fusion und schierer Konfusion zu unterscheiden?

Franco's (4), Queen Elizabeth Rd., ℘ 028 6632 4183, www.francosrestaurant.co.uk, tägl. ab 12 Uhr, Hauptgericht 10–15 £. „We serve no chips", warnt eine Tafel notorische Kartoffelesser. Als Zugeständnis an den Massengeschmack gibt es neuerdings immerhin Pizza und Pasta. Schwerpunkt und Stolz des Lokals sind jedoch

Nordirland/County Fermanagh

seine Seafood- und italienischen Fleischgerichte, die bis in den späten Abend zwischen viel Grün bei Kerzenlicht und in gemütlicher Bistroatmosphäre serviert werden.

Scoff's Restaurant/Weinbar Uno (9), 17 Belmore St, ℅ 028 6634 2622, www.scoffs uno.com, tägl. ab 17 Uhr. Restaurant und Weinbar (nur Mi–So) mit zwangloser Bistroatmosphäre. Die umfangreiche Karte steigert sich von der Sardine auf Toast mit Tomatensauce über den irischen Klassiker Lammrücken mit Steckrüben und Zwiebeln bis hin zu Exoten wie Carpaccio von Thunfisch & Krokodil, Straußensteak und Kängurufilet. Hauptgericht 12–18 £. Jede Beilage kostet 3 £ extra, also am besten hier nicht allzu hungrig einkehren. In der Weinbar kommt man mit einfachen Tellergerichten günstiger weg.

Viktorianischer Pavillon im Forthill Park, Enniskillen

Mint (7), Clinton Center, Belmore Bridge, tägl. tagsüber, Do–So auch abends geöffnet. Frühstück, Sandwichs und preiswerter Mittagstisch in Cafeteriaambiente. WLAN und einige PCs, die von den Gästen der im Haus befindlichen Jugendherberge gerne benutzt werden. An schönen Tagen sitzt man draußen auf der Terrasse über dem Fluss.

Ardhowen Theatre Restaurant (12), 2 km außerhalb beim Castle Coole, an warmen Tagen ein schöner Platz für Frühstück oder Freiluft-Lunch; schließt leider schon um 15 Uhr. Sa und So Ruhetag.

Café Cellini (11), East Bridge St., eine nette Konditorei mit gemütlichen Ledersofas und Flussblick. Außer süßen Schleckereien gibt es auch Pasteten und mittags handfeste warme Gerichte, die von manchen niedrigen Tischchen zu essen Geschick erfordert.

● *Pubs* **Crowe's Nest (5),** High St. Der Schankraum aus hellem Holz ist mit alten Schwertern, Gasmasken und einem Sammelsurium kurioser Utensilien dekoriert.

Bush Bar (8), 26 Townhall St., http://the bushbar.com. Mit Gaben in den Opferstock des „St. Antony Fund" können Trinker gleich am Tresen ein eventuell schlechtes Gewissen beruhigen. Montags Irish Music, mittags Pub Grub.

(William) Blakes of the Hollow (3), 6 Church St. Mit den rot-schwarzen Streifen an der Fassade hält der seit 1875 nur wenig veränderte Pub eine alte Tradition aufrecht: anhand der unverwechselbaren Farbmarkierung konnten auch Analphabeten vom Lande den „richtigen" Pub finden. Mit Poolbillard.

The Thatch (5), High St., neben dem Crow's Nest. Disco und Nachtlokal für gesetztere Gäste (Dresscode), Do–Sa ab 23 Uhr Clubbing, gelegentlich Livemusik.

Sehenswertes

Enniskillen Castle: Die Geschichte Enniskillens ist die seiner **Burg.** Indem er seine übermächtigen Nachbarn, die O'Donnells und die O'Neills, geschickt gegeneinander ausspielte, konnte sich der Maguire-Klan im 14. Jh. die Herrschaft über das heutige Fermanagh sichern. Ein Familienzwist ließ 1428 Hugh Maguire den Stammsitz bei Lisnakea verlassen und in Enniskillen, am strategisch wichtigen Flussübergang zwischen Connaught und Ulster, eine

Enniskillen

Enniskillen Castle bewacht den Engpass des Lough Erne

eigene Burg errichten. Der für seine üppigen Gelage bekannte Hugh trug noch den Beinamen „der Gastliche"; von seinem Nachfahren Thomas Og wird überliefert, dass er seinen Gartenzaun mit den Köpfen getöteter Rivalen zu verzieren pflegte. 1593/94 eroberten die Engländer das Castle – John Thomas, seinerzeit als einfacher Soldat bei den Eroberern, hat uns eine akkurate Skizze der Burg überliefert. 1611 übernahm der Siedlerführer William Cole die inzwischen verlassene und ausgebrannte Burg. Ihn hatten die englischen Eroberer als Earl of Enniskillen zum Herren von Stadt und Umgebung eingesetzt. Manche Umbauten und Anpassungen, etwa die an die Ecken der Wehrmauer angefügten Türmchen, erinnern an die Burgen in Coles schottischer Heimat. Ganz militärisch gibt sich auch das **Museum der Royal Iniskillin Fusiliers** mit seiner Sammlung von Orden und allerlei Kriegsgerät. Friedlicher geht es im **Heritage Centre** zu, das etwa eine Sammlung örtlicher Wildblumen oder eine alte Bauernküche zeigt und die Stadtgeschichte erläutert.

Okt.–April Mo 14–17 Uhr, Di–Fr 10–17 Uhr; Mai/Juni, Sept. Sa+Mo 14–17, Di–Fr 10–17 Uhr, Juli/Aug. Sa–Mo 14–17, Di–Fr 10–17 Uhr. Einlass bis 30 Min. vor Schließung. Eintritt 2,75 £. www.enniskillencastle.co.uk.

Castle Coole: Kastanien und knorrige Eichen säumen die Einfahrt zu Castle Coole. Der 1798 vollendete Bau gilt als eines der schönsten irischen Schlösser im neoklassizistischen Stil. Es wurde von James Wyatt, den wir schon als Architekten von Westport House kennen gelernt haben, für den Earl of Belmore entworfen, dessen Nachfahren noch heute auf dem 500 ha großen Landgut um das Schloss wohnen. Nachdem schon der Bauherr sich finanziell so verausgabt hatte, dass er die Innenausstattung seinem Nachfolger überlassen musste, hätte auch die Restaurierung des Schlosses die Möglichkeiten selbst dieser begüterten Familie überstiegen. Wie ein Schwamm hatten sich die einst aus England gebrachten Steine der Prunkfassade über die Jahrhunderte mit Grundwasser voll gesaugt, bis sie zu bersten drohten. Dankenswerterweise hat sich der National Trust des Gemäuers angenommen und mit 7 Mio. Pfund auch den Innenräumen wieder zu altem Glanz verholfen –

786 Nordirland/County Fermanagh

ein Fest der Symmetrie und der Trugbilder: falsche Türen, aufgemalte Säulen, „Schlüssellöcher", in die niemals ein Schlüssel passte... Besonders prächtig ist ein mit purpurfarbener Seide ausgeschlagenes Schlafzimmer, das für den Besuch König Georgs IV. geschaffen wurde. Außer Schloss und Park gibt es noch die restaurierten, doch weitgehend leeren Stallungen zu besuchen – daneben ein gewaltiges Waschhaus mit Trockenhof, der uns in Irland erstaunt hat.

① **Park** April–Sept. tägl. 10–20 Uhr, Okt.–März tägl. 10–16 Uhr. **Haus** Juni–Aug. tägl. 12–18 Uhr (im Juni Di geschl.); Mitte März–Mai, Sept. nur Sa/So 13–18 Uhr; letzte Führung jeweils 17.15 Uhr. Eintritt 5,50 £. Das Castle liegt 2 km außerhalb von Enniskillen an der A 4 (Dublin Rd.). www.ntni.org.uk.

Umgebung von Enniskillen

▶ **Sheelin Irish Lace Museum:** Der Süden des Countys war im 19. Jh. ein Zentrum der Spitzenklöppelei. Das in einem strohgedeckten Haus untergebrachte Museum zeigt von der schlichten Bordüren bis zum aufwändigen Brautkleid eine breite Auswahl der damals von fleißigen Frauen in Heimarbeit produzierten Stücke, auf Spitzen aus anderen Regionen Irlands werden vorgestellt. Der angeschlossene Laden verkauft „Spitzen-Antiquitäten".

① April–Okt. Mo–Sa 10–16 Uhr, Eintritt 3 £. Bellanaleck (an der A 509 6 km südlich an Enniskillen), www.irishlacemuseum.com.

▶ **Florence Court:** Auch dieses Schloss wurde vom National Trust erworben und restauriert, nachdem es bei einem Brand in den 50er Jahren schweren Schaden genommen hatte. Der Rokokobau wurde von einem namenlos gebliebenen Baumeister für John Cole, einem Nachfahren des Enniskillener Burgherren, entworfen, 1764 begonnen und erst in der nächsten Generation fertiggestellt. Trotz seiner meisterhaften Stuckarbeiten (etwa im Treppenhaus) ist Florence Court kunsthistorisch sicher belangloser als das Schloss des Earls von Belmore, wirkt dafür aber ein gutes Stück wohnlicher. Schöner Rosengarten, auch eine alte Sägemühle ist zu besichtigen. Im Park beginnt der nur im letzten Abschnitt steile Wanderweg auf den 670 m hohen **Cuilcagh Mountain,** und konditionsstarke Radler mögen über Swanlinbar hinüber in die Republik zum **Shannon Pot** fahren, wo in einer einsamen Moorlandschaft auf der Südseite des Bergstocks Irlands längster Fluss entspringt.

① **Florence Court Park,** April–Sept. tägl. 10– 20 Uhr, Okt.–März tägl. 10–16 Uhr. **Florence Court Haus,** Juli/Aug. tägl. 12–18 Uhr; Juni Mi–Mo 13–18 Uhr; Mitte März–Mai, Sept. nur Sa/So 13–18 Uhr; letzte Führung jeweils 17 Uhr, Eintritt 5,50 £. Das Castle liegt 13 km von Enniskillen an der A 32 nach Swanlinbar. Juli/Aug. organisierte Touren ab Tourist-

info Enniskillen. www.ntni.org.uk.

● *Übernachten* **Rose Cottage,** das frühere Gärtnerhaus mitten im Schlosspark, wird als Ferienwohnung vermietet. Voll ausgestattete Küche, Aufenthaltsraum mit Kamin und TV, 2 Schlafzimmer, Zentralheizung. ✆ 0870 458 4420, www.national trustcottages.co.uk, Woche 300–900 £.

▶ **Marble Arch Caves:** Die Landschaft südwestlich von Enniskillen ist eine dem Burren (siehe S. 485) vergleichbare, doch viel kleinere Karstfläche, unter der sich das versickernde Regenwasser zu mächtigen Flüssen und Seen sammelt. Von den zahlreichen Höhlen sind einzig die Marple Arch Caves für Besucher erschlossen und besonders am Wochenende ein beliebtes Ausflugsziel. Bei schönem Wetter lohnt es sich, schon an der B 195 (Cladagh Glen Car Park) zu parken und die letzten 2 Kilometer zur Höhle durchs Tal des Cladagh River zu wandern. Man passiert dabei einen Wasserfall, der direkt aus einem Karstloch im Fels sprudelt. Auf der unterirdischen Bootsfahrt durch die Höhle – ziehen Sie sich warm an –

Lough Erne – Pfeifenten beim Landgang

zwischen bunt ausgeleuchteten Stalaktiten (hängende Kalkzapfen) und Stalagmiten (stehende Kalkzapfen) und der anschließenden geführten Tour begeistern die natürlichen Skulpturen dieser Märchenwelt Kinder wie Erwachsene. Die Wartezeit vor der Führung kann man sich bei einer Videoshow und im Informationszentrum des **Cuilcagh Mountain Park** vertreiben.

• *Aktivurlaub* Einführungskurse für Hobbyspeläologen (Höhlenforscher) veranstaltet das **Corralea Activity Centre** von Isabelle und Marius Leonhard, Belcoo, ✆ 028 6638 6123, www.activityireland.com. Wenn ihre Cottages am Lough Macnean nicht mit Gruppen belegt sind, vermieten sie auch an Individualtouristen. Fahrrad- und Bootsverleih.
② **Marble Arch Caves:** Ostern–Sept. tägl. 10–16.30 Uhr (Beginn letzte Führung), Juli/Aug. bis 17 Uhr. Eintritt 8 £. www.marblearchcaves.net. Nach längeren hef-

tigen Regenfällen bleibt die Höhle wegen Hochwasser geschlossen. Juli/Aug. organisierte Touren ab Touristinformation Enniskillen.
• *Übernachten/Essen* **Tullyhona Farm House,** Rosemary Armstrong, Marble Arch Rd., ✆ 028 6634 8452, www.archhouse.com, DZ 55 £. Ein großes Anwesen mit 6 Fremdenzimmern, Frühstücksbüfett. Preisgekrönte Küche auch für Nicht-Hausgäste, vom kleinen Imbiss bis zur Ente in Orangensauce.

Lough Erne

Eine amphibische Landschaft aus 154 Inseln und Inselchen, ungezählten Buchten und jeder Menge Wasser: Hier sagen sich Wasservögel und Forellen gute Nacht und bitten den heiligen Franziskus, sie auch weiter vor Jägern und Anglern zu verschonen.

Während der flache Upper Lough Erne mit seinen vielen Verzweigungen, Flachwasserzonen und schilfbewachsenen Ufern noch ein braves, anhand der Karte leicht zu navigierendes Binnengewässer ist, wird der Lower Lough Erne oft genug zum nautischen Abenteuer: Hier türmt der von keinem Gebirge mehr gehemmte Atlantikwind meterhohe Wellenberge auf. Höckerschwäne, Singschwäne und Haubentaucher schätzen den See als Winterquartier.

788 Nordirland/County Fermanagh

Am Lough Erne

Der 90 km lange See entstand während der Eiszeit, als die Gletscher den Trog aus dem weichen Sandstein formten. Wo der Rückzug der Eismassen für eine Weile unterbrochen war, lagerte sich das vom Schmelzwasser mitgeführte Geröll an den Gletscherkanten ab und ließ die heutigen Inseln im See entstehen. Diese Inseln sind zugleich historische Stätten, auf denen mittelalterliche Mönche Weltabgeschiedenheit und Schutz suchten. Auf *Devenish Island* hinterließen sie ein Kloster mit Rundturm, auf *White Island* einen alten Friedhof. Über das Gräberfeld von *Boa*, der größten Insel im Lower Lake, wacht seit Urzeiten ein geheimnisvolles Idol aus Stein, das eine keltische Gottheit darstellen mag und das auch die christlichen Mönche nicht zu beseitigen wagten.

Bis ins 19. Jh. war der See der wichtigste Verkehrsweg des Countys. Ziegel, Bauholz, Kohle und Flachs wurden von Ballyshannon auf flachen Kähnen gebracht; 1842 wurde mit dem Ulster-Kanal eine Verbindung nach Belfast geschaffen. Die Sprengung der Wasserfälle an der Mündung des Lough öffnete auch größeren Schiffen den Weg in den See (den seit 1952 ein Kraftwerk wieder versperrt), senkte aber gleichzeitig den Wasserspiegel, sodass fortan die Fahrrinne ausgebaggert werden musste. Ein Dampfboot pendelte zwischen Enniskillen und Castle Caldwell.

Heute verkehren auf beiden Ufern Linienbusse, doch hat man so kaum eine Chance, die Inseln und Schlösser am Wege anzuschauen oder die schönsten Fleckchen zu genießen. Dagegen bietet sich der Lower Lake mit etwa 100 km Umfang für eine bequeme zweitägige Fahrradtour an. Wer mit dem Boot unterwegs ist, sollte Räder für die Landausflüge mit an Bord nehmen.

- *Verbindung* Von Enniskillen nach Belleek mit **Bus** 99 (am Westufer entlang) und 64 (über Garrison). Am Ostufer Bus 194 bis Pettigo.
- *Bootstouren* **Erne Tours,** ✆ 028 6632 2882, veranstaltet mit MV Kestrel Ausfahrten auf dem Upper Lough Erne mit Besuch von Devenish Island. Abfahrten vom Pier im Brook Park: Juni–Aug. tägl. 10.30, 14.15, 16.15 Uhr, Mai, Sept./Okt. Di, Sa, So 14.30 Uhr. die Tour kostet 9 £. Mitte Mai–Aug. Sa 18.30 Uhr vom Steg des Killyhevlin Hotels Abendfahrten mit Dinner.

Tully Castle & Gardens   789

Wer selbst Kapitän sein möchte, hat die Wahl zwischen einfachem **Ruderboot** und schnittiger **Jacht** und zahlt entsprechend 10–100 £/Tag. Die Touristinformation Enniskillen hat eine aktuelle Liste der Anbieter und ihrer Boote.

Monea Castle

Eine Buchenallee führt zu der auf einer Feldnase inmitten von Feuchtwiesen stehenden Ruine hinunter, die uns ein Bild von den Castles der ersten britischen Siedler vermittelt. Malcolm Hamilton ließ den Wehrbau 1618 errichten und bewies dabei eigenwilligen Geschmack. Das Satteldach des Haupthauses gabelt sich auf der Frontseite zu den Armen eines Ypsilons und überdeckt auch die beiden Türme, die den Eingang schützen. Diese müssen, zumal als das Dach noch intakt war, recht ungewöhnlich ausgesehen haben: unten rund, oben mit quadratischem Grundriss und mit Giebelfeld. 1641 eroberten die Iren Monea, 1689 die Jakobiten, 1750 brannte es durch eine Unachtsamkeit aus. Dann reichte es den Burgherrn und sie zogen fort.

Anfahrt Ca. 10 km nach Enniskillen von der A 46 Richtung B 81 abbiegen. Der Weg ist mehr schlecht als recht ausgeschildert.

Tully Castle & Gardens

In einem früheren Bauernhof, wo auch der Eintritt ins Areal kassiert wird, zeigt eine kleine Ausstellung die Geschichte der Burg und des Gartens. Das Castle, eine Mischung aus schottischer Burg und großem Bauernhaus, steht auf einer Halbinsel über dem See. John Hume aus Berwickshire hatte 1610 das Land und ein kleines Dorf von den vertriebenen Maguires übernommen und bald darauf die Burg gebaut. Am Weihnachtsabend 1641, inzwischen hatte Sir George seinen Vater beerbt, stand Rory Maguire mit seiner Mannschaft vor der Tür. Wären George und die Männer, wie es sich an Weihnachten gehört, zu Hause gewesen, hätte sich die Geschichte vielleicht anders entwickelt. So aber ergab sich Lady Mary, nachdem der Ire ihr freien Abzug zugesichert hatte. Maguire hielt sein Versprechen gegenüber der Familie Hume. Die 60 anderen Frauen und 15 Kinder, die in der Burg Schutz gesucht hatten, ließ er umbringen und das Haus abfackeln. Die Humes kehrten nie mehr an diese Stätte der Schmach zurück, sondern bauten sich später mit Ely Lodge ein neues Schloss an anderer Stelle.

Garten: Vor der Ruine wurde ein Renaissancegarten rekonstruiert – jedenfalls so, wie er im 17. Jh. ausgesehen haben könnte. Ob der Burghof, in dem sich offenbar keine Stallungen oder Wirtschaftsgebäude befanden, wirklich als Garten genutzt wurde, weiß niemand zu sagen. Zäune aus Flechtwerk grenzen die streng geometrischen Beete ab. Man kannte noch keine Trennung von Nutz- und Zierpflanzen, und Blumen und Kräuter gruppieren sich um einzelne Obstbäume.

Uferweg: Ein Pfad führt an den See hinunter und dort über 2 km um die Halbinsel herum – eine der wenigen Stellen, wo das Ufer frei zugänglich ist. Nach der Absenkung des Wasserspiegels im 19. Jh. hat sich auf dem Neuland ein Saum aus Eschen, Haselsträuchern, Erlen und Weiden entwickelt, aus dem Flachwasser sprießt Schilf.

⏱ **Tully Castle:** Ostern–Sept. tägl. 10–18 Uhr; Eintritt frei. Das Gelände ist über einen Anlegesteg auch vom Wasser her zugänglich. Die Ruine liegt auf halbem Weg zwischen Enniskillen und Belleek.

● *Übernachten* **Lakeview Guesthouse,** Kathleen Hassard, Drumcrow, Blaney, ☎ 028 6864 1263, DZ 55 £. Das Gästehaus eines Bauernhofs steht nahe Tully Castle in ruhiger Lage und mit schönem Blick über den See.

Nordirland
Karte S. 652/653

790 Nordirland/County Fermanagh

- *Camping* **Blaney Caravan & Camping,** Blaney, ☎ 028 6864 1634, www.blaneycaravanpark.com, März–Okt., 2 Pers. mit Zelt 10–14 £. Ein kleiner Platz hinter der Tankstelle mit 25 Rasenstellplätzen unweit der Uferstraße, mit Shop (nur im Sommer), TV-Lounge, Waschküche.

Lough Navar Forest Park

Parallel zur Grenze nach Leitrim zieht sich über etwa 15 km Länge ein 150 bis 350 m hohes Plateau vom Lough Erne zum Lough MacNean, das im **Big Dog** und im **Little Dog** in richtigen Felsen gipfelt. Auf der Westseite haben die Flüsse tiefe Schluchten geschaffen, deren Steilhänge und Grund mit dichten Laubwäldern bewachsen sind. Die Höhen sind entweder Moor oder wurden in den letzten Jahren mit Nadelbäumen in soldatischer Ordnung bepflanzt: Block um Block, Reihe um Reihe. Ob Moor oder Wald, beide bedecken die spärlichen Spuren alter Feldmauern und Gehöfte. Dicht besiedelt war die Gegend nie, heute ist sie nahezu menschenleer. An den Aussichtspunkten (Big Dog, Killy Beg, Aghanablack) finden wir Megalithgräber und Cairns, an den Rändern des Torfabstichs gelegentlich auch Schwitzhäuser. **Lough Navar,** nach dem der Park benannt wurde, versteckt sich als eiskalter See zu Füßen eines Wäldchens in einer Gletschermulde, als wolle er den Atlantikwinden entgehen, die sich über das Hochland einen Weg aus der Donegal Bay suchen.

Nur wenige Wege führen in diese Landschaft. Wo sich nach Tully Castle allmählich die Steilwand der **Cliffs of Magho** aus dem Hinterland hebt, markiert ein Parkplatz den Beginn des knapp halbstündigen Aufstiegs zu einem Aussichtspunkt. Mit einer Karte ausgerüstet lassen sich auf dem Ulster Way auch längere Strecken durch den Wald wandern, für Autofahrer gibt es gegen geringes Eintrittsgeld einen **Forest Drive,** der beim **Corell Glen** von der Derrygonnelly – Garrison Road abzweigt. Das schmale Panoramasträßchen streift die **Blackslee Walking Area,** wo mehrere, längstens zweistündige Rundwege angelegt wurden.

- *Übernachten* **Tir Navar,** Creamery St., Derrygonnelly, ☎ 028 6864 1673, www.field-studies-council.org DZ 50 £. Eine frühere Molkerei am River Sillees wurde zu einer kleinen, familienfreundlichen Ferienanlage um- und ausgebaut, im Stil irgendwo zwischen Hostel und Feriendorf. Als Derrygonnelly Centre ist sie nun Schulungszentrum für Kinder und Erwachsene mit Themenschwerpunkten in Umwelt- und Naturschutz. Soweit nicht mit Kursteilnehmern belegt, werden auch Urlauber aufgenommen. 18 Zimmer (2–4 Betten) mit Bad, Gemeinschaftsküche, Waschküche.

Belleek

Hauchdünnes, schneeweißes Porzellan hat Belleek in der Welt bekannt gemacht. Außer der einschlägigen Manufaktur gibt es noch eine Ausstellung über den See und schließlich die Pubs an der schmucken Hauptstraße.

Älteste Attraktion und zugleich maßgeblicher Arbeitgeber des Grenzortes am Ausgang des Sees ist seine **Porzellanmanufaktur,** die seit 1857 gleichermaßen kitschige wie nützliche Dinge herstellt, für welche es aber genug Liebhaber gibt. Spezialität sind täuschend echte Nachahmungen von geflochtenen Körbchen und Tellern. In den Vitrinen des Firmenmuseums und des Verkaufsraums wird mit Uhrengehäusen, Friedenstellern, Cottages, Rundtürmen und Hochkreuzen kein Klischee ausgelassen. Da erscheint die ordinäre Porzellankatze, wahlweise stehend oder kauernd, für schlappe 9.90 £ geradezu als elegante Grazie. Oder darf's ein Weihwasserbecken sein? Das Belleek China hat in aller Welt – und besonders in den USA – seine Fans,

Belleek 791

Ein nobler Garten am Lough Erne

die sich sogar zu einem Club zusammengeschlossen haben. Ihr oft fortgeschrittenes Alter machen sie mit Kaufkraft wett, und in der Manufaktur fürchtet niemand die Konkurrenz aus Fernost. Im Café der Manufaktur rundet eine weiße Schokoladentorte, serviert auf weißem Belleek-Porzellan, den Besuch ab.

Das **ExplorErne Centre** am Ortseingang erzählt mit einer Videoshow die Entstehung des Sees. Man betritt die Ausstellung durch ein Tarnzelt, das auch einen militärischen Unterstand tarnen könnte, und erfährt Wissenswertes zu den Sights der Umgebung, über Ökologie und Fischerei. Das Zentrum vermietet tageweise Boote für Schnuppertouren.

Neben den vorgenannten Attraktionen hat Belleek noch eine schmucke **Hauptstraße**. Vom Uhrturm vor dem Spar-Laden läuft sie, von Bäumen und Blumentrögen gesäumt, hinunter zum Carlton-Hotel – die Grenzlage macht sich in jener für die Fremdenverkehrsorte der Republik typischen Unser-Dorf-soll-schöner-werden-Putzigkeit bemerkbar, die man im britischen Ulster nur selten findet.

• *Information* Im **ExplorErne Centre**, Belleek, ✆ 028 6865 8866.
• *Verbindung* Nach Enniskillen mit **Bus** 99 (am Westufer entlang) und 64 (über Garrison).
• *Angelscheine* **The Thatch**, Main St., ✆ 028 6865 8181, das letzte schilfgedeckte Haus, mit Bootsverleih, Verkauf von Outdoor-Artikeln, Coffeeshop.
① **Showrooms der Porzellanmanufaktur** (mit Verkauf): Nov.–Febr. Mo–Fr 9–17.30 Uhr; März–Juni Mo–Fr 9–18, Sa 10–18, So 14–18 Uhr; Juli–Okt. Mo–Fr 9–18, Sa 10–18, So 12–18 Uhr. Mo–Fr während der Arbeitszeit alle 20 Min. **Kurzführungen** durch die Werkstätten. Eintritt 4 £. www.belleek.ie.
ExplorErne Centre, Juni–Sept. tägl. 11–17 Uhr, Eintritt 1 £.

• *Übernachten/Essen/Pubs* **Carlton Hotel**, 2 Main St., ✆ 028 6665 8282, www.hotelcarlton.co.uk, DZ 85 £. Komfortable, relativ neu eingerichtete Zimmer; das Hotel hat gleichzeitig das beste Restaurant im Dorf (Fischgerichte, Grillküche, etwas außergewöhnlich das Hühnerschnitzel mit Nüssen).
Carlton Cottages, Michael McGrath, ✆ 028 6885 8181, je nach Größe und Saison 250–

792 Nordirland/County Fermanagh

Boa Island: Lusty Man (links) und sein androgyner Kollege

500 £/Woche. Die Bungalows liegen unten am Fluss, zu jeder Hütte gehört auch ein Ruderboot. Anlaufstelle für die Vermietung ist The Thatch an der Main St. oder vorab der Reiseveranstalter DER-Tour.

Moohan's Fiddlestone, 15–17 Main St., ℡ 028 6665 8008, http://fiddlestone.thebep. org, DZ 45 £. Fremdenzimmer über dem gleichnamigen Pub, in dem mehrmals die Woche Folkmusiker aufspielen.

Black Cat Cove, Main St. Ein Restaurant mit Bar, serviert frischen Fisch aus dem Lough oder gefüllte Truthahnbrust mit in Honig gebratenem Schinken (10 £).

McDonnell's, Main St. Keine Filiale der weltweiten Burgerkette, sondern ein grundsolider Coffeeshop.

Außerdem bietet auch **McMorrow's** in der Main St., mittags Pub Grub und (im Sommer) abends Musik.

Castle Caldwell Forest Park

Arthur Young, den wir in Armagh kennen gelernt haben und der auch im Nützlichen das Schöne suchte, brach über die Aussicht vom Schlossgarten in schieres Entzücken aus. Die Caldwells, denen das Gut einst gehörte, fanden hier auf der bewaldeten Halbinsel im See die feine Tonerde, die sie in ihrer Porzellanmanufaktur in Geld ummünzten. Heute ist ihr Schloss Caldwells verfallen. Eine steinerne Geige („Fiddlestone") erinnert an den Fiedler Dennis McCabe, der die Herrschaften auf ihren Bootpartys zu unterhalten pflegte, bis er eines Tages ins Wasser fiel: *On firm land only exercise your skill, there you may play and safely drink your fill,* werden potenzielle Trunkenbolde gewarnt. Im Uferdickicht brüten Wildenten, am Himmel kreisen Wanderfalken. Das Hinterland, ein bis zur Grenze nach Donegal nur wenige Kilometer tiefes Dreieck, erscheint ungeachtet der geringen Höhe über dem Meeresspiegel mit seinen tief eingeschnittenen Seen und den Felsknollen als raue Gebirgswelt und gipfelt im **Breesy Mountain.**

Boa Island

Brücken, Dämme, und unversehens führt die Hauptstraße, ohne dass man es richtig merkt, über eine Insel. Noch leichter übersieht man den Wegweiser zum verwilderten **Caldragh Graveyard,** der im Westen der Insel hinter Brombeerhecken, Haselnusssträuchern und aus dem Erlkönig entsprungenen Geisterbäumen etwas abseits der Straße liegt. Über die Gräber wacht eine janusköpfige **Steinfigur,** vor der vielleicht schon Druiden ihre Kulte zelebriert haben. Mit einem Phallus auf der einen und den gekreuzten Beinen auf der andere Seite stellt die Skulptur vielleicht

Castle Archdale Country Park

einen androgynen Fruchtbarkeitsgott oder eine Votivgabe für ihn dar. Neben ihn hat man den kleinen, von einer Nachbarinsel stammenden, einäugigen **Lusty Man** platziert, ein Kriegsgott, dem, so die im *Yellow Book of Lecan* festgehaltenen Sagen, der Held Cúchulainn (siehe S. 211) begegnet.

* *Übernachten* **Lusty Beg Island Cottages,** Lusty Beg Island, Kesh, ℡ 028 6863 23300, www.lustybegisland.com, DZ 80 £, Cottage/Woche 700–900 £. Luxiöse Chalets (für bis zu 6 Personen) und Doppelzimmer auf einer privaten Insel mit Hallenbad, Sauna, Booten, Rädern, Tennisplatz und vielem mehr.
B&B Clareview, Mrs. Moore, 85a Crevenish Rd., zwischen Kesh und Castle Archdale, ℡ 028 6863 1455, stay@kesh.org.uk, DZ 50 £.

Ein Bungalow in ruhiger Hügellage mit Aussicht (besonders vom „rosa Zimmer" aus) über den See.
B&B Dreenan Cottage, Dreenan, Boa Island, ℡ 028 686 31951, fisherdavy@aol.com, DZ 50 £. Davy Stinsons mit Geschmack eingerichteter Bungalow liegt nur einen Steinwurf vom See entfernt. Der Hausherr ist passionierter Angler, stellt Boot und Ausrüstung zur Verfügung und bringt urlaubende Petrijünger zu den besten Fischgründen.

Castle Archdale Country Park

Der Park am See geht auf den Herrensitz der Archdales zurück, die sich im Zuge der Plantations am Lough niederließen. Im Norden des Geländes findet man noch die Ruinen ihrer ersten Burg. Das neue, 1773 errichtete Schloss brannte irgendwann aus – Gottes Rache für den Frevel des Colonel Archale, der die Bausteine verlassener Klöster und Kirchen für sein Schloss recycelt hatte – und wurde abgetragen. Die Einrichtungen des Parks (Ausstellung, Jugendherberge, Tearoom) befinden sich in den zum Schloss gehörenden Wirtschaftsgebäuden. Auch die Gärten des Schlosses blieben erhalten. Wanderwege führen zu einem Gehege mit Rotwild, zu Weiden mit seltenen Rasseschafen und -rindern und zum Fischteich. Während die aufgeforsteten Nutzwälder um den See meist eintönige Nadelwaldplantagen sind, glänzt Castle Archdale mit einem schönen, naturnahen Laubwald aus Eichen und Eschen.

Die Ausstellung im Visitor Centre informiert über die Naturkunde, zeigt landwirtschaftliche Geräte und behandelt die militärische Rolle von Lough Erne, der während des 2. Weltkriegs als westlichster Zipfel des Vereinigten Königreichs eine bedeutende Luftwaffenbasis war. Auf dem See starteten Wasserflugzeuge,

Romanische Türhüterin von St. Molaise, Devenish Island

Die Statuen von White Island

die unter stillschweigender Duldung der neutralen Republik den irischen Luftraum durchquerten und auf dem offenen Atlantik alliierte Flottenkonvois sicherten oder U-Boote jagten. Die damals in Castle Archdale stationierten Flieger und ihre Helfer hinterließen Bunker und Landungsstege.

- *Verbindung* Der Pettigo-Bus passiert den Eingang zum Country Park und hält dort auf Verlangen.
- *Angeln/Fahrradverleih* **Castle Marina,** Castle Archdale Park, ✆ 028 6862 1156. 2-Wochen-Permit für die Jagd auf Hechte und Friedfische 17 £, zum Forellenfang 23 £; Angel mit Ködern 7 £/Tag. Fahrrad 12 £/Tag. Auch Bootsverleih.
- ⓘ **Visitor Centre:** Ostern–Juni, Sept., Sa und So 10–18 Uhr, Juli–Aug. tägl. 10–18 Uhr.
- *Reiten* **Drumhoney Stables,** Lisnarick, hinter der Jet-Tankstelle, ✆ 028 6862 1892; Juli/Aug. tägl. 11–18 Uhr am Castle Archdale Ponytouren für Kinder und Erwachsene, 15 £/Std.
- *Übernachten/Essen* **Cedars Guesthouse,** 301 Killadeas Rd. (südlich des Parkeingangs), ✆ 028 6862 1493, www.cedarsguesthouse.com, DZ 60–75 £. Ein früheres Pfarrhaus mit stattlichen Räumen, die teilw. mit Himmelbetten ausgestattet sind. Das Restaurant des Hauses ist Mi–So abends und So mittags geöffnet.
- *Camping/Essen* **Castle Archdale Caravan Park,** am Eingang des Parks, ✆ 028 6862 1333, www.castlearchdale.com, geöffnet April–Okt. Ein einfaches Wiesengelände, das leider auch von Trailern genutzt wird. Mit Restaurant und Shop. Stellplatz 15 €.

White Island

An der Wand einer verfallenen romanischen Kirche lehnen acht steinerne **Statuen** ungewissen Alters. Die erste (von links), die mit dem breiten Grinsen, ist mit ihren gespreizten Beinen und den das Geschlecht berührenden Händen unschwer als eine *Sheila na Gig* zu erkennen, wie man sie ähnlich auch von anderen irischen Kirchen und alten Burgen kennt. In der Cúchulainn-Sage wird der sonst unbesiegbare Held von einer Amazonen-Truppe matt gesetzt, deren einzige Waffe ihre Nacktheit ist. Was Achilles die Ferse, war Cúchulainn der Anblick weiblicher erogener Primärzonen. Der Nachbar der Sheila-na-Gig-Figur, ein Heiliger, hat damit offenbar keine Probleme – er liest ungerührt im Evangelium. Die dritte Statue dürfte den hl. Antonius oder einen Bischof darstellen; Nummer Vier, mit Hirtenstab und einer zum Mund weisenden Hand, ist der auch als Sänger und Dichter gerühmte biblische König David. Es folgen Christus als Krieger und Christus als König, eine zerstörte oder unvollendet gebliebene Figur und schließlich, ganz rechts, eine Art steinerner Totenmaske, die zu den anderen Figuren nicht recht passen will. Niemand weiß, welchem Zweck die Steine einst dienten – offenbar wussten schon die romanischen Kirchenbauer nichts anderes mehr mit ihnen anzufangen, als sie als Bausteine für ihre Kirche zu verwenden.

• *Überfahrt* Fähre von der Castle Archdale Marina, Juli/Aug. tägl. 11–12, 14–17 Uhr, April–Juni, Sept. nur Sa/So, Überfahrten jeweils zur vollen Stunde, 4 £, Rückfahrt ½ Std. später. Fährmann Richard hat auch ein Büchlein über die Insel geschrieben.

Devenish Island

Das wichtigste Kloster am See wurde um 565 gegründet. Zu seiner besten Zeit soll es 1500 Mönche gezählt haben. Mindestens zweimal wurde es von den Wikingern verwüstet, 1157 brannte das Kloster bei einer Clanfehde nieder, doch erst mit der englischen Kolonisierung wurde die Insel endgültig verlassen. Geblieben sind mehr oder minder interessante Ruinen. Die steinerne **St. Molaise Church,** die Kirche des Klostergründers St. Molaise, ahmte ungeachtet der romanischen Reliefs an den Eckpfosten eine ältere Holzkirche nach. Ein früherer Besucher schrieb, das Kirchlein würde für die Ewigkeit stehen, doch im 19. Jh. brach das Dach ein. Dem **Rundturm** (12. Jh.) war ein besseres Schicksal beschieden – er wurde in kritischen Momenten immer wieder erneuert. In der Nachbarschaft fand man die Fundamente eines weiteren Turms, der vielleicht in Schieflage geriet und nie vollendet wurde. Zu **Teampull Mor,** der dem Landungssteg nächsten gelegenen Kirche, gehört noch ein alter Friedhof. Die Reste einer **Augustinerabtei** (15. Jh.) zeichnen sich durch ihre schönen Steinmetzarbeiten und ein ungewöhnliches Hochkreuz aus, auf dessen Schaft die Kirche und der Gekreuzigte dargestellt sind, während das eigentliche Kreuz an das Maßwerk eines gotischen Fensters erinnert. Eine kleine **Ausstellung** präsentiert Architekturfragmente und erklärende Tafeln zur Geschichte der Insel und zum mittelalterlichen Klosterleben.

Rundturm und Hochkreuz von Devenish Island

Überfahrt Ab Trory Point, 6 km nördl. von Enniskillen (an der Straßengabelung A 32/B 2), mit **Devenish Island Ferry,** ✆ 028 6862 1588 und 028 6632 2882, Überfahrten Juni–Sept. tägl. 10, 13, 15, 17 Uhr. Ostern–Mai, Sept. nur Sa/So. 3 £ (inkl. Eintritt).

Ausnahmsweise für Hausboote tabu – der Teich im Birr Castle Garden

Midlands

Vor allem Angler und Bootsfahrer machen der von anderen Reisenden vernachlässigten Mitte Irlands ihre Aufwartung. Mit dem Shannon und seinen Nebenflüssen bieten die Midlands Europas größtes Binnenrevier für Freizeitkapitäne, die unzähligen Seen versprechen Petrijüngern reiche Beute.

Manche sehen die Grüne Insel wie ein langweiliges Bild in einem prächtigen Rahmen. Jedenfalls verhalten sich die meisten Besucher so: Sie reisen entlang der Küste (dem Rahmen) und kümmern sich nicht um das Land in der Mitte. Dieses ist eine flache oder sanft gewellte, rings von Bergen eingefasste Schüssel. Eiszeitliche Gletscher haben die Kalksteinebene erst poliert, dann mit ihrem Abraum überdeckt und so eine Landschaft aus Drumlins, Mooren, Seen und Flüssen geschaffen, in der das Leben noch wenig von den Inszenierungen der Fremdenverkehrswirtschaft beeinflusst ist. Weniger als 5 % des Bodens eignen sich für die Landwirtschaft. Die Höfe sind klein, die meisten Bauern haben noch einen zweiten Broterwerb.

Mitten durch die Ebene strömt über 345 km träge der *Shannon*. Er ist noch unbegradigt, und wo immer die Strömung etwas stärker ist, lässt das kristallklare Wasser tief blicken. Im Mittelabschnitt zwischen Lough Allen und Lough Derg allerdings, wo der Fluss auf einer Strecke von 185 km gerade 12 m Gefälle hat, trüben ihn Lehm und die feine Torferde aus den maschinell betriebenen Abbaugebieten. Auch die von den Feldern eingeschwemmten Düngemittel und die Abwässer der Siedlungen, die weitgehend ungeklärt in den Fluss gelangen, setzen dem Shannon zu.

Noch ist das Angeln nach Hecht und Friedfischen weitgehend frei, doch wurde der Shannon schon so gründlich ausgebeutet, dass oberhalb von Banagher nur noch mit Angelschein gefischt werden darf. Die meisten Touristen reisen mit dem Boot: Familien mit Kindern oder Männergruppen – für Frauen scheinen Angeln oder das Steuern eines Kajütenkreuzers weniger attraktiv zu sein. Größte Sehenswürdigkeit ist die Klosterstadt Clonmacnoise. Sind die Midlands das „wirkliche" Irland, „unverdorben" durch Reisegruppen, Souvenirläden und Zivilisationsflüchtlinge? Doch was ist das wirkliche Irland?

Der Dichter Patrick Kavanagh, gesehen in Dublin

County Monaghan

Highlights

- **Monaghan County Museum** – das Altarkreuz von Clogher, ein keltischer Suppentopf und andere Schätze in einem der besten Regionalmuseen Irlands (S. 801)
- **Castle Leslie** – einfach bezaubernd. Ein Hoteltipp für Gut- und Besserverdiener, die sich mal ein echtes Schlosshotel samt Hausgeist gönnen wollen (S. 801)
- **Inniskeen** – das Dorf steht ganz im Zeichen des hier geborenen Dichters Patrick Kavanagh und huldigt ihm mit Museum und Wanderpfad (S. 801)

County Monaghan

Die von eiszeitlichen Gletschern geformte Parklandschaft mit Wiesen und viel Ackerland ragt wie ein Keil nach Nordirland hinein. Geographisch, politisch und kulturell hat Monaghan enge Verbindungen mit dem Norden, auch der Bürgerkrieg war hier stärker zu spüren als anderswo in der Republik.

Bei der Fahrt auf der N 3 von Monaghan ins benachbarte Cavan passiert der Bus auf wenigen Kilometern gleich viermal die Staatsgrenze zwischen der Republik und dem Norden. Doch der Grenzübertritt ist unbürokratisch, nur in Kleinigkeiten macht sich die Teilung bemerkbar: Zum Beispiel, wenn eine Poststelle plötzlich rote (Norden) statt grüner (Süden) Schilder trägt.

Touristisch gesehen ist Monaghan tiefstes Hinterland – das irische Appenzell, wie der irisch-schweizerische Komponist J. W. Brennan bemerkte. Bord Fáilte hat es in Werbung und Verwaltung dem Nordwesten zugeordnet, doch mit Sligo und Donegal hat die Grafschaft wenig gemein. Historisch gehört sie zu Ulster, geographisch reicht sie bis auf 15 km an die Ostküste Irlands. Auf drei Seiten von Nordirland umgeben, wurde Monaghan bei der Grenzziehung 1923 von seinem Umland und den Märkten im Norden abgeschnitten. Damals wurde sogar erwogen, Monaghan Nordirland zuzuschlagen: es gab und gibt vor allem im Südteil des County eine starke protestantisch-unionistische Minderheit, und nur die Sorge der Ulster-Unionisten, sich mit Monaghan zu viele Katholiken ins Land zu holen, entschied den Verbleib der Grafschaft bei der Republik. Der notorische Katholikenhasser Ian Paisley, der in Ulster außer einer eigenen Partei auch eine eigene, presbyterianische Freikirche führt, hat in Monaghan sein einziges Gotteshaus auf dem Gebiet der Republik. Gleichzeitig ist die Grafschaft eine politische Hochburg von Sinn Fein.

Früher durch den Ulsterkanal mit Armagh und per Eisenbahn mit Belfast verbunden, besaß Monaghan einst eine blühende Textilindustrie. Von ihr hat nur die Spitzennäherei überlebt, und auch ihre Tage sind angesichts der ostasiatischen Konkurrenz gezählt. Heute wird das Geld mit der Agroindustrie verdient: Viele Farmer haben sich auf die Zucht von Champignons spezialisiert.

Monaghan (Stadt)

Mit ihren freundlichen Kalksteinhäusern, die für mehr als nur eine Generation gebaut sind, ist die einst von schottischen Siedlern angelegte County-Hauptstadt für Durchreisende eine angenehme Überraschung.

In der Mitte des alten Marktplatzes, wie so oft im Norden heißt er **Diamond**, thront ein prächtiger viktorianischer Brunnen (1875) aus Granit und Sandstein, wie man sie damals in englischen Industriestädten vorfand – nach Monaghan will das Geschenk eines örtlichen Grundherrn nicht recht passen. Auf der Südseite des Platzes stand das im 19. Jh. abgerissene Castle, um das herum sich die Stadt entwickelte. Auch von der Stadtmauer sind keine Spuren erhalten.

Am benachbarten **Church Square** stiften das Gericht, ein Bankgebäude, ein Hotel und die neogotische Kirche eine Atmosphäre biederen Bürgerstolzes. Auffällig sind die Rundungen der Eckgebäude. Eine weitere Besonderheit des Stadtbildes, die man vor allem in der vom Diamond nach Osten führenden *Dublin Street* entdeckt,

Midlands/County Monaghan

sind die auf der Oberseite ebenfalls gerundeten Toreinfahrten, durch die man früher zu den Wirtschaftsgebäuden hinter den Häusern kam.

Old Cross Square ist der dritte Platz im halbrunden Stadtgrundriss. Das Market Cross, dem er seinen Namen verdankt, stand bis zum Bau des Brunnenhauses auf dem Diamond und war zugleich eine Sonnenuhr und das Wahrzeichen der schottischen Siedler Monaghans. Aus dem Würfel, der heute falsch herum auf der Säule sitzt, ragte in jede Himmelsrichtung eine der vier Stangen heraus. In den darunter liegenden Halbkugeln waren die Stundenlinien eingezeichnet, und so ließ sich am Schatten die Zeit ablesen – vorausgesetzt, die Sonne schien. An der Südseite des Platzes floss früher der Ulsterkanal vorbei.

• *Information* **Tourist Office**, im Monaghan Leisure Centre, Mullacroghery, Clones Road., ✆ 047 81122, Mai–Anfang Okt., Mo–Fr 10–17 Uhr. Hilfreich ist die Broschüre „Tourist Trail", die einen Rundgang durch die Stadt beschreibt. www.monaghantourism.com.

• *Verbindung* Vom Busbahnhof an der North Rd. **Busse** (Auskunft ✆ 047 82377) nach Dublin, Derry–Letterkenny und Belfast.

• *Übernachten* ** **Westenra Arms Hotel**, The Diamond, ✆ 047 74400, www.westenrahotel.com, DZ 80–160 €. Ein schöner Bau aus Ziegeln und Granit, frisch renoviert und vor dem Abriss bewahrt. Für Verliebte empfiehlt sich die „Hochzeitssuite" mit Himmelbett.

Ashleigh Guesthouse, 37 Dublin St., ✆ 047 81227, www.ashleighhousemonaghan.com, DZ 80 €. Anglertreff; in den Blumenkästen vor den Fenstern zur (lediglich tagsüber lauten) Straßenseite wachsen Geranien. Zum gleichen Preis vermietet das **Hilldene House**, Canal St., ✆ 047 83297, seine Zimmer.

• *Essen* **Andy's Bar & Restaurant**, 12 Market St., ✆ 047 82277 www.andysmonaghan.com., Sa ab 12 Uhr, sonst ab 16 Uhr, Mo Ruhetag. Ein Pub im viktorianischen Stil mit edlem Mahagoniholz, großen Spiegeln und bequemen Barhockern mit Lehne. Barfood, das Restaurant (Hauptgericht um 20 €) über der Kneipe hat nur Di–So abends geöffnet. Spezialitäten sind das Chicken Monaghan und die Entenbrust mit Portwein-Cranburry-Sauce. Fischessern sei der in Zitronenöl marinierte Seeteufel empfohlen.

Mediterraneo, 58 Dublin St., ✆ 047 82335, Di–So ab 18 Uhr. Beliebtes Bistro mit italienischer Küche. Am Wochenende Reservierung erforderlich. Dabei wird man einmal mehr mit dem seltsamen Brauch konfrontiert, die Gäste in zwei Schichten mit festen Anfangszeiten essen zu lassen.

Pizza D'Or (Take Away), Market St., serviert Pizza bis spät in die Nacht und ist eine Institution unter den Kneipen- und Discogängern Monaghans.

Der „Diamant" von Monaghan

Sehenswertes

County Museum: Monaghan hat eines der besten Regionalmuseen Irlands. Die mit dem Museumspreis des Europarats ausgezeichnete Ausstellung in zwei alten Stadthäusern reicht von der Steinzeit bis zur Moderne. Kostbarster Besitz ist das bronzene **Altarkreuz von Clogher** (14. Jh.), das wohl nur durch ein Versehen der Überführung ins Nationalmuseum entging. Auch der **Cauldron,** ein aus einem Stück Holz gehöhlter Kessel der Keltenzeit, ist ein außergewöhnliches Exponat. Der Besucher erfährt vom Aufstieg und Niedergang der Leinenindustrie und des Ulsterkanals, der gerade instand gesetzt wird und eines Tages auch Monaghan für den Bootstourismus erschließen soll. Selbst der Konflikt zwischen Unionisten und Republikanern wird nicht ausgespart. Angeschlossen ist eine Galerie mit wechselnden Kunstausstellungen.
Mo–Fr 11–13, 14–17 Uhr (Juni–Sept. durchgehend), Sa 12–17 Uhr; Eintritt frei. Hill St. www.monaghan.ie/museum.

Monaghan/Umgebung

▸ **Rossmore Forest Park:** Das Naherholungsgebiet mit Wanderwegen, romantischen Teichen, Picknickplätzen und einem Haustierfriedhof liegt 3 km südlich der Stadt. Die Rossmores, die den Park im 19. Jh. anlegten, ließen dazu sogar aus Kalifornien Mammutbaumsetzlinge bringen, die inzwischen zu den größten Baumriesen Irlands herangewachsen sind.

▸ **Castle Leslie:** John Leslie kaufte 1664 das Grundstück mit einem zauberhaften See und mächtigen Bäumen und ließ sich einen Alterssitz im italienischen Stil bauen. Das heutige Schloss mit seinen stuckverzierten und mit Gobelins und kostbaren Teppichen geschmückten Räumen stammt aber erst aus dem Jahr 1878. Zum Sammelsurium der Ausstellungsstücke gehören die Kinderkleider Churchills, ein Bett, in dem Napoleon einmal nächtigte, und neben anderen Zeugnissen viktorianischen Sanitärhandwerks das angeblich älteste noch betriebsfähige Spülklosett Irlands. Leslie Castle ist zugleich **Hotel.** In den 14 musealen Zimmern, von denen keines dem anderen gleicht und jedes seine Geschichte hat, wohnten Showstars wie Marianne Faithfull und natürlich Mick Jagger (der offenbar eine Vorliebe für irische Schlosshotels hat) und die mit den früheren Hausherren verwandten Churchills.
Übernachten 047 88100, www.castleleslie.ie. Die Nacht im DZ kostet 190–320 €. Das Castle liegt 6 km nordöstlich von Monaghan bei Glasslough.

▸ **Carrickmacross:** Der Marktort 35 km südlich von Monaghan am Weg nach Dublin ist ein Zentrum der irischen **Spitzenstickerei.** Die auf eine Initiative der Kirche während der Großen Hungersnot zurückgehende Heimindustrie hat ihre eigenen, unverwechselbaren Muster entwickelt, in denen sich auch die Landschaft mit ihren Drumlins und kleinen Seen widerspiegelt.
Einkaufen **Lace Gallery,** Market Sq., Mo–Fr 9.30–17.30 Uhr, www.carrickmacrosslace.ie.

▸ **Inniskeen:** In diesem unscheinbaren Dorf zwischen Carrickmacross und Dundalk dreht sich alles um den hier geborenen *Patrick Kavanagh* (1904–1967). Das in einer früheren Kirche untergebrachte **Kavanagh Centre** stellt uns den Dichter und sein Werk vor, manchmal durch einen Schauspieler in Szene gesetzt. Auf dem **Kavanagh Trail,** einem 14 km langen Rundweg, lernen wir diverse Stationen seines Lebens kennen und die in seinen Gedichten verarbeiteten Schauplätze. Der ganze Landstrich um Inniskeen heißt inzwischen auch **Kavanagh Country.**
Patrick Kavanagh Centre, Di–Fr 11–16.30 Uhr, Juni–Sept. auch So 15–17.30 Uhr, Eintritt 5 €. www.patrickkavanaghcountry.com.

Wohnen wie die Vons und Zus - im Cabra Castle Hotel, Kingscourt

County Cavan

Highlights

- **Cavan Crystal** – ein Tipp für die Fans von Lüstern, edlen Vasen und gläsernen Nippesfiguren (S. 803)

- **Killykeen Forest Park** – in der Ruhe liegt die Kraft; irgendwo versteckt im Wald zwischen Drumlins, Flussläufen, Seen und Mooren (S. 804)

County Cavan

Mit Monaghan teilt Cavan die Grenzlage und den Mangel an spektakulären Sehenswürdigkeiten. Sein Reiz liegt in der Landschaft begründet, die mit einem Labyrinth aus kleinen Flussläufen und Seen, aus Mooren und sogar einzelnen Wäldern aufwartet.

Seen en masse, sprichwörtlich sollen es deren 365 sein, und noch mehr Drumlins. Während in Monaghan, so die Spötter, sich Straßen genannte Lochstreifen um die Hügel schlängelten, so verliefen diese in Cavan schnurstracks über die Drumlins hinweg. So lockt Cavan denn auch weniger Autofahrer als vielmehr Angler, die im *Lough Oughter,* einem Gewirr ineinander übergehender Seen westlich von Cavan Town, ihr Petriheil suchen. Zu den besten Angelplätzen führen sogar Wegweiser, die zusätzlich die verschiedenen Fischarten benennen, die sich im Wasser tummeln. Am *Lough Sheelin* hat die Anglerlobby sich exemplarisch gegen die Schweinemäster und ihre Gülle durchgesetzt: Cavans Seen bleiben auch weiterhin sauber. Mit der Wiedereröffnung des *Shannon-Erne-Kanal* (siehe Kapitel Unterwegs mit dem Hausboot) kommen jetzt auch die Bootstouristen nach Cavan. Noch unberührt sind jedoch die wilden *Cuilcagh Mountains* im äußersten Nordwesten, in denen der Shannon entspringt.

Cavan (Stadt)

Die Hauptstadt von Cavan County ist um eine Abtei gewachsen, an deren Stelle heute der protestantische Kirchturm steht. Die *Main Street* hat trotz ihrer Läden und Pubs ein ländliches Gesicht, während die zweite Hauptstraße, *Farnham Street,* von den üblichen Amtsgebäuden (Polizei, Gericht, Verwaltung) und einigen eleganten Stadthäusern im georgianischen Stil gesäumt wird. Hier steht auch die katholische Kirche aus den vierziger Jahren. Einzige Sehenswürdigkeit ist die nur knapp am Konkurs vorbeigeschlitterte Glasfabrik **Cavan Crystal,** die mit der größeren Manufaktur in Waterford auf dem Markt der Lüster, edlen Vasen und gläsernen Nippesfiguren konkurriert.

• *Information* Farnham St. gegenüber dem Gerichtshaus, ℡ 049 433 1942, Juni–Aug. Mo–Sa 9–18 Uhr, Sept.–Mai Mo–Fr 9–13, 14–17 Uhr; www.cavantourism.com.

• *Verbindung* Cavan liegt an den **Bus**routen zwischen Dublin und Letterkenny sowie Galway und Belfast. Die Bushaltestelle befindet sich am Südende der Farnham St. Auskunft ℡ 049 433 1353, www.buseireann.ie.

• *Einkaufen* **Cavan Crystal,** Dublin Rd., Shop Mo–Fr 9.30–17.30, Sa 10–17, So 12–17 Uhr. Führungen durch die Fabrik nur für Gruppen nach Vereinbarung. www.cavancrystaldesign.com.

• *Übernachten* **** **Cavan Crystal Hotel,** Dublin Rd., ℡ 049 436 0600, www.cavancrystalhotel.com, DZ 100–190 €. Das neuere und in seiner Klasse in Cavan konkurrenz-

lose Hotel steht einige Kilometer außerhalb auf dem Gelände der Glasfabrik, der es auch gehört. Der Showroom ist gleich nebenan. Meist steigen Geschäftsreisende und am Wochenende Hochzeitsgäste hier ab. Geräumige, für einen Neubau überraschend hellhörige Zimmer. Als nette Geste bekommt der Gast gratis Flaschenwasser und die Tageszeitung. Im Hotel gibt's ein Wellnesszentrum mit Hallenbad.

B&B Glendown House, Tom & Eileen Flynn, 33 Cathedral Rd., ℡ 049 433 2257, www.glendownhouse.com, DZ 70 €. Elegantes Haus am Nordrand des Stadtzentrums. Wer von Fett-Frühstücken genug hat, bekommt hier auf Wunsch auch Obst und Joghurt. Das Gästebuch ist voll des Lobes und von *Bord Failté* wurde das Haus mit einem Preis gekrönt.

804 Midlands/County Leitrim

B&B Lisnamandra House, Mrs. Iris Neill, Lisnamandra, 8 km außerhalb Cavans an der Crossdoney Rd., ✆ 049 433 7136, lisnamandra@eircom.net, April–Okt., DZ 70 €. Die Übernachtung in diesem stattlichen Farmhaus sei Reisenden mit eigenem Fahrzeug wärmstens empfohlen. Auf Vorbestellung bereitet Mrs. Neill ihren Gästen auch eine Abendmahlzeit.

● *Essen* **The Side Door,** Drumalee Cross, Cootehill Rd., ✆ 047 4331819, tägl. ab 17.30 Uhr, So auch mittags. Das Lokal ist etwa 1 km außerhalb an der R 188 über der Orchard Bar. Es folgt dem gleichen Muster wie sein Schwesterrestaurant „Ground Floor" in Kells: moderne, dennoch behagliche Einrichtung, Musikteppich mit soften Klängen, an den Wänden schräge Kunst und an den Tischen junge Gäste eher paarals gruppenweise. Die Speisekarte global,

doch US-amerikanisch dominiert. Hauptgerichte für 15–25 €, wobei das Filetsteak mit Riesengarnelen den Spitzenplatz einnimmt (wer alles auf einmal will, muss halt auch entsprechend zahlen).

Little Sicily, Main St. in der Durchfahrt zum Dunnes-Parkplatz, Pizza und Pasta in verlässlicher Qualität zu (für Irland) bescheidenen Preisen (10–15 €).

McMahon's Café Bar, Main St., www.mc mahonscafebar.com, Café Mo–Sa 10–18 Uhr, Bar tägl. ab 11 Uhr. Das Café im Obergeschoss bietet tagsüber Wraps, Panini, Salate und allerlei frisch gepresste Obstsäfte. Die Bar serviert bis in den späten Abend Pizza (8–12 €) und verführt mit phantasievollen und farbenprächtigen Cocktails. Do+Sa Clubbing, Fr+So Live-Musik.

Cavan/Umgebung

▸ **Killykeen Forest Park:** Der gerade 2,4 qkm kleine Naturpark liegt 12 km westlich von Cavan am Ufer des Lough Oughter. Die Forstverwaltung hat mehrere, bis 6 km lange Rundwege durch das Gebiet markiert. Viele der üppig grünen Inseln im See sind aus Crannogs entstanden, künstlich aufgeschütteten und befestigten Wohnstätten der Bronzezeit. Auf einer dieser Inseln bröckelt die düstere Ruine von *Cloughouter* Castle (13. Jh.), einer von Cromwell zerstörten der Burg des O'Reilly-Clans, langsam in den See.

ⓘ Freier Eintritt in den Naturpark für Radler und Fußgänger. www.coillteoutdoors.ie.

▸ **Belturbet:** Das verschlafene Städtchen liegt an der Mündung des Shannon-Erne-Kanals in den River Erne, doch legen bislang nur wenige Bootstouristen am Quai an. Eher sind es Angler, die hier ein paar Tage verweilen. Der alte **Bahnhof** wurde zur neuen Publikumsattraktion. Im Ausstellungsraum des Hauptgebäudes erfahren Eisenbahnenthusiasten mehr oder minder Spannendes über die Geschichte der Great Northern Railway Company.

ⓘ Mo–Fr 9.30–17 Uhr; Eintritt 3 €, www.belturbet-station.com.

▸ **Cavan County Museum:** Das modern eingerichtete Heimatmuseum des Countys, etwa 25 km südwestlich von Cavan im Marktort Ballyjamesduff, zeigt in einer früheren Klosterschule allerlei historische Artefakte, darunter ein 100 Jahre altes Kanu, Steine mit Ogham-Inschriften und Maschinen aus dem Zeitalter der Dampfkraft. Eine Abteilung widmet sich dem typisch irischen Sport. Die Galerie im Obergeschoss zeigt wechselnde Ausstellungen. Kinder vergnügen sich auf dem großzügigen Spielplatz im Museumsgarten und rund ums Haus lädt ein Park zu Spaziergängen ein.

ⓘ Di–Sa 10–17 Uhr, Juni–Sept. auch So 14–18 Uhr, Eintritt 3 €; Virginia Rd. www.cavan museum.ie

Die Wasserfälle an Glencar-See inspirierten schon den Dichter W. B. Yeats

County Leitrim

Highlights

- **Arigna Mining Experience** – mit Minenarbeitern unter Tage in Irlands letzter Kohlegrube (S. 807)

- **Carrick-on-Shannon** – Treffpunkt der Freizeit-Kapitäne und Standort von Irland's kleinster Kapelle (s. 809)

- **Dromod** – Volldampf voraus mit dem Nostalgiezug der *Cavan & Leitrim Railway* (S. 810)

County Leitrim

Das County mit gerade 29.000 Bewohnern liegt abseits der Durchgangsstraßen und wird eher selten besucht. Angler, Wanderer und Bootsfahrer erfreuen sich an einer stillen Landschaft; historisch Interessierte lassen sich von frühverrenteten Bergleuten ein Industriegebiet vergangener Tage zeigen.

Irische County-Grenzen scheren sich nicht um die Bedürfnisse bürokratischer Verwaltung und schon gar nicht um das Bemühen von Reisebuchautoren, ihren Stoff entlang der gängigen Reiserouten zu gliedern. Die Grafschaften sind historisch gewachsen und damit basta! So hat „Lovely Leitrim", wie es in einem Lied besungen wird, in etwa die Gestalt einer Acht, deren Spitze auf gerade 10 km zwischen Sligo und Donegal den Atlantik berührt. Ausgerechnet in der schmalen, zu einer Wespentaille geschnürten Mitte der Acht versperrt auch noch der Lough Allen den Reisenden den Weg, so dass Leitrim vollends in zwei geographische Einheiten zerfällt. Die nordwestliche, auf Sligo als Zentralort orientierte Hälfte haben wir bereits im Kapitel über das County Sligo gestreift, womit jetzt noch die untere Hälfte Leitrims vorzustellen bleibt.

Mit der Wiedereröffnung des oberen Shannon und des Shannon-Erne-Kanals für die Freizeitkapitäne erlebt nun auch das platte Land abseits der Hauptstraße einen bescheidenen touristischen Boom. Da die Attraktionen für den Massentourismus fehlen und auch nicht geschaffen werden können, blühen vor allem kleine, lokale Initiativen, deren Stärke in der persönlichen Betreuung der Gäste liegt. Mit seinen vielen Seen gilt Leitrim als ein Zentrum des Coarse Fishing, also des Angelns nach Hechten und Friedfischen. Ein kapitaler Hecht von 10 kg und mehr, so heißt es, sei mit entsprechender Geduld auch von Anfängern aus dem Lough Allen zu fischen. Für Fernwanderer wurde außer dem Leitrim-Way, der die gesamte Grafschaft durchquert, eine weitere Langstrecke im „Drei-County-Eck" Roscommon, Leitrim und Sligo markiert: Der **Miners Way**, ein 55 km langer Rundweg durch das frühere Bergbaugebiet am Westufer des Lough Allen.

Info www.leitrimtourism.com.

Drumshanbo

Ein unauffälliges, gemütliches Städtchen, das davon träumt, endlich einmal den Landespreis des Tidy-Town-Wettbewerbs zu gewinnen.

Lange handelten nur Angler den Marktort am Südende des **Lough Allen** als Geheimtipp. Seit der Oberlauf des Shannon bis in den See hinein für Freizeitkapitäne geöffnet wurde, gesellen sich ihnen noch einige Bootsfahrer hinzu, und schließlich ab und an auch Radler und Autofahrer, die es auf den Weg von Carrick nach Belleek verschlagen hat. Diesen Zufallsgästen versucht das **Visitor Centre Sliabh An Iarainn** in Drumshanbo die Gegend schmackhaft zu machen und sie zu einem längeren Aufenthalt zu verführen. Wer hätte gedacht, dass die stille Landschaft zwischen Slieve Anierin und Kilronan Mountain über Jahrhunderte ein Industriegebiet mit Erz- und Kohlegruben war? Erst im Juli 1990 fuhren die Bergleute zur letzten Schicht ein. Das Visitor Centre rekapituliert die Geschichte mit einer Diashow. Railway-Memorabilia erinnern an die Cavan & Leitrim Railway, die wir

Arigna 807

schon aus Dromod kennen. Auch eines jener Schwitzhäuser wurde nachgebaut, in dem sich die irischen Kelten einst aufwärmten oder ihre Grippe kurierten.

- *Information* Im **Visitor Centre,** Main St., ℡ 071 964 1522, geöffnet Juni–Sept. Mo–Fr 10–13.30, 14–17 Uhr, Juli/Aug. ohne Mittagspause und So 14–18 Uhr. An Infos gibt's etwa das Faltblatt „Tourist Trails" zur Stadt und näheren Umgebung. Der Eintritt für die Ausstellung beträgt 2 €. Im **Internet** ist die Region über www.drumshanbo.net und www.leitrimtourism.com vertreten.

- *Verbindung* Drumshanbo ist nur Fr und Sa mit **Bussen** von Sligo (Bus Éireann 462) und Longford (Bus Éireann 469) aus zu erreichen.

- *Feste* **An Tostal,** Ende Juni, www.antostal festival.ie. Das Stadtfest, zu dem auch viele Emigranten die alte Heimat besuchen. Ernsthafter gibt sich die **Joe Mooney Summer School,** Mitte Juli, www.joemooneysummer school.com, mit Volksmusik-Kursen und abendlichen Sessions in den Pubs.

- *Fahrradverleih* **Moran's Bicyles,** Convent Av., ℡ 071 964 1974.

- *Musik* Außerhalb der Festivalzeit gibt's Sessions gelegentlich in **Monica's Pub,** High St.. Mi und So wird in der **Mountain Tavern** musiziert, die allerdings 6 km östlich in Aghacashel steht.

- *Reiten* **Moorland Equestrian Centre,** ℡ 071 964 1500, www.moorlands.ie. Ein Reiterhof mit Unterricht und geführten Touren.

- *Tanzen* **Teach Ceoil,** beim Schwimmbad am Jachthafen, lädt im Sommer montagabends zum Volkstanz.

- *Übernachten* **** **Ramada Hotel,** Lough Allen, ℡ 071 964 0100, www.loughallenhotel. com, DZ 100–140 €. Neues Haus in bester Seelage, etwa 1 km außerhalb des Orts. Das Hotel hat ein Wellnesszentrum samt Freiluft-Jacuzzi mit Seeblick. Solchen haben auch die meisten Zimmer. Aus anderen Zimmern allerdings sieht (und hört und riecht) man den Parkplatz – die sollten Sie sich nicht andrehen lassen.

Gästezimmer vermietet auch **Betty McManus,** die Besitzerin von **Paddy Mac's Pub,** High St., ℡ 071 964 1128, DZ 70 €.

- *Essen* **Henry's Haven,** Convent Av., warme Küche 12–20.30 Uhr. Der Dorfpub serviert jeden Tag einige wechselnde Gerichte irischer Hausmannskost wie Kohl mit Schinkenspeck, Rindergulasch oder Lammbraten. Riesige Portionen!

Arigna

Gerade sechs Kilometer von Drumshanbo ist man im Herzen der Bergbauregion. Der irische Ruhrpott präsentiert sich als ein idyllisches Tal mit satten Wiesen und sanften Hängen. Nur die Kokerei trübt, ja schwärzt den Anblick. Das Fossil des Kohlezeitalters bekommt seinen Rohstoff heute auf langen, sehr langen Wegen aus Russland. Wie kann sich das rechnen?

Mehr über das „Schwarze Gold" von Arigna erfahren wir bei der **„Arigna Mining Experience"** im Museumsbergwerk Derreenavoggy. Am Ende einer kleinen Ausstellung geht es durch eine schwere Eisentüre in die Mine. Die Führung übernehmen frühere Minenarbeiter, die aus erster Hand zu berichten wissen. Jeder bekommt einen Helm verpasst, bei der Marienstatue am Stolleneingang bleibt nach altem Brauch Gelegenheit zum Gebet und dann ab in den Berg. Feucht ist es und glitschig, Wasser tropft und rinnt, und man mag sich gar nicht vorstellen, dass Menschen hier stundenlang im Liegen (!) Löcher in den Fels hämmerten und bohrten, zu alledem noch eingehüllt in Staub und Dreck, umgeben von höllischem Lärm.

② *Führungen* tägl. 10–17 Uhr, Eintritt 10 €; www.arignaminingexperience.ie. Warme Kleidung und festes Schuhwerk nicht vergessen!

- *Übernachten* Einige Kilometer außerhalb von Arigna am Lough Allen im **B&B Derrbehy House,** DZ 70 €, ℡ 071 964 6200,

marypguihen@eircom.net. Auch **Mary Regan,** ℡ 071 964 7973, vermietet Zimmer. Außerdem im nahen Keadue, einem schmucken und pieksauberen Dörfchen, etwa bei Familie **McNiff** (B&B O'Carolan), ℡ 071 9647257, DZ 60 €, mit Biokost und eigenem Boot zum Angeln.

Steiger Peter im Museumsbergwerk von Arigna

Wanderung um Arigna

Mit seinen – rechnet man den Anmarsch von Drumshanbo hinzu – 65 km ist der markierte Miners Way nur etwas für eingefleischte Fernwanderer, die auch bereit sind, unter freiem Himmel zu campieren. Der interessanteste Teil der Bergbauregion, um das Dorf Arigna, lässt sich jedoch auch auf einer bequemen *Tagestour* entdecken, die in Drumshanbo beginnt und endet.

Man verlässt Drumshanbo in Richtung Westen und folgt zunächst der Trasse der einstigen Eisenbahn, die sich dicht am Ufer hält. Auf der **Ballintra-Brücke** überquerte die Bahn den Shannon. Hier wurde in den 20er Jahren eine Schleuse gebaut, um dem Kohlekraftwerk einen gleichmäßigen Wasserspiegel zu sichern. Nahe der Brücke fiel 1798 ein Rebellentrupp der United Irishmen einem tödlichen Irrtum zum Opfer. Als ihnen Soldaten in fremden Uniformen und mit einer unverständlichen Sprache entgegentraten, dachten sie, endlich auf ihre französischen Verbündeten gestoßen zu sein. Tatsächlich hatten sie die ungarischen Hilfstruppen der Engländer vor sich. Keiner der Aufständischen überlebte diese Begegnung.

Beim früheren Bahnhof **Mount Alley** kreuzt die Bahn die Uferstraße und wendet sich landeinwärts nach **Arigna**. Hier steigen wir hinter der Kirche den Hang des Kilronan Mountain bis zur **Derreenavoggy-Mine** hinauf. Der Berg ist auf dieser Seite, einem Termitenhügel gleich, von den Schächten und Stollen alter Kohlegruben durchlöchert. Nicht alle Eingänge wurden zugemauert – doch in Anbetracht der Gefahren durch Grubengas und morsches Stützwerk sollte niemand wagen, auf eigene Faust die Welt unter Tage zu erkunden.

Der markierte Weg führt jetzt, mit schöner Sicht auf den See, etwa parallel zum Hang nordwärts zur **Rover-Grube**. Hier verrottet ein Maschinenteil, dort rostet der Stützmast einer Seilbahn; man sieht verfallene Gebäude und kaum noch zu erken-

Carrick-on-Shannon 809

nende Trampelfade, auf denen einst die Bergleute zur Arbeit gingen. Nahezu alle Minen und natürlich auch die Brikettfabrik von Arigna gehörten der Leyden-Familie, die ursprünglich aus den Niederlanden kam. Der Weg kreuzt wieder eine Landstraße, fällt in Serpentinen zur **Greaghnafarna-Schule** ab, trifft die Bahn und überwindet auf einer fotogenen Eisenbrücke den Arigna River. Nach Joe Flynn's Reitstall mag man im **Derrinavehy Guesthouse** (Creagh Road) eine Rast einlegen.

Am Standort des **Kraftwerks,** dessen Stilllegung 1990 auch das Ende des Bergbaus bedeutete, wird wieder der See erreicht; man folgt dem Ufer und ab dem Parkplatz schließlich der Landstraße südwärts bis zur Mount Alley Station, von der es noch gut 3 km zurück nach Drumshanbo sind.

Karten Die Touristinformation in Drumshanbo verkauft eine Wegbeschreibung mit von Hand markierter Route auf einem kopierten Kartenausschnitt. Zusätzlich benötigt man die Karte 26 der Discovery Series.

Carrick-on-Shannon

Mit knapp 2500 Einwohnern ist Carrick-on-Shannon an der N 4 zwischen Dublin und Sligo die kleinste Hauptstadt einer irischen Grafschaft. Als Basis von „Emerald Star" und zweier weiterer Bootsverleiher lebt der Ort weitgehend vom Fluss.

Im Mittelalter markierte der von einem Castle geschützte Flussübergang am Zusammenfluss von Boyle und Shannnon zugleich die Grenze zwischen dem Machtbereich der McDermotts und der O'Rourkes. Im 17. Jh. bekam Carrick-on-Shannon das Stadtrecht, später durfte es sogar zwei Abgeordnete ins Parlament schicken. Die Brücke und die Kaianlagen entstanden 1848, als der zuvor nur bis Drumsna schiffbare Shannon bis in die Stadt ausgebaggert und befestigt wurde. Am nordöstlichen Brückenkopf, gegenüber der Tourist Information, ist noch das alte **Guinness-Lagerhaus** zu sehen, in dem das mit den Flusskähnen herangebrachte Bier auf den Weitertransport per Pferdekutsche wartete. Auf dem Platz davor stand im Mittelalter eine Burg.

Mittelpunkt des Städtchens ist der **Uhrturm** am Zusammentreffen von *Bridge* und *Main Street.* Junge wie Alte sitzen an trockenen Tagen auf den Bänklein bei der Uhr und warten, dass etwas passiert. Gegenüber versucht man mit dem **Market Yard** die Tradition des Marktplatzes wieder zu beleben. Die **Costello Mortuary Chapel,** angeblich Irlands kleinste Kapelle, wurde 1879 von einem hiesigen Kaufmann für seine Frau errichtet. **Saint George's Terrace,** zwischen Uhrturm und Gericht, war einmal die beste Adresse Carricks. Die Georges waren bis ins 19. Jh. die führende Familie der Stadt und wohnten im **Hatley Manor,** einem spätklassizistischen Landhaus.

● *Information* Old Barrel Store, am Fluss, ✆ 071 962 0170, Mai–Sept. Mo–Sa 9.30–18 Uhr, Okt.–April Mo–Fr 9–13 Uhr. Zur Stadt ist für 2 € die Broschüre „Tourist Trail" erhältlich. www.carrickonshannon.ie und, www.leitrimtourism.com.

● *Verbindung* Carrick liegt an den **Bahn**- und **Bus**linien Dublin–Sligo, Busse halten bei Coffey's Pastry Case und fahren auch nach Athlone. Busauskunft ✆ 071 916 0066, Bahnhof ✆ 071 962 0036.

● *Fahrradverleih* **Geraghty's,** Main St., ✆ 071 962 1316. Hier gibt es auch Angelscheine und -zubehör.

● *Bootsausflüge* **Moon River,** www.moonriver.net, veranstaltet vom Liegeplatz zwischen Touristinformation und Landmark-Hotel Kaffeefahrten und nächtliche Partytouren auf dem Shannon.

● *Kino* **Carrick Cineplex,** Boyle Rd., ✆ 071 96 72000, www.carrickcineplex.ie, mit Internetcafé. Blockbuster im Einkaufszentrum.

Midlands
Karte S. 797

810 Midlands/County Leitrim

Übernachten

*** Bush Hotel, Main St., ℡ 071 967 1000, www. bushhotel.com, DZ 100–190 €. Beethovenklänge mischen sich in der Lobby mit dem Knistern des Kaminfeuers, ein Riesenfisch setzt Anglern Maßstäbe. Die Zimmer wurden jüngst neu ausgestattet, auf der Rückseite ein Erweiterungsbau angefügt.

Aisleigh Guesthouse, Dublin Rd., ℡ 071 962 0313, www.aisleighguesthouse.com, DZ 100–120 €. Die Pension steht einen guten Kilometer außerhalb der Stadt autogerecht an der N 4 Richtung Dublin. Hausherr Sean Fearan ist ein begeisterter Angler und weist Anfänger auch gerne in sein Hobby ein.

B&B Hollywell House, Liberty Hill, ℡ 071 962 1124, hollywell@esatbiz.com, DZ 120–140 €. Das vornehme, mit edlen Antiquitäten ausgestattete Haus liegt gleich jenseits der Brücke. Zum Frühstück serviert Rosaleen Maher hausgemachte Scones.

B&B Villa Flora, Station Rd., ℡ 071 962 0338, DZ 80–100 €. Auf dem Ostufer etwa 15 Gehminuten vom Zentrum entfernt steht Breege Nolans staatliches Landhaus aus dem 19. Jh. Vier geräumige Zimmer mit TV, Wasserkocher und teilw. eigenem Bad.

An Oiche Hostel, Bridge St., ℡ 071 9621848, Bett 20 €. Zentral an der Brücke und Bushaltestelle gelegen, hat das Quartier über einem Telefongeschäft („O2") nur wenige Zimmer und einen guten Ruf. Check-In ist während der Sprechstunde der im Erdgeschoss gelegenen Tierarztpraxis. Bei Ankunft zur Unzeit muss man vorher anrufen und sich den Schlüssel hinterlegen lassen.

Essen/Pubs

Victoria Hall, Boathouse Quay, hinter dem Ruderclub, ℡ 071 962 0320, www.victoriahall. ie, tägl. ab 12.30 Uhr. Thailändische und europäische Küche auf zwei Etagen einer früheren Kirche, schick und modern eingerichtet, beliebt bei Bootsurlaubern. Hauptgericht abends 20–30 €.

Shamrat, Bridge St., ℡ 071 9650934, geöffnet tägl. mittags und Mo–Sa abends. Über die Jahre hat sich dieses indische Lokal einen guten Namen erkocht. Im L-förmigen Gastraum mit Ethnodekor werden Klassiker wie Chicken Tikka Masala (CTM) aufgetischt, angeblich in Glasgow erfunden und inzwischen zum britischen Nationalgericht avanciert, Pakora, Lammcurry und allerlei Tandooris (im Ofen gegarte Gerichte). Spezialität ist Murgi Makanwala, ein mit Lammfleisch, Tomaten und Eiern gefülltes Hähnchen in Joghurt-Cognac-Sauce. Menü 28 €.

The Oarsman, Bridge St., www.theoars man.com. Der große, auf alt gemachte Pub ist mittags ein beliebter Lunchtreff. Abends öffnet Do–Sa das separate Restaurant, in der Bar treten am Wochenende Musikgruppen auf.

Cryan's, Bridge St., warme Küche Mo–Sa mittags, Do–Sa abends. Cryan's Pub ist für seine samstagabendlichen Sessions und als Speiselokal bekannt. Werktätige wie auch Schüler vertilgen hier mittags gewaltige Portionen irischer Traditionsgerichte wie Kohl mit Speck oder als Dessert gehaltvollen Sherry Trifle.

Coffey's Pastry Case, an der Brücke, tägl. 8.30 (So 9.30)–19 Uhr, Bäckerei mit schon am frühen Morgen geöffnetem Selbstbedienungscafé im coolen Design der 1970er Jahre. Vom Obergeschoss schöner Blick über den Fluss.

Carrick-on-Shannon/Umgebung

Dromod: Das Dorf an der N 4 zwischen Carrick und Longford ist ein Ziel auf dem Reiseplan irischer Eisenbahnenthusiasten. Auf dem Schmalspurgleis vor dem restaurierten Bahnhof steht eine Dampflok der **Cavan & Leitrim Railway** mit einigen alten Waggons. Auch wenn von der 1959 stillgelegten Strecke nach Belturbet bisher nur einige hundert Meter wieder instandgesetzt wurden, heizen die Bähnler im Sommer manchmal an und setzen den Nostalgiezug in Bewegung. Zu Halloween gibt's gar außerplanmäßige Abfahrten von Gleis 9 ¾.

⏰ Der Museumsbahnhof ist Mo und Sa 10–17, So 13–17.30 Uhr geöffnet. „Fahrplanauskunft": ℡ 071 9638599, www.irish-railway.com. Ticket 8 €.

Landsitz und Kaserne: King House in Boyle

County Roscommon

Highlights

- **King House** – hier dürfen Kinder Häuser bauen; man erfährt vom Zeitvertreib höherer Töchter und von einem Ehebruch mit Todesfolge (S. 813)

- **Strokestown** – ein Ort, an dem der englisch-irische Adel seinen Reichtum zur Schau stellte; in der Scheune zeigt das Hungermuseum, wie es derweil dem Volk erging (S. 815)

- **Cruachan Ai** – Keltomanen und andere, die sich darauf einlassen, werden in die Welt keltischer Mythen entführt (S. 816)

County Roscommon

Das weitgehend flache County liegt zwischen dem Westufer des Shannon und dem River Suck. Am abwechslungsreichsten zeigt sich die Landschaft im Nordzipfel um *Boyle* und den *Lough Key*, die man auf der Fahrt von Dublin nach Sligo passiert. Einen eigenen Abstecher wert ist *Strokestown* mit dem Hungermuseum. Bei Tulsk wäre noch der *Rath Cruachan* zu erwähnen, die mythische Residenz und Krönungsort der keltischen Könige von Connaught. Der an historischer Bedeutung Navan, Tara oder den Stätten im Boyne Valley vergleichbare Platz hat aber nie den Spaten eines Archäologen gesehen, wie auch die siebzig weiteren vor- und frühgeschichtlichen Gräber und Kultstätten der Region bislang kaum erforscht oder touristisch erschlossen wurden – oft gibt es nicht mal einen Wegweiser. Ansonsten kommen in Roscommon die Angler auf ihre Kosten, wie es gemeinhin dort der Fall ist, wo sich Fischreichtum mit wohl tuender Stille paart.

Boyle

Die Etappenstadt am Wege von Ballina oder Sligo nach Dublin lohnt wegen ihrer Zisterzienserabtei, dem neuen Museum und dem Naturpark am Lough Key eine Zwischenübernachtung.

Als Stadt kann das an einem Knie des gleichnamigen Flusses gelegene Boyle allerdings nicht mit besonderen Reizen aufwarten. Doch sagt man dem County Roscommon, zu dem Boyle noch gehört, nach, dass es eigentlich überhaupt keine „richtigen" Städte besäße, und so ist das Provinznest, in dem man abends um den Imbiss zumindest noch eine Handvoll Jugendlicher auf der Straße trifft, sozusagen der einäugige König unter den Blinden. Mit einem Museum im King House bemüht sich der Marktort, die Durchreisenden zu einem längeren Aufenthalt zu bewegen.

• *Information* King House, Main St., ℡ 071 966 2145, Mai–Sept. tägl. 10–13, 14–17.30 Uhr. www.unabhan.net und www.visitros common.ie.

• *Verbindung* **Bahn-** und **Busstation** an der Strecke Sligo–Dublin, **Busse** halten vor dem Royal Hotel in der Bridge St.

• *Übernachten* ** **Royal Hotel,** Bridge St., ℡ 071 966 2016, www.royalhotelboyle.com, DZ 120 €. Ein Haus mit Tradition. Bereits seit über 300 Jahren übernachten Reisende hier an der Brücke im Zentrum der Stadt. Alle 16 Zimmer sind mit Bad und TV ausgestattet, das Restaurant liegt direkt über dem Fluss. Manager Vincent Regan ist selbst begeisterter Angler, und wie es sich für ein Haus von Stand gehört, hat das Royal eigene Jagdrechte. **B&B Abbey House,** ℡ 071 966 2385, www.abbeyhouse.net, März–Okt., DZ 75 €. Romantisch direkt zwischen Abtei und Fluss gelegen, 10 Min. vom Zentrum.

B&B Rosdarrig, Carrick Rd., ℡ 071 966 2040, www.rosdarrig.com, DZ 75 €. Ein sehr gepflegtes Haus mit schönem Garten. Geräumige Zimmer, blitzsaubere Bäder, eine stets freundliche Gastgeberin Brenda McCormack – was will man mehr? **B&B Linsfort,** Main St., ℡ 071 966 2866, www.linsfort.com, DZ 75 €. Die Harringtons haben ein heruntergekommenes Stadthaus mit viel Aufwand und Liebe von Grund auf renoviert. Die in Pastellfarben gehaltenen Zimmer sind alle mit Bad ausgestattet, eigener Aufenthaltsraum mit TV und Kamin für die Gäste, auch für irische Verhältnisse üppiges Frühstück.

• *Camping* **Lough Key Forest Park,** ℡ 071 966 2212, www.loughkey.ie Mitte April–Mitte Sept., Zelt mit 2 Pers. 8–20 €. Im Naturpark 5 km außerhalb, keine Dauercamper, einfache Sanitäranlagen, nur wenige Warmduschen verheißen für die Hochsaison frühmorgendliches Anstehen.

Boyle

Boyle Abbey – Rundbögen und Spitzbögen

• *Essen/Pubs* Der Chinese ist zu teuer, der Imbiss bei der Post hat den Charme einer Wartehalle, und so bleiben als Tipps das Restaurant des **Royal Hotel,** der Coffeeshop des **King House** und das **Stonehouse Café** am Fluss, das einmal die Pförtnerloge des Frybrook Manor war.

Zum Bier und um irische Musik zu hören geht man ins **Moylurg Inn,** Bridge St., dessen Einrichtung teilweise noch aus den 50er Jahren stammt.

In **Whynne's Bar,** Main St., treffen sich Musiker und Zuhörer freitagabends zur Session.

Moving Stairs, The Crescent, hat sich mit Liveauftritten von Größen der Folk-, Rock- und Jazzszene einen Namen gemacht.

Sehenswertes

Boyle Abbey: Die Boyle Abbey in der Flussschleife am östlichen Ortsrand war eine Tochtergründung von Mellifont (bei Drogheda). 1659 wurde das Kloster vom Militär besetzt und befestigt. Das in zwei Etappen gebaute Schiff der Klosterkirche (geweiht 1220) zeigt beispielhaft den Unterschied zwischen romanischem und gotischem Zeitgeschmack – Rundbögen und Spitzbögen stehen einander gegenüber.

① Ostern–Okt. tägl. 10–18 Uhr, Einlass bis 17.15 Uhr; Eintritt frei. Außerhalb der Saison frage man im benachbarten Guesthouse nach dem Schlüssel.

King House: Das aufwendig restaurierte King House war ab 1730 für etwa 50 Jahre Landsitz der Kings, protestantischer Grundherren, die sich mit der besonders drastischen Anwendung der Penal Laws unter den Iren einen schlechten Namen machten. König Georg III. dagegen war erfreut und erhob Edward King 1768 zum Earl of Kingston, worauf dieser sich auf dem anderen Flussufer im Rockingham Estate ein neues und noch größeres Schloss baute. Das alte Haus wurde darauf eine Kaserne der Connaught Rangers und später der irischen Armee.

814 Midlands/County Roscommon

Das mit viel Hightech brillierende Museum macht dem Besucher gleich zu Beginn des Rundgangs deutlich, dass die Region schon lange vor den englisch-protestantischen Kings ihren (irischen!) Adel hatte und stellt uns zunächst das Geschlecht der MacDermots vor. Es folgt der Aufstieg der Kings. Aus der Familiengeschichte erfahren wir, wie anno 1797 Robert Earl of Kingston den verheirateten Liebhaber seiner 15-jährigen Tochter Mary kurzerhand erschießt. Das Tagebuch der jungen Eleonora erzählt vom Zeitvertreib der höheren Töchter auf Partys, Bällen und Jagdausflügen. Ein schwerwiegenderes Thema ist die Vertreibung und der „Export" der Pächter nach Amerika, als die Landlords im 19. Jh. vom Getreideanbau auf Viehwirtschaft umstellten.

Eine Abteilung ist dem Regiment der Connaught Rangers gewidmet, die 1920 im fernen Punjab rebellierten, als sie von den Grausamkeiten der Armee im irischen Unabhängigkeitskrieg hörten. Im Dachgeschoss werden mit Werkzeugen, Maßtabellen und Bauzeichnungen die Konstruktion und Renovierung von King House erklärt, schließlich ist im Erdgeschoss die Kunstsammlung der Gemeinde ausgestellt – bescheiden zwar, doch durch den stetigen Ankauf von Werken zeitgenössischer irischer Künstler zugleich ein Stück Kunstförderung.
⊙ April–Sept. tägl. 10–18 Uhr, Einlass bis 17 Uhr; Eintritt 7 €. www.kinghouse.ie.

Lough Key Forest & Activity Park: Über King House hinaus zielt Boyles Main Street genau auf das Landhaus des Rockingham Estate, wie der Lough Key Forest Park früher hieß. Zwar fiel das Schloss in den fünfziger Jahren den Flammen zum Opfer, doch geben die Stallungen, Kirche, Eiskeller und der Aussichtspavillon vor der Kulisse des Sees immerhin eine Ahnung von der alten Pracht. W.B. Yeats träumte davon, eine Insel im See zum Kultzentrum eines theosophischen Ordens zu machen, mit dem er die Religiosität der Iren für die Nationalbewegung zu mobilisieren hoffte. Zwischen den Teerstraßen bleibt noch genügend Platz für Spaziergänge, womit Lough Key ein idealer Ort für einen sonnigen Nachmittag ist. Die *Lough Key Experience* eröffnet auf einem Baumwipfelweg in luftiger Höhe ungewohnte Perspektiven. Das *Visitor Centre* bietet neben einer naturkundlicher Ausstellung auch Speis und Trank. Am See werden Boote verliehen. und wer nicht rudern mag, kann sich im Ausflugsschiff über den See fahren lassen (www.loughkey boats.com). An Regentagen mag man mit Kindern die nach schwedischem Vorbild konzipierte *Boda Borg Challenge* besuchen, ein Abenteuerhaus, in dem es knifflige Herausforderungen zu meistern gilt.
⊙ Der Park ist durchgehend geöffnet, Parken kostet in der Saison 4 € verlangt, Visitor Centre und Attraktionen März–Okt. tägl. 10–18 Uhr (Juli/Aug. Sa/So bis 20 Uhr), Nov.–Febr. Mi–So 10–16 Uhr. Einlass Boda Borg (16 €) bis2 Std. vor Schließung, Lough Key Experience (7,50 €) bis 1 Std. vor Schließung.

Boyle/Umgebung

Frenchpark: Auf dem Friedhof der früheren protestantischen Kirche liegt *Douglas Hyde* (1860–1949), der erste Präsident der irischen Republik. In der Kirche selbst erzählt ein kleines Museum seine Lebensgeschichte. Hyde zählte zu den Führern der irischen Nationalbewegung und bemühte sich besonders um die Wiederbelebung gälischer Kultur und Sprache. Hydes Traum von einem klassenlosen, allein über das kulturelle Erbe geeinten irischen Nation scheint aus heutiger Sicht etwas weltfremd.
⊙ Mai–Sept. Di–Fr 14–17, Sa/So 14–18 Uhr, Eintritt frei, Spende erwünscht.

Strokestown

Es gäbe kaum einen besseren Ort für das Hungermuseum als die Ställe des Strokestown Park House.

Erst im Kontrast zum Prunk der Grundherren erscheint die große Hungersnot nicht mehr nur als ein scheinbar unausweichliches Naturereignis, sondern auch als eine Folge der sozialen Verhältnisse, in denen sich eine schmale Oberschicht allen Reichtum des Landes aneignete.

- *Verbindung* In Strokestown halten die **Busse** der Strecken Ballina–Dublin und Roscommon–Boyle.
- *Übernachten* **B&B St. Martin's,** Church St., ✆ 071 963 3047, DZ 75 €. Das renovierte Haus von Meena Martin steht im Ortszent-

rum und bietet fünf Fremdenzimmer „en suite".

B&B Church View, Harriet Cox, ✆ 071 9633 047, April–Sept., DZ 70 €. Ein Bauernhof 5 km westlich der Stadt, seit vier Generationen im Familienbesitz; eigene Reitpferde.

Sehenswertes

Strokestown House: Eine pompöse Allee führt vom Stadtzentrum zum Strokestown House (1730), dem Mittelpunkt eines ursprünglich 120 qkm großen Besitztums der Familie Mahon. Baumeister war Richard Cassels, der vor allem in der Umgebung Dublins eine ganze Reihe ähnlicher Landsitze entworfen hat und einen Stil prägte, mit dem die protestantische Oberschicht in völliger Umkehrung kalvinistischer Ideale ihren schier unermesslichen Reichtum angemessen zur Schau stellte.

> ### Vom Ende des Imperiums
>
> Wie das Haus ist auch der Niedergang der Mahons typisch für das Geschick vieler anglo-irischer Adliger. Sie hatten versäumt, rechtzeitig in Industrie und Handel zu investieren und konnten nach der Hungersnot, als der Mangel an Arbeitskräften die Pachtzahlungen sinken und die Löhne steigen ließ, ihren üppigen Lebensstil nicht mehr finanzieren. Auch die 1914 geschlossene Ehe von Olive Hales Pakenham Mahon mit dem Erben des Rockingham-Besitzes in Boyle, die das größte zusammenhängende Landgut im Nordwesten Irlands hervorbrachte, konnte den Untergang des Imperiums nur verzögern. 1979 musste „Madame", auf diese Anrede legte sie wert, die ihr noch verbliebenen 120 ha Land samt dem Strokestown House an den örtlichen Tankstellenbesitzer und Autohändler Jim Callery verkaufen. Die alte Dame lebte noch bis 1982 zurückgezogen und vergessen in einem Winkel des Schlosses.

Strokestown House ist eines der wenigen öffentlich zugänglichen Schlösser, deren Inventar nie versteigert wurde. Möbel und Accessoires sind so drapiert, als würden die Sirs und Ladys in der nächsten Minute ihr herrschaftliches Leben fortsetzen. Außergewöhnlich ist auch die Galerie über der Küche, von der die Hausherrin die Arbeit der Bediensteten überwachen konnte, ohne sich mit ihnen auf eine Ebene begeben zu müssen. Die Kinder des Hauses hatten ein eigenes Schulzimmer, in

Midlands/County Roscommon

Besuchszeit im Kerker (King House, Boyle)

dem sie standesgemäß Privatunterricht erhielten. Auch vom Kinderzimmer mit seinem alten Spielzeug können selbst die Kids unserer Tage nur träumen.
◐ April–Okt. tägl. 11–17.30 Uhr; Eintritt Garten 9 €; Garten, Haus und Museum 13,50 €. www.strokestownpark.ie.

Famine Museum: Als 1845 *Phytophtora infestans,* der Kartoffelpilz, seinen Seuchenzug durch die irischen Äcker begann und das Grundnahrungsmittel des Volkes noch im Boden verfaulen ließ, konnten die Bauern von Strokestown ihre Pacht nicht mehr aufbringen. Denis Mahon und seine Verwalter vertrieben kurzerhand alle säumigen Zahler vom Gut und charterten Schiffe, um die ausgemergelte Menschenfracht, wie Vieh zusammengepfercht, nach Amerika zu verschicken. In nur vier Jahren verlor Strokestown, sei es durch Vertreibung oder Hungertod, 88 % seiner Bevölkerung. Kein Wunder, dass Denis Mahon einer der am meisten gehassten Männer in Roscommon war und schließlich erschossen wurde. Zwei Burschen endeten dafür am Strang, doch wie es heute scheint, waren nicht sie die Täter. Das falsche Geständnis hatte man ihnen unter Folter abgepresst.

Diese Episode ist nur eine von vielen, die das Hungermuseum erzählt. Es ehre die Menschen der Vergangenheit „für die tiefe Würde des Überlebens", erklärte Präsidentin Mary Robinson in ihrer Eröffnungsansprache, und zeige auf, „dass es in der Geschichte oft weniger um Macht und Triumph als um Leiden und Verwundbarkeit geht". Dieses Museum, nicht die vielen Schlösser der Aristokratie, erzählt die wahre Geschichte Irlands.
◐ Wie Strokestown House, Eintritt 9 €, mit Haus u. Garten 13,50 €.

Strokestown/Umgebung

Cruachan Ai: Etwa 15 km westlich von Strokestown findet sich eine ganze Reihe vorgeschichtlicher Stätten. Der Überlieferung nach residierten hier Königin Maeve

Castlerea 817

(siehe S. 211) und andere vorchristliche Herrscher von Connaught. In **Rathcroghan** (Rath Cruachan), einem künstlichen Hügel, der dem modernen Dorf seinen Namen gab und dessen gewaltige Dimensionen man erst auf Luftaufnahmen erkennt, sehen die Forscher eine Kultstätte Auch ein Grab wird nicht ausgeschlossen. **Rathmore,** ein kleinerer Hügel gegenüber der Schule, wird als Ringfort und Residenz identifiziert. Da es vor Ort außer Erdhügeln nichts weiter zu sehen gibt, wurde im nahen Tulsk das Visitor Centre **Cruachan Ai** eingerichtet. Mit modernster Präsentationstechnik stellt uns das Centre die archäologische Erforschung der mit bloßem Auge oft kaum zu erkennenden prähistorischen Denkmäler vor – und erzeugt mit nur spärlichen Erkenntnissen mehr neue Fragen als Antworten. Auch die in der Region wurzelnden Mythen werden erzählt: Von Oweynagat, dem Eingang in die Unterwelt, von der Quelle des Ogulla, wo St. Patrick die Töchter des Königs taufte, und natürlich von der kriegerischen Maeve. Für Keltomanen und andere, die sich für die Sagenwelt um Maeve und Cúchulainn interessieren, ist der Besuch ein Muss. Wer keine einschlägigen Vorkenntnisse mitbringt, wird sich nach dem Besuch des Centre allerdings eher verwirrt als informiert fühlen.

ⓘ **Cruachan Ai:** Juni–Sept. tägl. 10–18 Uhr; Okt..–Mai Di–Sa 10–17 Uhr; Eintritt 5 €. www.cruachanai.com.

Castlerea

Wer hier vorbeikommt, mag das „Clonalis House" besuchen, den Stammsitz des O'Conor-Clans. Außerdem lockt Irlands modernstes Gefängnis, auf das die nach Roscommon und Boyle drittgrößte Stadt der Grafschaft besonders stolz ist.

Die Nachfahren der mittelalterlichen Könige von Connaught können ihren Stammbaum bis ins Jahr 75 n. Chr. zurückverfolgen und beanspruchen damit den Guinness-Rekord des ältesten europäischen Adelsgeschlechts. Im Unterschied zu manch anderen alt-irischen Aristokraten waren die O'Conors von der Christianisierung bis heute stets treue Gläubige katholischer Konfession und traten niemals zur anglikanischen Staatskirche über – auch dies sichert ihnen einen Ehrenplatz in der irischen Geschichte. Umso erstaunlicher, dass die Familie ihren Grundbesitz über die Enteignungen Cromwells und die Zeit der Penal Laws hinweg retten konnte. Der Boden von Clonalis soll ihnen seit 1500 Jahren gehören. Das Haus selbst ist allerdings neueren Datums: ein viktorianischer Bau mit italienischem Einfluss, der eher verspielt als protzig wirkt. Bei der Führung sehen Sie erst die übliche Galerie würdevoller Ahnenporträts und alte Möbel. In der Hauskapelle wird ein Abendmahlskelch gezeigt, der sich in drei Teile zerlegen ließ, um ihn vor den protestantischen Häschern besser verstecken zu können. Stolz des Hauses ist sein Archiv. Hier sieht man die Kopie von Gerichtsurteilen nach dem irischen Brehon-Recht, die nach langer mündlicher Überlieferung um 1580 gerade noch rechtzeitig aufgeschrieben wurden, bevor die Engländer ihre Rechtsprechung durchsetzten. Auch die Harfe des blinden *Turlough O'Carolan* (1670–1738) ist ausgestellt, der als letzter Barde traditionellen Stils einige Weisen hinterließ, die er für seine Gönner aus dem O'Conor-Klan komponiert hatte.

Clonalis House: Besichtigung: Juni–Aug. Mo–Sa 11–16 Uhr, Eintritt 7 €. Übernachten: Mitte April–Sept., ☎ 094 962 0014, www.clonalis.com, DZ 180–220 €.

Midlands
Karte S. 797

Ardagh - ein viktorianisches Musterdorf um die Mittagszeit

County Longford

Highlights

- **Goldsmith Country** – per Rad auf den Spuren eines von Goethe gelobten Dichters (S. 820)
- **Corlea Trackway** – ein Moorpfad, vor 2000 Jahren aus Eichenbohlen angelegt und vor 20 Jahren wiederentdeckt. Das Visitor Centre erzählt seine Geschichte (S. 821)

County Longford

Selbst viele Iren kennen dieses flache Durchreiseland auf dem Weg von Dublin nach Sligo nur aus dem Autofenster. Dazu passt, das die Hauptattraktion im County Irlands älteste Straße ist.

Außer dem Durchreiseverkehr ist hier vom keltischen Tiger und seinem großen Sprung vorwärts nicht viel zu spüren. Die Einwohnerzahl der noch immer von Landwirtschaft geprägten Grafschaft stagniert bei etwa 31.000. Naturfreunde mögen in der Moorlandschaft zwischen Lough Ree und Lough Gowna manch seltenes Pflänzlein und Tierchen finden und aus den Gewässern fette Fische ziehen. Für Normalurlauber aber lassen sich die Attraktionen an einer Hand abzählen: Der eisenzeitliche Moorweg von Corlea etwa oder Mr. Darcys neogotisches Schloss Carrigglas.

Deutlich mehr Besucher erhofft man sich von der Sanierung des **Royal Canal,** der den Süden des Countys durchquert. Ab 2007 soll auch der letzte Abschnitt bis zur Mündung in den Shannon wieder befahrbar sein. Einzige Stadt des Countys ist als Hauptort Longford Town.

• *Verbindung* Am Bahnhof von Longford Town halten die **Züge,** die zwischen Dublin und Sligo verkehren. ℡ 043 334 5208, www.irishrail.ie.

Busse von Bus Éireann verbinden Longford mit Athlone, Carrick-on-Shannon, Dublin und Sligo. Die Haltestelle ist vor dem Bahnhof. ℡ 090 648 4406, www.buseireann.ie.

• *Information* **Longford Tourism,** Market Square, ℡ 043 334 2577, Mo–Sa 8.30–17.30 Uhr. www.longfordtourism.ie.

• *Übernachten* **Viewmount House,** Dublin Rd., ℡ 043 334 1919, www.viewmounthouse.com, DZ 120–150 €. Das frühere Herrenhaus der Packenhams, Barone von Longford, befindet sich an der Stadtausfahrt Richtung Dublin. Ein Kamin wärmt die Halle mit dem Treppenaufgang, die Zimmer sind mit Teppichen, dunklen Tapeten und alten Möbeln herrschaftlich eingerichtet. Gerade werden die Gärten und der Park wieder hergerichtet. Auch Ferienwohnungen.

The Olde Schoolhouse, Garrowhill, Newtownforbes, ℡ 043 332 4854, www.oldeschoolhouse.com, DZ 75 €. Drei rustikal eingerichtete Gästezimmer mit alten Dielenböden, Rauputz und Deckenbalken in einem Schulhaus. An der N 4 etwa 5 km nördlich von Longford Town.

• *Essen* **Aubergine,** 17 Ballymahon St., ℡ 043 334 8633, Lunch Di–So, Dinner Mi–So, Dinnermenü 35 €. Im 1. Stock über dem White House Pub, jung, hell, stylisch und mit Kunst an den Wänden. Gekocht wird modern irish bis mediterran, dabei erfreulich große vegetarische Auswahl.

Chilli Peppers Café, 45 Dublin Rd., Mo–Sa 9–17 Uhr. Biokost aus der Region, schmackhaft zubereitet und in lichten, einladenden Räumen serviert.

Sehenswertes

Carrigglas Manor: Das romantische Schloss im Neo-Tudor-Stil wurde um 1840 für *Thomas Lefroy* (1776–1869) errichtet, dessen Nachfahren das Anwesen bis vor wenigen Jahren gehörte. Derzeit wird das Schloss zu einem Luxushotel umgebaut, im Park entsteht ein Feriendorf mit Freizeitpark.

Architekt von Carrigglas Manor war der Schotte *Daniel Robertson,* während die älteren, noch im 18. Jh. erbauten Stallungen von *James Gandon* geplant wurden, der in Dublin mit Four Courts und Custom House berühmt wurde. Hinter einem Empfangsraum mit harten, unbequemen Wartestühlen – die zugewiesen zu

820 Midlands/County Longford

bekommen ein klares Signal war, das Haus doch besser bald wieder zu verlassen – gelangen wir in die zentrale Halle mit dem Treppenaufgang. Oben ein Fenster mit dem Wappen der Lefroys, ursprünglich aus Frankreich vertriebene Hugenotten, die als Bankiers und im Seidengeschäft bereits zu Geld und Ruhm gekommen waren, bevor Thomas' Vater Arthur nach Irland übersiedelte. Unter dem Fenster blickt uns die Büste des Bauherrn in Gestalt eines römischen Senators an. **Jane Austen,** die Sir Thomas über eine Verwandte kennen lernte, erwähnt ihn in zwei Briefen als jugendlichen Flirt, und manche Austen-Experten sehen in ihm gar das Vorbild für die Figur des Darcy in *Stolz und Vorurteil*.

Unser Rundgang führt uns weiter in den Speisesaal mit einer Sammlung von Waterford-Kristallglas und chinesischem Porzellan. In den Fluren wachen die nachgedunkelten Porträts der Leroy'schen Ahnen streng und entrückt über uns und jenen Nachfahren, der uns gerade durchs Haus führt. Dann der mit niederländischen Möbeln eingerichtete Salon, ein Kabinett mit Teeservice von 1799 und die gut sortierte Bibliothek. Draußen im **Garten** wandelt sich's auf Jane und Thomas' imaginären Spuren. Ein Besuch der Gandon'schen Stallungen mag die Fantasie weiter beflügeln. Hier war zuletzt ein Kostüm- und Stickereimuseum untergebracht, dessen Fundus aus alten Kisten stammte, die irgendwo im Schloss vor sich hin moderten.

Heute könnte Carrigglas auch ein Museum für Spekulation und Größenwahn in der Spätphase des keltischen Tigers sein. 330 Einfamilienhäuser, Luxushotel und Golfplatz sollten hier im irischen Abseits entstehen, Brian Cowen persönlich, damals noch Finanzminister und derzeit Regierungschef, eröffnete 2006 das auf 160 Mio. Euro budgetierte Projekt. Inzwischen ist der Investor pleite und die Gläubigerbanken sitzen auf halbfertigen Bauten, die wieder abzutragen noch einmal eine Stange Geld kosten wird. Ob und wann das Schloss wieder eine Touristenattraktion wird, liegt nun in den Händen der Konkursverwalter.

ⓘ Carrigglas war Anfang 2009 geschlossen. Das Schloss liegt 5 km von Longford Town entfernt an der R 194 Richtung Granard.

Goldsmith Country

Mit zahlreichen Schildern und bunten Prospekten wird die Gegend am Ostufer des Lough Ree – zwischen Athlone und Longford – als Goldsmith Country vermarktet. Oliver Goldsmith (1728–1774) verbrachte hier einen Großteil seines Lebens. Gleich mehrere Ortschaften beanspruchen für sich, Geburtsort des erfolgreichen Dichters, Dramatikers und Essayisten zu sein. Das vornehm klingende Pallas (bei Ballymahon) stützt seinen Anspruch auf einen Eintrag in der Goldsmith'schen Familienbibel und den Umstand, dass Vater Charles, im Hauptberuf Pastor, hier ein Farmhaus gepachtet hatte.

In Lissoy verbrachte Goldsmith Kindheit und Jugend. Der Ort begegnet uns in seinen Werken unter den Namen „Auburn" und „The Pigeons" – Fiktion und Wirklichkeit durchdringen hier einander so sehr, dass das Dorf heute auf manchen Landkarten als „The Pigeon" benannt ist. 1745 schrieb sich Goldsmith am Trinity College ein. Angeblich waren seine Leistungen nur mäßig, doch die Universität ehrte ihn später mit einem Standbild am Haupteingang, wo er seinem ebenfalls bronzenen Freund *Edmund Burke* gegenübersteht.

County Longford   821

Seit dem Tod des Vaters (1747) lebte Oliver Goldsmith in extremer Armut, die ihn zeitlebens nicht mehr verlassen sollte. Nicht, dass ihm seine literarischen Arbeiten oder die populärwissenschaftlichen Werke zu Naturkunde und Geschichte keine Einnahmen beschert hätten, doch mit seiner extravaganten Lebensart zerronn Goldsmith das Geld zwischen den Fingern, war längst an Bettler und Weinhändler gegangen, wenn wieder einmal die Miete fällig war. Zeitgenossen schildern ihn als warmherzige, jedoch äußerlich abschreckende und in Gesellschaft unbeholfene Erscheinung. Die Pocken hatten bereits in der Kindheit sein Gesicht entstellt.

Sein erfolgreichstes, auch von Meister Goethe gelobtes Werk, *The Vicar of Wakefield*, feiert in eleganter Prosa das einfache, naturnahe Leben auf dem Lande, wo ein leichtgläubiger Geistlicher mit Familie ungeachtet aller Schicksalsschläge in selbstgenügsamer Zufriedenheit lebt. Sein Versepos *The Deserts Village* wendet sich sozialkritisch gegen die damals verbreiteten Einhegungen und Vertreibungen der Pächter im Zuge der industriellen Revolution.

Mit Goldsmith's Werk beschäftigt sich seit 1984 alljährlich die **Goldsmith Sommer School** in Pallas (www.goldsmithfestival.ie). Per Rad erkundet man Goldsmith Country bequem auf dem 32 km langen **Lough Ree Trail.** Eine Streckenbeschreibung aus der Feder von Gearoid O'Brien gibt's bei der Touristinformation.

Corlea Trackway: Alles begann mit jenen Eichenbohlen, die 1984 beim Torfabbau nahe dem Royal Canal ans Licht kamen. Untersuchungen an der Belfaster Queens University ergaben, dass das Holz über zwei Jahrtausende alt und schon in der frühen Eisenzeit geschlagen worden war. Bald kamen weitere solcher Bohlenwege ans Licht, mehr als 20 waren es schließlich. In einem Besucherzentrum kann man sich heute über diesen frühgeschichtlichen Straßenbau informieren. Ein Abschnitt eines Bohlenwegs – nach den Baumringen zu urteilen 148 v. Chr. angelegt – wird in einem mehr feuchten als wohltemperierten Raum gezeigt. Das Holz braucht dieses Klima und muss nass bleiben, damit es nicht zerfällt.

① April–Sept. tägl. 10–18 Uhr; Führungen stündl. 10–17 Uhr; Eintritt frei. Der Corlea Trackway liegt 10 km außerhalb von Longford Town an der R 397.

Ardagh: Auch wenn es Bischofskirche und -sitz an Longford Town verloren hat, erinnert der Name der „Diözese von Ardagh und Clonmacnoise" noch an die große religiöse Vergangenheit des Dorfs. Sie begann in grauer Vorzeit mit einem heidnischen Heiligtum auf dem Hügel Bri Leith. Mit der Christianisierung legte St. Mel, ein Neffe des heiligen Patrick, die Keimzelle für den heutigen Ort im Tal. In der frühen Neuzeit hatten die Featherstones hier ihr Stammhaus und prägten das Dorf, indem sie mithilfe des viktorianischen Architekten John Rawson ganze Häuserzeilen errichten ließen. Featherstone Manor wurde durch eine Episode in Oliver Goldsmith's Komödie *The Stoops to Conquer* bekannt: Der jungendliche und nicht sonderlich kluge Held verwechselt Ardagh House mit einem Gasthof und versucht die Featherstone-Töchter zu betören, die er für Dienstmädchen hält.

① **Ardah Visitor Centre,** in der alten Schule, Juni–Sept. Fr/Sa 10.30–17, So 14.30–17.30 Uhr.

Midlands
Karte S. 797

Whiskey-Brennerei in Kilbeggan

County Westmeath

Highlights

- **Fore Valley** – sieben Wunder in einem stillen Tal; wer's nicht glaubt, ist selber Schuld (S. 824)
- **Belvedere House** – das herrschaftliche Ferienhaus am See, in dem der irre Earl of Belfield sich vor den Blicken seines Bruders zu verbergen suchte (S. 825)
- **Locke's Distillery** – hier lernen Sie die Kunst des Whiskeybrennens kennen und können das Ergebnis gleich verkosten (S. 826)
- **Athlone** – machen Sie eine Bootstour auf dem Shannon oder zu den Inseln im Lough Ree (S. 827)

County Westmeath   823

County Westmeath

Die Grafschaft Westmeath markiert die geographische Mitte Irlands. Ein weitgehend flaches Weideland in sattem Grün, das man etwa auf dem Wege von Dublin nach Galway oder nach Sligo passiert.

Um die Verwaltungshauptstadt *Mullingar*, die James Joyce literarisch verarbeitete, erfreuen sich Angler und Müßiggänger an einigen Seen, und im *Fore Valley* warten verlassene Einsiedeleien und die „Sieben Wunder" auf Ihren Besuch. In *Athlone*, der größte Stadt des Countys, bewacht eine Normannen-Burg den Shannon-Übergang, *Kilbeggan* kann mit einer musealen Whiskey-Brennerei aufwarten.

Mullingar

Der Verkehrsknotenpunkt (20.000 Einwohner) und Marktort eines reichen Viehzuchtgebiets hat die Ehre, eine der wenigen Städte zu sein, die James Joyce außerhalb Dublins besuchte. Wer nicht beabsichtigt, seinen Spuren zu folgen oder auf dem großen Viehmarkt einzukaufen, fährt besser gleich zum Lough Ennell oder nach Kilbeggan weiter.

Der junge Joyce besuchte Mullingar, wo sein Vater als Justizangestellter arbeitete, in den Jahren 1900 und 1901. „Portrait of an Artist as a Young Man" ist teilweise in der Stadt angesiedelt. Das Greville Hotel bedankte sich für die kostenlose Werbung lange mit einer Wachsfigur des Meisters in der Lobby, doch im Zuge einer Neumöblierung ist das gute Stück verschwunden. Im „Ulysses" arbeitet Leopold Blooms Tochter bei dem Fotografen Phil Shaw – sein Geschäft an der Pearse St. beherbergt heute Fagan's Newsagent. Am Stadtrand verläuft der 1790 eröffnete **Royal Canal**. Sein Initiator Long John Binns, ein auf zweifelhafte Weise zu Geld gekommener Schuster, war zunächst Vorstandsmitglied der Grand Canal Authority. Wegen seiner niederen Herkunft von den Kollegen verspottet, verließ er gekränkt die Company und baute seinen eigenen Kanal, der sich als Verbindung Shannon–Dublin gegenüber dem Grand Canal aber nie durchsetzen konnte und in einem ökonomischen Fiasko endete. 1840 erwarb ihn eine Eisenbahngesellschaft und legte am Ufer die Bahnlinie an. Pläne, auf der Kanaltrasse eine Autobahn zu bauen, sind glücklicherweise ad acta gelegt, stattdessen wird die Wasserstraße westlich von Mullingar restauriert, um auch das County Westmeath für den Flusstourismus zu erschließen. Die Errichtung eines „National Transport Museum" ist geplant.

● *Information*   Market Hall, Pearse St., ✆ 044 934 8650, Juni–Sept. Mo–Sa 9–13, 14–18 Uhr, Okt.–Mai Mo–Fr 9.30–13, 14–17.30 Uhr.

● *Verbindung* Mullingar liegt an der **Bahn**linie von Dublin nach Sligo (Auskunft ✆ 044 934 8274). Auf dem Bahnhof sind zwei alte Loks ausgestellt, die als Sonderzüge gelegentlich durch die Midlands dampfen. **Busse** fahren nach Dublin, Athlone und Longford. Auskunft ✆ 01 836 6111.

● *Angeln*   Auskunft und Angelscheine beim **Fisheries Board**, ✆ 044 934 8769, www.shannon-fishery-board.ie oder bei den Anglergeschäften in der Dominick St., die auch Boote vermitteln.

● *Übernachten* *** **Greville Arms**, Pearse St., ✆ 044 934 8563, www.grevillearmshotel.ie, DZ 120–150 €. Das klassische Stadthotel im Zentrum des Geschehens. Die Zimmer mit Teppichböden, in denen sich der Tabakgeruch gut hält. Am Wochenende mit Discolärm.

Die **B&Bs** liegen an den Ausfallstraßen nach Sligo und Dublin. Hier etwa 2 km außerhalb das **Novara House**, ✆ 044 933 5209, www.novarahouse.com, DZ 80 €, wo der Gast mit Tee und Scones begrüßt wird.

Midlands
Karte S. 797

824 Midlands/County Westmeath

Oder die **Lough Owel Lodge,** Cullion, April–Okt., ℘ 044 934 8714, www.loughowel lodge.com , DZ 80 €. Der Bauernhof von Aideen und Martin Ginnell liegt abseits der Hauptstraße und nur einen kurzen Spaziergang vom Lough Owel entfernt. Die Gästezimmer sind nach den Seen der Umgebung benannt, wobei man im Lough Ennell Room in einem Himmelbett schlafen kann.
• *Camping* **Lough Ennell,** Tullamore Rd., ℘ 044 934 8101, www.irishcaravanparks.com, April–Sept., Standplatz 20 €. Schöne Lage 7 km außerhalb am See (Fischen, Baden). Lei-

der stehen viele Mobilhomes auf dem Platz.
• *Essen* **Oscar's,** Oliver Plunkett St., ℘ 044 934 4909, ein alteingesessener und verlässlicher Italiener. Die Karte zwar ein bisschen langweilig, doch Kinder und andere Pizza- und Pastafans werden hier glücklich.
Gallery 29, Oliver Plunkett St., Mo–Sa 9.30–17.30 Uhr. Ein beliebter und quirliger Coffeeshop mit Bäckerei und offener Küche. Vom Frühstück mit frisch gepresstem Saft über allerlei Paninis, Sandwichs, Pies und Salate bis hin zu Kaffee und Kuchen.

Sehenswertes

Zu den bescheidenen Sehenswürdigkeiten gehört beispielsweise eine **Kathedrale,** über deren Sakristei ein Messgewand gezeigt wird, das einmal Oliver Plunkett getragen haben soll. An der Dublin Road 6 km außerhalb gibt es das **Bronze & Pewter Visitors Centre.** Die kleine Manufaktur produziert Figürchen, Schalen und Gefäße aus Bronze und Zinn, und man kann den Handwerkern bei der Arbeit über die Schulter schauen.

⏱ **Kathedrale,** Führungen im Sommer Mi, Sa, So 15 Uhr; **Bronze & Pewter,** Führungen Mo–Do 9.30–16, Fr bis 12.30 Uhr, Shop Mo–Fr (März–Okt. auch Sa) 10–18 Uhr. www. mullingarpewter.com.

Mullingar/Umgebung

▶ **Tullynally Castle:** Ein romantisch-verspieltes Schloss mit Rundtürmen, Zinnen und Dachtürmchen, das man in dieser Gestalt eher an der Loire als in der irischen Provinz erwarten würde. Begonnen hatte alles 1665 mit einer schlichten Turmburg, die sich die Pakenhams, aus England gekommene Grundherren, in einem Eichenwald am **Lough Derravaragh** bauten. Dann kam ein Park hinzu, und der 2. Earl of Longford, wie sich die Pakenhams inzwischen nennen durften, ließ sich die Burg von Francis Johnson zu einem Schloss erweitern. Auch die nächsten Generationen fügten hier einen neuen Flügel und dort eine größere Küche an oder ließen sich von einem erfinderischen Tüftler eine damals viel bestaunte zentrale Fußbodenheizung einbauen, bis schließlich das eklektizistische Ensemble unserer Tage entstand. Das Haus gehört noch immer dem Packenham-Clan.

⏱ Garten Mai/Juni Sa/So, Juli/Aug. tägl. 14–18 Uhr. Eintritt 6 €. Haus nur für Gruppen nach Voranmeldung. www.tullynallycastle.com.

▶ **Fore Valley:** Die Klostersiedlungen von Fore liegen in einem romantischen Tal 20 km nördlich von Mullingar. Die ältere, am Berghang, geht bis ins 7. Jh. zurück. Das einzig erhaltene Gebäude ist **Féichin's Church** (13. Jh.). Der gut 2 Tonnen schwere Türsturz über dem Westportal soll durch ein göttliches Wunder an seinen Platz gehoben worden sein. Ein Pfad führt weiter hinauf zu einer Eremitage, deren Schlüssel das „Seven Wonders Pub" im Dorf verwahrt. Auf der anderen Straßenseite stehen die Reste einer wehrhaften Benediktinerabtei. Im Volksmund wird der Komplex „Sieben Wunder" genannt, die alle der Heilige Féichin vollbracht haben soll: Neben dem Türsturz, der Eremitage und dem partout nicht im sumpfigen Untergrund versinkenden Benediktinerkonvent zählt dazu eine Mühle ohne Wasser, die einst von einem bergauf fließenden Bach

Mullingar/Umgebung   825

bewegt wurde, ein über und über mit Stofffetzen behängter Wunschbaum, der nicht brennen mag, ein weiterer Baum mit nur drei Ästen, der die Dreifaltigkeit symbolisiert, und schließlich eine wundersame Quelle, deren Wasser nicht siedet, was sich bei meinem Besuch der Probe entzog, denn der Quell war versiegt – all diese Wunder befinden sich am Weg zum Konvent.

● *Übernachten* **Hounslow House,** Fore, Castlepollard, ✆ 044 966 1144, eithne.healy@ fore-enterprises.com, April–Sept. DZ 65 €. Wir sind auf einem Bauernhof. Draußen rattert der Traktor und in den Ställen wiehert ein Pferd. Mrs. Healy serviert Tee mit hausgemachten Scones – und nimmt sich Zeit für's Gespräch mit dem Gast. Auf dem Tisch liegen Karten, Broschüren, Artikel und Bücher über die Region, darunter ein signierter Gedichtband von *Michael Walsh* (1897–1938), dem jung verstorbenen „Barden von Fore".

▶ **Lough Ennell:** Wie die meisten Gewässer der irischen Seenplatte ist Lough Ennell ein populäres Ziel für Forellenangler. 1926 wurde hier die 12 kg schwere irische Rekordforelle aus dem See gezogen. Die Saison dauert von April bis Mitte Oktober. Einen schönen Badeplatz finden Wasserratten im Park des Belvedere House.

Lebendig begraben

Bekanntheit erlangte Belvedere weniger aufgrund seiner Architektur als wegen der krankhaften Eifersucht seines Bauherren. Der Jealous Wall mag noch als Spinnerei abgetan werden, was Robert Rochefort, der einflussreiche Lord Belfield, jedoch seiner zweiten Frau antat, war von geradezu teuflischer Grausamkeit. Er hatte Mary Molesworth geheiratet, als diese gerade 16 Jahre alt war. Im achten Ehejahr beschuldigte er sie, ein Verhältnis mit seinem Bruder Arthur zu haben. Wegen dieser „Ehrverletzung" wurde Arthur vom Gericht zu 20.000 Pfund Schmerzensgeld verurteilt, die er nie bezahlen konnte und deshalb den Rest seines Lebens im Schuldturm schmachtete. Für Lady Belfield, die den Vorwurf immer bestritt, mussten die Gerichte erst gar nicht bemüht werden. Als Ehemann durfte Robert ihren Aufenthalt bestimmen, und er sperrte sie, völlig legal, in das Stammhaus der Rocheforts in Gaulstown ein. Wenn Seine Lordschaft der Geschäfte wegen nach Gaulstown kam, durfte Mary sich nur unter ständigem Läuten einer Glocke im Haus bewegen, damit der Lebemann jede Begegnung mit ihr vermeiden konnte. Als Mary nach 12 Jahren Gefangenschaft mit Unterstützung der Bediensteten die Flucht glückte, wandte sie sich hilfesuchend an ihren Vater, Viscount Molesworth. Der wies ihr aus Angst vor dem mächtigen Lord Belfield die Tür. Binnen 24 Stunden wurde Mary von der Polizei gefasst, zurückgebracht und wieder ins Haus gesperrt. Erst der Tod ihres psychopathischen Gatten erlöste sie 1774 von dem Martyrium.

▶ **Belvedere House:** „Kaum zu glauben, dass auf einem so kleinen Fleck so viel Schönheit beisammen ist", schrieb ein Reisender im 18. Jh. über den Landsitz am Lough Ennell. Das für irische Verhältnisse kleine Schloss – es war nur als „Ferienwohnung" gedacht – wurde 1740 von Richard Cassels entworfen. Bevor es 1981 an den Staat überging, ließ der letzte Hausherr das Inventar versteigern. Geblieben ist der **Rokokostuck** mit Engeln, den Medaillons römischer Götter und Blumenmotiven. Das Erdgeschoss wurde neu auf alt eingerichtet, im Keller stellen lebensgroße Puppen das Gesinde nach. Zu Recht heißt das Haus „Belvedere" („Schöne Aussicht").

Midlands
Karte S. 797

826   Midlands/County Westmeath

Über drei Terrassen und eine Wiese, auf der gelegentlich zwei gar nicht in dieses edle Ambiente passende Maultiere grasen, fällt das Gelände zum See hin ab. Zum Haus gehören auch ein streng geometrisch angelegter **Garten** und ein lockerer gestalteter Park mit einzelnen Exoten aus der Himalaja-Region, dazu neuerdings eine **Falknerei.** Die Ställe wurden zum Besucherzentrum umgebaut, das die grausige Geschichte der Mary Molesworth erzählt.

Wo viel Schönheit ist, waltet manchmal auch ein gehöriges Maß Torheit. Eine besonders kostspielige Dummheit war, gleich hinter dem Visitor Centre, der **Jealous Wall,** Irlands größte künstliche Ruine, für die der erste Earl of Belfield eigens einen Architekten aus Italien kommen ließ. Die steinerne Attrappe eines Klosters diente keinem anderen Zweck, als den Blick vom Schloss auf das benachbarte Rochefort House zu nehmen, in dem der Bruder des Earls wohnte. Die beiden hatten sich heillos zerstritten. Ob mit Absicht oder um der Torheit die Krone aufzusetzen, sieht man, trotz des ganzen Aufwands, von der Terrasse aus dennoch eben jenen Platz, an dem das heute verfallene Rochefort stand – durch ein Fenster im Jealous Wall.

⏲ Mai–Aug. Mo–Fr 10–21 Uhr (Haus bis 17 Uhr); März/April, Sept./Okt. tägl. 10.30–19 Uhr (Haus bis 17 Uhr), Winter 10.30–16.30 Uhr. Einlass bis 1 Stunde vor Schließung. Eintritt 9 €. www.belvedere-house.ie.

▸ **Kilbeggan:** In der Kleinstadt, weiter am Weg nach Tullamore, kann eine der kleinen Whiskeybrennereien besichtigt werden, wie es sie bis in die dreißiger Jahre an vielen Orten gab. Doch **Locke's Distillery** ist nicht irgendeine, sondern mit dem Gründungsjahr 1757 wahrscheinlich Irlands älteste Brennerei (dass beim Konkurrenten Bushmills schon seit 1608 gebrannt wird, wie die Firma behauptet, wird von den Historikern bezweifelt). Und seit – nach einer Pause von bald 40 Jahren – am 17. Juli 1992 im alten Lagerhaus an der Brosna feierlich wieder ein Fass angestochen wurde, bietet der Whiskey-David den marktbeherrschenden Irish Distilleries, die einem französischen Konzern gehören, Paroli. Zugegeben, was heute unter dem Namen „Kilbeggan" auf den Markt kommt, wurde nicht hier, sondern bei *Cooley's* in Dundalk gebrannt. Doch der Sprit reift in den Kellern von Locke's zu Whiskey und darf deshalb diesen Namen tragen.

Die Führung durch die Brennerei folgt Schritt für Schritt dem Produktionsprozess und ist persönlicher als bei Jameson in Midleton. Die Restaurierung der seit 1953 stillgelegten und teilweise demontierten Anlagen ist hier das Werk einer engagierten Bürgerinitiative und nicht des großen Geldes, deshalb wird sich die Arbeit auch noch über Jahre hinziehen. Nach der Führung wird in der Bar standesgemäß ein Glas Kilbeggan serviert. Die Whiskeys von Cooley und Locke bekommt man im Ausland übrigens leichter als in Irland, wo Irish Distilleries sich der unliebsamen Konkurrenz recht gut zu erwehren weiß.

⏲ April–Okt. tägl. 9–18 Uhr, Nov.–März tägl. 10–16 Uhr; Eintritt mit Kostprobe 6,50 €. www.lockesdistillerymuseum.ie.
● *Übernachten* **Cill Bride,** Paddy & Catherine Beglin, Esker, Milltownpass, ☎ 044 922

2563, DZ 70 €. Ein einfaches Landhaus an der N 6 etwa 6 km westlich von Kinnegad. Die Wirtsleute sind religiös und umweltbewusst. Statt Fernsehabend gibt's Kamingespräch, Spielerunde oder Lesestunde.

▸ **Cross of Durrow:** Fünf Kilometer südlich von Kilbeggan weist ein verwittertes Schild von der Straße nach Tullamore zu einem Friedhof. Wer das letzte Wegstück dann noch zu Fuß geht, wird auf dem Gräberfeld mit einem uralten Hochkreuz belohnt. Neben Christus zeigt es König David, mal mit Harfe, mal im Kampf mit einem Löwen.

Athlone

Die 16.000 Einwohner große Stadt verdankt ihre Bedeutung der Lage am Shannon-Übergang zwischen Dublin und Galway. Die Burg mit dem Visitor Centre lohnt einen Zwischenstopp.

Ein dreistündiger **Town Trail** (Broschüre beim Tourist Office) führt durch die Viertel auf beiden Seiten des Shannon. Für unseren Geschmack hat die Stadt nicht so viel zu bieten, dass sich der lange Weg lohnen würde, man kann es getrost bei einem Rundgang durch die Altstadt (um die Burg) und die Hauptgeschäftsstraße (Mardyke Street) auf dem Ostufer belassen.

Die erste Brücke baute 1129 der expansionslüsterne König Toirrdelbach Ua Conchobair von Connaught, um seinen Truppen die Plünderungszüge in den Osten Irlands zu erleichtern. Seither dreht sich die Geschichte Athlones vor allem um seine **Burg** und die Brücke. 1690 verhinderten hier die Jakobiten noch den weiteren Vormarsch der Protestanten, doch der Belagerung im folgenden Jahr, bei der 12.000 Kanonenkugeln auf die Stadt niederprasselten, waren sie nicht mehr gewachsen. Das **Visitor Centre** rekonstruiert diese Schlacht um die Stadt im Detail. Sechs Jahre später wurde Athlone Garnisonsstadt. Bis heute spielt das Militär hier eine große Rolle. Die Kaserne auf dem Westufer umfasst eine Fläche von etwa 1 qkm, und nirgendwo sonst in der Republik Irland trifft man auf den Straßen so viele Uniformierte wie in Athlone.

„O' My Heart" – Athlones goldene Stimme

Athlones berühmtester Zivilist, den außerhalb Irlands kaum noch jemand kennt, war der Tenor *John McCormack* (1884–1945). Geboren in Schottland, kam er als junger Arbeiter in die Athlone Woolen Mills und blieb dann in der Shannonstadt hängen. Seine Gesangskarriere führte ihn auf die großen Opernbühnen der Welt bis nach New York und Sydney. McCormacks Repertoire war breit: Seinen größten Erfolg in Irland feierte er mit dem Auftritt vor wohl hunderttausend Menschen bei einem Open-Air-Gottesdienst im Dubliner Phönixpark. In Hollywood strich er eine halbe Million Dollar für den Song „O' My Heart" ein, den er 1930 für einen der ersten Tonfilme sang. Und privat bevorzugte er Kunstlieder von Schubert und Brahms. Das Visitor Centre widmet ihm ein Kabinett, und auch im Museumsturm kann man seine Stimme hören, wenn man die Aufsicht bittet, doch das Grammophon aufzuziehen und eine Platte aufzulegen. Leider hat der Museumsetat wohl keinen Posten für den Ankauf neuer Nadeln, so ist die Meisterstimme unter dem Knistern und Rauschen der Schellacks mehr zu erahnen als zu hören.

In seiner naturkundlichen Abteilung führt das Visitor Centre mit Modellen, nachgestellten Biotopen und Bildwänden in das Shannonrevier ein. In den fünfziger Jahren, als die letzten Ziehbrücken durch feste Konstruktionen ersetzt wurden, fehlte nicht viel, dass mit dem Bau niedriger Brücken die Flussschifffahrt ein Ende gefunden hätte. Heute ist man froh, dass eine weitsichtige Initiative damals das touristische Potenzial des Shannon erkannte und sich den Sparplänen erfolgreich widersetzte. Im Sommer sind im Stadtbereich die Ufer dicht mit Booten besetzt und man hat abends Mühe, noch einen Liegeplatz zu finden. Längst hat die Stadt auch den Fluss entdeckt, zwischen Burg und Schleuse gibt es eine ganze Reihe Lokale.

828 Midlands/County Westmeath

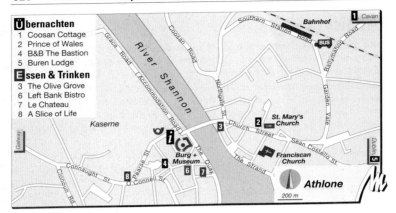

Information/Verbindungen/Diverses

- *Information* In der Burg, ℅ 090 649 4630, Mai–Sept. tägl. 10–13, 14–17 Uhr. www.athlone.ie.
- *Verbindung* Athlone liegt an der **Bahn**linie Dublin–Galway und ist ein **Bus**knotenpunkt (Haltestelle am Bahnhofsplatz) mit guten Verbindungen in alle Landesteile. Bahnhof ℅ 090 647 3300, Busstation ℅ 090 648 4406.
- *Ausflüge* Mit **Viking Tours**, ℅ 090 647 3383, auf einem recht phantasievollen Wikingerschiff im Sommer Ausflugsfahrten nach Clonmacnoise (Mo–Fr um 9 Uhr) oder auf Lough Ree. Solange das Schiff nicht voll ist, können auch Fahrräder mitgenommen werden.
John Kelly, ℅ 086 223 0920, www.jfktours.biz, bietet nach Vereinbarung für 25 € p.P. Minibusfahrten nach Clonmacnoise und zur West Offaly Railway.
☞ **Visitor Centre** mit **Museum** im Athlone Castle: Mai–Sept. Mo–Sa 10–17.30 Uhr, So 12–17.30 Uhr; Einlass bis 16.30 Uhr. Eintritt 6 €.

Übernachten/Camping

Prince of Wales Hotel (2), Church St., ℅ 090 649 1750, www.princeofwales.ie, DZ 100–130 €. Das Traditionshotel wurde 2004 nach mehrjährigem Umbau wieder eröffnet. Die cremefarbenen Zimmer sind mit Schreibtischen und DVD-Player ausgerüstet, telefonieren kann man sogar im Bad, wo sich die Spiegel dank spezieller Beschichtung auch nach heißen Duschen nicht mehr beschlagen. Büroservice.
Coosan Cottage (1), Coosan Point Rd., ℅ 090 647 3468, DZ 100 €. Irlands erstes Öko-Guesthouse steht 3 km nördlich der Stadt am Weg zum Lough Ree. Das Energiesparhaus hat eine Pelletheizung und nutzt das Regenwasser. An der hauseigenen Bar bekommt auch kleine Snacks.
B&B Burren Lodge (5), Dublin Rd., ℅ 090 647 5157, www.iolfree.ie/~burrenlodge/, 75 €. 5 km außerhalb am Kreisel, wo die Umgehungsstraße beginnt. Mary Linnanes Bungalow ist eine gute Adresse für durchreisende Autofahrer, die nicht unbedingt in die Stadt wollen. Zimmer mit Waschbecken, teilw. mit Du/WC.
B&B The Bastion (4), Bastion Ecke Connolly St., ℅ 090 649 4954, www.thebastion.net, DZ 65–85 €. Leicht exzentrisch gestylte Zimmer, das Frühstücksbüffet mit Yoghurt und frischem Obst ist eine wohltuende Abwechslung von der üblichen „fat platter", und die Wirtsleute, die Brüder McCay, sind nicht weniger schrill als die Fassade.
- *Camping* **Hodson Bay**, ℅ 090 649 2448, Juni–Aug., 2 Pers. mit Zelt 14 €. 5 km außerhalb am Westufer des Lough Ree, ein Wiesengelände gerade 100 m vom Wasser. Mit TV-Lounge, Spielplatz und Shop. Das nahe Hodson Bay Hotel bietet Segel- und Surfmöglichkeiten sowie ein Hallenbad.

Essen/Pubs

Left Bank Bistro (6), Bastion St., hinter der Burg, ℅ 090 649 4446, www.leftbankbistro.com, So und Mo Ruhetag, Hauptgericht abends bis 30 €. Rustikale Steinwände und rohe Holztische schaffen die Atmosphäre einer Dorfkneipe. Das Essen, etwa der „Left Bank Salad" (mit Grünzeug, Tomaten, Oliven und irischem Hartkäse), die Hühnerbrust auf thailändische Art oder die auf einer Schiefertafel angeschriebenen Tagesgerichte, zeigt sich dagegen international.

Le Chateau (7), The Docks, ℅ 090 649 4517, geöffnet tägl. ab 12.30 Uhr. Kirche und Fluss bestimmen außen die Lage und innen das Dekor des in der früheren Presbyterianischen Kirche untergebrachten Restaurants. Einheimische kommen gern zum Sonntagsbrunch oder zum Early Dinner (Menü 25 €), Fremde meist zum Candle-Light-Dinner.

The Olive Grove (3), Bridge St., Custume Pl., ℅ 090 6476946, www.theolivegrove.ie, Mo Ruhetag. Hoher, geschickt ausgeleuchteter Raum im Bistrostil, bei schönem Wetter sitzt man auf der Terrasse am Fluss. Mediterrane mit asiatischem Touch, doch haben auch irisch-amerikanische Steaks ihren Platz. Kurios mutet der „homemade beefburger" an, ein Frikadellenbrötchen mit Salatauflage, das immerhin 12 € kostet. Hauptgericht um 20 €, Menü (So–Fr) 20/25 €.

A Slice of Life (8), 7 Connaught St., www.asliceoflife.ie. Ein beliebtes Café auch mit Sandwichs, Salaten und wechselnden Tellergerichten – mittags scheint hier die halbe Stadt Schlange zu stehen.

• *Pub* **Sean's Bar,** in der Gasse hinter der Burg, mit Biergarten am Fluss. Gemäß dem Guinness-Buch der Rekorde, so die stolz präsentierte Urkunde, ist diese urige Kneipe die älteste ununterbrochen betriebene Schankstätte Europas. „Alles Humbug",

River Shannon, Irlands längster Fluss

erklärte jüngst Sean Fitzsimon, der in den 80ern im Sean's wirtete. Die historische Lehmmauer, die hinter Glas gezeigt wird, hätten damals seine Kinder gebaut. Alles sei nur ein Marketing-Gag gewesen, von dem sich auch die Guiness-Leute hätten täuschen lassen. Alles Fälschung? Oder Marketing? Immerhin wirkt Sean's alt.

Athlone/Umgebung

Derryglad Folk Museum: Das waren Zeiten, als die Fotos nicht aus dem Drucker kamen, sondern aus der Dunkelkammer. Eine solche, in der bis 2002 ein Athloner Fotograf sein Handwerk pflegte, ist der Höhepunkt des von Familie Finneran aufgebauten Folk Museums. Zu den musealen Gerätschaften gehören auch Werkzeuge, Grammophone, Landmaschinen, ein gut ausgestatteten Krämerladen und die Theke eines Pubs.

① Mo–Sa 10–18 Uhr, So 14–18 Uhr; Eintritt 5 €. Curraghbay, 13 km nordwestlich von Athlone an der R 362. www.derrygladfolkmuseum.com.

Dooly's Hotel am Stadtplatz von Birr

County Offaly

Highlights

- **Clonmacnoise** – die Klosterstadt des heiligen Kieran auf einem Hügel über dem Shannon (S. 831)
- **West Offaly Railway** – mit der Bahn zum Torfstechen ins Moor (S. 835)
- **Birr Castle Demesne** – ein vielseitiger Landschaftspark mit dem Leviathan und anderen technischen Meisterleistungen der Adelsfamilie Parson (S. 840)
- **Slieve Bloom Way** – in vier Tagen auf Bergpfaden und Forstwegen die Slieve Bloom Mountains umrunden; genau das Richtige für Leute, die von einsamen Zeltlagern träumen (S. 844)

County Offaly

Im Westen reicht das vom Grand Canal durchzogene County bis an den Shannon und ans Moor von Boora, im Osten bis ans Moor von Allen, und auch dazwischen findet sich viel Sumpf. Aus dem Boora-Moor geborgene Feuersteine belegen, dass vor etwa 8000 Jahren steinzeitliche Jäger in Offaly lebten und mit der Außenwelt Handel trieben. Die Esker, natürliche Dämme aus eiszeitlichem Geschiebe, die den Shannon begleiten, waren bis zum Bau der Kanäle wichtige Handelswege. Auf einem solchen Damm errichteten mittelalterliche Mönche ihre Klosterstadt *Clonmacnoise*, die größte Sehenswürdigkeit Offalys. Heute führen die Durchgangsstraßen von Dublin an die Westküste geradewegs an Offaly vorbei. Wer dennoch kommt, folgt nicht dem Zufall, sondern weiß, was er sucht: außer Clonmacnoise etwa das Wandergebiet der *Slieve Bloom Mountains*, die landschaftliche Abwechslung in die flache Mitte Irlands bringen, oder eine Bahnfahrt durchs Moor mit der *West Offaly Railway*. Im Garten von *Birr Castle* gibt es mit dem *Leviathan* ein technisches Wunderwerk des 19. Jh. zu bestaunen. In *Tullamore* treffen sich jeden August die Fans und Musiker zur Fleadh, dem größten Festival irischer Volksmusik.

Clonmacnoise

Im Mittelalter pilgerten Mönche aus ganz Europa in die Klosterstadt an den Shannon. Heute ist es still geworden. Es sind weniger die Ruinen selbst als die Symbiose der verfallenen Gemäuer mit der Landschaft, die den Reiz des Ortes ausmachen.

Clonmacnoise liegt auf einem Esker neben dem Shannon, über den seit Urzeiten der einzige sichere Weg durch das Blackwater-Moor führte und auf dem heute die Straße von Shannonbridge nach Athlone verläuft. Vom Damm und mehr noch vom Kloster hat man einen schönen Blick über die flache Moorlandschaft mit dem in der Ferne glänzenden Shannon. Freizeitkapitäne sind gut beraten, ihr Boot an einem sicheren Platz zu vertäuen (die Gegend ist berüchtigt für ihre unberechenbaren Winde) und in der Abenddämmerung einen Landausflug zu machen, denn die Sonnenuntergänge sind von der Anhöhe besonders malerisch. Kühe grasen vor dem Hintergrund einer Burgruine, hinter dem Rundturm tauchen die letzten Sonnenstrahlen das Land in ein sattes Goldgelb. Kein Auto stört jetzt, da die Busse mit den Reisegruppen abgereist sind, die Stille.

Geschichte

Nach der Überlieferung wurde die Klosterstadt 545 durch den Heiligen Kieran (gäl. Ciarán) gegründet, den Sohn eines Wagners. Vielleicht ist er einmal in einem väterlichen Karren vorbeigekommen und hat an der Lage Gefallen gefunden. Der König von Tara stiftete das Bauland und ließ es sich nicht nehmen, auch den Grundstein für die erste Kapelle zu legen. So zeigt es jedenfalls das *Kreuz der Schriften* (10. Jh.). Die Anfänge der Abtei waren mit gerade sieben Klosterbrüdern recht bescheiden, Ciarán selbst starb wenige Monate, nachdem er sich hier niedergelassen hatte.

Zwischen dem 7. und 12. Jh. war die Abtei ein Zentrum der Gelehrsamkeit und Handwerkskunst. Aus dem Skriptorium stammen die wertvollen Annalen und das

Midlands/County Offaly

Einst eine blühende Klosterstadt – Clonmacnoise

Leabhar na hUidhre, das „Buch der gescheckten Kuh". Der Legende nach schrieb es ein Diener auf dem Pergament der Lieblingskuh des Heiligen Ciarán, der den Schreiberling dafür bitter verfluchte. Er und seine Nachkommen, so die Strafe, durften nicht auf dem Klosterfriedhof bestattet werden. Clonmacnoise stand in der besonderen Gunst der O'Connor-Dynastie, und in der Abtei wurden im 12. Jh. die letzten irischen Hochkönige zu Grabe gebettet. Seit dem 9. Jh. wurde die Abtei immer wieder von Wikingern, Normannen und Iren selbst überfallen. Einen besonders ehrenrührigen Streich führte 844 der Dänenkönig Turgesius, der das Kloster für einige Jahre in ein heidnisches Heiligtum umwandelte. Mit der zisterziensischen Klosterreform und dem Eindringen der Normannen verlor Clonmacnoise an Bedeutung. 1552 fand der letzte Überfall statt. Die von Athlone angerückten englischen Soldaten setzten ihren Plan, das Kloster für immer unbewohnbar machen, erfolgreich in die Tat um.

- *Information* In einem Caravan am Parkplatz, ℅ 090 967 4134, Ostern–Anfang Okt., sonst im Museum.
- *Verbindung* Neben den sommerlichen Ausflugsbooten von Athlone (Viking Tours, ℅ 090 6473383) bietet Paddy Kavanagh, ℅ 087 2407706, Mai–Aug. Minibusfahrten von Athlone nach Clonmacnoise. Sind alle Plätze im Auto gebucht, rechne man für die Fahrt pro Person etwa 20 €.

① **Kloster:** Juni–Mitte Sept. tägl. 9–19 Uhr, März–Mai und Mitte Sept.–Okt. 10–18 Uhr, Winter 10–17 Uhr; Eintritt 6 €.
- *Übernachten* **B&B Kajon House,** Mrs. Catherine Harte, Creevagh, ℅ 090 967 4191, www.kajonhouse.cjb.net, März–Okt. DZ 70 €. Das neuere Haus liegt etwa 5 km von Clonmacnoise. Mrs. Harte verwöhnt ihre Gäste mit hausgemachten Kuchen und auf Wunsch auch mit Abendessen.

Sehenswertes

Anders als die „ordentlichen", nach einem Plan angelegten Klöster auf dem Kontinent war Clonmacnoise nur ein mit Graben und Wall abgegrenztes Areal, in

Clonmacnoise 833

dem die Mönche regellos ihre Hütten und Kirchen errichteten. Die ins Gras eingebetteten, oft bis zur Unkenntlichkeit verwitterten Steinplatten geben Gelegenheit, ganzer Generationen hier begrabener Klosterbrüder zu gedenken. Von den frühen, aus Holz und Lehm errichteten Gebäuden findet sich keine Spur mehr. 1179 brannten alle 106 Häuser restlos und die 13 steinernen Kirchen bis auf die Grundmauern nieder.

Hochkreuze: Überstanden haben diese und andere Verwüstungen drei Hochkreuze, die jetzt im Museum des Visitor Centre ausgestellt und an Ort und Stelle durch Repliken ersetzt sind. Das **Cros na Screaptra** („Kreuz der Schriften", 10. Jh.) ist am prächtigsten verziert und ähnelt dem des Muiredach in Monasterboice. Auf der Westseite zeigt es die Passion und Kreuzigung Christi, auf der Rückseite im Zentrum Jesus beim Jüngsten Gericht, während „die zu leicht Befundenen" rechts von einem bärtigen Teufel in den Abgrund gestoßen werden. Am untersten Bildfeld setzen Ciarán und der bärtige König Diarmuid den ersten Eckpfosten der Kathedrale. Vom älteren **Nordkreuz** ist nur noch der mit Löwen und Spiralmustern geschmückte Stumpf übrig. Eine Figur, vielleicht der keltische Gott Carnunas, sitzt in Buddhahaltung neben einer zweiköpfigen Schlange. Das **Südkreuz** ist rein ornamental.

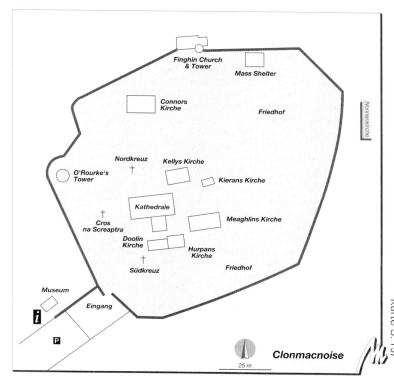

Midlands/County Offaly

Alles zum Gotteslob: Romanisches Kirchlein mit Hochkreuz in Clonmacnoise

Kathedrale: Die Kathedrale, nach dem Brand von 1179 neu errichtet, wurde später mehrfach erweitert. In der Sakristei verbarg sich während der Penal Laws eine geheime Schule, in der Priester den katholischen Glauben lehrten und das gälische Erbe weitergaben. Bemerkenswert ist das spätgotische **Nordwestportal** mit Figuren der Heiligen Dominick, Patrick und Francis sowie einer verwitterten lateinischen Inschrift („Dieses Portal wurde zum ewigen Ruhm Gottes errichtet"). Der Eingang hat eine besondere Akustik und trägt ein Flüstern von einer Seite auf die andere. Es heißt, dass die Priester hier aus sicherer Distanz die Beichte von Kranken entgegennahmen. Am Altar sind die letzten Hochkönige bestattet.

Kirchen: Doolin Church wurde 1689 von Edmund Dowling renoviert und als Familiengruft eingerichtet. Die Fenster von **Meaghlin Church** bestechen mit einem kunstvollen Maßwerk. **Kieran Church,** gerade 4 m x 2,5 m klein, gilt als Grabkapelle des Klostergründers. In seiner Nachfolge ließen sich hier die Äbte bestatten, auch die erwähnten Kunstschätze des Museums stammen aus der Kapelle. Weil über die Jahrhunderte alle Besucher eine Handvoll der heiligen Erde mitzunehmen pflegten, liegt der Boden heute tiefer als vor der Kirche. Die Spitze des **O'Rourke Tower** (964) wurde von einem Blitzschlag weggerissen, doch die verbliebenen 20 m wirken noch immer majestätisch. Ein zweiter Turm ist in die fotogene **Finghin Church** integriert. Sein Eingang liegt zu ebener Erde, und vielleicht war er kein Schutzturm, sondern ein Glockengestühl. Außerhalb des Klosterareals, man durchquert von der Kieran Church her den modernen Friedhof und wendet sich nach dessen Haupteingang links, stößt man auf die Überreste der **Nun's Church** (1167) mit einem reich dekorierten Eingang und Chorbogen. In der wunderbaren Steinmetzarbeit wechseln geometrische keltische Motive mit romanischen Stilelementen, z. B. Köpfen von Tieren und Fabelwesen.

Shannonbridge **835**

Clonmacnoise/Umgebung

Clonfinlough Stone: Hinter der gleichnamigen Kirche führt ein Trampelpfad zu einem halb im Boden versunkenen Kalkfelsen. Der Brocken ist mit ungewöhnlichen Zeichnungen verziert. Einige Forscher sehen hierin die bronzezeitliche Darstellung einer Schlacht, andere schreiben die seltsamen Kreuze und schlüsselähnlichen Gebilde nicht der Menschheit, sondern der natürlichen Verwitterung zu. Wie dem auch sei, eine Kuriosität ist der Clonfinlough Stone in jedem Fall.

Anfahrt Von Clonmacnoise 5 km Richtung Athlone.

Von Clonmacnoise nach Birr

Shannonbridge

Das gerade 300 Seelen zählende Dorf ist trotz seiner Brücke, die seit 1757 nahezu unverändert den Fluss überspannt, ins Abseits der Verkehrsströme geraten. Es liegt im Schatten des Torfkraftwerks und eines verfallenden Forts, das die Engländer Ende des 18. Jh. aus Sorge um eine französische Invasion an der Westküste anlegten. Diese Artilleriestellung am westlichen Brückenkopf, durch die die Straße mitten hindurch führt, bot auf zwei Ebenen Platz für insgesamt sieben Kanonen. Sie wurde erst 1817 fertig, als Napoleon längst nach St. Helena verbannt war und sich dort langsam und unfreiwillig an den Arsenausdünstungen seiner grünen Tapete vergiftete.

Clonmacnoise and West Offaly Railway: Mit der Betriebsbahn der halbstaatlichen Torfabbaugesellschaft, die in der Hauptsache das Shannonbridge-Kraftwerk mit Brennstoff versorgt, hat man die seltene Gelegenheit, trockenen Fußes ein Moor kennen zu lernen. Mit vielleicht 20 km/h rattert der Dieselzug über die Dämme des Abbaugebietes im **Blackwater Moor,** bei einem Stopp darf man selbst sein Talent als Torfstecher unter Beweis stellen. Auf der 9 km langen Tour werden Landschaft und die einzigartige Pflanzenwelt ebenso erklärt wie der Torfabbau und seine wirtschaftliche Bedeutung. Auch wenn die kahlen, frisch von den riesigen Krakenarmen der „Erntemaschine" abgetragenen Flächen eine böse Wunde in der Landschaft hinterlassen, kompensiert der „natürliche Heilungsprozess" doch einiges. Ohne menschliches Zutun entstehen zunächst kleine Seen, die mit Wasserpflanzen zuwachsen. Aus der verrotteten Biomasse abgestorbener Moose bildet sich dann wiederum Moor. Auf den kleinen, relativ trockenen Hügeln, wie sie zum voll entwickelten Torfmoor gehören, wachsen sogar Rosmarin und Preiselbeeren. Eine amerikanische Firma experimentiert bereits mit dem kommerziellen Anbau der Früchte im irischen Moor, dessen saure Böden den Beeren ideale Bedingungen bieten.

⌚ Die Züge fahren April, Mai, Sept. Mo–Fr, Juni–Aug. tägl. 10–17 Uhr zu jeder vollen Stunde. Die Wartezeit vertreibt man sich im Coffeeshop und im Maschinenmuseum. Eintritt/Fahrt 7 €. Einstieg ist bei den *Bord Na Mona Blackwater Works*, an der Straße zwischen Shannonbridge und Cloghan. www.bnm.ie.

● *Übernachten* B&B **Ashbrook Farm-house,** Cloghan Rd., Shannonbridge, ☎ 090 967 4166, ashbrookfarmhouse@eircom.net,

DZ 70 €. Und wenn sie nicht gestorben sind, dann leben sie noch heute in Glück und Frieden: Milly, die Kuh; Fatso, das Schwein; Eddie, das Pferd und die vielen anderen Tiere auf Cartys Farm, die eher ein Tierpark ist. John Carty sammelt dazu noch alte Dreschmaschinen und Traktoren. Ein Paradies – nicht nur für Tiere, sondern auch für Stadtkinder, die einen Bauernhof nur noch aus dem Bilderbuch kennen.

Midlands
Karte S. 797

Bord na Mona: Kraftwerke und Blumentöpfe

Hinter Bord na Mona verbirgt sich die halbstaatliche Torfabbaugesellschaft, die mit 800 qkm etwa 10 % der irischen Torfmoore besitzt und, vor allem in den ärmsten Teilen Irlands, etwa 2000 Menschen Arbeit gibt. Sie betreibt die großen Torfkraftwerke und produziert den größten Teil der Torfbriketts für den Hausbrand. Ihrem Forschungs- und Entwicklungsprogramm verdanken wir die praktischen Anzuchtschalen aus gepresstem Torf, die wir mitsamt der Pflanze in den Boden setzen können; auch Aktivkohle für Filter wird inzwischen aus Torf gewonnen. Neben der kommerziellen Nutzung des Moors bemüht sich Bord na Mona auch um den Schutz einzelner, ökologisch besonders wertvoller Flächen. Diese werden, wenn sie von den vielen Kleineigentümern zusammengekauft sind, dem staatlichen *Wildlife Service* zur Betreuung übergeben.

Banagher

Vom Fluss aus betrachtet scheint Banagher mit seiner Brücke und dem **Fort Eliza** etwas flussabwärts der Zwilling von Shannonbridge zu sein. Der keltische Tiger scheint zuletzt im 19. Jh. vorbeigekommen zu sein. Charlotte Brontë verbrachte damals hier ihre Flitterwochen, Anthony Trollope wurde 1841 für die Erfindung des Briefkastens mit einer Anstellung als Postinspektor belohnt und trat seine erste

Auch Torfstechen will gelernt sein

Banagher

Stelle in Banagher an. Der Brotberuf ließ ihm genügend Zeit, drei Dutzend Romane zu schreiben, die ihn zum Starautor der viktorianischen Ära machten.

- *Information* **Crank House**, Main St., ☏ 057 915 1187, Mo–Fr 9–13, 14–17 Uhr. www.banagher.net und www.banaghertown.com.
- *Verbindung* **Kearns Coaches**, ☏ 057 912 0124, www.kearnstransport.com, hält in Banagher an der Route zwischen Portumna und Dublin.
- *Bootsverleih* **Silver Line Cruisers**, ☏ 057 915 1112, www.silverlinecruisers.com, und **Carrick Craft**, ☏ 057 915 1187, www.carrickcraft.com, jeweils 750–3700 €/Woche. Deutlich preiswerter sind die mit Muskelkraft zu bewegenden Kanus von **Shannon Adventure Canoeing Holidays**, ☏ 057 915 1411, www.iol.ie/~advcanoe/index.html.
- *Übernachten* ** **Brosna Lodge Hotel**, Main St., ☏ 057 915 1350, www.brosnalodge.com, DZ 100 €. Das Dorfhotel hat 14 Zimmer sehr unterschiedlicher Qualität – zwar alle mit Bad, TV und Telefon, manche jedoch sehr eng, andere wieder von stattlicher Größe. Mit Restaurant.
Crank House Hostel, Main St., ☏ 057 915 1458, abguinan@eircom.net, Bett 15 €. In einem alten, komplett renovierten Haus an der Hauptstraße gibt es insgesamt 28 Betten in hellen 4er-Zimmern, die Möbel sind aus Fichtenholz. Hellhörig und beim letzten Besuch schlecht geputzt, also besser vorher anschauen und nicht blind buchen. Die Rezeption ist gleichzeitig das Informationsamt von Banagher.
- *Essen* **Heidi's Traditional Irish Coffeeshop**, Crank House, tägl. 9–18 Uhr, Fr–So bis 20 Uhr. Bei der aus Deutschland stammenden Wirtin Heidi gibt's Frühstück, Snacks und einfache Gerichte wie Chicken Curry oder Steak mit Pommes, alles in riesigen Portionen zu günstigen Preisen. Attraktion ist eine Sammlung von Geschirrtüchern!
- *Pub* **JJ Hough's**, mit seiner von wildem Wein überwucherten Fassade ist der Pub an der Hauptstraße im Sommer nicht zu übersehen. Im spärlich beleuchteten Gastraum, der auch ein Trödelladen sein könnte, treffen sich Einheimische und Bootsfahrer zur Irish Music, während in den noch spärlicher beleuchteten Nischen und Nebenräumen verliebte Paare einander tief in die Augen blicken.

Huch, wer kommt denn da?

Clonfert Church: Der Heilige Brendan gründete etwa 10 km nordwestlich von Banagher im 6. Jh. eine Klostersiedlung und soll selbst unter einem Grabstein nahe der Kirche bestattet sein. Im 12. Jh. wurde das heute vergessene Nest Sitz eines Bischofs. Aus dieser Zeit stammt die Kathedrale mit ihrem berühmten Portal. Mit seinen Tier- und Menschenköpfen ist es der künstlerische Höhepunkt iro-romanischer Steinmetzarbeit.

Birr Castle: Hier wohnt Brendan Parson, 7. Earl of Rosse

Birr

Mit seinen Alleen und Malls ist Birr das attraktivste Städtchen im County Offaly. Hauptanziehungspunkt ist das Castle mit seinem Landschaftspark, in der Umgebung laden der Shannon und die Slieve Bloom Mountains zu Ausflügen ein.

Es ist erstaunlich, wie intakt das nach einem Schachbrettgrundriss gebaute georgianische Ensemble noch ist und wie es der Stadt eine Atmosphäre mondäner Eleganz verleiht. Altmodische Ladenfronten säumen die Main und die Connaught Street, nur der zentrale Emmet Square wirkt etwas kahl. Höhepunkt des Jahres ist das *Vintage Festival* mit Oldtimerrennen, Dampfmaschinenshow und Antiquitätenmesse. Besonders originell ist der Sängerwettstreit der „Irish Association of Singing Barbers".

Geschichte

Birr geht auf ein keltisches Kloster zurück, eine erste Burg bauten 1208 die Normannen. Mit der englischen Kolonisierung ging das Castle 1620 an Lawrence Parsons über und ist seither in Familienbesitz. Lawrence, ein energischer Modernisierer, gab sich alle Mühe, aus der Ansammlung von Hütten vor seinem Schloss eine ordentliche Stadt („Parsonstown") zu machen. Er gründete eine Glashütte und verbot seinen Untertanen bei 5 Pennies Strafe, die Fäkalien vor die Häuser zu kippen, wie es anderenorts bis ins 18. Jh. üblich war. Frauen, die in Schenken angetroffen wurden, kamen für drei Tage an den Pranger.

• *Information* Im Civic Offices & Library Building, Wilmer St., ✆ 057 9120110, Mitte Mai–Mitte Sept. Mo–Sa 9.30–13, 14–17.30 Uhr. www.birrnet.com, www.birr-comm.ie und www.midirelandtourism.ie.

• *Verbindung* Am Emmet Square halten die **Busse** der Bus-Éireann-Routen Dublin–Portumna, Limerick–Athlone und Cork–Athlone. Auskunft ✆ 090 648 4406. Auch die Privatlinie **Kearns,** ✆ 057 912 0124, www.kearnstransport.com, bedient Dublin, Portumna und Galway.

• *Ausflüge* **Dooly's Hotel** veranstaltet im Juli/Aug. tägl. Ausflugsfahrten zu den Sehenswürdigkeiten der Umgebung.

• *Veranstaltung* **Vintage Week,** Mitte Aug., das große Stadtfest mit Antiquitätenmesse, Oldtimertreffen, Umzug in historischen Kostümen und Livemusik in den Pubs. www.birrvintageweek.com.

• *Übernachten/Essen* *** **Dooly's Hotel (2),** Emmet Square, ✆ 057 912 0032, www.doolyshotel.com, DZ 110–140 €. Das 18-Zimmer-Haus im Zentrum begann 1747 als eine komfortable Jagdhütte, bald wurde es ein Gasthof mit Poststation, wo die Kutschpferde gewechselt wurden. Die Zimmer sind modern und in Pastelltönen eingerichtet, zur Ausstattung gehören TV und ein Wasserkocher für Tee und Kaffee. Das **Restaurant** des Hotels ist zugleich Birrs bestes Speiselokal, daneben öffnet zum Lunch der **Coachhouse Coffeeshop** und nächtens Birrs einziger **Nightclub.**

Spinner's Town House (3), Castle St., ✆ 057 912 1673, www.spinnerstownhouse.com, März–Nov., DZ 80–100 €. Die Pension wurde in umgebauten Lagerhäusern eingerichtet, die sich um einen offenen Hof gruppieren. „Liebevoll eingerichtet (wunderschöne Holzböden), nette Gastgeber und königliches Frühstück" (Lesertipp von Jennifer Adler).

The Malting's Guesthouse (4), Castle St., ✆ 057 912 1345, thematingsbirr@eircom.net, DZ 80 €. Preiswerte und gut geführte Pension am Fluss im historischen Gemäuer der alten Guinness-Mälzerei.

Emporium at The Stables

Emporium at The Stables (1), Oxmantown Mall, ✆ 057 912 0263, www.thestablesbirr.com, DZ 80 €. Ein georgianisches Stadthaus mit geräumigen Fremdenzimmern. Im Salon und im Durchgang zum Hinterhaus ist ein beliebtes Tagesrestaurant (Mo–Fr 10.30–18 Uhr, im Sommer und vor Weihnachten auch So 13–17 Uhr. Im Hinterhaus, den früheren Stallungen, nun Geschenkartikelladen und Verkauf von allem, was man zur Einrichtung von Haus und Heim so braucht.

Riverbank Restaurant, Riverstown, ✆ 057 9121528, Di–Sa mittags und abends. Das beliebte Ausflugslokal steht 2 km südwestlich von Birr (Ausfahrt N 52) am Ufer des Brosna. Mittagsgerichte um 10 €, abends um 20 €

840 Midlands/County Offaly

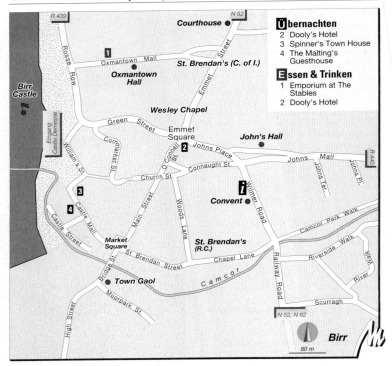

Thatch, Crinkill (2 km südöstlich von Birr), ☏ 057 912 0682, www.thethatchcrinkill.com, Barfood tägl. 12.30–16 Uhr, Restaurant Mai–Sept. Di–So abends, im Winter Di–Sa abends. Reetgedeckter Pub mit rustikalem Schankraum: dicke Holzbalken tragen die Decke, am Ende lenkt ein offener Kamin den Blick auf sich. Die Küche kocht modern irish, z. B. Beef mit Krebsfleisch, Krabben mit Kokossauce oder Filet vom Strauß, ja sogar Kängurufleisch, dazu im Herbst Wildgerichte oder auch einfach nur Schweinebraten. Egal welcher Art und Zubereitung, auf jeden Fall steht Fleisch hier im Zentrum der Kochkunst und Besuchergunst. Mittagsgericht 10 €, abends Hauptgericht um 25 €, Dinnermenü 50 €.

Sehenswertes

Birr Castle Demesne: Noch immer bewohnen die Parsons ihr Schloss, weshalb es für gewöhnliche Sterbliche auch nicht zu besichtigen ist. Doch der um einen See und an den Ufern zweier Flüsse angelegte Park sowie ein Ziergarten entschädigen für die unbefriedigte Neugierde. Brendan Parsons, 7. Earl of Rosse und Hausherr, widmet dem Park und besonders der Sammlung seltener Pflanzen einen guten Teil seiner Energie und seines Geldes. Botaniker und Hobbygärtner können am Kassenhäuschen einen Katalog mit Beschreibungen und Hinweisen auf die „Fundstellen" der Raritäten erwerben.

Birr schmückt sich für das Straßenfest Vintage Week

Zwei Buchsbaumhecken am Rande des **Gartens** wurden schon in den Anfangsjahren des Gutes gepflanzt. Nach langem Wachstum haben sie sich teilweise gegen die Stutzschere der Gärtner durchgesetzt, ihre Gipfel sind auch mit Einsatz einer Leiter nicht mehr zu schneiden. Für ihre Höhe bekam die „Hecke", die jetzt eher eine Allee ist, einen Eintrag ins Guinness-Buch der Rekorde. In den Buchsbäumen versteckt sich die **Statue des Sweeney.** Der sagenhafte keltische König wurde von einer Fee, der er nachstellte, in ein derart hässliches Fabelwesen verwandelt, dass er sich fortan vor den Menschen versteckte. Nebenan erfährt der erstaunte Laie, dass es nicht nur Gärten im französischen, englischen und italienischen Stil gibt, sondern auch eine bayerische Variante – hier in Birr ist sie realisiert.

Ein auf ganz andere Art romantischer Winkel ist im **Park** der künstliche *Wasserfall* mit einer durch Wasserkraft angetriebenen Fontäne. Was eben noch ein stiller, scheinbar bewegungsloser See war, verwandelt sich nach dem Sturz über die Felsen in ein kraftstrotzendes, tosendes Inferno. Hinter einem wiederum künstlichen Feuchtbiotop zeigt die **Shell Well,** wie reiche Leute ihre Muschelsammlung aufbewahren: Sie bauen extra eine kleine Hütte, um die Sammlung ansprechend zu präsentieren. Technikfreaks begeistern sich am **Leviathan.** Auf einer Wiese halten zwei 16 m hohe Mauern das einst stärkste Fernrohr der Welt. Mehrmals am Tag wird die Apparatur in Bewegung setzt.

Einzelheiten erfährt man im **Historic Science Centre** in den früheren Stallungen. Dieses Museum für Technikgeschichte informiert auch über Mary Parsons und die Anfänge der Fotografie sowie über Charles Parsons, den Erfinder der Dampfturbine. Auch die Entwicklung des Gartens wird dokumentiert.

Park und **Science Centre** sind April–Okt. tägl. 9–18 Uhr, Nov.–März tägl. 12–16 Uhr zugänglich, Eintritt 9 €. Das Schloss kann nicht besichtigt werden. www.birrcastle.com.

Strenge Symmetrie in den Gärten von Birr Castle

Birr 843

Der Griff nach den Sternen

Sie kamen von Tasmanien, von beiden Teilen Amerikas, von Russland, waren wochenlang auf See und auf schlammigen Wegen unterwegs, um dann im Herzen Irlands auf die seltene Nachtstunde zu warten, zu der der Regen aufhörte, die Wolken aufrissen und den Anblick der Sterne preisgaben. Birr, man mag es bei diesem Wetter nicht glauben, war einst das Mekka der Astronomen.

Vor etwa 170 Jahren schuf der Mathematiker William Parsons, dritter Earl of Rosse, hier in seiner Familienresidenz Birr Castle den „Leviathan". Für seine Zeitgenossen muss der junge Oxfordabsolvent mit dem Teufel im Bunde gewesen sein. Denn wozu, wenn nicht zum Einrichten einer Hölle, mochte es gut sein, auf der Burg eine Schmelze einzurichten und Wagenladungen von Torf zu verfeuern? Was sollte jenes 18 m lange Rohr aus Eisen und Holz, das auf schweren Granitsteinen ruhte? Die Astronomen wussten es besser. Mit dem Blick durch das mit einem Spiegeldurchmesser von 183 cm seinerzeit größte Teleskop der Welt reisten sie tiefer in den Weltraum, als es je vorher möglich war, sahen bislang nie gesehene Sterne, Galaxien und Nebelhaufen. Um auch nicht einen einzigen, noch so schwachen Lichtstrahl zu verlieren, wurde der aus Kupfer und Zinn gegossene Parabolspiegel alle paar Wochen poliert. 20 Mann waren vonnöten, um das Monstrum für diese Putzaktionen aus seiner Halterung zu lösen und in die Werkstatt zu bringen. Die Wissenschaft muss William Parsons im Blut gelegen haben. Schon sein Vater hatte 1826 über den Camcor die erste eiserne Hängebrücke der Welt gespannt. Bruder Lawrence soll eine Vorrichtung gebaut haben, mit der sich von der Erde aus die Temperatur des Mondes messen ließ, und Bruder Charles konstruierte mit der Turbinia das erste durch eine Dampfturbine angetriebene Schiff – es wurde 1897 bei einer Flottenparade der Navy vorgestellt und steht heute im englischen Newcastle in einem Museum. Auch Williams Frau Mary war als Fotografin ihrer Zeit voraus.

Mit dem Bau größerer Teleskope an Orten, deren Wetter dank weniger Wolken eine längere Beobachtungszeit erlaubt, wurde der Leviathan vom technischen Fortschritt überholt. Erst vor wenigen Jahren besann man sich wieder der inzwischen verfallenen Attraktion im Park. Mit staatlicher Hilfe und Spenden aus aller Welt wurde der Leviathan restauriert – Michael Tubridy, der verantwortliche Chefingenieur, hat sich übrigens als Musiker der „Chieftains" einen Namen gemacht. Eine irische Firma baute einen neuen Tubus, der zum Glück in einem Museum verwahrte Spiegel reiste zurück nach Birr, und im Frühjahr 1997 konnte Präsidentin Robinson das wieder funktionsfähige Teleskop einweihen. Statt über Winden und Flaschenzüge, zu deren Bedienung der Astronom drei Helfer benötigte, wird das Fernrohr heute allerdings durch eine elektrische Hydraulik in Position gebracht.

Birr/Umgebung

▸ **Slieve Bloom Mountains:** Größenmäßig können sich die bis zu 580 m hohen Berge kaum mit dem Wicklow-Gebirge oder den Gipfeln an der Westküste messen, dafür

844   Midlands/County Offaly

liegen die Moore, verschwiegenen Wälder und versteckten Täler abseits der ausgetretenen Pfade und werden kaum besucht. Vielleicht gerade deshalb haben die lokalen Verantwortlichen sich alle Mühe gegeben, mit braunen Schildern den Weg zum Gebirge zu weisen. Als Ausgangspunkt für Wanderungen empfiehlt sich das Dorf *Kinnity*, 10 km östlich von Birr.

▸ Eine viertägige, ausgeschilderte Wanderroute (74 km) umrundet auf dem **Slieve Bloom Way** über Bergpfade und Forstwege das Gebirge. Ausgangspunkt ist der Parkplatz am Glenbarrow, 5 km westlich von *Rosenallis*. Unterwegs gibt es keinerlei Versorgungsmöglichkeiten, geschweige denn ein Nachtquartier – also genau das Richtige für Leute, die von einem einsamen Zeltlager träumen. Eine detaillierte Wegbeschreibung gibt das Blatt 26 F von Bord Fáilte. Als Tageswanderung bietet sich der Abschnitt zwischen Glenbarrow und der Passstraße bzw. zwischen den beiden unten genannten B&Bs an.

- *Information* www.slievebloom.ie.
- *Verbindung* **Mountrath** liegt an der **Bus**strecke Dublin–Limerick. Auf die Westseite der Berge gibt es von Birr einen Bus nach Kinnity.
- *Karte* Ordnance Survey 1:50.000, Blatt 54.
- *Übernachten* **Roundwood House,** Mountrath, ℘ 057 873 2120, www.round woodhouse.com, DZ 150–180 €, Dinner 50 €, auch Ferienwohnungen. Der herrschaftliche Landsitz aus dem 18. Jh. gefällt mit aristokratischer Noblesse, die einen wohltuenden Kontrapunkt zu Hektik und Gebrüll des keltischen Tigers setzt. Abends treffen sich die Gäste an einer großen Tafel zur Dinnerrunde. Kinder sind im Haus willkommen, haben mit dem Park einen natürlichen Abenteuerspielplatz und dürfen die Gänse und Ziegen füttern.

B&B Ardmore House, Christina Byrne, Kinnity, ℘ 057 913 7009, www.kinnitty.com, DZ 80–85 €. „Wir wurden mit Tee und Kuchen empfangen, das Frühstück war toll. Wir durften tagsüber in der Küche Kaffee kochen, konnten Bücher und Wanderkarten ausleihen und wurden sogar zum Ausgangspunkt für eine Wanderung gebracht." (Lesertipp von Unle Serlich aus Wien)

Was haben Sie entdeckt?

Haben Sie einen beschaulichen oder einen atemberaubenden Wanderweg gefunden? Einen stimmungsvollen Singing Pub? Ein angenehmes B&B mit freundlichen Gastgebern?

Wenn Sie Ergänzungen, Verbesserungen oder neue Tipps zu diesem Buch haben, lassen Sie es mich bitte wissen.

Ralph-Raymond Braun

Stichwort „Irland"

c/o Michael Müller Verlag

Gerberei 19

91054 Erlangen

r.braun@michael-mueller-verlag.de

Kleines Speiselexikon

Zubereitungen

baked	gebacken	*rare*	kaum durchgebraten
boiled	gekocht		
braised	geschmort	*roasted*	im Ofen gebacken
cooked	gekocht	*poached*	pochiert
fried	gebraten	*smoked*	geräuchert
jellied	geliert	*steamed*	gedünstet
marinated	mariniert	*stewed*	geschmort
medium	halb durchgebraten	*stuffed*	gefüllt
well done	gut durchgebraten		

Eintöpfe (stews)

Irish Stew	Eintopf aus Hammelfleisch, Kartoffeln und Zwiebeln, gewürzt mit viel Thymian und Petersilie	*Dublin Coddle*	Eintopf aus Würstchen, Schinken, Zwiebeln und Kartoffeln

Fisch, Meeresfrüchte (seafood)

bream	Brasse	*mussels*	Muscheln
brill	Meerbutt	*oysters*	Austern
chowder	Fischsuppe (auch Schalentiere)	*plaice*	Scholle
clams	Venusmuscheln	*prawn*	Garnele
cockles	Herzmuscheln	*salmon*	Lachs
cod	Kabeljau	*scallops*	Jakobsmuscheln
crabs	Krabben	*shellfish*	Schalentiere
crawfish	Languste	*sea trout*	Meeresforelle
eel	Aal	*squids*	Kalamares
haddock	Schellfisch	*sole*	Seezunge
hake	Seehecht	*trout*	Forelle
halibut	Heilbutt	*tuna*	Thunfisch
kippers	geräucherte Heringe	*turbot*	Steinbutt
lobster	Hummer	*on/off the bone*	mit/ohne Gräten
mackerel	Makrele		
monkfish	Seeteufel		

846 Kleines Speiselexikon

Fleisch (meat)

bacon	Schinkenspeck	*minced meat*	Hackfleisch
bacon & cabbage	Kohl (meist Wirsing) mit Speck	*mutton*	Hammelfleisch
beef	Rindfleisch	*pheasant*	Fasan
blackpudding	Blutwurst	*pork*	Schweinefleisch
chicken	Huhn	*poultry*	Geflügel
chicken curry	Hühnerfrikassee	*rabbit*	Kaninchen
chop	Kotelett	*rib*	Rippe
duck	Ente	*roast*	Braten
gammon steak	gegrillter Schinken	*roast beef*	Rinderbraten
ham	gekochter Schinken	*saddle of lamb*	Lammrücken
hare	Hase	*sausage*	Wurst
joint	Keule	*shepherd's pie*	Rind- bzw. Hammelfleisch mit Zwiebeln und Kartoffeln überbacken
kidney pie	mit Nieren gefüllte Pastete		
lamb	Lammfleisch	*sirloin steak*	Rumpsteak
leg of lamb	Lammkeule	*snails*	Schnecken
liver	Leber	*turkey*	Truthahn
loin	Lendenstück	*veal*	Kalbfleisch
meatballs	Fleischklößchen	*venison*	Reh bzw. Hirsch

Gemüse (vegetables), Salate (salads), Obst (fruit)

asparagus	Spargel	*fruit salad*	Obstsalat
baked potatoes	in Folie gebackene Kartoffeln	*grapes*	Weintrauben
		horse radish	Meerettich
beans	Bohnen	*leek*	Lauch
Brussels sprouts	Rosenkohl	*lentils*	Linsen
cabbage	Kohl	*lettuce*	Kopfsalat
cauliflower	Blumenkohl	*mashed potatoes*	Kartoffelbrei
carrots	Karotten	*mushrooms*	Pilze (Champignon)
celery	Sellerie	*onions*	Zwiebeln
chips	Pommes frites	*parsnip*	Pastinaken
colecannon	Kartoffelbrei mit Kohl, Butter, Milch	*parsley*	Petersilie
		peach	Pfirsich
coleslaw	Krautsalat	*pear*	Birne
corn	Mais	*peas*	grüne Erbsen
creamed potatoes	Kartoffelbrei	*peppers*	Paprikaschoten
cucumber	Salatgurke	*pineapple*	Ananas
egg mayonnaise	russische Eier	*potato*	Kartoffel
French beans	grüne Bohnen		

Kleines Speiselexikon 847

stewed fruit	Kompott	*spinach*	Spinat
strawberries	Erdbeeren	*turnips*	weiße Rüben

Sonstiges

carageen	mit Milch gekochter Seetang	*mint sauce*	Pfefferminzsauce
cereals	Müsli	*mustard*	Senf
cheese	Käse	*noodles*	Nudeln
cream	Sahne	*pancake*	Pfannkuchen
custard	Vanillesauce	*porridge*	Haferbrei
dumplings	Klöße	*rice*	Reis
egg	Ei	*scrambled eggs*	Rühreier
garlic	Knoblauch	*sour cream*	saure Sahne
horseradish	Meerrettich	*soup*	Suppe
jam	Marmelade, Konfitüre	*sugar*	Zucker
		trifle	(süßer) Auflauf
marmalade	Bittermarmelade	*vinegar*	Essig

Brot (bread), Gebäck (pastry)

barm bread	süßes Brot	*cream gateau*	Sahnetorte
biscuits	Kekse	*lemon meringue pie*	Zitronencremekuchen mit Baiserhaube
boxties	gefüllte Pfannkuchen	*scones*	Teegebäck
brown bread	Weizenvollkornbrot	*soda bread*	Sodabrot
Guinness cake	mit Bier gewürztes Früchtebrot	*tart*	Obsttorte

Getränke (beverages)

beer	Bier	*Irish coffee*	Kaffee mit einem Schuss Whiskey, zwei Teelöffeln braunem Rohrzucker und einer Sahnehaube obenauf
stout	dunkles Bier, Typ Guinness		
lager	helles, pilsähnliches Bier	*Irish cream*	Likör auf Whiskey-Basis mit Schokolade und Sahne
ale	leichtes Dunkelbier, Typ Export	*Irish mist*	Likör auf Whiskey-Basis mit Honig und Kräutern
bitter	leichtes Dunkelbier, Typ Alt	*ginger ale*	Ingwerlimonade
cider	Apfelwein	*malt beer*	Malzbier
mead	Met	*red wine*	Rotwein
Irish tea	Whiskey-Grog, gewürzt mit Nelken und Zitrone	*sparkling wine*	Sekt
		white wine	Weißwein

Verlagsprogramm

Ägypten
- Ägypten
- Sinai & Rotes Meer

Australien
- Australien – der Osten

Baltische Länder
- Baltische Länder

Belgien
- *MM-City* Brüssel

Bulgarien
- Schwarzmeerküste

Cuba
- Cuba

Dänemark
- *MM-City* Kopenhagen

Dominikanische Republik
- Dominikanische Republik

Deutschland
- Allgäu
- *MM-Wandern* Allgäuer Alpen
- Altmühltal & Fränkisches Seenland
- Berlin & Umgebung
- *MM-City* Berlin
- Bodensee
- *MM-City* Dresden
- Fehmarn
- Franken
- Fränkische Schweiz
- *MM-City* Hamburg
- Mainfranken
- Mecklenburgische Seenplatte
- Mecklenburg-Vorpommern
- *MM-City* München
- *MM-Wandern* Münchner Ausflugsberge
- Nürnberg, Fürth, Erlangen

- Oberbayerische Seen
- Ostfriesland und Ostfriesische Inseln
- Ostseeküste – von Lübeck bis Kiel
- Ostseeküste – Mecklenburg-Vorpommern
- Pfalz
- Südschwarzwald
- Rügen, Stralsund, Hiddensee
- Schwäbische Alb
- Usedom

Ecuador
- Ecuador

Frankreich
- Bretagne
- Côte d'Azur
- Elsass
- *MM-Wandern* Elsass
- Haute-Provence
- Korsika
- Languedoc-Roussillon
- *MM-City* Paris
- Provence & Côte d'Azur
- *MM-Wandern* Provence
- Südfrankreich
- Südwestfrankreich

Griechenland
- Athen & Attika
- Chalkidiki
- Griechenland
- Griechische Inseln
- Karpathos
- Kefalonia & Ithaka
- Korfu
- Kos
- Kreta
- Kykladen
- Lesbos
- Naxos
- Nördl. Sporaden – Skiathos, Skopelos, Alonnisos, Skyros
- Nord- u. Mittelgriechenland

- Peloponnes
- Rhodos
- Samos
- Santorini
- Thassos, Samothraki
- Zakynthos

Großbritannien
- Cornwall & Devon
- England
- *MM-City* London
- Südengland
- Schottland

Irland
- *MM-City* Dublin
- Irland

Island
- Island

Italien
- Abruzzen
- Apulien
- Adriaküste
- Cilento
- Chianti – Florenz, Siena, San Gimignano
- Dolomiten – Südtirol Ost
- Elba
- Friaul-Julisch Venetien
- Gardasee
- Golf von Neapel
- Italien
- Kalabrien & Basilikata
- Lago Maggiore
- Ligurien – Italienische Riviera, Genua, Cinque Terre
- Liparische Inseln
- Marken
- Mittelitalien
- Oberitalien
- Oberitalienische Seen
- Piemont & Aostatal
- *MM-City* Rom
- Rom & Latium
- Sardinien

- *MM-Wandern* Sardinien
- Sizilien
- Südtirol
- Südtoscana
- Toscana
- Umbrien
- *MM-City* Venedig
- Venetien

Kanada
- Kanada – der Osten
- Kanada – der Westen

Kroatien
- Istrien
- Kroatische Inseln & Küste
- Mittel- und Süddalmatien
- Nordkroatien – Kvarner Bucht

Malta
- Malta, Gozo, Comino

Marokko
- Südmarokko

Neuseeland
- Neuseeland

Niederlande
- *MM-City* Amsterdam
- Niederlande

Norwegen
- Norwegen
- Südnorwegen

Österreich
- *MM-City* Wien
- Wachau, Wald- u. Weinviertel
- Salzburg & Salzkammergut

Polen
- *MM-City* Krakau
- Polnische Ostseeküste
- *MM-City* Warschau

Portugal
- Algarve
- Azoren
- *MM-City* Lissabon
- Lissabon & Umgebung
- Madeira
- *MM-Wandern* Madeira
- Nordportugal
- Portugal

Russland
- *MM-City* St. Petersburg

Schweden
- Südschweden

Schweiz
- Genferseeregion
- Graubünden
- Tessin

Serbien und Montenegro
- Montenegro

Slowakei
- Slowakei

Slowenien
- Slowenien

Spanien
- Andalusien
- *MM-City* Barcelona
- Costa Brava
- Costa de la Luz
- Gomera
- *MM-Wandern* Gomera
- Gran Canaria
- *MM-Touring* Gran Canaria
- Ibiza
- Katalonien
- Lanzarote
- La Palma
- *MM-Touring* La Palma
- *MM-City* Madrid
- Madrid & Umgebung
- Mallorca
- *MM-Wandern* Mallorca
- Nordspanien
- Spanien – gesamt
- Teneriffa
- *MM-Touring* Teneriffa

Tschechien
- *MM-City* Prag
- Südböhmen
- Tschechien
- Westböhmen & Bäderdreieck

Tunesien
- Tunesien

Türkei
- *MM-City* Istanbul
- Türkei
- Türkei – Lykische Küste
- Türkei – Mittelmeerküste
- Türkei – Südägäis von İzmir bis Dalyan
- Türkische Riviera – Kappadokien

Ungarn
- *MM-City* Budapest
- Westungarn, Budapest, Pécs, Plattensee

Zypern
- Zypern

Aktuelle Informationen zu allen Reiseführern finden Sie im Internet unter
www.michael-mueller-verlag.de

Michael Müller Verlag GmbH, Gerberei 19, 91054 Erlangen

Tel. 0 91 31 / 81 28 08-0; Fax 0 91 31 / 20 75 41; E-Mail: info@michael-mueller-verlag.de

Danksagungen

Wir bedanken uns für die Unterstützung der Recherche für diese Auflage bei:

Tourism Ireland, besonders bei Judith v. Rauchhaupt von der Pressestelle in Frankfurt. **Gaeltacht Reisen**, besonders bei Christian Ludwig und Eckhard Ladner.

Sowie bei allen Lesern, die uns mit Tipps und Kritik geholfen haben, die Neuauflage dieses Buchs noch besser und aktueller zu machen:

Alexander Dietz; Alexandra Vogel; Alfred Rauh; Anett & Sven Leunig; Anja Müller; Barbara Eder; Barbara Koronowski; Christel Steigenberger; Doris & Patrick Wilk; Elisabeth & Joachim Petersen; Esther Mitterbauer & Jochen Heil; Gaby Tzeschlock; Gerlinde Böpple; Gudrun Hahn; Guido & Claudia Nisius; Ingrid Hallmann; Ivan Grbesa; Ivo Gerhards; Jörn Wilhelm; Josef Most; Kathrin Cloeren; Martin Längle; Martina Mangasser; Meike Wietfeld; Natascha Hollstein; Oliver Kulbach; Ralph Zitzelsberger; Regina Höfer; Regina König; Richard Hammann; Ronja & Frank Sonntag; Rudi Winkler; Sabine Gläser; Sabine & Karl-Josef Epple; Silke Wegner; Simon Held; Stefanie Meier; Stephanie & Thomas Vontz; Tamara Nowak; Thilo Pionteck; Ulrike Friemann; Winfried Grundel; Wolfgang Fiedler & Dagmar Bösenberg.

Glossar

Archivolte(n)	plastisch gestalteter Bogenlauf im romanischen oder gotischen Gewändeportal
Bawn	(ir. badhun, bó-daingean, d.h. „Kuhfestung") – mauergeschützte Umfriedung für das Vieh
Bodhran	mit Ziegenhaut bezogene Handtrommel
Brehon-Gesetze	(von ir. breth, „Urteil") – bis zum 17. Jh. gültiges irisches Gewohnheitsrecht
Bullán	(engl. bullaun) steinerne Schalenmühle, oft in natürlicher Vertiefung
Cairn	künstlicher Steinhaufen (Tumulus) über einem neolithischen oder bronzezeitlichen Grab
Caiseal	(engl. cashel, von lat. castellum) eisenzeitliche Wohnburg, umgeben von einem Steinwall aus Trockenmauerwerk
Cathair	(engl. cahir, caher) siehe Caiseal
Céili	ein Abend mit traditionellen irischen Tänzen, gewöhnlich begleitet von einer Liveband
Clochán	(Pl. clochain) kleines Wohn- oder Wirtschaftsgebäude aus Trockenmauerwerk, überdacht von einem Scheingewölbe
Columbarium	(lat.) Taubenschlag in mittelalterlichen Klöstern
County	Grafschaft, Verwaltungsbezirk
Crannóg	(„Baum") mit Pfahlbauten künstlich geschaffene Insel, diente in der Bronzezeit als Wohnstatt
Currach	(engl. curragh) kielloses Segelboot mit Rudern; aus Spanten gebaut und mit Leder oder geteertem Segeltuch bespannt
Diamond	Zentralplatz einer → *Plantation* oder rautenförmiges Türmchen auf diesem Platz
Dolmen	siehe S. 40 und S. 489
Donjon	Burgfried
Drumlin	ovaler Hügel aus eiszeitlichem Geschiebe, entstanden beim Rückzug der Gletscher
Dún	(lat. dunum, „befestigter Ort") mit Erdwall, Hecke oder Mauer umzäuntes keltisches Gehöft; Hügelwallanlage
Esker	Wallberg, nämlich ein langgestreckter schmaler Sedimentrücken, der in der Eiszeit durch Schmelzwässer in einer Höhle oder Spalte unter oder in einem Gletscher abgelagert wurde
Fulacht fiadh	Kochstelle in Gestalt einer abgedichteten Grube. Im Wasser, das mit heißen Steinen zum Kochen gebracht wurde, konnten so große Fleischstücke, ja ganze Tiere gegart werden

852 Glossar

Gaeltacht	staatlich anerkannte irischsprachige Gegend
Glen	Bergschlucht
Gap	(„Lücke") Bergpass, Klamm, schmaler Durchlass
Gentry	grundbesitzende Schicht aus (ursprünglich niederem) Landadel und Bürgertum
Georgianisch	zu Zeiten der Könige Georg I.–IV. (1714–1813) vorherrschender (Bau)Stil
Keep	Bergfried, Wohnturm
Lough	See, Meeresarm
Martello-Turm	siehe S. 197
Menhir	(walis. „Langstein") meist unbehauener, in der Bronzezeit einzeln oder gruppenweise hochkant gestellter Stein
Motte and bailey	normannischer Wehrbau, bestehend aus einem Hügel (motte), dessen Spitze von einer Umfriedung (bailey; z. B. als Erdwall oder Palisade) gesichert ist
Ogham	vom 4.–8. Jh. benutzte irische Schrift, die lateinische Buchstaben in ein System von 20 Kerben übertrug
Orthostat	hochkant stehender Quader oder Platte
Oratorium	(lat.) kleine vorromanische Kirche oder Eremitenklause
Pale	(„Palisadensiedlung") das im 15. Jh. von England kontrollierte Gebiet um Dublin
Penal laws	antikatholische Strafgesetze
Plantation	die Kolonisierung Irlands durch Enteignung der Eingeborenen und systematische Ansiedlung englischer und schottischer Siedler
Presbyterium	(lat.) der den Geistlichen vorbehaltene Teil der Kirche im Bereich des Hauptaltars
Ráth	Ringfort, nämlich von einem Wall oder Graben umgebene Stätte der Eisenzeit
Refektorium	(lat.) Speisesaal eines Klosters
Sheila na Gig	(„Julia mit den Brüsten") Groteske weibliche Steinfigur, die ihre Geschlechtsteile zur Schau stellt
Taoiseach	Premierminister der Republik Irland
Tholsel	(engl. toll „Zoll" u. sael „Halle") im Mittelalter Rathaus, Gerichtshaus oder Haus der Zünfte
Transept	Querschiff einer kreuzförmigen Kirche
Turlough	(ir. tur „trocken" u. lough „See") Karstsee, der nur saisonal oder nach starken Regenfällen gefüllt ist

Der „Jealous Wall" schützt Belvedere House aufwändig vor den Blicken der Nachbarn

Register

Aasleagh-Wasserfall (B 7) 555
Achill Head (A 6) 574
Achill Island (A 6) 569
Achill Sound (B 6) 573
Achillbeg Island (B 6) 573
Acoose Lough 424
Act of Union 133
Adams, Gerry 34
Adare (C 9) 455
Admirals-Cup-Regatta 373
Adrigole (B 12) 382
Ahakista (B 12) 378
Aille (Fluss) 482
Aillwee Cave (Höhle) (C 8) 495
Alcock, John 547
Alkohol 71
Allihies (A 12) 388
Allingham, William 605
Altamont Gardens (G 9) 242
An Buailtín 437
An Clochán 441

An Daingean 426
An Oige, Jugendherbergsverband 90
An Rinn (E 11) 302
Anascaul (A 10) 425
Angela's Ashes (Spielfilm) 456
Angeln 98
Angler-Englisch 99
Annagh Beach 576
Annalong (H 5) 746
Anreise 54
Aran-Inseln (B 8) 502
Aranpullover 511
Architektur 21
Ardagh (E 6) 821
Ardara (D 4) 618
Ardboe Cross (G 4) 772
Ardfert (B 10) 450
Ardgillan Castle 200
Ardglass (H 5) 738
Ardmore (E 11) 302
Ardmulchan House 221
Ardress House (G 4) 766
Ards-Halbinsel (H 4) 724

Argory 766
Arigna (E 5) 807
Arklow (H 9) 261
Armagh (G 5) 757
Arra Mountains (D 9) 499
Arranmore Island (D 3) 625
Arranmore Way 625
Artus-Sage 224
Ärztliche Versorgung 108
Ashford (H 8) 259
Asteellen Wasserfall 634
Astronomie 842
Athassel Priory (Kloster) 323
Athenry (D 7) 524
Athgreany Piper's Stones 246
Athlone (E 7) 827
Athy (F 8) 237
Atlantic Drive (Achill Island) 573
Aughinish Island 453
Aughleam (B 5) 576
Aughnanure Castle 530
Ausrüstung 114

854 Register A/B

Austen, Jane 820
Austern 211
Auswanderung 23
Auto 56
Automobil Association
  (AA) 72
Avoca-Tal 257
Avondale (G 8) 257

Baden 101
Baginbun (Sandbucht) 275
Bahn 67
Baile an Chaisil 580
Ballanavenooragh Fort 441
Ballina (C 5) 581
Ballina (Tip.) (D 9) 499
Ballinskelligs (A 11) 402
Ballinspittle (D 12) 350
Ballintoy (G 2) 676
Ballintubber Abbey (C 7)
  568
Ballybofey (E 3) 621
Ballybunion (B 9) 450
Ballycastle (G 2) 677
Ballycastle (Mayo) (C 5)
  580
Ballycopeland Windmill
  (H 4) 726
Ballycotton (E 11) 342
Ballydehob (B 12) 369
Ballydonegan Bay (A 12)
  389
Ballyduff (B 10) 450
Ballyferriter 437
Ballyheige (B 10) 450
Ballyhillin (F 2) 646
Ballyjamesduff (F 6) 804
Ballyliffin (E 2) 644
Ballymacdermot Cairn 757
Ballyshannon (D 4) 604
Ballyvaughan (C 8) 493
Baltimore (C 12) 361
Baltinglass (G 8) 247
Ban, Lower (Fluss) 671
Ban, Upper (Fluss) 768
Banagher (E 8) 836
Banbridge (G 5) 752
Bandon (Fluss) (C 11/12)
  377
Bangor (Down) (H 4) 721
Bangor Erris (B 5) 575
Bangor Trail 567
Bansha (D 10) 314
Bantry (B 12) 373

Barden (Sänger) 43
Barley Lake (B 11) 382
Barleycove (Strand) 369
Barnacle, Nora 522
Barnes Gap (F 4) 774
Barrow River 241
Batraw Beach 562
Battle of the Book 600
Beaghmore Stone Circles
  (F 4) 773
Beal an Mhuirhead 576
Beara Way 384
Beara-Halbinsel (B 11) 384
Beaulieu House 205
Beckett, Samuel 163, 781
Bed & Breakfast 88
Beefan 617
Beginish (Insel) (A 11) 406
Behan, Brendan 178
Behinderte 108
Belderrig (B 5) 579
Belfast (H 4) 694
Belfast Airport (G 4) 698
Bellaghy (G 3) 666
Belleek (E 4) 790
Belmullet (B 5) 576
Belturbet (E 5) 804
Ben Crom 746
Benbane Head (G 2) 675
Benbrack 554
Benburb (G 4) 765
Bencorr (Berg) 543
Bennettsbridge (F 9) 288
Benone Strand (F 2) 667
Benvarden 675
Benzinpreise 71
Bere Island (B 12) 386
Bergwandergebiet 542
Bertraghboy Bay (B 7) 541
Bessbrook (G 5) 751
Bevölkerung 23
Bianconi, Charles 315
Bier 94
Binder's Cove 752
Binevenagh Hill (F 3) 668
Binns, Long John 823
Birdwatching 20
Birr (E 8) 838
Bishop Island 477
Black Head (C 8) 493
Black Valley 423
Blackstairs-Berge (G 9) 268
Blackwater (Fluss in
  Armagh) 765

Blackwater (Fluss in Cork)
  (D/E 10/11) 306
Blackwater (Fluss in Kerry)
  399
Blarney (D 11) 341
Blarney-Stein 341
Blasket Centre 445
Blasket Islands (A 10/11) 442
Bleach River 498
Blennerville Windmill 449
Blessington (G 8) 245
Bloody Foreland (Kap) (D 3)
  626
Bloody Sunday 330, 654
Blue Stack Mountains (E 4)
  610, 621
Boa Island 792
Bog of Allen 234
Böll, Heinrich 443, 569
Bonane (B 11) 396
Book of Durrow 165
Book of Kells 44, 164, 221
Book of Leinster 226
Book of Lismore 306
Booley Bay 275
Booley House
  (Folkensemble) 307
Booth, William Joseph 666
Bord na Mona 836
Botschaften 139
Boyd, Hugh 678
Boykott, Charles 51
Boyle (D 6) 812
Boyle, Robert 174, 307
Boyne (Fluss) (G 7) 219
Brandon Bay (A 10) 441
Brandon Creek (A 10) 440
Bray (H 8) 191
Brendan, St. 439, 509
Brennan, John Wolf 799
Brian Ború 45
Brigid, St. 235
Brigit's Garden (C 7) 530
Bristol, Frederick Harvey
  667
Brittas Bay (H 8) 261
Brontë Homeland 751
Brontë-Schwestern 751
Broschüren 111
Brown, Arthur 547
Browneshill-Dolmen 242
Brown's Bay 688
Bruce, Edward 690
Bullsmouth 572

Register B/C 855

Bunbeg (D 3) 626
Buncrana (F 3) 643
Bundoran (D 4) 603
Bunglass (D 4) 613
Bunmahon (F 10) 302
Bunratty (D 9) 468
Bürgerkrieg 53, 655
Bürgerrechte 32
Burke, Edmund 163
Burl, Aubrey 356, 489
Burnchurch (F 9) 287
Burncourt (E 10) 312
Burren (C 8) 485
Burren (Down) (C 8) 748
Burren Way 486
Burtonport (D 3) 624
Bus 70
Bus Éireann 74
Bushmills (G 2) 675
Butler, James 279
Butler, Piers 287
Butt, Isaac 621

C14-Methode 218
Caha Mountains (B 11) 384
Caher (Clare) (B 6) 498
Caher (Fluss) (D 8) 485
Cahercommaun (C 8) 488
Caherconnell Fort (C 8) 488
Caherdaniel (A 11) 399
Cahermurphy (Naturschutzgebiet) 498
Cahir (E 10) 310
Cahirciveen (A 11) 410
Cairnbane East 224
Cairns 223
Callan, Nicholas 231
Camaderry (Berg) 256
Camlough (G 5) 756
Camping 91
Canal Bank Walks 234
Cappoquin (E 10) 307
Caragh (Fluss) 413
Carlingford (G 5) 211
Carlingford Lough (Meeresfjord) (G 5) 210
Carlow (F 9) 239
Carna (B 7) 540
Carndonagh 645
Carnfunnock Country Park (H 3) 688
Carran (C 8) 488
Carraroe (B 7) 539

Carratigue 577
Carrick (Don.) (D 4) 613
Carrickabraghey Castle 644
Carrick-a-Rede Island (G 2) 677
Carrickfergus (H 4) 690
Carrickfin Airport (Donegal) (D 3) 622
Carrickmacross (G 6) 801
Carrick-on-Shannon (E 6) 809
Carrick-on-Suir (F 10) 318
Carrigaholt (B 9) 480
Carrigart (E 3) 635
Carrigglas Manor (E 6) 819
Carrignavar (D 11) 341
Carrowbeg (Fluss) 566
Carrowkeel (D 5) 596,
Carrowkeel (E 3) 636
Carrowmore 594
Carrowteige 577
Carson, Edward Henry 708
Casement, Roger 683
Cashel (E 9) 318
Cassels, Richard 163, 566, 815
Castle Archdale Country Park 793
Castle Caldwell Forest Park 792
Castle Espie (H 4) 723
Castle Ward (H 5) 732
Castlebaldwin (D 5) 596
Castlebar (C 6) 567
Castleconnell (D 9) 462
Castlerea (D 6) 817
Castleruddery Circle 246
Castletown House 232
Castletownbere (B 12) 384
Castletownshend (C 12) 360
Castlewellan Forest Park (H 5) 744
Cathair na bhFionnúrach 440
Catholic Association 49
Caulfield, Patrick 578
Cavan (Stadt) (F 6) 803
Cave Hill 713
Ceannanas (F 6) 221
Ceathru Thaidgh 577
Céide Fields (C 5) 40, 578
Celbridge (G 7) 232

Celtic Revival 525
Charles Fort 349
Chester Beatty Library & Gallery 172
Chichester, Arthur 695
Christentum 43
Church Hill (E 3) 635
Church Island 406
Church of Ireland 26
Cladagh River 786
Clancy, Willie 476
Clans 42
Clare Island (B 6) 559
Clarke, Harry 150, 338, 433
Cleanaugh 389
Clear Island (B 12) 367
Cleggan Ring 548
Cleggan-Halbinsel 548
Clifden (B 7) 543
Cliffs of Moher (B 8) 481
Clocháns 435
Cloghan (Don.) (E 3) 621
Cloghane (A 10) 441
Clogher (Sandstrand) (A 10) 437
Clonakilty (C 12) 351
Clonalis House 817
Clonegall (G 9) 244
Clonfert (E 8) 837
Clonmacnoise (E 7) 831
Clonmany (E 2) 644
Clonmel (E 10) 314
Clonmines (G 10) 275
Coalisland (G 4) 769
Cobh (D 11) 343
Cole, John 786
Cole, William 785
Coleman, Michel 596
Coleraine (F 3) 671
Colligan (Fluss) 299
Collins, Michael 354
Columban, St. 503, 721
Columcille, St. 503, 615, 635, 655
Comgall, St. 721
Comhaltas Ceoltóiri Éireann (CCE), ir. Musikbewegung 119
Comiskey, Brendan 26
Commonwealth 53
Coney Island 595
Cong (C 7) 532
Congreve, William 690
Connemara (B 7) 537

856 Register C/D

Connemara Nationalpark (B 7) 550
Connor-Pass 441
Coogan, Tim Pat 25
Cook, Thomas 393, 422
Cookstown (F 4) 772
Cooldruman 600
Coole (Castle) 785
Coole Park (C 8) 497
Cooley-Halbinsel (G 5) 210
Coomakesta-Pass 397
Copeland (Insel) (H 4) 726
Copper Coast (F 10) 302
Cork (Stadt) (D 11) 326
Corlea Trackway (E 7) 821
Corofin (C 8) 487
Corrib (Fluss) (C 7) 511
Costelloe (B 7) 539
Cottage orné 312
Coumeenoole-Strand 436
Country Houses 89
County Antrim 671
County Armagh 755
County Carlow 238
County Cavan 803
County Clare 467
County Cork 326
County Derry 649, 650
County Donegal 603
County Down 718
County Fermanagh 780
County Galway 502
County Kerry 393
County Kildare 230
County Kilkenny 278, 279
County Leitrim 806
County Limerick 452
County Longford 819
County Mayo 558
County Meath 214
County Monaghan 799
County Offaly 831
County Roscommon 812
County Sligo 586
County Tipperary 310
County Tyrone 771
County Waterford 290
County Westmeath 823
County Wexford 264
County Wicklow 244
Crag Cave (C 10) 450
Craggaunowen Project 472
Crannog 470
Cranny Falls 687

Crawfordsburn Country Park (H 4) 720
Crean, Tom 425, 448
Creevelea Abbey 597
Creevykeel 601
Creggan (F 4) 775
Croagh Patrick (Berg) (B 6) 561
Croaghauen (Berg) 574
Crohy Head (Halbinsel) (D 3) 622
Crolly (D 3) 625
Cromwell, Oliver 48, 203
Cronalaght Mountain 627
Crookhaven (B 12) 369
Crossmaglen (G 5) 756
Crozier, Francis 752
Cruit Island (D 3) 622
Cúchulainn 211
Cuilcagh Mountains 786, 803
Culdaff (F 2) 645
Curracloe 272
Curragh (F 8) 237
Cusack, Margaret Anna 396
Cushendall (H 3) 684
Cushendun (H 3) 683

Dalkey 191
Dampfmaschinen 233
d'Arcy, John 543
Dawros Head (Halbinsel) (D 3) 620
de Burgo, Walter 651
de Burgo, William 314
de Clare, Richard (Strongbow) 46
de Courcy, Affreca 728
de Courcy, John 690, 695, 736, 739
Declan, St. 303
Declan's Kloster 303
Defoe, Daniel 346
Delaney, Edward 539
Derreen Garden 391
Derry (F 3) 650
Derrybeg (D 3) 626
Derryinver Bay 551
Derrynamuck (G 8) 247
Derrynane-Bucht 399
Derrynane-Nationalpark 399
Derryrush (B 7) 540
Derryveagh Mountains 603

Devenish Island 795
Devil's Glen (H 8) 260
Devil's Punch Bowl 421
Diamond Hill 550
Diebstahl 122
Dillon, Helen 189
Dingle (Stadt) (A 10) 426
Dingle Way 424
Dingle-Halbinsel (A 10) 424
Dinis Island (Halbinsel) 421
Diplomatische Vertretungen 109
Dixon, James 631
Djounce Mountain 251
Doagh Isle 645
Dog's Bay (Sandbucht) 542
Doherty, Paddy 661
Dolinen 486
Dolly's Brae 745
Dolmen 40, 489
Donabate (G 7) 200
Donaghadee (H 4) 725
Donaghmore (F 6) 220
Donard (G 8) 247
Donegal (D 4) 606
Donegal, Airport (D 3) 622
Dooagh (B 6) 573
Dooega (B 6) 573
Doogort (B 5) 574
Dookinelly 573
Doolin (C 8) 482
Doolin Cave 492
Doon (E 7) 829
Dooney Rock (Sligo) 597
Downings (E 2) 635
Downpatrick (H 5) 734
Downpatrick Head (C 5) 580
Dowth 219
Draperstown (F 3) 666
Drogheda (G 6) 202
Drombeg Stone Circle 356
Dromod (E 6) 810
Dromore (Down) 752
Druiden (Priester) 43
Drum Manor Forest Park (F 4) 773
Drumballyroney 751
Drumcliff (D 5) 598
Drumcree 31
Drumshanbo (E 5) 806
Dry Canal 535
du Maurier, Daphne 389
Dublin (G/H 7) 131

Register Dublin 857

Dublin (G/H 7) 131

Apotheken 139
Ärztlicher Notdienst 139
Ashtown Castle 186
Autofahren 139

Bank of Ireland 166
Bed & Breakfast 142
Berkeley Library 166
Book of Kells 164
Botanic Gardens 187
Botschaften 139
Bram Stoker Dracula
  Experience 186
Buchhandlungen 160

Camping 147
Christ Church Cathedral
  174
City Hall 172
Clubs & Discos 156
Collins Baracks 185
Croke Park 188
Custom House 178

Dillon's Garden 189
Dublin Airport (G 7) 138
Dublin Area Rapid Transit
  (DART) 76, 136
Dublin Castle 172
Dublin Experience 166
Dublin Harbour 188
Dublin Horse Show 106
Dublin Pass 139
Dublin Writers Museum
  182
Dublinia 175

Einkaufen 159
Ermäßigungen 139
Essen & Trinken 147

Fährhafen 138
Fahrradfahren 139
Feste, Veranstaltungen 159
Flughafen 138
Forty Foot Pool (Bade-
  bucht) 190
Four Courts 183
Freemasons's Lodge 167

GAA-Museum 188
Garden of Remembrance
  181

General Post Office 180
Georgian Home 170
Gepäckaufbewahrung/
  Schließfächer 139
Government Buildings 167
Großmarkt 183
Guinness-Brauerei 176

Henrietta Street 183
Hostels 143
Hotels, Guesthouses 141
Hugh Lane Municipal Art
  Gallery 181
Hunderennen 139

Information 134
Internet-Cafés 139
Irish Jewish Museum 189
Iveagh House 171

James Joyce Centre 181
James Joyce Tower 190
Jugendherberge 146

Kiliney (Strand) 192
Kilmainham Gaol 177
Kilmainham Royal Hospital
  177
Kinder 162
King's Inns 183
Kinos 158
Konzerte 157
Krankenhäuser 139
Kunstmuseen, -zentren
  158

Leinster House 167
Liffey (Fluss) (G 7) 178

Mansion House 166
Marino Casino 186
Markt (Moore St.) 180
Märkte 160
Marsh Library 174
Merrion Square 166
Mietwagen 139
Millenium Spire 179
Molly Malone Statue 166
Museum of Modern Art
  (IMMA) 177

National Gallery 168
National Maritime
  Museum 190

National Museum 167
National Print Museum 189
National Wax Museum 182
Natural History Museum 168
Newman House 171

O'Connell Street 179
Old Jameson Distillery 184
Old Library 164

Pearse Museum 189
Pferderennen 140
Phoenixpark 185
Polizei 140
Polizeimuseum 172
Post 140
Pubs 153

Rotunda 181
Rundgänge 161

Saint Audoen's Churches
  176
Saint Mary's Abbey 184
Saint Michan's Church 184
Saint Patrick's Cathedral
  173
Saint Stephen's Green 170
Sandycove 190
Shaw House 189
Shelbourne Hotel 170
Smithfield 184
St. Anne's Park 187
St. Mary's Pro-Cathedral
  180
Stadtführungen 161
Studentenwohnheime 147

Taxi 140
Temple Bar 172
Theater 157
Trinity College 163
Tyrone House 181

Übernachten 140

Verkehrsmittel 135

Waschsalon 140
Waterway Visitor Centre
  188

Zoo 186

858 Register D–G

Dubliners (Folkband) 119
Duckett's Grove (G 9) 242
Dudelsackbläserei 468
Dún Aengus (B 8) 508
Dún án Óir 437
Dun Chaion 436
Dún Chaocháin (B 5) 577
Dún Dúchathair 508
Dún Eochla 508
Dun Laoghaire (H 7) 190
Dunbeg Fort 434
Dunboy Castle 387
Dunbrody Abbey 277
Duncannon 275
Dundalk (G 6) 208
Dundrum (E 9) 739
Dunfanaghy (E 2) 631
Dungannon (F 4) 771
Dungarvan (E 11) 299
Dungloe (D 3) 622
Dunluce Castle 676
Dunmanway (C 11) 377
Dunmoe Castle (G 6) 221
Dunmore Cave (F 9) 288
Dunmore East (F 10) 296
Dunquin (A 10) 436
Dunree 644
Dunsany Castle (G 7) 226
Dunsany, Lord 226
Durchgangstarif (Fähren) 67
Durrow (Offaly) (F 9) 826
Durrus (B 12) 377
Dursey Island (A 12) 387
Dwyer, Michael 247
Dysert O'Dea 487

Eagles Hill (Kerry) 402
Eas-Doonan-Wasserfall 610
Eco, Umberto 327
Edenderry (F 7) 233
Einreisebestimmungen 70
Einwanderung 24
Eisvogel 20
Eiszeit 39
Elisabeth I. 163
Elly Bay (B 5) 576
Englisch-irischer Krieg 52
Ennis (C 9) 472
Enniscorthy (G 9) 264
Enniskerry (G 8) 248
Enniskillen (E 5) 780
Ennistymon (C 8) 475
Ensor, George 766
Erdbeerbaum 18

Ermäßigungen 109
Errigal Mountain 628
Erris (B 5) 574
Errisbeg Hill 541
Essen 92
Europäische Union 27, 130
Eurotunnel 63
Eyeries (B 12) 390

Fahan (F 3) 643
Fahan (A 10) 435
Fähre 56
Fahrrad 55
Fahrrad per Bahn 68
Fahrrad per Bus 70
Fahrrad-Abc 78
Fáilte Ireland (ir. Fremden-
  verkehrszentrale) 111,
  134
Fair Head (G 2) 683
Falcarragh (E 3) 631
Falknerei 535
Fanad (Halbinsel) (E 2) 637
Fanore (C 8) 492
Farm Houses 89
Fastnet Rock (B 12) 373
Feakle (D 8) 498
Féichin, St. 824
Feiertage 109
Féile Lughnasa 441
Fergus (Fluss) (C 9) 472
Ferguson, Harry 273
Ferienhäuser 91
Ferry, Manus 627
Fethard (G 10) 275
Fettkraut 19
Finish Island (B 7) 540
Finn Valley (E 3) 621
Fintown (E 3) 621
Fisch 92
Fischen 98
Fischotter 19
Flagmount (D 8) 498
Flaherty, Robert 504
Fleisch 92
Florence Court (E 5) 786
Flüge 71
Flugzeug 55
Fly & Drive 73
Folklore 158
Folkmusik 119
Fore Valley (F 6) 824
Fort Dunree 644
Fota Island (D 11) 342

Fotografieren 110
Foxford (C 6) 583
Foynes (C 9) 453
Fremdenverkehrsämter 111
French, Percy 480
Friedensprozess 33
Frühstück 93
Fulacht Fiadh 272, 357
Fungie (Delphin) 432
Fußball, gäl. 104

Gabhla (D 3) 626
Gaeltacht 124, 537
Galilei, Alessandro 232
Gälisch 24, 124
Gallaruskapelle 438
Galtee Mountains (E 10) 313
Galtymore (D 10) 313
Galway (Stadt) (C 7) 511
Gandon, James 178, 819
Ganggräber 40
Gap of Dunloe 422
Garinish Island 381
Garrettstown (D 12) 350
Gärten 19
Garylucas 350
Geld 112
Geographie 15
Geschäftszeiten 113
Geschichte 36
Gezeitenmühle 724
Giant's Causeway (G 2) 673
Giant's Ring 715
Glandore (C 12) 357
Glanmore Lake 390
Glebe Gardens 364
Gleitschirmfliegen 101
Glen of Aherlow (E 10) 314
Glen of Imaal 247
Glenaan Glen 687
Glenariff Glen (G 3) 687
Glenbeigh (B 11) 413
Glencar (B 11) 424
Glencar Lake (D 5) 598
Glencolumbkille (D 4) 615
Glencree (G 8) 250
Glendalough (G 8) 251
Glendalough (Fluss) (G 8)
  244
Glendassan-Tal 252
Glenelly Valley 774
Glengara Valley 314
Glengarriff (B 11) 380
Glengarriff Woods 381

Register G–K 859

Glengowla Mine (C 7) 531
Gleniff Horseshoe Loop 600
Gleninagh Castle (C 8) 493
Glenisheen Wedge Tombs 490
Glenlough River 617
Glenmacness (Fluss) 244
Glenmalure 257
Glenmalure (Fluss) 244
Glens of Antrim (G 3) 682
Glenties (D 3) 620
Glenveagh Nationalpark (E 3) 634
Glinsk Mountain 578
Goat's Path Scenic Road 377
Gogarty, Oliver St. John 552
Gola Island (D 3) 626
Goldsmith Country (E 7) 820
Goldsmith, Oliver 163, 820
Golf 101
Golfstrom 324
Gore-Booth, Eva 598
Gort (D 8) 496
Gorteen (D 6) 596
Gorteen Bay (Sandbucht) 542
Gortin Glen (F 4) 778
Gorumna Island (B 7) 539
Gosford Forest Park (G 5) 764
Gougane Barra (Nationalpark) 376
Grand Canal (F 7) 230
Grand Canal Authority 823
Graureiher 20
Great Blasket Island (A 10) 435
Greencastle (Don.) 646
Gregory, Isabella A. (= Lady Gregory) 497
Gretna Green (engl.) 59
Grey Abbey (H 4) 728
Grey Point Fort 720
Greystones (H 8) 192
Grianan of Aileach 643
Groomsport (H 4) 722
Grüne Seiten (Infoblatt von Tourism Ireland) 98
Guesthouses 89
Gweedore (D 3) 626

Hamilton, James, Earl of Clanbrassil 743
Harland, Edward 706

Haughey, Charles J. 443
Hausboot 82
Haustiere 70
Hazelwood Sculpture Trail 597
Healy Pass 384
Heaney, Seamus 115, 666
Heinrich II. 47
Heinrich VIII. 47
Heir Island (B 12) 366
Helen's Bay 720
Helvick Head (Halbinsel) (E 11) 302
Herbert, Henry Arthur 419
Heritage Card 109
Hill, Derek 631
Hochmoore 244
Hochseefischen 406
Hofgräber 40
Höhlen (Burren) 486
Höhlen (Co Galway) 536
Hollywood (G 8) 247
Holycross Abbey (F 9) 323
Holywood (H 4) 718
Hook Head (F 10) 275
Hook-Halbinsel (F 10) 275
Horn Head (E 2) 633
Hostels 90
Hotels 87
Howth (H 7) 194
Hughes, John 525
Hunderennen 105
Hungersnot 50
Hungry Hill 382
Hunt, John 472
Hurling 105
Hyde, Douglas 814

Inagh (C 8) 475
Inch (Bucht) (B 10) 425
Inch Abbey 738
Inchagoill Island 531
Inchaquin Wasserfall 391
Inchigeelagh (C 11) 376
Inchydoney (Strand) 351
Inishark (A 6) 549
Inishbiggle (B 5) 572
Inishbofin Island (B 7) 548
Inishcealtra Island (D 8) 500
Inisheer (Insel) (B 8) 510
Inishfallen Island 419
Inishfree 597
Inishkea Islands (A 5) 577
Inishkeel (D 3) 620

Inishmaan (Insel) (B 8) 509
Inishmore (Insel) (B 8) 505
Inishmore (Sligo) 597
Inishmurray Island (D 4) 600
Inishowen (Halbinsel) (F 2) 642
Inishturk (A 6) 559
Inniskeen (G 6) 801
Internetseiten zu Irland 114
Internetzugang 113
Inveran (C 8) 539
Ireland's Eye (H 7) 197
Irish Coffee 453
Irish Derby 237
Irish Republican Army 53
Islandmagee (H 3) 688
Iveragh-Halbinsel (A 11) 397

Jakob II. 48, 294, 651
Jealous Wall 826
Jerpoint Abbey (F 10) 288
John-F.-Kennedy-Arboretum (F 10) 277
Johnston, Francis 763
Joyce Country (B 7) 528
Joyce, James 115, 823
Joyce, Thomas 528
Jugendherbergen 89
Julianstown (G 6) 206

Kajak 102
Kanad. Johanniskraut 18
Kanu 102
Karfreitagsabkommen 30
Karten 115
Katholizismus 25
Kavanagh Country 801
Kavanagh, Patrick 801
Keadue (E 5) 807
Keats, John 725
Keel (B 6) 573
Keem Bay (A 6) 573
Keilgräber 40
Kells (G 3) 221
Kells (Kerry) (A 11) 410
Kells (Kilk.) (F 9) 287
Kelly, Gerry 712
Kelten 23, 42, 132
Kenmare (B 11) 393
Kennedy, John F. 277
Kerry Airport (B 10) 414
Kerry Way 398
Kerry-Schnecke 382
Keshcorran 596

860 Register K/L

Kevin, St. 255
Kevin's Way 246
Keynes, John Maynard 536
Kieran, St. 831
Kilbaha (B 9) 480
Kilbeggan (F 7) 826
St., Kilcar (D4) 614
Kilcock (G 7) 232
Kilcornan (C 9) 454
Kilcrohane (B 12) 377
Kildare (Stadt) (F 8) 235
Kileen Castle (G 7) 226
Kilfane Glen (Tal) (F 9) 288
Kilfenora (C 8) 490
Kilkee (B 9) 476
Kilkeel (H 5) 746
Kilkenny (Stadt) (F 9) 279
Killaghtee Heritage Trail 613
Killala (C 5) 580
Killaloe (D 9) 499
Killarney (B 11) 413
Killarney National Park
  (B 11) 420
Killary Harbour (B 6) 555
Killeany (B 8) 505
Killegy Hill 420
Killevy Churches 756
Killimer (C 9) 479
Killinaboy (C 8) 487
Killorglin (B 10) 412
Killough (H 5) 738
Killybegs (D 4) 611
Killyhoey (Strand) 631
Killykeen Forest Park 804
Kilmacduagh (Kloster) 496
Kilmalkedar (A 10) 439
Kilmallock (D 10) 463
Kilmokea (F 10) 277
Kilmore Quay (G 10) 274
Kilmurvy (B 8) 505
Kilree (F 9) 287
Kilronan (B 8) 505
Kilronan Mountain 806
Kilroot Fort (H 4) 720
Kilrush (B 9) 478
Kiltartan Cross (C 8) 498
King, Edward (Earl of
  Kingston) 813
Kinnity (E 8) 844
Kinsale (D 12) 346
Kinturk (G 4) 772
Kinvarra (C 8) 495
Kirche 25
Klassik 118

Kleidung 114
Klima 16
Knappogue (Clare) 470
Knightstown (A 11) 406
Knock (C 6) 569
Knocklayd Mountain 677
Knockmealdowns
  (Wandern) 308
Knocknadobar (A 11) 412
Knockshanahullion (Berg)
  308
Knowth 218
Kolumbus, Christoph 522
Konzil von Arles 439
Krüger, Paul Ohm 436
Kunsthandwerk 122
Kylemore Abbey (B 7) 554

La Trinidad Valencera 661
Lachs 636
Ladies' View (B 11) 421
Lady's Island Lake (G 10)
  264
Lagan River 715
Lahinch (C 8) 476
Land League 51
Landwirtschaft 28
Lanyon, Charles 707, 714
Laragh (G 8) 251
Larchill Arcadian Gardens
  231
Larne (H 3) 687
Lartigue, Charles F. 450
Lauragh (B 11) 390
Laytown (G 6) 206
le Gros, Raymond 275
Leabgarrow (D 3) 625
Leamenah Castle (C 8) 490
Lecale Trail 731
Lecale-Halbinsel (H 5) 731
Ledwidge, Francis 219
Lee (Fluss) 326
Leenane (B 7) 555
Lefroy, Thomas 819
Legananny Dolmen (H 5)
  752
Leixlip (G 7) 231
Leslie Castle (F 5) 801
Leslie, John 801
Letterfrack (B 7) 550
Letterkenny (E 3) 639
Lettermore Island (B 7) 539
Liffey (Fluss) (G 7) 178
Lifford (E 3) 642

Limerick (Stadt) (D 9) 455
Linen Homelands (G 4) 752
Lios-Steinkreise 463
Lisburn (H 4) 715
Lisdoonvarna (C 8) 491
Lismore (E 10) 306
Lissadell House (D 5) 598
Listowel (B 10) 450
Liszt, Franz 725
Literatur 115
Little Skellig (Insel) (A 11)
  403
Locke's Distillery 826
Londonderry (F 3) 650
Loop Head (Halbinsel) (B 9)
  480
Lough Ailua 376
Lough Allen (E 5) 806
Lough an Dúin 441
Lough Anaffrin 618
Lough Arrow (D 5) 596
Lough Beagh 634
Lough Beg (G 3) 666
Lough Bray 244
Lough Conn (C 5) 581, 583
Lough Corrib (C 7) 527
Lough Cullin (C 6) 583
Lough Currane (A 11) 400
Lough Cutra (D 8) 497
Lough Dan (G 8) 251
Lough Derg (Don.) (E 4) 610
Lough Derg (Shannon)
  (E 4) 499
Lough Derravaragh (F 6) 824
Lough Ennell (E 7) 825
Lough Erne (E 5) 787
Lough Eske (E 4) 610
Lough Fin 621
Lough Foyle (F 3) 642
Lough Gartan 634
Lough Gill (D 5) 597
Lough Graney (D 8) 498
Lough Gur
  (Ausgrabungsstätte) 40
Lough Gur (D 9) 462
Lough Hyne 359
Lough Inagh (B 7) 542
Lough Key (D 6) 812
Lough Key Forest Park (D
  6) 814
Lough Leane 421
Lough Meelagh (D 5) 596
Lough Nacung (D 3) 627

Register L–N   861

Lough Navar Forest Park 790
Lough Neagh (G 4) 768
Lough Sheelin (F 6) 803
Lough Swilly (E 2) 636, 642
Lough Tay (H 8) 251
Lough Tougher 274
Loughcrew (F 6) 223
Loughgall (G 4) 766
Loughin Island 739
Loughrea (D 8) 524
Loughshinny Bay 200
Louisburgh (B 6) 560
Loyalisten 30
Luftfahrt-Museum 453
Lugnaquilla (Berg) 244
Lullymore (F 7) 234
Lusitania 344
Lynch, James 521

Maam Cross (B 7) 531
Macdara's Island 540
Macgillycuddy Mountains (B 11) 393
MacGrath, Myler 322
MacMurrough, Dermot 46, 294
MacNeice, Louis 690
MacPherson, James 687
MacQuillan, Rory und Julia 678
Maeve (Königin von Connaught) 211
Maghera (G 3) 618
Magheroarty (Strand) 631
Magilligan Point 667
Maguire, Hugh 785
Mahee Island (H 4) 724
Mahlzeiten und Speiselokale 93
Mahon, Denis 816
Mainistir (Inishmore) 509
Makemie, Francis 638
Malahide (H 7) 198
Malin Head (F 2) 645
Malin Town (F 2) 645
Malinbeg (D 4) 614
Malinbeg Bay 616
Malinmore (D 4) 615
Mangerton (Berg) 421
Maolceadair, St. 439
Marble Arch Caves (E 5) 786
Marble Hill (Strand) (E 2) 631

Marconi, Guglielmo 452, 682
Margy River 677
Markievicz, Constance 598
Martello-Turm 197
Martin, Richard 537
Martin, Violet 361
Maße/Gewichte 117
Maynooth (G 7) 230
McCormack, John 827
McCormick, Liam 762
McDonnell, Sorley Boye (Yellow Charles) 676
McDyer, James 615
McGuinness, Martin 34
McKenna, James 597
McNeill, Ronald 683
Meenan, Anton 631
Megalith-Bauten 40
Mehlbeere 18
Melleray Abbey (E 10) 308
Mellifont (Kloster) 206
Mellon, Thomas 777
Merriman, Brian (Bryan) 498
Metro-Goldwyn-Mayer 186
Midlands 796
Midleton (D 11) 341
Mietwagen 73
Milltown Malbay (C 9) 476
Miners Way 806
Mitchelstown Cave (E 10) 312
Mittagessen 93
Mizen Head (Halbinsel) (B 12) 368
Molaise, St. 600
Moll's Gap 424
Monaghan (Stadt) (F 5) 799
Monasterboice (Kloster) 206
Monea Castle (E 5) 789
Moneymore (G 4) 666
Moneypoint Power Station 480
Monorail 450
Monument of Master McGrath 301
Moor 18
Moore, Christie (Musiker) 120
Moore, John 567
Morrison, Van (Musiker) 120
Mount Benbulbin 599
Mount Brandon 441

Mount Eagle 434
Mount Gabriel 369
Mount Leinster (G 9) 268
Mount Stewart 726
Mount Truskmore 600
Mount Usher Gardens 260
Mountainbiker 398
Mountshannon (D 8) 500
Mourne (Fluss) 778
Mourne Mountains (H 5) 740
Mourne Trail 740
Mourne Wall 745
Mourne-Berge (H 5) 210
Moville (F 2) 647
Moyasta (C 9) 480
Moyne Abbey 581
Moyry-Pass (G 5) 208
Muckross Lake 421
Muff (F 3) 647
Mull of Kintyre (H 2) 682
Mullaghbane (G 5) 757
Mullaghmore (Halbinsel) 601
Mullaghroe Beach 576
Mullet-Halbinsel (B 5) 576
Mullingar (F 7) 823
Mulroy Bay 636
Mulvihill, Jeremiah 413
Munster Way 308
Murlough Bay (G 2) 683
Murrisk (Dorf) (B 6) 561
Murrisk (Landschaft) (B 6) 558
Murrisk Abbey (B 6) 562
Museumsbahn 295, 449
Musik 118
Mussenden Temple 667

Naran Beach (D 3) 620
National Gardens Exhibition Centre 260
National Trust Card (brit.) 109
Nationalgestüt 236
Nationalisten 30
Naturlehrpfad 258
Navan (Co. Meath) (G 6) 221
Navan Fort (G 5) 764
Navigatio (Reisebuch) 440
Neale, Michael 274
Nendrum Abbey (H 4) 724
Nephin Beg Range (B 5) 567
New Lake 633

862   Register N–R

New Ross (F 10) 276
Newbridge House 200
Newcastle (H 5) 740
Newgrange (G 6) 216
Newmills (E 3) 641
Newport (B 6) 567
Newry (G 5) 748
Newry Canal 748, 753
Nimmo, Alexander 541
Nobelpreisträger 182
Nordirland-Konflikt 29
Nore (Fluss) (F 9) 279
Normannen 45, 132
North Down Coastal Path 720
North Mayo Sculpture Trail 576
North, Corona 242
Nowen Hill 377

Ó *Criomhthain, Tomás* 443
Ó Súilleabháin, Mícheál 443
O'Donnell, Hugh Roe 524
O'Carolan, Turlough 817
O'Casey, Sean 115
O'Connaire, Padraic 521
O'Connell, Daniel 49, 169, 400
O'Donnell, Hugh Roe 609
O'Flaherty, Liam 503
Oghamalphabet 124
Oghamschrift 42
Old Head of Kinsale (D 12) 350
Omagh (F 4) 776
O'Malley, Grace (Gráinne Ní Mháille) 549, 560
Omeath (G 5) 212
Omey Island (A 7) 548
O'Neill, Hugh 47, 771
O'Peicin, Diarmuid 629
Operation Shamrock 170
Opernfestival 268
Orange Day 217
Orange Order 30, 766
Orchideen 19
O'Rourke, Tiernan 46
Osterputsch 52
O'Toole, Lawrence 251
Oughterard (C 7) 528
Oxford Island (G 4) 768

Paisley, *Ian* 30, 799
Pale (Umland v. Dublin) 132
Pannendienst 72

Parian China 605
Parknasilla 399
Parks 19
Parnell, Charles Stewart 51, 257
Parsons, Brendan 840
Parsons, Lawrence 838
Parsons, William 842
Patrick, St. 45
Pearce, Edward Lovett 166, 232
Pearse, Patrick 52, 165, 180
Penn, William 356
Peter der Große (Zar) 725
Petty, William 394
Pferde 81
Pferderennen 107
Pferdewagen 81
Pferdezucht 230
Pflanzen 18
Phoenixpark-Morde 186
Pikten (Vorfahren d. Schotten) 58
Plunkett, Oliver 204
Poitien 97
Polizei 122
Poll na gColm (Höhle) 492
Polo 103
Pontoon (C 6) 583
Port (Don.) (D 4) 617
Portacloy (B 5) 578
Portadown (G 4) 753
Portaferry (H 5) 728
Portbraddan 676
Portmarnock (H 7) 200
Portnoo (D 3) 620
Portrush (G 2) 671
Portsalon (E 2) 636
Portstewart (F 2) 668
Portumna (D 8) 526
Porturlin (B 5) 578
Post 121
Poulanass-Wasserfall 256
Poulaphouca-Stausee (G 8) 245
Poulawack Cairn (C 8) 490
Poulnabrone-Dolmen (C 8) 488
Powerscourt Estate (G 8) 248
Presbyterianer 778
Presse 129
Programmvorschläge 162

Protestanten 26
Ptolemaios 194
Pub 97
Puck Fair (Volksfest) 412
Puxley Castle 386

Quäker 356
Queenstown 343
Quiet Man (Spielfilm) 532
Quilty (C 9) 476
Quin (C 9) 471

Raftery, *Anthony* 497
Raleigh, Sir Walter 304
Ramelton 638
Raspe, Rudolf Friedrich 420
Rathcoran 248
Rathcroghan 817
Rathdrum (G 8) 257
Rathfarnam 244
Rathfriland (G 5) 751
Rathkeale (C 9) 454
Rathlin Island (G 2) 680
Rathmelton (E 3) 638
Rathmullan (E 3) 637
Raven Point (Kap) 264
Reask 437
Redburn Country Park 718
Reenard Point (A 11) 406
Reisebüro 140
Reiten 102
Renie, John 725
Renvyle (Halbinsel) (B 7) 551
Republikaner 30
Richard II. 294
Richardson, John Grubb 751
Ring of Gullion 756
Ring of Kerry (A/B 11) 397
Riverstown (D 5) 595
Road Bowling 107
Roaringwater Bay (B 12) 366
Robben 19, 444.
Robert the Bruce 682
Robert, John 295
Robertstown (H 8) 234
Robinson, Mary 582
Robinson, Richard 758
Robinson, William 189
Rochefort, Robert 825
Rock 120
Rock of Cashel (E 9) 321
Rockfestival 220
Rockfleet Castle (B 6) 567

Register R/S 863

Roe River (F 3) 667
Roe Valley Country Park 667
Rosenallis (F 8) 844
Rosguill 635
Rosroe Quay (B 7) 555
Ross Castle 418
Rossaveal (B 7) 539
Rossbeg (D 3) 620
Rossbehy Beach 413
Rosserk Abbey 581
Rosses Point (D 5) 587
Rosslare (G 10) 273
Rosslare Strand (Seebad) 273
Rossmore Forest Park (F 5) 801
Rostrevor (G 5) 747
Rotwild 422
Roundstone (B 7) 541
Rowallane Garden 724
Roy Island 635
Royal Canal (F 7) 230
Russborough House (G 8) 245
Russell, George 763
Russell, Micho 483
Russell, Thomas 706, 737
Ryan's Daughter (Spielfilm) 428

Sallins (G 7) 233
Saltee Islands (G 11) 274
Salthill (C 8) 523
San Juan de Ragusa (Schiffswrack) 435
Sands, Bobby 33, 780
Santa Maria de la Rosa (Schiffswrack) 436
Saul (H 5) 734
Sayer, Peig 443
Scaheens Lough 574
Scarva (G 5) 753
Scattery Island (B 9) 479
Schafe 28
Schilfdächer 297
Schlacht am Boyne 217
Schrödinger, Erwin 169
Schull (B 12) 369
Schwefelquellen 491
Scrabo Hill (H 4) 723
Seaforde (H 5) 739
Sean Nós 541
Seefin (Berg) 378
Seepapageien 20, 630

Seevögel 197
Seevögel-Revier 367
Segeln 103
Sexuelle Belästigung 122
Shackleton, Ernest 237
Shamrock (Nationalsymbol) 94
Shannon (D 8/9, E5–8) 796
Shannon Airport (C 9) 470
Shannon Pot (Quelle) (E 5) 786
Shannonbridge (E 7) 835
Sharman-Crawford, William 720
Shaw, George Bernhard 168, 403
Sheep's Head (Halbinsel) 377
Sheep's Head Way (B 12) 379
Shehy Mountains (C 11) 377
Sheila na Gig 487
Shenicks, Insel 200
Sherkin Island (B 12) 366
Shortnall, Michael 525
Sicherheit 121
Silent Valley 746
Silken Thomas 47
Sion Mills (F 4) 778
Sixmilebridge (D 9) 470
Skellig Ring 402
Skellig-Inseln (A 11) 403
Skerries (H 7) 200
Skibbereen (C 12) 357
Slade (F 10) 275
Slane (G 6) 219
Slaney (Fluss) (G 9) 239, 264
Slea Head (A 10) 435
Slí Charman (Fernwanderweg) 264
Slieve Anierin 806
Slieve Aughty Mountains (D 8) 500
Slieve Bearnagh Mountains (D 9) 499
Slieve Binnian 745
Slieve Bloom Mountains (E 8) 843
Slieve Bloom Way 844
Slieve Croob 752
Slieve Donard 745
Slieve Foye 213
Slieve Gullion 756

Slieve League (D 4) 613
Slieve Martin 747
Slieve Mish Mountains (B 10) 424
Slieve Miskish Mountains 384
Slieve Patrick (Down) 734
Sligo (D 5) 587
Smerwick Harbour (A 10) 437
Smith, Edward 179
Sodabrot 449
Soldatenfriedhof 250
Somerville, Edith 361
South Armagh 755
Souvenirs 122
Spanish Point (B 9) 476
Speicherkraftwerk 257
Speisen 92
Spenser, Edmund 264
Sperrin Mountains (F 3) 774
Spiddle (C 8) 538
Sport 98
Sprache 124
Springhill House 667
St. Finan's Bay (A 11) 402
St. Georg's Head (B 9) 477
St. Gobhan 676
St. John's Point (Don.) 613
St. John's Point (Down) 738
St. Mullin's (F 10) 235
Stags of Broadhaven (B 5) 578
Staigue Fort (B 11) 399
Statuten von Kilkenny 279
Steinkreise 42, 246
Steinzeit 218
Sterne, Lawrence 317
Stevenson, Robert Louis 462
Stewart, Edith, Marchioness of Londonderry 727
Stewart, James 727
Stoker, Bram 163, 184
Stormont 709
Storytelling Festival 368
Strabane (F 3) 771
Stradbally (F 10) 302
Straffan (G 7) 233
Strände 101
Strangford 731
Strangford Lough (H 4) 723
Stranorlar (E 3) 621
Straßen 72
Strokestown (E 6) 815

864   Register S–Z

Strom 126
Strongbow, Richard 174, 294
Struell Wells 734
Sturmtaucher 20
Sugarloaf (Tipp.) 308
Sugarloaf (Wicklow) 248
Sugarloaf Mountain
   (Beara) 382
Suir (Fluss) (E 10) 310
Surfen 103
Surfen (Bray) 192
Swift, Jonathan 163, 174, 690
Swords (G 7) 200
Sydow, Carl von 443
Synges, John Millington
   115, 503

Tacumshin Lake (G 10) 264
Táin Bó Cúailgne
   (Nationalepos) 211
Táin Trail 213
Tandragee (G 5) 753
Tara (G 7) 42, 224
Tarbert (C 9) 452
Tauchen 104, 405
Tauchrevier 276
Taxi 73
Tea time 93
Teelin (D 4) 613
Telefonieren 126
Temple Bar 172
Tennyson, Alfred 720
Thackeray, Willliam 668
The Rosses (D 3) 622
Thomas, Dylan M. 618
Thompson, William 357
Thoor Ballylee (D 8) 497
Tiere 19
Tieveragh Hill 686
Timoleague (D 12) 350
Tinker 80
Tintern Abbey 275
Togher (C 11) 377
Tollymore Forest Park (H 5)
   743
Tölpel (Seevogel) 20, 404
Tone, Wolfe 163, 714
Torc Wasserfall (C 8) 421
Torf 234
Tormore Island 617
Tory Island (D 2) 629
Tow River 677
Trá an Doilin (Strand) 539
Tralee (B 10) 445

Tramore (F 10) 297
Tramore Bay (F 11) 298
Trampen 80
Transatlantik-Kabel 261
Transatlantik-
   Kommunikation 452
Trawbreaga Bay 645
Trawmore Bay 573
Trim (F 7) 227
Trinken 92
Tropfsteinhöhle 288, 310
Tullagh Bay 644
Tully (Fluss) 237
Tully Castle 789
Tully Mountain (Renvyle)
   551
Tullynally Castle 824
Tulsk (D 6) 817
Turnly, Francis 684
Turoe-Stein 526
Twelve Pins 542
Tyrella Beach (H 5) 739

Übernachten 87
Udarás na Gaeltachta 626
Ulster Canal 765
Ulster Folk and Transport
   Museum 718
Ulster Unionist Council 52
Ulster Volunteers 695
Ulster Way 778
Ulster-American Folk Park
   (F 4) 777
Umweltschutz 20
Unfall 72
Unionisten 30
United Irishmen 49, 265, 695
Unterwasserleben 364

Valentia Island (A 11) 405
Vartry (Fluss) 260
Vegetarier 92
Ventry Bay (A 10) 427
Verkehrsregeln 71
Visio Trugdali 327
Vögel 19
Vogelreviere 264

Wandergebiet (Co.
   Wicklow) 244
Wandern 127
Wandertouren 213
*Ward, Bernard, Viscount
   of Bangor* 732
Ward, Mary 732

Warrenpoint (G 5) 748
Wasserfall 249
Wassersport 386
Wasserstraßen 82
Wasserzoo 192
Waterford & Suir Valley
   Railway 295
Waterford (Stadt) (F 10) 290
Waterville (A 11) 400
Weide 18
Wellbrook Beetling Mill 773
Westport (B 6) 562
Wetter 324
Wexford (Stadt) (G 10) 268
Wexford Bay (G 10) 272
Whale Watching 358, 361
Whiddy Island (B 12) 373
Whiskey 341, 343, 675, 826
White Island 794
Wicklow (Stadt) (H 8) 258
Wicklow Gap (G 8) 257
Wicklow Trail
   (Wanderweg) 244, 251
Wikinger 45, 132
Wilde, Oscar 169, 781
Wildgänse 272
Wildlachs 624
Wildlife Service 836
Wilhelm von Oranien 48
William-Ellis, Clough 683
Windenergie 627
Windy Gap (Louth) 213
Windy Gap (Kerry) 402
Wirtschaft 27
Wittgenstein, Ludwig 552
Wohnmobil 74
Wonderful Barn 231
Wright, Thomas 743
Wyatt, James 566

Yankee Clipper
   (Wasserflugzeug) 453
Yeats' Grab 598
Yeats, William Butler 115,
   169, 497, 586
Yellow Book of Lecan 211,
   226
Youghal (E 11) 304

Zeit 129
Zeitungen 129
Zisterzienser 206, 308
Zoll 130